Europe
Europa

			SOS 📞 🚗	🛣️	🚗	◐	🏘️	100 5 MAUT TOLL 2	‰
Österreich / Austria	A	1 Euro (EUR) = 100 Cent	133 / 144	130	100	100	50	🛣️ 🚗	0,5 ‰
Shqipëria / Albania	AL	1 Lek (ALL) = 100 Quindarka	129 /126	120	100	80	40		0,0 ‰
België/Belgique / Belgium	B	1 Euro (EUR) = 100 Cent	101 / 100	120	120	90	50		0,5 ‰
Bŭlgarija / Bulgaria	BG	1 Lew (BGN) = 100 Stótinki	166 / 150	130	90	90	50	🛣️ 🚗	0,5 ‰
Bosna i Hercegovina / Bosnia and Herzegovina	BIH	Konvert. Marka (BAM) = 100 Fening	92 / 94	120	100	80	60		0,3 ‰
Schweiz/Suisse/Svizzera / Switzerland	CH	1 Franken (CHF) = 100 Rappen	117 / 144	120	100	80	50	🛣️	0,5 ‰
Kypros/Kibris / Cyprus	CY	1 Euro (EUR) = 100 Cent	199	100	80	80	50		0,5 ‰
Česká republika / Czech republic	CZ	1 Koruna (CZK) = 100 Haliru	112 / 155	130	130	90	50	🛣️ 🚗	0,0 ‰
Deutschland / Germany	D	1 Euro (EUR) = 100 Cent	110 / 112	⊘	⊘	100	50		0,5 ‰
Danmark / Denmark	DK	1 Krone (DKK) = 100 Øre	112	130	80	80	50		0,5 ‰
España / Spain	E	1 Euro (EUR) = 100 Cent	112	120	100	90	50	🛣️	0,5 ‰
Eesti / Estonia	EST	1 Euro (EUR) = 100 Cent	110 / 112	110	110	90	50		0,0 ‰
France / France	F	1 Euro (EUR) = 100 Cent	112	130	110	90	50	🛣️	0,5 ‰
Suomi/Finland / Finland	FIN	1 Euro (EUR) = 100 Cent	112	120	100	100	50		0,5 ‰
United Kingdom / United Kingdom	GB	1 Pound Sterling (GBP) = 100 Pence	999 / 112	70 mph (112)	70 mph (112)	60 mph (96)	30 mph (48)	🛣️	0,8 ‰
Ellás (Hellás) / Greece	GR	1 Euro (EUR) = 100 Cent	100 / 166	120	110	90	50	🛣️ 🚗	0,5 ‰
Magyarország / Hungary	H	1 Forint (HUF) = 100 Filler	112	130	110	90	50	🛣️	0,0 ‰
Hrvatska / Croatia	HR	1 Kuna (HRK) = 100 Lipa	112 / 94	130	110	90	50	🛣️	0,5 ‰
Italia / Italy	I	1 Euro (EUR) = 100 Cent	112 / 118	130	110	90	50	🛣️	0,5 ‰
Éire/Ireland / Ireland	IRL	1 Euro (EUR) = 100 Cent	999 / 112	120	100	60 100	50	🛣️	0,8 ‰
Ísland / Iceland	IS	1 Krona (ISK) = 100 Aurar	112			80 90	50		0,5 ‰
Kosovo / Kosovo	KSV	1 Euro (EUR) = 100 Cent	112 / 92	130	110	80	50		0,5 ‰
Luxembourg / Luxembourg	L	1 Euro (EUR) = 100 Cent	113 / 112	130	90	90	50		0,5 ‰
Lietuva / Lithuania	LT	1 Litas (LTL) = 100 Centas	02 / 03 / 112	110	90	90	50		0,4 ‰
Latvija / Latvia	LV	1 Lats (LVL) = 100 Santīmi	02 / 03 / 112	110	90	90	50		0,5 ‰
Makedonija / Macedonia	MK	1 Denar (MKD) = 100 Deni	192 / 194	120	100	80	40 60	🛣️ 🚗	0,5 ‰
Norge / Norway	N	1 Krone (NOK) = 100 Øre	112 /113	90	90	80	50	🛣️ 🚗 🏘️	0,2 ‰
Nederland / Netherlands	NL	1 Euro (EUR) = 100 Cent	112	120	100	80	50		0,5 ‰
Portugal / Portugal	P	1 Euro (EUR) = 100 Cent	112	120	100	90	50	🛣️	0,5 ‰
Polska / Poland	PL	1 Zloty (PLN) = 100 Groszy	112 / 999	130 140	100 120	90 100	50	🛣️	0,2 ‰
România / Romania	RO	1 Leu (RON) = 100 Bani	112	130	100	90	50	🛣️ 🚗 🏘️	0,0 ‰
Rossija / Russia	RUS	1 Rubel (RUB) = 100 Kopeek	02 / 03	110	90	90	60		0,0 ‰
Sverige / Sweden	S	1 Krona (SEK) = 100 Öre	112	110	110/90	70 90	50		0,2 ‰
Srbija / Crna Gora / Serbia / Montenegro	SRB MNE	1 Dinar (CSM) = 100 Para ; Euro	92 / 94	120	100	80	60	🛣️ 🚗	0,3 ‰
Slovenská republika / Slovakia	SK	1 Euro (EUR) = 100 Cent	112 / 155	130	90	90	60	🛣️ 🚗	0,0 ‰
Slovenija / Slovenia	SLO	1 Euro (EUR) = 100 Cent	113 / 112	130	100	90	50	🛣️	0,5 ‰
Türkiye / Turkey	TR	1 Lira (TRY) = 100 Kurus	155 / 112	120	90	90	50	🛣️	0,5 ‰
Ukrajina / Ukraine	UA	1 Griwna (UAH) = 100 Kopijken	02 / 03	130	110	90	60		0,2 ‰

1:900 000

1:15 000

© Kunth Verlag GmbH & Co. KG 2014
Königinstraße 11, D-80539 München,
phone +49-89-458020-0, fax +49-89-458020-21
e-mail: info@kunth-verlag.de
www.kunth-verlag.de

© AA Media Limited 2014
Fanum House, Basing View,
Basingstoke, Hampshire RG21 4EA, UK
ISBN: 978-0-7495-7526-7
A05209

Hill shading 1:4 500 000 / 1:900 000:
Produced using SRTM data from Heiner Newe,
GeoKarta, Altensteig

Printed in Slovakia

The contents of this atlas are believed to be correct at the time of the latest revision. However, the publishers cannot be held responsible for loss occasioned to any person acting or refraining from action as a result of any material in this atlas, nor for any errors, omissions or changes in such material.

Reykjavík
† 318.500
□ 103.000 km²

(AL) † 3.600.000
□ 28.748 km²

(MC) † 36.000
□ 1,97 km²

(AND) † 85.000
□ 468 km²

(MD) † 3.600.000
□ 33.700 km²

(BIH) † 4.600.000
□ 51.197 km²

(MK) † 2.000.000
□ 25.713 km²

(FL) † 36.000
□ 160 km²

(MNE) † 625.000
□ 13.812 km²

(HR) † 4.400.000
□ 56.538 km²

(RSM) † 30.000
□ 61 km²

(KSV) † 1.800.000
□ 10.877 km²

(SLO) † 2.000.000
□ 20.273 km²

(L) † 502.000
□ 2.586 km²

(V) † 750
□ 0,44 km²

(M) † 417.600
□ 316 km²

North

(IRL) Dublin
† 4.600.000
□ 70.282 km²

(GB)
† 62.300.000
□ 243.820 km² † 16.600.000
□ 41.528 km

Amsterdam

London

Brussel/Bruxelles

(N)

† 11.000.00
□ 30.528 km

Paris

(F)
† 65.000.000
□ 543.695 km²

ATLANTIC

OCEAN

† 10.600.000
□ 92.345 km²

(P)

Andorra la Vella **(AND)**

Madrid

Lisboa

(E)

† 47.000.000
□ 505.990 km²

Mediterranean

Ar-Ribat
(Rabat)

(MA)

(DZ) Al Jaza'ir
(Alger)

Norwegian

Sea

Sea

Baltic Sea

Black Sea

Sea

Oslo

Stockholm

Helsinki

Tallinn

Riga

Vilnius

Minsk

Moskva

København

Berlin

Warszawa

Kyjiv

Praha

Wien

Bratislava

Budapest

Chişinău

Bern **Vaduz**

Ljubljana

Zagreb

Beograd

Bucureşti

Monaco

San Marino

Sarajevo

Priština

Sofija

Podgorica

Skopje

Ankara

Roma

Tiranë

Athína

Tunis

Valletta

🚹 5.000.000
⬜ 385.186 km²

🚹 9.400.000
⬜ 449.696 km²

🚹 5.300.000
⬜ 338.145 km²

🚹 1.300.000
⬜ 45.227 km²

🚹 141.900.000
⬜ 17.098.200 km²

🚹 2.300.000
⬜ 62.196 km²

🚹 3.300.000
⬜ 65.000 km²

🚹 5.600.000
⬜ 43.094 km²

🚹 9.400.000
⬜ 207.600 km²

🚹 81.700.000
⬜ 357.050 km²

🚹 38.400.000
⬜ 322.575 km²

🚹 45.900.000
⬜ 603.700 km²

🚹 10.500.000
⬜ 78.866 km²

🚹 5.400.000
⬜ 49.030 km²

🚹 8.300.000
⬜ 83.871 km²

🚹 10.000.000
⬜ 93.030 km²

🚹 7.800.000
⬜ 41.285 km²

🚹 21.500.000
⬜ 237.500 km²

🚹 7.100.000
⬜ 77.484 km²

🚹 7.400.000
⬜ 111.002 km²

🚹 60.700.000
⬜ 301.277 km²

🚹 11.700.000
⬜ 132.000 km²

🚹 73.700.000
⬜ 814.578 km²

🚹 803.000
⬜ 9.251 km²

(A)	Österreich
(AL)	Shqipëria
(AND)	Andorra
(B)	België/Belgique
(BG)	Bâlgarija
(BIH)	Bosna i Hercegovina
(BY)	Belarus
(CH)	Schweiz/Suisse/Svizzera
(CY)	Kýpros
(CZ)	Česká Republika
(D)	Deutschland
(DK)	Danmark
(E)	España
(EST)	Eesti
(F)	France
(FIN)	Finland
(FL)	Liechtenstein
(GB)	United Kingdom
(GR)	Elláda
(H)	Magyarország
(HR)	Hrvatska
(I)	Italia
(IRL)	Éire/Ireland
(IS)	Ísland
(KSV)	Kosovo
(L)	Luxembourg
(LT)	Lietuva
(LV)	Latvija
(M)	Malta
(MC)	Monaco
(MD)	Moldova
(MK)	Makedonija
(MNE)	Crna Gora
(N)	Norge
(NL)	Nederland
(P)	Portugal
(PL)	Polska
(RO)	România
(RSM)	San Marino
(RUS)	Rossija
(S)	Sverige
(SK)	Slovenská Republika
(SLO)	Slovenija
(SRB)	Srbija
(TR)	Türkiye
(UA)	Ukraijna
(V)	Città del Vaticano

V

(GB)	(D)	1:900 000	(F)	(NL)
Legend	**Zeichenerklärung**		**Légende**	**Legenda**

Motorway (under construction)	Autobahn (im Bau)	═══════ ┊┊┊┊┊┊	Autoroute (en construction)	Autosnelweg (in aanleg)
Toll motorway	Gebührenpflichtige Autobahn	═══════	Autoroute à péage	Tolautosnelweg
Dual carriageway (under construction)	4-oder mehrspurige Autobahn (im Bau)	═══════ ┊┊┊┊┊┊	Double chaussée (en construction)	Hoofdroute, tweebaans (in aanleg)
Primary route (under construction)	Fernstraße (im Bau)	═══════ ┊┊┊┊┊┊	Route principale (en construction)	Hoofdroute (in aanleg)
Main road (under construction)	Wichtige Hauptstraße (im Bau)	═══════ ┊┊┊┊┊┊	Route principale importante (en construction)	Belangrijke verbindingsweg (in aanleg)
Main road	Hauptstraße	───────	Route départementale	Regionale verbindingsweg
Secondary road	Nebenstraße	───────	Route secondaire	Overige wegen
Railway	Eisenbahn	─┈─┈─┈─	Chemin de fer	Spoorweg
Restricted area	Sperrgebiet	───────	Zone interdite	Verboden gebied
National or nature park	National- und Naturpark	───────	Parc national, parc naturel	Nationaal park, natuurpark
Motorway number	Autobahnnummer	4 2 A22	Numéro autoroute	Nummering Autosnelwegen
Number of main European road	Europastraßennummer	E54	Numéro des routes européennes	Nummering Europaroutes
Other road numbers	Andere Straßennummern	34 28 N22 322	Autre numéro de routes	Wegnummers
Motorway junction number	Autobahnanschlussnummer	═══22═══	Numéros d'échangeurs	Afrit met nummer
Motorway junction	Anschlussstelle	═══●═══	Échangeur	Aansluiting
Not suitable / closed for caravans	Für Wohnwagen nicht geeignet / gesperrt	⌂ ✕	Non recommandé aux caravans - interdite	Voor caravans niet aanbevelen - verboden
Filling station	Autobahntankstelle	⊡	Station-service	Tankstation
Restaurant	Autobahnrasthaus	⊗	Restaurant	Restaurant
Restaurant with motel	Autobahnrasthaus mit Motel	⊗	Hôtel	Restaurant met motel
Major airport	Wichtiger Flughafen	✈	Aéroport important	Belangrijke luchthaven
Airport	Flughafen	✈	Aéroport	Luchthaven
Airfield	Flugplatz	✈	Aérodrome	Vliegveld
Ferry	Autofähre	⛴	Ferry	Veerdienst
Border crossing	Grenzübergang	⊖	Passage frontalier - douane	Grensovergang
Windmill	Windmühle	✲	Moulin	Windmolen
Lighthouse	Leuchtturm	↑	Phare	Vuurtoren
Place of interest	Sehenswerter Ort	**COLMAR**	Curiosités	Bezienswaardig

GB	D	F	NL

Significant points of interest · Herausragende Sehenswürdigkeiten · Curiosités remarquables · Opvallende bezienswaardigheden

GB	D	F	NL
Major tourist route	Autoroute	Autoroute	Autoroute
Major tourist railway	Bahnstrecke	Ligne ferroviaire	Spoorwegtraject
Highspeed train	Hochgeschwindig-keitszug	Train à Grande Vitesse	Hogesnelheidstrein
Shipping route	Schiffsroute	Itinéraire en bateau	Scheepsroute
UNESCO World Natural Heritage	UNESCO-Weltnaturerbe	Patrimoine naturel de l'humanité de l'UNESCO	UNESCO-wereldnatuurerfgoed
Mountain landscape	Gebirgslandschaft	Paysage de montagne	Berglandschap
Rock landscape	Felslandschaft	Paysage rocheux	Rotslandschap
Ravine/canyon	Schlucht/Canyon	Gorge/canyon	Kloof/canyon
Glacier	Gletscher	Glacier	Gletsjer
Active volcano	Vulkan, aktiv	Volcan actif	Actieve vulkaan
Extinct volcano	Vulkan, erloschen	Volcan éteint	Dode vulkaan
Geyser	Geysir	Geyser	Geiser
Cave	Höhle	Grotte	Grotten
River landscape	Flusslandschaft	Paysage fluvial	Rivierlandschap
Waterfall/rapids	Wasserfall/Stromschnelle	Chute d'eau/rapide	Waterval/stroomversnelling
Lake country	Seenlandschaft	Paysage de lacs	Merenlandschap
Desert	Wüstenlandschaft	Désert	Woestijnlandschap
Oasis	Oase	Oasis	Oase
Depression	Depression	Bassin	Depressie
Fossil site	Fossilienfundstätte	Site fossile	Fossielenplaats
Nature park	Naturpark	Parc naturel	Natuurpark
National park (landscape)	Nationalpark (Landschaft)	Parc national (paysage)	Nationaal park (landschap)
National park (flora)	Nationalpark (Flora)	Parc national (flore)	Nationaal park (flora)
National park (fauna)	Nationalpark (Fauna)	Parc national (faune)	Nationaal park (fauna)
National park (culture)	Nationalpark (Kultur)	Parc national (site culturel)	Nationaal park (cultuur)
Botanic gardens	Botanischer Garten	Jardin botanique	Botanische tuin
Biosphere reserve	Biosphärenreservat	Réserve de biosphère	Biosfeerreservaat
Wildlife reserve	Wildreservat	Réserve animale	Wildreservaat
Zoo/safari park	Zoo/Safaripark	Zoo/parc de safari	Dierentuin/safaripark
Coastal landscape	Küstenlandschaft	Paysage côtier	Kustlandschap
Beach	Strand	Plage	Strand
Island	Insel	Île	Eiland
Underwater reserve	Unterwasserreservat	Réserve sous-marine	Onderwaterreservaat
Spring	Quelle	Source	Bron
UNESCO World Cultural Heritage	UNESCO-Weltkulturerbe	Patrimoine culturel de l'humanité de l'UNESCO	UNESCO-wereldcultuurerfgoed
Remarkable city	Außergewöhnliche Metropole	Métropole d'exception	Buitengewone metropolen
Pre-and early history	Vor- und Frühgeschichte	Préhistoire et protohistoire	Prehistorie en vroegste geschiedenis
Prehistoric rockscape	Prähistorische Felsbilder/Naturvölker	Peintures rupestres préhistoriques	Prehistorische rotstekeningen
The Ancient Orient	Alter Orient	Ancien Orient	Oud-Oriënt
Minoan site	Minoische Kultur	Civilisation minoenne	Minoïsche cultuur
Phoenecian site	Phönikische Kultur	Civilisation phénicienne	Fenicische cultuur
Etruscan site	Etruskische Kultur	Civilisation étrusque	Etruskische cultuur
Greek antiquity	Griechische Antike	Antiquité grecque	Griekse oudheden
Roman antiquity	Römische Antike	Antiquité romaine	Romeinse oudheden
Vikings	Wikinger	Vikings	Vikingen
Places of Jewish cultural interest	Jüdische Kulturstätte	Site juif	Joodse cultuurhist. plaatsen
Places of Islamic cultural interest	Islamische Kulturstätte	Site islamique	Islamitische cultuurhist. plaatsen
Places of Christian cultural interest	Christliche Kulturstätte	Site chrétien	Christelijke cultuurhist. plaatsen
Roman church	Romanische Kirche	Église romane	Romaanse kerk
Gothic church	Gotische Kirche	Église gothique	Gotische kerk
Renaissance church	Renaissance-Kirche	Église renaissance	Renaissance kerk
Baroque church	Barock-Kirche	Église baroque	Barok kerk

GB	D	F	NL
Christian monastery	Christliches Kloster	Monastère chrétien	Christelijk klooster
Cultural landscape	Kulturlandschaft	Paysage culturel	Cultuurlandschap
Historical city scape	Historisches Stadtbild	Cité historique	Historisch stadsgezicht
Impressive skyline	Imposante Skyline	Gratte-ciel	Imposante skyline
Castle/fortress/fort	Burg/Festung/Wehranlage	Château/forteresse/remparts	Burcht/vesting/verdedigingswerk
Castle ruin	Burgruine	Château ruine	Burcht ruine
Tower of interest	Sehenswerter Turm	Tour intéressante	Bezienswaardige toren
Windmill	Windmühle	Moulin	Windmolen
Palace	Palast/Schloss	Palais	Paleis
Technical/industrial monument	Techn./industrielles Monument	Monument technique/industriel	Technisch/industrieel monument
Working mine	Bergwerk in Betrieb	Mine en activité	Mijn in bedrijf
Disused mine	Bergwerk geschlossen	Mine fermée	Mijn buiten bedrijf
Dam	Staumauer	Barrage	Stuwdam
Impressive lighthouse	Sehenswerter Leuchtturm	Très beau phare	Bezienswaardige vuurtoren
Notable bridge	Herausragende Brücke	Pont remarquable	Opvallende brug
Remarkable building	Herausragendes Gebäude	Bâtiment remarquable	Bijzonder gebouw
Tomb/grave	Grabmal	Tombeau	Grafmonument
Monument	Denkmal	Monument	Monument
Memorial	Mahnmal	Mémorial	Gedenkteken
Theater of war/battlefield	Kriegsschauplatz/Schlachtfeld	Champs de bataille	Strijdtoneel/slagvelden
Space mission launch site	Weltraumbahnhof	Base spatiale	Ruimtestation
Space telescope	Weltraumteleskop	Télescope astronomique	Ruimtetelescoop
Market	Markt	Marché	Markt
Festivals	Feste und Festivals	Fêtes et festivals	Feesten en festivals
Museum	Museum	Musée	Museum
State Historical Park	Freilichtmuseum	Musée de plein air	Openluchtmuseum
Theatre	Theater	Théâtre	Theater
World exhibition/World Fair	Weltausstellung	Exposition universelle	Wereldtentoonstelling
Arena/stadium	Arena/Stdion	Arène/stade	Arena/stadion
Race track	Rennstrecke	Circuit automobile	Circuit
Golf	Golf	Golf	Golf
Horse racing	Pferdesport	Équitation	Paardensport
Skiing	Skigebiet	Station de ski	Skigebied
Sailing	Segeln	Voile	Zeilen
Wind surfing	Windsurfen	Planche à voile	Surfen
Surfing	Wellenreiten	Surf	Surfriding
Diving	Tauchen	Plongée	Duiken
Canoeing/rafting	Kanu/Rafting	Canoë/rafting	Kanoën/rafting
Seaport	Seehafen	Port	Zeehaven
Deep-sea fishing	Hochseeangeln	Pêche en mer	Zeevissen
Waterskiing	Wasserski	Ski nautique	Waterskiën
Beach resort	Badeort	Station balnéaire	Badplaats
Leisure bath	Freizeitbad	Piscine découverte	Recreatiebad
Mineral/thermal spa	Mineralbad/Therme	Station hydrothermale	Mineraalbad/thermen
Leisure park	Freizeitpark	Parc de loisirs	Recreatiepark
Casino	Spielcasino	Casino	Casino
Hill resort	Hill Resort	Station de montagne	Hill resort
Mountain refuge/alpine pasture	Berghütte/Alm	Refuge/pâturages	Berghut/alpenweide
Rambling/rambling area	Wandern/Wandergebiet	Randonnées/zone de randonnées	Wandelen/wandelgebied
Viewpoint	Aussichtspunkt	Point de vue	Uitzichtpunt
Mountain railway	Bergbahn	Chemin de fer de montagne	Kabelbaan
Shipwreck	Schiffswrack	Épave de navire	Scheepswrak

Road Distances

All distances in this chart are in kilometers and include any part of the route taken by ferry.

01

02

N O R W E G I A N

03

Grímsey ⊞ **GRY**
🗻 Grímsey

S E A

Flatey

Skjálfandi
Tjörnes   85
Húsavík   59   Skinnastaðir
10 47   90   *Öxarfjörður*
⊞ **HZK**   Rauðinúpur
          58   Melrakkaslétta
Laugar   Ásbyrgi   Kópasker **RFN** ⊞ Raufarhöfn
52   882 Pjóðgarður   *Pistilfjörður*
Gæsafjöll Jökulsárgljúfur   Sauðanes   L a n g a n e s
51 Rettarfoss   Pórshöfn ⊞ Fontur
Reykjahlíð Krafla Dettifoss 64
         818   Búrfellsheiði 39   *Bakkaflói*
   18   Draugafoss   85 Bakkafjörður
🗻 Mývatn   Syðri-Hágangur
kutustaðir   Grímsstaðir   952
         56   29
 d á ð a h r a u n   Vopnafjörður *Vopnafjörður*
         1035   57   *Hofsá*   Bjarnarey
Herðubreiðar-   *Héraðsflói*
friðland 🅿   Smjörfjöll
Herðubreið Möðrudalur 1251
1682   Þríhyrnings   Kirkjubær
Sænautasel 88   Bakkagerði
                   Eiðar   Herfell
  Fljótsdalsheiði Fellabær 1055 *Glettinganes*
Hallormsstaður **EGS** ⊞
Snæfell Þingmúli Egilsstaðir
1833 92   Seyðisfjörður
H r a u n   30 Brekka
   Reyðarfjörður **NOR** ⊞ Neskaupstaður
       80 Lambafell 36
         1201 Eskifjörður *Gerpir*
         Fáskrúðsfjörður
Grendill Þrándarjökull   Heydalir
1570   1248   52   Stöðvarfjörður
Skálafells- Hoffell Jökulgilstindar Breiðdalsvík
jökull   1313
  1   Djúpivogur
HFN ⊞ Nesjahverfi   Papey
Höfn
   Stokksnes   Hvalnes

04

05

06

07

Føroyar
(Færøerne)

N o r ð o y a r
Risin & Kellingin   Eiði   Enniberg
              882   844 Viðareiði   Fugloy
Mykines Streymoy Eysturoy
Vestmanna   Klaksvík   Svínoy
Vágar Hvalvík Leirvík   Borðoy
Sørvágur   Toftir
FAE ⊞
Kvívík 🏛 Føroya Fornminnissavn
Koltur **Tórshavn**
      Kirkjubøur
Skopun Nólsoy   🏯 ← (symbol)
Sandoy   Skálavík
Skúvoy
Stóra Dímun
Litla Dímun
Drelnes
Suðuroy 610 Vágur
Akraberg
Flesjarnar

?

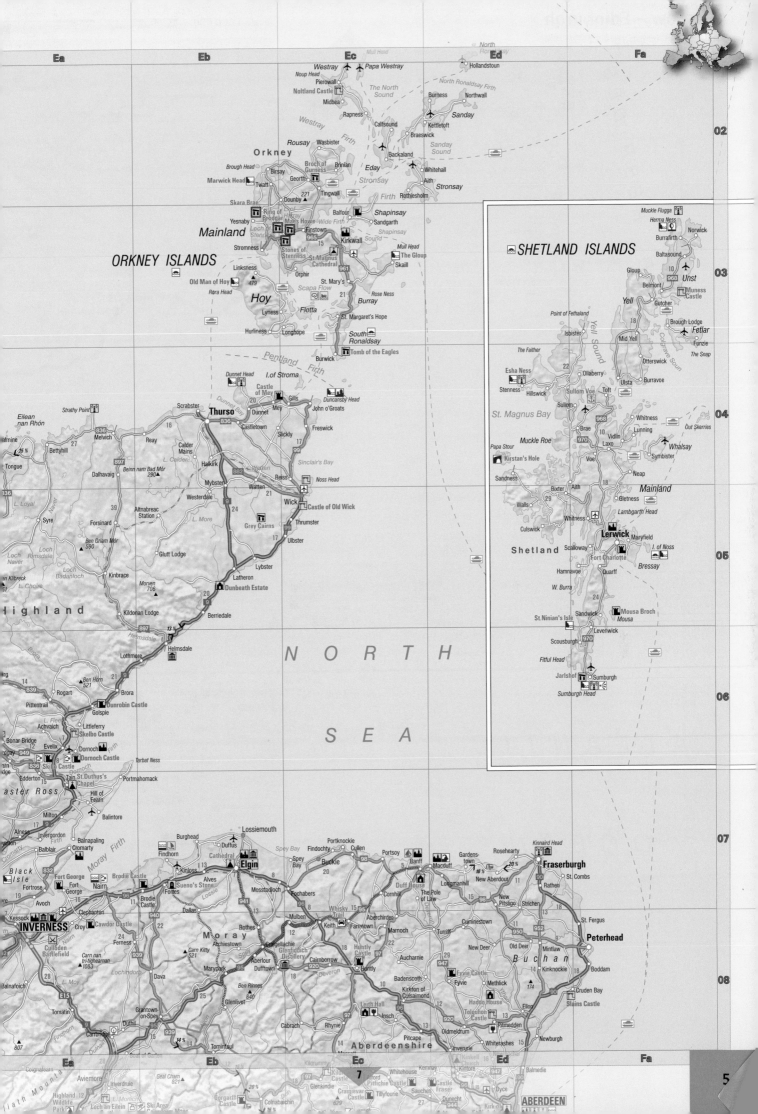

Scale 1:900 000

| 0 | 10 | 20 | 30 Kilometers |
| 0 | 10 | 20 Miles |

4

OUTER HEBRIDES

Vallay
Port Nan Long
Tigharry 25
230
865 867
North Uist
Lochmaddy
Carinish Eaval 347
Balivanich Grimsay
Gramsdale Ronay
Creagorry Benbecula
Wiay
Lochskipport
Howmore 31
Ormacleit Castle Beinn Mhòr 620
South Uist 865
Daliburgh
Lochboisdale
Pollachar

Scurrival Point
Cleat Fuday
Barra 383
Kisimul Castle
Vatersay Castlebay
Sandray
Pappay
Mingulay
Berneray
Barra Head

A T L A N T I C

O C E A N

Monach Islands

Sound of Monach

The Little Minch

Sound of Barra

Northton
St. Clement's Church
Leverburgh
South Harris
Grosebay
Scalpay
Shiant Is.

Rodel
Renish Point
Lingerbay

Waternish Point
Dunvegan Head
Milovaig
Neist Point
Ramasaig
Macleod's Tables 488
Idrigill Point

Rubha Hunish
Duntulm Castle
Skye Museum of Island Life
Flodigarry
Uig 67
Trotternish
Loch Snizort
Colbost
Dunvegan
Dunvegan Castle 22 850
Roskhill 863
Carbost 21
Bracadale
Fiskavaig
Talisker
Glenbrittle
Cuillin Hills
Bla Bheinn 928
993

Eilean Trodday
Longa I.
Loch Gairloch Gairloch
Gairloch Heritage Museum
Poolewe
Victoria Falls
Badachro
Redpoint
Talladale 832
Slioch 980

Culnaknock
Portree
Brochel
Raasay
I. of Rona
Oscaig
Sconser 10
Peinchorran 439
Sligachan 11
Luib 67
Broadford
Torrin

Beinn Edra 611

Wester Ross
Lower Diabaig
Torridon
Beinn Eighe 1010
Shieldaig
Applecross
Beinn Bhàn 896 (626)
Lair 890
Sgurr a'Chaorachain 1053
Loch-carron 12%
Stromemore
Strome Castle 15
Achmore
Castle Moil
Kyle of Lochalsh
Balmacara 5
Duirinish Dornie
Eilean Donan Castle
Carnach

Falls of Measac 832
Corrieshalloch Gorge
Sgurr M 11
Kinlochewe
Achnasheen 10
Scardre
19
Monar Lodge L. Monar
Carn Eige 1183
Affric Lod

S k y e

Soay
Canna
Sound of Canna
Rum Kinloch
Askival 812 Kinloch Castle
Oigh-sgeir
Cleadale
Eigg
Muck

Elgol
Isleornsay
Dunsgaith Castle
Clan Donald Centre
Armadale
Aird of Sleat
Mallaig 12% 14% 830
Arisaig
Rubh Arisaig 19
Lochailort

Arnisdale
Kinloch Hourn
Ladhar Bheinn 1010
Knoydart
North Morar
South Morar Loch Morar
Road to the Isles
Glenfinnan

L. Cluanie
A'Chralaig 1120
Highland
L. Duich
Morvich
Glenelg
Shiel Bridge
L. Quoich
Sgurr na Ciche 1040
Strathan
Gaor Bheinn 987
Loch Arkaig
Bunarkaig
Gairlochy
Banavie 830
Corpach

Point of Ardnamurchan
Achosnich
Kilchoan Mingary Castle
Ardnamurchan

Eilean Shona
Tioram Castle 861
Ardtoe
Ockle Kinloch-moidart
Moidart
Pollloch
Glenborrodale
Salen 32
Strontian
Loch Sunart 13

Drumfern 830
Neptune's Staircase
Inverlochy Castle
Fort William
Ben Nevis 1344
Ski Area Nevis Range
Corran
Inchree
Kinlochleven

I s l e s

Sorisdale
Bailyhaugh Arinagour
Arileod Coll
Arnabost
Clachan Mòr Caoles
Scarinish
Tiree
Hynish

Achleck
Glengorm Castle
Tobermory
Dervaig
Calgary
Mull Little Theatre
Loch Tuath
Ulva
Staffa
Isle of Mull
Ben More 966
849
Iona Abbey Iona
Baile Mòr
Fionnphort Bunessan
Ross of Mull
Carsaig
Loch Scridain

Drimnin
Morvern 884
571 17%
Lochuisge
Achranich
Lochaline
Fishnish
Salen
Craignure
Torosay Castle
Balnahard
Duart Castle Duart Pt.
Kerrera

Ballachulish
Glen Coe
Glencoe Visitor Centre Dalness
Portnacroish
Stalker Castle
Port Appin
Lismore
Fasnacloich
Gualachulain
Ben Starav 1078
Benderloch
L. Etive
Barcaldine
Bonawe
Ben Cruachan 1126
Connel McCaig's Tower
Oban
Pass of Brander
Dunstaffnage

Garvellachs
Luing Melfort
Toberonochy
Corryvreckan Whirlpool
Scarba
Colonsay
Colonsay House
Scalasaig
Oronsay

Seil
Easdale
Kilninver
Kilmelford
Arduaine Arduaine Garden
Shuna
Aird
Kilmartin House Kilmartin
Minard
Crinan Canal
Lochgilphead
Lochdrishaig

Dalmally
Kilchrenan
Cladich
816
819
Crunch Mhòr 589
Inveraray Castle Inveraray
Crarae Garden
Argyll
St. Catherines
Strachur
Ardgart

J u r a

Lealt 467
Ardlussa
Crinan

Dubh Artach

Rubha a'mhail
Sanaigmore
Port Askaig
Ballygrant
Bridgend
Kilchoman
Port Charlotte
Bowmore 847
Portnahaven Rinns Point Kintra
Glenegedale Beinn Sholum
Round Church
I s l a y
Ardtalla
Kildalton Cross

Feolin Ferry
Craighouse
Keills
Kilberry
Lagg 785 848
Kennacraig
Claonaig
Ardpatrick Pt.
Gigha Island
Ardminish

Kilchuan
Tarbert
Skipness Castle
Inchmarnock
Portavadie
Kilbride
Otter Ferry
Inverchapel

Carrick
Garelochhead
Conchra
Gelnfinnan
Ardentinny
Coul

578
Dunoon
Cowal Gathering
Colintraive
Rhubodach
Kames
Kyles of Bute
Rothesay
Port Bannatyne
Kildavanan

Gourock
GREENOCK
Inverkip
Wemyss Bay
Skelmorlie
Great Cumbrae I.
Largs
Millport
Kelburn Castle

Bute
Kilchattan
Sound of Bute
Kingarth
Lochranza

Dippen
Glenbarr
Carradale
Arran
Brodick Castle
Goat Fell

9

Lower Killean
Mull of Oa
Ardbeg
Machrihanish
Pirnmill
Corrie
West Kilbride
Ardrossan
Saltcoats
Stevenston
Ayrshire

0   10   20   30 Kilometers
0   10   20 Miles

| Ba | Bb | Bc | Bd | Ca |

14

A T L A N T I C   O C E A N

Tory Is
West Town

Inisht
Inis Bó

15

Tory So

Meen
Bloody Foreland Head
Brinlack/
Bun na Leaca
Gola I./ Gabhla
Bunbeg/
An Bun Beag
Gwee
L. Nac
Crolly/
Croithlí
Owey I./ Uaighe
Rosses Bay
Aran or Aranmore I./
Árainn Mhór
Kincasslagh
Leabgarrow
Ailt an Chorráin
Burtonport
Inishfree Upper
Dunglow/
An Clochán Liath
Com
Derrydruel
Roaninish

16

Gweebarra Bay
Owenea
Portnoo
Dawros Head
Loughros
More Bay
Maas
Glendorragha
Glenties
Tangav
Port
▲ 442
Glencolumbkille/
Gleann Cholm Cille
Folk Village
Museum &
Heritage
Crove
14-20 %
Ardara
520
Rossan Point
Malin Beg/
Málainn Bhig
Carrick/
An Charraig
Glengesh
Pass 48
Donega
Castle
Slieve League
Kilcar
Inver
Dunkineely
Carrigan Head
Killybegs/
Na Cealla Beaga
Donegal/
Dún na nGall
Doorin
Point
St. John's Point
Rossnowlagh

17

Donegal Bay
Kildoney Point
Ballyshannon/
Béal Átha Seana
Bundoran/
Bun Dobhráin
Mullaghmore
Head
Classiebawn
Castle
Castgegal
Ulster
Connacht
Stags of
Broad Haven
Benwee Head
Porturlin/
Port Durlainne
Inishmurray
Moneygold
Creevykee
524
Roosky
Gorti
Erris Head
Portacloy
Céide
Fields
Downpatrick
Head
Roskeeragh Point
Benbulbin
▲ 527
Dartry Mts.
Glenade
Rossinver
Scribba
Eagle Island
Broad Haven
Belderrig/
Béal Deirig
Lissadell House
Drumcliff
Gurteen
Annagh Head
Belmullet/
Béal an Mhuirthead
Pollatomish
Bellanaboy
Bridge
Rathlackan
Kilcummin
Lenadoon
Point
Rosses Point
Manorhamilton
Cluainín
Drumreagh
Mullet Peninsula
Ballycastle
Rathfran
Stone Circle
Easky
Dromore West
Strandhill
Carrowmore
Sligo/
Sligeach
Leckaun
Glen
Bunnahowen/
Bun na hAbhna
Carrowmore
Lake
331
Creevagh
Killala
Bay
Inishcrone
53
Skreen
Beltra
Park's Castle
Killarga
450
Inishkea North
Aghleam
Bangor
Belville
Killala
Moyne Abbey
Culleens
L. Gill
Ballintogher
Dowra
Inishkea South
Blacksod
Point
Geesala/
Gaoth Saile
Bellacorick
Rosserk Abbey
Ballina/
Béal an Átha
Bunny-
connellan
Slieve Gamph or the Ox Mts.
543
Carrowneden
Ropefield
Coola
Tobercanavan
35
Drumkeeran

18

Black Rock
Duvillaun More
Blacksod Bay
Saddle Head
Achill Head
Doogort
Shranamanragh
Bridge
720
Owenduff
Nephin Beg area
Crossmolina
Crois Mhaoilíona
Errew Abbey
Carrowntrella
333
Cloonacool
Arinagh
Drumfin
Sligo
Folk Park
457
Ballymote/
Baile an Mhóta
Castlebaldwin
Geevagh
Keadew
Lower
14-20 %
Keel
Inisbiggle
32
Castlehill
Ballycroy
National Park
Lahardaun
Derreen
Srahmore
Glen Nephin
Lough
Conn
Foxford
Aclare
Tobercurry/
Tobar an Choire
Kesh
Ballinafad
Cliff Scenery
Achill Island
Annagh
Island
Achill Sound/
Gob an Choire
588
340
Pontoon
26
Callow
Roosky
Gorteen
Knockvicar
L. Key
Boyle Abbey
Forest Park
Lough Key
Dooega/
Dumha Éige
Corraun
Mulrany/
An Mhala Raithní
Lough
Cullin
Swinford/
Béal Átha na Muice
10
Carracastle
Cloonloogh
Boyle/
Mainistir na Búille
Carrick-on-Shannon
Cora Droma Rúisc
Bills Rock
Achillbeg I.
Corraun
Peninsula
Rosturk
Burrishoole
Abbey
Beltra
27
Charlestown
13
234
Carracastle
Frenchpark
Drumshan
Keshcar
Clare Island
Ballytoohy
Newport/
Baile Uí Fhiacháin
Castlebar/
Caisleán an
Bharraigh
Bellavary
16
Ballaghaderreen/
Bealach an Doirín
Kingsland
Leitrim

19

Clew Bay
Old Head
Westport/
Cathair na Mart
Westport House
Kiltamagh
Killkelly
Lisacul
Loughglinn
27
Elphin
Inishturk
Roonah Quay
Emlagh Point
Roonah Lough
Caher Island
Louisburgh
Leckanvy
Croagh
Patrick
765
Mace
Ballyhead
Balla
Balintubber Abbey
Ballyglass
35
Our Lady of Knock
Knock
Ballyhaunis/
Béal Átha hAmhnais
Clonalis House
Castlerea/
An Caisleán Riabhach
Rathcroghan
Tulsk
Strokestown
Roosk
10 %
18
Liscarney
31
Claremorris
Clár Chlainne Mhuiris
18
Ballinlough
Cloonfad
Ballymoe
Four Mile House
Strokestown
House
34
Inishbofin
Bofin
Rinvyle Castle
Kinnadoohy
Tonakeera Point
Owenmore
Bridge
761
Errif Bridge
Partry
Tourmakeady/
Tuar Mhic Éadaigh
Hollymount
Ballindine
Kilmovee
Runnabacken
Ballyclare
Termonba
Inishshark
Cleggan/
An Cloigeann
High Island
Cashleen
Renvyle
Kylemore Abbey
Letterfrack
600
817
Delphi
673
Trean
Leenaun
Lough
Mask
Caher
Cong/
Conga
Cross
Kilmaine
Foxhall
Milltown
Dunmore/
Dún Mór
Glennamaddy
Roscommon/
Ros Comáin
Emmoo

20

Cruagh
Omey I.
Clifden/
An Clochán
Clifden Castle
Connemara
National Park
An Clochán
Finnisglin
Recess/
Sraith Salach
Cashel/
An Caiseal
Maumturk Mountains
Joyce
Country
Kilmeelickin
Teernakill
35
Cornamona
Cong
Shrule
Cross
Headford/
Áth Cinn
Moneen
Carrowntanlis
Carrowntanlis
Clonbern
Creggs
Athleague
Knockcroghery
Corl
Slyne Head
Talbot I.
Kingstown
Ballyconneely
Roundstone
Gortmore/
An Gort Mór
▲ 360
Ashford
Castle
Inchagoill Churches
Aughnanure
Castle
Oughterard/
Uachtar Ard
Knockferry
Tuam/Tuaim
Knockmoy
Abbey
Barnaderg
Moylough
Mount Bellew/
An Creagán
Mount Talbot
Newbridge
Thomas Street
Brideswell
Croaghnakeela I.
Ballyconneely
Bay
Glinsk/Glinsce
Carna
Derryerglinna
Rosscahill
Cloonboo
Corrib
235
Lough

| Ba | Bb | Bc | Bd | Ca |

St. Mac Dara's I.
Mweenish I.
Kilkieran/
Cill Chiaráin
Kilkieran Bay
Kinvarra
Moycullen
Maigh Cuilinn
Baile Chláir
Clarengalway
Turloughmore
Oranmore
Athenry/
Baile Átha an Rí
Ballydangan
Athlone Castle
Cornafulla
Ath
Baile
Lettermullan/
Leitir Meallain
Gorumna Island
Rossaveel/
Rós an Mhíl
Inveran/
Indreabhán
Costelloe/Casla
Kilcol
Barna/
Bearna
Spiddal/
Cloghmore
Cloonymorris
Kiltoom
Glass

North

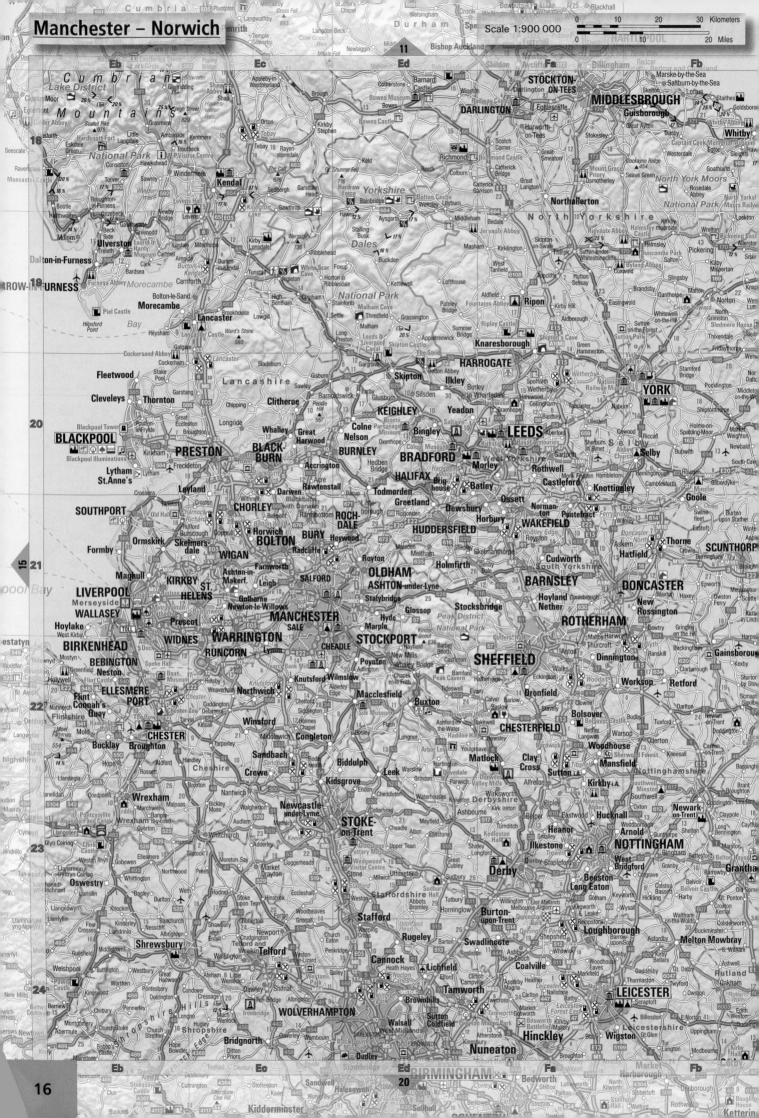

18

N O R T H

19

20

S E A

21

22

23

24

21

Lowestoft

17

Robin Hood's Bay
Ravenscar
Cloughton
17%
Scarborough Castle
Scarborough
Seamer
Filey
17%
Saxton
Filey Bay
Humanby
Reighton
Flamborough
Flamborough Head
Bridlington
Burton Agnes Hall
Boynton
Bridlington Bay
Kilham
Burton Agnes
Driffield
Lissett
Skipsea
Skipsea Castle
Beeford
Bainton
East Riding
Hornsea
Sligglesthorne
of Yorkshire
South Skirlaugh
Aldbrough
Beverley
Leven
Burton Constable
KINGSTON
UPON HULL
Sproatley
Tunstall
Hedon
Holy Trinity Church
Withernsea
The Deep
Humber Bridge
New Holland
Patrington
TOLL
Barton-upon-Humber
Easington
Thornton
Curtis
Thornton Abbey
Kilnsea
North Lincolnshire
Immingham
Spurn Head
Keelby
GREAT
GRIMSBY
Brigg
Barnetby
le Wold
North East
Lincolnshire
Cleethorpes
Humberston
Caistor
Waltham
North Thoresby
Moortown
Nettleton
East
Ravendale
North Somercotes
Binbrook
Saltfleet
Middle
Rasen
Market
Rasen
Ludborough
Louth
Mablethorpe
Hainton
Ludford
Withern
Sutton on Sea
Fulnetby
Scamblesby
Burwell
Maltby
le Marsh
Wragby
Baumber
Alford
Mumby
Tetford
Ulceby
Chapel
St. Leonards
LINCOLN
Bardney
Horncastle
Willoughby
Ingoldmells
High Bridge
Candlesby
Bracebridge Heath
Partney
Lincolnshire
Spilsby
Skegness
Metheringham
Woodhall Spa
Burgh
le Marsh
Naverby
Tattershall
Keal
Wainfleet All Saints
Scopwick
Coningsby
Eastville
Billinghay
Tattershall Castle
Stickney
Friskney
Cranwell
Ruskington
Wrangle
Kirkby-
la-Thorpe
S. Kyme
Frithville
Old Lake
Sleaford
Langrick
St.Botolph's
Church
Benington
Heckington
Boston
Freiston
Wilsford
The Wash
Scredington
Bicker
Kirton End
Hunstanton
Thornham
Brancaster Bay
Brancaster
Holkham Bay
Blakeney Point
Burnham
Market
Wells-
next-the-Sea
Blakeney
Kelling
W.Runton
Cromer
Billingborough
Dowsby
Gosberton
Holbeach
St. Matthew
Heacham
Docking
N. Creake
Holkham
Hall
Overstrand
Ingoldsby
Kirby
Underwood
Pinchbeck
Saracen's
Head
Gedney
Dove End
Dersingham
Sandringham
House
Great Bircham
Great
Snoring
Lit. Walsingham
Briston
Holt
Little
Barningham
Thorpe
Market
Mundesley
Corby Glen
Spalding
Whaplode
Holbeach
Long
Sutton
Castle
Rising
Houghton
Hall
East Rudham
Barney
Fakenham
Corpusty
Wood Dalling
Erpingham
Felbrigg Hall
Blicking
Hall
North
Walsham
Honing
Sea Palling
Castle
Bytham
Bourne
Sutton
St. James
N. Wootton
King's Lynn
Hillington
Weasenham
St. Peter
Guist
Brisley
Reepham
Cawston
Aylsham
Scottow
Deeping
St. Nicholas
Dowbit
Walpole
St. Andrew
Grimston
Litcham
Bawdeswell
Hevingham
Hainford
Horning
Norfolk
Broads
Hickling
Green
Kirby
Cowbit
Sutton
St. Edmund
Walpole
St. Mary Magdalen
W. Winch
E. Winch
Castle Acre
Elsing
East
Dereham
Attlebridge
Horsham
St. Helen
Bastwick
Winterton-
on-Sea
Stamford
Market
Deeping
Wisbech
Swaffham
Wending
Yaxham
Costessey
Acle
Caister-on-Sea
Nelson Museum
Burghley
House
Thorney
Peterborough
Crowland
Marham
Cranworth
Barford
Easton
NORWICH
Burgh Castle
Great Yarmouth
King's Cliffe
Eye
Whittlesey
Guyhirn
Outwell
Downham
Market
Stradsett
Goodestone
Watton
Kimberley
East
Poringland
Freethorpe
Marholm
Nene Valley
Railway
March
Nordelph
Oxburgh
Hall
Stoke Ferry
Thompson
Great
Ellingham
Mulbarton
Saxlingham
Nethergate
Seething
Hopton
Fotheringhay
PETERBOROUGH
Benwick
Welney
Southery
Muddford
Great
Hockham
Ashwellthorpe
Gc

Stilton
Polebrook
Winwick
Ramsey
St. Mary's
Chatteris
Littleport
Madea
Fettwell
Weeting
Brandon
Forest
Croxton
New
Buckenham
Pulham
Market
Bungay
Beccles
Woodwalton
Downham
Lakenheath
Thetford
Kenninghall
Flixton
Harleston
St. Peter
Brovdon

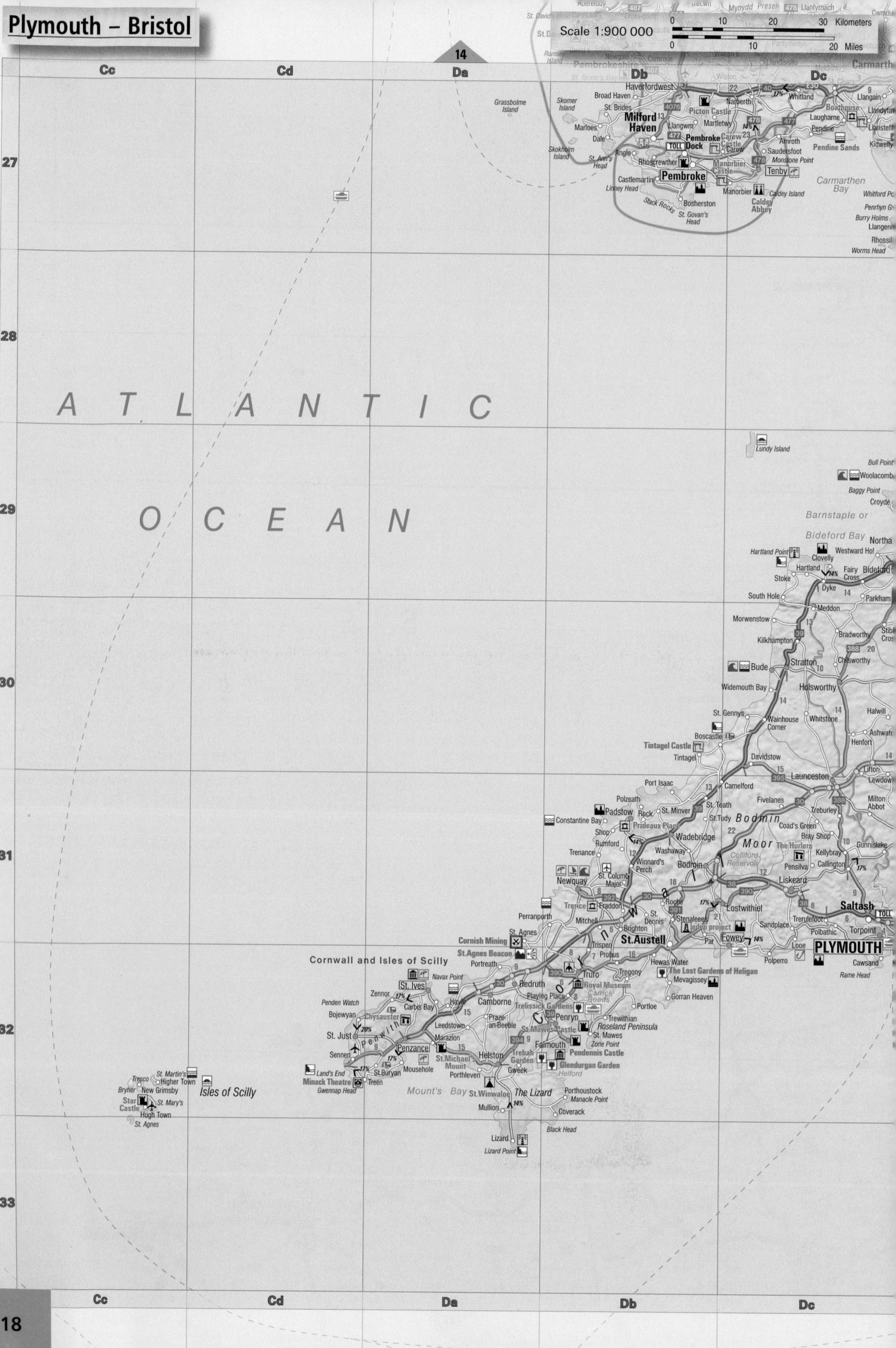

Scale 1:900 000

0 10 20 30 Kilometers
0   10   20 Miles

14

27

St. David's Head
Ramsey Island
Skomer Island
Grassholme Island
Skokholm Island

Haverfordwest
Broad Haven
Milford 13
HAVEN
Marloes
Dale
St. Brides
St. Ann's Head
Rhoscrowther
Castlemartin
Linney Head
Stack Rocks
St. Govan's Head

Narberth
Picton Castle
Llangwm
Pembroke Dock
Carew Castle
Carew
Angle
Manorbier Castle
Bosherston
Monstone Point
Caldey Island

Pembroke
Amroth
Saudersfoot
Manorbier
Caldey Abbey
Tenby

Whitland
Laugharne
Pendine
Pendine Sands

Carmarthen Bay
Whitford Po
Penrhyn G
Burry Holms
Llangenni
Rhossil
Worms Head

28

A T L A N T I C

O C E A N

Lundy Island

Bull Point
Woolacomb
Baggy Point
Croyde

29

Barnstaple or
Bideford Bay
Northa
Hartland Point
Clovelly
Westward Ho!
Fairy Cross
Bideford
Hartland
Stoke
South Hole
Dyke 14
Parkham
Morwenstow
Meddon
Kilkhampton
Bradworthy
Stibl
Cros

30

Bude
Widemouth Bay
Stratton
Chisworthy
Holsworthy
St. Gennys
Wainhouse Corner
Whitstone
Halwill
Boscastle
Davidstow
Henfort
Tintagel Castle
Tintagel
Lifton
Launceston
Lewdow
Milton Abbot

31

Port Isaac
Polzeath
Padstow Rock
Constantine Bay
Shop
Prideaux Place
Rumford
Trenance
Winnard's Perch
Washaway
St. Columb Major
Bodmin
Newquay
Fraddon
Roche
Camelford
St. Teath
St. Tudy
Wadebridge
Bodmin Moor
Colliford Reservoir
The Hurlers
Pensilva
Kellybray
Callington
Liskeard
Gunnislake
Coad's Green
Bray Shop
Treburley

Saltash
Perranporth
Mitchell
St. Agnes
Brighton
St. Denis
Eden project
Stenalees
Lostwithiel
Sandplace
Trerulefoot
Torpoint
PLYMOUTH

Cornish Mining
St.Agnes Beacon
Trisper
St.Austell
Par
Fowey
Polbathic
Cawsand
Cornwall and Isles of Scilly
Portreath
Hewas Water
Looe
Polperro
Rame Head
The Lost Gardens of Heligan

Zennor
Navax Point
St. Ives
Redruth
Truro
Royal Museum
Mevagissey
Playing Place
Carrick Roads
Gorran Heaven

Penden Watch
Carbis Bay
Havle
Camborne
Trelissick Gardens
Portloe
Bojewyan
Chysauster
Penryn
Trewithian
Roseland Peninsula
Praze-an-Beeble
St. Mawes Castle
St. Mawes
Zone Point
St. Just
Leedstown
Marazion
Falmouth
Sennen
Penzance
Helston
Trebah Garden
Pendennis Castle
Land's End
St Buryan
Mousehole
St.Michael's Mount
Glendurgan Garden
Minack Theatre
Treen
Porthleven
Gweek
Helford
Gwennap Head
St.Winwaloe
The Lizard
Porthoustock
Manacle Point

32

Penwith
Mount's Bay
Coverack
Black Head

St. Martin's
Higher Town
Tresco
Bryher
New Grimsby
Star Castle
St. Mary's
St. Agnes
Hugh Town

Isles of Scilly

Mullion
Lizard
Lizard Point

33

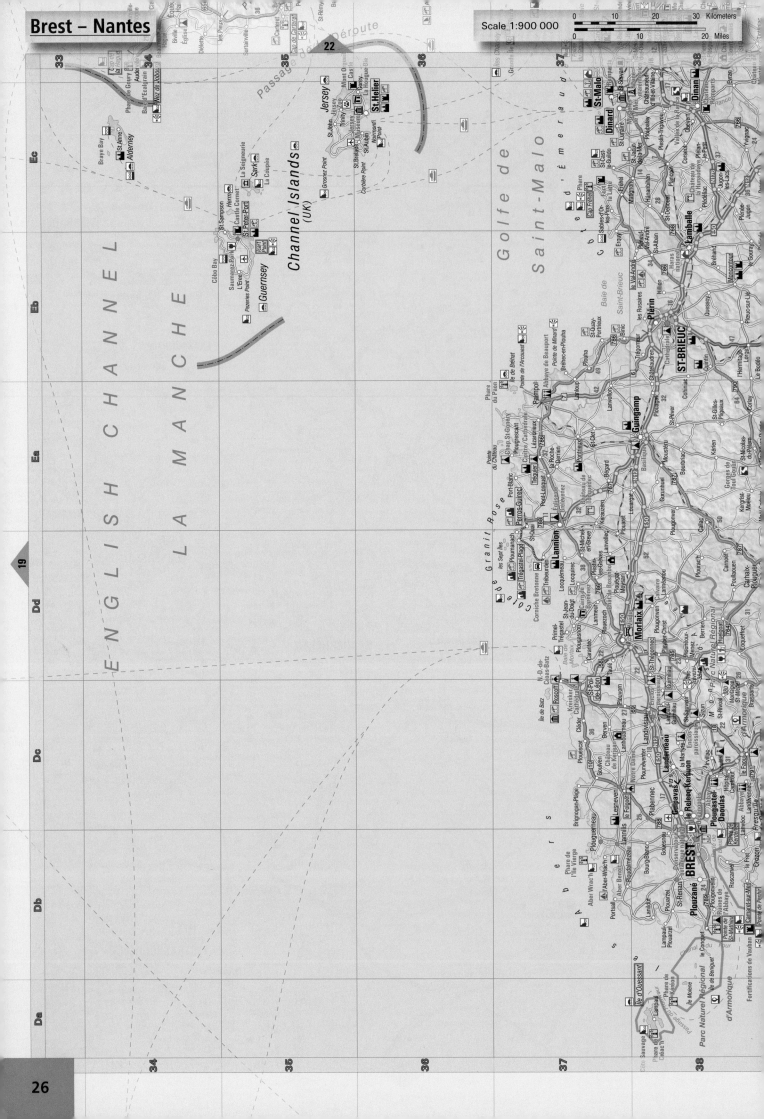

Scale 1:900 000

| | 0 | 10 | 20 | 30 Kilometers |
| 0 | | 10 | | 20 Miles |

ENGLISH CHANNEL

LA MANCHE

Channel Islands (UK)

Golfe de Saint-Malo

Jersey

Guernsey

Sark

Alderney

Passage de la Déroute

Côte d'Émeraude

St-Malo

Dinard

Dinan

Lamballe

ST-BRIEUC

Plérin

Guingamp

Lannion

Morlaix

Roscoff

Landerneau

Le Relecq-Kerhuon

Guipavas

Plougastel-Daoulas

BREST

Plouzané

Île d'Ouessant

Parc Naturel Régional d'Armorique

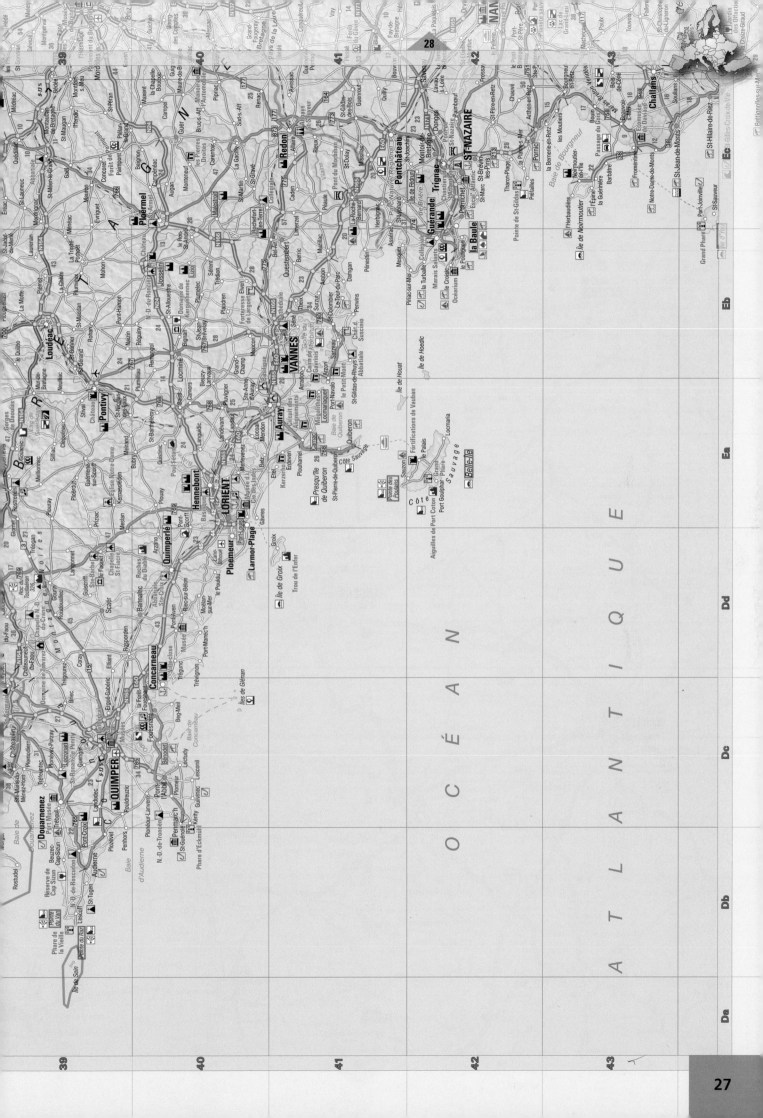

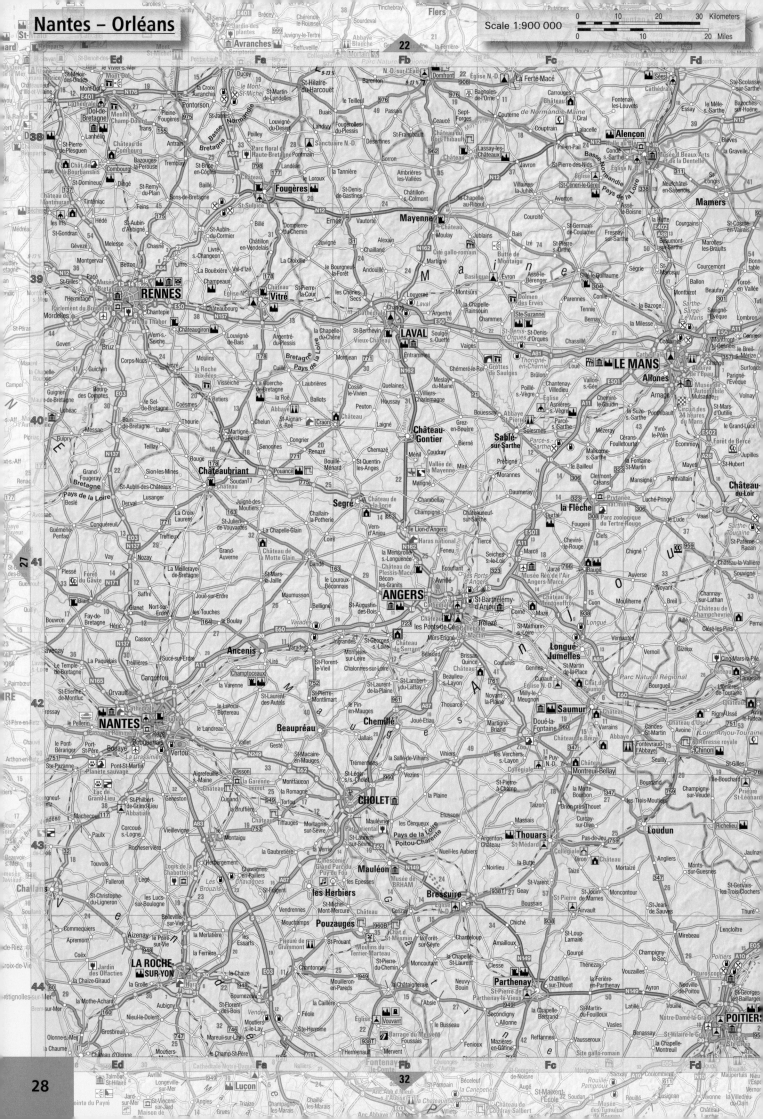

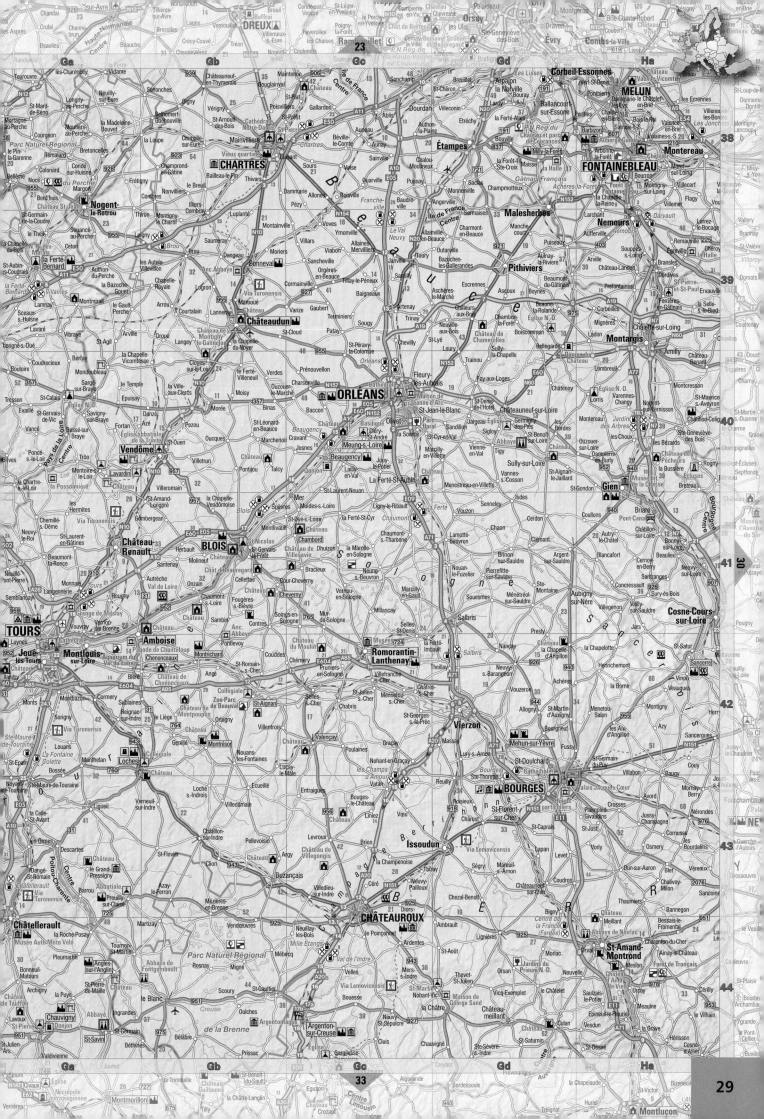

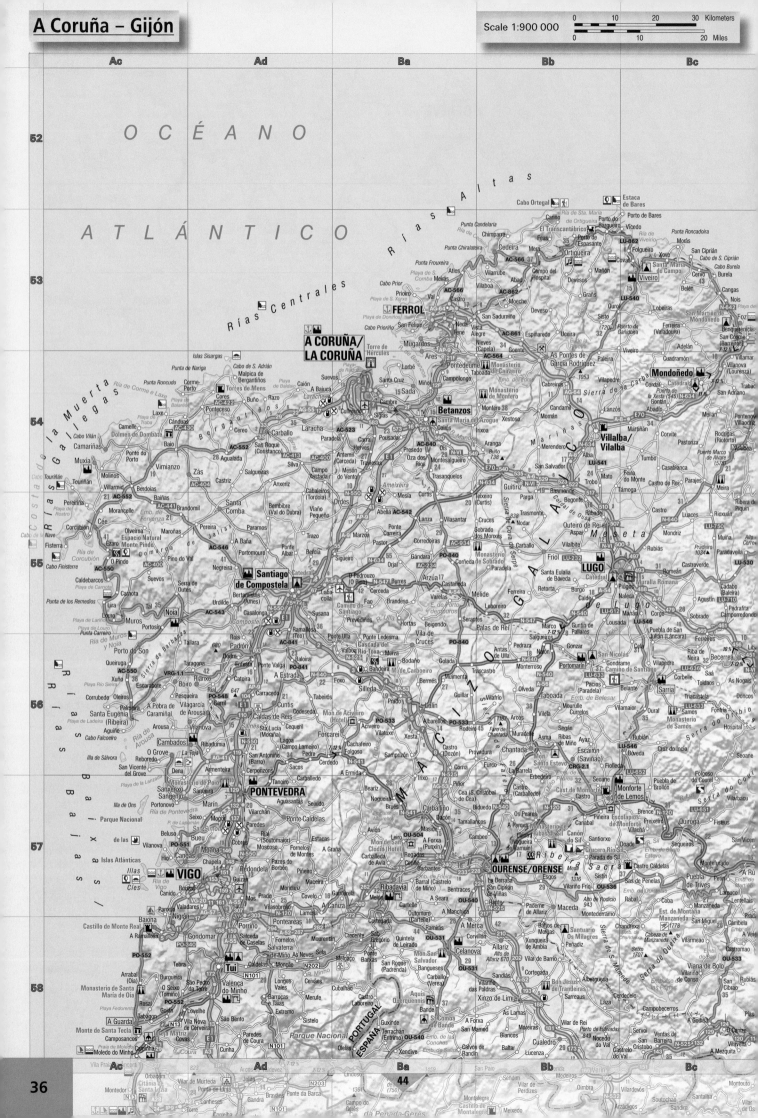

MAR MEDITERRÁNEO

Costa Daurada

Costa del Maresme

Costa Brava

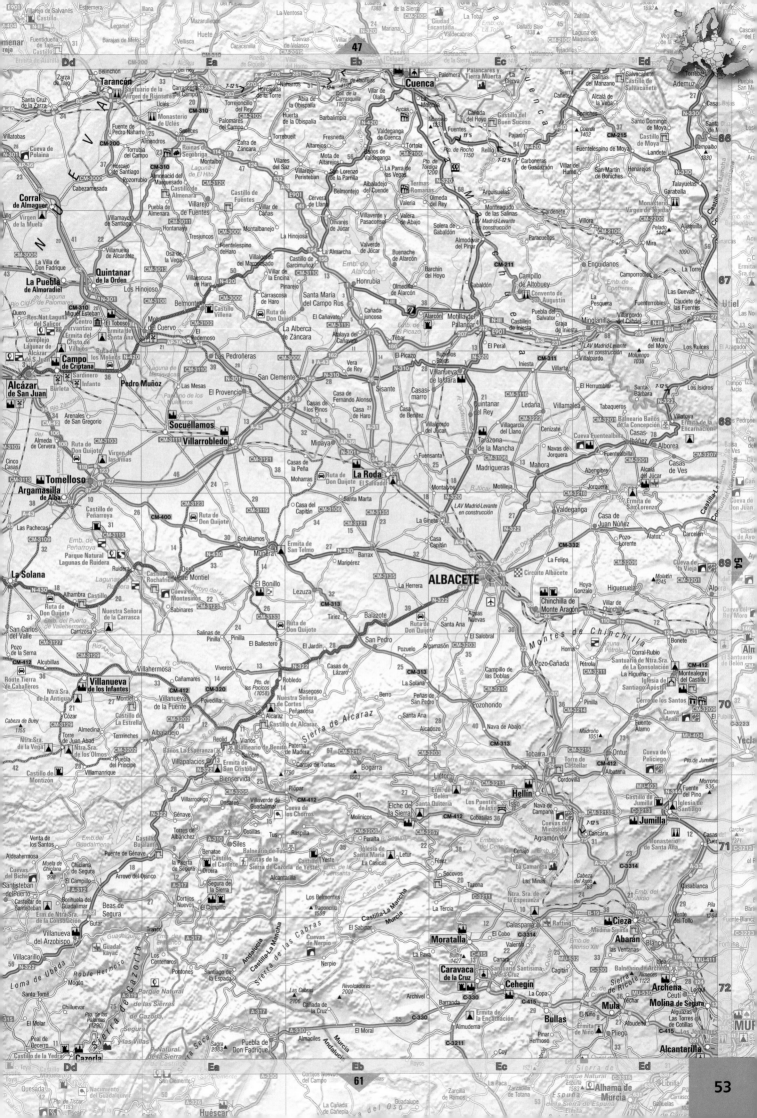

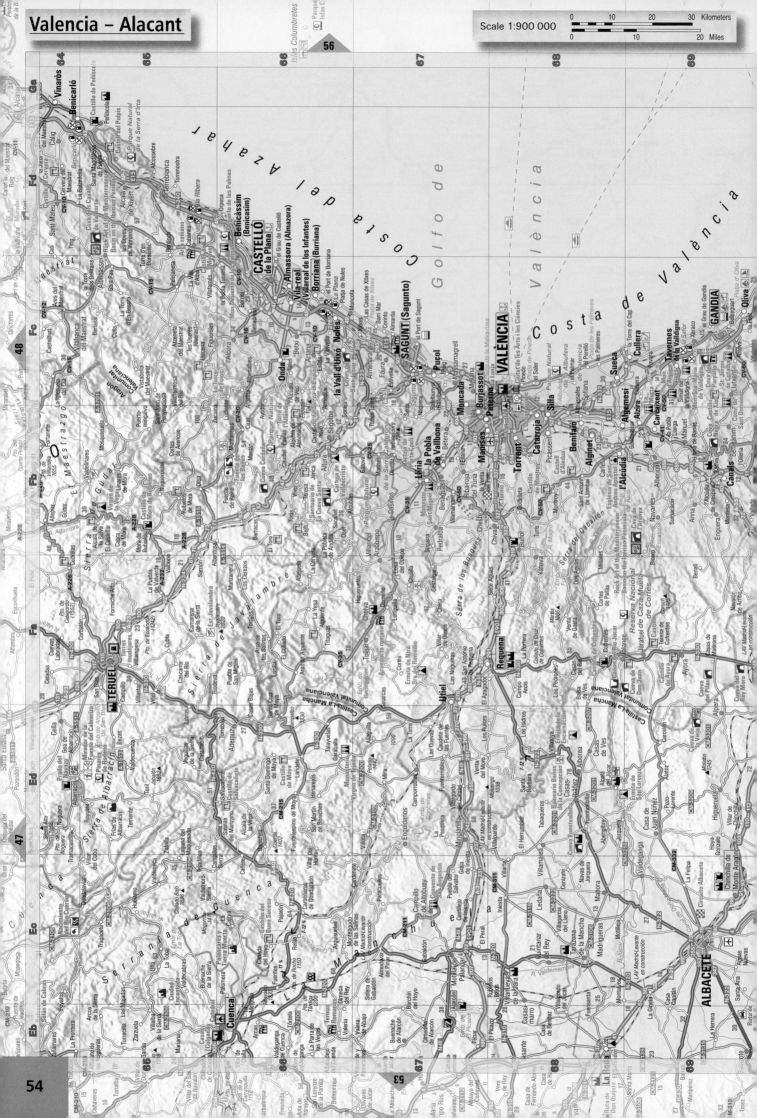

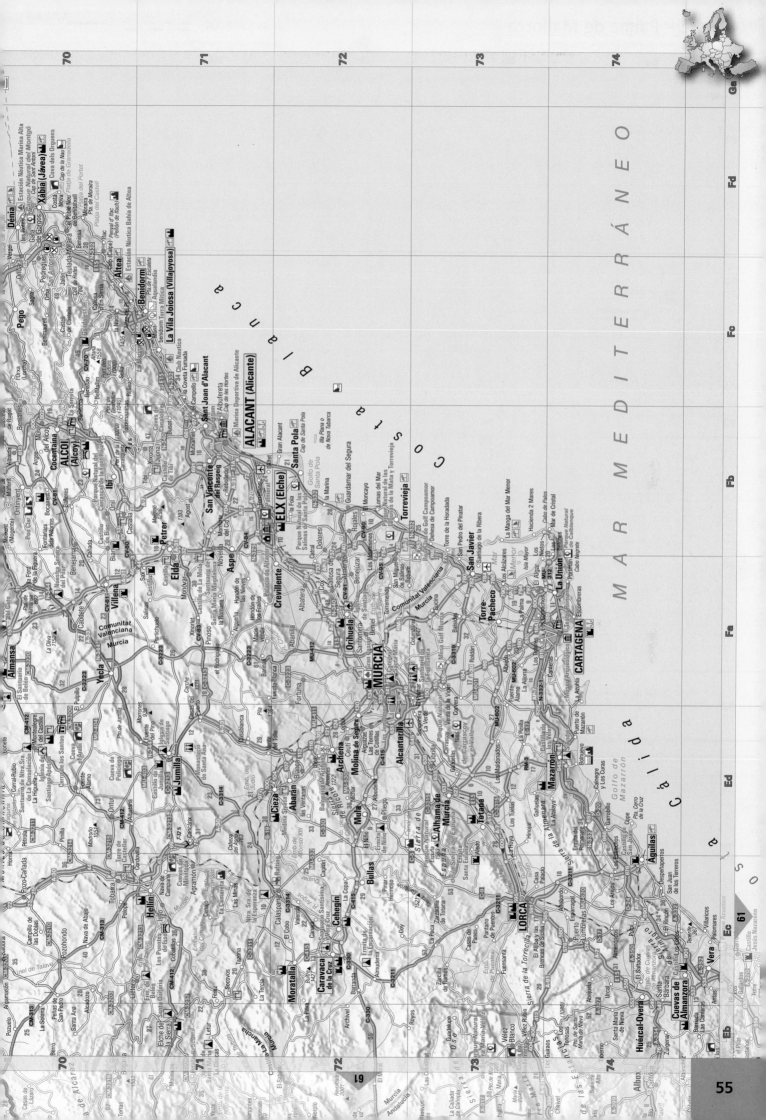

Scale 1:900 000

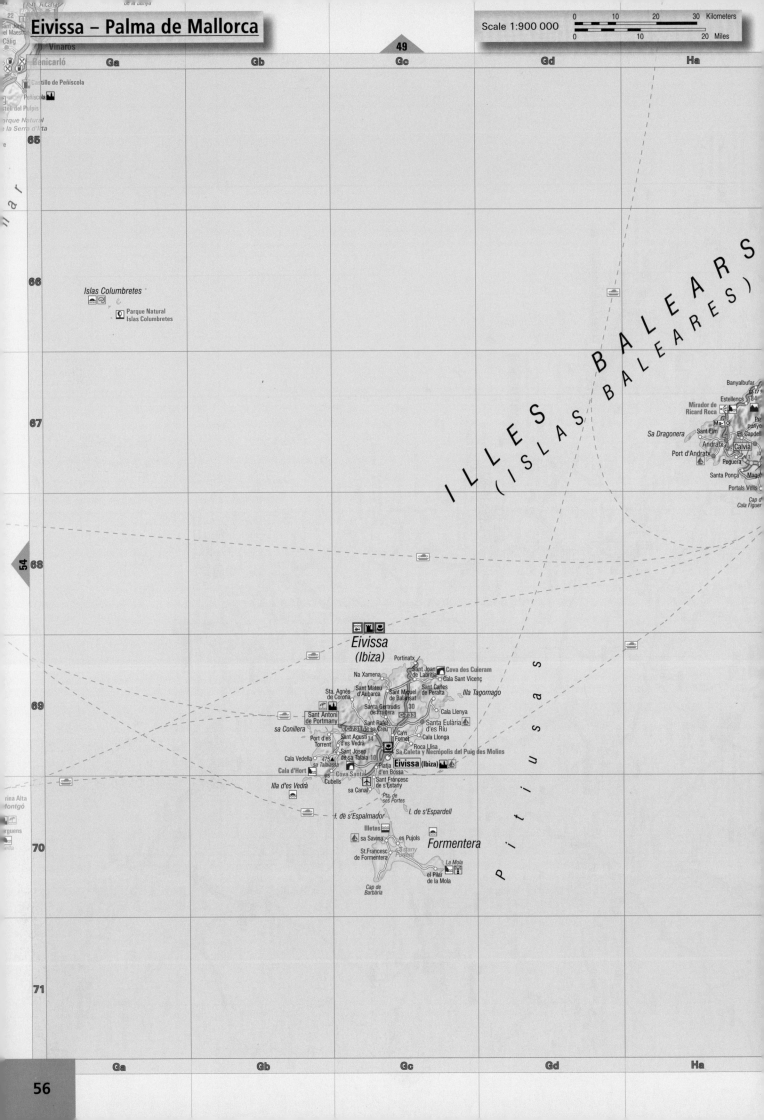

Ga Gb Gc Gd Ha

Vinaròs

Benicarló

Castillo de Peñíscola

Peñíscola

ell del Pulpis

arque Natural
la Serra d'Irta

65

66

Islas Columbretes

Parque Natural
Islas Columbretes

67

ILLES BALEARS
(ISLAS BALEARES)

Banyalbufar

Estellencs

Mirador de
Ricard Roca

Sa Dragonera   Sant Elm   Es Capdell

Andratx   Calvià

Port d'Andratx   Peguera

Santa Ponça   Maga

Portals Vells

Cap d
Cala Figuer

54 68

69

Eivissa
(Ibiza)

Portinatx

Na Xamena   Sant Joan   Cova des Cuieram
                  de Labritja   Cala Sant Vicenç

Sant Carles
de Peralta   Illa Tagomago

Sta. Agnès   Sant Mateu   Sant Miquel
de Corona   d'Aubarca   de Balansat

Santa Gertrudis
de Frutera

Sant Antoni   Sant Rafel   Santa Eulària
de Portmany   d'es Riu

sa Conillera

Cala Llenya

C-731 de sa Creu

Ca'n
Fornet   Cala Llonga

Port d'es   Sant Agustí
Torrent   d'es Vedrà   Roca Llisa

Cala Vedella   Sant Josep   Sa Caleta y Necròpolis del Puig des Molins
                    de sa Talaia

Cala d'Hort   sa Talaiassa

Cova Santa   **Eivissa** (Ibiza)

Cala d'Hort   es
                   Cubells

Illa d'es Vedrà   Platja
                       d'en Bossa

sa Canal   Sant Frànçesc
                de s'Estany

Pta. de
ses Portes

I. de s'Espardell

I. de s'Espalmador

70

Illetes

sa Savina   es Pujols

Formentera

St.Francesc   Estany
de Formentera   Pudent

La Mola

el Pilar
de la Mola

Cap de
Barbària

71

Ga Gb Gc Gd Ha

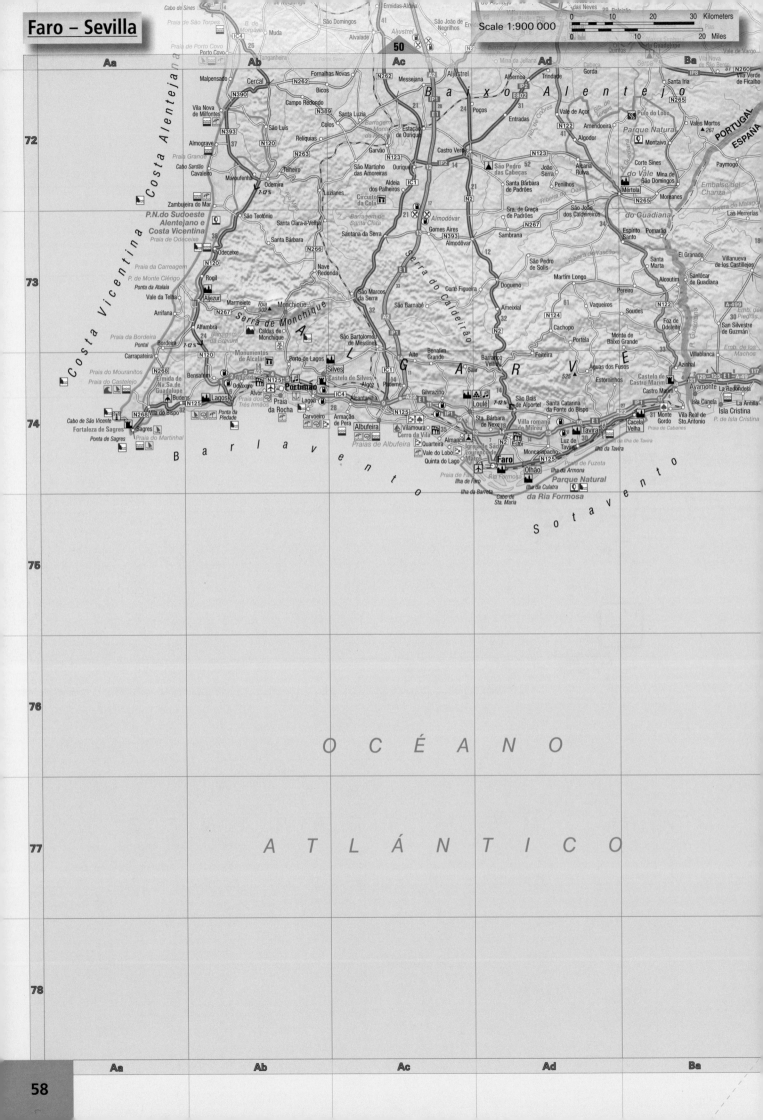

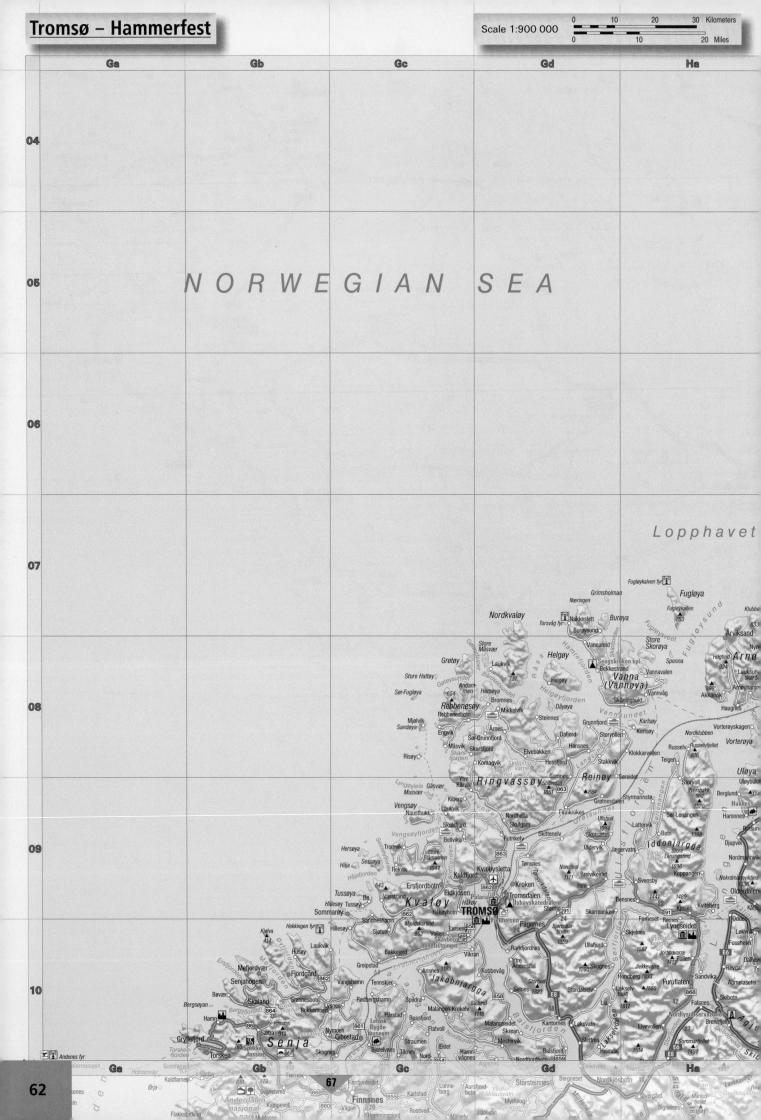

Ga   Gb   Gc   Gd   Ha

04

NORWEGIAN SEA

05

06

Lopphavet

07

Fugløykalven fyr

Grimsholman

Næringen

Nordkvaløy

Fugløya

Fugløykalven
753

Torsvåg fyr

Nakkeslett

Burøya

Klubbe

Burøysund

833

Arviksand

Vannareid

Store
Skorøya

Fugløysvaet

Store Måsvær

Laukvik

Helgøy

Hamreflorden

Spenna

Hegtind
924

Arnø

Grøtøy

737

Sengskroken kpl.

Bekkestrand

Vannavalen

898

Lauksun
skardet

Store Hattøy

Andammen

Helgøy

Vanna
(Vannøya)

Vannvåg

Akkarvik

Amøyhamn

Sør-Fugløya

Hersøya

651

Bromnes

Helgøyfjorden

Skåningbukt

Haugnes

08

Rebbenesøy

Mikkelvik

Dåyeva

Vannsundet

Vorterøyskagen

Rebbenesbotn

Steinnes

Grunnfjord

Karlsøy

Nordklubben

Vorterøya

Mjelvik
Sandøya

Ytre
Kårvik

Engvik

Årnes

Dafjord

Storypllen

Karlsøy

Russelv

Russelvfjellet
616

Teigen

Sør-Grunnfjord

Skarstfjord

Elvebakken

Klokkarvollen

Uløya

Måsvik

Hansnes

Uløybukt

Risøy

Komagvik

Skogsfjord
vatnet

Hessfjord

Stakkvik

Storvoll

Lyngøyleia

Gåsvær

Ytre
Kårvik

Gamnes

Reinøy

Søreidet

Tverrbakk
tind
1320

Berglund

Musvær

Solfjellet
1051

863

884

Styrmannsto

Havnnes

Vengsøy

Kiberg

Ringvassøy

Grøtnesdalen

Finnkroken

Hamnnes

Naustbukt

Laukvik

Isvatna

Gratsundet

Ullstind
1094

Latterviki

Sør-Lenangen

09

Vengsøyfjorden

Skulsfjord

Nordhella

Skulgam

Skittenelv

Skotsætret

Botn

Rotsund

Bellvika

Futrelvy

Oldervik

Jægervatn

Iddonjargga

Djupvik

Hersøya

Tromvik

863

Store
Blåmannen
1044

Nonstind
1111

Breiviken

Store
Lenangstind
1596

Koppangen

Nordmannvik

Håja

Sessøya

Kvaløysletta

Svensby

Nokrdmannviktind
1636

Rekvik

Kaldfjord

Kroken

Hov

Oldordalen

862

Eidkjøsen

Polaria

Tromsdalen

1441

1489

Kvitberg

Tussøya

Vasstrand

Ishavskatedralen

Bensnes

Kjosen

Hillesøy Tussøy

Håkøy

Stormo

91

Skarmunken

Fornes Rørnes

91

Sommarøy

TROMSØ

Fjellheisen

Fagernes

24

Lyngseidet

Sandneshamn

Mjeldskartind
952

Vollen

Larsen

858

Bjørnskar
tinden
1359

Ullsfjord

Skjelnes

Hekkingen fyr

Hillesøy

Sjøtun

Fylla
vatnet

Løkv

Kjølva
414

Vikran

Ramfjordnes

Ytre
Andersdal

1567

Jorbbavarre
1413

Fossheim

Husøy

Laukvik

Bakkejord

Kobbvåg

Skognes

Jiekkevarre
1833

Furuflaten

Revdal

Greipstad

Stortind
1293

Hundberg

Sandvika

Mefjordvær

Fjordgård

Vangshamn

Tennskjer

Jakobnjargga

Selnes
1323

Lakselv-
bukt

1565

868

Skibotn

10

Senjahopen

862

Stordalselv

E8

42

Falsnes

Bøvær

Skaland

Stønnesbotn

Lysnes

Rødbergshamn

Malangen Krokelv

Sletind
1118

Matangen

Lia

1617

Nurdlysobservatoriet

Bergsøyan

864

Istindan

Harstad

Rossfjord

Kantornes

Lakselv

E6

Hamn

Spildra

Elvevollen

Brenntfjellet

Gryllefjord

86

Sætra 919

Nymoen

Lenvik
Bygde-
museum

Flatvoll

Skrean

Mestervik

Slettnno

Heimdal

Sommarfjellet
1491

Torsken

765

Spekkel
fossen

Senja

Gibostad

Straumen

Bjørelva

Balsfjord

1514

E8

Andenes fyr

Torsken-
fjorden

Skognes

Eidet

Hann-
vågnes

Nord-

Nordfjordbotn

859

Holmenvær

651

879

Svanelvmo

86

Aspnes

856

Bergneset

Nordkjosbotn

Kaldfarnes

Ørja

Anderdalen
nasjonal-
park

Kampevoll

Lunne-
borg

Aursfjord-
botn

Ytre
Fiskiausvatn

Myrhaug

Signaldalen

Markus
fjellet

860

Finnsnes

855

Storsteinnes

Övergård

Gawlidalen

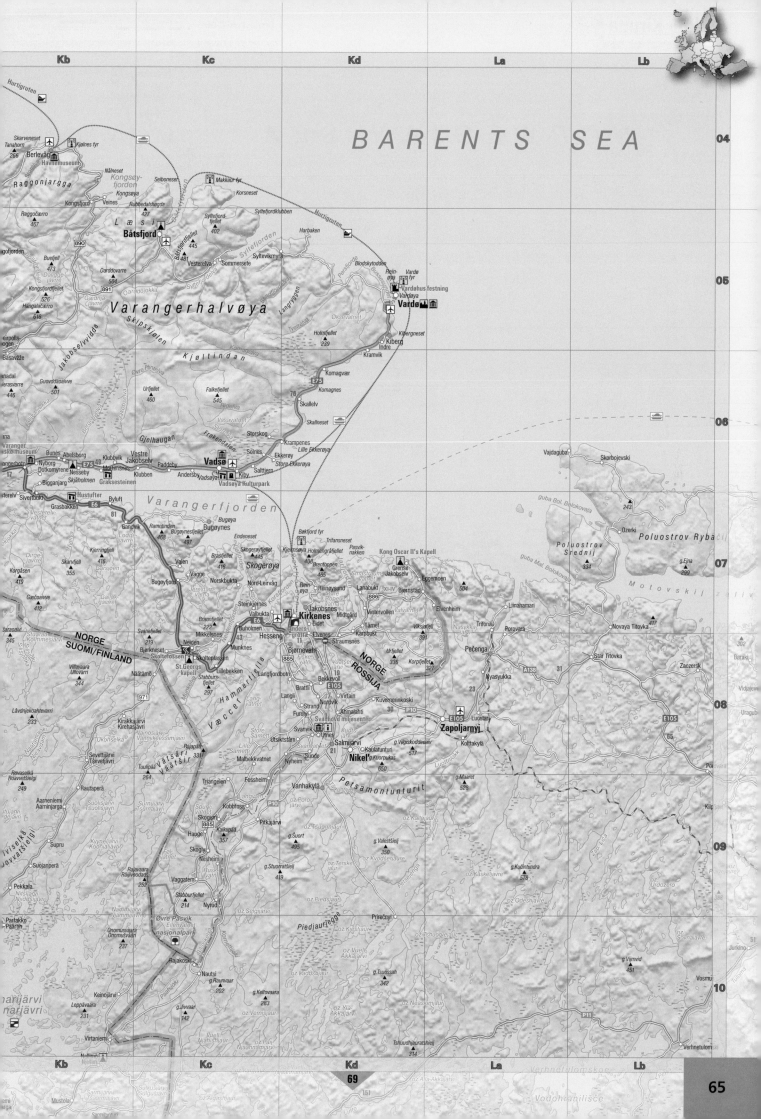

04

BARENTS SEA

Hurtigruten

Skarveneset
Tanahorn
Berlevåg
Havnemuseum
Kjølnes fyr

Raggonjargga

Nålneset
Kongsøy-
fjorden
Seiboneset
Makkaur fyr
Korsneset

Raggočærro
467
Kongsfjord
Veines
Kongsøya
Rubbedalshøgda

Buefjell
473
Oarddovarre
504
427
Syltefjord-
fjellet
402
Syltefjordklubben

Læ s i
Båtsfjord
Båtsfjordfjellet
445
481
Vesterelva
Sommersete
Harbaken

890

05

Davage
javrri
Kongsfjordfjellet
526
Hangalačærro
618

891
Oarddojokka

Varangerhalvøya

Skipskjølen

Kjøltindan

Syltevikmyra
Persfjorden
Blodskytodden
Reinøya
Vardø fyr
Vardøya
Vardøhus festning
Vardø

Jakobselvvidda

Øvre Hinelva
Urfjellet
460
Falkefjellet
545
Hidelva

78
E75
Komagvær
Komagnes

Kibergneset
Kiberg
Indre
Kramvik

06

Tvenaka
Holmfjellet
239

Skallelv
Skallneset

Varanger
iske museum
Nyborg
Abelsborg
Dotkomyrene
Nesseby

Bunes
Klubbvik
Vestre
Jakobselv
Mortensnes
Klubben
Paddeby
Andersby
Vadsøya
Vadsø
Kiby
Vadsøya Kulturpark

Storskog
Krampenes
Ekkerøy
Lille Ekkerøya
Salttjern
Store Ekkerøya

07

Sivertbukt
Hustufter
Byluft
Grasbakken
E6
81

Varangerfjorden

Bugøya
Ramtinden
468
Bugøynesfjellet
497
Endeneset
Skogerøyfjellet
445
Bakfjord fyr
Trifanseset
Pasvik-
nakken
Kong Oscar II's Kapell

Gandvik
Kjerringfjell
416
Skarvfjell
355
Garsjøen
Valen
Brasfjellet
416
Skogerøya
Grense
Jakobselv
Orentoppen
465
Eggemoen
504

Korgåsen
419
Gæčoaivve
412

Bugøyfjord
Vagge
Norskbukta
Nord-Leirvåg
Reinøya
Reinøysund
Lanabukt
886
Bjørnstad
Elvenheim

NORGE
SUOMI/FINLAND

Svanefjellet
219
Brannfjellet
222
Jarestad
vatna
Steinkjernes
Valbukta
Kirkenes
Midtgård
Vintervollen
Valvather
Nasjykka
Trifona
Porovara
Novaya Titovka
417

Neiden
Bjørkneset
Skoltefossen
St.Georgs
kapell
Skolteplassen
Mikkelsnes
Buholmen
Hesseng
Anders-
grotta
Elvenes
Straumsnes
Tårnet
Karpbukt
Viksjøfjell
391

08

E6
885
Bjørnevatn
Fisker-
vatn
Vuaise-
jarvi
Urfjellet
336
Korptfjellet
327

NORGE
ROSSIJA

Pečenga
Star Titovka
Zaozersk

Njasyukka
A138
31
23

Bekkevoll
E105
Virtain
Kuvernerinkoski
P10
E105
65

Villavaara
Ullovarri
344

Langfjordbotn
Brattli
Langli
Strand
Nordvik
Ahmalahti
30
Zapoljarnyj

Låvdnjekoahtevarri
233

St
Sammett

Furuly
Svanhovd miljøsenter
Kuots
Svanvik
Utnes
Kuots
Luostari
65

971

Kirakkajärvi
Kirehasjärvi
Rajapää
Lille
Sammett

Utsiktstårn
Salmijärvi
Svanvatn
Sunde
Nikel
Kuorpukas
550

Vainosijärvi
Vanjikeessimjärvi

Malbekkvatnet
Nyheim
21
Kaulatunturi
517

Sevettijärvi
Tsevetjävri
Väisäri
vääsir
331

Triangelen
Fessheim

Rovaselkä
Roavveselgi
249

Tuulipää
264

Vanhakylä

Petsämontunturit

g.Maaret
528

09

Rautaperä

Suolisjärvi
Aarninjarga

Langvant
Spurk-
gärvi
oz.Poro-
järvi

g.Suort
495

Aarneniemi

Kobbfoss
P10

Kalkupää
357

Pitkäjärvi

oz.Tšuognjaur

Kynneljärvi
Koanjalavvi

Supru

Skogijm
885
Hauge

oz.Valestšelj
350
oz.Kvodsenaure

Suojanperä

Skogly
Nesheim

g.Stuorratšelj
419

Pekkala
Nitsijärvi
Nuiddašjavri

Vaggetem
Stabburfjellet
214
Nyrud

oz.Terskel
jaur
oz.Piedsjaur

g.Kučintundra
578
oz.Odeshjavre

Partakko
Päärtih

Øvre Pasvik
nasjonalpark
Onomusvuävn
237

Prirečnyj

oz.Seigjärvi

Piedjaurjegge

oz.Tshuotvejaur
oz.Urdozero

10

Rajakoski
Nautsi
g.Raunvaar
202

Keinojärvi

g.Keltovaara
283

g.Tsuossah
342

g.Virnvid
451

Vosmu

narijärvi
narjärvi

Leppävaara
231

g.Jivvaar
142

oz.Ylä-
Akkajärvi

oz.Neaskimjaur

oz.Vernisjaur

Virtaniemi

Poluostrov Rybačij

Poluostrov
Srednij

guba Bol. Bolokovaja
243
Ozerki

Motovskij zaliv

g.Ejna
299
334

Liinahamari

Vajdaguba
Skorbojevski

Uragub

Porovara

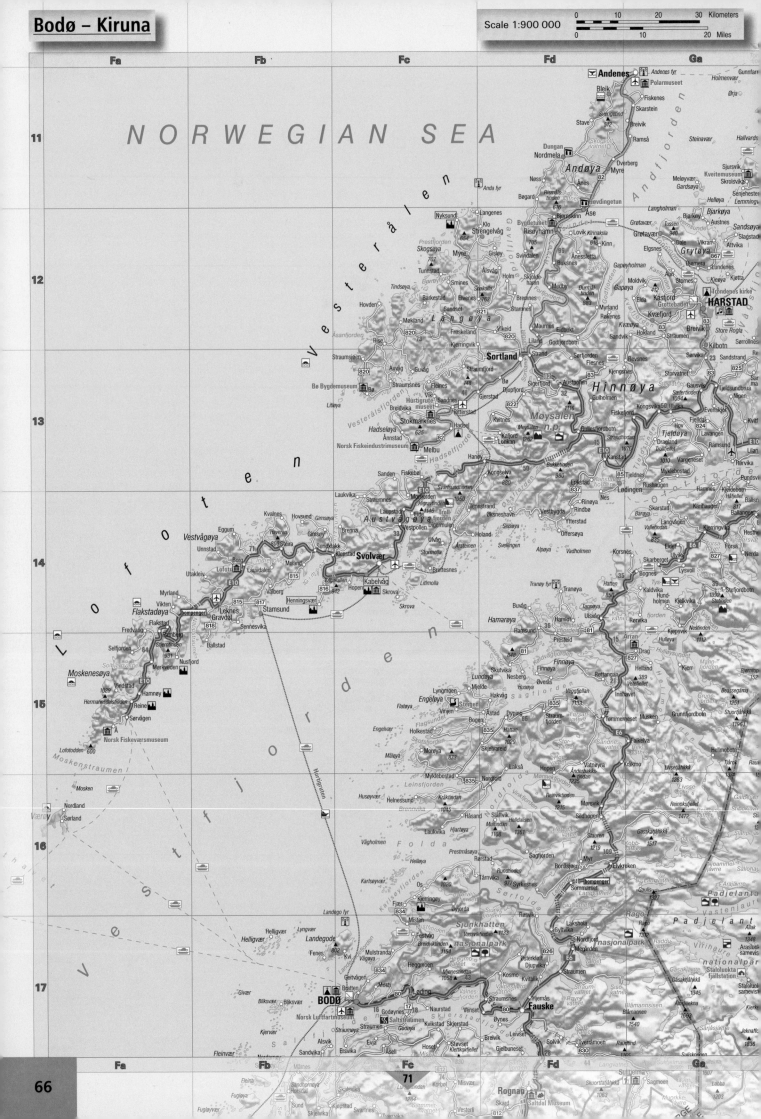

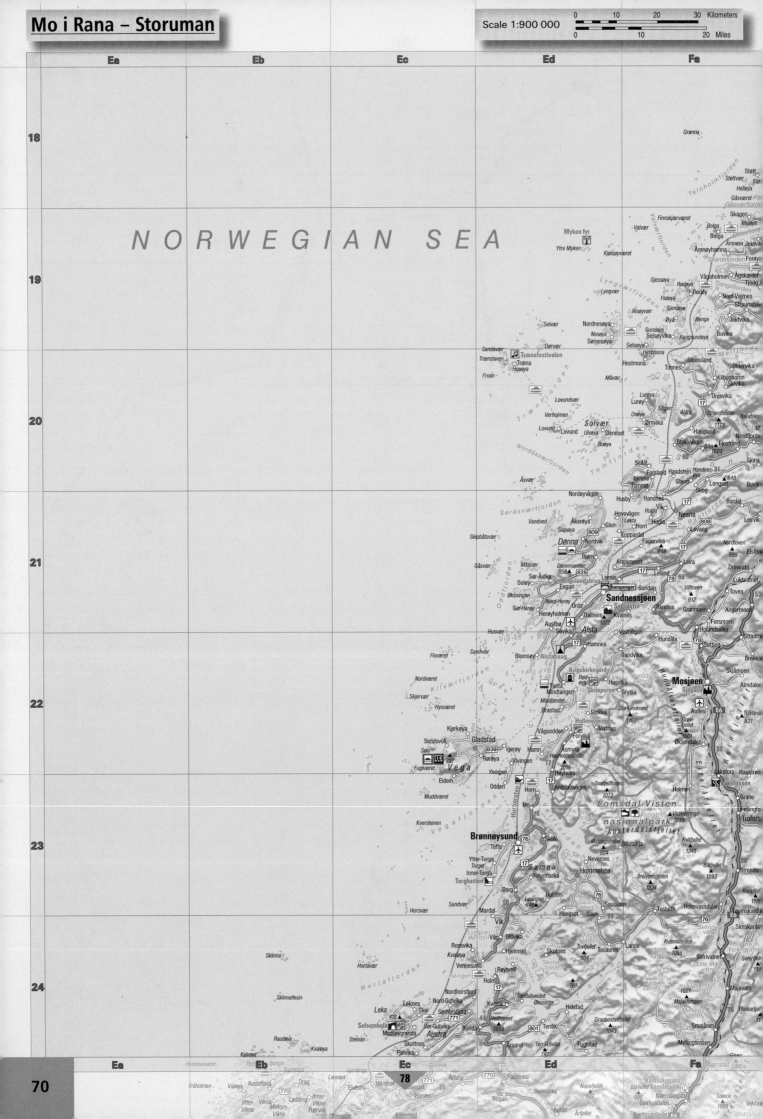

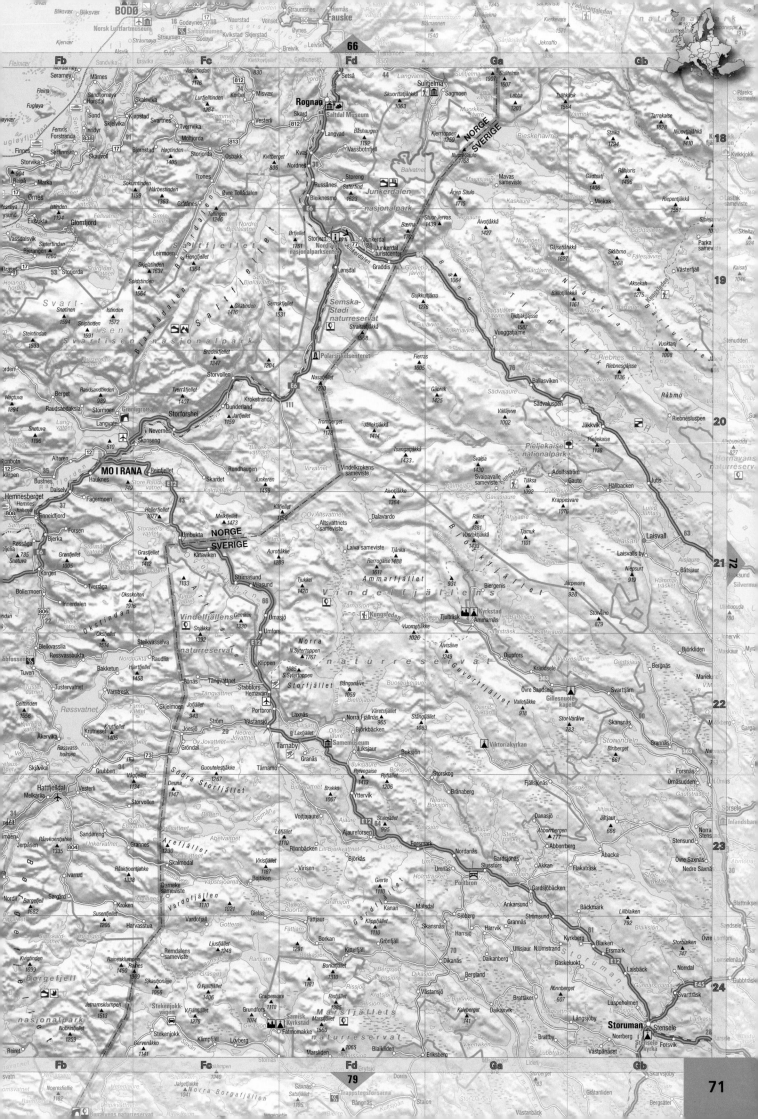

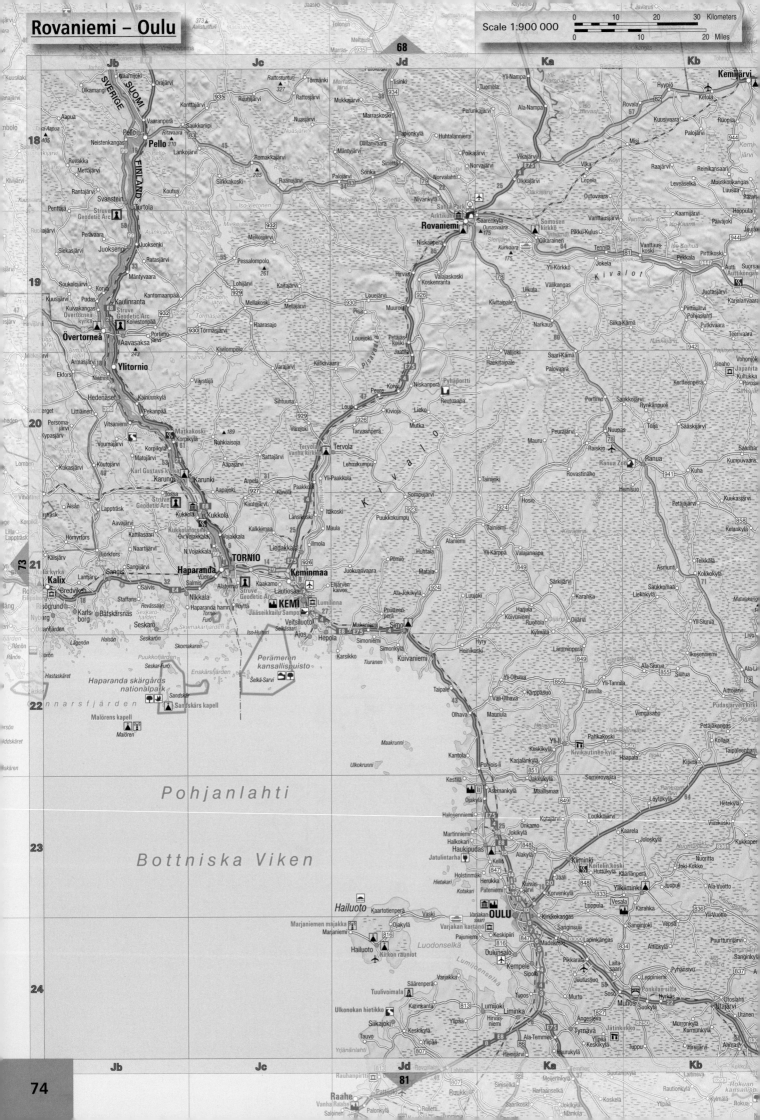

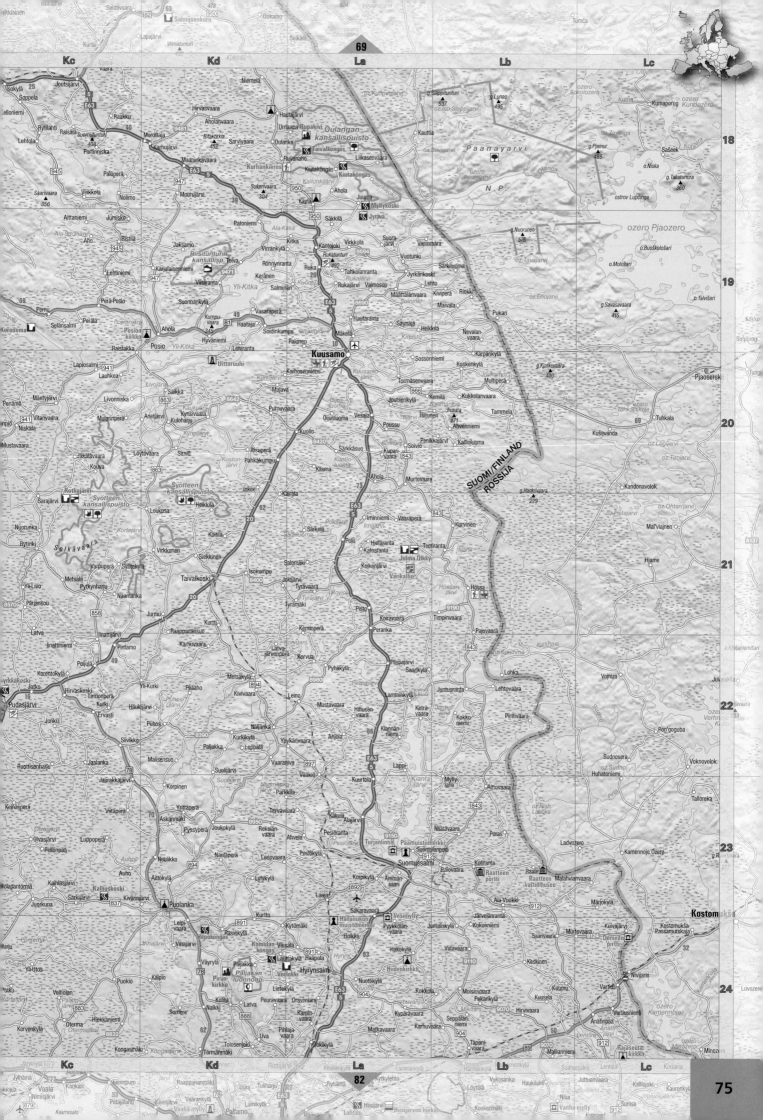

Scale 1:900 000

0   10   20   30 Kilometers
0   10   20 Miles

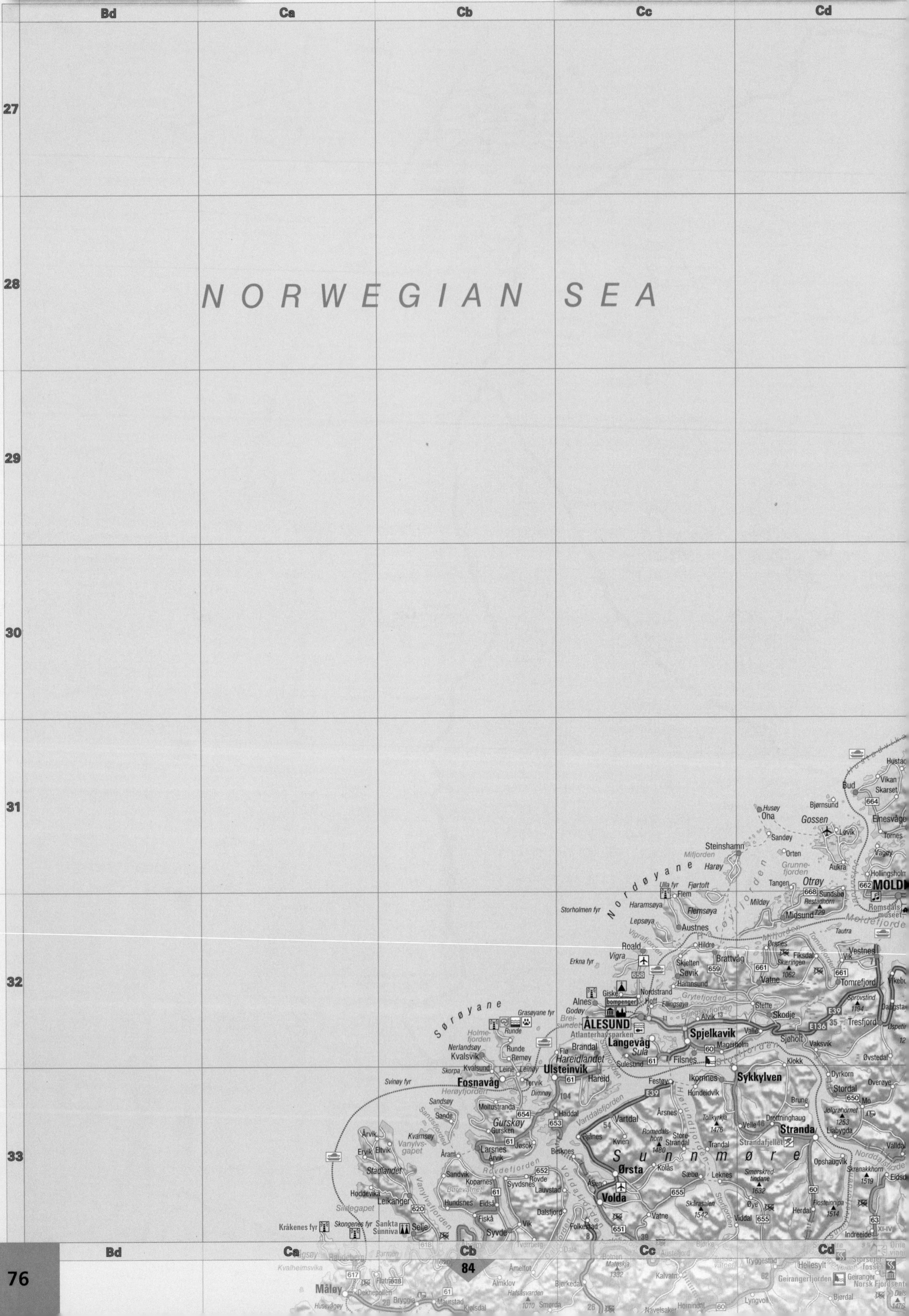

27

28

N O R W E G I A N   S E A

29

30

31

Hustac
Vikan
Bud
Skarset
Husøy
Bjørnsund
664
Ona
Elnesvåg
Gossen
Lauvik
Tornes
Sandøy
Vågøy
Steinshamn
Orten
Aukra
Mitfjorden
Hollingsholm
Grunne-
Nordøyane
Harøy
fjorden
Otrøy
MOLD
662
Ulla fyr
Tangen
Sundsbø
668
Røyfjorden
Fjørtoft
Flem
Restadhorn
Romsdals-
Storholmen fyr
Haramsøya
Flemsøya
729
Midsund
museet
Lepsøya
Mildøy
Tautra
Vigrafjorden
Austnes
Moldefjorde
Hildre
Ørsnes
Vestnes
Roald
Fiksdal
Skjelten
661
Vik
Erkna fyr
Vigra
659
Brattvåg
Skjæringen
Tomrefjord
658
Søvik
661
Vikebu
32
Giske
Haramsund
Vatne
1062
Godøy
Nordstrand
Grytefjorden
Sprøvstind
Alnes
bompenger
Hoff
Stette
Skodje
1784
E39
Tresfjord
Alnes
Ellingsøya
Alvik
E136
35
Sørøyane
Grasøyane fyr
Bret-
Skodje
Vaksvik
Uspeli
sundet
Runde
Eidsvåg
ÅLESUND
Spjelkavik
Valle
Sjøholm
Øvstedal
Holme-
Atlanterhavsparken
Langevåg
Magerholm
fjorden
Brandal
Sula
60
Dyrkorn
Nerlandsøy
Runde
Filsnes
Stordal
Overøye
Kvalsvik
Remøy
Fla
61
Sulesund
Klokk
Skorpa
Leine
Hareidlandet
Festøy
Ikornnes
Sykkylven
650
Mo
Leinøy
Ulsteinvik
Hareid
Ikornnes
Hjørundfjorden
Svinøy fyr
Tervik
61
Hundeidvik
Brune
Fosnavåg
Dimnøy
Arsnes
E39
Jolgrøhornet
Sandsøy
104
Vartdal
1253
Moltustranda
Vartdalsfjorden
Vartdal
Velle
Drottninghaug
Sande
Gurskøy
653
Tollkyrkja
Skrenakkhorn
Årvik
Gursken
61
Rjånes
1476
Store
1519
Ervik
Eltvik
Jøsok
Kvien
Romedals-
Strandal
Stranda
Larsnes
Åram
Bjøkenes
horn
Storfjorden
33
Kvamsøy
Årvik
1010
Sæbø
Leknes
Smørskred-
60
Vanylvs-
652
Åsen
Trandal
tindane
Sunnmøre
Opshaugvik
Sandvik
Rovdefjorden
Syvdsnes
1632
Flosteinnipa
Nordda
Høddevika
Rovde
Lauvstad
Ørsta
1514
Valldal
Leikanger
620
Hundsnes
Eidså
Skårasalen
Øye
Herdal
655
Vanylvsfjorden
Borevatnet
Fiskå
1542
Viddal
63
651
Vik
Volda
XI–IV
Kråkenes fyr
Skongenes fyr
Syvde
Folkestad
Vatne
Indreeide
Sankta
Dalsfjord
Stadlandet
Sunniva
Selje
Silegapet
618

Måløy
617
Flatrå
616
61
Maurstad
Hellesylt
Geirangerfjorden
Geiranger
Norsk Fjordsent
 Åmelfot
Mateskja
1392
Lyngvol
Bjørdal

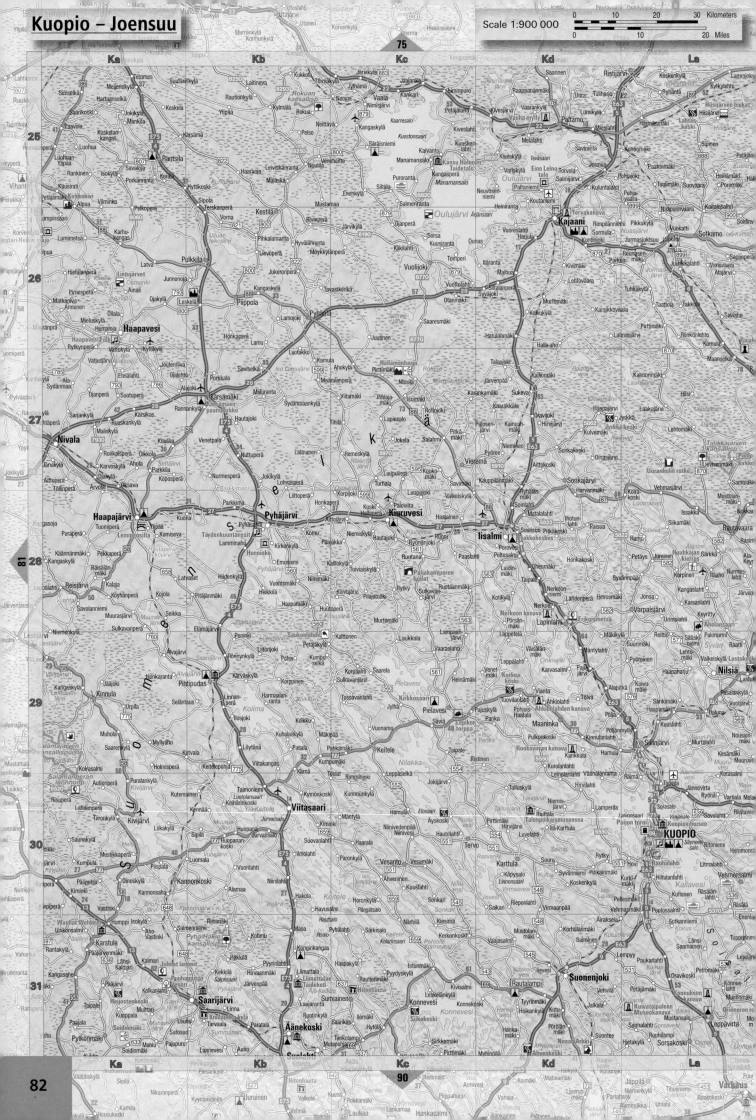

Höga Kusten

80

Gc   Gd   Ha   Hb   Hc

S. Ulvön
Mjällom
Nordingrå Ravsön
Högbondens fyr

Kramfors
Lunde
Klocke-strand
Sprängsviken Nora
Ramvik
Högakustenbron
Högsjö
Utansjö
Storön
Laxsjön

32
Viksjö
Aspnäs
Rö Hemsö
Hemsön

Ålandsbro Ulvik Lungön
Sprängviken
Stigsjö Sábrå Vägnön
Ljustorp
Åsäng **HÄRNÖSAND**
Antjärn Murberget Gånsik
Härnön
Stavreviken Hässjö
Öje Bye 45
Söråker Häggdånger
Perneforsen E4
Barsviken
TIMRÅ
Hovid
Sundsbruk Tynderö Åvikebukten
Aino
Vi Åkerö
Ålnön Åston
Tunadal Åstholmsudde
Cosmopol Rödön
Ankarsvik
Svartvik industriminnen
Sundsvallsbukten
Kvissleby Essvik
Juniskär
Skottsund
Njurundabommen
Njurunda

Brämön

34
Galtströms bruk
Galtström
Ragvaldsnäs

Gnarp
Norrfjärden
Sörfjärden
Orrsjö
Härte
Vitörarna
ittendal
Mellanfjärden
Lönnånger Jättholmarna
Harmånger
Stocka
87 35 Strömsbruk
Bästdal
Valsta
Rogsta
HUDIKSVALL
Bålsön
Kuggörarna
Hornslandet
Iggesund Klappenstenfält
Hölick
Tunaolmen
Njutånger
Innerstön
Agön
36
Tihällan
Enhammarsfjärden
Långvindsbruk
Långvind

S e l k ä m e r i

B o t t e n h a v e t

Skärså
Forsbacka
Stugsund
37 ndarne
Ljusne Ala
Vallvik

38 Norrsundet
Hamrångefjärden Iggön
Trödje

Gc   Gd   Ha   Hb   Hc

96

Gävlebukten
ärnvägsmuseum

B o t t e n h a v e t

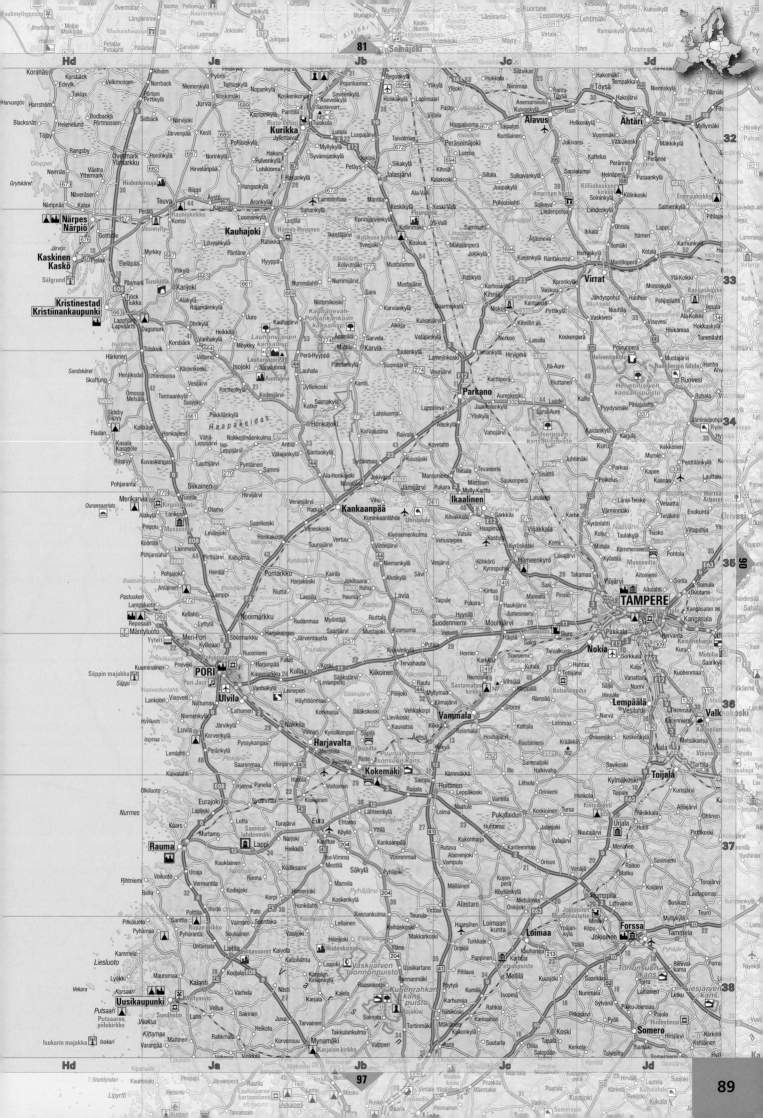

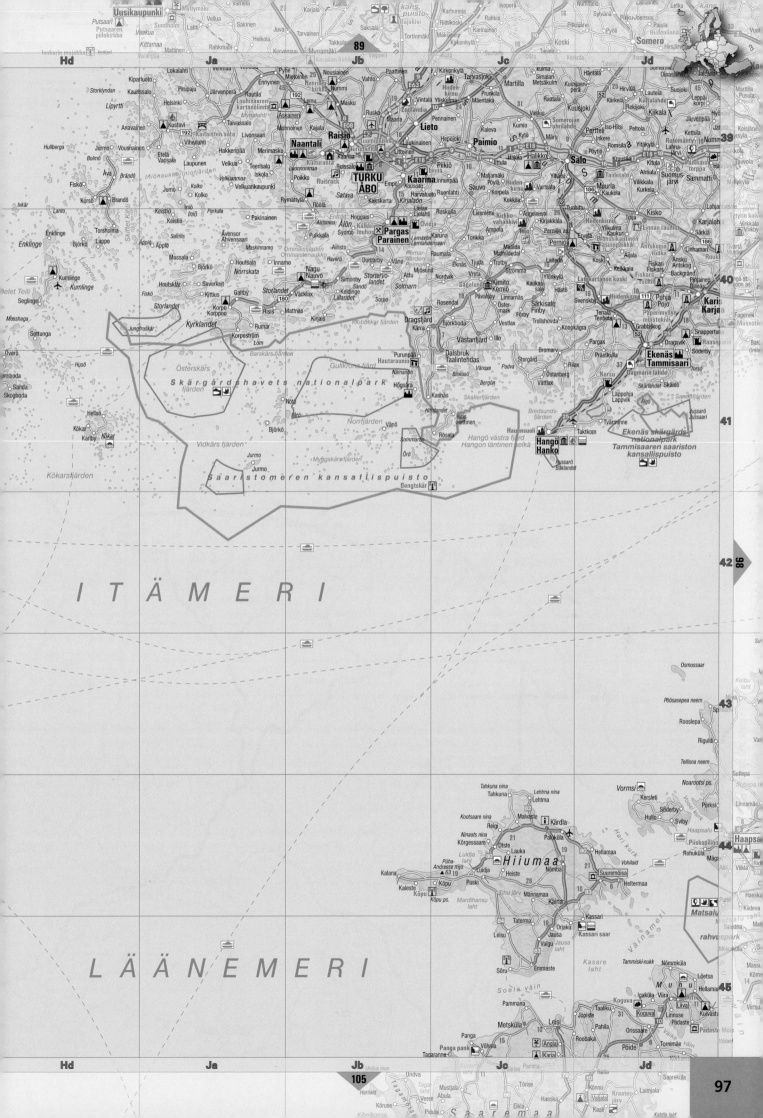

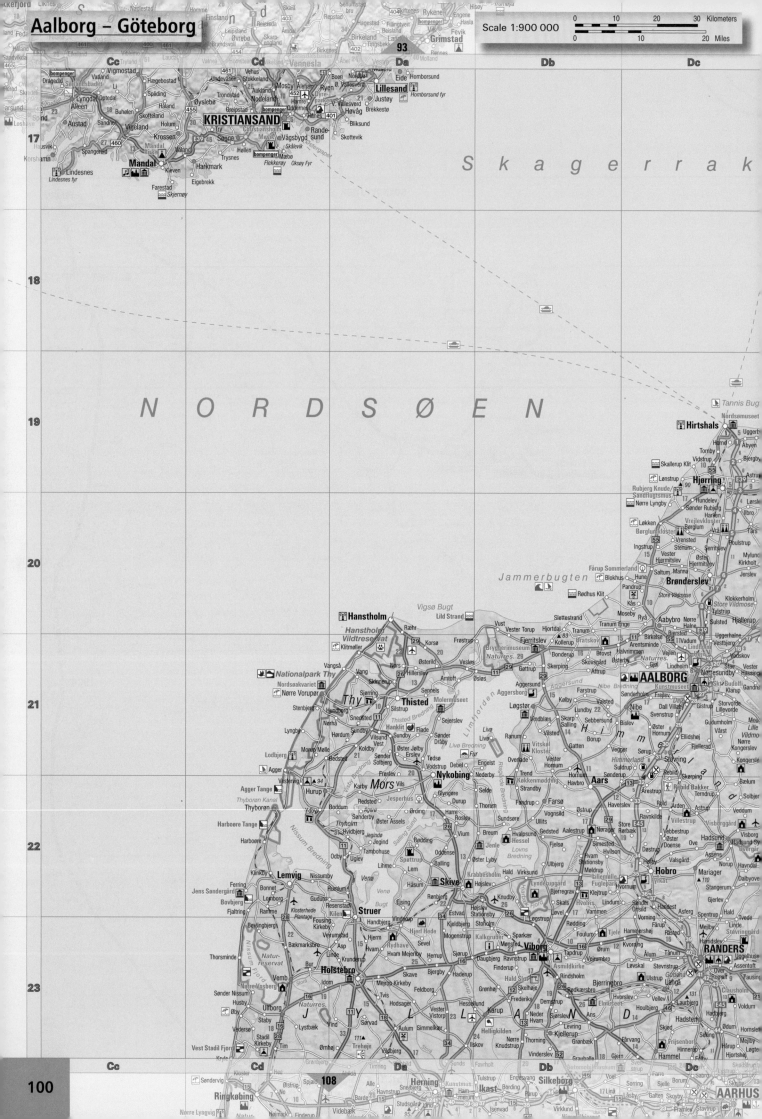

Scale 1:900 000

| 0 | 10 | 20 | 30 | Kilometers |
| 0 | | 10 | | 20 | Miles |

Gc   Gd   Ha   Hb   Hc

Nyköping

Oxelösund

Bergs-
hammar

Arnö

yttan

Tunaberg

46

Gränsp

ösund

Arkö

pöjalj.

undö

Finnö

47

Fångö

udde

Stora Askö

selö

ö

48

Misterhults
naturreservat

103 49

Öland

50

Nabbelund

Grankullavik

Byxelkrok

Ängjärnsudden

Böda kronopark

136

Bödabukten

Böda

Raukar

Högby

Kesnäsudden

Lättorp

Källa kyrka

Hörlösa

Sandvik

51

Fora

136

Kårehamn

Löt

gsvik

Epby

ättra

Sta Birgitta Kapell

Kapelludden

Gärdslösa

52

änglöt
ornborg

sten

ckleby

ÖSTERSJÖN

Gotska
Sandön

Gotska
Sandön
nationalpark

Fårö

Aikesvik

Raukområde Holmudden

Fårö

Saxriv

Kalkbruks-
museet

Bastetras

Fårö

Harudden

Hall-Hangvars
naturreservat

Hall

Fleringe

Fårösund

Ireviken

Kappelshamn

149

Bunge

Bungemuseet

Jungfrun Irevik

Hangvar

148

Rute

Skenholmen

Lickershamn

Lärbro

Vallevik

Furilden

Stenkyrka

Lärbro kyrka

Lummelundagrottorna

Lummelunda

Öthem

Kyllaj

Martebo

148

Martebo kyrka

Tingstäde

Slite

Asunden

149

Väskinde

Lokrume

Hejnum

Boge

Snäckgärdsbaden

Bro

Bäl

Medeltidsveckan

Bro kyrka

Fole

147

Visby

Vibble

Ringmur

Endre

Vallstena

Åminne

Västerhejde

Follingbo Ekeby

Kätlunge

Gothem

Högklint

143

Hörsne

Dalhem

146

Gothem kyrka

Träkumla

Barlingbo

Ganthem

Stenkumla

Vall

Romakloster

Tofta

Norrlanda

Trullhalsar

Gnisvärd

Klosterruin

Sjonhem

Anga

Östergarnsholm

Fiskeläge

Eskelhem

Mästerby

Väte kyrka

Kräklingbo

Östergarnsholm

140

Västergarn

Väte

Vänge

Katthammarsvik

Ala

146

Sanda

Hejde

Guldrupe

Torsburgen

Gammelgarn

Utholmen

Buttle

Ardre

143

Vivesholm

Klinteberg

ojstehed

Ljugarn

Klintehamn

52

Fossilmuseum

Gotland

Stormansgrav

Fröjel

141

Gerum

Etelhem

Alskog

Garda

Lausvik

L. Karlsö

Levide

Linde

Lojsta

144

Lye

Lau

140

Eksta

Fardhem

Stånga

Burs

När

St. Karlsö

Sproge

Hemse

Silte

Rone

Smiss slott

Hablingbo

Ronehamn

140

Havdhem

Uggärde rojr

Eke

Grötlingbo kyrka

Grötlingbo

Ytterholmen

Kattlunds

Näs

Kattlunds

Öja kyrka

Fide

Burgsvik

Öja

Stor-

Faludden

Vamlingbo

Bottarvegården

Hamra

sudret

Raukar

Hoburgen

35

Sundre

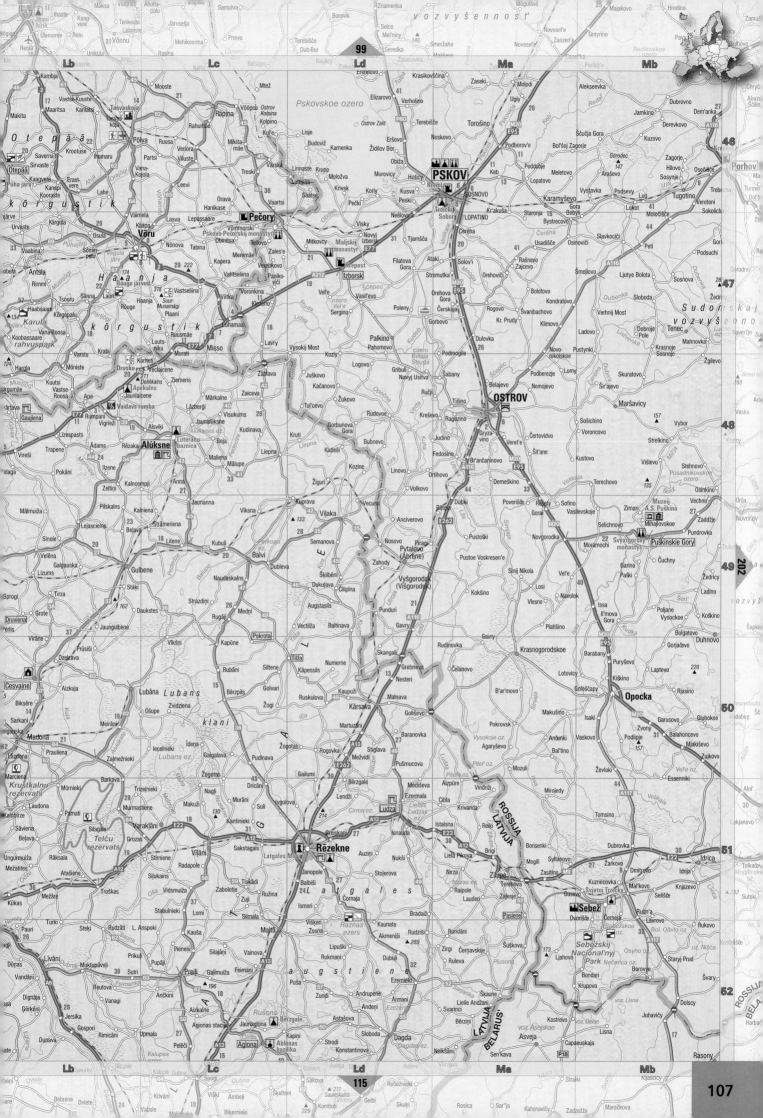

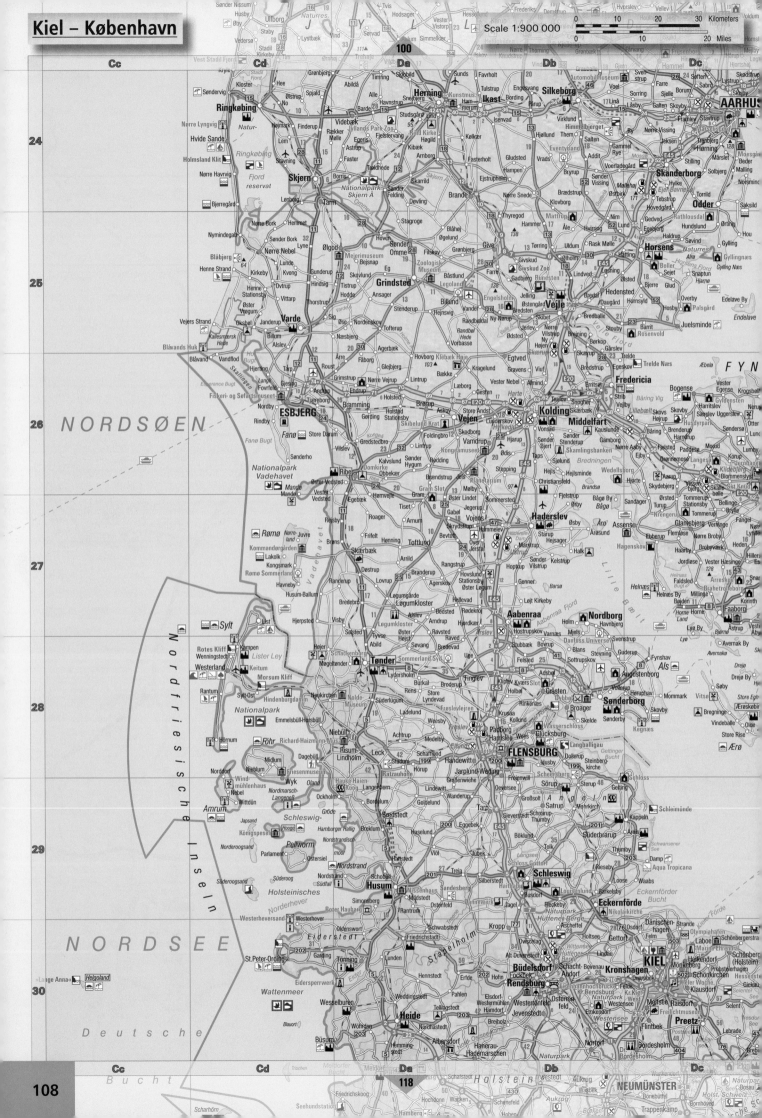

Gc   Gd   Ha   Hb   Hc

53

54

B A L T I C   S E A

55

56   111

57

M O R Z E   B A Ł T Y C K I E

58

Jastrzębia G.
Nadmorski Park Kraj.
Białogóra   Chłapowo
Wierzchucino   Karwia   Strzelno   Władysławowo
215   Chałupy
Żarnowiec   Krokowa   Kuźnica
Łebsko   Jez.   Sasino   Choczewo   Żelazna   213   Łebcz   Mierzeja Helska
Jez.   Sarbsko   Żarnowieckie   Pałac   Starzyno
Słowiński Park   Łeba   Zarnowieckie   Gniewino   Puszcza   Puck
Narodowy   Roszczyce   213   Mieryno   218   Leśniewo   216   Jastarnia
Jez.   12   Chrzanowo   Darżlubska   Całbowo   Rzucewo   34   Jurata
Smołdziński Las   Klukі   Izbica   Wicko   Maszewo   216   Mrzezino
Rowy   Łebsko   Roszczyce   Białogarda   Brzezno   Chynowo   Zatoka Pucka
Jez.   Smołdzino   Wicko   Bolszewo   Wejherowo   Reda   Rewa   Hel
Gardno   Gardna   Główczyce   214   Łęczyce   Bożepole   Bolszewo   E28   Kosakowo
Ustka   Żelkowo   Cecenowo   Redkowice   18   Wlk   Bościcino   11   Rumia   Kępa
Objazda   Gąbino   Łupawa   Stowięcino   Nowa Wieś   20   Luzino   Trójmiejski   GDYNIA
Przewłoka   213   Damno   Godętowo   Park   Bieszkowice
Bydlino   Lubuczewo   Łeba   Lębork   Nawcz
210   Damnica   Popowo   224
Gc   Gd   Szemud   216   Ha   Sopot   Hb   Hc

SŁUPSK   121   GDAŃSK

Zatoka Gdańska

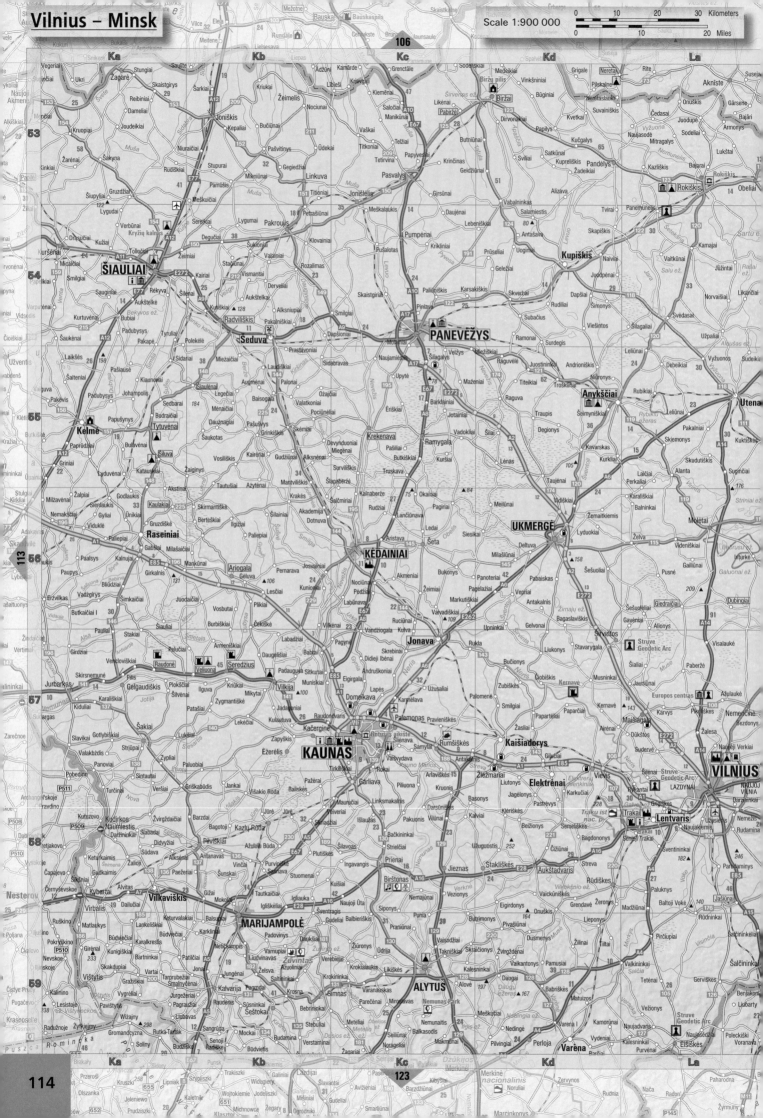

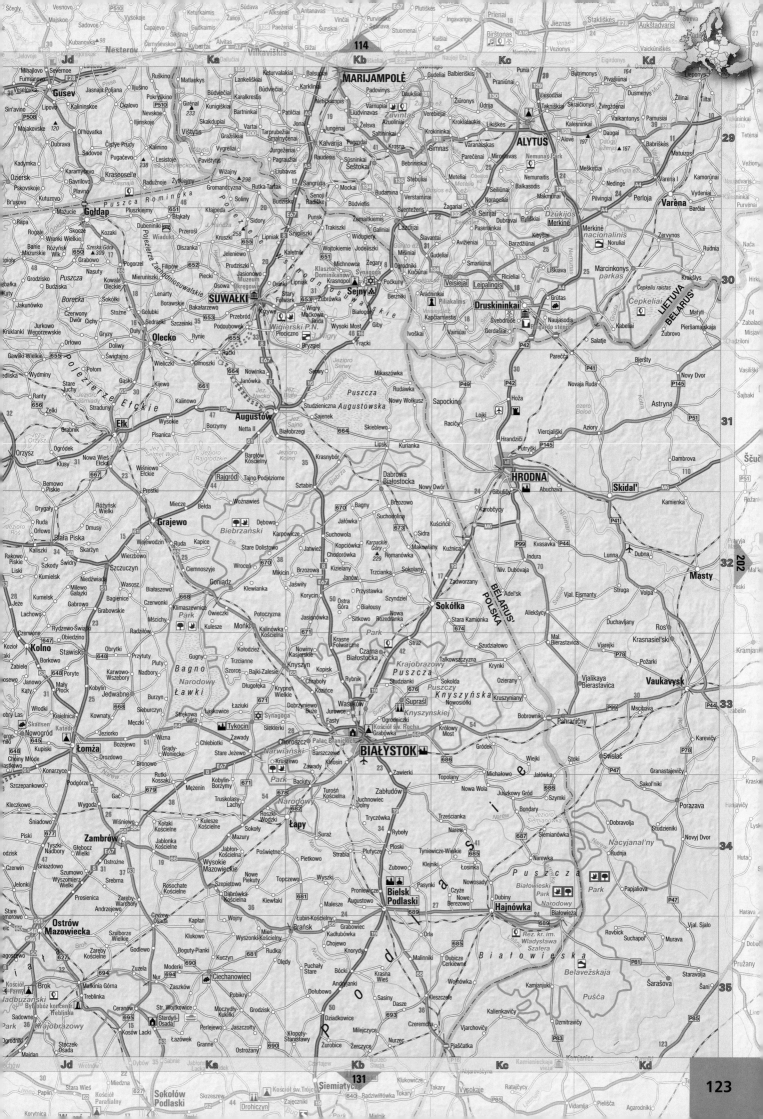

Google

Directions from **Calais** to **Center Parcs De Kempervennen**

○ **Calais**
France

⚠ This route crosses through Belgium.

Get on **A16** from **Rue du Four à Chaux**

1.5 mi / 6 min

↑	1. Head **west** on **Rue des Communes** toward **Rue du Pont Neuf**	
		0.1 mi
↰	2. Turn **left** onto **Rue du Pont Lottin**	
		354 ft
↑	3. Continue onto **Rue Charost**	
		387 ft
↰	4. Turn **left** onto **Rue du Temple**	
		463 ft
↱	5. Take the 1st **right** onto **Rue du Général Chanzy**	
		0.1 mi
↑	6. Continue onto **Rue du Four à Chaux**	
		0.6 mi
↰	7. Turn **left** onto **Rue de Lille/D245**	
		0.1 mi
⊙	8. At the roundabout, take the **1st** exit onto **D245**	
		0.1 mi
⋏	9. Turn **left** to merge onto **A16** toward **Calais-Port/Car-Ferry/Dunkerque/Saint-Omer**	
		0.1 mi

Continue on **A16**. Take **E40** and **E17** to **Provincialeweg/N397** in Noord-Brabant, Nederland. Take exit **32-Eersel** from **A67**

170 mi / 2 h 28 min

⋏	10. Merge onto **A16**	
	⚠ Entering Belgium	
		33.3 mi
↑	11. Continue onto **E40**	
		56.4 mi
↱	12. At the interchange **Zwijnaarde**, keep **right** and follow signs for **E17** toward **Gent/Antwerpen**	
		1.2 mi
	13. Follow signs for **Gent-Centrum/B401**	
		0.1 mi
↱	14. At the interchange **Gent-Centrum**, keep **right** and follow signs for **E17** toward **Antwerpen/Haven 1-6990**	
		31.3 mi
↑	15. Continue onto **R1**	
		2.8 mi

🚶 16. Merge onto **A12/R1**

0.3 mi

🚶 17. Merge onto **A12/E19**

2.1 mi

↱ 18. Keep **right**, follow signs for **E34/E313/Luik/Hasselt/Eindhoven/Turnhout**

0.3 mi

↑ 19. Continue onto **E313**

5.4 mi

↱ 20. Keep **right** to continue on **A21**, follow signs for **E34/Eindhoven/Turnhout**

   ⚠ Entering Netherlands

30.3 mi

↑ 21. Continue onto **A67**

5.8 mi

↱ 22. Take exit **32-Eersel** for **N397** toward **Eersel/N284/Hapert/Bladel/Bergeijk/Valkenswaard**

0.3 mi

Continue on **N397**. Drive to **Kempervennendreef** in Westerhoven

7.1 mi / 11 min

↱ 23. Turn **right** onto **Provincialeweg/N397**

   ⓘ Continue to follow N397

   ⓘ Go through 5 roundabouts

5.9 mi

↱ 24. Turn **right** onto **Monseigneur Smetsstraat**

0.8 mi

↰ 25. Turn **left** onto **Kempervennendreef**

   ⓘ Destination will be on the right

0.4 mi

◎ **Center Parcs De Kempervennen**

Kempervennendreef 8, 5563 VB Westerhoven, Netherlands

These directions are for planning purposes only. You may find that construction projects, traffic, weather, or other events may cause conditions to differ from the map results, and you should plan your route accordingly. You must obey all signs or notices regarding your route.

Map data ©2014 GeoBasis-DE/BKG (©2009), Google

```
                        A12
                        M25
                        M20
                        TUNNEL
        LEFT on to      E40 (A16)

                                        Dunkirk
                                        Brugges
J15 LEFT on to          E17 (A14)       Ghent
J17 6 RIGHT on to       E34 (A13)       Antwerp
J18/J14 LEFT on to      E34 (A21)
32  RIGHT on to         N397           Eersel
    RIGHT on to         N69            Valkenswaard
                                        de Kempervennen
```

```
                        A12
                        M25
                        M20
                        TUNNEL
        LEFT on to      E40 (A16)

                                        Dunkirk
                                        Brugges
        LEFT on to      E17 (A14)       Ghent
        RIGHT on to     E34 (A13)       Antwerp
        LEFT on to      E34 (A21)
        RIGHT on to     N397           Eersel
        RIGHT on to     N69            Valkenswaard
                                        de Kempervennen
```

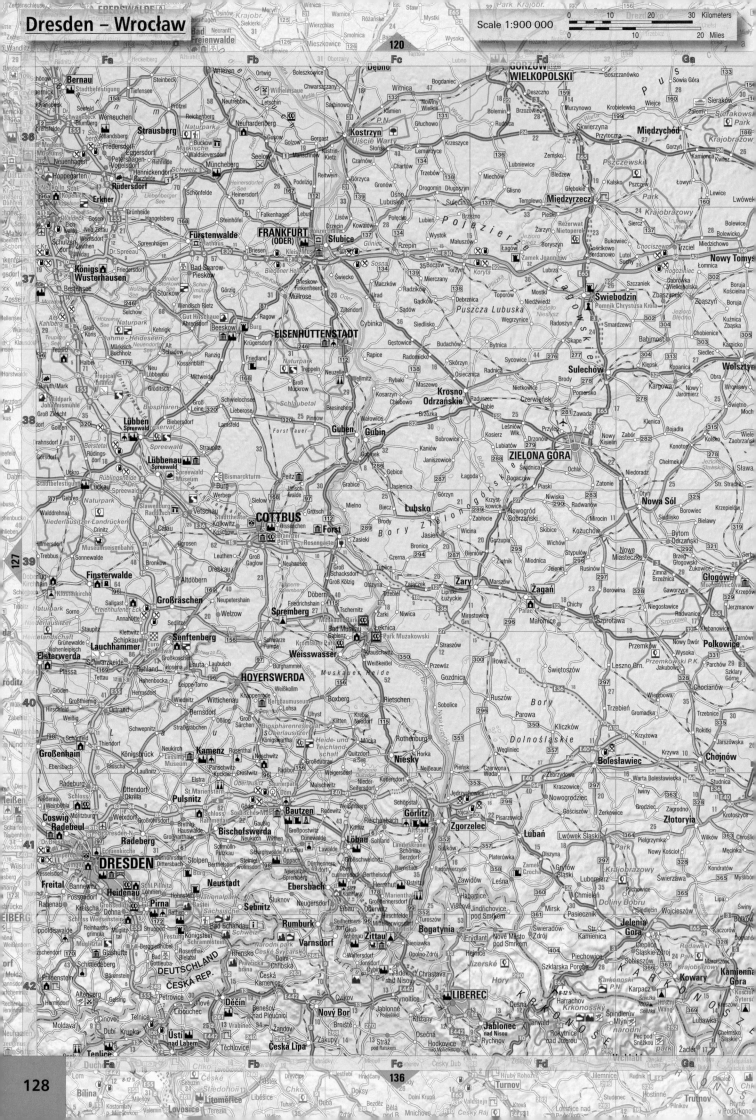

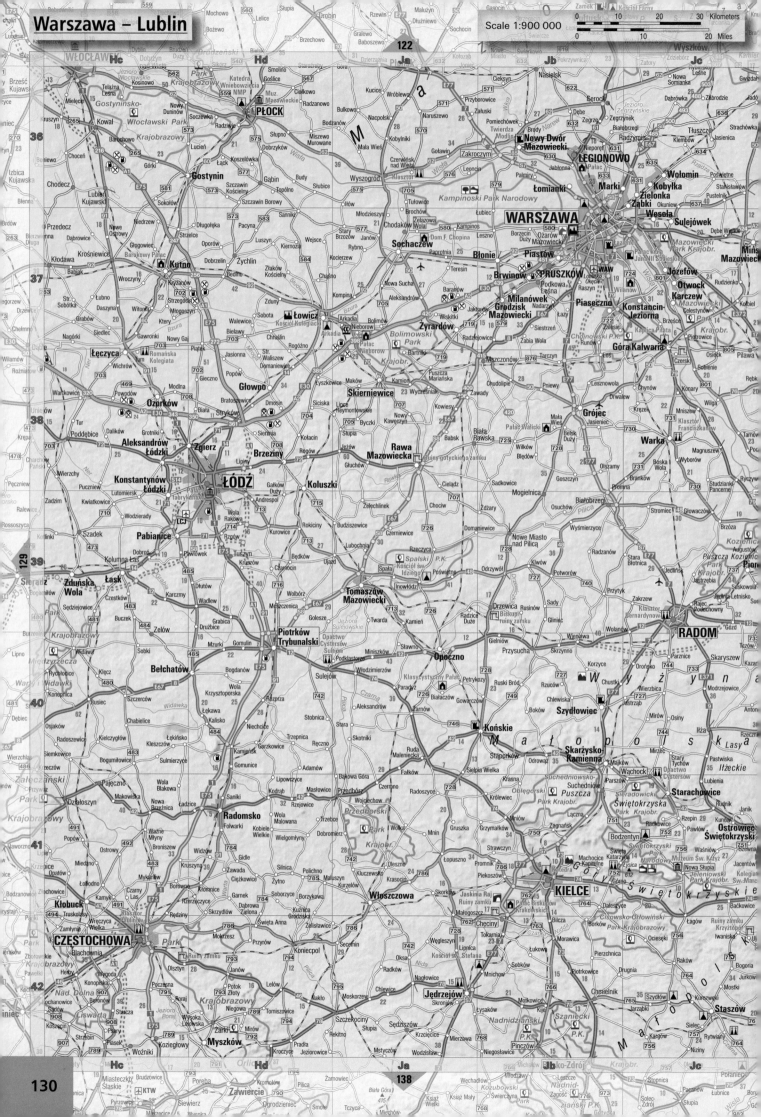

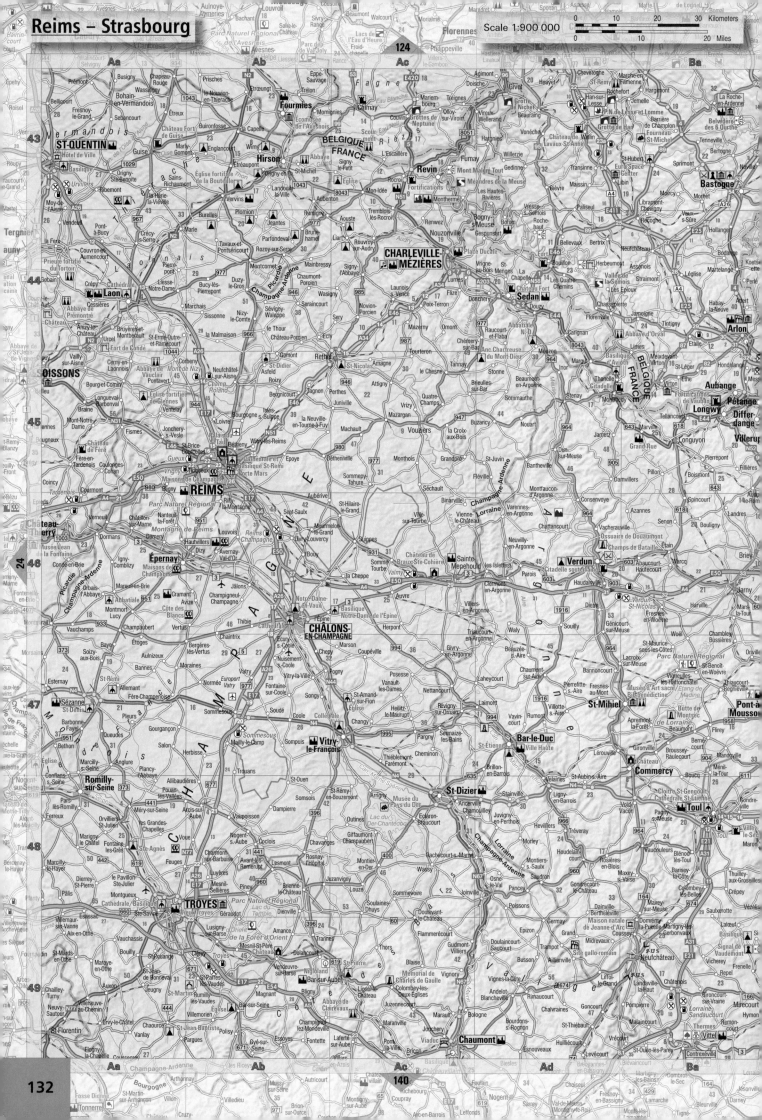

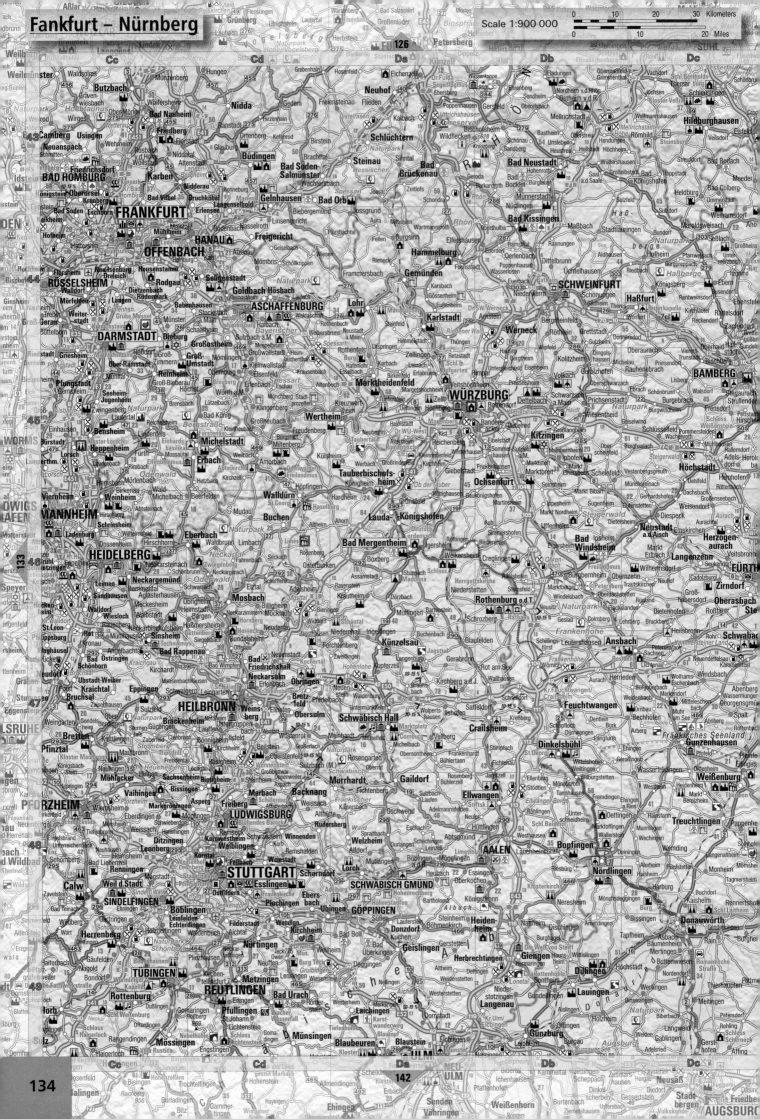

Scale 1:900 000

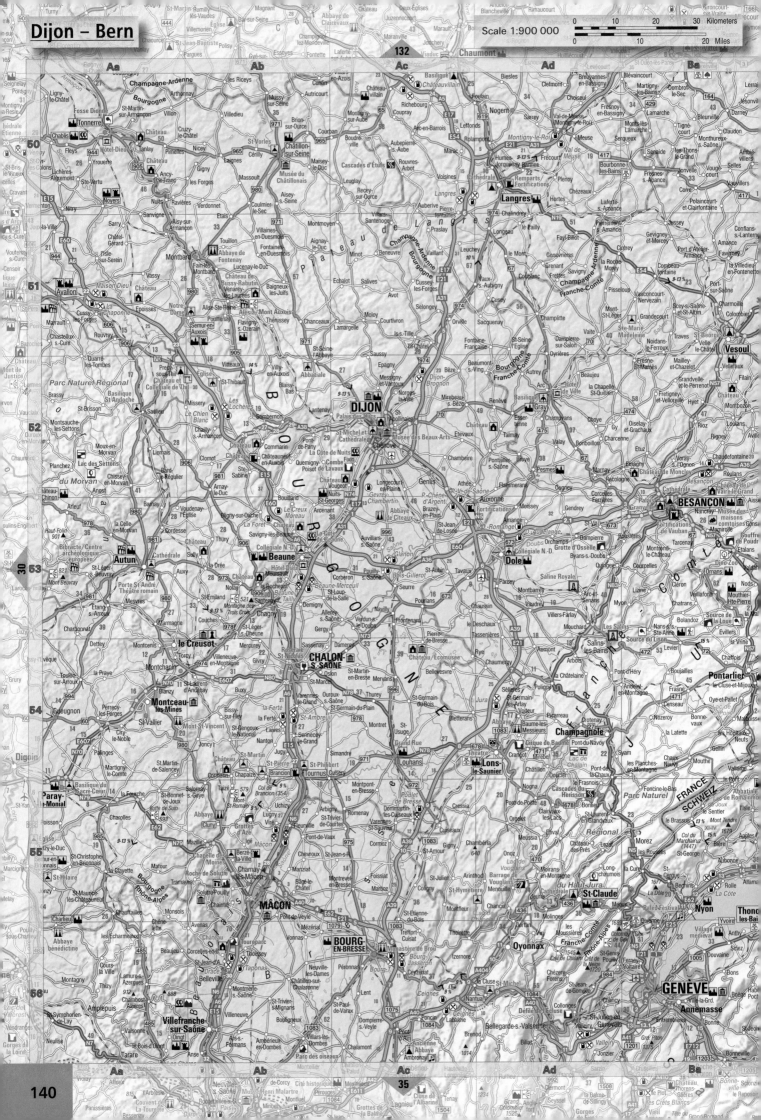

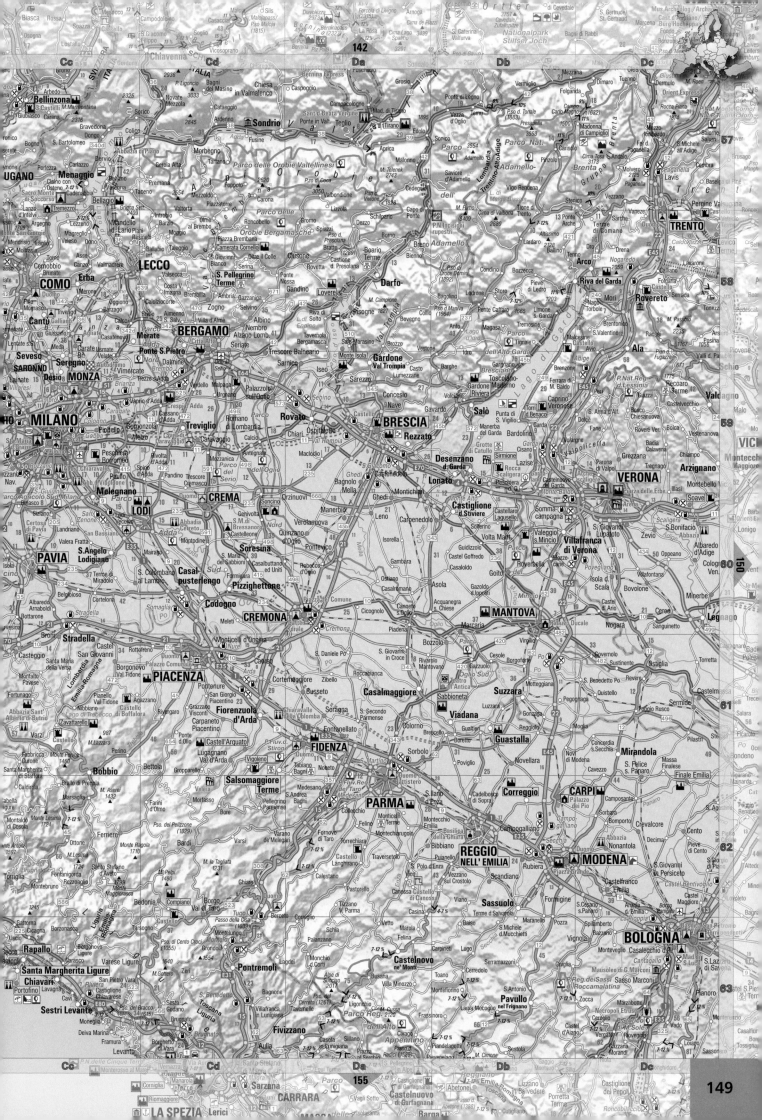

Scale 1:900 000

0   10   20   30 Kilometers
0   10   20 Miles

145

158

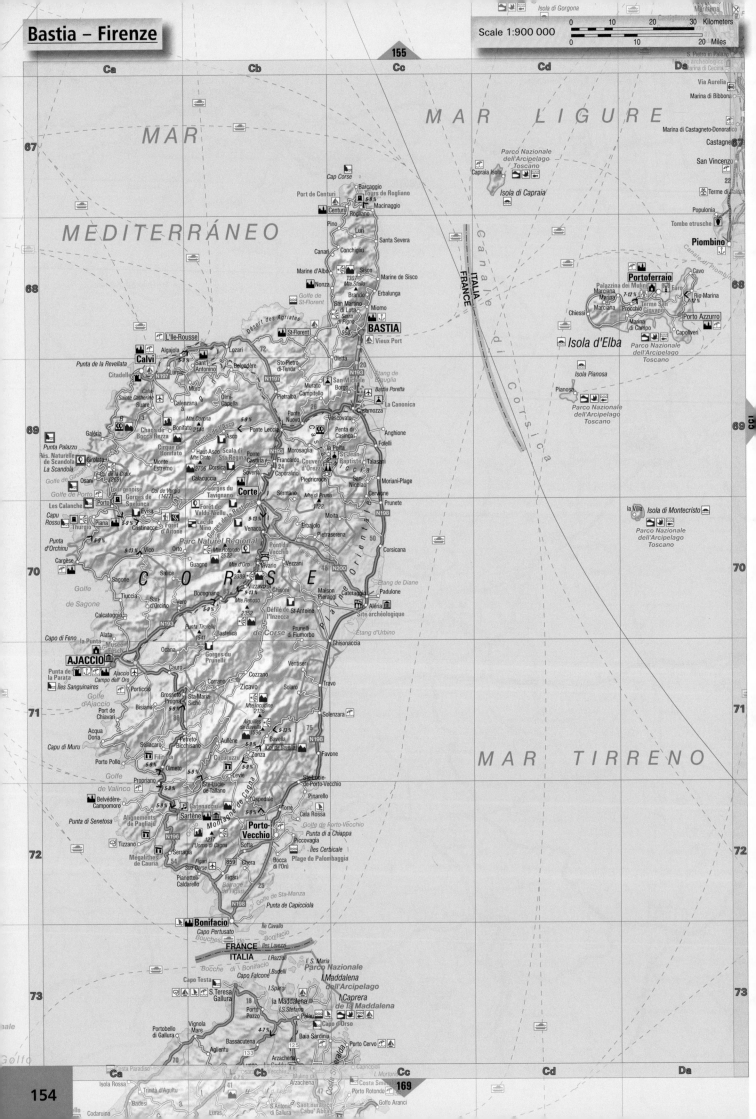

Scale 1:900 000

0   10   20   30 Kilometers
0   10   20 Miles

MAR LIGURE

MAR MEDITERRÁNEO

Cap Corse
Barcaggio
Tours de Rogliano
Port de Centuri
Macinaggio
Centuri
Rogliano
Pino
Luri
Canari
Conchigliu
Santa Severa
Marine d'Albo
Sisco
Marine de Sisco
Nonza
Mte.Stello
Brando
1307
Erbalunga
San Martino
di Lota
Miomo
Serra
di Pigno
Golfe de
St-Florent
950
BASTIA
St-Florent
Vieux Port
Désert des Agriates
L'Ile-Rousse
Algajola
Lozari
Sto.Pietro
di-Tenda
20
Calvi
Sant'
Antonino
Belgodère
72
Citadelle
Lumio
Muro
Calenzana
Ulmi
Capella
Pietralba
Murato
San Michele
Borgo
N1197
Campitello
Bastia Poretta
La Canonica
Calvi
Sainte Catherine
Suare
Mte.Corona
2144
Casamozza
Vescovato
Galéria
Chaos de
Bocca Rezza
Bonifato
Asco
Ponte
Nuovo
Ponte Leccia
Penta di
Casinca
Anghione
Punta Palazzu
Res. Naturelle
de Scandola
La Scandola
Girolata
Cirque de
Bonifato
Monte
Estremo
Haut-Asco
Mte.Cinto
Scala di
Sta-Regina
2706
Corsica
N193
Morosaglia
Francardo
24
la Porta
Couvent
d'Orezza
Folelli
Jean-
Baptiste
Talasani
Col de la Croix
(269)
Osani
Golfe de
Girolata
Tour génoise
Gorges de
Spelunca
Evisa
Calacuccia
Soveria
Caporalino
Piedicroce
San-
Nicolao
Moriani-Plage
Golfe de Porto
Porto
Les Calanche
Gorges du
Tavignano
Corte
Sermano
Cervione
Capu
Rossu
Piana
Cristinacce
Forêt
d'Aitone
Forêt de
Valdu-Niellu
Lac de
Nino
Mte.di Prunu
1122
Prunete
Punta
d'Orchinu
Thurgio
Col de Vergio
(1477)
Venaco
9-13%
Moita
Erbajolo
N198
Cargèse
Vico
Orto
Parc Naturel Régional
Mte.Rotondo
2622
Pietraserena
Sagone
Guagno
Mte.d'Oro
2389
Vivario
Corsicana
Golfe
de Sagone
Tiuccia
Sari-
d'Orcino
Vero
Vizzavona
Ghisoni
48
N200
Etang de Diane
Calcatoggio
Maison
Pieraggi
Padulone
Aléria
Capo di Feno
la-Punta
Musée
Fesch
Ocana
Bocognano
Mte.Renoso
2352
Défilé de
St-Antoine
l'Inzecca
Site archéologique
50
AJACCIO
Cauro
Punta Tiruletu
1541
Bastelica
Prunelli
di Fiumorbo
Etang d'Urbino
Punta de
la Parata
Ajaccio
Campo dell' Oro
Corrano
Ventiseri
Ghisonaccia
Îles Sanguinaires
Porticcio
Cozzano
Grosseto
Prugna
Sta-Maria-
Siché
Zicavo
Solaro
Travo
Bisinao
Mte.Incudine
2136
Acqua
Doria
Sollacaro
Petreto-
Bicchisano
Aullène
Aiguilles
de Bavella
1599
Bavella
Solenzara
Capu di Muru
Filitosa
Olmeto
Cucuruzzu
Zonza
Col de Bavella
Favone
Porto Pollo
Propriano
Levie
Ste-Lucie-
de-Porto-Vecchio
Pinarello
Golfe
de Valinco
Ste-Lucie
de-Tallano
Ospedale
Torre
Cala Rossa
Belvédère-
Campomoro
Catenacciu
**Porto-
Vecchio**
Golfe de Porto-Vecchio
Punta di a Chiappa
Punta di Senetosa
Alignements
de Pagliaju
Sartène
l'Uomo di Cagna
1217
Sotta
Piccovagia
Îles Cerbicale
Plage de Palombaggia
Tizzano
Mégalithes
de Cauria
Serragia
859
Chera
Bocca
di l'Oru
Figari
Sud Corse
Pianottoli-
Caldarello
Figari
Barrage
de Figari
25
Golfe de Sta-Manza
Punta de Capicciola
N198
Bonifacio
Capo Pertusato
Île Cavallo
**FRANCE
ITALIA**
Bonifacio
Îles Lavezzi
Bouches
de Bonifacio
I. Razzoli
I. S. Maria
Capo Testa
Capo Falcone
I. Budelli
Parco Nazionale
dell'Arcipelago
La Maddalena
I.Spargi
S.Teresa
Gallura
I.S.Stefano
I.Caprera
de la Maddalena
Porto
Pozzo
la Maddalena
Palau
Capo d'Orso
Portobello
di Gallura
Vignola
Mare
Bassacutena
Aglientu
Baia Sardinia
Porto Cervo
Arzachena
133
Costa Smeralda
Trinità d'Agultu
CORSE

MAR TIRRENO

Isola di Gorgona
S. Pietro in Palazz
Via Aurelia
Marina di Bibbona
Marina di Castagneto-Donoratico
Castagne
San Vincenzo
Parco Nazionale
dell'Arcipelago
Toscano
Capraia Isola
Isola di Capraia
Terme di
Populonia
Tombe etrusche
Piombino
Canale di Piombino
Portoferraio
Cavo
Palazzina dei Mulini
Marciana
Marina
Marciana
Procchio
Faro
Rio Marina
Terme San
Giovanni
Chiessi
Marina
di Campo
Porto Azzurro
Capoliveri
Isola d'Elba
Parco Nazionale
dell'Arcipelago
Toscano
Isola Pianosa
Pianosa
Parco Nazionale
dell'Arcipelago
Toscano
la Villa
Isola di Montecristo
Parco Nazionale
dell'Arcipelago
Toscano

Canale di Corsica

ITALIA
FRANCE
Canale

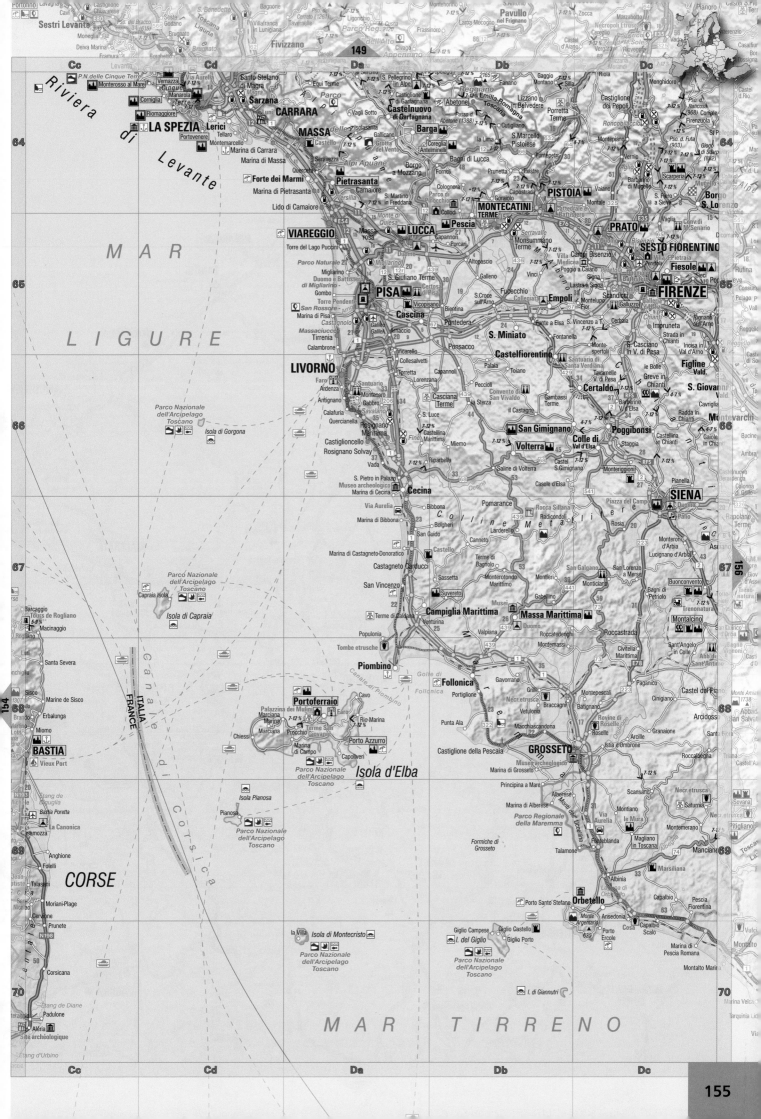

Gd   Ha   Hb   Hc   Hd

Santa Maria al Bagno
Neviano
Maglie
Santa Marina
Capo d'Utranto
Città vecchia
Parabita
Collepasso
Nociglia
Poggiardo
Muro Leccese
Grotta dei Cervi
Gallipoli
Chiesa di
Casaranello
Casarano
Supersano
Diso
Santa Cesarea Terme
Taviano
Ruffano
Montesano Salentino
Grotta Romanelli/
Grotta Zinzulusa
Castro Marina
Racale
Tricase
Tricase Porto
Alliste
Specchia
Marina Serra
Ugento
Presicce
Alessano
Marina di Novaglie
Ausentum
Salve
Marina di Novaglie
Torre San Giovanni
Patù
Gagliano del Capo
Marini
Torre Vado
Marina
di Leuca
Capo S.Maria
di Leuca

78

Capo Trionto
Mirto
Staz.d.Mandatoriccio-
Campana
E90
79
Cariati
P. Fiume Nicà
Mandatoriccio
Terravecchia
Campana
Crucoli
P. Alice
Umbriatico
Santuario di
Apollo Aleo
Ciro
Cirò Marina
Savelli
Melissa
Torre Melissa
Verzino
Petelia
Strongoli
Marina di Strongoli

M A R   I O N I O

80

Gerenzia
Rocca di Neto
Fasana
E846
Neto
Cotronei
Santa Severina
Gabella Grande
Petilia
Policastro
Castello
CROTONE
Mesoraca
S.Mauro
Marchesato
Mus.Arch.Naz.
Tempio di
Hera Lacinia
Cutro
Salica
Capo Colonna
Cropani
S. Anna
Steccato
Isola di
Capo Rizzuto
Cropani
Marina
E90
Fortezza aragonese
Boricello
le Castella
Capo Rizzuto

81

Area Marina Protetta
Capo Rizzuto
Capo
Rizutto

Golfo di

Squillace

82

M A R

83

M E D I T E R R A N E O

84

Gd   Ha   Hb   Hc   Hd

Scale 1:900 000

| 0 | 10 | 20 | 30 | Kilometers |
| 0 | | 10 | | 20 | Miles |

Dd   **Ea**   **Eb**   **Ec**   **Ed**

82

M A R   T I R R E N O

83

Capo S. Vito
S.Vito lo Capo
P. di Solanto
Torre dell'Impiso
Riserva Naturale
dello Zingaro
G. d. Cofano
P. d. Saraceno
Custonaci
Castelluzzo
913
Purgatorio
Golfo di
Castellammare
Scopello
Balata
di Baida
Sperone
Erice
Pizzolungo
G. di Bonagia
Sant.d.Maria SS.
Valderice
Lentina
187
Alcamo
Marina
Balestrate
Trappeto
Aeroporto
P. Raisi
P.ta Raisi
Terrasini
Cinisi
Carini
Montelepre
113
Sferra-
cavallo
C. Gallo
Isola d.
Femmine
Partanna-
Mondello
Orto Botanico
PALERMO
Cattedrale
Aspra
C. Zafferano
Solunto
S.Flavia
Golfo di Palermo
Bagheria
E90
Golfo di Termini Imerese

84

I.di Levanzo
Grotta del
Genovese
Levanzo
I.Maraone
I.Formica
TRAPANI
Xitta
Paceco
Dattilo
113
642
Fulgatore
Calatafimi
Segesta
29 d
Camporeale
Grisi
S.Giuseppe Jato
S.Cipirello
624
Marineo
Godrano
Villafrati
Montemaggiore
Belsito
Marettimo
I.Marettimo
Favignana
I.Favignana
Birgi Novo
I.d:Stagnone
Mozia
Rilievo
Mendola
312
Vita
Segesta
Catalafimi
Segesta
44
326
Roccamena
745
Mezzojuso
Vicari
Roccapalumba
Alia
Lercara Friddi
121
189
Valledolmo

85

C. Boeo o
Lilibeo
Addolorata
Grignani
188
17
Salemi
MARSALA
Chiesa Madre
Ciavolo
Lido Ponticello
Strasatti
115
Petrosino
Pizzolato
S.Nicolò Regale
Mazara del Vallo
E931
Cave di Cusa
Campobello
di Mazara
Selinunte
Granitola-Torretta
C.Granitola
Tre Fontane
Marinella
Porto Palo
Gibellina
Nuova
S.Ninfa
Bibellina
Vecchia
Partanna
7-12%
188
Montevago
35
Menfi
188b
S.Margherita
di Belice
Salaparuta
Contessa
Entellina
557
Campofiorito
Bisacquino
Chiusa
Sclafani
Palazzo
Adriano
S.Carlo
Burgio
Villafranca
Sicula
Sambuca
di Sicilia
Lago
Arancio
Caltabellotta
Corleone
Prizzi
Castronovo
di Sicilia
Bivona
S.Stefano
Quisquina
S.Giovanni
Gemini
Cammarata
Alessandria
della Rocca
Castel-
termini
Vallelunga
Pratameno
Villalba
Mussomeli
S I C

86

M A R   M E D I T E R R A N E O

Eraclea Minoa
Montallegro
115
Siculiana
S.Calogero
Palazzo Steripinto
Capo
S.Marco
Sciacca
Seccagrande
Calamonaci
Ribera
Cattolica
Eraclea
Cianciana
S.Biagio
Platani
Raffadali
Aragona
Grotte
674
S.Elisabetta
S.Angelo
Muxaro
Milena
Montedoro
Racalmuto
Ca...ca
Castrofilippo
Favara
AGRIGENTO
Naro
Camastra
P. Grande
Porto
Empedocle
Valle dei
Templi
(Akragas)
S. Leone
Castello di Montechiaro
Marina di Palma
Palma di
Montechia...
E931
189
640
30
24
20
11

87

Gozo
Kastell
Victoria
Calypso Cave
Mgarr
Comino
Marfa
MALTA
San Pawl il Bahar
Sliema
Ghajn Tuffieha
Mdina
Rabat
Valletta
Qormi
Hal Saflieni Hypogeum
Megalithic Temples
Birzebbuga
Zurrieq
Malta
Blue Grotto

Pantelleria
Tracino
7-12%
836
Scauri
I. di Pantelleria
(Italia)

88

Dd   **Ea**   **Eb**   **Ec**   **Ed**

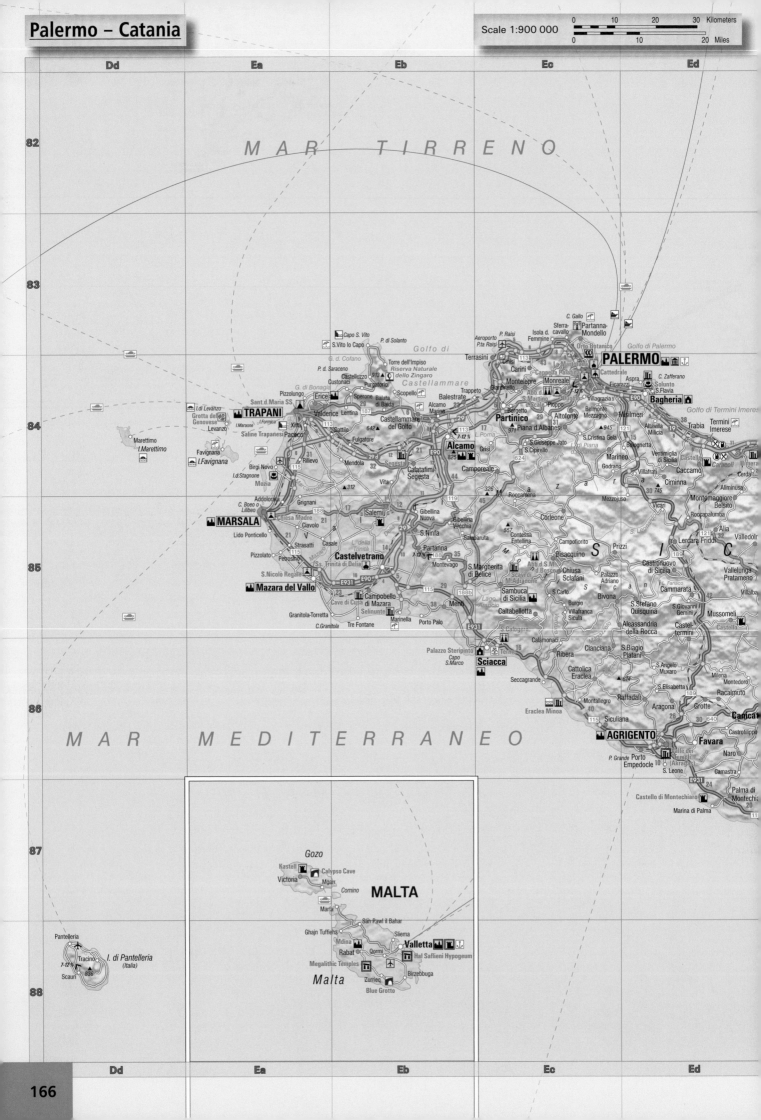

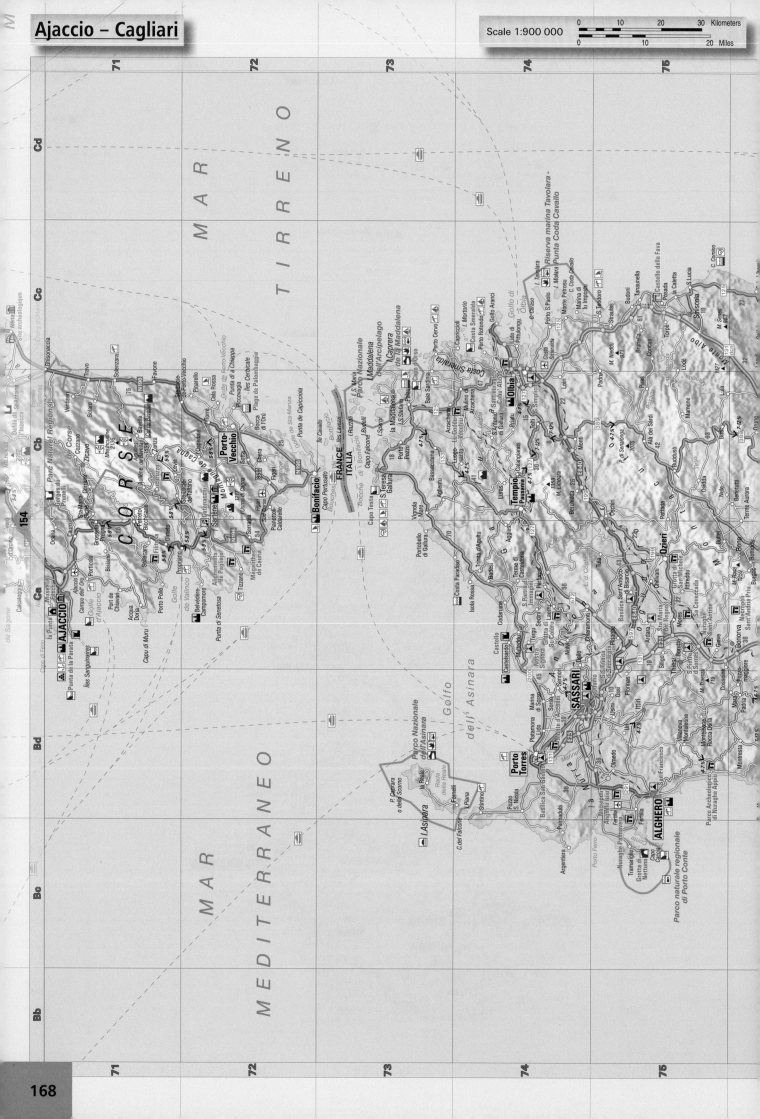

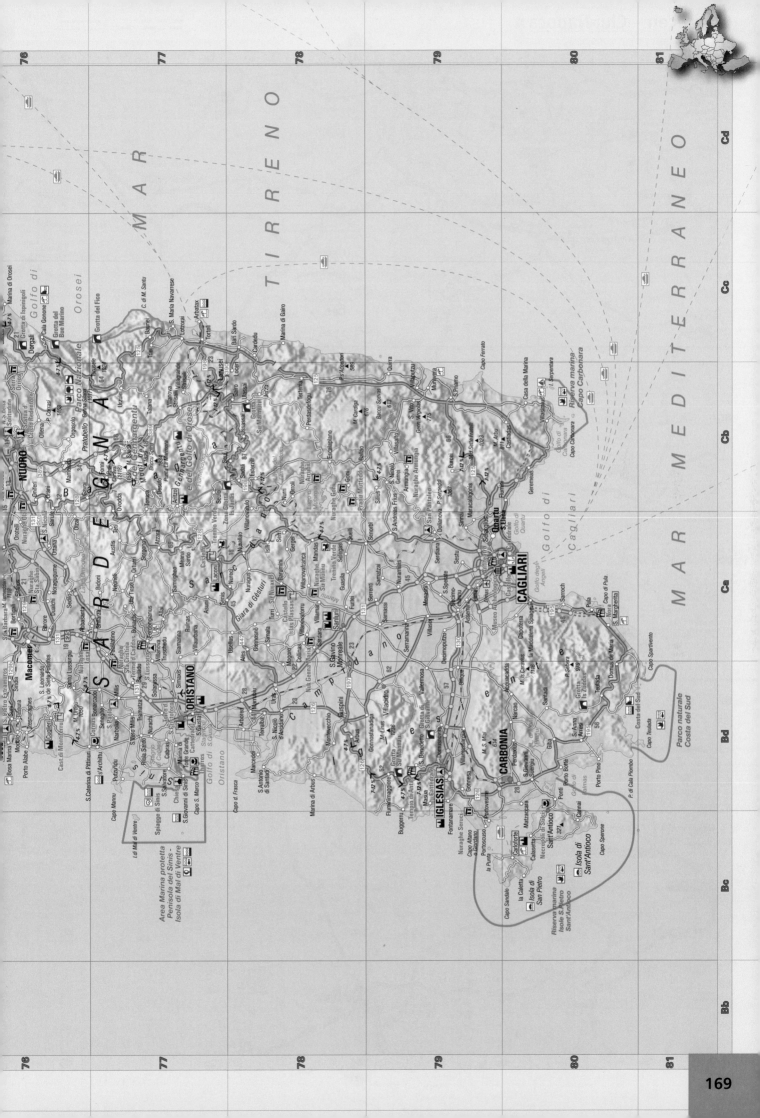

Scale 1:900 000

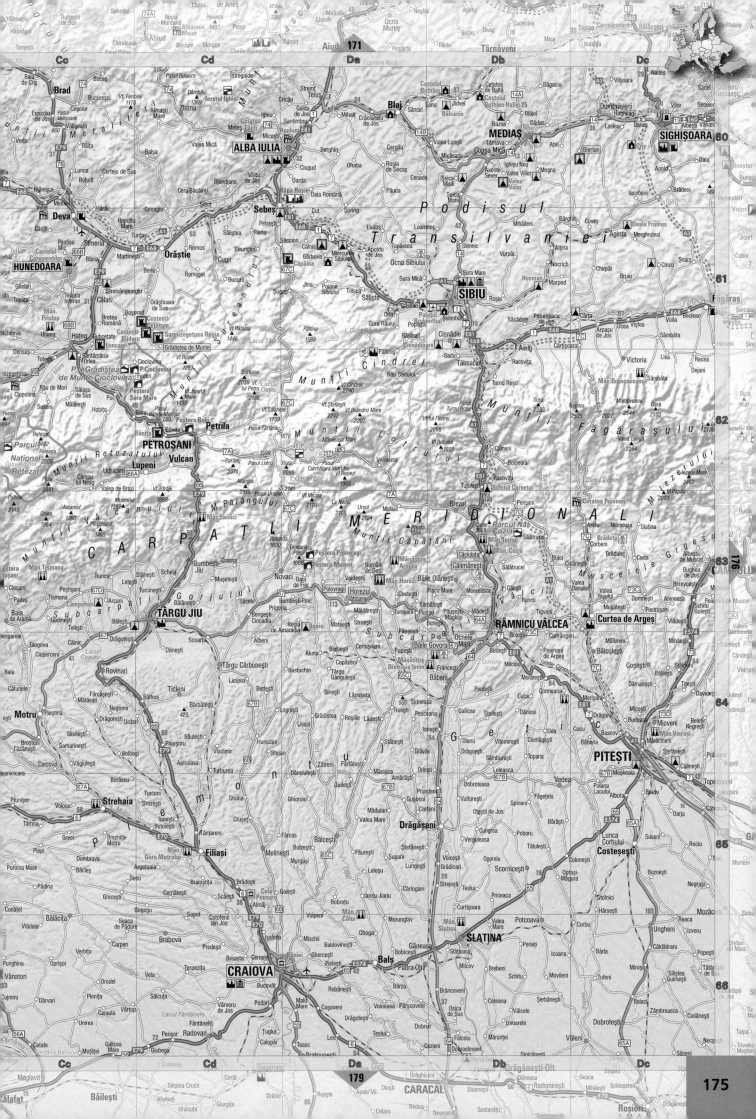

Scale 1:900 000

0 10 20 30 Kilometers
0 10 20 Miles

EGEO PELAGOS

Kassandra

Sithonía

Akrotírio
Drépano

184

Cc **Cd** **Da** **Db** **Dc**

Kássakas
Kornós

Artemis Sanctuary
Mírina
Μύρινα
Platí
Πλατύ

Arch. Museum
Kástro

Livadohóri

Kontiás Moúdros
Moúrtos

Kondopoúli
Kontopoúli

Város

Skandáli
Σκανδάλι

Poliochni

Límnos

81

Akrotírio
Staurós
319

Akrotírio Agías Irínis

V

Ó R I E S

Psathura

Ágios Efstrátios
Ágios Eustrátios

Ágii Apóstoli

Rumnos

Akrotírio Erimítis

570 Gioúra

303

Ágios Efstrátios

82

Kirá Panagiá

Diavos Gioúron

Pipéri

Akrotírio Tripití

Akrotírio
Gérakas

Moni
299 Panagiás

Alónissos

Diavos Pelagonissou

Kalamákia
Kalamákia

Alónissos

Peristéra

456
Hóra

S

Klíma
Klíma

Alónissos
Αλόννησος
Patitiri
Παιτήρι

Kokkinókastro

National Marine Park

P O R

E G É O   P É L A G O S

Kástro
680

Skópelos
Σκόπελος

Moní
Pródromou

Adélfoi

83

Skópelos

Skándzoura

Á D E S

Melá
Melá

Skíros
Σκύρος

Olimbos
403

Arch. Museum

Skiropoúla

Linariá
Λιναριά

Áspous
Άσπους

792

Skíros

189

84

ÉVIA

Erinia

Valáxa

Kalamitsi
Beach

Kobliás

Akrotírio Lithári

Sarakinó

Moní Sotíros

Kími
Κύμη

Akrotírio Kímis

Metóhi
Μετόχι

1743

Folklore Museum

Paralía Kímis
Παραλία Κύμης

Halkída
Χαλκίδα

Steni Dírfios
Στενή Δίρφυος

Taxiárhes
Ταξιάρχες

Mistrós
Μιστρός

Seta
Σέτα

Trahili
Τραχήλι

Mourióti
Μουρτιού

Órío
Όριο

Oktoniá
Οκτωνιά

Theológos
Θεολόγος

Skoteini Cave
(Tharounia)

Avlonári
Αυλωνάρι

Moní Agios Charálampos

85

Eretria
Eρέτρια

Áno Váthia
Áno Βάθεια

Ag. Loukás
Aγ. Λουκάς

Neohóri
Νεοχώρι

Psará

Moní Kimíseos Theotókou

Vassiliká
Βασιλικά

56

Lépoura
Λέπουρα

Kriezá
Κριεζά

Amárinthos
Αμάρυνθος

Alivéri
Αλιβέρι

Akrotírio Poúnta

Psará
Ψαρά

Antipsara

Skála Oropoú
Σκάλα Ωρωπού

Distos
Δύστος

Kólpos
Alivériou
Δύστου

Kástro

Amphiáreion

Agii Apóstoli
Αγιοι Απόστολοι

Almiropótamos
Αλμυροπόταμος

Malakása
Μαλακάσα

648

Mesohória
Μεσοχώρια

Ramnous

86

Kapandríti
Καπανδρίτι

5

Gramatikó
Γραμματικό

Afídnes
Αφίδνες

Marathónas
Μαραθώνας

Agía Marína
Αγία Μαρίνα

Nea Stíra
Νέα Στύρα

Marathon

Shiniás
Σχινιάς

Larmena

Ag. Stéfanos
Aγ. Στέφανος

Diónisos
Διόνυσος

Néa Mákri
Νέα Μάκρη

Stíra
Στύρα

Gianítsi
Γιανίτσι

Kalérgo
Καλέργο

ATHÍNA
AΘHNA

Spáta
Σπάτα

Loútsa
Λούτσα

Figiás
Φιγιάς

Paradisi
Παράδεισι

Agios Dimitrios
Αγιος Δημήτριος

Drakospito

Marmári
Μαρμάρι

Kómito
Κόμιτο

Akrotírio
Kampanós

Vravón/Braurón
Βραυρώνα/Βραυρώνα

Nisiá Petalí

Kástro Bourtzi/
Kokkinókastro

Kários tos
Κάρυστος

Mausóleio

Platanistós
Πλατανιστός

Kalivári
Καλυβάρι

Ándros

87

Kóropi
Κόροπι

Markópoulo
Μαρκόπουλο

Mandiloú

Arch. Museum

Pírgos Ágiou Pétrou

Epáno Fellós
Επάνω Φελλός

Gávrio
Γάυριο

Batsí
Μπατσί

Stenies
Στενιές

Moní Zoodóhou Pigis

Arnás
Αρνάς

994

Varkíza
Βάρκιζα

Keratéa
Κερατέα

Kephale

Thorikó
Θορικό

Lavrio
Λαύριο

Makronísi

Paleópoli
Παλαιόπολη

Mesariá
Μεσαριά

Ándros
Άνδρος

Arch. Museum/
Museum of Modern Art

Palaiópoli Paleópoli
Παλαιόπολη Παλεόποli

M. Panahrándou

Zagorá
Ζαγορά

Kástro Fanerménis

Cc **Cd** **Da** **Db** **Dc**

Temple of
Poseidón

Akrotírio Soúnio

196

Ioulís/Lion of Kéa

Korissia
Κορησσία

Agia Iríni

Akrotírio Perati

Ioulís
Ιουλίς

Akrotírio Peráti

Órmos Panórmou
Órmos Korthíou

190

Agía Marína

Kátö Meriá

Kéa

Giáros

Akrotírio Stená

Pánormo

Tínos

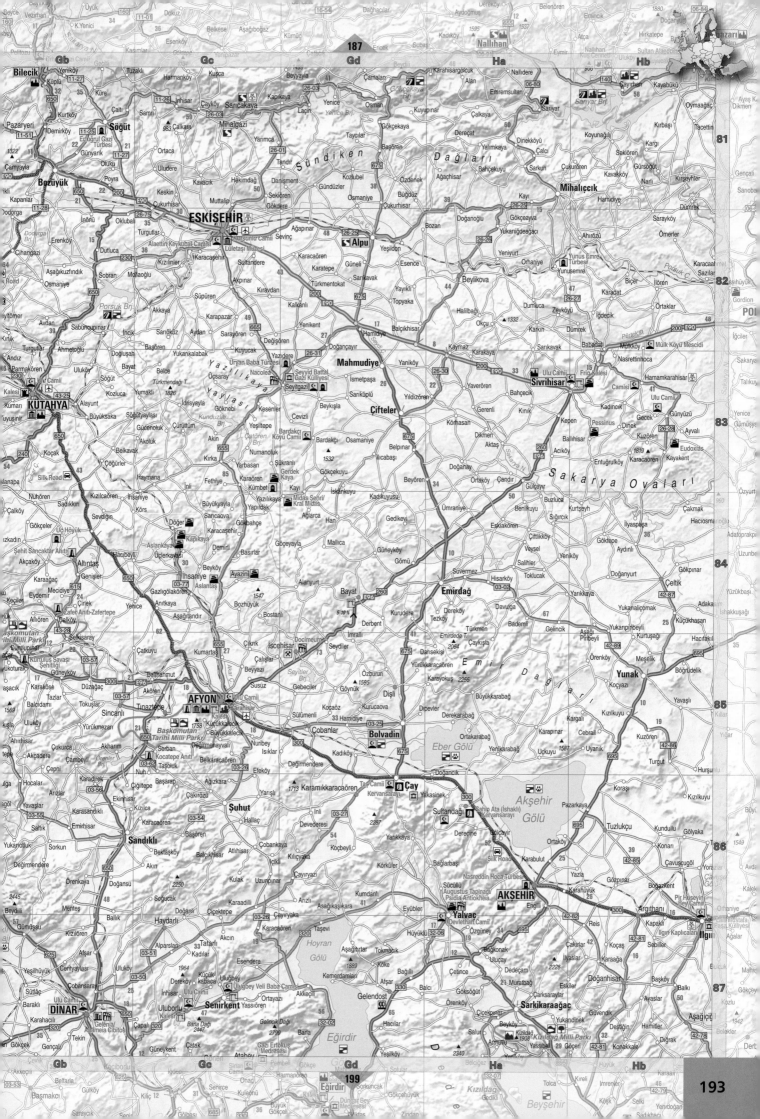

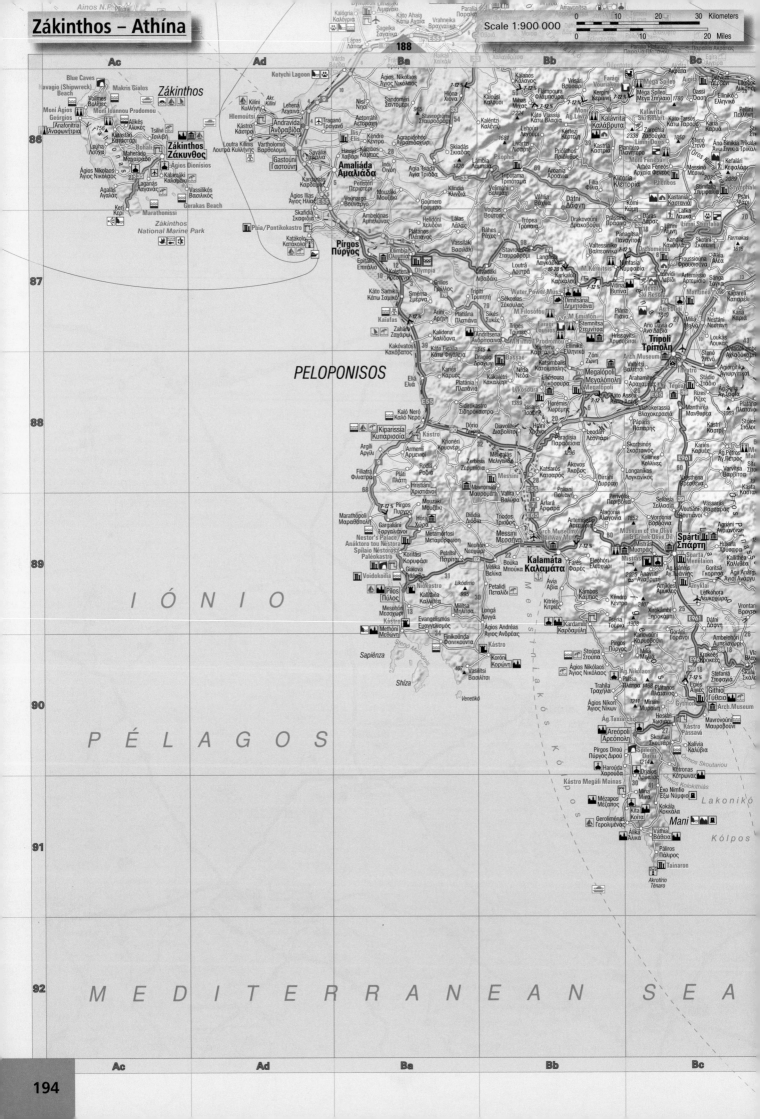

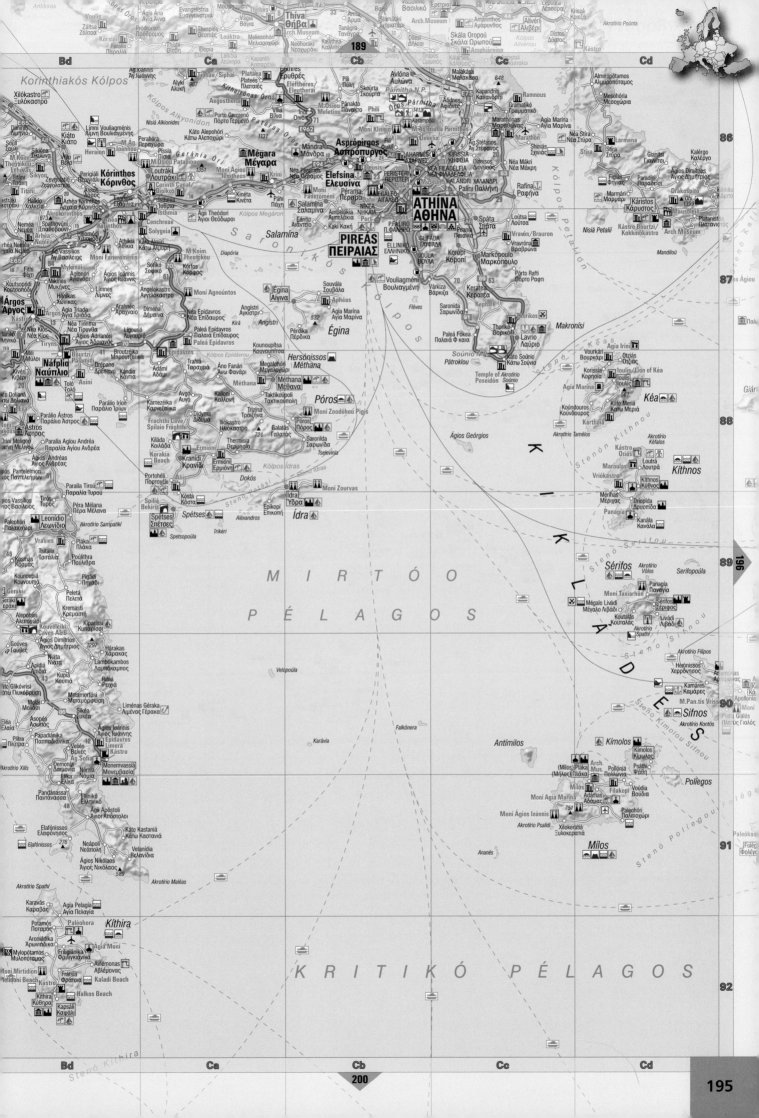

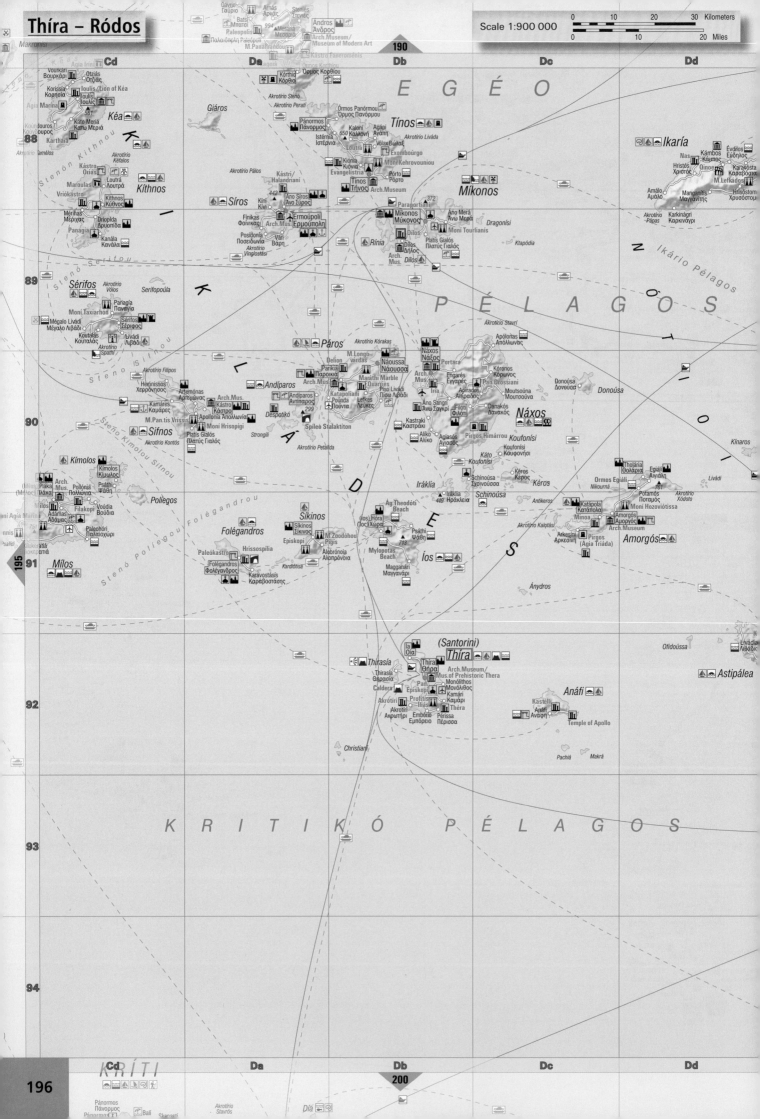

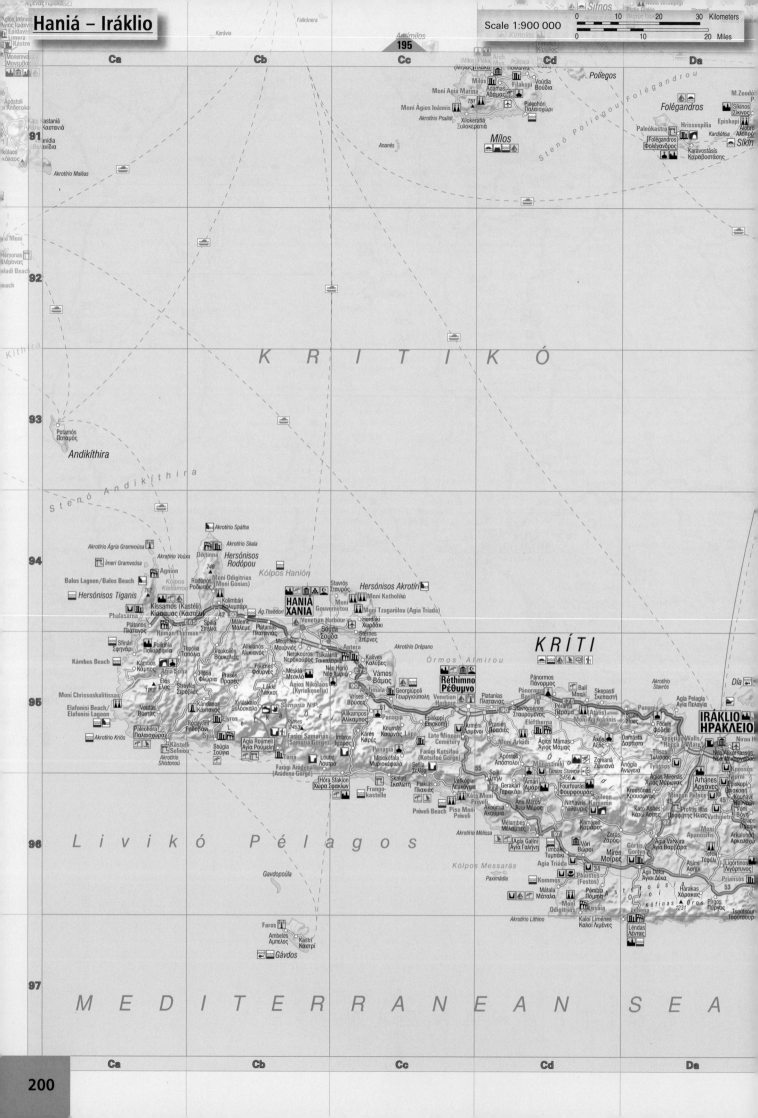

195

KRITIKÓ

KRÍTI

Lívíkó Pélagos

MEDITERRANEAN SEA

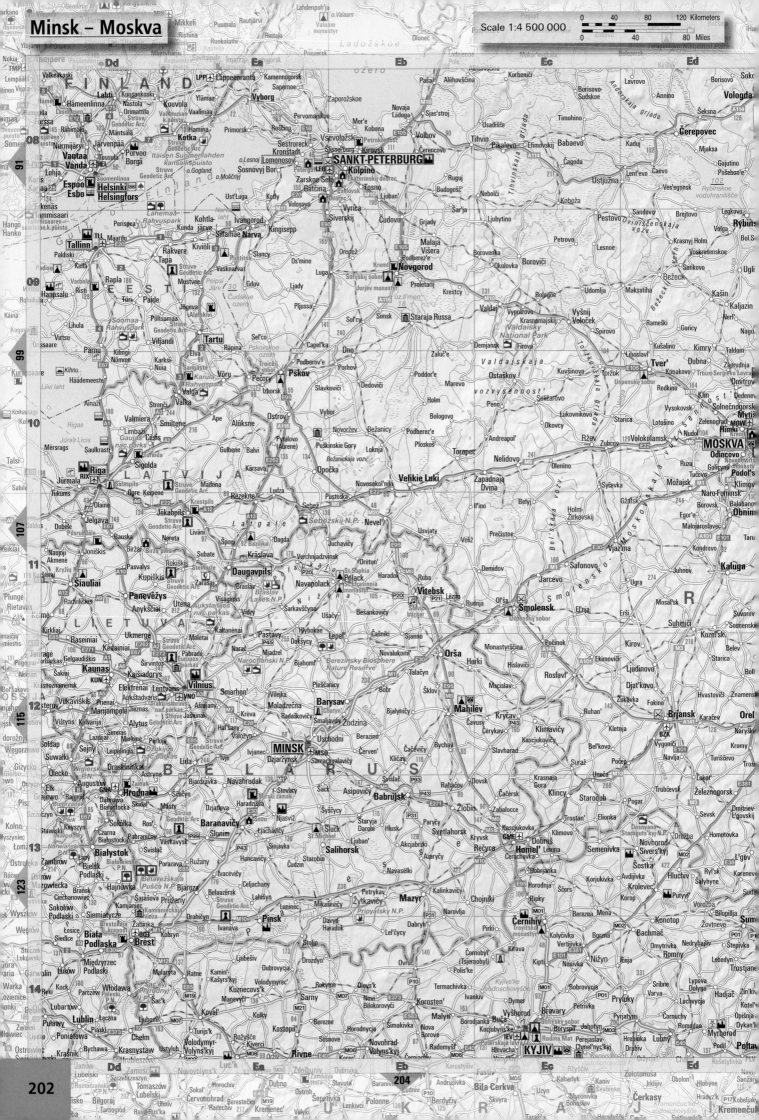

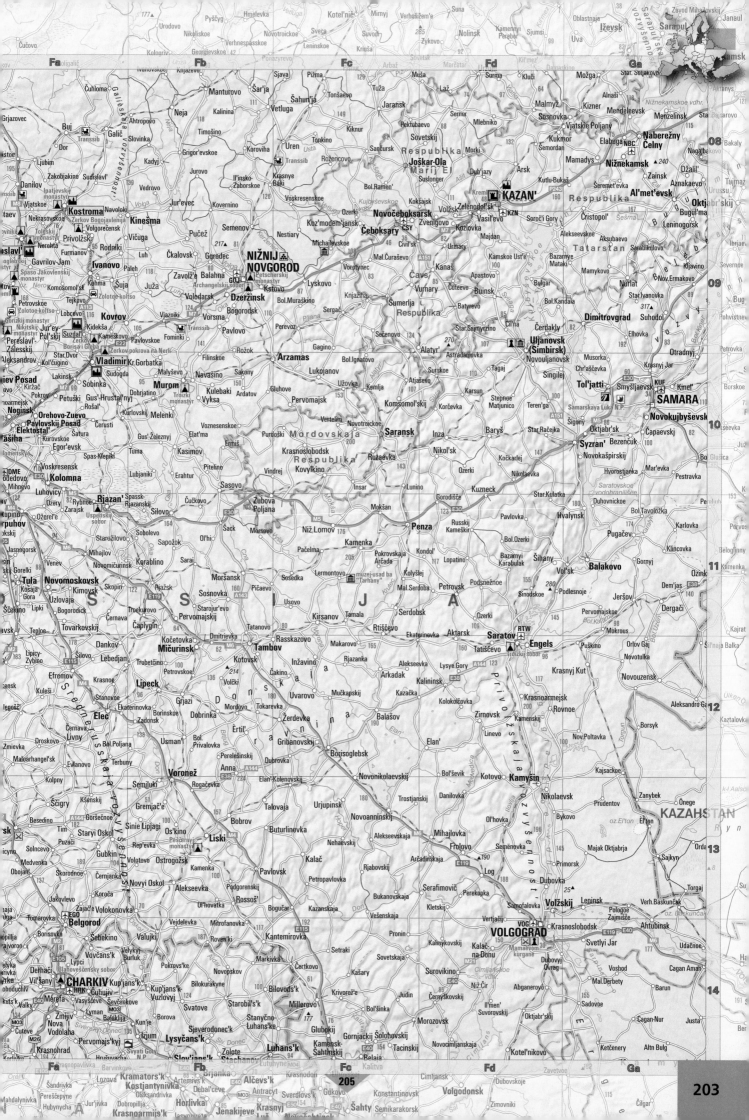

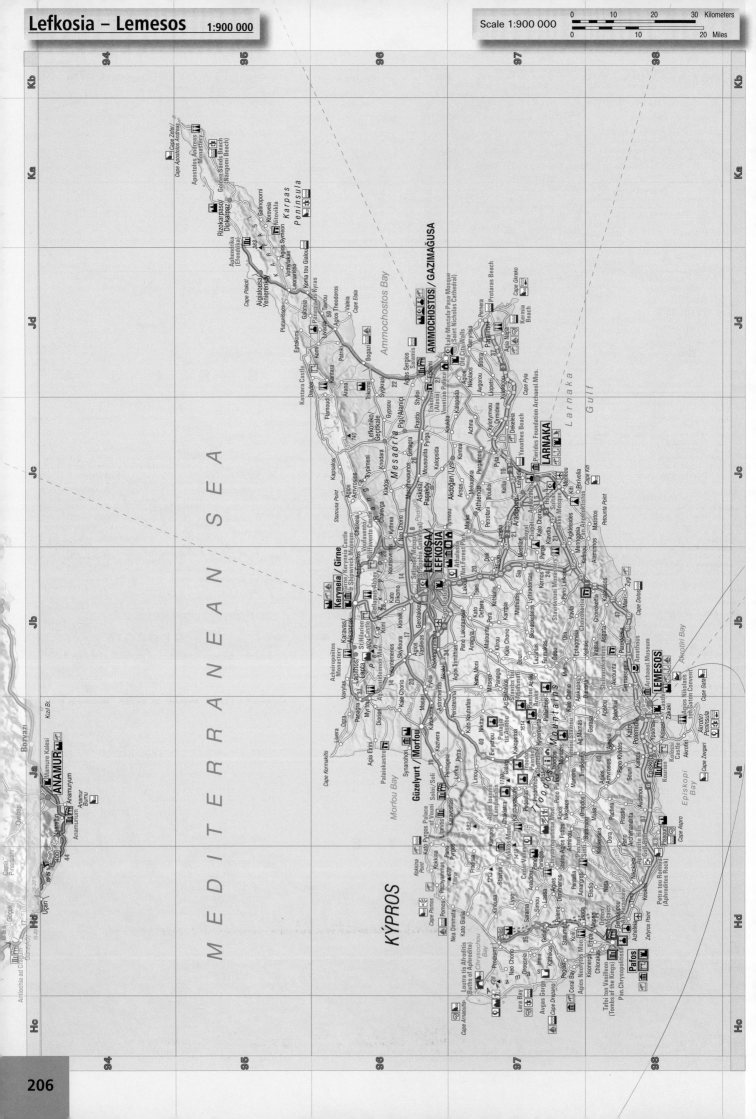

Scale 1:900 000

0   10   20   30 Kilometers
0   10   20 Miles

Aird of Sleat – Almaceda

Aird of Sleat GB 6 Db09
Airdrie GB 10 Ea13
Airel F 22 Fa36
Airėnai LT 114 Kd57
Aire-sur-l'Adour F 40 Fc54
Aire-sur-la-Lys F 23 Gd31
Airisto FIN 97 Jb40
Airola I 161 Fb74
Airolo CH 141 Cb56
Airvault F 28 Fc43
Aisa E 39 Fb57
Aisey-sur-Seine F 30 Ja40
Aislingen D 134 Db49
Aissey F 31 Jd41
Aisy-sur-Armançon F 30 Hd40
Aita Mare RO 176 Ea61
Aiterhofen D 135 Ec48
Aith GB 5 Ec02
Aith GB 5 Fa04
Aitolahti FIN 89 Jd35
Aiton RO 171 Da58
Aitona E 48 Ga61
Aitoniemi FIN 89 Jd35
Aitoo FIN 90 Ka36
Aitrach D 142 Da51
Aitrang D 142 Db52
Aittaniemi FIN 75 Kc19
Aittijoki FIN 64 Jc08
Aittojärvi FIN 74 Kb22
Aittojärvi FIN 82 Kc28
Aittokoski FIN 82 Kd27
Aittokylä FIN 75 Kd23
Aittolahti FIN 91 Ld32
Aittoperä FIN 82 Ka27
Aittovaara FIN 75 Lb23
Aiud RO 171 Da59
Áivo FIN 81 Jb28
Aix-en-Othe F 30 Hc39
Aix-en-Provence F 42 Jc54
Aixe-sur-Vienne F 33 Gb47
Aix-les-Bains F 35 Jd47
Aizdzire LV 105 Jd51
Aizenay F 28 Ed44
Aizkalne LV 107 Lc52
Aizkraukle LV 106 Kd51
Aizkuja LV 107 Lb50
Aizpūre LV 107 Ma51
Aizpute LV 105 Jb52
Aizvīki LV 113 Jb53
Ajaccio F 154 Ca71
Ajain F 33 Gd45
Ajaur S 80 Ha25
Ajaureforsen S 71 Fd23
Ajdovščina SLO 151 Fa58
Ajka H 145 Ha54
Ajo E 38 Dc54
Ajofrín E 52 Db66
Ajos FIN 74 Jc21
Ajševica SLO 151 Fa58
Ajtos BG 181 Ed72
Akācijas LV 106 Ka52
Akácliget H 152 Ha58
Akademija LV 114 Kb56
Akaki CY 206 Jb97
Akalan TR 192 Fd81
Akalan TR 198 Fd89
Akarca TR 192 Ga86
Åkarp S 110 Ed56
Äkäsjokisuu FIN 68 Jb16
Äkäslompolo FIN 68 Jb15
Akasztó H 146 Hd55
Akbaş TR 191 Ed82
Akbaş TR 198 Fd88
Akbaşlar TR 192 Ga81
Akbük TR 197 Ec89
Akburun TR 199 Hb88
Akçaabat TR 205 Fd19
Akçaalan TR 187 Gd79
Akçaalan TR 187 Ha79
Akçaalan TR 192 Fa85
Akçaanlan TR 192 Fb85
Akçabelen TR 199 Ha89
Akçadere TR 193 Gb85
Akçakavak TR 198 Fb91
Akçakaya TR 192 Fa82
Akçakese TR 186 Ga77
Akçakisrak TR 192 Fa83
Akçaköy TR 193 Gb84
Akçaköy TR 198 Ga88
Akçakoyun TR 191 Ec81
Akcalar TR 199 Hb89
Akçaören TR 199 Gb89
Akçaova TR 187 Gb78
Akçaova TR 197 Fa89
Akçapınar TR 187 Gc80
Akçapınar TR 191 Ea81
Akçapınar TR 192 Fd81
Akçapınar TR 198 Fb90
Akçaşehir TR 192 Ga83
Akçat TR 186 Ga79
Akçay TR 191 Eb82
Akçay TR 198 Ga92
Akcın TR 193 Gc87
Akcjabrski BY 202 Eb13
Akçokoca TR 187 Ha77
Akdam TR 199 Hb92
Akdera TR 199 Gb92
Akdere TR 192 Fd87
Akdoğan = Lysi CY 206 Jc97
Aken D 127 Eb38
Aken = Aachen D 125 Bb41
Åker S 95 Gb44
Åker S 103 Fb50
Åkerbäck S 80 Hb27
Åkerbränna S 79 Gb28
Åkerby S 73 Hc21
Åkerby S 96 Gc41
Åkerholmen S 73 Hc21
Åkermark S 73 Hc22
Åkernes N 92 Cd45
Åkerö S 88 Gc33
Åkerøya N 70 Ed21
Åkersberga S 96 Gd43
Åkersjön S 79 Fb29
Akersloot NL 116 Ba35
Åkers styckebruk S 95 Gb44
Åkervika N 71 Fb22
Akhan TR 198 Fd88
Akharım TR 193 Gb85
Akhisar TR 192 Fa84
Akin TR 193 Gc83
Akın TR 193 Gc86
Akkala FIN 90 La34
Akkan S 71 Ga23
Akkaor TR 198 Fd92
Akkarfjord N 63 Hd06
Akkarfjord N 63 Hd05
Akkarvik N 62 Ha08
Akkavare S 67 Ha17
Akkavare S 72 Ha22
Akkaya TR 192 Fd84
Akkaya TR 193 Gc82
Akkaya TR 198 Fb89
Akkaya TR 198 Fd91
Akkaya TR 199 Gb89
Akkeçili TR 193 Gd87
Akkeçili TR 199 Gb88
Akkent TR 192 Fd87
Akköy TR 191 Ea81
Akköy TR 192 Fd87
Akköy TR 197 Ec89
Akkrum NL 117 Bc33
Akkum TR 187 Gc77
Akkuş TR 205 Fc20
Akland N 93 Db45
Aklar TR 198 Fd92
Akmeņdziras LV 105 Jb49
Akmenė LT 113 Jd53
Akmeniai LT 114 Kc56
Akmeniši LV 107 Ld52
Akmeşe TR 187 Gb78
Akniste LV 114 La53
Akoluk TR 193 Gc83
Akonpohja FIN 83 Lb29
Akören TR 185 Ed75
Akören TR 186 Fb77
Akören TR 193 Gc85
Akören TR 199 Gb89
Akoúmia GR 200 Cd96
Ákovos GR 194 Bb88
Akpınar TR 186 Fc77
Akpınar TR 187 Ha78
Akpınar TR 191 Eb81
Akpınar TR 193 Gc82
Akpınar TR 198 Fd90
Åkra N 92 Bd43
Åkra N 92 Cb41
Åkrahamn N 92 Bd42
Åkran N 78 Ec28
Akranes IS 2 Ac04
Akráta GR 189 Bc85
Akréfnio GR 189 Ca85
Åkrestrømmen N 86 Eb35
Ákri GR 183 Bc79
Akriní GR 183 Bc78
Akritas GR 183 Bb77
Akritohóri GR 183 Cb76
Akrogiáli GR 184 Cc77
Akrolimni GR 183 Bd77
Akropótamos GR 184 Cd77
Akrotiri CY 206 Ja98
Akrotiri GR 196 Db92
Akrounta CY 206 Jb98
Akşahap TR 199 Hb90
Aksaj RUS 205 Fc15
Aksakal TR 186 Fa80
Aksaklar TR 192 Fd84
Aksakovo BG 181 Fa70
Akşar TR 198 Fd90
Akşar TR 205 Ga19
Aksaz TR 185 Ec79
Aksaz TR 192 Fc84
Aksaz TR 192 Fd86
Aksdal N 92 Ca42
Akşehir TR 193 Ha86
Akseki TR 198 Fb88
Akseki TR 199 Hb90
Akselendi TR 192 Fa85
Akset N 77 Dc29
Äksi EST 99 Lb45
Aksicim TR 186 Fa76
Aksla N 84 Cc35
Akstinai LT 114 Ka56
Aksu TR 186 Fd80
Aksu TR 199 Gd88
Aksu TR 199 Gd91
Aksubaevo RUS 203 Ga09
Aktarsk RUS 203 Fd12
Aktaş TR 192 Fc81
Aktaş TR 193 Ha83
Aktio GR 188 Ad82
Aktse S 67 Gc17
Akujärvi FIN 69 Kb11
Åkullsjön S 80 Hc27
Akureyri IS 2 Ba04
Åkvåg N 93 Db45
Akyaka TR 198 Fb90
Akyar TR 192 Fa82
Akyar TR 199 Gb90
Akyayla TR 192 Fc82
Akyazı TR 187 Gc79
Akyazı TR 198 Fd93
Akyer TR 198 Fb89
Akyokuşkavagı TR 187 Gd79
Ål N 85 Db39
Ala EST 106 Kd46
Ala I 149 Dc58
Ala S 87 Gb37
Ala S 104 Ha50
Aláattin TR 198 Fd89
Alabey TR 185 Ec78
Alaca TR 205 Fb20
Alacaatlı TR 192 Fa83
Alacaklar TR 191 Ec83
Alaçam TR 192 Fc83
Alaçam TR 205 Fb19
Alacant E 55 Fb71
Alacaoğlu TR 185 Ed76
Alacat TR 192 Fc81
Alaçati TR 191 Ea86
Alacón E 48 Fb62
Alà dei Sardi I 168 Cb75
Ala di Stura I 148 Bc59
Alaejos E 45 Cc61
Alafors S 102 Ec48
Alagna Valsesia I 148 Bd58
Alagoa P 50 Ba67
Alagón E 47 Fa60
Alagonia GR 194 Bb89
Alahärmä FIN 81 Jb30
Ala-Honkajoki FIN 89 Jb34
Alainenjoki FIN 89 Jc37
Alaior E 57 Ja66
Alájar E 59 Bc72
Alajärvi FIN 75 La23
Alajärvi FIN 81 Jc30
Alajärvi FIN 82 La26
Alajõe EST 99 Lb43
Alajoki FIN 69 Ka12
Alajoki FIN 82 Ka27
Ala-Jokikylä FIN 74 Jd21
Ala-Keyritty FIN 82 La28
Ala-Kolkki FIN 89 Jd33
Ala-Kuona FIN 91 Lc32
Alakylä FIN 68 Jc16
Alakylä FIN 74 Ka23
Alakylä FIN 81 Jd28
Alakylä FIN 81 Jb31
Alakylä FIN 89 Ja35
Alakylä FIN 89 Ja33
Alakylä FIN 91 Ld33
Ala-Livo FIN 74 Kb22
Alamaa FIN 82 Kb30
Alameda E 60 Cd74
Alameda de la Sagra E 52 Db66
Alamedilla E 60 Dc74
Alaminnos CY 206 Jc98
Alaminos E 47 Ea63
Alamillo E 52 Cd70
Alan HR 151 Fc61
Alan TR 193 Ha81
Ala-Nampa FIN 74 Ka18
Alanäs S 79 Fd27
Alancık TR 191 Ed81
Åland S 96 Gc42
Alandız TR 192 Fb87
Alandroal P 50 Ba69
Älandsbro S 88 Gc32
Alange E 51 Bd69
Alaniçi = Pigi CY 206 Jc96
Alaniemi FIN 74 Jd21
Alanis E 59 Ca72
Alanta LT 114 La55
Alanyolu TR 192 Fb85
Alanyurt TR 193 Gd84
Alap H 146 Hc55
Alapää FIN 81 Jd27
Alapitkä FIN 82 Kd29
Alaplı TR 187 Ha77
Alapohja FIN 90 Kb32
Ala-Postojoki FIN 69 Ka15
Alappmo N 67 Gd11
Alaraz E 45 Cc63
Alarcia E 38 Dd58
Alarcón E 53 Eb67
Alar del Rey E 38 Db57
Alaró E 57 Hb67
Alarup AL 182 Ad76
Alaşar TR 192 Fa81
Alaşehir TR 192 Fb86
Ålåsen S 79 Fc28
Ala-Siurua FIN 74 Kb22
Alaskylä FIN 89 Jc34
Alassa CY 206 Ja98
Alassio I 43 La52
Alastaro FIN 89 Jc37
Ala-Sydänmaa FIN 82 Ka27
Alata F 154 Ca70
Ala-Temmes FIN 74 Ka24
Alatepe TR 197 Fa90
Alatornio FIN 74 Jc21
Alatoz E 54 Ed69
Alatri I 160 Ed72
Alatskivi EST 99 Lb44
Alatyr' RUS 203 Fd09
Alava MD 177 Ga60
Alavaara S 73 Hc18
Ala-Valli FIN 89 Jb32
Alavattnet S 79 Fd28
Alaveteli FIN 81 Jc28
Ala-Vieksi FIN 83 Lb25
Alavieska FIN 81 Jd26
Ala-Viirre FIN 81 Jc27
Ala-Vuokki FIN 75 Lb23
Ala-Vuotto FIN 74 Kb23
Alavus FIN 89 Jc32
Alayaka TR 192 Fb83
Alaylı TR 186 Ga80
Alayunt TR 193 Gb83
Alba E 36 Bb54
Alba E 47 Ed64
Alba I 148 Bd61
Alba RO 172 Ec54
Alba Adriatica I 157 Fa68
Albac RO 171 Cc59
Albacete E 53 Ec69
Albacken S 87 Ga32
Alba de Cerrato E 46 Da60
Alba de Tormes E 45 Cc63
Ålbæk DK 101 Dd19
Albaida E 55 Fb70
Albaina E 38 Ea57
Alba Iulia RO 175 Da60
Albaladejo E 53 Ea70
Albalate de Cinca E 48 Fd60
Albalate del Arzobispo E 48 Fb62
Albalate de las Nogueras E 47 Eb65
Albalate de Zorita E 47 Ea65
Alban F 41 Ha53
Albánchez E 61 Eb75
Albánchez de Úbeda E 60 Dc73
Albaneto I 156 Ec69
Albano di Lucania I 162 Gb76
Albano Laziale I 160 Eb72
Albanyà E 41 Hb58
Albarca E 48 Gb62
Albaredo Arnaboldi I 149 Cc60
Albaredo d'Adige I 149 Dc60
Albarellos E 36 Ba56
Albares E 46 Dd65
Albarracín E 47 Ed64
Albarreal de Tajo E 52 Da66
Albas F 33 Gb51
Albatana E 55 Ed70
Albatàrrec E 48 Ga61
Albatera E 55 Fa72
Albbruck D 141 Ca52
Albelda de Iregua E 39 Eb58
Albena BG 181 Fb70
Albendín E 60 Da73
Albenga I 43 La52
Albeni RO 175 Cd64
Albeniz E 39 Eb56
Albens F 35 Jd46
Albentosa E 54 Fb66
Albercastle GB 14 Db26
Alberese I 155 Dc69
Ålberga S 95 Ga44
Alberga S 95 Gb45
Albergaria-a-Nova P 44 Ad62
Albergaria-a-Velha P 44 Ad62
Alberguería E 36 Bb58
Alberique E 54 Fb69
Alberite E 39 Eb58
Albernoa P 58 Ad72
Alberobello I 162 Ha75
Alberona I 161 Fd73
Alberoni I 150 Eb60
Älberschwende A 142 Da53
Albersdorf D 118 Da30
Albert F 23 Ha33
Albertirsa H 146 Ja53
Albertville F 35 Ka47
Albesa E 48 Ga60
Albeşti RO 172 Ed55
Albeşti RO 173 Fb59
Albeşti RO 175 Dc60
Albeşti RO 176 Ed66
Albeşti RO 181 Fc68
Albeştii de Muscel RO 175 Dc63
Albeşti Paleologu RO 176 Eb64
Albi F 41 Gd53
Albias F 40 Gc52
Albidona I 164 Gc78
Albigowa PL 139 Ka44
Albina MD 173 Fc59
Albinețul Vechi MD 173 Fa56
Albinia I 155 Dc69
Albino I 149 Cd58
Albires E 37 Cc58
Albisola Marina I 148 Ca63
Albizzate I 148 Cb58
Alblasserdam NL 124 Ad37
Albocàsser E 54 Fd65
Alboga S 102 Ed48
Alböke S 103 Gb51
Alboloduy E 61 Ea75
Albolote E 60 Db75
Albondón E 60 Dc76
Alborea E 54 Ed68
Albota RO 175 Dc65
Albota de Jos MD 177 Fc61
Albota de Sus MD 177 Fc61
Alboussière F 34 Jb49
Albox E 61 Eb74
Albrechtice nad Vltavou CZ 136 Fb47
Albrighton GB 15 Eb24
Albrighton GB 15 Ec24
Albstadt D 142 Cc50
Albu EST 98 Kd43
Albudeite E 55 Ed72
Albufeira P 58 Ac74
Albujón E 55 Fa73
Albuñol E 60 Dc76
Albuñuelas E 60 Db76
Albuquerque E 51 Bc67
Alby S 87 Fd33
Alby-sur-Chéran F 35 Jd46
Alcácer do Sal P 50 Ac70
Alcáçovas P 50 Ad70
Alcadağ TR 199 Gb93
Alcadozo E 53 Ec70
Alcafozes P 45 Bc65
Alcaine E 48 Fb63
Alcalá de Gurrea E 48 Fb59
Alcalá de Henares E 46 Dd64
Alcalá de la Selva E 54 Fb65
Alcalá de la Vega E 54 Ed66
Alcalá del Júcar E 54 Ed68
Alcalá del Opispo E 48 Fc59
Alcalá de los Gazules E 59 Ca77
Alcalá del Río E 59 Ca73
Alcalá del Valle E 60 Cc75
Alcalà de Xivert E 54 Fd65
Alcalá la Real E 60 Db74
Alcamo I 166 Eb84
Alcamo Marina I 166 Eb84
Alcampell E 48 Fd60
Alcanadre E 39 Ec58
Alcanar E 48 Ga64
Alcanede P 50 Ab66
Alcanena P 50 Ac66
Alcañices E 45 Ca60
Alcañiz E 48 Fc62
Alcántara E 51 Bc66
Alcantarilha P 58 Ac74
Alcantarilla E 53 Ea71
Alcantarilla E 55 Ed72
Alcantud E 47 Eb64
Alcaracejos E 52 Cc71
Alcaraz E 53 Ea70
Alcaria P 44 Bb64
Alcaria Rulva P 58 Ad72
Alcarràs E 48 Ga61
Alcaucín E 60 Da76
Alcaudete E 60 Da73
Alcaudete de la Jara E 52 Cd66
Alcázar del Rey E 47 Ea65
Alcázar de San Juan E 53 Dd68
Alcazarén E 46 Da61
Alceda E 38 Dc55
Alcedar MD 173 Fd55
Alcester GB 20 Ed25
Alčevs'k UA 205 Fb15
Alcı TR 198 Fd90
Alçıtepe TR 185 Ea80
Alcobaça P 50 Ab66
Alcoba de los Montes E 52 Da68
Alcobendas E 46 Dc64
Alcocer E 47 Ea64
Alcochete P 50 Ab68
Alcoentre P 50 Ab67
Alcohujate E 47 Ea64
Alcoi E 55 Fb70
Alcolea E 60 Cd72
Alcolea E 61 Dd75
Alcolea de Calatrava E 52 Da69
Alcolea de Cinca E 48 Fd60
Alcolea del Pinar E 47 Eb62
Alcolea del Río E 59 Ca73
Alcoletge E 48 Ga60
Alcollarín E 51 Cb68
Alconbury GB 20 Fc25
Alconchel E 51 Bb70
Alconera E 51 Bd70
Alcóntar E 61 Ea74
Alcorcón E 46 Db64
Alcorisa E 48 Fc63
Alcoroches E 47 Ec64
Alcossebre E 54 Fd65
Alcoutim P 58 Ba73
Alcover E 48 Gb62
Alcoy E 55 Fb70
Alcsútdoboz H 146 Hc53
Alcubierre E 48 Fb60
Alcubilla de Avellaneda E 46 Dd60
Alcubillas E 53 Dd70
Alcublas E 54 Fb66
Alcúdia E 57 Hc66
Alcudia de Gaudix E 61 Dd75
Alcuéscar E 51 Bd68
Alcuneza E 47 Ea62
Aldborough GB 11 Fa19
Aldbourne GB 20 Ed28
Aldbrough GB 17 Fc20
Aldeacentenera E 51 Cb67
Aldeadávila de la Ribera E 45 Bd61
Aldea del Cano E 51 Bd67
Aldea del Fresno E 46 Db64
Aldea del Obispo E 45 Bd63
Aldea del Rey E 52 Db70
Aldea de Pallarés E 51 Bd71
Aldea de San Esteban E 46 Dd61
Aldeahermosa E 53 Dd71
Aldealafuente E 47 Eb60
Aldealcorvo E 46 Dc62
Aldealengua de Santa Maria E 46 Dd61
Aldeamayor de San Martín E 46 Da61
Aldeanueva de Barbarroya E 52 Cc66
Aldeanueva de la Vera E 45 Cb65
Aldeanueva de San Bartolomé E 52 Cc67
Aldeaquemada E 52 Dc71
Aldea Quintana E 60 Cc73
Aldearrodrigo E 45 Cb62
Aldeaseca de la Frontera E 45 Cc62
Aldeavieja E 46 Da63
Aldebrő H 146 Jb52
Aldeburgh GB 21 Gb26
Aldehuela de la Bóveda E 45 Ca63
Aldehuela de Liestos E 47 Ec62
Aldehuela de Yeltes E 45 Ca63
Aldeia da Mata P 50 Ba67
Aldeia da Ponte P 45 Bc64
Aldeia da Serra P 50 Ba69
Aldeiade João Pires P 45 Bc65
Aldeia dos Palheiros P 58 Ac72
Aldeia Gavinha P 50 Ab67
Aldeia Velha P 50 Ad68
Aldenhoven D 125 Bc41
Aldenueva de Figueroa E 45 Cc62
Aldenueva de la Serrezuela E 46 Dc61
Aldenueva del Codonal E 46 Da62
Aldeonte E 46 Dc61
Alderbury GB 20 Ed29
Aldernäset S 79 Fd27
Aldersbach D 135 Ed49
Aldershot GB 20 Fb29
Aldfield GB 11 Fa19
Aldford GB 15 Eb22
Aldinci MK 178 Bb73
Aldinci SRB 179 Ca68
Aldingen D 142 Cc50
Aldomirovci BG 179 Cb70
Aldover E 48 Ga63
Aldsworth GB 20 Ed27
Aldtsjerk NL 117 Bc33
Aldwincle GB 20 Fc25
Ale S 73 Hd22
Aléa GR 194 Bc87
Åleby S 94 Fa41
Åled S 102 Ed52
Aledo E 55 Ed73
Ålefjær N 92 Cd47
Alegrete P 51 Bb67
Alëhovščina RUS 202 Eb08
Alekovo BG 180 Dd69
Alekovo BG 181 Ed68
Aleksandrevėlė LT 115 Lb53
Aleksandrija BG 181 Fa68
Aleksandrija LT 113 Jb53
Aleksandrov Gaj RUS 203 Ga12
Aleksandrov RUS 203 Fa10
Aleksandrovac SRB 178 Bb68
Aleksandrovo BG 180 Dc70
Aleksandrovo BG 181 Ec73
Aleksandrovskaja RUS 99 Mb40
Aleksandrovskoe RUS 205 Ga16
Aleksandrów PL 130 Ja37
Aleksandrów PL 130 Ja40
Aleksandrów PL 131 Ka38
Aleksandrów PL 131 Kb42
Aleksandrów Kujawski PL 121 Hb35
Aleksandrów Łódzki PL 130 Hc38
Aleksa Šantić SRB 153 Hd58
Alekseevka RUS 99 Ld41
Alekseevka RUS 107 Mb46
Alekseevka RUS 203 Fb13
Alekseevka RUS 203 Fc12
Alekseevskaja RUS 203 Fc13
Alekseevskoe RUS 203 Ga09
Aleksin RUS 202 Ed11
Aleksinac SRB 178 Bd68
Aleksinac Bujmir SRB 178 Bd68
Älekulla S 102 Ed50
Ålem S 103 Gb51
Ålen N 86 Eb32
Alençon F 28 Fd38
Alenica SRB 159 Jc64
Alenquer P 50 Ab68
Alentisque E 47 Eb61
Alepohóri GR 195 Bd89
Alepoú GR 182 Ab80
Alera E 39 Ed58
Alerheim D 134 Dc48
Aléria F 154 Cc70
Alès F 41 Hd52
Ales I 169 Ca78
Alesanco E 38 Ea58
Aleşd RO 170 Cb57
Alesjaure sameviste S 67 Gc14
Ale-Skövde S 102 Ec48
Alessandria I 148 Cb61
Alessandria del Carretto I 164 Gc78
Alessandria della Rocca I 166 Ec85
Alessano I 165 Hc78
Ålesund N 76 Cc32
Alet-les-Bains F 41 Gd56
Alevráda GR 188 Ba83
Alexain F 28 Fb39
Alexándreni MD 173 Fa54
Alexándreni MD 173 Fb55
Alexandreşti MD 173 Fa55
Alexándria GR 183 Bd78
Alexandria RO 180 Dd67
Alexandroúpoli GR 185 Dd78
Alexandru Ioan Cuza MD 177 Fc63
Alexandru I.Cuza RO 172 Ed57
Alexandru Odobescu RO 181 Ed67
Alexandru Vlahuță RO 177 Fa60
Alexeevca MD 173 Fb57
Alexeevca MD 173 Fc55
Alexeni RO 176 Ec65
Alfacar E 60 Dc75
Alfajarín E 48 Fb61
Alfambra E 47 Fa64
Alfambra P 58 Ab73
Alfamén E 47 Fa61
Alfândega da Fé P 45 Bc61
Alfano I 161 Fd77
Alfara de Carles E 48 Fd63
Alfarela de Jales P 44 Bb60
Alfarelos P 44 Ac64
Alfarim P 50 Aa69
Alfarnate E 60 Da75
Alfaro E 47 Ec59
Alfarràs E 48 Ga60
Alfatar BG 181 Ed68
Alfaz del Pi E 55 Fc70
Alfdorf D 134 Da48
Alfedena I 161 Fa72
Alfeld D 126 Db38
Alfeld D 135 Ea46
Alfhausen D 117 Cb36
Alfonsine I 150 Ea63
Alford GB 7 Ec09
Alford GB 17 Fd22
Alforja E 48 Gb62
Ålfoten N 84 Cb34
Alfreton GB 16 Fa23
Alfstedt D 118 Da32
Alfta S 87 Ga37
Älga S 94 Ec42
Algaida E 57 Hb67
Algajola F 154 Ca68
Algallarín E 60 Cd72
Algamitas E 60 Cc75
Alganå S 94 Ec44
Algar E 59 Ca76
Älgarås S 95 Fb45
Algård N 92 Ca44
Ålgård N 92 Cb46
Algarinejo E 60 Da74
Algarrobo E 60 Da76
Algatocin E 59 Cb76
Algeciras E 59 Cb78
Algemesí E 54 Fb68
Älgered S 87 Gb34
Algermissen D 126 Db37
Algerri E 48 Ga60
Algestrup DK 109 Eb27
Algete E 46 Dc64
Alghero I 168 Bd75
Älghult S 103 Fd51
Algimia de Almonacid E 54 Fb66
Alginet E 54 Fb68
Algodonales E 59 Cb75
Algodor P 58 Ad72
Algora E 47 Ea63
Algoso P 45 Bd60
Algoz P 58 Ac74
Älgsjö S 80 Gc27
Alguaire E 48 Ga60
Alguazas E 55 Ed72
Algueña E 55 Fa71
Algutsboda S 103 Fd52
Algutsrum S 103 Gb52
Algyő H 146 Jb56
Alhabia E 61 Ea75
Alhadas P 44 Ac64
Alhama de Almería E 61 Ea76
Alhama de Aragón E 47 Ec62
Alhama de Granada E 60 Da75
Alhama de Murcia E 55 Ed73
Alhambra E 53 Dd69
Alhamn S 73 Hd23
Alharilla E 52 Da72
Alhatlı TR 191 Ed83
Alhaurín de la Torre E 60 Cd76
Alhaurín el Grande E 60 Cd76
Alhojärvi FIN 90 Kb34
Alholm FIN 89 Ja32
Alhóndiga E 47 Ea64
Ålhus N 84 Cc35
Ali I 167 Fd84
Alia I 166 Ed85
Alía E 52 Cc67
Aliağa TR 191 Eb85
Aliaga E 48 Fb64
Aliaguilla E 54 Ed67
Aliano I 162 Gb77
Aliártos GR 189 Ca85
Alibánfa H 145 Gc55
Alibey TR 191 Eb83
Alibeyli TR 191 Ed85
Alibunar SRB 174 Bc63
Aliç TR 185 Eb77
Alicante E 55 Fb71
Alice Castello I 148 Bd59
Alıçlıkuyu TR 198 Fd91
Alicudi Porto I 167 Fb82
Alicún de Ortega E 61 Dd73
Alidemirci TR 191 Ed82
Åliden S 80 Hc25
Alifakı TR 192 Fa84
Alife I 161 Fb73
Alija del Infantado E 37 Cb58
Alijó P 44 Bb61
Álika GR 194 Bc91
Alíkampos GR 200 Cc95
Alikés GR 188 Ac86
Alíki GR 184 Db78
Alíki GR 188 Ad82
Alikianós GR 200 Cb95
Alíko GR 196 Db90
Aliköy TR 192 Ga83
Aliköy TR 199 Gc88
Alikurt TR 198 Fd88
Alikylä FIN 81 Jc28
Alil Abasi MK 183 Ca74
Aliman RO 181 Fa67
Alimena I 167 Fa85
Aliminusa I 166 Ed84
Alınca TR 198 Fd92
Alinci MK 183 Bb75
Alingsås S 102 Ec48
Alino BG 179 Cc72
Alins E 40 Gb58
Alinyà E 49 Gc59
Alionys LT 114 La56
Aliseda E 51 Bc67
Alise-Sainte-Reine F 30 Ja41
Alistráti GR 184 Cd77
Ali Terme I 167 Fd84
Alivéri GR 189 Cc85
Alixan F 34 Jb49
Alizava LT 114 Kd53
Aljaraque E 59 Bb74
Aljezur P 58 Ab73
Aljinovići SRB 159 Jb66
Aljucén E 51 Bd68
Aljustrel P 50 Ac71
Alken B 124 Ba40
Alkiškiai LT 113 Jd53
Alkkia FIN 89 Jb33
Alkmaar NL 116 Ba34
Alkoven A 144 Fa50
Alkpınar TR 186 Fa76
Alksėnai LT 114 Ka58
Alksnėnai LT 113 Jc54
Alksnėnai LV 114 Kb55
Alksniupiai LT 114 Kb54
Allahdiyen TR 192 Fa86
Allai I 169 Ca77
Allaines-Mervilliers F 29 Gc39
Allainville-en-Beauce F 29 Gd39
Allaire F 27 Ec41
Allaman CH 140 Ba55
Allanche F 34 Hb49
Allariz E 36 Bb58
Allasac F 33 Gc49
Allauch F 42 Jd55
Allavaara S 67 Ha17
Allažmuiža LV 106 Kc50
Alle CH 141 Bc52
Alle DK 108 Da24
Alleen N 92 Cc47
Alleghe I 143 Ea56
Alleknjarg N 64 Ka07
Allemagne-en-Provence F 42 Ka53
Allemant F 24 Hc37
Allen IRL 13 Cc21
Allenbach D 133 Bd45
Allendale Town GB 11 Ed16
Allendorf D 126 Cd42
Allendorf, Bad Sooden- D 126 Db40
Allenheads GB 11 Ed17
Allensbach D 142 Cc52
Allensteig A 136 Fc49
Allenstein = Olsztyn PL 122 Ja32
Allepuz E 48 Fb64
Allerborn L 133 Bb43
Allerey-sur-Saône F 30 Jb43
Allersberg D 135 Dd47
Allershausen D 143 Ea50
Allerslev DK 109 Eb28
Allerston GB 16 Fb19
Allerum S 110 Ec54
Allés E 38 Da55
Alleuze F 34 Hb49
Allevard F 35 Jd48
Allex F 34 Jb50
Allgunnen S 103 Ga51
Allhallows GB 21 Ga28
Allibaudières F 24 Hd37
Alligny-Cosne F 30 Hb41
Allihies IRL 12 Ba26
Allinge DK 111 Fc57
Allington GB 20 Ed28
Allıören TR 193 Gb84
Alliste I 165 Hc78
Allistragh GB 9 Cd18
Allmendingen D 142 Da50
Allo E 39 Ec57
Alloa GB 7 Ea12
Allogny F 29 Gd42
Ålloluokta S 67 Ha17
Allonby GB 11 Eb17
Allones F 28 Fd40
Allones F 29 Gc38
Allonne F 28 Fc44
Allons F 40 Fc52
Alloon Lower IRL 12 Bd21
Allos F 43 Kb51
Alloue F 33 Ga46
Alloza E 48 Fb63
Allstedt D 127 Ea40
Allumiere I 156 Dd70
Ally F 33 Gd49
Ally F 34 Hc49
Almaça P 44 Ad64
Almaceda P 44 Ba65

Almacelles – Ansnes

Almacelles E 48 Fd60
Almaciles E 61 Eb72
Almada P 50 Aa69
Almadén E 52 Cd69
Almadén de la Plata E 59 Bd72
Almadenejos E 52 Cd70
Almagro E 52 Db69
Almăj RO 175 Cd65
Almajano E 47 Eb60
Almaluez E 47 Eb62
Almancil P 58 Ac74
Almansa E 55 Fa70
Almanza E 37 Cd57
Almaraz E 51 Cb66
Almarda E 54 Fc67
Almargen E 60 Cc75
Almarza E 47 Eb59
Almås N 78 Ed26
Almaş RO 170 Cb59
Almásfüzitő H 145 Hb52
Almassora E 54 Fc66
Almaşu RO 171 Cd57
Almaşu Mare RO 175 Cd60
Almatret E 48 Fd62
Almazán E 47 Eb61
Almazora E 54 Fc66
Almberget S 94 Fa39
Almby S 95 Fd44
Almdalen N 70 Fa22
Alme D 126 Cc39
Almeda de Cervera E 53 Dd68
Almedíjar E 54 Fb66
Almedina E 53 Dd70
Almedinilla E 60 Da74
Almeida E 45 Ca61
Almeida P 45 Bc63
Almeirim P 50 Ac67
Almelo NL 117 Bd36
Almenar E 48 Ga60
Almenara E 54 Fc67
Almenar de Soria E 47 Eb60
Almendar TR 186 Fd77
Almendra E 45 Ca61
Almendral E 51 Bc69
Almendralejo E 51 Bd69
Almendricos E 61 Ec74
Almendros E 53 Ea66
Almenêches F 22 Fd37
Almenno San Salvatore I 149 Cd58
Almens CH 142 Cd55
Almensilla E 59 Bd74
Almere NL 116 Ba35
Almere-Buiten NL 116 Ba35
Almere-Haven NL 116 Ba36
Almería E 61 Ea76
Almerimar E 61 Dd76
Almesåkra S 103 Fc49
Almese I 148 Bc60
Al'met'evsk RUS 203 Ga08
Älmhult S 111 Fb53
Almidar E 61 Dd74
Almind DK 108 Db26
Almiropótamos GR 190 Cd86
Almirós GR 189 Bd82
Almklov N 84 Cb34
Almlia N 78 Eb27
Almlia N 78 Eb28
Ålmo N 77 Db30
Almodôvar P 58 Ac73
Almodóvar del Campo E 52 Da70
Almodóvar del Pinar E 53 Ec67
Almodóvar del Río E 60 Cc72
Almogia E 60 Cd76
Almograve P 58 Ab72
Almoguera E 46 Dd65
Almoharín E 51 Ca68
Almonacid de la Sierra E 47 Ed61
Almonacid del Marquesado E 53 Ea66
Almonacid de Toledo E 52 Db66
Almonacid de Zorita E 47 Ea65
Almonáster la Real E 59 Bc72
Almonte E 59 Bc74
Almoradí E 55 Fb72
Almoraima E 59 Cb77
Almorox E 46 Da65
Almoster P 44 Ac65
Almourol P 50 Ac66
Almsele S 79 Gb27
Älmsta S 96 Ha41
Almstedt D 126 Db37
Almudaina E 55 Fc70
Almudema E 61 Ec72
Almudévar E 48 Fb59
Almuñécar E 60 Db76
Almunge S 96 Gd42
Almunia de San Juan E 48 Fd60
Almuradiel E 52 Dc70
Almussafes E 54 Fb68
Alna N 93 Ea41
Alnaši RUS 203 Ga08
Alnes N 76 Cc32
Alness GB 5 Ea07
Alnö S 88 Gc33
Alnwick GB 11 Fa15
Alobrónoia GR 196 Da91
Alocén E 47 Ea64
Aloja LV 106 Kc47
Alomartes E 60 Db74
Alónissos GR 189 Cc83
Alonsontegí E 38 Ea55
Álora E 60 Cd76
Alosno E 59 Bb73
Alovė LT 114 Kc59
Alovera E 46 Dd64
Alozaina E 60 Cc76
Alp E 41 Gd58
Alpagut TR 192 Fb81
Alpalhão P 50 Ba67
Alparslan TR 193 Gc87
Alpbach A 143 Ea53
Alpe Colombino I 148 Bc60
Alpe di Siusi I 143 Dd56
Alpedrete E 46 Db63
Alpedrinha P 44 Bb65
Alpen D 125 Bc38
Alpera E 54 Ed69
Alphen NL 124 Ad38
Alphen aan de Rijn NL 116 Ad36
Alpheton GB 21 Ga26
Alpiarça P 50 Ac67
Alpicat E 48 Ga60
Alpirsbach D 133 Cb49
Alpnach Dorf CH 141 Ca54
Alpu TR 193 Gd82
Alpua FIN 82 Ka25
Alpuente E 54 Fa66
Alpullu TR 185 Ec76
Alqueva P 50 Ba71
Alquézar E 48 Fd59
Als DK 101 Dd22
Alsån S 73 Ja19
Alsån S 73 Jb21
Alsancak = Karavas CY 206 Jb96
Alsasua E 39 Ec56
Alsdorf D 125 Bc41
Alseda S 103 Fd50
Alsėdžiai LT 113 Jc54
Alsen S 79 Fb30
Alsenz D 133 Ca45
Alsfeld D 126 Cd42
Ålsgårde DK 109 Ec24
Alsheim D 133 Cb45
Ålshult S 111 Fc53
Alsike S 96 Gc42
Alsjärv S 73 Ja19
Alsjö S 87 Ga34
Alskog S 104 Ha50
Alsleben D 127 Ea39
Alslev DK 108 Cd25
Alslev DK 108 Da27
Alsø DK 101 Dd23
Alsónémedi H 146 Hd53
Alsópáhok H 145 Gd55
Alsópakony H 146 Hd53
Alsószentiván H 146 Hc55
Alsótold H 146 Ja51
Alsózsolca H 146 Jc51
Ålsrode DK 101 Dd23
Alstad N 78 Eb29
Alstadt S 110 Ed56
Alstätte D 125 Bd37
Alster S 94 Fa43
Alsterbro S 103 Ga51
Alsterfors S 103 Fd51
Alstermo S 103 Fd51
Alston GB 11 Ec17
Alstrup DK 109 Dd25
Alsunga LV 105 Jb51
Alsvåg N 66 Fd12
Alsvik N 66 Fb17
Alsviķi LV 107 Lc48
Alswear GB 19 Dd29
Alta N 63 Hd08
Älta S 96 Gd44
Altach A 142 Cd53
Altamura I 162 Gc75
Altarejos E 53 Eb66
Altaussee A 144 Fa52
Altavilla Irpina I 161 Fc74
Altavilla Milicia I 166 Ed84
Altavilla Silentina I 161 Fd76
Altbüron CH 141 Ca53
Altdöbern D 128 Fb39
Altdorf CH 141 Cb54
Altdorf D 135 Dd46
Altdorf D 135 Eb49
Alt Duvenstedt D 118 Db30
Alte P 58 Ac74
Altea E 55 Fc70
Altedo I 150 Dd62
Alteglofsheim D 135 Eb48
Alteidet N 63 Hc08
Altena D 125 Cb40
Altenahr D 125 Bd42
Altenbeken D 126 Cd38
Altenberg D 128 Fa42
Altenberge D 125 Ca37
Altenbuch D 134 Cd45
Altenburg D 127 Eb41
Altendorf D 135 Dd45
Altendorf D 135 Eb46
Altenfelden A 144 Fa50
Altenglan D 133 Ca45
Altenhausen D 127 Dd37
Altenhof D 119 Ec33
Altenkirchen (Rügen) D 119 Ed29
Altenkirchen (Westerwald) D 125 Ca42
Altenkrempe D 119 Dd31
Altenkunstadt D 135 Dd44
Altenmark bei Sankt Gallen A 144 Fc52
Altenmarkt D 143 Eb51
Altenmarkt an der Triesting A 144 Ga51
Altenmarkt im Isperthale A 144 Fc50
Altenmarkt im Pongau A 143 Ed53
Altenmedingen D 118 Dc34
Altenstadt D 134 Cd43
Altenstadt D 135 Eb45
Altenstadt D 142 Da50
Altenstadt D 142 Dc52
Altensteig D 133 Cb49
Altenthann D 135 Eb48
Altentreptow D 119 Ed32
Altenwalde D 118 Cd31
Altenweddingen D 127 Ea38
Alter do Chão P 50 Ba67
Alteren N 71 Fb20
Altertheim D 134 Da45
Altes Lager D 127 Ed38
Altfraunhofen D 143 Eb50
Altfriesack D 119 Ec35
Althegnenberg D 142 Dc50
Altheim A 143 Ed50
Altheim D 134 Cd46
Altheim D 134 Da49
Althofen A 144 Fb55
Althorne GB 21 Ga27
Althütte D 134 Da48
Altimir BG 179 Cd69
Alţina RO 175 Db61
Altınçay TR 187 Ha78
Altınkaya TR 199 Ha90
Altınkum TR 197 Ec89
Altınkum TR 199 Gd91
Altınova TR 186 Ga79
Altınova TR 191 Eb83
Altınova TR 199 Gd91
Altıntaş TR 185 Eb77
Altıntaş TR 192 Ga84
Altıntaş TR 193 Gb84
Altıntaşköyü TR 198 Fb88
Altınyaka TR 199 Gc92
Altınyayla TR 198 Ga91
Altipiani di Arcinazzo I 160 Ec72
Alt Käbelich D 120 Fa33
Altkalen D 119 Ec32
Altkirch F 31 Kb40
Altlandsberg D 128 Fa36
Altmannstein D 135 Ea48
Altmünster A 144 Fa52
Altnabreac Station GB 5 Eb05
Altnacallich GB 4 Dd05
Altnaharra GB 4 Dd05
Altnamackan GB 9 Ca21
Altn Bulg RUS 203 Ga14
Altnes N 63 Hd07
Altobordo E 61 Ec74
Alto da Serra P 50 Ab67
Alto de la Madera E 37 Cc54
Altofonte I 166 Ec84
Altomonte I 164 Gb79
Altomünster D 143 Dd50
Alton GB 16 Ed23
Alton GB 20 Fb29
Altopascio I 155 Db65
Altorricón E 48 Fd60
Altötting D 143 Ec50
Altråsk S 73 Hc22
Altrip D 134 Cc46
Alt Ruppin D 119 Ec35
Altsasu E 39 Ec56
Alt Schadow D 128 Fa38
Alt Schönau D 119 Ec33
Altshausen D 142 Cd51
Altstätten CH 142 Cd53
Altsvattnets sameviste S 71 Fd21
Alttajärvi S 67 Hb15
Alttojärvi FIN 69 Kb12
Altuna S 95 Gb42
Altura E 54 Fb66
Altusried D 142 Db52
Altwarp D 120 Fb32
Alu EST 98 Kb43
Aluatu MD 177 Fc62
Alūksne LV 107 Lc48
Ålum DK 100 Dc23
Ålund S 73 Hc24
Alunda S 96 Gd41
Aluniş MD 173 Fa55
Aluniş RO 171 Da57
Aluniş RO 171 Dc58
Aluniş RO 176 Ea63
Aluniş RO 176 Eb63
Alunu RO 175 Da64
Aluokta S 67 Gd17
Alupka UA 205 Fa18
Aluskylä FIN 89 Jb35
Aluśta UA 205 Fa18
Alustante E 47 Ed64
Alvaiázere P 44 Ad65
Alvajärvi FIN 82 Ka29
Alvalade P 50 Ac71
Alvan S 103 Fd46
Älvängen S 102 Ec48
Alvarado E 51 Bc69
Alvarenga P 44 Ad61
Alvares P 44 Ad65
Álvaro P 44 Ba65
Alvarrões P 51 Bb67
Alvdal N 85 Ea34
Älvdalen S 87 Fb37
Alvegal P 50 Ad66
Alverca do Ribatejo P 50 Ab68
Alversund N 84 Ca38
Alves GB 5 Eb07
Alveslohe D 118 Db32
Alvesta S 103 Fc52
Alvestad N 92 Ca43
Alveston GB 19 Ec28
Alvettula FIN 90 Ka36
Älvho S 87 Fc36
Alviano I 156 Ea69
Alvignac F 33 Gc50
Alvik N 76 Cc32
Älvik N 84 Cc39
Alvik S 73 Hd22
Alvik S 95 Fc39
Alvitas LT 114 Ka58
Alvito I 160 Ed72
Alvito P 50 Ad70
Älvkarleby S 96 Gc39
Älvkarleö S 96 Gc39
Alvor P 58 Ab74
Alvorge P 44 Ac65
Alvøy N 84 Ca39
Älvros S 87 Fc34
Älvsbacka S 72 Gd21
Älvsbacka S 94 Fa42
Älvsbyn S 73 Hc22
Älvsered S 102 Ed50
Älvsund S 87 Gb34
Alwernia PL 138 Hd44
Alwinton GB 11 Ed15
Alyki GR 189 Ca86
Alyth GB 7 Eb11
Alytus LT 114 Kc59
Alzano Lombardo I 149 Cd58
Alzenau D 134 Cd44
Alzey D 133 Cb45
Alzira E 54 Fb69
Alzola E 39 Eb55
Alzon F 41 Hc53
Amadora P 50 Aa68
Amagne F 24 Hd34
Amailloux F 28 Fc44
Åmål S 94 Ed44
Amalfi I 161 Fb76
Amaliáda GR 188 Ba86
Amaliápoli GR 189 Ca82
Amálo GR 196 Dd88
Amance F 30 Ja38
Amance F 31 Jd40
A Manchica E 36 Ba57
Amandola I 156 Ed68
Amange F 31 Jc42
Amantea I 164 Gb80
Amara RO 176 Ed66
Amarante P 44 Ba61
Amárantos GR 182 Ad78
Amărăşti RO 175 Da65
Amărăştii de Jos RO 179 Da67
Amărăştii de Sus RO 179 Da67
Amareleja P 51 Bb71
Amares P 44 Ad59
Amargreti CY 206 Hd98
Amári GR 200 Cd96
Amárinthos GR 189 Cc85
Amaru RO 176 Ec64
Amaseno I 160 Ec73
Amasya TR 205 Fc20
Amatrice I 156 Ec69
Amay B 124 Ba41
Amaya E 38 Db57
Ambarès et-Lagrave F 32 Fb50
Ambarkaya TR 198 Fd91
Ambas E 37 Cc54
Ambazac F 33 Gb46
Ambeláki GR 188 Ba83
Ambelákia GR 183 Bd80
Ambelákia GR 195 Cb87
Ambeļi LV 115 Lc53
Ambelia GR 182 Ad80
Ambeliá GR 189 Bd82
Ambelohóri GR 182 Ba80
Ambelohóri GR 194 Bc90
Ambelónas GR 182 Ac80
Ambelónas GR 183 Bd80
Ambelónas GR 194 Ba87
Ambelos GR 200 Cb97
Amberg D 135 Ea46
Ambérieu-en-Bugey F 35 Jc46
Ambérieux-en-Dombes F 34 Jb46
Ambert F 34 Hc47
Ambialet F 41 Ha53
Ambierle F 34 Hd46
Ambiévillers F 31 Jd39
Ambjörby S 94 Fa40
Ambjörnarp S 102 Fa50
Ambla EST 98 Kd43
Amblainville F 23 Gd35
Amble GB 11 Fa15
Ambleside GB 11 Eb18
Ambleteuse F 21 Gb30
Ambleville F 23 Gc36
Amboise F 29 Gb42
Ambon F 27 Eb41
Åmbra EST 98 Kd43
Ambra I 156 Dd66
Ambrault F 29 Gd44
Ambria I 149 Cd58
Ambrières-les-Vallées F 28 Fb38
Ambronay F 35 Jc46
Åmdal N 92 Cd46
Amden CH 142 Cc54
Ameixial P 58 Ad73
Amel B 125 Bb42
Amele LV 105 Jc49
Amelfot N 84 Cb34
Amelia I 156 Ea69
Amélie-les-Bains-Palalda F 41 Ha58
Amelin PL 122 Jc34
Amelinghausen D 118 Dc34
Amelunxen D 126 Da38
Amendoeira P 58 Ad72
Amendolara I 164 Gc78
Amer E 49 Ha59
Amerang D 143 Eb51
A Merca E 36 Ba58
Amerongen NL 125 Bb37
Amersfoort NL 116 Bb36
Amersham GB 20 Fb27
Amesbury GB 20 Ed29
Amezketa E 39 Ec56
A Mezquita E 36 Bc58
Amfiklia GR 189 Bd84
Amfilohía GR 188 Ad83
Amfípolis GR 184 Cd77
Ámfissa GR 189 Bc84
Amieira P 50 Ba70
Amiens F 23 Gd33
Amieva E 37 Cd55
Amígdaliá GR 189 Bc81
Amígdaliá GR 189 Bc85
Amigdaliés GR 182 Ba79
Amíkles GR 194 Bc89
Amillano E 39 Ec57
Amilly F 29 Ha40
Amíndeo GR 183 Bb77
Åminne FIN 81 Hd31
Åminne S 104 Ha49
Amla N 84 Cd37
Åmli N 93 Da45
Åmliden S 72 Ha24
Amlwch GB 15 Dd21
Amlwch Port GB 15 Dd21
Ämmälä FIN 89 Jb33
Ammanford GB 19 Dd27
Ämmänsaari FIN 75 La23
Ammarnäs S 71 Ga21
Åmmeberg S 95 Fc45
Ammenäs S 102 Eb47
Ammern D 126 Dc40
Ammersbek D 118 Dc32
Ammerthal D 135 Ea46
Ammerzoden NL 124 Ba37
Ammeville F 22 Fd36
Ammochostos CY 206 Jd96
Amnehärad S 95 Fb45
Amnéville F 25 Jd35
Åmnøyhamna N 70 Fa19
Amoliani GR 184 Cd79
Amöneburg D 126 Cd41
Amorbach D 134 Cd45
Amorebieta E 38 Ea55
Amorgós GR 196 Dc91
Amóri GR 185 Eb76
Amorosa P 44 Ac59
Amorosi I 161 Fb74
Åmot N 85 Dd38
Åmot N 86 Eb37
Åmot N 93 Dd41
Åmot N 93 Da42
Åmot S 87 Ga38
Amot S 94 Ed42
Åmotfors S 94 Ed42
Amotopos GR 188 Ad81
Åmotsdal N 93 Da42
Amou F 39 Fb54
Amous F 43 Kb53
Ampezzo I 143 Ec56
Ampfing D 143 Eb50
Ampflwang A 143 Ed51
Ampfurth D 127 Dd38
Ampiala FIN 90 Ka33
Amplepuis F 34 Ja46
Amplier F 23 Gd32
Ampola FIN 97 Jc40
Amposta E 48 Ga64
Ampthill GB 20 Fc26
Ampudia E 46 Cd59
Ampuero E 38 Dd55
Amriswil CH 142 Cd52
Amroth GB 18 Dc27
Åmsele S 80 Ha26
Amsteg CH 141 Cb55
Amstelveen NL 116 Ba35
Amsterdam NL 116 Ba35
Amstetten A 144 Fc51
Amtoft DK 100 Da21
Amtsberg D 127 Ec42
Amtzell D 142 Da52
Amulree GB 7 Ea11
Amurrio E 38 Ea56
Amusco E 38 Da58
Amusquillo E 46 Db60
Amvrossia GR 184 Dc77
Amzacea RO 181 Fb68
Ån S 79 Fb31
Anacapri I 161 Fa76
Anadiou CY 206 Hd97
Anadolufeneri TR 186 Fd77
Anáfi GR 196 Dc92
Anafonitria GR 188 Ac86
Anagénisis GR 183 Cb76
Anagni I 160 Ec72
Anagyia CY 206 Jb97
Análipsis GR 188 Bb84
Anapa RUS 205 Fb17
Ânâr FIN 69 Ka11
Anarcs H 147 Kb50
Anárgiri GR 183 Bb77
Anascaul IRL 12 Ba24
Ånäset S 80 Hc27
Åna-Sira N 92 Cb46
Änätinpää FIN 75 Lc24
Anatolí GR 183 Bd80
Anatolí GR 201 Db96
Anatolikó GR 183 Bc78
Anatolikó GR 183 Ca78
Anavainen FIN 97 Ja39
Anávatos GR 191 Dd86
Anávra GR 189 Bd83
Anavrití GR 194 Bc89
Anaya E 46 Da62
Anaya de Alba E 45 Cc63
An Bun Beag IRL 8 Ca15
Ança P 44 Ac64
An Cabhán IRL 9 Cb19
An Caiseal IRL 8 Bb20
An Caisleán Nua IRL 12 Bc24
An Caisleán Riabhach IRL 8 Bd19
Ance LV 105 Jc49
Ancelle F 35 Ka50
Ancenis F 28 Fa42
Ančenki RUS 107 Ma50
Ancerville F 24 Ja37
An Charraig IRL 8 Ca16
An Chathair IRL 13 Ca24
Anché F 32 Fd45
Anchor GB 15 Eb25
Anchuras E 52 Cd67
Ancín E 39 Eb57
Anciverovo RUS 107 Ld49
Ančkini LV 107 Lc52
An Clochán IRL 8 Bb20
An Clochán IRL 9 Cb16
An Clochán Liath IRL 8 Ca15
An Cloigeann IRL 8 Ba20
An Cóbh IRL 12 Bd26
An Coireán IRL 12 Ba25
Ancona I 156 Ed66
An Creagán IRL 8 Bd20
Ancroft GB 11 Ed14
Ancy-le-Franc F 30 Hd40
An Daingean IRL 12 Ba24
Andalo I 149 Dc57
Åndalseter N 77 Da31
Åndalsnes N 77 Da32
Andance F 34 Jb48
Andåsen S 87 Fc34
Andau A 145 Gc52
Andavías E 45 Cb60
Anddalsvågen N 70 Ed23
Andebu N 93 Dd43
Andechs D 143 Dd51
Andeer CH 142 Cc55
Andelfingen CH 141 Cb52
Andelot-Blancheville F 30 Jb38
Andelot-en-Montagne F 31 Jd43
Andelsbuch A 142 Da53
Andelst NL 125 Bb37
Ändenäs S 94 Fa40
Andenes N 66 Ga11
Andeņi LV 107 Ld52
Andenne B 124 Ad42
Andermatt CH 141 Cb55
Andernach D 125 Ca42
Andernos-les-Bains F 32 Fa50
Andersby FIN 90 Kd38
Andersby N 65 Kc06
Anderslöv S 110 Ed56
Andersskog N 77 Db29
Anderstorp S 102 Fa50
Andersvattnet S 80 Hc26
Andijk NL 116 Bb34
Andilly F 32 Fa45
Andíparos GR 196 Da90
Andírio GR 188 Bb85
Andız TR 193 Gb83
Andlau F 25 Kb37
Andoain E 39 Ec55
Andocs H 145 Ha56
Andoins F 40 Fc55
Andon F 43 Kb53
Andorf A 143 Ed50
Åndørja N 67 Gb12
Andorlia N 67 Gd11
Andornaktálya H 146 Jb51
Andorra E 48 Fb63
Andorra la Vella AND 40 Gc58
Andosilla E 39 Ec58
Andouillé F 28 Fb39
Andover GB 20 Fa29
Andoversford GB 20 Ed27
Andrarum S 111 Fb56
Andrăşeşti RO 176 Ed66
Andratx E 56 Ha67
Andravída GR 188 Ad86
Andreapol' RUS 202 Ec10
Andreas GB 10 Dd18
Andreevca MD 173 Ga55
Andreiaşu de Jos RO 176 Ec62
Andrespol PL 130 Hd39
Andrest F 40 Fd55
Andrésy F 23 Gd36
Andretta I 161 Fd75
Andrézieux-Bouthéon F 34 Ja47
Andria I 162 Gb74
Andrid RO 171 Cc55
Andrieşeni RO 173 Fa56
Andrijaševci HR 153 Hc60
Andrijevica MNE 159 Jb68
Andrijivka UA 205 Fb16
Andrioniškis LT 114 Kd55
Andrítsena GR 194 Bb87
An Droichead Nua IRL 13 Cc22
Ándros GR 190 Da87
Andrup DK 108 Cd26
Andrupene LV 107 Ld52
Andruśivka UA 204 Eb15
Andruškoniai LT 114 Kc57
Andruşul de Jos MD 177 Fb61
Andrychów PL 138 Hd45
Andryjanki PL 123 Kb35
Andrzejewo PL 123 Jd34
Andselv N 67 Gc11
Andsnes N 63 Hb07
An Dúchoraidh IRL 8 Ca16
Andújar E 52 Da72
Anduze F 41 Hd52
Andvikgrend N 84 Ca37
Anebakelv N 63 Hb09
Anebjør N 92 Cd44
Aneboda S 103 Fc51
Aneby S 103 Fc48
Anelema EST 98 Kb45
Anemoráhi GR 188 Ad81
Anenii Noi MD 173 Ga58
Anero E 38 Dc55
Ånes N 66 Fd11
Ånessletta N 66 Fd12
Anet F 23 Gb37
Anetjärvi FIN 75 Kd20
Anevo BG 180 Db72
Anfo I 149 Db58
Äng S 103 Fc49
Anga S 104 Ha49
Angáli GR 189 Cb83
Angarn S 96 Gd43
Angé F 29 Gb42
Änge S 72 Gc21
Änge S 79 Fb30
Änge S 87 Fd33
Ängebäck S 94 Ec43
Ängebo S 87 Ga35
Angelbachtal D 134 Cc47
Angelburg D 126 Cc41
Ängelholm S 110 Ed54
Angeli FIN 68 Jc11
Angelniemi FIN 97 Jc40
Angelohóri GR 183 Bd77
Angelohóri GR 183 Ca78
Angelókastro GR 188 Ba84
Angelókastro GR 195 Ca87
Ängelsberg S 95 Ga41
Angelstad S 102 Fa52
Anger A 144 Ga54
Angera I 148 Cb58
Angerdshestra S 103 Fb49
Angered S 102 Ec49
Angerlo NL 125 Bc37
Angermoen N 70 Fa21
Angermünde D 120 Fa35
Angern D 127 Ea37
Angern an der March A 145 Gc50
Angerneset N 70 Ed21
Angers F 28 Fb41
Ängersjö S 80 Hb29
Ängersjö S 87 Fc35
Angerville F 29 Gd38
Ängesån S 73 Hd18
Ängesbyn S 73 Hd22
Angesleva FIN 74 Ka24
Ängesträsk S 73 Hd21
Anghiari I 156 Ea66
Anghione F 154 Cc69
Angista GR 184 Cd77
Angístri GR 195 Ca87
Angistro GR 184 Cc75
Angla EST 97 Jc45
Anglards-de-Salers F 33 Ha49
Angle GB 18 Db27
An Gleann Garbh IRL 12 Bb26
Anglefort F 35 Jd46
Angles F 32 Fa45
Anglès F 41 Ha54
Anglès E 49 Ha59
Anglesola E 48 Gb60
Angles-sur-l'Anglin F 29 Ga44
Anglet F 39 Ed54
Angliers F 28 Fd43
Anglure F 24 Hc37
Angnäs S 80 Ha28
Angoncillo E 39 Eb58
An Gort IRL 12 Bd22
An Gort Mór IRL 8 Bb20
Angoulême F 32 Fd47
Angri I 161 Fb75
Ängsår S 96 Gd40
Ängsö S 95 Gb43
Angstedt, Gräfinau- D 127 Dd42
Ängsvik S 96 Ha43
Angüés E 48 Fc59
Anguiano E 38 Ea58
Anguillara Sabazia I 160 Ea71
Anguillara Veneta I 150 Ea61
Anguita E 47 Eb62
Anguix E 47 Ea64
Angusse EST 98 La42
Angvik N 77 Db31
Anhée B 124 Ad42
Anholt D 125 Bc37
Anholt DK 101 Eb22
Aniane F 41 Hc54
Aniche F 24 Hb32
Ánidro GR 189 Bd83
Aniés E 39 Fb58
Ånimskog S 94 Ec45
Anina RO 174 Ca63
Aninoasa RO 175 Cd64
Aninoasa RO 175 Dc63
Aninoasa RO 176 Dd64
Aniñón E 47 Ed61
Anıtkaya TR 193 Gc84
Anixiátiko GR 188 Ba82
Anizy-le-Château F 24 Hb34
Anjala FIN 90 La37
Anjalankoski FIN 90 La37
Anjan S 78 Ed29
Anjum NL 117 Bc32
Ankaran SLO 151 Fa59
Ankarsrum S 103 Ga49
Ankarsund S 71 Ga23
Ankarsvik S 88 Gc33
Ankarvattnet S 79 Fb25
Änkilänsalo FIN 91 Ld34
Anklam D 120 Fa32
Ankum D 117 Cb35
An Leacht IRL 12 Bc22
An Longfort IRL 9 Cb20
Anloo NL 117 Bd34
An Mhala Raithní IRL 8 Bb19
An Móta IRL 13 Cb21
An Muileann gCearr IRL 9 Cb20
Anna E 54 Fb69
Anna EST 98 Kd43
Anna LV 107 Lc48
Anna RUS 203 Fb12
Annaberg A 144 Fd52
Annaberg-Buchholz D 135 Ed43
Annaberg im Lammertal A 143 Ed53
Annaburg D 127 Ed39
Annacloy GB 9 Da18
Annahütte D 128 Fa39
Annalong GB 9 Da19
Annan GB 11 Eb16
Anna Paulowna NL 116 Ba34
An Nás IRL 13 Cc22
Annas LV 106 Kd50
Annayalla IRL 9 Cd18
Anneberg S 102 Ec49
Anneberg S 103 Fc49
Annecy F 35 Jd46
Annel FIN 68 Jc11
Annelund S 102 Ed48
Annemasse F 35 Ka45
Annenieki LV 106 Ka52
Annental A 144 Ga51
Annerstad S 102 Fa52
Annestown IRL 13 Cb25
Annevoie-Rouillon B 124 Ad42
Annfield Plain GB 11 Ed17
Aņņi LV 106 La48
Annikvere EST 98 Kd41
Annino RUS 99 Mb39
Annino RUS 202 Ed08
Annonay F 34 Ja48
Annonen FIN 82 Ka26
Annopol PL 131 Jd41
Annot F 43 Kb52
Ånnstad N 66 Fc13
Annweiler amTrifels D 133 Ca47
Áno Ágios Vlássios GR 188 Ba83
Áno Damásta GR 189 Bd83
Ano Daviá GR 194 Bc87
Áno Drossiní GR 185 Dd77
Annœullin F 23 Ha31
Áno Fanári GR 195 Ca88
Anógia GR 200 Da95
Áno Hóra GR 188 Bb84
Áno Kalendíni GR 188 Ba82
Áno Kalliníki GR 183 Bb76
Áno Kariófito GR 184 Db76
Áno Kastrítsi GR 188 Bb85
Áno Kómi GR 183 Bc79
Áno Korakiána GR 182 Ab80
Áno Koudoúni GR 188 Ba84
Áno-Lehónia GR 189 Ca82
Áno Mathráki GR 182 Aa79
Áno Merá GR 196 Db89
Áno Méros GR 200 Cd96
Añón E 47 Ec60
Ånonjalme sameviste S 67 Gb16
Áno Poróia GR 183 Cb76
Añora E 52 Cc71
Áno Sangrí GR 196 Db90
Áno Sinikia Trikala GR 189 Bc86
Áno Síros GR 196 Da88
Anost F 30 Hd42
Anould F 31 Ka38
Áno Váthia GR 189 Cc85
Áno Viános GR 201 Db96
Áno Vrondoú GR 184 Cc76
Anoye F 40 Fc55
Anquela del Ducado E 47 Eb63
An Ráth IRL 12 Bd24
Anröchte D 126 Cc39
An Ros IRL 13 Da21
Ans DK 100 Db23
Ansac-sur-Viénne F 33 Ga46
Ansager DK 108 Da25
Ansalahti FIN 90 Kd36
Ansbach D 134 Dc47
An Scairbh IRL 12 Bd22
An Sciobairín IRL 12 Bb26
Anse F 34 Jb46
An Seanchaisleán IRL 9 Cc20
Ansedonia I 155 Dc69
Anselküla EST 105 Jc47
Anserall E 40 Gc58
Ansião P 44 Ac65
Ansignan F 41 Ha57
Ansio FIN 90 Kc34
Ansku FIN 97 Jd40
Ansnes N 62 Gc10
Ansnes N 77 Dc29

Asenovgrad – Bad Bertrich

Asenovgrad BG 184 Db74
Asenovo BG 180 Ea70
Åsensbruk S 94 Ec45
Åseral N 92 Cc45
Aseri EST 98 La41
Åserud N 94 Eb42
Asevelikylä FIN 89 Jb32
Asfáka GR 182 Ad80
Asfeld F 24 Hd34
Asfendioú GR 197 Ec91
Asferg DK 100 Dc22
Asfordby GB 16 Fb24
Åsgårdstrand N 93 Dd43
Asgata CY 206 Jb98
Ash GB 20 Fd28
Åshagen S 102 Ed41
Åshammar S 95 Gb39
Ashbourne GB 16 Ed23
Ashbourne IRL 13 Cd21
Ashburton GB 19 Dd31
Ashbury GB 20 Ed28
Ashby-de-la-Zouch GB 16 Fa24
Ashdon GB 20 Fd26
Ashford GB 21 Ga29
Ashford IRL 13 Cd22
Ashford-in-the-Water GB 16 Ed22
Ashill GB 17 Ga24
Ashington GB 11 Fa16
Ashington GB 20 Fc30
Ashkirk GB 11 Ec14
Ashley GB 20 Fd26
Ashmore GB 19 Ec30
Ashperton GB 15 Ec26
Ashton-in-Makerfield GB 15 Ec21
Ashton Keynes GB 20 Ed27
Ashton-under-Lyne GB 16 Ed21
Ashwater GB 18 Dc30
Ashwell GB 16 Fb24
Ashwell GB 20 Fc26
Ashwellthorpe GB 17 Gb24
Asiago I 150 Dd58
Asikkala FIN 90 Kc36
Asikkala FIN 91 Lb32
Asila FIN 90 La34
Asími GR 200 Da96
Asipovičy BY 202 Eb13
Aşırlar TR 187 Gc78
Ask N 84 Ca39
Ask N 85 Dd40
Ask N 93 Ea41
Ask S 103 Fc46
Ask S 110 Ed55
Aska FIN 69 Ka16
Askainen FIN 97 Ja39
Aşkale TR 205 Ga20
Askanmäki FIN 75 Kd23
Askeaton IRL 12 Bc23
Askeby S 103 Ga47
Askeia CY 206 Jc96
Asker N 93 Dd42
Askerıye TR 199 Gc88
Askern GB 16 Fa21
Askeröd S 110 Fa55
Askersby S 95 Fd44
Askersund S 95 Fc45
Askerswell GB 19 Eb30
Askeryd S 103 Fc49
Askesta S 87 Gb37
Askett GB 20 Fb27
Åskilje S 80 Gc25
Askiljeby S 80 Gc25
Askim N 93 Ea42
Askim S 102 Eb49
Asklanda S 102 Ed48
Asklipio GR 197 Ed93
Åskloster S 102 Ec50
Askø By DK 109 Ea28
Askola FIN 90 Kc38
Askome S 102 Ec51
Äsköping S 95 Ga44
Askós GR 183 Cb77
Askov DK 108 Da26
Askum S 102 Eb46
Askvoll N 84 Ca36
As Lamas E 36 Bb58
Aslanapa TR 193 Gb83
Aslanlar TR 191 Ec87
Aslestad N 92 Cd43
Aslıhantepeciği TR 192 Fa82
Åsljunga S 110 Fa54
Asma E 36 Bb56
Asmalı TR 186 Fa79
Asmali TR 198 Fd90
Åsmansbo S 95 Fd40
Åsmarka N 86 Ea38
Asmíni GR 189 Ca83
Asmjany BY 202 Ea12
Asmo N 67 Gd11
Åsmon S 79 Gb30
Asmundtorp S 110 Ed55
Asmunti FIN 74 Kb21
Åsmyra N 70 Ed22
Asnæs DK 109 Ea25
Åsnes N 78 Eb27
Åsnes Finnskog N 94 Ec39
As Neves E 36 Ad58
Asnières-sur-Vègre F 28 Fc40
As Nogais E 36 Bc56
Asola I 149 Da60
Asolo I 150 Ea58
Asopós GR 195 Bd90
Asos GR 188 Ac84
Asp DK 100 Da23
Aspach D 134 Cd48
Aspai E 36 Bb55
Aspang Markt A 145 Gb53
Aspariegos E 45 Cc60
Asparn an der Zaya A 137 Gb49
Asparuhovo BG 181 Ec72
Asparuhovo BG 181 Ed71
Aspås S 79 Fc30
Aspåsnäset S 79 Fc30
Aspatria GB 11 Eb17
Aspberget S 86 Ec38
Aspe E 55 Fb71
Aspeå S 80 Ha29
Aspeå S 80 Gc30
Aspeboda S 95 Fd39
Aspenes N 62 Gd10
Aspenstedt D 127 Dd38
Äspered S 102 Ed49
Asperen NL 124 Ba37
Asperg D 134 Cd48
Äsperöd S 110 Fa56
Aspet F 40 Ga56
Aspliden S 72 Ha23
Aspliden S 73 Hc24
Asplund S 72 Gc23
Aspnäs S 88 Gc32
Aspnes N 79 Fb27
Aspö S 95 Gb43
Aspö S 111 Fd54
As Pontes de García Rodríguez E 36 Bb54
Aspoús GR 190 Da84
Aspra I 166 Ed84
Aspremont F 42 Jd51
Aspres-sur-Buëch F 35 Jd50
Áspro GR 183 Bd77
Asprógia GR 183 Bb77
Asproklisiá GR 183 Bb80
Asprópirgos GR 189 Cb86
Áspros GR 183 Ca77
Asprovalta GR 184 Cc78
Aspsele S 80 Gd28
Assamalla EST 98 La42
Assamstadt D 134 Da46
Assat F 40 Fc55
Assé-le-Bérenger F 28 Fc39
Assé-le-Boisne F 28 Fc38
Assemini I 169 Ca79
Assen NL 117 Bd34
Assenois B 132 Ba44
Assens DK 100 Dc22
Assens DK 108 Dc27
Assentoft DK 100 Dc23
Assérac F 27 Ec41
Asserbo DK 109 Eb24
Assergi I 156 Ed70
Assesse B 124 Ad42
Assier F 33 Gd51
Assikvere EST 99 Lb44
Ássiros GR 183 Cb77
Assisi I 155 Eb67
Åsskard N 77 Db31
Aßlar D 126 Cc42
Aßling D 143 Ea51
Asso I 149 Cc58
Asson F 40 Fc56
Assoro I 167 Fb85
Ássos GR 188 Ad81
Ássos GR 189 Bd86
Åsta N 86 Eb37
Åstad N 66 Fd15
Astaffort F 40 Ga53
Astakós GR 188 Ad84
Åstan N 77 Dd29
Astašova LV 107 Ld52
Aste EST 105 Jc46
Åsteby S 94 Ed40
Astee IRL 12 Bb23
Asten A 144 Fb51
Asten NL 125 Bb39
Astfeld I 143 Dd56
Asti I 148 Ca61
Aştileu RO 170 Cb57
Astipálea GR 197 Ea92
Åstol S 102 Eb48
Aston GB 16 Fa22
Aston GB 20 Fa27
Astorga E 37 Cb57
Åstorp S 110 Ed54
Astradamovka RUS 203 Fd10
Astráin E 39 Ec57
Åsträsk S 80 Hb26
Astromeritis CY 206 Ja96
Ástros GR 195 Bd88
Astrup DK 100 Dc19
Astrup DK 100 Dc22
Astrup DK 108 Da24
Astrup DK 108 Dc27
Astruptunet N 84 Cc35
Astryna BY 202 Dd13
Astudillo E 38 Db58
Asuaju RO 171 Cd55
Asuja EST 106 Kc46
Asūne LV 107 Ld52
Asuni I 169 Ca77
Asunta FIN 90 Ka33
Asuny PL 122 Jc30
Ásvanyráró H 145 Gd52
Asvestohóri GR 183 Cb78
Asvestópetra GR 183 Bb78
Ászár H 145 Ha53
Aszód H 146 Hd52
Aszófő H 145 Ha55
Atabey TR 186 Fd78
Atabey TR 199 Gc88
Atajate E 59 Cb76
Ataki RUS 107 Ma47
Atalánti GR 189 Ca84
Atalaya del Cañavate E 53 Eb67
Atanzón E 46 Dd64
Ataquines E 46 Cd62
Atarte E 60 Db75
Atašiene LV 107 Lb51
Atbükü TR 199 Gc92
Atça TR 187 Hb80
Atça TR 197 Fa88
Atea E 47 Ed62
Ateaş RO 170 Ca57
Ateca E 47 Ec61
Ateham GB 15 Ec24
Aţel RO 175 Db60
Ateleta I 161 Fa71
Atella I 161 Ga75
Atena Lucana I 161 Ga76
Atessa I 161 Fb71
Atháni GR 188 Ac83
Athboy IRL 9 Cc20
Áth Cinn IRL 8 Bc20
Athea IRL 12 Bb23
Athée F 31 Jc42
Athenry IRL 12 Bd21
Athéras GR 188 Ab84
Atherstone GB 16 Fa24
Athesans F 31 Ka40
Athienou CY 206 Jc97
Athies F 23 Ha33
Athíkia GR 195 Bd87
Athína GR 189 Cb86
Athis-de-l'Orne F 22 Fb37
Athleague IRL 8 Ca20
Athlone IRL 13 Ca21
Athy IRL 13 Cc22
Atid RO 172 Dd59
Atienza E 47 Ea62
Atina I 161 Fa73
Aţintiş RO 171 Db59
Atios E 36 Ba53
Atjaševo RUS 203 Fc10
Atla EST 105 Jb46
Atlanterra E 59 Ca78
Atlıhisar TR 193 Gc86
Åtlo N 78 Eb29
Atnbrua N 85 Ea35
Atnmoen N 85 Ea35
Ätran S 102 Ed51
Atrani I 161 Fb75
Åträsk S 73 Hc23
Åträsk S 73 Hc21
Atri I 157 Fa69
Atripalda I 161 Fc75
Atsalama EST 99 Lb42
Attáli GR 189 Cc84
Attendorn D 125 Cb40
Attenkirchen D 135 Ea49
Attersee A 143 Ed52
Attert B 132 Ba44
Attigny F 24 Hd34
Attimis I 150 Ed57
Attiökylä FIN 74 Kb24
Attleborough GB 21 Ga25
Attlebridge GB 17 Gb24
Attmar S 87 Gb33
Attnang-Puchheim A 144 Fa51
Åttonträsk S 80 Gc26
Attrup DK 100 Db21
Attsjö S 103 Fc52
Attu FIN 97 Jb40
Attvika N 66 Ga12
Åtvidaberg S 103 Ga47
Atzara I 169 Ca77
Atzendorf D 127 Ea38
Atzeneta del Maestrat E 54 Fc65
Au D 135 Ea49
Aub D 134 Db46
Aubagne F 42 Jd55
Aubange B 132 Ba45
Aubazine F 33 Gc49
Aubel B 125 Bb41
Aubenas F 34 Ja50
Aubenton F 24 Hd33
Aubepierre-sur-Aube F 30 Jb39
Aubergenville F 23 Gc36
Aubérive F 24 Hd35
Auberive F 30 Jb40
Aubeterre-sur-Dronne F 32 Fd49
Aubiat F 34 Hb46
Aubiet F 40 Ga54
Aubigné F 32 Fc46
Aubigny F 28 Ed44
Aubigny-au-Bac F 24 Hb32
Aubigny-en-Artois F 23 Gd32
Aubigny-sur-Nère F 29 Gd41
Aubin F 33 Gd51
Aubonne CH 140 Ba55
Aubrac F 34 Hb51
Aubusson F 33 Gd46
Auby F 23 Ha31
Auce LV 105 Jd52
Auch F 40 Ga54
Aucharnie GB 7 Ec08
Auchavan GB 7 Eb10
Auchel F 23 Gd31
Auchencairn GB 10 Ea17
Auchenmaig GB 10 Dc17
Auchentiber GB 10 Dd14
Auchronie GB 7 Ec10
Auchterarder GB 7 Ea12
Auchtermuchty GB 7 Eb12
Auchy-au-Bois F 23 Gd31
Aucun F 40 Fc56
Audenge F 32 Fa51
Audenhain D 127 Ec40
Auderville F 22 Ed34
Audevälja EST 98 Ka43
Audierne F 27 Db39
Audincourt F 31 Ka41
Audla EST 105 Jd46
Audlem GB 15 Ec23
Audru EST 106 Kb46
Audruicq F 21 Gc30
Audrupi LV 106 Kc52
Audun-le-Roman F 25 Jc34
Audun-le-Tiche F 25 Jc34
Aue D 135 Ec43
Auer I 150 Dd57
Auerbach D 135 Ea45
Auerbach D 135 Eb43
Auerbach D 135 Ed49
Auerswalde D 127 Ec42
Auetal D 126 Da37
Aufferville F 29 Ha39
Aufhausen D 135 Eb48
Aufles N 70 Fa22
Aufseß D 135 Dd45
Augan F 27 Ec40
Augé F 32 Fc45
Augerolles F 34 Hc47
Augerum S 111 Fd54
Aughacasla IRL 12 Ba24
Augher GB 9 Cc17
Aughils IRL 12 Ba24
Aughnacloy GB 9 Cc18
Aughrim IRL 13 Ca21
Aughrim IRL 13 Cd23
Augland N 93 Da46
Augmėnai LV 114 Kb55
Augsburg D 142 Dc50
Augsligatne LV 106 Kd49
Augstasils LV 107 Ld49
Augstkalne LV 106 Ka52
Augusta I 167 Fd87
Augustdorf D 126 Cd38
Auguste LV 113 Jc53
Augustenborg DK 108 Db28
Augustów PL 123 Ka31
Augustów PL 130 Jc39
Augustowo PL 123 Kb34
Augustusburg D 127 Ed42
Auho FIN 75 Kc23
Auiņi LV 105 Jc52
Aukan N 77 Db30
Aukland N 92 Cd47
Auklandshamn N 92 Ca41
Aukra N 76 Cd31
Aukrug D 118 Db31
Aukštadvaris LT 114 Kd58
Aukštelkai LT 114 Kb54
Aukštelkė LT 114 Ka54
Auktsjaur S 72 Ha22
Auleben D 127 Dd40
Auleja LV 107 Ld52
Aulendorf D 142 Cd51
Aulesti E 39 Eb55
Auletta I 161 Fd76
Aulla I 149 Cd63
Aullène F 154 Cb71
Aulnay F 32 Fc46
Aulnay-la-Riviere F 29 Gd39
Aulnay-sous-Bois F 23 Gd36
Aulnizeux F 24 Hc37
Aulnoye-Aymeries F 24 Hc32
Aulstad N 85 Dd37
Ault F 23 Gb33
Aultbea GB 4 Dc06
Aulum DK 100 Da23
Aulus-les-Bains F 40 Gb57
Auma D 127 Ea42
Aumale F 23 Gc34
Aumeisteri LV 106 La48
Aumetz F 25 Jc34
Aumont F 31 Jc43
Aumont-Aubrac F 34 Hc50
Aumühle D 118 Dc33
Aun N 66 Ga12
Aunay F 29 Gc38
Aunay-en-Bazois F 30 Hc42
Aunay-sur-Odon F 22 Fb36
Aune N 77 Dd30
Auneau F 29 Gc38
Aunebakksetra N 77 Dc31
Aunet N 78 Ed25
Aunet N 78 Ed26
Aunet N 78 Eb27
Aunet N 78 Ea29
Auneuil F 23 Gc35
Auning DK 101 Dd23
Aunslev DK 109 Dd27
Aups F 42 Ka53
Aura D 134 Da44
Aura FIN 89 Jc38
Aurach D 134 Db47
Aurachtal D 134 Dc46
Auray F 27 Ea41
Aurdal N 85 Dc38
Aure N 77 Db30
Aureskoski FIN 89 Jc34
Aurice F 39 Fb53
Aurich D 117 Cb32
Aurignac F 40 Ga55
Aurillac F 33 Ha50
Auriol F 42 Jd54
Aurisina I 151 Fa59
Auritz E 39 Ed56
Aurlandsvangen N 84 Cd38
Aurolzmünster A 143 Ed50
Auron F 43 Kc51
Aurons F 42 Jc53
Auronzo di Cadore I 143 Eb56
Aurora RO 181 Fc68
Auros F 32 Fc51
Aursfjordbotn N 67 Gc11
Aursmoen N 94 Eb41
Ausa Corno I 150 Ed59
Ausås S 110 Ed54
Auschwitz = Oświęcim PL 138 Hd44
Ausdal N 92 Cc44
Ausejo E 39 Eb58
Auşeu RO 171 Cc57
Auskarnes N 64 Ka05
Ausonia I 160 Ed73
Ausserferrera CH 142 Cd56
Ausserfragant A 143 Ec55
Außervillgraten A 143 Eb55
Aussonne F 40 Gb54
Austad N 92 Cd44
Austad N 92 Cc47
Austafjord N 78 Eb25
Austanå N 93 Da45
Austbø N 70 Ed21
Austbygda N 93 Db41
Austefjord N 84 Cc34
Austervika N 67 Gb13
Austevoll N 84 Ca40
Austhasselstrand N 92 Cb47
Austis I 169 Ca77
Austmarka N 94 Ec41
Austnes N 66 Ga12
Austnes N 76 Cc32
Austpollen N 66 Fd13
Austrått N 77 Dd29
Austre Amøy N 92 Ca43
Austreim N 84 Cb36
Austre Moland N 93 Db46
Austre Vikebygd N 92 Ca42
Austrheim N 84 Ca38
Austrumdal N 92 Cb45
Auterive F 40 Gc55
Auteuil F 23 Gd35
Autheuil-Authouillet F 23 Gb36
Authon F 42 Ka51
Authon-du-Perche F 29 Ga39
Authon-la-Plaine F 29 Gc38
Autilla del Pino E 46 Da59
Autio FIN 74 Kb24
Autio FIN 81 Jd31
Autio FIN 82 Kb31
Autionperä FIN 82 Ka30
Autol E 47 Ec59
Autrans F 35 Jc48
Autrèche F 29 Gb41
Autrey F 31 Jc41
Autricourt F 30 Ja39
Autry-le-Châtel F 29 Ha41
Autti FIN 74 Kb19
Auttoinen FIN 90 Kb36
Autun F 30 Hd43
Auvåg N 66 Fc13
Auverse F 28 Fd41
Auvers-sur-Oise F 23 Gd36
Auvillar F 40 Ga53
Auvillars-sur-Saône F 30 Jb42
Auvre F 24 Ja36
Auw bei Prüm D 133 Bc43
Auxerre F 30 Hc40
Auxi-le-Château F 23 Gd32
Auxon F 30 Hc39
Auxonne F 31 Jc42
Auxy F 30 Ja43
Auzances F 33 Ha46
Auzat-la-Combelle F 34 Hc48
Auziņas LV 106 Ka51
Auziņi LV 106 Kd51
Auziņi LV 107 Ld51
Åva FIN 97 Hd39
Ava S 80 Ha29
Avafors S 73 Hd21
Availles-Limouzine F 33 Ga46
Avaldsnes N 92 Bd42
Avallon F 30 Hc41
Avan S 73 Hd22
Avan S 73 Hd24
Avanäs S 80 Ha27
Avant-lès-Marcilly F 30 Hc38
Avant-lès-Remerupt F 30 Hd38
Ávas GR 185 Dd77
Avasjö S 79 Gb27
Avaträsk S 79 Ga27
Avaviken S 72 Gd22
Avcılar TR 186 Fa75
Avcılar TR 191 Eb82
Avcıoğlu TR 198 Fd91
Avdan TR 186 Ga80
Avdan TR 191 Ed83
Avdan TR 193 Gb82
Avdan TR 198 Fc89
Avdarma MD 177 Fd60
Avdebo DK 109 Eb25
Avdijivka UA 202 Ed13
Avdimou CY 206 Ja98
Ávdira GR 184 Db77
Avdoú GR 201 Db96
Avebury GB 20 Ed28
Åvedal N 92 Cb45
Åvedal N 92 Cb46
A Veiga E 36 Bc58
Aveiras de Cima P 50 Ab67
Aveiro P 44 Ac62
Avelengo I 142 Dc56
Avella I 161 Fb74
Avellanosa del Páramo E 38 Dc58
Avellino I 161 Fc75
Avenas F 34 Ja45
Avenches CH 141 Bc54
Avening GB 19 Ec27
Åvensor FIN 97 Ja40
Avereest NL 117 Bd35
Avernak By DK 108 Dc28
Avernay-Val-d'Or F 24 Hd36
A Ver-o-Mar P 44 Ac60
Aversa I 161 Fa74
Averton F 28 Fc38
Aves P 44 Ad60
Avesnes-le-Comte F 23 Gd32
Avesnes-lès-Aubert F 24 Hb32
Avesnes-sur-Helpe F 24 Hc32
Avessac F 27 Ec41
Avesta S 95 Ga41
Avetrana I 162 Hb76
Avezzano I 160 Ed71
Avgan TR 192 Fd86
Avgancık TR 192 Ga86
Avgerinós GR 182 Ba78
Avgó GR 195 Ca88
Avgorou CY 206 Jd97
Avia GR 194 Bb89
Avià E 49 Gd59
Aviano I 150 Eb58
Aviemore GB 7 Ea09
Avigliana I 148 Bc60
Avigliano I 161 Ga75
Avignon F 42 Jb53
Avignonet-Lauragais F 40 Gc55
Ávila E 46 Cd63
Avilés E 37 Cb54
Aviliai LT 115 Lb54
Avilley F 31 Jd41
Avinurme EST 99 Lb43
Avinyó E 49 Gd60
Avio I 149 Dc58
Avion F 23 Ha31
Avión E 36 Ba57
Avirey F 30 Hd39
Avis P 50 Ad68
Åvist FIN 81 Jb29
Avize F 24 Hc36
Avižieniai LT 123 Kc30
Avláki GR 189 Bd83
Avláki GR 197 Ec92
Avlémonas GR 195 Bd92
Avliótes GR 182 Aa79
Avlóna GR 189 Cb86
Avlonári GR 189 Cc85
Avô P 44 Ba64
Avoca IRL 13 Cd23
Avoch GB 5 Ea07
Avoine F 28 Fd42
Avola I 167 Fd88
Avord F 29 Ha43
Avoriaz F 35 Kb45
Avot F 30 Jb40
Avoudrey F 31 Ka42
Avrămeni RO 172 Ed54
Avrămeşti RO 176 Dd60
Avram Iancu RO 170 Ca58
Avram Iancu RO 171 Cc59
Avranches F 22 Fa37
Avren BG 185 Dd76
Avren BG 181 Fa71
Avrig RO 175 Db61
Avrillé F 28 Fb41
Avrillé F 32 Ed45
Avsallar TR 199 Hb92
Avtovac BIH 159 Hc67
Avtovo RUS 99 Mb39
Avvakajjo S 67 Ha17
Avvakko S 67 Hb17
Avvil FIN 69 Ka11
Avžže N 64 Jd11
Axalp CH 141 Ca55
Axamer Lizum A 143 Dd54
Axams A 143 Dd54
Axat F 41 Gd57
Axberg S 95 Fd43
Axel NL 124 Ab39
Axente Sever RO 175 Db60
Axford GB 20 Fa29
Axintele RO 176 Ec66
Axioúpoli GR 183 Ca76
Ax-les-Thermes F 41 Gd57
Axmarby S 87 Gb38
Axminster GB 19 Eb30
Axós GR 183 Bd77
Axós GR 200 Cd95
Axstedt D 118 Cd33
Axvall S 102 Fa47
Ayamonte E 58 Ba74
Ayancık TR 205 Fb19
Ayas I 148 Bd58
Ayaslar TR 193 Hb87
Ayaz E 36 Bb56
Ayazini TR 193 Gc84
Ayazkent TR 191 Ec83
Aydan TR 193 Gc82
Aydin TR 187 Hb77
Aydin TR 197 Ed88
Aydıncık TR 185 Dd80
Aydınkent = İbradı TR 199 Hb90
Aydınlar TR 186 Fb76
Aydınlar TR 187 Hb77
Aydinlar TR 191 Ed84
Aydınlı TR 186 Fd78
Aydınlı TR 193 Hb84
Aydoğdu TR 186 Ga80
Aydoğmuş TR 187 Ha80
Aydoğmuş TR 198 Fd89
Ayen F 33 Gb49
Ayer CH 141 Bd56
Ayerbe E 39 Fb58
Ayguesvives F 40 Gc55
Aylesbury GB 20 Fb27
Aylesham GB 21 Gb29
Ayllón E 46 Dd61
Aylsham GB 17 Gb24
Aylton GB 15 Ec26
Aynac F 33 Gc50
Ayódar E 54 Fc66
Ayora E 54 Fa69
Ayr GB 10 Dd14
Ayrancı TR 192 Ga85
Ayron F 28 Fd44
Ayşebacı TR 192 Fa82
Aysgarth GB 11 Ed19
Äyskoski FIN 82 Kc30
Aystetten D 142 Dc50
Äystö FIN 89 Ja32
Ayton GB 11 Ed13
Ayton GB 17 Fc19
Aytré F 32 Fa46
Ayvacık TR 191 Ea82
Ayvacık TR 191 Ec85
Ayvacık TR 191 Ed85
Ayvacık TR 192 Ga85
Ayvacık TR 205 Fc20
Ayvalı TR 192 Fd82
Ayvalı TR 193 Hb83
Ayvalık TR 191 Eb83
Ayvalıpınar TR 199 Gd88
Ayvanpazarı TR 186 Ga79
Ayvatlar TR 191 Ec83
Ayvatlat TR 192 Fa82
Aywaille B 124 Ba42
Azaila E 48 Fb62
Azambuja P 50 Ab68
Azanja SRB 174 Bb65
Azannes F 24 Jb35
Azanúy E 48 Fd59
Azaruja P 50 Ba69
Azaryčy BY 202 Eb13
Azatlı TR 185 Eb76
Azay-le-Ferron F 29 Gb43
Azay-le-Rideau F 28 Fd42
Azé F 29 Gb40
Azeitada P 50 Ac67
Azincourt F 23 Gd31
Azinhal P 58 Ba74
Azinheira dos Barros P 50 Ac71
Azinhoso P 45 Bd61
Azıtepe TR 192 Fb86
Aziziye BG 185 Ed74
Azizler TR 192 Ga86
Azkoitia E 39 Eb55
Aznakaevo RUS 203 Ga08
Aznalcázar E 59 Bd74
Aznalcóllar E 59 Bd73
Azoia P 44 Ab65
Azov RUS 205 Fc15
Azpeitia E 39 Eb55
Azuaga E 51 Cb71
Azuara E 47 Fa62
Azuel E 52 Da71
Azuga RO 176 Ea63
Ažulaukė LT 114 La57
Ažuolų Būda LV 114 Kb58
Azuoliniai LV 114 Kb59
Azuqueca de Henares E 46 Dd64
Azur F 39 Fa53
Azurara P 44 Ac60
Azy F 29 Ha42
Ažytėnai LV 114 Kb55
Azzano Decimo I 150 Eb58
Azzate I 148 Cb58

B

Ba SRB 159 Jc64
Baak NL 125 Bc37
Baal D 125 Bc40
Baalberge D 127 Ea39
Baamonde E 36 Bb54
Baar CH 141 Cb53
Baarland NL 124 Ab38
Baarle-Nassau B 124 Ad38
Baarlo NL 125 Bc39
Baarn NL 116 Bb36
Baasdorf D 127 Eb39
Baba Ana RO 176 Eb64
Babadag RO 177 Fc65
Babadağ TR 198 Fc88
Babadat TR 193 Hb82
Babadere TR 191 Ea82
Babaeski TR 185 Ec76
Babaevo RUS 202 Ec08
Băbăiţa RO 180 Dd67
Babakale TR 191 Ea82
Babaköy TR 192 Fa81
Babana RO 175 Dc64
Babarc H 153 Hc58
Babasultan TR 192 Fd81
Babek BG 180 Dc72
Babenhausen D 134 Cd44
Babenhausen D 142 Db50
Băbeni RO 171 Da56
Băbeni RO 175 Db64
Babensham D 143 Eb51
Babiak PL 122 Ja30
Babiak PL 129 Hb37
Babiak PL 130 Hc37
Babica PL 139 Ka44
Babice PL 138 Hd44
Babići BIH 158 Gd64
Băbiciu RO 180 Db67
Babięta PL 122 Jb32
Babigoszcz PL 120 Fc32
Babilafuente E 45 Cc62
Babimost PL 128 Ga37
Babina Greda HR 153 Hc61
Babin Most KSV 178 Bb70
Babino RUS 99 Ld40
Babino Polje HR 158 Ha69
Babin Potok HR 151 Fd62
Babjak BG 184 Cd74
Babljak MNE 159 Ja68
Babócsa H 152 Gd58
Bábolna H 145 Ha52
Bábonymegyer H 145 Hb55
Baborów PL 137 Ha44
Baboszewo PL 122 Ja35
Babriškės LT 114 Kd59
Babrujsk BY 202 Eb13
Babrungas LT 113 Jc54
Babsk PL 130 Ja38
Babtai LV 114 Kb57
Babuk BG 181 Ed68
Babušnica SRB 179 Ca70
Bač SRB 153 Hd60
Băcani RO 177 Fa60
Bača pri Modreju SLO 151 Fa57
Bacares E 61 Ea75
Bacău RO 172 Ed59
Bačavani BIH 152 Gc61
Baccano I 160 Ea71
Baccarat F 25 Ka37
Baccealia MD 173 Ga59
Baccon F 29 Gc40
Baceno I 141 Ca56
Băceşti RO 172 Ed58
Bach A 142 Db53
Bach D 135 Eb48
Bach F 40 Gc52
Bachant F 24 Hc32
Bacharach D 133 Ca44
Bachčysaraj UA 205 Fa18
Bachmač UA 202 Ed14
Bachórz PL 139 Ka44
Bachórzec PL 139 Kb44
Bachotek PL 122 Hc33
Băcia RO 175 Cc61
Bačina SRB 178 Bc67
Băcioi MD 173 Fd58
Baciu RO 171 Da58
Baciuty PL 123 Kb34
Back GB 4 Db05
Bäck S 103 Fb46
Backa S 87 Fc38
Backa S 96 Ha41
Backa S 102 Eb49
Bäckaby S 103 Fc50
Backaland GB 5 Ec02
Bačka Palanka SRB 153 Ja60
Backaryd S 111 Fd53
Bačka Topola SRB 153 Ja58
Backberg S 95 Gb39
Backbodarna S 95 Fc40
Bäckby FIN 81 Jb28
Backe S 79 Ga28
Bäcke S 94 Ec45
Bäckebo S 103 Ga52
Bäckefors S 94 Ec45
Backen S 87 Gb32
Backen S 87 Ga33
Backgränd FIN 97 Jd40
Bački Breg SRB 153 Hd58
Bački Brestovac SRB 153 Hd59
Bački Jarak SRB 153 Jb60
Bačkininkai LT 114 Kc58
Bački Petrovac SRB 153 Ja60
Bački Sokolac SRB 153 Ja58
Bäckmark S 72 Gb23
Backnang D 134 Cd48
Bäcknäs S 72 Gd23
Bačko Dobro Polje SRB 153 Ja59
Bačko Gradište SRB 153 Jb59
Bačko Novo Selo SRB 153 Hd60
Bačko Petrovo Selo SRB 153 Jb59
Bačkovo BG 184 Db74
Bäckseda S 103 Fc50
Backträsk S 73 Hc22
Băcleş RO 175 Cc65
Bacoli I 161 Fa75
Bacor Olivar E 61 Dd74
Bacova Mahala BG 180 Dc69
Bacquepuis F 23 Gb36
Bácsalmás H 153 Hd57
Bácsbokod H 153 Hd57
Bácsszentgyörgy H 153 Hd58
Bacton GB 21 Ga25
Bacup GB 16 Ed20
Bad Abbach D 135 Ea48
Badachro GB 4 Db07
Badacsonytomaj H 145 Ha55
Bad Aibling D 143 Ea52
Badajoz E 51 Bc69
Badalona E 49 Hb61
Badalucco I 43 La52
Badarán E 38 Ea58
Bad Arolsen D 126 Cd40
Bad Aussee A 144 Fa53
Bad Bederkesa D 118 Cd32
Bad Bentheim D 117 Ca36
Badbergen D 117 Cc35
Bad Bergzabern D 133 Ca47
Bad Berka D 127 Dd41
Bad Berleburg D 126 Cc40
Bad Berneck im Fichtelgebirge D 135 Ea44
Bad Bertrich D 133 Bd43

Bad Bevensen – Balsthal

Bad Bevensen D 118 Dc34
Bad Bibra D 127 Ea40
Bad Birnbach D 143 Ec50
Bad Blankenburg D 127 Dd42
Bad Bleiberg A 144 Fa56
Bad Blumau A 144 Ga54
Bad Bocklet D 134 Db43
Bad Bodenteich D 118 Dc35
Bad Boll D 134 Da49
Bad Brambach D 135 Eb44
Bad Bramstedt D 118 Db31
Bad Breisig D 125 Ca42
Bad Brückenau D 134 Da43
Bad Buchau D 142 Cd51
Badby GB 20 Fa25
Bad Camberg D 133 Cb43
Badcaul GB 4 Dc06
Bad Colberg-Heldburg D 134 Dc43
Badderen N 63 Hc08
Bad Deutsch-Altenburg A 145 Gc51
Bad Doberan D 119 Eb31
Bad Driburg D 126 Cd38
Bad Düben D 127 Ec39
Bad Dürkheim D 133 Cb46
Bad Dürrenberg D 127 Eb40
Bad Dürrheim D 141 Cb51
Badeborn D 127 Dd38
Bądecz PL 121 Gc34
Bad Eilsen D 126 Cd37
Badellou E 48 Ga60
Bad Elster D 135 Eb44
Badelunda S 95 Gb42
Bademağacı TR 199 Gc90
Bademler TR 191 Eb86
Bademli TR 185 Dd80
Bademli TR 191 Eb84
Bademli TR 191 Eb86
Bademli TR 192 Fa83
Bademli TR 193 Ha84
Bademli TR 198 Ga89
Bademli TR 199 Gd88
Bademli TR 199 Hb89
Bademli TR 199 Hb90
Bad Ems D 133 Ca43
Baden A 145 Gb51
Baden CH 141 Cb52
Baden-Baden D 133 Cb48
Bad Endbach D 126 Cc41
Badendiek D 119 Eb32
Bad Endorf D 143 Eb51
Badenhausen D 126 Db38
Badenscoth GB 7 Ec08
Badenweiler D 141 Bd51
Baderna HR 151 Fa61
Badersleben D 127 Dd38
Badesi I 168 Ca74
Bad Essen D 117 Cc36
Bad Feilnbach D 143 Ea52
Bad Frankenhausen D 127 Dd40
Bad Freienwalde D 120 Fb35
Bad Friedrichshall D 134 Cd47
Bad Fusch A 143 Ec54
Bad Füssing D 143 Ed50
Bad Gandersheim D 126 Db38
Bad Gastein A 143 Ec54
Bad Gleichenberg A 144 Ga55
Bad Gögging D 135 Ea48
Bad Goisern A 143 Ed52
Bad Gottleuba-Berggießhübel D 128 Fa42
Bad Griesbach D 143 Ed50
Bad Grund D 126 Db38
Bad Hall A 144 Fb51
Bad Harzburg D 126 Dc38
Bad Heilbrunn D 143 Dd52
Bad Herrenalb D 133 Cb48
Bad Hersfeld D 126 Da41
Bad Hindelang D 142 Db53
Bad Hofgastein A 143 Ec54
Bad Homburg D 134 Cc43
Bad Honnef D 125 Bd42
Bad Hönningen D 125 Ca42
Badia I 143 Ea56
Badia Calavena I 149 Dc59
Badia Gran E 57 Hb68
Badia Polesine I 150 Dd61
Badia Prataglia I 156 Dd65
Badia Tedalda I 156 Ea65
Bad Iburg D 125 Cb37
Bădiceni MD 173 Fb54
Badicul Moldovenesc MD 177 Fb61
Badingen D 127 Ea36
Badirga TR 186 Fc80
Bad Ischl A 143 Ed52
Badje-Sohppar S 68 Hc14
Bad Karlshafen D 126 Da39
Bad Kemmeriboden CH 141 Ca54
Bądki PL 121 Hb32
Bad Kissingen D 134 Db44
Bad Kleinen D 119 Ea32
Bad Kleinkirchheim A 144 Fa55
Bad Klosterlausnitz D 127 Ea41
Bad Kohlgrub D 142 Dc52
Bad König D 134 Cd45
Bad Königshofen D 134 Dc43
Bad Kösen D 127 Ea41
Bad Köstritz D 127 Eb41
Bądkowo PL 121 Hb35
Bad Kreuzen A 144 Fc50
Bad Kreuznach D 133 Ca44
Bad Krozingen D 141 Bd51
Bad Laasphe D 126 Cc41
Bad Laer D 126 Cc37
Bad Langensalza D 126 Dc41
Bad Lauchstädt D 127 Ea40
Bad Lausick D 127 Ec41
Bad Lauterberg D 126 Dc39
Bad Leonfelden A 144 Fb50
Bad Liebenstein D 126 Db42
Bad Liebenwerda D 127 Ed40
Bad Liebenzell D 134 Cc48
Bad Lippspringe D 126 Cd38
Badljevina HR 152 Gd59
Bad Lobenstein D 135 Ea43
Bad Marienberg D 125 Cb42
Bad Meinberg, Horn- D 126 Cd38
Bad Mergentheim D 134 Da46
Badminton GB 19 Ec28
Bad Mitterndorf A 144 Fa53
Bad Münder D 126 Da37
Bad Münster-Ebernburg D 133 Ca45
Bad Münstereifel D 125 Bd42
Bad Muskau D 128 Fc39
Bad Nauheim D 134 Cc43
Bad Neuenahr-Ahrweiler D 125 Bd42
Bad Neustadt D 134 Db43
Bad Oeynhausen D 126 Cd37
Badolato I 164 Gc82
Badolato Marina I 164 Gc82
Badolatosa E 60 Cd74
Bad Oldesloe D 118 Dc32
Badonviller F 25 Ka37
Bad Orb D 134 Cd43
Badovinci SRB 153 Ja62
Bad Peterstal-Griesbach D 133 Cb49
Bad Pyrmont D 126 Da38
Bad Radkersburg A 144 Ga56
Bad Ragaz CH 142 Cd54
Bad Rappenau D 134 Cd47
Bad Reichenhall D 143 Ec52
Bad Rippoldsau-Schapbach D 133 Cb49
Bad Rodach D 134 Dc43
Bad Rothenfelde D 126 Cc37
Bad Saarow-Pieskow D 128 Fb37
Bad Sachsa D 126 Dc39
Bad Säckingen D 141 Ca52
Bad Salzdetfurth D 126 Db37
Bad Salzschlirf D 126 Da42
Bad Salzschlirf D 126 Da42
Bad Salzuflen D 126 Cd37
Bad Salzungen D 126 Db42
Bad Sankt Leonhard im Lavanttal A 144 Fc55
Bad Sassendorf D 126 Cc39
Bad Saulgau D 142 Cd51
Bad Schallerbach A 144 Fa50
Bad Schandau D 128 Fb42
Bad Schmiedeberg D 127 Ec39
Bad Schönau A 145 Gb53
Bad Schönborn D 134 Cc47
Bad Schussenried D 142 Cd51
Bad Schwalbach D 133 Cb43
Bad Schwartau D 119 Dd31
Bad Schwarzsee CH 141 Bc55
Bad Segeberg D 118 Dc31
Bad Sobernheim D 133 Ca45
Bad Soden D 134 Cc44
Bad Soden-Salmünster D 134 Cd43
Bad Sooden-Allendorf D 126 Db40
Bad Staffelstein D 135 Dd44
Bad Steben D 135 Ea43
Bad Suderode D 127 Dd39
Bad Sulza D 127 Ea41
Bad Sülze D 119 Ec31
Bad Tatzmannsdorf A 145 Gb54
Bad Teinach-Zavelstein D 134 Cc48
Bad Tennstedt D 126 Dc41
Bad Tölz D 143 Dd52
Bad Überkingen D 134 Da49
Badules E 47 Ed62
Bad Urach D 134 Cd49
Bad Vellach A 144 Fb56
Bad Vilbel D 134 Cc43
Bad Vöslau A 145 Gb51
Bad Waldsee D 142 Da51
Bad Wiessee D 143 Ea52
Bad Wildbad D 133 Cb48
Bad Wildungen D 126 Cd40
Bad Wilsnack D 119 Eb35
Bad Wimpfen D 134 Cd47
Bad Windsheim D 134 Db46
Bad Wörishofen D 142 Db51
Bad Wurzach D 142 Da51
Bad Zell A 144 Fc50
Bad Zwesten D 126 Cd41
Bad Zwischenahn D 118 Cc33
Baek D 119 Eb34
Bække DK 108 Da26
Bækmarksbro DK 100 Cd23
Bælum DK 100 Dc22
Baena E 60 Da73
Baerenthal F 25 Kb35
Baesweiler D 125 Bc41
Baeza E 52 Dc72
Bafra TR 205 Fb19
Bagà E 41 Gd58
Băgaciu RO 175 Db60
Bagaladi I 164 Ga84
Bagamér H 147 Kb52
Băgaraşi TR 197 Ed88
Bagart PL 122 Hc31
Bagaslaviškis LT 114 Kd56
Bağbaşı TR 192 Ga85
Bagdononys LT 114 Kd58
Bågede S 79 Fc27
Bâgé-le-Châtel F 34 Jb45
Bagenalstown IRL 13 Cc23
Bagenkop DK 109 Dd29
Bages F 41 Hb57
Baggböle S 80 Hb28
Baggbrod S 95 Fd42
Baggetorp S 95 Ga45
Bagheria I 166 Ed84
Bagienice PL 123 Jd32
Bağıllı TR 193 Gd87
Bağıllı TR 199 Gd88
Bağırganlı TR 187 Gb77
Bağkonak TR 193 Ha87
Baglad H 145 Gb56
Bağlarbaşı TR 193 Ha86
Bagley GB 15 Eb23
Bağlıağaç TR 198 Fd92
Baglicy RUS 99 Ld45
Bagn N 85 Dc38
Bagnac-sur-Célé F 33 Gd51
Bagnaia I 156 Ea70
Bagnara Calabra I 164 Ga83
Bagnarola I 150 Dd62
Bagnasco I 148 Bd63
Bagnères de-Bigorre F 40 Fd56
Bagnères-de-Luchon F 40 Ga57
Bagneux-la-Fosse F 30 Hd39
Bagni Contursi I 161 Fd75
Bagni del Masino I 149 Cd57
Bagni di Craveggia I 148 Cb57
Bagni di Lucca I 155 Db64
Bagni di Mondragone I 161 Fa74
Bagni di Petriolo I 155 Dc67
Bagni di Rabbi I 142 Dc56
Bagni di Stigliano I 160 Ea71
Bagni di Tivoli I 160 Eb71
Bagni di Vinadio I 148 Bb63
Bagni San Cataldo I 161 Ga75
Bagnity PL 122 Hd31
Bagno I 161 Ga72
Bagno di Romagna I 156 Cd19
Bagnoles-de-l'Orne F 28 Fc38
Bagnoli di Sopra I 150 Ea60
Bagnoli Irpino I 161 Fc75
Bagnolo Mella I 149 Da59
Bagnolo Piemonte I 148 Bc61
Bagnols F 33 Ha48
Bagnols-en Forêt F 43 Kb54
Bagnols-les-Bains F 34 Hc51
Bagnols-sur-Cèze F 42 Jb52
Bagnone I 149 Cd63
Bagnoregio I 156 Ea69
Bagny PL 123 Kb32
Bågø By DK 108 Db27
Bagod H 145 Gc55
Bagojë AL 182 Ab75
Bagolino I 149 Db58
Bagolyirtás H 146 Ja51
Bagotoji LV 114 Kb58
Bağözü TR 187 Hb80
Bagrationovsk RUS 122 Ja30
Bagrdan SRB 174 Bc66
Bağsaray TR 199 Gc89
Báguena E 47 Ed62
Bagüés E 39 Fa58
Bağyurdu TR 191 Ed86
Bahabón de Esgueval E 46 Dc60
Bahadınlı TR 191 Ec82
Bahadır TR 192 Ga85
Bahadırlar TR 192 Fc87
Baharlar TR 191 Eb82
Bahçeağıl TR 186 Fa76
Bahçecik TR 187 Gb79
Bahçecik TR 192 Fa86
Bahçecik TR 193 Ha83
Bahçedere TR 191 Eb82
Bahçedere TR 191 Ec84
Bahçeköy TR 185 Eb78
Bahçeköy TR 186 Fa76
Bahçekuyu TR 193 Ha81
Bahçeli TR 191 Ea82
Bahçeyaka TR 197 Fa90
Bahçıvanlar TR 199 Gd89
Bahillo (Loma del Ucieza) E 38 Da57
Bahmut MD 173 Fb57
Bahna RO 172 Ec58
Bahnea RO 171 Dc59
Bahovica BG 180 Db70
Bahrdorf D 127 Dd36
Bahrenborstel D 126 Cd36
Bahrendorf D 127 Ea38
Bahşayış TR 186 Fc77
Bahu MD 173 Fc56
Baia I 161 Fa75
Baia RO 172 Eb56
Baia RO 177 Fc65
Baia de Aramă RO 175 Cc63
Baia de Criş RO 175 Cc60
Baia de Fier RO 175 Da63
Baia delle Zagare I 162 Gb72
Baia Domizia I 161 Fa74
Baia Mare RO 171 Da55
Baiano I 161 Fb74
Baiardo I 43 Kd52
Baia Sardinia I 168 Cb73
Baia Sprie RO 171 Da55
Băicoi RO 176 Ea64
Băiculeşti RO 175 Dc64
Baides E 47 Ea62
Baienfurt D 142 Cd51
Baierbrunn D 143 Dd51
Baiersbronn D 133 Cb49
Baiersdorf D 135 Dd46
Baierz D 142 Da51
Baigneaux F 29 Gc39
Baigneux-les-Juifs F 30 Ja41
Baile an Fheirtearaigh IRL 12 Ad24
Baile an Mhóta IRL 8 Bd18
Baile an Róba IRL 8 Bc20
Baile an Sceilg IRL 12 Ad25
Baile Átha IRL 13 Cc22
Baile Átha an Rí IRL 12 Bd21
Baile Átha Cliath IRL 13 Cd21
Baile Átha Fhirdhia IRL 9 Cd19
Baile Átha Luain IRL 13 Ca21
Baile Átha Troim IRL 9 Cc20
Băile Bixad RO 171 Da54
Băile Borşa RO 171 Dc55
Baile Brigín IRL 9 Cd20
Baile Chláir IRL 12 Bc21
Băile Felix RO 170 Cb57
Băile Govora RO 175 Db64
Băile Herculane RO 174 Cb64
Baile Locha Riach IRL 12 Bd21
Baile Mhic Andáin IRL 13 Cb24
Baile Mhistéala IRL 12 Bd24
Baile Mór GB 6 Da11
Bailén E 52 Db72
Baile na Finne IRL 8 Ca16
Baile na Lorgan IRL 9 Cd19
Băile Olăneşti RO 175 Db63
Băileşti RO 179 Cc67
Băile Tuşnad RO 176 Ea60
Baile Uí Fhiacháin IRL 8 Bc19
Baile Uí Mhatháin IRL 9 Cb20
Bailieborough IRL 9 Cc19
Baillé F 28 Fa38
Bailleau-le-Pin F 29 Gb38
Bailleul F 21 Ha30
Bailo E 39 Fb58
Bailyhaugh GB 6 Da10
Bailyhaugh GB 9 Da14
Baimaclia MD 173 Fd59
Baimaclia MD 177 Fc61
Baiñas E 36 Ac55
Bainbridge GB 11 Ed18
Bain-de-Bretagne F 28 Ed40
Baindt D 142 Da51
Bains F 34 Hd49
Bains-les-Bains F 31 Jd39
Bainton GB 17 Fc20
Baio E 36 Ac54
Baiona E 36 Ac58
Bairro P 50 Ac66
Bais F 28 Fc39
Baiso I 149 Db63
Băişoara RO 171 Cd58
Baisogala LV 114 Kb55
Băiţa RO 175 Cc60
Băiţa de Sub Codru RO 171 Cd55
Băiuş MD 177 Fc60
Băiuţ RO 171 Db55
Baix F 34 Jb50
Baja H 153 Hd57
Bajáansenye H 145 Gb55
Baja de Arieş RO 171 Cd59
Bajāri LV 114 La53
Bajč SK 145 Hb51
Bajćsa H 152 Gc57
Bajdyty PL 122 Jb30
Bajevka RUS 113 Ja58
Bajgora KSV 178 Bb70
Bajina Bašta SRB 159 Ja64
Bajkal BG 180 Db68
Bajki-Zalesie PL 123 Ka33
Bajlovce MK 178 Bd72
Bajlovo BG 179 Cd71
Bajmok SRB 153 Ja58
Bajna H 146 Hc52
Bajorai LT 114 La53
Bajovo Polje MNE 159 Hd67
Bajram Curr AL 159 Jc69
Bajša SRB 153 Ja58
Bak H 145 Gc55
Baka SK 145 Gd51
Bakacak TR 185 Ec80
Bakałarzewo PL 123 Ka30
Bakar HR 151 Fb60
Bakdemirler TR 187 Gd79
Bakel NL 125 Bb38
Bakewell GB 16 Ed22
Bakır TR 191 Ed84
Bakırköy TR 186 Fb80
Bakka N 92 Cb46
Bakka N 93 Db41
Bakkafjörður IS 3 Bc04
Bakkagerði IS 3 Bc05
Bakke N 84 Cb40
Bakke N 92 Cb46
Bakke N 93 Dd42
Bakke N 93 Db45
Bakkeby N 63 Hb09
Bakkejord N 62 Gc10
Bakkejord N 67 Gb13
Bakken N 77 Dc29
Bakken N 78 Eb30
Bakken N 79 Fb27
Bakketun N 71 Fb22
Bakkeveen NL 117 Bd33
Bakko N 93 Db41
Baklalı TR 186 Fc77
Baklan TR 192 Ga87
Baklançakırlar TR 198 Fd88
Baklankuyucak TR 198 Ga88
Baklia N 85 Dc36
Bakonybél H 145 Ha54
Bakonycsernye H 145 Hb53
Bakonygyepes H 145 Ha54
Bakonyjákó H 145 Ha54
Bakonykoppány H 145 Ha53
Bakonypéterd H 145 Ha53
Bakonyszombathely H 145 Ha53
Bąków PL 129 Hb41
Bąkowa Góra PL 130 Ja41
Baksan RUS 205 Ga17
Baksjöberg S 80 Gd27
Baksjöliden S 80 Gd27
Baktakék H 146 Jc50
Baktalórántháza H 147 Kb51
Baktsjaur S 72 Ha23
Bakum D 117 Cc35
Bakvattnet S 79 Fb28
Bäl S 104 Ha49
Bala GB 15 Ea23
Băla RO 171 Dc58
Bala RO 175 Cc64
Balaban TR 186 Fa75
Balaban TR 186 Fc77
Balaban TR 187 Gb78
Balabancık TR 185 Eb77
Balabancık TR 185 Ec78
Bălăbăneşti MD 173 Fd58
Bălăbăneşti RO 177 Fa61
Balabanlı TR 185 Ed77
Balabanlı TR 191 Ea82
Balabanlı TR 192 Fa87
Balabanovo RUS 202 Ed11
Balabanu MD 177 Fc61
Bălăceanu RO 176 Ed63
Balaci RO 175 Dc66
Bălăciţa RO 175 Cc66
Balaciu RO 176 Ec66
Balaguer E 48 Ga60
Balahna RUS 203 Fb09
Balahoncevo RUS 107 Mb50
Balaklija UA 203 Fa14
Balakovo RUS 203 Ga11
Bălan RO 171 Cd56
Bălan RO 172 Ea59
Balanegra E 61 Dd76
Bălăneşti MD 173 Fb57
Bălăneşti RO 175 Dc63
Balaruc-les-Bains F 41 Hd54
Bälaryd S 103 Fc49
Bălăşeşti MD 173 Fc56
Bălăşeşti RO 177 Fa61
Balašiha RUS 203 Fa10
Balasineşti MD 172 Ed54
Balašov RUS 203 Fc12
Balassagyarmat H 146 Hd51
Balástya H 146 Jb56
Balata di Baida I 166 Eb84
Balata di Modica I 167 Fc87
Balatcık TR 191 Ed87
Balatdanişment TR 192 Fd82
Bălaţi RO 172 Ed57
Balatina MD 173 Fa55
Balatonakali H 145 Ha55
Balatonakarattya H 145 Hb54
Balatonalmádi H 145 Hb54
Balatonboglár H 145 Ha55
Balatonbozsok H 145 Hb55
Balatonföldvár H 145 Ha55
Balatonfüred H 145 Ha55
Balatonfűzfő H 145 Hb54
Balatongyörök H 145 Gd55
Balatonkenese H 145 Hb54
Balatonkeresztúr H 145 Gd56
Balatonlelle H 145 Ha55
Balatonmagyaród H 145 Gd56
Balatonszabadi H 145 Hb55
Balatonszárszó H 145 Ha55
Balatonszemes H 145 Ha55
Balatonszentgyörgy H 145 Gd56
Balatonudvari H 145 Ha55
Balatonújlak H 145 Gd56
Bălăureşti MD 173 Fb58
Bălăuşeri RO 171 Dc59
Balazote E 53 Eb69
Balazuc F 34 Ja51
Balbeggie GB 7 Eb11
Balbieriškis LT 114 Kc59
Balbigny F 34 Hd46
Balbiši LV 107 Ld51
Balblair GB 5 Ea07
Balboa E 37 Bd56
Balbriggan IRL 9 Cd20
Balc RO 171 Cc56
Bâlca RO 172 Eb54
Balcani RO 172 Ec59
Bălcăuţi MD 173 Fa53
Bălcăuţi RO 172 Eb55
Bălceşti RO 175 Da65
Balcı TR 191 Ed81
Balcı TR 193 Gd87
Balcıdamı TR 193 Gb85
Balčik BG 181 Fb70
Balçık TR 186 Ga78
Balçıkhisar TR 187 Gb80
Balçıkhisar TR 193 Gc86
Balçıkhisar TR 193 Gd82
Balcılar TR 185 Eb80
Balcılar TR 191 Ed86
Balcombe GB 20 Fc29
Balderschwang D 142 Da53
Baldichieri d'Asti I 148 Bd61
Baldock GB 20 Fc26
Baldone LV 106 Kc51
Baldos P 44 Bb62
Baldovineşti RO 175 Da66
Baldovineşti RO 177 Fb63
Bale HR 151 Fa61
Baleix F 40 Fc55
Baleizão P 50 Ad71
Balen B 124 Ba39
Băleni RO 176 Ea65
Băleni RO 177 Fb62
Balenos LT 113 Jd53
Balerma E 61 Dd76
Băleşti RO 175 Cc63
Băleşti RO 176 Ed63
Balestrand N 84 Cc36
Balestrate I 166 Eb84
Balf H 145 Gc52
Balfour GB 5 Ec03
Balfron GB 7 Dd12
Balgale LV 105 Jd50
Bălgaranovo BG 180 Eb71
Bălgarene BG 180 Da70
Bălgarene BG 180 Dc69
Bălgarevo BG 181 Fb70
Bălgari BG 186 Fa74
Bălgarin BG 185 Ea74
Bălgarska poljana BG 185 Ea74
Bălgarski Izvor BG 179 Da70
Bălgarsko Slivovo BG 180 Dd69
Balge D 118 Da35
Bälgviken S 95 Gb44
Bali GR 200 Cd95
Balice PL 138 Ja44
Baligród PL 139 Kb46
Balik BG 181 Fa68
Balıkesir TR 192 Fa82
Balıklı TR 185 Ed79
Balıklıçeşme TR 185 Ec80
Balıklıdere TR 192 Fb81
Balıklıova TR 191 Ea86
Bălileşti RO 175 Dc64
Balinderry IRL 13 Ca22
Bälinge S 73 Hd22
Bälinge S 96 Gc41
Bälinge S 96 Gc45
Bälinge S 102 Ec48
Bälinge S 110 Fa54
Balingen D 142 Cc50
Balingsta S 96 Gc42
Balinţ RO 174 Ca60
Balintore GB 5 Ea07
Baliskės LV 114 Kb58
Balivanich GB 6 Cd07
Balizac F 32 Fb51
Balje D 118 Da31
Baljevac BIH 151 Ga62
Baljevac SRB 178 Ba68
Balk NL 116 Bb34
Balka DK 111 Fd58
Balkanski BG 180 Eb69
Balkány H 147 Ka51
Balkasodis LT 114 Kc59
Balkbrug NL 117 Bd35
Balkı TR 193 Hb87
Balkıca TR 198 Fd89
Balla IRL 8 Bc19
Ballaban AL 182 Ac77
Ballabio Inferiore I 149 Cd58
Ballachullish GB 6 Dc10
Ballagh IRL 12 Bc24
Ballaghaderreen IRL 8 Bd19
Ballancourt-sur-Essone F 29 Gd38
Ballangen N 66 Ga14
Ballantrae GB 10 Dc16
Ballao I 169 Cb78
Ballasalla GB 10 Dc19
Ballasviken S 71 Ga20
Ballater GB 7 Ec09
Balle DK 101 Dd23
Balle Bhuirne IRL 12 Bb25
Bållefors S 103 Fb46
Ballen DK 109 Dd25
Ballenstedt D 127 Dd39
Balleroy F 22 Fb36
Ballerup DK 109 Ec25
Ballesteros E 52 Db68
Ballesteros de Calatrava E 52 Db69
Ballı TR 185 Ec78
Ballıbucak TR 199 Gd90
Ballıca TR 186 Ga78
Ballickmoyler IRL 13 Cc23
Ballıhisar TR 193 Hb83
Ballık TR 193 Gb86
Ballık TR 198 Fd91
Ballina IRL 8 Bc18
Ballina IRL 12 Bd23
Ballinafad IRL 8 Ca19
Ballinagleragh IRL 8 Ca18
Ballinakill IRL 13 Cb23
Ballinalee IRL 9 Cb20
Ballinamore IRL 9 Cb19
Ballinascarty IRL 12 Bc26
Ballinasloe IRL 13 Ca21
Ballinclea IRL 13 Cd22
Ballincollig IRL 12 Bd26
Ballincurrig IRL 12 Bd25
Ballindine IRL 8 Bd20
Balling DK 100 Da22
Ballingarry IRL 12 Bc24
Ballingarry IRL 13 Ca22
Ballingarry IRL 13 Cb23
Ballingeary IRL 12 Bb26
Ballingslöv S 110 Fa54
Ballingurteen IRL 12 Bc26
Ballinhassig IRL 12 Bd26
Ballinlough IRL 8 Bd19
Ballino I 149 Db58
Ballinrobe IRL 8 Bc20
Ballinspittle IRL 12 Bc26
Ballintogher IRL 8 Ca18
Ballinunty IRL 13 Ca23
Ballinure IRL 13 Ca24
Ballıpınar TR 186 Fa79
Ballivor IRL 9 Cc20
Ballobar E 48 Fd61
Balloch GB 10 Dd13
Balloch GB 10 Dd15
Ballon F 28 Fd39
Ballon IRL 13 Cc23
Balloo Cross Roads GB 10 Db18
Ballota E 37 Ca54
Ballots F 28 Fa40
Ballsh AL 182 Ab77
Ballsnes N 66 Ga14
Ballstad N 66 Fb15
Ballvengland IRL 12 Bc23
Ballybay IRL 9 Cc18
Ballybofey IRL 9 Cb16
Ballyboghill IRL 13 Cd21
Ballybogy GB 9 Cd15
Ballybrittas IRL 13 Cc22
Ballybunnion IRL 12 Bb23
Ballycanew IRL 13 Cd24
Ballycastle GB 9 Da15
Ballycastle IRL 8 Bc17
Ballyclare GB 9 Da17
Ballyclare IRL 8 Ca20
Ballycolla IRL 13 Cb22
Ballyconneely IRL 8 Ba20
Ballyconnell IRL 9 Cb18
Ballycorick IRL 12 Bc23
Ballycotton IRL 13 Ca26
Ballydangan IRL 13 Ca21
Ballydehob IRL 12 Bb26
Ballydesmond IRL 12 Bb24
Ballyduff IRL 12 Bb23
Ballyduff IRL 13 Ca25
Ballyfad IRL 13 Cd23
Ballyfeard IRL 12 Bd26
Ballyferriter IRL 12 Ad24
Ballygalley GB 9 Da16
Ballygarrett IRL 13 Cd24
Ballygawley GB 9 Cc17
Ballyglass IRL 8 Bc19
Ballygowan GB 9 Da17
Ballygrant GB 6 Da13
Ballyhahill IRL 12 Bc23
Ballyhalbert GB 10 Db17
Ballyhaunis IRL 8 Bd19
Ballyhean IRL 8 Bc19
Ballyheerin IRL 9 Cb15
Ballyheige IRL 12 Ba24
Ballyhillin IRL 9 Cc14
Ballyhooly IRL 12 Bd25
Ballyhornan GB 10 Db18
Ballyjamesduff IRL 9 Cc19
Ballykeel GB 9 Da18
Ballylanders IRL 12 Bd24
Ballylongford IRL 12 Bb23
Ballylooby IRL 13 Ca24
Ballylynan IRL 13 Cc22
Ballymacarbry IRL 13 Ca25
Ballymack IRL 13 Cb24
Ballymacoda IRL 13 Ca26
Ballymacrevan GB 9 Da17
Ballymahon IRL 9 Cb20
Ballymena GB 9 Da16
Ballymoe IRL 8 Bd20
Ballymoney GB 9 Cc16
Ballymoney GB 9 Cd15
Ballymore IRL 9 Cb20
Ballymore Eustace IRL 13 Cd22
Ballymote IRL 8 Bd18
Ballymurphy IRL 13 Cc24
Ballynabola IRL 13 Cc24
Ballynacarrigy IRL 9 Cb20
Ballynacourty IRL 13 Ca25
Ballynagore IRL 13 Cb21
Ballynagree IRL 12 Bc25
Ballynahinch GB 9 Da18
Ballynahown IRL 12 Bb21
Ballynahown IRL 13 Ca21
Ballynakilla IRL 12 Ba26
Ballynakilly Upper IRL 12 Ba25
Ballynamona IRL 12 Bd25
Ballynamult IRL 13 Ca25
Ballynana IRL 12 Ad24
Ballynaskreena IRL 12 Bb23
Ballyneety IRL 12 Bd23
Ballynure GB 9 Da16
Ballypatrick IRL 13 Cb24
Ballyporeen IRL 13 Ca24
Ballyquin IRL 12 Ba24
Ballyragget IRL 13 Cb23
Ballyroebuck IRL 13 Cd23
Ballyroon IRL 12 Ba26
Ballysadare IRL 8 Ca18
Ballyshannon IRL 8 Ca17
Ballyshannon IRL 13 Cc22
Ballysteen IRL 12 Bc23
Ballytoohy IRL 8 Bb19
Ballyvaughan IRL 12 Bc21
Ballyvourney IRL 12 Bb25
Ballyvoy GB 9 Da15
Ballywater GB 10 Db17
Ballywilliam IRL 13 Cc24
Balmacara GB 4 Da05
Balmahmut TR 193 Gc85
Balmaseda E 38 Dd55
Balmazújváros H 147 Jd52
Balme I 148 Bc59
Balmedie GB 7 Ed09
Balmerino GB 7 Eb11
Balminnoch GB 10 Dc16
Balmonte E 37 Bd54
Balmuccia I 148 Ca58
Balnafoich GB 7 Ea08
Balnahard GB 6 Da11
Balnapaling GB 5 Ea07
Balneario de Panticosa E 40 Fc57
Balninkai LT 114 La56
Baloira E 36 Ad56
Bálojotnjálbmi FIN 68 Ja13
Balören TR 187 Gb78
Baloteşti RO 176 Eb65
Baloži LV 106 Kb51
Balquhidder GB 7 Dd11
Balrath IRL 9 Cd20
Balş RO 175 Da66
Balsa P 44 Bb60
Balşa RO 175 Cd60
Balsa de Ves E 54 Fa68
Balsareny E 49 Gd60
Balsfjord N 62 Gd10
Balsham GB 20 Fd26
Balsicas E 55 Fa73
Balsièges F 34 Hc51
Balsjö S 80 Ha28
Balsorano Nuovo I 160 Ed72
Balsovo RUS 99 Lc45
Bålsta S 96 Gc43
Balsthal CH 141 Bd53

Balsupiai – Bebertal

Balsupiai LV 114 Kb59
Balta UA 204 Ec16
Balta Albă RO 176 Ed63
Balta Berilovac SRB 179 Ca69
Balta Doamnei RO 176 Eb65
Baltanás E 46 Db59
Baltar E 36 Bb58
Baltasound GB 5 Fa03
Bălţata MD 173 Fd58
Băltăteşti RO 172 Ec57
Balta Verde RO 174 Cb66
Bălteni RO 173 Fa59
Bălteni RO 175 Cd64
Bălţeşti RO 176 Eb64
Bălţi MD 173 Fb55
Baltijsk RUS 113 Hd59
Baltimore IRL 12 Bb27
Baltinava LV 107 Ld49
Baltinglass IRL 13 Cc22
Bal'tino RUS 107 Ma50
Baltoji Vokė LT 114 La58
Bałtów PL 131 Jd41
Baltrušaičiai LT 113 Jd57
Balugães P 44 Ad59
Băluseni RO 172 Ed55
Balvan BG 180 Dd70
Balve D 125 Cb39
Balvi LV 107 Lc49
Balya TR 191 Ed82
Balze I 156 Ea65
Balzers FL 142 Cd54
Balzo I 156 Ed68
Bambalió GR 188 Ba83
Bamberg D 134 Dc45
Bamble N 93 Dc44
Bamburgh GB 11 Fa14
Bamford GB 16 Ed22
Bammental D 134 Cc46
Bampton GB 19 Ea29
Banafjäl S 80 Ha30
Banagher IRL 13 Ca21
Banarlı TR 185 Ed77
Banatska Dubica SRB 174 Bb62
Banatska Palanka SRB 174 Bc64
Banatska Topola SRB 153 Jc58
Banatska Topola SRB 174 Bb60
Banatski Despotovac SRB 174 Bb62
Banatski Dvor SRB 153 Jc59
Banatski Karlovac SRB 174 Bc63
Banatsko Aranđelovo SRB 170 Bb59
Banatsko Karađorđevo SRB 153 Jc59
Banatsko Novo Selo SRB 174 Bb63
Banatsko Veliko Selo SRB 174 Bb60
Banaz TR 192 Ga85
Banbridge GB 9 Da18
Banbury GB 20 Fa26
Banca RO 177 Fb60
Band RO 171 Db59
Bande E 36 Ba58
Bandeira E 36 Ba56
Bandenitz D 119 Ea33
Bandholm DK 109 Ea28
Bandirma TR 186 Fa80
Bando I 150 Ea62
Bandol F 42 Jd55
Bandon IRL 12 Bc26
Băneasa RO 177 Fb61
Băneasa RO 180 Ea67
Băneasa RO 181 Fa67
Bañeres E 55 Fb70
Bånes N 63 Hc08
Băneşti RO 176 Ea64
Banevo BG 181 Ed72
Banff GB 5 Ec07
Bångnäs S 79 Fd25
Bangor GB 10 Db17
Bangor GB 15 Dd22
Bangor IRL 8 Bb18
Bangor-is-y-coed GB 15 Eb23
Bangsund N 78 Ec26
Bangueses E 36 Ba58
Banica BG 179 Cd69
Banie PL 120 Fc34
Banie Mazurskie PL 123 Jd30
Baniewice PL 120 Fc34
Baniska BG 180 Ea69
Bănişor RO 171 Cc57
Banište BG 179 Cb71
Băniţa RO 175 Cd62
Banja BG 184 Cc74
Banja BG 179 Da72
Banja BG 180 Db72
Banja BG 180 Ea72
Banja BG 181 Fa72
Banja BIH 159 Ja65
Banja SRB 159 Ja66
Banja e Kukës AL 182 Ad79
Banja Koviljača SRB 153 Hd63
Banjaloka SLO 151 Fc60
Banja Luka BIH 152 Gd62
Banjani SRB 153 Jb62
Banja Vrućica BIH 152 Hb62
Banje KSV 178 Ba69
Banjica KSV 178 Ad70
Banjica SRB 159 Jc68
Banjište MK 182 Ad74
Banjska KSV 178 Ba69
Bankekind S 103 Ga47
Bankeryd S 103 Fb48
Bankja BG 179 Cc71
Banloc RO 174 Bc62
Bannalec F 27 Dd40
Bännbäck S 95 Gb41
Bannegon F 29 Ha43
Bannes F 24 Hc37
Bannes F 30 Jb39
Bannewitz D 128 Fa41
Bannockburn GB 7 Ea12
Bannoncourt F 24 Jb36
Bannow IRL 13 Cc25
Banon F 42 Jd52
Bañón E 47 Fa63
Banos de Alicún de las Torres E 61 Dd74
Baños de Benasque E 40 Ga57
Baños de Fuente de la Encina E 52 Db72
Baños de la Encina E 52 Db71
Baños de Molgas E 36 Bb58
Baños de Montemayor E 45 Cb64
Baños de Río Tobía E 38 Ea58
Baños de Valdearados E 46 Dc60
Baños de Valdeganga E 53 Eb66
Bánov CZ 137 Ha48
Bánov SK 145 Hb51
Banova Jaruga HR 152 Gc60
Bánovce nad Bebravou SK 137 Hb49
Banovci Dunav SRB 153 Jc61
Banovići BIH 153 Hc63
Bánréve H 146 Jb50
Bansha IRL 13 Ca24
Bansin D 120 Fb31
Bansjo MK 183 Ca75
Banská Bystrica SK 138 Hd49
Banská Štiavnica SK 146 Hc50
Banské SK 139 Jd48
Bansko BG 184 Cc74
Banstead GB 20 Fc29
Banteer IRL 12 Bc25
Banteln D 126 Db37
Bantheville F 24 Ja35
Bantry IRL 12 Bb26
Bantzenheim F 31 Kc39
Bañuelos de Bureba E 38 Dd58
Bañugues E 37 Cc53
Bānūži LV 106 Kd49
Banwell GB 19 Eb28
Banyalbufar E 56 Ha67
Banyoles E 49 Hb59
Banyuls-sur-Mer F 41 Hb58
Banzi I 162 Gb75
Banzkow D 119 Ea33
Bapaume F 23 Ha32
Bár H 153 Hc57
Bar MNE 163 Ja71
Bar UA 204 Eb15
Băra RO 172 Ed58
Bara RO 174 Ca60
Bara S 110 Ed56
Barabany RUS 107 Mb50
Baraboi MD 173 Fa54
Baracak TR 191 Ed82
Bărăganu RO 177 Fa65
Bărăganu RO 181 Fc67
Baragem da Aguieira P 44 Ad63
Barağı TR 192 Ga84
Barago E 38 Da55
Barahona E 47 Ea62
Barajas E 46 Dc64
Barajas de Melo E 47 Ea65
Barakaldo E 38 Ea55
Baraklı TR 193 Gb87
Baranavičy BY 202 Ea13
Baránd H 147 Jd53
Barane KSV 178 Ad71
Baranivka UA 204 Eb15
Baranjsko Petrovo Selo HR 153 Hc59
Barano d'Ischia I 161 Fa75
Baranovka LV 107 Ld50
Baranów PL 129 Ha40
Baranów PL 130 Ja37
Baranów PL 131 Ka39
Baranowo PL 122 Jc31
Baranowo PL 122 Jd32
Baranowo PL 129 Gc36
Baranów Sandomierski PL 131 Jd42
Baranyajenő H 152 Hb57
Baraolt RO 176 Ea60
Baraque-Saint-Jean F 41 Ha52
Baraqueville F 41 Ha52
Bårared S 102 Ed52
Barásoain E 39 Ed57
Bărăşti RO 175 Db65
Barăteaz RO 174 Bc60
Barbacena P 51 Bb68
Barbadillo E 45 Cb62
Barbadillo de Herreros E 46 Dd59
Barbadillo del Mercado E 46 Dd59
Barbadillo del Pez E 46 Dd59
Barbalimpia E 53 Eb66
Barban HR 151 Fa61
Barbantes E 36 Ba57
Barbarano Vicentino I 150 Dd60
Barbaros TR 185 Dd80
Barbaros TR 185 Ed78
Barbaros TR 191 Ea86
Barbarušince SRB 178 Bd71
Barbaste F 40 Fd52
Barbastro E 48 Fd59
Barbate E 59 Bd77
Bărbăteşti RO 175 Cd64
Bărbăteşti RO 175 Da63
Barbatovac SRB 178 Bb69
Barbâtre F 27 Ec43
Barbazan F 40 Ga56
Barbeitos E 37 Bd55
Bārbele LV 106 Kc52
Barber Booth GB 16 Ed22
Barberino di Mugello I 155 Dc64
Barberino Val d'Elsa I 155 Dc65
Barbezieux-Saint-Hilaire F 32 Fc48
Barbières F 35 Jc49
Barbing D 135 Eb48
Barbizon F 29 Ha38
Bärbo S 95 Gb45
Bárboles E 47 Fa60
Barbonne-Fayel F 24 Hc37
Barbotan-les-Thermes F 40 Fc53
Barbu N 93 Db46
Bărbuleţu RO 176 Dd64
Barbullush AL 163 Jb71
Barbuñales E 48 Fc59
Barby D 127 Eb38
Barca E 47 Ea61
Bârca RO 179 Cd67
Barca de Alva P 45 Bc62
Barcaggio F 154 Cc67
Barcaldine GB 6 Dc11
Bărcăneşti RO 176 Ec65
Barcani RO 176 Eb62
Barcarrota E 51 Bc70
Barcea RO 177 Fa62
Barcellona Pozzo di Gotto I 167 Fd84
Barcelona E 49 Ha61
Barcelonne-du-Gers F 40 Fc54
Barcelonnette F 43 Kb51
Barcelos P 44 Ad60
Bárcena de Ebro E 38 Db56
Bárcena del Monasterio E 37 Ca54
Bárcena de Pie de Concha E 38 Db55
Bárcena Mayor E 38 Db55
Barchem NL 125 Bd37
Barchín del Hoyo E 53 Eb67
Barčiai LT 114 Kd59
Barcial del Barco E 45 Cb59
Barciany PL 122 Jb30
Barcillonnette F 42 Jd51
Barcin PL 121 Ha35
Barcis I 150 Eb57
Barco P 44 Ba64
Barcones E 47 Ea61
Barcos P 44 Bb61
Barcs H 152 Ha58
Barcus F 39 Fb55
Barczewko PL 122 Ja31
Barczewo PL 122 Ja31
Bard I 148 Bd58
Bârda RO 174 Bd62
Bardakçı TR 192 Fb84
Bardakçı TR 193 Gd83
Bardakçılar TR 191 Ec81
Bardal N 70 Fa21
Bardallur E 47 Fa60
Bardar MD 173 Fc58
Bărdarski Geran BG 179 Da68
Barde DK 108 Da24
Bardejov SK 139 Jd46
Bardejovské Kúpele SK 139 Jd46
Bårdesø DK 109 Dd26
Bardi I 149 Cd62
Bardineto I 148 Bd63
Bard-le-Régulier F 30 Hd42
Bardney GB 17 Fc22
Bardo PL 137 Gc43
Bardolino I 149 Db59
Bardonecchia I 148 Ba60
Bardowick D 118 Dc33
Bardsea GB 11 Eb19
Bardsey GB 16 Fa20
Bardu bygdetun N 67 Gc12
Bardujord N 67 Gc12
Bare BIH 159 Hd66
Bare MNE 159 Jb68
Bare SRB 174 Bb66
Băreaneşti RO 176 Eb65
Bäreberg S 102 Ed47
Barèges F 40 Fd56
Bärenbad A 143 Ea54
Barenburg D 118 Cd35
Barendrecht NL 124 Ad37
Bärenstein D 128 Fa42
Bärenstein D 135 Ed43
Barentin F 23 Ga34
Barenton F 28 Fb38
Barevo BIH 152 Gd63
Bärfendal S 102 Eb46
Barfleur F 22 Fa34
Barford GB 17 Ga24
Barford Saint Martin GB 20 Ed29
Barga I 155 Da64
Bargas E 52 Db66
Bărgăuani RO 172 Ec58
Barge I 148 Bc61
Bargême F 43 Kb53
Bargemon F 43 Kb53
Bargen, Helmstadt- D 134 Cd46
Bargeshagen D 119 Eb31
Bargfeld-Stegen D 118 Dc32
Barghe I 149 Db59
Bărghis RO 175 Dc61
Bargłówka PL 137 Hb44
Bargłów Kościelny PL 123 Ka31
Bargoed GB 19 Ea27
Bargrennan GB 10 Dd16
Bargstedt D 118 Da33
Bargteheide D 118 Dc32
Bargullas AL 182 Ac77
Bar Hill GB 20 Fd25
Bari I 162 Gd74
Barić SRB 153 Jc62
Barić Draga HR 151 Fd63
Barice SRB 174 Bc62
Barilović HR 151 Fd60
Barinas E 55 Fa71
Båring DK 108 Dc26
Bari Sardo I 169 Cc78
Barisciano I 156 Ed70
Barisey-la-Côte F 25 Jc37
Barjac F 34 Hc51
Barjac F 34 Ja51
Bårjås S 72 Ha18
Barjols F 42 Ka54
Bark D 118 Dc31
Barkač BG 180 Db69
Barkåker N 93 Dd43
Barkarö S 95 Gb43
Barkava LV 107 Lb50
Barkelsby D 108 Db29
Barkeryd S 103 Fc49
Barkestad N 66 Fc12
Barking GB 20 Fd28
Barklainiai LT 114 Kc55
Barkowo PL 120 Fd32
Barkowo PL 121 Gc32
Barkston GB 16 Fb23
Barkway GB 20 Fd26
Bârla RO 175 Dc66
Barla TR 193 Gd87
Bârlad RO 177 Fa60
Barleben D 127 Ea37
Bar-le-Duc F 24 Jb37
Barles F 42 Ka51
Barletta I 162 Gb73
Barlinek PL 120 Fd35
Barlingbo S 104 Ha49
Barlo D 125 Bd37
Barlow GB 16 Fa22
Barmash AL 182 Ad78
Barmouth GB 15 Dd24
Barmstedt D 118 Db32
Barna IRL 12 Bc21
Bârna RO 174 Ca61
Barnaderg IRL 8 Bd20
Barnard Castle GB 11 Ed18
Barnarp S 103 Fb49
Bărnau D 135 Eb45
Barnave F 35 Jc50
Barnay F 30 Hd42
Barne-Åsaka S 102 Ed47
Barneberg D 127 Dd37
Barnes GB 20 Fc28
Barnesmore IRL 9 Cb16
Barnetby le Wold GB 17 Fc21
Barneveld NL 116 Bb36
Barneville-Carteret F 22 Ed35
Barnewitz D 127 Ec36
Barney GB 17 Ga23
Barnim PL 120 Fc34
Bärnkopf A 144 Fc50
Barnoldswick GB 16 Ed20
Bârnova RO 173 Fa58
Barnówko PL 120 Fc35
Barnsley GB 16 Fa21
Barnsley GB 20 Ed27
Barnstädt D 127 Ea40
Barnstaple GB 19 Dd29
Barnstorf D 118 Cd35
Barntrup D 126 Cd38
Baron F 23 Ha36
Baroncea MD 173 Fb54
Baronissi I 161 Fc75
Baronville F 25 Ka36
Baroševac SRB 153 Jc63
Barösund FIN 98 Ka40
Barovo MK 183 Bd75
Barqueiro P 44 Ad65
Barqueiros P 44 Ac60
Barquilla de Pinares E 45 Cc65
Barr F 25 Kb37
Barracas E 54 Fb66
Barrachina E 47 Fa63
Barraco E 46 Da64
Barra de Mira P 44 Ac63
Barrado E 45 Cb65
Barraduff IRL 12 Bb25
Barrafranca I 167 Fa86
Barral (Castrelo de Miño) E 36 Ba57
Barrancos P 51 Bb71
Barranco Velho P 58 Ad74
Barranda E 61 Ec72
Barrax E 53 Eb69
Barrea I 161 Fa72
Barreiro P 50 Aa69
Barrême F 42 Ka52
Barret-le-Bas F 42 Jd51
Barrhead GB 10 Dd13
Barrhill GB 10 Dc16
Barriada de Jarana E 59 Bd76
Barriada Las Canteras E 61 Eb75
Barrière de Champlon B 132 Ba43
Barrigone IRL 12 Bc23
Barri Mar E 54 Fc67
Barrio de Nuestra Señora E 37 Cc57
Barrit DK 108 Dc25
Barro E 38 Da54
Barrô P 44 Ba61
Barroca P 44 Ba64
Barroças e Taias P 36 Ad58
Barros E 38 Db55
Barroselas P 44 Ac59
Barrosinha P 50 Ac70
Barrou F 29 Ga43
Barrowby GB 16 Fb23
Barrow-in-Furness GB 11 Eb19
Barrow-upon-Soar GB 16 Fa24
Barruç AL 178 Ad73
Barruecopardo E 45 Bd62
Barruelo de Santullán E 38 Db56
Barry GB 19 Ea28
Bârsa RO 170 Cb59
Bârsana RO 171 Db54
Bârsăneşti RO 176 Ec60
Barsanges F 33 Gd48
Bârsău de Sus RO 171 Cd55
Barsbüttel D 118 Dc32
Bårse DK 109 Eb27
Barsebäckshamm S 110 Ed55
Barsele S 72 Gc24
Bârseşti RO 176 Ec61
Barsinghausen D 126 Da36
Barsinghausen D 126 Da37
Barsk MNE 159 Jb67
Barßel D 117 Cb33
Barst F 25 Ka35
Barstyčiai LT 113 Jc53
Bar-sur-Aube F 30 Ja38
Bar-sur-Seine F 30 Hd39
Barsviken S 88 Gc33
Barszczewo PL 123 Kb33
Bārta LV 113 Jb53
Bartağ PL 122 Ja32
Bartenheim F 31 Kc40
Bartenstein D 134 Da46
Barth D 119 Ec30
Bartholomä D 134 Da48
Bartın TR 205 Fa20
Bartne PL 139 Jd45
Bartniki PL 130 Ja38
Bartninkai LT 114 Ka59
Bartołty Wielkie PL 122 Jb31
Barton GB 16 Ed24
Barton Mills GB 20 Fd25
Barton-upon-Humber GB 17 Fc21
Bartoszyce PL 122 Jb30
Barty PL 122 Hd31
Baru RO 175 Cc62
Baruchowo PL 130 Hc36
Barum D 118 Dc34
Barumini I 169 Ca78
Barun RUS 203 Ga14
Baruth/Mark D 128 Fa38
Barutin BG 184 Da75
Barva S 95 Gb43
Barvas GB 4 Da04
Barvaux B 124 Ba42
Barvaux-Condroz B 124 Ba42
Barver D 118 Cd35
Bårvik N 63 Hc06
Barvinkove UA 205 Fb15
Barwice PL 121 Gb32
Barwinek PL 139 Jd46
Barwino PL 121 Gc30
Barycz PL 139 Ka44
Baryczka PL 139 Ka44
Baryš RUS 203 Fd10
Barysav BY 202 Eb12
Bârza RO 175 Da66
Barzago I 149 Cc58
Bârzava RO 174 Ca60
Barzdai LV 114 Kb58
Barzdžiūnai LT 123 Kc30
Bărzija BG 179 Cc69
Bărzina BG 179 Cd68
Barzio I 149 Cd58
Bås N 93 Da45
Başaid SRB 174 Bb61
Başalma MD 177 Fc61
Basarabeasca MD 177 Fd60
Basarabi RO 181 Fc67
Başarap TR 193 Gc86
Basarbovo BG 180 Ea68
Basardilla E 46 Db62
Basauri E 38 Ea55
Basavžže N 65 Kb06
Bâsca Chiojdului RO 176 Eb63
Başcalia MD 177 Fd60
Báscara E 49 Hb59
Başçayır TR 192 Fa87
Baschi I 156 Ea69
Baschurch GB 15 Eb24
Basconcillos del Tozo E 38 Db57
Bascones de Ojeda E 38 Da57
Bascov RO 175 Dc64
Basdahl D 118 Da33
Basdorf D 119 Ed35
Basel CH 141 Bd52
Båseland N 93 Da46
Baselga di Piné I 149 Dc57
Baselice I 161 Fc73
Băseşti RO 171 Cd55
Başgöze TR 199 Hb88
Båsheim N 93 Dc41
Basi LV 105 Jb51
Başıbüyük TR 186 Fd78
Basicò I 167 Fc84
Basigo de Bakio E 38 Ea55
Basildon GB 20 Fd28
Basiliano I 150 Ec58
Basilique de Hennebont F 27 Ea40
Bašin SRB 174 Bb65
Båsinge S 95 Ga41
Basingstoke GB 20 Fa29
Basırlar TR 193 Gc84
Bäsjösätern S 86 Fa38
Baška CZ 137 Hb46
Baška HR 151 Fc61
Båskas FIN 81 Ja30
Baskemölla S 111 Fb56
Baške Oštarije HR 151 Fd63
Başköy TR 191 Ed87
Başköy TR 192 Fc81
Başköy TR 192 Fd83
Başköy TR 193 Hb87
Bäsksele S 79 Gb26
Bäsksjö S 79 Gb26
Başlamiş TR 192 Fa84
Başlar TR 199 Ha90
Baslow GB 16 Fa22
Başmakçı TR 199 Gb88
Bäsna S 95 Fd39
Basonys LT 114 Kc58
Başören TR 193 Gc82
Başören TR 193 Gc86
Başören TR 193 Gd81
Basovizza I 151 Fa59
Başpınar TR 199 Gb90
Bassac F 32 Fc47
Bassacutena I 168 Cb73
Bassano del Grappa I 150 Dd59
Basse D 119 Ec31
Bassella E 48 Gb59
Bassenthwaite GB 11 Eb17
Bassevuovdde N 68 Jc11
Bassignac F 33 Ha48
Bassignac-le-Haut F 33 Gd49
Bassilac F 33 Ga49
Bassingham GB 16 Fb22
Bassou F 30 Hc40
Bassoues F 40 Fd54
Bassum D 118 Cd35
Bast FIN 81 Jb28
Båstad N 94 Eb42
Båstad S 110 Ed53
Baštanka UA 204 Ed16
Bastardo I 156 Eb68
Bastasi BIH 152 Gb63
Båstdal S 88 Gc35
Bastelica F 154 Cb70
Bastheim D 134 Db43
Bastia F 154 Cc68
Bastia Umbra I 156 Eb67
Båstlund DK 108 Da25
Bastnäs S 94 Ed41
Bastogne B 132 Ba43
Baston GB 17 Fc24
Bastorf D 119 Eb31
Bastuträsk S 80 Hb25
Bastuträsk S 80 Ha28
Bastuträsk by S 80 Hb25
Bastwick GB 17 Gb24
Baszków PL 129 Gd39
Bata BG 179 Da72
Bata BG 181 Ed72
Báta H 153 Hc57
Bata MNE 159 Hd69
Bata RO 174 Ca60
Batajnica SRB 153 Jc61
Batajsk RUS 205 Fc15
Batak BG 184 Da74
Batak BG 180 Dd69
Batakiai LT 113 Jd56
Batalha P 50 Ab66
Bátamonostor H 153 Hd57
Băţani RO 176 Ea60
Batanovci BG 179 Cb71
Batăr RO 170 Ca58
Bătarci RO 171 Cd54
Båtas S 79 Fd25
Bátaszék H 153 Hc57
Batea E 48 Fd62
Båteng N 64 Ka07
Baterno E 52 Cd69
Bath GB 19 Ec28
Bathgate GB 10 Ea13
Bathmen NL 117 Bc36
Batida H 146 Jc56
Batignano I 155 Dc68
Batıköy TR 197 Ec89
Batin BG 180 Dd68
Batina HR 153 Hc58
Batîr MD 173 Fd59
Bátka SK 146 Jb50
Batković BIH 153 Hd62
Batlava KSV 178 Bb70
Batley GB 16 Ed20
Batnfjordsøra N 77 Da31
Batočina SRB 174 Bb66
Bátonyterenye H 146 Ja51
Batorz PL 131 Kb41
Batoş RO 171 Dc58
Bátovce SK 146 Hc50
Batovo BG 181 Fa70
Batowo PL 120 Fc34
Bătrâna RO 174 Cb61
Batrge SRB 178 Ad69
Batrina HR 152 Ha60
Båtsfjord N 65 Kc05
Batsí GR 190 Da87
Båtsjaur S 72 Gb21
Båtskärsnäs S 73 Jb21
Battaglia Terme I 150 Dd60
Battenberg D 126 Cc41
Bätterkinden CH 141 Bd53
Battipaglia I 161 Fc76
Battle GB 20 Fd30
Battonya H 147 Jd56
Batulci BG 179 Da70
Batuša SRB 174 Bc65
Båtvik S 73 Hc24
Bátya H 146 Hd56
Batyk H 145 Gd55
Batyrevo RUS 203 Fd09
Baud F 27 Ea40
Baudreville F 29 Gc38
Bauduen F 42 Ka53
Baugé F 28 Fc41
Baugy F 29 Ha42
Bauladu I 169 Bd77
Baulmes CH 141 Bb54
Bauma CH 142 Cc53
Baumbach, Ransbach- D 125 Ca42
Baumber GB 17 Fc22
Baume-les-Doubs F 31 Ka41
Baume-les-Messieurs F 31 Jc43
Baumholder D 133 Bd45
Baunatal D 126 Da40
Baunei I 169 Cc77
Bauņi LV 106 Kd47
Baurci MD 177 Fc61
Baurci-Moldoveni MD 177 Fb61
Baurene BG 179 Cd69
Bauska LV 106 Kc52
Băuţar RO 174 Cb62
Bautzen D 128 Fb41
Bavanište SRB 174 Bb63
Bavay F 24 Hc32
Bavella F 154 Cb72
Bavigne L 133 Bb44
Bavorov CZ 136 Fa48
Bawdeswell GB 17 Ga24
Bawdsey GB 21 Gb26
Bawinkel D 117 Cb35
Bawnboy IRL 9 Cb18
Bawtry GB 16 Fb21
Bayat TR 192 Ga87
Bayat TR 193 Gb83
Bayat TR 193 Gd84
Bayat TR 205 Fb20
Bayatbademler TR 199 Gc90
Bayburt TR 205 Ga19
Baye F 24 Hc37
Bayerbach D 135 Eb49
Bayerbach D 143 Ed50
Bayerisch Eisenstein D 135 Ed48
Bayeux F 22 Fb35
Bayındır TR 186 Ga79
Bayındır TR 191 Ed86
Bayındır TR 199 Gb91
Bayındır TR 199 Gc89
Bayır TR 197 Fa90
Bayır TR 197 Fa91
Bayırköy TR 185 Eb79
Bayırköy TR 186 Ga80
Bayırköy TR 187 Gb80
Bayırköy TR 197 Fa91
Bayo E 37 Cb54
Bayon F 25 Jd37
Bayonne F 39 Ed54
Bayons F 42 Ka51
Bayraktar TR 187 Gb78
Bayralar TR 198 Ga92
Bayramdere TR 185 Ed75
Bayramdere TR 186 Fb80
Bayramiç TR 191 Eb81
Bayramlı TR 185 Ec76
Bayramoğlu TR 186 Fd78
Bayramşah TR 192 Ga81
Bayramşah TR 192 Ga83
Bayreuth D 135 Ea45
Bayrischzell D 143 Ea52
Bayubas de Abajo E 47 Ea61
Baza E 61 Ea74
Băzăn BG 180 Ea68
Bazán E 52 Dc70
Bazarnye Mataki RUS 203 Ga09
Bazarnyi Karabulak RUS 203 Fd11
Bazas F 32 Fc51
Bazenheid CH 142 Cc53
Baziaş RO 174 Bc64
Bazicourt F 23 Ha35
Bazie AL 159 Ja70
Baziège F 40 Gc55
Bazna RO 175 Db60
Bazoches F 30 Hc41
Bazoches-les-Gallerandes F 29 Gd39
Bazoches-sur-Hoëne F 28 Fd38
Bazolles F 30 Hc42
Bazoques F 23 Ga36
Bazoş RO 174 Bd61
Bazouges-la-Perouse F 28 Ed38
Băzovec BG 179 Cd68
Bazsi H 145 Gd55
Bazzano I 149 Dc63
Beaconsfield GB 20 Fb28
Beal IRL 12 Bb23
Bealach an Doirín IRL 8 Bd19
Bealach Conglais IRL 13 Cc22
Bealach Féich IRL 9 Cb16
Bealaha IRL 12 Bb23
Bealalaw Bridge IRL 12 Ba25
Béal an Átha IRL 8 Bc18
Béal an Átha Móir IRL 9 Cb19
Béal an Mhuirthead IRL 8 Bb17
Béal Atha an Ghaorthaidh IRL 12 Bb26
Béal Átha hAmhnais IRL 8 Bd19
Béal Átha na Muice IRL 8 Bd19
Béal Átha na Sluaighe IRL 13 Ca21
Béal Atha Seanaidh IRL 8 Ca17
Béal Deirig IRL 8 Bc17
Bealdovuobmi FIN 68 Jb13
Bealnablath IRL 12 Bc26
Beaminster GB 19 Eb30
Beanntraí IRL 12 Bb26
Béard F 30 Hb43
Beardsen GB 10 Dd13
Beare Green GB 20 Fc29
Beariz E 36 Ba57
Bearna IRL 12 Bc21
Béar Tairbirt IRL 9 Cb18
Beas E 59 Bc73
Beasain E 39 Eb56
Beas de Segura E 53 Dd71
Beateberg S 103 Fb46
Beatenberg CH 141 Bd55
Beaucaire F 42 Jb53
Beaucamps-le-Vieux F 23 Gc33
Beauchamps F 22 Fa37
Beauchamps F 23 Gb33
Beauchastel F 34 Jb50
Beauche F 23 Ga37
Beauchêne F 22 Fb37
Beaufay F 28 Fd39
Beaufort F 35 Ka46
Beaufort IRL 12 Bb25
Beaufort L 133 Bb44
Beaugency F 29 Gc40
Beaujeu F 31 Jc41
Beaujeu F 34 Ja45
Beaujeu F 42 Ka51
Beaulard I 148 Bb60
Beaulieu F 23 Ga37
Beaulieu F 29 Ha41
Beaulieu GB 20 Fa30
Beaulieu-sur-Dordogne F 33 Gc50
Beauly GB 7 Dd08
Beaumaris GB 15 Dd22
Beaumesnil F 22 Fa37
Beaumesnil F 23 Ga36
Beaumetz-lès-Loges F 23 Ha32
Beaumont B 124 Ac42
Beaumont F 25 Jc36
Beaumont-de-Lomagne F 40 Gb53
Beaumont-du-Gâtinais F 29 Ha39
Beaumont-du-Périgord F 33 Ga50
Beaumont-en-Argonne F 24 Ja34
Beaumont-Hague F 22 Ed34
Beaumont-Hamel F 23 Ha33
Beaumont-la-Ronce F 29 Ga41
Beaumont-le-Roger F 23 Ga36
Beaumont-lès-Valence F 34 Jb50
Beaumont-sur-Oise F 23 Gd36
Beaumont-sur-Sarthe F 28 Fd39
Beaumont-sur-Vingeanne F 30 Jb41
Beaune F 30 Ja42
Beaune-la-Rolande F 29 Gd39
Beaupréau F 28 Fa42
Beauquesne F 23 Gd33
Beauraing B 132 Ad43
Beaurainville F 23 Gc31
Beauregard F 40 Gc52
Beaurepaire F 34 Jb48
Beaurières F 35 Jc50
Beauvais F 23 Gd35
Beauval F 23 Gd33
Beauvezer F 43 Kb52
Beauvoir-sur-Mer F 27 Ec43
Beauvoir-sur-Niort F 32 Fb46
Beauzac F 34 Hd48
Beauzée-sur-Aire F 24 Jb36
Bebares E 37 Ca54
Beba Veche RO 170 Bb59
Bebe LV 105 Jb52
Bebekli TR 192 Fc86
Bebertal D 127 Ea37

Bebington – Bettola

Bebington GB 15 Eb22
Bebra D 126 Da41
Bebrene LV 115 Lb53
Bebrininkai LV 114 Kb59
Bebrovo BG 180 Ea71
Beccles GB 21 Gb25
Becedas E 45 Cb64
Beceite E 48 Fd63
Bečej SRB 153 Jb59
Béceleuf F 32 Fb45
Beceni RO 176 Ec63
Becerreá E 36 Bc56
Becerril E 46 Dd61
Becerril de Campos E 46 Da59
Bécherel F 28 Ed39
Becherov SK 139 Jd46
Bechet RO 179 Da68
Bechhofen D 134 Dc47
Becicherecu Mic RO 174 Bc60
Bečići MNE 159 Hd70
Beciler TR 192 Fc84
Becilla de Valderaduey E 46 Cd59
Beckdorf D 118 Db33
Beckedorf D 126 Da36
Beckenham GB 20 Fc28
Beckfoot GB 11 Eb17
Beckingen D 133 Bc46
Beckingen D 133 Bd47
Beckingham GB 16 Fb22
Beckinghausen D 125 Ca38
Beckington GB 19 Ec29
Beckov SK 137 Ha49
Beck Side GB 11 Eb19
Beckum D 125 Cb38
Beclean RO 171 Db57
Beclean RO 175 Dc61
Bécon-les-Granits F 28 Fb41
Bečov nad Teplou CZ 135 Ec44
Bečváry CZ 136 Fc45
Bedale GB 11 Fa19
Bédarieux F 41 Hb54
Bédarrides F 42 Jb52
Bedburg D 125 Bc40
Bedburg-Hau D 125 Bc38
Beddau GB 19 Ea28
Beddgelert GB 15 Dd23
Beddinge läge S 110 Fa57
Beddingestrand S 110 Fa57
Beddwas GB 19 Ea27
Bédée F 28 Ed39
Bedegkér H 145 Hb56
Bedekovčina HR 151 Ga58
Beden BG 184 Da75
Bédenac F 32 Fc49
Bedenica HR 152 Gb58
Bedenik HR 152 Gd58
Beder DK 108 Dc24
Bedford GB 20 Fc26
Bedgoszcz PL 120 Fc34
Bedirli TR 198 Ga89
Będków PL 130 Hd39
Będlewo PL 129 Gb37
Bedlington GB 11 Fa16
Bedlno PL 130 Hd37
Bedmar E 60 Dc73
Bednja HR 151 Ga57
Bédoin F 42 Jc52
Bedonia I 149 Cd62
Bedous F 39 Fb56
Bedretto CH 141 Cb56
Bedsted DK 100 Da21
Bedsted DK 108 Da27
Bedum NL 117 Bd33
Bedworth GB 20 Fa25
Będzin PL 138 Hc43
Będzino PL 120 Ga31
Beedenbostel D 126 Dc36
Beeford GB 17 Fc20
Beek NL 125 Bb40
Beekbergen NL 117 Bc36
Beek en Donk NL 125 Bb38
Beelen D 126 Cc38
Beelitz D 127 Ed37
Beer GB 19 Eb30
Beerfelden D 134 Cd46
Beerse B 124 Ad39
Beerta NL 117 Ca33
Beesel NL 125 Bb39
Beesenstedt D 127 Ea39
Beeskow D 128 Fb37
Beesten D 117 Cb36
Beeston GB 16 Fa23
Beeswing GB 10 Ea16
Beetsterzwaag NL 117 Bc33
Beetz D 119 Ed35
Beetzendorf D 119 Dd35
Begaljica SRB 174 Bb64
Bégard F 26 Ea37
Begeč SRB 153 Ja60
Begejci SRB 174 Bb61
Beğendik TR 185 Eb78
Beğendik TR 186 Fa74
Beget E 41 Ha58
Beggerow D 119 Ed32
Begijar E 52 Dc72
Beğiş TR 199 Gb91
Begles F 32 Fb50
Beglež BG 180 Db70
Beg-Meil F 27 Dc40
Begnecourt F 31 Jd38
Begnins CH 140 Ba55
Begnište MK 183 Bc75
Begonte E 36 Bb55
Begov most SRB 159 Jb66
Begovo BG 180 Db72
Begues E 49 Gd61
Begunicy RUS 99 Ma40
Begunje SLO 151 Fb57
Begunovci BG 179 Cb71
Begur E 49 Hc59
Beho B 133 Bb43
Behram TR 191 Ea82
Behramli TR 185 Ea80
Behren-Lübchin D 119 Ec31
Behringen D 126 Dc41
Béhuard F 28 Fb42
Beia RO 176 Dd60
Beian N 77 Dd29
Beica de Jos RO 171 Dc58
Beidaud RO 177 Fc65
Beiersdorf D 128 Fb41
Beignon F 27 Ec40
Beigondo E 36 Ba55
Beilen NL 117 Bd34
Beilngries D 135 Dd48
Beilrode D 127 Ed39
Beilstein D 133 Bd43
Beilstein D 134 Cd47
Beirã P 51 Bb67
Beisfjord N 67 Gb14
Beisland N 93 Da46
Beistad N 78 Eb28
Beith GB 10 Dd13
Beitostølen N 85 Db37
Beiuş RO 170 Cb58
Beižionys LT 114 Kd58
Beja LV 107 Lc48
Beja P 50 Ad71
Béjar E 45 Cb64
Bejis E 54 Fb66
Bejsce PL 138 Jb43
Bejsnap DK 108 Da25
Bekçiler TR 198 Ga91
Békés H 147 Jd55
Békéscsaba H 147 Jd55
Bekilli TR 192 Fd87
Bekirler TR 191 Ec84
Bekirli TR 186 Fb77
Bekirli TR 192 Ga87
Bekkarfjord N 64 Jd05
Bekken N 86 Ec36
Bekkestrand N 62 Gd08
Bekkevoll N 65 Kd08
Bekkevoort B 124 Ad40
Bekkjarvik N 84 Ca40
Bektaşköy TR 193 Gc86
Bektaşlar TR 192 Ga82
Bělá CZ 135 Ed45
Bělá CZ 137 Gd44
Belá SK 138 Hc47
Belaazërsk BY 202 Ea13
Belabino RUS 113 Jc59
Bélâbre F 29 Gb44
Bela Crkva SRB 174 Bd63
Bel-Air F 27 Eb41
Belaja Kalitva RUS 203 Fc14
Belajevo RUS 107 Ma48
Bela Krajina SLO 151 Fd59
Belalcázar E 52 Cc70
Belá nad Cirochou SK 139 Ka47
Bělá nad Radb. CZ 135 Ec46
Belanica KSV 178 Ba71
Belanovce MK 178 Bc72
Belanovica SRB 153 Jc63
Belante E 36 Bc56
Bela Palanka SRB 179 Ca69
Bélapátfalva H 146 Jb51
Bělá pod B. CZ 136 Fc43
Belascoáin E 39 Ec57
Belava LV 107 Lb49
Belava LV 107 Lb51
Bélavár H 152 Gd57
Belbaşı TR 199 Gd91
Belbroughton GB 20 Ed25
Belca SLO 144 Fa56
Belcaire F 41 Gd57
Belcastel F 33 Ha51
Belce TR 193 Gc83
Belceğiz TR 198 Fc92
Belceşti RO 172 Ed57
Bełchatów PL 130 Hd40
Belchite E 48 Fb62
Bělčice CZ 136 Fa46
Belciğez TR 199 Ha88
Belčin BG 179 Cc72
Belcoo GB 9 Cb18
Belcov BG 180 Dd69
Bełda PL 123 Ka32
Belderrig IRL 8 Bc17
Beldibi TR 199 Gc92
Belec HR 152 Gb57
Belecke D 126 Cc39
Belecska H 145 Hb56
Beled H 145 Gc53
Belegiš SRB 153 Jc61
Belej HR 151 Fb62
Belek TR 199 Gd91
Belén E 36 Bc53
Belén E 37 Ca54
Belence TR 192 Ga86
Belence TR 199 Ha89
Belenci BG 179 Da70
Belene BG 180 Dc68
Belenköy TR 197 Ec91
Beleño E 37 Cd55
Belenören TR 187 Ha80
Belenyaka TR 192 Fb86
Belesh AL 182 Ab76
Beleţi-Negreşti RO 175 Dc64
Beletovo RUS 99 Ld42
Belev RUS 202 Ed12
Belevi TR 191 Ed87
Belevi TR 198 Fd88
Belfast GB 9 Da17
Belfir RO 170 Ca57
Belford GB 11 Ed14
Belfort F 31 Ka40
Belgern D 127 Ed40
Belgioioso I 149 Cc60
Belgirate I 148 Cb58
Belgodère F 154 Cb69
Belgorod RUS 203 Fa14
Belgun BG 181 Fb69
Belhade F 39 Fb52
Belhomert-Guéhouville F 29 Gb38
Beli HR 151 Fb61
Belianes E 48 Gb61
Belica BG 184 Cc74
Belica BG 179 Cd72
Belica BG 180 Dd71
Belica BG 181 Ec68
Belica HR 152 Gc57
Belica MK 182 Ba75
Beli Iskăr BG 179 Cc72
Beli Izvor BG 179 Cc69
Beli Izvor SRB 178 Bb68
Beli Manastir HR 153 Hc58
Beli Manastir SRB 153 Hd58
Belin RO 176 Ea61
Belin-Béliet F 32 Fb51
Belinchón E 53 Dd66
Beli Osam BG 180 Db71
Beli plast BG 185 Dd74
Beli Potok SRB 174 Bb64
Beliş RO 171 Cd58
Belišće HR 153 Hc59
Beliševo SRB 178 Bd71
Beliu RO 170 Ca58
Beljanovo BG 180 Dd69
Beljin SRB 153 Jb62
Beljina SRB 153 Jc62
Belkaracaören TR 193 Gc85
Belkavak TR 193 Gb83
Belkaya TR 192 Fd85
Belkese TR 187 Gc80
Belkino RUS 113 Jc59
Belkino RUS 113 Jd58
Bel'kovo RUS 202 Ec12
Bell D 125 Bd42
Bella I 161 Ga75
Bellac F 33 Gb46
Bellacorick IRL 8 Bc18
Bellagio I 149 Cc57
Bellamonte I 150 Dd57
Bellanaboy Bridge IRL 8 Bc17
Bellanacargy IRL 9 Cc19
Bellananagh IRL 9 Cb19
Bellano I 149 Cc57
Bellante I 157 Fa69
Bellarena GB 9 Cd15
Bellaria I 156 Eb64
Bellavary IRL 8 Bc19
Bellavista E 59 Ca74
Bellcaire d'Urgell E 48 Gb60
Belleben D 127 Ea39
Bellechaume F 30 Hc39
Belle Croix B 125 Bb42
Belle-Eglise F 23 Gd35
Belleek GB 8 Ca17
Bellegarde F 29 Gd39
Bellegarde F 42 Ja53
Bellegarde-en-Marche F 33 Gd46
Bellegarde-sur-Valserine F 35 Jd45
Belleherbe F 31 Ka41
Bellême F 29 Ga38
Bellenaves F 34 Hb45
Bellencombre F 23 Gb34
Bellerive-sur-Allier F 34 Hc46
Bellersen D 126 Da38
Belles-Forêts F 25 Ka36
Belleu F 24 Hb35
Bellevaux B 132 Ad44
Bellevesvre F 31 Jc43
Belleville F 34 Ja45
Belleville-sur-Vie F 28 Ed44
Bellevue-la-Montagne F 34 Hd49
Belley F 35 Jc46
Bellheim D 133 Cb47
Bellicourt F 24 Hb33
Bellifallim E 55 Fb70
Belligné F 28 Fa41
Bell-lloc d'Urgell E 48 Ga61
Bellinge DK 108 Dc27
Bellingham GB 11 Ed16
Bellingwolde D 117 Ca33
Bellingwolde NL 117 Ca33
Bellinzago Novarese I 148 Cb59
Bellinzona CH 149 Cc57
Bellizzi I 161 Fc76
Bello E 47 Ed63
Bellö S 103 Fd49
Belloc F 40 Fc54
Bellocq F 39 Fa54
Bellosguardo I 161 Fd76
Bellot F 24 Hb37
Bellou F 22 Fd36
Bellpuig E 48 Gb61
Bellreguart E 54 Fc69
Belluno I 150 Ea57
Bellvik S 79 Ga27
Bellvika N 62 Gc09
Bellvis E 48 Ga60
Bellwald CH 141 Ca56
Belm D 117 Cc36
Bélmez E 52 Cc71
Bélmez de la Moraleda E 60 Dc73
Belmont GB 5 Fa03
Belmont GB 15 Ec21
Belmonte E 53 Ea67
Belmonte P 44 Bb64
Belmonte Castello I 161 Fa72
Belmonte de Campos E 46 Cd59
Belmonte del Sannio I 161 Fb72
Belmonte de Miranda E 37 Cb54
Belmontejo E 53 Eb66
Belmonte Mezzagno I 166 Ec84
Belmont-sur-Rance F 41 Hb53
Belmullet IRL 8 Bb17
Belobreşca RO 174 Bd64
Beloci MD 173 Fd55
Belœil B 124 Ab41
Belogradčik BG 179 Cb68
Belokopitovo BG 181 Ec70
Beloljin SRB 178 Bc69
Belomorskoje RUS 113 Jb58
Belo Polje KSV 178 Ba70
Belorado E 38 Dd58
Belorečensk RUS 205 Fc17
Belören TR 199 Gb93
Belören TR 199 Gc89
Belosavci SRB 174 Bb65
Beloslav BG 181 Fa70
Belotić SRB 153 Ja61
Belotin CZ 137 Ha46
Belotinci BG 179 Cb68
Belovar Moravče HR 152 Gb58
Belovec BG 180 Eb68
Belovica BG 180 Db72
Belovo BG 179 Cd73
Belovodica MK 183 Bc75
Belozem BG 180 Dc73
Belpasso I 167 Fc85
Belpech F 40 Gc55
Belper GB 16 Fa23
Belpınar TR 193 Gd83
Belsay GB 11 Ed16
Belsk Duży PL 130 Jb38
Beltarla TR 199 Gb88
Beltheim D 133 Ca43
Beltinci SLO 145 Gb56
Beltiug RO 171 Cd55
Beltra IRL 8 Bc19
Beltra IRL 8 Bd18
Belturbet IRL 9 Cb18
Belum D 118 Da31
Beluša SK 137 Hb48
Belušić SRB 178 Bb67
Beluso E 36 Ac57
Belvédère-Campomoro F 154 Ca72
Belvedere Marittimo I 164 Ga79
Belver E 48 Fd60
Belver P 50 Ad66
Belver de los Montes E 45 Cc60
Belvès F 33 Gb50
Belvèze-du-Razès F 41 Gd56
Belvezet F 34 Hd51
Belville IRL 8 Bc18
Belvís de la Jara E 52 Cd66
Belvis de Monroy E 51 Cb66
Belvoir F 31 Ka41
Belvoir GB 16 Fb23
Belyj RUS 202 Ec11
Belz F 27 Ea40
Bełżec PL 131 Kd42
Belzig D 127 Ec37
Bełżyce PL 131 Ka40
Bembibre E 37 Ca57
Bembibre (Val do Dubra) E 36 Ad55
Bembridge GB 20 Fa31
Bemmel NL 125 Bb37
Bemowo Piskie PL 123 Jd31
Bemposta P 45 Bd61
Bemposta P 50 Ad67
Benabarre E 48 Ga59
Benacazón E 59 Bd74
Benadresa E 54 Fc66
Benafim Grande P 58 Ac74
Benaguasil E 54 Fb67
Benahadux E 61 Ea76
Benahavís E 60 Cc77
Benajarafe E 60 Da76
Ben Alder Lodge GB 7 Dd10
Benalí E 54 Fa69
Benalmádena E 60 Cd76
Benalmádena E 60 Cd77
Benalúa de Guadix E 61 Dd74
Benalúna de la Villas E 60 Db74
Benalup de Sidonia E 59 Ca77
Benamargosa E 60 Da76
Benamaurel E 61 Ea73
Benamejí E 60 Cd74
Benamocarra E 60 Da76
Benaoján E 59 Cb76
Benasal E 54 Fc65
Benasau E 55 Fc70
Benasque E 40 Ga57
Benassay F 28 Fd44
Benatae E 53 Ea71
Benátky nad Jizerou CZ 136 Fc44
Benavent E 48 Gb59
Benavente E 45 Cb59
Benavente E 51 Bb68
Benavente P 50 Ab68
Benavides E 37 Cb57
Bendestorf D 118 Db33
Bendorf D 125 Ca42
Bēne LV 106 Ka52
Beneden-Leeuwen NL 125 Bb37
Benediktbeuern D 143 Dd52
Benedita P 50 Ab66
Benefield GB 20 Fb25
Benejama E 55 Fb70
Benejúzar E 55 Fa72
Benesat RO 171 Cd56
Benešov CZ 136 Fc45
Benešovice CZ 135 Ec45
Benešov nad Černou CZ 136 Fc49
Benešov nad Ploučnicí CZ 128 Fb42
Bénesse-lès-Dax F 39 Fa54
Benesse-Maremne F 39 Fa54
Benestad S 103 Fc52
Bénestroff F 25 Ka36
Benet F 32 Fb45
Benetutti I 168 Cb76
Beneuvre F 30 Jb40
Bene Vagienna I 148 Bd62
Bénévent-l'Abbaye F 33 Gc46
Benevento I 161 Fc74
Benfeld F 31 Kc38
Bengeşti-Ciocadia RO 175 Cd63
Bengiler TR 191 Ed82
Bengtsby FIN 98 Kc39
Bengtsfors S 94 Ec44
Bengtsheden S 95 Ga39
Benia (Onís) E 37 Cd55
Beniarrés E 55 Fb70
Beničanci HR 152 Hb59
Benicarló E 48 Fd64
Benicasim E 54 Fd66
Benicàssim E 54 Fd66
Benidorm E 55 Fc71
Beniel E 55 Fa72
Benifaió E 54 Fb68
Benifallet E 48 Ga63
Benigànim E 54 Fb69
Benik TR 197 Fa90
Benilloba E 55 Fb70
Benimaurell E 55 Fc70
Beninar E 61 Dd76
Benington GB 17 Fd23
Benissa E 55 Fd70
Benitachell E 55 Fd70
Benkovac HR 157 Ga64
Benkovski BG 181 Ed69
Benlieli TR 192 Fb84
Benlikuyu TR 193 Ha84
Benllech GB 15 Dd22
Benlloch E 54 Fd65
Benløse DK 109 Eb26
Benmore GB 7 Dd11
Benneckenstein D 126 Dc39
Bennettsbridge IRL 13 Cb24
Bennstedt D 127 Ea40
Bennungen D 127 Dd40
Bénodet F 27 Dc40
Benquerenicia E 36 Bc53
Bensafrim P 58 Ab74
Bensbyn S 73 Hd22
Bensdorf D 127 Eb36
Bensersiel D 117 Cb32
Bensheim D 134 Cc45
Bensjö S 87 Fd32
Bensnes N 62 Ha09
Benson GB 20 Fa27
Bentpath GB 11 Eb15
Bentraces E 36 Ba57
Bentwisch D 119 Eb31
Benwick GB 20 Fc25
Benzú E 59 Cb79
Beočin SRB 153 Ja60
Beograd SRB 153 Jc61
Beograd- Surcin SRB 153 Jc61
Beomužević SRB 153 Jb63
Bera E 39 Ed55
Beram HR 151 Fa60
Berane MNE 159 Jb68
Beranje SRB 174 Bc64
Beranuy E 40 Ga58
Berastegi E 39 Ec56
Berat AL 182 Ab76
Bérat F 40 Gb55
Beratón E 47 Ec60
Beratzhausen D 135 Ea47
Berazino BY 202 Eb12
Bérbaltavár H 145 Gb55
Berbegal E 48 Fc59
Berbes E 37 Cd54
Berbeşti RO 175 Da64
Berbinzana E 39 Ec58
Berca RO 176 Ec63
Bercedo E 38 Dd56
Bercel H 146 Hd51
Bercenay-le-Hayer F 30 Hc38
Berceni RO 176 Eb64
Berceni RO 176 Eb66
Berceto I 149 Cd62
Berchères-sur-Vesgre F 23 Gc37
Berchidda I 168 Cb74
Berching D 135 Dd47
Berchtesgaden D 143 Ec52
Bérchules E 60 Dc75
Bercianos de Aliste E 45 Ca59
Bercianos del Páramo E 37 Cc58
Bercimuel E 46 Dc61
Berck F 23 Gb32
Berck-Plage F 23 Gb32
Bercu RO 171 Cd54
Berdal N 77 Dc30
Berdalen N 92 Cd42
Berd'huis F 29 Ga38
Berdía E 36 Ad55
Berdjans'k UA 205 Fb16
Berdoias E 36 Ac54
Berducedo E 37 Bd55
Berdún E 39 Fa57
Berdyčiv UA 204 Eb15
Berechiu RO 170 Ca58
Beregsău RO 174 Bc60
Berehove UA 204 Dd16
Berek HR 152 Gc59
Bereketli TR 186 Fa80
Berekfürdő H 146 Jc53
Beremend H 153 Hc58
Bere Regis GB 19 Ec30
Berestečko UA 204 Ea15
Bereşti RO 177 Fb61
Bereşti Bistriţa RO 172 Ed59
Bereşti-Meria RO 177 Fb61
Bereşti-Tazlău RO 172 Ec59
Beretinec HR 152 Gb57
Berettyószentmárton H 147 Ka53
Berettyóújfalu H 147 Ka53
Berevoeşti RO 175 Dc63
Berezanka UA 204 Ec16
Berezanskaja RUS 205 Fc16
Berežany UA 204 Ea15
Berezeni RO 177 Fb60
Berežkovskoe RUS 113 Jc59
Berezlogi MD 173 Fd56
Berezna UA 202 Ec13
Berezne UA 202 Ea14
Bereznehuvate UA 204 Ed16
Berezno RUS 99 Ld43
Berezovka RUS 113 Ja59
Berezovo RUS 113 Jb59
Berfay F 29 Ga40
Berg D 133 Cb47
Berg D 135 Dd47
Berg D 135 Dd49
Berg D 135 Ea43
Berg D 143 Db51
Berg N 70 Ed23
Berg N 93 Dc44
Berg N 94 Eb44
Berg S 87 Fc32
Berg S 94 Ec45
Berg S 95 Ga43
Berg S 102 Fa46
Berg S 103 Ga47
Berg S 103 Fc51
Berga D 127 Dd40
Berga D 127 Eb42
Berga E 49 Gd59
Berga S 94 Ed42
Berga S 95 Fb45
Berga S 103 Ga50
Bergaland N 92 Cb43
Bergama TR 191 Ec84
Bergamo I 149 Cd58
Bergara E 39 Eb56
Bergatreute D 142 Da51
Bergdala S 103 Fd52
Berge D 117 Cb35
Berge D 119 Eb34
Berge D 127 Ec36
Berge E 48 Fb63
Berge N 77 Da31
Berge N 93 Da44
Bergeforsen S 88 Gc33
Bergen D 118 Db35
Bergen D 120 Fa30
Bergen D 135 Eb43
Bergen D 143 Eb52
Bergen N 84 Ca39
Bergen NL 116 Ba34
Bergen aan Zee NL 116 Ad34
Bergendal N 93 Db45
Bergen (Dumme) D 119 Dd35
Bergen = Mons B 124 Ab41
Bergen op Zoom NL 124 Ac38
Berger N 93 Dd43
Bergerac F 32 Fd50
Bergères-lès-Vertus F 24 Hc36
Berget N 71 Fb20
Berget N 78 Ea28
Bergeyk NL 124 Ba39
Bergfors S 67 Ha14
Bergfors S 87 Ga36
Berggießhübel, Bad Gottleuba- D 128 Fa42
Bergheim D 125 Bc40
Berghem S 102 Ec50
Berghin RO 175 Da60
Bergholz-Rehbrücke D 127 Ed37
Bergisch Gladbach D 125 Bd40
Bergkamen D 125 Cb38
Bergkarlås S 87 Fc38
Bergkvara S 111 Ga53
Bergland S 71 Ga24
Berglern D 143 Ea50
Bergli N 77 Db29
Berglia N 78 Fa27
Bergliden S 80 Hb25
Berglund N 62 Ha09
Berglunda S 80 Gd26
Bergmo N 63 Hb09
Bergnäs S 72 Gb22
Bergnäs S 79 Gb25
Bergnäset S 73 Hd22
Bergnäsudden S 72 Gc22
Bergnäsviken S 72 Gc20
Bergndal N 85 Dd39
Bergneset N 67 Gd11
Bergneustadt D 125 Ca40
Bergnicourt F 24 Hd34
Bergnicourt F 24 Hd35
Bergö FIN 81 Hd31
Bergrheinfeld D 134 Db44
Bergsäng S 94 Fa41
Bergsäter S 79 Gb25
Bergsbyn S 80 Hc25
Bergseng N 86 Ea38
Bergshammar S 95 Gb45
Bergshamra S 96 Ha42
Bergsjö S 79 Ga28
Bergsjö S 87 Gb35
Bergsmoen N 78 Ed26
Bergstad FIN 98 Kb40
Bergstrøm N 94 Eb43
Bergsviken S 73 Hc23
Bergtheim D 134 Db45
Bergues F 21 Gd30
Bergün CH 142 Cd55
Bergunda S 103 Fc52
Bergundhaugen N 85 Ea37
Bergvik S 87 Gb37
Bergviken S 72 Gd20
Bergwitz D 127 Ec39
Berhida H 145 Hb54
Berill N 77 Da33
Beringel P 50 Ad71
Beringen B 124 Ba40
Berini RO 174 Bd61
Beriozchi MD 173 Ga58
Berisal CH 141 Ca56
Beriu RO 175 Cd61
Berja E 61 Dd76
Berka D 126 Db41
Berkåk N 77 Dd32
Berkatal D 126 Db40
Berkel NL 116 Ad36
Berkeley GB 19 Ec27
Berkenbrück D 127 Ed37
Berkenthin D 119 Dd32
Berkhamsted GB 20 Fb27
Berkheim D 142 Da51
Berknes N 76 Cc33
Berkovica BG 179 Cc69
Berkovići BIH 158 Hb67
Berkswell GB 20 Ed25
Berlanga E 51 Ca71
Berlanga de Duero E 47 Ea61
Berlanga del Bierzo E 37 Ca56
Berlangas de Roa E 46 Dc60
Berle N 84 Ca34
Berleşti RO 175 Cd64
Berlevåg N 65 Kb04
Berlin D 127 Ed36
Berlingerode D 126 Db39
Berlstedt D 127 Dd41
Bermeo E 38 Ea55
Bermés E 36 Ba56
Bermillo de Sayago E 45 Ca61
Bern CH 141 Bd54
Bernalda I 162 Gc76
Bernardos E 46 Da62
Bernartice CZ 136 Fb47
Bernāti LV 113 Ja53
Bernau D 128 Fa36
Bernau D 141 Ca51
Bernau D 143 Eb52
Bernaville F 23 Gd32
Bernay F 23 Ga36
Bernay F 28 Fc39
Bernbeuren D 142 Dc52
Bernburg D 127 Ea38
Berndorf A 145 Gb51
Berne D 118 Cd33
Bernécourt F 25 Jc36
Bernedo E 39 Eb57
Berngau D 135 Dd47
Bernhardswald D 135 Eb48
Bernhardthal A 137 Gc49
Bernin F 35 Jd48
Bernkastel-Kues D 133 Bd44
Bernolákovo SK 145 Gd51
Bernon F 30 Hd39
Bernried D 135 Ec48
Bernried D 143 Dd51
Bernsdorf D 128 Fb40
Bernstadt D 128 Fc41
Bernstein A 145 Gb53
Bernués E 39 Fb58
Beromünster CH 141 Ca53
Beronovo BG 181 Ec71
Beroun CZ 136 Fb45
Berovo MK 183 Cb74
Berra I 150 Ea61
Berre-l'Étang F 42 Jc54
Berric F 27 Eb41
Berriedale GB 5 Eb05
Berrien F 26 Dd38
Berriew GB 15 Eb24
Berro E 53 Eb70
Berrocal E 59 Bc73
Berrocal de Salvatierra E 45 Cb63
Berrocalejo E 52 Cc66
Berrocalejo de Aragona E 46 Da63
Beršad' UA 204 Ec16
Bersagel N 92 Ca44
Bersbo S 103 Ga47
Bersenbrück D 117 Cb35
Bersezio I 148 Bb62
Beršići SRB 159 Jc64
Bertamiráns (Ames) E 36 Ad55
Bertea RO 176 Ea63
Berteroda D 126 Dc41
Berteškiai LV 114 Kb56
Berteştii de Jos RO 177 Fa65
Berthelsdorf D 128 Fb41
Berthelsdorf D 128 Fc41
Bertincourt F 23 Ha32
Bertingen D 127 Eb37
Bertinoro I 156 Ea64
Bertogne B 132 Ba43
Bertrix B 132 Ad44
Berven F 26 Dc37
Berveni RO 171 Cc54
Berville-sur-Mer F 22 Fd35
Berwang A 142 Dc53
Berwick-upon-Tweed GB 11 Ed14
Beryslav UA 204 Ed16
Bērzaune LV 106 La50
Berzé-la-Ville F 34 Ja45
Berzence H 152 Gd57
Bērzgale LV 107 Ld51
Bērzi LV 105 Jd52
Bērziems LV 106 Ka50
Bērziņi LV 107 Ma52
Berżniki PL 123 Kb30
Berzocana E 51 Cb67
Berzosa E 46 Dd60
Berzovia RO 174 Bd62
Bērzpils LV 107 Lc50
Berzunţi RO 176 Ec60
Bērzupe LV 106 Ka51
Beša SK 145 Hb51
Besalú E 49 Hb59
Besançon F 31 Jd42
Besande E 37 Cd56
Bešankovičy BY 202 Eb11
Bescanó E 49 Hb59
Bescaran E 40 Gc58
Bescsehely H 145 Gc56
Besedino RUS 203 Fa13
Besednice CZ 136 Fb49
Besenyőtelek H 146 Jb52
Besenyszög H 146 Jb53
Beserovina SRB 159 Ja64
Beşevler TR 186 Fc80
Beşghioz MD 177 Fd61
Bęsia PL 122 Jb31
Besigheim D 134 Cd47
Běšiny CZ 135 Ed47
Bešište MK 183 Bc76
Beška SRB 153 Jb60
Beškino RUS 99 Lc44
Besko PL 139 Ka45
Beşkonak TR 199 Gc89
Beşkonak = Bozkaya TR 199 Ha90
Beslé F 28 Ed41
Besni Fok SRB 153 Jc61
Besozzo I 148 Cb58
Bessais-le-Fromental F 29 Ha44
Bessaker N 78 Ea27
Bessan F 41 Hc55
Bessans F 35 Kb49
Bessbrook GB 9 Cd18
Besse F 35 Ka49
Besse-et-Saint-Anastaise F 34 Hb48
Bessèges F 41 Hd52
Bessenay F 34 Ja47
Bessenbach D 134 Cd44
Bessé-sur-Braye F 29 Ga40
Bessières F 40 Gc53
Besson F 30 Hb44
Best NL 124 Ba38
Besteland N 92 Cd44
Beştemac MD 173 Fc59
Bestensee D 128 Fa37
Bestwig D 126 Cc39
Besullo E 37 Ca55
Besvica MK 183 Bd75
Beszterec H 147 Ka50
Betanzos E 36 Ba54
Betelu E 39 Ec56
Bétera E 54 Fb67
Beteta E 47 Ec64
Bethausen RO 174 Ca60
Betheln D 126 Db37
Bétheniville F 24 Hd35
Bétheny F 24 Hc35
Bethersden GB 21 Ga29
Bethesda GB 15 Dd22
Béthines F 29 Ga44
Béthisy-Saint-Pierro F 23 Ha35
Bethmale F 40 Gb56
Bethon F 24 Hc37
Béthune F 23 Ha31
Betliar SK 138 Jb48
Betsele S 80 Gd26
Bettembourg L 133 Bb45
Bettens CH 141 Bb55
Bettna S 95 Gb45
Bettola I 149 Cd61

Betton - Blumau

Betton F 28 Ed39
Bettona I 156 Eb68
Bettws Cedewain GB 15 Ea24
Bettyhill GB 5 Ea04
Bettystown IRL 9 Cd20
Betws-y-Coed GB 15 Ea22
Betxí E 54 Fc66
Betz F 23 Ha36
Betzdorf D 125 Cb41
Betzenstein D 135 Dd45
Betzweiler-Wälde D 133 Cb49
Beugneux F 24 Hb35
Beuil F 43 Kc52
Beulah GB 15 Ea26
Beuna D 127 Eb40
Beuningen NL 125 Bb37
Beunza E 39 Ed56
Beura I 148 Ca57
Beuren D 126 Db40
Beurnevésin CH 141 Bc52
Beuron D 142 Cc51
Beutelsbach D 135 Ed49
Beuvron-en-Auge F 22 Fc36
Beuvry F 23 Ha31
Beuzec-Cap-Sizun F 27 Db39
Beuzeville F 22 Fd35
Bevagna I 156 Eb68
Bevensen D 126 Da36
Beverley GB 17 Fc20
Bevern D 126 Da38
Beverstedt D 118 Cd33
Beverungen D 126 Da39
Beverwijk NL 116 Ad35
Béville-le-Comte F 29 Gc38
Bevorchians I 143 Ec56
Bevtoft DK 108 Da27
Bewcastle GB 11 Ec16
Bexbach D 133 Bd46
Bexhill GB 20 Fd30
Beyağaç TR 198 Fc90
Beyazköy TR 186 Fa76
Beyçayırı TR 185 Ec80
Beyce TR 187 Gb80
Beyce TR 191 Ed83
Beycik TR 199 Gc92
Beyciler TR 186 Fb77
Beycuma TR 187 Hb77
Beydağ TR 192 Fa87
Beydili TR 187 Gd80
Beydili TR 199 Ha89
Beydilli TR 193 Gb86
Beyel TR 192 Fc82
Beyelli TR 192 Ga87
Beyerli TR 198 Fb88
Beykışla TR 193 Gd83
Beyköy TR 185 Eb78
Beyköy TR 192 Fa82
Beyköy TR 193 Gc84
Beyköy TR 193 Ha87
Beyköy TR 198 Ga90
Beyler TR 191 Eb86
Beylerbeyi TR 198 Fc88
Beylerli TR 198 Ga88
Beylikova TR 193 Ha82
Beymelek TR 199 Gb93
Beynac-et-Cazenac F 33 Gb50
Beynat F 33 Gc49
Beynes F 23 Gc37
Beyoba TR 185 Ec79
Beyoba TR 191 Ed85
Beyobası TR 198 Fc91
Beyoğlu TR 185 Ec78
Beyören TR 193 Gd83
Beypazarı TR 187 Hb80
Beyşehir TR 199 Hb88
Beyyayla TR 193 Gd81
Beyyazı TR 193 Gc85
Bežanicy RUS 202 Eb10
Bežanovo BG 179 Da70
Bežanovo BG 181 Fb69
Bežany RUS 99 Mb42
Bezas E 47 Ed65
Bezau A 142 Da53
Bézaudun-sur-Bine F 35 Jc50
Bezdan SRB 153 Hd58
Bezdead RO 176 Dd63
Bezden BG 179 Cb70
Bezděz CZ 136 Fc43
Bezdonys LT 114 La57
Bèze F 30 Jb41
Bežeck RUS 202 Ed09
Bezenčuk RUS 203 Ga10
Béziers F 41 Hc55
Bezkese TR 198 Fc91
Bezledy PL 122 Ja30
Bezmer BG 181 Ed68
Bezno CZ 136 Fc43
Bez'va RUS 99 Ld44
Bezvěrov CZ 135 Ed45
Biała PL 120 Fd33
Biała PL 121 Gb34
Biała PL 129 Ha38
Biała PL 130 Hd38
Biała PL 131 Ka38
Biała PL 137 Gd43
Białaczów PL 130 Ja40
Biała Góra PL 121 Hb31
Biała Piska PL 123 Jd32
Biała Podlaska PL 131 Kb37
Biała Rawska PL 130 Ja38
Białaszewo PL 123 Ka32
Białawy Wielkie PL 129 Gc40
Białebłoto-Kobyla PL 122 Jc35
Białka PL 138 Ja46
Białobłoty PL 129 Ha38
Białobrzegi PL 123 Ka31
Białobrzegi PL 130 Jb36
Białobrzegi PL 130 Jb39
Białobrzegi PL 139 Kb43
Białogard PL 120 Ga31
Białogarda PL 121 Gd29
Białogóra PL 112 Gd58
Białogóry PL 123 Kb30
Białopole PL 131 Kd40
Białośliwie PL 121 Gc34
Białousy PL 123 Kb32
Białowąs PL 121 Gb32
Białowieża PL 123 Kc35
Białuty PL 122 Ja34
Biały Bór PL 121 Gc32
Biały Dunajec PL 138 Ja46
Białystok PL 123 Kb33
Biancavilla I 167 Fc85
Bianchi I 164 Gc80
Bianco I 164 Gb84
Biandrate I 148 Ca59
Biar E 55 Fb70
Biarritz F 39 Ed54
Biarrotte F 39 Fa54
Bias F 39 Fa52
Biasca CH 142 Cc56
Biatorbagy H 146 Hc53
Bibaktad N 64 Jc07
Bibbiano I 149 Da62
Bibbiena I 155 Dd65
Bibbona I 155 Da67
Biberach D 133 Ca49
Biberach an der Riß D 142 Da50
Biberbach D 134 Dc49
Biberist CH 141 Bd53
Bibertal D 142 Db50
Biberwier A 142 Dc53
Bibiana I 148 Bc61
Bibione I 150 Ec59
Biblis D 134 Cc45
Bibury GB 20 Ed27
Bicaj AL 178 Ad72
Bıçakçı TR 192 Fa87
Bicaz RO 171 Cd55
Bicaz RO 172 Eb58
Bicaz-Chei RO 172 Eb58
Bicazu Ardelean RO 172 Eb58
Biccari I 161 Fd73
Biçer TR 193 Hb82
Bicester GB 20 Fa27
Bichiş RO 171 Db59
Bichl D 143 Dd52
Bichlbach A 142 Dc53
Bickendorf D 133 Bc43
Bickenriede D 126 Dc40
Bicker GB 17 Fc23
Bickleigh GB 19 Ea30
Bickley Moss GB 15 Ec23
Bicorp E 54 Fb69
Bicos P 58 Ab72
Bicske H 146 Hc53
Bidalite S 111 Ga53
Biddenden GB 21 Ga29
Biddestone GB 19 Ec28
Biddinghuizen NL 116 Bb35
Biddulph GB 16 Ed22
Bideford GB 19 Dd29
Bidegyan E 39 Ec55
Bidingen D 142 Dc52
Bidjovagge N 63 Hd10
Bidoni I 169 Ca77
Bidovce SK 139 Jd48
Biduedo E 36 Ba57
Bie S 95 Ga44
Biebelried D 134 Db45
Bieberehren D 134 Db46
Biebergemünd D 134 Cd44
Biebersdorf D 128 Fa38
Biebertal D 126 Cc42
Biebesheim D 134 Cc45
Biecz PL 128 Fc39
Biecz PL 139 Jd45
Biedaszek PL 122 Hc33
Biedenkopf D 126 Cc41
Biederitz D 127 Ea37
Biedrusko PL 129 Gc36
Biel CH 141 Bc53
Biel E 39 Fa58
Bielanka PL 138 Ja46
Bielany-Żyłaki PL 131 Ka36
BielatalRosenthal D 128 Fa42
Bielawa PL 129 Gb42
Bielawy PL 128 Ga39
Bielawy PL 130 Hd37
Bielba (Herrerías) E 38 Db55
Bielcza PL 138 Jb44
Bielefeld D 126 Cc37
Bielica PL 122 Hd31
Bielice PL 122 Hc33
Biella I 148 Ca59
Bielland N 92 Cb46
Bielmonte I 148 Ca58
Bielsa E 40 Fd57
Bielsk PL 122 Hd35
Bielsko-Biała PL 138 Hc45
Bielsk Podlaski PL 123 Kb34
Bienenbüttel D 118 Dc34
Bieniów PL 128 Fd39
Bieńkowice PL 137 Hb44
Bienne CH 141 Bc53
Bienno I 149 Da58
Bienservida E 53 Ea71
Bientina I 155 Db65
Bienvenida E 51 Bd71
Bienvenida E 52 Cd70
Bierawa PL 137 Hb44
Bierdzany PL 129 Ha42
Bière CH 140 Ba55
Biere D 127 Ea38
Bierge E 48 Fc59
Biergenis S 71 Ga21
Bieringen D 134 Da46
Bierné F 28 Fb40
Biersted DK 100 Dc20
Biertan RO 175 Dc60
Bieruń PL 138 Hc44
Bieruń Str. PL 138 Hc44
Bierutów PL 129 Gd41
Bierwart B 124 Ad41
Bierzwienna Długa PL 129 Hb37
Bierzwnica PL 120 Ga32
Biesal PL 122 Ja32
Biescas E 40 Fc57
Biesenthal D 120 Fa35
Biesiekierz PL 120 Ga31
Biesles F 30 Jb39
Bieşti MD 173 Fd56
Bieszkowice PL 121 Ha29
Bietigheim D 133 Cb48
Bietigheim-Bissingen D 134 Cd48
Bieuzy-Lanvaux F 27 Ea40
Bièvre B 132 Ad43
Biez B 124 Ad41
Bieżuń PL 122 Hd34
Biga TR 185 Ec80
Bigadiç TR 192 Fa83
Bigalı TR 185 Ea80
Biganos F 32 Fa51
Bigauņciems LV 106 Ka50
Bigbury-on-Sea GB 19 Dd32
Bigganjarg N 65 Kb06
Biggar GB 11 Eb14
Biggleswade GB 20 Fc26
Bignan F 27 Eb40
Bignasco CH 141 Cb56
Bignor GB 20 Fb30
Bigny F 29 Gd43
Bigor MNE 159 Ja70
Bigorne P 44 Ba61
Bigüézal E 39 Fa57
Bihać BIH 151 Ga62
Biharia RO 170 Cb56
Biharkeresztes H 147 Ka53
Biharnagybajom H 147 Jd53
Bihireşti RO 172 Ed59
Bijela MNE 159 Hd69
Bijele Poljane MNE 159 Hd69
Bijeljani BIH 159 Hc67
Bijeljina BIH 153 Hd62
Bijelo Brdo HR 153 Hd59
Bijelo polje HR 151 Ga62
Bijelo Polje MNE 159 Jb67
Bikal H 152 Hb57
Bikavėnai LT 113 Jc56
Bikernieki LV 115 Lc53
Bikovo SRB 153 Ja58
Bikšere LV 107 Lb50
Biksti LV 105 Jd51
Bila Cerkva UA 204 Ec15
Bilalovac BIH 158 Hb64
Bílá Voda CZ 137 Gc43
Bilbao E 38 Ea55
Bilbo = Bilbao E 38 Ea55
Bilbor RO 172 Ea57
Bílčice CZ 137 Gd45
Bilciureşti RO 176 Ea65
Bilcza PL 130 Jb42
Bildsberg S 102 Fa48
Bildudalur IS 2 Ac02
Bileća BIH 159 Hc68
Bilecik TR 187 Gb80
Biled RO 174 Bc60
Bilelyeri TR 199 Gc91
Biłgoraj PL 131 Kb42
Bilhorod-Dnistrovs'kyj UA 204 Ec17
Biliat F 35 Jd45
Bilicenii Vechi MD 173 Fb56
Bílina CZ 136 Fa43
Bilišane HR 157 Ga64
Bilisht AL 182 Ba77
Biljača KSV 178 Bc72
Bilje HR 153 Hc59
Bilka BG 181 Ed71
Billdal S 102 Eb49
Billé F 28 Fa39
Billeberga S 110 Ed55
Billerbeck D 125 Ca37
Billericay GB 20 Fd27
Billesdon GB 16 Fb24
Billesholm S 110 Ed54
Billigheim D 134 Cd46
Billigheim-Ingenheim D 133 Cb47
Billingborough GB 17 Fc23
Billinge S 110 Fa55
Billingen N 85 Da34
Billingham GB 11 Fa17
Billinghay GB 17 Fc23
Billingsfors S 94 Ec45
Billingshurst GB 20 Fc30
Billnäs FIN 97 Jd40
Billom F 34 Hc47
Billsta S 80 Gd30
Billum DK 108 Cd25
Billund DK 108 Da25
Billy F 34 Hc45
Bilohors'k UA 205 Fa17
Bilokurakyne UA 203 Fb14
Bilopillja UA 202 Ed13
Bílovec CZ 137 Ha45
Bilovods'k UA 203 Fb14
Bilshausen D 126 Db39
Bilska LV 106 La48
Bílsko PL 138 Jb45
Bilto N 63 Hb10
Bilzingsleben D 127 Dd40
Bimeda E 37 Ca55
Bíňa SK 146 Hc51
Binaced E 48 Fd60
Binarowa PL 138 Jc45
Binarville F 24 Ja35
Binas F 29 Gb40
Binasco I 149 Cc60
Binbrook GB 17 Fc21
Binche B 124 Ac42
Bińcze PL 121 Gc32
Bindalseidet N 70 Ed24
Bindslev DK 101 Dd19
Binéfar E 48 Fd60
Bingen D 133 Cb44
Bingen D 142 Cd50
Bingen N 93 Dc41
Bingen N 94 Eb42
Bingham GB 16 Fb23
Bingley GB 16 Ed20
Bingöl TR 205 Ga20
Bingsjö S 87 Fd38
Bingsta S 87 Fc32
Binibèquer Vell E 57 Ja66
Binic F 26 Eb37
Biniés E 39 Fb57
Binimel-là E 57 Ja65
Binissafullet E 57 Ja66
Binissalem E 57 Hb67
Binkos BG 180 Eb72
Binn CH 141 Ca56
Binn Éadair IRL 13 Da21
Binneberg S 102 Fa46
Binsfeld D 133 Bc44
Binswangen D 134 Dc49
Binz D 120 Fa30
Bioča MNE 159 Jb68
Bioče MNE 159 Ja69
Biograd na moru HR 157 Fd65
Biokovina BIH 152 Gd63
Bionaz I 148 Bc57
Biorine HR 158 Gc66
Biorra IRL 13 Ca22
Bioska SRB 159 Jb65
Biot F 43 Kc53
Biota E 39 Fa58
Bippen D 117 Cb35
Birboieni MD 173 Fb58
Birchiş RO 174 Cb60
Bircza PL 139 Kb45
Birdhill IRL 12 Bd23
Birdlip GB 20 Ed27
Birdsmoor Gate GB 19 Eb30
Birgi TR 192 Fa86
Birgi Novo I 166 Ea84
Birgland D 135 Ea46
Biri N 86 Ea38
Biriņi LV 106 Kc49
Biristrand N 86 Ea38
Birító H 146 Hc56
Birkeland N 92 Ca45
Birkeland N 92 Cc46
Birkeland N 93 Da46
Birkelse DK 100 Dc20
Birkenau D 134 Cc46
Birkende DK 109 Dd26
Birkenes N 93 Da46
Birkenfeld D 133 Bd45
Birkenfeld D 134 Cc48
Birkenfeld D 134 Da45
Birkenhead GB 15 Eb22
Birkenwerder D 127 Ed36
Birkerød DK 109 Ec25
Birkestrand N 64 Ka05
Birket DK 109 Ea28
Birkfeld A 144 Ga53
Birkungen D 126 Dc40
Birlădeni MD 173 Fa54
Birmingham GB 20 Ed25
Birnova MD 173 Fa53
Birónico CH 149 Cc57
Birr IRL 13 Ca22
Birsay GB 5 Eb02
Birstein D 134 Cd43
Birštonas LT 114 Kc58
Biruința MD 173 Fb55
Biruința MD 177 Fc61
Biržai LT 114 Kd53
Birzebbuga M 166 Eb88
Birzes LV 106 Kc52
Birzgale LV 106 Kc51
Birži LV 105 Jb51
Birži LV 106 La52
Birzuļi LV 106 La48
Bisaccia I 161 Fd74
Bisacquino I 166 Ec85
Biscarrosse F 32 Fa51
Biscarrosse-Plage F 32 Fa51
Bisceglie I 162 Gc73
Bischberg D 134 Dc45
Bischbrunn D 134 Da45
Bischheim F 25 Kc37
Bischoffen D 126 Cc42
Bischofsgrün D 135 Ea44
Bischofsheim D 133 Cb44
Bischofsheim D 134 Db43
Bischofshofen A 143 Ec53
Bischofsmais D 135 Ec48
Bischofsreut D 136 Fa48
Bischofswerda D 128 Fb41
Bischofswiesen D 143 Ec52
Bischofszell CH 142 Cd52
Bischwiller F 25 Kc36
Bisenti I 157 Fa69
Biser BG 185 Ea74
Biserci BG 180 Eb68
Bishop Auckland GB 11 Fa17
Bishop's Castle GB 15 Eb24
Bishop's Lydeard GB 19 Ea29
Bishop's Stortford GB 20 Fd27
Bishop's Waltham GB 20 Fa30
Bisiano F 154 Ca71
Bisignano I 164 Gb79
Bisingen D 142 Cc50
Bisisthal CH 142 Cc54
Bisko HR 158 Gc66
Biskopsbyn S 86 Fa38
Biškupci HR 152 Ha60
Biskupice PL 129 Ha41
Biskupice PL 131 Kb40
Biskupiec PL 122 Hc33
Biskupiec PL 122 Jb31
Biskupin PL 121 Gd35
Bislev DK 100 Dc21
Bisley GB 19 Ec27
Bislich D 125 Bc38
Bismark D 127 Ea36
Bismervik N 63 Hd05
Bismo N 85 Db34
Bisoca RO 176 Ec62
Bispberg S 95 Fd40
Bispgården S 79 Gb31
Bispingen D 118 Db34
Bissendorf D 126 Cc37
Bissendorf D 126 Cc37
Bisserup DK 109 Ea27
Bissingen D 134 Dc49
Bissingen, Bietigheim- D 134 Cd48
Bissjön S 80 Hc26
Bissone I 149 Cc58
Bissy-sur-Fley F 30 Ja44
Bistagno I 148 Ca62
Bistar SRB 179 Ca72
Bistarac BIH 153 Hc63
Bistra BG 180 Eb70
Bistra RO 171 Cd59
Bistra RO 171 Db54
Bistra SLO 151 Fb58
Bistražin KSV 178 Ad71
Bistrec BG 181 Ec73
Bistreț RO 179 Cd67
Bistrica BG 179 Cb73
Bistrica BG 179 Cc71
Bistrica BIH 152 Gd61
Bistrica BIH 152 Gd62
Bistrica BIH 158 Ha65
Bistrica BIH 159 Hc65
Bistrica MK 183 Bb76
Bistrica MNE 159 Ja68
Bistrica SRB 159 Jb66
Bistričak BIH 152 Hb63
Bistrița RO 171 Dc57
Bistrița Bârgăului RO 171 Dc57
Biszcza PL 131 Kb42
Bisztynek PL 122 Jb31
Bitburg D 133 Bc44
Bitche F 25 Kb35
Bitelić HR 158 Gc65
Bitem E 48 Ga63
Bitetto I 162 Gc74
Bitola MK 183 Bb76
Bitonto I 162 Gc74
Bitterfeld D 127 Eb39
Bitterna S 102 Ed47
Bitterstad N 66 Fc13
Bitti I 168 Cb75
Bitton GB 19 Ec28
Bitz D 142 Cc50
Biville F 22 Ed34
Bivio CH 142 Cd56
Bivolari RO 173 Fa56
Bivona I 166 Ec85
Bixad RO 176 Ea61
Bixter GB 5 Ed05
Bıyıklar TR 192 Fb84
Bıyıklı TR 197 Ed88
Bize H 145 Gd56
Bizeljsko SLO 151 Ga58
Bizeneuille F 33 Ha45
Bizovac HR 153 Hc59
Bizzarone I 148 Cb58
Bjæverskov DK 109 Eb26
Bjahoml' BY 202 Ea12
Bjala BG 180 Dd69
Bjala BG 180 Ea72
Bjala BG 181 Fa71
Bjala čerkva BG 184 Db74
Bjala Čerkva BG 180 Dc70
Bjala reka BG 184 Dc74
Bjala Reka BG 180 Dc70
Bjala Reka BG 181 Ec71
Bjala Slatina BG 179 Da69
Bjala Voda BG 180 Dc68
Bjälbo S 103 Fc47
Bjal izvor BG 184 Dc75
Bjal Izvor BG 180 Dd73
Bjal Kladenec BG 180 Ea73
Bjalo Pole BG 180 Dd73
Bjalyničy BY 202 Eb12
Bjännberg S 80 Hb29
Bjännfors S 80 Hc27
Bjär N 93 Db42
Bjäresjö S 110 Fa56
Bjärklunda S 102 Fa47
Bjärkøy N 66 Ga12
Bjärme S 87 Gb33
Bjar'movo RUS 107 Ma50
Bjaroza BY 202 Ea13
Bjarozavka BY 202 Ea13
Bjärred S 110 Ed56
Bjärsjölagård S 110 Fa56
Bjärten S 80 Ha28
Bjärtrå S 80 Gc31
Bjästa S 80 Gd30
Bjela BIH 159 Hd66
Bjelahe KSV 178 Ad70
Bjelahe SRB 159 Jc68
Bjelajci BIH 152 Gc61
Bjelland N 92 Cd46
Bjeloperica SRB 159 Jb64
Bjelovar HR 152 Gc58
Bjerangen N 71 Fb19
Bjergby DK 100 Dc19
Bjergby DK 100 Da23
Bjerghuse DK 100 Cd23
Bjerka N 71 Fb21
Bjerkreim N 92 Ca45
Bjerkvik N 67 Gb13
Bjerre DK 101 Dd22
Bjerre DK 108 Dc25
Bjerreby DK 109 Dd28
Bjerregård DK 108 Cd24
Bjerregrav DK 100 Dd22
Bjerringbro DK 100 Db23
Bjkörkö-Arholma S 96 Ha41
Bjoestrand N 92 Ca41
Bjølstad N 85 Dc35
Bjönsaberg S 87 Fb37
Bjørånes N 85 Ea36
Björbo S 95 Fc40
Björboholm S 102 Ec48
Bjordal N 84 Cb37
Bjørdal N 84 Cd34
Bjordal N 92 Cb45
Bjorelvnes N 62 Gc10
Bjørgan N 86 Ea32
Bjørgo N 85 Dc38
Bjørhusdalen N 78 Fa25
Björka S 87 Fc38
Bjørkås N 67 Gd12
Björkås S 71 Fd23
Björkbäcken S 71 Fd22
Björkberg S 73 Hc21
Björkberg S 80 Gc26
Björkberg S 87 Fc36
Björkboda FIN 97 Jc40
Björkborn S 95 Fc43
Björkbysätern S 94 Ed40
Bjørke N 84 Cc34
Björke S 96 Gc39
Bjørkebakken N 67 Gb11
Bjørkebol S 94 Ec43
Bjørkedal N 84 Cc34
Bjørkedal N 93 Da46
Bjørkekjær N 93 Db45
Bjørkelangen N 94 Eb41
Bjørketorp S 102 Ec50
Björkfors S 73 Jb21
Björkfors S 103 Ga48
Björkhöjden S 79 Ga30
Björkholmen S 72 Gd19
Björkland S 72 Gd23
Bjørklia N 77 Ea30
Björkliden S 67 Gd13
Björkliden S 72 Gb22
Björkliden S 73 Hb24
Björklinge S 96 Gc41
Björklund S 72 Gd23
Björklunda S 72 Gd20
Bjørknes N 65 Kc08
Bjørkness N 94 Eb41
Björkö FIN 97 Hd40
Björkö FIN 97 Ja40
Björkö FIN 97 Ja41
Björkö S 103 Fc50
Björköby FIN 81 Hd30
Björköby S 103 Fc49
Björksele S 79 Gb28
Björksele S 80 Gd25
Björksjön S 80 Gc30
Björksta S 95 Gb42
Björkvattnet S 79 Fb26
Björkvik S 95 Gb45
Björlanda S 102 Eb49
Bjørlia N 78 Ed25
Bjørn N 70 Ed21
Björna S 80 Gd29
Bjørndalen N 78 Ec25
Björneborg S 95 Fb44
Bjørnengen N 63 Hd08
Bjørnera N 66 Ga12
Bjørnerheim N 84 Cc35
Bjørnevatn N 65 Kd08
Bjørnhaugseter N 85 Dd36
Björnhult S 103 Ga50
Björnliden S 86 Ed34
Björnlunda S 96 Gc44
Björnrike S 87 Fb33
Bjørnsjø N 63 Ja08
Björnsjö S 80 Gd29
Bjørnskinn N 66 Fd12
Bjørnstad N 65 Kd07
Bjørnstad N 71 Fc18
Bjørnstad N 78 Fa25
Björnvik FIN 90 Kd38
Björsäter S 102 Fa46
Björsäter S 103 Ga47
Björsberg S 95 Fd39
Bjuråker S 87 Ga35
Bjurbäck S 102 Fa48
Bjurberget S 94 Ed39
Bjurfors S 80 Hc25
Bjurfors S 80 Hb26
Bjurholm S 80 Ha28
Bjurön S 81 Hd26
Bjursås S 95 Fd39
Bjursele S 80 Ha26
Bjursele S 80 Ha25
Bjurselet S 73 Hc24
Bjurström S 80 Hb25
Bjurtjärn S 95 Fb43
Bjurträsk S 72 Ha24
Bjurträsk S 73 Hd22
Bjurum S 102 Fa47
Bjurvattnet S 80 Ha28
Bjurvattnet S 80 Hb25
Bjuv S 110 Ed54
Blaby GB 16 Fa24
Blace BIH 158 Hb66
Blace HR 158 Ha68
Blace SRB 178 Bc69
Blachownia PL 130 Hc42
Black Bull IRL 13 Cd21
Blackburn GB 10 Ea13
Blackburn GB 15 Ec20
Blacke S 81 Hd26
Blackhall GB 11 Fa17
Blackhill GB 4 Da07
Blacklion IRL 9 Cb18
Blacklunans GB 7 Eb10
Blackmoor Gate GB 19 Dd29
Black Mount GB 7 Dd11
Black Notley GB 21 Ga27
Blackpool GB 15 Eb20
Blackridge GB 10 Ea13
Blacksnäs FIN 89 Hd32
Blacksta S 95 Gb45
Blackstad S 103 Ga49
Blackwater GB 20 Fa31
Blackwater IRL 13 Cd24
Blackwaterfoot GB 10 Db14
Blackwood GB 19 Ea27
Bladåker S 96 Gd41
Bladel NL 124 Ba39
Błądzim PL 121 Ha33
Blaenau Ffestiniog GB 15 Dd23
Blaenavon GB 19 Eb27
Blaengarw GB 19 Ea27
Blæsbjerg DK 101 Dd19
Blagaj BIH 152 Gb61
Blagaj BIH 158 Hb67
Blagdon GB 19 Eb28
Blăgeşti RO 172 Ec59
Blăgeşti RO 177 Fb61
Blagnac F 40 Gb54
Blagodarnyj RUS 205 Ga16
Blagoevgrad BG 179 Cb73
Blagoevo BG 180 Eb69
Blagojev Kamen SRB 174 Bd65
Blagon F 32 Fa50
Blåhøj DK 108 Da25
Blaibach D 135 Ec47
Blaichach D 142 Db52
Blaiken S 72 Gb24
Blaikliden S 71 Fd24
Blain F 28 Ed41
Blainville-Crevon F 23 Gb35
Blainville-sur-l'Eau F 25 Jd37
Blairgowrie GB 7 Eb11
Blaise F 30 Ja38
Blaisy-Bas F 30 Ja41
Blaj RO 175 Da60
Blajan F 40 Ga55
Blăjani RO 176 Ec63
Blăjel RO 175 Db60
Blăjeni RO 171 Cc59
Błąkały PL 123 Ka30
Blakeney GB 17 Ga23
Blakeney GB 19 Ec27
Blaker N 94 Eb41
Blakesley GB 20 Fa26
Blakstad N 77 Da31
Blakstad N 93 Da46
Blâmont F 25 Ka37
Blan F 41 Gd54
Blanca E 55 Ed72
Blancafort F 29 Ha41
Blancas E 47 Ed63
Blanchardstown IRL 13 Cd21
Blanchland GB 11 Ed17
Blancos E 36 Bb58
Blandford Forum GB 19 Ec30
Blandiana RO 175 Cd60
Blanes E 49 Hb60
Blaney GB 9 Cb17
Blangy-sur-Bresle F 23 Gc33
Blangy-sur-Ternoise F 23 Gd31
Blankaholm S 103 Gb49
Blankenau D 126 Da42
Blankenberg D 119 Dd33
Blankenberge B 124 Aa38
Blankenburg D 127 Dd38
Blankenfelde-Mahlow D 127 Ed37
Blankenhain D 127 Dd42
Blankenhain D 127 Eb42
Blankenheim D 125 Bc42
Blankenheim D 127 Ea39
Blankenrath D 133 Bd44
Blankensee D 119 Ed33
Blanquefort F 32 Fb50
Blans DK 108 Db28
Blansko CZ 137 Gc47
Blanzac F 32 Fd48
Blanzy F 30 Ja44
Blarnalearoch GB 4 Dc06
Blarney IRL 12 Bd25
Blaron F 43 Kb52
Blăskovo BG 181 Ed71
Blåsmark S 73 Hc23
Blåsut S 102 Ec47
Błaszki PL 129 Hb39
Blatna BIH 152 Gb61
Blatná CZ 136 Fa47
Blatné SK 145 Gd50
Blato HR 158 Gb68
Blato na Cetini HR 158 Gc66
Blatten CH 141 Bd56
Blatten CH 141 Ca56
Blattniksele S 72 Gc23
Blatzheim D 125 Bc41
Blaubeuren D 134 Da49
Blaufelden D 134 Da47
Blaustein D 134 Da49
Blauwe Hand NL 117 Bc35
Blauwhuis NL 116 Bb33
Blåvand DK 108 Cd26
Blåvik S 80 Gc25
Blåviksjön S 80 Gc25
Blavozy F 34 Hd49
Blaxton GB 16 Fb21
Blaye F 32 Fb49
Blaye F 41 Ha52
Blaye-les-Mines F 41 Gd53
Blaževo SRB 178 Bb69
Blāzma LV 105 Jc49
Błażowa PL 139 Ka44
Blažuj BIH 158 Hb65
Bleadon GB 19 Eb28
Bleckåsen S 79 Fb30
Bleckede D 119 Dd33
Blecket S 87 Fd38
Bled SLO 151 Fa57
Błędów PL 130 Jb38
Błędów PL 138 Hd43
Błędowo PL 121 Hb33
Bledzew PL 128 Fd36
Bleialf D 133 Bc43
Bleiburg A 144 Fc56
Bleicherode D 126 Dc40
Bleik N 66 Fd11
Bleiknesmo N 71 Fd18
Bleikvasslia N 71 Fb22
Blejeşti RO 176 Dd66
Blejoi RO 176 Ea64
Bleken S 102 Ec46
Blekendorf D 119 Dd30
Bleket S 102 Eb48
Blender D 118 Da34
Blendija SRB 178 Bd68
Bléneau F 29 Ha40
Błenna PL 129 Hb36
Blennerville IRL 12 Bb24
Blénod-lès-Toul F 25 Jc37
Blentarp S 110 Fa56
Blera I 156 Ea70
Blérancourt F 24 Hb34
Bléré F 29 Ga42
Blesa E 47 Fa62
Bleskestad N 92 Cc42
Blesle F 34 Hb48
Blessington IRL 13 Cd22
Bleşteni MD 173 Fa54
Blet F 29 Ha43
Bletchingdon GB 20 Fa27
Bletsoe GB 20 Fc26
Bletterans F 31 Jc43
Bleurville F 31 Jd39
Bleury F 30 Hb40
Blévaincourt F 31 Jc39
Blèves F 28 Fd38
Blewbury GB 20 Fa28
Blidari RO 171 Da54
Blīdene LV 105 Jd52
Blidö S 96 Ha42
Bliedersdorf D 118 Da33
Bliedersdorf D 118 Db33
Bliesbruck F 25 Kb35
Blieskastel D 133 Bd46
Blievenstorf D 119 Ea33
Bligny F 24 Hc35
Bligny F 30 Ja39
Bligny-sur-Ouche F 30 Ja42
Blijnii Hutor MD 173 Ga58
Bliksund N 93 Da47
Bliksvær N 66 Fb17
Blinisht AL 163 Jc71
Blinja HR 152 Gb60
Bliūdžiai LT 114 Ka56
Blizanów PL 129 Ha38
Blížejov CZ 135 Ec46
Bliznaci BG 181 Ec69
Bliznaci BG 181 Fa71
Blizne PL 139 Ka45
Blliçë AL 182 Ad74
Blockley GB 20 Ed26
Bloemendaal NL 116 Ad35
Blois F 29 Gb41
Blokhus DK 100 Dc20
Blokzijl NL 117 Bc34
Blombacka S 94 Fa43
Blomberg D 117 Cb32
Blomberg D 126 Cd38
Blome LV 106 La48
Blomhöjden S 79 Fc26
Blommenslyst DK 108 Dc26
Blomskog S 94 Ec44
Blomsøy N 70 Ed22
Blomstermåla S 103 Gb51
Blomvåg N 84 Bd38
Blond F 33 Gb46
Blönduós IS 2 Ad03
Błonie PL 129 Gc41
Błonie PL 130 Jb37
Bloška Polica SLO 151 Fb59
Blötberget S 95 Fc41
Błotnica Strzelecka PL 137 Hb43
Błotno PL 120 Fc32
Blovice CZ 135 Ed46
Blovstrød DK 109 Ec25
Blowatz D 119 Ea31
Bloxham GB 20 Fa26
Bludenz A 142 Da54
Bludov CZ 137 Gc45
Bludowo PL 122 Hd30
Blue Ball IRL 13 Cb21
Blueford IRL 12 Bc24
Blumau A 145 Gb53

Blumau – Bösdorf

Blumau I 143 Dd56
Blumberg D 141 Cb51
Blumberg, Ahrensfelde- D 128 Fa36
Blumenhagen D 120 Fa33
Blumenthal D 119 Ec34
Blyberg S 87 Fb37
Blynki RUS 99 Ld43
Blyth GB 11 Fa16
Blyth Bridge GB 11 Eb14
Bnin PL 129 Gc37
Bø N 62 Gc09
Bø N 66 Fc13
Bø N 66 Fd13
Bø N 77 Db31
Bø N 84 Ca36
Bø N 92 Ca43
Bø N 92 Cd45
Bø N 93 Db43
Bø N 93 Dc43
Bo S 95 Fd45
Bo'Ness GB 10 Ea13
Boadilla del Monte E 46 Db64
Boadilla de Rioseco E 37 Cd58
Boal E 37 Bd54
Boalt S 111 Fb53
Boan MNE 159 Ja68
Boario Terme I 149 Da58
Boat of Garten GB 7 Ea08
Boa Vista P 44 Ac65
Boba H 145 Gd54
Bobadilla del Campo E 46 Cd62
Bobadilla Estación E 60 Cd75
Bobâlna RO 171 Da57
Bobbau D 127 Eb39
Bobbio I 149 Cc61
Bobbio Pellice I 148 Bb61
Bobeica MD 173 Fc58
Bobenheim-Roxheim D 133 Cb45
Boberg S 79 Fd30
Bobicești RO 175 Da66
Bobigny F 23 Gd36
Böbing D 142 Dc52
Bobingen D 142 Dc50
Böbingen an der Rems D 134 Da48
Bobitz D 119 Ea32
Böblingen D 134 Cc48
Bobolice PL 121 Gb31
Boboševo BG 179 Cb73
Bobota HR 153 Hd60
Bobota RO 171 Cc56
Bobovdol BG 179 Cb72
Boboviště MNE 159 Ja70
Bobowa PL 138 Jc45
Bobowo PL 121 Hb31
Bobr BY 202 Eb12
Bobrețu RO 175 Da65
Bóbrka PL 139 Kb46
Bobrov RUS 203 Fb13
Bobrovec SK 138 Hd47
Bobrovycja UA 202 Ec14
Bobrowice PL 128 Fc38
Bobrówko PL 120 Fd35
Bobrówko PL 122 Jc32
Bobrowniki PL 122 Hc35
Bobrowniki PL 123 Kc33
Bobrowniki Wielkie PL 138 Jc44
Bobrynec' UA 204 Ed16
Boc MNE 159 Jc68
Boc MNE 178 Ad69
Bóč SK 145 Gd51
Boca de Huérgano E 37 Cd56
Bocairent E 55 Fb70
Bocale I 164 Ga84
Bocani MD 173 Fb56
Bočar SRB 153 Jb58
Bocca di l'Orù F 154 Cb72
Bocca di Piazza I 164 Gc80
Bocchigliero I 164 Gc79
Boceguillas E 46 Dc61
Böçen TR 192 Ga82
Bochnia PL 138 Jb44
Bocholt B 125 Bb39
Bocholt D 125 Bd38
Bochov CZ 135 Ed44
Bochum D 125 Ca39
Bocigas E 46 Da61
Bockara S 103 Ga50
Bockau D 135 Ec43
Bockenem D 126 Db38
Bockfliess A 145 Gc50
Bockhorn D 118 Cc33
Bockhorn D 143 Ea50
Böcki PL 123 Kb35
Böckstein A 143 Ec54
Bockträsk S 72 Gc23
Böckweiler D 133 Bd46
Bočna ob Dreti SLO 151 Fc57
Bocognano F 154 Cb70
Bócsa H 146 Ja56
Bocșa RO 171 Cd56
Bocșa RO 174 Bd62
Bocsig RO 170 Ca59
Boczów PL 128 Fc37
Bod RO 176 Ea62
Boda S 87 Fd38
Boda S 87 Gb32
Boda S 94 Ed43
Boda S 94 Ed43
Böda S 104 Gc50
Bodaczów PL 131 Kc41
Boda glasbruk S 103 Fd52
Bodajk H 145 Hb53
Bødal N 84 Cd35
Bodange B 132 Ba44
Bođani SRB 153 Hd60
Bodaño E 36 Ba56
Bodators S 103 Fc50
Bodbacka FIN 89 Hd32
Bodbyn S 80 Hb28
Boddam GB 5 Fa08
Boddensdorf A 144 Fa56
Boddum DK 100 Da22
Bodegraven NL 116 Ad36
Boden A 142 Db53
Boden D 125 Cb42
Boden S 73 Hd21
Bodenfelde D 126 Da39
Bodenheim D 133 Cb44
Bodenkirchen D 143 Eb50
Bodenmais D 135 Ed48
Bodenwerder D 126 Da38
Bodenwöhr D 135 Eb47
Bodești RO 172 Ec57
Bodfari GB 15 Ea22
Bodilsker DK 111 Fc58
Bodman D 142 Cc51
Bodmin GB 18 Db31
Bodnegg D 142 Da52
Bodö FIN 81 Jb28
Bodø N 66 Fc17
Bodoc RO 176 Ea61
Bodom N 78 Ec28
Bodonal de la Sierra E 51 Bc71
Bodonci SLO 145 Gb55
Bodorgan Station GB 15 Dd22
Bodrost BG 179 Cc73
Bodrum TR 197 Ec90
Bodsjö S 87 Fc32
Bodsjöedet S 78 Ed30
Bodträskfors S 73 Hc21
Bodyke IRL 12 Bd22
Bodzanów PL 130 Ja36
Bodzanowice PL 129 Hb41
Bodzechów PL 131 Jd41
Bodzentyn PL 130 Jc41
Bodzewo PL 129 Gc38
Boé F 40 Ga52
Boecillo E 46 Da60
Boedapest = Budapest H 146 Hd53
Boëge F 35 Ka45
Boekel NL 125 Bb38
Boekelo NL 117 Bd36
Boën F 34 Hd47
Boen N 93 Da47
Boeslunde DK 109 Ea27
Boeza E 37 Ca56
Bofara S 87 Ga37
Boffzen D 126 Da38
Bofin IRL 8 Ba19
Bofors S 95 Fc43
Boftsa N 64 Ka06
Bogács H 146 Jc51
Bogaczów PL 128 Fd38
Bogádmindszent H 152 Hb58
Bogan N 78 Ed25
Bøgard N 66 Fd11
Bogarra E 53 Eb70
Bogata RO 171 Db59
Bogați RO 176 Dd64
Bogatić SRB 153 Ja61
Bogatovo RUS 113 Jb58
Bogatovo RUS 122 Ja30
Bogatynia PL 128 Fc42
Boğazak TR 199 Ha91
Boğazcık TR 198 Ga92
Bogazi CY 206 Jd96
Boğaziçi TR 198 Ga88
Boğaziçi TR 199 Gb89
Boğazığı TR 198 Fd92
Boğazkale TR 205 Fb20
Boğazkent TR 193 Hb86
Boğazköy TR 186 Ga80
Boğazköy TR 192 Fc84
Bogdan BG 180 Db72
Bogdana RO 173 Fa59
Bogdanci BG 181 Ec69
Bogdanci MK 183 Ca76
Bogdand RO 171 Cc56
Bogdănești RO 172 Ec56
Bogdănești RO 176 Ec60
Bogdănești RO 177 Fa60
Bogdaniec PL 128 Fc36
Bogdănița RO 177 Fa60
Bogdanovca Nouă MD 177 Fd60
Bogdanovo BG 180 Ea73
Bogdanów PL 130 Hd40
Bogdan Vodă RO 171 Db55
Bogë AL 159 Jb69
Boge S 104 Ha49
Bogen D 135 Ec48
Bogen N 66 Fd15
Bogen N 67 Gb13
Bogen S 94 Ed41
Bogense DK 108 Dc26
Bogetići MNE 159 Hd69
Boggan IRL 9 Cc19
Boghenii Noi MD 173 Fb56
Boghești RO 177 Fa61
Boghiceni MD 173 Fc58
Bogliasco I 148 Cb63
Boglösa S 96 Gc43
Bognanco Fonti I 148 Ca57
Bognelv N 63 Hc08
Bognelvdalen N 63 Hc08
Bognes N 66 Ga14
Bognor Regis GB 20 Fb30
Bogny-sur-Meuse F 24 Ja33
Bogø By DK 109 Eb28
Bogodol BIH 158 Ha66
Bogojevac SRB 178 Bc69
Bogojevice SRB 178 Bd70
Bogojevo SRB 153 Hd59
Bogojina SLO 145 Gb56
Bogomila MK 183 Bb74
Bogomilovo BG 180 Dd73
Bogomolje HR 158 Gd67
Bogoria PL 130 Jc42
Bogorodick RUS 203 Fa11
Bogorodsk RUS 203 Fb09
Bogorovo BG 181 Ed68
Bogosavac SRB 153 Ja62
Bogoslov BG 179 Ca72
Bögöte H 145 Gd54
Bogova RO 174 Cd65
Bogovina SRB 178 Bd67
Böğrüdelik TR 193 Hb85
Bogsta S 96 Gc45
Bogstad N 84 Cc35
Bogsund N 92 Cb43
Bogučar RUS 203 Fc13
Boguchwałów PL 137 Ha44
Boguchwały PL 122 Hd31
Bogue GB 10 Dd16
Bogumiłów PL 129 Hb39
Bogumiłowice PL 130 Hc40
Boguszewo PL 121 Hb33
Boguszów-Gorce PL 129 Gb42
Bogutovac SRB 178 Ba67
Boguty-Pianki PL 123 Ka35
Bogyiszló H 146 Hc56
Bogzești MD 173 Fc56
Bohain-en-Vermandois F 24 Hb33
Bohan B 132 Ad44
Bohdalice CZ 137 Gc47
Bohdalov CZ 136 Ga46
Bohdašin CZ 137 Gb43
Boheden S 73 Ja20
Böheimkirchen A 144 Ga51
Boherboy IRL 12 Bc25
Boherlalan IRL 13 Ca23
Bohinjska Bistrica SLO 151 Fa57
Böhl-Iggelheim D 133 Cb46
Böhme D 118 Da35
Böhmenkirch D 134 Da49
Bohmte D 117 Cc36
Bohoduchiv UA 203 Fa14
Boholt RO 175 Cc60
Bohonal de Ibor E 51 Cb66
Böhönye H 145 Gd56
Bohot BG 180 Db69
Bohukaly PL 131 Kc36
Bohula MK 183 Bd75
Bohumín CZ 137 Hb45
Bohuňovice CZ 137 Gd46
Bohus S 102 Ec48
Bohuslav UA 204 Ec15
Bohutín CZ 136 Fa46
Boialvo P 44 Ad63
Boianu Mare RO 171 Cc56
Boiereni RO 171 Db56
Boiro E 36 Ac56
Boiry-Saint-Matin F 23 Ha32
Boiscommun F 29 Gd39
Bois-de-Céné F 28 Ed43
Bois-le-Roi F 29 Ha38
Boismont F 25 Jc34
Boișoara RO 175 Db62
Boisredon F 32 Fb48
Boisseron F 41 Hd53
Boisson F 42 Ja52
Boišta = Slepač most MNE 159 Jb67
Boisville F 29 Gc38
Boitzenburg D 120 Fa34
Boiu Mare RO 171 Da56
Bóixols E 48 Gb59
Boizenburg D 119 Dd33
Boja S 102 Fa46
Bojadła PL 128 Ga38
Bojadžik BG 180 Eb73
Bojančište MK 183 Bc75
Bojane MK 178 Bb73
Bojano I 161 Fb73
Bojanovo BG 180 Eb73
Bojanów PL 139 Ka43
Bojanowo PL 129 Gc39
Bojas LV 105 Jb52
Bojčinovci BG 179 Cc69
Bøjden DK 108 Dc27
Bojewyan GB 18 Cd32
Bojišta MK 182 Ba75
Bojka BG 180 Ea70
Bojkovice CZ 137 Ha48
Bojmie PL 131 Jd37
Bojná SK 137 Ha49
Bojnica BG 179 Cb67
Bojnice SK 137 Hb48
Bojnik SRB 178 Bc70
Bojszowy PL 138 Hc44
Bojtiken S 71 Fc23
Boka SRB 174 Bb62
Bókaháza H 145 Gd55
Bokel D 118 Cd33
Bokenäs S 102 Eb47
Bokinka Pańska PL 131 Kc37
Böklund D 108 Db29
Bokod H 145 Hb53
Boków PL 130 Jb40
Bokros H 146 Jb55
Böksholm S 103 Fc51
Boksjok N 64 Ka05
Boksjön S 71 Fd22
Bol HR 158 Gc67
Bol' SK 139 Ka49
Bolandoz F 31 Jd42
Bolaños de Calatrava E 52 Dc69
Bolaños de Campos E 45 Cc59
Bolayır TR 185 Eb79
Bolbec F 22 Fd34
Bölberget S 86 Fa34
Bolboși RO 175 Cc64
Bolca I 149 Dc59
Bölcskse H 146 Hd55
Bolderaja LV 106 Kb50
Boldești-Grădiștea RO 176 Ec65
Boldești-Scăeni RO 176 Ea64
Boldogkőváralja H 147 Jd50
Boldon GB 11 Fa16
Boldu RO 176 Ed63
Boldur RO 174 Ca61
Boldurești MD 173 Fb57
Boldva H 146 Jc50
Böle FIN 98 Ka40
Bøle N 78 Eb26
Böle S 73 Hc23
Böle S 73 Hd21
Böle S 79 Fb30
Böle S 79 Gb30
Böle S 87 Fb33
Bolea E 39 Fb58
Boleč SRB 153 Jc62
Boleč SRB 174 Bb64
Bolemin PL 128 Fd36
Boleráz SK 145 Gd50
Bolesław PL 138 Hd43
Bolesławiec PL 128 Fd40
Bolesławiec PL 129 Ha40
Boleszkowice PL 128 Fc36
Boleszyn PL 122 Hd33
Bolewice PL 128 Ga37
Bolewicko PL 128 Ga37
Bolfan HR 152 Gc57
Bolfoss N 94 Eb41
Bolga N 70 Fa19
Bolgatovo RUS 107 Mb49
Bolgheri I 155 Db67
Bolhás H 152 Gd57
Bolhó H 152 Gd58
Bolhov RUS 202 Ed12
Bolhrad UA 204 Ec18
Boliden S 80 Hb25
Bolimów PL 130 Ja37
Bolinglanna IRL 8 Bb19
Bolintin-Deal RO 176 Ea66
Bolintin-Vale RO 176 Ea66
Boljanić BIH 152 Hb62
Boljanići MNE 159 Ja66
Boljarino BG 180 Dc73
Boljarovo BG 185 Ec74
Boljarsko BG 180 Eb73
Boljevac SRB 178 Bd67
Boljevci SRB 153 Jc62
Boljkovci SRB 159 Jc64
Bolkesjø N 93 Dc42
Bölkow D 119 Eb31
Bolków PL 128 Ga42
Boll, Bad D 134 Da49
Bollebygd S 102 Ec49
Bollendorf D 133 Bc44
Bollène F 42 Jb52
Bollermoen N 71 Fb21
Bollezeele F 21 Gd30
Bólliga E 47 Eb65
Bollnäs S 87 Ga37
Bollosetra N 63 Ja08
Bollsbyn S 94 Ec44
Bollstabruk S 80 Gc31
Bolluca TR 186 Fc77
Bollullos de la Mitación E 59 Bd74
Bollullos par del Condado E 59 Bc74
Bolman HR 153 Hc59
Bolmen S 102 Fa52
Bölmepınar TR 198 Ga90
Bolmsö S 102 Fa51
Bolnhurst GB 20 Fc26
Bolnuevo E 55 Ed74
Bologna I 149 Dc63
Bologne F 30 Jb39
Bolognetta I 166 Ed84
Bolognola I 156 Ec68
Bologoe RUS 202 Ec09
Bologovo RUS 202 Eb10
Bolohani MD 173 Fd56
Bolotana I 169 Ca76
Bolotești RO 176 Ed62
Bolotovo RUS 107 Ma47
Bol'šaja Polja RUS 99 Lc42
Bol'šaja Poljana RUS 113 Jb59
Bol'šakovo RUS 113 Jc58
Bolsena I 156 Ea69
Bol'ševik RUS 203 Fd12
Bol'šie Berezki RUS 113 Jb57
Bol'šinka RUS 203 Fc14
Bol'šoe Zareč'e RUS 99 Mb41
Bol'šoj Borovnja RUS 99 Ld42
Bol'šoj Ižora RUS 99 Ma39
Bol'šoj Jamno RUS 99 Ld44
Bol'šoj Kolpany RUS 99 Mb40
Bol'šoj Kuzemkino RUS 99 Lc41
Bol'šoj L'zi RUS 99 Mb44
Bol'šoj Ozerticy RUS 99 Ma41
Bol'šoj Pustomerža RUS 99 Ld41
Bol'šoj Rožki RUS 99 Ld43
Bol'šoj Ruddilovo RUS 99 Ld40
Bol'šoj Sabicy RUS 99 Ma43
Bol'šoj Sabsk RUS 99 Ma42
Bol'šoj Selo RUS 113 Jd57
Bol'šoj Stremlenie RUS 99 Ld40
Bol'šoj Taglino RUS 99 Mb40
Bol'šoj Teškovo RUS 99 Ma40
Bol'šoj Vruda RUS 99 Ma41
Bol'šoj Zagorje RUS 107 Ma46
Bol'šoj Zahon'e RUS 99 Mb44
Bolsover GB 16 Fa22
Bolstad S 102 Ec46
Bolsward NL 116 Bb33
Bolszewo PL 121 Ha29
Boltaña E 40 Fd58
Boltenhagen D 119 Ea31
Boltigen CH 141 Bc55
Bolton GB 15 Ec21
Bolton Abbey GB 16 Ed20
Bolton-le-Sand GB 11 Ec19
Bolțun MD 173 Fc58
Bolu TR 187 Hb79
Bölüceağac TR 198 Ga93
Bolungarvík IS 2 Ac02
Bolvadin TR 193 Gd85
Bolvașnița RO 174 Cb62
Bóly H 153 Hc58
Bolzano I 143 Dd56
Bomal B 124 Ba42
Bomarken S 94 Eb44
Bomba I 161 Fb71
Bombarral P 50 Aa67
Bominaco I 156 Ed70
Bomlitz D 118 Db35
Bømlo N 92 Bd41
Bompas F 41 Hb57
Bomporto I 149 Dc62
Bomsund S 79 Fd31
Bona F 30 Hc43
Bona S 103 Fc46
Bonac F 40 Gb56
Bönan S 96 Gc39
Bonanza E 59 Bd75
Boñar E 37 Cc56
Bonar Bridge GB 5 Ea06
Bonarcado I 169 Bd77
Bonares E 59 Bc74
Bonäs S 87 Fb38
Bonäset S 78 Fa30
Bonäset S 79 Fd28
Bonåsjøen N 66 Fd16
Bonawe GB 6 Dc11
Bonboillon F 31 Jc41
Boncath GB 14 Dc26
Bonchester Bridge GB 11 Ec15
Boncuklu TR 191 Ed83
Bończa PL 131 Kc40
Bondari RUS 107 Mb52
Bondary PL 123 Kc34
Bondeborg S 73 Ja21
Bondemon S 94 Eb45
Bondeno I 150 Dd61
Bonderup DK 100 Db21
Bondorf D 134 Cc49
Bondstorp S 103 Fb49
Bondyrz PL 131 Kc42
Bönebüttel D 118 Dc31
Bonefro I 161 Fc72
Bonelli I 150 Eb62
Bönen D 125 Cb39
Bones N 67 Gc13
Bonese D 119 Dd35
Bonete E 55 Ed70
Bönhamn S 80 Gd31
Bonhill GB 10 Dd13
Bonhomme F 31 Kb38
Boniches E 54 Ed66
Boniewo PL 129 Hb36
Bonifacio F 154 Cb72
Bonifato F 154 Ca69
Bonilla de la Sierra E 45 Cc64
Bonin PL 120 Fd34
Bonlieu F 31 Jd44
Bonn D 125 Bd41
Bonnat F 33 Gc45
Bonndorf D 141 Cb51
Bonne F 35 Ka45
Bonnebosq F 22 Fd36
Bønnerup Strand DK 101 Dd23
Bonnet DK 100 Cd22
Bonnétable F 28 Fd39
Bonneuil-Matours F 29 Ga44
Bonneval F 29 Gb39
Bonneval F 35 Kb47
Bonneval-en-Diois F 35 Jd50
Bonnevaux F 31 Jd43
Bonnevaux F 31 Ka44
Bonneville F 35 Ka45
Bonneville-la-Louvet F 22 Fd35
Bonnières-sur-Seine F 23 Gc36
Bonnieux F 42 Jc53
Bönnigheim D 134 Cd47
Bönningstedt D 118 Db32
Bonnyapuszta H 145 Ha56
Bonny-sur-Loire F 29 Ha41
Bono E 40 Ga58
Bono I 168 Ca76
Bonorva I 168 Ca76
Bonrepaux F 40 Gc53
Bons F 35 Ka45
Bonsecours F 23 Gb35
Bønsnes N 93 Dd41
Bønsvig DK 109 Eb27
Bontgoch Elerch GB 15 Dd24
Bonțida RO 171 Da57
Bonvilston GB 19 Ea28
Bőny H 145 Ha52
Bonyhád H 153 Hc57
Boo S 96 Gd43
Boock D 119 Ea35
Boolakennedy IRL 13 Ca24
Boos D 142 Db51
Boos F 23 Gb35
Boostedt D 118 Dc31
Bootle GB 11 Eb18
Bopfingen D 134 Db48
Boppard D 133 Ca43
Boquiñeni E 47 Fa60
Bor CZ 135 Ec46
Bor S 103 Fb51
Bor SRB 174 Ca66
Boraja HR 158 Gb66
Borås S 102 Ed49
Borăscu RO 175 Cc65
Borawe PL 122 Jc34
Borawskie PL 123 Ka30
Borba P 50 Ba69
Borca RO 172 Ea57
Borča SRB 153 Jc61
Borca di Cadore I 143 Eb56
Borcea RO 181 Fa67
Börcek TR 191 Ed83
Borchen D 126 Cd39
Borci BIH 152 Ha63
Borci BIH 158 Hb66
Borculo NL 125 Bd37
Bordalba E 47 Ec61
Bordalen N 78 Eb30
Bordány H 146 Jb56
Bordeaux F 32 Fb50
Bordeira P 58 Aa73
Bordei Verde RO 177 Fa64
Bordelum D 108 Da29
Bordères-Louron F 40 Fd57
Bordesholm D 118 Dc30
Bordessoule F 33 Gd45
Bordești RO 176 Ed62
Borðeyri IS 2 Ad03
Bordighera I 43 Kd52
Bording DK 108 Db24
Bordon GB 20 Fb29
Bords F 32 Fb47
Bordușani RO 177 Fa66
Bore I 149 Cd62
Borehamwood GB 20 Fc27
Borek PL 138 Jb44
Borek Wielkopolski PL 129 Gc38
Boreland GB 11 Eb15
Borello I 156 Ea64
Borensberg S 103 Fd46
Boretto I 149 Db61
Bore Verdalen N 92 Ca44
Borg N 66 Fb14
Borgå FIN 98 Kc39
Borgafjäll S 79 Fc25
Borgan N 78 Eb25
Borgarnes IS 2 Ac04
Borgata Marina I 164 Gc78
Borge N 93 Ea44
Borgen N 92 Cd43
Borgen S 80 Gc27
Borgentreich D 126 Da39
Börger D 117 Cb34
Börger D 117 Cb34
Borger NL 117 Bd34
Borger NL 117 Ca34
Borgetto I 166 Ec84
Borggård S 95 Fd45
Borghamn S 103 Fc47
Borghetto I 150 Ea62
Borghetto d'Arroscia I 148 Bd63
Borghetto di Vara I 149 Cd63
Borghetto Santo Spirito I 148 Bd63
Borgholm S 103 Gb52
Borgholzhausen D 126 Cc37
Borghorst D 125 Ca37
Borghusseter N 77 Dd33
Borgia I 164 Gc81
Borgloon B 124 Ba41
Børglum DK 100 Dc20
Borgo F 154 Cc69
Borgo a Mozzano I 155 Da64
Borgo Cortili I 150 Dd62
Borgoforte I 149 Db61
Borgofranco d'Ivrea I 148 Bb59
Borgo Grappa I 160 Ec73
Borgo Libertà I 161 Ga74
Borgomanero I 148 Ca58
Borgomasino I 148 Bb59
Borgonovo Ligure I 149 Cc63
Borgonovo Val Tidone I 149 Cc61
Borgo Piave I 160 Eb73
Borgorose I 156 Ec70
Borgo San Dalmazzo I 148 Bc63
Borgo San Giusto I 161 Fd73
Borgo San Lorenzo I 155 Dc64
Borgo San Michele I 160 Ec73
Borgo San Siro I 148 Cb60
Borgo Schisina I 167 Fd84
Borgo Segezia I 161 Fd73
Borgosesia I 148 Ca58
Borgo Tossignano I 150 Dd63
Borgo Val di Taro I 149 Cd62
Borgo Valsugana I 150 Dd58
Borgsdorf D 127 Ed36
Borgsjö S 80 Gc27
Borgsjö S 87 Ga33
Borgstena S 102 Ed48
Borgund N 85 Da37
Borgunda S 102 Fa47
Borgvattnet S 79 Fd30
Borgvik S 94 Ed43
Bori RUS 99 Ma43
Boriç AL 159 Jb70
Borika BG 179 Cd72
Borima BG 180 Db70
Borina SRB 153 Hd63
Borino BG 184 Da75
Borinskoe RUS 203 Fb12
Borisenki RUS 107 Ma51
Borisoglebsk RUS 203 Fc12
Borisovka RUS 203 Fa14
Borisovo BG 180 Eb68
Borisovo RUS 202 Ed08
Borisovo-Sudskoe RUS 202 Ec08
Borja E 47 Ed60
Børja N 94 Ec41
Borje HR 151 Ga62
Börjelsbyn S 73 Ja21
Börjelslandet S 73 Hd22
Borkan S 71 Fd24
Borkel NL 124 Ba39
Borken D 125 Bd38
Borken (Hessen) D 126 Cd41
Borkheide D 127 Ec37
Borki PL 131 Ka38
Borki PL 138 Jc43
Borki RUS 99 Ma39
Børkop DK 108 Db25
Borków PL 130 Jb42
Borkowo PL 123 Jd33
Borkum D 117 Bd32
Borlänge S 95 Fd40
Borlaug N 85 Da37
Borlești RO 172 Ec58
Børlja N 86 Ea32
Borlu TR 192 Fb85
Bormes-les-Mimosas F 43 Kb55
Bormida I 148 Ca63
Bormio I 142 Db56
Born D 119 Ec30
Born NL 125 Bb40
Born S 87 Fd38
Borna D 127 Ec41
Borna D 127 Ed40
Borne D 127 Ea38
Borne F 34 Hd49
Borne NL 117 Bd36
Borness GB 10 Dd17
Borne Sulinowo PL 121 Gb33
Bornheim D 125 Bd41
Bornhöved D 118 Dc31
Börnichen D 127 Ed42
Børnnes N 64 Jc05
Borno I 149 Da58
Bornos E 59 Ca76
Börnsen D 118 Dc33
Bornstedt D 127 Ea39
Boroaia RO 172 Ec56
Borobia E 47 Ec60
Borod RO 171 Cc57
Borodino RUS 113 Jc59
Borodjanka UA 202 Ec14
Borogani MD 177 Fc60
Borohrádek CZ 136 Ga44
Boronów PL 130 Hc42
Borore I 169 Ca76
Boroseni Noi MD 173 Fa54
Boroșneu Mare RO 176 Eb61
Borotin CZ 136 Fc46
Borotno RUS 99 Mb45
Borova UA 203 Fb14
Borova Glava SRB 159 Jb65
Borová Lada CZ 136 Fa48
Borovan BG 179 Cd69
Borovany CZ 136 Fc48
Borovci BG 179 Cc69
Borovci HR 158 Ha67
Borovec BG 179 Cc73
Borovenka RUS 202 Ec09
Boroviči RUS 202 Ec09
Borovik HR 152 Hb60
Borovik RUS 99 Ld45
Borovnica BIH 152 Hb63
Borovnica SLO 151 Fb58
Borovnice CZ 137 Gb46
Borovno CZ 136 Fa46
Borovo BG 180 Ea69
Borovo HR 153 Hd60
Borovo Selo HR 153 Hd60
Borovsk RUS 202 Ed11
Borovye RUS 107 Mb52
Borów PL 129 Gc42
Borów PL 131 Jd41
Borowa PL 138 Jc43
Borowie PL 131 Jd37
Borowiec PL 128 Ga39
Borowina PL 128 Fd39
Borówno PL 121 Ha33
Borowno PL 130 Hc41
Borowo PL 121 Ha30
Borox E 46 Dc65
Borrby S 111 Fb56
Borrby strandbad S 111 Fb57
Borre N 93 Dd43
Borredà E 49 Gd59
Borres E 37 Ca54
Borrèze F 33 Gb50
Borriana E 54 Fc66
Börringe S 110 Fa56
Borriol E 54 Fc66
Borris DK 108 Da24
Borris IRL 13 Cc24
Borris in Ossory IRL 13 Cb22
Borrisokane IRL 13 Ca22
Borrisoleigh IRL 13 Ca23
Börrum S 103 Gb47
Borș RO 170 Ca56
Børsa N 77 Ea30
Borșa RO 171 Da57
Borșa RO 171 Dc55
Borsækoia N 92 Cd43
Borščiv UA 204 Ea16
Borsdorf D 127 Ec40
Borsec RO 172 Ea58
Borselv N 64 Jc06
Borsfa H 145 Gc56
Borsh AL 182 Ab78
Borsk PL 121 Gd31
Borskoe RUS 113 Jb59
Borský Mikuláš SK 137 Gd49
Borsodivánka H 146 Jc52
Borsodnádasd H 146 Jb51
Borsosgyőr H 145 Gd53
Borssele NL 124 Ab38
Börßum D 126 Dc37
Børsted DK 109 Eb27
Borstel D 118 Cd35
Börstig S 102 Fa48
Börstil S 96 Gd40
Bortan S 94 Ed41
Borth D 125 Bd38
Borth GB 15 Dd24
Bortigali I 169 Ca76
Bort-les-Orgues F 33 Ha48
Börtlüce TR 192 Fb85
Börtnan S 87 Fb32
Bortnen N 84 Cb34
Boruja PL 128 Ga37
Boruja Kościelna PL 128 Ga37
Borum DK 108 Dc24
Borup DK 100 Db21
Borup DK 109 Eb26
Boruszyn PL 121 Gb35
Borutta I 168 Ca75
Borve GB 4 Cd06
Borynja UA 204 Dd16
Boryspil' UA 202 Ec14
Boryszyn PL 128 Fd37
Borzechów PL 131 Ka40
Borzechowo PL 121 Ha31
Borzęcice PL 129 Gd38
Borzęciczki PL 129 Gd38
Borzecin PL 138 Jb44
Borzęcin Duży PL 130 Jb37
Borzna UA 202 Ec14
Borzonasca I 149 Cc63
Borzykowa PL 130 Hd41
Borzymy PL 123 Ka31
Borzysław PL 121 Gc31
Borzytuchom PL 121 Gc31
Bosa I 169 Bd76
Bosa Marina I 169 Bd76
Bosanci RO 172 Ec56
Bosanic HR 151 Fd60
Bosanka Kostajnica BIH 152 Gc60
Bosanski Dubočac BIH 152 Hb61
Bosanska Bojna BIH 151 Ga61
Bosanska Krupa BIH 152 Gb62
Bosanska Rača BIH 153 Ja61
Bosanski Brod BIH 152 Hb61
Bosanski Kobaš BIH 152 Ha61
Bosanski Petrovac BIH 152 Gb63
Bosansko Grahovo BIH 158 Gb64
Bošany SK 137 Hb49
Bősárkány H 145 Gd52
Bosau D 118 Dc31
Bosbury GB 15 Ec26
Boscamnant F 32 Fc49
Boșcana MD 173 Fd57
Boscastle GB 18 Db30
Bosco I 156 Eb67
Bosco/Gurin CH 141 Cb56
Bosco Chiesanuova I 149 Dc59
Bosco Marengo I 148 Cb61
Boscotrecase I 161 Fb75
Bösdorf D 118 Dc31

217

Busalla – Cañaveral de León

Busalla **I** 148 Cb62
Busana **I** 149 Da63
Busano **I** 148 Bd59
Bușăuca **MD** 173 Fd56
Busca **I** 148 Bc62
Busche **I** 150 Ea58
Busdorf **D** 108 Db29
Buseck **D** 126 Cc42
Busemarke **DK** 109 Ec28
Busenberg **D** 133 Ca47
Busendorf **D** 134 Dc44
Bušetina **HR** 152 Gd58
Buševec **HR** 152 Gb59
Bushat **AL** 163 Jb71
Bushey **GB** 20 Fc27
Bushfield **IRL** 12 Bd23
Bushmills **GB** 9 Cd15
Busici **MK** 183 Bc74
Busigny **F** 24 Hb33
Bușila **MD** 173 Fb56
Busilovac **SRB** 178 Bc67
Bušince **SK** 146 Hd50
Bus'k **UA** 204 Ea15
Buske **DK** 109 Eb27
Buskhyttan **S** 103 Gb46
Busko-Zdrój **PL** 138 Jb43
Bušletić **BIH** 152 Hb62
Bušno **PL** 131 Kd40
Busnovi **HR** 152 Ha60
Busot **E** 55 Fb71
Busovača **BIH** 158 Hb64
Bussac-Forêt **F** 32 Fc49
Bussang **F** 31 Ka39
Busséol **F** 34 Hb47
Busseto **I** 149 Da61
Bussière-Badil **F** 33 Ga47
Bussières **F** 24 Hb36
Büßleben **D** 127 Dd41
Bussö **FIN** 96 Hc40
Bussoleno **I** 148 Bb60
Busson **F** 30 Jb38
Bussum **NL** 116 Ba36
Bussy-le-Repos **F** 30 Hb39
Bustadmon **S** 78 Fa30
Bustares **E** 46 Dd62
Bustarviejo **E** 46 Dc63
Bușteni **RO** 176 Ea63
Bustidoño **E** 38 Db56
Bustillo de Páramo **E** 37 Cb57
Bustnes **N** 71 Fb20
Busto **E** 37 Ca53
Busto Arsizio **I** 148 Cb59
Buštranje **SRB** 178 Bd72
Bustuchin **RO** 175 Da64
Büsum **D** 118 Da30
Buszkowo **PL** 121 Gd33
Buszów **PL** 120 Fd35
Butan **BG** 179 Cd68
Butea **RO** 172 Ed57
Buțeni **MD** 173 Fc58
Buteni **RO** 170 Cb59
Butera **I** 167 Fa87
Bütgenbach **B** 125 Bb42
Butimanu **RO** 176 Ea65
Būtingė **LT** 113 Jb54
Butjadingen **D** 117 Cc32
Butkaičiai I **LT** 114 Ka56
Butkiškė **LT** 114 Ka55
Butkiškiai **LT** 114 Kc55
Butler's Bridge **IRL** 9 Cb19
Butlerstown **IRL** 12 Bc26
Butley **GB** 21 Gb26
Butniūnai **LT** 114 Kd53
Butoiești **RO** 175 Cd65
Butovo **BG** 180 Dc70
Butrimonys **LT** 114 Kc59
Butrint **AL** 182 Ab79
Butron **E** 38 Ea55
Butryny **PL** 122 Ja32
Butryny **PL** 122 Ja32
Bütschwil **CH** 142 Cc53
Büttelborn **D** 134 Cc44
Buttenheim **D** 135 Dd45
Buttenwiesen **D** 134 Dc49
Buttevant **IRL** 12 Bd24
Buttington **GB** 15 Eb24
Buttlar **D** 126 Db42
Buttle **S** 104 Ha50
Buttlerstown **IRL** 13 Cb25
Buttstädt **D** 127 Ea41
Büttstedt **D** 126 Db40
Butuceni **MD** 173 Fd56
Buturlinovka **RUS** 203 Fb13
Buturugeni **RO** 176 Ea66
Butzbach **D** 134 Cc43
Bützow **D** 119 Eb32
Buurse **NL** 125 Bd37
Buvåg **N** 66 Fd14
Buvarp **N** 78 Eb27
Buvik **N** 77 Da32
Buvika **N** 70 Fa19
Buvika **N** 70 Fa20
Buvika **N** 77 Ea30
Buvika **N** 86 Ec34
Buxières-les-Mines **F** 30 Hb44
Buxtehude **D** 118 Db33
Buxton **GB** 16 Ed22
Buxy **F** 30 Ja43
Büyükalan **TR** 198 Ga90
Büyükanafarta **TR** 185 Ea80
Büyükbelen **TR** 192 Fa85
Büyükbelkıs **TR** 199 Ha91
Büyükçavuşlu **TR** 185 Ed76
Büyükçavuşlu **TR** 186 Fa77
Büyük Çekmece **TR** 186 Fc77
Büyükdağdere **TR** 192 Fb83
Büyükdöllük **TR** 185 Eb75
Büyükfındık **TR** 191 Ed82
Büyük Gökçeli **TR** 199 Gd88
Büyükhusum **TR** 191 Ea82
Büyükışıklar **TR** 191 Ed83
Büyükkale **TR** 191 Ed87
Büyükkalecik **TR** 193 Gc85
Büyükkaraağaç **TR** 198 Fb91
Büyükkarabağ **TR** 193 Ha85
Büyükkarıştıran **TR** 185 Ed77
Büyükkayalı **TR** 192 Fd86
Büyükkılıclı **TR** 186 Fb77
Büyükköy **TR** 199 Gb90
Büyükkumluca **TR** 199 Gd91
Büyükmandıra **TR** 185 Ec76
Büyüköğünlü **TR** 185 Eb74
Büyükorhan **TR** 192 Fc82
Büyükoturak **TR** 193 Gb85
Büyükpınar **TR** 191 Ed81
Büyüksaka **TR** 193 Gb83
Büyükşapçı **TR** 191 Ec82
Büyüksöğle **TR** 199 Gb92
Büyüktekke **TR** 187 Ha77
Büyükyayla **TR** 193 Gc84
Büyükyenice **TR** 191 Ed83
Büyükyoncalı **TR** 186 Fa76
Buza **RO** 171 Db57
Buzançais **F** 29 Gb43
Buzancy **F** 24 Ja34
Buzău **RO** 176 Ec64
Buzescu **RO** 180 Dd67
Buzet **HR** 151 Fa60
Buziaș **RO** 174 Bd61
Buzica **SK** 138 Jc49
Bužim **BIH** 152 Gb61
Buzluca **TR** 193 Ha84
Buzoești **RO** 175 Dc65
Buzovgrad **BG** 180 Dd72
Buzsák **H** 145 Ha56
Bweeng **IRL** 12 Bc25
Bwlch **GB** 15 Ea26
Bwlchllan **GB** 15 Ea25
Bwlch-y-ffridd **GB** 15 Ea24
Bwlch-y-Sarnau **GB** 15 Ea25
By **N** 78 Ea28
By **S** 94 Ed42
By **S** 94 Ed44
By **S** 95 Ga41
Byans-sur-Doubs **F** 31 Jd42
Byarum **S** 103 Fb49
Byberget **S** 87 Fd33
Bybjerg **DK** 109 Eb25
Bychav **BY** 202 Eb12
Bychawa **PL** 131 Kb40
Bycina **PL** 137 Hb43
Byczki **PL** 130 Ja38
Byczyna **PL** 129 Ha41
Byczyna **PL** 138 Hd44
Bydalen **S** 79 Fb31
Bydgoszcz **PL** 121 Ha34
Bydlino **PL** 121 Gc29
Bye **S** 88 Gc33
Byford **GB** 15 Eb26
Bygdeå **S** 80 Hc27
Bygdeträsk **S** 80 Hc26
Bygdisheim **N** 85 Db36
Bygdsiljum **S** 80 Hc26
Bygget **S** 102 Ed52
Bygland **N** 92 Cd45
Byglandsfjord **N** 92 Cd45
Bykle **N** 92 Cd43
Byklestøylane **N** 92 Cd43
Bykovo **RUS** 203 Fd13
Bylchau **GB** 15 Ea22
Byluft **N** 65 Kb07
Byn **S** 94 Ed42
Byneset **N** 77 Ea30
Byremo **N** 92 Cc46
Byrkjedal **N** 92 Cb44
Byrkjelo **N** 84 Cc35
Byrness **GB** 11 Ec15
Byrudstua **N** 85 Ea40
Byrum **DK** 101 Ea20
Byšice **CZ** 136 Fc44
Byske **S** 73 Hc24
Býškovice **CZ** 137 Ha46
Bysław **PL** 121 Ha33
Byssträsk **S** 80 Ha27
Býšť **CZ** 136 Ga44
Bysting **N** 77 Dd29
Bystrá **SK** 138 Hd48
Bystré **CZ** 137 Gb46
Bystré **SK** 139 Jd47
Bystrecovo **RUS** 107 Ma47
Bystřice **CZ** 136 Fc46
Bystřice **CZ** 138 Hc46
Bystřice nad Pernštejnem **CZ** 137 Gb46
Bystřice pod Hostýnem **CZ** 137 Ha47
Bystrzyca **PL** 131 Ka41
Bystrzyca Kłodzka **PL** 137 Gc44
Byszyno **PL** 120 Ga31
Bytča **SK** 137 Hb47
Bytnica **PL** 128 Fd37
Bytom **PL** 138 Hc43
Bytom Odrzański **PL** 128 Ga39
Bytoń **PL** 129 Hb36
Bytów **PL** 121 Gd31
Bytyń **PL** 129 Gb36
Byvattnet **S** 80 Gc30
Byxelkrok **S** 104 Gc50
Bzenec **CZ** 137 Gd48
Bzovík **SK** 146 Hd50

C

Căbăiești **MD** 173 Fb57
Cabaj-Čápor **SK** 145 Ha50
Cabaleiros (Tordoia) **E** 36 Ad54
Cabanac **F** 32 Fb51
Cabañaquinta (Aller) **E** 37 Cc55
Cabañas de la Dornilla **E** 37 Ca57
Cabanes **E** 54 Fd65
Cabañes de Esgueva **E** 46 Dc60
Cabanillas **E** 47 Ed59
Cabanillas de la Sierra **E** 46 Dc63
Čabar **HR** 151 Fc59
Cabasse **F** 42 Ka54
Cabdella **E** 40 Gb58
Cabeça de Carneiro **P** 50 Ba70
Cabeça Gorda **P** 50 Ad71
Cabeço de Vide **P** 50 Ba68
Cabella Ligure **I** 149 Cc62
Cabertarar **TR** 192 Fc86
Căbești **RO** 170 Cb57
Cabezabellosa **E** 45 Ca65
Cabeza del Buey **E** 52 Cc69
Cabeza la Vaca **E** 51 Bd71
Cabezamesada **E** 53 Dd66
Cabezarados **E** 52 Da69
Cabezarrubias **E** 52 Da70
Cabezas del Villar **E** 45 Cc63
Cabezas Rubias **E** 59 Bb72
Cabezón **E** 46 Da60
Cabezón de la Sal **E** 38 Db55
Cabezón de Liébana **E** 38 Da55
Cabezuela **E** 46 Db62
Cabezuela del Valle **E** 45 Cb65
Cabia **E** 38 Dc58
Čabiny **SK** 139 Ka47
Caboalles de Arriba **E** 37 Ca56
Cabourg **F** 22 Fc35
Cabra **E** 60 Cd74
Čabra **KSV** 178 Ba70
Cabrach **GB** 7 Ec08
Cabra del Santo Cristo **E** 60 Dc73
Cabra de Mora **E** 54 Fb65
Cabragh **GB** 9 Cc17
Cabrahígos **E** 59 Ca77
Cabras **I** 169 Bd77
Cabredo **E** 39 Eb57
Cabreiros **E** 36 Bb54
Cabrejas del Pinar **E** 47 Ea60
Cabrela **P** 50 Ac69
Cabrerets **F** 33 Gc51
Cabrières **F** 41 Hc54
Cabrillas **E** 45 Ca63
Cabruñana **E** 37 Cb54
Cabuna **HR** 152 Ha59
Cacabelos **E** 37 Bd57
Čačak **SRB** 159 Jc64
Caccamo **I** 166 Ed84
Caccuri **I** 165 Gd80
Cacela Velha **P** 58 Ba74
Čačërsk **BY** 202 Ec13
Čačevičy **BY** 202 Eb12
Cachafeiro **E** 36 Ba56
Cachão **P** 45 Bc60
Cachopo **P** 58 Ad73
Cachtice **SK** 137 Ha49
Cacia **P** 44 Ac62
Cacica **RO** 172 Eb55
Cacin **E** 60 Db75
Čačinci **HR** 152 Hb59
Căciulata **RO** 175 Db63
Cádabo (Baleira) **E** 36 Bc55
Cadafresnas **E** 37 Bd57
Cadagua **E** 38 Dd56
Cadalen **F** 41 Gd53
Cadalso de los Vidrios **E** 46 Da65
Cadaqués **E** 41 Hc58
Cadaval **P** 50 Ab67
Cadavedo **E** 37 Ca54
Čađavica **BIH** 152 Gd63
Čađavica **HR** 152 Ha59
Čađavica Gornja **BIH** 153 Hd62
Čadca **SK** 138 Hc46
Cadelbosco di Sopra **I** 149 Db62
Caden **F** 27 Ec41
Cadenabbia **I** 149 Cc57
Cadenberge **D** 118 Da32
Cadenet **F** 42 Jc53
Cádiar **E** 60 Dc76
Cadillac **F** 32 Fc51
Cadillon **F** 40 Fc54
Čadinje **SRB** 159 Jb66
Cadis **F** 41 Gd54
Cádiz **E** 59 Bd76
Cadolzburg **D** 134 Dc46
Cadouin **F** 33 Ga50
Cadreita **E** 47 Ed59
Cadzand **NL** 124 Ab38
Caen **F** 22 Fc36
Caerleon **GB** 19 Eb27
Caernarfon **GB** 15 Dd22
Caerphilly **GB** 19 Eb28
Caersws **GB** 15 Ea24
Čaevo **RUS** 202 Ed08
Čafa **MK** 182 Ba74
Čafe **MNE** 159 Ja69
Cagan Aman **RUS** 203 Ga14
Cagan-Nur **RUS** 203 Ga14
Caggiano **I** 161 Fd76
Çağıllar **TR** 192 Fc84
Çağış **TR** 192 Fa82
Cagitán **E** 61 Ec72
Çağlarca **TR** 199 Gc91
Çağlayık **TR** 185 Ed74
Cagli **I** 156 Eb66
Cagliari **I** 169 Ca80
Čaglin **HR** 152 Hb60
Çağman **TR** 199 Gb93
Cagnano Varano **I** 161 Ga72
Cagnes-sur-Mer **F** 43 Kc53
Cagnotte **F** 39 Fa54
Čagoda **RUS** 202 Ec08
Caher **IRL** 8 Bc20
Cahir **IRL** 13 Ca24
Caherdaniel **IRL** 12 Ba26
Cahersiveen **IRL** 12 Ba25
Cahors **F** 33 Gc51
Cahul **MD** 177 Fb61
Cahuzac-sur-Vére **F** 41 Gd53
Căianu **RO** 171 Da58
Căianu Mic **RO** 171 Db56
Caiazzo **I** 161 Fb74
Cain **E** 38 Da55
Căinari **MD** 173 Fd59
Căinarii Vechi **MD** 173 Fb54
Căineni **RO** 175 Db62
Căineni-Băi **RO** 176 Ed64
Caión **E** 36 Ad54
Čaira **BG** 179 Cd73
Cairaclia **MD** 177 Fc62
Cairnborrow **GB** 7 Ec08
Cairndow **GB** 6 Dc12
Cairnryan **GB** 10 Dc16
Cairo Montenotte **I** 148 Ca62
Caiseal **IRL** 13 Ca24
Caisleán an Bharraigh **IRL** 8 Bc19
Caisleán an Chomair **IRL** 13 Cb23
Caister-on-Sea **GB** 17 Gc24
Caistor **GB** 17 Fc21
Caivano **I** 161 Fb74
Cajarc **F** 33 Gc51
Cajba **MD** 173 Fa55
Čajetina **SRB** 159 Jb65
Čajić **BIH** 158 Gc65
Čajka **BG** 181 Fb70
Čajle **MK** 178 Ba73
Čajniče **BIH** 159 Hd66
Cajvana **RO** 172 Eb55
Cák **H** 145 Gb53
Çakallar **TR** 191 Ec86
Çakallar **TR** 191 Ed82
Čakany **SK** 145 Gd51
Çakılköyü **TR** 186 Fa79
Çakıllı **TR** 186 Fa76
Çakıllı **TR** 192 Fa83
Čakino **RUS** 203 Fc12
Çakır **TR** 191 Ed81
Çakır **TR** 198 Fd90
Çakırbeyli **TR** 197 Ed88
Çakırca **TR** 186 Ga79
Çakırdere **TR** 191 Ec82
Çakırlar **TR** 191 Ec83
Çakırlar **TR** 192 Fc85
Çakırlar **TR** 193 Hb87
Çakırlar **TR** 199 Gc91
Çakırözü **TR** 193 Gc86
Çakmak **TR** 191 Eb83
Çakmak **TR** 192 Fd82
Çakmak **TR** 192 Ga83
Çakmak **TR** 193 Hb84
Çakmak **TR** 198 Fb90
Čakovci **HR** 153 Hd60
Čakovec **HR** 152 Gb57
Çal **TR** 192 Fd87
Cala **E** 59 Bd72
Cala **P** 51 Bb69
Cala Antena **E** 57 Hc67
Calabernardo **I** 167 Fd88
Cala Blanca **E** 57 Ja66
Cala Blava **E** 57 Hb67
Calabritto **I** 161 Fd75
Calacea **RO** 170 Ca58
Calaceite **E** 48 Fd63
Calacuccia **F** 154 Cb69
Cala de Mijas **E** 60 Cd77
Cala d'Or **E** 57 Hc68
Cala en Porter **E** 57 Ja66
Calaf **E** 49 Gc60
Calafat **RO** 179 Cc67
Calafell **E** 49 Gc62
Cala Figuera **E** 57 Hc68
Calafindești **RO** 172 Eb55
Calafort Ros Láir **IRL** 13 Cd25
Calafuria **I** 155 Da66
Cala Galdana **E** 57 Ja66
Cala Gonone **I** 169 Cc76
Calahonda **E** 60 Cd77
Calahonda **E** 60 Dc76
Calahorra de Boedo **E** 38 Db57
Calahorra **E** 39 Ec58
Calais **F** 21 Gc30
Cala Liberotto **I** 168 Cc76
Cala Llenya **E** 56 Gc69
Cala Llonga **E** 56 Gc69
Calalzo di Cadore **I** 143 Eb56
Cala Major **E** 57 Hb67
Calambrone **I** 155 Da65
Cala Mesquida **E** 57 Jb66
Cala Millor **E** 57 Hd67
Calamocha **E** 47 Ed63
Calamonaci **I** 166 Ec86
Calamonte **E** 51 Bd69
Cala Morell **E** 57 Ja65
Călan **RO** 175 Cc61
Calañas **E** 59 Bb72
Calanda **E** 48 Fc63
Calangianus **I** 168 Cb74
Cala Pi **E** 57 Hb68
Calapica **BG** 180 Db73
Cala Rajada **E** 57 Hd67
Călărași **MD** 173 Fc57
Călărași **RO** 171 Da59
Călărași **RO** 173 Fa56
Călărași **RO** 179 Da68
Călărași **RO** 181 Ed67
Cala Rossa **F** 154 Cb72
Cala Sant Vicenç **E** 56 Gc69
Cala Sant Vicenç **E** 57 Hc66
Calascibetta **I** 167 Fa85
Călășeni **MD** 173 Fa55
Calasetta **I** 169 Bc80
Calasparra **E** 61 Ec72
Calatafimi-Segesta **I** 166 Eb84
Calatañazor **E** 47 Ea60
Calatayud **E** 47 Ed61
Călățele **RO** 171 Cd58
Calații Bistriței **RO** 171 Dc57
Calatorao **E** 47 Ed61
Cala Turqueta **E** 57 Ja66
Calau **D** 128 Fa39
Cala Vedella **E** 56 Gb69
Calbe **D** 127 Ea38
Calberlah **D** 126 Dc36
Çalçakırlar **TR** 192 Fd87
Calcatoggio **F** 154 Ca70
Calcena **E** 47 Ec60
Çalcı **TR** 193 Ha81
Calcinelli **I** 156 Ec65
Calcio **I** 149 Cd59
Calco **I** 149 Cc58
Căldădraru **RO** 175 Dc66
Caldaro **I** 142 Dc56
Caldarola **I** 156 Ec67
Caldas da Felgueira **P** 44 Ba63
Caldas da Rainha **P** 50 Ab66
Caldas de Monchique **P** 58 Ab73
Caldas de Reis **E** 36 Ad56
Caldas de Vizela **P** 44 Ad60
Caldbeck **GB** 11 Eb17
Calde **E** 36 Bb55
Caldearenas **E** 39 Fb58
Caldebarcos **E** 36 Ac55
Caldelas **E** 36 Ad58
Caldelas **P** 44 Ad60
Caldelas **P** 44 Ad59
Calden **D** 126 Da39
Calderari **I** 167 Fb86
Çaldere **TR** 192 Fb82
Calder Mains **GB** 5 Eb04
Calders **E** 49 Gd60
Caldes de Boí **E** 40 Ga58
Caldes de Malavella **E** 49 Hb60
Caldes de Montbui **E** 49 Gd60
Caldirola **I** 149 Cc62
Caldueño **E** 38 Da54
Caleao **E** 37 Cc55
Caledon **GB** 9 Cd18
Calella **E** 49 Hb60
Calella de Palafrugell **E** 49 Hc60
Calenzana **F** 154 Ca69
Calera de León **E** 51 Bd71
Calera y Chozas **E** 52 Cd66
Caleruega **E** 46 Dc60
Caleruela **E** 52 Cc66
Cales de Mallorca **E** 57 Hc67
Calestano **I** 149 Da62
Calfa **MD** 173 Ga58
Calfsound **GB** 5 Ec02
Calgary **GB** 6 Da10
Çalı **TR** 186 Fc80
Çalıbahçe **TR** 191 Ec84
Càlig **E** 48 Fd64
Calignac **F** 40 Fd52
Călimănești **RO** 175 Db63
Călinești **MD** 173 Fa56
Călinești **RO** 171 Db55
Călinești **RO** 175 Dc64
Călinești **RO** 180 Dd67
Călinești-Oaș **RO** 171 Da54
Çalışlar **TR** 193 Gc85
Calitri **I** 161 Fd75
Calizzano **I** 148 Bd63
Çalkara **TR** 193 Gc81
Çalkaya **TR** 193 Ha81
Çalkaya **TR** 199 Gd91
Çalköy **TR** 193 Gb84
Çalköy **TR** 193 Gb84
Callac **F** 26 Ea38
Callainn **IRL** 13 Cb24
Callan **IRL** 13 Cb24
Callander **GB** 7 Dd12
Callanish **GB** 4 Da05
Callantsoog **NL** 116 Ba34
Callas **F** 43 Kb53
Callelongue **F** 42 Jc55
Calliano **I** 148 Ca60
Calliano **I** 149 Dc58
Çallıca **TR** 199 Gb89
Çallıcaalan **TR** 187 Ha80
Callington **GB** 18 Dc31
Callosa d'En Sarrià **E** 55 Fc70
Callosa de Segura **E** 55 Fa72
Callow **IRL** 8 Bd19
Callús **E** 49 Gd60
Čalma **SRB** 153 Ja61
Călmănești **RO** 176 Ed61
Călmățuiu **RO** 180 Dc67
Călmățuiu de Sus **RO** 180 Dc67
Calne **GB** 20 Ed28
Calnegre y Los Curas **E** 55 Ed74
Călnic **RO** 175 Cc64
Călnic **RO** 175 Da61
Calolziocorte **I** 149 Cd58
Calonge **E** 49 Hc60
Calonge **E** 57 Hc68
Calonne-Ricouart **F** 23 Gd31
Calopăr **RO** 175 Cd66
Calp **E** 55 Fd70
Calpe **E** 55 Fd70
Caltabellotta **I** 166 Ec85
Caltagirone **I** 167 Fb87
Caltanissetta **I** 167 Fa86
Caltavuturo **I** 167 Fa85
Çaltepe **TR** 198 Ga89
Çaltepe **TR** 199 Ha90
Çaltı **TR** 193 Gb81
Çaltı **TR** 198 Ga88
Çaltıçukur **TR** 199 Hb91
Çaltıkkoru **TR** 191 Ec83
Çaltılıbük **TR** 192 Fc81
Caltojar **E** 47 Ea61
Călugăreni **RO** 180 Ea67
Caluso **I** 148 Bd59
Calvão **P** 44 Ac63
Calvarrasa de Abajo **E** 45 Cb62
Calvello **I** 161 Ga76
Calver **GB** 16 Fa22
Calvering **GB** 20 Fd26
Calverrasa de Arriba **E** 45 Cb62
Calvi **F** 154 Ca69
Calvià **E** 56 Ha67
Calviac **F** 33 Gd50
Calvi dell' Umbria **I** 156 Eb70
Calvine **GB** 7 Ea10
Calvinet **F** 33 Ha50
Calvini **RO** 176 Eb63
Calvisson **F** 42 Ja53
Calvos de Randín **E** 36 Ba58
Calw **D** 134 Cc48
Calzada de Bureba **E** 38 Dd57
Calzada de Calatrava **E** 52 Db70
Calzada del Coto **E** 37 Cd58
Calzada de los Molinos **E** 38 Da58
Calzada de Valdunciel **E** 45 Cb62
Calzadilla **E** 45 Bd65
Calzadilla de los Barros **E** 51 Bd71
Camaiore **I** 155 Da64
Çamalan **TR** 192 Fd82
Çamalan **TR** 193 Gd81
Camaldoli **I** 156 Dd65
Camaleño **E** 38 Da55
Çamaltı İskelesi **TR** 191 Eb86
Camañas **E** 47 Fa64
Camăr **RO** 171 Cc56
Camarasa **E** 48 Ga60
Çamarası **TR** 198 Fc88
Cămărașu **RO** 171 Db58
Camarena **E** 46 Db65
Camarena de la Sierra **E** 47 Fa65
Camarenilla **E** 52 Db66
Camarès **F** 41 Hb53
Camaret-sur-Mer **F** 26 Db38
Camarinal **E** 59 Ca78
Camariñas **E** 36 Ac54
Camarles **E** 48 Ga63
Camarma de Esteruelas **E** 46 Dc64
Camarmeña **E** 38 Da55
Cămărzana **RO** 171 Da54
Camarzana de Tera **E** 45 Cb59
Camas **E** 59 Bd74
Camastra **I** 166 Ed86
Cambados **E** 36 Ad56
Cambas **P** 44 Ba65
Cambazlı **TR** 192 Fa85
Çambel **TR** 191 Ed86
Cambela **E** 36 Bc58
Cambeo **E** 36 Bb58
Camber **GB** 21 Ga30
Çambeyli **TR** 193 Gb85
Cambil **E** 60 Db73
Camblesforth **GB** 16 Fb20
Cambo **GB** 11 Ed16
Cambo-les-Bains **F** 39 Ed55
Camborne **GB** 18 Da32
Cambra **P** 44 Ad62
Cambrai **F** 24 Hb32
Cambre **E** 36 Ba54
Cambres **P** 44 Ba61
Cambridge **GB** 20 Fd26
Cambrils **E** 48 Gb62
Cambs **D** 119 Ea32
Camburg **D** 127 Ea41
Çamcı **TR** 191 Ec82
Çamdere **TR** 192 Fd86
Çamdibi **TR** 192 Ga83
Camedo **CH** 148 Cb57
Camelford **GB** 18 Dc31
Çameli **TR** 198 Fd90
Camelle **E** 36 Ac54
Camenca **MD** 173 Fa55
Camenca **MD** 173 Fd54
Camerano **I** 156 Ed66
Camerata Cornello **I** 149 Cd58
Cameri **I** 148 Cb59
Camerino **I** 156 Ec67
Camerota **I** 161 Fd77
Çamiçi **TR** 191 Ec85
Çamiçi **TR** 197 Ed89
Camiers **F** 23 Gc31
Camiliyayla **TR** 192 Ga82
Caminha **P** 36 Ac58
Caminomorisco **E** 45 Ca64
Caminreal **E** 47 Ed63
Çamırdık **TR** 192 Ga84
Camisano Vicentino **I** 150 Dd59
Çamızlar **TR** 198 Fd92
Çamkonak **TR** 187 Gc77
Çamköy **TR** 191 Ea81
Çamköy **TR** 197 Ed90
Çamköy **TR** 198 Ga90
Çamköy **TR** 199 Gd91
Çamlı **TR** 187 Ha78
Çamlı **TR** 191 Eb86
Çamlı **TR** 197 Fa90
Çamlıca **TR** 191 Ea81
Çamlıca **TR** 199 Hb88
Çamlıdere **TR** 199 Gc89
Çamlık **TR** 192 Fc83
Çamlık **TR** 197 Ec88
Çamlık **TR** 197 Ed90
Çamlik **TR** 199 Hb89
Çamlıkköy **TR** 191 Ec82
Çamlıköy **TR** 198 Fd92
Çamlıtepe **TR** 199 Hb91
Cammarata **I** 166 Ed85
Camogli **I** 149 Cc63
Camolin **IRL** 13 Cd24
Çamoluk **TR** 198 Fb89
Çamönü **TR** 192 Fa84
Camors **F** 27 Ea40
Camp **IRL** 12 Ba24
Campagna **I** 161 Fd75
Campagnano di Roma **I** 156 Ea70
Campagne **F** 39 Fb53
Campana **I** 165 Gd79
Campanario **E** 51 Cb69
Campanas **E** 39 Ed57
Campanet **E** 57 Hb66
Câmpani **RO** 171 Cc58
Campanillas **E** 60 Cd76
Campaspero **E** 46 Db61
Campbeltown **GB** 10 Db14
Campel **F** 27 Ec40
Campénéac **F** 27 Ec40
Câmpeni **MD** 177 Fc62
Câmpeni **RO** 171 Cd59
Camperduin **NL** 116 Ba34
Campia **P** 44 Ad62
Campi Bisenzio **I** 155 Dc65
Câmpie Turzii **RO** 171 Da59
Campiglia Marittima **I** 155 Da67
Campiglia Soana **I** 148 Bc59
Campigliatello Silano **I** 164 Gc80
Campigna **I** 156 Dd65
Campillo **E** 45 Cb60
Campillo **E** 47 Fa65
Campillo de Altobuey **E** 53 Ec67
Campillo de Arenas **E** 60 Db74
Campillo de Azaba **E** 45 Bd63
Campillo de Deleitosa **E** 51 Cb66
Campillo de Dueñas **E** 47 Ed63
Campillo de las Doblas **E** 53 Ec70
Campillo de Llerena **E** 51 Ca70
Campillos **E** 60 Cc75
Campillos Sierra **E** 47 Ec65
Câmpina **RO** 176 Ea64
Çampınar **TR** 191 Ed85
Câmpineanca **RO** 176 Ed62
Campisábalos **E** 46 Dd62
Campi Salentina **I** 162 Hb76
Campitello **F** 154 Cb69
Campitello di Fassa **I** 143 Dd56
Campitello Matese **I** 161 Fb73
Campli **I** 156 Ed69
Camplongo **E** 37 Cc56
Campo **E** 40 Fd58
Campo Arcis **E** 54 Fa68
Campobasso **I** 161 Fc72
Campobecerros **E** 36 Bc58
Campobello di Licata **I** 167 Fa86
Campobello di Mazara **I** 166 Eb85
Campo Blénio **CH** 142 Cc55
Campocologno **CH** 149 Da57
Campodarsego **I** 150 Ea59
Campo de Besteiros **P** 44 Ad63
Campo de Caso **E** 37 Cd55
Campo de Criptana **E** 53 Dd68
Campo del Hospital **E** 36 Bb53
Campo de San Pedro **E** 46 Dc61
Campo de Viboras **P** 45 Bd60
Campo di Giove **I** 161 Fa71
Campodimele **I** 160 Ed73
Campo do Gerês **P** 44 Ba59
Campodolcino **I** 142 Cd56
Campo Felice **I** 156 Ed70
Campofelice di Roccella **I** 167 Fa84
Campofiorito **I** 166 Ec85
Campofrío **E** 59 Bc72
Campogalliano **I** 149 Db62
Campohermoso **E** 61 Eb76
Campolasta **I** 143 Dd56
Campolattaro **I** 161 Fc73
Campoli Appennino **I** 160 Ed72
Campo Ligure **I** 148 Cb62
Campolongo **E** 36 Ba54
Campolongo Maggiore **I** 150 Ea60
Campo Lugar **E** 51 Cb68
Campo Maior **P** 51 Bb68
Campomarino **I** 161 Fc71
Campomarino **I** 162 Ha76
Camponaraya **E** 37 Bd57
Campora San Giovanni **I** 164 Gb81
Campo Real **E** 46 Dc65
Camporeale **I** 166 Ec84
Campo Redondo **P** 58 Ab72
Camporrells **E** 48 Ga59
Camporrobles **E** 54 Ed67
Campos **E** 57 Hc68
Camposampiero **I** 150 Ea59
Camposancos **E** 36 Ac58
Camposanto **I** 149 Dc62
Campo Staffi **I** 160 Ed71
Campotéjar **E** 60 Db74
Campo Tenese **I** 164 Gb78
Campotosto **I** 156 Ed69
Campo Tures **I** 143 Ea55
Campo Vallemaggia **CH** 141 Cb56
Campo Xestada **E** 36 Ad54
Camprodon **E** 41 Ha58
Camps-en-Amiénois **F** 23 Gc33
Camptown **GB** 11 Ec15
Câmpu lui Neag **RO** 175 Cc62
Câmpulung **RO** 175 Dc63
Câmpulung la Tisa **RO** 171 Db54
Câmpulung Moldovenesc **RO** 172 Ea56
Câmpuri **RO** 176 Ec61
Camrose **GB** 14 Db26
Çamsu **TR** 192 Ga85
Çamucu **TR** 191 Ed82
Camuñas **E** 52 Dc68
Çamurköy **TR** 198 Fd92
Çamurluk **TR** 187 Gd80
Çamyayla **TR** 193 Gb81
Çamyazı **TR** 192 Fd85
Çamyuva **TR** 192 Ga85
Çamyuva **TR** 199 Gc92
Çan **TR** 191 Ec81
Čaňa **SK** 139 Jd49
Canabal **E** 36 Bb57
Cañada **E** 55 Fa70
Cañada de la Cruz **E** 61 Eb72
Cañada del Hoyo **E** 53 Ec66
Cañada del Rosal **E** 60 Cc73
Cañadajuncosa **E** 53 Eb67
Cañada Vellida **E** 47 Fa64
Cañadillas **E** 60 Cd74
Čanak **HR** 151 Fd62
Çanakçı **TR** 192 Fc85
Çanakçı **TR** 192 Fc86
Çanakçı **TR** 199 Gd91
Çanakkale **TR** 185 Ea80
Çanaklı **TR** 199 Gc89
Canale **I** 148 Bd61
Canalejas del Arroyo **E** 47 Eb65
Canals **E** 54 Fb69
Canal San Bovo **I** 150 Dd57
Cañamares **E** 47 Eb64
Cañamares **E** 53 Ea70
Cañamero **E** 51 Cb67
Canaples **F** 23 Gd33
Canara **E** 61 Ec72
Canari **F** 154 Cc68
Canas de Senhorim **P** 44 Ba63
Cañaveral **E** 51 Bd66
Cañaveral de León **E** 51 Bc71

Czerwone – Diakovo

Czerwone PL 123 Jd33
Czerwonka PL 122 Jb31
Czerwonka PL 122 Jc34
Czerwonki PL 123 Ka32
Czerwony Dwór PL 123 Jd30
Czestków PL 130 Hc39
Częstochowa PL 130 Hc42
Czeszów PL 129 Gd40
Człopa PL 120 Ga34
Człuchów PL 121 Gc32
Czorsztyn PL 138 Jb46
Czudec PL 139 Ka44
Czumów PL 131 Kd41
Czyczkowy PL 121 Gd32
Czyże PL 123 Kc34
Czyżew-Osada PL 123 Ka35
Czyżkowo PL 121 Gc33

D

Daaden D 125 Cb41
Dăbâca RO 171 Da57
Dabar HR 151 Fd61
Dabar HR 158 Gc65
Dabas H 146 Hd54
Dabbnäs S 79 Fd25
Dabel D 119 Eb32
Dăben BG 179 Da70
Dăbene BG 180 Db72
Dąbie PL 120 Fd32
Dąbie PL 128 Fd38
Dąbie PL 129 Hb37
Dąbie PL 131 Ka37
Dabilja MK 183 Ca75
Dąbki PL 121 Gb30
Dăbnica BG 184 Cd75
Dăbovan BG 180 Db68
Dăbovec BG 185 Ea75
Dăbovo BG 180 Dd72
Dabrac BIH 152 Gd63
Dabrica BIH 158 Hb67
Dąbrowa PL 120 Fc35
Dąbrowa PL 121 Ha35
Dąbrowa PL 122 Hc30
Dąbrowa PL 129 Ha42
Dąbrowa Białostocka PL 123 Kb31
Dąbrowa Biskupia PL 121 Hb35
Dabrowa Chełmińska PL 121 Ha34
Dąbrowa Górnicza PL 138 Hc43
Dąbrowa Tarnowska PL 138 Jc44
Dąbrowa Zielona PL 130 Hd41
Dąbrowica PL 131 Kb42
Dąbrowice PL 130 Hc37
Dąbrówka PL 122 Hc33
Dąbrówka PL 122 Jc33
Dąbrówka PL 130 Jc36
Dąbrówka PL 131 Jd40
Dabrówka PL 131 Jd41
Dąbrówka PL 139 Kb43
Dąbrówka-Kościelna PL 123 Ka34
Dabrówka Wielkopolska PL 128 Ga37
Dąbrówki PL 139 Ka43
Dąbrówno PL 122 Hd33
Dąbrowy PL 122 Jc33
Dabryn' BY 202 Eb14
Dăbuleni RO 179 Da68
Dachau D 143 Dd50
Dachnów PL 139 Kc43
Dachsbach D 134 Dc46
Dačice CZ 136 Fd48
Dacón E 36 Ba57
Dadalı TR 187 Ha77
Dädesjö S 103 Fc51
Dadiá GR 185 Ea77
Dådran S 87 Fd38
Dăeni RO 177 Fb65
Dăeşti RO 175 Db63
Dafjord N 62 Gd08
Dáfnes GR 188 Bb85
Dafni GR 184 Cd79
Dáfni GR 188 Bb82
Dáfni GR 188 Bb86
Dáfni GR 189 Bc83
Dáfni GR 194 Bc89
Dağ TR 199 Gc90
Dağakçaköy TR 192 Fc81
Dagali N 85 Db39
Dağardı TR 192 Fc83
Dağarlar TR 192 Fb87
Dagâța RO 172 Ed58
Dağbağ TR 199 Gb92
Dagda LV 107 Ld52
Dağdemirciler TR 192 Fd81
Dağdere TR 192 Fa84
Dagdere TR 198 Ga88
Dagebüll D 108 Cd28
Dagenham GB 20 Fd28
Dağeymiri TR 191 Ed87
Dağhacılar TR 187 Gd80
Dağırmandere TR 191 Ec85
Dağıstan TR 191 Ec83
Dağkadı TR 186 Fb80
Dağkızılca TR 191 Ec86
Daglingworth GB 20 Ed27
Dagomys RUS 205 Fd17
Dağpınar TR 197 Fa90
Dagsås S 102 Ec51
Dagsmark FIN 89 Ja33
Dağyenice TR 186 Fb77
Dağyolu TR 187 Ha80
Dahlem D 125 Bc42
Dahlen D 127 Ed40
Dahlenburg D 119 Dd34
Dahme D 119 Dd30
Dahme D 127 Ed38
Dahn D 133 Ca47
Dähre D 119 Dd35
Daia RO 175 Dc60
Daia RO 180 Ea67
Daia Română RO 175 Da60
Daikanberg S 71 Ga24
Daikanvik S 71 Ga24
Dailly GB 10 Dc15
Dailučiai LT 114 Ka58
Daimiel E 52 Dc69
Dainville-Bertheléville F 30 Jb38
Dairsie GB 7 Ec12
Dajla HR 150 Ed60
Dakovica KSV 178 Ad71
Đakovo HR 153 Hc60
Daksti LV 106 Kd47
Dal N 93 Db41
Dal N 93 Db44
Dal N 94 Eb40
Dal S 80 Gc31
Dala S 102 Fa47
Đala SRB 153 Jb57
Dalaas A 142 Da54
Dalachów PL 129 Hb41
Dalama TR 197 Fa88
Dalaman TR 198 Fc91
Dalarö S 96 Ha44
Dalasjö S 79 Gb26
Dalavardo S 71 Fd21
Dalavich GB 6 Dc12
Dalbe LV 106 Kb51
Dalbeattie GB 10 Ea16
Dălbok Dol BG 180 Db71
Dălbok izvor BG 184 Dc74
Dalboşeț RO 174 Ca64
Dalby DK 109 Eb27
Dalby DK 109 Dd26
Dalby S 94 Ed39
Dalby S 96 Gc42
Dalby S 110 Fa56
Dalbyn S 87 Fc37
Dalbyover DK 100 Dc22
Dalca TR 187 Gb78
Dalchalloch GB 7 Ea10
Dalchruin GB 7 Ea12
Dale GB 18 Db27
Dale N 66 Ga12
Dale N 84 Ca36
Dale N 84 Cb38
Dale N 84 Cc34
Dale N 84 Cd36
Dale N 92 Cd45
Dale N 93 Da44
Dale N 93 Da44
Dale N 93 Da46
Dalen N 77 Db32
Dalen N 92 Cb43
Dalen N 93 Da43
Dalen N 94 Eb42
Dalen NL 117 Bd35
Dalen S 78 Fa30
Daleng N 67 Gd12
Dalesjukhus N 92 Ca44
Dałeszyce PL 130 Jb41
Dalewo PL 129 Gc38
Dalfors S 87 Fd37
Dalfsen NL 117 Bc35
Dălga Luka BG 179 Ca71
Dălghiu RO 176 Ea62
Dălgi Del BG 179 Cb69
Dălgopol BG 181 Ed71
Dalhavaig GB 5 Ea04
Dalheim L 133 Bb45
Dalheim N 62 Ha10
Dalheim N 70 Ed21
Dalhem B 125 Bb41
Dalhem S 103 Ga48
Dalhem S 104 Ha49
Dalholen N 85 Dd34
Dali CY 206 Jb97
Dalías E 61 Dd76
Daliburgh GB 6 Cd08
Dalików PL 130 Hc38
Daliowa PL 139 Ka46
Dalj HR 153 Hd59
Dalkarlså S 80 Hc27
Dalkarsberg S 95 Fc43
Dalkeith GB 11 Eb13
Dallas GB 5 Eb07
Dalleagles GB 10 Dd15
Dallgow-Döberitz D 127 Ed36
Dallımandıra TR 191 Ed82
Dallmin D 119 Eb34
Dällogilli S 73 Ja18
Dall Villaby DK 100 Dc21
Dalmally GB 6 Dc11
Dalmellington GB 10 Dd15
Dalmine I 149 Cd59
Dalmose DK 109 Ea27
Dal'nee RUS 113 Jc58
Dalness GB 6 Dc10
Daloba TR 191 Eb81
Dalry GB 10 Dc14
Dalsbruk FIN 97 Jc41
Dalselv N 71 Fb20
Dalsetra N 77 Dd33
Dalsfjord N 76 Cc33
Dalshult S 102 Ed52
Dalsjöfors S 102 Ed49
Dalskog S 94 Ec45
Dals Långed S 94 Ec45
Dalsøyra N 84 Ca37
Dals Rostock S 94 Ec45
Dalston GB 11 Eb17
Dalstorp S 102 Fa49
Dalstuga S 87 Fd38
Dalton GB 11 Eb16
Dalton-in-Furness GB 11 Eb19
Daluis F 43 Kb52
Dalum S 102 Fa48
Dalvík IS 2 Ba03
Dálvvadis S 72 Ha19
Dalyan TR 191 Ea81
Dalyan TR 197 Ec89
Dalyan TR 198 Fb91
Dalyanköy TR 191 Ea86
Damak H 146 Jc50
Dămăneşti RO 175 Dc64
Damarası TR 197 Fa90
Damas-aux-Bois F 31 Jd38
Damaskinia GR 182 Ba78
Damasławek PL 121 Gd35
Damássi GR 183 Bc80
Damásta GR 200 Da95
Damatlı TR 192 Fa86
Damazan F 40 Fd52
Dambaslar TR 185 Ed77
Damelang-Freienthal D 127 Ec37
Dameliai LT 114 Ka53
Damerey F 30 Jb43
Damerham GB 20 Ed30
Damery F 24 Hc36
Damgan F 27 Eb41
Dămieneşti RO 172 Ed59
Damjanovo BG 180 Dc70
Dammarie F 29 Gb38
Dammarie-les-Lys F 29 Ha38
Dammartin-en-Goële F 23 Ha36
Damme B 124 Aa39
Damme D 117 Cc36
Dammen N 93 Dc43
Dammet S 73 Ja21
Damnica PL 121 Gc30
Damno PL 121 Gc29
Damp D 108 Dc29
Dampierre F 24 Hd37
Dampierre F 31 Jc42
Dampierre-en-Bray F 23 Gc34
Dampierre-en-Burly F 29 Ha40
Dampierre-en-Yvelines F 23 Gc37
Dampierre-Saint-Nicolas F 23 Gb33
Dampierre-sur-Boutonne F 32 Fc46
Dampierre-sur-Salon F 31 Jc41
Dampınar TR 191 Ed87
Damprichard F 31 Kb41
Damsdorf D 127 Ec37
Damsdorf D 127 Ed38
Damsholte DK 109 Ec28
Dămuc RO 172 Eb58
Damüls A 142 Da53
Damville F 23 Gb37
Damvillers F 24 Jb35
Damwoude NL 117 Bc33
Danaçalı TR 192 Fc82
Danakós GR 196 Dc90
Danamandıra TR 186 Fb77
Danapinar TR 185 Ec80
Danasjö S 71 Ga23
Danbury GB 21 Ga27
Danby GB 11 Fb18
Dănceni MD 173 Fc58
Dănciulești RO 175 Da65
Dancu MD 173 Fb59
Dăneasa RO 180 Db67
Daneş RO 175 Dc60
Danesfort IRL 13 Cb24
Dăneşti RO 172 Ea59
Dăneşti RO 173 Fa58
Dăneşti RO 175 Cd64
Dăneşti RO 176 Ec66
Daneşti RO 179 Da67
Dangast D 118 Cc33
Dangeau F 29 Gb39
Dångebo S 111 Fd53
Dângeni RO 172 Ed55
Dangé-Saint-Romain F 29 Ga43
Dangy F 22 Fa36
Danholn S 95 Fb39
Dănicei RO 175 Db64
Daniec PL 129 Ha42
Danilov RUS 203 Fa08
Danilova RUS 99 Ma42
Danilovgrad MNE 159 Ja69
Danilovka RUS 203 Fd13
Dänischenhagen D 118 Dc30
Danişment TR 185 Ec80
Danişment TR 191 Ed81
Danişment TR 193 Gd81
Danişmentler TR 192 Fc84
Daniszyn PL 129 Gd39
Dankov RUS 203 Fa12
Danków PL 120 Fd35
Dannäs S 102 Fa51
Danndorf D 127 Dd36
Dannemare DK 109 Ea29
Dannemarie F 31 Kb40
Dannemora S 96 Gc41
Dannenberg D 119 Dd34
Dannenwalde D 119 Ed34
Dannike S 102 Ed49
Danören TR 199 Gd88
Dánszentmiklós H 146 Ja54
Danu MD 173 Fa55
Danzé F 29 Gb40
Danzig = Gdańsk PL 121 Hb30
Daoulas F 26 Dc38
Dapšiai LT 114 Kd54
Dapsici MNE 159 Jb68
Dapšioniai LT 114 Kb54
Darabani RO 172 Ec54
Darány H 152 Ha58
Dáras GR 194 Bc87
Darbėnai LT 113 Jb54
Dărcăuţi MD 173 Fb54
Darda HR 153 Hc59
Dardesheim D 127 Dd38
Dardhë AL 182 Ad77
Darenth GB 20 Fd28
Darıca TR 193 Fb47
Darfo I 149 Da58
Dargosław PL 120 Fd31
Dargov SK 139 Jd48
Dargun D 119 Ec32
Darıca TR 186 Fd78
Darıca TR 192 Fa81
Darıçayırı TR 187 Gc78
Darıcı TR 192 Fc83
Darısekisi TR 193 Ha85
Darıveren TR 198 Fd90
Darıyerihasanbey TR 187 Ha78
Dârjiu RO 176 Dd60
Darlaston GB 16 Ed24
Darlık TR 186 Ga77
Darlington GB 11 Fa18
Dârlos RO 175 Db60
Darłówko PL 121 Gb30
Darłowo PL 121 Gb30
Darlton GB 16 Fb22
Dărmăneşti RO 172 Eb55
Dărmăneşti RO 176 Ea64
Dărmăneşti RO 176 Ec60
Darmstadt D 134 Cc44
Darneke sameviste S 71 Fc23
Darnétal F 23 Gb35
Darney F 31 Jd39
Darnowo PL 121 Gc31
Daroca E 47 Ed62
Darova RO 174 Ca61
Darque E 44 Ac59
Darragh IRL 12 Bc22
Darro E 60 Dc74
Dars AL 182 Ab75
Darsūniškis LT 114 Kc58
Dārte LV 105 Jd49
Dartford GB 20 Fd28
Dartmouth GB 19 Ea32
Dartsel S 73 Hb23
Daruvar HR 152 Gd59
Dârvari RO 175 Cc66
Darvas H 147 Jd54
Darvel GB 10 Dd14
Darwen GB 15 Ec20
Daržininkai LT 114 Ka58
Darzininkai LT 114 La58
Dasburg D 133 Bb43
Dascălu RO 176 Eb65
Daseburg D 126 Cd39
Dasing D 142 Dc50
Dáski GR 183 Bc78
Daskot BG 180 Dd70
Daskotna BG 181 Ed71
Dassel D 126 Da38
Dassendorf D 118 Dc33
Dassólofos GR 189 Bd82
Dassow D 119 Dd31
Dasze PL 123 Kb35
Daszyna PL 130 Hc37
Datça TR 197 Ed91
Datchworth GB 20 Fc27
Datteln D 125 Ca38
Dattilo I 166 Eb84
Daubach D 133 Ca44
Daudzese LV 106 Kd52
Daudzeva LV 106 Kd52
Daugai LT 114 Kd59
Daugailiai LT 115 Lb54
Daugård DK 108 Db25
Daugavpils LV 115 Lc53
Daugbjerg DK 100 Db23
Daugėlišiai LV 114 Kb57
Daugėliškis LT 115 Lc55
Dauginčiai LT 113 Jb54
Dauglaukis LT 113 Jd57
Daugstad N 76 Cd32
Daugulji LV 106 Kd48
Daujėnai LT 114 Kc54
Daukšiai LT 113 Jb53
Daukšiai LV 114 Kb59
Daukstes LV 107 Lb49
Daumazan-sur-Arize F 40 Gb56
Daumeray F 28 Fc41
Daun D 133 Bd43
Dausse F 40 Ga52
Dautphetal D 126 Cc41
Daužnagiai LV 114 Kb55
Dava GB 7 Eb08
Daventry GB 20 Fa25
Davézieux F 34 Jb48
Davideşti RO 175 Dc64
Davidovac SRB 174 Cb65
Davidstow GB 18 Dc30
Davik N 84 Cb34
Davle CZ 136 Fb45
Dávlia GR 189 Bd84
Davlos CY 206 Jd95
Davor HR 152 Ha61
Davos CH 142 Da55
Davulga TR 193 Gb86
Davulga TR 193 Ha84
Davutlar TR 197 Ec88
Davyd-Haradok BY 202 Ea14
Dawley GB 15 Ec24
Dawlish GB 19 Ea31
Dax F 39 Fa54
Dayılar TR 192 Ga87
Dazkırı TR 198 Ga88
D. Bijelo Bučje BIH 152 Ha63
D. Dubrava HR 152 Gc57
Deag RO 171 Db59
Deal GB 21 Gb29
Dealu RO 172 Dd59
Dealu Morii RO 176 Ed60
Deanich Lodge GB 4 Dd06
Deanshanger GB 20 Fb26
Deargget S 68 Hd17
Deauville F 22 Fd35
Deba E 39 Eb55
Debal'ceve UA 205 Fb15
Débanos E 47 Ec60
Debar MK 182 Ad74
Dębe PL 130 Jb36
Debeikiai LT 114 La55
Debel DK 100 Da21
Debelec BG 180 Dd70
Debeli Lug SRB 174 Bd65
Debeljača SRB 153 Jc61
Debeljača SRB 174 Bb63
Debelo Brdo HR 151 Ga62
Dębe Wielkie PL 130 Jc37
Dębica PL 120 Fd31
Dębica PL 139 Jd44
Dębice PL 129 Gb41
Dębiec PL 129 Hb40
Dębień PL 122 Hd33
Dębieniec PL 121 Hb33
De Bilt NL 116 Ba36
De Blesse NL 117 Bc34
Dęblin PL 131 Jd39
Deblin CZ 137 Gb47
Debnevo BG 180 Db71
Dębnica Kaszubska PL 121 Gc30
Dębno PL 120 Fc35
Dębno PL 121 Gd34
Dębno PL 138 Jb44
Dębno PL 138 Jb46
Dębno PL 139 Kb43
Dębołęka PL 129 Hb39
Debovo BG 180 Dc69
Dębowa Kłoda PL 131 Kb38
Debowa Łąka PL 122 Hc34
Dębowa Łęka PL 129 Gb39
Dębowiec PL 139 Jd45
Dębowo PL 123 Ka32
Debrc SRB 153 Jb62
Debrecen H 147 Ka52
Debrešte MK 183 Bb74
Debrznica PL 128 Fc37
Debrzno PL 121 Gc33
Dębsk PL 122 Ja34
Debsko PL 120 Ga34
Dęby Szlacheckie PL 129 Hb37
Deč SRB 153 Jb61
Dečani KSV 178 Ad71
Dečani SRB 159 Jc69
Decazeville F 33 Gd51
Decima I 149 Dc62
Decimomannu I 169 Ca79
Decimoputzu I 169 Ca79
Děčín CZ 128 Fb42
Decize F 30 Hc43
De Cocksdorp NL 116 Ba33
Decollatura I 164 Gc81
Decs H 153 Hc57
Deda RO 172 Dd57
Deddington GB 20 Fa26
Dedeburnu TR 192 Fa83
Dedeçam TR 193 Ha87
Dedeleben D 127 Dd38
Dedeler TR 187 Gd80
Dedeler TR 187 Ha79
Dedeler TR 192 Fb83
Dedeler TR 192 Fd81
Dedeli MK 183 Ca75
Dedelow D 120 Fa33
Dedelstorf D 118 Dc35
Dedems-vaart NL 117 Bd35
Dedenevo RUS 202 Ed10
Dédestapolcsány H 146 Jb50
Dedinci BG 180 Ea71
Dedinky SK 138 Jb48
Dedino MK 183 Ca74
Dedoviči RUS 202 Eb10
Deelish IRL 12 Bb26
Deensen D 126 Da38
Deeping Saint Nicholas GB 17 Fc24
Deetz D 127 Eb38
Deetz D 127 Ec36
Defurovy Lažany CZ 136 Fa47
Dég H 145 Hb55
Degaña E 37 Ca55
Degeberga S 111 Fb55
Degerbäcken S 73 Hc21
Degerby FIN 96 Hc41
Degerby FIN 98 Ka40
Degerfors S 80 Hc26
Degerfors S 95 Fb44
Degerhamn S 111 Gb53
Degernes N 94 Eb43
Degerö FIN 98 Ka40
Degersheim CH 142 Cc53
Degersjö S 80 Gc29
Degerträsk S 73 Hb24
Deggendorf D 135 Ec48
Deggenhausertal D 142 Cd51
Deggingen D 134 Da49
Degionys LT 114 Kd55
Değirmen TR 186 Fa77
Değirmenalanı TR 198 Fc89
Değirmenayvalı TR 193 Gc85
Değirmencieli TR 191 Ed84
Değirmencik TR 185 Ed75
Değirmendere TR 186 Ga79
Değirmendere TR 191 Ec87
Değirmendere TR 193 Gb86
Değirmendere TR 193 Gd85
Değirmendüzü TR 185 Eb79
Değirmenli TR 192 Fa82
Değirmenlik TR 199 Hb90
Değirmenözü TR 199 Ha89
Değirmentköy TR 192 Fd84
Değirmisaz TR 192 Fd83
Değişören TR 193 Gc82
Değnekler TR 192 Fa85
Dego I 148 Ca62
Degolados P 51 Bb68
Degole LV 106 Ka51
Degučaia LT 113 Jc56
Degučiai LT 114 Kb54
Degučiai LT 115 Lb54
De Haan B 21 Ha29
Dehesa de Campoamor E 55 Fb73
Dehesa Mayor E 46 Db61
Dehesas E 37 Bd57
Deià E 57 Hb67
Deidesheim D 133 Cb46
Deifontes E 60 Db74
Deining D 135 Dd47
Deining D 135 Ea47
Deiningen D 134 Dc48
Deinste D 118 Da32
Deißlingen D 141 Cb50
Deiva Marina I 149 Cc63
Deja S 94 Fa43
Dej RO 171 Da57
Dejani RO 175 Dc62
Deje S 94 Fa43
Dejret DK 109 Dd24
Dekanovec HR 145 Gc56
Dekeleia CY 206 Jc97
Deknepollen N 84 Ca34
De Koog NL 116 Ba33
De Kooy NL 116 Ba33
Dekov BG 180 Dc69
Dekutince SRB 178 Bd71
Delacău MD 173 Ga57
Delamere GB 15 Ec22
Delary S 111 Fb53
Délasse F 22 Ed34
Delbinisht AL 163 Jb72
Delbrück D 126 Cc38
Delčevo MK 179 Ca73
Delden NL 117 Bd36
Delecke D 125 Cb39
Deleitosa E 51 Cb66
Đelekovec HR 152 Gc57
Delémont CH 141 Bd53
Deleni RO 172 Ed56
Deleni RO 173 Fa59
Deleni RO 181 Fb67
Deleşti RO 173 Fa59
Delfi GR 189 Bd84
Delft NL 116 Ad36
Delfzijl NL 117 Ca33
Delia I 167 Fa86
Deliblato SRB 174 Bc63
Delice TR 192 Fc82
Deliceto I 161 Fd74
Deligrad SRB 178 Bc68
Deliler TR 192 Fb84
Deliömer TR 191 Ec87
Delitzsch D 127 Eb39
Deliveli TR 187 Gb78
Deliyusuflar TR 192 Fa81
Dellach A 143 Ec56
Dellach A 143 Ed55
Dellach im Drautal A 143 Ec55
Delle F 31 Kb40
Delligsen D 126 Db38
Delme F 25 Jd36
Delmenhorst D 118 Cd34
Delnice HR 151 Fc60
Delphi IRL 8 Bb19
Delsbo S 87 Gb35
Deltebre E 48 Ga63
Deltuva LT 114 Kd56
Delvin IRL 9 Cc20
Delvináki GR 182 Ac79
Delvinë AL 182 Ab79
Demandice SK 146 Hc51
Demandolx F 43 Kb53
Dem'anka RUS 107 Mb46
Demanová SK 138 Hd47
de Meca E 59 Bd77
Demecser H 147 Ka50
Demen D 119 Eb32
Demene LV 115 Lc54
Demeškino RUS 107 Ma48
Demidov RUS 202 Ec11
Demigny F 30 Jb43
Demirci TR 191 Ec84
Demirci TR 192 Fd84
Demircihali TR 185 Ed75
Demirciköy TR 191 Ec86
Demirciköy TR 192 Fc84
Demirciler TR 186 Ga78
Demirciler TR 187 Ha79
Demirciler TR 192 Fb87
Demirciller TR 192 Fc82
Demirhan TR 192 Fa87
Demirhanlı TR 185 Eb75
Demirışık TR 193 Ha86
Demir Kapija MK 183 Bd75
Demirköy TR 186 Fa75
Demirköy TR 193 Gb81
Demirler TR 187 Gb79
Demirler TR 192 Fc82
Demirli TR 193 Gc84
Demirli TR 198 Fc91
Demirtaş TR 186 Fd80
Demitz-Thumitz D 128 Fb41
Demjansk RUS 202 Eb09
Dem'jas RUS 203 Ga11
Demmin D 119 Ed32
Demonia GR 195 Bd90
Demonte I 148 Bb63
Demre TR 199 Gb93
Demstrup DK 100 Db23
Dena E 36 Ac56
Denain F 24 Hb32
Denbigh GB 15 Ea22
Den Burg NL 116 Ba33
Denby Dale GB 16 Fa21
Dencsháza H 152 Ha58
Dendermonde B 124 Ac40
Déndra GR 189 Bd82
Dendrohóri GR 182 Ba77
Denekamp NL 117 Ca36
Den Haag NL 116 Ad36
Den Ham NL 117 Bd35
Den Helder NL 116 Ba33
Denholm GB 11 Ec15
den Hoorn NL 117 Bd32
Denia E 55 Fd70
Denizgören TR 191 Ea81
Denizköy TR 187 Gc77
Denizköy TR 197 Ec89
Denizler TR 198 Fd88
Denızlı TR 198 Fd88
Denkendorf D 135 Dd48
Denkingen D 142 Cc50
Denklingen D 142 Dc51
Denkte D 126 Dc37
Dennebrœucq F 23 Gd31
Dennington GB 21 Gb25
Denny GB 10 Ea13
Densuş RO 175 Cc62
Denta RO 174 Bc62
Dentlein D 134 Db47
Denzlingen D 141 Ca50
Deonica SRB 153 Jc60
De Panne B 21 Gd29
Děpoltovice CZ 135 Ec44
Depułtycze Królewskie PL 131 Kc40
Derben D 127 Eb36
Derbent TR 187 Gb79
Derbent TR 191 Ed86
Derbent TR 192 Fd82
Derbent TR 192 Fd85
Derbent TR 193 Gd84
Derborence CH 141 Bc56
Derby GB 16 Fa23
Dere TR 192 Fa83
Dereağzı TR 192 Fb87
Derebucak TR 199 Ha89
Derebulaca TR 187 Hb77
Dereçat TR 193 Ha81
Dereciköreni TR 192 Fb83
Dereçine TR 193 Ha86
Derecske H 147 Ka53
Derekarabağ TR 193 Ha85
Đerekari SRB 178 Bb69
Derekaya TR 192 Ga82
Dereköy TR 185 Dd80
Dereköy TR 185 Eb77
Dereköy TR 185 Ec80
Dereköy TR 185 Ed74
Dereköy TR 186 Fc80
Dereköy TR 186 Ga80
Dereköy TR 187 Ha80
Dereköy TR 187 Hb77
Dereköy TR 191 Ec83
Dereköy TR 191 Ed82
Dereköy TR 191 Ed84
Dereköy TR 192 Fd84
Dereköy TR 193 Gc87
Dereköy TR 193 Ha84
Dereköy TR 197 Fa88
Dereköy TR 198 Fd92
Dereköy TR 199 Gb90
Dereli TR 192 Fb82
Dereli TR 205 Fd19
Dereliçam TR 192 Fc86
Derenburg D 127 Dd38
Dereneu MD 173 Fc57
Dereoba TR 191 Ec81
Deretepe TR 187 Gb78
Derevkovo RUS 107 Mb46
Dereyürük TR 187 Gb80
Dergači RUS 203 Ga11
Derhači UA 203 Fa14
Dermanci BG 179 Da70
Dermbach D 126 Db42
Dermulo I 149 Dc57
Derna RO 170 Cb56
Dernau D 125 Bd42
Dernbach D 125 Cb42
Deronje SRB 153 Hd59
Derreen IRL 8 Bc18
Derreendarragh IRL 12 Ba25
Derringstone GB 21 Gb29
Derry GB 9 Cc16
Derrybrien IRL 12 Bd22
Derrydruel IRL 8 Ca16
Derryerglinna IRL 8 Bc20
Derrygonelly GB 9 Cb17
Derrykeevan GB 9 Cd17
Derrylin GB 9 Cb18
Derrynawilt GB 9 Cc18
Dersca RO 172 Ec54
Dersekow D 119 Ed31
Dersingham GB 17 Fd23
Dërsnik AL 182 Ad77
Dersum D 117 Ca34
Dertini RUS 99 Mb45
Deruta I 156 Eb68
Dervaig GB 6 Da10
Derval F 28 Ed41
Derveliai LT 114 Kb54
Dervéni GR 189 Bc86
Derventa BIH 152 Hb61
Dervio I 149 Cc57
Deryneia CY 206 Jd97
Deržavino RUS 113 Jc59
Desa RO 179 Cc67
Désaignes F 34 Ja49
Desana I 148 Ca60
Desborough GB 20 Fb25
Descargamaría E 45 Bd64
Descartes F 29 Ga43
Desenzano del Garda I 149 Db59
Désertines F 28 Fb38
Desertmartin GB 9 Cd16
Deşeşti RO 171 Db55
Deset N 86 Eb37
Desfina GR 189 Bd85
Desinič HR 151 Ga57
Desio I 149 Cc59
Deskáti GR 183 Bb80
Deskie SLO 150 Ed58
Desna CZ 128 Fd42
Desno Trebarjevo HR 152 Gb59
Dešov CZ 136 Ga48
Despeñaperros E 61 Ec74
Despetal D 126 Db37
Despotis GR 183 Bb79
Despotovac SRB 174 Bc66
Despotovo SRB 153 Ja59
Dessau-Roßlau D 127 Eb38
Dessel B 124 Ba39
Déssi GR 188 Ba81
Deştiğin TR 193 Hb87
Deştin TR 197 Fa89
Deštná CZ 136 Fc47
Deštné CZ 137 Gb44
Destriana E 37 Cb58
Desulo I 169 Cb77
Desvres F 23 Gc31
Deszczno PL 128 Fd36
Deszk H 153 Jb57
Deta RO 174 Bc62
Detern D 117 Cb33
Detk H 146 Jb52
Detkovo RUS 99 Ma43
Dětmarovice CZ 137 Hb45
Detmold D 126 Cd38
Dettelbach D 134 Db45
Dettenheim D 133 Cb47
Dettey F 30 Hd43
Dettmannsdorf D 119 Ec31
Dettwiller F 25 Kb36
Detva SK 138 Hd49
Deuerling D 135 Ea48
Deuna D 126 Dc40
Deurne NL 125 Bb39
Deutsch-Evern D 118 Dc34
Deutsch-Griffen A 144 Fa55
Deutsch Jahrndorf A 145 Gd51
Deutschkreuz A 145 Gc53
Deutschlandsberg A 144 Fd55
Deutsch-Wagram A 145 Gb50
Deux-Chaises F 34 Hb45
Deva RO 175 Cc61
Devauden GB 19 Eb27
Dévaványa H 147 Jd54
Deveci TR 185 Ec78
Devecikonağı TR 192 Fb81
Devecser H 145 Gd54
Devederesi TR 193 Gd86
Develi TR 186 Fa76
Develi TR 187 Hb77
Devene BG 179 Cd69
Deventer NL 117 Bc36
Deveören TR 187 Hb80
Devesa E 37 Bd53
Deveselu RO 180 Db67
Deveso E 36 Bb53
Devesos E 36 Bb53
Devetaki BG 180 Dc70
Deviat F 32 Fd48
Devic MK 184 Cb74
Devic'i SRB 178 Ba68
Devil's Bridge GB 15 Dd25
Devin BG 184 Da74
Devin SK 145 Gc51
Devizes GB 20 Ed28
Devletliağaç TR 185 Ec74
Devnja BG 181 Fa70
Devojački Bunar SRB 174 Bb63
Devrek TR 187 Hb77
Devynduoniai LV 114 Kb55
De Wijk NL 117 Bc35
Dewsbury GB 16 Fa21
Deza E 47 Ec61
Dežanovac HR 152 Gd59
Dezghingea MD 177 Fc60
Dezna RO 170 Cb59
Dezzo I 149 Da58
Dhërm AL 182 Ac78
Dhrovjan AL 182 Ac79
Dhuizon F 29 Gc41
Dhuvjan AL 182 Ac79
Diablerets CH 141 Bc56
Diafáni GR 201 Ec94
Diakoftó GR 189 Bc85
Diákos GR 183 Bb79
Diakovce SK 145 Ha51
Diakovo BG 179 Cb72

Dialambí - Dörnholthausen

Dialambí GR 184 Dc77
Dialektó GR 182 Ba78
Diamante I 164 Ga79
Dianalund DK 109 Ea26
Diano d'Alba I 148 Bd62
Diano Marina I 43 La52
Diarville F 31 Jd38
Diásello GR 183 Bc80
Diavatá GR 183 Ca77
Diavolítsi GR 194 Bb88
Dibekdere TR 197 Ed89
Dibekören TR 187 Hb80
Dibič BG 181 Ec70
Dichiseni RO 181 Fa67
Dicmo HR 158 Gc66
Dicomano I 156 Dd65
Didam NL 125 Bc37
Diddlebury GB 15 Eb25
Dideşti RO 175 Dc66
Didieji Ibėnai LT 114 Kc57
Didim TR 197 Ec89
Didimótiho GR 185 Eb76
Didkiemis LT 113 Jc56
Didvyžiai LT 114 Ka58
Didyma GR 195 Ca88
Didžiasalis LT 115 Lc55
Die F 35 Jc50
Dieburg D 134 Cc44
Diedorf D 142 Dc50
Dieglial LT 113 Jb56
Diego Álvaro E 45 Cc63
Diekholzen D 126 Db37
Diekirch L 133 Bb44
Diélette F 22 Ed34
Dielmissen D 126 Da38
Diemelstadt D 126 Cd39
Diemen NL 116 Ba35
Diémoz F 34 Jb47
Dienheim D 133 Cb45
Dienne F 33 Ha49
Dienstedt D 127 Dd42
Dienstedt-Hettstedt D 127 Dd42
Dienten am Hochkönig A 143 Ec53
Dienville F 30 Ja38
Diepenau D 126 Cd36
Diepenbeek B 124 Ba40
Diepenheim NL 117 Bd36
Diepenveen NL 117 Bc36
Diepholz D 117 Cc35
Dieppe F 23 Gb33
Diera-Zehren D 127 Ed41
Dierdorf D 125 Ca42
Dieren NL 125 Bc37
Dierhagen D 119 Ec30
Dierona CY 206 Jb97
Dierrey-Saint-Pierre F 30 Hc38
Diersbach A 143 Ed50
Dierzki PL 122 Jb32
Diesdorf D 119 Dd35
Dieskau D 127 Eb40
Diespeck D 134 Dc46
Dießen D 142 Dc51
Diessenhofen CH 142 Cc52
Diest B 124 Ad40
Diestedde D 126 Cc38
Dietachdorf A 144 Fb51
Dietenheim D 142 Da50
Dietenhofen D 134 Dc46
Dieterode D 126 Db40
Dietersburg D 143 Ec50
Dietersdorf D 127 Ec38
Dietfurt D 135 Ea48
Dietharz, Tambach- D 126 Dc42
Dietikon CH 141 Cb53
Dietkauščizna LT 115 Lc55
Dietmannsried D 142 Db52
Dietramszell D 143 Dd52
Dietramszell D 143 Ea52
Dietzenbach D 134 Cc44
Dietzhölztal D 126 Cc41
Dieue F 24 Jb36
Dieulefit F 42 Jb51
Dieulouard F 25 Jd36
Dieupentale F 40 Gb53
Dieuze F 25 Ka36
Dieveniškės LT 115 Lb59
Diever NL 117 Bd34
Diez D 133 Cb43
Diezma E 60 Dc74
Differdange L 132 Ba45
Digaléto GR 188 Ac85
Digerberget S 87 Fc33
Digerberget S 87 Fd33
Digerberget S 94 Ed40
Digermulen N 66 Fc14
Dignac F 32 Fd48
Dignāja LV 107 Lb52
Dignano I 150 Ec58
Digne-les-Bains F 42 Ka52
Digny F 29 Gb38
Digoin F 30 Hd44
Diğrak TR 193 Hb87
Dijon F 30 Jb41
Dikanäs S 71 Ga24
Dikance KSV 178 Ba72
Díkea GR 185 Ea75
Dikenli TR 186 Ga78
Dikili TR 191 Eb84
Dikļi LV 106 Kd48
Dikmen TR 185 Ec80
Dikmen TR 187 Gd79
Dikmen TR 193 Ha83
Diksmuide B 21 Ha29
Dil TR 186 Fd78
Dilesi GR 189 Cb85
Dilináta GR 188 Ac85
Diljatyn UA 204 Ea16
Dillenburg D 126 Cc41
Dillingen D 133 Bc46
Dillingen a.d.Donau D 134 Db49
Dillnäs S 96 Gc44
Dillön S 94 Fa45
Dilofo GR 189 Bd81
Dílofos GR 185 Eb75
Dílos GR 196 Db89
Dilsen B 125 Bb40
Dimaro I 149 Dc57
Dimbo S 102 Fa47
Dímena GR 195 Ca87
Dimінió GR 189 Bd86
Dimitrie Cantemir RO 173 Fb59
Dimitrievo BG 180 Dd73
Dimitrítsi GR 184 Cc77
Dimitrovgrad BG 185 Dd74
Dimitrovgrad RUS 203 Ga09
Dimitrovgrad SRB 179 Cb70
Dimitsána GR 194 Bb87
Dimmelsvik N 84 Cb40
Dimovo BG 179 Cb68
Dinami I 164 Gb82
Dinan F 26 Ec38
Dinant B 124 Ad42
Dınar TR 193 Gb87
Dinard F 26 Ec37
Dindarlı TR 192 Fc87
Dinek TR 193 Hb83
Dinekköyü TR 193 Ha81
Dinevo BG 185 Dd74
Dingden D 125 Bd38
Dingé F 28 Ed38
Dingelstädt D 126 Dc40
Dingelstedt D 127 Dd38
Dingeni MD 173 Fa53
Dingle IRL 12 Ba24
Dingle S 102 Eb46
Dingolfing D 135 Eb49
Dingolshausen D 134 Db45
Dingtuna S 95 Ga43
Dingwall GB 4 Dd07
Diniaş RO 174 Bc61
Dinjiška HR 151 Fd63
Dinkelsbühl D 134 Db47
Dinkelscherben D 142 Db50
Dinklage D 117 Cc35
Dinnington GB 16 Fa22
Dinnyés H 146 Hc54
Dinsdurbe LV 105 Jb52
Dinslaken D 125 Bd38
Dinteloord NL 124 Ac38
Dinxperlo NL 125 Bd37
Diö S 103 Fb52
Diódia GR 194 Ba89
Diomídia GR 184 Db77
Díon GR 183 Bd79
Diónisos GR 189 Cc86
Diónissos GR 189 Ca84
Diorios CY 206 Ja96
Diors F 29 Gc43
Diosig RO 170 Cb56
Diósjenő H 146 Hc51
Dióskál H 145 Gd56
Dioşti RO 179 Da67
Diou F 30 Hc44
Dipevler TR 193 Gd85
Dipkarpaz = Rizokarpaso CY 206 Ka95
Dipótama GR 184 Da76
Dipotamiá GR 182 Ba77
Dipótamos GR 184 Da77
Dippach D 126 Db41
Dippach L 133 Bb45
Dippen GB 10 Db14
Dipperz D 126 Da42
Dippoldiswalde D 128 Fa42
Dipsizgöl TR 187 Ha79
Dırazali TR 186 Ga80
Dirdal N 92 Cb44
Direkli TR 199 Gc88
Dirgenler TR 198 Ga93
Dirksland NL 124 Ac37
Dirlewang D 142 Db51
Dirráhi GR 194 Bb88
Dirvonakiai LT 114 Kd53
Dirvonėnai LT 113 Jd54
Dischingen D 134 Db49
Disentis/ Mustér CH 141 Cb55
Dişli TR 193 Gd85
Diso I 163 Hc77
Dison B 125 Bb41
Dispilió GR 182 Ba78
Diss GB 21 Gb25
Dissen D 126 Cc37
Dissenchen D 128 Fb39
Distington GB 10 Ea17
Distomo GR 189 Bd85
Dístos GR 189 Cc85
Dístrato GR 182 Ba79
Ditchling GB 20 Fc30
Ditfurt D 127 Dd38
Ditrău RO 172 Ea58
Dittelbrunn D 134 Db44
Dittenheim D 134 Dc47
Dittmannsdorf D 127 Ec41
Ditton Priors GB 15 Ec24
Dituva LT 113 Jb55
Ditzingen D 134 Cc48
Diux A 144 Fc55
Divača SLO 151 Fa59
Divakë AL 182 Ab75
Divaráta GR 188 Ac84
Diva Slatina BG 179 Cb69
Divčevoto BG 179 Da71
Divci SRB 153 Jb63
Divčibare SRB 159 Jb64
Divčice CZ 136 Fb48
Divenskaja RUS 99 Mb41
Dives-sur-Mer F 22 Fc35
Diviaky SK 138 Hc48
Dividal N 67 Gd12
Divieto I 167 Fd83
Divin SK 138 Hd49
Divišov CZ 136 Fc45
Divlja BG 179 Ca71
Divljana SRB 179 Ca69
Divnoe RUS 205 Ga15
Divonne F 31 Jd44
Divotino BG 179 Cb71
Dívri GR 189 Bd83
Divriği TR 205 Fd20
Divuša HR 152 Gb61
Dixmont F 30 Hb39
Dižstende LV 105 Jd50
Dizy F 24 Hc36
Djäkneboda S 80 Hc28
Djäkneböle S 80 Hb28
Djankovo BG 180 Eb69
Djärström FIN 96 Hc40
Djat'kovo RUS 202 Ed12
Djatlicy RUS 99 Ma40
Djenäs S 94 Fa43
Djulevo BG 181 Ed73
Djulino BG 181 Fa71
Djuni BG 181 Fa73
Djupdal N 93 Dc41
Djupdal S 79 Ga26
Djupfest N 77 Dd28
Djupfjord N 66 Fd13
Djupfors S 71 Ga22
Djúpivogur IS 3 Bb06
Djupsjö S 78 Fa29
Djupsjö S 80 Gc30
Djupslia N 85 Ea36
Djupträsk S 73 Hc21
Djupvik N 62 Ha09
Djupvika N 66 Fd17
Djupviken S 67 Gd13
Djupviken S 94 Ed44
Djura S 95 Fc39
Djurås S 95 Fc39
Djurdj HR 152 Gc57
Djurgården S 95 Fb44
Djurmo S 95 Fc39
Djurö S 96 Ha43
Djurröd S 110 Fa55
Djursdala S 103 Ga49
Dlhá Ves SK 138 Jb49
Długa Goślina PL 129 Gc36
Długie PL 120 Fd33
Długie PL 120 Ga35
Długie PL 122 Hc34
Długołęka PL 123 Ka33
Długołeka PL 129 Gc41
Długołęka PL 130 Hd37
Długopole-Zdrój PL 137 Gb44
Długosiodło PL 122 Jc35
Długoszyn PL 128 Fc36
Dłutów PL 130 Hd39
Dłutówka PL 122 Jc34
Dłutowo PL 122 Hd34
Dłużniewo PL 122 Ja35
Dmitrievka RUS 203 Fb12
Dmitriev-L'govskij RUS 202 Ed13
Dmitrov RUS 202 Ed10
Dmitrovo RUS 107 Mb51
Dmosin PL 130 Hd38
Dmusy PL 123 Jd32
Dmytrivka UA 202 Ed14
Dniprodzeržyns'k UA 205 Fa15
Dnipropetrovs'k UA 205 Fa15
Dniprorudne UA 205 Fa16
Dno RUS 202 Eb10
Doade E 36 Bc57
Doagh GB 9 Da17
Doba RO 171 Cc54
Dobârceni RO 172 Ed55
Dobârlău RO 176 Ea62
Dobbertin D 119 Eb32
Dobbiaco I 143 Eb55
Dobčice CZ 136 Fb48
Dobczyce PL 138 Ja45
Dobel D 133 Cb48
Dobele LV 106 Ka52
Döbeln D 127 Ed41
Doberlug-Kirchhain D 128 Fa39
Döbern D 128 Fc39
Dobersberg A 136 Fd48
Doberschütz D 127 Ec40
Dobiegniew PL 120 Ga35
Dobieszczyn PL 120 Fb33
Dobieszewo PL 121 Gc30
Dobl A 144 Fd55
Dobnište BG 184 Cc74
Dobo RUS 99 Ma42
Doboj BIH 152 Hb62
Doborovci BIH 153 Hc62
Doboz H 147 Jd55
Dobrá CZ 137 Hb46
Dobra PL 120 Fb33
Dobra PL 120 Fd33
Dobra PL 129 Hb38
Dobra PL 138 Jb45
Dobra PL 139 Kb43
Dobra PL 139 Kb45
Dobra RO 174 Cb60
Dobra SRB 174 Bd64
Dobra Gora MNE 159 Hd69
Dobrá Niva SK 138 Hd49
Dobřany CZ 135 Ed46
Dobrá Voda SK 137 Gd49
Dobrcane KSV 178 Bc71
Dobrcz PL 121 Ha34
Dobre PL 121 Hb35
Dobre PL 131 Jd36
Dobre Miasto PL 122 Ja31
Dobreni RO 172 Ec58
Dobreni RO 180 Eb67
Dobre Polje SRB 178 Bd67
Dobreşti RO 170 Cb57
Dobreşti RO 176 Dd63
Dobreşti RO 176 Dd64
Dobrevo MK 178 Bd73
Dobri H 145 Gc56
Döbriach A 144 Fa55
Dobrič BG 185 Dd74
Dobrič BG 181 Fa69
Dobrica SRB 174 Bb62
Dobričevo SRB 174 Bc63
Dobřichovice CZ 136 Fb45
Dobri Do MK 178 Ba73
Dobri Do SRB 174 Bb65
Dobrilovjna MNE 159 Ja67
Dobrin BG 181 Fa68
Dobrin RO 171 Cd56
Dobrinci SRB 153 Jb61
Dobrinj HR 151 Fc61
Dobrinka RUS 203 Fb12
Dobrino RUS 113 Ja58
Dobříš CZ 136 Fb45
Dobritz D 127 Eb38
Dobrjanka UA 202 Ec13
Dobrjatino RUS 203 Fb10
Dobrljin BIH 152 Gc61
Dobrna SLO 151 Fd57
Dobrnič SLO 151 Fc58
Dobrnja BIH 152 Gd62
Dobrnja BIH 153 Hc62
Dobrocin PL 122 Hd31
Dobrodzień PL 129 Hb42
Dobrogea Veche MD 173 Fb55
Dobroje Pole RUS 107 Mb47
Döbrököz H 145 Hb56
Dobromierz PL 129 Gb42
Dobromierz PL 130 Ja41
Dobromir BG 181 Ed71
Dobromir RO 181 Fa68
Dobromirci BG 184 Dc76
Dobromirka BG 180 Dc70
Dobromiru din Deal RO 181 Fa68
Dobromyl' UA 204 Dd15
Dobron PL 130 Hc39
Dobronín CZ 136 Ga46
Dobropillja UA 205 Fb15
Dobro Polje BIH 159 Hc66
Dobro selo HR 152 Gb63
Dobrošinci MK 183 Ca75
Dobrosławice PL 137 Ha44
Dobrosloveni RO 175 Db66
Dobrosołowo PL 129 Ha37
Dobrošte MK 178 Bb72
Dobroszyce PL 129 Gd40
Dobroteasa RO 175 Db65
Dobroteşti RO 175 Dc66
Dobrotič BG 181 Ed70
Dobrotica BG 180 Eb70
Dobrotica BG 181 Ec68
Dobrotino BG 184 Cc75
Dobrovăţ RO 173 Fa58
Dobrovice CZ 136 Fc43
Dobrovnik SLO 145 Gb56
Dobrovo SLO 150 Ed58
Dobrovol'sk RUS 113 Jd58
Dobruči RUS 99 Lc43
Dobrudžanka BG 181 Fa68
Dobrun BIH 159 Ja65
Dobrun RO 175 Da66
Dobruš BY 202 Ec13
Dobruševo MK 183 Bb75
Dobruška CZ 137 Gb44
Dobry Las PL 123 Jd33
Dobrzany PL 120 Fd33
Dobrzejewice PL 121 Hb34
Dobrzelin PL 130 Hd37
Dobrzeń Wielki PL 129 Ha42
Dobrzyca PL 129 Gd38
Dobrzyków PL 130 Hd36
Dobrzyniewo Duże PL 123 Kb33
Dobrzyń nad Wisłą PL 130 Hc36
Dobšiná SK 138 Jb48
Dobsza H 152 Ha58
Docelles F 31 Ka38
Docking GB 17 Ga23
Docksta S 80 Gd31
Dockweiler D 133 Bc43
Doclin RO 174 Bd62
Doddington GB 16 Fb22
Döderhult S 103 Gb50
Dodington GB 19 Ec28
Dodorga TR 193 Gb82
Dodro E 36 Ad56
Dodurgalar TR 198 Ga89
Doesburg NL 125 Bc37
Doetinchem NL 125 Bc37
Dofteana RO 176 Ec60
Doğal TR 192 Ga87
Doğanalanı TR 192 Fc81
Doğanay TR 193 Ha83
Doğanbaba TR 198 Ga89
Doğanbey TR 191 Eb87
Doğanbey TR 199 Hb88
Doğanca TR 185 Ec76
Doğançam TR 192 Fb82
Doğançay TR 187 Gc79
Doğançayır TR 193 Gd82
Doğancık TR 193 Hb85
Doğancık TR 193 Ha86
Doğancıl TR 187 Gc79
Doğancılar TR 187 Gb78
Doğancılar TR 187 Gc78
Doğanhisar TR 193 Hb87
Doğankent TR 205 Fd19
Doğanlar TR 186 Fa79
Doğanlar TR 191 Ed81
Doğanlı TR 187 Ha78
Doğanlı TR 193 Gc86
Doğanoğlu TR 193 Ha82
Doganović KSV 178 Bb72
Doğanpınar TR 186 Fa80
Doğansu TR 193 Gb86
Doğanyurt TR 187 Hb80
Doğanyurt TR 193 Hb84
Döğer TR 193 Gc84
Doğla TR 186 Fb80
Dogliani I 148 Bd62
Doğluşah TR 193 Gb83
Dognecea RO 174 Bd62
Dogueno P 58 Ad73
Döğüşbelen TR 198 Fb91
Döhlau D 135 Ea44
Dohna D 128 Fa41
Dohren D 117 Cb35
Doibani MD 173 Ga57
Doiceşti RO 176 Dd64
Doina MD 177 Fc61
Doiráni GR 183 Ca76
Doiras E 37 Bd54
Doische B 132 Ac43
Dojeviće SRB 178 Ba69
Dojkinci SRB 179 Cb69
Dojrenci BG 180 Db70
Dokjovci BG 179 Ca71
Dokka N 85 Dd38
Dokkas S 68 Hc17
Dokkedal DK 101 Dd21
Dokkum NL 117 Bc32
Doksany CZ 136 Fb43
Doksy CZ 136 Fc43
Dokšycy BY 202 Ea12
Doktor-Josifovo BG 179 Cc68
Dokučajevs'k UA 205 Fb15
Dokumacılar TR 187 Hb80
Dokurcun TR 187 Gd79
Dokuz TR 187 Gc80
Dokuzdere TR 187 Gd78
Dolac KSV 178 Ba71
Dolancourt F 30 Ja38
Dolany CZ 135 Ed46
Dolay TR 187 Ha79
Dolaylar TR 192 Fa86
Dolbenmaen GB 15 Dd23
Dolcè I 149 Dc59
Dolceacqua I 43 Kd52
Dol-de-Bretagne F 28 Ed38
Dole BIH 153 Hd63
Dole F 31 Jc42
Dølemo N 93 Da45
Dolenci MK 182 Ba75
Dolenja Vas HR 151 Fa60
Dolenjske Toplice SLO 151 Fc59
Dolfor GB 15 Ea25
Dolgarrog GB 15 Ea22
Dolgellau GB 15 Dd24
Dołgie PL 120 Fc34
Dołgie PL 120 Ga33
Dolgorukovo RUS 113 Ja59
Dolgovka RUS 99 Mb42
Dolhan TR 185 Ec75
Dolhasca RO 172 Ec56
Dolheşti RO 172 Ec56
Dolheşti RO 173 Fb58
Dolianova I 169 Ca79
Dolice PL 120 Fd34
Dolíci HR 158 Gb66
Dolieşti RO 172 Ed58
Dolihi GR 183 Bc79
Dolina Volgyifolu SLO 145 Gb56
Doliwy PL 123 Jd30
Doljani BIH 158 Ha65
Doljani HR 152 Gb63
Dolla IRL 13 Ca23
Döllach im Mölltal A 143 Ec55
Dollar GB 7 Ea12
Dollart D 117 Ca33
Dolle D 127 Ea36
Dollern D 118 Db32
Dollerup D 108 Db28
Döllingen D 128 Fa40
Döllnitz D 127 Eb40
Dollnstein D 135 Dd48
Dolna MD 173 Fc57
Dolna Banja BG 179 Cd72
Dolna Dikanja BG 179 Cb72
Dolna Gradešnica BG 183 Cb74
Dolna Kamarci BG 179 Cd71
Dolná Krupa SK 145 Gd50
Dolná Mariková SK 137 Hb47
Dolna Mitropolija BG 180 Db69
Dolna Orjahovica BG 180 Dd70
Dolna Ribnica BG 183 Cb75
Dolná Strehová SK 146 Hd50
Dolna Verenica BG 179 Cc69
Dolneni MK 183 Bb75
Dolné Vestenice SK 137 Hb49
Dolní Benešov CZ 137 Ha45
Dolní Bousov CZ 136 Fd43
Dolní Břežany CZ 136 Fb45
Dolní Bukovsko CZ 136 Fb47
Dolni Čiflik BG 181 Fa71
Dolni Dăbnik BG 180 Db69
Dolní Dvořiště CZ 136 Fb49
Dolni Glavanak BG 185 Dd75
Dolní Kounice CZ 137 Gb48
Dolní Krupá CZ 136 Fc43
Dolni Lom BG 179 Cb68
Dolni Lukovit BG 179 Da69
Dolní Město CZ 136 Fd46
Dolní Němčí CZ 137 Gd48
Dolni Okol BG 179 Cc72
Dolní Újezd CZ 137 Gb45
Dolni Zemunik HR 157 Fd64
Dolno Ablanovo BG 180 Ea68
Dolno Botevo BG 185 Dd75
Dolno Cerovene BG 179 Cc68
Dolno Drjanovo BG 184 Cd75
Dolno Dupeni MK 182 Ba76
Dolno Levski BG 179 Da72
Dolno Paničerevo BG 180 Ea72
Dolno Sahrane BG 180 Dc72
Dolno Ujno BG 179 Ca72
Dolný Kubín SK 138 Hd47
Dolný Turček SK 138 Hc48
Dolo I 150 Ea60
Dolores E 55 Fb72
Dolovo SRB 174 Bb63
Dölsach A 143 Ec55
Dolscy RUS 107 Mb52
Dólsk PL 121 Ha33
Dolsk PL 129 Gc38
Dolsko SLO 151 Fc58
Dol. Suhor SLO 151 Fd59
Dolton GB 19 Dd30
Dołubowo PL 123 Kb35
Dołuje PL 120 Fb33
Dolus-d'Oléron F 32 Fa46
Dolyns'ka UA 204 Ed16
Dol. Žandov CZ 135 Ec44
Dolžanskaja RUS 205 Fb16
Dolžicy RUS 99 Ma44
Dölzig D 127 Eb40
Domaháza H 146 Jb50
Domaine-de-Méjanes F 42 Ja54
Doman RO 174 Ca62
Domăneşti RO 171 Cc54
Domaniç TR 192 Ga82
Domanice PL 129 Gb41
Domanice PL 131 Ka37
Domanico I 164 Gb80
Domaniewice PL 130 Hd38
Domaniewice PL 130 Ja39
Domaniki SK 146 Hc50
Domaniža SK 137 Hb48
Domanovići BIH 158 Hb67
Domanów PL 128 Ga42
Domaradz PL 121 Gc30
Domaradz PL 139 Ka45
Domarby FIN 97 Jb40
Domaševo BIH 159 Hc68
Domaškovicy RUS 99 Ma41
Domaşnea RO 174 Cb63
Domaszków PL 137 Gc44
Domaszowice PL 129 Ha41
Domats F 30 Hb39
Domažlice CZ 135 Ec46
Domba N 84 Ca35
Dombaj RUS 205 Ga17
Dombås N 85 Dc34
Dombasle-sur-Meurthe F 25 Jd37
Dombay TR 185 Eb74
Dombaylı TR 192 Fb85
Dombegyház H 147 Jd56
Dombóvár H 145 Hb56
Dombrád H 147 Ka50
Dombresson CH 141 Bc53
Dombrot-le-Sec F 31 Jc39
Domburg NL 124 Ab38
Domeikava LT 114 Kc57
Domène F 35 Jd48
Domeño E 54 Fa67
Domerat F 33 Ha45
Domersleben D 127 Ea37
Domèvre-sur-Vezouze F 25 Ka37
Dómez E 45 Ca60
Domfront F 28 Fb38
Domingo Pérez E 52 Da66
Domingo Pérez E 60 Dc74
Dominikowo PL 120 Ga34
Domino F 32 Ed46
Dominowo PL 129 Gd37
Dominteni MD 173 Fb55
Dömitz D 119 Ea34
Domljan BG 180 Db72
Dommartin-les-Cuiseaux F 31 Jc44
Domme F 33 Gb50
Dommitzsch D 127 Ec39
Domneşti RO 175 Dc63
Domnitz D 127 Ea39
Domnovo RUS 113 Jb59
Domodedovo RUS 203 Fa10
Domodossola I 148 Ca57
Domokós GR 189 Bc82
Domorovce KSV 178 Bc71
Dömös H 146 Hc52
Domoszló H 146 Jb51
Domousnice CZ 136 Fc43
Dompaire F 31 Jd38
Dompierre-du-Chemin F 28 Fa39
Dompierre-sur-Besbre F 30 Hc44
Dompierre-sur-Mer F 32 Fa46
Dompierre-sur-Veyle F 34 Jb46
Domps F 33 Gc47
Domrémy-la-Pucelle F 31 Jc38
Dom Savica SLO 151 Fa57
Dömsöd H 146 Hd54
Domsten S 110 Ec54
Domsühl D 119 Eb33
Domurcalı TR 185 Ec75
Domus de Maria I 169 Bd80
Domusnovas I 169 Bd79
Domžale SLO 151 Fc57
Donabate IRL 13 Cd21
Donadea IRL 13 Cc21
Donagh GB 9 Cb18
Donaghadee GB 10 Db17
Donaghmore GB 9 Cd17
Don Álvaro E 51 Bd69
Doña Mencía E 60 Da73
Donaueschingen D 141 Cb51
Donaustauf D 135 Eb48
Donauwörth D 134 Dc49
Don Benito E 51 Ca69
Doncaster GB 16 Fa21
Donchery F 24 Ja34
Doncos E 36 Bc56
Don. Dubrave HR 151 Fd60
Donduran TR 197 Fa88
Dondurma TR 185 Eb80
Donduşeni MD 173 Fa54
Donec'k UA 205 Fb15
Donegal IRL 8 Ca16
Doneztebe E 39 Ed56
Dongen NL 124 Ba38
Donges F 27 Ec42
Dongio CH 142 Cc56
Dongo I 149 Cc57
Donici MD 173 Fc57
Donja Bačuga HR 152 Gb60
Donja Badanja SRB 153 Ja63
Donja Bebrina HR 152 Hb61
Donja Brela HR 158 Gd66
Donja Brezna MNE 159 Hd68
Donja Drežnica BIH 158 Ha66
Donja Gatnja KSV 178 Bb72
Donja Gorevnica SRB 159 Jc64
Donja Kržanja MNE 159 Ja69
Donja Kupčina HR 151 Ga59
Donja Lepenica BIH 152 Ha61
Donja Nevlja SRB 179 Cb70
Donja Sabanta SRB 174 Bb66
Donja Stubica HR 151 Ga58
Donja Suvaja HR 152 Gb63
Donja Tijarica HR 158 Gc66
Donja Toponica SRB 178 Bc69
Donja Vrijeska HR 152 Gd59
Donje Biljane HR 157 Fd64
Donje Crkvice MNE 159 Hc68
Donje Grančarevo BIH 159 Hc69
Donje Pazarište HR 151 Fd62
Donje Peulje BIH 158 Gc64
Donji Agići BIH 152 Gc61
Donji Aglarci MK 183 Bb76
Donji Andrijevci HR 152 Hb60
Donji Čaglić HR 152 Gd60
Donji Čičevo MK 183 Bc74
Donji Desinec HR 151 Ga59
Donji Dubovnik BIH 152 Gb62
Donji Dušnik SRB 178 Bd69
Donji Kamengrad BIH 152 Gc62
Donji Karin HR 157 Ga64
Donji Kazanci BIH 158 Gc64
Donji Krčin SRB 178 Bc67
Donji Krnjin KSV 178 Ba69
Donji Lapac HR 151 Ga63
Donji Lipovik MK 183 Ca75
Donji Livoč KSV 178 Bc71
Donji Macelj HR 151 Ga57
Donji Martijanec HR 152 Gc57
Donji Medum MNE 159 Ja69
Donji Miholjac HR 152 Hb59
Donji Milanova SRB 174 Ca65
Donji Mosti HR 152 Gc58
Donji Murici MNE 159 Ja70
Donji Rujani BIH 158 Gc65
Donji Sjeničak HR 151 Ga60
Donji Solnje MK 178 Bb73
Donji Srb HR 152 Gb63
Donji Stajevac SRB 178 Bd72
Donji Striževac SRB 179 Ca70
Donji Tovarnik SRB 153 Jb61
Donji Vakuf BIH 158 Ha64
Donji Vijačani BIH 152 Ha62
Donji Zirovac HR 152 Gb61
Donkerbroek NL 117 Bd34
Donnalucata I 167 Fb88
Donnemarie-Dontilly F 30 Hb38
Donnersbach A 144 Fb53
Donnersbachwald A 144 Fb53
Donnersdorf D 134 Db44
Donnerskirchen A 145 Gc52
Donohill IRL 13 Ca24
Donop D 126 Cd38
Donostia E 39 Ec55
Donoughmore IRL 12 Bc25
Donoúsa GR 196 Dc90
Donskoe RUS 205 Fd16
Donskoje RUS 113 Hd58
Donsö S 102 Eb49
Donta Deli HR 158 Hb68
Dontreix F 33 Ha46
Dontrien F 24 Hd35
Donyatt GB 19 Eb30
Donzac F 40 Ga52
Donzdorf D 134 Da49
Donzère F 42 Jb51
Donzy F 30 Hb42
Doocharry IRL 8 Ca16
Dooega IRL 8 Bb18
Doogary IRL 9 Cb19
Doogort IRL 8 Bb18
Doolin IRL 12 Bc22
Doon IRL 12 Bd23
Doorn NL 125 Bb37
Dopiewo PL 129 Gb37
Dor RUS 203 Fa08
Dora CY 206 Ja98
Dørålseter N 85 Dd34
Dörarp S 103 Fb51
Đorđe Petrov MK 178 Bb73
Dorchester GB 19 Ec30
Dorchester GB 20 Fa27
Dørdal N 93 Dc44
Dordives F 29 Ha39
Dordrecht NL 124 Ad37
Dore-l'Eglise F 34 Hc48
Dorénaz CH 141 Bc56
Dörentrup D 126 Cd37
Dores GB 7 Dd08
Dorf A 143 Ed51
Dorfchemnitz D 127 Ed42
Dorfen D 143 Eb50
Dorfgastein A 143 Ec54
Dörfles-Esbach D 135 Dd43
Dörfli CH 141 Cb54
Dorf Mecklenburg D 119 Ea32
Dorfprozelten D 134 Cd45
Dorgali I 169 Cc76
Dorgoş RO 174 Ca60
Doria I 148 Cb62
Dorikó GR 185 Ea77
Dório GR 194 Ba88
Dorískos GR 185 Ea78
Dorking GB 20 Fc29
Dorkó H 147 Ka50
Dorkovo BG 179 Da73
Dormagen D 125 Bd40
Dormánd H 146 Jb52
Dormans F 24 Hc36
Dormansland GB 20 Fd29
Dor Mărunt RO 176 Ec66
Dormitz D 135 Dd46
Dörna D 126 Dc40
Dorna- Arini RO 172 Ea56
Dorna Candrenilor RO 172 Dd56
Dornas F 34 Ja50
Dornava SLO 144 Ga56
Dornberk SLO 151 Fa58
Dornbirn A 142 Da53
Dornburg D 125 Cb42
Dornburg D 127 Ea41
Dorndorf D 126 Db42
Dorndorf-Steudnitz D 127 Ea41
Dornecy F 30 Hc41
Dornes F 30 Hb44
Dorneşti RO 172 Eb55
Dornhan D 133 Cb49
Dörnholthausen D 125 Cb40

Dornie – East Haddon

Dornie GB 6 Dc08
Dornişoara RO 172 Dd57
Dornoch GB 5 Ea06
Dornstadt D 134 Da49
Dornstetten D 133 Cb49
Dornum D 117 Cb32
Dornumersiel D 117 Cb32
Dorobanţu RO 177 Fb65
Dorobenţu RO 181 Ec67
Dorog H 146 Hc52
Dorohoi RO 172 Ec54
Dorohusk PL 131 Kd40
Dorolţ RO 171 Cd54
Doroslovo SRB 153 Hd59
Dorotea S 79 Ga27
Doroţeaia MD 173 Ga57
Dörpen D 117 Ca34
Dorras N 63 Hc08
Dorrås N 78 Eb27
Dorrington GB 15 Eb24
Dorris S 79 Fd25
Dörrmoschel D 133 Ca45
Dorsten D 125 Bd38
Dortan F 35 Jc45
Dortmund D 125 Ca39
Dörtyol TR 191 Ed82
Doruchów PL 129 Ha40
Dorum D 118 Cd32
Dorupe LV 106 Ka52
Dörverden D 118 Da35
Dorvvinjargga N 64 Jc09
Dorweiler D 133 Ca43
Dörzbach D 134 Da46
Dos Aguas E 54 Fb68
Dosbarrios E 52 Dc66
Döşeme TR 187 Gb79
Dösemealtı TR 199 Gc91
Dos Hermanas E 59 Ca74
Dösjebro S 110 Ed55
Dospat BG 184 Da75
Dossenheim D 134 Cc46
Dos Torres E 52 Cc70
Døstrup DK 100 Dc22
Døstrup DK 108 Da27
Dotkomyrene N 65 Kb06
Dötlingen D 117 Cc34
Dotnuva LV 114 Kb56
Dotsikó GR 182 Ba79
Döttingen CH 141 Cb52
Douai F 23 Ha32
Douarnenez F 27 Dc39
Doubravčice CZ 136 Fc45
Douchy F 30 Hb40
Douchy-les-Mines F 24 Hb32
Doucier F 31 Jd44
Doudeville F 23 Ga34
Doue F 24 Hb37
Doué-la-Fontaine F 28 Fc42
Douglas GB 10 Dd19
Doulaincourt-Saucourt F 30 Jb38
Doulevant-le-Château F 30 Ja38
Doullens F 23 Gd32
Dounby GB 5 Ec02
Doune GB 7 Ea12
Dounoux F 31 Jd39
Dourdan F 29 Gd38
Dourgne F 41 Gd54
Douriez F 23 Gc32
Dournazac F 33 Ga47
Doussard F 35 Ka46
Douvaine F 35 Ka45
Douvres-la-Délivrande F 22 Fc35
Douzy F 24 Ja34
Dovadola I 156 Dd64
Dovatorovka RUS 113 Jc59
Dover GB 21 Gb29
Dovhe UA 204 Dd16
Døvik N 92 Cb43
Dovilai LT 113 Jb55
Døvling DK 108 Da24
Dovre N 85 Dc34
Dovreskogen N 85 Dc34
Dovsk BY 202 Eb13
Downham GB 20 Fd25
Downhill GB 9 Cd15
Downpatrick GB 9 Da18
Dowra IRL 8 Ca18
Dowsby GB 17 Fc23
Doxarás GR 182 Ba79
Doxarás GR 189 Bc81
Doxáto GR 184 Da77
Doyuran TR 191 Eb82
Dozulé F 22 Fc36
Dozza I 150 Dd63
Drabeši LV 106 Kd49
Drabiv UA 202 Ed14
Dråby DK 109 Dd24
Drača SRB 174 Bb66
Dračevo BIH 158 Hb68
Dračevo MK 178 Bc73
Drachselsried D 135 Ec48
Drachten NL 117 Bc33
Dračić SRB 153 Jb63
Drag N 66 Ga15
Drag N 78 Eb25
Draga Baščanska HR 151 Fc61
Dragacz PL 121 Hb33
Dragalina RO 176 Ed66
Dragalj MNE 159 Hd69
Dragaljevac BIH 153 Hd62
Dragalovci BIH 152 Ha62
Dragana BG 179 Da70
Drăgăneşti MD 173 Fc55
Drăgăneşti RO 170 Cb58
Drăgăneşti RO 176 Eb65
Drăgăneşti RO 177 Fa62
Drăgăneşti de Vede RO 180 Dc67
Drăgăneşti-Olt RO 180 Db67
Drăgăneşti-Vlaşca RO 180 Dd67
Draganići HR 151 Ga59
Draganovo BG 180 Dd70
Drăganu RO 175 Dc64
Dragaryd S 102 Fa52
Dragaš KSV 178 Ba72
Drăgăşani RO 175 Db65
Dragas Vojvoda BG 180 Dc68
Dragatuš SLO 151 Fd59
Drage D 118 Dc33
Drage HR 157 Ga65
Dragedal N 92 Cc47
Drăgeşti RO 170 Cb57
Drăghiceni RO 179 Da67
Dragičevo BG 179 Cc71
Draginac SRB 153 Ja63
Draginje SRB 153 Jb62
Draginovo BG 179 Cd73
Dragland N 66 Ga13
Draglica SRB 159 Jb66
Dragnic BIH 158 Gd64
Drago RO 171 Cd57
Dragobi AL 159 Jc69
Dragobrača SRB 174 Bb66
Dragočaj BIH 152 Gd62
Dragocvet SRB 174 Bc66
Dragodana RO 176 Dd65
Drăgoeşti RO 175 Db64
Dragoevo BG 181 Ec70
Dragoevo MK 183 Bd74
Dragógi GR 194 Bb88
Drăgoieşti RO 172 Eb56
Dragojčinci BG 179 Ca71
Dragojnovo BG 184 Dc74
Dragoman BG 179 Cb70
Dragomer SLO 151 Fb58
Dragomireşti RO 171 Dc55
Dragomireşti RO 172 Ec58
Dragomireşti RO 173 Fa59
Dragomireşti RO 176 Dd64
Dragomirovo BG 180 Dc69
Dragør DK 109 Ec26
Dragornreşti-Vale RO 176 Ea66
Dragoslavele RO 176 Dd63
Dragostunjë AL 182 Ad75
Dragoş Vodă RO 176 Ed66
Drăgoteşti RO 175 Cc64
Drăgoteşti RO 175 Da66
Dragotina HR 152 Gb60
Dragot-Sulovë AL 182 Ac76
Dragov Dol MK 183 Bb74
Dragovica Polje MNE 159 Ja68
Dragoviština BG 179 Ca72
Dragsmark S 102 Eb47
Dragsvik FIN 97 Jd40
Dragsvik N 84 Cc36
Draguć HR 151 Fa60
Draguignan F 43 Kb54
Drăguşeni RO 172 Ec57
Drăguşeni RO 172 Ed54
Drăguşeni RO 177 Fa61
Drăguţeşti RO 175 Cc64
Drahičyn BY 202 Ea14
Drahnsdorf D 128 Fa38
Drahonice CZ 136 Fa47
Drajna RO 176 Eb63
Draka BG 181 Ec73
Drakéi GR 197 Ea88
Drakenburg D 118 Da35
Drákia GR 189 Ca82
Drakótripa GR 188 Bb81
Drakovúni GR 194 Bb87
Draksenić BIH 152 Gc60
Dralfa BG 180 Eb70
Dráma GR 184 Cd76
Drammen N 93 Dd42
Drămşa BG 179 Cc70
Drânceni RO 173 Fb58
Drangan IRL 13 Cb24
Drange N 92 Cb46
Drangedal N 93 Db44
Drangovo BG 180 Dc73
Drängsered S 102 Ed51
Drängsmark S 80 Hc25
Drangsnes IS 2 Ad03
Drangstedt D 118 Cd32
Drănic RO 179 Da67
Dransfeld D 126 Da39
Dranske D 119 Ed29
Drarović HR 152 Gd60
Draše HR 151 Ga58
Drasenhofen A 137 Gc49
Drăsliceni MD 173 Fd57
Drąsučiai LT 114 Ka54
Drávafok H 152 Ha58
Drávaszabolcs H 152 Hb58
Drávaszentes H 152 Gd58
Drávasztára H 152 Ha58
Draveil F 23 Gd37
Dravískos GR 184 Cd77
Dravograd SLO 144 Fc56
Dravovce SK 137 Ha49
Drawno PL 120 Ga34
Drawsko PL 120 Ga35
Drawsko Pomorskie PL 120 Ga33
Drążdżewo PL 122 Jb34
Draženov CZ 135 Ec46
Draževac SRB 153 Jc62
Dražgoše SLO 151 Fb57
Dražice HR 151 Fb60
Dražmirovac SRB 174 Bc66
Drebber D 117 Cc35
Drebkau D 128 Fb39
Dreenagh IRL 12 Ba23
Dreetz D 119 Ec35
Drégelypalánk H 146 Hd51
Dreieich D 134 Cc44
Dreierwalde D 117 Cb36
Dreis D 133 Bc44
Dreis-Brück D 133 Bc43
Dreißigacker D 126 Db42
Drejø By DK 108 Dc28
Drelnes DK 3 Ca07
Drelów PL 131 Kb37
Drem GB 11 Ec13
Dren BG 179 Cb72
Drena I 149 Dc58
Drenchia I 150 Ed57
Drenovac SRB 178 Bd71
Drenovci HR 153 Hd61
Drenovë AL 182 Ad77
Drenovec BG 179 Cb68
Drenovo MK 183 Bc75
Drenovstica MNE 159 Hd69
Drensteinfurt D 125 Cb38
Drenta BG 180 Ea71
Drentwede D 118 Cd35
Drépano GR 183 Bc78
Drépano GR 195 Bd88
Drepcăuţi MD 172 Ed53
Dresden D 128 Fa41
Drëtun' BY 202 Eb11
Dretyń PL 121 Gc31
Dreux F 23 Gb37
Dřevčice CZ 136 Fb43
Drevdagen S 86 Ed35
Dreverna LT 113 Jb56
Dřevohostice CZ 137 Gd46
Drevsjø N 86 Ec35
Drevvatn N 70 Fa21
Drewitz D 127 Eb37
Drewnica PL 121 Hb30
Drezdenko PL 120 Ga35
Drežnica HR 151 Fd61
Dreznik SRB 159 Jb65
Drežnik Grad HR 151 Ga61
Dríalos GR 194 Bc91
Dricāni LV 107 Lc51
Dridu RO 176 Eb65
Driebergen-Rijsenburg NL 116 Ba36
Driebes E 46 Dd65
Driedorf D 125 Cb42
Drieliņi LV 106 Kc48
Drienov SK 139 Jd48
Drietoma SK 137 Ha48
Driffield GB 17 Fc20
Drimnin GB 6 Db10
Drimoleague IRL 12 Bb26
Drimónas GR 188 Bb84
Drimós GR 183 Ca77
Drimpton GB 19 Eb30
Drinagh IRL 13 Cd25
Drinic BIH 152 Gc63
Drinjača BIH 153 Hd63
Drinovci BIH 158 Gd67
Drionville F 23 Gc31
Driopída GR 195 Cd89
Drióvouno GR 183 Bb78
Drishtë AL 159 Jb70
Drizë AL 182 Aa76
Drizë AL 182 Ac76
Drjanovec BG 180 Ea69
Drjanovec BG 180 Eb69
Drjanovo BG 185 Ea74
Drjanovo BG 180 Dd71
Drjažno RUS 99 Ma44
Drlače SRB 159 Ja64
Drmno SRB 174 Bc64
Drnholec CZ 137 Gb48
Drniš HR 158 Gb65
Drnje HR 152 Gc57
Drnovice CZ 137 Gc47
Dro I 149 Dc58
Drøbak N 93 Ea42
Drobeta-Turnu Severin RO 174 Cb65
Drobin PL 122 Hd35
Drochia MD 173 Fb54
Drochia MD 173 Fb54
Drochow D 128 Fa39
Drochtersen D 118 Da32
Drogheda IRL 9 Cd20
Drogomin PL 128 Fc36
Drogoszewo PL 122 Jb30
Drohiczyn PL 131 Ka36
Drohobyč UA 204 Dd16
Droichead Átha IRL 9 Cd20
Droichead na Bandan IRL 12 Bc26
Droisy F 23 Gb37
Droitwich GB 20 Ed25
Drolshagen D 125 Cb40
Drołtowice PL 129 Gd40
Drom SRB 153 Jb58
Droman GB 4 Dc04
Dromcolliher IRL 12 Bc24
Dromina IRL 12 Bc24
Drommahane IRL 12 Bc25
Drömme S 80 Gd30
Dromod IRL 8 Ca19
Dromore GB 9 Cb17
Dromore GB 9 Da18
Dromore West IRL 8 Bd18
Dronero I 148 Bc62
Dronfield GB 16 Fa22
Dronninglund DK 101 Dd20
Dronningmølle DK 109 Ec25
Dronten NL 116 Bb35
Dropkovec HR 152 Gb58
Dropla BG 181 Fb69
Drosbacken S 86 Ed35
Drosendorf Stadt A 136 Ga48
Drosiá GR 189 Cb85
Droskovo RUS 203 Fa12
Drosopigí = Vourgareli GR 188 Ba81
Drossáto GR 183 Ca76
Drosseró GR 183 Bb78
Drosseró GR 183 Bd77
Drossopigí GR 183 Bb77
Drottninghaug N 76 Cd33
Drottningskär S 111 Fd54
Droué F 29 Gb39
Drouseia CY 206 Hd97
Drozdowo PL 121 Gb30
Drozdowo PL 123 Jd33
Drozdyn' UA 202 Ea14
Drożki PL 129 Ha41
Drübeck D 126 Dc38
Drugan BG 179 Cb72
Drugnia PL 130 Jb42
Drulingen F 25 Kb36
Drumbeg GB 4 Dc05
Drumcliff IRL 8 Ca17
Drumclog GB 10 Dd14
Drumcondra IRL 9 Cd19
Drume MNE 159 Ja70
Drumevo BG 181 Ed70
Drumfin IRL 8 Ca18
Drumfree IRL 9 Cc15
Drumgoft IRL 13 Cd22
Drumkeen IRL 9 Cb16
Drumkeeran IRL 8 Ca18
Drumlegagh GB 9 Cb17
Drumlish IRL 9 Cb19
Drummannon GB 9 Cd17
Drummore GB 10 Dc17
Drumnadrochit GB 7 Dd08
Drumnakilly GB 9 Cc17
Drumreagh IRL 8 Bb18
Drumrunie GB 4 Dc06
Drumsallie GB 6 Dc10
Drumshanbo IRL 8 Ca19
Drunen NL 124 Ba38
Druskininkai LT 123 Kc30
Drusti LV 106 La49
Druten NL 125 Bb37
Druva LV 105 Jd52
Druvas LV 105 Jd52
Druviena LV 107 Lb49
Druyes-les-Belles-Fontaine F 30 Hb41
Družba RUS 113 Jb59
Družba UA 202 Ed13
Drużbice PL 130 Hd40
Družetić SRB 153 Jb63
Družetići SRB 159 Jc64
Družnaja Gorka RUS 99 Mb41
Drvar BIH 152 Gb63
Drvenik HR 158 Gd67
Drwalew PL 130 Jb38
Drwęczno PL 122 Hd31
Drybrook GB 19 Ec27
Drygały PL 123 Jd32
Drymen GB 7 Dd12
Dryszczów PL 131 Kd40
Drzązgowo PL 129 Gc37
Drzecin PL 128 Fc37
Drzewce PL 129 Ha37
Drzewce PL 129 Hb37
Drzewce PL 131 Ka39
Drzewiany PL 121 Gb31
Drzewica PL 130 Jb39
Držková CZ 137 Ha47
Drzonów PL 128 Fd38
Drzonowo PL 120 Fd31
Drzonowo PL 121 Gc32
Drzycim PL 121 Ha33
Duacı TR 199 Gc91
Duagh IRL 12 Bb24
Dualar TR 191 Ed83
Dualchi I 169 Ca76
Duas Igrejas P 45 Ca60
Dub SRB 159 Jb64
Dubá CZ 136 Fb43
Dubac HR 158 Hb69
Dubăsari MD 173 Fd57
Dubăsarii Vechi MD 173 Ga57
Duba Stonska HR 158 Ha68
Dubău MD 173 Ga56
Dub-Bor RUS 99 Ld45
Dubci HR 158 Gc66
Dubeni LV 105 Jb52
Dubeņi LV 105 Jb52
Dubeniniki PL 123 Ka30
Dubeşti RO 174 Ca60
Dubí CZ 128 Fa42
Dubicko CZ 137 Gc45
Dubicze Cerkiewne PL 123 Kc35
Dubienka PL 131 Kd40
Dubin PL 129 Gc39
Dubingiai LT 114 La56
Dubinné SK 139 Jd47
Dubiny PL 123 Kc34
Dub'jazy RUS 203 Fd08
Dubki RUS 107 Ma49
Dubleva LV 107 Lc49
Dublin IRL 13 Cd21
Dublovice CZ 136 Fb46
Dubna LV 115 Lc53
Dubna MD 173 Fc55
Dubna RUS 202 Ed10
Dubna RUS 203 Fa11
Dub nad Moravou CZ 137 Gd46
Dubňany CZ 137 Gc48
Dubné CZ 136 Fb48
Dubnica SRB 178 Bd71
Dubnica nad Váhom SK 137 Hb48
Dubník SK 145 Hb51
Dubno UA 204 Ea15
Dubočka SRB 174 Bd65
Duboštica BIH 153 Hc63
Dubova RO 174 Ca65
Dubovac KSV 178 Ba70
Dubovac SRB 174 Bc64
Dubovac Okučanski HR 152 Gd60
Dubovka RUS 203 Fd13
Dubovskoje RUS 113 Jd58
Dubovskoje RUS 205 Fd15
Dubovyj Ovrag RUS 203 Fd14
Dubranec HR 151 Ga59
Dubrava BIH 152 Ha62
Dubrava HR 152 Gb58
Dubrava HR 152 Gc58
Dubrava RUS 113 Jd59
Dubrave BIH 153 Hc62
Dubrave BIH 153 Hc63
Dubrave BIH 158 Gc64
Dubravica BIH 158 Hb64
Dubravica HR 151 Ga58
Dubravica SRB 174 Bc64
Dubravice BIH 153 Ja63
Dubravka HR 159 Hc69
Dubrivka UA 204 Eb15
Dubrovka RUS 107 Mb51
Dubrovka RUS 203 Fc12
Dubrovnik HR 158 Hb69
Dubrovno RUS 107 Mb46
Dubrovy RUS 107 Mb49
Dubrovycja UA 202 Ea14
Dubuļi LV 107 Ld52
Dubulti LV 106 La52
Ducaj AL 159 Jb70
Ducey F 28 Fa38
Duchally GB 4 Dd05
Duchcov CZ 136 Fa43
Ducherow D 120 Fa32
Duclair F 23 Ga35
Duda-Epureni RO 173 Fb59
Dudaklı TR 186 Fd80
Dudar H 145 Ha53
Duddington GB 16 Fb24
Dudelange L 133 Bb45
Dudeldorf D 133 Bc44
Dudenhofen D 133 Cb46
Düdenköy TR 198 Ga89
Düdenköy TR 199 Gb92
Duderstadt D 126 Db39
Dudeşti RO 177 Fa65
Dudeştii Vechi RO 170 Bb59
Đuđevo SRB 153 Jb60
Dudince SK 146 Hc50
Dudley GB 16 Ed24
Dudovica SRB 153 Jc63
Dueñas E 46 Da59
Duesund N 84 Ca37
Dufftown GB 7 Eb08
Duffus GB 5 Eb07
Duga Poljana SRB 178 Ad68
Duga Resa HR 151 Fd60
Düğer TR 199 Gb89
Duggendorf D 135 Ea47
Dugi Rat HR 158 Gc66
Dugo Selo HR 152 Gb59
Düğrek TR 198 Fb90
Duğüncüler TR 192 Fb83
Duhnen D 118 Cd31
Duhnovo RUS 107 Mb49
Duhovec BG 181 Ec69
Duhovnickoe RUS 203 Ga11
Duingen D 126 Da38
Duingt F 35 Ka46
Duinkerken = Dunkerque F 21 Gd29
Duino I 150 Ed59
Duirinish GB 4 Db08
Duisburg D 125 Bd39
Duiven NL 125 Bc37
Dukat AL 182 Aa78
Dukat SRB 178 Bb72
Dukla PL 139 Jd45
Dūkštas LT 115 Lb55
Dūkštos LT 114 La57
Dukuļava LV 107 Ld49
Dulceşti RO 172 Ed58
Dulcza Wielkia PL 138 Jc43
Duleek IRL 9 Cd20
Duljci BIH 152 Gd63
Dulje KSV 178 Ba71
Dullingham GB 20 Fd26
Dülmen D 125 Ca38
Dulovka RUS 107 Ma47
Dulovo BG 181 Ed68
Dulverton GB 19 Ea29
Duły PL 123 Jd30
Dumača SRB 153 Jb62
Dumanalanı TR 185 Ed80
Dumanlar TR 192 Fc85
Dumanlı TR 192 Fd86
Dumanlı TR 199 Ha89
Dumbarton GB 10 Dd13
Dumbleton GB 20 Ed26
Dumbrava RO 174 Ca61
Dumbrava RO 175 Cc65
Dumbrava RO 176 Eb65
Dumbrăveni RO 172 Ec55
Dumbrăveni RO 175 Dc60
Dumbrăveni RO 176 Ed62
Dumbrăveni RO 181 Fb68
Dumbrăviţa MD 173 Fb56
Dumbrăviţa RO 171 Da55
Dumbrăviţa RO 174 Ca60
Dumbrăviţa RO 176 Dd62
Dümenler TR 192 Ga85
Dumeşti RO 172 Ed58
Dumeşti RO 173 Fa57
Dumfries GB 10 Ea16
Dumha Eige IRL 8 Bb18
Dumitra RO 171 Dc57
Dumitreşti RO 176 Ec62
Dumlu TR 193 Ha82
Dumlupınar TR 193 Gb85
Dummerstorf D 119 Eb31
Dümpelfeld D 125 Bd42
Dümrek TR 191 Ea81
Dümrek TR 193 Hb81
Dümrek TR 193 Hb82
Duna N 78 Ec26
Dunafalva H 153 Hc57
Dunaff IRL 9 Cc15
Dunaföldvár H 146 Hc55
Dunaharaszti H 146 Hd53
Dunajivci UA 204 Eb16
Dunajská Lužná SK 145 Gd51
Dunajská Streda SK 145 Ha51
Dunakeszi H 146 Hd52
Dunakömlőd H 146 Hc55
Dunalka LV 105 Jb52
Dunăreni RO 179 Cd67
Dūņas LV 107 Lb52
Dunaszekcső H 153 Hc57
Dunaszentbenedek H 146 Hd56
Dunaszentgyörgy H 146 Hc56
Dunatetétlen H 146 Hd55
Dunaújváros H 146 Hc54
Dunava LV 107 Lb52
Dunavăţu de Jos RO 177 Fd65
Dunavci BG 179 Cb67
Dunavci BG 180 Dc72
Dunavecse H 146 Hd55
Dunbar GB 11 Ec13
Dunblane GB 7 Ea12
Dunboyne IRL 13 Cd21
Dún Chaoin IRL 12 Ad24
Dunchurch GB 20 Fa25
Duncormick IRL 13 Cc25
Dundaga LV 105 Jc49
Dundalk IRL 9 Cd19
Dündarlı TR 191 Ec84
Dun Dealgan IRL 9 Cd19
Dundee GB 7 Ec11
Dunderland N 71 Fc20
Dunderrow IRL 12 Bc26
Dundonald GB 9 Da17
Dundonnell GB 4 Dc06
Dundrenan GB 10 Ea17
Dundrum IRL 13 Ca23
Dunecht GB 7 Ed09
Dunes F 40 Ga53
Dunfanaghy IRL 9 Cb15
Dunfermline GB 7 Eb12
Dungannon GB 9 Cd17
Dún Garbhán IRL 13 Ca25
Dungarvan IRL 13 Ca25
Dungiven GB 9 Cd16
Dunglow IRL 8 Ca15
Dungourney IRL 12 Bd25
Dunholme GB 17 Fc22
Dunières F 34 Ja48
Dunika LV 113 Jb53
Duninowo PL 121 Gb29
Dunje MK 183 Bc75
Dunjica MK 183 Bd75
Dunkeld GB 7 Eb11
Dunker S 95 Gb44
Dunkerque F 21 Gd29
Dunkerrin IRL 13 Ca22
Dunkeswell GB 19 Ea30
Dunkineely IRL 8 Ca17
Dunkirchen = Dunkerque F 21 Gd29
Dunkirk GB 19 Ec28
Duńkowice PL 139 Kc44
Dun Laoghaire IRL 13 Cd21
Dunlavin IRL 13 Cc22
Dunleer IRL 9 Cd20
Dun-le-Palestel F 33 Gc45
Dunlop GB 10 Dd14
Dún Manmhaí IRL 12 Bc26
Dunmanus IRL 12 Ba26
Dunmanway IRL 12 Bc26
Dún Mór IRL 8 Bd20
Dunmore GB 9 Da19
Dunmore IRL 8 Bd20
Dunmore East IRL 13 Cc25
Dunnamanagh GB 9 Cc16
Dunnamore GB 9 Cc17
Dun na nGall IRL 8 Ca16
Dunnet GB 5 Eb04
Dunningen D 141 Cb50
Dunoon GB 6 Dc13
Dunquin IRL 12 Ad24
Duns GB 11 Ed14
Dunscore GB 10 Ea16
Dünsen D 118 Cd34
Dunsford GB 19 Dd30
Dunshaughlin IRL 13 Cd21
Dunstable GB 20 Fb27
Dunster GB 19 Ea29
Dun-sur-Auron F 29 Ha43
Dun-sur-Meuse F 24 Jb34
Dunte LV 106 Kc49
Duntish GB 19 Ec30
Dunum D 117 Cb32
Dunure GB 10 Dc15
Dunvegan GB 4 Da07
Dupnica BG 179 Cb72
Durabeyler TR 192 Fc82
Durach D 142 Db52
Đurađ HR 152 Hb59
Durağan TR 205 Fb20
Durak TR 199 Hb89
Duraklar TR 187 Ha78
Đurakovac KSV 178 Ba70
Duran BG 181 Ec69
Durance F 40 Fd52
Durango E 39 Eb55
Durankulak BG 181 Fc69
Duras F 32 Fd51
Durasılar TR 192 Fb83
Durasıllı TR 192 Fb86
Durbach D 133 Ca49
Durban-Corbières F 41 Hb56
Durbe LV 105 Jb52
Durbuy B 124 Ba42
Dúrcal E 60 Db75
Durdat-Larequille F 33 Ha45
Đurđenovac HR 152 Hb59
Đurđerac HR 152 Gd58
Đurđevik BIH 153 Hc63
Đurđevo SRB 174 Bb65
Đurđin SRB 153 Ja58
Dūre LV 106 Kd48
Düren D 125 Bc41
Durfort F 41 Hd53
Durfort-Lacapelette F 40 Gb52
Durham GB 11 Fa17
Durhasan TR 192 Fc81
Durhasan TR 192 Fc84
Đurinci SRB 174 Bb64
Durlangen D 134 Da48
Durlas IRL 13 Ca23
Durleşti MD 173 Fd58
Durmanec HR 151 Ga57
Durmersheim D 133 Cb47
Durness GB 4 Dd04
Durneşti RO 172 Ed55
Durnholz I 143 Dd55
Dürnkrut A 145 Gc50
Dürnstein A 144 Fb55
Dürnstein A 144 Fd50
Duronia I 161 Fb72
Dürrboden CH 142 Da55
Durrës AL 182 Ab74
Dürrhennersdorf D 128 Fc41
Durrington GB 20 Ed29
Dürröhrsdorf-Dittersbach D 128 Fb41
Durrow IRL 13 Cb23
Durrus IRL 12 Bb26
Dürrwangen D 134 Db47
Dursunbey TR 192 Fc82
Durtal F 28 Fc41
Duruelo de la Sierra E 47 Ea59
Durup DK 100 Da22
Dūrupe LV 105 Jc51
Dury F 23 Gd33
Dušanci BG 179 Da71
Dūseikiai LT 113 Jd54
Dusetos LT 115 Lb54
Dusina BIH 158 Hb65
Dušinci BG 179 Ca71
Duşmani MD 173 Fa55
Dusmenys LT 114 Kd59
Dusnok H 146 Hd56
Dusocin PL 121 Hb32
Düsseldorf D 125 Bd40
Dussen NL 124 Ba37
Dußlingen D 134 Cc49
Duston GB 20 Fb25
Dusznik PL 129 Gb36
Duszniki-Zdrój PL 137 Gb43
Dutağaç TR 198 Fb88
Duthil GB 7 Ea08
Dutka LV 106 Kd48
Dutluca TR 192 Fd82
Dutluca TR 192 Fd86
Dutluca TR 193 Gb82
Dutluca TR 198 Ga88
Dutovlje SLO 151 Fa59
Duvberg S 87 Fb34
Duved S 78 Ed30
Düverdüzü TR 187 Gd78
Düvertepe TR 192 Fb83
Düzağaç TR 193 Gb85
Düzağaz TR 199 Ha90
Duża Klonownica PL 131 Kb37
Düzce TR 187 Ha78
Duži BIH 158 Ha68
Dužica HR 152 Gb59
Düzkışla TR 193 Gb85
Düzköy TR 187 Gb78
Düzorman TR 185 Ed75
Düzova TR 186 Fa76
Duzy-le-Gros F 24 Hc34
Dvärsätt S 79 Fc30
Dve Mogili BG 180 Ea69
Dverberg N 66 Fd11
Dviete LV 115 Lb53
Dvor HR 152 Gb61
Dvor SLO 151 Fc59
Dvorčani LV 115 Ld53
Dvoriki RUS 203 Fa10
Dvorišče RUS 99 Ld42
Dvorišče RUS 107 Mb51
Dvory nad Žitavou SK 145 Hb51
Dvůr Králové nad Labem CZ 136 Ga43
Dwikozy PL 131 Jd41
Dwingeloo NL 117 Bd34
Dwórzno PL 122 Ja30
Dyan GB 9 Cd18
Dyblin PL 122 Hc35
Dybów PL 131 Jd36
Dyce GB 7 Ed09
Dydnia PL 139 Ka45
Dyffryn Ardudwy GB 15 Dd23
Dyfjord N 64 Jd04
Dygowo PL 120 Ga31
Dykan'ka UA 202 Ed14
Dyke GB 18 Dc29
Dykehead GB 7 Ec10
Dykends GB 7 Eb10
Dylewo PL 122 Jc33
Dylicy RUS 99 Mb40
Dylife GB 15 Ea24
Dymchurch GB 21 Ga29
Dymer UA 202 Ec14
Dymock GB 15 Ec26
Dymokury CZ 136 Fd44
Dynów PL 139 Ka44
Dyping N 66 Fd15
Dypvåg N 93 Db45
Dyranut N 84 Cd39
Dyrham GB 19 Ec28
Dyrkorn N 76 Cd33
Dyrnes N 77 Db29
Dyrøy N 67 Gb11
Dysberg S 87 Fb37
Dysbodarna S 86 Fa38
Dysna LT 115 Lc55
Dywity PL 122 Ja31
Džalil' RUS 203 Ga08
Džanići BIH 158 Hb65
Džankoj UA 205 Fa17
Dzbonie PL 122 Jb34
Džebel BG 184 Dc75
Dzedri LV 105 Jd50
Dzelda LV 105 Jc52
Dzelmes LV 106 Kd51
Dzelzava LV 107 Lb50
Dzeņi LV 106 La48
Džep SRB 178 Bd71
Džepišta MK 182 Ad74
Dzērbene LV 106 La49
Dzerjinscoe MD 173 Ga57
Dzeržinsk RUS 203 Fb09
Dzeržinskoje RUS 113 Jc58
Dziadkowice PL 123 Kb35
Dziadkowo PL 129 Gd39
Dziadowa Kłoda PL 129 Gd40
Działdowo PL 122 Ja33
Działoszyce PL 138 Jb43
Działoszyn PL 130 Hc41
Działyń PL 131 Kb38
Dziekanowice PL 138 Ja45
Dziektarzewo PL 122 Ja35
Dziemiany PL 121 Gd31
Dzierzążnia PL 122 Ja35
Dzierżążno Wielkie PL 121 Gb35
Dzierzgoń PL 122 Hc31
Dzierzgowo PL 122 Jb34
Dzierzkowice Rynek PL 131 Ka41
Dzierżoniów PL 129 Gb42
Dzierżysław PL 137 Ha44
Dzieslaw PL 129 Gb40
Dzietrzychowo PL 122 Jb30
Dziewin PL 138 Jb44
Džigolj SRB 178 Bc69
Dzikowo PL 120 Fd35
Dzikowo PL 121 Gb34
Dzików Stary PL 139 Kc43
Dzirciems LV 105 Jd50
Dziwnów PL 120 Fc31
Dziwnówek PL 120 Fc31
Dzjaržynsk BY 202 Ea12
Dzjatlava BY 202 Ea13
Džubga RUS 205 Fc17
Džūkste LV 106 Ka51
Džuljunica BG 180 Ea70
Džurkovo BG 184 Db74
Džurovo BG 179 Da70
Džuryn UA 204 Eb16
Dźwierszno Wielkie PL 121 Gd34
Dźwierzno PL 121 Hb34
Dźwierzuty PL 122 Jb32
Dźwiżyno PL 120 Fd31

E

Ea E 39 Eb55
Éadan Doire IRL 13 Cc21
Eaglesfield GB 11 Eb16
Eáni GR 183 Bc79
Eanodat FIN 68 Ja13
Eántio GR 195 Cb87
Earby GB 16 Ed20
Earls Barton GB 20 Fb25
Earls Colne GB 21 Ga26
Earlsferry GB 7 Ec12
Earlston GB 11 Ec14
Easdale GB 6 Db11
Easington GB 11 Fa17
Easington GB 17 Fd21
Easington GB 20 Fb27
Easingwold GB 11 Fa19
Easky IRL 8 Bd18
Eastbourne GB 20 Fd30
East Brent GB 19 Eb29
Eastchurch GB 21 Ga28
Eastcote GB 20 Fc28
East Cowes GB 20 Fa30
East Dereham GB 17 Ga24
Eastergate GB 20 Fb30
East Grafton GB 20 Ed28
East Grinstead GB 20 Fc29
East Haddon GB 20 Fb25

East Hanningfield - Emersleben

East Hanningfield GB 21 Ga27
East Horsley GB 20 Fc29
East Ilsley GB 20 Fa28
East Kilbride GB 10 Dd13
East Leake GB 16 Fa23
Eastleigh GB 20 Fa30
East Linton GB 11 Ec13
East Morden GB 19 Ec30
East Norton GB 16 Fb24
Eastoft GB 16 Fb21
Easton GB 17 Gb24
Easton GB 19 Ec31
Easton Grey GB 19 Ec27
East Poringland GB 17 Gb24
East Portlemouth GB 19 Dd32
East Ravendale GB 17 Fc21
East Rudham GB 17 Ga24
East Tisted GB 20 Fb29
Eastville GB 17 Fd23
East Winch GB 17 Fd24
Eastwood GB 16 Fa23
Eatoševo BG 180 Dc71
Eaux-Bonnes F 40 Fc56
Eauze F 40 Fd53
Ebberup DK 108 Dc27
Ebbo FIN 98 Kc39
Ebbw Vale GB 19 Eb27
Ebchester GB 11 Ed17
Ebeleben D 126 Dc40
Ebeltoft DK 109 Dd24
Eben A 143 Ea53
Ebene Reichenau A 144 Fa55
Ebenfurt A 145 Gb52
Ebensee A 144 Fa52
Ebensfeld D 134 Dc44
Eberbach D 134 Cd46
Eberdingen D 134 Cc48
Ebergassing A 145 Gb51
Ebergötzen D 126 Db39
Eberhardzell D 142 Da51
Ebermannsdorf D 135 Ea47
Ebermannstadt D 135 Dd45
Ebern D 134 Dc44
Ebernburg D 133 Ca45
Eberndorf A 144 Fc56
Ebersbach D 127 Ed41
Ebersbach D 128 Fa40
Ebersbach D 128 Fc41
Ebersbach D 128 Fc41
Ebersbach D 134 Cd48
Ebersberg D 143 Ea51
Ebersburg D 134 Da43
Eberschwang A 143 Ed51
Ebersdorf D 135 Dd44
Ebersdorf, Saalburg- D 135 Ea43
Eberswalde D 120 Fa35
Ebnat-Kappel CH 142 Cc53
Eboli I 161 Fc76
Ebrach D 134 Dc45
Ebreichsdorf A 145 Gb51
Ebreuil F 34 Hb46
Ebsdorfergrund D 126 Cd42
Ebstorf D 118 Dc34
Ecaterinovca MD 173 Fd59
Écaussinnes-Lalaing B 124 Ac41
Eccles GB 11 Ec14
Eccleshall GB 15 Ec23
Eceabat TR 185 Ea80
Echalar E 39 Ed55
Echallens CH 141 Bb55
Echalot F 30 Ja41
Echarri- E 39 Ec56
Echassières F 34 Hb45
Echauri E 39 Ec57
Eching D 135 Ea49
Eching D 143 Ea50
Echiré F 32 Fc45
Echourgnac F 32 Fd49
Echt GB 7 Ed09
Echt NL 125 Bb40
Echteld NL 125 Bb37
Echterdingen, Leinfelden- D 134 Cd49
Echternach L 133 Bc44
Écija E 60 Cc73
Ecirli TR 199 Ha89
Ečka SRB 174 Bb62
Eckartsau A 145 Gc51
Eckartsberga D 127 Ea41
Eckental D 135 Dd46
Eckernförde D 108 Db29
Eckerö FIN 96 Hb40
Eckersdorf D 135 Dd45
Eckington GB 16 Fa22
Eclaron-Braucourt F 24 Ja37
Ecly F 24 Hd34
Écommoy F 28 Fd40
Ecouché F 22 Fc37
Ecouflant F 28 Fb41
Écouis F 23 Gb35
Ecoyeux F 32 Fb47
Ecques F 23 Gd31
Ecseg H 146 Ja51
Ecsegfalva H 147 Jd54
Ecueillé F 29 Gb43
Écury-sur-Coole F 24 Hd36
Ed S 79 Gb30
Ed S 94 Ec45
Eda S 94 Ec42
Eda Glasbruck S 94 Ec41
Edam NL 116 Ba35
Edane S 94 Ed42
Ēdas LV 105 Jc51
Eddelak D 118 Da31
Edderton GB 5 Ea07
Eddleston GB 11 Eb14
Ede NL 125 Bb37
Ede S 79 Fd29
Ede S 87 Ga33
Edebäck S 94 Fa41
Edebo S 96 Ha41
Edeby S 96 Ha41
Edefors S 73 Hc21
Edelave By DK 108 Dc25
Edelény H 146 Jc50
Edelschrott A 144 Fc55
Edelsfeld D 135 Ea46
Edemissen D 126 Db38
Edemissen D 126 Dc36
Eden S 79 Gb29
Edenbridge GB 20 Fd29
Edenderry IRL 13 Cc21
Edenkoben D 133 Cb46
Edersleben D 127 Dd40
Edertal D 126 Cd40
Edesbyn S 87 Fd37
Edesheim D 133 Cb46
Édessa GR 183 Bc77
Edestad S 111 Fd54
Edevik S 78 Ed28
Edewecht D 117 Cc34
Edgbaston GB 20 Ed25
Edgeworthstown = Mostrim IRL 9 Cb20
Edhem S 103 Fb47
Edinburgh GB 11 Eb13
Edincik TR 186 Fa80
Edineț MD 173 Fa54
Edipsós GR 189 Ca83
Edırne TR 185 Eb75
Edith Weston GB 16 Fb24
Edlingham GB 11 Ed15
Edlitz A 145 Gb54
Edmundbyers GB 11 Ed17
Édole LV 105 Jb51
Edolo I 149 Da57
Edremit TR 191 Ec82
Edrželija MK 183 Bd74
Edsberg S 95 Fc44
Edsbro S 96 Ha41
Edsbruk S 103 Gb48
Edsele S 79 Ga30
Edshult S 103 Fd49
Edshultshall S 102 Eb47
Edsleskog S 94 Ec44
Edsta S 87 Gb35
Edsvalla S 94 Fa43
Edsvära S 102 Ed47
Edsvik FIN 89 Hd32
Edzell GB 7 Ec10
Eeklo B 124 Ab39
Eelde NL 117 Bd33
Eemshaven NL 117 Ca32
Eemsmond NL 117 Ca32
Eerbeek NL 125 Bc37
Eernegem B 21 Ha29
Eersel NL 124 Ba39
Efeköy TR 193 Gc86
Efendiköprüsü TR 192 Ga84
Efendili TR 192 Fb84
Eferding A 144 Fa50
Effelder D 135 Dd43
Effretikon CH 141 Cb53
Efimovskij RUS 202 Ec08
Efir TR 192 Fc83
Efkarpía GR 183 Ca76
Efkarpía GR 183 Ca77
Efkarpía GR 184 Cc77
Eflâni TR 205 Fa20
Eforie Nord RO 181 Fc68
Eforie Sud RO 181 Fc68
Efremov RUS 203 Fa12
Efteløt N 93 Dc42
Eg DK 108 Da25
Egáleo GR 189 Cb86
Egáni GR 183 Bd80
Egby S 103 Gb52
Egebæk DK 108 Da27
Egebjerg DK 108 Dc25
Egebjerg DK 109 Eb25
Egeln D 127 Ea38
Egense DK 101 Dd21
Eger H 146 Jb51
Egerbakta H 146 Jb51
Eğerci TR 187 Hb77
Egeris DK 108 Da24
Egersund N 92 Ca45
Egeskov DK 108 Db26
Egestorf D 118 Db34
Egg A 142 Da53
Eggby S 102 Fa46
Eggebek D 108 Da29
Eggedal N 85 Dc40
Eggemoen N 85 Kd07
Eggenburg A 136 Ga49
Eggenfelden D 143 Ec50
Eggenstein-Leopoldshafen D 133 Cb47
Eggerding A 143 Ed50
Eggermühlen D 117 Cb35
Eggersdorf, Fredersdorf- D 128 Fa36
Eggesin D 120 Fb32
Eggingen D 141 Cb52
Eggiwil CH 141 Bd54
Eggkleiva N 77 Ea30
Egglescliffe GB 11 Fa18
Egglham D 135 Ec49
Egglkofen D 143 Eb50
Eggolsheim D 135 Dd45
Eggstätt D 143 Eb51
Eggum N 66 Fb14
Egham GB 20 Fb28
Eghezée B 124 Ad41
Egiáli GR 196 Dd90
Egiertowo PL 121 Ha30
Egiés GR 194 Bc90
Egileta E 39 Eb57
Egilsstaðir IS 3 Bc05
Égina GR 195 Cb87
Eging am See D 135 Ed49
Egínio GR 183 Bd78
Égio GR 188 Bb85
Egira GR 189 Bc85
Eğirdir TR 199 Gd88
Égiros GR 194 Ca44
Egkomi CY 206 Jd96
Eglaine LV 115 Lb53
Egletons F 33 Gd48
Eğlikler TR 199 Hb88
Egling D 142 Dc50
Egling D 143 Dd51
Eglingham GB 11 Ed15
Eglisau CH 141 Cb52
Égliseneuve-d'Antraigues F 33 Ha48
Egloffstein D 135 Dd45
Eglwysfach GB 15 Dd24
Eglwyswrw GB 14 Dc26
Eğmir TR 191 Ec82
Egmond aan Zee NL 116 Ad34
Egna I 150 Dd57
Egnach CH 142 Cd52
Egor'e RUS 202 Ed11
Egoreni MD 173 Fc54
Egor'evsk RUS 203 Fa10
Egorlykskaja RUS 205 Fc16
Egorovca MD 173 Fb56
Eğrekli TR 198 Fc91
Egremont GB 10 Ea18
Égreville F 29 Ha39
Eğridere TR 192 Fb87
Eğrioğlu TR 187 Gc78
Eğriöz TR 192 Fd83
Eğriöz TR 192 Ga82
Egsmark DK 109 Dd24
Egton GB 11 Fb18
Egtved DK 108 Db26
Éguilles F 42 Jc54
Eguisheim F 31 Kb39
Eguzon F 33 Gc45
Egyed H 145 Gd53
Egyek H 146 Jc52
Egyházasradoc H 145 Gc54
Egyptinkorpi FIN 83 Lc27
Ehekirchen D 134 Dc49
Ehingen D 134 Dc47
Ehingen am Ries D 134 Dc48
Ehingen (Donau) D 142 Da50
Ehínos GR 184 Db76
Ehningen D 134 Cc48
Ehra-Lessien D 127 Dd36
Ehrang D 133 Bc44
Ehrenberg D 134 Db43
Ehrenburg D 118 Cd35
Ehrenfriedersdorf D 127 Ec42
Ehrenhain D 127 Ec41
Ehrenhausen A 144 Fc55
Ehrenkirchen D 141 Ca51
Ehringshausen D 126 Cc42
Ehrwald A 142 Dc53
Ehtamo FIN 89 Jb37
Eia N 92 Cb45
Eiane N 92 Cb44
Eibar E 39 Eb55
Eibau D 128 Fc41
Eibelstadt D 134 Db45
Eibenstock D 135 Ec43
Eibergen NL 125 Bd37
Eibiswald A 144 Fd56
Eiby N 63 Hd08
Eich D 133 Cb45
Eichenbarleben D 127 Ea37
Eichenbrunn A 137 Gb49
Eichendorf D 135 Ec49
Eichenzell D 134 Da43
Eichstätt D 135 Dd48
Eichstetten D 141 Ca50
Eichwalde D 128 Fa37
Eičiai LT 113 Jd57
Eicklingen D 126 Dc36
Eid N 77 Dc29
Eid N 77 Da32
Eid N 78 Ea28
Eidanger N 93 Dc44
Eidapere EST 98 Kc44
Eiðar IS 3 Bc05
Eidbukt N 66 Fd12
Eidbukta N 71 Fb19
Eide N 66 Fc14
Eide N 77 Da31
Eide N 84 Ca36
Eide N 84 Cc39
Eide N 92 Cb45
Eide N 93 Da47
Eidem N 70 Ec23
Eidesund N 92 Ca43
Eidet N 62 Gc10
Eidet N 65 Kd07
Eidet N 66 Ga14
Eidet N 77 Dd30
Eidet N 93 Db45
Eidevik N 84 Cb36
Eidfjord N 84 Cd39
Eiði DK 3 Ca06
Eidkjosen N 62 Gc09
Eidnes N 63 Ja04
Eidså N 76 Cb33
Eidsberg N 94 Eb43
Eidsborg N 93 Da42
Eidsdal N 76 Cd33
Eidsfoss N 93 Dd42
Eidskog N 94 Ec41
Eidslandet N 84 Cb38
Eidsnes N 63 Hd08
Eidsøra N 77 Db31
Eidsvåg N 77 Db32
Eidsvåg N 92 Ca41
Eidsvoll N 94 Eb40
Eidvågeid N 63 Hd06
Eiesland N 92 Cc45
Eige N 92 Ca45
Eigebrekk N 92 Cd47
Eigeland N 92 Ca44
Eigeland N 92 Ca45
Eigeltingen D 142 Cc51
Eigirdonys LT 114 Kd58
Eigirdžiai LT 113 Jd54
Eigirgala LT 114 Kc57
Eijsden NL 125 Bb41
Eik N 92 Ca43
Eik N 92 Cb45
Eikange N 84 Ca38
Eikåsgrend N 92 Cb46
Eikefjord N 84 Cb35
Eikeland N 92 Cb46
Eikeland N 92 Cd46
Eikeland N 93 Db45
Eikelandsosen N 84 Cb40
Eiken N 92 Cc46
Eikenes N 84 Ca36
Eikla EST 105 Jc46
Eiknes N 84 Cb40
Eilenburg D 127 Ec40
Eilgar RUS 205 Ga15
Eilsleben D 127 Dd37
Eime D 126 Db37
Eimen D 126 Db38
Eimisjärvi FIN 83 Ma30
Eimke D 118 Dc34
Eina N 85 Ea39
Einastrand N 85 Ea39
Einavoll N 85 Ea39
Einbeck D 126 Db38
Eindhoven NL 125 Bb39
Einhausen D 134 Cc45
Einola FIN 83 Lb28
Einsiedel D 127 Ec42
Einsiedeln CH 141 Cb54
Einville-au-Jaurd F 25 Jd37
Eisden B 125 Bb40
Eisenach D 126 Db41
Eisenbach D 141 Cb51
Eisenberg D 127 Ea41
Eisenberg D 133 Cb45
Eisenerz A 144 Fc53
Eisenheim D 134 Db45
Eisenhüttenstadt D 128 Fc37
Eisenkappel A 144 Fb56
Eisenstadt A 145 Gb52
Eisentratten A 143 Ed55
Eisfeld D 134 Dc43
Eisgarn A 136 Fd48
Eišiškės LT 114 La59
Eiskene LV 105 Jb50
Eisma EST 98 Kd41
Eitensheim D 135 Dd48
Eiterfeld D 126 Da42
Eitorf D 125 Ca41
Eitrheimsnes N 84 Cc40
Eitting D 143 Ea50
Eivere EST 98 Kd43
Eivindvik N 84 Ca37
Eivissa E 56 Gc69
Eixo P 44 Ac62
Ejby DK 108 Dc26
Ejby DK 108 Db26
Ejea de los Caballeros E 47 Fa59
Ejheden S 87 Fd37
Ejsing DK 100 Da22
Ejsk RUS 205 Fb16
Ejstrupholm DK 108 Db24
Ejulve E 48 Fb63
Ek S 102 Fa46
Ekängen S 103 Fd46
Ekaterinovka RUS 203 Fa12
Ekaterinovka RUS 203 Fc12
Ekby S 102 Fa46
Eke S 104 Ha50
Ekeberga S 103 Fd52
Ekeby S 96 Gd41
Ekeby S 96 Gc44
Ekeby S 103 Fc47
Ekeby S 104 Ha49
Ekeby S 110 Ed55
Ekeby-Almby S 95 Fd44
Ekebyborna S 103 Fd46
Ekedalen S 102 Fa47
Ekenäs FIN 97 Jd40
Ekenässjön S 103 Fc50
Eker S 95 Fc44
Ekerö S 96 Gd44
Ekeskog S 103 Fb46
Eket S 110 Ed54
Eketånga S 102 Ed52
Ekfors S 73 Jb20
Ekimovići RUS 202 Ec12
Ekinhisar TR 193 Gb86
Ekinli TR 186 Fb80
Ekinli TR 187 Gc79
Ekkerøy N 65 Kc06
Eknäs FIN 97 Jc40
Ekne N 78 Eb29
Ekola FIN 81 Jb30
Ekorrsele S 80 Ha26
Ekorrträsk S 80 Ha26
Ekså N 92 Cd45
Ekshärad S 94 Fa41
Ekşidere TR 191 Ed81
Eksi Gediz TR 192 Fd84
Ekşili TR 199 Gc90
Eksingedal N 84 Cb38
Eksjö S 103 Fc49
Ekskogen S 96 Gd42
Eksta S 104 Gd50
Ekträsk S 80 Hb26
Ekzarh Antimovo BG 181 Ec72
Ekzarh Josif BG 180 Ea69
Elabuga RUS 203 Ga08
Elafohóri GR 184 Da77
Elafohóri GR 185 Ea76
Elafónissos GR 195 Bd91
Elafótopos GR 182 Ad79
El Álamo E 46 Db65
El Álamo E 59 Bd73
El Álamo E 59 Cb73
El Algar E 55 Fa73
El Aljibe y las Brencas de Sicilia E 61 Ec73
El Alquián E 61 Eb76
Elämäjärvi FIN 82 Kb28
Elan' RUS 203 Fd12
Elan' RUS 203 Fd12
Elan'-Kolenovskij RUS 203 Fc13
Elantxobe E 39 Eb55
El Arahal E 59 Cb74
El Arenal E 45 Cc65
Elassóna GR 183 Bc80
El Astillero E 38 Dc55
Eláta GR 191 Dd86
Eláti GR 183 Bc79
Eláti GR 188 Bb81
Elátia GR 189 Bd84
Elat'ma RUS 203 Fb10
Elatohóri GR 182 Ba79
Elatohóri GR 183 Bd78
Élatos GR 182 Ba79
Elatoú GR 188 Bb84
El Azagador E 54 Fa67
El Ballestero E 53 Ea70
El Barco de Ávila E 45 Cb64
Elbasan AL 182 Ac75
Elbasan TR 186 Fb77
El Batán E 45 Bd65
El Baúl E 61 Dd74
El Bayo E 47 Fa59
Elbe D 126 Dc37
El Bercial E 52 Cc66
Elbeuf F 23 Ga35
Elbeyli TR 186 Ga79
Elbingerode D 126 Dc38
Elbląg PL 122 Hc30
El Bocal E 47 Ed59
El Bodón E 45 Bd64
El Bonillo E 53 Ea69
El Bosque E 59 Cb76
El'brus RUS 205 Ga17
Elbtal D 125 Cb42
El Bujeo E 59 Ca78
El Bullaque E 52 Da68
Elburg NL 117 Bc35
El Burgo E 60 Cc76
El Burgo de Ebro E 48 Fb61
El Burgo de Osma E 46 Dd60
El Burgo Ranero E 37 Cd57
El Buste E 47 Ed60
El Cabaco E 45 Ca63
El Cabo de Gata E 61 Eb76
El Calonge E 59 Cb73
El Campamento E 59 Cb78
el Campello E 55 Fb71
El Campillo E 53 Dd71
El Campillo E 53 Ea71
El Campillo de la Jara E 52 Cc67
El Campo de Peñaranda E 45 Cc62
El Cañavate E 53 Eb67
El Cardoso de la Sierra E 46 Dc62
El Carpio E 60 Cd72
El Carpio de Tajo E 52 Da66
El Casar de Escalona E 46 Da65
El Casar de Talamanca E 46 Dc63
El Castaño E 59 Ca77
El Castellar E 47 Fa65
El Castillo de las Guardas E 59 Bd73
El Centenillo E 52 Db71
El Cerro de Andévalo E 59 Bb72
El Chaparral E 60 Cd77
Elche E 55 Fb71
Elche de la Sierra E 53 Eb71
Elchesheim-Illingen D 133 Cb47
Elchingen D 134 Db49
Elciego E 39 Eb58
Elçili TR 185 Eb76
Elcóaz E 39 Fa57
El Cobo E 61 Ec72
el Cogul E 48 Ga61
El Collado E 54 Fa66
El Colmenar E 59 Cb76
El Colmenar E 59 Cb77
El Colorado E 59 Bd77
El Corchuelo E 59 Bc74
El Coronil E 59 Ca75
El Crucero E 37 Ca54
El Cuartón E 59 Ca78
El Cubillo de Uceda E 46 Dc63
El Cubo de Don Sancho E 45 Ca62
El Cubo de la Tierra del Vino E 45 Cb61
El Cuervo E 59 Bd75
Elda E 55 Fa71
Elda N 66 Ga12
Eldalen N 92 Cd46
Eldek TR 192 Fa85
Eldena D 119 Ea34
Eldforsen S 95 Fb40
Eldingen D 118 Dc35
Eldsberga S 110 Ed53
Eléa GR 195 Bd90
Elec RUS 203 Fa12
Eledio CY 206 Hd98
Elefsína GR 189 Cb86
Elefthério GR 189 Bd81
Eléfthero GR 182 Ad79
Eleftherohóri GR 183 Bb79
Eleftheroúpoli GR 184 Da77
Eleja LV 106 Kb52
El Ejido E 61 Dd76
Elek H 147 Jd56
Elektostal' RUS 203 Fa10
Elektrėnai LT 114 Kd58
Elemir SRB 153 Jc59
Elemno RUS 99 Ma43
Elena BG 180 Ea71
Elenovo BG 180 Ea73
Eleófito GR 188 Ba83
Eleohóri GR 184 Cd77
Eleohóri GR 194 Bb89
Eleón GR 184 Cc76
Eleón GR 189 Bc84
Eleoússa GR 182 Ad80
El Escorial E 46 Db64
Elešnica BG 184 Cc74
El Espinar E 46 Da63
Elfershausen D 134 Db44
Elford GB 16 Ed24
El Frago E 39 Fa58
El Frasno E 47 Ed61
Elgå N 86 Ec34
Elganowo PL 121 Ha31
El Gargantón E 52 Da69
El Garrobo E 59 Bd73
El Gastor E 59 Cb76
Elgg CH 142 Cc52
Elgin GB 5 Eb07
Elgiszewo PL 121 Hb34
Elgoibar E 39 Eb55
Elgol GB 6 Db09
El Grado E 48 Fd59
El Granado E 58 Ba73
el Grau de Castelló E 54 Fc66
el Grau de Gandia E 54 Fc69
Elgsmyra N 86 Ec36
Elgsnes N 66 Ga12
El Guijar E 46 Db62
El Guijo E 52 Cd70
Elham GB 21 Gb29
El Haza del Riego E 61 Ea75
El Herrumblar E 54 Ed68
El Higuerón E 60 Cc72
El Hijate E 61 Ea74
Elhovka RUS 203 Ga09
Elhovo BG 180 Dd73
Elhovo BG 180 Eb73
El Hoyo E 52 Db71
El Hoyo de Pinares E 46 Da64
Eliá GR 194 Ba88
Elijärven kaivos FIN 74 Jc21
Elika GR 195 Bd91
Elikónas GR 189 Bd85
Elimäki FIN 90 Kd37
Elincourt-Sainte-Marguerite F 23 Ha34
Elinókastro GR 183 Bb80
Elin Pelin BG 179 Cd71
Elionka RUS 202 Ec13
Elisejna BG 179 Cc70
Elista RUS 205 Ga15
Elizarovo RUS 107 Ld46
Elizavetino RUS 99 Mb40
Elizondo E 39 Ed56
El Jardín E 53 Eb70
El Jardón E 60 Cd73
Eljaröd S 111 Fb56
El Jautor E 59 Ca77
Ełk PL 123 Jd31
Elkeland N 92 Cc46
Elkenroth D 125 Cb41
Elkšņi LV 106 La52
Elkšnukrogs LV 106 La52
Elkstone GB 20 Ed27
Ellamaa EST 98 Ka43
El Lance de la Virgen E 61 Dd76
Ellastone GB 16 Ed23
Elleholm S 111 Fc54
Ellenberg D 134 Db48
Ellen's Green GB 20 Fc29
El Lentiscal E 59 Ca78
Ellerau D 118 Db32
Ellesmere GB 15 Eb23
Ellesmere Port GB 15 Eb22
Ellewoutsdijk NL 124 Ab38
Ellhofen D 134 Cd47
Elliant F 27 Dd39
Ellidshøj DK 100 Dc21
Elling DK 101 Dd19
Ellingen D 134 Dc47
Elliniká GR 189 Cb83
Elliniko GR 189 Bc86
Ellinikó GR 194 Bb87
Ellinikó GR 194 Bc87
Ellinikó GR 195 Bd91
Ellinikó GR 195 Cb87
El Llano (San Tirso de Abres) E 37 Bd54
Ellmau A 143 Eb53
Ellon GB 5 Ed08
Ellös S 102 Eb47
Ellrich D 126 Dc39
Ellwangen D 142 Da51
Ellwangen/Jagst D 134 Db48
Elm CH 142 Cc54
Elmabağı TR 192 Fa86
Elmacık TR 185 Ed74
Elmacık TR 199 Gb89
El Maderal E 45 Cb61
El Madroño E 59 Bc73
Elmalı TR 185 Ec78
Elmalı TR 186 Fd77
Elmalı TR 187 Gb79
Elmalı TR 198 Ga91
El Manantial E 59 Bd76
Elmas I 169 Ca79
el Masnou E 49 Ha61
Elmdon GB 20 Fd26
Elmelunde DK 109 Ec28
Elmen A 142 Db53
Elmenhorst D 118 Dc32
Elmenhorst D 119 Eb31
Elmley Castle GB 20 Ed26
El Molar E 46 Dc63
el Molar E 48 Ga62
El Molar E 61 Dd72
El Molinillo E 52 Da67
El Moncayo E 55 Fb72
El Moral E 61 Eb72
Elmore GB 19 Ec27
el Morell E 48 Gb62
Elmshorn D 118 Db32
Elmstein D 133 Ca46
El Musel E 37 Cc54
Elne F 41 Hb57
Elnesvågen N 76 Cd31
El Niño E 55 Ed72
El'nja RUS 202 Ec11
Elopía GR 189 Ca85
Elorrio E 39 Eb56
Élos GR 200 Ca95
Elöszállás H 146 Hc55
Elounta GR 201 Dc96
Eloyes F 31 Ka39
el Palmar E 54 Fc68
El Palmar E 55 Fa72
El Palmar de Troya E 59 Ca75
El Parador de las Hortichuelas E 61 Ea76
El Paraíso E 60 Cc77
El Pardo E 46 Dc64
el Pas de la Casa AND 40 Gc58
el Pas de la Casa AND 40 Gc58
El Pedernoso E 53 Ea67
El Pedregal E 47 Ed63
El Pedroso E 37 Cc54
El Pedroso E 59 Ca72
El Pedroso de la Armuña E 45 Cc62
El Peral E 53 Ec67
El Perdigón E 45 Cb61
el Perelló E 48 Ga63
el Perelló E 54 Fc68
Elphin GB 4 Dc06
Elphin IRL 8 Ca19
el Pla de Santa Maria E 48 Gb61
El Picazo E 53 Eb68
el Pi de Sant Just E 49 Gc59
El Pilar de la Horadada E 55 Fb73
el Pinell de Brai E 48 Ga63
El Piñero E 45 Cc61
El Pintado E 59 Ca72
el Poblenou del Delta E 48 Ga64
El Pobo E 47 Fa64
El Pobo de Dueñas E 47 Ed63
el Pont d'Armentera E 49 Gc61
el Pont de Suert E 40 Ga58
el Pont de Vilomara E 49 Gd60
El Portal E 59 Bd76
el Port de Borriana E 54 Fc66
el Port de la Selva E 41 Hc58
el Port de Sagunt E 54 Fc67
El Portil E 59 Bb74
El Pozo de los Frailes E 61 Eb76
El Priorato E 59 Cb73
El Provencio E 53 Ea68
El Puente del Arzobispo E 52 Cc66
El Puente del Rio E 61 Dd76
El Puente (Guriezo) E 38 Dd55
El Puerto E 37 Cb55
El Puerto E 51 Bc71
El Puerto de Santa María E 59 Bd76
El Pulpillo E 55 Ed70
El Puntal E 37 Cd54
El Real de la Jara E 59 Bd72
El Real de San Vicente E 46 Cd65
El Rincón E 61 Ec74
El Robledo E 52 Da68
El Rocío E 59 Bc74
el Rodriguillo E 55 Fa71
El Romeral E 52 Dc67
El Rompido E 59 Bb74
El Ronquillo E 59 Bd72
El Royo E 47 Ea60
El Rubio E 60 Cc74
El Sabinar E 47 Fa59
El Sabinar E 61 Eb72
el Sahuco E 61 Ea74
El Saler E 54 Fc68
El Salobral E 53 Ec69
El Saltador E 61 Ec74
El Santiscal E 59 Ca76
els Arcs E 48 Fd61
El Saucejo E 60 Cc75
Elsazı TR 199 Gd89
Elsdon GB 11 Ed15
Elsdorf D 118 Da33
Elsdorf D 125 Bc40
Elsdorf-Westermühlen D 118 Db30
Elsenborn B 125 Bb42
Elsenfeld D 134 Cd45
Elsenham GB 20 Fd27
el Serrat AND 40 Gc57
el Serrat AND 40 Gc57
Elsfjord N 71 Fb21
Elsfleth D 118 Cd33
els Hostalets d'en Bas E 49 Ha59
Elšica BG 179 Da72
Elsing D 127 Ec39
Elsing GB 17 Ga24
Elsinvaara FIN 83 Lc25
el Soleràs E 48 Ga61
Elspeet NL 116 Bb36
els Prats de Rei E 49 Gc60
Elsrickle GB 11 Eb14
Elst NL 125 Bb37
Elstad N 78 Ed26
Elstal D 127 Ed36
Elstead GB 20 Fb29
Elster D 127 Ec38
Elstertrebnitz D 127 Eb41
Elsterwerda D 128 Fa40
Elstow GB 20 Fc26
Elstra D 128 Fb41
Eltendorf A 145 Gb55
Elterlein D 135 Ec43
Eltham GB 20 Fd28
El Tiemblo E 46 Da64
El Toboso E 53 Dd67
Elton IRL 12 Bd24
Èl'ton RUS 203 Ga13
El Torno E 59 Bd76
El Toro E 54 Fa66
El Toro E 54 Fb66
El Tricheto E 52 Da68
El Trobal E 59 Ca75
El Tumbalejo E 59 Bc73
Eltvik N 76 Ca33
Eltville D 133 Cb44
Elva EST 106 La46
Elva I 148 Bb62
El Vacar E 60 Cc72
Elvanfoot GB 10 Ea15
Elvas P 51 Bb68
Elvåsen N 78 Ec25
Elvdal N 86 Ec36
Elve N 92 Cb46
Elvebakken N 62 Gd08
Elvebakken N 63 Hd08
Elveden GB 21 Ga25
Elvedjupkroken N 64 Ka06
Elvegården N 67 Gb14
El Vellón E 46 Dc63
Elvemund N 64 Jc09
Elven F 27 Eb40
el Vendrell E 49 Gc62
Elvenes N 65 Kd07
Elvenes N 66 Fc12
Elvenheim N 65 La07
El Ventorillo E 38 Db56
Elverum N 67 Gc11
Elverum N 86 Eb38
Elvestad N 93 Ea42
Elvevollen N 62 Ha10
El Villar de Arnedo E 39 Ec58
el Vilosell E 48 Gb61
Elviria E 60 Cc77
El Viso E 52 Cc70
El Viso del Alcor E 59 Ca74
Elvkroken N 66 Fd16
Elvran N 78 Eb30
Elwick GB 11 Fa17
Elworthy GB 19 Ea29
Elx E 55 Fb71
Elxleben D 127 Dd41
Ely GB 20 Fd25
Elz D 133 Cb43
Elzach D 141 Ca50
Elze D 126 Db37
Elztal D 134 Cd46
Emagny F 31 Jc41
Emanville F 23 Ga36
Embid E 47 Ec63
Embid de Ariza E 47 Ec61
Émbonas GR 197 Ed93
Embório GR 183 Bb78
Embório GR 196 Db92
Emborió GR 197 Eb90
Emborió GR 197 Ec92
Emboriós GR 197 Ed92
Embrach CH 141 Cb52
Embrun F 35 Kb50
Embsen D 118 Dc34
Embún E 39 Fb57
Emburga LV 106 Kb52
Embūte LV 105 Jc52
Emden D 117 Ca33
Emecik TR 197 Ed91
Emerando E 38 Ea55
Emersleben D 127 Dd38

Fakija – Fobello

Fakija BG 181 Ec73
Fakılı TR 192 Fd85
Fakovići BIH 159 Ja64
Faksdal N 78 Eb26
Fakse DK 109 Eb27
Fakse Ladeplads DK 109 Eb27
Falaise F 22 Fc37
Fálana GR 183 Bd80
Fålasjö S 80 Gc31
Falcade I 150 Ea57
Falces E 39 Ec58
Falciano del Massico I 161 Fa74
Fălciu RO 177 Fb60
Fălcoiu RO 175 Db66
Falconara I 167 Fa87
Falconara Marittima I 156 Ed66
Falcone I 167 Fc84
Faldsled DK 108 Dc27
Falerna I 164 Gb81
Falerna Marina I 164 Gb81
Falerum S 103 Ga47
Făleşti MD 173 Fa56
Faleştii Noi MD 173 Fb56
Falfield GB 19 Ec27
Falileevo RUS 99 Ld41
Faliráki GR 197 Fa93
Falkelva N 66 Ga15
Falkenberg D 120 Fa35
Falkenberg D 127 Ed39
Falkenberg D 143 Ec50
Falkenberg S 102 Ec52
Falkenhagen D 128 Fb37
Falkenhain D 127 Ec40
Falkensee D 127 Ed36
Falkenstein D 135 Eb43
Falkenstein D 135 Eb48
Falkenthal D 119 Ed35
Falkerslev DK 109 Eb28
Falkirk GB 10 Ea13
Falköping S 102 Fa47
Fałków PL 130 Ja40
Falla S 103 Fd46
Fållen S 103 Fb52
Falleron F 28 Ed43
Fallet N 85 Dd34
Fallford GB 11 Eb16
Fällfors S 73 Hc24
Fallingbostel D 118 Db35
Fälloheden S 72 Gd22
Fallon F 31 Ka41
Fällträsk S 73 Hd22
Falmouth GB 18 Db32
Falnes N 92 Bd43
Falset E 48 Ga62
Falsnes N 62 Ha10
Falsterbo S 110 Ed57
Fălticeni RO 172 Ec56
Falträsk S 80 Gd25
Falun S 95 Fd39
Famagusta = Ammochostos CY 206 Jd96
Fambach D 126 Db42
Fameck F 25 Jd35
Fana N 84 Ca39
Fanagmore GB 4 Dc04
Fanano I 155 Db64
Fanári GR 184 Dc77
Fanari GR 188 Bb81
Fandrup DK 100 Db22
Fane I 149 Dc59
Fångåmon S 78 Fa31
Fangel DK 108 Dc27
Fanjeaux F 41 Gd55
Fanlo E 40 Fc57
Fannerup DK 101 Dd23
Fänneslunda S 102 Ed48
Fannrem N 77 Dd30
Fano I 156 Ec65
Fanore IRL 12 Bc21
Fanós GR 183 Bd76
Fänsta S 87 Ga33
Fântânele RO 170 Bd59
Fântânele RO 171 Dc59
Fântânele RO 172 Ec56
Fântânele RO 175 Cd66
Fanthyttan S 95 Fc42
Fantoft N 84 Ca39
Fao E 36 Ba55
Fărăgău RO 171 Dc58
Fara in Sabina I 156 Eb70
Faramontanos de Tábara E 45 Cb59
Fara Novarese I 148 Ca59
Faraoani RO 176 Ed60
Fara San Martino I 161 Fa71
Farasdués E 47 Fa59
Fărău RO 171 Db59
Fårberget S 80 Ha27
Fårbo S 103 Gb50
Fărcas RO 175 Cd65
Fărcaşa RO 171 Da55
Farcaşa RO 172 Eb57
Fărcaşele RO 180 Db67
Fărcăşeşti RO 175 Cc64
Farchant D 142 Dc53
Fârdea RO 174 Ca61
Fardella I 162 Gb77
Fardhem S 104 Gd50
Färdkällan S 86 Ed37
Fardrum IRL 13 Ca21
Fåred S 95 Fb45
Fareham GB 20 Fa30
Faremoutiers F 23 Ha37
Färentuna S 96 Gc43
Farés GR 194 Bb89
Farestad N 92 Cc47
Fårevejle DK 109 Ea25
Fårevejle Stationsby DK 109 Ea25
Farfa I 156 Eb70
Färgaryd S 102 Fa51
Färgelanda S 102 Ec46
Fargues-Saint-Hilaire F 32 Fb50
Fargues-sur-Ourbise F 40 Fd52
Farhult S 110 Ec54
Färila S 87 Fd35
Faringdon GB 20 Ed27
Faringe S 96 Gd41
Färingtofta S 110 Fa54
Farini d'Olmo I 149 Cd62
Fariza E 45 Ca61
Färjestaden S 103 Gb52
Farkadóna GR 189 Bc81
Farkaševac HR 152 Gc58
Farkasfa H 145 Gb55
Farkazdin SRB 153 Jc60
Farkazdin SRB 174 Bb62
Farlete E 48 Fb60
Fârliug RO 174 Ca62
Färlöv S 111 Fb54
Farmakas CY 206 Jb97
Farmakonissi GR 197 Eb89
Farmborough GB 19 Ec28
Farmtown GB 7 Ec08
Färna S 95 Ga42
Farná SK 145 Hb51
Farnanes Cross Roads IRL 12 Bc26
Färnäs S 87 Fc38
Farnborough GB 20 Fb29
Farnborough GB 20 Fd28
Farnese I 156 Dd69
Farnham GB 20 Fb29
Färnigen CH 141 Cb55
Farnstädt D 127 Ea40
Farnworth GB 15 Ec21
Faro P 58 Ad74
Farö S 104 Hb48
Fårösund S 104 Hb48
Farra d'Alpago I 150 Eb57
Farranfore IRL 12 Bb24
Farre DK 108 Dc24
Farre DK 108 Db25
Fársala GR 189 Bd82
Farsø DK 100 Db22
Farstad N 77 Da31
Farstorp S 110 Fa54
Farstrup DK 100 Db21
Farsund N 92 Cb47
Fărţăneşti RO 177 Fb62
Fârtăţeşti RO 175 Da64
Farum DK 109 Ec25
Fårup DK 100 Dc23
Fårvang DK 100 Dc23
Faryny PL 122 Jc32
Fasana I 165 Gd80
Fasano I 162 Ha75
Fasgar E 37 Ca56
Fasıllar TR 199 Hb88
Fáskrúðsfjörður IS 3 Bc05
Fasnacloich GB 6 Dc11
Faßberg D 118 Dc35
Fåssjödal S 87 Fd34
Faster DK 108 Da24
Fasterholt DK 108 Da24
Fasterna S 96 Gd42
Fastias E 37 Ca54
Fastiv UA 204 Ec15
Fasty PL 123 Kb33
Fatež RUS 203 Fa13
Fátima P 50 Ac66
Fatjas S 73 Hb19
Fatmomakke S 71 Fd24
Fatnica BIH 159 Hc68
Fatsa TR 205 Fc19
Fättjaur S 71 Fd24
Faucogney-et-la-Mer F 31 Ka39
Faugères F 41 Hb54
Fauguerolles F 32 Fd51
Fauldhouse GB 10 Ea13
Faulenrost D 119 Ec32
Faulquemont F 25 Ka35
Fauquembergues F 23 Gd31
Faura E 54 Fc67
Făurei RO 172 Ec58
Făurei RO 176 Ed64
Făurei RO 181 Ec67
Făurei RO 181 Fa68
Făureşti RO 175 Da65
Fausing DK 100 Dc23
Fauske N 66 Fd17
Faustynowo PL 129 Gb38
Fauville-en-Caux F 23 Ga34
Faux F 33 Ga50
Faux F 34 Hc51
Favaios P 44 Bb61
Fåvang N 85 Dd36
Fåvangfjellet N 85 Ea36
Favara E 54 Fc69
Favara I 166 Ed86
Faverges F 35 Ka46
Faverney F 31 Jd40
Faverolles F 23 Ga36
Faverolles F 23 Gc37
Faversham GB 21 Ga29
Favignana I 166 Ea84
Favone F 154 Cb72
Favrholt DK 108 Db24
Fawley GB 20 Fa30
Fay-aux-Loges F 29 Gd40
Fay-de-Bretagne F 28 Ed41
Fayence F 43 Kb53
Fayet F 41 Hb53
Fayl-Billot F 31 Jc40
Fayón E 48 Fd62
Fay-sur-Lignon F 34 Ja49
Fažana HR 151 Fa61
Fazlıca TR 191 Ec82
Feakle IRL 12 Bd22
Fearnan GB 7 Ea11
Fearn Lodge GB 5 Ea06
Feas E 36 Bb53
Fécamp F 22 Fd34
Feces de Abaixo P 44 Bb59
Feckenham GB 20 Ed25
Feda N 92 Cb46
Fedamore IRL 12 Bd23
Federi RO 175 Cd62
Fedje N 84 Bd37
Fedkovščyna RUS 99 Ld43
Fëdorovka RUS 205 Fb15
Fedosino RUS 107 Ma48
Fedotovo RUS 113 Jb59
Fegen S 102 Ed51
Fegyvernek H 146 Jc53
Fehérgyarmat H 147 Kc50
Fehmarn D 119 Ea30
Fehrbellin D 119 Ec35
Fehring A 144 Ga55
Feichten A 142 Dc54
Feignies F 24 Hc32
Feilitz D 135 Ea43
Feimaņi LV 107 Lc52
Feins F 28 Ed38
Feira do Monte E 36 Bc54
Feiring N 85 Ea40
Feiring N 94 Eb39
Feistritz im Rosental A 144 Fb56
Feiteira P 58 Ad74
Feketić SRB 153 Ja59
Felanitx E 57 Hc67
Felchow D 120 Fb34
Felcsút H 146 Hc53
Feldafing D 143 Dd51
Feld am See A 144 Fa55
Feldatal D 126 Cd42
Feldbach A 144 Ga55
Feldbach F 31 Kb40
Feldballe DK 101 Dd23
Feldberg D 119 Ed33
Feldberger Seenlandschaft D 119 Ed33
Feldborg DK 100 Da23
Felde D 118 Db30
Feldioara RO 176 Ea61
Feldkirch A 142 Cd53
Feldkirchen D 135 Eb48
Feldkirchen D 143 Ea51
Feldkirchen in Kärnten A 144 Fa56
Feldkirchen-Westerham D 143 Ea51
Feldru RO 171 Dc56
Feleacu RO 171 Da58
Felechosa E 37 Cc55
Feletto I 148 Bd59
Felgueiras P 44 Ba60
Feliceni RO 176 Dd60
Felina I 149 Da63
Felindre GB 15 Eb25
Felindre GB 19 Dd27
Félines-Minervois F 41 Ha55
Félines-Termenès F 41 Ha56
Felinfach GB 15 Ea26
Felino I 149 Da62
Felitto I 161 Fd76
Félix E 61 Ea76
Felixdorf A 145 Gb52
Felixstowe GB 21 Gb26
Felizli TR 187 Gc78
Felizzano I 148 Ca61
Fell A 143 Ed54
Fellabær IS 3 Bc05
Fellbach D 134 Cd48
Fellegrenda N 93 Db44
Fellen D 134 Da44
Felletin F 33 Gd46
Felli GR 183 Bb79
Fellingfors N 70 Fa23
Fellingsbro S 95 Fd43
Felm D 118 Dc30
Felmín E 37 Cc56
Felnac RO 170 Bd59
Felnémet H 146 Jb51
Felsberg D 126 Da40
Felsőcsatar H 145 Gb54
Felsőkörtvélyes H 146 Hc55
Felsőnyárád H 146 Jc50
Felsőnyék H 145 Hb55
Felsősima H 147 Ka51
Felsőszolnok H 145 Gb55
Felsőtárkány H 146 Jb51
Felsővadász H 146 Jc50
Felsőzsolca H 146 Jc50
Felsted GB 20 Fd27
Feltham GB 20 Fc28
Felton GB 15 Ec26
Feltre I 150 Ea58
Femanger N 84 Cb40
Femsjö S 102 Fa52
Femundsundet N 86 Ec35
Fenagh IRL 9 Cb19
Fendeille F 41 Gd55
Fene E 36 Ba53
Fenerköy TR 186 Fb77
Fenes N 66 Fb17
Fénétrange F 25 Ka36
Feneu F 28 Fb41
Fengersfors S 94 Ec45
Fenioux F 28 Fb44
Fenioux F 32 Fb47
Fenit IRL 12 Ba24
Fennagh IRL 13 Cc23
Fensmark DK 109 Eb27
Fenstad N 94 Eb40
Fenstanton GB 20 Fc25
Fensterbach D 135 Eb46
Fenwick GB 10 Dd14
Fenwick GB 11 Ed14
Feodosija UA 205 Fb17
Feohanagh IRL 12 Bc24
Féole F 28 Fa44
Feolin Ferry GB 6 Da13
Feragen N 86 Ec33
Ferapontievca MD 177 Fd60
Ferbane IRL 13 Ca21
Ferdinandovac HR 152 Gd58
Ferdinandshof D 120 Fa32
Fère-Champenoise F 24 Hc37
Fère-en-Tardenois F 24 Hb35
Ferendia RO 174 Bd62
Ferentillo I 156 Eb69
Ferentino I 160 Ec72
Féres GR 185 Ea78
Férez E 53 Ec71
Feria E 51 Bc70
Feričanci HR 152 Hb59
Ferla I 167 Fc87
Ferlach A 144 Fb56
Fermignano I 156 Eb65
Fermo I 156 Ed67
Fermoselle E 45 Ca61
Fermoy IRL 12 Bd25
Fernáncaballero E 52 Db68
Fernán-Núñez E 60 Cd73
Ferndown GB 20 Ed30
Ferness GB 7 Ea08
Ferney-Voltaire F 35 Jd45
Fernhurst GB 20 Fb29
Ferns IRL 13 Cd24
Fernwald D 126 Cc42
Ferovac HR 152 Ha60
Ferpècle CH 148 Bd57
Ferraj AL 182 Ac74
Ferrandina I 162 Gc76
Ferrão Ferro P 50 Aa69
Ferrara I 150 Dd62
Ferrara di Monte Baldo I 149 Db59
Ferrazzano I 161 Fc73
Ferreira E 36 Bb55
Ferreira do Alentejo P 50 Ad71
Ferreira do Zêzere P 50 Ad66
Ferreira (Valadouro) E 36 Bc53
Ferreiros E 36 Bc55
Ferreras de Abajo E 45 Cb59
Ferreras de Arriba E 45 Ca59
Ferreries E 57 Ja66
Ferreruela de Huerva E 47 Fa62
Ferret CH 148 Bc57
Ferrette F 31 Kb40
Ferreux F 30 Hc38
Ferriere I 149 Cc62
Ferrières F 41 Ha54
Ferrières-en-Brie F 23 Ha37
Ferrières-en-Gâtinais F 29 Ha39
Ferrières-Saint-Mary F 34 Hb49
Ferrières-sur-Sichon F 34 Hc46
Ferring DK 100 Cd22
Ferritslev DK 109 Dd27
Ferrol E 36 Ba53
Ferry Bridge IRL 12 Bc23
Ferryhill GB 11 Fa17
Fertilia I 168 Bd75
Fertőd H 145 Gc52
Fertőrakos H 145 Gc52
Fertőszentmiklós H 145 Gc53
Fervaques F 22 Fd36
Ferwerd NL 117 Bc32
Fessenheim F 31 Kc39
Feşteliţa MD 173 Ga59
Festøy N 76 Cc33
Festvåg N 66 Fc17
Feteşti MD 172 Ed54
Feteşti RO 177 Fa66
Feteşti-Gară RO 177 Fa66
Fethard IRL 13 Ca24
Fethard IRL 13 Cc25
Fethiye TR 186 Ga80
Fethiye TR 193 Gc83
Fethiye TR 198 Fc92
Fetsund N 94 Eb41
Fettercairn GB 7 Ec10
Fettwell GB 20 Fd25
Feucht D 135 Dd46
Feuchtwangen D 134 Db47
Feudingen D 126 Cc41
Feuerleiten A 143 Ec54
Feugarolles F 40 Fd52
Feuges F 30 Hd38
Feuquières F 23 Gc34
Feuquières-en-Vimeu F 23 Gc33
Feurs F 34 Hd47
Fevik N 93 Da46
Fevral'skoje RUS 113 Jd58
Fevzipaşa TR 186 Fb80
Fevziye TR 187 Gb79
Feytiat F 33 Gb47
Ffestiniog GB 15 Dd23
Ffostrasol GB 14 Dc26
Fiane N 93 Db46
Fiano I 148 Bc60
Fiaschetti I 150 Eb58
Fibiş RO 174 Bd60
Ficarazzi I 166 Ed84
Ficarolo I 150 Dd61
Fichtelberg D 135 Ea44
Fichtenau D 134 Db47
Fichtenberg D 127 Ed40
Fichtenberg D 134 Da48
Ficulle I 156 Ea68
Fiddleton GB 11 Eb15
Fiddown IRL 13 Cb24
Fide S 104 Gd51
Fidenza I 149 Da61
Fidjastølen N 92 Cb44
Fidjeland N 92 Cc44
Fidjetun N 93 Da46
Fieberbrunn A 143 Eb53
Fielbmatgiedde N 64 Jc08
Fieni RO 176 Dd64
Fienvillers F 23 Gd32
Fier AL 182 Ab76
Fiera di Primiero I 150 Ea57
Fierbinţi-Târg RO 176 Eb65
Fier Shegan AL 182 Ab76
Fierzë AL 159 Jc70
Fiesch CH 141 Ca56
Fiesole I 155 Dc65
Figaredo E 37 Cc55
Figari F 154 Cb72
Figeac F 33 Gd51
Figeholm S 103 Gb50
Figgjo N 92 Ca44
Figiás GR 190 Cd86
Figliere I 148 Bb62
Figline Valdarno I 155 Dc66
Figueira da Foz P 44 Ab64
Figueira de Castelo Rodrigo P 45 Bc62
Figueira dos Cavaleiros P 50 Ac71
Figueiró dos Vinhos P 44 Ad65
Figueras E 37 Bd53
Figueres E 41 Hb58
Figuerola d' Orcau E 48 Gb59
Figueroles E 54 Fc65
Fijnaart NL 124 Ad38
Fiksdal N 76 Cd32
Filadélfi GR 184 Cc77
Filadelfia I 164 Gb82
Filain F 31 Jd41
Filakí GR 189 Bd82
Filákio GR 185 Ea75
Fil'akovo SK 146 Ja50
Filatova Gora RUS 107 Ld47
Filderstadt D 134 Cd49
Fildu de Jos RO 171 Cd57
Fildu de Sus RO 171 Cd57
Filettino I 160 Ec71
Filevo BG 184 Dc74
Filey GB 17 Fc19
Filí GR 189 Cb86
Filia GR 188 Bb86
Filia GR 189 Bc82
Filiaşi RO 175 Cd65
Filiátes GR 182 Ac80
Filiatrá GR 194 Ba88
Filicudi Porto I 167 Fb82
Filinskoe RUS 203 Fb10
Filipeni MD 177 Fc60
Filipeni RO 172 Ed59
Filipeşti RO 172 Ed59
Filipeşti de Pădure RO 176 Ea64
Filipeşti de Târg RO 176 Ea64
Filipi GR 184 Da77
Filipiáda GR 188 Ad82
Filipovci BG 179 Cb70
Filipów PL 123 Ka30
Filippovka RUS 113 Jb59
Filipstad S 95 Fb42
Filiriá GR 183 Bd77
Fillan N 77 Dc29
Fillières F 25 Jc34
Fillingsnes N 77 Dc29
Fillingtveit N 93 Da46
Fillira GR 185 Dd77
Fillo GR 189 Bc81
Film S 96 Gd40
Filótas GR 183 Bb77
Filóti GR 196 Db90
Filottrano I 156 Ed66
Filsbäck S 102 Fa46
Filskov DK 108 Da25
Filsnes N 76 Cc32
Filsum D 117 Cb33
Filzmoos A 143 Ed53
Finale Emilia I 149 Dc62
Finale Ligure I 148 Ca63
Finaña E 61 Dd75
Finbo FIN 96 Hc40
Finby FIN 97 Jc40
Finchingfield GB 20 Fd26
Finchley GB 20 Fc28
Finderup DK 100 Db23
Finderup DK 108 Cd24
Findhorn GB 5 Eb07
Findıcak TR 186 Fd80
Findıklı TR 185 Eb79
Findochty GB 5 Ec07
Findon GB 20 Fc30
Finelv N 63 Hd05
Finhan F 40 Gb53
Finikas GR 196 Da89
Finike TR 199 Gb93
Finikoúnda GR 194 Ba90
Finiq AL 182 Ab79
Finiş RO 170 Cb58
Finja S 110 Fa54
Finkenstein A 144 Fa56
Finmere GB 20 Fa26
Finnäs FIN 81 Jb28
Finnasand N 92 Ca43
Finnbacka S 87 Fd38
Finnea IRL 9 Cb20
Finneby S 87 Fd34
Finneidfjord N 71 Fb21
Finnentrop D 125 Cb40
Finnerödja S 95 Fb45
Finnes N 63 Ja04
Finnes N 71 Fb18
Finnfjordeidet N 67 Gc11
Finnforsfallet S 80 Hb25
Finngruvan S 95 Fb39
Finnhöle S 95 Gb40
Finnsiglin IRL 8 Bb20
Finnkroken N 62 Gd09
Finnliden S 73 Hb23
Finnøya N 66 Fd15
Finnsäter S 79 Fb29
Finnsjå N 63 Hd08
Finnsnes N 67 Gc11
Finnsta S 87 Ga33
Finnstad N 78 Ec28
Finnstad N 86 Eb34
Finnstuga S 87 Fd37
Finntorp S 94 Ec43
Finnträsk S 73 Hc24
Finnvelta N 94 Ec40
Finnvollan N 78 Fa25
Finny IRL 8 Bc20
Fino Mornasco I 149 Cc58
Finowfurt D 120 Fa35
Fins F 23 Ha33
Finse N 84 Cd39
Finsjö S 103 Ga51
Finsland N 92 Cd46
Finspång S 103 Fd46
Finsterau D 135 Ed48
Finsterwalde D 128 Fa39
Finstown GB 5 Ec03
Finström FIN 96 Hc40
Finta RO 176 Ea65
Fintel D 118 Db34
Fintiniţa MD 173 Fb54
Fintona GB 9 Cc17
Fintown IRL 8 Ca16
Finvik N 63 Hd05
Finvoy GB 9 Cd16
Fiodh Ard IRL 13 Ca24
Fiolleda E 36 Bb56
Fionnaithe IRL 8 Bc20
Fionnay CH 148 Bc57
Fionnphort GB 6 Da11
Fiorenzuola d'Arda I 149 Cd61
Firenze I 155 Dc65
Firenzuola I 155 Dc64
Firiteaz RO 174 Bd60
Firiza RO 171 Da55
Firkeel IRL 12 Ba26
Firlădeni MD 173 Fc59
Firlădeni MD 173 Ga59
Firlej PL 131 Ka39
Firminy F 34 Ja48
Firmo I 164 Gb78
Firoga PL 121 Ha30
Firovo RUS 202 Ec09
Fischach D 142 Dc50
Fischamend A 145 Gc51
Fischbach A 144 Ga53
Fischbach D 133 Bd45
Fischbach D 133 Ca47
Fischbachau D 143 Ea52
Fischen D 142 Db53
Fischering A 144 Fc55
Fishbourne GB 20 Fb30
Fishburn GB 11 Fa17
Fishguard GB 14 Db26
Fishsätra S 96 Gd43
Fiskå N 76 Cb33
Fiskå N 92 Bd42
Fiskárdo GR 188 Ac84
Fiskarheden S 86 Fa38
Fiskari FIN 97 Jd40
Fiskars FIN 97 Jd40
Fiskavaig GB 4 Da08
Fiskebäckskil S 102 Eb47
Fiskebøl N 66 Fc13
Fiskefjord N 66 Ga13
Fiskenes N 66 Ga11
Fisketjønnbu N 92 Ca44
Fiskevik N 63 Ja06
Fiskevollen N 86 Eb35
Fiskö FIN 97 Hd39
Fiskum N 93 Dc42
Fislisbach CH 141 Cb53
Fismes F 24 Hc35
Fiss A 142 Db54
Fister N 92 Cb43
Fisterra E 36 Ac55
Fistéus E 36 Bc57
Fıstıklı TR 186 Fc79
Fitá GR 191 Dd85
Fitero E 47 Ec59
Fithi GR 195 Bd87
Fities GR 188 Ad83
Fitioneşti RO 176 Ed61
Fitjar N 84 Ca40
Fitou F 41 Hb56
Fittja S 96 Gc42
Fittleton GB 20 Ed29
Fiuggi I 160 Ec72
Fiumata I 156 Ec70
Fiumefreddo Bruzio I 164 Gb80
Fiumefreddo di Sicilia I 167 Fd85
Fiumicello-San Venere I 164 Ga78
Fiumicino I 160 Ea72
Fiveally IRL 13 Ca22
Five Ashes GB 20 Fd30
Fivelanes GB 18 Dc31
Fivemiletown GB 9 Cc18
Five Oaks GB 20 Fc29
Fivizzano I 149 Da63
Fivlered S 102 Fa48
Fixin F 30 Jb42
Fizeşu Gherlii RO 171 Db57
Fjær N 66 Fc16
Fjæra N 92 Cb41
Fjærland N 84 Cc36
Fjågesund N 93 Db43
Fjäl S 79 Fc30
Fjälbyn S 81 Hd26
Fjälkinge S 111 Fb54
Fjällåsen S 67 Ha16
Fjällbacka S 102 Ea46
Fjällbonäs S 72 Ha22
Fjällgården S 87 Fb33
Fjällnäs S 72 Gc22
Fjällnäs S 86 Ec32
Fjällsjönäs S 71 Ga23
Fjaltring DK 100 Cd22
Fjärås S 102 Ec50
Fjärdhundra S 95 Gb42
Fjelberg N 92 Ca41
Fjelde DK 109 Eb29
Fjell N 78 Eb26
Fjell N 84 Ca39
Fjellbu N 67 Gb14
Fjellbu N 85 Dc38
Fjellbygda N 86 Ed37
Fjelldal N 66 Ga13
Fjellerad DK 100 Dc21
Fjellerup DK 101 Dd23
Fjellheim N 85 Db38
Fjellkjøsa N 77 Dd30
Fjellså N 92 Cb46
Fjellstad N 67 Gc12
Fjellstrand N 93 Ea42
Fjelltoten N 94 Eb41
Fjelsø DK 100 Db22
Fjelsted DK 108 Dc26
Fjelstervang DK 108 Da24
Fjelstrup DK 108 Db27
Fjerritslev DK 100 Db21
Fjølvika N 70 Ec24
Fjon N 84 Cb37
Fjordgård N 62 Gb10
Fjotland N 92 Cc45
Fjugesta S 95 Fc44
Flåbygd N 93 Db43
Flacà E 49 Hb59
Flachau A 143 Ed53
Flachslanden D 134 Dc46
Fläckebo S 95 Ga42
Fladan FIN 89 Hd34
Fladbury GB 20 Ed26
Flade DK 100 Da21
Fladungen D 134 Db43
Flagy F 29 Ha38
Flaine F 35 Kb45
Flaka FIN 96 Hc41
Flakaberg S 73 Hd19
Flakaträsk S 72 Gb23
Flakaträsk S 80 Gd27
Flakeberg S 102 Ed47
Flakk N 78 Ea29
Flakkstadvåg N 67 Gb11
Flaknan N 78 Eb31
Flakstad N 66 Fa14
Flåm N 84 Cd38
Flămânzi RO 172 Ed56
Flamatt CH 141 Bc54
Flamborough GB 17 Fc19
Flambouréssi GR 183 Bb80
Flámbouro GR 183 Bb77
Flámbouro GR 184 Cc77
Flammerans F 31 Jc42
Flammerécourt F 30 Jb38
Flammersfeld D 125 Ca42
Flamoudi CY 206 Jc96
Flamouriá GR 183 Bc77
Flámpoura GR 188 Bb86
Flamstead GB 20 Fc27
Flärke S 80 Ha29
Flarken S 80 Hc27
Flash GB 16 Ed22
Flassans-sur-Issole F 42 Ka54
Flatdal N 93 Db42
Flateby N 93 Ea42
Flateland N 92 Cd43
Flateland N 93 Da45
Flåten N 63 Hb08
Flaten N 93 Da45
Flåtestøa N 86 Eb37
Flatøydegard N 85 Dc38
Flatraket N 84 Ca34
Flåtsbo S 87 Fd37
Flått N 78 Ed26
Flattach A 143 Ec55
Flattnitz A 144 Fa55
Flatvoll N 62 Gc10
Flauenskjold DK 101 Dd20
Flaugeac F 32 Fd50
Flavigny-sur-Ozerain F 30 Ja41
Flavin F 41 Ha52
Flavy-le Martel F 24 Hb34
Flawil CH 142 Cc53
Flayat F 33 Ha47
Flayosc F 43 Kb54
Flechtdorf D 126 Cd40
Flechtingen D 127 Dd37
Fleckeby D 108 Db29
Fleet GB 20 Fb29
Fleetmark D 119 Ea35
Fleetwood GB 15 Eb20
Fleines N 66 Fc13
Flekke N 84 Ca36
Flekkefjord N 92 Cb46
Flem N 76 Cc32
Flemløse DK 108 Dc27
Flemma N 77 Db31
Flen S 95 Gb44
Flen S 95 Fc40
Flensburg D 108 Db28
Flensungen D 126 Cd42
Fleres I 143 Dd55
Fleringe S 104 Ha48
Flerohopp S 103 Ga52
Flers F 22 Fb37
Flesberg N 93 Dc41
Flesnes N 66 Fd13
Flessau D 119 Ea35
Fleurance F 40 Ga53
Fleuré F 33 Ga45
Fleurier CH 141 Bb54
Fleurville F 30 Jb44
Fleury F 41 Hb55
Fleury-la-Vallée F 30 Hb40
Fleury-les-Aubrais F 29 Gc40
Fleury-sur-Andelle F 23 Gb35
Fléville F 24 Ja35
Fleys F 30 Hc40
Flieden D 134 Da43
Flikka N 92 Cb46
Flims CH 142 Cc55
Flimwell GB 20 Fd29
Flines-les-Raches F 24 Hb31
Flint GB 15 Eb22
Flintbek D 118 Dc30
Flintnes N 63 Hd08
Flirey F 25 Jc36
Flirsch A 142 Db54
Flisa N 94 Ec39
Flisberget N 86 Ec38
Flisby S 103 Fc49
Fliseryd S 103 Ga51
Flistad S 103 Fd46
Flisy PL 131 Kb42
Flitwick GB 20 Fc26
Flix E 48 Ga62
Flixecourt F 23 Gd33
Flixton GB 21 Gb25
Flize F 24 Ja34
Flø N 76 Cc32
Flo N 84 Cd34
Flo S 102 Ec47
Floby S 102 Fa47
Floda S 80 Hb26
Floda S 95 Ga44
Floda S 95 Fc40
Floda S 95 Fd40
Floda S 102 Ec48
Flodigarry GB 4 Da07
Flogny-la-Chapelle F 30 Hc39
Flöha D 127 Ed42
Floh-Seligenthal D 126 Dc42
Flon S 86 Ed32
Flor S 87 Fc34
Florac F 34 Hc51
Florange F 25 Jd35
Flor da Rosa P 50 Ba67
Florence = Firenze I 155 Dc65
Floreni MD 173 Fd58
Florensac F 41 Hc55
Florenville B 132 Ad44
Florenz = Firenze I 155 Dc65
Flores de Ávila E 46 Cd62
Floresta I 167 Fc84
Floreşti MD 173 Fc55
Floreşti RO 171 Da58
Floreşti RO 176 Ea64
Floreşti RO 177 Fc64
Floreşti-Stoeneşti RO 176 Ea66
Flória GR 200 Cb95
Floriáda GR 188 Ba82
Floridia I 167 Fd87
Flórina GR 183 Bb77
Florinas I 168 Bd75
Floriţoaia Veche MD 173 Fb57
Flornes N 78 Eb30
Florø N 84 Ca35
Flörsbachtal D 134 Cd44
Flörsheim D 133 Cb44
Flörsheim-Dalsheim D 133 Cb45
Florstadt D 134 Cc43
Florvåg N 84 Ca39
Florynka PL 138 Jc46
Floß D 135 Eb45
Flossenbürg D 135 Eb45
Flosta N 93 Db46
Flostrand N 70 Fa20
Flöthe D 126 Dc37
Flötningen S 86 Ec35
Fluberg N 85 Dd38
Flúðir IS 2 Ac05
Flüelen CH 141 Cb54
Flühli CH 141 Ca54
Flumet F 35 Ka46
Flumini I 169 Cb80
Fluminimaggiore I 169 Bd79
Flums CH 142 Cd54
Fluorn-Winzeln D 141 Cb50
Fluren S 87 Ga36
Flurkmark S 80 Hb28
Flutbukt N 63 Ja06
Flyggsjö S 80 Ha29
Flygsandsvær N 84 Ca40
Flygsfors S 103 Ga52
Flyinge S 110 Fa55
Flykälen S 79 Fc28
Flymen S 111 Ga53
Flyn S 79 Ga29
Flytåsen S 87 Fd37
Fobello I 148 Ca58

Foča – Furset

Foča BIH 159 Hd66
Foça TR 191 Eb85
Focene I 160 Ea72
Fochabers GB 5 Ec07
Fockbek D 118 Db30
Focşani RO 176 Ed62
Focuri RO 172 Ed57
Fódele GR 200 Da95
Foeni RO 174 Bc61
Fogdö S 95 Gb43
Foggia I 161 Ga73
Föglö FIN 96 Hc41
Fohnsdorf A 144 Fc54
Föhren D 133 Bc44
Foiano della Chiana I 156 Dd67
Foiano di Val Fortore I 161 Fc73
Foieni RO 171 Cc54
Foissiat F 34 Jb45
Foix F 40 Gc56
Fojnica BIH 158 Hb64
Fojnica BIH 159 Hc67
Fokino RUS 202 Ed12
Fokovci SLO 145 Gb55
Føland N 92 Cc46
Folby DK 100 Dc23
Földeák H 146 Jc56
Foldereid N 78 Ed25
Földes H 147 Jd53
Foldingbro DK 108 Da26
Fole S 104 Ha49
Folégandros GR 196 Da91
Folelli F 154 Cc69
Folgaria I 149 Dc58
Folgarida I 149 Dc57
Folgensbourg F 31 Kc40
Folgosinho P 44 Bb63
Folgoso E 36 Ba56
Folgoso de la Ribera E 37 Ca57
Folgoso do Courel E 36 Bc56
Folgueiro E 36 Bc53
Foliá GR 184 Cd77
Foligno I 156 Eb68
Føling N 78 Ec27
Folkestad N 76 Cc33
Folkestone GB 21 Gb29
Folkingham GB 17 Fc23
Folladal N 78 Eb28
Follafoss N 78 Eb28
Folldal N 85 Dd34
Følle DK 101 Dd23
Follebu N 85 Dd37
Follina I 150 Ea58
Follingbo S 104 Ha49
Föllinge S 79 Fc29
Follonica I 155 Db68
Fölsbyn S 94 Ec43
Folsztyn PL 121 Gb35
Folteşti RO 177 Fb62
Folusz PL 139 Jd45
Folven N 84 Cd34
Folwarki PL 130 Hd41
Fombellida E 38 Db56
Fominki RUS 203 Fb09
Fompedraza E 46 Db61
Fon N 93 Dd43
Foncebadón E 37 Ca57
Foncine-le-Bas F 31 Jd44
Foncquevillers F 23 Ha32
Fondi I 160 Ed73
Fondo I 142 Dc56
Fondón E 61 Dd75
Föne S 87 Ga35
Fönebo S 87 Gb35
Fonelas E 60 Dc74
Fonfría E 36 Bc56
Fonfría E 45 Ca60
Fonn N 84 Cc35
Fonni I 169 Cb77
Fonollosa E 49 Gc60
Fons F 42 Ja53
Fonsorbes F 40 Gb54
Fontainebleau F 29 Ha38
Fontaine-Chalendray F 32 Fc46
Fontaine-de-Vaucluse F 42 Jc53
Fontaine-Française F 30 Jb41
Fontaine-la-Gaillarde F 30 Hb39
Fontaine-le-Bourg F 23 Gb34
Fontaine-le-Dun F 23 Ga34
Fontaine-les-Grès F 30 Hc38
Fontaines-en-Duesmois F 30 Ja40
Fontaine-sur-Coole F 24 Hd37
Fontainhas P 44 Ac60
Fontainhas P 50 Ab70
Fontan F 43 Kd52
Fontanamare I 169 Bd79
Fontanar E 46 Dd63
Fontanar E 61 Dd73
Fontanarejo E 52 Da68
Fontanars dels Alforins E 55 Fb70
Fontane Bianche I 167 Fd87
Fontanelice I 150 Dd63
Fontanella I 155 Db65
Fontanellato I 149 Da61
Fontanelle I 150 Eb58
Fontanes-du Causse F 33 Gc51
Fontanières F 33 Ha46
Fontanigorda I 149 Cc62
Fontaniva I 150 Dd59
Fontanosas E 52 Cd69
Fontdepou E 48 Ga59
Fonteblanda I 155 Dc69
Fontecchio I 156 Ed70
Fontecha E 37 Cc57
Fonte da Telha P 50 Aa69
Fontenai-les-Louvets F 28 Fc38
Fontenay-le-Comte F 32 Fb45
Fontenay-le-Marmion F 22 Fc36
Fontenay-Trésigny F 23 Ha37
Fontenelle-en-Brie F 24 Hb36
Fontet F 32 Fc51
Fontette F 30 Ja39
Fontevraud-l'Abbaye F 28 Fd42
Fontibre E 38 Db56
Fontioso E 46 Dc59
Fontiveros E 46 Cd62
Font-Romeu F 41 Gd58
Fontstown IRL 13 Cc22
Fontvieille F 42 Jb53
Fonyód H 145 Ha55
Fonz E 48 Fd59
Fonzaso I 150 Ea58
Foppiano I 141 Ca56
Foppolo I 149 Cd57
Föra S 103 Gb51
Forăşti RO 172 Ec56
Forbach D 133 Cb48
Forbach F 25 Ka35
Förby FIN 97 Jc40
Forcall E 48 Fc64
Forcalqueiret F 42 Ka54
Forcalquier F 42 Jd52
Forcarei E 36 Ba56
Forchheim D 135 Dd45
Forchtenberg D 134 Da47
Ford GB 6 Db12
Ford GB 11 Ed14
Ford GB 20 Ed26
Førde N 84 Cb36
Førde N 84 Cc35
Førde N 92 Ca41
Förderstedt D 127 Ea38
Førdesfjorden N 92 Ca42
Fordham GB 20 Fd25
Fordingbridge GB 20 Ed30
Fordongianus I 169 Ca77
Fordoun GB 7 Ed10
Fordstown IRL 9 Cc20
Fore N 71 Fb18
Forenza I 161 Ga75
Forestburn Gate GB 11 Ed15
Forest Green GB 20 Fc29
Forest-Montiers F 23 Gc32
Forest Row GB 20 Fd29
Forfar GB 7 Ec11
Forgés F 33 Gc49
Forges-les-Eaux F 23 Gb34
Foria I 161 Fd77
Forio I 161 Fa75
Förkärla S 111 Fd54
Förlanda S 102 Ec50
Forlev DK 109 Ea27
Forlì I 156 Ea64
Forlimpopoli I 156 Ea64
Formazza I 141 Ca56
Formby GB 15 Eb21
Formentor E 57 Hc66
Formerie F 23 Gc34
Formia I 160 Ed73
Formiche Alto E 47 Fa65
Formicola I 161 Fb74
Formigara I 149 Cd60
Formigine I 149 Db62
Formigliana I 148 Ca59
Formignana I 150 Ea62
Formigny F 22 Fb35
Formiguères F 41 Gd57
Formofoss N 78 Ed27
Fornalhas Novas P 58 Ac72
Fornåsa S 103 Fd46
Fornazzo I 167 Fd85
Forneby S 95 Gb41
Fornelli I 168 Bd74
Fornells E 57 Ja65
Fornelos E 36 Ad58
Fornelos P 44 Ad59
Fornelos de Montes E 36 Ad57
Fornes N 67 Gb12
Forneset N 62 Ha09
Forni Avoltri I 143 Ec56
Forni di Sopra I 143 Eb56
Forni di Sotto I 150 Eb57
Forno I 148 Bc60
Forno I 148 Ca57
Forno Alpi Graie I 148 Bc59
Forno di Zoldo I 150 Ea57
Fornoli I 155 Db64
Fornos de Algodres P 44 Bb63
Fornovo di Taro I 149 Da62
Foros da Fonte de Pau P 50 Ac68
Foros de Vale de Figueira P 50 Ac69
Foros do Arrão P 50 Ad67
Foros do Cortiço P 50 Ad69
Forotic RO 174 Bd62
Forøya N 70 Fa19
Forráskút H 146 Jb56
Forres GB 5 Eb07
Forronda E 38 Ea56
Fors S 80 Gd30
Fors S 95 Ga41
Fors S 102 Ec47
Forsa N 66 Ga14
Forsa S 87 Gb35
Forsand N 92 Cb44
Forsås S 79 Gb30
Forsbacka S 80 Hb25
Forsbacka S 87 Gb37
Forsbacka S 95 Gb39
Forsby FIN 81 Jb29
Forsby FIN 90 Kd38
Forsby S 103 Fb47
Forsby Koskenkyla FIN 90 Kc38
Forsen N 71 Fb21
Forserum S 103 Fb49
Forset N 85 Dd37
Forshaga S 94 Fa43
Forshälla S 102 Eb47
Forshed S 73 Hd20
Forsheda S 102 Fa51
Forshem S 102 Fa46
Forsholm S 80 Ha25
Forsinard GB 5 Ea05
Forsland N 70 Fa20
Förslöv S 110 Ed53
Forsmark S 71 Fd23
Forsmark S 96 Gd40
Forsmo S 79 Gb30
Forsmo S 79 Gb29
Forsmoen N 70 Fa21
Forsnäs S 72 Gd20
Forsnäs S 72 Gb22
Forsnäs S 73 Hd21
Forsnäs S 73 Hc20
Forsnäs S 79 Gb27
Forsnes N 77 Db29
Forsøl N 63 Ja05
Forssa FIN 89 Jd38
Forssa S 95 Gb45
Forssjö S 95 Ga45
Forst D 128 Fc39
Forst D 134 Cc47
Forstau A 143 Ed53
Forstern D 143 Ea51
Forstinning D 143 Ea51
Forstranda N 71 Fb18
Forsträskhed S 73 Hd21
Forsvik S 72 Gb24
Forsvik S 103 Fb46
Fortan F 29 Ga40
Fortanete E 48 Fb64
Fort Augustus GB 7 Dd09
Forte dei Marmi I 155 Da64
Fortezza I 143 Dd55
Forth GB 10 Ea13
Förtha D 126 Db41
Fortino I 161 Ga77
Fort-Mahon-Plage F 23 Gb32
Forton GB 15 Ec24
Fortrose GB 5 Ea07
Fortun N 85 Da36
Fortuna E 55 Fa72
Fortunago I 149 Cc61
Fortuneswell GB 19 Ec31
Fort William GB 6 Dc10
Forvika N 70 Ed22
Forza d'Agrò I 167 Fd84
Forzo I 148 Bc59
Fos F 40 Ga56
Fösked S 94 Fa42
Foskros S 86 Ed34
Foskvallen S 86 Ed35
Fosnavåg N 76 Cb33
Fosnes N 78 Ec25
Foss S 102 Eb46
Fossacesia I 157 Fb70
Fossacesia Marina I 157 Fb70
Fossano I 148 Bc62
Fossato di Vico I 156 Eb67
Fossato Ionico I 164 Ga84
Fossbakken N 67 Gc12
Fossbua N 67 Ha12
Fosse N 84 Cb39
Fossegården N 85 Ea37
Fossemagne F 33 Gb49
Fossen N 84 Cd36
Fosser N 94 Eb42
Fosses F 23 Gd36
Fosses-la-Ville B 124 Ad42
Fossestrand N 64 Jb07
Fosshaug N 67 Gc12
Fossheim N 62 Ha10
Fossheim N 65 Kc09
Fossheim N 85 Db35
Fossholm N 64 Ka07
Fossli N 84 Cd39
Fossmoen N 78 Fa25
Fossombrone I 156 Eb65
Fos-sur-Mer F 42 Jb54
Fót H 146 Hd52
Fotheringhay GB 17 Fc24
Fotiní GR 183 Bb77
Fotinovo BG 184 Da74
Fotlandsvåg N 84 Ca38
Fotolívos GR 184 Cd77
Fouesnant F 27 Dc40
Fougeré F 28 Fc41
Fougères F 28 Fa38
Fougères-sur-Bièvre F 29 Gb41
Fougerolles F 31 Jd39
Fougerolles-du-Plessis F 28 Fb38
Fouilloy F 23 Gc34
Foulain F 30 Jb39
Foulayronnes F 40 Ga52
Fouligny F 25 Jd35
Foulsham GB 17 Ga24
Foulum DK 100 Db23
Fountain Cross IRL 12 Bc22
Fountainhal GB 11 Ec14
Fouquerolles F 23 Gd35
Fouras F 32 Fa46
Fourcamont F 23 Gb33
Fourcès F 40 Fd53
Fourchambault F 30 Hb43
Four Crosses GB 15 Eb24
Fourfourás GR 200 Cd96
Fourka GR 182 Ad78
Fourmies F 24 Hc33
Four Mile House IRL 8 Ca20
Fourná GR 188 Bb82
Fournaudin F 30 Hc39
Fournels F 34 Hb50
Fournés GR 200 Cb95
Fournet F 31 Kb42
Fourni GR 197 Ea88
Fourques F 41 Hb57
Fours F 30 Hc43
Fousing Kirkeby DK 100 Cd23
Foussais F 28 Fb44
Foústani GR 183 Bd76
Fovrfeld DK 108 Cd26
Fowey GB 18 Dc31
Fownhope GB 15 Ec26
Foxford IRL 8 Bc18
Foxhall IRL 8 Bc20
Foxo E 36 Ba56
Foxup GB 11 Ed19
Foynes IRL 12 Bc23
Foz E 36 Bc53
Foz de Arouce P 44 Ad64
Foz de Odeleite P 58 Ba73
Foz do Arelho P 50 Aa66
Foz Giraldo P 44 Ba65
Frabosa Soprana I 148 Bd63
Frącki PL 123 Kb30
Fraddon GB 18 Db31
Frades de la Sierra E 45 Cb63
Fraga E 48 Fd61
Fragagnano I 162 Ha76
Fragistra GR 188 Bb83
Frahier-et-Châtebier F 31 Ka40
Frailes E 60 Db74
Frais F 31 Kb40
Fraisse-sur-Agout F 41 Hb54
Fraize F 31 Kb38
Framlev DK 108 Dc24
Framlingham GB 21 Gb25
Frammersbach D 134 Da44
Främmestad S 102 Ed47
Framnäs S 72 Ha19
Frampol PL 131 Kb42
Framura I 149 Cc63
França P 45 Bd59
Francaltreff F 25 Ka36
Francardo F 154 Cb69
Francavilla al Mare I 157 Fb70
Francavilla di Sicilia I 167 Fd84
Francavilla Fontana I 162 Ha76
Francavilla sul Sinni I 162 Gb77
Francescas F 40 Fd53
Frâncești RO 175 Db64
Franciszkowo PL 122 Hd34
Francofonte I 167 Fc87
Francolise I 161 Fa74
Francorchamps B 125 Bb42
Francos E 46 Dd61
Francova Lhota CZ 137 Ha47
Frändefors S 102 Ec46
Franeker NL 116 Bb33
Franekeradeel NL 116 Bb33
Fránga GR 188 Ba85
Frangádes GR 182 Ad80
Frangouléika GR 188 Ba84
Frangy F 35 Jd46
Frankenau D 126 Cd40
Frankenberg D 126 Cd41
Frankenberg D 127 Ed42
Frankenburg A 143 Ed51
Frankenförde D 127 Ed38
Frankenhardt D 134 Da47
Frankenmarkt A 143 Ed51
Frankenstein D 133 Cb46
Frankenthal D 133 Cb46
Frankfurt am Main D 134 Cc44
Frankfurt (Oder) D 128 Fb37
Frankleben D 127 Ea40
Franknowo PL 122 Ja31
Frankrike S 78 Fa29
Frånö S 80 Gc31
Franqueville F 40 Ga56
Františkovy Lázně CZ 135 Eb44
Franzburg D 119 Ed31
Franzensfeste I 143 Dd55
Frascati I 160 Eb72
Frascineto I 164 Gb78
Frasdorf D 143 Eb52
Fraserburgh GB 5 Ed07
Fra'shër AL 182 Ac78
Frasin MD 173 Fa54
Frasin RO 172 Eb56
Fräsinet RO 181 Ec67
Frasne F 31 Jd43
Frassene I 150 Ea57
Frassinoro I 149 Db63
Frasso Telesino I 161 Fb74
Frastanz A 142 Cd54
Frata RO 171 Db58
Frătăuții Noi RO 172 Eb54
Fratauții Vechi RO 172 Eb54
Fratel P 50 Ba66
Frătești RO 180 Ea67
Frátsia GR 195 Bd92
Frattamaggiore I 161 Fb74
Fratta Polesine I 150 Dd61
Frauenau D 135 Ed48
Frauenfeld CH 142 Cc52
Frauenhain D 127 Ed40
Frauenkirch CH 142 Cd55
Frauenkirchen A 145 Gc52
Frauensee D 126 Db41
Frauenstein D 128 Fa42
Frauenwald D 126 Dc42
Fraugde DK 109 Dd27
Fraunberg D 143 Ea50
Frayssinet-le-Gélat F 33 Gb51
Frecăței RO 177 Fb65
Frecăței RO 177 Fc64
Frechen D 125 Bd41
Frechilla E 37 Cd58
Freckenhorst D 125 Cb38
Freckleben D 127 Ea39
Freckleton GB 15 Eb20
Frécourt F 31 Jc39
Freden D 126 Db38
Fredenbeck D 118 Da32
Fredensborg DK 109 Ec25
Fredericia DK 108 Db26
Frederiks DK 100 Db23
Frederiksberg DK 109 Ec26
Frederiksberg DK 109 Ea26
Frederikshavn DK 101 Dd20
Frederikssund DK 109 Eb25
Frederiksværk DK 109 Eb25
Fredersdorf-Eggersdorf D 128 Fa36
Frednowy PL 122 Hd32
Fredrika S 80 Gd28
Fredriksberg S 95 Fb41
Fredriksli N 77 Dd30
Fredrikstad N 93 Ea44
Fredriksten N 94 Eb44
Fredropol PL 139 Kb45
Fredros S 94 Ed41
Fredsberg S 95 Fb45
Fredvang N 66 Fa14
Freeland GB 20 Fa27
Freemount IRL 12 Bc24
Freethorpe GB 17 Gb24
Fregenal de la Sierra E 51 Bc71
Fregene I 160 Ea71
Fréhel F 26 Ec37
Frei N 77 Da31
Freiamt D 141 Ca50
Freibach A 144 Fb56
Freiberg D 127 Ed42
Freiberg (Neckar) D 134 Cd48
Freiburg D 118 Da31
Freiburg D 141 Ca51
Freidorf RO 174 Bc61
Freiensteinau D 134 Da43
Freienwill D 108 Db29
Freigericht D 134 Cd44
Freihung D 135 Ea46
Freila E 61 Dd74
Freilassing D 143 Ec52
Freisen D 133 Bd45
Freising D 143 Ea50
Freissinières F 35 Kb50
Freistadt A 144 Fb50
Freistatt D 118 Cd35
Freiston GB 17 Fd23
Freital D 128 Fa41
Freixedas P 45 Bc63
Freixeiro E 36 Bc57
Freixianda P 44 Ac65
Freixo de Espada à Cinta P 45 Bd61
Fréjairolles F 41 Gd53
Frejlev DK 100 Dc21
Frejlev DK 109 Eb29
Fréjus F 43 Kb54
Fremdingen D 134 Db48
Frenchpark IRL 8 Ca19
Frencq F 23 Gc31
Frende P 44 Ba61
Frenelle F 31 Jd38
Frenelles F 23 Gb35
Frensdorf D 134 Dc45
Frensham GB 20 Fb29
Frenštát pod Radhoštěm CZ 137 Hb46
Freren D 117 Cb36
Freshford IRL 13 Cb23
Freshwater GB 20 Fa31
Fresnay-sur-Sarthe F 28 Fd39
Fresneda E 38 Dd58
Fresneda E 53 Eb66
Fresnedillas E 46 Db64
Fresnedo de Valdellorma E 37 Cd56
Fresnedoso de Ibor E 51 Cb66
Fresne-Léguillon F 23 Gc35
Fresne-Saint-Mamès F 31 Jc41
Fresnes-au-Mont F 24 Jb36
Fresnes-en-Woëvre F 25 Jc35
Fresnes-sur-Apance F 31 Jc39
Fresnes-sur-les-Eaux F 24 Hb31
Fresno-Alhándiga E 45 Cb63
Fresno de Cantespino E 46 Dc61
Fresno de Caracena E 46 Dd61
Fresno de la Ribera E 45 Cc60
Fresno de la Vega E 37 Cc58
Fresno de Sayago E 45 Cb61
Fresno el Viejo E 45 Cc61
Fresnoy-en-Bassigny F 31 Jc39
Fresnoy-Folny F 23 Gb33
Fresnoyrand F 24 Hb33
Fresselines F 33 Gc45
Fressingfield GB 21 Gb25
Fresvik N 84 Cd37
Freswick GB 5 Ec04
Fretigney-et-Velloreille F 31 Jd41
Frétigny F 29 Ga38
Frettes F 31 Jc40
Fretzdorf D 119 Ec34
Freudenberg D 125 Cb41
Freudenberg D 134 Cd45
Freudenberg D 135 Ea46
Freudenstadt D 133 Cb49
Freudental D 134 Cc47
Frévent F 23 Gd32
Freyburg D 127 Ea40
Freyenstein D 119 Ec34
Freyming-Merlebach F 25 Ka35
Freystadt D 135 Dd47
Freyung D 135 Ed49
Frí GR 201 Eb95
Frías E 38 Dd57
Frías de Albarracín E 47 Ed65
Fribourg CH 141 Bc54
Frick CH 141 Ca52
Frička SK 138 Jc46
Frickenhausen D 134 Db45
Frickhofen D 125 Cb42
Frickingen D 142 Cd51
Fričovce SK 138 Jc47
Fridafors S 111 Fc53
Fridaythorpe GB 16 Fb19
Fridene S 103 Fb47
Fridhem S 102 Ed47
Fridingen D 142 Cc51
Fridlevstad S 111 Fd54
Fridolfing D 143 Ec51
Friedberg A 144 Ga53
Friedberg D 134 Cc43
Friedberg D 142 Dc50
Friedburg A 143 Ed51
Friedeburg D 117 Cc32
Friedenfels D 135 Eb45
Friedenweiler D 141 Cb51
Friedersdorf D 127 Eb39
Friedersdorf D 128 Fa37
Friedewald D 126 Db41
Friedland D 120 Fa32
Friedland D 126 Db40
Friedland D 128 Fb38
Friedrichroda D 126 Dc41
Friedrichsbrunn D 127 Dd39
Friedrichsdorf D 134 Cc43
Friedrichshafen D 142 Cd52
Friedrichshain D 128 Fb39
Friedrichskoog D 118 Da31
Friedrichsruhe D 119 Eb33
Friedrichstadt D 118 Da30
Friedrichsthal D 119 Ed35
Friedrichsthal D 133 Bd46
Friedrichswalde D 120 Fa34
Friel S 102 Ed46
Frielendorf D 126 Da41
Friera E 37 Bd57
Friesach A 144 Fb55
Friesack D 119 Ec35
Friesenheim D 133 Ca49
Friesenried D 142 Db51
Friesoythe D 117 Cb34
Frifelt DK 108 Da27
Friggesund S 87 Ga35
Frigiliana E 60 Db76
Frigole I 163 Hc76
Frihetsli N 67 Ha12
Frilford GB 20 Fa27
Friligiánika GR 195 Bd92
Frillesås S 102 Ec50
Frimley GB 20 Fb29
Frinnaryd S 103 Fc48
Frinton-on-Sea GB 21 Gb27
Friockheim GB 7 Ec11
Friol E 36 Bb55
Frisange L 133 Bb45
Friskney GB 17 Fd23
Fristad S 102 Ed48
Frithville GB 17 Fc23
Fritsla S 102 Ed49
Fritzlar D 126 Cd40
Friville-Escarbotin F 23 Gb33
Frjanovo RUS 203 Fa10
Froan N 77 Dd28
Fröderyd S 103 Fc50
Frödinge S 103 Ga49
Frodisia CY 206 Hd97
Frogn N 93 Ea42
Frogner N 93 Ea41
Frogner (Oslo) N 93 Ea41
Frohburg D 127 Ec41
Frohen-le-Grand F 23 Gd32
Frohnleiten A 144 Fd54
Froissy F 23 Gd34
Fröjel S 104 Gd50
Fröjered S 103 Fb47
Froland N 93 Da46
Frolovo RUS 203 Fd13
Frombork PL 122 Hc30
Frome GB 19 Ec29
Fromentel F 22 Fc37
Fromentine F 27 Ec43
Frómista E 38 Da58
Fröndenberg D 125 Cb39
Fronhausen D 126 Cc42
Fronreute D 142 Cd51
Front I 148 Bd59
Fronteira P 50 Ba68
Frontenard F 30 Jb43
Frontenay-Rohan-Rohan F 32 Fb45
Frontenex F 35 Ka47
Frontenhausen D 135 Eb49
Frontignan F 41 Hd54
Fronton F 40 Gb53
Frørup DK 109 Dd27
Frose D 127 Ea38
Fröseke S 103 Ga51
Frosinone I 160 Ed72
Frøskeland N 66 Fc12
Fröskog S 94 Ec45
Frøslev DK 100 Da21
Fröslunda S 96 Gc42
Frösö S 79 Fc31
Frosolone I 161 Fb72
Frossay F 27 Ec42
Frosta N 78 Eb29
Frösthult S 95 Gb42
Frostkåge S 80 Hc25
Frøstrup DK 100 Db21
Frösunda S 96 Gd42
Frösve S 103 Fb46
Frötuna S 96 Ha42
Frouard F 25 Jd36
Froussioúna GR 194 Bc87
Frövi S 95 Fd43
Frövifors S 95 Fd43
Froxfield GB 20 Ed28
Frøyset N 84 Ca37
Frøysnes N 92 Cd44
Frufällan S 102 Ed49
Fruges F 23 Gd31
Frula E 48 Fb60
Frumoasa MD 173 Fc57
Frumoasa RO 172 Ea59
Frumoasa RO 180 Dd68
Frumosu RO 172 Ea55
Frumușani RO 180 Eb67
Frumușica MD 173 Fb55
Frumușica MD 177 Fc61
Frumușica RO 172 Ed56
Frumușița RO 177 Fb62
Fruniz E 38 Ea55
Frunză MD 173 Fa53
Frunzivka UA 204 Ec16
Frúrio GR 183 Bc79
Frutak MNE 159 Hd69
Frutigen CH 141 Bd55
Fruzenskoe RUS 113 Jc59
Frýdek-Místek CZ 137 Hb45
Frýdlant CZ 128 Fc42
Frýdlant nad Ostravicí CZ 137 Hb46
Fryele S 103 Fb50
Frygnowo PL 122 Hd33
Frykerud S 94 Ed43
Fryksände S 94 Ed41
Fryksås S 87 Fc37
Frymburk CZ 136 Fb49
Fryšták CZ 137 Ha47
Frysztak PL 139 Jd44
Fterë AL 182 Ab78
Fuans F 31 Ka42
Fubine I 148 Ca61
Fucecchio I 155 Db65
Fuchsmühl D 135 Eb45
Fuchsstadt D 134 Da44
Fuchstal D 142 Dc51
Füchtorf D 125 Cb37
Fuencaliente E 52 Da71
Fuendejalón E 47 Ed60
Fuendetodos E 47 Fa61
Fuengirola E 60 Cd77
Fuenlabrada E 46 Db65
Fuenlabrada de los Montes E 52 Cd68
Fuensalida E 46 Da65
Fuensanta E 53 Eb68
Fuensanta E 61 Ec73
Fuensanta de Martos E 60 Db73
Fuente-Álamo E 55 Fa73
Fuente-Álamo E 55 Ed70
Fuentealbilla E 54 Ed68
Fuentearmegil E 46 Dd60
Fuente-Blanca E 55 Fa71
Fuentecaliente de Lucio E 38 Db57
Fuente Carreteros E 60 Cc73
Fuentecén E 46 Dc60
Fuente Dé E 38 Da55
Fuente de Cantos E 51 Bd71
Fuente del Arco E 51 Ca71
Fuente del Maestre E 51 Bd70
Fuente del Pino E 55 Ed71
Fuente de Pedro Naharro E 53 Dd66
Fuente de Piedra E 60 Cd75
Fuente de Reina E 54 Fb66
Fuente el Fresno E 52 Db68
Fuente el Olmo de Íscar E 46 Da61
Fuente el Saz de Jarama E 46 Dc64
Fuente el Sol E 46 Cd62
Fuente Encalada E 37 Cb58
Fuenteheridos E 59 Bc72
Fuentelapeña E 45 Cc61
Fuentelcésped E 46 Dc60
Fuentelespino deHaro E 53 Ea67
Fuentelespino de Moya E 54 Ed66
Fuentelmonje E 47 Eb61
Fuentelsaz E 47 Ec62
Fuentemilanos E 46 Db63
Fuente Obejuna E 51 Cb71
Fuente Palmera E 60 Cc73
Fuentepelayo E 46 Db62
Fuentepinilla E 47 Ea61
Fuenterrebollo E 46 Db61
Fuenterrobles E 54 Ed67
Fuentes E 53 Ec66
Fuentesaúco E 45 Cc61
Fuentesaúco de Fuentidueña E 46 Db61
Fuentes Claras E 47 Ed63
Fuentes de Andalucia E 59 Cb73
Fuentes de Béjar E 45 Cb64
Fuentes de Carbajal E 37 Cc58
Fuentes de Cesna E 60 Da74
Fuentes de Ebro E 48 Fb61
Fuentes de León E 51 Bc71
Fuentes de Nava E 46 Da59
Fuentes de Oñoro E 45 Bc63
Fuentes de Ropel E 45 Cc59
Fuentes de Valdepero E 46 Da59
Fuentespalda E 48 Fd63
Fuentespina E 46 Dc60
Fuente Tójar E 60 Da74
Fuentidueña E 46 Db61
Fuentidueña E 60 Da73
Fuentidueña de Tajo E 46 Dd65
Fuerte del Rey E 60 Db72
Fuestrup D 125 Cb37
Fügen A 143 Ea53
Fugleberg N 67 Gb12
Fuglebjerg DK 109 Ea27
Fuglestad N 92 Ca45
Fuglsø DK 109 Dd24
Fuglstad N 70 Ed24
Fuhrberg D 126 Db36
Fulacık TR 186 Ga79
Fulda D 126 Da42
Fülesd H 147 Kc50
Fulga RO 176 Eb65
Fulgatore I 166 Eb84
Fullerton GB 20 Fa29
Fullestad S 102 Ed48
Füllösa S 102 Fa46
Fulnek CZ 137 Ha45
Fulnetby GB 17 Fc22
Fülöpjakab H 146 Ja55
Fülöpszállás H 146 Hd55
Fulpmes A 143 Dd54
Fulunäs S 86 Ed37
Fumay F 24 Ja33
Fumel F 33 Gb51
Funäsdalen S 86 Ed33
Funbo S 96 Gd42
Funchal P
Fundão P 44 Bb64
Fundata RO 176 Dd63
Fundeni RO 176 Eb66
Fundeni RO 177 Fa62
Fundres I 143 Ea55
Fundulea RO 176 Eb66
Fundu Moldovei RO 172 Ea56
Fundurii Noi MD 173 Fa55
Fundurii Vechi MD 173 Fb55
Funes E 39 Ec58
Fünfstetten D 134 Dc48
Funtana HR 150 Ed61
Funzie GB 5 Fa03
Furadouro P 44 Ac62
Furco E 36 Bb56
Furculești RO 180 Dc68
Furen BG 179 Cd69
Fürfeld D 133 Ca45
Fürged H 145 Hb55
Furingstad S 103 Ga46
Furiz- E 38 Ea55
Furlo I 156 Eb66
Furmanov RUS 203 Fa09
Furmanovo RUS 113 Jd59
Furore I 161 Fb76
Furset N 77 Da31

Fürstenau – Geriş

Fürstenau D 117 Cb36
Fürstenberg D 119 Ed34
Fürstenberg D 126 Da38
Fürstenfeld A 145 Gb54
Fürstenfeldbruck D 143 Dd50
Fürstenstein D 135 Ed49
Fürstenwalde D 128 Fb37
Fürstenwerder D 120 Fa33
Fürstenzell D 143 Ed50
Furta H 147 Ka54
Furtan S 94 Ed42
Furtei I 169 Ca78
Furth A 144 Ga50
Fürth D 134 Cc45
Fürth D 134 Dc46
Furth D 135 Ea49
Furth im Wald D 135 Ec47
Furtwangen D 141 Cb50
Furuby S 103 Fc52
Furudal S 87 Fc37
Furuflaten N 62 Ha10
Furulund S 110 Ed55
Furuly N 65 Kd08
Furunäs S 73 Hb20
Furuögrund S 73 Hc24
Furusjö S 103 Fb48
Furusund S 96 Ha42
Furuvik S 96 Gc39
Fusa N 84 Ca40
Fuscaldo I 164 Gb79
Fuschl am See A 143 Ed52
Fushë-Arrëz AL 159 Jc70
Fush'e Bullit AL 182 Ac75
Fush'e Bulqizës AL 182 Ad74
Fushë-Kruja AL 182 Ab74
Fushe-Lurë AL 163 Jc71
Fushë-Muhur AL 178 Ad73
Fusine I 149 Cd57
Fusine in Valromana I 143 Ed56
Fusio CH 141 Cb56
Füssen D 142 Dc52
Fussy F 29 Ha42
Fustiñana E 47 Ed59
Futani I 161 Fd77
Futog SRB 153 Ja60
Futrikelv N 62 Gd09
Fuurtti FIN 90 Kd35
Füzesabony H 146 Jb52
Füzesgyarmat H 147 Jd54
Fužina SLO 151 Fc58
Fužine HR 151 Fc60
Fužine SLO 151 Fa58
Fyfield GB 20 Fd27
Fyllia CY 206 Jb96
Fyllinge S 102 Ed52
Fynshav DK 108 Dc28
Fyrås S 79 Fd29
Fyresdal N 93 Da43
Fyrudden S 103 Gb47
Fyrunga S 102 Ed47
Fyvie GB 5 Ed08

G

Gaaldorf A 144 Fc54
Gaanderen NL 125 Bc37
Gaas A 145 Gb54
Gabaldón E 53 Ec67
Gabare BG 179 Cd69
Gabarret F 40 Fc53
Gabas F 39 Fb56
Gabbro I 155 Da66
Gabčíkovo SK 145 Ha51
Gabella Grande I 165 Gd80
Gabellino I 155 Db67
Gaber BG 179 Cb70
Gabicce Mare I 156 Eb65
Gąbin PL 130 Hd36
Gąbino PL 121 Gc29
Gablenz D 128 Fc40
Gablingen D 134 Dc49
Gabøl DK 108 Da27
Gabra BG 179 Cd72
Gabreševci BG 179 Ca71
Gabriac F 34 Hb51
Gabrje SLO 151 Fd59
Gabrovnica BG 179 Cc68
Gabrovo BG 180 Dc71
Gabrovo BG 183 Cb74
Gabrowo PL 123 Jd32
Gabšiai LT 114 Ka56
Gaby I 148 Bd58
Gać PL 123 Jd34
Gać PL 139 Kb44
Gacak TR 198 Fd91
Gacé F 22 Fd37
Gać Kaliska PL 129 Hb39
Gacko BIH 159 Hc67
Gad RO 174 Bc61
Gadbjerg DK 108 Db25
Gåddede S 79 Fb26
Gaddesby GB 16 Fb24
Gäddträsk S 80 Gd26
Gäddvik S 73 Hd22
Gadebusch D 119 Dd32
Gädheim D 134 Db44
Gądków PL 128 Fc37
Gadmen CH 141 Cb55
Gádor E 61 Ea76
Gádoros H 146 Jc55
Gadow D 119 Ec34
Gadūnavas LT 113 Jc54
Gadžin Han SRB 178 Bd69
Gæidno N 64 Ka07
Gæidnovuoppe N 63 Ja10
Gaël F 27 Ec39
Gærum DK 101 Dd20
Găești RO 176 Dd65
Gaeta I 160 Ed74
Gættevægie N 64 Jc09
Gafanha de Boa Hora P 44 Ac63
Gáfete P 50 Ba67
Gaflenz A 144 Fc52
Gaganica BG 179 Cc69
Gägelow D 119 Ea31
Găgești RO 177 Fb60
Gaggenau D 133 Cb48
Gaggio Montano I 155 Db64
Gagince SRB 178 Bd70
Gagino RUS 203 Fc09
Gagliano Castelferrato I 167 Fb85
Gagliano del Capo I 165 Hc78
Gaglovo SRB 178 Bc68
Gagnef S 95 Fc39
Gagovo BG 180 Eb69
Gagsmark S 73 Hc24
Găiceana RO 176 Ed60
Gaick Lodge GB 7 Ea09
Gaidar MD 177 Fd61
Gaideliai LT 113 Jc56
Gaidūnai LT 115 Lb58
Gaienhofen D 142 Cc52
Gaifana I 156 Eb67
Gaigalava LV 107 Lc50
Gaiķi LV 105 Jd51
Gaildorf D 134 Da48
Gailey GB 16 Ed24
Gailingen D 142 Cc52
Gailiūnai LT 114 La56
Gaillac F 41 Gd53
Gaillefontaine F 23 Gc34
Gaillimh IRL 12 Bc21
Gaillon F 23 Gb36
Gailmuiža LV 107 Lc52
Gailumi LV 107 Ld50
Gaimersheim D 135 Dd48
Găinești RO 172 Eb56
Gainsborough GB 16 Fb22
Gaiola I 148 Bc62
Gaiole in Chianti I 155 Dc66
Gaipler TR 192 Fd84
Gairloch GB 4 Db07
Gairlochy GB 6 Dc09
Gairo I 169 Cb78
Gais CH 142 Cd53
Găiseni RO 176 Ea66
Gaishorn A 144 Fb53
Gaitsgill GB 11 Eb17
Găiuți RO 176 Ed60
Gaj HR 152 Gd60
Gaj SRB 174 Bc64
Gajary SK 145 Gc50
Gajdobra SRB 153 Ja60
Gajewo PL 121 Gb35
Gaj Oławski PL 129 Gd41
Gajtaninovo BG 184 Cc75
Gajutino RUS 202 Ed08
Gakkovo RUS 99 Lc40
Gakovo SRB 153 Hd58
Gålå N 85 Dd36
Gala P 44 Ab64
Gălăbinci BG 180 Ea73
Gălăbnik BG 179 Cb72
Galåbodarna S 87 Fb32
Gălăbovo BG 180 Ea73
Gălăbovo BG 184 Db74
Galåen N 86 Eb33
Galajny PL 122 Ja30
Galambok H 145 Gd56
Galamuiža LV 105 Jd51
Galan F 40 Fd55
Galanito N 68 Hd11
Galanta SK 145 Ha50
Galapagar E 46 Db64
Gălărieşti RO 172 Eb55
Galarinós GR 183 Cb78
Galaroza E 59 Bc72
Galashiels GB 11 Ec14
Galata CY 206 Ja97
Galata, Kr. BG 181 Fa70
Galatás GR 188 Ba85
Galatás GR 195 Cb88
Galateia CY 206 Jd95
Gălăteni RO 180 Dd67
Galati I 164 Gb84
Galaţi RO 177 Fb63
Galati Marina I 164 Ga84
Galatin BG 179 Cd69
Galatina I 163 Hc77
Galatiní GR 183 Bb78
Galátista GR 183 Cb78
Galatone I 163 Hc77
Gălăuţaş RO 172 Ea58
Galaxídi GR 189 Bc85
Galbally IRL 12 Bd24
Galbenu RO 176 Ed64
Gålberget S 80 Gd29
Gălbinaşi RO 176 Ec64
Galda de Jos RO 175 Da60
Galeata I 156 Ea64
Galera E 61 Ea73
Galéria F 154 Ca69
Găleşti MD 173 Fc57
Găleşti RO 171 Dc59
Galewice PL 129 Ha40
Galgaguta H 146 Hd51
Galgamácsa H 146 Hd52
Galgate GB 11 Ec19
Gâlgău RO 171 Da56
Galgauska LV 107 Lb49
Galgenen CH 142 Cc53
Galibabinac SRB 178 Bd68
Galič RUS 203 Fa08
Galiče BG 179 Cd68
Galicea RO 175 Db64
Galicea Mare RO 175 Cc66
Galičnik MK 182 Ad74
Galinduste E 45 Cb63
Galiniai LV 123 Kb30
Galinoporni CY 206 Ka95
Galiny PL 122 Jb30
Galipsós GR 184 Cd77
Galisteo E 45 Ca65
Galizano E 38 Dc54
Galizes P 44 Ba64
Gałków Duży PL 130 Hd39
Gallarate I 148 Cb58
Gallardon F 29 Gc38
Gällared S 102 Ed51
Gallareto I 148 Bd60
Gallargues F 42 Ja53
Gallartu E 38 Ea56
Gällaryd S 103 Fb51
Gallegos de Argañán E 45 Bd63
Gallegos de Solmirón E 45 Cc64
Gallejaur S 72 Ha24
Galleno I 155 Db65
Gällersta S 95 Fd44
Galliate I 148 Cb59
Gallicano I 155 Da64
Gallicano nel Lazio I 160 Eb71
Gallico I 164 Ga84
Gallico Marina I 164 Ga84
Gällinge S 102 Ec50
Gallio I 150 Dd58
Gallipoli I 162 Hb77
Gallisancho E 45 Cb63
Gällivare S 67 Hb17
Gallneukirchen A 144 Fb50
Gallo I 156 Eb65
Gällö S 79 Fd31
Gallo Matese I 161 Fb73
Gallspach A 144 Fa51
Gällstad S 102 Fa49
Gallur E 47 Ed60
Galluzzo I 155 Dc65
Galmenai LT 113 Jd56
Galovo BG 179 Da68
Galston GB 10 Dd14
Galtby FIN 97 Ja40
Galteland N 92 Cd45
Galtelli I 169 Cc76
Galten DK 108 Dc24
Galtisjaur S 72 Gc21
Gåltjärn S 87 Gb33
Galtseter N 86 Ec35
Galtström S 88 Gc34
Galtür A 142 Da54
Galugnano I 163 Hc77
Galve de Sorbe E 46 Dd62
Galveias P 50 Ad67
Gálvez E 52 Da66
Galway IRL 12 Bc21
Gałwuny PL 122 Jb30
Galzignano Terme I 150 Dd60
Gamaches F 23 Gb33
Gamalseter N 67 Gb11
Gamás H 145 Ha56
Gambais F 23 Gc37
Gambara I 149 Da60
Gambarie I 164 Ga84
Gambassi Terme I 155 Db66
Gambatesa I 161 Fc73
Gambettola I 156 Ea64
Gambolò I 148 Cb60
Gamborg DK 108 Db26
Gambsheim F 25 Kc36
Gamil P 44 Ad60
Gaming A 144 Fc52
Gamla Uppsala S 96 Gc41
Gamleby S 103 Gb48
Gamlingay GB 20 Fc26
Gammalkil S 103 Fd47
Gammalsälen S 94 Fa39
Gammalstorp S 111 Fc54
Gammelbo S 95 Fd42
Gammelby S 95 Ga42
Gammelgården S 73 Ja21
Gammelgarn S 104 Ha50
Gammelheimen N 63 Hd08
Gammel-Homna S 87 Fd37
Gammel Østerby DK 101 Ea20
Gammel Rye DK 108 Db24
Gammelsdorf D 135 Ea49
Gammelskolla N 85 Ea37
Gammelstaden S 73 Hd22
Gammertingen D 142 Cd50
Gamnes N 62 Gd08
Gamonal E 52 Cd66
Gamonero E 52 Cd67
Gampel CH 141 Bd56
Gams CH 142 Cd53
Gams bei Hieflau A 144 Fc52
Gamvik N 63 Hd05
Gamvik N 63 Hc07
Gamvik N 64 Ka04
Gamzigrad SRB 179 Ca67
Gâmzovo BG 174 Cb66
Gan F 40 Fc55
Gándara E 36 Ba55
Gándara de Espariz P 44 Ba64
Gandarela E 36 Ba57
Gandarela P 44 Ba60
Ganddal N 92 Ca44
Ganderkesee D 118 Cd34
Gandesa E 48 Fd62
Gandia E 54 Fc69
Gandino I 149 Da58
Gandra P 44 Ad59
Gandrup DK 100 Dc21
Gandvik N 65 Kb07
Găneasa RO 175 Db66
Găneasa RO 176 Eb66
Gănești RO 171 Db59
Gangelt D 125 Bb40
Ganges F 41 Hd53
Gånghester S 102 Ed49
Gangi I 167 Fa85
Gângiova RO 179 Cd67
Gangkofen D 143 Eb50
Gangloffsömmern D 127 Dd40
Gangsei N 93 Da45
Gangura MD 173 Fd59
Gañinas E 38 Da57
Ganllwyd GB 15 Dd23
Gannat F 34 Hb46
Gannay-sur-Loire F 30 Hc44
Gänsbrunnen CH 141 Bd53
Gänsen S 95 Fc40
Gänserndorf A 145 Gc50
Gånsvik S 88 Gd32
Gánt H 145 Hb53
Ganthem S 104 Ha49
Ganthorpe GB 16 Fb19
Gañuelas E 55 Ed73
Gañuelas E 55 Ed73
Ganuza E 39 Ec57
Gaoth Saile IRL 8 Bb18
Gap F 35 Ka50
Gaperhult S 94 Fa45
Gara H 153 Hd58
Garaballa E 54 Ed66
Garaguso I 162 Gb76
Gara Hitrino BG 181 Ec69
Gara Lakatnik BG 179 Cc70
Garancières F 23 Gc37
Gárasavvon FIN 68 Hd13
Garbagna I 148 Cb61
Garbatka-Letnisko PL 131 Jd39
Gârbău RO 171 Cd58
Garbayuela E 52 Cc68
Garberg N 78 Eb30
Garbno PL 122 Jb30
Gârbou RO 171 Da56
Gârbova RO 175 Da61
Garbów PL 131 Ka39
Garbsen D 126 Da36
Gârceni RO 173 Fa59
Garching D 143 Ea50
Garching D 143 Eb51
Garcia E 48 Ga62
Garciaz E 51 Cb67
Garciems LV 106 Kb50
Garcihernández E 45 Cc63
Garcilgalindo E 45 Cb63
Garčin HR 152 Hb60
Gârcina RO 172 Ec58
Garcinarro E 47 Ea65
Gărčinovo BG 180 Ea69
Gârcov RO 180 Db68
Garda I 149 Db59
Gârda de Sus RO 171 Cc59
Gardamas LT 113 Jc56
Gardanne F 42 Jd54
Gardawice PL 138 Hc44
Gårdby S 111 Gb53
Garde E 39 Fa57
Garde S 104 Ha50
Gårdeby S 103 Ga46
Gardeja PL 121 Hb32
Gardelegen D 127 Ea36
Gardenstown GB 5 Ed07
Garderen NL 116 Bb36
Gardermoen N 85 Ea40
Gardete P 50 Ba66
Gårdhem S 102 Ec47
Gardíki GR 188 Ba81
Garding D 118 Cd30
Gardinovci SRB 153 Jb60
Gardna PL 121 Gc29
Gärdnäs S 79 Fd27
Gardno PL 120 Fc34
Gardone Riviera I 149 Db59
Gardone Val Trompia I 149 Da59
Gardonne F 32 Fd50
Gárdony H 146 Hc54
Gardouch F 40 Gc55
Gårdsby S 103 Fc51
Gärdserum S 103 Ga47
Gärdsjö S 80 Gc27
Gårdsjö S 95 Fb45
Gardsjöbäcken S 71 Ga23
Gardsjönäs S 71 Ga23
Gårdskär S 96 Gc39
Gårdskär fiskehamn S 96 Gc39
Gärds Köpinge S 111 Fb55
Gärdslösa S 103 Gb52
Gårdstånga S 110 Fa55
Garður IS 2 Ab04
Gardyny PL 122 Ja33
Gardzień PL 122 Hc32
Garein F 39 Fb53
Garel F 23 Gb36
Gårelehöjden S 79 Gb29
Garelochhead GB 6 Dc12
Gares E 39 Ec57
Garešnica HR 152 Gc59
Garessio I 148 Bd63
Garfin E 37 Cd57
Garforth GB 16 Fa20
Gargaliáni GR 194 Ba89
Gargallo E 48 Fb63
Gargantiel E 52 Cd69
Gargaur S 72 Gc22
Gargellen A 142 Da54
Gargia fjellstue N 63 Ja08
Gargilesse-Dampierre F 29 Gc44
Gargnano I 149 Db59
Gargnäs S 72 Gc23
Gárgoles de Abajo E 47 Ea63
Gargrave GB 16 Ed20
Gargüera E 45 Ca65
Gargždai LT 113 Jb55
Gari MK 182 Ad74
Garino RUS 107 Mb49
Garipçe TR 199 Gc90
Garitz D 127 Eb38
Garkalne LV 106 Kc50
Garkleppvollen N 78 Ec31
Garkolovo RUS 99 Ld40
Garlasco I 148 Cb60
Gârleni RO 172 Ec59
Garliava LT 114 Kc58
Gârliciu RO 177 Fb65
Garliestown GB 10 Dd17
Garlin F 40 Fc54
Gârliţa RO 181 Ed67
Garlitos E 52 Cc69
Gârljano BG 179 Ca72
Garmisch-Partenkirchen D 142 Dc53
Garmo N 85 Dc35
Garnat-sur-Engièvre F 30 Hc44
Garnek PL 130 Hd41
Gârnic RO 174 Bd64
Garoaia RO 176 Ed62
Garons F 42 Ja53
Garoza LV 106 Kb52
Garpenberg S 95 Ga40
Garphyttan S 95 Fc44
Garpom FIN 90 Kd38
Garraf E 49 Gd62
Garrafe de Torío E 37 Cc56
Garragie Lodge GB 7 Dd09
Garrapinillos E 47 Fa60
Garray E 47 Eb60
Garrel D 117 Cc34
Garrigill GB 11 Ec17
Garrison GB 8 Ca17
Garrobillo E 55 Ed74
Garrovillas E 51 Bd66
Garrucha E 61 Ec75
Gars D 143 Eb51
Gars am Kamp A 136 Ga49
Garsås S 87 Fc38
Garsdale Head GB 11 Ec18
Gårsene LV 114 La53
Garsjøen N 85 Ea39
Gårslev DK 108 Db25
Gärsnäs S 111 Fb56
Garssnitz A 144 Fd53
Garstang GB 15 Ec20
Garsten A 144 Fb51
Gįrsūnai LT 114 Kc53
Garten N 77 Dd29
Gartland N 78 Ed26
Gartow D 119 Ea34
Gärtringen D 134 Cc49
Gartz D 120 Fb34
Garusovo RUS 107 Mb50
Gårva N 64 Jb10
Garvagh GB 9 Cd16
Garvaghy GB 9 Cc17
Garvald GB 11 Ec13
Garvan BG 181 Ec67
Garvão P 58 Ac72
Garve GB 4 Dd07
Garvín E 52 Cc66
Garvock GB 6 Dc13
Garwolin PL 131 Jd38
Garynahine GB 4 Da05
Garz D 119 Ed30
Gąsawa PL 121 Gd35
Gåsbakken N 77 Dd31
Gåsborn S 95 Fb42
Gåsbu N 77 Db33
Gaschurn A 142 Da54
Gaschwitz D 127 Eb40
Gascueña E 47 Ea65
Gąsewo Poduchowne PL 122 Jc34
Gashy F 23 Gc36
Gaskeluokt S 72 Gb24
Gąski PL 123 Jd31
Gåsmyr N 67 Gc11
Gåsnäs S 79 Gb30
Gåsnes N 63 Ja04
Gąsocin PL 122 Jb35
Gașpar MD 173 Fa54
Gaspoltshofen A 144 Fa51
Gasselte NL 117 Ca34
Gasselternijveen NL 117 Ca34
Gassino Torinese I 148 Bd60
Gässjö S 79 Ga30
Gasteiz E 38 Ea56
Gastellovo RUS 113 Jc57
Gastes F 39 Fa52
Gastiáin E 39 Eb57
Gastins F 24 Hb37
Gastoúni GR 188 Ad86
Gastoúri GR 182 Ab80
Gaszowice PL 129 Gd40
Gata E 45 Bd64
Gata HR 158 Gc66
Gata N 94 Eb39
Gata de Gorgos E 55 Fd70
Gătaia RO 174 Bd62
Gatarta LV 106 La49
Gatčina RUS 99 Mb40
Gatčina RUS 202 Ea08
Gatehouse of Fleet GB 10 Dd16
Gátér H 146 Jb55
Gateshead GB 11 Fa16
Gatheme F 22 Fb37
Gátova E 54 Fb67
Gatten DK 100 Db21
Gattendorf A 145 Gc51
Gatteo a Mare I 156 Eb64
Gattinara I 148 Ca59
Gattorna I 149 Cc63
Gau-Algesheim D 133 Cb44
Gaubert F 29 Gc39
Gaucín E 59 Cb77
Gauernitz D 127 Ed41
Gäufelden D 134 Cc49
Gauja LV 106 Kb50
Găujani RO 180 Ea68
Gaujiena LV 107 Lb48
Gaukås N 93 Da44
Gaukheihytta N 92 Cc44
Gaukönigshofen D 134 Db46
Gaukönigshofen D 134 Db46
Gaulėniai LT 113 Jd54
Gaulstad N 78 Ec28
Gau-Odernheim D 133 Cb45
Gaupne N 84 Cd36
Gauré LT 113 Jd56
Gaußig D 128 Fb41
Gausvik N 66 Ga13
Gautefall N 93 Db44
Gautestad N 92 Cd45
Gauting D 143 Dd51
Gauto S 71 Ga20
Găuzeni MD 173 Fc55
Gavà E 49 Gd62
Găvănoasa MD 177 Fc62
Gavardo I 149 Db59
Gavarnie F 40 Fc57
Gavelli I 156 Ec69
Gavėniai LT 114 La56
Gavi I 148 Cb62
Gavião P 50 Ad66
Gavieze LV 105 Jb52
Gavilanes E 46 Cc65
Gavirate I 148 Cb58
Gävle S 95 Gb39
Gavoi I 169 Cb76
Găvojdia RO 174 Ca61
Gavorrano I 155 Db68
Gavray F 22 Fa37
Gâvres F 27 Ea40
Gavril-Genovo BG 179 Cc69
Gavrilov-Jam RUS 203 Fa09
Gavrilovka RUS 99 Mb45
Gavrilovo RUS 113 Jd59
Gávrio GR 190 Da87
Gávros GR 182 Ba77
Gavry RUS 107 Ld49
Gavry RUS 107 Ma50
Gåvsta S 96 Gd41
Gâvurağılı TR 198 Fd93
Gaweinstal A 145 Gc50
Gawliki Wielkie PL 123 Jd31
Gaworzyce PL 128 Ga39
Gawroniec PL 120 Ga32
Gawronki PL 130 Hc37
Gawrychy PL 122 Jc33
Gawthrop GB 11 Ec18
Gawthwaite GB 11 Eb19
Gäxsjö S 79 Fc29
Gazeran F 23 Gc37
Gaziemir TR 191 Ec86
Gazimağusa = Ammochostos CY 206 Jd96
Gazitepe TR 186 Fb77
Gazivode KSV 178 Ba69
Gazlıgölakören TR 193 Gc84
Gazoldo degli Ippoliti I 149 Db60
Gazzaniga I 149 Cd58
Gazzuolo I 149 Db61
Gbelce SK 146 Hc52
Gbely SK 137 Gd49
Gdańsk PL 121 Hb30
Gdingen = Gdynia PL 121 Ha29
Gdinj HR 158 Gd67
Gdov RUS 99 Lc44
Gdov RUS 202 Ea09
Gdów PL 138 Ja45
Gdynia PL 121 Ha29
Gea RO 171 Db58
Gea de Albarracín E 47 Ed64
Geamăna MD 173 Fd58
Geashill IRL 13 Cb21
Geaune F 40 Fc54
Geay F 28 Fc43
Gębałka PL 123 Jd30
Gebeciler TR 193 Gd85
Gebesee D 127 Dd41
Gebhardshagen D 126 Dc37
Gebhardshain D 125 Cb41
Gębice PL 121 Gb35
Gębice PL 128 Fc38
Gębice PL 129 Ha36
Gebiz TR 199 Gd90
Gebra D 126 Dc40
Gebze TR 186 Ga78
Gecek TR 193 Hb83
Geçitkale = Lefkoniko CY 206 Jc96
Geçitli TR 187 Gb80
Geçkinli TR 185 Ec75
Geçmen TR 199 Gb92
Gedek TR 191 Eb81
Gedeller TR 199 Gc91
Gedern D 134 Cd43
Gedesby DK 109 Eb29
Gedikbaşı TR 198 Ga92
Gedikevi TR 193 Gd84
Gedikli TR 199 Ha88
Gediz TR 192 Fd84
Gedney Dove End GB 17 Fd23
Gedre F 40 Fc57
Gedser DK 109 Eb29
Gedsted DK 100 Db22
Gedved DK 108 Dc25
Geel B 124 Ba39
Geertruidenberg NL 124 Ad38
Geesala IRL 8 Bb18
Geeste D 117 Ca35
Geesthacht D 118 Dc33
Geevagh IRL 8 Ca18
Gefell D 135 Ea43
Géfira GR 183 Ca77
Gefiria GR 189 Bc82
Gefrees D 135 Ea44
Gegiedžiai LT 114 Kb53
Gehofen D 127 Dd40
Gehrde D 117 Cc35
Gehrden D 126 Da37
Gehren D 127 Dd42
Gehren D 128 Fa39
Geibi LV 115 Ld53
Geidžiūnai LT 114 Kd53
Geilenkirchen D 125 Bb40
Geilo N 85 Da39
Geinberg A 143 Ed50
Geiranger N 84 Cd34
Geisa D 126 Db42
Geiselbach D 134 Cd44
Geiselhöring D 135 Eb48
Geiselwind D 134 Dc45
Geisenfeld D 135 Ea49
Geisenheim D 133 Cb44
Geising D 128 Fa42
Geisingen D 141 Cb51
Geisleden D 126 Db40
Geislingen D 134 Da49
Geismar D 126 Db40
Geisnes N 78 Ec25
Geistthal A 144 Fd54
Geisvika N 67 Gb13
Geithain D 127 Ec41
Geithus N 93 Dd41
Geitvågen N 66 Fc17
Gela I 167 Fa86
Gelbensande D 119 Ec31
Geldermalsen NL 124 Ba37
Geldern D 125 Bc38
Geldrop NL 125 Bb39
Geleen NL 125 Bb40
Gelej H 146 Jc51
Gelemiç TR 192 Fd81
Gelenau D 127 Ec42
Gelenbe TR 192 Fa83
Gelenbe TR 192 Fc87
Gelendost TR 193 Gd87
Gelendžik RUS 205 Fc17
Gelénes H 147 Kb50
Geležiai LT 114 Kd54
Gelfingen CH 141 Ca53
Gelgaudiškis LT 114 Ka57
Gelibolu TR 185 Eb79
Gelida E 49 Gd61
Gelincik TR 193 Ha84
Gelincik TR 199 Gc88
Gelles F 33 Ha47
Gellin F 31 Jd43
Gelnhausen D 134 Cd43
Gelnica SK 138 Jc48
Gelnmassan GB 6 Dc12
Gelsa E 48 Fb61
Gelse H 145 Gd56
Gelsenkirchen D 125 Ca39
Gelsesziget H 145 Gd56
Geltendorf D 142 Dc51
Gelterkinden CH 141 Ca52
Gelting D 108 Db29
Geltow D 127 Ed37
Gelu RO 174 Bc60
Gelucourt F 25 Ka36
Geluva LV 114 Kb56
Gelvonai LT 114 Kd57
Gembloux sur-Orneau B 124 Ad41
Gemenele RO 177 Fa63
Gemer SK 138 Jb49
Gemerská Panica SK 138 Jb49
Gemerská Poloma SK 138 Jb48
Gemert NL 125 Bb38
Gemişköyü TR 198 Ga88
Gemla S 103 Fc52
Gemlik TR 186 Fd79
Gemona del Friuli I 150 Ec57
Gémozac F 32 Fb48
Gemträsk S 73 Hd21
Gemünd D 125 Bc42
Gemünden D 126 Cd41
Gemünden D 126 Cd42
Gemünden D 133 Ca44
Gemünden D 134 Da44
Genagra CY 206 Jc96
Genarp S 110 Fa56
Genas F 34 Jb47
Génave E 53 Ea71
Genazzano I 160 Ec72
Gençali TR 193 Gb87
Gençay F 32 Fd45
Gencek TR 199 Hb89
Genderkingen D 134 Dc49
Gendrey F 31 Jc42
Gendringen NL 125 Bc37
Gendt NL 125 Bc37
Genemuiden NL 117 Bc35
Génerac F 42 Ja53
General Inzovo BG 180 Eb73
General Kolevo BG 181 Eb69
Generalski Stol HR 151 Fd60
General Toševo BG 181 Fb69
Geneston F 28 Ed43
Genevad S 110 Ed53
Genève CH 140 Ba56
Genevrières F 31 Jc40
Genf = Genève CH 140 Ba56
Gengenbach D 133 Ca49
Genicera E 37 Cc56
Génicourt-sur-Meuse F 24 Jb36
Genillé F 29 Gb42
Génis F 33 Gb48
Genişler TR 193 Gb84
Genisséa GR 184 Db77
Genivolta I 149 Cd60
Genk B 124 Ba40
Genlis F 30 Jb42
Gennádio GR 197 Ed94
Gennep NL 125 Bc38
Genner DK 108 Db27
Gennes F 28 Fc42
Genola I 148 Bc62
Génolhac F 34 Hd51
Genouillac F 33 Gd45
Genouillé F 32 Fd46
Genova I 148 Cb63
Genowefa PL 129 Hb37
Gensac F 32 Fd50
Gensingen D 133 Cb44
Gent B 124 Ab39
Genthin D 127 Eb37
Gentioux-Pigerolles F 33 Gd47
Gentofte DK 109 Ec25
Genua = Genova I 148 Cb63
Genzano di Lucania I 162 Gb75
Genzano di Roma I 160 Eb72
Geoagiu RO 175 Cd61
George Enescu RO 172 Ec54
Georgenberg D 135 Eb46
Georgenberg D 135 Eb46
Georgensgmünd D 134 Dc47
Georgenthal D 126 Dc42
Georgi-Damjanovo BG 179 Cb69
Georgi Dimitrov BG 179 Cd73
Georgievsk RUS 205 Ga17
Georgiúpoli GR 200 Cc95
Georgouléika GR 188 Ad83
Georgsdorf D 117 Ca35
Georgsmarienhütte D 126 Cc37
Georth GB 5 Ec02
Géos GR 188 Ab81
Gepatschhaus A 142 Db55
Ger F 22 Fb37
Gera D 127 Eb42
Gera E 37 Ca54
Geraardsbergen B 124 Ab40
Gerabronn D 134 Da47
Gerace I 164 Gb83
Geraci Siculo I 167 Fa85
Gerahies IRL 12 Bb26
Gerakári GR 189 Bd81
Gerakári GR 200 Cd96
Gerakaroú GR 183 Cb78
Geráki GR 195 Bd89
Gerakiní GR 183 Cb79
Gérardmer F 31 Ka39
Geras A 136 Ga49
Geras E 37 Cc56
Gerasa CY 206 Ja98
Géraudot F 30 Hd38
Gerberoy F 23 Gc34
Gerbéviller F 25 Ka37
Gerbini I 167 Fc86
Gerbstedt D 127 Ea39
Gerby FIN 81 Hd30
Gerdašiai LT 123 Kc30
Gerdau D 118 Dc34
Gerdshagen D 119 Eb34
Gerede TR 205 Fa20
Geremeas I 169 Cb80
Geren TR 191 Eb85
Gerena E 59 Bd73
Gerenli TR 193 Ha83
Gereñu E 39 Eb57
Geretsried D 143 Db51
Gérgal E 61 Ea75
Gergei I 169 Ca78
Gergelyiugornya H 147 Kb50
Gergova RO 177 Fd64
Gergy F 30 Jb43
Gerhardshofen D 134 Dc46
Geringswalde D 127 Ec41
Geriş TR 199 Hb91

Grenctāle – Gutowiec

Grenctāle LV 114 Kc53
Grendavė LT 114 Kd58
Grenivík IS 2 Ba03
Grenoble F 35 Jd48
Grense Jakobselv N 65 Kd07
Grentzingen F 31 Kb40
Grenzhausen, Höhr- D 125 Ca42
Gréolières F 43 Kc53
Gréoux-les-Bains F 42 Jd53
Greppin D 127 Eb39
Gresse-en-Vercors F 35 Jc49
Gressoney-La-Trinité I 148 Bd58
Gressoney-Saint-Jean I 148 Bd58
Gressvik N 93 Ea44
Grésy-sur-Isère F 35 Ka47
Gretna GB 11 Eb16
Grettstadt D 134 Db44
Greußen D 127 Dd40
Grevbäck S 103 Fb47
Greve DK 109 Ec26
Greve in Chianti I 155 Dc66
Greven D 125 Cb37
Grevená GR 183 Bb79
Grevenbroich D 125 Bc40
Greveníti GR 182 Ba80
Grevenmacher L 133 Bc45
Grevesmühlen D 119 Ea32
Greve Strand DK 109 Ec26
Grevie S 110 Ed53
Grevnäs FIN 90 Kc38
Greyabbey GB 10 Db17
Greysteel GB 9 Cc15
Greystoke GB 11 Eb17
Greystone GB 9 Cd17
Greystones IRL 13 Da22
Grézels F 33 Gb51
Grez-en-Bouère F 28 Fb40
Grèzes F 33 Gc51
Grezzana I 149 Dc59
Grgar SLO 151 Fa58
Grgurevci SRB 153 Ja61
Grgurnica MK 178 Bb73
Gribanovskij RUS 203 Fc12
Gribuli RUS 107 Ld48
Gridino RUS 99 Ld45
Grieben D 127 Eb36
Griebenow D 119 Ed31
Griem'ačje RUS 113 Jc58
Gries A 142 Dc54
Griesalp CH 141 Bd55
Gries am Brenner A 143 Dd54
Griesbach, Bad Peterstal- D 133 Cb49
Griesheim D 134 Cc45
Gries im Sellrain A 142 Dc54
Grieskirchen A 144 Fa50
Griesstätt D 143 Eb51
Griffen A 144 Fc56
Grigale LV 114 Kd53
Grigiškes LT 114 La58
Grignan F 42 Jb51
Grignani I 166 Ea85
Grignasco I 148 Ca58
Grigno I 150 Dd58
Grignols F 33 Ga49
Grignols F 40 Fc52
Grigor'evskoe RUS 203 Fb08
Grigorievca MD 173 Ga59
Grigoriopol MD 173 Ga57
Grijota E 46 Da59
Grijpskerk NL 117 Bd33
Griķi LV 105 Jc51
Grikos GR 197 Ea89
Grillby S 96 Gc42
Grilli I 155 Db68
Grillos GR 194 Ba87
Grimaldi I 164 Gb80
Grimăncăuţi MD 172 Ed53
Grimaud F 43 Kb54
Grimbråten S 94 Ed44
Grimdalen N 93 Da43
Grimentz CH 141 Bd56
Grimeton S 102 Ec51
Grimma D 127 Ec40
Grimmen D 119 Ed31
Grimmenstein A 145 Gb53
Grimmialp CH 141 Bd55
Grimnäs S 87 Fd32
Grimo N 84 Cc39
Grimsås S 102 Fa50
Grimsey IS 3 Bb03
Grimslöv S 103 Fc52
Grímsstaðir IS 3 Bb04
Grimstad N 93 Da46
Grimston GB 17 Fd24
Grimstorp S 103 Fc49
Grimstrup DK 108 Da26
Grimzdai LT 113 Jc55
Grinăuţi MD 173 Fb55
Grinăuţi-Raia MD 173 Fa53
Grindavík IS 2 Ab05
Grinde N 84 Cc37
Grindelwald CH 141 Ca55
Grinder N 94 Ec40
Grindheim N 92 Cb41
Grindheim N 92 Cc46
Grindholmen FIN 81 Jb29
Grindjorda N 67 Gb14
Grindon GB 16 Ed23
Grindsted DK 108 Da25
Grindu RO 176 Ec65
Grindu RO 177 Fb63
Gringley on the Hill GB 16 Fb21
Griniai LT 114 Ka55
Grinkiškis LV 114 Kb55
Grinneröd S 102 Eb47
Griñón E 46 Db65
Grinstad S 102 Ec46
Grinţieş RO 172 Eb57
Grip N 77 Da30
Gripenberg S 103 Fc48
Grisì I 166 Ec84
Grisignano di Zocco I 150 Dd60
Griškabūdis LV 114 Kb58
Grisolia I 164 Ga78
Grisolles F 40 Gb53
Grisselören FIN 81 Ja29
Grisslehamn S 96 Ha41
Griva LV 115 Lc53
Grivaši LV 105 Jd52
Grivenskaja RUS 205 Fc16
Griviţa RO 176 Ed65
Griviţa RO 177 Fa61
Griviţa RO 177 Fa62
Grizáno GR 189 Bc81
Grizebeck GB 11 Eb19
Grizic HR 152 Ha60
Grizzana Morandi I 149 Dc63
Grjadišče RUS 99 Ld45
Grjady RUS 202 Eb09
Grjazi RUS 203 Fb12
Grjazovec RUS 203 Fa08
Grljan SRB 179 Ca67
Grøa N 77 Dc32
Gröbers D 127 Eb40
Grobiņa LV 105 Jb52
Grobla PL 138 Jb44
Grobla PL 139 Kb43
Gröbming A 144 Fa53
Gröbzig D 127 Ea39
Grocka SRB 174 Bb64
Grødås N 84 Cc34
Gródek PL 121 Gb33
Gródek PL 123 Kc33
Gródek PL 131 Ka36
Gródek PL 131 Kd42
Gródek nad Dunajcem PL 138 Jc45
Gröden D 128 Fa40
Gröding A 143 Ec52
Grödinge S 96 Gd44
Gröditsch D 128 Fa38
Gröditz D 127 Ed40
Gródki PL 122 Hd33
Gródki PL 131 Kb41
Grodków PL 129 Gd42
Grodziczno PL 122 Hd33
Grodziec PL 128 Ga41
Grodziec PL 129 Ha38
Grodziec PL 129 Hb42
Grodziec PL 138 Hc45
Grodzisk PL 123 Jd34
Grodzisk PL 123 Ka35
Grodzisk Mazowiecki PL 130 Jb37
Grodzisko PL 123 Jd30
Grodzisko PL 139 Kb43
Grodzisk Wielkopolski PL 129 Gb37
Grodziszcze PL 129 Gb42
Groeningen NL 125 Bc38
Groenlo NL 125 Bd37
Groesbeek NL 125 Bb38
Grogan IRL 13 Cb21
Grohotno BG 184 Da75
Groitzsch D 127 Eb41
Groix F 27 Dd41
Grojdibodu RO 179 Da68
Grójec PL 129 Gd37
Grójec PL 130 Jb38
Grolanda S 102 Fa48
Grom PL 122 Jb32
Gromada PL 131 Kb42
Gromadka PL 128 Ga40
Gromadno PL 121 Gd34
Gromandcyzna PL 123 Ka29
Gromiljak BIH 158 Hb64
Grömitz D 119 Dd31
Gromnik PL 138 Jc45
Gromo I 149 Da58
Gromovo RUS 113 Jb58
Gron F 30 Hb39
Grøna N 85 Db35
Gronahög S 102 Fa49
Gronau (Leine) D 126 Db37
Gronau (Westfalen) D 117 Ca36
Grønbæk DK 100 Db23
Grønbjerg DK 108 Cd24
Grønbjerg DK 108 Da25
Grönbo S 73 Hb24
Grönbo S 95 Fd43
Grønbua N 85 Db35
Grøndal N 84 Cb35
Gröndal S 71 Fc22
Grondola I 149 Cd63
Grönenbach D 142 Db51
Grönfjäll S 71 Fd24
Grong N 78 Ed26
Grönhögen S 111 Gb54
Grønhøj DK 100 Db23
Gröningen D 127 Dd38
Groningen NL 117 Bd33
Grønlia N 78 Ea28
Grönliden S 80 Hb25
Grønnemose DK 108 Dc26
Grono CH 149 Cc57
Gronów PL 128 Fc36
Gronowo PL 122 Hd30
Gronowo Elbląskie PL 122 Hc31
Grönskara S 103 Fd51
Grönskåra S 103 Ga51
Grönwohld D 118 Dc32
Grootegast NL 117 Bd33
Gropello Cairoli I 148 Cb60
Gropen S 95 Fc44
Gropeni RO 177 Fa64
Gropniţa RO 173 Fa57
Gropparello I 149 Cd61
Grornv HR 151 Fb62
Grosbliederstroff F 25 Ka35
Grosbous L 133 Bb44
Grosbreuil F 28 Ed44
Groscavallo I 148 Bc59
Grosebay GB 4 Da06
Groşi RO 171 Da55
Grosio I 149 Da57
Grošnica SRB 174 Bb66
Großaitingen D 142 Dc50
Großalmerode D 126 Db40
Großalsleben D 127 Dd38
Groß Ammensleben D 127 Ea37
Großarl A 143 Ed54
Großbeeren D 127 Ed37
Groß-Bieberau D 134 Cc45
Großbodungen D 126 Dc39
Großbothen D 127 Ec41
Großbottwar D 134 Cd47
Großbreitenbach D 127 Dd42
Großburgwedel D 126 Db36
Groß Dölln D 120 Fa35
Großdubrau D 128 Fb40
Großefehn D 117 Cb33
Großeibstadt D 134 Dc43
Grosselfingen D 142 Cc50
Großenaspe D 118 Db31
Großenbrode D 119 Dd30
Großenehrich D 126 Dc40
Großenhain D 128 Fa40
Großenkneten D 117 Cc34
Großenlüder D 126 Da42
Großenlüder D 126 Da42
Großenlupnitz D 126 Dc41
Großensee D 118 Dc32
Großenseebach D 134 Dc46
Großenwiehe D 108 Da29
Grossenzersdorf A 145 Gb51
Grossepeterdorf A 145 Gb54
Großerlach D 134 Cd47
Grosseto I 155 Dc68
Grosseto Prugna F 154 Ca71
Großfurra D 126 Dc40
Groß Gaglow D 128 Fb39
Groß Garz D 119 Ea35
Groß-Gerau D 134 Cc44
Großgerungs A 136 Fc49
Groß Glienicke D 127 Ed36
Großglobnitz A 136 Fd49
Großgörschen D 127 Eb40
Groß Grönau D 119 Dd32
Großhabersdorf D 134 Dc46
Großhansdorf D 118 Dc32
Großharthau D 128 Fb41
Großhartmannsdorf D 127 Ed42
Großheide D 117 Cb32
Großheirath D 135 Dd44
Großhennersdorf D 128 Fc41
Großheubach D 134 Cd45
Großhöchstetten CH 141 Bd54
Groß Ippener D 118 Cd34
Großkarolinenfeld D 143 Ea52
Groß Kiesow D 120 Fa31
Groß Kölzig D 128 Fc39
Groß Köris D 128 Fa37
Großkoschen D 128 Fb40
Groß Kreutz D 127 Ec37
Großkugel D 127 Eb40
Großlangheim D 134 Db45
Großlehna D 127 Eb40
Groß Leine D 128 Fb38
Großlittgen D 133 Bc44
Großlohra D 126 Dc40
Groß Miltzow D 120 Fa33
Groß Muckrow D 128 Fb38
Grossmugl A 145 Gb50
Groß Mühlingen D 127 Ea38
Groß Naundorf D 127 Ed39
Groß Oesingen D 126 Dc36
Großostheim D 134 Cd44
Grossouvre F 30 Hb43
Groß Pankow D 119 Eb34
Großpertholz A 136 Fc49
Groß Pösna D 127 Eb40
Großpostwitz D 128 Fb41
Groß Quenstedt D 127 Dd38
Großraming A 144 Fb52
Großräschen D 128 Fb39
Großreifling A 144 Fc52
Großrinderfeld D 134 Da45
Groß Rodensleben D 127 Ea37
Groß-Rohrheim D 134 Cc45
Großröhrsdorf D 128 Fa41
Groß Rosenburg D 127 Eb38
Groß-Sankt-Florian A 144 Fd55
Groß Särchen D 128 Fb40
Groß Schacksdorf D 128 Fc39
Großschirma D 127 Ed41
Großschönau D 128 Fc42
Groß Schönebeck D 120 Fa35
Groß Schwechten D 127 Ea36
Großschweidnitz D 128 Fc41
Gross-Schweinparth A 145 Gc50
Groß-Siegharts A 136 Fd49
Großsölk A 144 Fa53
Großsolt D 108 Db29
Großsteinberg D 127 Ec40
Großthiemig D 128 Fa40
Großtreben D 127 Ed39
Groß Twülpstedt D 127 Dd36
Groß-Umstadt D 134 Cc45
Großwallstadt D 134 Cd45
Groß Warnow D 119 Ea34
Grossweikersdorf A 144 Ga50
Großweitzschen D 127 Ed41
Groß Wokern D 119 Ec32
Großwudicke D 127 Eb36
Groß Ziescht D 128 Fa38
Grostenquin F 25 Ka36
Grosuplje SLO 151 Fc58
Grøtavær N 66 Ga12
Grote LV 107 Lb49
Grotle N 84 Ca34
Grotli N 85 Da34
Grötlingbo S 104 Ha51
Grøtnes N 63 Hd06
Grøtnesdalen N 62 Gd09
Grotniki PL 130 Hc38
Grotów PL 120 Ga35
Grötsch D 128 Fb39
Grottaglie I 162 Ha76
Grottaminarda I 161 Fc74
Grottammare I 157 Fa68
Grotte I 166 Ed86
Grotte di Castro I 156 Dd69
Grotteria I 164 Gb83
Grotte Santo Stefano I 156 Ea69
Grottole I 162 Gc76
Grötvågen N 77 Dc30
Grou NL 117 Bc33
Grov N 67 Gb13
Grova N 93 Db43
Grozas LV 107 Lc51
Grozdjovo BG 181 Ed71
Grozeşti RO 173 Fb58
Grozeşti RO 175 Cd65
Grožnjan HR 151 Fa60
Grua N 85 Ea40
Grub D 135 Dd44
Grubben N 71 Fb22
Grubbenvorst NL 125 Bc39
Grubišno Polje HR 152 Gd59
Gruczno PL 121 Ha33
Gruda HR 159 Hc69
Gruda Donja BIH 159 Hc68
Grude BIH 158 Ha66
Grudusk PL 122 Ja34
Grudziądz PL 121 Hb33
Grues F 32 Fa45
Gruffy F 35 Jd46
Gruia RO 174 Cb66
Gruissan F 41 Hb56
Gruissan-Plage F 41 Hb56
Gruiu RO 176 Eb65
Grumăzeşti RO 172 Ec57
Grumento Nova I 161 Ga77
Grumo Appula I 162 Gc74
Grums S 94 Ed43
Grünau im Almtal A 144 Fa52
Grünbach D 135 Eb43
Grünbach am Schneeberg A 144 Ga52
Grünberg D 126 Cd42
Grünberg PL 128 Fd38
Grünburg A 144 Fb51
Grundarfjörður IS 2 Ab03
Grundfors S 71 Fc24
Grundfors S 80 Gc25
Grundforsen S 86 Ed37
Grundsel S 73 Hb22
Grundsjö S 79 Ga28
Grundsjö S 79 Gb25
Grundsjön S 87 Fd33
Grundsund S 102 Eb47
Grundsunda FIN 96 Hc40
Grundsunda S 80 Ha30
Grundtjärn S 79 Gb29
Grundträsk S 72 Ha23
Grundträsk S 72 Ha24
Grundträsk S 73 Hd20
Grundträsk S 73 Hb24
Grundvattnet S 73 Hb22
Grundzāle LV 106 La48
Grüneberg D 119 Ed35
Grünewald D 125 Bc38
Grünewalde D 128 Fa40
Grungedal N 92 Cd42
Grünhain D 135 Ec43
Grünheide D 128 Fa37
Grunnerud S 94 Eb44
Grunnfjord N 62 Gd08
Grunnfjordbotn N 66 Ga15
Grünsfeld D 134 Da46
Grünstadt D 133 Cb45
Grüntal D 120 Fa35
Grünwald D 143 Dd51
Grunwald PL 122 Hd33
Grupčin MK 178 Bb73
Grury F 30 Hd44
Grüsch CH 142 Cd54
Grūšlaukė LT 113 Jb54
Gruszeczka PL 129 Gc40
Gruszka PL 130 Ja41
Gruta PL 121 Hb33
Grūtas LT 123 Kc30
Gruvbyn S 87 Fc35
Gruyères CH 141 Bc55
Gruža SRB 174 Bb66
Gruzdiškė LT 114 Ka56
Gruzdžiai LT 114 Ka53
Grybėnai LT 115 Lb55
Grybów PL 138 Jc45
Grycksbro S 95 Fd39
Gryfice PL 120 Fd32
Gryfino PL 120 Fb34
Gryfów Śląski PL 128 Fd41
Grykë AL 182 Aa76
Gryllefjord N 66 Gb10
Grymyr N 85 Dd40
Grynberget S 79 Gb27
Gryt S 95 Gb44
Gryt S 103 Gb47
Gryta N 77 Dc29
Gryta S 96 Gc42
Grytåa N 70 Ed22
Gryteryd S 102 Ed51
Grytgöl S 95 Fd45
Grythyttan S 95 Fc42
Grytnäs S 95 Ga41
Grytsjö S 79 Fd25
Gryttjom S 96 Gc40
Gryzavino RUS 107 Ma48
Gryzy PL 123 Jd30
Gryżyce PL 129 Gb40
Gryżyna PL 129 Gb38
Grza SRB 178 Bd67
Grzebienisko PL 129 Gb37
Grzechotki PL 122 Hd30
Grzęda PL 122 Jb30
Grzegorzew PL 129 Hb37
Grzegrzółki PL 122 Jb32
Grzmiąca PL 121 Gb32
Grzybiany PL 129 Gb41
Grzybno PL 120 Fc35
Grzybno PL 122 Hc33
Grzybowo PL 129 Gd37
Grzymałków PL 130 Jb41
Grzymiszew PL 129 Hb38
Grzywna Biskupia PL 121 Hb34
Gschnitz A 143 Dd54
Gschwandt A 144 Fa51
Gschwend D 134 Da48
Gstaad CH 141 Bc55
Gsteig CH 141 Bc56
Guadahortuna E 60 Dc74
Guadalajara E 46 Dd64
Guadalaviar E 47 Ec65
Guadalcanal E 51 Ca71
Guadalcázar E 60 Cc73
Guadalix de la Sierra E 46 Dc63
Guadalmedina E 60 Cd76
Guadalmez E 52 Cc70
Guadalupe E 52 Cc67
Guadalupe E 61 Eb73
Guadamur E 52 Db66
Guadarrama E 46 Db63
Guadassuar E 54 Fb69
Guadiana del Caudillo E 51 Bc68
Guadix E 61 Dd74
Guadramil P 45 Bd59
Guagnano I 162 Hb76
Guagno F 154 Cb70
Guaire IRL 13 Cd23
Guájar-Faragüit E 60 Db76
Gualachulain GB 6 Dc11
Gualdo Tadino I 156 Eb67
Gualöv S 111 Fb54
Gualtieri I 149 Db61
Guarcino I 160 Ec72
Guarda CH 142 Da55
Guarda P 44 Bb63
Guardalfiera I 161 Fc72
Guardamar del Segura E 55 Fb72
Guardapasso I 160 Ea72
Guardavalle I 164 Gc82
Guardea I 156 Ea69
Guàrdia de Tremp E 48 Ga59
Guardiagrele I 157 Fb70
Guardia Lombardi I 161 Fd75
Guardia Perticara I 162 Gb76
Guardia Piemontese Marina I 164 Gb79
Guardiaregia I 161 Fb73
Guardia Sanframondi I 161 Fb73
Guardias Viejas E 61 Dd76
Guardiola de Berguedà E 49 Gd59
Guardiola de Font-rubí E 49 Gc61
Guardo E 38 Da56
Guareña E 51 Ca69
Guaro E 60 Cc76
Guarromán E 52 Db71
Guasila I 169 Ca78
Guastalla I 149 Db61
Guaza de Campos E 37 Cd58
Gubanicy RUS 99 Ma40
Gubavac MNE 159 Jb67
Gubbhögen S 79 Fd27
Gubbio I 156 Eb67
Gubbmyran S 86 Fa37
Gubbträsk S 72 Gc24
Guben D 128 Fc38
Gubeš BG 179 Cb70
Gubin PL 128 Fc38
Gubkin RUS 203 Fa13
Guča SRB 178 Ad67
Guča Gora BIH 158 Ha64
Gücenoluk TR 193 Gc83
Güçlüköy TR 199 Hb91
Gudai LT 113 Jc57
Gúdar E 48 Fb64
Gudbjerg DK 109 Dd27
Guddal N 84 Cb36
Guddalbru N 92 Cb45
Gudeliai LT 123 Kc30
Gudeliai LV 114 Kb59
Gudenieki LV 105 Jb51
Gudensberg D 126 Da40
Guderup DK 108 Db28
Gudhjem DK 111 Fc57
Gudin N 78 Ec27
Gudinge S 96 Gd39
Gudkaimis LT 114 Ka58
Gudme DK 109 Dd27
Gudmindrup DK 109 Ea25
Gudmont-Villiers F 30 Jb38
Gudmundrå S 80 Gc31
Gudmuntorp S 110 Fa55
Gudow D 119 Dd33
Gudowo PL 120 Ga33
Gudum DK 100 Cd22
Gudumholm DK 100 Dc21
Gudurica SRB 174 Bd62
Gudvangen N 84 Cc38
Gudžiūnai LV 114 Kb55
Guebwiller F 31 Kb39
Güéjar Sierra E 60 Dc75
Guémar F 31 Kb38
Guémené-Penfao F 28 Ed41
Guéméné-sur-Scorff F 27 Ea39
Guengat F 27 Dc39
Guenrout F 27 Ec41
Guer F 27 Ec40
Guérande F 27 Eb42
Guéret F 33 Gc46
Guérigny F 30 Hb42
Guernica = Gernika E 38 Ea55
Güesa E 39 Fa57
Gües-d'Oloron F 39 Fb55
Gueugnon F 30 Hd44
Güevejar E 60 Db74
Gugalj SRB 159 Jc64
Gugeşti RO 176 Ed62
Güglingen D 134 Cc47
Guglionesi I 161 Fc71
Gugney-aux-Aulx F 31 Jd38
Gugny PL 123 Ka33
Gugutka BG 185 Ea76
Guhttás S 68 Hd13
Guia P 44 Ac65
Guichen F 28 Ed40
Guidizzolo I 149 Db60
Guidonia-Montecelio I 160 Eb71
Guiglia I 149 Db63
Guignen F 28 Ed40
Guignes F 23 Ha37
Guijo de Coria E 45 Bd65
Guijosa E 47 Ea62
Guijuelo E 45 Cb63
Guildford GB 20 Fb29
Guilheta P 44 Ac59
Guillar E 36 Ba56
Guillaumes F 43 Kb52
Guillena E 59 Bd73
Guillestre F 35 Kb50
Guillos F 32 Fb51
Guilsfield GB 15 Eb24
Guilvinec F 27 Dc40
Guimarães P 44 Ad60
Guimiliau F 26 Dc38
Guines F 21 Gc30
Guingamp F 26 Ea38
Guipavas F 26 Dc38
Guipry F 28 Ed40
Guipy F 30 Hc42
Guisando E 45 Cc65
Guisborough GB 11 Fb18
Guiscard F 23 Ha34
Guiscriff F 27 Dd39
Guise F 24 Hc33
Guissona E 48 Gb60
Guist GB 17 Ga24
Guitalens F 41 Gd54
Guiting Power GB 20 Ed26
Guitiriz E 36 Bb54
Guîtres F 32 Fc49
Guizan E 36 Ad57
Gujan-Mestras F 32 Fa51
Gukovo RUS 205 Fc15
Gulbene LV 107 Lb49
Gulbēris LV 106 La50
Gulbji LV 105 Ja51
Gülçayır TR 193 Ha83
Gulcz PL 121 Gb35
Güldalı TR 199 Ha89
Guldborg DK 109 Eb28
Güldibi TR 187 Gd78
Guldrupe S 104 Ha50
Gulen N 84 Ca37
Gulgofjorden N 65 Kb05
Gulholmen N 66 Fd13
Guljanci BG 180 Db68
Gul'kevići RUS 205 Fd16
Gülköy TR 199 Gb88
Gulla N 77 Dc31
Gullabo S 111 Ga53
Gulladuff GB 9 Cd16
Gullan GB 11 Ec13
Gullaskruv S 103 Fd52
Gullberg S 87 Fd37
Gullbrandstorp S 102 Ed52
Gulleråsen S 87 Fd38
Gullered S 102 Fa49
Gullesfjordbotn N 66 Fd13
Gullgammen N 64 Jb04
Gullhaug N 93 Dd43
Gullholmen N 64 Ka05
Gullholmen S 102 Eb47
Gullön S 72 Gd22
Gullringen S 103 Fd49
Gullsby S 94 Ed41
Gullspång S 95 Fb45
Gulltjärn S 80 Hb27
Gullträsk S 73 Hc20
Güllü TR 192 Fd86
Güllübahçe TR 197 Ec88
Güllüce TR 192 Fb81
Güllük TR 197 Ed90
Gullvik S 80 Gd30
Gülpınarı TR 191 Ea82
Gulsele S 79 Gb28
Gulsrud N 93 Dd41
Gulstøa N 84 Ca34
Gulsvik N 85 Dc40
Gumboda S 73 Hb24
Gumboda S 80 Hc27
Gumbodahamn S 80 Hc27
Gümele TR 192 Ga84
Gümeli TR 191 Ec83
Gumiel de Hizán E 46 Dc60
Gumiel de Mercado E 46 Dc60
Gumlösa S 111 Fb54
Gummark S 80 Hc25
Gummersbach D 125 Ca40
Gumowo PL 122 Ja35
Gumpelstadt D 126 Db42
Gumpersdorf D 143 Ec50
Gumpoldskirchen A 145 Gb51
Gumtow D 119 Eb35
Gümülceli TR 191 Ed85
Gümüldür TR 191 Eb87
Gümüşçay TR 185 Ec80
Gümüşdamla TR 199 Hb90
Gümüşhane TR 205 Fd19
Gümüşlük TR 197 Ec90
Gümüşoluk TR 187 Gd78
Gümüşova TR 187 Gd80
Gümüşpınar TR 186 Fb77
Gümüşpınar TR 192 Fc81
Gümüşsu TR 193 Gb87
Gümüşsuyu TR 186 Fa77
Gümüşyaka TR 199 Gb91
Gümüşyeni TR 192 Ga82
Günaydın TR 192 Fa81
Guncati SRB 153 Jc62
Gundelfingen D 134 Db49
Gundelfingen D 141 Ca50
Gundelsheim D 134 Cd47
Gundelsheim D 134 Dc45
Gundertshausen A 143 Ec51
Gunderup DK 108 Cd25
Gündoğan TR 185 Ed80
Gündoğan TR 197 Ec90
Gündoğdu TR 185 Ec80
Gündoğdu TR 185 Ed79
Gündoğdu TR 186 Fd80
Gündüzler TR 193 Gd81
Gündüzlü TR 185 Ed77
Günekestane TR 192 Ga81
Güneli TR 193 Gd82
Güneşli TR 192 Fb84
Güneşli TR 199 Gc92
Güney TR 192 Fa85
Güney TR 192 Fc86
Güney TR 192 Fc87
Güney TR 198 Fc89
Güney TR 198 Ga89
Güneyce TR 199 Gd88
Güneykaya TR 199 Hb91
Güneykent TR 193 Gc87
Güneyköy TR 193 Gb85
Güneyköy TR 193 Gd84
Güngören TR 192 Fc81
Güngörmez TR 186 Fa76
Güngörmez TR 186 Fb80
Günhaberget S 94 Fa43
Günlüce TR 192 Fd83
Günlük TR 197 Ed89
Günlükbaşı TR 198 Fd92
Gunnarn S 80 Gc25
Gunnarnes N 63 Ja05
Gunnarp S 102 Ed51
Gunnarsbyn S 73 Hd21
Gunnarsjö S 102 Ec50
Gunnarskog S 94 Ed42
Gunnarskulla FIN 98 Kb40
Gunnarsnäs S 94 Ec45
Gunnarvattnet S 79 Fb27
Gunnebo S 103 Gb49
Gunnfarnes N 66 Ga11
Gunnilbo S 95 Ga42
Gunnislake GB 18 Dc31
Günseck A 145 Gb53
Gunskirchen A 144 Fa51
Gunsta S 96 Gd42
Günstedt D 127 Dd40
Gunten CH 141 Bd55
Guntersblum D 133 Cb45
Gunter's Bridge GB 20 Fb30
Guntersdorf A 136 Ga49
Güntersleben D 126 Dc41
Gunthorpe GB 16 Fb23
Guntín de Pallares E 36 Bb55
Günyarık TR 193 Gb81
Günyüzü TR 193 Hb83
Günzburg D 134 Db49
Gunzenhausen D 134 Dc47
Guovdageaidnu N 68 Hd11
Gura Bîcului MD 173 Ga58
Gura Camencii MD 173 Fc55
Gura Foii RO 176 Dd65
Gurağaç TR 192 Fd82
Gura Galbenei MD 173 Fc59
Gura Haitii RO 172 Dd57
Gurahonţ RO 170 Cb59
Gura Humorului RO 172 Eb56
Gurakuq AL 182 Ac75
Gura Ocniţei RO 176 Dd64
Gura Râului RO 175 Da61
Gurasada RO 174 Cb60
Gura Şuţii RO 176 Dd65
Gura Teghii RO 176 Eb63
Gura Vadului RO 176 Eb64
Gura Văii RO 174 Cb64
Gura Văii RO 176 Ec60
Gurb E 49 Gd59
Gurba RO 170 Ca58
Gurbăneşti RO 176 Ec66
Gürceğiz TR 197 Ed90
Güre TR 191 Eb82
Güre TR 192 Fd85
Güre TR 198 Fb89
Gürece TR 197 Ec90
Güreci TR 185 Ec79
Gur'evsk RUS 113 Ja58
Gurghiu RO 171 Dc58
Gurgljat BG 179 Cb71
Guri i Bardha AL 182 Ac74
Gur i Zi AL 163 Jb71
Gurk A 144 Fb55
Gurkovo BG 180 Db72
Gurkovo BG 181 Fd69
Gürle TR 191 Ec85
Gürlek TR 192 Ga85
Gurnos GB 19 Dd27
Gürpınar TR 186 Fc78
Gürpınar TR 192 Ga86
Gurrë AL 182 Ac75
Gurre DK 109 Ec24
Gurrea de Gállego E 48 Fb59
Gurr'e madhë AL 182 Ac74
Gursken N 76 Cb33
Gürsöğüt TR 193 Hb81
Gürsü TR 186 Fd80
Gurteen IRL 8 Ca18
Gurteen IRL 12 Bd21
Gurten A 143 Ed50
Gurunhuel F 26 Ea38
Gurviksdalen N 77 Dc28
Gusborn D 119 Dd34
Gušće HR 152 Gc60
Güsen D 127 Eb37
Gusendo de los Oteros E 37 Cc58
Gusev RUS 113 Jd59
Guševac SRB 179 Ca69
Gusevo RUS 107 Mb51
Gusevo RUS 113 Jc59
Gus'-Hrustal'nyj RUS 203 Fa10
Gusinje MNE 159 Jb69
Gusmar AL 182 Ab78
Guşoeni RO 175 Da65
Gusow D 128 Fb36
Guspini I 169 Bd78
Gusselby S 95 Fd42
Güsselfeld D 119 Ea35
Güssing A 145 Gb54
Gusswerk A 144 Fd52
Gustav Adolf S 95 Fb41
Gustav Adolf S 103 Fb48
Gustavsberg S 80 Ha25
Gustavsberg S 96 Gd43
Gustavsfors S 94 Fa41
Gustavsfors S 94 Ec44
Güsten D 127 Ea38
Guštirna HR 158 Gb66
Güstrow D 119 Eb32
Gusum S 103 Gb47
Gusvattnet S 79 Fb26
Gus'-Železnyj RUS 203 Fb10
Gutach D 141 Ca50
Gutach D 141 Cb50
Gutar E 61 Dd72
Gutau A 144 Fb50
Gutcher GB 5 Fa03
Gutenbrunn A 144 Fd50
Gutenstein A 144 Ga52
Gutenstetten D 134 Dc46
Gutenswegen D 127 Ea37
Gutenzell D 142 Da50
Güterfelde D 127 Ed37
Gütersloh D 126 Cc38
Gutorfölde H 145 Gc56
Gutowiec PL 121 Gd32

Gúttamási - Harville

Gúttamási H 145 Hb54
Guttannen CH 141 Ca55
Guttaring A 144 Fb55
Gützkow D 119 Ed31
Guvåg N 66 Fc13
Güveçlik TR 198 Fc88
Güvem TR 192 Fb81
Güvemalanı TR 185 Ed80
Güvençetmi TR 192 Fa82
Güvendik TR 191 Eb86
Güvendik TR 193 Hb87
Güvenir TR 198 Fb89
Güvercinlik TR 197 Ed90
Gúves GR 201 Db95
Guxhagen D 126 Da40
Guxinde E 36 Ba58
Guyancourt F 23 Gd37
Guyhirn GB 17 Fd24
Güzelbağ TR 199 Hb91
Güzelbahçe TR 191 Eb86
Güzelçamlı TR 197 Ec88
Güzelce TR 186 Fb78
Güzelköy TR 185 Ed78
Güzeloba TR 199 Gd91
Güzelpınar TR 192 Fd87
Güzelsu TR 199 Hb91
Güzelyurt = Morfou CY 206 Ja96
Guzmán E 46 Db60
Gvardejskoe RUS 113 Ja59
Gvarv N 93 Db43
Gvodz MNE 159 Hd68
Gvozd HR 151 Ga60
Gvozdansko HR 152 Gb61
Gwalchmai GB 15 Dd22
Gwardejsk RUS 113 Jb59
Gwbert GB 14 Dc26
Gwda Wielka PL 121 Gc32
Gweek GB 18 Da32
Gwieździn PL 121 Gc32
Gwizdały PL 130 Jc36
Gwizdanów PL 129 Gb40
Gwyddgrug GB 15 Dd26
Gwytherin GB 15 Ea22
Gy F 31 Jc41
Gya N 92 Cb45
Gyál H 146 Hd53
Gyarmat H 145 Gd53
Gyékényes H 152 Gd57
Gyenesdiás H 145 Gd55
Gyé-sur-Seine F 30 Hd39
Gyhum D 118 Da33
Gyl N 77 Db31
Gyland N 92 Cb46
Gyliai LT 114 Ka56
Gyljen S 73 Ja20
Gylling DK 108 Dc25
Gyltvika N 66 Fd17
Gymnich D 125 Bd41
Gyoma H 146 Jc54
Gyomaendrőd H 146 Jc54
Gyömrő H 146 Hd53
Gyón H 146 Hd54
Gyöngyös H 146 Ja52
Gyöngyöspata H 146 Ja52
Gyönk H 146 Hc56
Győr H 145 Ha52
Györgytarló H 147 Ka50
Győrszemere H 145 Ha53
Győrszentiván H 145 Ha52
Győrtelek H 147 Kb51
Győrvár H 145 Gc55
Gypsou CY 206 Jc96
Gysinge S 95 Gb40
Gyttorp S 95 Fc43
Gyula H 147 Jd55
Gyulafirátót H 145 Ha54
Gyulaj H 145 Hb56
Gžatsk RUS 202 Ed11
Gziq AL 163 Jc71
Gzy PL 122 Jb35

H

Haabneeme EST 98 Kb42
Haabsaare EST 107 Lb47
Häädemeeste EST 106 Kb47
Haag A 144 Fa51
Haag A 144 Fb51
Haag D 143 Eb51
Haag a.d.Amper D 143 Ea50
Haajainen FIN 82 Kc28
Haaksbergen NL 125 Bd37
Haan D 125 Bd40
Haanja EST 107 Lc47
Haapaharju FIN 82 La29
Haapajärvi FIN 82 Ka28
Haapajärvi FIN 82 Kd27
Haapajärvi FIN 91 Lc36
Haapajoki FIN 81 Jd25
Haapa Kimola FIN 90 Kd37
Haapakoski FIN 81 Jc31
Haapakoski FIN 90 Kd32
Haapakumpu FIN 69 Kc16
Haapakylä FIN 81 Jc29
Haapakylä FIN 82 Kc31
Haapala FIN 74 Kb22
Haapala FIN 81 Jc28
Haapala FIN 90 La37
Haapalahti FIN 64 Ka10
Haapalahti FIN 83 Ld29
Haapalankylä FIN 90 Kc32
Haapaluoma FIN 89 Jc32
Haapamäki FIN 82 La29
Haapamäki FIN 82 Kb28
Haapamäki FIN 83 Lb31
Haapamäki FIN 90 Ka33
Haapaniemi FIN 91 Lb32
Haapasaari FIN 98 La39
Haapasalmi FIN 91 Ld32
Haapavaara FIN 91 Ma32
Haapavesi FIN 82 Ka26
Haapimaa FIN 89 Jc35
Haapola FIN 75 La24
Haapovaara FIN 83 Mb30
Haapsalu EST 98 Ka44
Haar D 143 Ea51
Haarajärvenkylä FIN 81 Jc31
Haarajoki FIN 90 Kd33
Haarajoki FIN 90 Kb38
Haarala FIN 82 Kc30
Haarala FIN 90 Kb32
Haaraoja FIN 82 Kb25
Haarasajo FIN 74 Jc19
Haarbach D 143 Ed50
Haarbrück D 126 Da39
Haarby DK 108 Dc27
Haarjärvi FIN 97 Jd39
Haarlem NL 116 Ad35
Haaroinen FIN 89 Jc38
Haataja FIN 75 Kd19
Haatajankylä FIN 83 Lc25
Haavisto FIN 81 Jc28
Haavisto FIN 90 Kb33
Haavisto FIN 98 Ka39
Habaja EST 98 Kc43
Habartice CZ 128 Fc41
Habartov CZ 135 Ec44
Habas F 39 Fa54
Habay-la-Neuve B 132 Ba44
Häbbersliden S 73 Hb24
Habère-Poche F 35 Ka45
Habernau A 144 Fa52
Habichtswald D 126 Da40
Habipler TR 186 Fc77
Habkern CH 141 Bd55
Hablingbo S 104 Gd50
Habo S 103 Fb48
Håbol S 94 Ec45
Håbo-Tibble kyrkby S 96 Gc43
Habry CZ 136 Fd45
Habura SK 139 Ka46
Håby S 102 Eb46
Hacet TR 192 Fa83
Hachenburg D 125 Cb42
Hacıalı TR 192 Fb81
Hacıaliler TR 192 Ga84
Hacıbekâr TR 199 Gb90
Hacıbekir TR 192 Ga83
Hacıbeyli TR 193 Gb84
Hacıbozlar TR 191 Ec83
Hacıdanişment TR 185 Ec74
Hacienda 2 Mares E 55 Fb73
Hacıeyüblü TR 198 Fc88
Hacıfakılı TR 185 Ed75
Hacıfakılı TR 193 Hb85
Hacıgelen TR 185 Eb80
Hacıhaliller TR 191 Ed85
Hacıhıdır TR 192 Fa85
Hacıhıdırlar TR 198 Fc88
Hacıhüseyinler TR 191 Eb83
Hacıkasım TR 191 Eb81
Hacıköseli TR 192 Fb85
Hacıköy TR 185 Eb77
Hacılar TR 193 Gd87
Hacılar TR 199 Gb89
Hacılebbeleni TR 197 Fa88
Hacılı TR 185 Ec77
Hacinas E 46 Dd59
Hacıömer TR 205 Ga20
Hacıömerli TR 191 Ec84
Hacıpehlivan TR 185 Ed80
Hacıramanlı TR 191 Ed85
Hacısungur TR 185 Ec77
Hacıtufan TR 192 Fc86
Hacıveliler TR 191 Eb83
Hacıvelioba TR 191 Ed81
Hacıyakup TR 187 Gd78
Hacıyeri TR 187 Ha78
Hacıyusuflar TR 198 Ga91
Hackås S 79 Fc31
Hacketstown IRL 13 Cd23
Hacksjö S 79 Gb26
Hacksta S 96 Gc43
Häcksvik S 102 Ed50
Hackvad S 95 Fc44
Haczów PL 139 Ka45
Hadamar D 125 Cb42
Hädanberg S 80 Gd29
Hădărăuți MD 173 Fa53
Hadbjerg DK 100 Dc23
Haddal N 76 Cb33
Haddeland N 92 Cc45
Haddenham GB 20 Fb27
Haddenham GB 20 Fd25
Haddington GB 11 Ea18
Hadersdorf am Kamp A 144 Ga50
Haderslev DK 108 Db27
Haderup DK 100 Da23
Hadım TR 192 Gd87
Hadjač UA 202 Ed14
Hadleigh GB 21 Ga26
Hadle Szklarskie PL 139 Ka44
Hadmersleben D 127 Dd38
Hadol F 31 Ka39
Hadsel N 66 Fc13
Hadsten DK 100 Dc23
Hadsund DK 100 Dd22
Hadsund Syd DK 100 Dc22
Hægebostad N 92 Cc46
Hægebostad N 92 Cc47
Hægeland N 92 Cd46
Haelen NL 125 Bb39
Hærland N 94 Eb43
Haeska EST 98 Ka44
Haeska EST 105 Jc46
Hafenlohr D 134 Da45
Hafik TR 205 Fc20
Hafling I 142 Dc56
Hafnarfjörður IS 2 Ac04
Hafnir IS 2 Ab04
Hafslo N 84 Cd36
Hafslund N 93 Ea44
Hafsmo N 77 Dd30
Haga N 94 Eb41
Haga S 96 Gc42
Haganj HR 152 Gc58
Hagaström S 95 Gb39
Hagbøen N 77 Db32
Hagby S 96 Gc42
Hagby S 111 Ga53
Hage D 117 Cb32
Hage N 78 Ea31
Hagebro DK 100 Da23
Hagebyhöga S 103 Fc46
Hagelberg S 103 Fb47
Hagen D 118 Cd33
Hagen D 125 Ca39
Hagen D 125 Cb37
Hagenbach D 133 Cb47
Hagenburg D 126 Da36
Hagenow D 119 Dd33
Hageri EST 98 Kb43
Hagestad N 93 Da46
Hagetmau F 39 Fb54
Hagfors S 94 Fa41
Häggås S 79 Ga27
Häggdånger S 88 Gc33
Häggeby S 96 Gc42
Häggemåla S 103 Ga51
Häggenås S 79 Fc30
Häggesled S 102 Ed47
Häggnäs S 80 Hb27
Häggnäset S 79 Fb27
Häggsjön S 78 Ed29
Häggsjövik S 79 Fb28
Häggum S 102 Fa47
Häggvik S 80 Gd31
Häghig RO 176 Ea61
Hagimus MD 173 Ga59
Häglinge S 110 Fa55
Hagondange F 25 Jd35
Hagota RO 172 Ea58
Hagshult S 103 Fb50
Hagudi EST 98 Kb43
Haguenau F 25 Kc36
Hahausen D 126 Db38
Håhellarhytta N 92 Cc44
Håheller N 92 Cb44
Hahmajärvi FIN 90 Kb35
Hahnbach D 135 Ea46
Hahnstätten D 133 Cb43
Hahót H 145 Gc56
Haibach D 134 Cd44
Haibach D 135 Ec48
Haidmühle D 136 Fa49
Haiger D 125 Cb42
Haigerloch D 134 Cc49
Häijää FIN 89 Jc35
Haikáli GR 188 Ba85
Haikkaanlahti FIN 91 Lb35
Haillainville F 31 Ka38
Hailsham GB 20 Fd30
Hailuoto FIN 74 Jd24
Haimburg A 144 Fc56
Haimhausen D 143 Dd50
Haiming A 142 Dc54
Haiming D 143 Ec50
Haimoo FIN 98 Ka39
Haina D 126 Cd41
Hainburg D 134 Cd44
Hainburg an der Donau A 145 Gc51
Hainfeld A 144 Ga51
Hainford GB 17 Gb24
Hainichen D 127 Ed41
Hainneville, Équeurdreville- F 22 Ed34
Hainsfarth D 134 Dc48
Hainton GB 17 Fc22
Hairlach A 142 Dc54
Haiterbach D 134 Cc49
Hajala FIN 97 Jc39
Hajdúböszörmény H 147 Ka52
Hajdučica SRB 174 Bc62
Hajdúdorog H 147 Ka51
Hajdúhadház H 147 Ka52
Hajdúnánás H 147 Jd51
Hajdúsámson H 147 Ka52
Hajdúszoboszló H 147 Jd52
Hajdúszovát H 147 Ka53
Hajdúvid H 147 Ka51
Hajmel AL 163 Jb71
Hajnáčka SK 146 Ja50
Hajnówka PL 123 Kc34
Hajom S 102 Ec50
Hajós H 146 Hd56
Hajredin BG 179 Cd68
Hajsyn UA 204 Ec15
Håkafot S 79 Fc27
Håkantorp S 102 Fa47
Hakarp S 103 Fb49
Hakenstedt D 127 Dd37
Hakerud S 102 Ec46
Hakjala EST 105 Jc46
Hakkas S 73 Hc18
Hakkenpää FIN 97 Ja39
Häkkilä FIN 82 Kb31
Häkkilä FIN 90 Kd33
Häkkiskylä FIN 90 Ka33
Hakkstabben N 63 Hd07
Håkmark S 80 Hb28
Håknäs S 80 Hb29
Hakojärvi FIN 89 Jd32
Hakokylä FIN 75 La24
Hakola FIN 82 La25
Hakola FIN 82 Kb30
Hakomäki FIN 89 Jd32
Håkøybotn N 62 Gc09
Håksberg S 95 Fd41
Hakuni FIN 89 Ja32
Hakvåg N 66 Fd15
Håkvika N 67 Gb13
Halaç TR 199 Gb93
Halaçar TR 193 Gb85
Hålaforsen S 79 Gb29
Halahora de Sus MD 173 Fa54
Halalca TR 192 Fa82
Håland N 92 Ca45
Håland N 92 Cb46
Håland N 92 Cc47
Hålanda S 102 Ec48
Halándri GR 189 Cc86
Halandrítsa GR 188 Bb85
Hålandsdal N 84 Cb40
Halapić BIH 158 Gc64
Halaśtra GR 183 Ca78
Halászi H 145 Gd52
Hălăucești RO 172 Ed57
Halbe D 128 Fa38
Halbenrain A 144 Ga55
Hålberg S 72 Ha23
Halberstadt D 127 Dd38
Halbjerg DK 101 Dd20
Halblech D 142 Dc52
Hălchiu RO 176 Ea62
Hald DK 100 Db22
Hald DK 100 Dc22
Haldagerlille DK 109 Ea27
Halden N 94 Eb44
Haldensleben D 127 Ea37
Haldenwang D 142 Db52
Haldern D 125 Bc38
Haldrup DK 108 Dc25
Halen B 124 Ba40
Halenbeck D 119 Eb34
Halenkov CZ 137 Hb47
Halenkovice CZ 137 Gd47
Halesowen GB 20 Ed25
Halesworth GB 21 Gb25
Håle-Täng S 102 Ed47
Halfing D 143 Eb51
Halford GB 20 Ed26
Halhalca TR 186 Ga80
Halhjem N 84 Ca40
Halič UA 204 Ea16
Halidiye TR 187 Gb80
Halifax GB 16 Ed20
Haliki GR 182 Ba80
Halikko FIN 97 Jc39
Halilağa TR 191 Eb81
Halilbağı TR 193 Ha82
Halitpaşa TR 191 Ed85
Haljala EST 98 La42
Häljarp S 110 Ed55
Halk DK 108 Db27
Hálki GR 189 Bd81
Hálki GR 191 Dd86
Hálki GR 197 Ed93
Halkia FIN 90 Kc38
Halkida GR 189 Cb85
Halkidó GR 183 Ca77
Halkio GR 189 Bd86
Halkirk GB 5 Eb04
Halkivaha FIN 89 Jc37
Halkokari FIN 74 Jd23
Halkokumpu FIN 90 Kd33
Halkosaari FIN 81 Jb31
Hall S 104 Ha48
Hälla S 79 Gb28
Halla-aho FIN 82 Kd26
Halla-aho FIN 90 La33
Hallabro S 111 Fc53
Hällabrottet S 95 Fd44
Hallaç TR 193 Gc86
Hallaçlar TR 191 Ec82
Hallaçlar TR 197 Fa88
Hallaçlı TR 186 Fa76
Hällan S 79 Fb29
Halland GB 20 Fd30
Hallaperä FIN 82 Kc28
Hallapuro FIN 81 Jd30
Hallaryd S 110 Fa53
Hallaryd S 111 Fc54
Hällbacken S 72 Gb20
Hällberga S 95 Gb43
Hallbergmoos D 143 Ea50
Hällbo S 87 Ga37
Hällbybrunn S 95 Ga43
Halle B 124 Ac41
Halle D 126 Cc37
Halle D 126 Da38
Hälleberga S 103 Fd52
Hällefors S 95 Fc42
Hälleforsnäs S 95 Gb44
Hallein A 143 Ec52
Hällekis S 102 Fa46
Hallen S 79 Fb31
Hallenberg D 126 Cc40
Hallenberg, Steinbach- D 126 Dc42
Hallencourt F 23 Gc33
Hallerndorf D 134 Dc45
Halle (Saale) D 127 Eb40
Hällesåker S 102 Ec49
Hällesjö S 79 Ga31
Hällestad S 95 Fd45
Hällestad S 102 Fa48
Hällestrand S 93 Ea44
Hälleström S 73 Hd23
Hällevadsholm S 102 Eb46
Hällevik S 111 Fc55
Hällevikstrand S 102 Eb47
Hall Green GB 20 Ed25
Hall-Håxåsen S 79 Fd29
Halli FIN 90 Ka34
Hallila FIN 90 Kb36
Hallingby N 85 Dd40
Hallingeberg S 103 Ga48
Hällingsjö S 102 Ec49
Hällinmäki FIN 90 La33
Hall in Tirol A 143 Dd53
Halliste EST 106 Kd46
Hällnäs S 72 Gc20
Hällnäs S 80 Ha27
Hållnäs S 96 Gd39
Hallormsstaður IS 3 Bb05
Hallsberg S 95 Fc44
Hallschlag D 125 Bc42
Hallsta S 87 Fd33
Hållsta S 95 Ga44
Hällstad S 102 Fa48
Hallstadt D 134 Dc45
Hallstahammar S 95 Ga43
Hallstatt A 144 Fa53
Hallstavik S 96 Ha41
Halltal A 143 Dd53
Hallthwaites GB 11 Eb19
Halltorp S 111 Ga53
Hällvattnet S 79 Ga28
Hällvik S 72 Gc21
Hallviken S 79 Fd29
Halmăgel RO 171 Cc59
Halmagiu RO 171 Cc59
Halmășd RO 171 Cc56
Halmeniemi FIN 90 La35
Halmeu RO 171 Cd54
Halmstad S 102 Ed52
Halna S 103 Fb46
Halosenkylä FIN 90 La34
Halosenniemi FIN 74 Jd23
Hals DK 101 Dd21
Halsa N 77 Db31
Hal'šany BY 202 Ea12
Halsbrücke D 127 Ed41
Halsen N 70 Ed23
Hälsingfors S 80 Ha27
Hälsjö S 87 Gb35
Hälsö S 102 Eb49
Halsskov DK 109 Ea27
Halstead GB 21 Ga26
Halsted DK 109 Ea28
Halstenbek D 118 Db32
Halsteren NL 124 Ac38
Halsua FIN 81 Jd29
Halsvik N 84 Ca37
Haltern D 125 Ca38
Haltie FIN 90 Ka36
Halttula FIN 91 Lb33
Haltwhistle GB 11 Ec16
Haluna FIN 82 La29
Halvari FIN 69 Jd17
Halvarsgårdarna S 95 Fd40
Halver D 125 Ca40
Halvorstorp S 102 Ec47
Halvrimmen DK 100 Db21
Halwell GB 19 Dd31
Halwill GB 18 Dc30
Halže CZ 135 Ec45
Ham F 23 Ha34
Hämäläinen FIN 90 La36
Hamamdere TR 192 Fc85
Hamamkarahisar TR 193 Hb83
Hamamköy TR 192 Fa87
Hamamüstü TR 187 Gd79
Hamar N 86 Eb38
Hambergen D 118 Cd33
Hambledon GB 20 Fa30
Hambleton GB 16 Fa20
Hambrücken D 133 Cb47
Hambühren D 126 Db36
Hamburg D 118 Db32
Hamburgsund S 102 Ea46
Hambye F 22 Fa36
Hamcearca RO 177 Fc64
Hamdibey TR 186 Fa75
Hamdibey TR 191 Ec81
Hamdorf D 118 Db30
Hämeenkoski FIN 90 Kb37
Hämeenkylä FIN 83 Lb26
Hämeenkyrö FIN 89 Jc35
Hämeenlinna FIN 90 Ka37
Hameln D 126 Da37
Hamersleben D 127 Dd38
Hamidiye TR 185 Ea80
Hamidiye TR 185 Eb77
Hamidiye TR 186 Fa75
Hamidiye TR 186 Fd80
Hamidiye TR 187 Gb80
Hamidiye TR 192 Fa83
Hamidiye TR 192 Fb85
Hamidiye TR 192 Ga81
Hamidiye TR 193 Gd82
Hamidiye TR 193 Gd85
Hamidiye TR 193 Hb81
Hamilton GB 10 Ea13
Hamina FIN 90 La38
Hamit TR 198 Fb91
Hamitabat TR 192 Ga82
Hamitler TR 193 Hb87
Hamitli TR 185 Eb76
Hamlot N 66 Fd14
Hamm D 125 Ca41
Hamm D 134 Cc45
Hamm/ Westf. D 125 Cb38
Hammah D 118 Da32
Hammar N 78 Eb28
Hammar S 95 Fc45
Hammar S 111 Fb54
Hammarby S 95 Gb39
Hammarby S 96 Gd43
Hammarland FIN 96 Hb40
Hammarnäs S 79 Fb31
Hammarnes N 64 Jd06
Hammarö S 94 Fa43
Hammarslund S 111 Fb55
Hammarstrand S 79 Ga31
Hammarvika N 77 Dc29
Hammaslahti FIN 83 Ld31
Hammel DK 100 Dc23
Hammelburg D 134 Da44
Hammelev DK 108 Db27
Hammelspring D 119 Ed34
Hammenhög S 111 Fb56
Hammer DK 108 Db25
Hammer N 78 Eb29
Hammer N 78 Ec26
Hammer N 78 Ed30
Hammerdal S 79 Fd29
Hammerfest N 63 Hd06
Hämmern D 135 Dd43
Hammershøj DK 100 Dc23
Hammerum DK 108 Da24
Hamminkeln D 125 Bd38
Hamn N 70 Ed22
Hamna N 77 Dc29
Hamnavoe GB 5 Fa05
Hamnbukt N 64 Jb07
Hamneda S 102 Fa52
Hamneidet N 63 Hb08
Hamnes N 66 Ga13
Hamnes N 70 Ed22
Hamnes N 78 Eb26
Hamnøy N 66 Fa15
Hamnsund N 76 Cc32
Hamnvågnes N 62 Gd10
Hamnvik N 67 Gb12
Hamoir B 124 Ba42
Hamois B 124 Ad42
Håmojåkk S 67 Ha17
Hamolovo RUS 99 Lc40
Hamont B 125 Bb39
Hámor H 146 Jc50
Hampen DK 108 Db24
Hampetorp S 95 Fd44
Hampovica HR 152 Gd58
Hampstead GB 20 Fc28
Hamra S 86 Ec33
Hamra S 87 Fc36
Hamra S 104 Gd51
Hamrånge S 87 Gb38
Hamrångefjärden S 87 Gb38
Hamre N 84 Ca38
Hamre N 92 Cd47
Hamre S 87 Ga36
Hamremoen N 85 Dc40
Hamstreet GB 21 Ga29
Hamsund N 66 Fd14
Hamula FIN 82 Kd29
Hamula FIN 82 Kc30
Hamyški RUS 205 Fd17
Hamzabey TR 185 Ed76
Hamzabey TR 186 Ga80
Hamzabeyli TR 185 Eb74
Hamzali MK 183 Ca75
Hamzalı TR 186 Fd79
Hamzalı TR 198 Fb88
Han S 95 Fb41
Han TR 193 Gd84
Hana N 65 Kb06
Hanadal N 64 Ka06
Hanak TR 205 Ga18
Hánanbihen F 26 Ec38
Hanaskog S 111 Fb54
Han Asparuhovo BG 180 Ea72
Hanau D 134 Cd44
Hanbury GB 20 Ed25
Hanbury GB 20 Ed25
Hancăuți MD 173 Fa54
Hancavičy BY 202 Ea13
Handbjerg DK 100 Da23
Handegg CH 141 Ca55
Handeland N 92 Cb45
Handeloh D 118 Db33
Handenberg A 143 Ec51
Händene S 102 Fa47
Handest DK 100 Dc22
Handewitt D 108 Da28
Handley GB 15 Eb22
Handlová SK 138 Hc49
Handnes N 70 Fa21
Handog S 79 Fc30
Handöl S 78 Ed30
Handrás GR 201 Dd96
Handrup D 117 Cb35
Handstein N 70 Fa20
Hanebo S 87 Gb37
Hanekamhaug N 77 Da32
Hanerau-Hademarschen D 118 Da30
Hånes N 92 Cd47
Hanestad N 85 Ea35
Hănești RO 172 Ed55
Hang N 85 Ea38
Han Garaučića MNE 159 Jb68
Hangaskylä FIN 89 Ja32
Hangastenmaa FIN 90 La34
Hangelsberg D 128 Fa37
Hånger S 103 Fb51
Hangö FIN 97 Jc41
Hångstad S 94 Ec42
Hangu RO 172 Eb57
Hangvar S 104 Ha48
Hanhals S 102 Ec50
Hanhijärvi FIN 91 Lc36
Hanhimaa FIN 68 Jc14
Hanhisalo FIN 81 Jd28
Hanho FIN 89 Jd34
Haniá GR 200 Cb94
Hanisko S 87 Gb35
Hänigsen D 126 Db36
Hanikase EST 107 Lc46
Haniótis GR 184 Cc80
Hankamäki FIN 82 Kd31
Hankamäki FIN 83 Lb28
Hankasalmen asema FIN 90 Kc32
Hankasalmi FIN 90 Kc32
Hankavaara FIN 91 Lc32
Hanken S 103 Fb46
Hankensbüttel D 118 Dc35
Han Knežica BIH 152 Gc61
Hanko FIN 97 Jc41
Hanmer GB 15 Eb23
Hanna PL 131 Kc38
Hannäs S 103 Ga47
Hannemyr N 93 Db45
Hännilä FIN 91 Lc35
Hannington GB 20 Ed27
Hannover D 126 Db36
Hannoversch Münden D 126 Da40
Hannukainen FIN 68 Jb16
Hannut B 124 Ad41
Hanoğlu TR 192 Ga85
Hanovo BG 180 Eb73
Hanøy N 66 Fd13
Hanpaşa TR 192 Fa84
Han Pijesak BIH 159 Hd64
Hansca MD 173 Fd58
Hansjö S 87 Fc37
Hańsk PL 131 Kc39
Hansnes N 62 Gd08
Hanstedt D 118 Db33
Hanstedt D 118 Dc34
Hanstholm DK 100 Da20
Hanstorf D 119 Eb31
Han-sur-Lesse B 132 Ad43
Han-sur-Nied F 25 Jd36
Häntälä FIN 97 Jd39
Hantos H 146 Hc54
Hanušovce nad Topl'ou SK 139 Jd47
Hanušovice CZ 137 Gc44
Hanyatak TR 187 Gc79
Hanyeri TR 192 Fd86
Haparanda S 74 Jc21
Haparanda hamn S 74 Jc21
Hapert NL 124 Ba39
Happakylä FIN 98 Ka39
Häppälä FIN 90 Kc33
Happurg D 135 Dd46
Hapträsk S 73 Hb21
Hapua FIN 89 Jb35
Hara S 79 Fc31
Haraba MD 173 Fd55
Härad S 95 Gb43
Haradok BY 202 Eb11
Harads S 73 Hc21
Häradsbäck S 111 Fb53
Häradsbygden S 95 Fc39
Häradshammer S 103 Gb46
Haradzišča BY 202 Ea13
Haragiş MD 177 Fc60
Hárakas GR 195 Bd90
Hárakas GR 200 Da96
Haraker S 95 Ga42
Haráki GR 197 Fa93
Haraldseng N 63 Hc06
Haraldshaugen N 92 Bd42
Harasiuki PL 131 Kb42
Hărău RO 175 Cc61
Haravgí GR 183 Bc78
Harbach A 136 Fc49
Harbak N 78 Ea27
Hårberg N 77 Dd29
Härbergsdalen S 79 Fc26
Harbke D 127 Dd37
Harbo S 96 Gc41
Hårbølle DK 109 Eb28
Harboøre DK 100 Cd22
Harborg N 86 Eb32
Harburg D 134 Dc48
Harby GB 16 Fb23
Harcılar TR 192 Fb82
Harcourt F 23 Ga36
Hardegg A 136 Ga48
Hardegsen D 126 Db39
Hardelot-Plage F 23 Gb31
Hardemo S 95 Fc44
Hardenberg NL 117 Bd35
Hardenberg, Nörten- D 126 Db39
Harderwijk NL 116 Bb36
Hardeshøj DK 108 Db28
Hardheim D 134 Da46
Hardinghen F 21 Gc30
Hardom FIN 90 Kd38
Hareid N 76 Cc33
Haren NL 117 Bd33
Haren (Ems) D 117 Ca35
Harestad S 102 Eb48
Harestua N 85 Ea40
Harewood GB 16 Fa20
Harg S 96 Gd40
Harghita-Băi RO 176 Ea60
Hargimont B 132 Ba43
Hargla EST 107 Lb48
Hargnies F 24 Ja32
Hargrave GB 20 Fc25
Hargrave Green GB 21 Ga26
Hargshamn S 96 Gd41
Harhala FIN 90 Ka36
Hariéssa GR 183 Bc77
Harije SLO 151 Fb59
Harivaara FIN 83 Lc29
Härja S 103 Fb48
Harjakangas FIN 89 Ja35
Harjakoski FIN 89 Jb35
Harjankylä FIN 89 Ja32
Härjåsjön S 87 Fb35
Harjavalta FIN 89 Jb36
Härjevad S 102 Ed47
Harju FIN 75 Kc24
Harju FIN 82 La28
Harjula FIN 74 Ka21
Harjula FIN 82 Kd26
Harjunmaa FIN 90 Kd34
Harjunpää FIN 89 Ja36
Harjunsalmi FIN 90 Kb34
Harju-Risti EST 98 Ka43
Härkäjoki FIN 69 Kb16
Harkány H 152 Hb58
Härkäpää FIN 98 Kd39
Härkeberga S 96 Gc42
Harken DK 100 Dc20
Härkki FIN 91 Lc32
Harkmark N 92 Cd47
Härkmeri FIN 89 Hd34
Härkmyran S 73 Hc19
Harku EST 98 Kb42
Hârlău RO 172 Ed56
Harlaug N 85 Dc35
Harlech GB 15 Dd23
Harlesiel D 117 Cc32
Harleston GB 21 Gb25
Hårlev DK 109 Ec27
Harlingen NL 116 Bb33
Harlösa S 110 Fa56
Harlow GB 20 Fd27
Harmaalanranta FIN 82 Kb29
Harmaasalo FIN 83 Lc30
Hărman RO 176 Ea62
Harmancık TR 192 Fd82
Harmancık TR 192 Fd82
Harmanec SK 138 Hc48
Harmånger S 87 Gb35
Harmanköy TR 193 Gc81
Härmänkylä FIN 83 Lb25
Harmanli BG 185 Ea74
Harmanlı TR 185 Eb77
Harmanlı TR 186 Fb80
Harmanlı TR 198 Ga89
Härmänmäki FIN 82 La25
Harmannsdorf A 145 Gb50
Harmanören TR 199 Gd88
Harmațca MD 173 Fd56
Harmica HR 151 Ga58
Harmoinen FIN 90 Kb35
Härna S 102 Ed48
Harndrup DK 108 Dc26
Harnes F 23 Ha31
Härnösand S 88 Gc32
Haro E 38 Ea57
Harola FIN 89 Jb37
Háromfa H 152 Gd57
Haroúda GR 194 Bb90
Haroué F 25 Jd37
Härpe FIN 98 Kd39
Harpefoss N 85 Dd36
Harpenden GB 20 Fc27
Harplinge S 102 Ed52
Harpstedt D 118 Cd34
Harpswell GB 16 Fb22
Harra D 135 Ea43
Harrå S 67 Ha16
Harrachov CZ 128 Fd42
Harrachsthal A 144 Fc50
Harre DK 100 Da22
Harrejaur S 73 Hb19
Harres DK 108 Db24
Harrested DK 109 Ea27
Harridslev DK 100 Dc23
Harrislee D 108 Db28
Harritslev DK 108 Dc26
Harrogate GB 16 Fa20
Harrow GB 20 Fc28
Harrsele S 80 Ha28
Harrsjö S 71 Ga24
Harrsjö S 79 Fd26
Harrsjön S 79 Fd27
Harrström FIN 89 Hd32
Harrvik S 71 Ga24
Harrviken S 73 Ja22
Härryda S 102 Ec49
Harsa S 87 Ga36
Harsängen S 102 Ec46
Harsány H 146 Jc51
Harsefeld D 118 Da33
Harşeni RO 176 Dd61
Hârșești RO 175 Dc65
Harsewinkel D 126 Cc37
Harskamp NL 116 Bb36
Harsleben D 127 Dd38
Hârșova RO 177 Fb65
Harsovo BG 181 Ec69
Harsovo BG 181 Ed69
Harsprånget S 72 Ha18
Hårstad N 62 Gc10
Harstad N 66 Ga12
Harsum D 126 Db37
Harsvika N 78 Ea27
Harsz PL 122 Jc30
Harta H 146 Hd55
Harta PL 139 Ka44
Hartaanselkä FIN 82 Ka25
Hartberg A 144 Ga54
Hårte S 88 Gc35
Hartenholm D 118 Dc31
Hartennes F 24 Hb35
Hartenstein D 127 Ec42
Hartenstein D 135 Ea46
Hartfield GB 20 Fd29
Harth D 126 Cc39
Hartha D 127 Ec41
Hartheim D 141 Bd51
Hârtiești RO 176 Dd64
Hartington GB 16 Ed22
Hartland GB 18 Dc29
Hartlebury GB 15 Ec25
Hartlepool GB 11 Fa17
Hartley GB 20 Fd28
Hartmanice CZ 135 Ed47
Hartmannsdorf A 144 Ga54
Hartmannsdorf D 127 Ec42
Hartola FIN 90 Kc35
Hartola FIN 90 Kd36
Hartpury GB 15 Ec26
Hårup DK 100 Dc23
Harvaluoto FIN 97 Jb39
Harvanmäki FIN 82 Kd28
Harvasstua N 71 Fc24
Harviala FIN 90 Ka37
Harville F 25 Jc35

Harwell - Hiirijärvi

Harwell GB 20 Fa28
Harwich GB 21 Gb26
Harworth GB 16 Fb21
Harzgerode D 127 Dd39
Hasanağa TR 185 Eb75
Hasanağa TR 186 Fc80
Hasanbey TR 185 Ed80
Hasanbey TR 187 Gc78
Håsand N 66 Fc16
Hasandede TR 192 Ga87
Hasanköy TR 192 Ga85
Hasanlar TR 191 Ec85
Hasanlar TR 192 Fd83
Hasanlı TR 186 Ga78
Hasanpaşa TR 198 Ga90
Hasbergen D 125 Cb37
Hasborn D 133 Bd44
Hasdümen TR 199 Gd90
Haselbach D 135 Ec48
Haselbourg F 25 Kb36
Häselgehr A 142 Db53
Haselund D 108 Da29
Haselünne D 117 Cb35
Hasfjord N 63 Hc06
Hasgebe TR 199 Gd90
Håsjö S 79 Ga31
Haskovo BG 185 Dd74
Hasköy TR 185 Ea78
Hasköy TR 185 Ec75
Hasköy TR 192 Fd86
Hasla N 93 Da46
Haslach D 141 Ca50
Haslach an der Mühl A 136 Fa49
Hasle CH 141 Bd54
Hasle DK 111 Fc57
Haslemere GB 20 Fb29
Haslemoen N 94 Ec39
Haslev DK 109 Eb27
Haslingden GB 15 Ec20
Hasloch D 134 Da45
Hasloh D 118 Db32
Håslöv S 110 Ed56
Hasmark DK 109 Dd26
Hăşmaş RO 170 Cb58
Hăsnăşenii Mari MD 173 Fb55
Hăsnăşenii Noi MD 173 Fb55
Hasparren F 39 Fa55
Haßbergen D 118 Da35
Hassel D 118 Da35
Hassel S 87 Gb34
Hassela S 87 Gb34
Hasselfelde D 127 Dd39
Hasselfors S 95 Fc44
Hasselösund S 102 Ea47
Hasselroth D 134 Cd44
Hasselt B 124 Ba40
Hasselt NL 117 Bc35
Haßfurt D 134 Dc44
Hassi FIN 90 Kb34
Hässjö S 88 Gc33
Hasslarp S 110 Ed54
Hassle S 95 Fb45
Haßleben D 120 Fa34
Hässleholm S 110 Fa54
Hasslö S 111 Fd54
Haßloch D 133 Cb46
Hasslösa S 102 Fa46
Haßmersheim D 134 Cd46
Håstad N 78 Eb26
Hästbacka FIN 81 Jc29
Hästbo S 95 Gb39
Hästbo S 95 Ga40
Haste D 126 Da36
Hästhagen S 96 Gd43
Hästholmen S 103 Fc47
Hastiere-Lavaux B 124 Ad42
Hastings GB 21 Ga30
Hästö FIN 97 Jc40
Hästveda S 111 Fb54
Håsum DK 100 Da22
Hasvik N 63 Hc06
Haţeg RO 175 Cc61
Hatfield GB 15 Ec25
Hatfield GB 16 Fb21
Hatfield GB 20 Fc27
Hatfield Heath GB 20 Fd27
Hatfield Peverel GB 21 Ga27
Hatherleigh GB 19 Dd30
Hathersage GB 16 Fa22
Hätila FIN 90 Ka37
Hatipkışla TR 197 Ed89
Hatıplar TR 191 Ed84
Hatlestrand N 84 Cb40
Hatlinghus N 78 Ec27
Hatrik N 84 Ca40
Hatsola FIN 90 La33
Hattem NL 117 Bc35
Hatten D 117 Cc34
Hatten F 25 Kc36
Hattersheim D 134 Cc44
Hattert D 125 Cb42
Hattevik N 77 Dc29
Hattfjelldal N 71 Fb23
Hatting DK 108 Db25
Hattingen D 125 Ca39
Hattorf D 126 Db39
Hättorp S 95 Fb45
Hattstedt D 108 Da29
Hattula FIN 90 Ka37
Hattusaari FIN 83 Lc28
Hattuselkonen FIN 83 Ld27
Hatu EST 98 Ka43
Hatulanmäki FIN 82 Kd26
Hatun TR 191 Ed83
Håtuna S 96 Gc42
Hatunkylä FIN 83 Ld28
Hatvan H 146 Ja52
Hatvanpuszta H 146 Hc55
Hatzfeld D 126 Cc41
Haubourdin F 23 Ha31
Haudainville F 24 Jb35
Hauenstein D 133 Ca47
Haug N 67 Gb11
Haug N 85 Da36
Haug N 93 Dd42
Haugastøl N 85 Da39
Hauge N 65 Kc09
Hauge N 84 Cd37
Hauge N 92 Cb46
Haugen N 92 Cc44
Haugesund N 92 Bd42
Haugesund N 92 Cd44
Haugfoss N 93 Da43
Haughom N 92 Cb45
Haugland N 70 Fa20
Haugli N 67 Gc12
Haugnes N 62 Ha08
Haugsdorf A 136 Ga49
Haugsvik N 84 Cc38
Hauho FIN 90 Ka36
Hauhuu FIN 89 Jd33
Haukanmaa FIN 90 Kc33
Haukedal N 84 Cc36
Haukeligrend N 92 Cd41
Haukeliseter N 92 Cc41
Haukijärvi FIN 75 Kd22
Haukijärvi FIN 89 Jc35
Haukilahti FIN 83 Lb25
Haukilahti FIN 91 Lc35
Haukiniemi FIN 91 Lc32
Haukipudas FIN 74 Ka23
Haukitaipale FIN 74 Ka20
Haukivaara FIN 83 Ma30
Haukivuori FIN 90 La33
Haukkilahti FIN 81 Jd29
Hauklappi FIN 91 Lc34
Haukness N 71 Fb20
Hauneck D 126 Da41
Haunetal D 126 Da42
Haunia FIN 89 Jb35
Haunsheim D 134 Db49
Hauptstuhl D 133 Ca46
Haurida S 103 Fc48
Haurukylä FIN 74 Ka24
Haus N 84 Ca39
Hausach D 141 Cb50
Hausen D 134 Db45
Hausen D 135 Ea48
Hausen D 141 Ca52
Häusern D 141 Ca51
Hausham D 143 Ea52
Hausjärvi FIN 90 Kb38
Hausmannstätten A 144 Fd55
Haustreisa N 70 Fa23
Hausvik N 92 Cc47
Hauta-Aho FIN 83 Lb31
Hautajärvi FIN 74 Kd18
Hautajoki FIN 82 Kb27
Hautajoki FIN 82 Kc28
Hautakylä FIN 81 Jd31
Hautaranta FIN 75 La19
Haut-Asco F 154 Cb69
Hautefort F 33 Gb49
Hauteluce F 35 Ka46
Haute-Nendaz CH 141 Bc56
Hauterives F 34 Jb48
Hauteville-Lompnès F 35 Jc46
Hauteville-Plage F 22 Ed36
Hautjärvi FIN 90 Kc38
Hautmont F 24 Hc32
Hautolahti FIN 82 Kc30
Hautvillers F 24 Hc36
Hauzenberg D 136 Fa49
Havaj SK 139 Ka46
Havant GB 20 Fb30
Havari GR 188 Ba86
Havârna RO 172 Ec54
Håvberget S 95 Fc40
Havbro DK 100 Db22
Havdáta GR 188 Ab85
Havdhem S 104 Gd51
Havdrup DK 109 Eb26
Håve S 94 Eb45
Havelange B 124 Ba42
Havelberg D 119 Eb35
Havelte NL 117 Bc34
Havenbuurt NL 116 Ba35
Haverdal S 102 Ec52
Haverdalsstrand S 102 Ec52
Haverfordwest GB 18 Db27
Haverhill GB 20 Fd26
Haverö S 87 Fc33
Häverö S 96 Ha41
Haversin B 124 Ad42
Haverslev DK 100 Dc22
Håverud S 94 Ec45
Havířov CZ 137 Hb45
Havixbeck D 125 Ca37
Hävla S 95 Ga45
Havlíčkův Brod CZ 136 Ga46
Havnbjerg DK 108 Db27
Havndal DK 100 Dc22
Havneby DK 108 Cd27
Havnemark DK 109 Dd26
Havnsø DK 109 Ea25
Havnstrup DK 108 Da24
Havøysund N 63 Ja04
Havraň CZ 136 Fa43
Havran TR 191 Ec82
Håvre S 87 Fd35
Havrebjerg DK 109 Ea26
Havrylivka UA 205 Fb15
Havsa TR 185 Ec76
Havsnäs S 79 Fd28
Havstenssund S 94 Ea45
Havumäki FIN 90 Kc33
Havusalmi FIN 82 Kb30
Havusalmi FIN 90 Kc32
Havvness N 62 Ha09
Havza TR 205 Fb20
Hawes GB 11 Ed18
Hawick GB 11 Ec15
Hawkhurst GB 20 Fd29
Hawkinge GB 21 Gb29
Hawkshead GB 11 Eb18
Hawsker GB 11 Fb18
Haxey GB 16 Fb21
Hayalli TR 192 Fb86
Hayange F 25 Jc35
Haydar TR 185 Ec80
Haydarköy TR 192 Fa81
Haydarlı TR 193 Gc87
Haydaroba TR 191 Ed81
Haydere TR 198 Fb89
Haydon Bridge GB 11 Ed16
Hayes GB 20 Fc28
Hayfield GB 16 Ed22
Häyhtiönmaa FIN 89 Jb36
Hayingen D 142 Cd50
Hayle GB 18 Da32
Haymana TR 193 Gc83
Hay-on-Wye GB 15 Eb26
Hayrabolu TR 185 Ec77
Hayriye TR 186 Fc79
Hayriye TR 198 Ga88
Hayscastle GB 14 Db26
Haywards Heath GB 20 Fc30
Haza del Lino E 60 Dc76
Hazebrouck F 21 Gd30
Hazelbank GB 10 Ea14
Hazinedar TR 185 Ec76
Hazırlar TR 198 Fd93
Hažlín SK 139 Jd46
Hazlov CZ 135 Eb44
Heacham GB 17 Fd23
Headcorn GB 21 Ga29
Headford IRL 8 Bc20
Headley GB 20 Fb29
Heager DK 108 Cd24
Heanor GB 16 Fa23
Heath End GB 20 Fa28
Heather GB 16 Fa24
Heathfield GB 20 Fd30
Heath Hayes GB 16 Ed24
Heber D 118 Db34
Heberg S 102 Ec52
Hebertsfelden D 143 Ec50
Hebnes N 92 Cb42
Heby S 95 Gb41
Hèches F 40 Fd56
Hechingen D 142 Cc50
Hecho E 39 Fb57
Hechtel-Eksel B 124 Ba40
Hechthausen D 118 Da32
Heciul Nou MD 173 Fb55
Heckelberg D 120 Fa35
Heckfield GB 20 Fb28
Heckington GB 17 Fc23
Hecklingen D 127 Ea38
Hed S 95 Fd42
Heda S 103 Fc47
Hedalen N 85 Dc39
Hedared S 102 Ed48
Hedås S 94 Fa43
Hedben Bridge GB 16 Ed20
Hedberg S 72 Gd23
Hedby S 95 Fc39
Hedbyn S 95 Fd41
Heddal N 93 Db42
Hedderen N 92 Cd44
Hédé F 28 Ed39
Hede S 86 Fa33
Hede S 95 Ga40
Hede S 95 Gb41
Hede S 102 Eb46
Hedegård DK 108 Db25
Hedehusene DK 109 Ec26
Hedekas S 102 Eb46
Hedemora S 95 Ga40
Heden DK 108 Dc27
Heden S 73 Hd22
Heden S 86 Ed35
Heden S 87 Fb37
Hedenäset S 73 Jb20
Hedenstad N 93 Dc42
Hedensted DK 108 Db25
Hedersleben D 127 Dd38
Hedersleben D 127 Ea39
Hedesunda S 95 Gb40
Hedeviken S 86 Fa33
Hedon GB 17 Fc20
Hedon GB 17 Fc21
Hedrum N 93 Dd44
Hedwiżyn PL 131 Kb42
Hee DK 108 Cd24
Heede D 117 Ca34
Heek D 125 Ca37
Heel NL 125 Bb40
Heemsen D 118 Da35
Heemskerk NL 116 Ad35
Heemstede NL 116 Ad35
Heerbrugg CH 142 Cd53
Heerde NL 117 Bc36
Heere D 126 Dc37
Heerenveen NL 117 Bc34
Heerhugowaard NL 116 Ba34
Heerlen NL 125 Bb41
Heers B 124 Ba41
Heesch NL 125 Bb38
Heeslingen D 118 Da33
Heestrand S 102 Ea46
Heeten NL 117 Bc36
Heeze NL 125 Bb39
Hegge N 85 Dc37
Heggelia N 67 Gc11
Heggen N 93 Dd41
Heggenes N 67 Gd11
Heggheim N 84 Cb36
Heggmoen N 66 Fc17
Heglesvollen N 78 Ec29
Hegra N 78 Eb30
Hegyeshalom H 145 Gd51
Hegyfalu H 145 Gc53
Hegyhátsál H 145 Gc55
Hegykő H 145 Gc53
Hegyköszég H 145 Gc54
Hehlen D 126 Da38
Heia N 67 Gd11
Heia N 78 Ed27
Heidal N 85 Dc35
Heide D 118 Da30
Heideck D 135 Dd47
Heidelberg D 134 Cc46
Heiden D 125 Bd38
Heidenau D 118 Db33
Heidenau D 128 Fa41
Heidenheim D 134 Db49
Heidenheim D 134 Dc48
Heidenreichstein A 136 Fd48
Heidenrod D 133 Cb43
Heiderscheid L 133 Bb44
Heidersdorf D 127 Ed42
Heidgraben D 118 Db32
Heigrestad N 92 Ca45
Heikendorf D 118 Dc30
Heikinkylä FIN 90 Kd38
Heikkil N 68 Hd11
Heikkilä FIN 75 La19
Heikkilä FIN 75 Kd21
Heikkilä FIN 81 Jc29
Heikkilä FIN 82 Kb28
Heikkilä FIN 83 Lb25
Heikkilä FIN 89 Ja33
Heikkilä FIN 89 Jb37
Heikkurila FIN 91 Lb33
Heikola FIN 89 Ja38
Heilbronn D 134 Cd47
Heilevong N 84 Cb35
Heiligenberg D 142 Cd51
Heiligenblut A 143 Ec54
Heiligendamm D 119 Eb31
Heiligenfelde D 119 Ea35
Heiligengrabe D 119 Ec34
Heiligenhafen D 119 Dd30
Heiligenhaus D 125 Bd39
Heiligenkreuz A 144 Ga55
Heiligenkreuz A 145 Gb51
Heiligenkreuz im Lafnitztal A 145 Gb55
Heiligenstadt D 126 Db40
Heiligenstadt D 135 Dd45
Heiligenthal D 127 Ea39
Heiligerlee NL 117 Ca33
Heilitz-le-Maurupt F 24 Ja37
Heiloo NL 116 Ba35
Heilsbronn D 134 Dc47
Heim N 77 Dc30
Heimbuchenthal D 134 Cd45
Heimburg D 127 Dd38
Heimdal N 62 Gd10
Heimdal N 77 Ea30
Heimenkirch D 142 Da52
Heimertingen D 142 Db51
Heimola FIN 69 Kb15
Heimsheim D 134 Cc48
Heimsnes N 78 Ed25
Heinäaho FIN 83 Ma30
Heinade D 126 Da38
Heinajoki FIN 90 Kb37
Heinälahti FIN 83 Lb25
Heinämaa FIN 90 Kc37
Heinämäki FIN 82 Kc29
Heinämäki FIN 82 La25
Heinäperä FIN 89 Jd32
Heinävaara FIN 83 Ld30
Heinävesi FIN 83 Lb31
Heinebach D 126 Da41
Heinersdorf D 128 Fb36
Heinijärvi FIN 74 Ka24
Heinijoki FIN 89 Jb38
Heinikoski FIN 74 Jd22
Heinilä FIN 89 Ja35
Heiningen D 126 Dc37
Heiniranta FIN 82 Kd26
Heinisuo FIN 74 Kb20
Heinlahti FIN 90 La38
Heino NL 117 Bc35
Heinola FIN 90 Kc36
Heinolanperä FIN 82 Ka25
Heinoniemi FIN 91 Ld32
Heinoo FIN 89 Jc36
Heinsberg D 125 Bc40
Heinsen D 126 Da38
Heistad N 93 Dc44
Heiste EST 97 Jc44
Heitersheim D 141 Bd51
Heiterwang A 142 Dc53
Heituinlahti FIN 90 La36
Hejde S 104 Gd50
Hejls DK 108 Db26
Hejlsminde DK 108 Db26
Hejnice CZ 128 Fd42
Hejnsvig DK 108 Da25
Hejnum S 104 Ha49
Hejőbába H 146 Jc51
Hejsager DK 108 Db27
Hekimdağ TR 193 Gc81
Heksem N 78 Eb31
Hel PL 121 Hb29
Helbra D 127 Ea39
Heldburg, Bad Colberg- D 134 Dc43
Helden NL 125 Bb39
Heldrungen D 127 Dd40
Helechal E 51 Cb70
Helechosa E 52 Cd68
Helegiu RO 176 Ec60
Helenelund FIN 89 Hd32
Helensburgh GB 10 Dd13
Helfenberg A 136 Fb49
Helgarö S 95 Gb43
Helgatun N 84 Cc38
Helgen N 93 Dc43
Helgeroa N 93 Dc44
Helgerød N 93 Dd44
Helgesta S 95 Gb44
Helgheim N 84 Cc35
Helgøy N 62 Gd08
Helgøy N 85 Ea39
Helgøysund N 92 Ca43
Helgum S 79 Gb31
Heli N 93 Ea43
Helidóni GR 194 Ba87
Heligfjäll S 79 Ga25
Héliopolis F 43 Kb55
Hell N 78 Eb30
Hella IS 2 Ac05
Hella N 84 Cc36
Hellamaa EST 97 Jd44
Hellamaa EST 97 Jd45
Helland N 66 Ga15
Helland N 77 Dc30
Hellandsbygd N 92 Cb41
Hellanmaa FIN 81 Jb30
Helle N 92 Cb44
Helle N 92 Cd44
Hellebæk DK 109 Ec24
Hellefjord N 63 Hd06
Helleland N 92 Ca45
Hellendoorn NL 117 Bd36
Hellenthal D 125 Bc42
Hellesøy N 84 Bd38
Hellesvikan N 77 Dc28
Hellesylt N 84 Cd34
Hellevad DK 108 Da27
Hellevik N 84 Ca36
Hellevoetsluis NL 124 Ac37
Helligvær N 66 Fb17
Hellimer F 25 Ka36
Hellín E 53 Ec71
Hellissandur IS 2 Ab03
Hellmobotn N 66 Ga15
Hellmonsödt A 144 Fb50
Hellnar IS 2 Ab03
Hellnes N 63 Hb08
Hellsö FIN 97 Hd41
Helmbrechts D 135 Ea44
Helmdange L 133 Bb44
Helme EST 106 La46
Helminghausen D 126 Cd39
Helmlüla EST 98 Ka45
Helmond NL 125 Bb38
Helmsdale GB 5 Eb06
Helmsley GB 16 Fb19
Helmstadt D 134 Da45
Helmstadt-Bargen D 134 Cd46
Helmstedt D 127 Dd37
Helnæs By DK 108 Dc27
Helnessund N 66 Fc16
Hel'pa SK 138 Ja48
Helpfau-Uttendorf A 143 Ed51
Helppi FIN 68 Jc17
Helsa D 126 Da40
Helsby GB 15 Ec22
Helse D 118 Da31
Helshan AL 178 Ad72
Helsingborg S 110 Ec54
Helsingby FIN 81 Ja31
Helsinge DK 109 Ec24
Helsingfors FIN 98 Kb39
Helsingør DK 109 Ec24
Helsinki FIN 97 Ja39
Helsinki FIN 98 Kb39
Helstad N 70 Ed24
Helston GB 18 Da32
Heltermaa EST 97 Jd44
Helvacı TR 191 Ec85
Hem N 93 Dd43
Hemau D 135 Ea48
Hemavan S 71 Fc22
Hemden D 125 Bd37
Hemeiuş RO 177 Ed59
Hemel Hempstead GB 20 Fc27
Hemer D 125 Cb39
Hemfjällstangen S 86 Fa38
Hemfurth D 126 Cd40
Hemhofen D 134 Dc45
Héming F 25 Ka37
Hemingbrough GB 16 Fb20
Hemling S 80 Gd29
Hemmesjö S 103 Fc52
Hemmesta S 96 Ha43
Hemmet DK 108 Cd25
Hemmingen D 126 Db37
Hemmingen D 134 Cc48
Hemmingen S 80 Ha25
Hemmingsjord N 67 Gc11
Hemmingsmark S 73 Hc23
Hemmingstedt D 118 Da30
Hemmonranta FIN 82 La30
Hemmoor D 118 Da32
Hemnes N 94 Eb42
Hemnesberget N 71 Fb21
Hemsbach D 134 Cc45
Hemse S 104 Ha50
Hemsedal N 85 Db38
Hemsjö S 102 Ec48
Hemslingen D 118 Db34
Hemsö S 88 Gd32
Hemyock GB 19 Ea30
Hen N 85 Dd40
Henån S 102 Eb47
Henarejos E 54 Ed66
Hencida H 147 Ka53
Henclová SK 138 Jb48
Hendaye F 39 Ec55
Hendek TR 187 Gd78
Hendungen D 134 Db43
Henfield GB 20 Fc30
Henfort GB 18 Dc30
Henfort GB 18 Dc30
Hengelo NL 117 Bd36
Hengelo NL 125 Bc37
Hengersberg D 135 Ec49
Hengevelde NL 117 Bd36
Heni N 93 Ea41
Heničes'k UA 205 Fa17
Hénin-Beaumont F 23 Ha31
Henley GB 20 Ed25
Henley-on-Thames GB 20 Fb28
Henllys GB 19 Eb27
Hennan S 87 Ga34
Hennebont F 27 Ea40
Hennef D 125 Ca41
Henne Stationsby DK 108 Cd25
Henne Strand DK 108 Cd25
Hennickendorf D 128 Fa36
Hennigsdorf D 127 Ed36
Henning N 78 Ec28
Henningen D 119 Dd35
Henningskälen S 79 Fc28
Henningsvær N 66 Fb14
Hennstedt D 118 Da30
Henrichemont F 29 Ha42
Henriksdal FIN 89 Hd34
Henryków PL 129 Gc42
Henrykowo PL 122 Hd30
Hensås N 85 Db37
Henstedt-Ulzburg D 118 Db32
Henstridge GB 19 Ec30
Hentorp S 102 Fa47
Hentula FIN 91 Lb35
Heol Senni GB 15 Ea26
Hepberg D 135 Dd48
Hepojoki FIN 97 Jc39
Hepola FIN 74 Jc21
Heppenheim D 134 Cc45
Herad N 85 Dc38
Herad N 92 Cb47
Heradsbygd N 86 Eb38
Herajärvi FIN 83 Ma30
Herajoki FIN 83 Ld29
Herajoki FIN 90 Kb38
Heraklion = Iráklio GR 200 Da95
Herakulma FIN 90 Ka34
Herálec CZ 136 Fd46
Herand N 84 Cc39
Heraniemi FIN 83 Ld29
Herăşti RO 180 Eb67
Herbault F 29 Gb41
Herbeli AL 182 Ad74
Herbern D 125 Cb38
Herbertingen D 142 Cd51
Herbertstown IRL 12 Bd23
Herbeumont B 132 Ad44
Herbignac F 27 Ec41
Herbisse F 24 Hd37
Herbitzheim F 25 Kb35
Herbolzheim D 141 Ca50
Herborn D 126 Cc42
Herbrechtingen D 134 Db49
Herbsleben D 126 Dc41
Herbstein D 126 Cd42
Herby PL 130 Hc42
Herceg-Novi MNE 159 Hc69
Hercegovac HR 152 Gd59
Hercegszántó H 153 Hd58
Herdal N 76 Cd33
Herdecke D 125 Ca39
Herdla N 84 Bd38
Herdorf D 125 Cb41
Herdwangen-Schönach D 142 Cd51
Hereclean RO 171 Cd56
Hereford GB 15 Eb26
Héreg H 145 Hb52
Hereke TR 186 Ga78
Herencia E 52 Dc68
Herencsény H 146 Hd51
Herend H 145 Ha54
Herentals B 124 Ad39
Hérepian F 41 Hb54
Herfølge DK 109 Eb26
Herford D 126 Cd37
Herguijuela E 51 Cb67
Héric F 28 Ed41
Héricourt F 31 Ka40
Hericourt-en-Caux F 23 Ga34
Hérimoncourt F 31 Kb41
Heringen D 126 Db41
Heringsdorf D 119 Dd30
Heringsdorf D 120 Fb31
Heriot GB 11 Ec13
Herisau CH 142 Cd53
Hérisson F 29 Ha44
Herjangen N 67 Gb13
Herk-de-Stad B 124 Ba40
Herl'any SK 139 Jd48
Herleshausen D 126 Db41
Herlev DK 109 Ec25
Herlies F 23 Ha31
Herlufmagle DK 109 Eb27
Herm F 39 Fa53
Hermagor A 143 Ed56
Hermannsburg D 118 Db35
Heřmanova Hut` CZ 135 Ed46
Heřmanovice CZ 137 Gd44
Hermanowice PL 139 Kc45
Hermansverk N 84 Cd37
Heřmanův Městec CZ 136 Ga45
Hermaringen D 134 Db49
Hérmedes de Cerrato E 46 Db60
Herment F 33 Ha47
Hermes F 23 Gd35
Hermeskeil D 133 Bd45
Hermsdorf D 127 Ea42
Hermsdorf D 128 Fa40
Hermsdorf D 128 Fa42
Hernádkécs H 147 Jd50
Hernádnémeti H 146 Jc51
Hernani E 39 Ec55
Hernansancho E 46 Cd63
Herne D 125 Ca39
Herne Bay GB 21 Gb28
Herning DK 108 Da24
Herold D 127 Ec42
Heroldsbach D 134 Dc45
Heroldsberg D 135 Dd46
Herongen D 125 Bc39
Herónia GR 189 Bd85
Herónissos GR 195 Cd90
Herøyholmen N 70 Ed21
Herpont F 24 Ja36
Herråkra S 103 Fd52
Herrala FIN 90 Kc37
Herräng S 96 Ha41
Herraskylä FIN 89 Jd33
Herrberga S 103 Fd47
Herre N 93 Dc44
Herrefoss N 93 Da46
Herrenberg D 134 Cc49
Herrera E 60 Cc74
Herrera de Alcántara E 51 Bb66
Herrera del Duque E 52 Cc68
Herrera de los Navarros E 47 Fa62
Herrera de Pisuerga E 38 Db57
Herrere F 39 Fb56
Herreros de Jamuz E 37 Cb58
Herreros de Suso E 46 Cd63
Herreruela E 51 Bc67
Herreruela de Castillería E 38 Db56
Herrestad S 102 Eb47
Herrestrup DK 109 Eb25
Herrieden D 134 Db47
Herrischried D 141 Ca52
Herrljunga S 102 Ed48
Herrngiersdorf D 135 Eb49
Herrnhut D 128 Fc41
Herrö S 87 Fb34
Herröskaten FIN 96 Hc41
Herrsching D 143 Dd51
Herrskog S 80 Gc31
Herrstein D 133 Bd45
Herrup DK 100 Da23
Herry F 30 Hb42
Hersbruck D 135 Dd46
Herschbach D 125 Ca42
Herscheid D 125 Cb40
Herselt B 124 Ad40
Hérso GR 183 Ca76
Herstadberg S 103 Ga46
Hersvik N 84 Ca36
Herten D 125 Ca38
Hertford GB 20 Fc27
Hertník SK 139 Jd47
Hertsånger S 80 Hc27
Herttuansaari FIN 91 Ld33
Herukka FIN 74 Ka23
Hervanta FIN 89 Jd36
Hervás E 45 Cb64
Herve B 125 Bb41
Herveland N 92 Cb46
Herves E 36 Ba54
Hervik N 92 Ca42
Herxheim D 133 Cb47
Herzberg D 119 Ed35
Herzberg D 127 Ed39
Herzberg am Harz D 126 Dc39
Herzebrock-Clarholz D 126 Cc38
Herzfeld D 126 Cc38
Herzfelde D 128 Fa36
Herzhorn D 118 Db32
Herzlake D 117 Cb35
Herzogenaurach D 134 Dc46
Herzogenbuchsee CH 141 Bd53
Herzogenburg A 144 Ga50
Herzogenrath D 125 Bb41
Herzsprung D 119 Ec34
Hesby N 92 Ca43
Hesel D 117 Cb33
Heskestad N 92 Cb45
Hesnæs DK 109 Eb28
Hespe D 126 Cd36
Hesperange L 133 Bb45
Hesselager DK 109 Dd27
Hesselbjerg DK 100 Da21
Hessellund DK 100 Db23
Hessen D 126 Dc38
Hesseng N 65 Kd07
Hessfjord N 62 Gd08
Hessisch Lichtenau D 126 Da40
Hessisch Oldendorf D 126 Da37
Hessvik N 84 Cb40
Hestad N 84 Cb36
Hestad N 92 Cb45
Hesteneset N 64 Jb09
Hestenesøyri N 84 Cc34
Hestmona N 70 Fa20
Hestnes N 64 Jb06
Hestnes N 66 Ga14
Heston GB 20 Fc28
Hestra S 102 Fa50
Hestra S 103 Fc48
Hestvika N 63 Hb08
Hestvika N 77 Dc29
Hetekylä FIN 74 Kb23
Hetényegyháza H 146 Ja55
Hetes H 145 Ha56
Hethpool GB 11 Ed14
Hetin SRB 174 Bc61
Hetta FIN 68 Ja13
Hettange-Grande F 25 Jd34
Hettensen D 126 Db39
Hetton-le-Hole GB 11 Fa17
Hettstedt D 127 Ea39
Hettstedt, Dienstedt- D 127 Dd42
Hetvebely H 152 Hb57
Hetzbach D 134 Cd45
Hetzerath D 133 Bc44
Heubach D 134 Da48
Heuchelheim D 126 Cc42
Heuchin F 23 Gd31
Heuchlingen D 134 Da48
Heudeber D 127 Dd38
Heumen NL 125 Bb38
Heusden NL 124 Ba38
Heusden-Zolder B 124 Ba40
Heusenstamm D 134 Cc44
Heustreu D 134 Db43
Heves H 146 Jb52
Hevilliers F 24 Jb37
Hevingham GB 17 Gb24
Héviz H 145 Gd55
Hevlín CZ 137 Gb49
Hevosmäki FIN 82 Kd28
Hevosoja FIN 90 Ka38
Hevosoja FIN 90 La36
Hevossuo FIN 90 Kd37
Hewas Water GB 18 Db32
Hexham GB 11 Ed16
Heybeli TR 199 Gc89
Heybrook Bay GB 19 Dd32
Heyerode D 126 Db40
Heygendorf D 127 Dd40
Heyrieux F 34 Jb47
Heysham GB 11 Eb19
Heytesbury GB 19 Ec29
Hickling GB 16 Fb23
Hickling Green GB 17 Gb24
Hickstead GB 20 Fc30
Hida RO 171 Cd57
Hidas H 153 Hc57
Hidasnémeti H 139 Jd49
Hiddenhausen D 126 Cd37
Hidinge S 95 Fc44
Hıdırdivani TR 192 Fc84
Hıdırköylü TR 197 Ed88
Hidişelu de Sus RO 170 Cb57
Hieflau A 144 Fc53
Hiekkaniemi FIN 75 Kc24
Hiendelaencina E 46 Dd62
Hierden NL 116 Bb36
Hiersac F 32 Fc47
Hietakylä FIN 82 La31
Hietalanperä FIN 82 Ka26
Hietana FIN 90 Kd37
Hietanen FIN 90 La34
Hietaniemi FIN 69 Kd15
Hietaniemi FIN 90 Kd35
Hietaperä FIN 83 Lb25
Hietaranta FIN 75 La21
Hietoinen FIN 90 Kb37
Higham GB 21 Ga26
Higham Ferrers GB 20 Fb25
Highampton GB 19 Dd30
High Bentham GB 11 Ec19
Highbridge GB 19 Eb29
Highclere GB 20 Fa28
High Easter GB 20 Fd27
High Ercall GB 15 Ec24
Higher Town GB 18 Cc32
High Halden GB 21 Ga29
High Hesket GB 11 Ec17
Highworth GB 20 Ed27
High Wycombe GB 20 Fb27
Higuera de Arjona E 60 Db72
Higuera de Calatrava E 60 Da73
Higuera de las Dueñas E 46 Da65
Higuera de la Serena E 51 Ca70
Higuera de la Sierra E 59 Bd72
Higuera de Llerena E 51 Ca70
Higuera de Vargas E 51 Bb70
Higuera la Real E 51 Bc71
Higueruela E 54 Ed69
Higueruelas E 54 Fa67
Hihnavaara FIN 69 Kc15
Hiidenkylä FIN 82 Kb28
Hiidenlahti FIN 83 Lb30
Hiidensaari FIN 90 Kd36
Hiirijärvi FIN 89 Jb36

Hiirola – Horodyszcze

Hiirola FIN 90 La34
Hiisi FIN 82 La27
Hiisijärvi FIN 82 La25
Hiitelä FIN 90 Kc37
Hiittinen FIN 97 Jc41
Hijar E 48 Fb62
Hijdieni MD 173 Fa55
Hijosa E 38 Db57
Hikiä FIN 90 Kb38
Hilchenbach D 125 Cb41
Hildburghausen D 134 Dc43
Hilden D 125 Bd40
Hilders D 126 Db42
Hildesheim D 126 Db37
Hildre N 76 Cc32
Hilgermissen D 118 Da35
Hilgertshausen D 143 Dd50
Hiliódendro GR 182 Ba78
Hiliomódi GR 195 Bd87
Hilişeu-Horia RO 172 Ec54
Hiliuţi MD 173 Fa55
Hiliuţi MD 173 Fb56
Hill GB 19 Ec27
Hilla FIN 98 Ka40
Hillared S 102 Ed49
Hille D 126 Cd36
Hille S 95 Gb39
Hillegom NL 116 Ad35
Hillerød DK 109 Ec25
Hillersboda S 95 Ga39
Hillerse D 126 Dc36
Hillerslev DK 100 Da21
Hillerslev DK 108 Dc27
Hillerstorp S 102 Fa50
Hillesheim D 133 Bc43
Hilleshög S 96 Gc43
Hillesøy N 62 Gc10
Hillestad N 93 Dd43
Hillested DK 109 Ea29
Hillhead GB 10 Dd16
Hilliiä FIN 81 Jc27
Hillilä FIN 90 Kb36
Hillington GB 17 Ga24
Hillion F 26 Eb38
Hillmersdorf D 128 Fa39
Hillo FIN 90 La38
Hill of Fearn GB 5 Ea07
Hillosensalmi FIN 90 Kd36
Hillringsberg S 94 Ed43
Hillsand S 79 Fd28
Hillsborough GB 9 Da18
Hillswick GB 5 Ed04
Hilltown GB 9 Da18
Hilmiye TR 192 Ga81
Hilok RUS 99 Ma42
Hilovo RUS 107 Mb46
Hilpoltstein D 135 Dd47
Hilsenheim F 31 Kc38
Hiltenfingen D 142 Dc50
Hilter D 126 Cc37
Hiltpoltstein D 135 Dd46
Hiltula FIN 91 Lb33
Hiltulanlahti FIN 82 La30
Hiltunen FIN 75 Lb20
Hiltusen vaara FIN 75 La22
Hilvarenbeek NL 124 Ba38
Hilversum NL 116 Ba36
Hilzingen D 142 Cc51
Himalansaari FIN 90 La35
Himanka FIN 81 Jc27
Himankakylä FIN 81 Jc27
Himarë AL 182 Ab78
Hímaros GR 183 Cb76
Himbergen D 119 Dd34
Himesháza H 153 Hc57
Himki RUS 202 Ed10
Himmelberg A 144 Fa55
Himmelkron D 135 Ea44
Himmelpforten D 118 Da32
Himmelstadt D 134 Da44
Himmeta S 95 Ga43
Himmetoğlu TR 187 Hb76
Hinbjørgen N 78 Eb31
Hincăuţi MD 173 Fa53
Hinceşti MD 173 Fc58
Hinckley GB 16 Fa24
Hindår FIN 98 Kc39
Hindås S 102 Ec49
Hindelang, Bad D 142 Db53
Hindeloopen NL 116 Bb34
Hindersby FIN 90 Kd38
Hindersön S 73 Ja22
Hindhead GB 20 Fb29
Hindsby FIN 98 Kc39
Hindsig DK 108 Cd25
Hınıs TR 205 Ga20
Hinişeni MD 173 Fc56
Hinka GR 182 Ad80
Hinna N 92 Ca44
Hinnerjoki FIN 89 Jb37
Hinnerup DK 100 Dc23
Hinneryd S 110 Fa53
Hinojal E 51 Bd66
Hinojales E 51 Bc71
Hinojar E 55 Ed73
Hinojares E 61 Dd73
Hinojos E 59 Bd74
Hinojosa de la Sierra E 47 Ea60
Hinojosa del Duque E 52 Cc70
Hinojosa del Valle E 51 Bd70
Hinojosas de Calatrava E 52 Da70
Hinova RO 174 Cb65
Hinsala FIN 89 Jd36
Hinstock GB 15 Ec23
Hinte D 117 Ca32
Hinterbichl A 143 Eb54
Hinterrhein CH 142 Cc56
Hinterriß A 143 Dd53
Hintersee A 143 Ed52
Hintersee D 120 Fb33
Hinterstoder A 144 Fb52
Hintertux A 143 Dd54
Hinterweidenthal D 133 Ca47
Hinterzarten D 141 Ca51
Hinthaara FIN 98 Kc39
Hinwil CH 142 Cc53
Hio E 36 Ac57
Hióna GR 188 Ba86
Hios GR 191 Dd86
Hippolytushoef NL 116 Ba34
Hipstedt D 118 Da33
Hîrbovaţ MD 173 Ga58
Hîrceşti MD 173 Fb56
Hird H 152 Hb57
Hirel F 28 Ed38
Hîrjău MD 173 Fd55
Hırka TR 198 Fc89
Hırkalı TR 192 Fb84
Hırkatepe TR 187 Hb80
Hirla EST 98 La43
Hirova MD 173 Fc56
Hirsala FIN 98 Kb40
Hirschaid D 134 Dc45
Hirschau A 142 Da53
Hirschau D 135 Ea46
Hirschbach D 135 Ea46
Hirschberg D 134 Cc46
Hirschegg A 142 Da53
Hirschegg-Rein A 144 Fc55
Hirschfeld D 128 Fa40
Hirschfelde D 128 Fc42
Hirschhorn D 134 Cc46
Hirsijärvi FIN 74 Kb24
Hirsikangas FIN 83 Lb27
Hirsilä FIN 90 Ka34
Hirsingue F 31 Kb40
Hirsjärvi FIN 89 Jd38
Hirson F 24 Hc33
Hirtolahti FIN 90 Ka35
Hîrtop MD 173 Fc59
Hîrtop MD 173 Ga57
Hîrtopul Mare MD 173 Fd57
Hirtshals DK 100 Dc19
Hirtzfelden F 31 Kc39
Hirvaanmäki FIN 82 Kb31
Hirvälä FIN 97 Jd39
Hirvas FIN 74 Jd19
Hirvaskoski FIN 75 Kc22
Hirvasniemi FIN 74 Ka24
Hirvassalmi FIN 69 Jd12
Hirvasvaara FIN 74 Kd18
Hirvelä FIN 83 Lc25
Hirvelä FIN 90 La37
Hirvelänpää FIN 89 Ja32
Hirvenlahti FIN 90 Kd34
Hirvensalmi FIN 90 Kd34
Hirviäkuru FIN 69 Ka16
Hirvihaara FIN 90 Kb38
Hirvijärvi FIN 82 Kd27
Hirvijärvi FIN 82 Kd30
Hirvijärvi FIN 89 Ja34
Hirvijärvi FIN 90 Ka38
Hirvijärvi S 73 Ja19
Hirvijoki FIN 81 Jc31
Hirvikangas FIN 90 Kb32
Hirvikoski FIN 90 Kd38
Hirvikylä FIN 90 Ka32
Hirvilahti FIN 82 Kd30
Hirvimäki FIN 90 Kb33
Hirviperä FIN 89 Jc34
Hirvipohja FIN 90 Kc34
Hirvisalo FIN 90 Kd36
Hirvivaara FIN 75 Lb24
Hirvlax FIN 81 Ja29
Hirwaun GB 19 Ea27
Hirzenhain D 134 Cd43
Hisar TR 198 Fd90
Hisar TR 199 Gc89
Hisaralan TR 192 Fb83
Hisarardı TR 197 Fa89
Hisarcık TR 192 Fd83
Hisarja BG 180 Db72
Hisarköy TR 193 Ha84
Hisarlık TR 187 Gb80
Hisarönü Köy TR 198 Fd92
Hischberg D 135 Ea43
Hishult S 110 Fa53
Hisingen S 102 Eb49
Hiski RUS 99 Lb40
Hislaviči RUS 202 Ec12
Hisøy N 93 Da46
Hissjön S 80 Hb28
Histijanovo BG 180 Dd73
Hita E 46 Dd63
Hitcham GB 21 Ga26
Hitchin GB 20 Fc26
Hitiaş RO 174 Bd61
Hitis FIN 97 Jc41
Hitovo BG 181 Fa68
Hitra N 77 Dc29
Hittarp S 110 Ec54
Hittisau A 142 Da53
Hitzacker D 119 Dd34
Hitzhofen D 135 Dd48
Hiukamaa FIN 89 Jd33
Hiukkaa FIN 90 Ka34
Hiukkajoki FIN 91 Ld33
Hızırkahya TR 199 Gb93
Hjäggsjö S 80 Hb28
Hjallerup DK 100 Dc20
Hjällstad S 94 Ed39
Hjälmseryd S 103 Fc50
Hjälmsjö S 110 Ed54
Hjälsta S 96 Gc42
Hjälstad S 103 Fb46
Hjältevad S 103 Fd49
Hjärnarp S 110 Ed53
Hjärsås S 111 Fb54
Hjartdal N 93 Db42
Hjärtum S 102 Ec47
Hjarup DK 108 Db26
Hjelle N 84 Cc34
Hjelle N 85 Da36
Hjellestad N 84 Ca39
Hjelm DK 109 Eb28
Hjelmeland N 92 Cb43
Hjelmset N 70 Ed24
Hjelset N 77 Da31
Hjemås N 66 Fd17
Hjerkinn N 85 Dd34
Hjerm DK 100 Da23
Hjerpsted DK 108 Cd27
Hjerting DK 108 Cd26
Hjo S 103 Fb47
Hjøllund DK 108 Db24
Hjordkær DK 108 Db27
Hjørring DK 100 Dc19
Hjortdal DK 100 Db20
Hjorte DK 108 Dc26
Hjorted S 103 Ga49
Hjorteset N 84 Cb35
Hjortkvarn S 95 Fd45
Hjortsberga S 103 Fb52
Hjortshøj DK 100 Dc23
Hjulsbro S 103 Fd47
Hjulsjö S 95 Fc42
Hlebine HR 152 Gc57
Hlevacha UA 202 Ec14
Hligeni MD 173 Fd55
Hlina MD 172 Ed53
Hlinaia MD 173 Fa54
Hlinaia MD 173 Ga57
Hlinky CZ 135 Ec44
Hlinsko CZ 136 Ga45
Hlipiceni RO 172 Ed56
Hljabovo BG 185 Ea74
Hlobyne UA 204 Ed15
Hlohovec SK 145 Ha50
Hlubočky CZ 137 Gd46
Hluboká nad Vltavou CZ 136 Fb48
Hluchiv UA 202 Ed13
Hlučín CZ 137 Ha45
Hluk CZ 137 Gd48
Hlusk BY 202 Eb13
Hlybokae BY 202 Ea11
Hniezdne SK 138 Jb46
Hnilec SK 138 Jb48
Hnivan' UA 204 Eb15
Hnjótur IS 2 Ab02
Hnojník CZ 137 Hb45
Hnúšt'a SK 138 Ja49
Hobeck D 127 Eb38
Höbesalu EST 98 Ka45
Hobiţa RO 175 Cc62
Hobol H 152 Ha58
Hobro DK 100 Dc22
Hocaköy TR 187 Gb78
Hocaköy TR 187 Hb78
Hocalar TR 193 Gb86
Hocalı TR 199 Hb91
Hocaş TR 187 Hb80
Hoceni RO 173 Fb59
Höchberg D 134 Da45
Hochburg A 143 Ec51
Hochdonn D 118 Da31
Höchenschwand D 141 Ca51
Hochfinstermünz A 142 Db55
Hochgurgl A 142 Dc55
Hochheim D 133 Cb44
Höchheim D 134 Dc43
Hochnaukirchen A 145 Gb53
Hochspeyer D 133 Ca46
Höchst CH 142 Cd53
Höchst D 134 Cd45
Hochstadt D 133 Cb46
Höchstädt D 134 Db49
Höchstadt D 134 Dc45
Hochstadt D 135 Dd44
Höchstädt D 135 Eb44
Hochwolkersdorf A 145 Gb52
Hoçisht AL 182 Ba77
Hockenheim D 134 Cc46
Hockley Heath GB 20 Ed25
Hoczew PL 139 Kb46
Hodac RO 172 Dd58
Hodal N 86 Eb33
Hodász H 147 Kb51
Hodde DK 108 Da25
Hoddesdon GB 20 Fc27
Hoddevika N 76 Ca33
Hodejov SK 146 Ja50
Hodenhagen D 118 Da35
Hodkovice nad Mohelkou CZ 128 Fc42
Hódmezővásárhely H 146 Jb56
Hodnanes N 92 Ca41
Hodnet GB 15 Ec23
Hodod RO 171 Cd56
Hodøl N 86 Ec33
Hodonín CZ 137 Gd48
Hodoš SLO 145 Gb55
Hodoşa RO 171 Dc59
Hodošan HR 152 Gc57
Hodrua-Hámre SK 146 Hc50
Hodsager DK 100 Da23
Hodslavice CZ 137 Ha46
Hodul TR 185 Ed80
Hoegaarden B 124 Ad41
Hoek NL 124 Ab38
Hoek van Holland NL 116 Ac36
Hoenderloo NL 117 Bc36
Hoeselt B 124 Ba41
Hoetmar D 125 Cb38
Hof D 135 Ea43
Hof N 93 Db42
Hof N 93 Dd43
Hofbieber D 126 Da42
Höfen A 142 Db53
Höfen D 134 Cc48
Höfer D 118 Dc35
Hoff N 76 Cc32
Hoffen F 25 Kc36
Hofgeismar D 126 Da39
Hofheim D 134 Cc44
Hofheim D 134 Dc44
Hofkirchen A 144 Fa51
Hofkirchen D 135 Ed49
Hofkirchen im Traunkreis A 144 Fb51
Hofles N 78 Ec25
Höfn IS 3 Bb06
Hofors S 95 Ga39
Hofsós IS 2 Ba03
Hofsøy N 67 Gb11
Hofstad N 78 Ea27
Hofstätten A 144 Ga54
Hofstetten D 142 Dc51
Hofsvík IS 2 Ac04
Hög S 87 Gb35
Höga S 102 Eb48
Höganäs S 110 Ec54
Högås S 80 Gc26
Högås S 102 Eb47
Högbo S 95 Gb39
Högbränna S 72 Gc23
Högbränna S 72 Ha23
Högby S 104 Gc51
Hogdal S 93 Ea44
Høgebru N 84 Cd36
Högen S 94 Eb45
Högerund S 94 Ed43
Högest N 85 Da37
Högfors S 95 Fc41
Högfors S 95 Ga41
Hoggais FIN 97 Jb40
Höggeröd S 102 Eb47
Högheden S 73 Hb24
Hoghilag RO 175 Dc60
Hoghiz RO 176 Dd61
Høgild DK 108 Da24
Hogland RUS 98 La39
Högland S 79 Fd26
Högland S 80 Ha29
Hogland S 87 Gb35
Högklekardalen S 79 Fb31
Höglunda S 79 Fd31
Högnabba FIN 81 Jc29
Hogne B 124 Ba42
Hognes N 78 Ed25
Högsåra FIN 97 Jd41
Högsäter S 102 Ec46
Högsäter S 94 Ec42
Högsbo S 95 Gb41
Högsby S 103 Ga51
Högsjö S 88 Gc32
Högsjö S 95 Fd44
Högsön S 73 Ja21
Högsted S 103 Fc47
Høgstadgård N 67 Gd12
Högstena S 102 Fa47
Högträsk S 73 Hb19
Högvålen S 86 Ed34
Högvalta S 94 Ed42
Hőgyész H 146 Hc56
Hohberg D 133 Ca49
Hohburg D 127 Ec40
Hoheleye D 126 Cc40
Hohen D 128 Fa36
Hohenahr D 126 Cc42
Hohenaspe D 118 Db31
Hohenau A 137 Gc49
Hohenau D 135 Ed48
Hohenberg A 144 Ga52
Hohenberg D 135 Eb44
Hohenbocka D 128 Fa40
Hohenbrunn D 143 Ea51
Hohenbucko D 127 Ed39
Hohenems A 142 Cd53
Hohenfels D 135 Ea47
Hohenfurch D 142 Dc51
Hohengörsdorf D 127 Ed38
Hohenhameln D 126 Db37
Höhenkirchen D 143 Ea51
Hohenleipisch D 128 Fa40
Hohenleuben D 127 Eb42
Hohenlinden D 143 Ea51
Hohenlobese D 127 Eb37
Hohenlockstedt D 118 Db31
Hohenmocker D 119 Ed32
Hohenmölsen D 127 Eb41
Hohennauen D 127 Eb36
Hohen Neuendorf D 127 Ed36
Hohenpolding D 143 Eb50
Hohenroth D 134 Db43
Hohensaaten D 120 Fb35
Hohenseeden D 127 Eb37
Hohenseefeld D 127 Ed38
Hohenselchow D 120 Fb34
Hohen Sprenz D 119 Eb31
Hohenstein D 133 Cb43
Hohenstein D 142 Cd50
Hohenstein-Ernstthal D 127 Ec42
Hohentauern A 144 Fb53
Hohentengen D 142 Cd51
Hohenthann D 135 Eb49
Hohen Wangelin D 119 Ec32
Hohenwarsleben D 127 Ea37
Hohenwart D 135 Dd49
Hohenwarth A 144 Ga50
Hohenwarth D 135 Ec47
Hohenwestedt D 118 Db31
Hohenziatz D 127 Eb37
Hohn D 118 Db30
Hohne D 126 Dc36
Höhnhart A 143 Ed51
Höhnhart A 143 Ed52
Höhnstedt D 127 Ea39
Hohnstein D 128 Fb41
Hohnstorf D 118 Dc33
Hoho FIN 90 Kc32
Höhr-Grenzhausen D 125 Ca42
Hohwacht D 119 Dd30
Høiby DK 109 Eb25
Hoikankylä FIN 82 Kd31
Hoikka FIN 75 La24
Hoilola FIN 83 Ma31
Hoisko FIN 81 Jd30
Højby DK 109 Dd27
Højen DK 101 Dd19
Højer DK 108 Cd28
Højerup DK 109 Ec27
Højmark DK 108 Cd24
Højslev DK 100 Db22
Højslev Stationsby DK 100 Db22
Hojsova Stráž CZ 135 Ed47
Hok S 103 Fb50
Hökåsen S 95 Gb42
Hökhuvud S 96 Gd40
Hokka FIN 90 Kd33
Hokkåsen N 94 Ec40
Hokkaskylä FIN 89 Jd33
Hokksund N 93 Dd42
Hokland N 66 Ga12
Hökmark S 81 Hd26
Hökön S 111 Fb53
Hököpinge S 110 Ed56
Hokstad N 78 Eb28
Hökvattnet S 79 Fc28
Hol N 77 Dd31
Hol N 85 Da39
Holand N 66 Fc14
Holand N 79 Fb26
Holandsvika N 70 Fa21
Holapantörmä FIN 75 Kc23
Hola Prystan' UA 204 Ed17
Hólar IS 2 Ba03
Holasovice CZ 137 Ha44
Holbæk DK 101 Dd22
Holbæk DK 109 Eb25
Holbeach GB 17 Fd24
Holbeach Saint Matthew GB 17 Fd23
Holboca RO 173 Fa57
Holbøl DK 108 Db28
Holdenstedt D 127 Ea40
Holdorf D 117 Cc35
Holdre EST 106 Kd47
Høle N 92 Ca44
Hole N 93 Dd41
Hole S 94 Fa41
Holeby DK 109 Ea29
Hølen N 93 Ea43
Holercani MD 173 Fd57
Holešov CZ 137 Gd47
Holevik N 84 Ca35
Holford GB 19 Ea29
Holguera E 45 Bd65
Holič SK 137 Gd49
Holice CZ 136 Ga44
Holice SK 145 Gd51
Hölick S 88 Gc36
Holiseva FIN 90 Ka34
Holja FIN 90 Ka36
Höljäkka FIN 83 Lc28
Höljes S 86 Ed38
Holkestad N 66 Fc15
Holkonkylä FIN 89 Jd32
Holla N 77 Dc30
Hollabrunn A 136 Ga49
Hollád H 145 Gd56
Hollandstoun GB 5 Ed02
Hollange B 132 Ba44
Holle D 126 Db37
Holleben D 127 Ea40
Høllen N 92 Cd47
Hollenfels L 133 Bb44
Hollenstedt D 118 Db33
Hollerath D 125 Bc42
Hollern-Twielenfleth D 118 Db32
Hollersbach A 143 Eb54
Hollfeld D 135 Dd45
Hollingsholm N 76 Cd31
Hollóháza H 139 Jd49
Hollókő H 146 Ja51
Hollola FIN 90 Kc37
Hollolan FIN 90 Kb37
Hollstadt D 134 Db43
Hollum NL 117 Bc32
Höllviken S 110 Ed57
Hollybush GB 10 Dd15
Hollyford IRL 13 Ca23
Hollyfort IRL 13 Cd23
Hollymount IRL 8 Bc20
Hollywood IRL 13 Cd22
Holm D 118 Db32
Holm DK 108 Db27
Holm FIN 81 Jb28
Holm N 66 Fd12
Holm N 70 Ed24
Holm N 77 Da32
Holm N 93 Ea44
Holm RUS 202 Eb10
Holm S 87 Gb32
Holm S 94 Ec45
Holm S 96 Gc42
Holma FIN 90 Ka35
Hólmavík IS 2 Ad03
Holme S 79 Gb30
Holmedal N 92 Cb41
Holmedal S 94 Ec43
Holmegil N 94 Eb44
Holmen N 70 Fa23
Holmenkollen N 93 Ea41
Holme-Olstrup DK 109 Eb27
Holme-on-Spalding-Moor GB 16 Fb20
Holmes Chapel GB 15 Ec22
Holmestad S 102 Fa46
Holmestrand N 93 Dd43
Holmfirth GB 16 Ed21
Holmfors S 72 Gc24
Holmfors S 73 Hb23
Holmfors S 73 Hc24
Holmisperä FIN 82 Ka29
Holmmo N 78 Fa25
Holmön S 80 Hc28
Holmøyane N 84 Cc34
Holmsbu N 93 Dd42
Holmsjö S 72 Gd24
Holmsjö S 79 Fd31
Holmsjö S 80 Gc29
Holmsjö S 111 Fd53
Holmskij RUS 205 Fc17
Holmstrand N 64 Jb09
Holmsund S 80 Hc29
Holmsvattnet S 80 Hc26
Holmsveden S 87 Gb37
Holmträsk S 73 Hc23
Holmträsk S 80 Hb25
Holmträsk S 80 Ha26
Holmträsk S 80 Gc28
Holmudden S 104 Hb48
Holmvassdalen N 70 Fa23
Holm-Žirkovskij RUS 202 Ec11
Hölö S 96 Gc44
Holod RO 170 Cb57
Holoşniţa MD 173 Fc54
Holøydal N 86 Eb34
Holsbybrunn S 103 Fd50
Holsen N 84 Cc36
Holsljunga S 102 Ed50
Holstad N 78 Eb27
Holstebro DK 100 Da23
Holsted DK 108 Da26
Holsted Stationsby DK 108 Da26
Holstinmäki FIN 74 Ka23
Holsworthy GB 18 Dc30
Holt GB 17 Ga23
Holt N 93 Db45
Holtdalsvollen N 78 Eb31
Holte N 78 Ea31
Holten NL 117 Bd36
Holtet DK 101 Dd21
Holtgast D 117 Cb32
Holt Heath GB 15 Ec25
Holtsee D 118 Db30
Holtslåtten N 94 Eb39
Holum N 92 Cc47
Holungen D 126 Dc39
Holven N 84 Cc39
Holvika N 78 Eb26
Holwerd NL 117 Bc32
Holy Cross IRL 13 Ca23
Holyhead GB 14 Dc22
Holýšov CZ 135 Ed46
Holywell GB 15 Eb22
Holywell GB 19 Eb30
Holywood GB 9 Da17
Holzbach D 133 Ca44
Holzdorf D 127 Ed39
Holzgerlingen D 134 Cc49
Holzhausen D 133 Cb43
Holzheim D 134 Db49
Holzkirchen D 143 Ea52
Holzminden D 126 Da38
Holzthaleben D 126 Dc40
Holzweiler D 125 Bc40
Holzweißig D 127 Eb39
Holzwickede D 125 Ca39
Hömb S 103 Fb47
Homberg (Efze) D 126 Da41
Homberg (Ohm) D 126 Cd42
Homborsund N 93 Da47
Hombourg-Budange F 25 Jd35
Hombourg-Haut F 25 Ka35
Hombukt N 63 Hc08
Homburg am Main D 134 Da45
Homburg (Saar) D 133 Bd46
Homel' BY 202 Ec13
Homeshi AL 182 Ad74
Homme N 92 Cd46
Homme N 92 Cd46
Hommelstø N 70 Ed23
Hommelvik N 78 Eb30
Hommerts NL 116 Bb34
Homocea RO 176 Ed61
Homokszentgyörgy H 152 Ha57
Homoroade RO 171 Cd55
Homorod RO 176 Dd61
Hompland N 92 Cb45
Homps F 41 Ha55
Homrogd H 146 Jc50
Homstad N 78 Ec26
Homstean N 92 Cd46
Homutovka RUS 202 Ed13
Hømvejle DK 108 Da26
Hömyrfors S 73 Jb21
Honaz TR 198 Fd88
Hondarribia E 39 Ec55
Hondelange B 132 Ba45
Hondón de las Nieves E 55 Fa71
Hondón de los Frailes E 55 Fa71
Hondschoote F 21 Gd30
Hønefoss N 85 Dd40
Honfleur F 22 Fd35
Høng DK 109 Ea26
Hongisto FIN 90 Ka38
Hongset N 70 Ed23
Hónikas GR 195 Bd87
Honing GB 17 Gb24
Honiton GB 19 Ea30
Honkajärvi FIN 89 Ja34
Honkajoki FIN 89 Jb34
Honkakoski FIN 82 Kd28
Honkakoski FIN 89 Ja35
Honkakylä FIN 89 Jb32
Honkalahti FIN 91 Lc35
Honkamäki FIN 83 Lb31
Honkamukka FIN 69 Kd15
Honkaperä FIN 82 Kb26
Honkaperä FIN 82 Kb28
Honkaranta FIN 82 Ka29
Honkilahti FIN 89 Jb37
Honkola FIN 82 Kb31
Honkola FIN 89 Jd37
Hønning DK 108 Da27
Honningsvåg N 64 Jc04
Hönö S 102 Eb49
Honrubia E 53 Eb67
Hønseby N 63 Hd06
Hontalbilla E 46 Db61
Hontanares E 46 Cd65
Hontanaya E 53 Ea67
Hontangas E 46 Dc60
Hontianske Nemce SK 146 Hc50
Hontoria del Pinar E 46 Dd60
Hoofddorp NL 116 Ad35
Hoofdplaat NL 124 Ab38
Hoogerheide NL 124 Ac38
Hoogersmilde NL 117 Bd34
Hoogeveen NL 117 Bd35
Hoogezand-Sappemeer NL 117 Ca33
Hooge Zwaluwe NL 124 Ad37
Hooghalen NL 117 Bd34
Hoogkarspel NL 116 Ba34
Hoogkerk NL 117 Bd33
Hoogstade B 21 Ha30
Hoogstede D 117 Ca35
Hoogstraten B 124 Ad38
Hook GB 20 Fb29
Hook Norten GB 20 Fa26
Hooksiel D 117 Cc32
Höör S 110 Fa55
Hoorn NL 116 Ba34
Hopa TR 205 Ga19
Hopârta RO 171 Da59
Hope GB 4 Dd04
Hope GB 15 Eb22
Hope GB 19 Dd32
Hope N 93 Db45
Hope Bowdler GB 15 Eb24
Hopen N 66 Fc14
Hopen N 66 Fd15
Hopen N 77 Db29
Hopfgarten A 143 Ea53
Hopfgarten A 143 Eb55
Höpfingen D 134 Cd46
Hôpital-Camfrout F 26 Dc38
Hopovo SRB 153 Jb60
Hoppegarten D 128 Fa36
Hoppula FIN 74 Kb19
Hopseidet N 64 Ka05
Hopsten D 117 Cb36
Hopsu FIN 90 Kb34
Hopton GB 17 Gc24
Hopton Wafers GB 15 Ec25
Hoptrup DK 108 Db27
Hóra GR 194 Ba89
Hóra GR 196 Db91
Hóra GR 197 Eb88
Horam GB 20 Fd30
Horasan TR 205 Ga19
Horasanlı TR 198 Fc89
Hóra Sfakíon GR 200 Cc95
Hora Svatého Kateřiny CZ 135 Ed43
Hora Svaté Šebestiána CZ 135 Ed43
Horaždovice CZ 136 Fa47
Horb am Neckar D 134 Cc49
Horbelev DK 109 Eb28
Horbury GB 16 Fa21
Hørby DK 100 Dc22
Hørby DK 101 Dd20
Hörby S 110 Fa55
Horcajada de la Torre E 53 Ea66
Horcajode las Torres E 46 Cd62
Horcajo de los Montes E 52 Cd68
Horcajo de Santiago E 53 Dd66
Horcajo Medianero E 45 Cc63
Horche E 46 Dd64
Horda S 103 Fb51
Hörda S 103 Fb51
Hordabø N 84 Ca38
Hordáki GR 200 Cc94
Hörden D 126 Dc39
Hordorf D 127 Dd38
Hørdum DK 100 Da21
Høre N 85 Db37
Horea RO 171 Cc59
Horeb GB 14 Dc26
Höreda S 103 Fc49
Horeftó GR 189 Ca81
Horémis GR 194 Bb88
Horeşti MD 173 Fa56
Horeşti MD 173 Fd58
Horezu RO 175 Da63
Horgau D 142 Dc50
Horgen CH 141 Cb53
Horgenzell D 142 Cd51
Hörgertshausen D 135 Ea49
Horgeşti RO 176 Ed60
Horgevik N 93 Da43
Horgheim N 77 Da33
Horgoš SRB 153 Jb57
Horhausen D 125 Ca42
Höri CH 141 Cb52
Horia RO 172 Ed58
Horia RO 177 Fb66
Horia RO 177 Fc64
Hořice CZ 136 Ga43
Hořice na Šumavě CZ 136 Fb49
Horígio GR 183 Ca76
Hořiněves CZ 136 Ga44
Horió GR 197 Eb90
Horistí GR 184 Cd76
Hörja S 110 Fa54
Horka D 128 Fc40
Horki BY 202 Eb12
Hörkkölä FIN 91 Lc35
Horleşti RO 173 Fa57
Horley GB 20 Fc29
Horlivka UA 205 Fb15
Hörlösa S 103 Gb51
Hormakumpu FIN 68 Jc15
Hormanloukko FIN 81 Jb31
Hormigos E 46 Da65
Horn A 136 Ga49
Horn N 70 Ed23
Horn N 70 Fa21
Horn S 103 Fb46
Horn S 103 Ga48
Horna E 55 Ed70
Hornachos E 51 Ca70
Hornachuelos E 60 Cc72
Horná Súča SK 137 Ha48
Hornbach D 133 Bd46
Horn-Bad Meinberg D 126 Cd38
Hornbæk DK 109 Ec24
Hornberg D 141 Cb50
Hornberga S 87 Fc37
Hornburg D 126 Dc38
Horncastle GB 17 Fc22
Horndal S 95 Ga40
Horne DK 100 Dc19
Horne DK 108 Dc27
Hörnebo S 103 Fb47
Horneburg D 118 Db33
Hörnefors S 80 Hb29
Horné Motešice SK 137 Hb48
Horné Mýto SK 145 Ha51
Hornesund N 92 Cd46
Horní Bečva CZ 137 Hb46
Horní Benešov CZ 137 Gd45
Horní Blatná CZ 135 Ec43
Horní Bříza CZ 135 Ed45
Horní Cerekev CZ 136 Fd47
Horní Jelení CZ 136 Ga44
Horní Jiřetín CZ 135 Ed43
Horní Kněžeklady CZ 136 Fb47
Horní Kruty CZ 136 Fc45
Horní Lideč CZ 137 Ha47
Hornillatorre E 38 Dc56
Hornillos de Cerrato E 46 Db59
Hornindal N 84 Cc34
Horning DK 108 Dc24
Horning GB 17 Gb24
Horninglow GB 16 Ed23
Hornio FIN 89 Jc36
Horní Planá CZ 136 Fa49
Horní Slavkov CZ 135 Ec44
Horní Vítavice CZ 136 Fa48
Hornmyr S 80 Gd26
Hornnes N 92 Cd45
Hornoy-le-Bourg F 23 Gc33
Hornsea GB 17 Fc20
Hornsjø N 85 Ea37
Hörnsjö S 80 Ha28
Hornslet DK 100 Dc23
Hornstein A 145 Gb52
Hornsträsk S 73 Hb24
Hornsyld DK 108 Dc25
Hörnum D 108 Cd28
Hornum DK 100 Db21
Horný Tisovník SK 146 Hd50
Horoatu Crasnei RO 171 Cc56
Horochiv UA 204 Ea15
Horodca MD 173 Fc58
Horodenka UA 204 Ea16
Horodişte MD 173 Fa55
Horodişte MD 173 Fb54
Horodişte MD 173 Fc57
Horodişte MD 173 Fd56
Horodło PL 131 Kd40
Horodnic RO 172 Eb55
Horodniceni RO 172 Eb56
Horodnja UA 202 Ec13
Horodnycja UA 202 Eb14
Horodok UA 204 Ea15
Horodyšče UA 204 Ec15
Horodyszcze PL 131 Kb38

Horonkylä – Impalata

Horonkylä FIN 82 Kc30
Horonkylä FIN 89 Ja32
Horoszki Duże PL 131 Kb36
Hořovice CZ 136 Fa45
Hořovičky CZ 135 Ed44
Horoz TR 198 Ga89
Horrabridge GB 19 Dd31
Horred S 102 Ec50
Hörröd S 111 Fb55
Horrskog S 95 Gb40
Horsdal N 71 Fb18
Horse and Jockey IRL 13 Ca23
Horseleap IRL 13 Cb21
Horsens DK 108 Dc25
Horsham GB 20 Fc29
Hørsholm DK 109 Ec25
Horslunde DK 109 Ea28
Horsmanaho FIN 83 Lc30
Hörsne S 104 Ha49
Horšovský Týn CZ 135 Ec46
Horst D 118 Db32
Horst NL 125 Bc39
Hörstel D 117 Cb36
Horstmar D 125 Ca37
Horstwalde D 127 Ed38
Horsunlu TR 198 Fb88
Hort H 146 Ja52
Horta de Sant Joan E 48 Fd63
Hortas E 36 Ba55
Hortáta GR 188 Ac83
Hørte N 93 Da46
Horten N 93 Dd43
Hortes F 31 Jc40
Hortezuela E 47 Ea61
Hortiátis GR 183 Cb78
Hortigüela E 46 Dd59
Hortlax S 73 Hd23
Hortobágy H 147 Jd52
Horton GB 20 Ed30
Horton GB 20 Fb26
Horton-cum-Studley GB 20 Fa27
Horton in Ribbledale GB 11 Ec19
Hörup D 108 Da28
Hørup DK 108 Dc28
Hørve DK 109 Ea25
Horven N 78 Ec25
Hörvik S 111 Fc54
Horwich GB 15 Ec21
Horyniec PL 139 Kc43
Horyszów Ruski PL 131 Kd41
Horzamalayaka TR 192 Fb86
Horzum TR 192 Fa86
Horzumenbelli TR 192 Fb86
Hoşafoglu TR 187 Ha78
Hosanger N 84 Ca38
Hösbach D 134 Cd44
Hosby DK 108 Dc25
Hoscheid L 133 Bb44
Hosena D 128 Fa40
Hosenfeld D 134 Da43
Hoset N 66 Fc17
Hoset N 77 Da31
Hosiári GR 194 Bc90
Hosingen L 133 Bb43
Hosio FIN 74 Ka31
Hoslemo N 92 Cd42
Hospice de France F 40 Ga57
Hospital E 36 Bc56
Hospital E 40 Fd58
Hospital IRL 12 Bd24
Hospital de Órbigo E 37 Cb57
Hossa FIN 75 Lb21
Hossegor F 39 Ed54
Hössjö S 80 Hb28
Hössjön S 79 Fd28
Hössna S 102 Fa48
Hosszúhetény H 152 Hb57
Hosszúpályi H 147 Ka53
Hosszúpereszteg H 145 Gc54
Hostal de Ispiés E 40 Fc58
Hostalric E 49 Hb60
Hostens F 32 Fb51
Hostěradice CZ 137 Gb48
Hostikka FIN 91 Lb37
Hostinné CZ 136 Ga43
Hostivice CZ 136 Fb44
Hošťka CZ 136 Fb43
Hostomice CZ 136 Fa45
Höstoppen S 79 Fd28
Hostouň CZ 135 Ec46
Hostrupskov DK 108 Db27
Hotanlı TR 186 Fb80
Hotarele RO 180 Eb67
Hotaşlar TR 192 Fa82
Hotedršica SLO 151 Fa58
Hötensleben D 127 Dd37
Hoticy RUS 107 Ld46
Hoting S 79 Ga27
Hotneža RUS 99 Ma42
Hotnica BG 180 Dd70
Hotolisht AL 182 Ad75
Hotonj BIH 158 Hd68
Hotton B 124 Ba42
Hötzelsdorf A 136 Ga49
Hou DK 101 Dd21
Hou DK 108 Dc25
Houdain F 23 Gd31
Houdan F 23 Gc37
Houdelaincourt F 24 Jb37
Houeillès F 40 Fd52
Houetteville F 23 Gb36
Houffalize B 133 Bb43
Houghton-le-Spring GB 11 Fa17
Houhajärvi FIN 89 Jc36
Houlbjerg DK 100 Dc23
Houlgate F 22 Fc35
Houliarádes GR 182 Ad80
Houmnikó GR 184 Cc77
Hourtin F 32 Fa49
Hourtin-Plage F 32 Fa49
Houssay F 28 Fb40
Housukoski FIN 90 Ka32
Houten NL 124 Ba37
Houthalen-Helchteren B 124 Ba40
Houtsala FIN 97 Ja40
Houtskär FIN 97 Ja40
Houyet B 132 Ad43
Hov N 62 Gd09
Hov N 66 Ga13
Hov N 78 Eb26
Hov N 85 Dd39
Hov S 103 Fc47
Hov S 110 Ed53
Hova S 95 Fb45
Høvåg N 93 Da47
Hovås S 102 Eb49
Hovborg DK 108 Da26
Hovda N 92 Cb43
Hovden N 66 Fc12
Hove GB 20 Fc30
Hove N 84 Cb36
Hovedgård DK 108 Dc24
Hövej H 145 Gc53
Hövelhof D 126 Cd38
Hoven DK 108 Da25
Hovenäset S 102 Ea46
Hovet N 85 Da39
Hovězí CZ 137 Ha47
Hovi FIN 82 La30
Hovid S 88 Gc33
Hovika N 78 Ec26
Höviken S 94 Ed41
Höviksnäs S 102 Eb48
Hovin N 78 Ea31
Hovin N 93 Db41
Hovin N 93 Ea42
Hovinmäki FIN 90 La34
Hovinsalo FIN 90 Kd33
Hovland N 92 Cb45
Hovmantorp S 103 Fd52
Hovorany CZ 137 Gc48
Hovsherad N 92 Cb45
Hovslätt S 103 Fb49
Hovslund Stationsby DK 108 Db27
Hovsta S 95 Fd43
Hovsund N 66 Fb14
Hovsvågen N 70 Ed21
Howden GB 16 Fb20
Howmore GB 6 Cd08
Hownam GB 11 Ec15
Howth IRL 13 Da21
Höxter D 126 Da38
Hoya D 118 Da35
Hoya de Santa María E 59 Bd72
Hoya-Gonzalo E 54 Ed69
Høyanger N 84 Cb36
Høydalsmo N 93 Da42
Hoyerswerda D 128 Fb40
Høyholm N 70 Ed22
Høyjord N 93 Dd43
Höykkylä FIN 81 Jc30
Höylä FIN 83 Lb28
Hoylake GB 15 Eb21
Høylandet N 78 Ed26
Hoyland Nether GB 16 Fa21
Hoym D 127 Dd38
Hoyocasero E 46 Cd64
Hoyo de Manzanares E 46 Db64
Hoyos E 45 Bd64
Höytiä FIN 90 Kb32
Høyvik N 63 Hc06
Høyvik N 84 Ca35
Hoz E 40 Fc57
Hozabejas E 38 Dc57
Hrabrovo RUS 113 Ja58
Hrabušice SK 138 Jb48
Hrabyně CZ 137 Ha45
Hradčany CZ 136 Fc43
Hradec Králové CZ 136 Ga44
Hradec nad Moravicí CZ 137 Ha45
Hradec nad Svitavou CZ 137 Gb46
Hrádek CZ 136 Fa46
Hrádek CZ 137 Gb49
Hrádek nad Nisou CZ 128 Fc42
Hradyz'k UA 204 Ed15
Hrafnagil IS 2 Ba04
Hrafnseyri IS 2 Ac02
Hráni GR 194 Bb88
Hranice CZ 135 Eb43
Hranice CZ 137 Ha46
Hraničné SK 138 Jb48
Hranovnica SK 138 Jb48
Hrastelnica HR 152 Gb60
Hrastje HR 152 Gb58
Hrastnik SLO 151 Fd57
Hrebenne PL 139 Kd43
Hrebinka UA 202 Ed14
Hredino RUS 99 Mb45
Hřensko CZ 128 Fb42
Hrhov SK 138 Jc49
Hrib-Loški Potok SLO 151 Fb59
Hriňová SK 138 Hd49
Hrísafa GR 194 Bc89
Hrísey IS 2 Ba03
Hříškov CZ 136 Fa44
Hrisópetra GR 183 Cb77
Hrisóstomos GR 196 Dd88
Hrissí GR 201 Db97
Hrissó GR 184 Cc76
Hrissoúpoli GR 184 Db77
Hrissovítsi GR 194 Bb87
Hristiáni GR 194 Ba88
Hristós GR 196 Dd88
Hristovaia MD 173 Fd54
Hrnjadi BIH 152 Gb63
Hrochův Týnec CZ 136 Ga45
Hrodna BY 202 Dd13
Hrómio GR 183 Bb79
Hrónia GR 189 Cb84
Hronov CZ 137 Gb43
Hronský Beňadik SK 146 Hc50
Hrostovice SK 139 Ka47
Hrotovice CZ 136 Ga48
Hroznětín CZ 135 Ec44
Hrtkovci SRB 153 Jb61
Hrubieszów PL 131 Kd41
Hrubov SK 139 Ka47
Hrud PL 131 Kb37
Hruşca MD 173 Fc54
Hrušica SLO 144 Fa56
Hrušica SLO 151 Fa58
Hruşova MD 173 Fd57
Hruštín SK 138 Hd47
Hrušuvacha UA 203 Fa14
Hrvaćani BIH 152 Ha62
Hrvace HR 158 Gc65
Hrvatska Dubica HR 152 Gc60
Hrvatska Kostajnica HR 152 Gc60
Hrženica HR 152 Gc57
Huaröd S 111 Fb55
Hubbo S 95 Gb42
Huben A 143 Eb55
Huby PL 129 Gb36
Hubynycha UA 205 Fa15
Huchet F 39 Ed53
Hückelhoven D 125 Bc40
Hückeswagen D 125 Ca40
Hucknall GB 16 Fa23
Hucqueliers F 23 Gc31
Huddersfield GB 16 Ed21
Huddunge S 95 Gb41
Hüde D 117 Cc36
Hude D 118 Cd34
Hudene S 102 Ed48
Hudënisht AL 182 Ad76
Hudeşti RO 172 Ec54
Hudiksvall S 87 Gb35
Huedin RO 171 Cd57
Huélago E 60 Dc74
Huélamo E 47 Ec65
Huelgoat F 26 Dd38
Huelma E 60 Dc73
Huelva E 59 Bb74
Huéneja E 61 Dd75
Huércal-Overa E 61 Ec74
Huércanos E 38 Ea58
Huergas E 37 Cb55
Huergas E 37 Cc56
Huérmeces E 38 Dc57
Huerta de Arriba E 46 Dd59
Huerta de la Obispalía E 53 Eb66
Huerta del Rey E 46 Dd60
Huerta de Valdecarábanos E 52 Dc66
Huertahernado E 47 Eb63
Huérteles E 47 Eb59
Huerto E 48 Fc60
Huesa E 61 Dd73
Huesa del Común E 47 Fa63
Huesca E 48 Fc59
Huéscar E 61 Ea73
Huete E 47 Ea65
Huétor Santillán E 60 Dc75
Huétor Tajar E 60 Da75
Hüfingen D 141 Cb51
Hugh Town GB 18 Cc32
Hugla N 70 Fa21
Hugley GB 15 Ec24
Huglfing D 143 Dd52
Huğlu TR 199 Hb89
Huhmarkoski FIN 81 Jc30
Huhtaa FIN 89 Jc36
Huhtala FIN 74 Jd21
Huhtalanniemi FIN 74 Jd18
Huhtamo FIN 89 Jc37
Huhtapuhto FIN 81 Jd27
Huhti FIN 89 Jd37
Huhtia FIN 90 Kb33
Huhtijärvi FIN 90 Ka33
Huhtilampi FIN 83 Ma31
Huhus FIN 83 Ma29
Huikkola FIN 83 Ma31
Huilliécourt F 31 Jc39
Huisheim D 134 Dc48
Huissen NL 125 Bc37
Huissinkylä FIN 81 Jb31
Huittinen FIN 89 Jc37
Huizen NL 116 Ba36
Hujakkala FIN 91 Lb37
Hujansalo FIN 90 Kd36
Hukanmaa S 68 Hd16
Hukkajärvi FIN 83 Ld25
Hukkala FIN 83 Lc30
Hukkala FIN 89 Jc32
Hulby DK 109 Ea27
Hulderbu N 85 Dc34
Hulín CZ 137 Gd47
Huljajpole UA 205 Fb15
Huljen S 87 Gb33
Hullbridge GB 21 Ga27
Hüllhorst D 126 Cd36
Hullo EST 97 Jd44
Hülsede D 126 Da37
Hulsig DK 101 Dd19
Hulst NL 124 Ac39
Hult S 95 Fb44
Hult S 103 Fd49
Hultafors S 102 Ed49
Hulterstad S 111 Gb53
Hultsfred S 103 Ga50
Hultsjö S 103 Fc50
Hulubeşti RO 176 Dd64
Huluboaia MD 177 Fc61
Hum BIH 159 Hd66
Hum HR 151 Fa60
Humada E 38 Db57
Humaloja FIN 82 Ka26
Humanby GB 17 Fc19
Humanes E 46 Dd63
Humberston GB 17 Fc21
Humbie GB 11 Ec13
Humble DK 109 Dd28
Humenné SK 139 Ka47
Humes-Jorquenay F 30 Jb39
Humilladero E 60 Cd75
Humla S 102 Fa48
Humlebæk DK 109 Ec25
Humljani HR 152 Ha59
Humlum DK 100 Da22
Hummelholm S 80 Ha29
Hummelo NL 125 Bc37
Hummelsta S 95 Gb42
Hummelvik N 63 Hc07
Hummersö FIN 96 Hc41
Hummovaara FIN 91 Ld32
Hummuli EST 106 La47
Humpolec CZ 136 Fd46
Humppi FIN 82 Ka31
Humppila FIN 89 Jd37
Hunawihr F 31 Kb38
Hundåla N 70 Fa22
Hundberg N 62 Gd10
Hundberg S 72 Gd23
Hundborg DK 100 Da21
Hundeidvik N 76 Cc33
Hundelev DK 100 Dc20
Hundeluft D 127 Eb38
Hunderdorf D 135 Ec48
Hundeshagen D 126 Db40
Hundested DK 109 Eb25
Hundholmen N 66 Ga14
Hundisburg D 127 Ea37
Hundorp N 85 Dd36
Hundred House GB 15 Ea25
Hundsangen D 125 Cb42
Hundsbach D 133 Ca45
Hundsjö S 80 Ha29
Hundsjön S 73 Hd21
Hundslund DK 108 Dc25
Hundsnes N 76 Cb33
Hundvin N 84 Ca38
Hune DK 100 Dc20
Hunedoara RO 175 Cc61
Hünfeld D 126 Da42
Hunge S 87 Fc32
Hungen D 134 Cd43
Hungerford GB 20 Fa28
Hunnebostrand S 102 Ea46
Hunnefossen N 92 Ca46
Hunnestad S 102 Ec51
Hunspach F 25 Kc35
Hunstanton GB 17 Fd23
Huntingdon GB 20 Fc25
Huntley GB 19 Ec27
Huntly GB 7 Ec08
Hünxe D 125 Bd38
Huopana FIN 82 Kb30
Huopanankoski FIN 82 Kb30
Huparlac F 33 Ha50
Huppy F 23 Gc33
Hüpstedt D 126 Dc40
Hurbanovo SK 145 Hb52
Hurdal N 85 Ea40
Hurdegrave NL 117 Bc33
Hurezani RO 175 Cd64
Huriel F 33 Ha45
Hurissalo FIN 91 Lb34
Hurlers Cross IRL 12 Bc23
Hurliness GB 5 Eb03
Hurones E 38 Dc58
Hurskaala FIN 90 La32
Hurstbourne Priors GB 20 Fa29
Hurstbourne Tarrant GB 20 Fa29
Hurst Green GB 20 Fd30
Hurşunlu TR 193 Hb85
Hürtgenwald D 125 Bc41
Hürth D 125 Bd41
Hurttala FIN 91 Lb37
Huruieşti RO 176 Ed60
Huruksela FIN 90 La38
Hurum N 93 Dd42
Hurup DK 100 Cd22
Huruslahti FIN 90 La32
Hurva S 110 Fa55
Hurworth-on-Tees GB 11 Fa18
Hurzuf UA 205 Fa18
Husa N 84 Cb40
Husa S 78 Fa30
Husaby S 102 Fa46
Húsafell IS 2 Ac04
Husasău de Tinca RO 170 Ca57
Húsavík IS 3 Bb03
Husbondliden S 80 Gd25
Husby D 108 Db28
Husby DK 100 Cd23
Husby N 70 Fa21
Husby S 95 Ga40
Husby-Ärlinghundra S 96 Gd42
Husby-Rekarne S 95 Ga43
Husby-Sjuhundra S 96 Ha42
Husby-Sjutolft S 96 Gc42
Hüseyin TR 199 Gb92
Hüseyinpaşalar TR 191 Ec82
Hushinish GB 4 Cd06
Huşi RO 173 Fb59
Husinec CZ 136 Fa48
Huskvarna S 103 Fb49
Huslenky CZ 137 Ha47
Husnes N 92 Ca41
Husnicicara RO 175 Cc64
Husøy N 62 Gb10
Hustad N 76 Cd31
Hustopeče CZ 137 Gc48
Husula FIN 90 La38
Husula FIN 91 Lb36
Husum D 108 Da29
Husum D 126 Da36
Husum S 80 Ha30
Husum-Ballum DK 108 Cd27
Husvika N 70 Ed22
Huszlew PL 131 Kb37
Hutovo BIH 158 Hb68
Hüttenberg A 144 Fb55
Hüttenberg D 126 Cc42
Hüttenrode D 127 Dd39
Hutthurm D 135 Ed49
Hüttlingen D 134 Db48
Hutton Sessay GB 11 Fa19
Hüttschlag A 143 Ed54
Huttukylä FIN 74 Ka23
Huttula FIN 90 Ka33
Huttwil CH 141 Ca54
Huuhilo FIN 90 La36
Huuhilonkylä FIN 83 Lb25
Huuhkala FIN 69 Ka11
Huukki S 68 Jb16
Huutijärvi FIN 89 Jd35
Huutokoski FIN 83 Lc29
Huutokoski FIN 90 La32
Huutoperä FIN 82 Kb28
Huuttila FIN 90 Kd35
Huuvari FIN 90 Kc38
Huwniki PL 139 Kb45
Huy B 124 Ba41
Hüyük TR 199 Hb88
Hüyüklü TR 193 Ha87
Huzenbach D 133 Cb49
Hvåle N 85 Db40
Hvaler N 93 Ea44
Hvalpsund DK 100 Db22
Hvalvík DK 3 Ca06
Hvalynsk RUS 203 Ga11
Hvam DK 100 Da23
Hvam Mejeriby DK 100 Da23
Hvammstangi IS 2 Ad03
Hvam Stationsby DK 100 Db22
Hvanneyri IS 2 Ac04
Hvar HR 158 Gc67
Hvarnes N 93 Dc43
Hvastoviči RUS 202 Ed12
Hveragerði IS 2 Ac05
Hvidbjerg DK 100 Da22
Hvide Sande DK 108 Cd24
Hvilson DK 100 Db22
Hvirring DK 108 Db25
Hvitsten N 93 Ea42
Hvittingfoss N 93 Dd43
Hvitträsk FIN 98 Kb40
Hvojna BG 184 Db74
Hvolsvöllur IS 2 Ac05
Hvornum DK 100 Dc22
Hvorostjanka RUS 203 Ga10
Hvorslev DK 100 Dc23
Hybo S 87 Ga35
Hycklinge S 103 Ga48
Hyde GB 16 Ed21
Hyen N 84 Cb35
Hyenville F 22 Fa36
Hyères F 42 Ka55
Hyères-Plage F 42 Ka55
Hyet F 31 Jd41
Hylestad N 92 Cd44
Hylke DK 108 Dc24
Hylla N 78 Eb28
Hyllestad N 84 Ca36
Hyllested Skovgårde DK 109 Dd24
Hyllinge DK 109 Eb27
Hyltebruk S 102 Ed51
Hyltinge S 95 Gb44
Hymont F 31 Jd38
Hynish GB 9 Da14
Hynnekleiv N 93 Da45
Hyönölä FIN 98 Ka39
Hyötyy FIN 90 La33
Hyrkäs FIN 74 Kb24
Hyrkkälä FIN 91 Lb35
Hyrkkölä FIN 98 Ka39
Hyrsyla FIN 98 Ka39
Hyrvälä FIN 90 Ka37
Hyry FIN 74 Ka22
Hyrylä FIN 98 Kb39
Hyrynsalmi FIN 75 La24
Hysgjokaj AL 182 Ab76
Hysnes N 77 Dd29
Hyssna S 102 Ec49
Hythe GB 20 Fa30
Hythe GB 21 Gb29
Hytölä FIN 82 Kc31
Hytti FIN 91 Lc36
Hyttikoski FIN 82 Kb25
Hyväniemi FIN 75 Kd19
Hyvikkälä FIN 90 Ka37
Hyvinkää FIN 90 Kb38
Hyvölänranta FIN 82 Kb26
Hyvönmäki FIN 91 Ld32
Hyynilä FIN 89 Jc35
Hyypiö FIN 74 Kb18
Hyyppä FIN 89 Ja33
Hyyrylä FIN 90 Ka34
Hyytiälä FIN 90 Ka34
Hyżne PL 139 Ka44

I

Ía GR 196 Db92
Iabloana MD 173 Fa55
Iacobeni RO 172 Ea56
Iacobeni RO 175 Dc60
Ialoveni MD 173 Fd58
Ialpugeni MD 173 Fc59
Iam RO 174 Bd63
Iana RO 177 Fa60
Ianca RO 177 Fa64
Ianca RO 179 Da68
Iancu Jianu RO 175 Da65
Ianoşda RO 170 Ca57
Iare RO 171 Da58
Iargara MD 177 Fc60
Iarova MD 173 Fb53
Iaşi RO 173 Fa57
Íasmos GR 184 Dc77
Ibahernando E 51 Ca67
Iballë AL 159 Jc70
Ibăneşti RO 172 Db58
Ibăneşti RO 172 Ec54
Ibarra E 39 Ec56
Ibbenbüren D 117 Cb36
Ibdes E 47 Ec62
Ibeas de Juarros E 38 Dc58
İbecik TR 198 Fd90
Ibi E 55 Fb70
İbirler TR 192 Fa82
Ibiza E 56 Gc69
İbradı TR 199 Hb90
Ibramovice PL 138 Ja43
Ibrány H 147 Ka50
İbriktepe TR 185 Eb77
Ibros E 52 Dc72
Ibstone GB 20 Fb27
İçdedeler TR 187 Gc79
Ičera BG 180 Eb72
Ichalia GR 189 Bc81
Ichenhausen D 142 Db50
Ichenheim D 133 Ca49
Ichtershausen D 127 Dd41
İçikler TR 192 Fb85
İçikli TR 193 Gc86
Icking D 143 Dd51
Ickleingham GB 21 Ga25
Icksjö S 87 Fc38
Iclănzel RO 171 Db59
Iclod RO 171 Da57
İçmeler TR 197 Fa91
Ičnja UA 202 Ec14
Icoana RO 175 Db66
Icuşeşti RO 172 Ed58
Idala S 102 Ec50
Idala S 110 Fa56
Idanha-a-Nova P 44 Bb65
Idar-Oberstein D 133 Bd45
Idbacka S 79 Gb26
Idd N 94 Eb44
Ideciu de Jos RO 171 Dc58
Iden D 119 Eb35
Iden GB 21 Ga30
Īdeņa LV 107 Lc50
Idenor S 87 Gb36
Idivuoma S 68 Hd13
Idkerberget S 95 Fd40
Idom DK 100 Cd23
Idoméni GR 183 Ca76
Idoš SRB 174 Bb60
Ídra GR 195 Cb88
Idre S 86 Ed35
Idrica RUS 107 Mb51
Idrija RUS 107 Mb51
Idrija SLO 151 Fa58
İdrisyayla TR 193 Gc83
Idro I 149 Db58
Idrsko SLO 150 Ed57
Idstein D 133 Cb43
Idus LV 106 Kc47
Idvattnet S 79 Gb26
Idvor SRB 153 Jc60
Idvor SRB 174 Bb62
Idzików PL 137 Gc44
Iecava LV 106 Kb52
Iecelnieki LV 107 Lc50
Iedera RO 176 Ea64
Ieper B 21 Ha30
Iepureşti RO 180 Ea67
Ierápetra GR 201 Dc96
Ieras LV 105 Jc51
Ieriķi LV 106 Kd49
Ierissós GR 184 Cd79
Iernut RO 171 Db59
Ieropigí GR 182 Ba77
Ieud RO 171 Db55
Iezărenii Vechi MD 173 Fb56
Ifac E 55 Fd70
Iffeldorf D 143 Dd52
Iffendic F 27 Ec39
Iffezheim D 133 Cb48
Iffigenalp CH 141 Bc56
Ifield GB 20 Fc29
Ig SLO 151 Fb58
Igaküla EST 97 Jd45
Igal H 145 Ha56
Igalo MNE 159 Hc69
Igar H 146 Hc55
Igate LV 106 Kc49
Iğdeci TR 199 Gc88
Iğdecik TR 192 Fb85
Iğdecik TR 192 Fb87
Iğdecik TR 193 Hb82
Iğdır TR 186 Fd80
Igé F 34 Ja45
Igea E 47 Ec59
Igea Marina I 156 Eb64
Igel D 133 Bc45
Igelfors S 95 Fd45
Igelstorp S 103 Fb47
Igensdorf D 135 Dd46
Igerøy N 70 Ed22
Igersheim D 134 Da46
Iggaldas N 64 Jb07
Iggensbach D 135 Ed49
Iggesund S 87 Gb36
Iggön S 88 Gc38
Ighişu Nou RO 175 Db60
Ighiu RO 175 Cd60
Ightham GB 20 Fd29
Iglarevo KSV 178 Ba71
Iglesiarrubia E 46 Dc59
Iglesias E 38 Db58
Iglesias I 169 Bd79
Igliauka LV 114 Kb58
Iglika BG 181 Ec69
Igliškėliai LV 114 Kb58
Igls A 143 Dd54
Ignaberga S 110 Fa54
Ignalina LT 115 Lb55
Ignaţei MD 173 Fc56
İğneada TR 186 Fa75
İğneler TR 185 Ed76
Igneşti RO 170 Cb59
Igny-Comblizy F 24 Hc36
Igołomia PL 138 Ja44
Igomel' RUS 99 Ma44
Igoumenítsa GR 182 Ac80
Igrane HR 158 Gd67
Igrejinha P 50 Ad69
Igualada E 49 Gc61
Igualeja E 60 Cc76
Igüeña E 37 Ca56
Ihamäki FIN 89 Jd38
Ihamaniemi FIN 91 Lc32
Ihamaru EST 107 Lb46
Ihari FIN 90 Ka36
Iharos H 152 Gd57
Iharosberény H 152 Gd57
Ihasalu EST 98 Kc42
Ihaste EST 99 Lb45
Ihastjärvi FIN 90 La33
Ihlienworth D 118 Cd32
Ihlow D 117 Cb33
Ihode FIN 89 Ja37
Iholdy F 39 Fa55
Ihotunlahti FIN 82 Kd28
Ihova SLO 144 Ga56
Ihrlerstein D 135 Ea48
İhsaniye TR 186 Fc79
İhsaniye TR 186 Ga79
İhsaniye TR 193 Gc83
İhsaniye TR 193 Gc84
İhsaniye TR 199 Gd91
Ii FIN 74 Ka23
Iidır TR 191 Ea86
Iigaste EST 106 La47
Iijärvi FIN 64 Ka09
Iiksenvaara FIN 83 Ld30
Iinattijärvi FIN 75 Kc22
Iinattiniemi FIN 75 Kc22
Iiroonranta FIN 81 Jd31
Iisalmi FIN 82 Kd28
Iisinki FIN 74 Jd18
Iisvesi FIN 82 Kd31
Iitin FIN 90 Kd37
Iittala FIN 90 Ka37
IJmuiden NL 116 Ad35
IJsselmuiden NL 117 Bc35
IJsselstein NL 124 Ba37
IJzendijke NL 124 Ab38
Ikaalinen FIN 89 Jc35
Ikast DK 108 Db24
Ikervár H 145 Gc54
İkibaşlı TR 192 Fd83
İkizce TR 198 Fd93
İkizdere TR 191 Ed87
Ikkala FIN 89 Jd33
Ikkala FIN 98 Ka39
Ikkeläjärvi FIN 89 Jb33
Ikla EST 106 Kb47
Ikornnes N 76 Cc33
Ikosenniemi FIN 74 Kb22
İkramiye TR 187 Gb79
Ikrény H 145 Gd52
Ikšķile LV 106 Kc51
Ilandža SRB 174 Bc62
Ilanz CH 142 Cc55
Ilava SK 137 Hb48
Iława PL 122 Hc32
Ilberstedt D 127 Ea38
Ilbro DK 100 Dc20
il Castagno I 155 Db66
Ilche E 48 Fd59
Ilchester GB 19 Eb30
Ileana RO 176 Ec66
Ileanda RO 171 Da56
Île de Fédrun F 27 Ec42
Ilenuţa MD 173 Fb56
Il'eši RUS 99 Ma41
Ilfeld D 126 Dc39
Ilford GB 20 Fd28
Ilfracombe GB 19 Dd29
Ilgardere TR 185 Eb80
Ilgaz TR 205 Fb20
Ilgın TR 193 Hb87
Ilgižiai LV 114 Kb56
Ilguva LV 114 Kb57
Ilhavo P 44 Ac63
Ília GR 189 Ca83
Ilia RO 175 Cc60
Iliç TR 205 Fd20
Ilıca TR 191 Ea86
Ilıca TR 192 Fa81
Ilıcabaşı TR 193 Gd83
Ilıcak TR 186 Fa80
Ilıcaköy TR 199 Ha91
Ilıcaksu TR 192 Ga82
Ilıcasu TR 192 Fd84
Ilidža BIH 159 Hc65
Ilija Bläskovo BG 181 Ec70
Ilijaš BIH 159 Hc64
Ilijno BG 180 Eb70
Il'ino RUS 202 Eb11
Il'insko- Zaborskoe RUS 203 Fb08
Ilíokastro GR 195 Ca88
Iliokómi GR 184 Cd77
Ilirska Bistrica SLO 151 Fb59
Il'jinskoje RUS 113 Jd59
Il'jušino RUS 113 Jd59
Ilkestone GB 16 Fa23
Ilkkurşunköy TR 192 Fa87
Ilkley GB 16 Ed20
Illana E 47 Ea65
Illano E 37 Bd54
Illar E 61 Ea76
Illasi I 149 Dc59
Illby FIN 90 Kc38
Illerrieden D 142 Da50
Illertissen D 142 Da50
Illescas E 46 Db65
Ille-sur-Têt F 41 Ha57
Illičivs'k UA 204 Ec17
Illiers-Combray F 29 Gb39
Illingen D 133 Bd46
Illingen D 134 Cc48
Illkirch-Graffenstaden F 25 Kc37
Illmensee D 142 Cd51
Illmitz A 145 Gc52
Illo FIN 89 Jc36
Illo FIN 97 Jc40
Illois F 23 Gc34
Íllora E 60 Db74
Illschwang D 135 Ea46
Illueca E 47 Ed61
Illuka EST 99 Lb42
Illzach F 31 Kb39
Ilmajoki FIN 89 Jb32
Ilmenau D 127 Dd42
Il'men' Suvorovskij RUS 203 Fd14
Ilmington GB 20 Ed26
Ilminster GB 19 Eb30
Ilmjärve EST 107 Lb47
Ilmoila FIN 90 Ka36
Ilmola FIN 74 Jc21
Ilmolahti FIN 82 Kb30
Il'mova Gora RUS 107 Mb49
Ilok HR 153 Ja60
Ilola FIN 90 Kc38
Ilomäki FIN 82 Kc31
Ilomäki FIN 89 Jd33
Ilomantsi FIN 83 Ma30
İlören TR 193 Hb82
Ilosjoki FIN 82 Kb29
Ilovăt RO 174 Cb64
Ilovice BIH 159 Hc65
Ilovita RO 174 Cb64
Iłów PL 130 Ja36
Iłowa PL 128 Fd40
Iłowo PL 121 Gd33
Iłowo-Osada PL 122 Ja34
Ilsbo S 87 Gb35
Ilsede D 126 Dc37
Ilsenburg D 126 Dc38
Ilseng N 86 Eb38
Ilsfeld D 134 Cd47
Ilshofen D 134 Da47
Ilskov DK 100 Da23
Ilttula FIN 97 Jc39
Ilūkste LV 115 Lb53
Ilumäe EST 98 Kd41
Ilva Mare RO 172 Dd56
Ilva Mică RO 171 Dc56
Ilvesjoki FIN 89 Jb33
Ilyas TR 199 Gb88
İlyasbey TR 187 Gb80
İlyaslı TR 192 Fd85
İlyaslar TR 191 Ed84
İlyaslar TR 192 Fb83
İlyaslar TR 193 Hb87
İlyaspaşa TR 193 Hb84
Iłża PL 130 Jc40
Ilzene LV 107 Lb48
İmamlar TR 198 Fd90
Imatra FIN 91 Lc35
Imatrankoski FIN 91 Lc35
Imavere EST 98 Kd44
Imbarė LT 113 Jb54
Imbradas LT 115 Lb54
Ímbros GR 200 Cc95
İmecik TR 199 Gb91
İmeciksusuzu TR 199 Gb91
Imeľ SK 145 Hb51
Imenicy RUS 99 Mb42
Imeno SLO 151 Ga57
Imer I 150 Ea57
Ímeros GR 184 Dc77
Imielin PL 138 Hc44
Imirizaldu E 39 Fa57
Imjärvi FIN 90 Kd36
Immeln S 111 Fb54
Immendingen D 142 Cc51
Immenhausen D 126 Da39
Immenreuth D 135 Ea45
Immenstaad D 142 Cd52
Immenstadt D 142 Db52
Immilä FIN 90 Kc37
Immingham GB 17 Fc21
Immolanmäki FIN 91 Lb32
Imola I 150 Dd63
Imón E 47 Ea62
Imotski HR 158 Gd66
Impalata I 162 Ha75

Jasa Tornič - Kąkolewnica Wschodnia

Jasa Tornič SRB 174 Bc61
Jaščera RUS 99 Mb41
Jasenak HR 151 Fc60
Jasenica BIH 152 Gb62
Jasenica SRB 174 Ca66
Jasenice HR 157 Ga64
Jasenie SK 138 Hd48
Jasenik HR 152 Gd58
Jasenkovo BG 181 Ec69
Jasenovac HR 152 Gc60
Jasenovec BG 181 Ec69
Jasenovo SRB 174 Bc63
Jasenovo SRB 178 Ad67
Jasenskaja RUS 205 Fc16
Jasień PL 121 Gd30
Jasień PL 121 Hb30
Jasień PL 128 Fc39
Jasienica PL 120 Fb33
Jasienica PL 128 Fc38
Jasienica PL 130 Jc36
Jasienica PL 138 Hc45
Jasienica Dolna PL 137 Gd43
Jasienie PL 129 Ha41
Jasieniec PL 130 Jb38
Jasika SRB 178 Bc68
Jasikovo SRB 174 Bd66
Jasionka PL 139 Ka43
Jasionna PL 121 Gb35
Jasionna PL 130 Hd38
Jasionów PL 138 Ja46
Jasionówka PL 123 Kb32
Jasionowo PL 123 Ka30
Jašiūnai LT 114 La58
Jaškul' RUS 205 Ga15
Jaślany PL 139 Jd43
Jasło PL 139 Jd45
Jasná SK 138 Hd48
Jasnaja Poljana RUS 113 Jd59
Jasna Poljana BG 181 Fa73
Jasnoe RUS 113 Jc57
Jasnogorsk RUS 203 Fa11
Jasov SK 138 Jc48
Jásova SK 145 Hb51
Jastarnia PL 121 Hb29
Jastkowice PL 131 Ka42
Jastrebarsko HR 151 Ga59
Jastrebino RUS 99 Ma41
Jastrowie PL 121 Gc33
Jastrząb PL 130 Jc40
Jastrząbka PL 122 Jc34
Jastrzębia PL 130 Jc39
Jastrzębia PL 138 Jc45
Jastrzębia Góra PL 112 Ha58
Jastrzębie-Zdrój PL 137 Hb45
Jaświły PL 123 Kb32
Jasynuvata UA 205 Fb15
Jászalsószentgyörgy H 146 Jb53
Jászapáti H 146 Jb53
Jászárokszállás H 146 Ja52
Jászberény H 146 Ja53
Jaszczołty PL 123 Ka35
Jászfényszaru H 146 Ja52
Jászkarajenő H 146 Jb54
Jászkisér H 146 Jb53
Jászladány H 146 Jb53
Jaszów PL 137 Gd43
Jászszentandrás H 146 Jb52
Jászszentlászló H 146 Ja56
Jät S 103 Fc52
Játar E 60 Db75
Jatko FIN 75 Kc22
Jättendal S 87 Gb35
Jättensö S 87 Ga33
Jättölä FIN 98 Ka39
Jatwież PL 123 Kb32
Jatznick D 120 Fa33
Jauge F 32 Fb51
Jauhojärvi FIN 68 Jc16
Jauja E 60 Cd74
Jaulín E 47 Fa61
Jaulnay F 28 Fd43
Jaun CH 141 Bc55
Jaunaglona LV 107 Lc52
Jaunalūksne LV 107 Lc48
Jaunanna LV 107 Lc49
Jaunauce LV 105 Jd52
Jaunbērze LV 106 Ka51
Jaunciems LV 105 Jc48
Jaunciems LV 105 Jd49
Jaundziras LV 105 Jd51
Jaungulbene LV 107 Lb49
Jauniūnai LT 114 La57
Jaunjelgava LV 106 Kd51
Jaunjērčeni LV 106 Kd48
Jaunkalsnava LV 106 La51
Jaunlaicene LV 107 Lb48
Jaunlutriņi LV 105 Jc51
Jaunmuiža LV 105 Jc51
Jaunpasts LV 105 Jd50
Jaunpiebalga LV 106 La49
Jaunpils LV 106 Ka51
Jaunsaras E 39 Ec56
Jaunsāti LV 105 Jd51
Jaunsaule LV 106 Kc52
Jaunsmiltene LV 106 La48
Jaunsvirlauka LV 106 Kb52
Jaurakkajärvi FIN 75 Kc23
Jausa EST 97 Jc45
Jausiers F 43 Kb51
Javarus FIN 69 Kb17
Jávea E 55 Fd70
Jävenitz D 127 Ea36
Javerlhac-et-la-Chapelle-Saint-Robert F 33 Ga48
Javgur MD 173 Fc59
Javier E 39 Fa57
Javierre E 40 Fc58
Javorani BIH 152 Gd62
Javorec BG 180 Dc71
Javorina SK 138 Ja47
Javoriv UA 204 Dd15
Javorná CZ 135 Ec44
Javorná CZ 135 Ed47
Javornic HR 151 Fd61
Javorník CZ 137 Gc43
Jävre S 73 Hd24
Javron F 28 Fc38
Jawor PL 129 Gb41
Jaworki PL 138 Jb46
Jawornik PL 138 Ja45
Jaworowice PL 139 Kb45
Jaworze PL 138 Hc45
Jaworzno PL 129 Hb41
Jaworzno PL 138 Hd44
Jaworzyna Śląska PL 129 Gb42
Jayena E 60 Db75
Jaywick GB 21 Gb27
Jaz MNE 159 Hd70
Jazente P 44 Ba61
Jeantes F 24 Hc33
Jebel RO 174 Bc61
Jedburgh GB 11 Ec15
Jedlicze PL 139 Jd45
Jedlina-Zdrój PL 129 Gb42
Jedlińsk PL 130 Jc39
Jedlnia-Letnisko PL 130 Jc39
Jednorożec PL 122 Jb34
Jedovnice CZ 137 Gc47
Jędrychowo PL 122 Hc32
Jędrychowo PL 122 Hd30
Jędrzejów PL 130 Ja42
Jędrzychowice PL 129 Gb39
Jédula E 59 Ca76
Jedwabne PL 123 Jd33
Jedwabno PL 122 Jb32
Jeesiö FIN 69 Jd15
Jeesiöjärvi FIN 69 Jd15
Jegălia RO 181 Fa67
Jegerup DK 108 Db27
Jeggau D 127 Dd36
Jegind DK 100 Da22
Jegłownik PL 122 Hc31
Jégun F 40 Fd54
Jegunovce MK 178 Bb72
Jēkabpils LV 106 La52
Jeksen DK 108 Dc24
Jektvika N 70 Fa19
Jektvika N 70 Fb19
Jelaci SRB 178 Bb68
Jelah BIH 152 Hb62
Jelanec' UA 204 Ed16
Jelašca BIH 159 Hc66
Jelašnica SRB 174 Ca66
Jelcz-Laskowice PL 129 Gd41
Jelen Do SRB 159 Jc64
Jelenec SK 145 Hb50
Jelenia Gora PL 128 Ga42
Jeleniewo PL 123 Ka30
Jelenin PL 128 Fd39
Jelesejevići SRB 159 Jb64
Jelésnia PL 138 Hd46
Jelgava LV 106 Kb51
Jelgavkrasti LV 106 Kc49
Jelling DK 108 Db25
Jel'niki RUS 113 Jc58
Jelonki PL 123 Jd34
Jelovac SRB 174 Bd66
Jelovoje RUS 113 Jd58
Jełowa PL 129 Ha42
Jels DK 108 Da26
Jelsa HR 158 Gc67
Jelsa N 92 Cb42
Jelšane SLO 151 Fb60
Jelšava SK 138 Jb49
Jelsi I 161 Fc73
Jemelle B 132 Ba43
Jemenovci SRB 174 Bc62
Jemenuño E 46 Da62
Jemeppe-sur-Meuse B 124 Ad42
Jemgum D 117 Cb33
Jemielnica PL 137 Hb43
Jemielno PL 129 Gb39
Jena D 127 Ea41
Jenakijeve UA 205 Fb15
Jenaz CH 142 Cd54
Jenbach A 143 Ea53
Jenikowo PL 120 Fd33
Jenlain F 24 Hb32
Jennersdorf A 145 Gb55
Jenny S 103 Gb49
Jensåsvoll N 86 Ec32
Jenstad N 77 Dc33
Jeppo FIN 81 Jb29
Jeprca SLO 151 Fb57
Jepua FIN 81 Jb29
Jerez de La Frontera E 59 Bd76
Jerez del Marquesado E 61 Dd75
Jerez de los Caballeros E 51 Bc70
Jergucat AL 182 Ac79
Jérica E 54 Fb66
Jerichow D 127 Eb36
Jerka PL 129 Gc38
Jerlev DK 108 Db25
Jerli Perlez KSV 178 Bb71
Jerpåsen N 71 Fb23
Jerrettspass GB 9 Cd18
Jersika LV 107 Lb52
Jerslev DK 100 Dc20
Jeršov RUS 203 Ga11
Jeršovo RUS 113 Jb58
Jerte E 45 Cb65
Jerup DK 101 Dd19
Jerxheim D 127 Dd37
Jerzens A 142 Dc54
Jerzmanowa PL 128 Ga39
Jerzmanowice PL 138 Hd44
Jerzu I 169 Cb78
Jerzwałd PL 122 Hc32
Jesberg D 126 Cd41
Jesenice CZ 135 Ed44
Jesenice CZ 136 Fb45
Jesenice SLO 144 Fa56
Jeseník CZ 137 Gd44
Jeserig D 127 Ec37
Jesewitz D 127 Ec40
Jesi I 156 Ec66
Jesolo I 150 Eb59
Jésonville F 31 Jd39
Jessen D 127 Ed39
Jessheim N 94 Eb41
Jeßnitz D 127 Eb39
Jesteburg D 118 Db33
Jestetten D 141 Cb52
Jestřebí CZ 136 Fc43
Jeti EST 106 La47
Jettingen D 134 Cc49
Jettingen-Scheppach D 142 Db50
Jetzendorf D 143 Dd50
Jeugny F 30 Hd39
Jeumont F 24 Hc32
Jeurre F 31 Jc44
Jevenstedt D 118 Db30
Jever D 117 Cc32
Jevíčko CZ 137 Gc46
Jevišovice CZ 136 Ga48
Jevnaker N 85 Dd40
Jevpatorija UA 205 Fa17
Jevreni MD 173 Fd57
Jeże PL 123 Jd32
Jezera BIH 152 Ha63
Jezerane HR 151 Fd61
Jezerce KSV 178 Bb71
Jezero BIH 152 Gd63
Ježević HR 158 Gc65
Ježevo HR 152 Gb59
Jeżewo PL 121 Hb33
Jeżewo PL 122 Hd35
Jeziorany PL 122 Ja31
Jeziora Wielkie PL 129 Ha36
Jeziorki Wałeckie PL 120 Ga34
Jeziorko PL 123 Jd33
Jeziorowice PL 130 Hd42
Jeziorsko PL 129 Hb38
Jeziory Wielkie PL 129 Gc37
Jeziorzany PL 131 Ka39
Jeżów PL 130 Ja38
Jeżowe PL 139 Ka43
Jiana RO 174 Cb65
Jiana Mare RO 174 Cb65
Jibert RO 176 Dd61
Jibou RO 171 Cd56
Jichişu de Jos RO 171 Da57
Jičín CZ 136 Fd43
Jičíněves CZ 136 Fd43
Jidvei RO 175 Db60
Jierijärvi S 73 Ja18
Jieznas LT 114 Kc58
Jihlava CZ 136 Fd47
Jijila RO 177 Fb63
Jijona E 55 Fb71
Jilava RO 176 Ea66
Jilavele RO 176 Ec65
Jilemnice CZ 136 Fd43
Jilové CZ 128 Fb42
Jilové u Prahy CZ 136 Fb45
Jiltjaur S 72 Gb23
Jimbolia RO 174 Bb60
Jimena E 60 Dc73
Jimena de la Frontera E 59 Cb77
Jiménez de Jamuz E 37 Cb58
Jimramov CZ 137 Gb46
Jina RO 175 Da61
Jince CZ 136 Fa45
Jindřichov CZ 137 Gd44
Jindřichovice CZ 135 Ec44
Jindřichovice pod Smrkem CZ 128 Fd41
Jindřichův Hradec CZ 136 Fc48
Jinošov CZ 137 Gb47
Jirkov CZ 135 Ed43
Jirlău RO 176 Ed64
Jistebnice CZ 136 Fb46
Jitia RO 176 Ec62
Jivjany CZ 135 Ec46
Joachimsthal D 120 Fa35
Joakim-Gruevo BG 180 Db73
João Serra P 58 Ad72
Joarilla de las Matas E 37 Cd58
Jobbágyi H 146 Ja52
Jochberg A 143 Eb53
Jocketa D 135 Eb43
Jockfall S 73 Ja19
Jockgrim D 133 Cb47
Jódar E 60 Dc73
Jodeliszki PL 123 Kb30
Jodłowa PL 139 Jd44
Jodłownik PL 138 Jb45
Jodoigne B 124 Ad41
Jõelähtme EST 98 Kc42
Joensuu FIN 83 Ld30
Joesjö S 71 Fc22
Jõgeva EST 98 La44
Johampolis LT 114 Ka55
Johannesfors S 80 Hc28
Johann-Georgenstadt D 135 Ec43
Johannishus S 111 Fd54
Johanniskirchen D 135 Ec49
Johanniskreuz D 133 Ca46
Johansfors S 102 Ed52
Johansfors S 103 Fd52
John o'Groats GB 5 Ec04
Johnsbach A 144 Fb53
John's Cross GB 20 Fd30
Johnshaven GB 7 Ed10
Johnstone GB 10 Dd13
Johnstown IRL 13 Cb23
Johnstown IRL 13 Cd23
Johovac BIH 152 Hb62
Johovac BIH 153 Hd62
Jöhstadt D 135 Ed43
Jõhvi EST 99 Lb42
Joigny F 30 Hb39
Joinville F 30 Jb38
Joița RO 176 Ea66
Jokela FIN 74 Ka19
Jokela FIN 82 Kc27
Jokela FIN 90 Kb38
Jøkelfjord N 63 Hc08
Jokihaara FIN 89 Jb35
Jokihaara FIN 90 Kb32
Jokijärvi FIN 75 Kd21
Jokijärvi FIN 82 Kc30
Joki-Kokko FIN 74 Kb23
Jokikunta FIN 98 Ka39
Jokikylä FIN 74 Ka23
Jokikylä FIN 75 La24
Jokikylä FIN 81 Jd27
Jokikylä FIN 81 Jc29
Jokikylä FIN 81 Ja31
Jokikylä FIN 82 Kb27
Jokikylä FIN 82 Ka25
Jokikylä FIN 89 Jc33
Jokina Čuprija SRB 159 Jb65
Jokiniemi FIN 90 Ka38
Jokioinen FIN 89 Jd38
Jokiperä FIN 81 Ja31
Jokipii FIN 89 Jb32
Jokisalo FIN 81 Ja31
Jokivarsi FIN 81 Jd31
Jokivarsi FIN 89 Jb34
Jokivarsi FIN 89 Jc32
Jokkikylä FIN 83 Lb27
Jokkmokk S 72 Ha19
Jokūbavas LT 113 Jb55
Jola E 51 Bb67
Jolanda di Savoia I 150 Ea61
Jolda P 44 Ad59
Jolkka FIN 81 Jc28
Jølle N 92 Cb47
Jöllen S 87 Fb37
Joloskylä FIN 74 Kb23
Jølstad N 86 Ea38
Joltai MD 177 Fd61
Jomala FIN 96 Hc40
Jomås N 93 Da45
Jonai LV 114 Kb59
Jönåker S 95 Gb45
Jonasvollen N 86 Ec34
Jonava LT 114 Kc57
Joncherey F 31 Kb40
Jonchery F 30 Jb39
Jonchery-sur-Vesle F 24 Hc35
Joncy F 30 Ja44
Jondal N 84 Cb39
Jondalen N 93 Dc42
Joniec PL 122 Ja35
Joniškis LT 114 Kb53
Joniškis LT 115 Lb56
Joniškėlis LT 114 Kc53
Jonkeri FIN 83 Lc26
Jönköping S 103 Fb49
Jonkovo BG 181 Ec69
Jonkowe PL 122 Ja31
Jonku FIN 75 Kc22
Jonquières F 42 Jb52
Jonsa FIN 82 La28
Jonsberg S 103 Gb46
Jonsdorf D 128 Fc42
Jonsered S 102 Ec49
Jönshyttan S 95 Fc42
Jønsrud N 86 Eb38
Jønsrud N 94 Eb39
Jonstorp S 110 Ec54
Jonvelle F 31 Jc39
Jonzac F 32 Fc48
Jonzier F 35 Jd45
Jõpiste EST 97 Jd45
Joppolo I 164 Ga82
Jora de Mijloc MD 173 Fd56
Jorăşti RO 177 Fb61
Jordankino BG 179 Cd71
Jordanów PL 138 Ja45
Jordanów Śląski PL 129 Gc42
Jordbro S 96 Gd44
Jördenstorf D 119 Ec32
Jordet N 86 Ec36
Jordløse DK 108 Dc27
Jorgastak N 64 Jc10
Jõrgeveste EST 106 La47
Jork D 118 Db33
Jörlanda S 102 Eb48
Jørlunde DK 109 Ec25
Jormasjokisuu FIN 82 La26
Jormlien S 79 Fb25
Jormua FIN 82 Kd25
Jormvattnet S 79 Fb26
Jörn S 73 Hb24
Jornini LV 105 Jc49
Joroinen FIN 90 La32
Jørpeland N 92 Ca44
Jorquera E 54 Ed69
Jørstad N 78 Ed27
Jørstad N 92 Ca43
Jørstadmoen N 85 Ea37
Jørundland N 93 Da44
Jorvas FIN 98 Kb40
Jošanica BIH 159 Hc65
Jošanica KSV 178 Ba70
Jošanica SRB 178 Bd67
Jošanička Banja SRB 178 Ba68
Joseni RO 172 Ea58
Josenii Bârgăului RO 171 Dc57
Joševa SRB 153 Ja62
Josipdol HR 151 Fd61
Josipovac HR 153 Hc59
Joškar-Ola RUS 203 Fc08
Joskaudai LT 113 Jb54
Josnes F 29 Gc40
Jøsok N 76 Cb33
Jossa D 134 Da43
Jössefors S 94 Ec42
Josselin F 27 Eb40
Jøssenøya N 77 Dc29
Jossgrund D 134 Da44
Jøssund N 78 Eb27
Jostaji LV 105 Jd51
Jósvafő H 138 Jb49
Josvainiai LV 114 Kb56
Jotainiai LT 114 Kc55
Jou P 44 Bb60
Joudeikiai LT 114 Ka53
Joué-Etiau F 28 Fb42
Joué-lès-Tours F 29 Ga42
Joué-sur-Erdre F 28 Fa41
Jouet-sur-l'Aubois F 30 Hb43
Jõuga EST 99 Lb42
Jougne F 31 Ka43
Jouhenvaara FIN 91 Ld32
Jouhet F 33 Ga45
Joux F 33 Gd48
Joukio FIN 91 Ld34
Joukokylä FIN 75 Kd23
Jouques F 42 Jd53
Joure NL 117 Bc34
Journy F 21 Gc30
Joutenniva FIN 82 Ka27
Joutsa FIN 90 Kc34
Joutsenkylä FIN 75 La20
Joutsenlampi FIN 90 Kc34
Joutseno FIN 91 Lc36
Joutsijärvi FIN 74 Kc18
Joutsjärvi FIN 90 Kd35
Joux-la-Ville F 30 Hc41
Jouy-le-Châtel F 24 Hb37
Jouy-le-Potier F 29 Gc40
Jovkovo BG 181 Fb68
Jovnes N 93 Db45
Jovsa SK 139 Ka48
Joyeuse F 34 Ja51
Józefów PL 130 Jc37
Józefów PL 131 Jd41
Józefów PL 131 Kc42
Józsa H 147 Ka52
Juankoski FIN 83 Lb29
Juan-les-Pins F 43 Kc53
Jübar D 119 Dd35
Jübek D 108 Db29
Jublains F 28 Fb39
Jubrique E 59 Cb76
Jučaičiai LT 113 Jd56
Juchavičy BY 202 Ea11
Jüchen D 125 Bc40
Juchnowiec Dolny PL 123 Kb34
Juchowo PL 121 Gb32
Jüchsen D 134 Dc43
Jucu RO 171 Da58
Judaberg N 92 Ca43
Jūdaži LV 106 Kd50
Judelnik BG 180 Eb68
Judenau A 144 Ga50
Judenburg A 144 Fc54
Judin RUS 203 Fc14
Judino RUS 107 Ma48
Judino RUS 113 Jc59
Judinsalo FIN 90 Kb34
Judrėnai LT 113 Jc55
Juelsminde DK 108 Dc25
Juf CH 142 Cd56
Juggijaur S 72 Ha19
Jugon-les-Lacs F 26 Ec38
Jugorie SLO 151 Fd59
Jugureni RO 176 Eb64
Jugy F 30 Jb44
Juhnov RUS 202 Ed11
Juhonpieti S 68 Ja17
Juhtimäki FIN 89 Jc34
Juigné-des-Moutiers F 28 Fa41
Juillac F 33 Gb48
Juilly F 23 Ha36
Juist D 117 Ca32
Jukajärvi FIN 91 Lc34
Jukeronperä FIN 82 Kb26
Jukkasjärvi S 67 Hb15
Juknaičiai LT 113 Jc56
Juksjaur S 71 Fd22
Juktån S 72 Gc24
Jule N 79 Fb27
Julianadorp NL 116 Ba34
Julianstown IRL 9 Cd20
Jülich D 125 Bc41
Julita S 95 Ga44
Jullouville F 22 Ed37
Julnes N 78 Ec28
Julo FIN 83 Ld28
Jumaliskylä FIN 75 Lb24
Jumeaux F 34 Hc48
Jumesniemi FIN 89 Jc35
Jumilhac-le-Grand F 33 Gb48
Jumilla E 55 Ed71
Juminda EST 98 Kc41
Juminen FIN 82 La28
Jumisko FIN 75 Kc19
Jumkil S 96 Gc41
Jumo FIN 97 Ja39
Jumprava LV 106 Kd51
Jumurda LV 106 La50
Juncosa E 48 Ga61
Jundola BG 179 Cd73
Juneda E 48 Ga61
Jung S 102 Ed47
Jungėnai LV 114 Kb59
Jungingen D 142 Cc50
Junglinster L 133 Bb44
Jungsund FIN 81 Hd30
Junik KSV 178 Ad71
Junik SRB 159 Jc69
Juniskär S 88 Gc33
Juniville F 24 Hd35
Junkerdal N 71 Fd19
Junkerdal turistcenter N 71 Fd19
Junkovac SRB 174 Bb65
Junnikkala FIN 91 Lc35
Junnonoja FIN 82 Kb26
Junnonperä FIN 81 Jd27
Junosando S 68 Hd16
Junqueira P 44 Ad62
Junquera de Tera E 45 Ca59
Junsele S 79 Gb29
Juntinaapa FIN 69 Ka16
Juntinvaara FIN 83 Lc25
Juntusranta FIN 75 Lb22
Juodaičiai LV 114 Kb56
Juodainiai LT 113 Jd55
Juodeikiai LT 113 Jb54
Juodkrantė LT 113 Jb56
Juodpėnai LT 114 Kd54
Juodupė LT 114 La53
Juojärvi FIN 83 Lc31
Juoksengi S 73 Jb19
Juoksenki FIN 73 Jb19
Juokslahti FIN 90 Kb34
Juokuanvaara FIN 74 Jd21
Juonto FIN 83 Lb25
Juopuli FIN 74 Kb23
Juorkuna FIN 75 Kc23
Juornaankylä FIN 90 Kc38
Juostininkai LT 114 Kd55
Juotasjärvi FIN 74 Kb19
Juper BG 180 Eb68
Jupilles F 28 Fd40
Jupiter RO 181 Fc68
Juprelle B 124 Ba41
Jura MD 173 Fd56
Jurata PL 121 Hb29
Jurbarkas LT 114 Ka57
Juré F 34 Hd46
Jūrė LV 114 Kb58
Jūrė LV 114 Kb58
Jur'evec RUS 203 Fb08
Jur'ev-Pol'skij RUS 203 Fa09
Jurgelionys LT 115 Lb59
Jurgežeriai LV 114 Kb59
Jurgi LV 105 Jd51
Jüri EST 98 Kb42
Jurignac F 32 Fd47
Jurilovca RO 177 Fd65
Jur'jivka UA 205 Fa15
Jūrkalne LV 105 Jb51
Jurki PL 122 Hd31
Jurklošter SLO 151 Fd58
Jurkowice PL 130 Jc42
Jurkowo Węgorzewskie PL 123 Jd30
Jūrmala LV 106 Kb50
Jūrmalciems LV 113 Ja53
Jurmo FIN 97 Hd39
Jurmo FIN 97 Ja41
Jurmu FIN 75 Kd21
Juromenha P 51 Bb69
Jurovo RUS 203 Fb08
Jurowce PL 123 Kb33
Juršići HR 151 Fa61
Juršinci SLO 144 Ga56
Jursla S 103 Ga46
Jurva FIN 89 Ja32
Jurvala FIN 91 Lb36
Jurvansalo FIN 82 Kb30
Juseu E 48 Fd59
Juškino RUS 99 Lc44
Juškovo RUS 107 Ld48
Jussac F 33 Ha49
Jussey F 31 Jc40
Jussy-Champagne F 29 Ha43
Jussy-le-Chaudrier F 30 Hb42
Justa RUS 203 Ga14
Justøy N 93 Da47
Juszkowy Gród PL 123 Kc34
Juta H 145 Ha56
Jüterbog D 127 Ed38
Jutigny F 30 Hb38
Jutis S 72 Gb20
Jutrosin PL 129 Gc39
Jutsajaure S 72 Ha18
Juttila FIN 90 Ka36
Juttuanvaara FIN 83 Lc25
Juuansaari FIN 83 Ma29
Juujärvi FIN 74 Kb19
Juuka FIN 83 Lc28
Juuma FIN 74 La18
Juupajoki FIN 90 Ka34
Juupakylä FIN 89 Jc32
Juurikka FIN 83 Lb31
Juurikka FIN 91 Ma32
Juurikkalahti FIN 82 La26
Juurikkamäki FIN 83 Lb30
Juurikkasalmi FIN 91 Ld32
Juurikorpi FIN 90 La38
Juuru EST 98 Kc43
Juurussuo FIN 74 Ka24
Juutinen FIN 82 Kc26
Juva FIN 89 Jb38
Juva FIN 91 Lb33
Juvigné F 28 Fa39
Juvigny-en-Perthois F 24 Jb37
Juvigny-le-Tertre F 22 Fa37
Juvola FIN 91 Lc32
Juvre DK 108 Cd27
Juža RUS 203 Fb09
Juzanvigny F 30 Ja38
Juzennecourt F 30 Ja39
Juzet-d'Izaut F 40 Ga56
Jūžintai LT 114 La54
Južnoukrajins'k UA 204 Ec16
Južnyj RUS 113 Ja59
Južnyj RUS 205 Ga15
Jyderup DK 109 Ea26
Jylhä FIN 82 Kc29
Jylhämä FIN 82 Kc25
Jyllinge DK 109 Eb25
Jyllinkoski FIN 89 Jb34
Jyllintaival FIN 89 Jb32
Jyrinki FIN 81 Jd27
Jyrkänkoski FIN 75 La19
Jyrkkä FIN 82 Kd27
Jyry FIN 81 Ja31
Jyväskylä FIN 90 Kb33
Jyväskylän maalaiskunta FIN 90 Kb32
Jzobil'nyj RUS 205 Fd16

K

Kaagjärve EST 106 La47
Kaagvere EST 99 Lb45
Kaagvere EST 107 Lb46
Kaakamo FIN 74 Jc21
Kaalasjärvi S 67 Ha15
Kaali EST 105 Jc46
Kaali EST 105 Jd46
Kaamanen FIN 64 Ka10
Kaamasjoki FIN 64 Ka10
Kaamasmukka FIN 64 Jd09
Kaanaa FIN 89 Jd34
Kaanaa FIN 90 Kb38
Kaanaa FIN 97 Jb39
Käännänmäki FIN 82 Ka28
Kaansoo EST 98 Kc45
Kääntöjärvi S 68 Hc16
Kääpa EST 107 Lc47
Kaarakkala FIN 82 Kd27
Kaarela FIN 74 Ka23
Kaarepere EST 98 La44
Kaaresuvanto FIN 68 Hd13
Kääriälä FIN 90 La34
Kääriänperä FIN 74 Kb23
Kaarina FIN 97 Jb39
Kaarlela FIN 81 Jb28
Kaarma EST 105 Jc46
Kaarnalampi FIN 83 Lc30
Kaarnevaara S 68 Ja15
Kaarnijärvi FIN 74 Kb19
Kaaro FIN 89 Ja37
Kaarßen D 119 Dd34
Kaarst D 125 Bd40
Kaartilankoski FIN 91 Lb34
Kaarto FIN 69 Jd16
Kaartotienperä FIN 74 Jd23
Kaartunen FIN 81 Jc30
Kaasmarkku FIN 89 Ja36
Kaavere EST 98 Kd45
Kaavi FIN 83 Lb29
Kaba H 147 Jd53
Kabaağaç TR 198 Fc88
Kabaca TR 187 Ha80
Kabakça TR 186 Fb77
Kabaklar TR 192 Ga85
Kabaklı TR 192 Fd83
Kabakoz TR 186 Ga77
Kabakoz TR 192 Fb84
Kabakum TR 191 Eb83
Kabala EST 98 Kd44
Kabalak TR 187 Ha78
Kabalar TR 192 Fd87
Kabalı TR 191 Ed81
Kabalı TR 205 Fb19
Kabaseki TR 198 Ga92
Kabböle FIN 98 Kd39
Kåbdalis S 73 Hb21
Kabeliai LT 123 Kd30
Kabelvåg N 66 Fc14
Kaberneeme EST 98 Kc42
Kabile BG 180 Eb72
Kabile LV 105 Jc51
Kablešovo BG 181 Ed72
Kabli EST 106 Kb47
Kabmasmohkki FIN 64 Jd09
Kabriste EST 106 Kb46
Kač SRB 153 Jb60
Kačanik KSV 178 Bb72
Kačanovo RUS 107 Ld48
Kačarevo SRB 174 Bb63
Kacelovo BG 180 Ea69
Kačerginė LV 114 Kb57
Kačergiškė LT 115 Lc55
Kaceřov CZ 135 Ed45
Kachovka UA 205 Fa16
Kacice PL 122 Jb35
Kačikol KSV 178 Bb70
Kąclowa PL 138 Jc45
Kácov CZ 136 Fc45
Kaczanowo PL 129 Gd37
Kaczkowo PL 129 Gb39
Kaczorów PL 128 Ga42
Kaczory PL 121 Gc34
Kadaga LV 106 Kc50
Kadaň CZ 135 Ed43
Kadıdondurma TR 185 Eb77
Kadijača KSV 178 Ba69
Kadiķi LV 106 Kb51
Kadıköy TR 185 Ec78
Kadıköy TR 186 Fa76
Kadıköy TR 186 Fd79
Kadıköy TR 187 Ha80
Kadıköy TR 191 Ec83
Kadıköy TR 191 Ed81
Kadıköy TR 193 Gd85
Kadıköy TR 197 Fa89
Kadıköya TR 192 Fa83
Kadıköy = Evreşe TR 185 Ec78
Kadıkuyusu TR 193 Gd84
Kadılar TR 185 Eb80
Kadılar TR 193 Gc87
Kadılı TR 186 Ga78
Kadıncık TR 193 Hb83
Kadıovacık TR 191 Ea86
Kadirler TR 198 Ga93
Kadłub PL 129 Hb42
Kadłubówka PL 123 Kb35
Kadłub Turawski PL 129 Ha42
Kadrifakovo MK 183 Bd74
Kadrina EST 98 Kd42
Kadriye TR 185 Ec76
Kaduj RUS 202 Ed08
Kädva EST 98 Kc44
Kadyj RUS 203 Fb08
Kadymka RUS 113 Jd59
Kadzidło PL 122 Jc33
Kædeby DK 109 Dd28
Kaelase EST 98 Kb45
Käenkoski FIN 83 Ma29
Kafacakaplancık TR 197 Fa89
Kåfjord N 62 Ha09
Kåfjord N 64 Jc05
Kåfjordbotn N 63 Hb10
Kåfjorddalen N 63 Hb10
Kağan TR 191 Ed85
Kåge S 80 Hc25
Kågeröd S 110 Ed55
Kaharlyk UA 204 Ec15
Kähkölä FIN 83 Lc26
Kahl D 134 Cd44
Kahla D 127 Ea42
Kähtävä FIN 81 Jd27
Kahya TR 198 Fc92
Kaidankylä FIN 89 Jd34
Kaihlasjärvi FIN 75 Kc23
Kaikino RUS 99 Lc41
Kåikul S 73 Hb20
Käina EST 97 Jc44
Kainach A 144 Fc54
Kainasto FIN 81 Jb31
Kainasto FIN 89 Ja32
Kaindorf A 144 Ga54
Kainu FIN 81 Jb29
Kainulasjärvi S 73 Hd18
Kainuunkylä FIN 73 Jb20
Kainuunmäki FIN 82 Kd27
Kaipiainen FIN 90 La37
Kaipola FIN 90 Kb34
Kairahta FIN 90 Kc33
Kairala FIN 69 Kb16
Kairala FIN 75 Kd20
Kairėnai LV 114 Kb55
Kairiai LT 114 Kb54
Kairiai LT 113 Jb55
Kairila FIN 89 Jb35
Kairiškiai LT 113 Jd53
Kaisepakte S 67 Gd14
Kaisers A 142 Db54
Kaisersbach D 134 Da48
Kaisersesch D 133 Bd43
Kaiserslautern D 133 Ca46
Kaisheim D 134 Dc48
Kaišiadorys LT 114 Kd57
Kaitainen FIN 90 La33
Kaitainsalmi FIN 82 La26
Kaitajärvi FIN 74 Jc19
Kaitsor FIN 81 Ja30
Kaitum S 67 Ha16
Kaiu EST 98 Kc43
Kaivanto FIN 82 Kc25
Kaive LV 105 Jd50
Kaive LV 106 La50
Kaivola FIN 89 Ja38
Kaivomäki FIN 90 Lb33
Kajaani FIN 82 Kd26
Kajala FIN 97 Jb39
Kajan AL 182 Ab76
Kajánújfalu H 146 Jc55
Kajbolovo RUS 99 Lc40
Kajbolovo RUS 99 Ld40
Kajdacs H 146 Hc56
Kajnardža BG 181 Fa68
Kajoo FIN 83 Lb29
Kájov CZ 136 Fb49
Kajsackoe RUS 203 Ga12
Kakalétri GR 194 Bb88
Kakanj BIH 158 Hb64
Kakasd H 153 Hc57
Kakavija AL 182 Ac79
Käkelä FIN 75 La23
Kakerbeck D 127 Ea36
Kaki GR 195 Cb87
Käkilahti FIN 82 Kc26
Kakkisenvaara FIN 83 Ld28
Kaklık TR 198 Fd88
Kakmuži MNE 159 Ja67
Kąkol PL 121 Hb34
Kąkolewnica Wschodnia PL 131 Kb37

Kakolewnica Wschodnia - Karjalaisenniemi

Kakolewnica Wschodnia PL 131 Kb37
Kąkolewo PL 129 Gb38
Kakopetria CY 206 Ja97
Kakóvatos GR 194 Ba87
Kakskerta FIN 97 Jb39
Kakslauttanen FIN 69 Ka12
Kakuåsen S 79 Fc29
Kál H 146 Jb52
Kälä FIN 90 Kc34
Kalabakbaşı TR 191 Ec81
Kålaboda S 80 Hc26
Kalač RUS 203 Fc13
Kalace MNE 159 Jc68
Kalace MNE 178 Ad70
Kalač-na-Donu RUS 203 Fd14
Kalafat TR 191 Ea81
Kalafati SRB 159 Ja66
Kalaja FIN 82 Ka28
Kalajoki FIN 81 Jc26
Kalak N 64 Jd05
Kalakoski FIN 89 Jc32
Kalamáfka GR 201 Db96
Kalamáki GR 188 Ac86
Kalamáki GR 189 Ca81
Kalamákia GR 189 Cc83
Kalamariá GR 183 Ca78
Kalamark S 73 Hc23
Kalamáta GR 194 Bb89
Kalambáka GR 183 Bb80
Kalambáki GR 184 Cd77
Kalamítsi GR 184 Cd80
Kálamos GR 188 Ad83
Kálamos GR 189 Cc85
Kalamotí GR 191 Dd86
Kalamotó GR 183 Cb78
Kalana EST 97 Jb44
Kalana EST 98 La44
Kalančak UA 205 Fa17
Kalándra GR 183 Cb80
Kalá Nerá GR 189 Ca82
Kálanos GR 188 Bb86
Kalanti FIN 89 Ja38
Kalapódi GR 189 Ca84
Kalarne S 79 Ga31
Kálathos GR 197 Fa93
Kalavárda GR 197 Ed93
Kalavasos CY 206 Jb98
Kalávrita GR 188 Bb86
Kalax FIN 89 Hd32
Kalbach D 134 Da43
Kalbe D 127 Ea36
Kalbensteinberg D 134 Dc47
Kalburcu TR 186 Ga78
Kalburcu TR 192 Fa82
Kalce SLO 151 Fb58
Kalčevo BG 180 Eb73
Kalchreuth D 135 Dd46
Kalé H 145 Gd54
Kaldal N 79 Fb26
Kaldenkirchen D 125 Bc39
Kaldfarnes N 67 Gb11
Kaldfjord N 62 Gc09
Kaldvika N 66 Ga14
Kale TR 198 Fc89
Kalealtı TR 185 Eb78
Kale = Demre TR 199 Gb93
Kaledibi TR 205 Ga19
Kalefeld D 126 Db38
Kalekovec BG 180 Db73
Kaleköy TR 185 Dd80
Kaleköy TR 198 Ga93
Kalela FIN 89 Jb38
Kalemköy TR 197 Fa90
Kälen S 73 Hc24
Kalenci SRB 153 Jc62
Kalenik BG 180 Db70
Kaléntzi GR 188 Ad81
Kaléntzi GR 188 Bb86
Kalérgo GR 190 Cd86
Kalesi EST 98 Kc42
Kalesija BIH 153 Hd63
Kalesninkai LT 114 Kc59
Kalesninkai LT 114 La59
Kaleste EST 97 Jb44
Kalēti LV 113 Jb53
Kaletnik PL 123 Kb30
Kalety PL 138 Hc43
Kaleüçağız TR 198 Ga93
Kaleva FIN 97 Jc39
Kalfaköy TR 192 Fb81
Kalho FIN 90 Kc35
Kalí GR 183 Bd77
Kali HR 157 Fd64
Kalidona GR 194 Ba87
Kalífitos GR 184 Da76
Kalimanci BG 181 Fa70
Kálimnos GR 197 Eb90
Kalina FIN 83 Ld28
Kalınağılköyü TR 197 Fa90
Kalınharman TR 192 Fc85
Kalinina RUS 203 Fb08
Kaliningrad RUS 113 Ja58
Kalininsk RUS 203 Fd12
Kalininskoe RUS 113 Jd59
Kalinkavičy BY 202 Eb13
Kalınkoz TR 198 Fd90
Kalinovik BIH 159 Hc66
Kalinovka RUS 113 Jc58
Kalinovo SK 146 Ja50
Kalinowa PL 129 Hb39
Kalinówka Kościelna PL 123 Kb32
Kalinowo PL 123 Ka31
Kalipéfki GR 183 Bd80
Kaliroi GR 182 Ba80
Kaliska PL 121 Ha31
Kalisko PL 130 Hd40
Kališta MK 182 Ad75
Kalisty PL 122 Hd31
Kalisz PL 121 Gd31
Kalisz PL 129 Ha39
Kaliszki PL 123 Jd32
Kalisz Pomorski PL 120 Ga34
Kalithéa GR 183 Cb80
Kalithia GR 184 Cd76
Kaliti LV 105 Jc50
Kalitino RUS 99 Mb41
Kalivári GR 190 Da87
Kalíves GR 184 Da78
Kalíves GR 200 Cc95
Kalívia GR 188 Ba84
Kalívia GR 194 Bc90
Kali Vrissi GR 184 Cd76
Kalix S 73 Jb21
Kalixforsbron S 67 Ha15
Kaljazin RUS 202 Ed09
Kaljord N 66 Fd13
Kaljunen FIN 91 Ld34
Kalkan TR 198 Fd93
Kalkanlı TR 193 Gd82
Kalkar D 125 Bc38
Kalkhorst D 119 Dd31
Kalķi LV 105 Jc49
Kalkım TR 191 Ec81
Kalkkiainen FIN 69 Kc17
Kalkkikangas FIN 68 Jb16
Kalkkimaa FIN 74 Jc21
Kalkkinen FIN 90 Kc36
Kalkstein A 143 Eb55
Kalkstrand FIN 98 Kc39
Kalkūne LV 115 Lc53
Kall D 125 Bc42
Kall S 78 Fa30
Källa S 104 Gc51
Kalland N 92 Cd46
Kållands-Åsaka S 102 Ed46
Kallarberg N 93 Da45
Källarbo S 95 Fd40
Kallaste EST 99 Lb44
Kallax S 73 Hd22
Källbäcken S 95 Fc40
Källbomark S 73 Hc24
Kållby FIN 81 Jb29
Kållby S 102 Fa46
Kållered S 102 Ec49
Kallernäs S 95 Fd42
Kållerstad S 102 Fa51
Kalletal D 126 Cd37
Källfallet S 95 Fd42
Kallham A 144 Fa50
Kallholen S 87 Fc37
Kalli EST 98 Ka45
Kallimassiá GR 191 Dd86
Kallinge S 111 Fd54
Kallio FIN 83 Lb26
Kallio FIN 89 Jd34
Kállió GR 189 Bc84
Kalliojoki FIN 83 Lc25
Kalliokylä FIN 82 Kc28
Kallioila FIN 90 Kc36
Kallioluoma FIN 75 Lb20
Kalliomäki FIN 82 Kd27
Kallislahti FIN 91 Lc33
Kallithéa GR 183 Bc80
Kallithéa GR 189 Cb85
Kallithéa GR 194 Ba89
Kallithéa GR 194 Bc89
Kallithéa GR 197 Ea88
Kallíthiro GR 188 Bb82
Kallivere RUS 99 Lc41
Kallmet AL 163 Jb71
Kallmora S 87 Fc37
Kallmünz D 135 Ea47
Kallo FIN 68 Jc16
Kálló H 146 Hd52
Källö-Knippla S 102 Eb49
Kallön S 72 Gc22
Kalloní GR 191 Ea83
Kalloní GR 195 Ca88
Kállósemjén H 147 Ka51
Kall-Rör S 78 Fa29
Källsjö S 102 Ec50
Källsjön S 87 Ga38
Kallträsk FIN 89 Ja34
Källunga S 102 Ed48
Källunge S 104 Ha49
Källvik S 103 Gb48
Kallviken S 81 Hd26
Kalmaküla EST 99 Lb43
Kalmar S 96 Gc43
Kalmar S 103 Gb52
Kalmari FIN 82 Ka31
Kalmonmäki FIN 82 La27
Kalmthout B 124 Ad38
Kalmykovskij RUS 203 Fd14
Kalna SRB 179 Ca69
Kalna SRB 179 Ca70
Kalnaberže LT 114 Kc56
Kalnamuiža LV 105 Jc52
Kálna nad Hronom SK 145 Hb50
Kalná Roztoka SK 139 Kb47
Kalnbirze LV 107 Lb51
Kalncempji LV 107 Lb48
Kalnciems LV 106 Ka51
Kalniena LV 107 Lc49
Kalnik PL 122 Hd31
Kalniški LV 113 Jb53
Kalniškiai LT 113 Jb54
Kalnovo BG 181 Ec71
Kalnujai LT 114 Ka56
Kalócfa H 145 Gc55
Kalo Chorio CY 206 Ja96
Kalo Chorio CY 206 Ja97
Kalo Chorio CY 206 Jb96
Kalo Chorio CY 206 Jc97
Kalocsa H 146 Hd56
Kalofer BG 180 Dc72
Kalógiri GR 188 Bb81
Kalógria GR 188 Ba85
Kalóhio GR 183 Bb79
Kalohóri GR 182 Ba78
Kaló Horió GR 201 Dc96
Kaló Horió GR 201 Dd96
Kaloi Liménes GR 200 Cd96
Kalojan BG 181 Ed69
Kalojanovec BG 180 Dd73
Kalojanovo BG 180 Db73
Kalojanovo BG 180 Eb72
Kalókastro GR 183 Cb77
Kälom S 79 Fb30
Kalonéri GR 183 Bb78
Kaló Neró GR 194 Ba88
Kaloní GR 196 Db88
Kalopanagiotis CY 206 Ja97
Kalopsida CY 206 Jc96
Kalopsida CY 206 Jc97
Kalotina BG 179 Cb70
Kaloúsi GR 188 Bb86
Káloz H 146 Hc55
Kaložicy RUS 99 Ma41
Kalpáki GR 182 Ad79
Kalpio FIN 75 Kd24
Kals A 143 Eb54
Kalsdorf bei Graz A 144 Fd55
Kälsjärv S 73 Jb21
Kalsko PL 128 Fd36
Kaltanėnai LT 115 Lb56
Kaltbrunn CH 142 Cc53
Kaltenbach A 143 Ea53
Kaltenbrunn A 142 Dc54
Kaltene LV 105 Jd49
Kaltenkirchen D 118 Db32
Kaltennordheim D 126 Db42
Kaltensundheim D 126 Db42
Kaltental D 142 Dc51
Kaltern I 142 Dc56
Kaltesluokta S 67 Gd17
Kaltinėnai LT 113 Jd55
Kaltsila FIN 89 Jc36
Kalttonen FIN 82 Kc29
Kaluđerovići SRB 159 Ja66
Kaluđerovo SRB 174 Bd63
Kaludra MNE 159 Jb68
Kaluga RUS 202 Ed11
Kalugerovc BG 179 Da72
Kalugerovo BG 179 Cd70
Kalundborg DK 109 Ea25
Kalupe LV 115 Lc53
Kaluš UA 204 Ea16
Kałuszyn PL 131 Jd37
Kalužskoe RUS 113 Jc58
Kalv S 102 Ed50
Kalvåg N 84 Ca34
Kalvarija LV 114 Kb59
Kalvatn N 84 Cc34
Kalvbäcken S 80 Gc28
Kalvehave DK 109 Eb28
Kalvene LV 105 Jb52
Kälvene S 102 Fa48
Kalvi EST 98 La41
Kälviä FIN 81 Jc28
Kalviai LT 114 Kc58
Kalvitsa FIN 90 La33
Kalvjärv S 73 Ja20
Kalvola FIN 90 Ka37
Kalvslund DK 108 Da26
Kalvträsk S 80 Hb25
Kalwang A 144 Fc53
Kalwaria Zebrzydowska PL 138 Hd45
Kalwy PL 129 Gb37
Kalynivka UA 204 Eb15
Kám H 145 Gc54
Kamajai LT 114 La54
Kämäränkylä FIN 83 Lc25
Kamärde LV 114 Kc53
Kamáres GR 188 Bb85
Kamáres GR 195 Cd90
Kamáres GR 200 Cd96
Kamári GR 196 Db92
Kamarino RUS 99 Mb45
Kamariótissa GR 184 Dc79
Kamarítsa GR 189 Cb84
Kamaroúla GR 188 Ba84
Kambánis GR 183 Ca77
Kambí GR 188 Ad81
Kambiá GR 191 Dd85
Kambja EST 107 Lb46
Kambo N 93 Ea43
Kámbos GR 188 Ba83
Kámbos GR 188 Ba86
Kámbos GR 188 Bb84
Kámbos GR 194 Bb89
Kámbos GR 196 Dd88
Kámbos GR 197 Ea89
Kámbos GR 197 Eb88
Kámbos GR 200 Ca95
Kamčija BG 181 Fa71
Kamçılı TR 192 Fa81
Kamen BG 180 Eb70
Kamen BG 180 Eb72
Kamen D 125 Cb39
Kamenar BG 181 Fa70
Kaména Voúrla GR 189 Bd84
Kamen Brjag BG 181 Fc70
Kamenec BG 180 Dc69
Kamenec RUS 99 Ld43
Kamenica BIH 152 Gb63
Kamenica BIH 152 Hb63
Kamenica BIH 159 Ja64
Kamenica MK 179 Ca73
Kamenica SK 138 Jc47
Kamenica SRB 178 Ba67
Kamenica SRB 178 Bb69
Kamenica SRB 179 Ca68
Kamenica nad Cirochou SK 139 Ka47
Kamenicë AL 182 Ad77
Kamenice CZ 136 Fc45
Kamenice nad Lipou CZ 136 Fc47
Kamenjane MK 178 Ba73
Kamenka RUS 99 Ld43
Kamenka RUS 107 Ld46
Kamenka RUS 203 Fb13
Kamenka RUS 203 Fc11
Kamennogorsk RUS 202 Ea08
Kamennyj Konec RUS 99 Lc43
Kamenný Přívoz CZ 136 Fb45
Kameno BG 181 Ed72
Kameno Pole BG 179 Cd69
Kamenovo BG 180 Eb68
Kamenskij RUS 203 Fd12
Kamenski Vučjak HR 152 Ha60
Kamensko BIH 153 Hc63
Kamensko HR 152 Ha60
Kamensko HR 158 Gd66
Kamenskoe RUS 113 Jc59
Kamensk-Šahtinskij RUS 203 Fc14
Kamenz D 128 Fb40
Kames GB 6 Dc13
Kameškovo RUS 203 Fa09
Kamičak BIH 152 Gc62
Kamień PL 122 Jc32
Kamień PL 128 Fc36
Kamień PL 129 Ha38
Kamień PL 130 Ja39
Kamień PL 131 Jd40
Kamień PL 131 Kd40
Kamień PL 139 Ka43
Kamienica PL 121 Gc35
Kamienica PL 128 Fd42
Kamienica PL 138 Jb46
Kamienica Dolna PL 139 Jd44
Kamieniec PL 122 Hc32
Kamieniec PL 129 Gb37
Kamieniec Ząbkowicki PL 137 Gc43
Kamienka SK 138 Jb46
Kamień Krajeński PL 121 Gd33
Kamienna Góra PL 128 Ga42
Kamiennik PL 137 Gc43
Kamiennik Wielkopolski PL 122 Hc30
Kamień Pomorski PL 120 Fc31
Kamieńsk PL 130 Hd40
Kamilski Dol BG 185 Ea75
Kamin'-Kašyrs'kyj UA 202 Ea14
Kamion PL 130 Ja38
Kamionek Wielki PL 122 Jc30
Kamionka PL 131 Ka39
Kamionka Wielka PL 138 Jc46
Kamionna PL 128 Ga36
Kamışlı TR 187 Gc79
Kam'janec-Podil's'kyj UA 204 Eb16
Kamjaniec BY 202 Dd13
Kam'janka UA 204 Ed15
Kamjanka-Buz'ka UA 204 Ea15
Kamlunge S 73 Ja21
Kämmäkka FIN 89 Jc36
Kammela FIN 89 Hd38
Kammeltal D 142 Db50
Kämmenniemi FIN 89 Jd35
Kammerstein D 134 Dc47
Kamminke D 120 Fb32
Kammlach D 142 Db51
Kamnik AL 182 Ad78
Kamnik SLO 151 Fc57
Kamniška Bistrica SLO 151 Fb57
Kamorūnai LT 114 Kd59
Kamøyvær N 64 Jc04
Kampen D 108 Cd28
Kampen NL 117 Bc35
Kampertal A 144 Fb52
Kampevoll N 67 Gb11
Kampia CY 206 Jb97
Kampinkylä FIN 89 Ja32
Kampinos PL 130 Ja37
Kamp-Lintfort D 125 Bc39
Kampor HR 151 Fc62
Kampos CY 206 Ja97
Kamsdorf D 127 Dd42
Kamsjö S 80 Hb27
Kamskoe Ust'e RUS 203 Fd09
Kamula FIN 82 Kb27
Kamyk PL 130 Hc41
Kamýk nad Vltavou CZ 136 Fb46
Kamyšin RUS 203 Fd13
Kanaküla EST 106 Kc46
Kanal SLO 150 Ed58
Kanala FIN 81 Jd29
Kanáli GR 195 Cd89
Kanáli GR 182 Ab80
Kanáli GR 188 Ac82
Kanália GR 189 Ca81
Kanan S 71 Fd23
Kanaš RUS 113 Jc57
Kanaš RUS 113 Jc58
Kanaš RUS 203 Fc10
Kanatádika GR 189 Ca83
Kanatlarci MK 183 Bb75
Kańczuga PL 139 Kb44
Kandakjulja RUS 99 Ld39
Kandakopšino RUS 99 Mb40
Kándanos GR 200 Cb95
Kandava LV 105 Jd50
Kandel D 133 Cb47
Kandergrund CH 141 Bd55
Kandern D 141 Bd51
Kandersteg CH 141 Bd55
Kandestederne DK 101 Dd19
Kándia GR 195 Bd88
Kandila GR 194 Bc87
Kandıra TR 187 Gb77
Kandle EST 98 Kd41
Kandyty PL 122 Ja30
Kanepi EST 107 Lb46
Kånešštohpu FIN 64 Jd08
Kanevskaja RUS 205 Fc16
Kanfanar HR 151 Fa61
Kangarisi LV 106 Kc50
Kangas FIN 81 Jd26
Kangas FIN 81 Jb30
Kangas FIN 81 Jb31
Kangasaho FIN 82 Ka31
Kangasala FIN 89 Jd35
Kangasalan asema FIN 89 Jd35
Kangashäkki FIN 90 Kb32
Kangaskylä FIN 82 Kc25
Kangaskylä FIN 82 Kb26
Kangaskylä FIN 82 Ka28
Kangaskylä FIN 82 Ka29
Kangaslahti FIN 82 La28
Kangaslampi FIN 91 Lb32
Kangasniemi FIN 90 Kd33
Kangasoja FIN 81 Jd28
Kangasperä FIN 82 Kc25
Kangasvieri FIN 81 Jd29
Kangos S 68 Hd16
Kangosjärvi FIN 68 Ja15
Kania PL 120 Fd33
Kania PL 121 Ha35
Kanigowo PL 122 Ja33
Kaniów PL 128 Fc38
Kaniv UA 204 Ec15
Kanjiža SRB 153 Jb57
Kankaanpää FIN 89 Jb35
Kankaanpää FIN 89 Jb37
Kankaanpää FIN 90 Ka33
Kankainen FIN 90 Kd32
Kankainen FIN 90 Kc33
Kankari FIN 82 Kc25
Kankberg S 80 Hb25
Kankböle FIN 90 Kc38
Kankkula FIN 82 Kd29
Kånna S 102 Fa52
Kannas FIN 91 Ld34
Kannawurf D 127 Dd40
Kannonkoski FIN 82 Ka30
Kannonsaha FIN 82 Ka30
Kannus FIN 81 Jc27
Kannusjärvi FIN 90 La37
Kannuskoski FIN 90 La36
Kansız TR 192 Fb81
Kanstad N 66 Fd13
Kantala FIN 90 La33
Kantara CY 206 Jd96
Kanteenmaa FIN 89 Jc37
Kantele FIN 90 Kc38
Kantemirovka RUS 203 Fb14
Kantii FIN 89 Jb34
Kantinieki LV 107 Lc51
Kantküla EST 98 La44
Kantojärvi FIN 74 Jc21
Kantojoki FIN 75 La19
Kantokylä FIN 81 Jd27
Kantola FIN 74 Jd22
Kantomaanpää FIN 73 Jb19
Kantoperä FIN 89 Jc33
Kántorjánosi H 147 Kb51
Kantornes N 62 Gd10
Kantou CY 206 Ja98
Kantsjö S 80 Gd29
Kanturk IRL 12 Bc24
Kánya H 145 Hb55
Kányavár H 145 Gc56
Kaolinovo BG 181 Ed69
Kaona SRB 178 Ba67
Kaonik SRB 178 Bc68
Kapaklı TR 186 Fa76
Kapaklı TR 186 Fc79
Kapaklı TR 191 Ed84
Kapaklı TR 193 Hb87
Kapanbelem TR 185 Ec80
Kapandríti GR 189 Cc86
Kapanlar TR 193 Gb81
Kaparéli GR 189 Ca85
Kaparéli GR 194 Bc87
Kapčiamiestis LT 123 Kc30
Kapee FIN 89 Jd34
Kapela HR 152 Gc58
Kapellen A 144 Ga52
Kapellen B 124 Ac39
Kapellen D 125 Bc38
Kapelln A 144 Ga50
Kapera EST 107 Lc47
Kāpessils LV 107 Ld50
Kapfenberg A 144 Fd53
Kápi GR 191 Ea83
Kapice PL 123 Ka32
Kapıkaya TR 191 Ec84
Kapıkaya TR 192 Fd84
Kapıkaya TR 193 Gd81
Kapiņi LV 107 Ld52
Kăpinovo BG 181 Fb69
Kapitan Andeevo BG 185 Ea75
Kapitan-Dimitrievo BG 179 Da73
Kapitan Dimitrovo BG 181 Fa68
Kapitan Petko BG 181 Ec69
Kapız TR 198 Fc90
Kapłan PL 123 Ka35
Kaplangı TR 192 Ga85
Kaplice CZ 136 Fb49
Kapljuh BIH 152 Gb63
Kapolcs H 145 Ha55
Kápolna H 146 Jb52
Kápolnásnyék H 146 Hc54
Kapolypuszta H 145 Ha55
Kaposfüred H 145 Ha56
Kaposgyarmat H 152 Ha57
Kaposmérő H 152 Ha57
Kaposszekcső H 152 Hb57
Kaposvár H 152 Ha57
Kapp N 85 Ea39
Kappel D 133 Bd44
Kappel D 133 Ca44
Kappel DK 109 Dd28
Kappel Grafenhausen D 141 Ca50
Kappeln D 108 Dc29
Kappelrodeck D 133 Cb49
Kappelshamn S 104 Ha48
Kappelskär S 96 Ha42
Kappl A 142 Db54
Kåpponis S 73 Hb20
Kaprije HR 157 Ga66
Kaprun A 143 Ec54
Kapsajoki FIN 68 Jc14
Kapsáli GR 195 Bd92
Kapsalos CY 206 Jc96
Kapsēde LV 105 Ja52
Kapshtica AL 182 Ba77
Káptalanfa H 145 Gd54
Káptalantóti H 145 Ha55
Kaptol HR 152 Ha60
Kapūne LV 107 Lc50
Kapušany SK 139 Jd47
Kapuvár H 145 Gc53
Käpysalo FIN 82 Kd30
Karád H 145 Ha55
Karaadilli TR 193 Gc86
Karaağa TR 193 Hb87
Karaağaç TR 185 Eb75
Karaağaç TR 185 Ed76
Karaağaç TR 186 Fc77
Karaağaç TR 187 Gc77
Karaağaç TR 187 Ha80
Karaağaç TR 191 Eb82
Karaağaç TR 192 Fa83
Karaağaç TR 192 Ga84
Karaağaç TR 193 Gb84
Karaağaçlı TR 191 Ed85
Karaahmetler TR 198 Fb88
Karaahmetler TR 199 Gd90
Karaahmetli TR 186 Ga79
Karaali TR 199 Hb88
Karaaliler TR 199 Gc89
Karaatlı TR 197 Ed88
Karabahadır TR 186 Ga80
Karabayır TR 198 Fd91
Karabedirler TR 192 Ga86
Karabeyler TR 192 Fc85
Karabeyli TR 185 Ed76
Karabeyli TR 186 Ga77
Karabeyli TR 192 Fd85
Karabiga TR 185 Ed79
Karaböğürtlen TR 198 Fb90
Karabucak TR 199 Ha90
Karabük TR 199 Ha90
Karabük TR 205 Fa20
Karabulut TR 193 Ha86
Karabunar BG 179 Da73
Karabürçek TR 185 Ec77
Karaburun TR 186 Fc76
Karaburun TR 191 Ea81
Karaburun TR 191 Ea85
Karaby S 102 Ed46
Karacaağaç TR 197 Fa90
Karacaahmet TR 192 Fd86
Karacaahmet TR 193 Hb82
Karacaali TR 186 Fd79
Karacaali TR 192 Fb87
Karacabey TR 186 Fb80
Karacadağ TR 186 Fa74
Karačaevsk RUS 205 Ga17
Karacahisar TR 192 Ga84
Karacahisar TR 192 Ga85
Karacahisar TR 199 Ha88
Karacaibrahim TR 192 Fb85
Karacakılavuz TR 185 Ed77
Karacaköy TR 186 Fb76
Karacaköy TR 186 Ga77
Karacaköy TR 197 Fa91
Karacalar TR 191 Ed83
Karacalar TR 192 Fb83
Karacalar TR 199 Hb91
Karaçalç TR 185 Ed78
Karacalı TR 186 Fa80
Karaçalı TR 187 Gc77
Karaçaltı TR 192 Fb82
Karaçam TR 191 Ed83
Karaçam TR 198 Fc90
Karacaoğlan TR 185 Ec76
Karacaören TR 193 Gc86
Karacaören TR 193 Gc87
Karacaören TR 193 Gd82
Karacaören TR 193 Hb83
Karacaören TR 197 Fa88
Karacaören TR 198 Fb88
Karacaören TR 198 Fc91
Karacaören TR 199 Gb89
Karacaören TR 199 Gd89
Karacaşehir TR 193 Gc82
Karacaşehir TR 193 Gc84
Karacasu TR 187 Hb79
Karacasu TR 198 Fb88
Karaçepiş TR 191 Ed82
Karačev RUS 202 Ed12
Karácsond H 146 Jb52
Karaçulha TR 198 Fd92
Karaçulha TR 198 Ga91
Karadağ TR 198 Ga93
Karadat TR 193 Hb82
Karadayı TR 199 Gd91
Karadere TR 185 Ed74
Karadere TR 187 Gc78
Karadere TR 187 Gd79
Karadere TR 191 Ec82
Karadere TR 191 Ed84
Karadiken TR 187 Gc78
Karadiken TR 198 Fc90
Karadiken TR 199 Gd89
Karadirek TR 193 Gb86
Karadordevo SRB 153 Ja60
Karageorgievo BG 181 Ed72
Karagöl TR 198 Fc89
Karagöllü TR 186 Ga78
Karagöz TR 192 Fb82
Karahacılı TR 192 Ga87
Karahacılı TR 193 Gb87
Karahallı TR 192 Ga86
Karahamza TR 185 Ec75
Karahasantaşı TR 198 Ga91
Karahıdırlı TR 191 Ec84
Karahisar TR 185 Eb78
Karahisar TR 198 Fc89
Karahisargölcük TR 193 Ha81
Karahka FIN 74 Ka21
Karahka FIN 74 Kb23
Karahüyük TR 193 Ha86
Karahüyük TR 198 Fd89
Karainebeyli TR 185 Ea79
Karakadı TR 192 Ga81
Karakavur TR 187 Hb77
Karakaya TR 192 Fa82
Karakaya TR 192 Fa83
Karakaya TR 192 Fd87
Karakaya TR 193 Ha83
Karakaya TR 197 Ed89
Karakiraz TR 186 Fd77
Karakışla TR 199 Hb90
Karako H 145 Gd54
Karakoca TR 186 Fb80
Karakoçan TR 205 Ga20
Karakólithos GR 189 Bd85
Karaköse TR 193 Gb85
Karaköy TR 187 Hb80
Karaköy TR 191 Ec84
Karaköy TR 191 Ed86
Karaköy TR 192 Fa85
Karaköy TR 192 Fc81
Karaköy TR 192 Fc87
Karaköy TR 197 Ed91
Karaköy TR 198 Fc89
Karaköy TR 199 Gb91
Karakür TR 192 Fd85
Karakütük TR 199 Gd90
Karakuyu TR 193 Gc87
Karakuyu TR 199 Gc90
Karakuzu TR 191 Ec85
Karala EST 105 Jb46
Karalaks N 64 Jb08
Karališkiai LT 114 Ka57
Karališkiai LT 114 La56
Karalkreslis LT 114 Ka59
Karamanca TR 192 Fd84
Karamanci BG 184 Dc74
Karamandere TR 186 Fb76
Karamanlar TR 199 Hb92
Karamanlı TR 198 Ga89
Karamanovo BG 180 Dd69
Karamehmet TR 186 Fa76
Karamık TR 198 Ga92
Karamıkkaracaören TR 193 Gd86
Karamürsel TR 186 Ga79
Karamyševo RUS 107 Ma46
Karamyševo RUS 113 Jd59
Karancslaputő H 146 Ja50
Karancsság H 146 Ja51
Karankamäki FIN 82 Kc27
Karanovo BG 180 Ea72
Karaoğlanlı TR 191 Ed85
Karaören TR 193 Gc83
Karaorman TR 192 Fb81
Karaot TR 199 Gc90
Karaova TR 197 Ed90
Karaöz TR 199 Gc93
Karapazar TR 193 Gc82
Karapelit BG 181 Fa69
Karapınar TR 192 Fb82
Karapınar TR 193 Ha85
Karapınar TR 199 Gb89
Karapınar TR 199 Gc89
Karapürçek TR 187 Gc79
Karapürçek TR 192 Fb81
Kararkút H 152 Ha57
Karasandıklı TR 193 Gb86
Kárášjohka N 64 Jc09
Karasjok N 64 Jc09
Karasu TR 187 Gd77
Kárász H 152 Hb57
Karataş TR 192 Fb85
Karatas TR 199 Gc90
Karatepe TR 185 Ea80
Karatepe TR 193 Gd82
Karats S 72 Gd19
Karaurgan TR 205 Ga19
Karavas CY 206 Jb96
Karavás GR 195 Bd91
Karaveliler TR 191 Ec83
Karaveliler TR 199 Gc90
Karavelovo BG 180 Db72
Karavóstamo GR 196 Dd88
Karavostasi CY 206 Ja96
Karavostásis GR 196 Da91
Karavukovo SRB 153 Hd59
Karayakup TR 192 Fa85
Karayakuplu TR 186 Ga78
Karayayla TR 198 Fc89
Karayokuş TR 193 Ha85
Karbach D 134 Da45
Karbasan TR 192 Fd83
Karbasan TR 192 Ga87
Karben D 134 Cc43
Karbenning S 95 Ga41
Karbinci MK 183 Bd74
Kårböle S 87 Fd35
Karbowo PL 122 Hc33
Karbow-Vietlübbe D 119 Eb33
Karby DK 100 Da22
Karby S 96 Gd43
Karca TR 197 Fa90
Karcag H 146 Jc53
Karcsa H 147 Ka50
Karczew PL 130 Jc37
Karczmiska PL 131 Jd40
Karczmy PL 130 Hc39
Karczyn PL 129 Gc42
Kärda S 103 Fb51
Kardakáta GR 188 Ab84
Kardam BG 181 Fb69
Kardamás GR 188 Ad86
Kardámena GR 197 Ec91
Kardámila GR 191 Dd85
Kardamíli GR 194 Bb89
Kardašova Řečice CZ 136 Fc47
Kärde EST 98 La44
Kardis S 68 Jb17
Karditsa GR 188 Bb81
Kärdla EST 97 Jc44
Kardos H 146 Jc55
Kărdžali BG 184 Dc75
Kareby S 102 Eb48
Karegašnjarga FIN 64 Jc09
Kårehamn S 103 Gb51
Kåremo S 103 Gb52
Karepa EST 98 La41
Karés GR 200 Cc95
Karesuando S 68 Hd13
Kärevere EST 98 Kd44
Kärevere EST 98 La45
Kärevete EST 98 Kd43
Kargalı TR 186 Ga78
Kargalı TR 193 Hb85
Kargalı TR 198 Ga90
Kargalıhanbaba TR 187 Gc78
Kargersee I 143 Dd56
Kargı TR 193 Hb81
Kargı TR 197 Fa89
Kargı TR 198 Fc91
Kargı TR 199 Gd90
Kargı TR 205 Fb20
Kargılı TR 192 Fd82
Kargılı TR 199 Gc91
Kargın TR 192 Fa85
Kargın TR 199 Gc90
Kargınkürü TR 198 Fc91
Kargów PL 130 Jc42
Kargowa PL 128 Ga38
Kärgula EST 107 Lb47
Karhe FIN 89 Jc35
Karhi FIN 81 Jc27
Karhila FIN 90 Ka32
Karhujärvi FIN 74 Kd18
Karhukangas FIN 82 Ka26
Karhula FIN 89 Jc38
Karhula FIN 90 La38
Karhunkylä FIN 89 Jd33
Karhunoja FIN 89 Jc38
Karhunpää FIN 83 Lb27
Karhusjärvi FIN 91 Lc36
Karhuvaara FIN 75 Kd22
Karhuvaara FIN 75 Lb24
Kari FIN 83 Lb28
Kariá GR 188 Ac83
Kariá GR 189 Bc86
Kariá GR 194 Bc87
Kariani GR 184 Cd78
Karidiá GR 183 Bc77
Karidohóri GR 184 Cc76
Kariés GR 182 Ba77
Kariés GR 184 Cd79
Kariés GR 194 Ba88
Kariés GR 194 Bc88
Karigasniemi FIN 64 Jc09
Karihaugen N 66 Ga14
Karijoki FIN 89 Ja33
Karilatsi EST 107 Lb46
Karinainen FIN 89 Jc38
Karıncalı TR 192 Fc81
Karine TR 197 Ec88
Käringön S 102 Ea47
Karinkanta FIN 74 Jd24
Kariótes GR 188 Ac83
Kariótissa GR 183 Bd77
Kariovoúni GR 194 Bc90
Karırçeşme TR 192 Fb81
Karis FIN 97 Jd40
Karise DK 109 Ec27
Karisjärvi FIN 98 Ka39
Káristos GR 195 Cd87
Karitena GR 194 Bb87
Karítsa GR 188 Bb83
Karja EST 97 Jc45
Karjaa FIN 97 Jd40
Karjala FIN 89 Jb38
Karjalaisenniemi FIN 75 Kd19

Klenovica - Korita

Klenovica HR 151 Fc61
Kleosin PL 123 Kb33
Kleppe N 85 Dc35
Kleppe N 92 Ca44
Kleppenes N 84 Cb34
Kleppestø N 84 Ca39
Klępsk PL 128 Ga38
Klepstad N 66 Fb14
Klėriškės LT 114 Kd58
Kleśno PL 120 Ga35
Kleszczele PL 123 Kb35
Kleszczewo PL 129 Gc37
Kleszczów PL 130 Hc40
Kleszczów PL 137 Hb43
Kleszewo PL 122 Jb35
Klėtiškė LT 113 Jd55
Kletnja RUS 202 Ec12
Kletno PL 137 Gc44
Kletskij RUS 203 Fd13
Klettgau D 141 Cb52
Klettwitz D 128 Fa39
Kleve D 125 Bc38
Kleven N 92 Cc47
Klevmarken S 94 Eb45
Klevshult S 103 Fb50
Klewianka PL 123 Ka32
Klewki PL 122 Ja32
Klezeno RUS 107 Lc47
Kličav BY 202 Eb12
Kličevac SRB 174 Bc64
Kliczków PL 128 Fd40
Klidí GR 183 Bb77
Klidí GR 183 Ca78
Klieken D 127 Eb38
Kliening A 144 Fc55
Klietz D 127 Eb36
Kligene LV 106 Kd50
Klima GR 183 Bb78
Klima GR 189 Cc83
Klimaszewnica PL 123 Ka32
Klimatáki GR 182 Ba79
Klimatiá GR 182 Ab79
Klimavičy BY 202 Ec12
Kliment BG 181 Ec69
Klimkovice CZ 137 Ha45
Klimontów PL 131 Jd42
Klimontów PL 138 Jb43
Klimovo RUS 107 Ma47
Klimovo RUS 202 Ec13
Klimovsk RUS 202 Ed10
Klimpfjäll S 71 Fc24
Klin RUS 202 Ed10
Klina KSV 178 Ba70
Klincovka RUS 113 Ja58
Klincovka RUS 203 Ga11
Klincy RUS 202 Ec13
Klindiá GR 188 Ba86
Klinga N 78 Ec26
Klingenbach A 145 Gb52
Klingenberg D 134 Cd45
Klingenmünster D 133 Cb47
Klingenthal D 135 Eb43
Klingersel S 73 Hc20
Klingnau CH 141 Cb52
Klinča Sela HR 151 Ga59
Klink D 119 Ec33
Klinkby DK 100 Cd22
Klinó GR 182 Ba80
Klintebjerg DK 109 Dd26
Klintehamn S 104 Gd50
Klippan S 110 Ed54
Klippen S 71 Fc22
Klippen S 80 Gc28
Klippinge DK 109 Ec27
Klirou CY 206 Jb97
Klis HR 158 Gc66
Klisa HR 153 Hd59
Klisino PL 137 Ha44
Klissoúra GR 183 Bb78
Klissoúra GR 188 Ad81
Klisura BG 179 Cc72
Klisura BG 179 Da71
Klisura SRB 179 Ca71
Klisurica BG 179 Cc68
Klitmøller DK 100 Da21
Klitoría GR 188 Bb86
Klitten D 128 Fc40
Klitten S 87 Fb37
Klivi LV 106 Kc52
Kljajićevo SRB 153 Hd58
Kljasino RUS 99 Ma40
Kljavino RUS 203 Ga09
Ključ BIH 152 Gc63
Klo N 66 Fd12
Klobouky u Brna CZ 137 Gc48
Kłobuck PL 130 Hc41
Klobuk BIH 158 Ha67
Klobuky CZ 136 Fa44
Klöch A 144 Ga55
Klockestrand S 88 Gc32
Klockrike S 103 Fd46
Klockträsk S 73 Hb24
Kłoczew PL 131 Jd38
Kłodawa PL 120 Fd35
Kłodawa PL 130 Hc37
Klöden D 127 Ec39
Kłodzko PL 137 Gc43
Kløfta N 93 Ea41
Klokk N 76 Cd32
Klokkarvik N 84 Ca39
Klokkarvollen N 62 Ha08
Klokkerholm DK 100 Dc20
Klokočevac SRB 174 Ca65
Klokočevci HR 152 Hb59
Klokočov SK 137 Hb46
Klokotnica BG 185 Db74
Kłomnice PL 130 Hd41
Klonowa PL 129 Hb40
Klooga EST 98 Ka43
Kloogaranna EST 98 Ka42
Klopicy RUS 99 Ma40
Kłopoty-Stanisławy PL 123 Kb35
Klos AL 182 Ac74
Klosi AL 163 Jc72
Kloštar HR 152 Gd58
Kloštar Ivanic HR 152 Gb59
Kloster DK 108 Cd24
Klosterfelde D 120 Fa35
Klosterhaar NL 117 Bd35
Klösterle A 142 Da54
Klosterlechfeld D 142 Dc50
Klostermansfeld D 127 Ea39
Klosterneuburg A 145 Gb50
Klosters CH 142 Da55
Kloster Zinna D 127 Ed38
Kloten CH 141 Cb53
Kloten S 95 Fd42
Klötze D 127 Dd36
Klovainiai LT 114 Kb54
Klovborg DK 108 Db24
Klövedal S 102 Eb48
Klöverfors S 73 Hc24
Klöverträsk S 73 Hc22
Kløvimoen N 71 Fb23
Klövsjö S 87 Fb33
Kløvstad N 86 Eb37
Klubben N 65 Kc06
Klubben N 84 Ca34
Klubbfors S 73 Hc24
Klubbukt N 63 Ja06
Klubbvik N 65 Kb06
Kluczbork PL 129 Ha41
Klucze PL 138 Hd43
Kluczewo PL 120 Ga32
Kluczewsko PL 130 Ja41
Kluki PL 121 Gc29
Klukowa Huta PL 121 Gd30
Klukowicze PL 131 Kb36
Klukowo PL 122 Jb35
Klukowo PL 123 Ka35
Kluksdal N 78 Ec30
Klund N 94 Eb43
Klundert NL 124 Ad38
Klungland N 92 Ca45
Klupe BIH 152 Ha62
Kluse D 117 Ca34
Kl'ušov SK 139 Jd47
Klüsserath D 133 Bc44
Klusy PL 123 Jd31
Klutmark S 80 Hc25
Klutsjön S 86 Ed34
Klütz D 119 Ea31
Klwów PL 130 Jb39
Klykoliai LT 113 Jd53
Kłyżów PL 131 Ka42
Knaben N 92 Cc45
Knaften S 80 Gd26
Knäm S 94 Ea45
Knaphill GB 20 Fb29
Knappenrode D 128 Fb40
Knapphus N 92 Ca42
Knapstad N 93 Ea42
Knapton GB 16 Fb19
Knäred S 110 Fa53
Knaresborough GB 11 Fa19
Knarvik N 84 Ca38
Knätte S 102 Fa48
Knebel DK 109 Dd24
Kneesall GB 16 Fb22
Kneese D 119 Dd32
Kneesworth GB 20 Fc26
Knesebeck D 118 Dc35
Kneža BG 179 Da69
Knežak SLO 151 Fb59
Kneževici Sušica SRB 159 Jb65
Kneževi Vinogradi HR 153 Hc59
Kneževo HR 153 Hc58
Kněžice CZ 136 Fd44
Knežina BIH 159 Hd64
Kněžmost CZ 136 Fc43
Knić SRB 174 Bb66
Knićanin SRB 153 Jc60
Knidi GR 183 Bb79
Knighton GB 15 Eb25
Knight's Town IRL 12 Ad25
Knin HR 158 Gb64
Knislinge S 111 Fb54
Knista S 95 Fc44
Knittelfeld A 144 Fc54
Knittlingen D 134 Cc47
Knivert LV 105 Jb52
Kniveton GB 16 Ed23
Knivsta S 96 Gc42
Knjaževac SRB 179 Ca68
Knjazevo RUS 107 Mb51
Knjaževo RUS 203 Fb08
Knjažica RUS 99 Ma45
Knock IRL 8 Bd19
Knock IRL 12 Bb23
Knockalough IRL 12 Bc23
Knockaunalour IRL 12 Bd25
Knockaunnaglashy IRL 12 Ba24
Knockbrandon IRL 13 Cd23
Knockcroghery IRL 8 Ca20
Knockdrin IRL 9 Cb20
Knockeen Cross Roads IRL 12 Bb24
Knockferry IRL 8 Bc20
Knockin GB 15 Eb23
Knocknabul Cross IRL 12 Bb24
Knocknagashel IRL 12 Bb24
Knocks IRL 12 Bc26
Knocktopher IRL 13 Cb24
Knockvicar IRL 8 Ca19
Knodara CY 206 Jc96
Knokke-Heist B 124 Aa38
Knopkägra FIN 97 Jc40
Knoppe S 87 Gb34
Knorydy PL 123 Kb35
Knottingley GB 16 Fa20
Knowehead GB 10 Dd15
Knowl Hill GB 20 Fb28
Knudby DK 100 Db22
Knudshoved DK 109 Dd27
Knurów PL 137 Hb44
Knurowiec PL 122 Jc35
Knutby S 96 Gd41
Knutsford GB 15 Ec22
Knutsvik N 92 Cb43
Knyszyn PL 123 Ka33
Koactarla TR 185 Ed74
Kobaklar TR 192 Fb84
Kobarid SLO 150 Ed57
Kobbevåg N 62 Gd10
Kobbevåg N 63 Hc06
Kobbfoss N 65 Kc09
Kobela EST 107 Lb47
Købelev DK 109 Ea28
Kobeljaky UA 204 Ed15
København DK 109 Ec26
Kobeřice CZ 137 Ha45
Kobern-Gondorf D 133 Ca43
Kobiele Wielkie PL 130 Hd41
Kobiljane BG 184 Dc75
Kobilje SLO 145 Gb56
Kobiór PL 138 Hc44
Kobišnica SRB 174 Cb66
Koblenz D 133 Ca43
Kobona RUS 202 Eb08
Koboža RUS 202 Ec08
Kobrinskoe RUS 99 Mb40
Kobryn BY 202 Dd14
Kobyla Góra PL 129 Ha40
Kobylanka PL 120 Fc33
Kobylin PL 123 Jd33
Kobylin PL 129 Gc39
Kobylin-Borzymy PL 123 Ka34
Kobyłka PL 130 Jc36
Kobylnica PL 121 Gc30
Kobylniki PL 129 Gb36
Kobylniki PL 130 Ja36
Koca Ahmetler TR 199 Gd90
Kocaali TR 185 Ec79
Kocaali TR 187 Gd78
Kocaaliler TR 199 Gd90
Kocaavşar TR 191 Ed82
Kocabaş TR 198 Fd88
Kocabey TR 192 Fb83
Kocaçeşme TR 185 Eb78
Kocadağ TR 191 Ec82
Kocadağ TR 199 Gd90
Kocadere TR 198 Fd88
Kocadöngel TR 187 Gc78
Kocaeli TR 187 Gb78
Kocagöl TR 186 Fa80
Kocagöl TR 193 Gb86
Kocahıdır TR 185 Ea78
Kocaiskan TR 192 Fa83
Koçak TR 192 Ga86
Koçak TR 193 Gb83
Kocakanğan TR 192 Fa84
Kocakaymaz TR 187 Gb78
Kocakovacık TR 192 Fd81
Kocalar TR 185 Eb80
Kočane SRB 178 Bd69
Kočani MK 179 Ca73
Kocaoba TR 191 Ed82
Kocaöz TR 193 Gd85
Kocapınar TR 191 Ed81
Koçar TR 187 Gd78
Koçarlı TR 197 Ed88
Koçaş TR 193 Hb87
Kocayaka TR 192 Ga87
Kocayazı TR 185 Ec74
Koçbeyli TR 193 Gd86
Koceljevo SRB 153 Jb63
Kočėnai LT 106 Kd52
Kočeni LV 106 Kd48
Kočerin BIH 158 Ha66
Kočerinovo BG 179 Cb73
Kočetovka RUS 203 Fb12
Kočevje SLO 151 Fc59
Kočevska Reka SLO 151 Fc59
Kochanowice PL 129 Hb42
Kochcice PL 129 Hb42
Kochel am See D 143 Dd52
Kochfidisch A 145 Gb54
Kochlowice PL 129 Ha37
Kocień Wielkie PL 121 Gb35
Kocierzew PL 130 Ja37
Kočilar MK 183 Bc74
Kociołek Szlachecki PL 122 Jc32
Kock PL 131 Ka38
Kočkarlej RUS 203 Fd10
Kočmar BG 181 Ed69
Kočov CZ 135 Ec45
Kočovo BG 181 Ec70
Kocs H 145 Hb52
Kocsér H 146 Jb54
Kocsola H 145 Hb56
Kocsord H 147 Kb51
Kócsújfalu H 146 Jc52
Kocular TR 199 Ha88
Koçyazı TR 193 Hb85
Koczała PL 121 Gc32
Kodal N 93 Dd44
Kodavere EST 99 Lb44
Kode S 102 Eb48
Kodeń PL 131 Kc37
Kodeniec PL 131 Kb38
Kodersdorf D 128 Fc41
Kodesjärvi FIN 89 Ja34
Kodiksami FIN 89 Ja37
Kodisjoki FIN 89 Ja37
Köditz D 135 Ea43
Kodjala FIN 89 Ja38
Kodrąb PL 130 Hd41
Kodyma UA 204 Ec16
Kodžadžik MK 182 Ad74
Koekelare B 21 Ha29
Kœnigsmacker F 25 Jd34
Koersel B 124 Ba40
Koeru EST 98 Kd43
Koetschette L 132 Ba44
Kœtzingue F 31 Kc40
Kofçaz TR 185 Ec74
Kofinou CY 206 Jb97
Köflach A 144 Fc54
Köfles A 142 Dc54
Kog SLO 145 Gb56
Køge DK 109 Ec26
Kogula EST 105 Jc46
Koguva EST 97 Jd45
Kohila EST 98 Kb43
Köhkörö FIN 89 Jc35
Kohlberg D 135 Eb46
Köhlen D 118 Cd32
Kohma RUS 203 Fa09
Kohmu FIN 82 Kb31
Kohren-Sahlis D 127 Ec41
Kohtla-Järve EST 99 Lb41
Kohtla Nõmme EST 99 Lb42
Koigi EST 98 Kd43
Koigi EST 98 Kd44
Koijärvi FIN 89 Jd37
Koikkala FIN 91 Lb34
Koikküla EST 106 La47
Koili CY 206 Hd97
Koilovci BG 180 Db69
Kõima EST 106 Kb46
Koimäki FIN 90 Kd32
Koimla EST 105 Jc47
Köinge S 102 Ec51
Koirakoski FIN 82 La28
Koirasalmi FIN 82 Ka29
Koiravaara FIN 75 La21
Koisjärvi FIN 98 Ka39
Koisko SLO 150 Ed58
Koitila FIN 75 Kd21
Koitsanlahti FIN 91 Ld34
Koivisto FIN 90 Kb32
Koivistonpää FIN 73 Jb19
Koivu FIN 74 Jd20
Koivujärvi FIN 82 Kc28
Koivukylä FIN 82 Kd26
Koivulahti FIN 81 Ja30
Koivumäki FIN 81 Jd30
Koivumäki FIN 82 La29
Koivumäki FIN 89 Jb33
Koivuniemi FIN 74 Ka21
Kojanlahti FIN 83 Lb30
Kojdalen N 86 Ec32
Kojetín CZ 137 Gd47
Kojnare BG 179 Da69
Kojola FIN 81 Jb31
Kojola FIN 82 Ka28
Kojonperä FIN 89 Jc37
Kóka H 146 Ja53
Kokála GR 194 Bc91
Kokanin PL 129 Ha38
Kökar FIN 97 Hd41
Kokava nad Rimavicou SK 138 Ja49
Köke TR 193 Gd87
Kokelv N 63 Ja06
Kokemäki FIN 89 Jb36
Kokin Brod SRB 159 Jb66
Kokíni GR 182 Ab80
Kokiniá GR 182 Ac80
Kokiniá GR 183 Cb76
Kokinolithári GR 182 Ac80
Kokinombléa GR 189 Cb83
Kokinopilós GR 183 Bd79
Kokinvaara FIN 83 Ma30
Kokkári GR 197 Eb88
Kokkila FIN 90 Ka36
Kokkila FIN 97 Jc39
Kokkina CY 206 Hd96
Kókkino Néro GR 183 Ca80
Kokkinotrimithia CY 206 Jb96
Kokkokylä FIN 74 Kb21
Kokkola FIN 75 Lb24
Kokkola FIN 81 Jb28
Kokkola FIN 90 Ka35
Kokkolahti FIN 91 Lc32
Kokkoniemi FIN 75 Lb22
Kokkosenlahti FIN 90 La34
Kokkovaara FIN 68 Jc16
Kokllë AL 182 Ac76
Köklot FIN 81 Hd30
Koknese LV 106 Kd51
Koknese LV 106 La51
Kokonkylä FIN 90 Kd33
Kokonniemi FIN 75 Lb24
Kokonvaara FIN 83 Lc30
Kokora EST 99 Lb44
Kokořín CZ 136 Fb43
Kokory CZ 137 Gd46
Kokošinje MK 178 Bd73
Kokoti GR 189 Bd83
Kökpınar TR 205 Ga20
Kokrica SLO 151 Fb57
Koksijde-Bad B 21 Gd29
Kokšino RUS 107 Ma49
Koktebel' UA 205 Fb17
Kokträsk S 72 Gd23
Kola BIH 152 Gd62
Kola FIN 81 Jc28
Köla S 94 Ec42
Kölaby S 102 Fa48
Kołacin PL 130 Hd38
Kołacze PL 131 Kc39
Kołaczkowo PL 129 Gd37
Kołaczyce PL 139 Jd45
Kolak TR 198 Fd90
Koláka GR 189 Ca84
Kołaki Kościelne PL 123 Ka34
Koland N 92 Cd45
Kolankaya TR 192 Fc86
Kolarci BG 181 Fa68
Kolari FIN 68 Jb16
Kolari SRB 174 Bb64
Kolárovice SK 137 Hb47
Kolarovo BG 180 Dd73
Kolarovo BG 181 Ec68
Kolárovo SK 145 Ha51
Kolás N 76 Cc33
Kolåsen S 78 Fa29
Kolašin MNE 159 Jb68
Kolatovo BG 183 Cb75
Kolbäck S 95 Ga43
Kolbermoor D 143 Ea52
Kołbiel PL 130 Jc37
Kolbnitz A 143 Ed55
Kolbu N 85 Ea39
Kolbudy Grn. PL 121 Ha30
Kolbulia N 86 Eb38
Kolbuszowa PL 139 Jd43
Kølby DK 100 Db21
Kolby DK 109 Dd25
Kolby Kås DK 109 Dd25
Kol'čugino RUS 203 Fa10
Kołczewo PL 120 Fc31
Kołczygłowy PL 121 Gc30
Koldby DK 100 Da21
Koldere TR 191 Ed85
Kolding DK 108 Db26
Kołdrąb PL 121 Gd35
Koler S 73 Hb23
Kolesd H 146 Hc56
Koleška BIH 159 Hc67
Kolešovice CZ 136 Fa44
Kolga-Jaani EST 98 Kd45
Kolgaküla EST 98 Kd42
Kolgomp'a RUS 99 Ld40
Kolhikí GR 183 Bb77
Kolhikó GR 183 Cb77
Kolho FIN 90 Ka33
Koli FIN 83 Lc29
Kolimbári GR 200 Cb94
Kolimbia GR 197 Fa93
Kolin CZ 136 Fd45
Kolind DK 101 Dd23
Kolindrós GR 183 Bd78
Kolinec CZ 135 Ed47
Kölingared S 102 Fa48
Koliseva FIN 90 Kd37
Kolitzheim D 134 Db45
Köljala EST 105 Jd46
Koljane HR 158 Gc65
Kolka LV 105 Jc48
Kølkær DK 108 Da24
Kolkanlahti FIN 82 Ka31
Kolkja EST 99 Lb44
Kolkku FIN 82 Kb29
Kolkko FIN 97 Ja39
Kolkonjärvi FIN 75 La21
Kolkonpää FIN 91 Lb33
Kolkontaipale FIN 91 Lb33
Kolkwitz D 128 Fb39
Kolky UA 202 Ea14
Kollaja FIN 74 Kb22
Kölleda D 127 Dd40
Kollersdorf A 144 Ga50
Kollerud S 94 Ed40
Kollerup DK 100 Db21
Kölliken CH 141 Ca53
Kollínes GR 194 Bc88
Kollinmäki FIN 89 Jb33
Kollinperä FIN 90 Ka32
Kollmar D 118 Db32
Kollnburg D 135 Ec48
Kölln-Reisiek D 118 Db32
Kollum NL 117 Bc33
Kollund DK 108 Db28
Kollungeröd S 102 Eb47
Kolma FIN 90 La32
Kolmården S 103 Ga46
Kolmjärv S 73 Hd20
Kolm-Saigurn A 143 Ec54
Köln D 125 Bd41
Kolno PL 122 Jb31
Kolno PL 123 Jd33
Kolo BIH 158 Gd65
Koło PL 129 Hb37
Kołobrzeg PL 120 Fd31
Kołodzież PL 123 Jd33
Kologrivo RUS 99 Ld42
Kolokolčovka RUS 203 Fd12
Kolokolovo RUS 99 Lc44
Kolomna RUS 203 Fa10
Kolomyja UA 204 Ea16
Kolonia AL 182 Ab78
Kolonowskie PL 129 Hb42
Kolossi CY 206 Ja98
Koloveč CZ 135 Ed46
Kolpino RUS 107 Lc46
Kolpino RUS 202 Eb08
Kolpny RUS 203 Fa12
Koloppi FIN 81 Jb29
Kolrep D 119 Eb34
Kolsätter S 87 Fc34
Kolsillre S 87 Fd33
Kolsjön S 87 Ga34
Kolsko PL 128 Ga38
Kolsva S 95 Ga43
Kolta SK 145 Hb51
Kolu FIN 81 Jd31
Kolumna PL 130 Hc39
Kolunić BIH 152 Gb63
Koluszki PL 130 Hd38
Kolut SRB 153 Hd58
Koluvere EST 98 Ka44
Kolvereid N 78 Ec25
Kolvik N 64 Jb07
Kolyčivka UA 202 Ec14
Kolyšlej RUS 203 Fc11
Komádi H 147 Ka54
Komagfjord N 63 Hd07
Komagvær N 65 Kd06
Komagvik N 62 Gd08
Komańcza PL 139 Ka46
Kómanos GR 183 Bc78
Komar BIH 158 Ha64
Kómara GR 185 Ea75
Komarani SRB 178 Ad68
Komarevo BG 180 Db69
Komarno MNE 159 Ja70
Komárno SK 145 Hb52
Komárom H 145 Hb52
Komárov CZ 136 Fa45
Komarówka Podlaska PL 131 Kb38
Komarów-Osada PL 131 Kc41
Koma tou Gialou CY 206 Jd95
Kombóti GR 188 Ad82
Kombsija AL 182 Ac74
Kombuļi LV 115 Ld53
Komen SLO 151 Fa59
Komi CY 206 Jd96
Komi FIN 89 Jc35
Kómi GR 189 Bc86
Komin HR 158 Ha68
Kominternivs'ke UA 204 Ec17
Kómito GR 190 Cd86
Komiža HR 158 Gb68
Komjatice SK 145 Hb51
Komló H 146 Jb52
Komló H 152 Hb57
Kommerniemi FIN 91 Lc33
Komnes N 93 Dd43
Komniná GR 183 Bc77
Komniná GR 184 Db76
Komninádes GR 182 Ba77
Komorane KSV 178 Ba71
Komoraniki PL 129 Gc37
Komorowo PL 122 Jc35
Komorowo PL 129 Gc40
Komorowo PL 129 Gd36
Komorze PL 129 Gd37
Komorzno PL 129 Ha41
Komosomol'sk RUS 203 Fa09
Komossa FIN 81 Jb30
Komoštica BG 179 Cc68
Komotiní GR 184 Dc77
Kompakka FIN 83 Ld31
Kompelusvaara S 68 Hd17
Kompina PL 130 Ja37
Komprachcice PL 129 Ha42
Kömsi EST 98 Ka45
Komsi FIN 89 Ja33
Komsomol'sk RUS 113 Hd59
Komsomol'sk RUS 113 Ja59
Komsomol'skij RUS 203 Fc10
Komsomol'sk Zappvednik RUS 113 Ja59
Komu FIN 82 Kb28
Komula FIN 82 La26
Komunari BG 181 Ed71
Komuniga BG 184 Dc74
Kömürcü TR 192 Fa84
Kömürköy TR 186 Fa75
Kömür Limanı TR 185 Dd80
Konak BG 180 Eb70
Konak SRB 174 Bc62
Konak TR 198 Fd89
Konakkale TR 193 Hb87
Konaklı TR 199 Hb92
Konakovo RUS 202 Ed10
Konakpınar TR 192 Fa83
Konare BG 180 Ea72
Konare BG 181 Fb69
Konarevo SRB 178 Ba67
Konarı TR 193 Hb86
Konary PL 130 Jc38
Konarzewo PL 129 Gb37
Konarzyce PL 123 Jd33
Konarzyny PL 121 Gd32
Konäs S 78 Fa29
Končanica HR 152 Gd59
Konče MK 183 Bd75
Kończewice PL 121 Hb34
Kondiás GR 190 Db81
Kondofrej BG 179 Cb72
Kondolovo BG 186 Fa74
Kondopoúli GR 190 Dc81
Kondorfa H 145 Gb55
Kondoros H 146 Jc55
Kondratovo RUS 107 Ma47
Kondratów PL 128 Ga41
Kondratowice PL 129 Gc42
Kondrić HR 152 Hb60
Kondrovo RUS 202 Ed11
Køng DK 109 Eb27
Konga S 111 Fd53
Köngäs FIN 64 Jd07
Köngäs FIN 68 Jc14
Köngäs FIN 69 Ka14
Köngäs FIN 69 Kb17
Kongasmäki FIN 75 Kd24
Kongens Lyngby DK 109 Ec25
Kongerslev DK 100 Dc21
Konginkangas FIN 82 Kb31
Kongsberg N 93 Dc42
Kongselva N 66 Fd13
Kongsfjord N 65 Kb04
Kongshavn N 93 Db46
Kongsli N 67 Gd11
Kongsmark DK 108 Cd27
Kongsmoen N 78 Ed25
Kongsvika N 66 Ga13
Kongsvinger N 94 Ec40
Koņi LV 106 Kd47
Koniaków PL 138 Hc46
Konice CZ 137 Gc46
Koniecpol PL 130 Hd42
Konieczna PL 139 Jd46
Koniewo PL 120 Fc32
Königerode D 127 Dd39
Königgrätz = Hradec Králové CZ 136 Ga44
Königheim D 134 Da45
Königsaue D 127 Ea38
Königsbach-Stein D 134 Cc47
Königsberg D 134 Dc44
Königsbronn D 134 Db48
Königsbrück D 128 Fa40
Königsbrunn D 142 Dc50
Königsdorf D 143 Dd52
Königsee D 127 Dd42
Königsfeld D 135 Dd45
Königsfeld D 141 Cb50
Königshain-Wiederau D 127 Ec41
Königshofen D 134 Da46
Königslutter D 127 Dd37
Königsmoos D 135 Dd49
Königstein D 128 Fb42
Königstein D 134 Cc43
Königstein D 135 Ea46
Königswartha D 128 Fb40
Königswiesen A 144 Fc50
Königswinter D 125 Bd41
Königs Wusterhausen D 128 Fa37
Konin PL 129 Ha37
Konina PL 138 Ja46
Koninciems LV 105 Jb51
Konispol AL 182 Ab80
Kónitsa GR 182 Ad79
Köniz CH 141 Bd54
Konjavo BG 179 Cb72
Konjic BIH 158 Hb66
Konjsko BIH 158 Ha66
Konjsko BIH 159 Hc69
Konjsko SRB 178 Ba68
Konju EST 99 Lc41
Konjuh KSV 178 Bb71
Konjuhe MNE 159 Jb68
Konnekoski FIN 82 Kd31
Könnern D 127 Ea39
Konnersreuth D 135 Eb44
Konnerud N 93 Dd42
Konnevesi FIN 82 Kc31
Könni FIN 81 Jb31
Konnovo RUS 99 Lc40
Könnu EST 98 Kc44
Könnu EST 105 Jd46
Konnunsuo FIN 91 Lc36
Konnuslahti FIN 82 La31
Konohovicy RUS 99 Ma41
Könölä FIN 74 Jc20
Konopiska PL 130 Hc42
Konopište MK 183 Bd75
Konopki PL 122 Ja34
Konopnica PL 130 Hc40
Konotop PL 120 Ga33
Konotop PL 128 Ga38
Konotop UA 202 Ed14
Konradsreuth D 135 Ea44
Końskie PL 130 Jb40
Konsko MK 183 Bd76
Końskowola PL 131 Ka39
Konsmo N 92 Cc46
Konstancin-Jeziorna PL 130 Jc37
Konstantin BG 180 Ea71
Konstantinova LV 107 Ld52
Konstantinovka RUS 113 Ja58
Konstantinovsk RUS 205 Fc15
Konstantinovy Lázně CZ 135 Ec45
Konstantynów PL 131 Kb36
Konstantynów Łódzki PL 130 Hc39
Konstanz D 142 Cc52
Kontea CY 206 Jc97
Kontemenos CY 206 Jb96
Kontiainen FIN 81 Jc30
Kontiainen FIN 89 Jc32
Kontinjoki FIN 82 Kd26
Kontiolahti FIN 83 Ld30
Kontiomäki FIN 82 La25
Kontioranta FIN 83 Ld30
Kontiovaara FIN 83 Ma29
Kontiovaara FIN 83 Ld28
Kontkala FIN 83 Lc30
Konttajärvi FIN 74 Jc18
Konttimäki FIN 83 Lb29
Konttimäki FIN 83 Lb30
Konttimäki FIN 90 Ka32
Kontu FIN 91 Lc36
Konuklu TR 187 Gc78
Konuralp TR 187 Ha78
Konuš BG 185 Dd74
Kóny H 145 Gd52
Konz D 133 Bc45
Konzell D 135 Ec48
Kõo EST 98 Kd44
Koobassaare EST 107 Lb47
Koonga EST 98 Kb45
Kooraste EST 107 Lb46
Koorküla EST 106 La47
Köörtilä FIN 89 Ja35
Koosa EST 99 Lb44
Kootwijk NL 116 Bb36
Kopáni GR 188 Ad81
Kopanica PL 128 Ga38
Kopanie PL 129 Gd42
Koparnes N 76 Cb33
Kópasker IS 3 Bb03
Kópavogur IS 2 Ac05
Kopciówka PL 123 Kb32
Kopdarbs LV 105 Ja52
Kopenhagen = København DK 109 Ec26
Koper SLO 151 Fa59
Kopervik N 92 Bd42
Kopfing A 144 Fa50
Kopice PL 120 Fc32
Kopice PL 129 Gd42
Kopidlno CZ 136 Fd44
Kopilovci BG 179 Cb69
Köping S 95 Ga43
Köpingebro S 110 Fa56
Köpingsvik S 103 Gb52
Kopisk PL 123 Kb33
Koplik i Poshtëm AL 159 Ja70
Köpmanholm S 96 Ha42
Köpmanholmen S 80 Gd31
Kopor'e RUS 99 Ld40
Koporic'e KSV 178 Bb69
Koposperä FIN 82 Ka27
Koppang N 86 Eb36
Koppangen N 62 Ha09
Kopparåsen S 67 Gc13
Kopparberg S 95 Fc42
Koppardal N 70 Ed21
Kopparmora S 96 Ha43
Koppelo FIN 69 Kb11
Koppelo FIN 83 Lb27
Kopperå N 78 Ec30
Koppom S 94 Ec42
Koprivec BG 180 Ea69
Koprivlen BG 184 Cd75
Koprivna SLO 144 Fc56
Koprivnica HR 152 Gc57
Kopřivnice CZ 137 Ha46
Koprivštica BG 179 Da72
Köprübaşı TR 187 Gd78
Köprübaşı TR 192 Fb85
Köprücek TR 187 Gc80
Köprühisar TR 186 Ga80
Köprüören TR 192 Ga82
Koprzywnica PL 131 Jd42
Kopsa FIN 81 Jd25
Kopstad N 93 Dd43
Kõpu EST 97 Jc44
Kõpu EST 106 Kd46
Kopyčynci UA 204 Ea16
Korablino RUS 203 Fb11
Koračica SRB 174 Bb65
Koraj BIH 153 Hd62
Koraşı TR 193 Hb86
Korb D 134 Cd48
Korbach D 126 Cd40
Korbeniči RUS 202 Ec08
Korbevac SRB 178 Bd71
Korbielów PL 138 Hd46
Korbøl N 71 Fc18
Korbovo SRB 174 Cb65
Korčanica BIH 152 Gb62
Korçë AL 182 Ad77
Korčevka RUS 203 Fd10
Korčula HR 158 Gd68
Korczew PL 131 Ka36
Korczyna PL 139 Ka45
Kordel D 133 Bc44
Korec' UA 202 Eb14
Köreken TR 192 Ga83
Korenevo RUS 202 Ed13
Korenica HR 151 Ga62
Korenica KSV 178 Ad71
Korenita SRB 153 Jc69
Korenovsk RUS 205 Fc16
Korentokylä FIN 75 Kc22
Korentovaara FIN 83 Mb29
Korez TR 192 Fc85
Korfantów PL 137 Gd43
Korfez TR 186 Ga78
Kórfos GR 195 Ca87
Korfovoúni GR 188 Ad81
Korfu = Kérkira GR 182 Ab80
Korgen N 71 Fb21
Korģene LV 106 Kc48
Kõrgepalu EST 107 Lb47
Kõrgessaare EST 97 Jc44
Körhasan TR 193 Ha83
Korholanmäki FIN 82 Kd31
Korhosenniemi FIN 75 Kd20
Korhoskylä FIN 81 Jd27
Korhoskylä FIN 89 Jc33
Koria FIN 90 Kd37
Korifási GR 194 Ba89
Korifí GR 182 Bb79
Korifí GR 188 Ba81
Korinós GR 183 Bd79
Korinth DK 108 Dc27
Korinth = Kórinthos GR 189 Bd86
Kórinthos GR 189 Bd86
Koriseva FIN 83 Lc28
Korissía GR 195 Cd88
Korissós GR 183 Bb78
Korita BIH 158 Gb64
Korita BIH 159 Hc67
Korita HR 152 Gd60
Korita HR 158 Ha69
Korita MNE 159 Jb69

Koriten - Kromy

Koriten BG 181 Fa68
Korjukivka UA 202 Ec13
Korkea FIN 83 Lc26
Korkeakangas FIN 91 Ma32
Korkeakoski FIN 90 Ka34
Korkeaoja FIN 89 Jb36
Korkee FIN 90 Kb35
Korkia-aho FIN 91 Lb36
Korkiakangas FIN 81 Jd30
Korkina BG 179 Cb72
Körküler TR 193 Gd86
Korkuteli TR 199 Gb90
Körkvere EST 97 Jd45
Körle D 126 Da40
Korly RUS 107 Ld46
Körmend H 145 Gc55
Kormunkylä FIN 74 Kb24
Korne PL 121 Gd31
Körner D 126 Dc40
Korneti LV 107 Lb48
Korneuburg A 145 Gb50
Kornevo RUS 113 Hd59
Kornevo RUS 113 Ja59
Kornica BG 184 Cc75
Kórnik PL 129 Gc37
Kornofoliá GR 185 Ea77
Kornos CY 206 Jb97
Kornós GR 190 Db81
Kornsjø N 94 Eb45
Kornstad N 77 Da31
Korntal D 134 Cd48
Kornwestheim D 134 Cd48
Környe H 145 Hb53
Koroča RUS 203 Fa13
Koromačno HR 151 Fa61
Koróni GR 194 Bb90
Korónia GR 189 Ca85
Koronissía GR 188 Ad82
Koronkylä FIN 89 Jc33
Kóronos GR 196 Dc90
Koronoúda GR 183 Cb77
Koronowo PL 121 Ha33
Korop UA 202 Ed13
Koropí GR 195 Cc87
Körösladány H 147 Jd54
Korospohia FIN 90 Kc34
Körösszegapáti H 147 Ka54
Köröstarcsa H 147 Jd54
Korosten' UA 202 Eb14
Kőröstetétlen H 146 Jb54
Korostyšiv UA 204 Eb15
Koroveia CY 206 Ka95
Koroviha RUS 203 Fb08
Korpavár H 145 Gc56
Korpela FIN 81 Jd29
Korpela FIN 97 Jc39
Korpi FIN 81 Jc28
Korpi FIN 89 Ja37
Korpiensuu FIN 90 Kd32
Korpijärvi FIN 90 Kd34
Korpijoki FIN 82 Kc28
Korpikå S 73 Ja21
Korpikylä FIN 73 Jb20
Korpikylä FIN 75 La23
Korpikylä FIN 90 Kc37
Korpikylä S 73 Jb20
Korpilahti FIN 82 Kc29
Korpilahti FIN 90 Kb33
Korpilombolo S 73 Ja18
Korpinen FIN 75 Kd23
Korpinen FIN 82 La28
Korpiperä FIN 82 Ka30
Korpivaara FIN 83 Lc31
Korpo FIN 97 Ja40
Korpoström FIN 97 Ja40
Korppinen FIN 82 Kb29
Korppoo FIN 97 Ja40
Korrö S 111 Fd53
Kors N 77 Da33
Körs TR 193 Gc84
Korså bruk S 95 Ga39
Korsåsen S 87 Fd37
Korsbäck FIN 89 Ja33
Korsbäck FIN 89 Hd32
Korsberga S 103 Fb47
Korsberga S 103 Fd50
Korschenbroich D 125 Bc40
Korshamn N 92 Cc47
Korsholm FIN 81 Ja30
Korskrogen S 87 Fd35
Korsmyrbränna S 79 Fd30
Korsnäs FIN 89 Hd32
Korsnäs S 95 Fd39
Korsnes N 66 Ga14
Korsnes N 77 Db30
Korsnes N 78 Ec25
Korsø DK 100 Da21
Korsö FIN 97 Hd39
Korso FIN 98 Kb39
Korsør DK 109 Ea27
Korssjön S 80 Hc27
Korsträsk S 73 Hc22
Korsun'-Ševčenkivs'kyj UA 204 Ec15
Korsvegen N 77 Ea30
Korsvoll N 77 Db30
Korsze PL 122 Jb30
Kortekylä FIN 81 Jd30
Kortemark B 21 Ha29
Korten BG 180 Ea72
Kortenaken B 124 Ad40
Kortesjärvi FIN 81 Jb30
Kortessem B 124 Ba40
Kortevaara FIN 83 Lc25
Kortgene NL 124 Ab38
Kórthio GR 196 Da88
Kortila FIN 83 Lc28
Kortjärvi FIN 81 Jc29
Kortrijk B 124 Aa40
Kortteenperä FIN 74 Kb20
Korttenkylä FIN 89 Ja34
Korttia FIN 90 Kc38
Korubaşı TR 192 Fb85
Korubükü TR 198 Fd92
Korucak TR 191 Eb81
Korucu TR 185 Eb78
Korucu TR 191 Ed82
Korucuk TR 187 Hb79
Korucuk TR 197 Fa89
Koruköy TR 185 Eb79
Koruköy TR 187 Gc79
Koruköy TR 198 Fd91
Korup DK 108 Dc26
Kõruse EST 105 Jb46
Koruste EST 106 La46
Korva S 73 Jb19
Korvajärvenkylä FIN 89 Jb33
Korvakumpu FIN 69 Kb16
Korvala FIN 69 Ka17
Korvaluoma FIN 89 Jb34
Kõrve küla EST 99 Lb45
Korvenkylä FIN 74 Ka23
Korvenkylä FIN 75 Kc24
Korvenkylä FIN 81 Jc27
Korvenkylä FIN 81 Jd26
Korvenkylä FIN 89 Ja36
Korvensuu FIN 89 Ja38
Korvua FIN 75 La22
Koryčany CZ 137 Gd48
Korycin PL 123 Kb32
Korytków PL 131 Kb42
Korytnica PL 131 Jd36
Korytnica-kúpele SK 138 Hd48
Korzeńsko PL 129 Gc39
Korzybie PL 121 Gc30
Korzyce PL 130 Jb40
Kós GR 197 Ec91
Koš SK 137 Hb49
Kosa RUS 113 Hd59
Kosaja Gora RUS 203 Fa11
Kosakowo PL 121 Ha29
Kosančić SRB 178 Bd69
Kosanica MNE 159 Ja67
Košarevo BG 179 Cb71
Košarica BG 181 Fa72
Košarovce SK 139 Ka47
Kosarzyn PL 128 Fc38
Košava BG 179 Cc67
Koschach A 143 Ed55
Kösching D 135 Dd48
Kościan PL 129 Gb38
Kościelec PL 129 Hb37
Kościelec PL 138 Jb44
Kościelisko PL 138 Ja47
Kościelna Wieś PL 129 Ha39
Kościernica PL 121 Gb31
Kościerzyna PL 121 Ha31
Kościelec Kujawski PL 121 Ha35
Kose EST 98 Kc43
Köse TR 205 Fd20
Kösedere TR 191 Ea85
Köseilyas TR 185 Ed77
Köseköy TR 187 Gb79
Kosel MK 182 Ba75
Köseler TR 191 Ec84
Köseler TR 192 Fc82
Köseler TR 199 Gd90
Koselj BIH 158 Hb65
Koserow D 120 Fb31
Košetice CZ 136 Fd46
Kose-Uuemõisa EST 98 Kc43
Košice SK 139 Jd48
Košická Belá SK 138 Jc48
Kosierz PL 128 Fd38
Kosihovce SK 146 Hd50
Kosina PL 139 Kb44
Kosinë AL 182 Ac78
Kosino PL 120 Ga32
Kosinowo PL 130 Hc36
Kosjerić SRB 159 Jb64
Köşk TR 197 Fa88
Köşk TR 199 Hb88
Koška HR 152 Hb59
Koskama FIN 69 Jd15
Koskeby FIN 81 Ja30
Koskela FIN 81 Jd30
Koskela FIN 82 Ka25
Koskelankangas FIN 82 Ka25
Koskelankylä FIN 81 Jb31
Koskelokangas FIN 69 Kb15
Koskenkorva FIN 89 Jb32
Koskenkylä FIN 75 Lb20
Koskenkylä FIN 82 Kd30
Koskenkylä FIN 82 La25
Koskenkylä FIN 89 Jb37
Koskenkylä FIN 89 Jd36
Koskenkylä FIN 90 La32
Koskenkylä FIN 90 Kd38
Koskenmaa FIN 81 Jc28
Koskenmäki FIN 83 Lb25
Koskenniska FIN 69 Jd11
Koskenniska FIN 90 Kd36
Koskenpää FIN 90 Kb33
Koskenperä FIN 89 Jd33
Koskenranta FIN 74 Jd19
Koski FIN 82 Kc28
Koski FIN 89 Jb36
Koski FIN 89 Jc38
Koski FIN 97 Jd40
Koski FIN 98 Ka39
Koskimäki FIN 89 Ja32
Koškino RUS 99 Ld41
Koškino RUS 107 Mb49
Koskinoú GR 197 Fa92
Koskioinen FIN 89 Jc37
Koskolovo RUS 99 Ld40
Koskue FIN 89 Jb33
Koskullskulle S 67 Hb17
Koskunen FIN 90 Kc37
Košljun HR 151 Fc63
Kosman BIH 159 Hd66
Kosmás GR 195 Bd89
Kósmi GR 184 Dc77
Kosmo N 66 Fd17
Kosmonosy CZ 136 Fc43
Kosmów PL 131 Kd41
Košničari BG 180 Eb70
Kosobudy PL 121 Gd32
Kosobudy PL 131 Kc42
Kosola FIN 81 Jb30
Kosola FIN 91 Lc33
Kosovo HR 158 Gb65
Kosovo Polje KSV 178 Bb71
Kosovrasti MK 182 Ad74
Kosovska Kamenica KSV 178 Bc71
Kosovska Mitrovica KSV 178 Ba70
Kosów Lacki PL 123 Jd35
Kosowo PL 121 Gd34
Kóspallag H 146 Hc51
Koßdorf D 127 Ed40
Kössen A 143 Eb52
Kossenblatt D 128 Fb38
Kößlarn D 143 Ed50
Kósta GR 195 Ca89
Kosta S 103 Fd52
Kostamo FIN 69 Kb17
Kostandenec BG 180 Eb69
Kostandovo BG 179 Da73
Kostanjevac HR 151 Fd59
Kostanjevica na Krki SLO 151 Fd58
Kosta Perčovo BG 179 Cb67
Kostelec nad Černými Lesy CZ 136 Fc45
Kostelec nad Labem CZ 136 Fc44
Kostelec nad Orlicí CZ 137 Gb44
Kostelec na Hané CZ 137 Gc46
Kosten BG 181 Ec72
Kostenec BG 179 Cd72
Kostenec BG 179 Cd73
Kostila FIN 90 Kb36
Kostinbrod BG 179 Cc71
Kostivere EST 98 Kc42
Kostjantynivka UA 205 Fb15
Kostojevići SRB 159 Jb64
Kostolac SRB 174 Bc64
Kostomlaty pod Milešovkou CZ 136 Fa43
Kostomłoty PL 129 Gb41
Kostopil' UA 202 Ea14
Kostroma RUS 203 Fa08
Kostromino RUS 113 Jb59
Kostrzyn PL 128 Fc36
Kostrzyn PL 129 Gc37
Kostula FIN 89 Jc35
Kosturino MK 183 Ca75
Kosula FIN 83 Lb31
Koszalin PL 120 Ga31
Koszarawa PL 138 Hd46
Koszęcin PL 130 Hc42
Kőszeg H 145 Gb53
Koszelewy PL 122 Hd33
Koszelówka PL 130 Hd36
Koszkowo PL 129 Gc38
Kosztowo PL 121 Gc34
Koszuty PL 129 Gc37
Koszyce PL 138 Jb44
Kótaj H 147 Ka50
Kotajärvi FIN 74 Ka23
Kotajärvi FIN 83 Lc25
Kotakoski FIN 90 Kb34
Kotala FIN 69 Kd16
Kotala FIN 89 Jd33
Kotamäki FIN 90 Kd32
Kotaperä FIN 90 Kb32
Kotasalmi FIN 82 La30
Kotel BG 180 Eb71
Kőtelek H 146 Jb53
Kotel'nikovo RUS 203 Fd14
Kotel'skij RUS 99 Ld40
Kotel'va UA 202 Ed14
Köthen D 127 Eb39
Kothréas GR 188 Ac84
Kotikylä FIN 82 Kd28
Kotila FIN 75 Kd24
Kotíli GR 182 Ba78
Kotiranta FIN 75 Lb23
Kotka FIN 90 La38
Kotkajärvi FIN 90 Ka37
Kotlarnia PL 137 Hb43
Kotlenice HR 158 Gc66
Kotlin PL 129 Gd38
Kotlinki PL 130 Hc39
Kotlje SLO 144 Fc56
Kotly RUS 99 Ld40
Kotly RUS 202 Ea08
Kotomierz PL 121 Ha33
Kotor MNE 159 Hd69
Kotorani BIH 152 Gb61
Kotoriba HR 152 Gc57
Kotorsk RUS 99 Mb44
Kotorsko BIH 152 Hb62
Kotor Varoš BIH 152 Gd62
Kotovo RUS 203 Fd12
Kotovsk RUS 203 Fb12
Kotovs'k UA 204 Ec16
Kotowa Wola PL 131 Ka42
Kotraža SRB 178 Ad67
Kótronas GR 194 Bc90
Kötschach-Mauthen A 143 Ec56
Kotsiatis CY 206 Jb97
Köttkulla S 102 Fa49
Köttsjön S 79 Ga30
Kotuń PL 131 Jd37
Kotvala FIN 82 Ka29
Kötzlin D 119 Eb35
Kötzting D 135 Ec47
Koudekerke NL 124 Ab38
Koudoúnia GR 184 Cd77
Koudum NL 116 Bb34
Kõue EST 98 Kc43
Koufália GR 183 Ca77
Koufonisi GR 196 Dc90
Kouhi FIN 90 Kc33
Koukkula FIN 83 Lc25
Kouklia CY 206 Hd98
Kouklia CY 206 Jc97
Kouklii GR 182 Ac79
Koukomäki FIN 82 Kc27
Koúkos GR 183 Bd78
Koukounariés GR 189 Cb83
Kounávi GR 200 Da96
Koúndouros GR 195 Cd88
Kounoupiá GR 195 Bd89
Kounoupítsa GR 195 Ca88
Koura FIN 81 Jc31
Kouřim CZ 136 Fc45
Kourkoulí GR 189 Cb84
Kournás GR 200 Cc95
Kousa FIN 90 Kd35
Koutalás GR 195 Cd89
Koutaniemi FIN 82 Kd25
Koutojärvi S 73 Jb20
Koutsó GR 184 Db77
Koutsopódi GR 195 Bd87
Koutsoventis CY 206 Jb96
Koutus FIN 74 Jb18
Kouva FIN 75 Kc20
Kouvola FIN 90 Kd37
Kovačevci BG 179 Cb71
Kovačevci BG 179 Cc72
Kovačevec BG 180 Ea70
Kovačevica BG 184 Cd74
Kovačevo BG 180 Ea73
Kovačevo BG 179 Cc68
Kovačica SRB 153 Jc60
Kovallberget S 80 Gc25
Kovancılar TR 205 Ga20
Kovanj BIH 159 Hd65
Kovářov CZ 136 Fb46
Kovářská CZ 135 Ed43
Kovaši RUS 99 Ma39
Kovel' UA 202 Ea14
Kovelahti FIN 89 Jb34
Kovernino RUS 203 Fb08
Kovero FIN 83 Ma30
Köveskál H 145 Ha55
Kovilj SRB 153 Jb60
Kovin SRB 174 Bc64
Kovjoki FIN 81 Ja30
Kovland S 87 Gb33
Kovren MNE 159 Jb67
Kovrov RUS 203 Fa09
Kovylkino RUS 203 Fc10
Kowal PL 130 Hc36
Kowale PL 129 Hb38
Kowale PL 129 Hb39
Kowale Oleckie PL 123 Jd30
Kowalewo PL 121 Gd34
Kowalewo PL 121 Gd35
Kowalewo Pomorskie PL 121 Hb34
Kowalów PL 128 Fc37
Kowalówka PL 139 Kc43
Kowańcz PL 120 Ga31
Kowanówko PL 129 Gc36
Kowary PL 128 Ga42
Kowiesy PL 130 Ja38
Kownaty PL 123 Jd33
Kownaty PL 131 Kb37
Köyceğiz TR 198 Fb91
Köyhäjoki FIN 81 Jc29
Köyhänperä FIN 82 Ka28
Köyliö FIN 89 Jb37
Köyliönkylä FIN 89 Jc37
Köylüce TR 191 Ec82
Köysivaara FIN 69 Ka12
Koyulhisar TR 205 Fc20
Koyunağılı TR 193 Hb81
Koyunbaba TR 185 Ec75
Koyunbeyli TR 192 Ga86
Koyuneli TR 191 Ec84
Koyuneri TR 191 Ed81
Koyunköy TR 192 Ga81
Koyunlar TR 197 Fa88
Koyunoba TR 192 Fc83
Koyunyeri TR 185 Eb78
Kozağaç TR 198 Fb90
Kozağaç TR 198 Ga90
Kozağacı TR 199 Gc90
Kozaki PL 123 Jd30
Kozan TR 187 Gb79
Kozan TR 199 Gd90
Kozáni GR 183 Bc78
Kozarac BIH 152 Gc61
Kozarac HR 151 Ga60
Kozar Belene BG 180 Dc69
Kozarevec BG 180 Dd73
Kozarica HR 158 Ha68
Kozármisleny H 152 Hb58
Kozárovce SK 145 Hb50
Kozarska Dubica BIH 152 Gc61
Kozarsko BG 179 Da73
Kozbudaklar TR 192 Fd81
Kozçeşme TR 185 Ec80
Kozdere TR 186 Ga80
Kozel'sk RUS 202 Ed11
Kozičino BG 181 Ed72
Koziebrody PL 122 Hd35
Koziegłowy PL 130 Hc42
Kozielice PL 120 Fc34
Kozienice PL 131 Jd39
Kozina SLO 151 Fa59
Kozińce PL 123 Kb33
Kozine LV 107 Ld48
Kozioł PL 123 Jd33
Koziuca TR 192 Fd82
Kozjak MK 182 Ba76
Kozjatyn UA 204 Eb15
Kozlar TR 198 Fc90
Kozloduj BG 179 Cd68
Kozlodujci BG 181 Fa69
Kozlov Bereg RUS 99 Lc43
Kozlovec BG 180 Dd69
Kozlovka RUS 203 Fd09
Kozłów PL 138 Ja43
Kozłów PL 138 Jc43
Kozłowice PL 129 Hb41
Kozłówka PL 131 Ka39
Kozłowo PL 122 Ja33
Kozlu TR 187 Hb76
Kozlu TR 187 Hb78
Kozlu TR 192 Fa83
Kozlubel TR 193 Gd81
Kozluca TR 193 Gb83
Kozluca TR 199 Gb89
Kozluk BIH 153 Hd63
Kozluk TR 187 Gd78
Kozluören TR 191 Ed83
Kozluören TR 186 Fd80
Kozlupınar TR 205 Fd20
Kozły PL 131 Kb37
Kozly RUS 107 Ld47
Koźmin PL 129 Gd38
Koźmin PL 129 Hb38
Koźminek PL 129 Hb38
Koźminiec PL 129 Gd38
Koz'modem'jansk RUS 203 Fc09
Kożuchów PL 128 Fd39
Kožuhe BIH 152 Hb62
Kozyörük TR 185 Ec77
Krääkkiö FIN 89 Jd36
Krabi EST 107 Lb47
Kräckelbäcken S 87 Fb36
Kräcklinge S 95 Fc44
Kraddsele S 71 Ga22
Krag PL 121 Gb31
Krågeland N 92 Cc45
Kragelund DK 101 Dd20
Kragelund DK 108 Da26
Kragenæs DK 109 Ea28
Kragerø N 93 Dc45
Kragujevac SRB 174 Bb66
Krågvåg N 77 Dd29
Kraiburg D 143 Eb51
Kraichtal D 134 Cc47
Kraig A 144 Fb55
Kraište BG 181 Fb68
Kraište BG 184 Cc74
Krajenka PL 121 Gc34
Krajišnik SRB 174 Bb61
Krajková CZ 135 Ec44
Krajkovac SRB 178 Bc69
Krajná Poľana SK 139 Jd46
Krajné SK 137 Ha49
Krajnici BG 179 Cc72
Krajnik PL 120 Fb35
Krakača BIH 151 Ga61
Krakau = Kraków PL 138 Ja44
Kråkeland N 92 Cc46
Kråkerøy N 93 Ea44
Krakės LV 114 Kb56
Krakhella N 84 Ca36
Kråklingbo S 104 Ha50
Kråklivollen N 78 Ea31
Kråkmo N 66 Fd15
Kråkmo N 78 Ea29
Krakol'o RUS 99 Lc40
Kraków PL 138 Ja44
Krakow am See D 119 Eb32
Kråkshult S 103 Fd49
Kråksmåla S 103 Ga51
Kråkstad N 93 Ea42
Kr'akuša RUS 107 Ma46
Kråkviken S 94 Ec44
Kráľ SK 146 Jb50
Kralevo BG 181 Ec70
Králíky CZ 137 Gc44
Kraljeva Sutjeska BIH 158 Hb64
Kraljevec Kupinečki HR 151 Ga59
Kraljevica HR 151 Fb60
Kraljevo SRB 178 Bb67
Králóv Brod SK 145 Ha51
Kralovice CZ 135 Ed45
Kráľovský Chlmec SK 139 Ka49
Kralupy nad Vltava CZ 136 Fb44
Kramarzówka PL 139 Kb44
Kramarzyny PL 121 Gc31
Kramators'k UA 205 Fb15
Krambenes N 64 Jd04
Kramfors S 80 Gc31
Kramnitse DK 109 Ea29
Kramovik KSV 178 Ba71
Krampenes N 65 Kd06
Kramsach A 143 Ea53
Kramsk PL 129 Hb37
Kramvik N 65 Kd05
Kråmvik N 93 Da41
Kranéa GR 182 Ba79
Kranéa GR 183 Bd80
Kranenburg D 125 Bc38
Krani MK 182 Ba76
Kraniá GR 183 Bd77
Kranichfeld D 127 Dd42
Kranídi GR 195 Ca88
Kranj SLO 151 Fb57
Kranjska Gora SLO 144 Fa56
Kranovo BG 181 Fa68
Krapanj HR 157 Ga66
Krapčene BG 179 Cc69
Krapec BG 181 Fc69
Krąpiel PL 120 Fd34
Krapina HR 151 Ga57
Krapinske Toplice HR 151 Ga58
Krapje HR 152 Gc60
Krapkowice PL 137 Ha43
Krarup DK 101 Dd23
Kras HR 151 Fb61
Kraselov CZ 136 Fa47
Krasen BG 180 Ea68
Krasen BG 181 Fa68
Krašić SLO 151 Fd59
Krasica HR 151 Fa60
Krasiczyn PL 139 Kb45
Krasikovščina RUS 107 Ma46
Krasiniec PL 122 Jb34
Kraskowo PL 122 Jb30
Kraslava LV 115 Ld53
Kraslice CZ 135 Ec43
Krasna PL 130 Jb41
Krásná Hora CZ 136 Fb46
Krasnaja Dudrovka RUS 113 Jc58
Krasnaja Gora RUS 202 Ec13
Krasnaja Gorka RUS 99 Ma39
Krasnaja Jaruga RUS 203 Fa13
Krasnaja Poljana RUS 205 Fd17
Krásna nad Hornádom SK 139 Jd48
Krasna Wieś PL 123 Kb35
Krasne PL 122 Jb34
Krasne PL 139 Ka44
Krasne Folwarczne PL 123 Kb33
Kraśnik PL 131 Ka41
Kraśnik Fabryczny PL 131 Ka41
Krašnja SLO 151 Fc57
Krasnoarmejsk RUS 203 Fa10
Krasnoarmejsk RUS 203 Fd12
Krasnoarmijs'k UA 205 Fb15
Krasnoborskoje RUS 113 Jb59
Krasnobród PL 131 Kc42
Krasnodar RUS 205 Fc17
Krasnodon UA 205 Fc15
Krasnoe RUS 113 Jc58
Krasnoe RUS 203 Fa12
Krasnoe Selo RUS 99 Mb39
Krasnogorodskoe RUS 107 Ma50
Krasnogorskoe RUS 113 Jd58
Krasnogvardejskoe RUS 205 Fd16
Krasnohorivka UA 205 Fb15
Krasnohorské Podhradie SK 138 Jc49
Krasnohrad UA 203 Fa14
Krasnohvardijs'ke UA 205 Fa17
Krasnojarskoe RUS 113 Jc59
Krasnoje RUS 113 Jb58
Krasnoje Selo RUS 113 Jd57
Krasnoje Sosnoje RUS 107 Mb47
Krasnokuts'k UA 203 Fa14
Krasnomajskij RUS 202 Ec09
Krásno nad Kysucou SK 138 Hc46
Krasnookt'abr'skoje RUS 113 Jc58
Krasnopavlivka UA 205 Fa15
Krasnoperekops'k UA 205 Fa17
Krasnopillja UA 203 Fa14
Krasnopol PL 123 Kb30
Krasnopoljanokoe RUS 113 Jc59
Krasno Polje HR 151 Fc62
Krasnosel'e RUS 113 Jd59
Krasnosielc PL 122 Jb34
Krasnoslobodsk RUS 203 Fc10
Krasnoslobodsk RUS 203 Fd14
Krasnotorovka RUS 113 Hd58
Krasnovka RUS 113 Jc59
Krasnovo BG 179 Da72
Krasnoznamensk RUS 113 Jd57
Krasnoznamenskoje RUS 113 Ja59
Krasnybór PL 123 Kb31
Krásny Brod SK 139 Ka46
Krasnye Baki RUS 203 Fb08
Krasnye Gory RUS 99 Mb42
Krasnyj Bor RUS 113 Jb58
Krasnyj Holm RUS 202 Ed09
Krasnyj Jar RUS 203 Ga10
Krasnyj Kut RUS 203 Ga12
Krasnyj Luč UA 205 Fb15
Krasnystaw PL 131 Kc40
Krasocin PL 130 Ja41
Krasonice CZ 136 Ga48
Krasslandet FIN 81 Jc28
Krastë AL 182 Ac74
Krăstec BG 180 Dd71
Krăstevič BG 179 Da72
Krasti LV 106 Kd52
Krasyliv UA 204 Eb15
Kraszewice PL 129 Ha39
Kraszewo PL 122 Ja35
Krasznok-Vajda H 138 Jc49
Kraszowice PL 128 Fd41
Krateró GR 183 Bb76
Kratovo MK 178 Bd73
Kratzeburg D 119 Ed33
Kraubath A 144 Fc54
Krauchenwies D 142 Cd51
Krauja LV 115 Lc53
Kraujas LV 105 Jc50
Krauschwitz D 128 Fc40
Krausenbach D 134 Cd45
Krautheim D 134 Da46
Kravaře CZ 136 Fb43
Kravaře CZ 137 Ha45
Kravarsko HR 151 Ga59
Krăvenik BG 180 Dc71
Kravevo BG 181 Fb70
Kravnsø DK 108 Cd25
Kravoder BG 179 Cc69
Kražiai LT 113 Jd55
Krążki Bachowskie PL 139 Kb45
Krčedin SRB 153 Jb60
Krčevac SRB 174 Bb65
Krchleby CZ 136 Fc44
Krčina BIH 153 Hd62
Kreba-Neudorf D 128 Fc40
Krebeck D 126 Db39
Kreczanowo PL 122 Ja35
Krefeld D 125 Bc39
Kregme DK 109 Eb25
Kreiensen D 126 Db38
Kreileroord NL 116 Ba34
Kreischa D 128 Fa41
Kreivilä FIN 90 Kc38
Krekenava LT 114 Kc55
Krekila FIN 81 Jc28
Kremastí GR 195 Bd89
Kremastí GR 197 Fa92
Kremenčuk UA 204 Ed15
Kremenec' UA 204 Ea15
Kremikovci BG 179 Cc71
Kremmen D 119 Ed35
Kremna SRB 159 Ja65
Kremnica SK 138 Hc49
Krempe D 118 Db31
Kremperheide D 118 Db31
Krempna PL 139 Jd46
Krems an der Donau A 144 Ga50
Kremsbrücke A 143 Ed55
Kremsmünster A 144 Fb51
Křemže CZ 136 Fb48
Kreni RUS 99 Mb44
Krępa PL 129 Hb38
Krepča BG 180 Ea69
Krępcewo PL 120 Fd34
Krepoljin SRB 174 Bd66
Krepšic BIH 153 Hc61
Krępsko PL 121 Gc34
Krerowo PL 129 Gc37
Kreševo BIH 158 Hb65
Kreševo RUS 107 Ma48
Kresk-Królowa PL 131 Ka37
Kresna BG 183 Cb74
Kresnice SLO 151 Fc58
Kreßberg D 134 Db47
Kressbronn D 142 Cd52
Krestcy RUS 202 Eb09
Kréstena GR 194 Ba87
Kreszów PL 131 Ka42
Kretinga LT 113 Jb54
Kretingalė LT 113 Jb55
Kretingsodis LT 113 Jb54
Kretowiny PL 122 Hd31
Kreuth D 143 Ea52
Kreuzau D 125 Bc41
Kreuzen A 143 Ed56
Kreuzlingen CH 142 Cc52
Kreuzstetten A 145 Gb50
Kreuztal D 125 Cb41
Kreuzwertheim D 134 Da45
Krėva BY 202 Ea12
Krezluk BIH 152 Ha63
Krezszów PL 128 Ga42
Kriátsi GR 188 Bb84
Kría Vríssi GR 183 Bd77
Kriebstein D 127 Ed41
Krieglach A 144 Fd53
Kriegsfeld D 133 Ca45
Krien D 120 Fa32
Kriens CH 141 Ca54
Krievciems LV 105 Jb50
Krievgaļi LV 114 Kc53
Krievragciems LV 105 Jd49
Kriezá GR 189 Cc85
Krikello GR 188 Bb83
Krikelos GR 188 Ba83
Krikliniai LT 114 Kc54
Krikštonys LT 123 Kc30
Krilo HR 158 Gc66
Krimpen aan de IJssel NL 124 Ad37
Krimūnas LV 106 Ka52
Krinčinas LT 114 Kc53
Křinec CZ 136 Fd44
Kringa HR 151 Fa61
Kringla N 84 Ca37
Kringlevatn N 92 Cc43
Krini CY 206 Jb96
Kriní GR 183 Cb78
Kriní GR 189 Bd82
Krinides GR 184 Da77
Kriokiš LT 113 Jd57
Krionéri GR 194 Ba88
Krionerítis GR 189 Cb83
Kriopigí GR 183 Cb80
Krischow D 128 Fb39
Kriskovci BIH 152 Ha61
Kristallopigí GR 182 Ba77
Kristberg S 103 Fd46
Kristdala S 103 Ga50
Kristianopel S 111 Ga54
Kristiansand N 92 Cd47
Kristianstad S 111 Fb55
Kristiansund N 77 Da30
Kristiinankaupunki FIN 89 Hd33
Kristineberg S 72 Gd24
Kristinefors S 94 Ed40
Kristinehamn S 95 Fb44
Kristinestad FIN 89 Hd33
Kristóni GR 183 Ca77
Kristvalla S 103 Ga52
Kristvallabrunn S 103 Ga52
Krithía GR 183 Cb77
Kritinía GR 197 Ed93
Kritsá GR 201 Db96
Kritzmow D 119 Eb31
Kriukai LT 114 Kb53
Kriūkai LV 114 Kb54
Kriva Feja SRB 178 Bd71
Krivaja BIH 152 Hb63
Krivań SK 138 Hd49
Krivanda LV 107 Ma51
Krivāni LV 115 Lc53
Kriva Palanka MK 179 Ca72
Krivi LV 106 Kd49
Krivi Dol MK 183 Bd74
Krivina BG 180 Dd69
Krivi Put HR 151 Fc61
Krivi Vir SRB 178 Bd67
Krivodol BG 179 Cd69
Krivodol SRB 179 Cb70
Krivogaštani MK 183 Bb75
Křivoklát CZ 136 Fa44
Krivolak MK 183 Bd75
Krivorož'e RUS 203 Fc14
Krivsk RUS 107 Ld46
Križ HR 152 Gc59
Křižanov CZ 136 Ga47
Křižany CZ 128 Fc42
Križevci HR 152 Gc58
Križevci SLO 145 Gb56
Križi LV 115 Lc53
Križpolje HR 151 Fd61
Krjukovo RUS 99 Ld43
Krk HR 151 Fb61
Krklja MK 179 Ca72
Krmed HR 151 Fa61
Krmelj SLO 151 Fd58
Krnica HR 151 Fa61
Krnja MNE 159 Ja68
Krnjeuša BIH 152 Gb62
Krnjevo SRB 174 Bc65
Krnov CZ 137 Gd44
Krobia PL 129 Gc39
Krobielewko PL 128 Ga36
Kroczyce PL 130 Hd42
Krøderen N 85 Dc40
Kroer N 93 Ea42
Krögis D 127 Ed41
Krogsbølle DK 108 Dc26
Krogsered S 102 Ed51
Krogsētas LV 105 Jc51
Krokan N 93 Da41
Krokbäck S 80 Hb27
Krokedal N 94 Eb42
Krokeés GR 194 Bc90
Krokeide N 84 Ca39
Krokek S 103 Ga46
Krokelv N 62 Gc10
Krokelv N 63 Ja05
Kroken N 62 Gd09
Kroken N 64 Jc06
Kroken N 71 Fb23
Kroken N 84 Cd36
Kroken S 93 Db44
Kroken S 94 Eb44
Krokfors S 73 Hc21
Krokhaug N 85 Dd34
Krokialaukis LT 114 Kc59
Krokilio GR 189 Bd84
Krokininkai LT 114 Kc59
Krókio GR 189 Bd82
Krokom S 79 Fc30
Krókos GR 183 Bc79
Krokowa PL 121 Ha29
Krokowo PL 122 Ja33
Kroksätern S 86 Ed34
Kroksfjarðarnes IS 2 Ac03
Kroksjö S 80 Gc26
Kroksjö S 80 Gd27
Kroksjön S 80 Hc25
Krokstad S 102 Eb46
Krokstranda N 71 Fc20
Kroksund N 94 Eb42
Kroktjärn S 73 Hb21
Kroktorp S 95 Fb40
Krokträsk S 73 Hc20
Krokträsk S 73 Hc22
Krokvåg S 79 Ga31
Krokvik S 67 Ha15
Krolevec' UA 202 Ed13
Królewiec PL 130 Jb41
Królowy Most PL 123 Kc33
Kroměříž CZ 137 Gd47
Krominí GR 183 Bd77
Kromołów PL 138 Hd43
Krompachy SK 138 Jc48
Kromy RUS 202 Ed12

Kronach - Kyselka

Kronach D 135 Dd44
Kronan S 94 Ed42
Kronau D 134 Cc47
Kronauce LV 106 Ka52
Kronberg D 134 Cc43
Kronburg D 142 Db51
Kronenburg D 125 Bc42
Kröning D 135 Eb49
Kronoby FIN 81 Jb28
Kronowo PL 122 Ja31
Kronprinzenkoog D 118 Da31
Kronsdorf A 144 Fb51
Kronshagen D 118 Db30
Kronshagen D 118 Dc30
Kronštadt RUS 202 Ea08
Kron-Vike S 79 Ga27
Krootuse EST 107 Lb46
Kropa SLO 151 Fb57
Kröpelin D 119 Eb31
Kropotkin RUS 205 Fd16
Kropp D 118 Db30
Kroppenstedt D 127 Dd38
Kropstädt D 127 Ec38
Krościenko PL 139 Kb46
Krościenko nad Dunajcem PL 138 Jb46
Kroševo Brdo BIH 152 Ha63
Kröslin D 120 Fa31
Krosna LV 114 Kb59
Krośnice PL 129 Gd40
Krośniewice PL 130 Hc37
Krosno PL 122 Hc31
Krosno PL 139 Ka45
Krosno Odrzańskie PL 128 Fc38
Krössbach A 143 Dd54
Krossen N 92 Cc47
Krossen N 93 Da42
Krossli N 93 Da43
Krostitz D 127 Ec40
Krote LV 105 Jb52
Krotoszyce PL 128 Ga41
Krotoszyn PL 129 Gd39
Krottendorf A 144 Fd54
Krouna CZ 136 Ga45
Krousónas GR 200 Da96
Kröv D 133 Bd44
Krovili GR 185 Dd77
Krowiarki PL 137 Ha44
Krpimej KSV 178 Bb70
Krrabë AL 182 Ac75
Krš HR 151 Fd62
Krško SLO 151 Fd58
Krst SRB 174 Bd66
Krstac MNE 159 Hd68
Krstac MNE 159 Hd70
Krstinja HR 151 Ga60
Krstur SRB 153 Jb57
Krtova BIH 153 Hc62
Kruče MNE 163 Ja71
Krucz PL 121 Gb35
Kruë i Fushës AL 159 Jb70
Kruge HR 151 Ga62
Krügersdorf D 128 Fb37
Kruglovka RUS 113 Jb59
Kruglovo RUS 113 Hd58
Kruishoutem B 124 Ab40
Krujë AL 163 Jb72
Krujë AL 182 Ab74
Kruk N 85 Dc37
Kruklanki PL 123 Jd30
Krukowo PL 122 Jb33
Krum BG 185 Dd74
Krumbach (Schwaben) D 142 Db50
Krumë AL 178 Ad72
Krummennaab D 135 Eb45
Krummesse D 119 Dd32
Krummhörn D 117 Ca32
Krumovgrad BG 185 Dd76
Krumovo BG 180 Eb73
Krumovo Gradiste BG 181 Ec72
Krumpendorf A 144 Fb56
Krün D 143 Dd53
Krunderup DK 100 Da23
Kruonis LT 114 Kc58
Kruopiai LT 113 Jc54
Kruopiai LT 114 Ka53
Krupá CZ 136 Fa44
Krupac BIH 159 Hc65
Krupac SRB 179 Cb70
Krupaja SRB 174 Bd66
Krupa na Vrbasu BIH 152 Gd62
Krupanj SRB 153 Ja63
Krupe PL 131 Kc40
Krupina SK 146 Hc50
Krupište MK 183 Bd74
Krupka CZ 128 Fa42
Krupnik BG 183 Cb74
Krupovo RUS 107 Ma52
Krupp RUS 107 Ld46
Kruså DK 108 Db28
Krušare BG 180 Eb72
Krušari BG 181 Fa68
Kruščić SRB 153 Ja59
Kruščica HR 151 Fd62
Kruščica HR 151 Fd63
Krušedol Selo SRB 153 Jb60
Krušeto BG 180 Dd70
Kruševac SRB 178 Bc68
Kruševec BG 181 Ed73
Kruševica SRB 153 Jc63
Kruševo BIH 159 Hc64
Kruševo MK 183 Bb75
Krušica BIH 158 Ha64
Krusin PL 121 Hb33
Krušovene BG 180 Db68
Krušovica BG 179 Cd68
Krustpils LV 106 La51
Krušuna BG 180 Dc70
Kruszewo PL 121 Gb35
Kruszewo PL 123 Ka33
Kruszki PL 123 Ka30
Kruszów PL 130 Hd39
Kruszwica PL 129 Ha36
Kruszyn PL 130 Hc36
Kruszyna PL 130 Hc41
Kruszyniany PL 123 Kc33
Kruszyny PL 122 Hc33
Krūte LV 113 Jb53
Krute MNE 163 Ja71
Kruth F 31 Kb39
Kruti LV 107 Ld48
Krutje e sipërme AL 182 Ab76
Krutneset N 71 Fb22
Krutyń PL 122 Jc32
Kruunupyy FIN 81 Jb28
Kruusila FIN 97 Jd39
Kruuvinkylä FIN 89 Jb36
Krużlowa Wyżna PL 138 Jc45
Krvavi Potok SLO 151 Fa59
Kryčav BY 202 Ec12
Kryekuq AL 182 Ab76
Kryevidh AL 182 Ab75
Kryg PL 139 Jd45
Kryle DK 100 Cd23
Krylovo RUS 122 Jc30
Krymsk RUS 205 Fc17
Krynica PL 138 Jc46
Krynica Morska PL 122 Hc30
Krynka PL 131 Ka37
Krynki PL 123 Kc33
Krypno Wielkie PL 123 Ka33
Kryry CZ 135 Ed44
Kryve Ozero UA 204 Ec16
Kryvsk BY 202 Ec13
Kryvyj Rih UA 204 Ed16
Kryżanów PL 130 Hc37
Kryžopil' UA 204 Eb16
Krzcięcice PL 130 Ja42
Krzczonów Wójtostwo PL 131 Kb40
Krzęcin PL 120 Fd34
Krzeczów PL 129 Hb40
Krzelów PL 129 Gb40
Krzemienica PL 139 Jd43
Krzemieniewo PL 121 Gc32
Krzemienowo PL 129 Gc38
Krzemlin PL 120 Fc34
Krzepice PL 129 Hb41
Krzepielów PL 128 Ga39
Krzepów PL 128 Ga39
Krześlin PL 131 Ka36
Krzeszów PL 139 Kb43
Krzeszowice PL 138 Hd44
Krzeszyce PL 128 Fc36
Krzewiny PL 121 Hb32
Krzyewo PL 122 Jb34
Krzymów PL 129 Hb37
Krzynowłoga Mała PL 122 Jb34
Krzystkowice PL 128 Fd39
Krzyszkowice PL 138 Ja45
Krzywa PL 128 Ga40
Krzywcza PL 139 Kb44
Krzywda PL 131 Ka38
Krzywe PL 123 Ka30
Krzywin PL 129 Gc38
Krzyż PL 120 Ga35
Krzyż PL 138 Jb43
Krzyżanowice PL 137 Ha44
Krzyżowa PL 128 Ga40
Krzyżowa PL 129 Gb42
Krzyżówka PL 138 Jc46
Kšenskij RUS 203 Fa13
Książenice PL 137 Hb44
Książ Mały PL 138 Ja43
Książ Wielki PL 138 Ja43
Książ Wielkopolski PL 129 Gc38
Księginice PL 129 Gc41
Księżomierz PL 131 Ka41
Księżpol PL 131 Kb42
Księży Lasek PL 122 Jb33
Kstovo RUS 203 Fb09
Ktery PL 130 Hc37
Ktísmata GR 182 Ac79
Ktová CZ 136 Fd43
Kubanovka RUS 113 Jd58
Kubbe S 80 Gc29
Kübekháza H 153 Jb57
Kublov CZ 136 Fa45
Kubrat BG 180 Eb68
Kubuļi LV 107 Lc49
Kuç AL 182 Ab78
Kučajna SRB 174 Bd65
Kućanci HR 152 Hb59
Kučevište MK 178 Bb72
Kučevo SRB 174 Bd65
Kučgalys LT 114 Kd53
Kuchary PL 129 Ha38
Kuchen D 134 Da49
Kuchl A 143 Ed52
Kuchyňa SK 145 Gd50
Kucice PL 130 Ja36
Kucina BG 180 Dd70
Kućište KSV 178 Ad70
Kućište SRB 159 Jc68
Kučiūnai LV 123 Kb30
Kuc'i Zi AL 182 Ad77
Kučkova MK 178 Bb73
Kuçovë AL 182 Ab76
Küçükalan TR 198 Ga90
Küçükbahçe TR 191 Ea85
Küçükdağdere TR 192 Fb83
Küçükdanişmend TR 185 Ec76
Küçükhasan TR 193 Hb84
Küçükkabaca TR 193 Gc87
Küçükkalecik TR 193 Gc85
Küçükkaraağaç TR 186 Fb80
Küçükkaraağaç TR 198 Fb91
Kuçukkarakarlı TR 185 Ed76
Kuçukkarıştıran TR 185 Ed76
Küçükkemerdere TR 191 Ed87
Küçükkılıca TR 191 Ec82
Küçükkışla TR 187 Gc78
Küçükköy TR 191 Eb83
Küçükköy TR 199 Gb90
Küçükkumla TR 186 Fd79
Küçükkuyu TR 191 Eb82
Küçükpınar TR 199 Gb92
Küçüksuzus TR 187 Gb80
Küçükyala TR 186 Fa75
Küçükyenice TR 191 Ed82
Küçükyonalı TR 186 Fa76
Kucura SRB 153 Ja59
Kuczbork-Osada PL 122 Hd34
Kuczków PL 129 Ha38
Kuczyn PL 123 Ka35
Kuddby S 103 Gb46
Kudinava LV 107 Lc48
Kudirkos Naumiestis LT 114 Ka58
Kudowa-Zdrój PL 137 Gb43
Küdums LV 106 Kd49
Kufas H 152 Gd57
Kuflew PL 131 Jd37
Kufstein A 143 Eb53
Kugej RUS 205 Fc16
Kügeliai LT 113 Jc57
Kuggeboda S 111 Fd54
Kuha FIN 74 Kb20
Kuhakoski FIN 91 Lb33
Kuhalankylä FIN 82 Kb29
Kuhanen FIN 82 La30
Kühbach D 135 Dd49
Kuhfelde D 119 Dd35
Kühlungsborn D 119 Eb31
Kuhmalahti FIN 90 Ka35
Kuhmirn A 145 Gb54
Kuhmo FIN 83 Lb25
Kuhmoinen FIN 90 Kb35
Kühnhausen D 127 Dd41
Kühnsdorf A 144 Fc56
Kuhnusta FIN 83 Lc29
Kühren-Burkartshain D 127 Ec40
Kühsen D 119 Dd32
Kühtai A 142 Dc54
Kuhtur FIN 69 Jd12
Kuijõe EST 98 Ka43
Kuikkalampi FIN 83 Ma29
Kuimetsa EST 98 Kc43
Kuinre NL 117 Bc34
Kuišiai LT 114 Kc58
Kuisma FIN 83 Ma30
Kuittua FIN 83 Lb31
Kuivainen FIN 91 Lb35
Kuivajärvi FIN 75 Lc24
Kuivajõe EST 98 Kc43
Kuivakangas S 73 Jb19
Kuivalahti FIN 89 Ja36
Kuivaniemi FIN 74 Jd22
Kuivanto FIN 90 Kc37
Kuivasjärvi FIN 74 Ka23
Kuivasjärvi FIN 89 Jc33
Kuivaskylä FIN 89 Jc32
Kuivasmäki FIN 90 Kb32
Kuivastu EST 97 Jd45
Kuiviži LV 106 Kb48
Kujan PL 121 Gc33
Kujduzi RUS 99 Mb40
Kūkas LV 107 Lb51
Kukasjärvi FIN 69 Jd16
Kukasjärvi S 73 Jb20
Kukës AL 178 Ad72
Kukkaperä FIN 74 Kb23
Kukkaro FIN 90 Kb33
Kukko FIN 90 Ka32
Kukkola FIN 74 Jc21
Kukkola FIN 82 Kb25
Kukkola FIN 90 Ka36
Kukkola S 74 Jc21
Kukkolanmäki FIN 91 Lb32
Kukkolanvaara FIN 75 Lb20
Kuklen BG 184 Db74
Kuklin PL 122 Ja34
Kuklinów PL 129 Gd39
Kukliš MK 183 Ca75
Kukljić HR 151 Fd63
Kukljica HR 157 Fd64
Kukmor RUS 203 Fd08
Kukohijoki FIN 90 Ka36
Kukonharja FIN 89 Jc37
Kukonkylä FIN 81 Jd27
Kukonkylä FIN 81 Jd31
Kuks CZ 136 Ga43
Kuktiškės LT 114 La55
Kukujevci SRB 153 Ja61
Kukulje BIH 152 Ha61
Kukur AL 182 Ac76
Kukurečani MK 183 Bb76
Kukuri LV 106 Ka52
Kükürt TR 192 Ga82
Kula BG 179 Cb67
Kula HR 152 Hb60
Kula MNE 159 Ja68
Kula SRB 153 Ja59
Kula TR 192 Fc86
Kulak TR 193 Gc86
Kulaši BIH 152 Ha62
Kulata BG 184 Cc75
Kulautuva LV 114 Kb57
Kuļciems LV 105 Jd50
Kulcs H 146 Hc54
Kuldīga LV 105 Jc51
Kul'e RUS 107 Lc46
Kulebaki RUS 203 Fb10
Kuleli TR 185 Ec76
Kulennoinen FIN 91 Ld33
Kulen Vakuf BIH 152 Gb63
Kuleönü TR 199 Gc88
Kuleši RUS 203 Fa12
Kulesze PL 123 Ka32
Kulesze Kościelne PL 123 Ka34
Kuleszewo PL 121 Gc30
Kulho FIN 83 Ld30
Kulhuse DK 109 Eb25
Kulikovo RUS 113 Ja58
Kulina SRB 178 Bc68
Kulina Voda BG 180 Dc69
Kulju FIN 89 Jd35
Kulju FIN 89 Jd36
Külköy TR 192 Ga86
Kulkwitz D 127 Eb40
Kulla EST 106 Kd46
Kullaa FIN 89 Jb36
Kullaberg S 110 Ec54
Kulla kap S 103 Fc49
Kullamaa EST 98 Ka44
Kullar TR 187 Gb79
Kullavik S 102 Eb49
Kullen S 79 Ga26
Kullenga EST 98 La42
Kullerstad S 103 Gc46
Kullo FIN 98 Kc39
Kulloo FIN 98 Kc39
Kullstedt D 126 Db40
Kulltorp S 102 Fa50
Kullunki FIN 69 Kd17
Kulmain D 135 Ea45
Kulmbach D 135 Dd44
Kulmenai LT 113 Jc57
Kuloharju FIN 75 Kd20
Kulp TR 205 Ga20
Külsheim D 134 Da45
Külsövat H 145 Gd54
Kultima FIN 68 Hd13
Kultugün TR 185 Ec77
Kultukka FIN 74 Kb20
Kuluntalahti FIN 82 Kd25
Kulupėnai LT 113 Jb54
Kulva LT 114 Kc57
Kulvemäki FIN 82 Kd27
Kuma TR 186 Fd78
Kumafşarı TR 198 Ga90
Kuman AL 182 Ab76
Kumane SRB 153 Jb59
Kumanica SRB 178 Ad68
Kumanovo MK 178 Bc72
Kumarı TR 193 Gb83
Kumartaş TR 193 Gc85
Kümbet TR 193 Gc83
Kumbuli LV 115 Lc54
Kumburgaz TR 186 Fb77
Kumdanlı TR 193 Gd86
Kumelsk PL 123 Jd32
Kumhausen D 143 Eb50
Kumielsk PL 123 Jd32
Kumilä FIN 89 Jc38
Kumio FIN 97 Jc39
Kumiseva FIN 82 Ka28
Kumja FIN 90 Kc37
Kumkadı TR 186 Fb80
Kumkale TR 191 Ea81
Kumköy TR 186 Fd77
Kumköy TR 199 Gd91
Kumköy TR 199 Ha91
Kumkuyucak TR 192 Fa85
Kumla S 95 Fd44
Kumla Kyrkby S 95 Gb42
Kumlinge FIN 97 Hd40
Kumluca TR 199 Gb93
Kummavuopio S 67 Hb12
Kummelnäs S 96 Gd43
Kümmersbruck D 135 Ea46
Kummunkylä FIN 82 Kc30
Kumpu FIN 91 Ld33
Kumpula FIN 82 Ka30
Kumpumäki FIN 82 Kb29
Kumpuranta FIN 91 Ld32
Kumpuselkä FIN 82 Kb29
Kumpuvaara FIN 74 Kb20
Kumrags LV 106 Kb48
Kumrovec HR 151 Ga58
Kumu FIN 90 Kc35
Kunbaracs H 146 Hd54
Kunceğiz TR 186 Ga80
Kuncsorba H 146 Jc54
Kunda EST 98 La41
Kundl A 143 Ea53
Kundullu TR 193 Hb86
Künerlik TR 191 Ec86
Kunes N 64 Jd06
Kunfehértó H 146 Ja56
Kungälv S 102 Eb48
Kungas FIN 81 Jc27
Kungbäck S 93 Ea44
Kungsängen S 96 Gc43
Kungsåra S 95 Gb43
Kungsäter S 102 Ec50
Kungsbacka S 102 Ec48
Kungsberg S 95 Ga39
Kungsfors S 95 Gb39
Kungsgarden S 95 Gb39
Kungshamn S 102 Ea47
Kungs-Husby S 96 Gc43
Kungsör S 95 Ga43
Kunhegyes H 146 Jc53
Kunice PL 129 Gb41
Kunigiškiai LT 114 Ka59
Kuningaküla EST 99 Lc42
Kuninkaanlähde FIN 89 Jb35
Kunino BG 179 Da70
Kunioniai LV 114 Kb56
Kunj HR 151 Fa61
Kun'je UA 203 Fb14
Kunmadaras H 146 Jc53
Kunnasniemi FIN 83 Ld30
Kunow D 119 Eb35
Kunów PL 130 Jc41
Kunowice PL 128 Fc37
Kunowo PL 129 Gc38
Kunpeszér H 146 Hd54
Kunrau D 127 Dd36
Kunreuth D 135 Dd45
Kunštat CZ 137 Gb46
Kunszentmárton H 146 Jb55
Kunszentmiklós H 146 Hd54
Kunžak CZ 136 Fd48
Künzell D 126 Da42
Künzelsau D 134 Da47
Künzing D 135 Ec49
Kuohatti FIN 83 Lc27
Kuohenmaa FIN 89 Jd36
Kuohu FIN 90 Kb33
Kuoksu S 68 Hc16
Kuolio FIN 75 La20
Kuomiokoski FIN 90 La35
Kuomiolahti FIN 90 La35
Kuona FIN 82 Kb28
Kuopio FIN 82 La30
Kuoppala FIN 82 Ka31
Kuora FIN 83 Ld29
Kuormuvaara FIN 83 Lc29
Kuorpak sameviste S 72 Gd18
Kuorsuma FIN 89 Jb35
Kuortane FIN 81 Jc31
Kuortti FIN 90 Kd35
Kuosku FIN 69 Kc16
Kup PL 129 Ha42
Kuparivaara FIN 75 La20
Kupčino RUS 99 Mb39
Küpeler TR 191 Ed82
Kupeli RUS 99 Mb43
Kupferberg D 135 Ea44
Kupferzell D 134 Da47
Kupiá GR 195 Bd90
Kupiala FIN 91 Lb32
Kupinec HR 151 Ga59
Kupinovo SRB 153 Jb62
Kupiski PL 123 Jd33
Kupiškis LT 114 Kd54
Kupjak HR 151 Fc60
Kup'jans'k UA 203 Fb14
Kup'jans'k-Vuzlovyj UA 203 Fb14
Kupljensko HR 151 Ga60
Küplü TR 185 Ea77
Küplü TR 193 Gb81
Kupovo RUS 99 Lc43
Kuppenheim D 133 Cb48
Kuprava LV 107 Ld49
Kupreliškis LT 114 Kd53
Kupres BIH 158 Gd64
Küps D 135 Dd44
Kupusina SRB 153 Hd59
Kuqan AL 182 Ac75
Kuraszków PL 129 Gc40
Kurbnesh AL 163 Jc71
Kurd H 145 Hb56
Kurdžinovo RUS 205 Fd17
Küre TR 192 Fa87
Küre TR 193 Gb81
Küreci TR 192 Fd83
Küredere TR 192 Fb83
Kurejoki FIN 81 Jc30
Kürekçi TR 192 Fb84
Kureküla EST 98 La45
Kuremäe EST 98 La44
Kuremäe EST 99 Lc42
Kuressaare EST 105 Jc46
Kurevere EST 98 Ka44
Kurevere EST 105 Jb46
Kureyşler TR 192 Ga83
Kurfallı TR 186 Fb77
Kurganinsk RUS 205 Fd17
Kurgja EST 98 Kc44
Kurgolovo RUS 99 Lc40
Kurhila FIN 90 Kb36
Kurianka PL 123 Kb31
Kurikka FIN 89 Jb32
Kurikkala FIN 81 Jc27
Kuřim CZ 137 Gb47
Kurima SK 139 Jd47
Kurisjärvi FIN 89 Jd37
Kuřivody CZ 136 Fc43
Kurjala FIN 83 Lb31
Kurjenkylä FIN 89 Jc33
Kürkçüler TR 198 Fb91
Kurkela FIN 97 Jd39
Kurkevicy RUS 99 Mb41
Kurki FIN 75 Kc22
Kurki PL 122 Ja32
Kurkikylä FIN 75 Kd22
Kurkimäki FIN 82 La30
Kurkkio S 68 Hd16
Kurkliai LT 114 Kd55
Kurkse EST 98 Ka43
Kurlovskij RUS 203 Fa10
Kurmale LV 105 Jc51
Kurmelionys LT 115 Lb59
Kurmene LV 106 Kd52
Kürnüç TR 187 Gd80
Kurola FIN 91 Lb32
Kurolanlahti FIN 82 Kd29
Kurortnoe RUS 113 Jb59
Kurovicy RUS 99 Lc41
Kurovicy RUS 99 Mb41
Kurovskoe RUS 203 Fa10
Kurów PL 131 Ka39
Kurowice PL 130 Hd39
Kurowo PL 121 Gb31
Kurozwęki PL 130 Jc42
Kurravaara S 67 Hb15
Kurrokvejk S 72 Gc21
Kuršai LT 113 Jd54
Kürse TR 192 Fa82
Kuršėnai LT 114 Ka54
Kursi EST 98 La44
Kuršiai LT 114 Kc55
Kursīši LV 105 Jd52
Kursk RUS 99 Ma41
Kursk RUS 203 Fa13
Kursu FIN 69 Kc17
Kuršumlija SRB 178 Bb69
Kuršumlijska Banja SRB 178 Bb69
Kurşunlu TR 186 Fb80
Kursunlu TR 186 Fd80
Kurşunlu TR 192 Fc81
Kurşunlu TR 192 Fc85
Kurşunlu TR 205 Fa20
Kurtakko FIN 68 Jb16
Kurtdere TR 186 Fa76
Kurtdere TR 192 Fa81
Kurtdere TR 192 Fd84
Kürten D 125 Ca40
Kurtköy TR 186 Fd78
Kurtköy TR 186 Fd79
Kurtköy TR 187 Gb79
Kurtköy TR 187 Gc78
Kurtköy TR 193 Gb81
Kurtlar TR 187 Ha77
Kurtna EST 99 Lb42
Kurtşeyh TR 193 Hb84
Kurtsuyu TR 187 Ha78
Kurttepe TR 185 Eb76
Kurtti FIN 75 Kd21
Kurtto FIN 75 Kd24
Kürttüllü TR 185 Eb77
Kurttutan TR 192 Fa85
Kurtul TR 186 Fd80
Kurtulmus TR 192 Fa84
Kurtuşağı TR 193 Hb85
Kurtuvėnai LT 114 Ka54
Kuru FIN 89 Jd34
Kuru FIN 89 Jd36
Kuru FIN 90 Kb38
Kurucaova TR 193 Gd85
Kuruçay TR 192 Ga83
Kurucuova TR 199 Ha88
Kurudere TR 185 Ed75
Kurudere TR 187 Gd78
Kurudere TR 193 Gd84
Kurudereköy TR 191 Ed86
Kurukavak TR 187 Gd78
Kurvinen FIN 75 Lb21
Kuryłówka PL 139 Kb43
Kurzelów PL 130 Ja41
Kurzętnik PL 122 Hd33
Kurzras I 142 Dc55
Kurzyna PL 131 Ka42
Kusadak SRB 174 Bb65
Kuşadası TR 197 Ec88
Kušalino RUS 202 Ed09
Kuşca TR 193 Gc81
Kuşçayır TR 191 Eb81
Kuščevskaja RUS 205 Fc16
Kuścińce PL 123 Kc32
Kusel D 133 Bd45
Kušela RUS 99 Ld42
Kusey D 127 Dd36
Kushovë AL 182 Ac76
Kušići SRB 178 Ad68
Kuside MNE 159 Hd68
Kušiljevo SRB 174 Bc65
Kuslin PL 129 Gb37
Kuşluca TR 199 Hb88
Kusmark S 80 Hb25
Küsnacht CH 141 Cb53
Kušnin KSV 178 Ad72
Kusowo PL 121 Gb32
Küssaberg D 141 Cb52
Kussjö S 80 Ha27
Küssnacht am Rigi CH 141 Cb54
Kustavi FIN 97 Ja39
Küstelberg D 126 Cc40
Küsten D 119 Dd35
Kuštili SRB 174 Bd63
Kustovo RUS 107 Ma48
Kuşuköy TR 192 Fc84
Kusuri FIN 83 Mb29
Kusva RUS 107 Ld46
Kuta BIH 159 Hd65
Kütahya TR 193 Gb83
Kutajoki FIN 90 Kc36
Kutala FIN 89 Jc36
Kutbey TR 185 Eb77
Kutemainen FIN 82 Kb30
Kutemajärvi FIN 90 Kd33
Kutenholz D 118 Da33
Kuterevo HR 151 Fd62
Kuti MNE 159 Jb69
Küti EST 98 La42
Kutila FIN 90 Ka37
Kutina HR 152 Gc60
Kutinica HR 152 Gc59
Kutiškiai LT 114 Kb54
Kutjevo HR 152 Ha60
Kutlovo SRB 174 Bb66
Kutlu-Bukaš RUS 203 Ga08
Kutná Hora CZ 136 Fd45
Kutno PL 130 Hc37
Kutsu FIN 83 Ma31
Kuttainen S 68 Hd13
Kuttanen FIN 68 Hd13
Küttigen CH 141 Ca53
Kuttura FIN 69 Jd12
Kutumäki FIN 82 Kd31
Kutuzovo RUS 113 Jd59
Kutuzovo RUS 114 Ka58
Kuty PL 123 Jd30
Kúty SK 137 Gc49
Kutzleben D 127 Dd40
Kuukanniemi FIN 91 Lb36
Kuukasjärvi FIN 74 Kb21
Kuuksenvaara FIN 83 Ma30
Kuuminainen FIN 89 Ja36
Kuumu FIN 75 Lb24
Kuurna FIN 91 Ma32
Kuurtola FIN 75 La23
Kuurusenvaara FIN 68 Jb17
Kuusa FIN 90 Kc32
Kuusaa FIN 82 Ka27
Kuusajoki FIN 68 Jc15
Kuusalu EST 98 Kc42
Kuusamo FIN 75 La20
Kuusankoski FIN 90 Kd37
Kuusela FIN 75 Lb24
Kuusijärvi S 73 Jb19
Kuusijoki FIN 89 Jb34
Kuusikonkumpu FIN 69 Ka16
Kuusiku EST 98 Kb44
Kuusilaki S 73 Ja18
Kuusiniemi S 68 Ja15
Kuusiranta FIN 82 Kc26
Kuusirati FIN 82 Ka25
Kuusivaara FIN 74 Kb18
Kuusjärvi FIN 83 Lc30
Kuusjoenperä FIN 97 Jd39
Kuusjoki FIN 89 Jc38
Kuusjoki FIN 97 Jd39
Kuuskanlahti FIN 82 Kc25
Kuuslahti FIN 82 Kc30
Kuuslahti FIN 82 La29
Kuutsi EST 107 Lb48
Kuuttila FIN 81 Ja31
Kuvala FIN 90 La34
Kuvaskangas FIN 89 Ja34
Kuvšinovo RUS 202 Ec10
Kuyubaşı TR 199 Gc89
Kuyucak TR 187 Hb80
Kuyucak TR 193 Gc82
Kuyucak TR 198 Fb88
Kuyucak TR 199 Hb90
Kuyucakkarapınar TR 192 Fb84
Kuyumcu TR 191 Ec83
Kuyupınar TR 193 Gd81
Kuyusinir TR 193 Gb83
Kuzayır TR 192 Fc84
Kuzca TR 199 Gd89
Kužiai LT 114 Ka54
Kuzie PL 122 Jc33
Kuzkaya TR 187 Gd79
Kuzköy TR 199 Gc89
Kuzma SLO 145 Gb55
Kuzmica HR 152 Ha60
Kuzmice SK 139 Jd49
Kuzmin SRB 153 Ja61
Kuźmina PL 139 Kb45
Kuzminec HR 151 Ga57
Kuzminec HR 152 Gc57
Kuzneck RUS 203 Fd10
Kuznecovka RUS 107 Mb51
Kuznecovo RUS 99 Mb41
Kuznecovs'k UA 202 Ea14
Kuźnia Raciborska PL 137 Hb44
Kuźnica PL 121 Hb29
Kuźnica PL 123 Kc32
Kuźnica Czarnkowska PL 121 Gb35
Kuźnica Grodziska PL 130 Hd41
Kuźnica Zbąska PL 128 Ga37
Kuźnica Żelichowska PL 120 Ga35
Kuzören TR 193 Hb83
Kuzören TR 193 Hb85
Kuzovo RUS 107 Mb46
Kuzuköy TR 192 Fb84
Kuzulimanı TR 185 Dd80
Kuzuluk TR 187 Gc79
Kvačany SK 138 Hd47
Kvæfjord N 66 Ga12
Kvæl N 71 Fd18
Kvænangsbotn N 63 Hc09
Kværkeby DK 109 Eb26
Kværndrup DK 109 Dd27
Kværs DK 108 Db28
Kväkköl S 87 Fc37
Kvål N 77 Ea30
Kvalavåg N 92 Bd42
Kvalbø N 92 Cc46
Kvalfjord N 63 Hd07
Kvalnes N 66 Fb14
Kvalnes N 70 Fa21
Kvaløysætra N 78 Eb26
Kvaløysletta N 62 Gd09
Kvalsund N 63 Ja06
Kvalsund N 76 Cb33
Kvalsvik N 76 Cb32
Kvalvåg N 77 Db31
Kvam N 85 Dd35
Kvammen N 77 Dc31
Kvamsøy N 84 Cc37
Kvanløse DK 109 Eb26
Kvanndal N 84 Cc39
Kvanne N 77 Db31
Kvantorp S 80 Ha27
Kvänum S 102 Ed47
Kvarnåsen S 80 Ha25
Kvarnbyn S 80 Hb26
Kvarnriset S 80 Hc26
Kvarnsjö S 87 Fb33
Kvarsätt S 87 Fb33
Kvarsebo S 103 Gb46
Kvarstadseter N 85 Ea37
Kvås N 92 Cc46
Kvasice CZ 137 Gd47
Kveaunet N 78 Fa27
Kvėdarna LT 113 Jc55
Kveina N 70 Ed24
Kvelde N 93 Dd44
Kvelia N 79 Fb26
Kvennland N 78 Eb27
Kvenvær N 77 Db29
Kvernes N 77 Da31
Kvernessetra N 86 Eb36
Kvernhaugen N 94 Ec39
Kvernmo N 86 Ed37
Kvernstad N 77 Dd29
Kvetkai LT 114 Kd53
Kvevlax FIN 81 Ja30
Kvi N 66 Fc17
Kvibille S 102 Ed52
Kviby N 63 Hd07
Kvicksund S 95 Ga43
Kvidinge S 110 Ed54
Kvien N 76 Cc33
Kvikkjokk S 72 Gc18
Kvikne N 85 Dd36
Kvikstad N 66 Fc17
Kvilda CZ 136 Fa48
Kvilldal N 92 Cc42
Kville S 102 Eb46
Kvillinge S 103 Ga46
Kvillsfors S 103 Fd50
Kvimo FIN 81 Ja30
Kvinen N 92 Cc44
Kvinesdal N 92 Cc46
Kvinlog N 92 Cc45
Kvinnestad S 102 Ed48
Kvinnherad N 84 Cb40
Kvisler N 94 Ec39
Kvissleby S 88 Gc34
Kvistbro S 95 Fc44
Kvisvik N 77 Db31
Kvitberget N 63 Hd06
Kvitblik N 66 Fd17
Kviteberg N 62 Ha09
Kviteseid N 93 Da43
Kvitfors N 66 Ga13
Kvitlen N 92 Cb45
Kvitnes N 66 Fd13
Kvitnes N 77 Da31
Kvitno N 84 Cc40
Kvitsøy N 92 Ca43
Kvitten N 86 Eb33
Kvitvik N 63 Hd07
Kvívík DK 3 Ca06
Kvong DK 108 Cd25
Kvorning DK 100 Dc23
Kwakowo PL 121 Gc30
Kwiatkowice PL 130 Hc39
Kwidzyn PL 121 Hb32
Kwiecewo PL 122 Ja31
Kwilcz PL 128 Ga36
Kybartai LT 114 Ka58
Kycklingvattnet S 79 Fb26
K. Yenici TR 187 Gb80
Kyjiv UA 202 Ec14
Kyjov CZ 137 Gd48
Kylämä FIN 90 Kb35
Kylänlahti FIN 83 Lc28
Kylänpää FIN 81 Ja31
Kyläsaari FIN 89 Ja36
Kyle of Lochalsh GB 4 Db08
Kylerhea GB 4 Db08
Kylestrome GB 4 Dd05
Kyllaj S 104 Ha49
Kylland N 92 Cc45
Kyllburg D 133 Bc43
Kylmäkoski FIN 89 Jd37
Kylmälä FIN 74 Ka21
Kylmälä FIN 82 Kb25
Kylmämäki FIN 90 Kd32
Kymbo S 102 Fa48
Kymentaka FIN 90 Kd37
Kymi FIN 90 La38
Kyminlinna FIN 90 La38
Kymönkoski FIN 82 Kb30
Kymstad S 94 Ed41
Kynsikangas FIN 89 Jb36
Kynsivaara FIN 75 Kd20
Kynšperk nad Ohří CZ 135 Ec44
Kyöstilä FIN 89 Jd35
Kypäräjärvi FIN 83 Lb31
Kypäräavaara FIN 75 La24
Kypasjärv S 73 Ja20
Kyperounta CY 206 Ja97
Kyre Park GB 15 Ec25
Kyritz D 119 Ec35
Kyrkås S 79 Fc30
Kyrkberg S 72 Gb24
Kyrkesund S 102 Eb48
Kyrkhult S 111 Fc53
Kyrkjestølane N 85 Da37
Kyrkjeteig N 84 Cb35
Kyrkosund S 94 Ea45
Kyrksæterøra N 77 Dc30
Kyrkslätt FIN 98 Ka40
Kyrksten S 95 Fb43
Kyrnyčky UA 204 Ec17
Kyrönlahti FIN 89 Jd35
Kyröskoski FIN 89 Jc35
Kyrospohja FIN 89 Jc35
Kyrping N 92 Cb41
Kyrsyä FIN 91 Lb33
Kyselka CZ 135 Ec44

Kysucké Nové Mesto – Lampinsaari

Kysucké Nové Mesto SK 138 Hc47
Kysucký Lieskovec SK 138 Hc47
Kytäjä FIN 90 Kb38
Kythrea CY 206 Jc96
Kytkylehto FIN 82 La25
Kytö FIN 97 Jc39
Kytökylä FIN 82 Ka26
Kytömäki FIN 75 Kd24
Kyyjärvi FIN 81 Jd30
Kyynämöinen FIN 90 Kb32
Kyynärö FIN 90 Ka35
Kyyrönniemi FIN 91 Ld32

L

Laa an der Thaya A 137 Gb49
Laaber D 135 Ea48
La Acenuela E 60 Cc74
La Adrada E 46 Da64
Laafeld A 144 Ga56
Laage D 119 Ec31
Laagri EST 98 Kb42
Laaja FIN 75 La23
Laajala FIN 68 Jb16
Laajaranta FIN 82 Kb31
Laajoki FIN 89 Jb38
Laakajärvi FIN 82 La27
Laakirchen A 144 Fa51
La Alameda E 52 Db70
La Alberca E 45 Ca64
La Alberca de Záncara E 53 Ea67
La Alberguería de Argañán E 45 Bc64
La Albuera E 51 Bc69
La Aldea del Obispo E 51 Ca67
La Aldea del Portillo de Busto E 38 Dd57
La Aldehuela E 45 Cc64
La Alfahuara E 61 Eb73
La Algaba E 59 Ca73
La Algaida E 59 Bd75
La Aliseda de Tormes E 45 Cc64
La Aljorra E 55 Fa73
La Almarcha E 53 Eb67
La Almolda E 48 Fc61
La Almunia de Doña Godina E 47 Ed61
Laamala FIN 91 Lc35
Laanila FIN 69 Ka12
Lääniste EST 99 Lb45
La Antilla E 58 Ba74
Laapinjärvi FIN 90 Kd38
Laar D 117 Bd35
Laarne B 124 Ab39
Laas D 127 Ed40
Laas I 142 Db56
Laasala FIN 81 Jd31
La Atalaya E 55 Ed74
Laatre EST 106 Kd47
Laatre EST 106 La47
Laatzen D 126 Db37
La Aulaga E 59 Bd73
Laax CH 142 Cc55
La Azohía E 55 Fa74
Labacolla E 36 Ad55
la Bade F 33 Ha49
Labadžiai LV 114 Kb57
Labalme F 35 Jc45
la Balme-de-Sillingy F 35 Jd46
La Baña E 37 Bd58
La Bañeza E 37 Cb58
Labanoras LT 115 Lb56
La Barca de la Florida E 59 Bd76
La Barca de la Florida E 59 Ca76
Labarces E 38 Db55
Labardžiai LT 113 Jc55
la Barre-en-Ouche F 23 Ga36
La Barrela E 36 Bb56
la Barthe-de-Neste F 40 Fd56
Labasheeda IRL 12 Bc23
la Bassée F 23 Ha31
la Bastide F 43 Kb53
Labastide-Beauvoir F 40 Gc54
Labastide-Clairence F 39 Fa55
Labastide-d'Armagnac F 40 Fc53
la Bastide-de-Lordat F 40 Gc56
la Bastide-des-Jourdans F 42 Jd53
Labastide-Murat F 33 Gc51
la Bastide-Puylaurent F 34 Hd51
Labastide-Rouairoux F 41 Ha54
Labastide-Saint-Pierre F 40 Gb53
la Bathie F 35 Ka47
la Bâtie-Neuve F 35 Ka50
Lábatlan H 146 Hc52
la Baule F 27 Ec42
La Bazana E 51 Bc71
la Bazoche-Gouet F 29 Ga39
la Bazoge F 28 Fd39
l'Abbaye F 41 Hd52
Labby FIN 90 Kd38
Låbbyn S 94 Ec43
Labeaume F 34 Ja51
Łabędnik PL 122 Jb30
Łabędzie PL 120 Ga32
Labège F 40 Gc54
la Bégude-Blanche F 42 Ka52
Laben A 144 Ga51
Labenne F 39 Ed54
Labenne-Océan F 39 Ed54
Labenz D 118 Dc32
la Bérade F 35 Ka49
Laberg N 67 Gc12
Laberget N 67 Gb13
la Bernerie-en-Retz F 27 Ec43
Laberweinting D 135 Eb49
l'Aber-Wrac'h F 26 Db37
Labin HR 151 Fa61
Labinsk RUS 205 Fd17
la Bisbal de Falset E 48 Ga62
la Bisbal del Penedès E 49 Gc62
la Bisbal d'Empordà E 49 Hb59
Łabiszyn PL 121 Ha35
Lablachère F 34 Ja51
Labljane KSV 178 Bb71
La Bobadilla E 60 Da73
la Bocca F 43 Kc54
Lábod H 152 Gd57
Laboe D 118 Dc30
la Boissière F 22 Fd36
la Bonneville-sur-Iton F 23 Gb36
Laborel F 42 Jd51
la Borne F 29 Ha42
La Bouëxière F 28 Fa39
Labouheyre F 39 Fa52
la Bouille F 23 Ga35
la Bourboule F 33 Ha47
Laboutarie F 41 Gd53
la Boutière F 35 Jd48
Labovë AL 182 Ac78
La Bóveda de Toro E 45 Cc61
Łabowa PL 138 Jc46
Labrags LV 105 Jb51
l'Abre F 33 Ga47
la Brède F 32 Fb51
la Bresse F 31 Ka39
la Brévine CH 141 Bb54
la Bridoire F 35 Jd47
la Brillanne F 42 Jd52
Labrit F 39 Fb52
Labrousse F 33 Gb46
Labroye F 23 Gc32
la Bruffière F 28 Fa43
Labruguière F 41 Gd54
La Bruyère B 124 Ad41
l'Absie F 28 Fb44
Labuť CZ 135 Ec45
Labudnjača SRB 153 Hd59
Labuerda E 40 Fd58
Labūnava LT 114 Kc56
Łabunie PL 131 Kc41
Labuništa MK 182 Ad75
la Burbanche F 35 Jc46
la Bussière F 29 Ha40
la Butte F 28 Fc43
Lac AL 163 Jb72
La Cabrera E 46 Dc63
la Caillère F 28 Fb44
La Calahorra E 61 Dd75
La Calera E 38 Dd55
la Caletta I 168 Cc75
la Caletta I 169 Bc80
la Calmet F 42 Ja53
La Calzada de Oropesa E 52 Cc66
La Campana E 59 Cb73
La Cañada E 46 Da64
La Cañada de Cañepla E 61 Eb73
La Cañada de San Urbano E 61 Ea76
La Cañada de Verich E 48 Fc63
Lacanau F 32 Fa50
Lacanau-Océan F 32 Fa49
la Canourgue F 34 Hb51
la Capelle F 24 Hc33
la Capelle F 34 Hc51
la Capelle-lès-Boulogne F 23 Gc31
Lacapelle-Marival F 33 Gd50
Lacapelle-Viescamp F 33 Gd50
Lačarak SRB 153 Ja61
La Cardenchosa E 51 Cb71
La Cardenchosa E 51 Cb71
La Caridad E 37 Bd53
La Carlota E 60 Cc73
La Carolina E 52 Db71
La Carrasca E 60 Da74
La Carrasca E 60 Db73
La Casicas E 53 Eb71
La Cassa I 148 Bc60
Lacaune F 41 Ha54
La Cavada E 38 Dc55
la Cavalerie F 41 Hb53
Lacave F 33 Gc50
Lacco Ameno I 161 Fa75
Lac de Tignes F 35 Kb47
Lacedonia I 161 Fd74
Lacelle F 33 Gc47
la Celle-Dunoise F 33 Gc45
la Celle-en-Morvan F 30 Hd43
la Cellera de Ter E 49 Ha59
la Celle-Saint-Avant F 29 Ga43
La Cerca E 38 Dd56
La Cerollera E 48 Fc63
La Cervera E 54 Fa66
Laces I 142 Dc56
Łacha PL 122 Jc32
la Chaise-Dieu F 34 Hc48
la Chaize F 28 Fa44
la Chaize-Giraud F 28 Ed44
la Chambre F 35 Ka48
la Champenoise F 29 Gc43
Lachamp Raphaël F 34 Ja50
la Chapelaude F 33 Ha45
La Chapelle F 24 Ja33
la Chapelle F 35 Ka47
la-Chapelle-au-Riboul F 28 Fc38
la Chapelle-aux-Chasses F 30 Hc44
Lachapelle-aux-Pots F 23 Gc35
la Chapelle-Bertrand F 28 Fc44
la Chapelle-Bouëxic F 28 Ed40
la Chapelle-d'Angillon F 29 Gd42
la Chapelle-du-Bois F 29 Ga39
la Chapelle-du-Chêne F 28 Fb39
la Chapelle-du-Noyer F 29 Gb39
la Chapelle-en-Valgaudemar F 35 Ka49
la Chapelle-en-Vercors F 35 Jc49
la Chapelle-Faucher F 33 Ga48
La Chapelle-Glain F 28 Fa41
la Chapelle-la-Reine F 29 Ha38
la Chapelle-Laurent F 34 Hb49
la Chapelle-Montreuil F 28 Fd44
la Chapelle-Rainsoui F 28 Fb39
la Chapelle-Saint-André F 30 Hb41
la Chapelle-Saint-Géraud F 33 Gd49
la Chapelle-Saint-Laurent F 28 Fb44
la Chapelle-Saint-Quillain F 31 Jc41
Lachapelle-sous-Rougemont F 31 Kb40
la Chapelle-Vendômoise F 29 Gb41
la Chapelle Verlain F 33 Ga48
la Chapelle-Vicomtesse F 29 Gb40
la Chapelle-Yvon F 22 Fd36
la Chapelotte F 29 Ha42
Láchar E 60 Db75
la Charce F 42 Jc51
la Charité-sur-Loire F 30 Hb42
la Chartre-sur-le-Loir F 29 Ga40
la Châtaigneraie F 28 Fb44
la Châtelaine F 31 Jd43
la Châtre F 29 Gd44
la Châtre-Langlin F 33 Gb45
la Chaudière F 35 Jc50
la Chaume F 28 Ed44
La Chaux-de-Fonds CH 141 Bb53
la Chavade F 34 Hd50
Lachen CH 142 Cc53
Lachendorf D 126 Dc36
la Cheppe F 24 Hd36
la Chèze F 27 Eb39
Lachowo PL 123 Jd32
La Cierva E 53 Ec66
Laçin TR 193 Gd81
la Ciotat F 42 Jd55
Lack GB 9 Cb17
Łąck PL 130 Hd36
Lāčkalns LV 106 La52
Läckeby S 103 Ga52
Łącko PL 138 Jb46
la Clayette F 34 Ja45
la Clisse F 32 Fb47
la Clusaz F 35 Ka46
la Cluse F 35 Jc45
la Cluse F 35 Jd50
la Cluse-et-Mijoux F 31 Ka43
La Codoñera E 48 Fc63
La Codosera E 51 Bb67
la Combe F 35 Jc47
La Concha E 38 Dc55
Laconi I 169 Ca77
La Contienda E 51 Bb71
La Copa E 61 Ec72
la Coquille F 33 Gb48
La Coronada E 51 Cb69
La Coronada E 51 Cb71
La Corte E 59 Bc72
La Coruña E 36 Ba54
La Costana E 38 Db56
la Côte-Saint-André F 35 Jc48
la Cotinière F 32 Fa46
la Couarde-sur-Mer F 32 Ed46
la Couronne F 32 Fd47
Lacourt F 40 Gb56
la Courtine F 33 Gd47
la Couvertoirade F 41 Hc53
La Coveta Fumada E 55 Fc71
Lacq F 39 Fb55
la Crèche F 32 Fc45
la Crocina I 156 Dd66
Lacroix F 23 Ha35
la Croix-aux-Bois F 24 Ja34
la Croix-aux-Bois F 24 Ja35
la Croix-Avranchin F 28 Fa38
Lacroix-Barrez F 33 Ha50
la Croixille F 28 Fa39
La Croix-Laurent F 28 Ed41
Lacroix-sur-Meuse F 24 Jb36
la Croix-Valmer F 43 Kb55
La Crosetta I 150 Eb58
La Cuesta E 46 Db62
La Cumbre E 51 Ca67
la Cure F 31 Jd44
Lacu Roşu RO 172 Ea58
Lacu Sărat RO 177 Fb64
Lacu Sinaia RO 176 Ec64
Łączki Brzeskie PL 139 Jd43
Łączna PL 130 Jb41
Łącznik PL 137 Ha43
Łączno PL 122 Hd31
Lad H 152 Ha57
Ląd PL 129 Ha37
Ladapeyre F 33 Gd45
Ladbergen D 125 Cb37
Ladby DK 109 Dd26
Lāde LV 106 Kc49
Läde S 87 Fb38
Ladeburg D 128 Fa36
Lądek-Zdrój PL 137 Gc43
Ladelund D 108 Da28
Ladenburg D 134 Cc46
Ladendorf A 137 Gb49
La Derrasa E 36 Bb57
Lădeşti RO 175 Ea64
Ladezers LV 106 Kc49
Ládi GR 185 Ea76
Ladignac F 33 Gb47
Ladino RUS 107 Mb49
Ladispoli I 160 Ea71
Ladoeiro P 44 Bb65
Ladon F 29 Ha39
la Douze F 33 Ga49
Ladovo RUS 107 Mb47
la Drée F 30 Ja43
La Duquesa E 59 Cb77
Laduškin RUS 113 Hd59
Laduz F 30 Hb40
Ladybank GB 7 Eb12
Ladyžyn UA 204 Ec16
Ładzice PL 130 Hd41
Læborg DK 108 Da26
Lædre N 92 Ca46
Laekvere EST 98 La43
La Encinilla E 59 Ca75
Laer D 125 Ca37
Láerma GR 197 Ed93
La Ermita E 61 Eb74
Laerru I 168 Ca74
La Espina E 37 Ca54
La Espina E 37 Cd56
La Estación E 59 Ca73
La Estrella E 52 Cc66
Laeva EST 98 La45
Lævvajokgiedde N 64 Jd07
la Farga de Moles E 40 Gc58
la Fatarella E 48 Ga62
la Faurie F 35 Jd50
la Favière F 43 Kb51
la Feclaz F 35 Jd47
La Felguera = Langreo E 37 Cc55
La Felipa E 53 Ec69
la Fère F 24 Hb34
la Ferière-en-Parthenay F 28 Fc44
la Ferrière F 28 Fa44
la Ferrière F 35 Ka48
la Ferrière-aux-Étangs F 22 Fb37
la-Ferrière-sur-Risle F 23 Ga36
la Ferté F 30 Ja44
la Ferté-Alais F 29 Gd38
la Ferté-Bernard F 29 Ga39
la Ferté-Frênel F 22 Fd37
la Ferté-Gaucher F 24 Hb37
la Ferté-Imbault F 29 Gc42
la Ferté-Loupière F 30 Hb40
la Ferté-Macé F 28 Fc38
la Ferté-Milon F 24 Hb36
La Ferté-Saint-Aubin F 29 Gc40
la Ferté-Saint-Cyr F 29 Gc41
la Ferté-sous-Jouarre F 24 Hb36
Laferté-sur-Amance F 31 Jc40
Laferté-sur-Aube F 30 Ja39
la Ferté-Vidame F 29 Ga38
Lafeuillade-en-Vézie F 33 Ha50
La Feuillie F 23 Gb35
La Figal E 37 Ca54
Lafitte F 40 Gb53
Lafka GR 194 Bc87
Láfkos GR 189 Cb82
la Flèche F 28 Fc41
La Florida E 37 Ca54
la Flotte F 32 Fa46
la Foia E 55 Fb72
la Fontaine-Saint-Martin F 28 Fd40
la Font de la Figuera E 55 Fa70
la Font d'en Carròs E 54 Fc69
la Force F 32 Fd50
la Forêt-Fouesnant F 27 Dc40
la Forêt-Sainte-Croix F 29 Gd38
la Forêt-sur-Sèyre F 28 Fb44
la Forie F 34 Hc47
Laforsen S 87 Fd35
la Fouillade F 41 Gd52
la Fourche F 30 Ja44
la Foux-d'Allos F 43 Kb51
La Franca E 38 Da54
Lafrançaise F 40 Gb52
La Freissinouse F 35 Jd50
La Fresneda E 48 Fd63
la Frette F 35 Jc48
La Frontera E 47 Eb64
la Frua I 141 Ca56
La Fuencubierta E 60 Cc73
La Fuente de San Esteban E 45 Ca63
La Fuliola E 48 Gb60
Łąg PL 121 Ha32
La Gacilly F 27 Ec40
La Galera E 48 Ga64
La Gallega E 46 Dd59
Lagan S 103 Fb52
Laganás GR 188 Ac86
La Ganchosa E 59 Ca72
Lagar E 37 Bd54
la Garde F 34 Hc50
la Garde F 42 Ka55
la Garde-Adhémar F 42 Jb51
la Garde-Freinet F 43 Kb54
la Garde-Guérin F 34 Hd51
Lagarelhos P 44 Bb59
La Garganta E 37 Bd54
La Garganta E 45 Cb64
La Garovilla E 51 Bd69
la Garriga E 49 Ha60
Lagartera E 52 Cc66
la Gaubretière F 28 Fa43
Lagavara GB 9 Da15
Lagdei I 149 Cd63
Lage D 117 Ca36
Lage D 126 Cd37
Lagedi EST 98 Kc42
Lage Mierde NL 124 Ba39
Lägerdorf D 118 Db31
Laget N 93 Db45
Lagg GB 6 Db13
Lagga S 96 Gd42
Laggan GB 7 Ea09
Laggars FIN 81 Ja29
Laggerberg S 87 Gb33
Laghy IRL 8 Ca16
Łagiewnik PL 129 Gc39
Łagiewniki PL 129 Gc42
Laginá GR 183 Cb77
La Gineta E 53 Ec69
La Gironda E 59 Ca75
la Giustiniana I 160 Ea71
Lagje AL 182 Ac74
Laglio I 149 Cc58
Lagnieu F 35 Jc46
Lagnö S 103 Gb47
Lagny F 23 Ha34
Lagny-sur-Marne F 23 Ha37
Lago I 164 Gb80
Lagoa P 58 Ab74
Lagoa (Campo Lameiro) E 36 Ad56
Łagoda PL 128 Fd38
la Godivelle F 34 Hb48
Lagolovo RUS 99 Mb40
Lagonegro I 161 Ga77
Lágos GR 184 Dc77
Lagos P 58 Ab74
Lagosanto I 150 Ea62
la Goutelle F 33 Ha47
Łagów PL 128 Fd37
Łagów PL 130 Jc41
Lagrán E 39 Eb57
La Granada de Riotinto E 59 Bc72
La Granadella E 48 Ga61
la Grand-Combe F 41 Hd52
la Grand-Croix F 34 Ja47
la Grande-Motte F 41 Hd54
la Grande-Motte F 42 Ja54
La Granja d'Escarp E 48 Fd61
La Granjuela E 51 Cb71
Lagrasse F 41 Ha56
la Grave F 29 Ha44
la Grave F 35 Ka49
la Gravelle F 28 Fd38
la Grolle F 28 Ed44
Lägsta S 80 Gc28
Laguardia E 39 Eb57
La Guardia E 52 Dc66
La Guardia de Jaén E 60 Db73
Laguarta E 40 Fc58
Laguépie F 41 Gd52
La Guerche-de-Bretagne F 28 Fa40
la Guerche-sur-l'Aubois F 30 Hb43
la Guérinière F 27 Ec43
Lagueruela E 47 Fa62
La Guijarrosa E 60 Cc73
Laguiole F 34 Hb50
Laguna de Contreras E 46 Db61
Laguna de Duero E 46 Da60
Laguna del Maquesado E 47 Ec65
Laguna de Negrillos E 37 Cc58
Laguna de Somoza E 37 Ca57
Laguna Rodrigo E 46 Da62
Lagunilla E 45 Ca64
Lagzdene LV 105 Jb50
La Haba E 51 Ca69
Lahanás GR 183 Cb77
Lahaniá GR 197 Ed94
Lahardaun IRL 8 Bc18
Laharie F 39 Fa53
La Haye-du-Puits F 22 Ed35
la Haye-Pesnel F 22 Fa37
Lähden D 117 Cb35
Lahdenkylä FIN 89 Jd33
Lahdenkylä FIN 90 Ka34
Lahdenkylä FIN 90 Kb34
Lahdenperä FIN 82 Kd28
Lahdenperä FIN 82 Ka30
Lahdenpohja FIN 90 Kb36
Lahdentaus FIN 91 Ld32
Lahe EST 98 Kd41
Lahe EST 107 Lb46
Lahenpää S 73 Ja18
La Herguijuela E 45 Cc64
la Hérie-la-Viéville F 24 Hc33
la Herlière F 23 Gd32
La Hermida E 38 Da55
La Herradura E 60 Db76
La Herrera E 53 Eb69
La Herrería E 60 Cc73
Laheycourt F 24 Ja36
La Higuera E 55 Ed70
Lahinch IRL 12 Bc22
La Hinojosa E 53 Eb67
Lahišyn BY 202 Ea13
Lahm D 135 Dd44
Lahnajärvi FIN 97 Jd39
Lahnajärvi S 73 Hd18
Lahnakoski FIN 81 Jc28
Lahnalahti FIN 90 La32
Lahnanen FIN 82 Kb27
Lahnasjärvi FIN 82 Kd26
Lahnstein A 144 Fa52
Lahnstein D 133 Ca43
Lahntal D 126 Cc41
Laholm S 110 Ed53
Laholuoma FIN 89 Jb34
La Horcajada E 45 Cc64
La Horra E 46 Dc60
Lahovaara FIN 83 Lb28
La Hoya E 55 Ed73
Lahr D 133 Ca49
Lahstedt D 126 Dc37
Lähte EST 99 Lb45
Lähteenkylä FIN 89 Jb37
Lahti FIN 89 Ja38
Lahti FIN 90 Kc37
lahti FIN 98 Kb40
Lahtiranta FIN 81 Jd25
Lähtru EST 98 Ka44
la Hutte F 28 Fd39
Lai CH 142 Cd55
Laichingen D 134 Da49
Laičiai LT 114 La55
Laide GB 4 Dc06
Laidi LV 105 Jc52
Laidinmäki FIN 82 Kd28
Laidze LV 105 Jd50
l'Aigle F 23 Ga37
La Iglesuela E 46 Cd65
La Iglesuela del Cid E 48 Fc64
Laigné F 28 Fb40
Laignes F 30 Hd40
Laigueglia I 43 La52
l'Aiguillon-sur-Mer F 32 Fa45
Laihia FIN 81 Ja31
Laikko FIN 91 Ld34
Laikšės LT 114 Ka55
Laiksjö S 79 Ga27
Laiküla EST 98 Ka44
Lailiás GR 184 Cc76
Lailly-en-Val F 29 Gc40
Laimbach am Ostrong A 144 Fd50
Laimetsa EST 98 Kd44
Laimjala EST 105 Jd46
Laimoluokta sameviste S 67 Ha14
Laimont F 24 Ja36
La Ina E 59 Bd76
Lainach A 143 Ec55
Lainate I 149 Cc59
Lainejaur S 72 Gd24
Lainio S 68 Hd15
Lair GB 6 Dc08
Laisbäck S 72 Gb24
La Isla E 37 Cd54
Laissac F 34 Hb51
Laísta GR 182 Ad79
Laisvall S 72 Gb21
Laisvalls by S 72 Gb21
Laitamaa S 68 Hd17
Laitasaari FIN 74 Ka24
Laiterla FIN 97 Jc40
Laitiainen FIN 89 Jd38
Laitikkala FIN 90 Ka36
Laitila FIN 89 Ja38
Laitineva FIN 82 Kb25
Laitse EST 98 Kb43
Laiuse EST 98 La44
Laiva sameviste S 71 Fd21
Laives F 30 Jb44
Laives I 143 Dd56
Laize-la-Ville F 22 Fc36
Laižuva LT 113 Jd53
la Jana E 48 Fd64
la Javie F 42 Ka52
Lajkovac SRB 153 Jc63
la Jonchère-Saint-Maurice F 33 Gc46
la Jonquera E 41 Hb58
Lajoskomárom H 145 Hb55
Lajosmizse H 146 Ja54
Lajunlahti FIN 83 Lb31
Láka GR 188 Ab81
Lakaluoma FIN 81 Jc31
Lakaniemi FIN 81 Jc30
Łąka Prudnicka PL 137 Gd43
Lakasjö S 80 Gc28
Lakatnik BG 179 Cc70
Lakaträsk S 73 Hc20
Lakavica MK 178 Ba73
Lakavica MK 183 Bd74
Lakenheath GB 20 Fd25
Lăki BG 184 Db74
Laki MK 183 Ca74
Lakinsk RUS 203 Fa10
Lakitelek H 146 Jb55
Lakkí GR 197 Eb90
Lákki GR 200 Cb95
Lakkia CY 206 Jb97
Lákkoma GR 184 Dc79
Laknasi AL 182 Ab74
Lakócsa H 152 Ha58
Lakolk DK 108 Cd27
Łakorz PL 122 Hc33
Laksâ N 66 Fd15
Laksåvik N 77 Dc29
Lakselv N 64 Jb07
Lakselv bukt N 62 Gd10
Laksfors N 70 Fa23
Lakshola N 66 Fd17
Laksnes N 64 Jd07
Laksvatn N 62 Gd10
Łąkta PL 129 Gc39
Laktaši BIH 152 Gd61
Låktatjåkka S 67 Gc13
Lakyle IRL 12 Bb23
Lalacelle F 28 Fc38
Lalandelle F 23 Gc35
La Lantejuela E 59 Cb74
La Lapa E 51 Bd70
Lâlapaşa TR 185 Eb75
Lalar AL 182 Ab76
Lálas GR 194 Ba87
La Latette F 31 Jd43
l'Albagés E 48 Ga61
l'Albaron F 42 Ja54
Lalbenque F 40 Gc52
l'Albi E 48 Gb61
l'Albufereta E 55 Fb71
l'Alcora E 54 Fc66
l'Alcúdia E 54 Fb68
l'Alcúdia de Crespins E 54 Fb69
l'Alcúdia de Veo E 54 Fc66
La Lechère I 148 Bc57
Lalendorf D 119 Ec32
Lalevade-d'Ardèche F 34 Ja50
Lalić SRB 153 Ja59
la Lima I 155 Db64
Lalin E 36 Ba56
Lalinde F 33 Ga50
La Línea de la Concepción E 59 Cb78
la Llacuna E 49 Gc61
Lalleu F 28 Ed40
Lalling D 135 Ed48
Lalm N 85 Dc35
l'Almadrava E 48 Ga63
Lalœuf F 25 Jd37
La Lomba E 38 Db56
la Londe-les-Maures F 42 Ka55
Laloşu RO 175 Dc65
la Loupe F 29 Gb38
Lalouvesc F 34 Ja49
La Louvière B 124 Ac41
Lalova MD 173 Fd56
l'Alpe-d'Huez F 35 Ka49
Lalsi EST 98 La45
l'Altet E 55 Fb71
Lalueza E 48 Fc60
La Luisiana E 59 Cb73
Laluque F 39 Fa53
Lam D 135 Ec47
la Maçana AND 40 Gc57
la Maçana AND 40 Gc57
la Machine F 30 Hc43
La Maddalena I 168 Cb73
Lama dei Peligni I 161 Fa71
La Madelaine F 22 Fa35
la Madeleine-Bouvet F 29 Ga38
La Magdalena E 37 Cb56
Lamaids F 33 Ha45
la Main F 31 Ka42
la Malène F 41 Hc52
la Malmaison F 24 Hc34
Lamalonga E 37 Bd58
Lamalou-les-Bains F 41 Hb54
Lama Mocogno I 149 Db63
Lamandia I 162 Ha74
Lamanère F 41 Ha58
La Manga del Mar Menor E 55 Fb73
La Marañosa E 46 Dc65
Lamarche F 31 Jc39
La Marea E 37 Cc55
Lamargelle F 30 Ja41
la Marina E 55 Fb72
la Marolle-en-Sologne F 29 Gc41
Lamarque F 32 Fb49
La Martella I 162 Gc75
La Martyre F 26 Dc38
La Masadera E 48 Fc60
Lamas de Olo P 44 Ba60
Lamas de Podence P 45 Bc60
Lamas do Vouga P 44 Ad63
Lamastre F 34 Ja49
La Mata E 52 Da66
La Mata de Monteagudo E 37 Cd56
Lambach A 144 Fa51
Lamballe F 26 Eb38
Lamberhurst GB 20 Fd29
Lambesc F 42 Jc53
Lámbia GR 188 Bb86
Łambinowice PL 137 Gd43
Lambley GB 11 Ec16
Lambókambos GR 195 Bd90
Lamborn S 87 Fd38
Lambourn GB 20 Fa28
Lambrecht D 133 Cb46
Lambrechten A 143 Ed50
Lambsheim D 133 Cb46
Lamego P 44 Ba61
La Meilleraye-de-Bretagne F 28 Fa41
La Melgosa E 53 Eb66
l'Amelie-sur-Mer F 32 Fa48
la Membrolle-sur-Longuenée F 28 Fb41
Lamerdingen D 142 Dc51
la Merlatière F 28 Fa44
l'Ametlla del Vallès E 49 Ha60
l'Ametlla de Mar E 48 Ga63
Lamezia Terme I 164 Gc81
Lamía GR 189 Bd83
la Milesse F 28 Fd39
Lamington GB 10 Ea14
Lamlash GB 10 Dc14
Lammasperä FIN 90 Ka33
Lammela FIN 89 Ja35
Lammersdorf D 125 Bc41
Lammhult S 103 Fc51
Lammi FIN 81 Jc30
Lammi FIN 90 Kb37
Lamminaho FIN 82 Kb28
Lamminkoski FIN 89 Jc34
Lamminkylä FIN 75 La22
Lamminkylä FIN 82 La25
Lamminkylä FIN 83 Ld31
Lamminmaa FIN 89 Jb32
Lamminmäki FIN 90 Kd32
Lamminperä FIN 74 Ka22
Lammu FIN 83 Lc31
Lamnay F 29 Ga39
La Mojonera E 61 Ea76
la Môle F 43 Kb55
la Molina E 41 Gd58
Lamone CH 149 Cc57
la Mongie F 40 Fd56
Lamontgie F 34 Hc48
La Montiela E 60 Cc73
La Morera E 51 Bc70
Lamosa E 36 Ad57
la Mothe-Achard F 28 Ed44
la Mothe-Saint-Héray F 32 Fc45
la Motte F 23 Ha35
La Motte F 27 Eb39
la Motte F 42 Ka51
Lamotte-Beuvron F 29 Gd41
la Motte-Bourbon F 28 Fc43
la Motte-Chalancon F 42 Jc51
la Motte-d'Aigues F 42 Jd53
la Motte-Saint-Martin F 35 Jd49
Lamotte-Warfusée F 23 Ha33
Lamovita BIH 152 Gc62
Lampaanjärvi FIN 82 Kc29
Lampaluoto FIN 89 Ja35
Lampaul-Guimiliau F 26 Dc38
Lampaul-Plouarzel F 26 Db38
Lampeland N 93 Dc41
Lamperila FIN 82 Kd30
Lampertheim D 134 Cc45
Lampertswalde D 128 Fa40
Lampeter GB 15 Dd26
Lampinsaari FIN 82 Ka26

Lampiselkä – Launkalne

Lampiselkä FIN 69 Ka16
l'Ampolla E 48 Ga63
Lamport GB 20 Fb25
Lampovo RUS 99 Mb41
Lamppi FIN 89 Ja35
Lamsfeld D 128 Fb38
Lamspringe D 126 Db38
Lamstedt D 118 Da32
Lamu FIN 82 Kb26
La Mudarra E 46 Cd60
La Muela E 47 Ea60
La Muela E 47 Fa61
Lamujoki FIN 82 Kb26
la Mure F 35 Jd49
Lamure-sur-Azergues F 34 Ja46
Lamvik N 63 Hd07
Lana I 142 Dc56
Lanabregas AL 182 Ac74
Lanabukt N 65 Kd07
Lanaja E 48 Fc60
Lanaken B 125 Bb40
la Napoule F 43 Kc54
Lanarce F 34 Hd50
Lanark GB 10 Ea14
La Nava E 59 Bc72
La Nava de Ricomalillo E 52 Cd67
La Nava de Santiago E 51 Bd68
Lancaster GB 11 Ec19
Lanciano I 157 Fb70
Lanciego E 39 Eb57
Lancin F 35 Jc47
Lančiūnava LT 114 Kc56
Lanckorona PL 138 Ja45
Lançon-Provence F 42 Jc54
Lańcucka PL 139 Kb43
Łańcut PL 139 Ka44
Landa S 102 Ec50
Landau a.d. Isar D 135 Ec49
Landau in der Pfalz D 133 Cb47
Landaul F 27 Ea40
Landaville-la-Haut F 31 Jc38
Landbobyn S 95 Fb39
Lande N 70 Fa24
Landéan F 28 Fa38
Landeck A 142 Db54
Landeleau F 27 Dd39
Landen B 124 Ad41
Landepereuse F 23 Ga36
Landerneau F 26 Dc38
Landerum NL 116 Bb32
Landeryd S 102 Ed51
Landeryd S 103 Fd47
Landesbergen D 126 Da36
Landet DK 109 Dd28
Landete E 54 Ed66
Landévant F 27 Ea40
Landévennec F 26 Dc38
Landford GB 20 Ed30
Landgraaf NL 125 Bb40
Landiras F 32 Fb51
Landivisiau F 26 Dc38
Landivy F 28 Fa38
Landkey GB 19 Dd29
Landkirchen D 119 Ea30
Landl A 143 Ea53
Landön S 79 Fb29
Landön S 111 Fb55
Landos F 34 Hd50
Landouzy-la-Ville F 24 Hc33
Landquart CH 142 Cd54
Landrecies F 24 Hc32
Landres F 25 Jc35
Landriano I 149 Cc60
Landsberg D 127 Eb39
Landsberg = Gorzów Wielkopolski PL 128 Fd36
Landsberg a. Lech D 142 Dc51
Landsbro S 103 Fc50
Landscheid D 133 Bc44
Landsee A 145 Gb53
Landshut D 135 Eb49
Landskrona S 110 Ed55
Landsmarkakap N 93 Db43
Landsmeer NL 116 Ba35
Landstuhl D 133 Ca46
Landudec F 27 Dc39
Landvetter S 102 Ec49
Landvik N 93 Da46
Landze LV 105 Jb50
Låne N 84 Cc36
Lane End GB 20 Fb28
Lanersbach A 143 Ea54
Lane-Ryr S 102 Ec46
Lanesborough IRL 8 Ca20
Lanestosa E 38 Dd55
la Neuville-en-Tourne-à-Fuy F 24 Hd35
Langå DK 100 Dc23
Langa E 46 Cd62
Långå S 86 Fa33
Langáda GR 191 Dd85
Langadás GR 183 Cb77
Langa de Duero E 46 Dd60
Langádia GR 194 Bb87
Långalma S 96 Gd40
Långåminne FIN 81 Ja31
Langangen N 93 Dc44
Långared S 102 Ec48
Långaryd S 102 Fa51
Långås S 102 Ec51
Långasjö S 111 Fd53
Langau A 136 Ga49
Långbäcken S 80 Gc27
Langban S 95 Fb42
Långbo S 87 Ga36
Långby S 87 Gb35
Langdal N 77 Da33
Langdon Beck GB 11 Ed17
Langdorf D 135 Ed48
Langeac F 34 Hc49
Langeais F 28 Fd42
Langebæk DK 109 Eb28
Langedijk NL 116 Ba34
Langegg A 136 Fc49
Langeid N 92 Cd44
Längelmäki FIN 90 Ka34
Langeln D 126 Dc38
Langelsheim D 126 Dc38
Långemåla S 103 Ga51
Langemark B 21 Ha30
Langen D 117 Cb35
Langen D 118 Cd32
Langen D 134 Cc44
Langenaltheim D 134 Dc48
Langenargen D 142 Cd52
Långenäs S 94 Ed41
Langenau D 127 Ed42
Langenau D 134 Db49
Langenbach D 143 Ea50
Langenberg D 127 Ec42
Langenberg/Westf. D 126 Cc38
Langenbernsdorf D 127 Eb42
Langenburg D 134 Da47
Langendernbach D 125 Cb42
Langeneichstädt D 127 Ea40
Langenenslingen D 142 Cd50
Langenes N 66 Fc12
Längenfeld A 142 Dc54
Langenfeld D 125 Bd40
Langenhagen D 126 Db36
Langenhahn D 125 Cb42
Langenhoe GB 21 Ga27
Langenhorn D 108 Da29
Langenleuba-Niederhain D 127 Ec41
Langenleuba-Oberhain D 127 Ec41
Langenlois A 144 Ga50
Langenlonsheim D 133 Ca44
Langennerie F 29 Ga41
Langenneufnach D 142 Db50
Langenpreising D 143 Ea50
Langen-Selbold D 134 Cd43
Langenthal CH 141 Bd53
Langenwang A 144 Ga53
Langenweddingen D 127 Ea38
Langenwetzendorf D 127 Eb42
Langenwolmsdorf D 128 Fb41
Langenzenn D 134 Dc46
Langeoog D 117 Cb31
Langerringen D 142 Dc51
Langerwehe D 125 Bc41
Langeskov DK 109 Dd27
Langesund N 93 Dc44
Langevåg N 76 Cc32
Langevåg N 92 Bd41
Langewiesen D 127 Dd42
Langey F 29 Gb39
Langfjord N 63 Hc08
Langfjordbotn N 65 Kd08
Langfjordhamn N 63 Hc08
Langfjordnes N 64 Ka05
Långforsselet S 73 Ja19
Langfurth D 134 Db47
Langgöns D 126 Cc42
Langhagen D 119 Ec32
Långhed S 87 Ga37
Länghem S 102 Ed49
Langhirano I 149 Da62
Langholm GB 11 Eb16
Langhus N 93 Ea42
Långjum S 102 Ed47
Langleeford GB 11 Ed14
Langli N 65 Kd08
Langlingen D 126 Dc36
Länglöt S 103 Gb52
Långnäs FIN 96 Hc41
Långnäs S 73 Hc23
Långnäs S 95 Ga39
Langnau im Emmental CH 141 Bd54
Langnes N 63 Ja06
Langø DK 109 Dd28
Langogne F 34 Hd50
Langoiran F 32 Fc51
Langon F 32 Fc51
Langonnet F 27 Dd39
Langør DK 109 Dd25
Langosco I 148 Ca60
Langport GB 19 Eb29
Langquaid D 135 Ea48
Langreo E 37 Cc55
Langres F 30 Jb40
Langrick GB 17 Fc23
Långron S 80 Ha30
Langschlag A 136 Fc49
Långsel S 73 Hd20
Långsele S 79 Gb31
Långsele S 80 Gd27
Långselet S 80 Hb25
Langserud S 94 Ed44
Langset N 94 Eb40
Langseter N 94 Eb42
Långshyttan S 95 Ga40
Långsjöby S 72 Gb24
Långsjön S 73 Hc21
Langslett N 63 Hb09
Langstrand N 63 Hd06
Langstrand N 64 Jc05
Langstranda N 78 Ea28
Langtoft GB 17 Fc19
Långtora S 96 Gc42
Långträsk S 72 Ha24
Långträsk S 73 Hb23
Långträsk S 80 Ha26
Languidic F 27 Ea40
Langvad N 71 Fd18
Langvågen N 66 Ga14
Langvatn N 71 Fb20
Långvattnet S 80 Hb25
Långvattnet S 80 Gc28
Långvik FIN 98 Kb40
Langvik N 85 Ea37
Långvik S 96 Ha44
Långviken S 72 Gc22
Långviken S 73 Hb23
Långviksmon S 80 Gd29
Långvind S 87 Gb36
Långvinds bruk S 87 Gb36
Langwathby GB 11 Ec17
Langwedel D 118 Da34
Langweid D 134 Dc49
Langwies CH 142 Cd55
Langwyfan GB 15 Ea22
Lanhélin F 28 Ed38
Lanheses P 44 Ad59
Lanhouameau F 26 Dc37
Łanięta PL 122 Jb34
Łaniewo PL 122 Ja31
Lanilar GB 15 Dd25
Lanildut F 26 Db38
Lanjarón E 60 Dc76
Lankamaa FIN 90 Kc32
Lankas LV 105 Jb52
Lanke D 120 Fa35
Lankeliškiai LT 114 Ka59
Łankiejmy PL 122 Jb30
Lankila FIN 90 La37
Lankojärvi FIN 74 Jc18
Lankoori FIN 89 Ja36
Lankosi FIN 89 Ja35
Lanloup F 26 Ea37
Lanmeur F 26 Dd37
Länna S 95 Fc44
Länna S 95 Gb44
Länna S 96 Gd42
Länna S 96 Ha42
Lanna S 102 Fa50
Lännäs S 95 Fd44
Lannavaara S 68 Hc14
Lannéanou F 26 Dd38
Lannemezan F 40 Fd56
Lanneray F 29 Gb39
Lannevesi FIN 82 Kb31
Lannilis F 26 Db37
Lannion F 26 Ea37
la Noclе-Maulaix F 30 Hc43
Lanouaille F 33 Gb48
Lansån S 73 Hd19
Lans-en-Vercors F 35 Jc49
Länsi-Aure FIN 89 Jc34
Länsi-Kalmari FIN 82 Ka31
Länsikoski FIN 74 Jc21
Länsikylä FIN 81 Jc31
Länsiranta FIN 64 Ka10
Länsiranta FIN 81 Jc31
Länsi-Saamainen FIN 82 La31
Länsi-Teisko FIN 89 Jd35
Länsi-Vuokka FIN 83 Lb28
Lansjärv S 73 Hd19
Lanškroun CZ 137 Gb45
Lanslebourg-Mont-Cenis F 35 Kb48
Lanslevillard F 35 Kb48
Lanta F 40 Gc54
Lantadilla E 38 Db58
Lantenay F 30 Ja41
Lanterot F 31 Ka40
Lantjärv S 73 Jb21
Lantosque F 43 Kd52
Lantsch CH 142 Cd55
la Nucia E 55 Fc70
Lanuéjols F 41 Hc52
La Nuez de Arriba E 38 Dc57
Lanusei I 169 Cb77
Lanuvio I 160 Eb72
Lanvellec F 26 Dd37
Lanvéoc F 26 Db38
Lanvollon F 26 Ea37
Lány CZ 136 Fa44
Łany PL 137 Ha44
Lánycsók H 153 Hc58
Lanz D 119 Ea34
Lanza E 36 Ba55
Lanzahita E 46 Cd65
Lanzas Agudas E 38 Dd55
Lanžhot CZ 137 Gc49
Lanzo d'Intelvi I 149 Cc57
Lanzós E 36 Bb54
Lanzo Torinese I 148 Bc59
Lanzuela E 47 Fa62
Lao EST 106 Kb46
Laon F 24 Hc34
Laons F 23 Gb37
La Orbada E 45 Cc62
La Paca E 61 Ec73
la Pacaudière F 34 Hd45
Lápafő H 145 Hb56
Lapajärvi FIN 69 Kc17
Lapalisse F 34 Hc45
La Palma E 55 Fa73
La Palma del Condado E 59 Bc73
la Palmyre F 32 Fa47
la Palud-sur-Verdon F 42 Ka53
Lapan AL 182 Ac77
Lapan F 29 Gd43
la Panadella E 49 Gc61
Łapanów PL 138 Jb45
La Paquelais F 28 Ed42
Laparade F 40 Fd52
La Paradilla E 46 Db64
La Paraya E 37 Cc55
La Parra E 51 Bc70
La Parra de las Vegas E 53 Eb66
La Parte de Sotoscueva E 38 Dc56
Lápas GR 188 Ba85
La Pava E 61 Eb72
Łapczyca PL 138 Jb44
La Peña E 45 Bd61
La Peral E 37 Cb54
La Peraleja E 47 Ea65
Laperdiguera E 48 Fc59
Lapès LT 114 Kc57
La Pescia I 161 Ga73
La Pesga E 45 Ca64
La Pesquera E 54 Ed67
la Petite-Pierre F 25 Kb36
La Petrizia I 164 Gc81
Lapeyrade F 40 Fc53
la Peyrade F 41 Hd54
Lapeyrouse F 34 Hb45
La Peza E 60 Dc74
la Pezade F 41 Hc53
Lapford GB 19 Dd30
la Pierre F 42 Jd51
la Pierre-Percée F 30 Hb44
Lapijoki FIN 89 Ja37
La Pinilla E 55 Ed73
Lapinkangas FIN 74 Ka24
Lapinkylä FIN 90 Kd38
Lapinkylä FIN 98 Ka39
Lapinlahti FIN 82 Kd28
Lapinsaari FIN 89 Jb32
Lapinsalo FIN 82 Kc27
Lapiosalmi FIN 75 Kc20
Lapiovaara FIN 83 Ma29
Lapithos CY 206 Jb96
Lapjärvi FIN 91 Lb37
la Plagne F 35 Kb47
la Plaine F 28 Fb43
la Plaine-sur-Mer F 27 Ec42
la Planchette F 35 Ka48
La Plaza (Teverga) E 37 Cb55
Lapleau F 33 Gd48
Laplume F 40 Ga53
Lapmežciems LV 106 Ka50
la Pobla de Benifassà E 48 Fd64
la Pobla de Cérvoles E 48 Gb61
la Pobla de Lillet E 41 Gd58
la Pobla de Massaluca E 48 Fd62
la Pobla de Montornès E 49 Gc62
la Pobla de Segur E 48 Gb59
la Pobla de Vallbona E 54 Fb67
la Pobla Llarga E 54 Fb69
la Pobla Tornesa E 54 Fc66
La Pobleta de Andilla E 54 Fa66
La Pola de Gordón E 37 Cc56
la Porta F 154 Cc69
La Portellada E 48 Fd63
La Portera E 54 Fa68
Lapoș RO 176 Eb64
Lapouyade F 32 Fc49
La Póveda de Soria E 47 Eb59
Lapovo SRB 174 Bc66
Lappach I 143 Ea55
Lappago I 143 Ea55
Lappajärvi FIN 81 Jc30
Läppäkoski FIN 90 Kb37
Lappberg S 67 Ha16
Lappböle FIN 98 Ka39
Lappea FIN 68 Jb17
Lappeenranta FIN 91 Lb36
Lappers FIN 98 Ka40
Lappersdorf D 135 Eb48
Lappetelä FIN 82 Kd29
Lappfjärd FIN 89 Hd33
Lappfors FIN 81 Jb29
Lappi FIN 75 La22
Lappi FIN 89 Jd33
Lappi FIN 89 Ja37
Lappila FIN 90 Kb37
Lappineva FIN 89 Jc34
Lappo FIN 97 Hd40
Lappohja FIN 97 Jd41
Lappoluobbal N 63 Ja10
Lappträsk FIN 90 Kd38
Lappträsk S 73 Jb21
Lappvattnet S 80 Hc26
Lappvik FIN 97 Jd41
la Praye F 30 Hd44
la Preste F 41 Ha58
la Primaube F 41 Ha52
Lâpseki TR 185 Eb79
Läpsi FIN 83 Ld28
Lapta = Lapithos CY 206 Jb96
Laptevo RUS 107 Mb50
Laptovicy RUS 99 Lc43
Lapua FIN 81 Jb31
La Puebla de Almoradiel E 53 Dd67
La Puebla de Castro E 48 Fd59
La Puebla de Cazalla E 59 Cb74
La Puebla de Híjar E 48 Fb62
La Puebla de los Infantes E 59 Cb72
La Puebla del Río E 59 Bd74
La Puebla de Montalbán E 52 Da66
La Puebla de Valdavia E 38 Da57
La Puebla de Valverde E 47 Fa65
La Pueblanueva E 52 Cd66
la Puerta de Segura E 53 Ea71
Lăpugiu de Jos RO 174 Cb60
La Punt-Chamues-ch CH 142 Da56
Lăpuș RO 171 Db56
Lăpușata RO 175 Da64
Lăpușna MD 173 Fc58
Lăpușna RO 172 Dd58
Lăpușnicel RO 174 Ca63
la Puye F 29 Ga44
Lapväärtti FIN 89 Hd33
Łapy PL 123 Kb34
L'Aquila I 156 Ed70
la Quintaine F 41 Ha53
La Rábita E 60 Dc76
Laracha E 36 Ad54
Lara de los Infantes E 46 Dd59
La Rades E 46 Dc62
Laragh IRL 13 Cd22
Laragne-Montéglin F 42 Jd51
la Raille F 35 Kb50
La Rambla E 60 Cd73
La Rasa E 46 Dd61
Larbert GB 10 Ea13
l'Arboç E 49 Gc62
l'Arbresle F 34 Ja46
Lärbro S 104 Ha48
Larce MK 178 Bb73
Larceveau F 39 Fa55
Larchant F 29 Ha38
Larche F 33 Gb49
Lårdal N 93 Da43
Lardaro I 149 Db58
Larderello I 155 Db67
Lardero E 39 Eb58
Lárdos GR 197 Fa93
Lardosa P 44 Bb65
Lardy F 29 Gd38
la Reale I 168 Bb73
Laredo E 38 Dd54
La Redondela E 58 Ba74
La Regla E 37 Ca55
Laren NL 116 Ba36
Laren NL 117 Bc36
la Réole F 32 Fc51
Larer CH 142 Da55
La Revilla E 38 Db55
Larg GB 5 Ea06
Larga MD 172 Ed53
Largentière F 34 Ja51
l'Argentière-la Bessée F 35 Kb49
Largoward GB 7 Ec12
Largs GB 6 Dc13
Largu RO 176 Ed64
Lărguța MD 177 Fc60
la Riba E 48 Gb62
La Riba de Escalote E 47 Ea61
Lárimna GR 189 Cb84
Larino I 161 Fc72
Larinsaari FIN 83 Lc29
Lario E 37 Cd56
Lárissa GR 189 Bd81
La Riva E 38 Dc56
la Rivière-Thibouville F 23 Ga36
Larkhall GB 10 Ea14
Larkhill GB 20 Ed29
Larkollen N 93 Ea43
Larmor-Plage F 27 Ea40
Larnaka CY 206 Jc97
Larne GB 9 Da16
la Robine F 42 Ka52
La Robla E 37 Cc56
La Roca de la Sierra E 51 Bc68
la Roca del Vallès E 49 Ha61
la Rocca I 167 Fc84
la Rochebeaucourt-et-Argentine F 32 Fd48
La-Roche-Bernard F 27 Ec41
la Roche-Chalais F 32 Fc49
la Roche-de Rame F 35 Kb50
la Roche-Derrien F 26 Ea37
la Roche-des-Arnauds F 35 Jd50
La Roche-en-Ardenne B 132 Ba43
la Rochefoucauld F 32 Fd47
la Roche-Guyon F 23 Gc36
la Rochelle F 32 Fa46
Larochemillay F 30 Hd43
la Roche-Morey F 31 Jc40
la Roche-Posay F 29 Ga44
la Rochepot F 30 Ja43
la Roche-sur-Foron F 35 Ka45
la Roche-sur-Yon F 28 Ed44
la Rochette F 35 Ka47
la Rochette F 43 Kc52
Larochette L 133 Bb44
La Roda E 37 Bd53
La Roda E 53 Eb68
La Roda de Andalucía E 60 Cd75
la Roë F 28 Fa40
Laroles E 61 Dd75
la Romagne F 28 Fa43
la Romana E 55 Fa71
la Romieu F 40 Ga53
Larón E 37 Ca55
la Ronde F 32 Fb45
Laroquebrou F 33 Gd50
la Roquebrussanne F 42 Ka54
la Roque-d'Anthéron F 42 Jc53
Laroque-de-Fa F 41 Ha56
Laroque-d'Olmes F 41 Gd56
la Roque-Gageac F 33 Gb50
la Roque-sur-Cèze F 42 Ja52
Laroque-Timbaut F 40 Ga52
La Rösa CH 142 Da56
la Rosière 1850 F 35 Kb47
Larouco E 36 Bc57
Larrabetzu E 38 Ea55
Larraga E 39 Ec57
Larrainzar E 39 Ed56
Larraona E 39 Eb57
Larrazet F 40 Gb53
Larressingle F 40 Fd53
Larroque F 40 Ga55
Larroque F 40 Gc53
Larseng N 62 Gc10
Larsmo FIN 81 Jb28
Larsnes N 76 Cb33
La Rubia E 47 Eb60
Laruns F 39 Fb56
Larva E 61 Dd73
Larvik N 93 Dd44
Las PL 138 Hd45
Lasa I 142 Db56
Las Alcantarillas E 59 Ca75
Las Aljabaras E 60 Cc72
la Salle F 31 Ka38
Lasalle F 41 Hd52
la Salle-de-Vihiers F 28 Fb42
Las Almontarás E 61 Ea73
la Salvetat-Peyralès F 41 Gd52
la Salvetat-Saint-Gilles F 40 Gb54
la Salvetat-sur-Agout F 41 Ha54
La Salzedella E 48 Fd64
Läsänkoski FIN 90 Kd33
La Santa Espina E 46 Cd60
la Sarraz CH 141 Bb55
La Sauceda E 59 Ca76
La Sauceda E 59 Ca77
la Saulce F 42 Ka51
la-Saulsotte F 30 Hb38
la Sauve F 32 Fc50
la Sauvetat-du-Dropt F 32 Fd51
Las Berlanas E 46 Cd63
Låsby DK 108 Dc24
Las Cabezas de San Juan E 59 Ca75
Las Casas de Xilxes E 54 Fc67
Las Cobatillas E 61 Eb73
Lascuarre E 48 Ga59
Las Cuevas E 54 Ed67
Las Cuevas de los Medinas E 61 Eb76
Las Cuevas de Soria E 47 Ea60
La Seca E 46 Cd61
La Secada E 37 Cc54
La Secuita E 48 Gb62
la Selle-sur-le-Bied F 29 Ha39
la Selva del Camp E 48 Gb62
la Selve F 41 Ha52
Las Encarnaciones E 59 Cb75
la Sénia E 48 Fd64
Lásenice CZ 136 Fc48
La Serna E 38 Da58
la Serre F 33 Gd48
la Seu d'Urgell E 40 Gc58
la Seyne-sur-Mer F 42 Ka55
Las Fraguas E 38 Db55
Lasham GB 20 Fa29
Las Herast E 38 Da56
Las Herencias E 52 Cd66
Las Herrerías E 58 Ba73
Lasila EST 98 Kd42
Łasin PL 122 Hc33
Las Infantas E 60 Db72
Lasinia HR 151 Ga59
Las Jarillas E 59 Ca72
Łask PL 130 Hc39
Laska PL 121 Gd31
Łaskarzew PL 131 Jd38
Laski PL 121 Gb31
Laski PL 122 Jc33
Laskino RUS 113 Ja59
Łasko PL 120 Ga34
Laško SLO 151 Fd57
Laskowa PL 138 Jb45
Laskowice PL 123 Ka33
Laskowice PL 137 Ha43
Laskowiec PL 121 Ha33
Las Labores E 52 Dc68
Las Lagunillas E 60 Da74
Laslea RO 175 Dc60
Las Majadas E 47 Ec65
Las Mellizas E 60 Cd76
Las Mesas E 53 Ea68
Las Minas E 53 Ec71
Las Navas E 60 Da74
Las Navas de la Concepción E 59 Cb72
Las Navas del Marqués E 46 Da64
Las Negras E 61 Eb76
Las Nogueras E 54 Fa67
La Solana E 53 Dd69
La Solana E 53 Eb70
la Source F 29 Gc40
la Souterraine F 33 Gc45
Lasovo SRB 179 Ca67
Lasowice PL 129 Gd40
Lasówka PL 137 Gb44
Las Pachecas E 53 Dd69
Las Pajanosas E 59 Bd73
Laspaúles E 40 Ga58
Las Pedroñeras E 53 Ea68
Las Pedrosas E 47 Fa59
La Spezia I 155 Cd64
Las Planas E 48 Fc63
Las Quintanillas E 38 Dc58
Las Rozas E 46 Db64
Lassa CY 206 Hd97
Låssa S 96 Gc43
Lassahn D 119 Dd32
Las Salas E 37 Cd56
Lassan D 120 Fa31
Lassay-les-Châteaux F 28 Fb38
Lassee A 145 Gc50
Lassemoen N 78 Ed26
Lässerud S 94 Ec42
Lasseube F 39 Fb55
Lassigny F 23 Ha34
Lassila FIN 89 Jb35
Lassila FIN 89 Jc33
Lassnitz bei Murau A 144 Fb54
Låstad S 102 Fa46
Lastak sameviste S 72 Gc18
la Sterza I 155 Db66
Lastic F 33 Ha47
Las Torrecillas E 51 Bc69
Las Torres de Aliste E 45 Ca59
Las Torres de Cotillas E 55 Ed72
Lastovo HR 158 Gd68
Lastra a Signa I 155 Dc65
Lastras de Cuéllar E 46 Db61
Lastres E 37 Cd54
Lästringe S 96 Gc45
Lastrup D 117 Cb35
Lastulahti FIN 82 La29
Las Uces E 45 Bd62
la Suze-sur-Sarthe F 28 Fd40
Lasva EST 107 Lc47
Las Veguillas E 45 Cb63
Las Ventanas E 55 Ed72
Las Ventas con Peña Aguilera E 52 Da67
Las Ventas de Retamosa E 46 Db65
Las Ventas de San Julián E 45 Cc65
Las Viñas E 61 Dd74
Las Virtudes E 52 Dc70
Lašva BIH 158 Hb64
Łaszczów PL 131 Kd42
Łaszki PL 139 Kc44
la Tannière F 28 Fa38
Latasa E 39 Ec56
La Tercia E 53 Ec71
la Terrasse-sur Dorlay F 34 Ja48
Laterza I 162 Gd76
la Teste F 32 Fa51
Lathen D 117 Ca34
Latheron GB 5 Eb05
la Thuile I 148 Bb58
Lathus F 33 Ga45
Latiano I 162 Hb76
Latikberg S 79 Gb26
Latillé F 28 Fd44
Latina I 160 Eb73
Latisana I 150 Ec59
Látky SK 138 Ja49
La Toba E 47 Ed65
Latomaa FIN 89 Jc36
Latorpsbruk S 95 Fc44
La Torre E 54 Ed67
La Torre de Cabdella E 40 Gb58
La Torre de Esteban Hambrán E 46 Da65
la Torre de Fontaubella E 48 Ga62
la Torre del Cap E 54 Fc68
la Torre de l'Espanyol E 48 Ga62
la Torre dels Beltrans E 54 Fc65
La Torre d'En Besora E 54 Fc65
La Torresaviñán E 47 Ea63
Latoszyn PL 139 Jd44
Latoue F 40 Ga56
la Tour-Blanche F 32 Fd48
la Tour-d'Aigues F 42 Jd53
la Tour-d'Auvergne F 33 Ha48
Latour-de-Carol F 41 Gd58
la Tour-du-Pin F 35 Jc47
la Tour-Fondue F 42 Ka55
la Toussuire F 35 Ka48
Latovainio FIN 89 Jd37
Latowicz PL 131 Jd37
la Tranche-sur-Mer F 32 Ed45
Latrány H 145 Ha55
la Tremblade F 32 Fa47
Latresne F 32 Fb50
la Trimouille F 33 Gb45
La Trinité-Porhoët F 27 Eb39
Latronico I 162 Gb77
Latronquière F 33 Gd50
Latsch I 142 Dc56
Latteluokta S 67 Ha14
Latterbach CH 141 Bd55
Lattern N 63 Hb09
Lattervik N 62 Ha09
Lattin IRL 12 Bd24
Lattomeri FIN 89 Ja36
Lattrop NL 117 Ca36
Lattuna FIN 69 Kc14
la Turballe F 27 Eb42
la Turbie F 43 Kd53
Latva FIN 75 Kc21
Latva FIN 75 Kd24
Latva FIN 82 Ka26
Latvajärvenperä FIN 75 Kd22
Latvalampi FIN 83 Lc31
Latvaset FIN 82 Ka28
Lau S 104 Ha50
Laubach D 126 Cd42
Lauben D 142 Db51
Laubere LV 106 Kd50
Laubert F 34 Hc51
Laubrières F 28 Fa40
Laubusch D 128 Fb40
Laucesa LV 115 Lc54
Laucha D 127 Ea40
Lauchhammer D 128 Fa40
Lauchheim D 134 Db48
Laučiai LT 113 Jc56
Lauda-Königshofen D 134 Da46
Laudal N 92 Cc46
Laudenbach D 134 Cc45
Lauder GB 11 Ec14
Lauderi LV 107 Ma51
Laudio E 38 Ea55
Laudiškiai LV 114 Kb55
Ļaudona LV 107 Lb51
Laudun F 42 Jb52
Lauenau D 126 Da37
Lauenberg D 126 Db38
Lauenbrück D 118 Db34
Lauenburg D 118 Dc33
Lauenen CH 141 Bc56
Lauenförde D 126 Da39
Lauf D 135 Dd46
Laufach D 134 Cd44
Laufen CH 141 Bd52
Laufen D 143 Ec51
Laufenburg CH 141 Ca52
Laufenburg D 141 Ca52
Lauffen D 134 Cd47
Laugaland N 92 Cb43
Laugaliai LT 113 Jb55
Laugar IS 3 Bb04
Laugarbakki IS 2 Ad03
Laugarvatn IS 2 Ac05
Laugharne GB 18 Dc27
Laugnac F 40 Ga52
Lauhala FIN 89 Jb34
Lauhkea FIN 75 Kc20
Lauingen (Donau) D 134 Db49
Laujar de Andarax E 61 Dd75
Laujuzan F 40 Fc53
Lauka EST 97 Jc44
Laukaa FIN 90 Kc32
Laukansaari FIN 91 Ld33
Laukeland N 84 Cb36
Lauker S 72 Ha22
Laukgaļi LV 113 Jb53
Laukka-aho FIN 83 Lb30
Laukkala FIN 82 Kc29
Laukkala FIN 91 Lb36
Laukkuluspa S 67 Ha15
Laukna EST 98 Kb44
Laukoski FIN 98 Kc39
Lauko Soda LT 113 Jd54
Lauksargiai LT 113 Jd57
Lauksundskardet N 62 Ha08
Laukuva LT 113 Jd55
Laukvik N 62 Gd08
Laukvik N 62 Gc09
Laukvik N 62 Gb10
Laukvik N 63 Hd07
Laukvik N 64 Jd04
Laukvika N 66 Fc14
Laukvika N 66 Fc16
Laukžemė LT 113 Jb54
La Uña E 37 Cd55
Launac F 40 Gb54
Launaguet F 40 Gc54
Launceston GB 18 Dc31
Laundos P 44 Ac60
La Unión E 55 Fa74
La Unión de Campos E 45 Cc59
Launkalne LV 106 La49

Launois-sur-Vence – Lera

Launois-sur-Vence F 24 Hd34
Launonen FIN 90 Ka38
Laupa EST 98 Kc44
Laupen CH 141 Bc54
Laupheim D 142 Da50
Laupstad N 66 Fc14
Laupunen FIN 97 Ja39
Laura I 161 Fc76
Lauragh IRL 12 Ba26
Laurbjerg DK 100 Dc23
Laureana di Borrello I 164 Gb82
Laurenan F 27 Eb39
Laurencekirk GB 7 Ec10
Laurencetown IRL 13 Ca21
Laurenzana I 162 Gb76
Lauri EST 107 Lb47
Lauria I 161 Ga77
Laurière F 33 Gc46
Laurieston GB 10 Dd16
Laurino I 161 Fd76
Laurito I 161 Fd77
Lauritsala FIN 91 Lc36
Lauro I 161 Fb75
La Urz E 37 Cb56
Lausa KSV 178 Ba70
Lausanne CH 141 Bb55
Lauscha D 135 Dc43
Laussac F 33 Ha50
Laußig D 127 Ec39
Laußnitz D 128 Fa41
Lauta D 128 Fb40
Lautakoski S 68 Hd16
Lautaporras FIN 89 Jd37
Lauteala FIN 91 Lb33
Lautela FIN 97 Jd39
Lautenbach F 31 Kb39
Lauter D 135 Ec43
Lauterach A 142 Cd53
Lauterbach D 126 Da42
Lauterbourg F 133 Cb47
Lauterbrunnen CH 141 Bd55
Lautere LV 106 La50
Lauterecken D 133 Ca45
Lauterhofen D 135 Ea47
Lauterstein D 134 Da48
Lautertal D 126 Cd42
Lautertal D 134 Cc45
Lautertal D 135 Dc43
Lautiosaari FIN 74 Jc21
Lautrec F 41 Gd54
Lauttakulma FIN 89 Jd34
Lauttakylä FIN 75 Kd24
Lauttijärvi FIN 89 Ja34
Lauvåsen N 78 Ea31
Lauvdal N 92 Cd45
Lauvdalen N 66 Fb14
Lauve N 93 Dd44
Lauvsjølia N 79 Fb27
Lauvsnes N 78 Eb26
Lauvstad N 76 Cc33
Lauvuskylä FIN 83 Lc26
Lauvvik N 92 Ca44
Lauwersoog NL 117 Bd32
Lauzerte F 40 Gb52
Lauzun F 32 Fd51
Láva GR 183 Bc79
la Vacherie F 35 Jc49
Lavachey I 148 Bb57
Lavad S 102 Ed46
Lavadáki GR 194 Bb87
Lavagna I 149 Cc63
Lavajärvi FIN 89 Jc35
Laval F 28 Fb39
Laval-Atger F 34 Hd50
Lavaldens F 35 Jd49
la Valette F 35 Jd49
la Valette-du-Var F 42 Ka55
La Vall d'Alba E 54 Fc65
La Vall d'Uixó E 54 Fc66
La Valle Agordina I 150 Ea57
la Vallivana E 48 Fd64
Laval-Roquecézière F 41 Ha53
Lavamünd A 144 Fc56
Lavangen N 66 Ga13
Lavangen N 67 Gc12
Lávara GR 185 Eb76
Lavardac F 40 Fd52
Lavardens F 40 Ga54
Lavardin F 29 Ga40
Lavaré F 29 Ga39
la Varenne F 28 Fa42
Lavarone I 149 Dc58
Lavassaare EST 98 Kb45
Lavaudieu F 34 Hc48
Lavaufranche F 33 Gd45
Lavaur F 40 Gc54
Lavau-sur-Loire F 27 Ec42
Lávdas GR 182 Ba79
La Vecilla E 37 Cc56
La Vega de Almanza E 37 Cd57
La Vega (Riosa) E 37 Cb55
La Vega (Vega de Liébana) E 38 Da55
Lavelanet F 41 Gd56
La Vellés E 45 Cb62
Lavello I 161 Ga74
Lavendon GB 20 Fb26
Lavenham GB 21 Ga26
Laveno I 148 Cb58
la Venta del Poio E 54 Fb67
Laventie F 23 Ha31
La Ventosa E 47 Eb65
Lavercantière F 33 Gb51
la Verdière F 42 Ka53
la Verna I 156 Ea65
la Verrie F 28 Fa43
Laversines F 23 Gd35
Lavertezzo CH 141 Cb56
Laveyssière F 32 Fd50
Lavezzola I 150 Dd63
Lavia FIN 89 Jb35
Laviano I 161 Fd75
La Victoria E 60 Cc73
La Vid E 46 Dc60
La Vid de Ojeda E 38 Db57
la Vieille-Lyre F 23 Ga37
Lavik N 84 Ca37
Lavikko FIN 90 Ka32
La Vila Joiosa E 55 Fc71
La Vilavella E 54 Fc66
la Vilella Baixa E 48 Ga62
La Villa I 143 Ea56
la Villa I 155 Da70
La Villa de Don Fadrique E 53 Dd67
la Ville-aux-Clercs F 29 Gb40
la Villedieu F 32 Fc46
la Villedieu F 33 Gc47
Lavilledieu F 34 Ja51
la Villedieu-du-Clain F 32 Fd45
la Villedieu-en-Fontenette F 31 Jd40
la Villeneuve F 33 Ha46
Lavinio-Lido di Enea I 160 Eb73
La Virgen del Camino E 37 Cc57
Lavis I 149 Dc57
la Visaille I 148 Bb58
Lavit-de-Lomagne F 40 Ga53
Lavoriškės LT 115 Lb57
la Voulte-sur-Rhône F 34 Jb50
Lavoûte-Chilhac F 34 Hc49
Lavoûte-sur-Loire F 34 Hd49
Lavoux F 29 Ga44
Lavra P 44 Ac60
Lavre P 50 Ac69
Lavre S 73 Hb20
la Vrine F 31 Ka42
Lavrio GR 195 Cc87
Lavrovo RUS 107 Mb51
Lavrovo RUS 202 Ed08
Lavry RUS 107 Lc47
Lavsjö S 79 Gb27
la Wantzenau F 25 Kc36
Ławy PL 120 Fc35
Laxå S 95 Fc45
Laxarby S 94 Ec44
Laxbäcken S 79 Ga26
Laxe E 36 Ac54
Laxede S 73 Hc20
Laxey GB 10 Dd19
Laxfield GB 21 Gb25
Laxford Bridge GB 4 Dd05
Laxforsen S 67 Hb15
Laxnäs S 71 Fd22
Laxo GB 5 Fa04
Laxsjö S 79 Fc28
Laxsjön S 87 Gb32
Laxviken S 79 Fc29
Layer-de-la-Haye GB 21 Ga27
La Yesa E 54 Fa66
Läyliäinen FIN 90 Ka38
Layna E 47 Eb62
Layrac F 40 Ga52
Laytown IRL 9 Cd20
La Zarza E 51 Bd72
Laž RUS 203 Fd08
Laza E 36 Bb58
Laza RO 173 Fa59
Lazagurría E 39 Eb58
Lažani MK 183 Bb75
Lazanias CY 206 Jb97
Lăzarea RO 172 Ea58
Lăzăreni RO 170 Cb57
Lazarevac SRB 153 Jc63
Lazarevo SRB 153 Jc59
Lazarevskoe RUS 205 Fc17
Lazarína GR 188 Bb81
Lazaropore MK 182 Ba74
La Zarza E 46 Cd61
Lažberģi LV 107 Lc48
Laz Bistrički HR 152 Gb58
Lazdeğirmeni TR 192 Fc84
Lazdijai LV 123 Kb30
Lazdininkai LT 113 Jb54
Lazdona LV 107 Lb50
Lazdynai LT 114 La58
Lažec MK 183 Bb76
Łążek Ordynacki PL 131 Ka42
Lazise I 149 Db59
Łaziska Górne PL 138 Hc44
Lazisko SK 138 Hd48
Łaziuki PL 123 Ka33
Lazkao E 39 Ec56
Lázně Bohdaneč CZ 136 Ga44
Lázně Kynžvart CZ 135 Ec44
Laznica SRB 174 Bd66
Lazovskoe RUS 113 Ja58
Łazówek PL 123 Ka35
Lazuri RO 171 Cd54
Lazuri de Beiuş RO 170 Cb58
Lazy CZ 135 Ec44
Łazy PL 120 Ga30
Łazy PL 130 Jb37
Łazy PL 138 Hd43
Lazzaro I 164 Ga84
Leabgarrow IRL 8 Ca15
Leadburn GB 11 Eb13
Leadenham GB 16 Fb23
Leaden Roding GB 20 Fd27
Lealt GB 6 Db12
Leányfalu H 146 Hd52
Leatherhead GB 20 Fc29
Łeba PL 121 Gd29
Lebach D 133 Bc46
le Bailleul F 28 Fc40
Lebane SRB 178 Bc70
Lebanje KSV 178 Bb70
le Barcarès F 41 Hb57
le Barp F 32 Fb51
le Bastit F 33 Gc50
Łebcz PL 121 Ha29
le Béage F 34 Hd50
le Beausset F 42 Jd55
le Bec-Hellouin F 23 Ga35
Lebedjan RUS 203 Fa12
Lebedyn UA 202 Ed14
le Bégude-de Mazenc F 42 Jb51
Lebeña E 38 Da55
Lebeniškiai LT 114 Kc54
Lebeniškiai LT 114 Kd54
Lébény H 145 Gd52
Lebesby N 64 Jd05
Lebiedziew PL 131 Kc37
Lebiez F 23 Gc31
le Biot F 35 Ka45
Lebjaž'e RUS 99 Ma39
le Blanc F 29 Gb44
le Bleymard F 34 Hd51
le Bleymard-Mont-Lozère F 34 Hd51
Łebno PL 121 Ha30
Le Bodéo F 26 Eb38
le Bois F 35 Kb47
le Bois-d'Oingt F 34 Ja46
le Bolle I 155 Dc66
Leboreiro E 36 Bb55
le Boréon F 43 Kc52
Lębork PL 121 Gd29
le Bosquet-d'Orb F 41 Hb54
le Boulay F 28 Fa41
le Boulou F 41 Hb57
le Bourg F 33 Gd50
le Bourg-d'Oisans F 35 Jd49
le Bourget-du-Lac F 35 Jd47
le Bourgneuf-la-Forêt F 28 Fb39
le Bourg-Saint-Léonard F 22 Fd37
Lebrade D 118 Dc30
le Brassus CH 140 Ba55
le Breil-sur-Mérize F 28 Fd40
le Breuil F 29 Gb38
le Breuil F 34 Hc45
le Breuil-en-Auge F 22 Fd35
Lebrija E 59 Bd75
le Broc F 43 Kc53
le Bugue F 33 Ga50
le Buisson-de-Cadouin F 33 Ga50
Łebunia PL 121 Gd30
Lebus D 128 Fb37
Lebusa D 127 Ed39
le Busseau F 28 Fb44
le Caloy F 40 Fc53
le Camp-du-Castellet F 42 Jd55
le Cap d'Agde F 41 Hc55
le Castella I 165 Gd81
le Castellet F 42 Jd55
le Cateau-Cambrésis F 24 Hb32
le Catelet F 24 Hb33
le Caylar F 41 Hc53
Lecce I 163 Hc76
Lecco I 149 Cc58
Lece SRB 178 Bc70
le Cendre F 34 Hb47
Lécera E 48 Fb62
Lech A 142 Da54
l'Echalp F 35 Kc50
le Chambon-Feugerolles F 34 Ja48
le Chambon-sur-Lignon F 34 Ja49
le Champ-Saint-Père F 28 Fa44
le Charme F 30 Hb40
le Château-d'Oléron F 32 Fa47
le Châtelet F 29 Gd44
le Châtelet-en-Brie F 29 Ha38
le Châtenet-en-Dognon F 33 Gc46
Lechbruck D 142 Dc52
Léchelle F 24 Hb37
le Chesne F 24 Ja34
le Cheylard F 34 Ja50
Lechința RO 171 Db57
Lechlade GB 20 Ed27
Lechovice CZ 137 Gb48
Lechowo PL 122 Ja30
Léči LV 105 Jb50
Lecina E 48 Fd59
Leciñena E 48 Fb60
Leck D 108 Da28
Leckanvy IRL 8 Bb19
Leckaun IRL 8 Ca18
Leckava LT 113 Jc53
le Conquet F 26 Db38
le Corbier F 35 Ka48
le Coteau F 34 Hd46
le Creusot F 30 Ja43
le Croisic F 27 Eb42
Le Crotoy F 23 Gc32
Lectoure F 40 Ga53
Lecumberri E 39 Ec56
Łęczna PL 131 Kb39
Łęczyca PL 120 Fc33
Łęczyca PL 130 Hc38
Łęczyce PL 121 Gd29
Ledai LT 114 Kc56
Ledal N 77 Dc30
Ledaña E 53 Ec68
Ledbury GB 15 Ec26
Ledeč nad Sázavou CZ 136 Fd46
Ledenice CZ 136 Fc48
le Deschaux F 31 Jc43
le Désert F 35 Ka49
Ledesma E 45 Ca62
Lédignan F 41 Hd53
Leding S 80 Gd29
le Dixence CH 148 Bc57
Lēdmane LV 106 Kd51
Ledmore GB 4 Dd06
Lednice CZ 137 Gc49
Lednické Rovne SK 137 Hb48
Lednogóra PL 129 Gd36
le Donjon F 34 Hc45
le Dorat F 33 Gb45
le Douhet F 32 Fb47
Lędowo PL 121 Hb30
Ledrada E 45 Cb64
Lēdurga LV 106 Kc49
Lędyczek PL 121 Gc33
Lędziny PL 138 Hc44
Leebiku EST 106 La46
Leeds GB 16 Fa20
Leedstown GB 18 Da32
Leek GB 16 Ed22
Leek NL 117 Bd33
Leek Wooton GB 20 Fa25
Leenaun IRL 8 Bb20
Leende NL 125 Bb39
Leer D 117 Cb33
Leerdam NL 124 Ba37
Leersum NL 125 Bb37
Leese D 126 Da36
Leesi EST 98 Kc41
Leeuwarden NL 117 Bc33
Leevi EST 107 Lc46
Leezdorf D 117 Cb32
Leezen D 118 Dc31
le Faou F 26 Dc38
le Faouët F 27 Dd39
le Ferté-Villeneuil F 29 Gb40
Leffonds F 30 Jb39
Lefka CY 206 Ja97
Lefkáda GR 188 Ac83
Lefkára GR 183 Bc78
Lefkes GR 196 Db90
Lefki GR 184 Da77
Lefkimi GR 188 Ab81
Lefkímmi GR 185 Ea77
Lefkó GR 182 Ba77
Lefkógia GR 200 Cc96
Lefkóhora GR 194 Bc89
Lefkónas GR 184 Cc76
Lefkoniko CY 206 Jc96
Lefkopigí GR 183 Bb79
Lefkoşa = Lefkosia CY 206 Jb96
Lefkosia CY 206 Jb96
Léfktra GR 189 Ca85
le Fleix F 32 Fd50
le Folgoët F 26 Dc37
le-Fond-de-France F 35 Jd48
le Fossat F 40 Gc55
le Fousseret F 40 Gb55
le Frasnois F 31 Jd44
le Frêche F 40 Fc53
le Fret F 26 Db38
Leganés E 46 Dd65
Leganiel E 46 Ea65
Legau D 142 Da51
le Gault-Perche F 29 Ga39
Legazpi E 39 Eb56
Legbąd PL 121 Ha32
Legden D 125 Ca37
Legé F 28 Ed43
Lège F 32 Fa50
Legečiai LV 114 Kb55
Leginy PL 122 Jb30
Legionowo PL 130 Jb36
Legkovo RUS 202 Ed09
Léglise B 132 Ba44
Legnago I 149 Dc60
Legnano I 148 Cb59
Legnaro I 150 Ea60
Legnica PL 128 Ga41
Legnickie Pole PL 129 Gb41
Łęgoń PL 129 Gb39
Legorreta E 39 Ec56
le Gouray F 26 Eb38
Łęgowo PL 121 Hb30
Łęgowo PL 122 Hc32
Legrad HR 152 Gc57
le Grand-Bourg F 33 Gc46
le Grand- Lucé F 28 Fd40
le Grand-Madieu F 32 Fd46
le Grand-Piquey F 32 Fa50
le Grand-Pressigny F 29 Ga43
Le Grand-Quevilly F 23 Ga35
le Grand-Serre F 34 Jb48
le Grau-du-Roi F 42 Ja54
le Grotte I 161 Ga72
Léguevin F 40 Gb54
le Gurp F 32 Fa48
Legutiano E 39 Eb56
Łęguty PL 122 Hd32
Léh H 146 Jc50
Le Havre F 22 Fd35
Lehčevo BG 179 Cd68
Lehená GR 188 Ad86
Lehesten D 135 Ea43
Lehliu RO 176 Ec66
Lehliu-Gară RO 176 Ec66
Lehmäjoki FIN 81 Jb30
Lehmikumpu FIN 74 Jd20
Lehmja EST 98 Kb42
Lehmo FIN 83 Ld30
Lehnice SK 145 Gd51
Lehnin D 127 Ec37
Lehnitz D 119 Ed35
Lehnsdorf D 127 Ec38
le Houga F 40 Fc54
le Houlme F 23 Gb35
Le Hourdel F 23 Gb32
Lehoúri GR 188 Bb86
Lehrberg D 134 Db46
Lehre D 126 Dc37
Lehrte D 126 Db36
Lehtimäki FIN 81 Jd31
Lehtiniemi FIN 75 Kc19
Lehtiniemi FIN 91 Lc33
Lehtma EST 97 Jc44
Lehto FIN 75 La19
Lehtoi FIN 83 Ld30
Lehtola FIN 74 Kc18
Lehtomäki FIN 82 La29
Lehtomäki FIN 82 Ka31
Lehtomäki FIN 82 La27
Lehtovaara FIN 75 Lb22
Lehtovaara FIN 82 Kd29
Lehtovaara FIN 83 Lb27
Lehtovaara FIN 83 Lc29
Lehtovaara FIN 83 Ma29
Lehtse EST 98 Kd42
Leiblfing D 135 Eb49
Leibnitz A 144 Fd55
Leicester GB 16 Fa24
Leichlingen (Rheinland) D 125 Bd40
Leiden NL 116 Ad36
Leiderdorp NL 116 Ad36
Leie EST 98 La45
Leiferde D 126 Dc36
Leifers I 143 Dd56
Leigh GB 15 Ec21
Leighinbridge IRL 13 Cc23
Leigh Sinton GB 15 Ec26
Leighton-Buzzard GB 20 Fb27
Leignes-sur-Fontaine F 33 Ga45
Leignon B 124 Ad42
Leikanger N 76 Cb33
Leikanger N 84 Cc37
Leimbach D 126 Db42
Leimen D 133 Ca46
Leimen D 134 Cc46
Leina EST 106 Kb46
Leinach D 134 Da45
Leinburg D 135 Dd46
Leine N 76 Cb33
Leinefelde-Worbis D 126 Dc40
Leinelä FIN 90 Kb37
Leineperi FIN 89 Jb36
Leines N 70 Ed21
Leinfelden-Echterdingen D 134 Cd49
Leingarten D 134 Cd47
Leino FIN 75 La22
Leinolanlahti FIN 82 Kd30
Leinzell D 134 Da48
Leipalingis LT 123 Kc30
Leipämäki FIN 91 Lc32
Leipheim D 134 Db49
Leipivaara FIN 75 Kd24
Leipojärvi S 73 Hc18
Leippe-Torno D 128 Fb40
Leipsland N 92 Cd46
Leipzig D 127 Eb40
Leira N 70 Fa21
Leira N 71 Fb23
Leira N 77 Db30
Leira N 85 Dc38
Leiranger N 92 Ca42
Leirbakken N 78 Fa26
Leirbotn N 63 Hd07
Leiria P 44 Ac65
Leirmoen N 71 Fc19
Leiro E 36 Ba57
Leirosa P 44 Ab64
Leirpollskogen N 65 Kb05
Leirskogen N 85 Dd38
Leirsund N 93 Ea41
Leirvåg N 84 Ca37
Leirvik N 63 Hc07
Leirvik N 67 Gb13
Leirvik N 92 Ca41
Leirvik DK 3 Ca06
Leirvika N 70 Fa21
Leirvika N 78 Ec26
Leirviklandet N 77 Dc30
Leisi EST 97 Jc45
Leisnig D 127 Ec41
Leiston GB 21 Gb26
Leisu EST 97 Jc45
Leitariegos E 37 Ca55
Leiten A 143 Ea53
Leitír Ceanainn IRL 9 Cb16
Leitir Meallain IRL 12 Bb21
Leitrim IRL 8 Ca19
Leitza E 39 Ec56
Leitzersdorf A 145 Gb50
Leitzkau D 127 Eb38
Leiva E 38 Ea58
Leivadia CY 206 Jc97
Leiviskänranta FIN 82 Kb25
Leivonmäki FIN 90 Kc34
Leivset N 64 Jb06
Leivset N 66 Fd17
Leixlip IRL 13 Cd21
Lejasciems LV 107 Lb49
Lejçan AL 182 Ad74
Lejkowo PL 121 Gb30
Lejkowo PL 122 Jb33
Lejre DK 109 Eb26
Lejthizë AL 159 Jc70
Lejthizë AL 178 Ad72
Léka GR 197 Eb88
Lekangsund N 67 Gb11
Lekáni GR 184 Da76
Lekaryd S 103 Fc51
Lekåsa S 102 Ed47
Łękawa PL 130 Hd40
Łękawica PL 138 Hd45
Lek-Bibaj AL 159 Jc70
Leke B 21 Ha29
Lekėčiai LV 114 Kb57
Lekeitio E 39 Eb55
Lekenik HR 152 Gb59
Lekeryd S 103 Fb49
Łęki Dukielskie PL 139 Jd45
Łęki Górne PL 138 Jc44
Łękińsko PL 130 Hd40
Lekkerkerk NL 124 Ad37
Leknes N 66 Fb14
Leknes N 70 Ec24
Leknes N 76 Cc33
Łęknica PL 128 Fc40
Łękno PL 121 Gd35
Leksa N 77 Dd29
Leksand S 95 Fc39
Leksberg S 102 Fa46
Leksdalen N 78 Ec28
Leksvik N 78 Ea29
Lekvattnet S 94 Ed41
le Lac-d'Issarlès F 34 Hd50
Leland N 70 Fa21
le Landreau F 28 Fa42
le Lardin-Saint-Lazere F 33 Gb49
le Lauzet-Ubaye F 42 Ka51
le Lavandou F 43 Kb55
Lel'čycy BY 202 Eb14
Leleasca RO 175 Db65
Lelenai LT 113 Jc55
Leles SK 139 Ka49
Lelese RO 175 Cc61
Leleşti RO 175 Cc63
l'Eliana E 54 Fb67
Lelice PL 122 Hd35
le Liège F 29 Gb42
le Lion-d'Angers F 28 Fb41
Lelis PL 122 Jc33
Leliūnai LT 114 La55
Leliūnai LT 114 La55
Lelkowo PL 122 Hd30
Lellainen FIN 89 Jb38
Lelle EST 98 Kc44
Le Locle CH 141 Bb53
le Logis-de-Nans F 42 Jd54
le Loroux F 28 Fa38
le Loroux-Bottereau F 28 Fa42
le Louroux-Béconnais F 28 Fb41
Lelów PL 130 Hd42
le Luc F 42 Ka54
le Lude F 28 Fd41
le Luthier F 31 Ka42
Lelystad NL 116 Bb35
Lem DK 100 Da22
Lem DK 108 Cd24
le Malzieu-Ville F 34 Hc50
Leman PL 122 Jc32
Le Mans F 28 Fd40
le Markstein F 31 Kb39
le Mas F 43 Kc53
le Mas-d'Agenais F 32 Fd51
le Mas-d'Azil F 40 Gc56
le Massegros F 41 Hb52
le Mayet-de-Montagne F 34 Hc46
Lembach F 25 Kc35
Lembeck D 125 Bd38
Lemberg D 133 Ca47
Lemberg F 25 Kb35
Lembeye F 40 Fc55
Lembruch D 117 Cc36
Lemele NL 117 Bd35
Lemelerveld NL 117 Bc35
le Mêle-sur-Sarthe F 28 Fd38
le Ménil F 31 Jd39
le Merlerault F 22 Fd37
Lemešany SK 139 Jd48
Lemesjö S 80 Ha29
Le Mesnil-Vigot F 22 Fa36
Lemesos CY 206 Ja98
le Meux F 23 Ha35
Lemförde D 117 Cc36
Lemgo D 126 Cd37
Lemgow D 119 Ea35
Lemi FIN 91 Lb36
Lemie I 148 Bc59
Lemierzyce PL 128 Fc36
Lemlahti FIN 89 Ja36
Lemland FIN 96 Hc41
Lemmenjoki FIN 69 Jd11
Lemmer NL 117 Bc34
Lemmikküla EST 98 Ka44
Lemnhult S 103 Fd50
Lemnia RO 176 Eb61
le Molay-Littry F 22 Fb35
le Monastier-sur-Gazeille F 34 Hd49
le Monêtier-les-Bains F 35 Kb49
le Mont F 30 Jb40
le Montat F 40 Gc52
le Mont-Dore F 33 Ha47
le Montet F 34 Hb45
Lemós GR 182 Ba76
le Mouret CH 141 Bc54
le Moutchic F 32 Fa49
Lemovza RUS 99 Ma42
Lempää FIN 90 Kc34
Lempäälä FIN 89 Jd36
Lempdes F 34 Hb47
Lempdes F 34 Hb48
Lempiälä FIN 91 Lc36
Lempyy FIN 82 Kd31
Lemreway GB 4 Da06
Lemsi EST 106 Kb47
Lemu FIN 97 Jb39
le Muret F 32 Fb51
le Muy F 43 Kb54
Lemvig DK 100 Cd22
Lemwerder D 118 Cd34
Lemybrien IRL 13 Cb25
Lēna LV 105 Jc52
Lena N 85 Ea39
Lena S 102 Ec48
Lenart v. Slovenske gorice SLO 144 Ga56
Lenarty PL 123 Ka30
Lėnas LT 114 Kd55
Lencăuți MD 173 Fb53
Lences E 38 Dd57
Lenči LV 106 Kd49
Lencloître F 28 Fd44
l'Enclus F 35 Jd50
Lencouacq F 40 Fc52
Lend A 143 Ec54
Lendak SK 138 Jb47
Léndas GR 200 Da97
Lendava SLO 145 Gb56
Lendinara I 150 Dd61
Lendínez E 60 Da73
Lendum DK 101 Dd20
Lendži LV 107 Ld51
Lenes N 77 Dc30
Le Neubourg F 23 Ga36
Lengdorf D 143 Ea50
Lengede D 126 Dc37
Lengefeld D 127 Ed42
Lengenes N 67 Gb14
Lengenfeld D 126 Db40
Lengenfeld D 135 Eb43
Lengenwang D 142 Db52
Lengerich D 117 Cb35
Lengerich D 125 Cb37
Lenggries D 143 Dd52
Lengronne F 22 Fa36
Lengyeltóti H 145 Ha56
Lenham GB 21 Ga29
Lenhovda S 103 Fd51
Lenina BY 202 Ec13
Lenine UA 205 Fb17
Leningrad = Sankt-Peterburg RUS 99 Mb39
Leninogorsk RUS 203 Ga09
Leninsk RUS 203 Ga13
Leninskij RUS 203 Fa11
Leninskoje RUS 113 Jc57
Lenk CH 141 Bd56
Lenkimai LT 113 Jb53
Lenkivci UA 204 Eb15
Lenkovo BG 180 Db69
Lennartsfors S 94 Ec43
Lenne D 126 Da38
Lennestadt D 125 Cb40
Lenningen D 134 Cd49
Leno I 149 Da60
Lenola I 160 Ed73
Lenora CZ 136 Fa48
le Nouvion-en-Thiérache F 24 Hc33
Lenovac SRB 179 Ca67
Lenovo BG 184 Dc74
Lens F 23 Ha31
Lensahn D 119 Dd30
Lensvik N 77 Dd29
Lent F 34 Jb45
Lentate sul Seveso I 149 Cc58
Lentellais E 36 Bc57
Lent'evo RUS 202 Ed08
Lentföhrden D 118 Db31
Lenti H 145 Gc56
Lentiai I 150 Ea57
Lentiira FIN 83 Lc25
Lentina I 166 Eb84
Lenting D 135 Dd48
Lentini I 167 Fc86
Lentuankoski FIN 83 Lc25
Lentvaris LT 114 La58
Lenungen S 94 Ec43
Lenungshammar S 94 Ec43
Lenz CH 142 Cd55
Lenzburg CH 141 Ca53
Lenzen D 119 Ea34
Lenzerheide CH 142 Cd55
Lenzkirch D 141 Ca51
Leoben A 144 Fc53
Leoberghe F 21 Gd30
Leobersdorf A 145 Gb52
Leodári GR 194 Bb88
Leofreni I 156 Ec70
Leogang A 143 Ec53
Léognan F 32 Fb50
Leominster GB 15 Eb25
Léon F 39 Fa53
León E 37 Cc57
Leonarisso CY 206 Jd95
Leonberg D 134 Cc48
Leonberg D 135 Eb45
Leoncin PL 130 Ja36
Leonding A 144 Fb50
Leonessa I 156 Ec69
Leonforte I 167 Fb85
Leonídio GR 195 Bd89
Leonstein A 144 Fb52
Leontári GR 189 Bc82
Leopoldov SK 145 Ha50
Leopoldsburg B 124 Ba39
Leopoldschlag Markt A 136 Fb49
Leopoldsdorf im Marchfelde A 145 Gc51
Leopoldshafen D 133 Cb47
Leopoldshagen D 120 Fa32
Leopoldshöhe D 126 Cd37
Leorda RO 172 Ec55
Leordeni RO 176 Dd65
Leordina RO 171 Db55
Léouvé F 43 Kc52
Leova MD 177 Fc60
Leoz E 39 Ed57
Lepaa FIN 90 Ka37
le Pailly F 30 Jb40
le Palais F 27 Ea42
le Parcq F 23 Gd32
Lepassaare EST 107 Lc47
Lépaud F 33 Ha45
le Pavillon-Sainte-Julie F 30 Hc38
Lepe E 59 Bb74
le Péage-de-Roussillon F 34 Jb48
Lepel' BY 202 Eb12
le Pellerin F 28 Ed42
Lepenoú GR 188 Ba83
le Perray-en-Yvelines F 23 Gc37
le Perthus F 41 Hb58
le Pertuis F 34 Hd49
Łępice PL 122 Jb35
l'Épine F 24 Hd36
l'Épine F 27 Ec43
le Pin-en-Mauges F 28 Fb42
le Pin-la-Garenne F 29 Ga38
Lepistö FIN 69 Kd16
Lepistönmäki FIN 81 Jc29
le Planay F 35 Kb46
le Planay F 35 Kb48
le Plessis-Belleville F 23 Ha36
Le Plessis-Grimoult F 22 Fb36
le Plot F 35 Ka46
Lepno PL 122 Hc31
le Poët F 42 Jd51
Lepoglava HR 152 Gb57
le Poinçonnet F 29 Gc44
le Poiré-sur-Vie F 28 Ed44
Lepola FIN 74 Ka18
le Pompidou F 41 Hc52
le Pont CH 140 Ba55
le Pont-Béranger F 28 Ed42
le Pont-d'Agris F 32 Fd47
le Pont-de-Beauvoisin F 35 Jd47
le Pont-de-Claix F 35 Jd49
le Pont-de-Montvert F 34 Hd51
le Pontet F 32 Fb49
Lepooskangas FIN 90 Kc35
le Porge F 32 Fa50
le-Porge-Océan F 32 Fa50
le Portel F 23 Gb31
Leposavić KSV 178 Ba69
le Pouldu F 27 Dd40
le Pouliguen F 27 Eb42
Lépoura GR 189 Cc85
le Pouzin F 34 Jb50
Leppäjärvi FIN 68 Ja13
Leppäkorpi FIN 97 Jd39
Leppäkoski FIN 89 Jc37
Leppäkoski FIN 90 Ka35
Leppäkoski FIN 90 Kc34
Leppälä FIN 75 Kd22
Leppälä FIN 91 Lc36
Leppälahti FIN 82 Kd29
Leppälahti FIN 82 Ka28
Leppälahti FIN 83 Lc31
Leppälänkylä FIN 81 Jc31
Leppämäki FIN 82 La31
Leppäniemi FIN 83 Ld31
Leppäselkä FIN 82 Kc30
Leppävesi FIN 90 Kb32
Leppävirta FIN 82 La31
Leppiniemi FIN 74 Kb24
Leppneeme EST 98 Kb42
le Pradet F 42 Ka55
Lepşa RO 176 Ec61
Lepsala FIN 90 Kc35
Lepsämä FIN 98 Kb39
Lepste LV 106 Ka49
Leptokariá GR 183 Bd79
Leptokariá GR 185 Ea77
le Puy-en-Velay F 34 Hd49
le Puy-Notre-Dame F 28 Fc42
le Puy-Saint-Reparade F 42 Jc53
le Quesnel F 23 Ha33
le Quesnoy F 24 Hb32
Lequile I 163 Hc76
le Quilho F 27 Eb39
Ler N 77 Ea30
Lera MK 182 Ba76

Looe – Luzaga

Looe GB 18 Dc31
Loon op Zand NL 124 Ba38
Loon-Plage F 21 Gd30
Lõõpõllu EST 105 Jc47
Loos F 23 Ha31
Loosdorf A 144 Fd51
Loosdrecht NL 116 Ba36
Loose D 108 Db29
Lopadea Nouă RO 171 Da59
Lopar HR 151 Fc62
Lopare BIH 153 Hd62
Lopătari RO 176 Ec63
Lopatica MK 183 Bb75
Lopatino RUS 107 Ma47
Lopatino RUS 203 Fd11
Łopatki PL 122 Hc33
Lopatnic MD 172 Ed54
Lopatovo RUS 107 Ma46
Lopcombe Corner GB 20 Ed29
Lõpe EST 98 Ka45
Lopera E 52 Da72
Łopiennik PL 131 Kc40
Loppa N 63 Hb07
Loppersum NL 117 Ca33
Loppi FIN 90 Ka38
Loppula FIN 74 Ka23
Lopud HR 158 Hb69
Lopuhinka RUS 99 Ma40
Łopuszna PL 138 Ja46
Łopuszno PL 130 Ja41
Loqueffret F 26 Dd38
Lora de Estepa E 60 Cc74
Lora del Río E 59 Cb73
Loranca de Tajuña E 46 Dd64
Lorbé E 36 Ba54
Lörby S 111 Fc54
Lorca E 61 Ec73
Lorch D 133 Ca44
Lorch D 134 Da48
Lorcha E 55 Fc70
Lordolo P 44 Ad61
Lordosa P 44 Ba62
Lørenfallet N 94 Eb41
Lorentzer F 25 Kb36
Lorenzago di Cadore I 143 Eb56
Lorenzana E 37 Cc57
Lorenzana I 155 Da66
Loreo I 150 Ea61
Loreto I 156 Ed66
Loreto Aprutino I 157 Fa70
Lórév H 146 Hc54
Lorgues F 43 Kb54
Lorguichon F 22 Fc36
Lorica I 164 Gc80
Lorient F 27 Ea40
Loriga P 44 Ba64
Loriguilla E 54 Fa67
Lőrinci H 146 Ja52
Loriol-sur-Drôme F 34 Jb50
Lormaison F 23 Gd35
Lormes F 30 Hc42
Loro Ciuffenna I 156 Dd66
Lorquí E 55 Ed72
Lörrach D 141 Bd52
Lorrez-le-Bocage F 29 Ha39
Lorris F 29 Ha40
Lorsch D 134 Cc45
Lørslev DK 100 Dc20
Lorton GB 11 Eb17
Lorup D 117 Cb34
l'Orxa E 55 Fc70
Lörzweiler D 133 Cb44
Loś PL 130 Jb38
Los S 87 Fd35
Losa del Obispo E 54 Fa67
Los Alares E 52 Cd67
Los Alazdres E 60 Da75
Los Alcázares E 55 Fa73
Los Algarbes E 60 Cc73
Los Arcos E 39 Eb57
Losar de la Vera E 45 Cb65
Los Arejos E 61 Ec74
Los Arenales E 59 Cb74
Los Ausines E 38 Dc58
Los Badalejos E 59 Ca77
Los Barrios E 59 Ca78
Los Barrios de Luna E 37 Cb56
Los Bayos E 37 Cb56
Los Belmontes E 53 Eb71
Los Belones E 55 Fb74
Los Blázquez E 51 Cb70
Los Caños E 59 Bd77
Los Castaños E 61 Eb75
Los Centenaros E 61 Ea72
Los Cerezos E 54 Fa66
Los Cerralbos E 52 Da66
Los Clementes E 61 Dd76
Los Corrales E 60 Cc75
Los Corrales de Buelna E 38 Db55
Los Cortijos de Arriba E 52 Db68
Loscos E 47 Fa62
Los Dolores E 55 Fa73
Losenstein A 144 Fb52
Los Escoriales E 52 Db71
Los Estrechos E 61 Ec74
Løsetdalen N 86 Ec36
Łosewo PL 123 Jd33
Los Gallardos E 61 Ec75
Los Guadalperales E 51 Cb68
Los Guiraos E 61 Eb74
Losheim am See D 133 Bc45
Los Hinojoso E 53 Ea67
Losi RUS 107 Ma49
Łosice PL 131 Kb36
Losicy RUS 99 Ma44
Losilla E 54 Fa66
Łosinka PL 123 Kc34
Łosino PL 121 Gc30
Los Isidros E 54 Ed68
Los Jinetes E 59 Ca73
Loskeran IRL 13 Ca25
Loškovicy RUS 99 Ma40
Los Lobos E 61 Ec74
Los Maldonados E 55 Ed73
Los Molares E 59 Ca74
Los Molinos E 46 Db63
Los Monteros E 60 Cc77
Los Montesinos E 55 Fb72
Los Morones E 60 Dc76
Los Navalmorales E 52 Cd66
Los Navalucillos E 52 Cd67
Los Nietos E 55 Fb73
Løsning DK 108 Db25
Los Noguerones E 60 Da73
Los Ojuelos E 59 Cb74
Losomäki FIN 83 Lb29
Losovaara FIN 75 Kd23
Los Palacios y Villafranca E 59 Ca74
Los Pastores E 59 Cb78
l'Ospedale F 154 Cb72
Los Pedrones E 54 Fa68
Los Piedros E 60 Cd74
Los Pozuelos de Calatrava E 52 Da69
Los Rábanos E 47 Eb60
Los Rosales E 59 Ca73
Los Ruices E 54 Ed67
Lossa D 127 Ea40
Los Santos E 45 Cb63
Los Santos de Malmona E 51 Bd70
Loßburg D 133 Cb49
Losse F 40 Fc52
Losser NL 117 Ca36
Losset IRL 9 Cb15
Lossiemouth GB 5 Eb07
Los Silos E 59 Bc72
Lößnitz D 135 Ec43
Los Tablones E 60 Dc76
Lostallo CH 142 Cc56
Loštice CZ 137 Gc45
Los Tonosas E 61 Eb74
Los Tuelas E 55 Ed73
Lostwithiel GB 18 Dc31
Los Villaesteres E 45 Cc60
Los Villares E 60 Db73
Los Villares E 60 Da74
Los Yébenes E 52 Db67
Los Yesos E 61 Eb75
Löt S 96 Gc43
Löt S 103 Gb51
Lote N 84 Cc34
Løten N 86 Eb38
Lothmore GB 5 Eb06
Lotlax FIN 81 Ja30
Lotorp S 95 Ga45
Lotošino RUS 202 Ed10
Lotovicy RUS 107 Mb50
Lotte D 117 Cb36
Lottefors S 87 Ga36
Löttorp S 104 Gc51
Lottum NL 125 Bc39
Lotyń PL 121 Gc33
Lotzorai I 169 Cc77
Louans F 29 Ga42
Louargat F 26 Ea38
Loubillé F 32 Fc46
Loučeň CZ 136 Fc44
Louchats F 32 Fb51
Loučka CZ 137 Ha46
Loučná Hora CZ 136 Fd44
Loučná nad Desnou CZ 137 Gc44
Loudéac F 27 Eb39
Loudun F 28 Fd43
Loué F 28 Fc40
Loue FIN 74 Jd20
Louejärvi FIN 74 Jd19
Louejoki FIN 74 Jd19
Loughanavally IRL 9 Cb20
Loughborough GB 16 Fa24
Lougher IRL 12 Ba24
Loughglinn IRL 8 Bd19
Lough Gowna IRL 9 Cb19
Loughlinstown IRL 13 Cd22
Loughmoe IRL 13 Ca23
Loughrea IRL 12 Bd21
Loughton GB 20 Fd27
Lougratte F 33 Ga51
Loúha GR 188 Ac86
Louhans F 30 Jb44
Louhioja FIN 83 Ld29
Louhivaara FIN 83 Ma28
Louisburgh IRL 8 Bb19
Loukás GR 194 Bc87
Loukee FIN 90 La38
Loukinainen FIN 97 Jb39
Loukíssia GR 189 Cb85
Loukkojärvi FIN 74 Ka23
Loukunvaara FIN 91 Ma32
Loukusa FIN 75 Kd21
Loulans F 31 Jd41
Loulay F 32 Fb46
Loulé P 58 Ac74
Lõunaküla EST 98 Kb42
Lounovice CZ 136 Fc46
Louny CZ 136 Fa43
Lourdes F 40 Fc56
Louredo P 44 Ad61
Loures P 50 Aa68
Louriçal P 44 Ac64
Lourinhã P 50 Aa67
Lourmarin F 42 Jc53
Louro E 36 Ac55
Louro P 44 Ad60
Loúros GR 188 Ad82
Lourosa P 44 Ad61
Loury F 29 Gd39
Lousã P 44 Ad64
Lousa P 45 Bc61
Lousada E 36 Bb55
Lousada P 44 Ad60
Louth GB 17 Fd22
Louth IRL 9 Cd19
Loutrá GR 184 Cc76
Loutrá GR 184 Cc80
Loutrá GR 191 Ea84
Loutrá GR 194 Bb87
Loutrá GR 195 Cd88
Loutrá Edipsoú GR 189 Ca83
Loutrá Eleftherón GR 184 Cd78
Loutrá Ipátis GR 189 Bc83
Loutráki GR 183 Bc76
Loutráki GR 188 Ad83
Loutráki GR 189 Ca86
Loutra Kilinis GR 188 Ad86
Loutrá Smokóvou GR 189 Bc82
Loutrá Thermopilón GR 189 Bd83
Loutró GR 183 Bd78
Loutró GR 200 Cb95
Loutropigí GR 189 Bc82
Loutrópoli Thermís GR 191 Ea83
Loutrós GR 185 Ea78
Loútsa GR 188 Ac81
Loútsa GR 195 Cc87
Louvankylä FIN 89 Ja33
Louverné F 28 Fb39
Louvie-Juzon F 40 Fc56
Louviers F 23 Gb36
Louvigné-de-Bais F 28 Fa39
Louvigné-du-Desert F 28 Fa38
Louvois F 24 Hd36
Louvroil F 24 Hc32
Louze F 30 Ja38
Lovagny F 35 Jd46
Lövånger S 81 Hd26
Lovas HR 153 Hd60
Lövås S 80 Gd27
Lovasberény H 146 Hc53
Lövåsen S 79 Ga30
Lovászhetény H 153 Hc57
Lovászi H 145 Gc56
Lovászpatona H 145 Ha53
Lövberg S 71 Fc24
Lövberga S 79 Fd28
Lövberget S 95 Fc40
Lovćenac SRB 153 Ja59
Lovčić HR 152 Ha60
Loveč BG 180 Db70
Lovec BG 180 Dd73
Lovečkovice CZ 136 Fb43
Løvel DK 100 Db22
Lovelhe P 36 Ad58
Lovere I 149 Da58
Lövestad S 110 Fa56
Loviisa FIN 90 Kd38
Lovik N 66 Fd12
Løvik N 76 Cd31
Lovikka S 68 Hd16
Lovinac HR 151 Ga64
Lovinobaňa SK 146 Ja50
Lovisa FIN 90 Kd38
Lovište HR 158 Gd68
Lövliden S 79 Ga26
Lövnäs S 72 Gc20
Lövnäs S 79 Ga25
Lövnäs S 80 Gc27
Lövnäs S 86 Fa37
Lövnäsvallen S 86 Fa35
Lovni Dol BG 180 Dc71
Lövő H 145 Gc53
Lovoleto I 150 Dd62
Lovosice CZ 136 Fa43
Lovran HR 151 Fb60
Lovreč HR 151 Fa61
Lovreć HR 158 Gd66
Lovrenc na Pohorju SLO 144 Fd56
Lovrin RO 174 Bc60
Lövsjö S 79 Fd25
Lövsjön S 95 Fc40
Løvskal DK 100 Dc23
Lövstabruk S 96 Gd40
Lövstalöt S 96 Gc41
Lövstrand S 79 Ga27
Lovund N 70 Ed20
Lövvik S 79 Ga27
Łówcza PL 139 Kc43
Löwenberg D 119 Ed35
Löwenberger Land D 119 Ed35
Lower Beeding GB 20 Fc29
Lower Boddington GB 20 Fa26
Lower Cam GB 19 Ec27
Lower Diabaig GB 4 Dd07
Lower Killeyan GB 9 Da14
Lowestoft GB 21 Gc25
Lowgill GB 11 Ec19
Łowicz PL 130 Hd37
Łowicz Wałecki PL 120 Ga33
Low Row GB 11 Ec16
Łowyń PL 128 Ga36
Loxstedt D 118 Cd33
Loyers GB 7 Dd08
Loyettes F 35 Jc46
Löytänä FIN 82 Kb29
Löytö FIN 90 La34
Löytökylä FIN 74 Kb23
Löytölä FIN 83 Lb25
Löytövaara FIN 75 Kd20
Löytty FIN 90 Kd37
Löyttymäki FIN 90 Kb37
Lož SLO 151 Fb59
Lozarevo BG 181 Ec72
Lozari F 154 Cb68
Lozen B 125 Bb39
Lozen BG 179 Cc71
Lozenec BG 181 Ec72
Lozenec BG 181 Fa68
Lozhan AL 182 Ad77
Lozica BG 180 Dc69
Łozina PL 129 Gc40
Lozna RO 171 Da56
Lozna SRB 178 Bb67
Loznica BG 180 Eb70
Loznica BG 181 Fa68
Łożnica PL 120 Fc32
Loznica SRB 153 Ja62
Łoznik PL 122 Ja30
Lozorno SK 145 Gc50
Lozova MD 173 Fc57
Lozova UA 205 Fa15
Lozovac HR 157 Ga65
Lozovik SRB 174 Bc65
Lozovik SRB 174 Bc66
Lozoya E 46 Dc62
Lozoyuela E 46 Dc63
Lozzo di Cadore I 143 Eb56
Luaces E 36 Bc55
Luanco (Gozon) E 37 Cc53
Luaras AL 182 Ad78
Luarca E 37 Ca54
Lubaczów PL 139 Kc43
Lubań PL 128 Fd41
Lubāna LV 107 Lb50
Lubanie PL 121 Hb35
Lubanowo PL 120 Fc34
Lubars D 127 Eb37
Lubartów PL 131 Kb39
Lubasz PL 121 Gb35
Lubatowa PL 139 Ka45
Lubawa PL 122 Hd33
Lubawka PL 128 Ga42
Lübbecke D 126 Cd36
Lübben/Spreewald D 128 Fa38
Lübbenau/Spreewald D 128 Fa38
Lübbow D 119 Dd35
Lubcroy GB 4 Dd06
Lubczyna PL 120 Fc33
Lübeck D 119 Dd32
Lubenec CZ 135 Ed44
Lubenia PL 139 Ka44
Lubersac F 33 Gb48
Lubes LV 105 Jd49
Lubián E 37 Bd58
Łubianka PL 120 Fd35
Łubianka PL 121 Hb34
Lubiatów PL 128 Fd38
Lubiatowo PL 120 Fc34
Lubiaż PL 129 Gb40
Lubichowo PL 121 Ha32
Lubicz PL 121 Hb34
Lubiec PL 130 Jb37
Lubień PL 128 Fc37
Lubień PL 138 Ja45
Lubień Kujawski PL 130 Hc36
Lubieszewo PL 120 Ga33
Lubiewo PL 121 Ha33
Lubiewo Zalesie PL 120 Fb32
Lubimec RUS 99 Lc43
Lubin PL 120 Fb32
Lubin PL 129 Gb40
Lubiń PL 129 Gc38
Lubiń PL 129 Ha36
Łubin-Kościelny PL 123 Kb35
Lubiny PL 129 Ha38
Lubjaniki RUS 203 Fb10
Lubla PL 139 Jd45
Lublewo Gdańskie PL 121 Ha30
Lublin PL 131 Kb40
Lubliniec PL 129 Hb42
Lubliniec PL 139 Kc43
Lubmin D 120 Fa31
Lubnia PL 121 Gd31
Łubniany PL 129 Ha42
Łubnice PL 129 Ha41
Łubnice PL 138 Jc43
Lubniewice PL 128 Fd36
Lubno PL 120 Fc35
Lubno PL 121 Gb33
Łubno PL 121 Gc31
Łubno PL 130 Hc37
Lubny UA 202 Ed14
L'ubochňa SK 138 Hd47
Lubochnia PL 130 Ja39
Lubomierz PL 128 Fd41
Lubomierz PL 138 Ja45
Lubomino PL 122 Ja31
Luboń PL 129 Gc37
Luboradz PL 129 Gb41
Luborzyca PL 138 Ja44
Lubostroń PL 121 Ha35
Lubosz PL 128 Ga36
L'ubotín SK 138 Jc47
Lubotyń PL 129 Hb36
Lubowidz PL 122 Hd34
Łubowo PL 121 Gb33
Łubowo PL 129 Gd36
Lubraniec PL 129 Hb36
Lubrín E 61 Eb75
Lubrza PL 128 Fd37
Lubrza PL 137 Gd43
Lubsko PL 128 Fc39
Lübstorf D 119 Ea32
Lubstów PL 129 Hb37
Lubsza PL 129 Gd41
Lübtheen D 119 Dd33
Lubuczewo PL 121 Gc29
Luby CZ 135 Eb44
Łuby PL 121 Hb32
Lubycza Królewska PL 131 Kd42
Lübz D 119 Eb33
Lubzina PL 139 Jd44
Luc F 34 Hd50
Luc F 41 Ha52
Luca Cernii de Jos RO 174 Cb61
Lucainena de las Torres E 61 Eb75
Lucan IRL 13 Cd21
Lucaph MD 177 Fc61
Lúcar E 61 Ea74
Lucareț RO 174 Bd60
Lučatin SK 138 Hd48
Luçay-le-Malle F 29 Gb42
Lucca I 155 Da65
Lucena E 60 Cd74
Lucena del Puerto E 59 Bc74
Lucenay-le-Duc F 30 Ja41
Luc-en-Diois F 35 Jc50
Lučenec SK 146 Ja50
Luceni E 47 Fa60
Lucens CH 141 Bb55
Lucenza E 36 Bb58
Luče ob Savinji SLO 151 Fc57
Lucera I 161 Fd73
Lucéram F 43 Kd52
Lucey F 35 Jd46
Luché-Pringé F 28 Fd41
Lucheux F 23 Gd32
Lüchow D 119 Dd35
Luchów PL 139 Kb43
Luchy F 23 Gd34
Luciana E 52 Da69
Lučica SRB 174 Bc64
Lucień PL 130 Hd36
Lucieni RO 176 Dd65
Lucignano I 156 Dd67
Lucignano d' Arbia I 155 Dc67
Lucillos E 52 Cd66
Lučine SLO 151 Fb58
Lucito I 161 Fc72
Luciu RO 176 Ed64
Luciu RO 177 Fa65
Luc'k UA 204 Ea15
Lucka D 127 Eb41
Luckau D 128 Fa38
Luckenbach D 125 Cb42
Luckenwalde D 127 Ed38
Lucker GB 11 Fa14
Lucksta S 87 Gb34
Lückstedt D 119 Ea35
Lúčky SK 138 Hd47
Lucmau F 40 Fc52
Luco dei Marsi I 160 Ed71
Luçon F 32 Fa45
Luc-sur-Mer F 22 Fc35
Ludanice SK 137 Hb49
Ludborough GB 17 Fc21
Ludbreg HR 152 Gc57
Lüdelsen D 119 Dd35
Lüdenhausen D 126 Cd37
Lüdenscheid D 125 Ca40
Lüder D 118 Dc35
Lüderitz D 127 Ea36
Lüderode, Weißenborn- D 126 Dc39
Lüdersdorf D 119 Dd32
Ludești RO 176 Db64
Ludford GB 17 Fc22
Ludgershall GB 20 Ed29
Ludgershall GB 20 Fb27
Ludgo S 96 Gc45
Ludiente E 54 Fc66
Lüdinghausen D 125 Ca38
Ludlow GB 15 Eb25
Ludogorci BG 181 Ec69
Ludomy PL 121 Gc35
Ludoș RO 175 Da61
Luduș RO 171 Db59
Ludvigsborg S 110 Fa55
Ludvika S 95 Fd41
Ludwigsburg D 134 Cd48
Ludwigsfelde D 127 Ed37
Ludwigshafen D 142 Cc51
Ludwigshafen a. Rh. D 133 Cb46
Ludwigslust D 119 Ea33
Ludwigsstadt D 135 Dd43
Ludwigswinkel D 133 Ca47
Ludwin PL 131 Kb39
Ludza LV 107 Ld51
Lüe F 39 Fa52
Luesia E 39 Fa58
Luesma E 47 Fa62
Lueta RO 176 Ea60
Lug BIH 159 Hc68
Lug HR 153 Hc59
Lug RUS 107 Mb46
Luga RUS 99 Mb43
Luga RUS 202 Ea09
Lugagnano Val d'Arda I 149 Cd61
Lugán E 37 Cc56
Lugano CH 149 Cc57
Lugasu de Jos RO 170 Cb57
Lugaži LV 106 La47
Lügde D 126 Da38
Lüge D 119 Ea35
Lugendorf A 144 Fd50
Ługi PL 122 Hd34
Luglon F 39 Fb53
Lugnano in Teverina I 156 Ea69
Lugnås S 102 Fa46
Lugnvik S 80 Gc31
Lugny F 30 Jb44
Lugo E 36 Bb55
Lugo I 149 Db63
Lugo I 150 Ea63
Lugo de Llanera E 37 Cc54
Lugoj RO 174 Ca61
Lugomerci SRB 153 Hd59
Lugones E 37 Cb54
Lugovoe RUS 113 Ja59
Lugovskoe RUS 99 Ma42
Lugros E 60 Dc75
Lugton GB 10 Dd13
Luh RUS 203 Fb09
Luhačovice CZ 137 Ha47
Luhalahti FIN 89 Jc35
Luhamaa EST 107 Lc47
Luhanka FIN 90 Kc34
Luhans'k UA 203 Fb14
Luhe-Wildenau D 135 Eb46
Lühmannsdorf D 120 Fa31
Luhovicy RUS 203 Fa10
Luhtaanmaa FIN 90 Kc36
Luhtanen FIN 90 Kd35
Luhtapohja FIN 83 Ma30
Luhtikylä FIN 90 Kc37
Luib GB 4 Db08
Luica RO 181 Ec67
Luidja EST 97 Jc44
Luige EST 98 Kb42
Luigny F 29 Gb39
Luik = Liège B 124 Ba41
Luikonlahti FIN 83 Lb30
Luimneach IRL 12 Bd23
Luino I 148 Cb57
Luintra (Nogueira de Ramuín) E 36 Bb57
Luiro FIN 69 Kb16
Luisant F 29 Gb38
Luisenthal D 126 Dc42
Luizi Călugăra RO 172 Ed59
Lújar E 60 Dc76
Luka BIH 158 Hb66
Luka HR 157 Fd65
Luka SRB 174 Ca66
Lukač HR 152 Gd58
Luka nad Jihlavou CZ 136 Ga47
Lukanja SLO 144 Fd56
Luka Pokupska HR 151 Ga59
Lukare SRB 178 Ba69
Lukaši RUS 99 Mb40
Lukavac BIH 153 Hc62
Lukavci SLO 145 Gb56
Lukavec CZ 136 Fc46
Łukawiec PL 139 Kc43
Luke MK 179 Ca72
Lukeswell IRL 13 Cb24
Lukićevo SRB 153 Jc60
Lukićevo SRB 174 Bb62
Lukinić Brdo HR 151 Ga59
Lukkaroistenperä FIN 81 Jd25
Luknės LT 113 Jb53
Lukojanov RUS 203 Fc10
Lukovica SLO 151 Fc57
Lukovica SRB 174 Bc66
Lukovit BG 179 Da70
Lukovnikovo RUS 202 Ec10
Lukovo BG 179 Cc71
Lukovo HR 151 Fc62
Lukovo MK 182 Ad75
Lukovo MNE 159 Hd68
Lukovo SRB 178 Bb69
Lukovo SRB 178 Bd67
Lukovo Šugarje HR 151 Fd63
Łuków PL 131 Ka37
Łukowa PL 130 Jb42
Łukowa PL 131 Kc42
Łukowica PL 138 Jb45
Łukowisko PL 131 Kb37
Łukowo PL 122 Jb35
Łukowo PL 129 Gc36
Lukšiai LT 114 Ka57
Lukštai LT 114 La53
Łukta PL 122 Hd32
Luktvatnet N 70 Fa21
Lula I 168 Cb75
Luleå S 73 Hd22
Lüleburgaz TR 185 Ed76
Lüllemäe EST 106 La47
Lullymore IRL 13 Cc21
Lułowo PL 121 Gd33
Lümanda EST 105 Jb46
Lumasi AL 182 Ac76
Lumbarda HR 158 Gd68
Lumbier E 39 Ed57
Lumbrales E 45 Bc62
Lumbrein CH 142 Cc55
Lumbres F 23 Gd31
Lumby DK 108 Dc26
Lumes F 24 Ja33
Lumezzane I 149 Da59
Lumijoki FIN 74 Ka24
Lumikylä FIN 82 Kd25
Lumimetsä FIN 82 Ka26
Lumina RO 181 Fc67
Lumio F 154 Ca69
Lummelunda S 104 Ha49
Lummen B 124 Ba40
Lummukka FIN 81 Jc30
Lumparland FIN 96 Hc41
Lumpiaque E 47 Ed60
Lumpzig D 127 Eb41
Lumsås DK 109 Ea25
Lumsheden S 95 Ga39
Lun HR 151 Fc62
Luna E 47 Fa59
Lunano I 156 Eb65
Lunas F 41 Hc54
Lunca RO 170 Cb58
Lunca RO 171 Dc58
Lunca RO 172 Ed56
Lunca RO 175 Cc60
Lunca RO 180 Dc68
Lunca Banului RO 173 Fb59
Lunca Bradului RO 172 Dd58
Lunca Corbului RO 175 Dc65
Lunca de Jos RO 172 Eb59
Lunca de Sus RO 172 Eb59
Lunca Ilvei RO 172 Dd56
Lunca Murșului RO 171 Da59
Luncavița RO 174 Ca63
Luncavița RO 177 Fb63
Luncoiu de Jos RO 175 Cc60
Lund DK 108 Db25
Lund N 78 Ec25
Lund N 92 Cb46
Lund S 110 Ed56
Lunda S 96 Gd42
Lundamo N 78 Ea31
Lundbjörken S 95 Fc39
Lundby DK 100 Db21
Lundby DK 109 Dd28
Lundby DK 109 Eb27
Lundby S 95 Ga43
Lunde DK 108 Cd25
Lunde DK 108 Dc26
Lunde N 67 Gc12
Lunde N 84 Cd34
Lunde N 85 Dd38
Lunde N 93 Dc43
Lunde S 88 Gc32
Lundeborg DK 109 Dd27
Lundebyvollen N 86 Ec38
Lunden D 118 Da30
Lunden N 93 Db45
Lundenes N 66 Ga12
Lundersæter N 94 Ec40
Lunderskov DK 108 Db26
Lundsbrunn S 102 Fa46
Lundsjön S 79 Fc29
Lüneburg D 118 Dc34
Lunel F 42 Ja54
Lünen D 125 Ca38
Lunestedt D 118 Cd33
Lunéville F 25 Jd37
Lunevščina RUS 99 Lc44
Lunga MD 173 Fd57
Lungeni RO 172 Ed57
Lungern CH 141 Ca55
Lungești RO 175 Da65
Lungön S 88 Gd32
Lungro I 164 Gb78
Lungsjön S 79 Ga30
Lungsund S 95 Fb43
Lungulețu RO 176 Ea65
Lunha MD 173 Fc55
Luninec BY 202 Ea13
Lunino RUS 113 Jd58
Lunino RUS 203 Fc10
Lunkkaus FIN 69 Kc16
Lünne D 117 Ca36
Lunneborg N 67 Gc11
Lunner N 85 Ea40
Lunning GB 5 Fa04
Lunow D 120 Fb35
Lunteren NL 116 Bb36
Lunz am See A 144 Fc52
Lunzenau D 127 Ec41
Luoba LT 113 Jc53
Luode FIN 89 Jc34
Luoftjok N 64 Ka06
Luogosanto I 168 Cb74
Luohua FIN 82 Ka25
Luohuan Ylipää FIN 82 Ka25
Luoke LT 113 Jd54
Luoma FIN 89 Jc32
Luoma-aho FIN 81 Jc30
Luomala FIN 82 Kb30
Luomankylä FIN 89 Ja33
Luonaala FIN 81 Ja31
Luonetjärvi FIN 90 Kb32
Luopa FIN 89 Jb32
Luopajärvi FIN 89 Jb32
Luopioinen FIN 90 Ka36
Luosto FIN 69 Kb16
Luosu FIN 68 Jb16
Luotakko FIN 82 Kb27
Luoto FIN 81 Jb28
Luotojärvi FIN 91 Lc32
Luotola FIN 91 Lb37
Luotolahti FIN 90 La35
Lupac RO 174 Ca62
Lupara I 161 Ga73
Łupawa PL 121 Gd30
Lupėnai LT 113 Jc57
Lupeni RO 172 Dd59
Lupeni RO 175 Cd62
Lupersat F 33 Gd46
Lupiac F 40 Fd54
Lupiana E 46 Dd64
Lupiñén E 48 Fb59
Łupków PL 139 Ka46
Luplanté F 29 Gb39
Lupogav HR 151 Fa60
Luppa D 127 Ec40
Luppoperä FIN 75 Kc23
Lupșa RO 171 Cd59
Lupșanu RO 176 Ec66
Lüptitz D 127 Ec40
Luque E 60 Da73
Luquín E 39 Ec57
Lur S 94 Eb45
Luras I 168 Cb74
Lurcy-Lévis F 30 Hb44
Lure F 31 Ka40
Lurgan GB 9 Cd17
Luri F 154 Cc68
Lurøy N 70 Fa20
Lurs F 42 Jd52
Lury-sur-Arnon F 29 Gd42
Lusanger F 28 Ed41
Lūšė LT 113 Jc53
Lüsen I 143 Ea55
Lüsens A 142 Dc54
Lusevera I 150 Ed57
Lushnjë AL 182 Ab76
Lusi FIN 90 Kc35
Lusiana I 150 Dd58
Lusignan F 32 Fd45
Lusigny F 30 Hc44
Lusigny-sur-Barse F 30 Hd38
Lusina PL 129 Gb41
Lusk IRL 13 Cd21
Luskovicy RUS 99 Mb40
Lus-la-Croix-Haute F 35 Jd50
Luso P 44 Ad63
Luson I 143 Ea55
Luspebryggan S 72 Ha18
Luspeholmen S 72 Gb24
Luss GB 7 Dd12
Lussac F 32 Fc50
Lussac-les-Châteaux F 33 Ga45
Lussac-les-Eglises F 33 Gb45
Lussan F 42 Ja52
Lussat F 33 Gd45
Lusta GB 4 Da07
Lustenau A 142 Cd53
Lustila FIN 89 Ja33
Łuszczów PL 131 Kb39
Luszkowo PL 121 Ha33
Luszyn PL 130 Hd37
Lutago I 143 Ea55
Lutcza PL 139 Ka45
Lutepää LV 107 Ld46
Lütersheim D 126 Cd40
Lütfiye TR 186 Ga79
Lütfiye TR 191 Ed85
Luthenay-Uxeloup F 30 Hb43
Luthern-Bad CH 141 Ca54
Lutherstadt Eisleben D 127 Ea39
Lutherstadt Wittenberg D 127 Ec38
Lutin CZ 137 Gc46
Lütjenburg D 119 Dd30
Lütjensee D 118 Dc32
Lutocin PL 122 Hd34
Lutol Suchy PL 128 Ga37
Lutomiersk PL 130 Hc39
Luton GB 20 Fc27
Lütow D 120 Fa31
Lutowiska PL 139 Kb46
Lutówko PL 121 Gd33
Lutriņi LV 105 Jd51
Lutry PL 122 Jb31
Lütschental CH 141 Ca55
Lutsi N 92 Ca44
Lutta FIN 89 Ja37
Luttach I 143 Ea55
Lütte D 127 Ec37
Lutter am Barenberge D 126 Dc38
Lutterworth GB 20 Fa25
Lüttich = Liège B 124 Ba41
Lutuhyne UA 205 Fb15
Lututów PL 129 Hb40
Lutynia PL 129 Gc41
Lützelbach D 134 Cd45
Lützen D 127 Eb40
Lutzerath D 133 Bd43
Lützkampen D 133 Bb43
Lutzmannsburg A 145 Gc53
Lützow D 119 Dd32
Luujoki FIN 74 Jd21
Luukkola FIN 91 Lb35
Luukkonen FIN 91 Lb34
Luumäen kirkonkylä FIN 91 Lb36
Luumäki FIN 91 Lb36
Luupujoki FIN 82 Kc28
Luupuvesi FIN 82 Kc27
Luusniemi FIN 90 Kd33
Luusua FIN 74 Kb18
Luutalahti FIN 83 Ma31
Luutsniku EST 107 Lc47
Luvelahti FIN 82 Kd30
Luvia FIN 89 Ja36
Luvos S 72 Gd19
Luxaondo E 38 Ea56
Luxembourg L 113 Bb45
Luxeuil-les-Bains F 31 Jd40
Luxey F 39 Fb52
Luyando E 38 Ea56
Luyères F 30 Hd38
Luynes F 29 Ga42
Luz P 50 Ba70
Luzaga E 47 Eb63

Mandelieu-la Napoule – Massoult

Mandelieu-la Napoule F 43 Kc53
Mandello del Lario I 149 Cc58
Mandelsloh D 126 Da36
Mander NL 117 Bd36
Manderfeld B 125 Bc42
Manderscheid D 133 Bc43
Mandeure F 31 Ka41
Mandø DK 108 Cd26
Mándok H 139 Kb49
Mándra GR 184 Db77
Mándra GR 185 Ea76
Mándra GR 189 Cb86
Mândra RO 176 Dd61
Mandráki GR 197 Eb92
Mandre HR 151 Fc63
Mandria CY 206 Ja97
Mandrica BG 185 Ea76
Mandrikó GR 197 Ed93
Manduria I 162 Hb76
Mane F 40 Gb56
Mane F 42 Jd52
Manea GB 20 Fd25
Manebach D 126 Dc42
Măneciu RO 176 Ea63
Manent-Montaine F 40 Ga55
Manerba del Garda I 149 Db59
Manerbio I 149 Da60
Måneset N 78 Ec25
Mănești RO 176 Dd64
Mănești RO 176 Ea65
Manětín CZ 135 Ed45
Manevyči UA 202 Ea14
Mánfa H 152 Hb57
Manfredonia I 161 Ga72
Mangalia RO 181 Fc68
Manganeses de la Lampreana E 45 Cb60
Manganeses de la Polvorosa E 45 Cb59
Manganítis GR 196 Dd88
Mångbyn S 81 Hd26
Mangen N 94 Eb41
Manger N 84 Ca38
Mangskog S 94 Ed42
Mangualde P 44 Ba63
Manhay B 124 Ba42
Máni GR 185 Eb76
Maniago I 150 Eb57
Maniáki GR 183 Bc77
Manieczki PL 129 Gc38
Manikūnai LT 114 Kc53
Manilva E 59 Cb77
Maninghem F 23 Gc31
Manısa TR 191 Ed85
Manises E 54 Fb67
Manjärv S 73 Hb22
Manjärvträsk S 73 Hb23
Manjaur S 80 Ha25
Manjinac SRB 179 Ca68
Mank A 144 Fd51
Mankaičai LT 113 Jd56
Mankala FIN 90 Kd37
Månkarbo S 96 Gc40
Mańki PL 122 Ja32
Mankila FIN 82 Ka25
Mankūnai LT 114 Ka56
Manlleu E 49 Ha59
Manna DK 100 Dc20
Männamaa EST 97 Jc44
Mannersdorf Leithagebirge A 145 Gc51
Mannestad N 85 Ea40
Mannheim D 134 Cc46
Männikkö S 68 Hd17
Männiku EST 98 Kb42
Männiku EST 98 Kc44
Mannila FIN 89 Jb37
Manningtree GB 21 Ga26
Männistönpää FIN 68 Jb17
Mănoileşti MD 173 Fb57
Manole BG 180 Db73
Manoleasa RO 172 Ed54
Manolovo BG 180 Dc72
Mañón E 36 Bb53
Manonville F 25 Jc36
Manoppello I 157 Fa70
Manorbier GB 18 Dc27
Manorhamilton IRL 8 Ca18
Manosque F 42 Jd53
Manowo PL 121 Gb31
Manresa E 49 Gd60
Månsåsen S 79 Fb31
Månsberg S 79 Ga27
Manschnow D 128 Fb36
Mansfeld D 127 Ea39
Mansfield GB 16 Fa22
Mansigné F 28 Fd40
Mansilla E 47 Ea59
Mansilla de las Mulas E 37 Cc57
Mansilla de las Mulas E 38 Dc58
Mansilla del Páramo E 37 Cb57
Manskivi FIN 90 Kb36
Mansle F 32 Fd47
Mansoniemi FIN 89 Jc34
Månsted S 102 Fa49
Månsträsk S 72 Gd23
Mansuè I 150 Eb58
Manta MD 177 Fb62
Mantamádos GR 191 Ea83
Mantasiá GR 189 Bd82
Manteigas P 44 Bb63
Mantel D 135 Eb46
Mantes-la-Jolie F 23 Gc36
Mantes-la-Ville F 23 Gc36
Mantet F 41 Ha58
Manthelan F 29 Ga42
Manthiréa GR 194 Bc88
Mantila FIN 89 Jb32
Mantiloperä FIN 89 Jd33
Mäntlahti FIN 91 Lb38
Måntorp S 79 Ga27
Mantorp S 103 Fd47
Mantoúdi GR 189 Cb84
Mantova I 149 Db60
Mäntsälä FIN 90 Kc38
Mänttä FIN 90 Ka33
Mantua = Mantova I 149 Db60
Manturovo RUS 203 Fb08
Mantviliškis LV 114 Kb55
Mäntyharju FIN 90 Kd35
Mäntyjärvi FIN 74 Jd18
Mäntyjärvi FIN 75 Kc20
Mäntyjärvi FIN 83 Lb29
Mäntylä FIN 82 Kc30
Mäntylahti FIN 82 Kd29
Mäntylänperä FIN 81 Jd25
Mäntyluoto FIN 89 Ja35
Mäntyvaara FIN 73 Jb19
Mäntyvaara FIN 83 Lc30
Mäntyvaara S 73 Hc18
Manuden GB 20 Fd27
Manuel E 54 Fb69
Manyas TR 192 Fa81
Mânzăleşti RO 176 Ec63
Manzanal del Puerto E 37 Ca57
Manzanares E 52 Dc69
Manzanares el Real E 46 Db63
Manzaneda E 36 Bc57
Manzaneda E 37 Ca58
Manzanedo E 38 Dc56
Manzaneque E 52 Db67
Manzanera E 54 Fa66
Manzano I 150 Ed58
Manzat F 34 Hb46
Manziana I 160 Ea71
Manziat F 34 Jb45
Mäo EST 98 Kd44
Maó E 57 Jb66
Maoča BIH 153 Hc62
Maothail IRL 9 Cb19
Maqellarë AL 182 Ad74
Maqueda E 46 Da65
Mar P 44 Ac59
Mara I 168 Bd76
Marac F 30 Jb39
Maracalagonis I 169 Ca79
Maracena E 60 Db75
Mărăcineni RO 175 Dc64
Mărăcineni RO 176 Ec64
Marainviller F 25 Ka37
Maramonovca MD 173 Fb54
Maranchón E 47 Eb62
Mărăndeni MD 173 Fb56
Maranello I 149 Db62
Maraneve I 167 Fc85
Maranhão P 50 Ad68
Marano di Napoli I 161 Fa75
Marano Lagunare I 150 Ec59
Marans F 32 Fa45
Maranville F 30 Ja39
Mărăşeşti RO 176 Ed61
Marásia GR 185 Eb75
Mărăşu RO 177 Fb65
Maratea I 164 Ga78
Marathiás GR 188 Bb85
Marathókambos GR 197 Eb88
Marathónas GR 189 Cc86
Marathópoli GR 194 Ba89
Marathoússa GR 184 Cc78
Marathovounos CY 206 Jc96
Marault F 30 Jb39
Maraye-en-Othe F 30 Hc39
Marazion GB 18 Da32
Marbach A 144 Fd51
Marbach A 144 Fd51
Marbach D 134 Cd48
Marbäck S 102 Fa49
Marbäck S 103 Fc48
Mårbacka S 94 Fa42
Mårbacken S 94 Ed41
Marbella E 60 Cc77
Marboué F 29 Gb39
Marboz F 34 Jb45
Marburg D 126 Cc41
Marburg = Maribor SLO 144 Ga56
Marby S 79 Fb31
Marca RO 171 Cc56
Marçà E 48 Ga62
Marcali H 145 Gd56
Marcaltő H 145 Gd53
Marčana HR 151 Fa61
Marcaria I 149 Db60
Mărcăuţi MD 173 Fa53
Mărcăuţi MD 173 Fd57
Marcé F 28 Fc41
Marceddì I 169 Bd78
Marcelová SK 145 Hb52
Marcena I 142 Dc56
Marcenat F 34 Hb48
Mărčevo BG 179 Cc68
March D 141 Ca50
March GB 17 Fd24
Marchagaz E 45 Ca64
Marchais F 24 Hc34
Marchamalo E 46 Dd64
Marche-en-Famenne B 132 Ba43
Marchegg A 145 Gc50
Marchenilla E 59 Cb77
Marchenoir F 29 Gb40
Marcheprime F 32 Fb50
Marchiennes F 24 Hb31
Marchin B 124 Ba42
Marchtrenk A 144 Fa51
Marchwiel GB 15 Eb23
Marciac F 40 Fd54
Marciana I 155 Cd68
Marciana Marina I 155 Cd68
Marcianise I 161 Fb74
Marciena LV 107 Lb50
Marcigny F 34 Hd45
Marcilla E 39 Ec58
Marcillac-la-Croisille F 33 Gd48
Marcillac-Vallon F 33 Ha51
Marcillat-en-Combraille F 33 Ha46
Marcilliy-sur-Eure F 23 Gb37
Marcilloles F 34 Jb48
Marcilly-en-Gault F 29 Gc41
Marcilly-en-Villette F 29 Gd40
Marcilly-le-Hayer F 30 Hc38
Marcilly-sur-Seine F 24 Hc37
Marcinkonys LT 123 Kd30
Marcinkowice PL 129 Gd41
Marcinkowice PL 138 Jb45
Marcinowice PL 129 Gb42
Marciszów PL 128 Ga42
Marck F 21 Gc30
Marckolsheim F 31 Kc38
Marco E 36 Bb55
Marco de Canaveses P 44 Ba61
Marcoing F 24 Hb32
Mărculeşti MD 173 Fc55
Mărculeşti MD 173 Fc55
Mårdaklev S 102 Ed50
Mardal N 70 Ed23
Mardalen N 77 Db33
Mar de Cristal E 55 Fb74
Marden GB 20 Fd29
Mardilly F 22 Fd37
Mårdsel S 73 Hc20
Mårdsele S 80 Ha26
Mårdsjö S 79 Ga27
Mårdsjö S 79 Fd30
Mårdsund S 79 Fb30
Måre DK 109 Dd27
Marebbe I 143 Ea56
Maredret B 124 Ad42
Mårem N 93 Db41
Marennes F 32 Fa47
Marentes E 37 Bd55
Maresfield GB 20 Fd30
Marettimo I 166 Dd84
Mareuil F 32 Fd48
Mareuil-en-Brie F 24 Hc36
Mareuil-sur-Arnon F 29 Gd43
Mareuil-sur-Lay F 28 Fa44
Mareuil-sur-Ourcq F 24 Hb36
Mar'evka RUS 203 Ga10
Marevo RUS 202 Eb10
Marezige SLO 151 Fa60
Marfa M 166 Eb87
Marga RO 174 Cb62
Margam GB 19 Dd27
Mărgăriteşti RO 176 Ec63
Margariti GR 188 Ac81
Margaritove RUS 205 Fc16
Margate GB 21 Gb28
Mărgău RO 171 Cc58
Margaux F 32 Fb49
Margecany SK 138 Jc48
Margès F 34 Jb49
Margetshöchheim D 134 Da45
Margherita di Savoia I 162 Gb73
Marghita RO 170 Cb56
Margina RO 174 Cb60
Marginea RO 172 Eb55
Mărgineni RO 172 Ec58
Mărgineni RO 172 Ed59
Margolles E 37 Cd54
Margon F 29 Ga38
Margone I 148 Bc60
Margonin PL 121 Gc35
Margraten NL 125 Bb41
Margretetorp S 110 Ed53
Marguerittes F 42 Ja53
Margueron F 32 Fd50
Margut F 24 Jb34
Marham GB 17 Fd24
Marhaň SK 139 Jd47
Marhanec' UA 205 Fa16
Marholm GB 17 Fc24
Mari CY 206 Jb98
María E 61 Eb73
Maria Alm A 143 Ec53
María de Huerva E 47 Fa61
Maria de la Salut E 57 Hc67
Maria Elend A 144 Fa56
Mariager DK 100 Dc22
Marialva P 45 Bc62
Mariana E 47 Eb65
Marianca de Jos MD 177 Ga60
Maria Neustift A 144 Fc51
Mariannelund S 103 Fd49
Marianopoli I 167 Fa85
Marianowo PL 120 Fd33
Mariánské Lázně CZ 135 Ec45
Maria Saal A 144 Fb56
Maria Schmolln A 143 Ed51
Maria Wörth A 144 Fb56
Mariazell A 144 Fd52
Maribáñez E 59 Ca74
Maribo DK 109 Ea29
Maribor SLO 144 Ga56
Marieberg S 95 Fd44
Marieby S 79 Fc31
Mariefred S 96 Gc44
Mariehamn FIN 96 Hc41
Marieholm S 102 Fa50
Marieholm S 110 Ed55
Marielund N 64 Ka06
Marielund S 72 Gc22
Marielund S 96 Gd42
Marielyst DK 109 Eb29
Marienbad = Mariánské Lázně CZ 135 Ec45
Mariënbad = Mariánské Lázně CZ 135 Ec45
Marienbaum D 125 Bc38
Marienberg D 127 Ed42
Mariënberg NL 117 Bd35
Marienfließ D 119 Eb33
Marienhafe D 117 Cb32
Marienhagen D 126 Da37
Marienheide D 125 Ca40
Marienmünster D 126 Da38
Mariental D 127 Dd37
Marienwerder D 120 Fa35
Mariés GR 184 Da78
Mariestad S 102 Fa46
Marifjora N 84 Cd36
Marigenta E 59 Bc73
Marigliano I 161 Fb75
Marignac F 32 Fb48
Marignane F 42 Jc54
Marigné F 28 Fb40
Marigny F 22 Fa36
Marigny-en-Orxois F 24 Hb36
Marigny-le Châtel F 30 Hc38
Marijampolė LV 114 Kb59
Marija na Muri HR 152 Gc57
Marijskoje RUS 113 Ja59
Marikostenovo BG 184 Cc75
Marín E 36 Ad57
Marina GR 183 Bc77
Marina HR 158 Gb66
Marina di Alberese I 155 Db69
Marina di Amendolara I 164 Gc78
Marina di Andora I 43 La52
Marina di Arbus I 169 Bd78
Marina di Ascea I 161 Fd77
Marina di Belmonte I 164 Gb80
Marina di Belvedere I 164 Ga79
Marina di Bibbona I 155 Da67
Marina di Camerota I 164 Fd78
Marina di Campo I 155 Da68
Marina di Caronia I 167 Fb84
Marina di Carrara I 155 Cc64
Marina di Castagneto-Donoratico I 155 Da67
Marina di Caulonia I 164 Gc83
Marina di Cecina I 155 Da66
Marina di Chieuti I 161 Fd71
Marina di Fuscaldo I 164 Gb79
Marina di Gairo I 169 Cc78
Marina di Ginosa I 162 Gd76
Marina di Gioia Tauro I 164 Ga83
Marina di Gioiosa Jonica I 164 Gc83
Marina di Grosseto I 155 Db68
Marina di Lago di Patria I 161 Fa75
Marina di Leuca I 165 Hc78
Marina di lu Impostu I 168 Cc74
Marina di Massa I 155 Da64
Marina di Minturno I 160 Ed74
Marina di Modica I 167 Fc88
Marina di Montemarciano I 156 Ed66
Marina di Montenero I 161 Fc71
Marina di Novaglie I 165 Hc78
Marina di Nova Siri I 162 Gc77
Marina di Orosei I 169 Cc76
Marina di Ostuni I 162 Ha75
Marina di Palma I 166 Ed87
Marina di Pescia Romana I 155 Dc70
Marina di Pietrasanta I 155 Da64
Marina di Pisa I 155 Da65
Marina di Pisciotta I 161 Fd77
Marina di Pulsano I 162 Ha76
Marina di Ragusa I 167 Fb88
Marina di Ravenna I 150 Ea63
Marina di San Vito I 157 Fb70
Marina di Sibari I 164 Gc78
Marina di Sorso I 168 Bd74
Marina di Strongoli I 165 Gd80
Marina di Torre Grande I 169 Bd77
Marina di Zambrone I 164 Gb82
Marinaleda E 60 Cc74
Marina Palmense I 157 Fa67
Marina Romea I 150 Ea63
Marina Schiavonea I 164 Gc79
Marina Serra I 165 Hc78
Marina Velca I 156 Dd70
Marinbrod HR 152 Gb60
Marine d'Albo F 154 Cc68
Marine de Sisco F 154 Cc68
Marinella I 166 Eb85
Marineo I 166 Ec84
Marines E 54 Fb67
Marines F 23 Gc36
Maringues F 34 Hc46
Marinha das Ondas P 44 Ac64
Marinha Grande P 44 Ab65
Marini I 165 Hc78
Marinka BG 181 Ed73
Marinkainen FIN 81 Jc27
Marino I 160 Eb72
Mar'insko RUS 99 Ld43
Mariotto I 162 Gc74
Maripérez E 53 Eb69
Mărișel RO 171 Cd58
Mărișelu RO 171 Dc57
Maritsá GR 197 Fa93
Mariupol' UA 205 Fb16
Marjaliza E 52 Db67
Märjamaa EST 98 Kb44
Marjan BG 180 Ea71
Marjanci HR 152 Hb59
Marjaniemi FIN 74 Jd24
Marjokylä FIN 75 Lc23
Marjoniemi FIN 90 Kc36
Marjoperä FIN 81 Jd30
Marjovaara FIN 83 Ma30
Marjusaari FIN 81 Jd29
Mark S 79 Ga26
Marka N 71 Fb18
Marka S 102 Fa47
Märkalne LV 107 Lc48
Markaryd S 110 Fa53
Markby FIN 81 Jb29
Mark Cross GB 20 Fd29
Markdorf D 142 Cd52
Markelo NL 117 Bd36
Market Bosworth GB 16 Fa24
Market Deeping GB 17 Fc24
Market Drayton GB 15 Ec23
Market Harborough GB 20 Fb25
Markethill GB 9 Cd18
Market Rasen GB 17 Fc22
Market Weighton GB 16 Fb20
Markfield GB 16 Fa24
Markgröningen D 134 Cd48
Markhausen D 117 Cb34
Marki PL 130 Jb36
Markina-Xemein E 39 Eb55
Märkisch-Buchholz D 128 Fa38
Markitta S 68 Hc17
Markivka UA 203 Fb14
Markkina FIN 68 Hd13
Markkleeberg D 127 Eb40
Markkula FIN 81 Jd27
Marklkofen D 135 Eb49
Marklohe D 118 Da35
Marklowice PL 137 Hb44
Marknesse NL 117 Bc34
Markneukirchen D 135 Eb43
Marko CY 206 Jc97
Markoldendorf D 126 Db38
Markop N 63 Ja06
Markópoulo GR 195 Cc87
Markovac SRB 174 Bb65
Markovac SRB 174 Bc65
Markovac SRB 174 Bd63
Markovo BG 180 Db73
Markovo BG 181 Ed70
Markovščina SLO 151 Fa59
Markov Sušica MK 178 Bb73
Markowa PL 139 Ka44
Markowice PL 121 Ha35
Markowo PL 122 Hd31
Markranstädt D 127 Eb40
Marksewo PL 122 Jb32
Marksuhl D 126 Db41
Markt Allhau A 145 Gb54
Marktbergel D 134 Db46
Markt Berolzheim D 134 Dc48
Markt Bibart D 134 Db45
Marktbreit D 134 Db45
Markt Einersheim D 134 Db45
Markt Erlbach D 134 Dc46
Marktgraitz D 135 Dd44
Marktheidenfeld D 134 Da45
Markt Indersdorf D 143 Dd50
Marktjärn S 87 Ga32
Marktl D 143 Ec50
Marktleugast D 135 Ea44
Marktleuthen D 135 Eb44
Markt Nordheim D 134 Db46
Marktoberdorf D 142 Db52
Marktoffingen D 134 Db48
Markt Piesting A 145 Gb52
Marktredwitz D 135 Eb45
Markt Rettenbach D 142 Db51
Marktrodach D 135 Dd44
Markt Sankt Florian A 144 Fb51
Markt Sankt Martin A 145 Gb53
Marktschorgast D 135 Ea44
Markt Schwaben D 143 Ea51
Marktsteft D 134 Db45
Marktzeuln D 135 Dd44
Markušica HR 153 Hc60
Markušovce SK 138 Jb48
Markutiškiai LT 114 Kc56
Markvarec CZ 136 Fd48
Marl D 125 Ca38
Marlborough GB 20 Ed28
Marle F 24 Hc34
Marlenheim F 25 Kb37
Marlishausen D 127 Dd42
Marloes GB 18 Db27
Marlow D 119 Ec31
Marlow GB 20 Fb28
Marly F 25 Jd35
Marly-Gomont F 24 Hc33
Marma S 96 Gc40
Marmagne F 30 Ja43
Marmande F 32 Fd51
Mármara GR 196 Db90
Marmara TR 185 Ed79
Marmaracık TR 186 Fa77
Marmaraereğlisi TR 186 Fa78
Marmári GR 190 Cd86
Marmári GR 197 Ec91
Marmaris TR 197 Fa91
Mármaro GR 191 Dd85
Marmav S 87 Gb37
Marmelete P 58 Ab73
Marmolejo E 52 Da72
Marmorbyn S 95 Ga44
Marmore I 156 Eb69
Marmoutier F 25 Kb36
Marnand CH 141 Bb54
Marnäs S 87 Fd38
Marnay F 31 Jc41
Marne D 118 Da31
Mårnes N 71 Fb18
Marnheim D 133 Cb45
Marnitz D 119 Eb33
Marnoch GB 7 Ec08
Maro E 60 Db76
Marœuil F 23 Ha32
Maroilles F 24 Hc32
Marola I 149 Da63
Maroldsweisach D 134 Dc44
Marolles-les-Braults F 28 Fd39
Maron F 25 Jd37
Maroñas E 36 Ac55
Marónia GR 184 Dc77
Maroslele H 153 Jc57
Marostica I 150 Dd59
Marotta I 156 Ec65
Maroufenha P 58 Ab72
Marovac KSV 178 Bc71
Marpingen D 133 Bd46
Marple GB 16 Ed21
Marpod RO 175 Db61
Marquartstein D 143 Eb52
Marquion F 23 Ha32
Marquise F 21 Gc30
Marradi I 156 Dd64
Marrasjärvi FIN 69 Jd17
Marraskoski FIN 74 Jd18
Marrault F 30 Hd41
Marrazes P 44 Ab65
Marrebæk DK 109 Eb29
Marroquin-Encina Hermosa E 60 Db73
Marroule F 33 Gd51
Marrubiu I 169 Bd78
Marrum NL 117 Bc32
Marrupe E 46 Cd65
Marsaglia I 149 Cc62
Marsais F 32 Fb46
Marsala I 166 Ea85
Maršal'skoe RUS 113 Ja58
Mârşani RO 179 Da67
Maršavicy RUS 107 Mb48
Marsberg D 126 Cd39
Marschacht D 118 Dc33
Marsciano I 156 Ea68
Marsden GB 16 Ed21
Marseillan F 41 Hc55
Marseillan-Plage F 41 Hc55
Marseille F 42 Jc55
Marseille-en-Beauvaisis F 23 Gc34
Marsh GB 19 Eb30
Marshfield GB 19 Ec28
Marsh Gibbon GB 20 Fb27
Marsia I 156 Ed68
Marsiconuovo I 161 Ga76
Marsicovetere I 161 Ga76
Marsiliana I 155 Dc69
Marsjärv S 73 Hd19
Marske-by-the-Sea GB 11 Fb18
Mars-la-Tour F 25 Jc35
Mårslet DK 108 Dc24
Marsliden S 71 Fd24
Mărşneni LV 106 Kd48
Marson F 24 Hd36
Marssac-sur-Tarn F 41 Gd53
Marssum NL 117 Bc33
Märsta S 96 Gd42
Marstal DK 109 Dd28
Marston GB 16 Fb23
Marston Magna GB 19 Ec29
Marstrand S 102 Eb48
Marstrup DK 108 Db27
Marsvinsholm S 110 Fa56
Marsylä FIN 81 Jc27
Marszów PL 128 Fd39
Marta I 156 Dd69
Martainville F 23 Gb35
Martanesh AL 182 Ac74
Martano I 163 Hc77
Martebo S 104 Ha49
Martel F 33 Gc50
Martelange B 132 Ba44
Martély H 146 Jb56
Marten BG 180 Ea68
Mårtensboda S 80 Hc26
Martfeld D 118 Da35
Martfű H 146 Jb54
Mártha GR 201 Db96
Marthon F 32 Fd47
Martiago E 45 Bd64
Martignas-sur-Jalle F 32 Fb50
Martigné F 28 Fb39
Martigné-Briand F 28 Fc42
Martigné-Ferchaud F 28 Fa40
Martigny CH 148 Bc57
Martigny-le-Comte F 30 Ja44
Martigny-les-Bains F 31 Jc39
Martigny-lès-Gerbonvaux F 31 Jc38
Martigues F 42 Jc54
Martilla FIN 97 Jc39
Martim Longo P 58 Ad73
Martin SK 138 Hc47
Martina CH 142 Db55
Martina Franca I 162 Ha75
Martiñán E 36 Bc54
Martin Brod BIH 152 Gb63
Martinci SRB 153 Ja61
Martinci Čepinski HR 153 Hc59
Martín de la Jara E 60 Cc75
Martín del Río E 47 Fa63
Martín de Yeltes E 45 Ca63
Martin Drove End GB 20 Ed30
Martinești RO 175 Cd61
Martinet E 40 Gc58
Martingança P 44 Ab65
Martiniș RO 176 Dd60
Martín Muñoz de las Posadas E 46 Da62
Martinniemi FIN 74 Jd23
Martino GR 189 Ca84
Martinsberg A 144 Fd50
Martinšćica HR 151 Fb62
Martinsheim D 134 Db46
Martinsicuro I 157 Fa68
Martinskj HR 151 Fa61
Martinstown GB 9 Da16
Martizay F 29 Gb44
Martletwy GB 18 Db27
Martley GB 15 Ec25
Martna EST 98 Ka44
Martock GB 19 Eb30
Martofte DK 109 Dd26
Martonoš SRB 153 Jb57
Martonvaara FIN 83 Lc29
Martonvásár H 146 Hc53
Martorell E 49 Gd61
Martos E 60 Db73
Martragny F 22 Fb35
Martron F 32 Fc49
Mårtsbo S 96 Gc39
Mårtsviken S 86 Fa38
Martti FIN 69 Kc15
Marttila FIN 90 Kc37
Marttila FIN 98 Ka39
Martužāni LV 107 Ld50
Maruflar TR 191 Ec84
Marugán E 46 Da63
Maruggio I 162 Ha76
Marum NL 117 Bd33
Marum S 102 Fa47
Marunowo PL 121 Gb35
Mărunței RO 175 Db66
Mārupe LV 106 Kb51
Maruševec HR 152 Gb57
Maruszów PL 131 Jd40
Marvão P 51 Bb67
Marvejols F 34 Hc51
Marvik N 92 Cb42
Marville F 24 Jb34
Marwałd PL 122 Hd33
Marwitz D 127 Ed36
Marxzell D 133 Cb48
Märy FIN 97 Jb39
Marybank GB 4 Dd07
Maryfield GB 5 Fa05
Marykirk GB 7 Ec10
Marynowy PL 121 Hb30
Marypark GB 7 Eb08
Maryport GB 10 Ea17
Mary Tavy GB 19 Dd31
Marzabotto I 149 Dc63
Marzahna D 127 Ec38
Marzamemi I 167 Fd88
Marzán E 37 Cb56
Marzęcice PL 122 Hc33
Marzell D 141 Bd51
Marzell D 141 Ca51
Marzewo PL 122 Hd31
Marzoa E 36 Ba55
Marzocca I 156 Ed66
Masa E 38 Dc57
Masahoca TR 191 Ed83
Masari CY 206 Ja96
Masarolis I 150 Ed57
Masboquera E 48 Ga63
Mascali I 167 Fd85
Mascalucia I 167 Fc85
Mascaraque E 52 Db66
Mas-Carbadès F 41 Ha55
Mas de Barberans E 48 Fd63
Mas de las Matas E 48 Fc63
Masegosa E 47 Ec64
Masegoso E 53 Eb70
Masegoso de Tajuña E 47 Ea63
Maselheim D 142 Da50
Måsenes N 64 Jc06
Maser I 150 Ea58
Masera I 148 Ca57
Masevaux F 31 Kb40
Masfjorden N 84 Ca38
Mas-Grenier F 40 Gb53
Masham GB 11 Fa19
Maside E 36 Ba56
Masi Måze N 63 Ja10
Maskaur S 72 Gc22
Maskjok N 64 Ka06
Masku FIN 97 Jb39
Maslacq F 39 Fb55
Maslarevo BG 180 Dd69
Masléon F 33 Gc47
Maslinica HR 158 Gb67
Mașloc RO 174 Bd60
Maslovare BIH 152 Ha63
Masłowice PL 130 Hd41
Masłowo PL 129 Gc38
Mas-Neuf-sur-Orb F 41 Hb53
Maso FIN 82 Kb31
Maso Corto I 142 Dc55
Masoúri GR 197 Eb90
Måsøy N 64 Jb04
Masquefa E 49 Gd61
Massa I 155 Da64
Massa d'Albe I 160 Ed71
Massa Finalese I 149 Dc61
Massa Fiscaglia I 150 Ea62
Massafra I 162 Gd76
Massagette F 33 Ha47
Massais F 28 Fc43
Massa Lombarda I 150 Dd63
Massa Lubrense I 161 Fb76
Massamagrell E 54 Fc67
Massa Marittima I 155 Db67
Massa Martana I 156 Eb68
Massarosa I 155 Da65
Massat F 40 Gb56
Massay F 29 Gd42
Maßbach D 134 Db44
Massenbachhausen D 134 Cd47
Masserano I 148 Ca59
Masserberg D 135 Dd43
Masseret F 33 Gc48
Masseria I 143 Dd55
Masseria Airili I 161 Fd73
Masseria Anzani I 162 Gb73
Masseria Candelaro I 161 Ga72
Masseria Cangiulli I 162 Gc75
Masseria Monaco Cappelli I 161 Ga72
Masseria Montanaro I 162 Gd75
Masseria Motta Panetteria I 161 Fd72
Masseria Petrulli I 161 Fd72
Masseria Stimpato I 167 Fc86
Masseube F 40 Ga55
Massford GB 9 Da18
Massiac F 34 Hb48
Massiaru EST 106 Kc47
Massignac F 33 Ga47
Massing D 143 Ec50
Massoult F 30 Ja40

Massu – Metamórfosi

Massu EST 98 Ka45
Măstăcani RO 177 Fb62
Mästerby S 104 Gd50
Masterelv N 63 Ja06
Mastergeehy IRL 12 Ba25
Masterud N 94 Ec41
Mas Thibert F 42 Jb54
Mastholte D 126 Cc38
Mastihári GR 197 Eb91
Mästocka S 110 Ed53
Masty BY 202 Dd13
Masua I 169 Bd79
Masugnsbyn S 68 Hd16
Mašun SLO 151 Fb59
Måsvik N 62 Gc08
Maszewko PL 121 Gd29
Maszewo PL 120 Fc33
Maszewo PL 128 Fc38
Mata E 38 Db55
Mata E 38 Dc57
Mata P 50 Ac66
Matabuena E 46 Dc62
Mata de Alcántara E 51 Bc66
Matala FIN 74 Jd21
Mátala GR 200 Cd96
Matalalahti FIN 82 Kd28
Matalascañas E 59 Bc75
Matalebreras E 47 Ec60
Matallana E 37 Cc58
Matamala de Almazán E 47 Ea61
Matamorisca E 38 Db56
Matamorosa E 38 Db56
Matanza E 37 Cc58
Mataporquera E 38 Db56
Matapozuelos E 46 Cd61
Matara FIN 83 Lb28
Mataräga GR 188 Ba84
Mataramäki FIN 90 Kd32
Matarånga GR 189 Bc81
Mataró E 49 Ha61
Mataruge MNE 159 Ja67
Mataruška Banja SRB 178 Ba67
Mătăsari RO 175 Cc64
Mätäsvaara FIN 83 Lc28
Mątawy PL 121 Hb33
Matca RO 177 Fa62
Matching Green GB 20 Fd27
Matcze PL 131 Kd40
Mateeşti RO 175 Da63
Matei RO 171 Db57
Matejče MK 178 Bc72
Matelica I 156 Ec67
Matera I 162 Gc75
Materija SLO 151 Fa59
Mateševo MNE 159 Jb68
Mátészalka H 147 Kb51
Mateus P 44 Bb61
Matfors S 87 Gb33
Matha F 32 Fc47
Mathi I 148 Bc59
Mathiatis CY 206 Jb97
Mathieu F 22 Fc35
Mathildedal FIN 97 Jc40
Mathopen N 84 Ca39
Matienzo E 38 Dd55
Matignon F 26 Ec38
Matigny F 23 Ha33
Matilda FIN 97 Jc40
Matilla de los Caños del Rio E 45 Cb63
Matinella I 161 Fd76
Matiši LV 106 Kd48
Matka MK 178 Bb73
Matkaniva FIN 82 Ka26
Matkavaara FIN 75 La24
Matku FIN 89 Jd37
Matkule LV 105 Jd51
Matlaukys LT 114 Ka59
Matlock GB 16 Fa22
Mătnica BG 181 Ec70
Mato E 36 Bb54
Matojärvi S 73 Jb20
Matos P 50 Ad71
Matosinhos P 44 Ac61
Matour F 34 Ja45
Mátradercske H 146 Jb51
Mátrafüred H 146 Ja52
Mátraterenye H 146 Ja51
Matre N 92 Cb41
Matrei A 143 Eb54
Matrei am Brenner A 143 Dd54
Matrei in Osttirol A 143 Eb55
Matrice I 161 Fc72
Matrosovo RUS 113 Ja58
Matrosovo RUS 113 Jb57
Matsalu EST 98 Ka45
Matsdal S 71 Fd23
Matsi EST 106 Ka46
Matsoúki GR 188 Ba83
Matteröd S 110 Fa54
Mattersburg A 145 Gb52
Mattila FIN 89 Jb33
Mattila FIN 90 Kc38
Mattila FIN 91 Lc34
Mattilanmäki FIN 69 Kc17
Mattilanperä FIN 81 Jd25
Mattinata I 162 Gb72
Mattinen FIN 89 Ja38
Mattisudden S 72 Ha19
Mattmar S 79 Fb30
Mattnäs FIN 97 Ja40
Mattsee A 143 Ec51
Mättsund S 73 Hd22
Matuizos LT 114 Kd59
Matveev Kurgan RUS 205 Fc15
Mátyásdomb H 145 Hb55
Matzaccara I 169 Bd80
Maubeuge F 24 Hc32
Mauborget CH 141 Bb54
Maubourguet F 40 Fd55
Maubuisson F 32 Fa49
Mauchline GB 10 Dd14
Mauerkirchen A 143 Ed51
Mauern D 135 Ea49
Maughold GB 10 Dd18
Mauguio F 41 Hd54
Maukkula FIN 83 Ma30
Maula FIN 74 Jc21
Maulbronn D 134 Cc47
Maulburg D 141 Ca52
Maulde F 24 Hb31
Maule F 23 Gc37
Mauléon F 28 Fb43
Mauléon-Barousse F 40 Ga56
Mauléon-Licharre F 39 Fa55
Maulévrier F 28 Fb43
Mauls I 143 Dd55
Maumusson F 28 Fa41
Maunola FIN 91 Lb35
Maunu S 68 Hd13
Maunujärvi FIN 69 Jd16
Maunula FIN 74 Ka22
Mauperthuis F 23 Ha37
Mauprévoir F 33 Ga46
Maura N 85 Ea40
Maurach A 143 Ed54
Maure-de-Bretagne F 27 Ec40
Mauriac F 33 Gd49
Maurnes N 66 Fd12
Mauron F 27 Ec39
Maurrin F 40 Fc53
Maurs F 33 Gd50
Maurstad N 84 Cb34
Mauru FIN 74 Ka20
Mauručiai LT 114 Kc58
Mauruciems LV 105 Jb49
Maurumaa FIN 89 Ja38
Maurvangen N 85 Db36
Maury F 41 Ha57
Maussane F 42 Jb53
Mauterndorf A 144 Fa54
Mautern in Steiermark A 144 Fc53
Mauth D 136 Fa48
Mauthausen A 144 Fb50
Mauthen, Kötschach- A 143 Ec56
Mauvezin F 40 Fd56
Mauvezin F 40 Ga54
Mauvoisin CH 148 Bc57
Mauzé-sur-le-Mignon F 32 Fb46
Mevagissey GB 18 Db32
Mavas sameviste S 71 Ga18
Mavikent TR 199 Gc93
Mavranéi GR 182 Ba79
Mavréli GR 183 Bc80
Mavrodin RO 180 Dd67
Mavrohóri GR 183 Bb78
Mavromáta GR 188 Bb82
Mavromáti GR 188 Bb81
Mavromáti GR 194 Bb88
Mavrommáti GR 189 Ca85
Mavronéri GR 183 Ca77
Mavropigí GR 183 Bb78
Mavroúda GR 184 Cc77
Mavrovi Anovi MK 182 Ba74
Mavrovo MK 182 Ba74
Mavrovoúni GR 189 Bc81
Mavrovoúni GR 194 Bc90
Maxdorf D 133 Cb46
Maxent F 27 Ec40
Maxey-sur-Meuse F 31 Jc38
Maxey-sur-Vaise F 25 Jc37
Maxhütte-Haidhof D 135 Eb47
Maxieira P 50 Ad66
Măxineni RO 177 Fa63
Maxmo FIN 81 Ja30
Mayalde E 45 Cb61
Maybole GB 10 Dc15
Mayen D 133 Bd43
May-en-Multien F 23 Ha36
Mayenne F 28 Fb39
Mayerling A 145 Gb51
Mayet F 28 Fd40
Mayfield GB 16 Ed23
Mayfield GB 20 Fd30
Maynooth IRL 13 Cd21
Mayobridge GB 9 Da18
Mayorga E 37 Cc58
Mäyränprä FIN 82 Ka26
Mayreville F 41 Gd55
Mayrhofen A 143 Ea54
Mäyry FIN 81 Jc31
Máza H 152 Hb57
Mazagón E 59 Bb74
Mazaleón E 48 Fd62
Mazamet F 41 Ha54
Mazan-l'Abbaye F 34 Hd50
Mazara del Vallo I 166 Ea85
Mazarambroz E 52 Db67
Mazarete E 47 Eb63
Mazargan F 24 Hd35
Mazarrón E 55 Ed74
Mazarulleque E 47 Ea65
Mazaterón E 47 Ec61
Mazé F 28 Fc41
Mažeikiai LT 113 Jd53
Mazeley F 31 Jd38
Maženiai LT 114 Kc55
Mazères F 40 Gc55
Mazerny F 24 Hd34
Mazgramzda LV 113 Jb53
Mazières-en-Gâtine F 28 Fc44
Mazières-lès-Metz F 25 Jd35
Mazıköy TR 197 Ed90
Mazille F 34 Ja45
Mazilmaja LV 105 Jb52
Mazin HR 151 Ga63
Mazirbe LV 105 Jc48
Mažonai LT 113 Jd56
Mazotos CY 206 Jc98
Mazsalaca LV 106 Kc47
Mažucie PL 123 Jd30
Mažučište MK 183 Bb75
Mazuela E 38 Dc58
Mažurani HR 151 Fd63
Mazury PL 123 Ka34
Mazury PL 139 Ka43
Mazy B 124 Ad41
Mazyr BY 202 Eb13
Mazzarino I 167 Fa86
Mazzarò I 167 Fd85
Mazzarrà Sant'Andrea I 167 Fd84
Mcensk RUS 203 Fa12
Mchowo PL 122 Jb34
Mchy PL 129 Gc38
Mda RUS 99 Lc45
Mdzewo PL 122 Ja34
Méailles F 43 Kb52
Mealhada P 44 Ad63
Mealsgate GB 11 Eb17
Meana Sardo I 169 Ca77
Méaudre F 35 Jc49
Meaulne F 29 Ha44
Meaux F 23 Ha36
Meauzac F 40 Gb53
Mébecq F 29 Gb44
Mecca I 148 Bc59
Mechelen B 124 Ac40
Mechernich D 125 Bc42
Mecholupy CZ 135 Ed44
Mechowo PL 120 Fc32
Mecidiye TR 185 Eb78
Mecidiye TR 191 Ed84
Mecidiye TR 192 Fa82
Mecidiye TR 193 Gb84
Męcikal PL 121 Gd32
Měčín CZ 135 Ed46
Męcina PL 138 Jb45
Męcinka PL 128 Ga41
Mecitözü TR 205 Fb20
Mečka BG 180 Db69
Mečka BG 180 Ea68
Meckenbeuren D 142 Cd52
Meckenheim D 125 Bd42
Meckenheim/Pfalz D 133 Cb46
Meckesheim D 134 Cc46
Meco E 46 Dd64
Mecseknádasd H 153 Hc57
Męczki PL 123 Ka33
Meda I 149 Cc58
Meda SRB 174 Bc61
Mêda P 45 Bc62
Međak HR 151 Fd63
Medåker S 95 Fd43
Međas BIH 153 Hd63
Međaši BIH 153 Ja61
Médavy F 22 Fd37
Medbourne GB 16 Fb24
Medby N 66 Fd12
Medby N 67 Gb11
Meddo NL 125 Bd37
Meddon GB 18 Dc30
Mede I 148 Cb60
Medebach D 126 Cc40
Međeđa BIH 159 Ja65
Medeikiai LT 114 Kd53
Medeiros E 44 Bb59
Medelås S 80 Gc25
Medelim P 44 Bb65
Medellín E 51 Ca69
Medelplana S 102 Fa46
Medemblik NL 116 Ba34
Medena-Selišta BIH 158 Gc64
Medeni Poljani BG 184 Cd74
Meden Kladenec BG 180 Eb73
Medeno polje BIH 152 Gb63
Medesano I 149 Da62
Medet TR 198 Fc89
Medevi S 103 Fc46
Medgidia RO 181 Fb67
Medgyesegyháza H 147 Jd56
Medhamn S 95 Fb44
Mediana E 48 Fb61
Mediaş RO 175 Db60
Medicina I 150 Dd63
Médière F 31 Ka41
Medieşu Aurit RO 171 Cd54
Medinaceli E 47 Eb62
Medina de las Torres E 51 Bd70
Medina del Campo E 46 Cd61
Medina de Pomar E 38 Dd56
Medina de Rioseco E 46 Cd59
Medina Sidonia E 59 Bd77
Medinci HR 152 Ha59
Medingėnai LT 113 Jc55
Medininkai LT 115 Lb58
Medinyà E 49 Hb59
Mediona E 49 Gc61
Mediševa LV 107 Ld50
Medjuhana SRB 178 Bc69
Medkovec BG 179 Cc68
Medle S 80 Hc25
Medņi LV 107 Lc49
Medovo BG 181 Ed72
Medovo BG 181 Fa69
Médréac F 27 Ec39
Mędrzechów PL 138 Jc43
Medskogen S 86 Ed33
Medstugan S 78 Ed29
Medulin HR 151 Fa62
Medumi LV 115 Lb54
Meduno I 150 Ec57
Međurečje SRB 178 Ad67
Međurić HR 152 Gc60
Međurijećje MNE 159 Ja68
Meduši, Star. RUS 99 Ma40
Međuvođe BIH 152 Gc61
Medvedja SRB 174 Bc66
Medvedja SRB 178 Bc70
Medved'ov SK 145 Ha52
Medveja HR 151 Fb60
Medveja MD 172 Ed53
Medvenka RUS 203 Fa13
Medviđa HR 157 Ga64
Medvode SLO 151 Fb57
Medyka PL 139 Kc44
Medynia Głogowska PL 139 Ka43
Medze LV 105 Ja52
Medzev SK 138 Jc48
Medzilaborce SK 139 Ka46
Medžitlija MK 183 Bb76
Meeder D 134 Dc43
Meek N 77 Da31
Meenlaragh IRL 8 Ca15
Meerane D 127 Eb42
Meerapalu EST 99 Lc45
Meerbusch D 125 Bd39
Meerhout B 124 Ba39
Meerkerk NL 124 Ba37
Meerle B 124 Ad38
Meersburg D 142 Cd52
Meeth GB 19 Dd30
Meeuwen-Gruitrode B 124 Ba40
Mefjordvær N 62 Gb10
Méga Dério GR 185 Ea76
Méga Eleftherohóri GR 183 Bc80
Méga Kefalóvriso GR 188 Bb81
Megála GR 188 Bb81
Megáli Kápsi GR 188 Bb83
Megáli Panagía GR 184 Cc78
Megáli Stérna GR 183 Ca76
Megáli Vríssi GR 183 Ca76
Megalóhari GR 188 Ba82
Megalohóri GR 188 Bb81
Megalohóri GR 195 Ca88
Megálo Horió GR 197 Eb89
Megálo Horío GR 197 Ec92
Mégalo Livádi GR 195 Cd89
Megalópoli GR 194 Bb88
Méga Peristéri GR 182 Ba80
Mégara GR 189 Ca86
Megården N 66 Fd17
Mégaro GR 182 Ba79
Méga Spíleo GR 189 Bc86
Megeces E 46 Da61
Megève F 35 Ka46
Meggenhofen A 144 Fa51
Megísti GR 198 Ga93
Megrunn N 85 Dc36
Megyaszó H 147 Jd50
Mehadia RO 174 Cb64
Mehadica RO 174 Ca63
Mehamn N 64 Ka04
Mehedeby S 96 Gc40
Mehikoorma EST 99 Lc45
Mehlis, Zella- D 126 Dc42
Mehmed Paša = Sokolovici BIH 159 Hd64
Mehmetalanı TR 191 Ec82
Mehren D 133 Bd43
Mehring D 133 Bc44
Mehring D 143 Ec51
Mehringen D 127 Ea39
Mehrnbach A 143 Ed51
Mehrstetten D 142 Cd50
Mehtäkylä FIN 81 Jc26
Mehtäperä FIN 81 Jd27
Mehun-sur-Yèvre F 29 Gd42
Meiåvollen N 86 Eb32
Meiden CH 141 Bd56
Meidrim GB 14 Dc26
Meifod GB 15 Eb24
Meijel NL 125 Bb39
Meijerinkylä FIN 82 Ka25
Meilán E 36 Bc54
Meilen CH 141 Cb53
Meillant F 29 Ha44
Meillerie F 31 Kb44
Meillers F 30 Hb44
Meilūnai LT 114 Kd56
Meimoa P 45 Bc64
Meina I 148 Cb58
Meine D 126 Dc38
Meineringhausen D 126 Cd40
Meinersen D 126 Dc36
Meinerzhagen D 125 Ca40
Meinhard D 126 Db40
Meiningen D 126 Dc42
Meinkenbracht D 125 Cb40
Meira E 36 Bc54
Meirāni LV 107 Lb50
Meirás E 36 Ba53
Meiringen CH 141 Ca55
Meisburg D 133 Bc43
Meisenheim D 133 Ca45
Meisingset N 77 Db31
Meißen D 127 Ed41
Meißner D 126 Db40
Meitene LV 106 Kb52
Meitingen D 134 Dc49
Meixdevant-Virton B 132 Ba45
Meixedo P 44 Bb59
Meixide P 44 Bb59
Mejlby DK 100 Dc23
Mejorada E 46 Cd65
Mejrup Kirkeby DK 100 Da23
Męka PL 129 Hb39
Mekece TR 187 Gb79
Mekényes H 145 Hb56
Mekinjar HR 151 Ga63
Mekrijärvi FIN 83 Ma29
Mel I 150 Ea58
Mel N 84 Cc36
Melá GR 190 Da84
Melaje SRB 178 Ad69
Melalahti FIN 82 La30
Melalahti FIN 82 Kd25
Mélambes GR 200 Cd96
Meland N 63 Hd06
Meland N 84 Ca38
Melaniós GR 191 Dd85
Melánthio GR 182 Ba78
Melás GR 182 Ba77
Melates GR 188 Ad82
Melay F 34 Hd45
Melbārži LV 106 La49
Melbeck D 118 Dc34
Melbourn GB 20 Fd26
Melbourne GB 16 Fa23
Melbu N 66 Fc13
Melby DK 109 Eb25
Melč CZ 137 Ha45
Melchsee Frutt CH 141 Ca55
Meldal N 77 Dd31
Meldola I 156 Ea64
Meldorf D 118 Da31
Meldzere LV 105 Jc52
Melegnano I 149 Cc60
Melekçeoruç TR 187 Gb79
Melen N 78 Ec26
Melenci SRB 153 Jc59
Melendugno I 163 Hc77
Melenki RUS 203 Fb10
Meleski EST 98 La45
Melesse F 28 Ed39
Meleti I 149 Cd60
Meletovo RUS 107 Ma46
Melfi I 161 Ga74
Melfjorden N 71 Fb20
Melfort GB 6 Db12
Melgaço P 36 Ba58
Melgar de Arriba E 37 Cd58
Melgar de Fernamental E 38 Db58
Melgar de Yuso E 38 Db58
Melgarve GB 7 Dd09
Melholt DK 101 Dd21
Melhus N 77 Ea30
Meliana E 54 Fc67
Mélida E 39 Ed58
Melide CH 148 Cb58
Melide E 36 Ba55
Melides P 50 Ab70
Meligalás GR 194 Bb88
Meliki GR 183 Bd78
Melilli I 167 Fd87
Melineşti RO 175 Cd65
Meling N 92 Ca44
Melini CY 206 Jb97
Mélisey F 31 Ka40
Mélissa GR 189 Bd81
Melissa I 165 Gd80
Melissohóri GR 183 Ca77
Melissohóri GR 189 Ca85
Melissópetra GR 182 Ad79
Melissótopos GR 183 Bb77
Melissourgós GR 184 Cc78
Meliti GR 183 Bb77
Melitopol' UA 205 Fa16
Melito Porto Salvo I 164 Ga84
Melivia GR 183 Ca80
Melivia GR 184 Db76
Melk A 144 Fd51
Melkarlia N 71 Fb23
Melkas LV 106 Kc47
Melkkola FIN 91 Lb36
Melkoniemi FIN 91 Ld34
Melksham GB 19 Ec28
Mellajärvi FIN 74 Jc19
Mellakoski FIN 74 Jc19
Mellanfjärden S 88 Gc35
Mellansel S 80 Gd30
Mellansjö S 80 Ha28
Mellanström S 72 Gc22
Mellanzos E 37 Cc57
Mellau A 142 Da53
Mellby S 102 Ed46
Mellby S 103 Fc49
Mellbystrand S 110 Ed53
Melle D 126 Cc37
Melle F 32 Fc45
Melle I 148 Bc62
Mellen D 119 Ea34
Mellensee D 127 Ed37
Mellerud S 94 Ec45
Mellilä FIN 89 Jc38
Mellin D 127 Dd36
Mellinghausen D 118 Cd35
Mellingsmoen N 70 Fa24
Mellionnec F 27 Ea39
Mello F 23 Gd35
Mellomstrand N 92 Ca45
Mellösa S 95 Gb44
Mellrichstadt D 134 Db43
Melmerby GB 11 Ec17
Melnica MK 183 Bc74
Melnica SRB 174 Bd65
Melnice HR 151 Fc61
Mělnické Vtelno CZ 136 Fc43
Mel'nicy RUS 99 Ld45
Melnik BG 184 Cc75
Mělník CZ 136 Fb43
Mel'nikovo RUS 113 Ja58
Melnrage LT 113 Jb55
Melnsils LV 105 Jc48
Melón E 36 Ba57
Melouseia CY 206 Jc97
Meløysund N 71 Fb19
Meløyvær N 66 Ga11
Melrand F 27 Ea39
Melres P 44 Ad61
Melrose GB 11 Ec14
Mels CH 142 Cd54
Melsomvik N 93 Dd44
Melsted DK 111 Fc57
Melsträsk S 73 Hb24
Melsungen D 126 Da40
Melsvik N 63 Hd08
Meltaus FIN 69 Jd17
Meltham GB 16 Ed21
Melton Mowbray GB 16 Fb24
Meltosjärvi FIN 74 Jc19
Melun F 29 Ha38
Melvaig GB 4 Db06
Melvich GB 5 Ea04
Mélykút H 153 Ja57
Melzo I 149 Cc59
Memaliaj AL 182 Ab78
Membrilla E 52 Dc69
Membrillar E 38 Da57
Membrío E 51 Bc66
Memeceler TR 187 Gc80
Mēmele LV 106 Kd52
Memer F 41 Gd52
Memleben D 127 Ea40
Memmelsdorf D 134 Dc45
Memmingen D 142 Db51
Memória P 44 Ac65
Memucaj AL 182 Ab77
Mena UA 202 Ec13
Menaggio I 149 Cc57
Menai Bridge GB 15 Dd22
Mėnaičiai LV 114 Kb55
Menaldum NL 117 Bc33
Menàrguens E 48 Ga60
Menasalbas E 52 Da67
Menat F 34 Hb46
Menata I 150 Ea62
Menaza E 38 Db56
Menčiai LT 113 Jd53
Mencshely H 145 Ha55
Mendavia E 39 Eb58
Mende F 34 Hc51
Mendeleevsk RUS 203 Ga08
Menden D 125 Cb39
Mendenítsa GR 189 Bd84
Menderes TR 191 Ec86
Mendicino I 164 Gb80
Mendig D 133 Bd43
Mendiga P 50 Ab66
Mendigorría E 39 Ec57
Mendola I 166 Eb84
Ménéac F 27 Eb39
Menée F 35 Jc50
Menemen TR 191 Ec85
Menen B 21 Ha30
Menen B 124 Aa40
Meneou CY 206 Jc97
Ménerbes F 42 Jc53
Menesjärvi FIN 69 Jd11
Menestreau-en-Villette F 29 Gd40
Menetés GR 201 Eb95
Menetou-Salon F 29 Ha42
Ménétréol-sur-Sauldre F 29 Gd41
Menfi I 166 Eb85
Mengamuñoz E 46 Cd64
Mengara I 156 Eb67
Mengele LV 106 Kd51
Mengen D 142 Cd51
Mengen TR 205 Fa20
Mengerskirchen D 125 Cb42
Mengeš SLO 151 Fb57
Mengibar E 60 Db72
Mengiševo BG 180 Eb71
Mengkofen D 135 Eb49
Menidi GR 188 Ad82
Ménigoute F 32 Fc45
Ménil F 28 Fb40
Ménil-la-Tour F 25 Jc36
Menisjarvi FIN 69 Jd11
Menkijärvi FIN 81 Jc31
Mennetou-sur-Cher F 29 Gc42
Mennogeia CY 206 Jb97
Menonen FIN 89 Jd37
Menouille F 31 Jc44
Mens F 35 Jd50
Menslage D 117 Cb35
Mensträsk S 72 Ha24
Menstrup DK 109 Ea27
Mentana I 160 Eb71
Menteroda D 126 Dc40
Menteş TR 191 Eb86
Menteş TR 193 Gb86
Menteşe TR 192 Fd81
Menteşe TR 198 Fb89
Menton F 43 Kd53
Mentoulles I 148 Bb60
Méntrida E 46 Da65
Menz D 119 Ed34
Menzelinsk RUS 203 Ga08
Meopham GB 20 Fd28
Méounes-les-Montrieux F 42 Ka55
Mepal GB 20 Fd25
Meppel NL 117 Bc35
Meppen D 117 Ca35
Mequinenza E 48 Fd61
Mer F 29 Gc41
Mera E 36 Bb53
Mera RO 176 Ed62
Meråker N 78 Ec30
Meran I 142 Dc55
Merano I 142 Dc55
Merás E 37 Ca54
Merasjärvi S 68 Hc16
Merate I 149 Cc58
Mercadillo E 38 Dd55
Mercadillo E 45 Cc63
Mercatello I 156 Eb68
Mercatello sul Metauro I 156 Ea66
Mercatino Conca I 156 Eb65
Mercato I 161 Fc75
Mercato San Severino I 161 Fc75
Mercato Saraceno I 156 Ea65
Merćez SRB 178 Bb69
Merching D 142 Dc50
Mercœur F 33 Gd49
Mercogliano I 161 Fc75
Mercues F 33 Gb51
Mercurey F 30 Ja43
Merdanja BG 180 Ea70
Merdare KSV 178 Bb70
Merdrignac F 27 Ec39
Mere GB 19 Ec29
Meré E 37 Cd54
Merefa UA 203 Fa14
Merei RO 176 Ec64
Meremäe EST 107 Lc47
Merendero E 36 Bb54
Mereni MD 173 Fc59
Mereni MD 173 Fd58
Mereni RO 180 Dd67
Mereni RO 181 Fb68
Merenlahti FIN 91 Lb36
Mereşeni MD 173 Fc59
Mereşti RO 176 Ea60
Mereworth GB 20 Fd29
Mergenli TR 198 Fb91
Merghndeal RO 175 Dc61
Mergozzo I 148 Ca57
Mēri LV 106 La48
Méribel F 35 Kb47
Meriç TR 185 Eb77
Meriçler TR 197 Ed89
Meričleri BG 180 Dd73
Mérida E 51 Bd69
Mérignac F 32 Fb50
Mérignac F 32 Fc47
Mérignac F 32 Fc48
Mérihas GR 195 Cd89
Merijärvi FIN 81 Jd26
Merikarvia FIN 89 Ja35
Meriläinen FIN 81 Jd29
Merilänranta FIN 83 Ld28
Merimasku FIN 97 Ja39
Měřín CZ 136 Ga47
Mérindol F 42 Jc53
Mering D 142 Dc50
Meri-Pori FIN 89 Ja36
Merişani RO 175 Dc64
Mérk H 147 Kb51
Merkebekk N 93 Db44
Merkem B 21 Ha30
Merkendorf D 134 Dc47
Merkeşler TR 187 Hb78
Merkinė LT 123 Kc30
Merklin CZ 135 Ed46
Merklingen D 134 Da49
Merlevenez F 27 Ea40
Merlimont F 23 Gc31
Merlimont-Plage F 23 Gb31
Merlines F 33 Ha47
Mern DK 109 Eb28
Mernieki LV 106 Kb47
Mernye H 145 Ha56
Merone I 149 Cc58
Merošina SRB 178 Bd69
Merriott GB 19 Eb30
Merry-Sec F 30 Hc40
Mersch L 133 Bb44
Merschwitz D 127 Ed40
Merseburg D 127 Eb40
Mērsrags LV 105 Jd49
Mers-sur-Indre F 29 Gc44
Merstham GB 20 Fc29
Merstola FIN 89 Jb36
Mertajärvi S 68 Hd13
Mertala FIN 91 Lc33
Merthyr Cynog GB 15 Ea26
Merthyr Tydfil GB 19 Ea27
Merthyr Vale GB 19 Ea27
Mertingen D 134 Dc49
Mértola P 58 Ba72
Méru F 23 Gd35
Merufe P 36 Ad58
Mervans F 30 Jb43
Mervent F 28 Fb44
Merville F 23 Ha31
Méry-sur-Seine F 30 Hc38
Merza E 36 Ba56
Merzdorf D 127 Ed38
Merzen D 117 Cb36
Merzenich D 125 Bc41
Merzhausen D 141 Ca51
Merzifon TR 205 Fb20
Merzig (Saar) D 133 Bc45
Mesagne I 162 Hb76
Mesanagrós GR 197 Ed94
Mésandans F 31 Ka41
Mesão Frio P 44 Ba61
Mesariá GR 190 Da87
Mesas de Ibor E 51 Cb66
Meschede D 126 Cc40
Meschers-sur-Gironde F 32 Fa48
Mešeišta MK 182 Ba75
Meselefors S 79 Gb26
Meşelik TR 193 Hb85
Meşelik TR 197 Ed90
Meşendorf RO 176 Dd60
Meşeni MD 173 Fc56
Mesenikólas GR 188 Bb81
Meseşenii de Jos RO 171 Cd56
Meshaw GB 19 Dd29
Mesía E 36 Ba55
Mesiano I 164 Gb82
Mesić SRB 174 Bd63
Mesići BIH 159 Hd65
Mesihovina BIH 158 Gd66
Mesinge DK 109 Dd26
Meškalaukis LT 114 Kc54
Meskenvaara FIN 83 Ma30
Meškinė LT 113 Jc56
Mesklá GR 200 Cb95
Meškučiai LT 114 Kd59
Meškuičiai LT 114 Kb53
Meslan F 27 Dd39
Meslay-du-Maine F 28 Fb40
Meslon F 29 Ha44
Mesnali N 85 Ea37
Mešnik SRB 159 Jb65
Mesnil-Saint-Père F 30 Hd38
Mesnil-Sellières F 30 Hd38
Mesocco CH 142 Cc56
Mesogi CY 206 Hd98
Mesohóri GR 183 Bb76
Mesohóri GR 183 Bc80
Mesohóri GR 189 Bc82
Mesohóri GR 194 Bb89
Mesohória GR 190 Cd86
Mesola I 150 Ea61
Mesón do Vento E 36 Ba54
Mesones E 46 Dc63
Mesópirgos GR 188 Ba82
Mesopotamiá GR 182 Ba77
Mesopótamo GR 188 Ac81
Mesoraca I 165 Gd81
Mesorópi GR 184 Cd77
Mesóvouno GR 183 Bc77
Mespelbrunn D 134 Cd44
Mesquer F 27 Eb41
Messac F 28 Ed40
Messancy B 132 Ba45
Messanges F 39 Ed53
Messanges-Plage F 39 Ed53
Messaure S 73 Hb19
Meßdorf D 119 Ea35
Messeix F 33 Ha47
Messejana P 58 Ac72
Messelt N 86 Eb36
Méssi GR 184 Dc77
Messigny-et-Vantoux F 30 Jb41
Messina I 164 Ga83
Messingen D 117 Ca36
Messingham GB 16 Fb21
Messini GR 194 Bb89
Messinó GR 189 Bc86
Meßkirch D 142 Cc51
Messlingen S 86 Ed32
Messohóri GR 201 Eb95
Messolóngi GR 188 Ba84
Messongí GR 182 Ab80
Meßstetten D 142 Cc50
Mesta BG 184 Cc74
Mestá GR 191 Dd86
Mestanza E 52 Db70
Mestas E 37 Ca55
Městečko Trnávka CZ 137 Gc46
Městec Králové CZ 136 Fd44
Mestervik N 62 Gd10
Mésti GR 185 Dd77
Meštica BG 179 Cb71
Mestilä FIN 89 Jb37
Mestlin D 119 Eb33
Město Albrechtice CZ 137 Gd44
Město Libavá CZ 137 Gd45
Město Touškov CZ 135 Ed45
Mestre I 150 Ea60
Mesudiye TR 186 Fc80
Mesum D 117 Ca36
Mesutlar TR 199 Hb88
Mesvres F 30 Hd43
Mesztegnyő H 145 Gd56
Meta I 161 Fb75
Metajna HR 151 Fc63
Metallikó GR 183 Ca76
Metamórfosi GR 183 Bb78
Metamórfosi GR 189 Bc81
Metamórfosi GR 194 Ba89

Mo – Montmelian

Mo N 92 Cd42
Mo N 93 Db45
Mo N 94 Eb40
Mo N 94 Eb42
Mo S 79 Gb30
Mo S 79 Gb29
Mo S 80 Gd30
Mo S 87 Gb37
Mo S 94 Ed44
Mo S 94 Eb45
Moacșa RO 176 Eb61
Moaña E 36 Ad57
Moara RO 172 Eb56
Moara de Piatră MD 173 Fb55
Moara Nouă MD 173 Fb57
Moara Vlăsiei RO 176 Eb65
Moate IRL 13 Cb21
Moçan AL 182 Ad76
Mocejón E 52 Db66
Močenok SK 145 Ha50
Mochau D 127 Ed41
Móchlos GR 201 Dc96
Mochowo PL 122 Hd35
Mochrum GB 10 Dd17
Mochy PL 129 Gb38
Močidlec CZ 135 Ed44
Mociu RO 171 Db58
Mockai LV 114 Kb59
Möckern D 127 Eb37
Mockfjärd S 95 Fc40
Möckmühl D 134 Cd46
Mockrehna D 127 Ec40
Mockträsk S 73 Hd22
Moclin E 60 Db74
Moclinejo E 60 Da76
Mocra MD 173 Fd56
Mocsa H 145 Hb52
Mőcsény H 153 Hc57
Moczydły-Kukiłki PL 123 Ka35
Modane F 35 Kb48
Modave B 124 Ba42
Modbury GB 19 Dd32
Modelu RO 181 Ed67
Modena I 149 Db62
Möderbrugg A 144 Fb54
Moderki PL 123 Ka35
Moderówka PL 139 Jd45
Módi GR 189 Bd84
Modica I 167 Fc88
Modigliana I 156 Dd64
Modliborzyce PL 131 Ka41
Mödling A 145 Gb51
Modliszewko PL 129 Gd36
Modlna PL 130 Hc38
Modolicy RUS 99 Mb44
Modolo I 169 Bd76
Modra SK 145 Gd50
Modran BIH 152 Hb61
Modrany SK 145 Hb52
Modrava CZ 135 Ed48
Modrej SLO 151 Fa57
Modriach A 144 Fc55
Modriča BIH 152 Hb61
Modrica SRB 178 Bc68
Mõdriku EST 98 La42
Modrovka SK 137 Ha49
Modruš HR 151 Fd61
Modrý Kameň SK 146 Hd50
Modrze PL 129 Gb37
Modrzejowice PL 130 Jc40
Modrzewie PL 120 Fc33
Modugno I 162 Gc74
Moeche E 36 Bb53
Moëlan-sur-Mer F 27 Dd40
Moelfre GB 15 Dd21
Moelv N 86 Ea38
Moen N 67 Gc11
Moen N 78 Eb29
Moena I 149 Dd56
Moerdijk NL 124 Ad37
Moergestel NL 124 Ba38
Moers D 125 Bd39
Mofalla S 103 Fb47
Moffat GB 11 Eb15
Mofreita P 45 Bd59
Moftinu Mic RO 171 Cc55
Mogadouro P 45 Bd61
Mogata S 103 Gb46
Møgeltønder DK 108 Da28
Mogenstrup DK 100 Da23
Mogenstrup DK 109 Eb27
Mogente E 55 Fb70
Moggio I 149 Cd58
Moggio Udinese I 143 Ed56
Mögglingen D 134 Da48
Mogielnica PL 130 Jb39
Mogila BG 181 Ed70
Mogila MK 183 Bb76
Mogilany PL 138 Ja45
Mogili RUS 107 Ma51
Mogilište BG 181 Fb69
Mogilno PL 129 Ha36
Moglia I 149 Db61
Mogliano I 156 Ed67
Mogliano Veneto I 150 Ea59
Möglingen D 134 Cd48
Mogón E 61 Dd72
Mogor E 36 Ad57
Mogorić HR 151 Ga63
Mogoro I 169 Bd78
Mogoșani RO 176 Dd65
Mogoșești RO 173 Fa58
Mogoșești-Siret RO 172 Ed57
Mogosoaia RO 176 Ea66
Mogro E 38 Dc54
Moguer E 59 Bb74
Mogutovo RUS 99 Ma45
Mohács H 153 Hc58
Moharras E 53 Eb68
Moheda S 103 Fc51
Mohedas E 45 Ca64
Mohedas de la Jara E 52 Cc67
Mohelnice CZ 137 Gc45
Mohelno CZ 137 Gb48
Mohil IRL 13 Cb23
Mohill IRL 9 Cb19
Möhkö FIN 83 Mb30
Möhlau D 127 Eb39
Möhnesee D 125 Cb39
Möhnesee D 126 Cc39
Moholm S 103 Fb46
Mohon F 27 Eb39
Mohora H 146 Hd51
Mohorn D 127 Ed41
Mohós GR 201 Db96
Mohrkirch D 108 Db29
Mohtola FIN 90 La32
Mohyliv-Podil's'kyj UA 204 Eb16
Moi N 92 Cb45
Moià E 49 Gd60
Moie I 156 Ec66
Moikipää FIN 81 Hd31
Moilaila FIN 90 La33
Moimenta da Beira P 44 Bb62
Moinești RO 172 Ec59
Moinniemi FIN 91 Lc33
Moinsalmi FIN 91 Ld33
Móinteach Mílic IRL 13 Cb22
Mo i Rana N 71 Fb20
Moirans F 35 Jc48
Moirans-en-Montagne F 31 Jc44
Moirax F 40 Ga52
Moircy B 132 Ba43
Mõisaküla EST 98 Ka45
Mõisaküla EST 106 Kc46
Moisburg D 118 Db33
Moisei RO 171 Dc55
Moisio FIN 90 La34
Moisiovaara FIN 75 Lb24
Moissac F 40 Gb52
Moissac-Bellevue F 42 Ka53
Moissey F 31 Jc42
Moisson F 23 Gc36
Moisund N 92 Cd46
Moisy F 29 Gb40
Moita F 154 Cc70
Moita P 50 Ab69
Moitaselkä FIN 69 Kc17
Moixent E 55 Fb70
Möja S 96 Ha43
Mojácar E 61 Ec75
Mojados E 46 Da61
Mojęcice PL 129 Gb40
Mojeciu RO 176 Dd62
Mojkovac MNE 159 Jb68
Mojstrana SLO 144 Fa56
Møkland N 66 Fc12
Möklinta S 95 Gb41
Mokliště MK 183 Bd75
Mokobody PL 131 Jd36
Mokolai LV 114 Kb58
Mokra Gora SRB 159 Ja65
Mokre PL 121 Ha32
Mokre PL 129 Gb37
Mokren BG 180 Eb72
Mokreni MK 183 Bb74
Mokreš BG 179 Cc68
Mokrin SRB 153 Jc58
Mokrin SRB 174 Bb60
Mokro BIH 159 Hc65
Mokro MNE 159 Jb69
Mokronog SLO 151 Fd58
Mokronoge BIH 152 Gc63
Mokronoge BIH 158 Gd65
Mokro Polje HR 158 Gb64
Mokrous RUS 203 Ga11
Mokrzesz PL 130 Hd42
Mokrzyska PL 138 Jb44
Mokšan RUS 203 Fc11
Moksi FIN 90 Kb33
Møkster N 84 Bd40
Mol B 124 Ba39
Mol SRB 153 Jb58
Mola di Bari I 162 Gd74
Molái GR 195 Bd90
Molainiai LT 114 Kc54
Moland N 66 Fb14
Moland N 93 Da42
Molare I 148 Ca62
Molas F 40 Ga55
Molbergen D 117 Cb34
Mølby DK 108 Db26
Mold GB 15 Eb22
Moldava CZ 128 Fa42
Moldava nad Bodvou SK 138 Jc49
Mołdawin PL 120 Fd32
Molde N 76 Cd32
Moldova Nouă RO 174 Bd64
Moldova-Sulița RO 172 Dd55
Moldova Veche RO 174 Bd64
Moldovenești RO 171 Da59
Moldoveni RO 172 Ec58
Moldovița RO 172 Eb55
Møldrup DK 100 Db22
Moldusen N 94 Ed40
Moldvik N 66 Ga12
Moledo do Minho P 36 Ac58
Moleno CH 142 Cc56
Moléson CH 141 Bc55
Molești MD 173 Fd59
Molėtai LT 114 La56
Molezuelas de la Carballeda E 37 Ca58
Molfetta I 162 Gc74
Molfsee D 118 Dc30
Móli GR 183 Bd80
Moliden S 80 Gd30
Moliens-Dreuil F 23 Gc33
Molières F 40 Gb52
Moliets-et-Maa F 39 Ed53
Moliets-Plage F 39 Ed53
Molin SRB 153 Jc59
Molin SRB 174 Bb61
Molina I 150 Dd57
Molina Aterno I 160 Ed71
Molina de Aragon E 47 Ec63
Molina de Segura E 55 Fa72
Molinella I 150 Dd62
Molineuf F 29 Gb41
Molinges F 35 Jd45
Molinicos E 53 Eb71
Molinos E 36 Ac54
Molinos E 48 Fb63
Molinos de Duero E 47 Ea60
Molins del Rei E 49 Gd61
Moliterno I 161 Ga77
Molitg-les-Bains F 41 Ha57
Molkojärvi FIN 69 Jd16
Molkom S 94 Fa43
Molla S 102 Ed48
Mollafeneri TR 186 Ga78
Mollagjesh AL 182 Ac75
Molland N 93 Da46
Mollans-sur-Ouvèze F 42 Jc52
Mollaoğlu TR 193 Gc82
Mollas AL 182 Ac76
Mollasüleymanlı TR 192 Fc86
Möllbrücke A 143 Ed55
Mölle S 110 Ec54
Möllenhagen D 119 Ed33
Mollerussa E 48 Ga60
Mollet del Vallès E 49 Ha61
Mollia I 148 Ca58
Mollières F 43 Kc51
Mollina E 60 Cd75
Mollis CH 142 Cc54
Molln A 144 Fb52
Mölln D 119 Dd32
Möllösund S 102 Eb48
Mölltorp S 103 Fb46
Mølna N 78 Eb29
Mölnbo S 96 Gc44
Mølnbukt N 77 Dd29
Mölndal S 102 Eb49
Mölnebo S 102 Eb48
Mölnlycke S 102 Ec49
Molochișul Mare MD 173 Fd55
Moločišče RUS 107 Mb47
Molodi RUS 99 Ld45
Molodi RUS 107 Ma46
Mołodycz PL 139 Kc43
Molompize F 34 Hb49
Mólos GR 189 Bd83
Moloskovicy RUS 99 Ma41
Molovata MD 173 Fd57
Molovata Nouă MD 173 Fd57
Moloy F 30 Jb41
Moložva RUS 107 Ld46
Molpe FIN 81 Hd31
Molsheim F 25 Kb37
Mołtajny PL 122 Jb30
Moltjorda N 71 Fc18
Mołtowo PL 120 Ga31
Moltrasio I 149 Cd58
Moltustranda N 76 Cb33
Molunat HR 159 Hc69
Molve I 149 Dc57
Molvizar E 60 Db76
Mólyvos = Míthimna GR 191 Ea83
Molzbichl A 143 Ed55
Momán E 36 Bb54
Momarken N 94 Eb43
Mombaldone I 148 Ca62
Mombaroccio I 156 Ec65
Mombaruzzo I 148 Ca61
Mömbris D 134 Cd44
Mombuey E 45 Ca59
Momčilgrad BG 184 Dc75
Momino BG 180 Eb70
Momino Selo BG 180 Db73
Momin Sbor BG 180 Dd70
Mömlingen D 134 Cd45
Mommark DK 108 Dc28
Mommila FIN 90 Kb37
Momoty Górne PL 131 Kb42
Momrak N 93 Da44
Momuy F 39 Fb54
Mon CH 142 Cd55
Mon S 79 Fb26
Monå FIN 81 Ja29
Monachil E 60 Dc75
Monaghan IRL 9 Cc18
Monahiti GR 182 Ba79
Monar Lodge GB 6 Dc08
Monäs FIN 81 Ja29
Monasterace Marina I 164 Gc83
Monasterevin IRL 13 Cc22
Monasterio de la Sierra E 46 Dd59
Monasterio del Coto E 37 Bd55
Monasterio de Rodilla E 38 Dd58
Monastir I 169 Ca79
Monastiráki GR 184 Cd76
Monastiráki GR 188 Ad83
Monastyrek RUS 99 Ld42
Monastyrščina RUS 202 Ec12
Monastyryšče UA 204 Ec15
Monastyrys'ka UA 204 Ea16
Monbahus F 33 Ga51
Monbiel CH 142 Da55
Moncada E 54 Fc67
Moncalieri I 148 Bd60
Moncalvillo E 46 Dd59
Moncalvillo del Huete E 47 Ea65
Moncalvo I 148 Ca60
Monção P 36 Ad58
Moncarapacho P 58 Ad74
Moncel-sur-Seille F 25 Jd36
Mönchberg D 134 Cd45
Mönchdorf A 144 Fc50
Mönchengladbach D 125 Bc40
Mönchhof A 145 Gc52
Mönchholzhausen D 127 Dd41
Monchio delle Corti I 149 Da63
Monchique P 58 Ab73
Mönchkirchen A 144 Ga53
Mönchsdeggingen D 134 Dc48
Mönchsroth D 134 Db48
Monclar F 33 Ga51
Monclar-de-Quercy F 40 Gc53
Moncofa E 54 Fc66
Moncontour F 26 Eb38
Moncontour F 28 Fc43
Moncoutant F 28 Fb44
Monda E 60 Cc76
Mondaino I 156 Eb65
Mondariz E 36 Ad57
Mondavio I 156 Ec66
Mondéjar E 46 Dd65
Mondello, Partanna- I 166 Ec83
Mondim da Beira P 44 Ba61
Mondim de Basto P 44 Ba60
Mondolfo I 156 Ec65
Mondoñedo E 36 Bc54
Mondonville F 40 Gb54
Mondorf-les-Bains L 25 Jd34
Mondorf-les-Bains L 133 Bb45
Mondoubleau F 29 Ga40
Mondovì I 148 Bd62
Mondragon F 42 Jb52
Mondragone I 161 Fa74
Mondreganes E 37 Cd57
Mondriz E 36 Bc55
Mondsee A 143 Ed52
Möne S 102 Fa48
Moneasa RO 170 Cb58
Moneen IRL 8 Bd20
Moneglia I 149 Cc63
Monegrillo E 48 Fb61
Monein F 39 Fb55
Monemvassiá GR 195 Bd90
Moneo E 38 Dd56
Mones E 37 Ca54
Monesi I 148 Bc63
Monesiglio I 148 Bd62
Monesma y Cajigar E 48 Ga59
Monesterio E 51 Bd71
Monestier-de-Clermont F 35 Jd49
Monestiés F 41 Gd52
Moneteau F 30 Hc40
Moneva E 47 Fa62
Moneygall IRL 13 Ca22
Moneygold IRL 8 Ca17
Moneymore GB 9 Cd17
Moneyneany GB 9 Cd16
Moneyslane GB 9 Da18
Monfalcone I 150 Ed59
Monfarracinos E 45 Cb60
Monfero E 36 Bb54
Monflanquin F 33 Ga51
Monflorite E 48 Fc59
Monforte P 51 Bb68
Monforte d'Alba I 148 Bd62
Monforte del Cid E 55 Fb71
Monforte de Lemos E 36 Bb57
Monforte San Giorgio I 167 Fd84
Monghidoro I 155 Dc64
Mongiana I 164 Gc82
Mongiardino Ligure I 148 Cb62
Mongstad N 84 Ca37
Monguelfo I 143 Ea55
Monguillem F 40 Fc53
Monheim D 134 Dc48
Monheim am Rhein D 125 Bd40
Moniaive GB 10 Ea15
Moniatis CY 206 Ja97
Mon-Idée F 24 Hd33
Monifieth GB 7 Ec11
Moninmäki FIN 82 La31
Möniste EST 107 Lb48
Monistrol-d'Allier F 34 Hc49
Monistrol de Montserrat E 49 Gd61
Monistrol-sur-Loire F 34 Hd48
Mönkeberg D 118 Dc30
Monk Fryston GB 16 Fa20
Mońki PL 123 Ka32
Monleras E 45 Ca61
Monlezun-d'Armagnac F 40 Fc53
Monlong F 40 Ga55
Monmouth GB 19 Eb27
Monnai F 22 Fd37
Monnaie F 29 Ga41
Monnerville F 29 Gd38
Mönni FIN 83 Ld30
Monni FIN 90 Kb38
Monnickendam NL 116 Ba35
Monninkylä FIN 90 Kc38
Monnoinen FIN 97 Jb39
Monodéndri GR 182 Ad79
Monódrio GR 189 Cc85
Monolíthio GR 188 Ad81
Monólithos GR 196 Db92
Monólithos GR 197 Ed93
Monopoli I 162 Ha74
Monor H 146 Hd53
Monor RO 171 Dc57
Monoskylä FIN 89 Jd33
Monóspita GR 183 Bd77
Monostorapáti H 145 Ha55
Monóvar E 55 Fa71
Monpazier F 33 Ga51
Monreal D 133 Bd43
Monreal de Ariza E 47 Ec62
Monreal del Campo E 47 Ed63
Monreale I 166 Ec84
Monroy E 51 Ca66
Monroyo E 48 Fc63
Mons B 124 Ab41
Mons F 43 Kb53
Monsanto P 45 Bc65
Monsaraz P 50 Ba70
Monschau D 125 Bc42
Monsegur F 32 Fd51
Monselice I 150 Dd60
Monsheim D 133 Cb45
Mönsheim D 134 Cc48
Monsiega N 92 Cc44
Monsols F 34 Ja45
Mønsted DK 100 Db23
Monster NL 116 Ac36
Mönsterås S 103 Gb51
Monsummano Terme I 155 Db65
Montà I 148 Bd61
Montabaur D 125 Cb42
Montady F 41 Hb55
Montagna I 150 Dd60
Montagnac F 41 Hc54
Montagnac-d'Auberoche F 33 Gb49
Montagne F 35 Jc49
Montagnol F 41 Hb53
Montagny F 34 Hd46
Montaigu F 28 Fa43
Montaigu-de-Quercy F 40 Gb52
Montaiguët-en-Forez F 34 Hc45
Montaigu-les-Bois F 22 Fa37
Montaigut F 33 Ha45
Montaigut-le-Blanc F 33 Gc46
Montaigut-sur-Save F 40 Gb54
Montainville F 29 Gc39
Montaivo P 58 Ba72
Montalba-le-Château F 41 Ha57
Montalbán E 48 Fb63
Montalbán de Córdoba E 60 Cd73
Montalbanejo E 53 Ea67
Montalbano I 162 Ha75
Montalbano Elicona I 167 Fc84
Montalbano Jonico I 162 Gc77
Montalbo E 53 Ea66
Montalcino I 155 Dc67
Montaldo di Cosola I 149 Cc62
Montale I 155 Dc64
Montalegre P 44 Bb59
Montalieu-Vercieu F 35 Jc46
Montalivet-les-Bains F 32 Fa48
Montallegro I 166 Ec86
Montalto delle Marche I 156 Ed68
Montalto di Castro I 156 Dd70
Montalto Marina I 156 Dd70
Montalto Pavese I 149 Cc61
Montalto Uffugo I 164 Gb79
Montalvão P 50 Ba66
Montalvos E 53 Ec68
Montamarta E 45 Cb60
Montamy F 22 Fb36
Montán E 54 Fb66
Montana BG 179 Cc69
Montana CH 141 Bd56
Montañana E 48 Fb60
Montanaro I 148 Bd60
Montánchez E 51 Ca68
Montanejos E 54 Fb66
Montaner F 40 Fc55
Montano Antilia I 161 Fd77
Montans F 41 Gd53
Montargil P 50 Ad68
Montargis F 29 Ha39
Montargull E 48 Gb59
Montari FIN 90 Kc37
Montastruc-la-Coceillère F 40 Gc54
Montauban F 40 Gb53
Montauban-de-Bretagne F 27 Ec39
Montaud F 35 Jc48
Montazzoli I 161 Fb71
Montbard F 30 Hd41
Montbarrey F 31 Jc42
Montbazens F 33 Gd51
Montbazon F 29 Ga42
Montbéliard F 31 Ka40
Montbenidorm E 55 Fc71
Montbeugny F 30 Hc44
Montbizot F 28 Fd39
Montblanc E 48 Gb61
Montbovon CH 141 Bc55
Montbozon F 31 Jd41
Montbrand F 35 Jd50
Montbrió del Camp E 48 Gb62
Montbrison F 34 Hd47
Montbron F 33 Ga47
Montbrun-les-Bains F 42 Jc52
Montceau-les-Mines F 30 Ja44
Montceaux-les-Provins F 24 Hb37
Montcenis F 30 Ja43
Montchanin F 30 Ja43
Montchevrier F 33 Gc45
Montcornet F 24 Hc34
Montcresson F 29 Ha40
Montcuq F 40 Gb52
Montdardier F 41 Hc53
Mont-Dauphin F 35 Kb50
Mont-de-Marsan F 39 Fb53
Montdidier F 23 Gd34
Mont-Dol F 28 Ed38
Monteagudo E 48 Fb60
Monteagudo de las Salinas E 53 Ec66
Monteagudo de las Vicarías E 47 Eb61
Montealegre E 46 Cd59
Montealegre del Castillo E 55 Ed70
Montebello Vicentino I 150 Dd59
Montebelluna I 150 Ea59
Montebourg F 22 Fa35
Montebruno I 149 Cc62
Monte Buono I 156 Ea67
Montecalvo Irpino I 161 Fc74
Monte-Carlo MC 43 Kd53
Montecarotto I 156 Ec66
Montecastrilli I 156 Eb69
Montecatini Terme I 155 Db65
Montecchio I 156 Eb65
Montecchio Emilia I 149 Da62
Montecchio Maggiore I 150 Dd59
Monte Cerignone I 156 Eb65
Montech F 40 Gb53
Montechiarugolo I 149 Da62
Monteciccardo I 156 Eb65
Monte Claro P 50 Ba66
Montecorto E 59 Cb76
Montecorvino Rovella I 161 Fc75
Monte da Pedra P 50 Ba67
Monte das Flores P 50 Ad69
Monte de Baixo Grande P 58 Ba73
Monte de Goula P 44 Ba65
Montederramo E 36 Bb57
Montedor P 44 Ac59
Montedoro I 166 Ed86
Monte do Trigo P 50 Ba70
Monte Estremo F 154 Ca69
Montefalco I 156 Eb68
Montefalcone di Val Fortore I 161 Fc73
Montefalcone nel Sannio I 161 Fc71
Montefiascone I 156 Ea69
Monte Fidalgo P 50 Ba66
Montefiore Conca I 156 Eb65
Montefiore dell'Aso I 156 Ed68
Montefiorino I 149 Db63
Monteforte Cilento I 161 Fd76
Monteforte da Beira P 51 Bb66
Monteforte Irpino I 161 Fc75
Montefortino I 156 Ed68
Montefrío E 60 Da74
Montefurado E 36 Bc57
Montegil E 59 Cb75
Montegiordano Marina I 162 Gc77
Montegiorgio I 156 Ed67
Monte Gordo P 44 Ba65
Monte Gordo P 58 Ba74
Montegrotto Terme I 150 Dd60
Montehermoso E 45 Bd65
Montejaque E 59 Cb76
Montejícar E 60 Dc74
Montejo de Bricia E 38 Dc56
Montejo de la Sierra E 46 Dc62
Montejo de la Vega E 46 Dc61
Montejos del Camino E 37 Cc57
Montelanico I 160 Ec72
Montel-de-Gelat F 33 Ha46
Monteleone di Puglia I 161 Fd74
Monteleone di Spoleto I 156 Ec69
Monteleone d'Orvieto I 156 Ea68
Monteleone Rocca Doria I 168 Bd75
Montelepre I 166 Ec84
Montélimar F 42 Jb51
Montella I 161 Fc75
Montellano E 59 Cb75
Montellier F 34 Jb46
Monte Isola I 149 Da58
Montelungo I 149 Cd63
Montelupo Fiorentino I 155 Dc65
Montelupone I 156 Ed67
Montemaggiore Belsito I 166 Ed85
Montemagno I 148 Ca61
Montemarano I 161 Fc75
Montemarcello I 155 Cd64
Montemassi I 155 Db68
Montemayor E 60 Cd73
Montemayor del Río E 45 Cb64
Montemayor de Pililla E 46 Da61
Montemerano I 155 Dc69
Montemesola I 162 Ha76
Montemiletto I 161 Fc74
Montemilone I 162 Gb74
Montemolín E 51 Bd71
Montemonaco I 156 Ed68
Montemor-o-Novo P 50 Ad69
Montemor-o-Velho P 44 Ac64
Montemurro I 162 Gb77
Montendre F 32 Fc49
Montenegro de Cameros E 47 Ea59
Montenero I 155 Da66
Montenero di Bisaccia I 161 Fc71
Montenerodomo I 161 Fb71
Monteneuf F 27 Ec40
Monte Novo P 50 Ab70
Montepaone Lido I 164 Gc82
Montepescali I 155 Dc68
Monte Petrosu I 168 Cc74
Montepiano I 155 Dc64
Montepulciano I 156 Dd67
Monterchi I 156 Ea66
Monterde de Albarracín E 47 Ed64
Monte Real P 44 Ab65
Montereale I 156 Ec69
Montereale Valcellina I 150 Eb57
Montereau F 29 Ha38
Montereau F 29 Ha40
Monte Redondo P 44 Ac65
Monterenzio I 149 Dc63
Monteriggioni I 155 Dc66
Monte Romano I 156 Dd70
Monteroni d'Arbia I 155 Dc67
Monterosi I 156 Ea70
Monterosso al Mare I 155 Cd64
Monterosso Almo I 167 Fc87
Monterosso Calabro I 164 Gb82
Monterotondo I 160 Eb71
Monterotondo Marittimo I 155 Db67
Monterroso E 36 Bb56
Monterrubio de la Serena E 51 Cb70
Monterrubio de la Sierra E 45 Cb63
Montesa E 54 Fb69
Montesalgueiro E 36 Ba54
Monte San Biagio I 160 Ed73
Monte San Giusto I 156 Ed67
Monte San Maria Tiberina I 156 Ea66
Montesano Salentino I 163 Hc77
Montesano sulla Marcellana I 161 Ga77
Monte San Savino I 156 Dd67
Monte Sant'Angelo I 162 Gb72
Monte San Vito I 156 Ec66
Montesarchio I 161 Fb74
Montescaglioso I 162 Gc76
Montesclaros E 46 Cd65
Montesilvano Marina I 157 Fa69
Montespertoli I 155 Dc65
Montespluga I 142 Cc56
Montesquieu-Volvestre F 40 Gb55
Montesquieux F 40 Gb52
Montesquiou F 40 Fd54
Montestruc-sur-Gers F 40 Ga54
Monteux F 42 Jb52
Montevago I 166 Eb85
Montevarchi I 156 Dd66
Montevecchio I 169 Bd78
Monteveglio I 149 Dc63
Monteverde I 161 Ga74
Montevil P 50 Ab70
Montezemolo I 148 Bd62
Montfalcó Murallat E 48 Gc60
Montfaucon CH 141 Bc53
Montfaucon F 28 Fa43
Montfaucon-d'Argonne F 24 Jb35
Montfaucon-en-Velay F 34 Ja49
Montferrand-du-Périgord F 33 Ga50
Montferrat F 43 Kb53
Montfleur F 35 Jc45
Montfoort NL 116 Ba36
Montfort F 40 Ga53
Montfort NL 125 Bb40
Montfort-en-Chalosse F 39 Fb54
Montfort-l'Amaury F 23 Gc37
Montfort-sur-Meu F 28 Ed39
Montfort-sur-Risle F 23 Ga35
Montfranc F 41 Ha53
Montfrin F 42 Jb53
Montfront-le-Gesnois F 28 Fd39
Montgarri E 40 Gb57
Montgeron F 23 Gd37
Montgerval F 28 Ed39
Montgomery GB 15 Eb24
Montgueux F 30 Hc38
Montguyon F 32 Fc49
Monthermé F 24 Ja33
Monthey CH 141 Bb56
Monthois F 24 Ja35
Monthureux-sur-Saône F 31 Jd39
Monti I 168 Cb74
Montiano E 38 Dd56
Montiano I 155 Dc69
Monticchio Bagni I 161 Ga74
Monticelli I 162 Ha75
Monticelli d'Ongina I 149 Cd61
Monticelli Terme I 149 Da62
Montichiari I 149 Da60
Monticiano I 155 Dc67
Montiel E 53 Dd70
Montier-en-Der F 30 Ja38
Montieri I 155 Db67
Montiers-sur-Saulx F 24 Jb37
Montiglio I 148 Bd60
Montignac F 33 Gb49
Montignac-le-Coq F 32 Fd48
Montignac-sur-Charente F 32 Fd47
Montigny F 25 Ka37
Montigny F 29 Ha42
Montigny-la-Resle F 30 Hc40
Montigny-le Chartif F 29 Gb39
Montigny-Lencoup F 30 Hb38
Montigny-le-Roi = Val-de-Meuse F 31 Jc39
Montigny-lès-Metz F 25 Jd35
Montigny-sur-Aube F 30 Ja39
Montigny-sur-Loing F 29 Ha38
Montijo E 51 Bc69
Montijo P 50 Ab69
Montilla E 60 Cd73
Montilly F 30 Hb44
Montivilliers F 22 Fd34
Montjay F 42 Jd51
Montjean F 28 Fb40
Montjean F 32 Fd46
Montjean-sur-Loire F 28 Fb42
Montlaur F 41 Ha56
Mont-lès-Lamarche F 31 Jc39
Montlieu-la-Garde F 32 Fc49
Montlivault F 29 Gb41
Mont-Louis F 41 Gd58
Montlouis-sur-Loire F 29 Ga42
Montluçon F 33 Ha45
Montluel F 34 Jb46
Montmajor E 49 Gc59
Montmarault F 34 Hb45
Montmaur F 35 Jd50
Montmaurin F 40 Ga55
Montmédy F 24 Jb34
Montmelian F 35 Jd47

Nekla - Niva

Nekla PL 129 Gd37
Nekrasovo RUS 113 Ja58
Nekrasovskoe RUS 203 Fa09
Nelas P 44 Ba63
Nelaug N 93 Da45
Nelidovo RUS 202 Ec10
Nellimö FIN 69 Kb11
Nellingen D 134 Da49
Nelson GB 16 Ed20
Nelson GB 19 Ea27
Nemajūnai LT 114 Kc58
Nemakščiai LT 114 Ka56
Neman RUS 113 Jc57
Nemanjica MK 178 Bd73
Nemanskoe RUS 113 Jd57
Nembro E 37 Cc54
Nembro I 149 Cd58
Němčice nad Hanou CZ 137 Gd47
Neméa GR 195 Bd87
Nemecká SK 138 Hd48
Nemenčinė LT 114 La57
Nemescsó H 145 Gc53
Nemesgulács H 145 Gd55
Nemesnádudvar H 153 Hd57
Nemesvámos H 145 Ha54
Németkér H 146 Hc55
Nemežis LT 114 La58
Nemi I 160 Eb72
Nemojevo RUS 107 Ma48
Nemours F 29 Ha39
Nemška Loka SLO 151 Fc59
Nemšová SK 137 Ha48
Nemțeni MD 173 Fb58
Nemti H 146 Ja51
Nemunaitis LT 114 Kc59
Nemunėlio Radviliškis LT 106 Kd52
Nemyriv UA 204 Dd15
Nemyriv UA 204 Eb15
Nenagh IRL 13 Ca22
Nendeln FL 142 Cd54
Nenince SK 146 Hd50
Nénita GR 191 Dd86
Nennhausen D 127 Ec36
Nennslingen D 135 Dd48
Nenovo BG 181 Ed70
Nenset N 93 Dc44
Nentershausen D 125 Cb42
Nentershausen D 126 Db41
Nenthead GB 11 Ec17
Nenzing A 142 Cd54
Nenzingen D 142 Cc51
Neo Chorio CY 206 Hd97
Neo Chorio CY 206 Jc96
Néo Erásmio GR 184 Db77
Neohoráki GR 189 Cb85
Neohóri GR 182 Ac80
Neohóri GR 184 Cc78
Neohóri GR 185 Eb76
Neohóri GR 188 Ab81
Neohóri GR 188 Ad82
Neohóri GR 188 Ba84
Neohóri GR 189 Cb82
Neohóri GR 189 Cc85
Neohóri GR 194 Bb89
Néo Horió GR 200 Cc95
Néo Monastiri GR 189 Bc82
Neoneli I 169 Ca77
Néo Petrítsi GR 183 Cb76
Neorić HR 158 Gc66
Néo Ríssio GR 183 Ca78
Néo Sidirohóri GR 184 Dc77
Néos Marmarás GR 184 Cc80
Néo Soúli GR 184 Cc76
Néos Pagóntas GR 189 Cb84
Néos Skopós GR 184 Cc77
Nepi I 156 Ea70
Nepolje KSV 178 Ba71
Nepomuk CZ 136 Fa46
Neppermin D 120 Fb32
Neptun RO 181 Fc68
Nérac F 40 Fd52
Neratovice CZ 136 Fb44
Nerchau D 127 Ec40
Nerdal N 66 Ga14
Nerdvika N 77 Db30
Néré F 32 Fc46
Nerehta RUS 203 Fa09
Nereju RO 176 Ec62
Neresheim D 134 Db48
Neresnica SRB 174 Bd65
Nereta LV 114 Kd53
Neretaslauki LV 114 Kd53
Nereto I 157 Fa68
Nerezine HR 151 Fb62
Nerežišće HR 158 Gc67
Nerimdaičiai LT 113 Jd54
Neringa-Juodkrantė LT 113 Jb56
Neringa-Nida LT 113 Jb56
Neringa-Pervalka LT 113 Jb56
Neringa-Preila LT 113 Jb56
Néris-les-Bains F 33 Ha45
Nerja E 60 Db76
Nerkoo FIN 82 Kd28
Nerkoo FIN 89 Jc33
Nerkoonniemi FIN 82 Kd28
Nerl' RUS 202 Ed09
Nerokoúros GR 200 Cb95
Nerola I 156 Eb70
Nérondes F 29 Ha43
Nerotriviá GR 189 Cb84
Nerpio E 61 Eb72
Nersac F 32 Fd47
Nersingen D 134 Db49
Nerskogen N 77 Dd32
Nerva E 59 Bc72
Nervei N 64 Ka05
Nervesa della Battaglia I 150 Ea58
Nervi I 148 Cb63
Nerviano I 148 Cb59
Nes N 66 Fd14
Nes N 78 Ed26
Nes N 78 Eb29
Nes N 84 Cb35
Nes N 84 Cd36
Nes N 85 Dd39
Nes N 92 Cb43
Nes N 92 Cb46
Nes N 93 Db43
Nes NL 117 Bc32
Nesan N 78 Fa25
Nesberg N 66 Fd15
Nesbø N 84 Ca34
Nesbyen N 85 Dc39
Neschwitz D 128 Fb40
Nesebăr BG 181 Fa72
Neset N 63 Hb07
Neset N 78 Fa26
Neset N 92 Cd45
Nesflaten N 92 Cc42
Nesheim N 65 Kc09
Nesheim N 84 Cb38
Nesheim N 92 Ca43
Nesjahverfi IS 3 Bb06
Nes Jernverk N 93 Db45
Neskaupstaður IS 3 Bc05
Neslandsvatn N 93 Db44
Nesle F 23 Ha34
Nesna N 70 Fa21
Nesodden N 93 Ea42
Nesoddtangen N 93 Ea41
Nesovice CZ 137 Gc47
Nesscliff GB 15 Eb24
Nesse D 117 Cb32
Nesselwang D 142 Db52
Nessental CH 141 Ca55
Neßmersiel D 117 Cb32
Nestáni GR 194 Bc87
Nestavoll N 77 Dd33
Nesteri LV 107 Ld50
Nesterov RUS 113 Jd58
Nesterov RUS 202 Dd12
Nestiary RUS 203 Fc09
Neštin SRB 153 Ja60
Neston GB 15 Eb22
Nestório GR 182 Ba78
Nesttun N 84 Ca39
Nesvady SK 145 Hb51
Nesvik N 92 Cb43
Nésza H 146 Hd52
Netherfield GB 20 Fd30
Nether Langwith GB 16 Fa22
Netherley GB 7 Ed09
Netherton GB 11 Ed15
Netherwitten GB 11 Ed15
Netičkampis LV 114 Kb59
Netlandsnes N 92 Cc45
Netolice CZ 136 Fb48
Netphen D 125 Cb41
Netretic HR 151 Fd60
Nettaa FIN 98 Kb39
Netta II PL 123 Ka31
Nettancourt F 24 Ja36
Nettersheim D 125 Bc42
Nettetal D 125 Bc39
Nettlebed GB 20 Fb28
Nettleton GB 17 Fc21
Nettuno I 160 Eb73
Netunice CZ 135 Ed46
Netvořice CZ 136 Fb45
Neualbenreuth D 135 Eb45
Neuanspach D 134 Cc43
Neuberg an der Mürz A 144 Fd52
Neubeuern D 143 Eb52
Neubörger D 117 Cb34
Neubrandenburg D 119 Ed33
Neubruck A 144 Fd51
Neubrunn D 134 Da45
Neubukow D 119 Ea31
Neuburg D 143 Ed50
Neuburg an der Donau D 135 Dd49
Neuburg-Steinhausen D 119 Ea31
Neuchâtel CH 141 Bc54
Neuchâtel-Hardelot F 23 Gc31
Neuching D 143 Ea50
Neu Darchau D 119 Dd34
Neudau A 145 Gb54
Neudenau D 134 Cd46
Neudietendorf D 127 Dd41
Neudorf A 142 Dc54
Neudorf D 135 Ec43
Neudorf, Graben- D 133 Cb47
Neudrossenfeld D 135 Ea44
Neu-Eichenberg D 126 Db40
Neuenbürg D 134 Cc48
Neuenburg D 141 Bd51
Neuendettelsau D 134 Dc47
Neuendorf D 118 Cc33
Neuendorf D 128 Fa36
Neuenhagen D 120 Fb35
Neuenhagen D 128 Fa36
Neuenhaus D 117 Ca35
Neuenkirch CH 141 Ca54
Neuenkirchen D 117 Ca36
Neuenkirchen D 117 Cb36
Neuenkirchen D 118 Cd32
Neuenkirchen D 118 Db34
Neuenkirchen D 119 Ed31
Neuenkirchen-Vöhrden D 117 Cc36
Neuenrade D 125 Cb40
Neuenstadt D 134 Cd47
Neuenstein D 126 Da41
Neuenstein D 134 Da47
Neuenweg D 141 Ca51
Neuerburg D 133 Bb43
Neufahrn D 135 Eb49
Neufahrn D 143 Ea50
Neuf-Brisach F 31 Kc39
Neufchâteau B 132 Ba44
Neufchâteau F 31 Jc38
Neufchâtel-en-Bray F 23 Gb34
Neufchâtel-en-Saosnois F 28 Fd38
Neufchâtel-sur-Aisne F 24 Hc35
Neuffen D 134 Cd49
Neuf-Marché F 23 Gc35
Neufra D 142 Cd50
Neugattersleben D 127 Ea38
Neugersdorf D 128 Fc41
Neuhardenberg D 128 Fb36
Neuharlingersiel D 117 Cb32
Neuhaus A 144 Fd52
Neuhaus D 118 Da32
Neuhaus D 119 Dd33
Neuhaus D 135 Ea46
Neuhaus D 143 Ed50
Neuhaus am Rennweg D 135 Dd43
Neuhausen CH 141 Cb52
Neuhausen D 127 Ed42
Neuhausen D 128 Fb39
Neuhausen D 134 Cc48
Neuhausen ob Eck D 142 Cc51
Neuhaus-Schierschnitz D 135 Dd43
Neuhof D 134 Da43
Neuhof D 134 Dc46
Neuhofen an der Krems A 144 Fb51
Neuillay-les-Bois F 29 Gc44
Neuillé-Pont-Pierre F 29 Ga41
Neuilly-en-Donjon F 34 Hd45
Neuilly-en-Thelle F 23 Gd35
Neuilly-le-Réal F 30 Hc44
Neuilly-Saint-Front F 24 Hb36
Neuilly-sur-Eure F 29 Ga38
Neu-Isenburg D 134 Cc44
Neukalen D 119 Ec32
Neu Kaliß D 119 Ea34
Neukamperfehn D 117 Cb33
Neukieritzsch D 127 Eb41
Neukirch CH 142 Cc55
Neukirch D 128 Fa40
Neukirch D 128 Fb41
Neukirch D 142 Da52
Neukirchen A 143 Eb54
Neukirchen A 143 Ec51
Neukirchen D 108 Cd28
Neukirchen D 119 Dd30
Neukirchen D 126 Da41
Neukirchen D 127 Ec42
Neukirchen D 135 Ea46
Neukirchen D 135 Ec47
Neukirchen D 135 Ec48
Neukirchen am Walde A 144 Fa50
Neukirchen-Balbini D 135 Eb47
Neukirchen-Vluyn D 125 Bc39
Neukirchen-Wyhra D 127 Ec41
Neukloster D 119 Ea32
Neu Kosenow D 120 Fa32
Neulengbach A 144 Ga51
Neuler D 134 Db48
Neulikko FIN 75 Kd23
Neulingen D 134 Cc47
Neulise F 34 Hd46
Neulliac F 27 Ea39
Neu Lübbenau D 128 Fa38
Neum BIH 158 Ha68
Neumagen-Dhron D 133 Bd44
Neumark D 127 Eb42
Neumarkt A 144 Fa50
Neumarkt D 135 Dd47
Neumarkt I 150 Dd57
Neumarkt I 150 Dd57
Neumarkt am Wallersee A 143 Ed51
Neumarkt an der Ybbs A 144 Fc51
Neumarkt im Mühlkreis A 144 Fb50
Neumarkt in Steiermark A 144 Fb54
Neumarkt-Sankt Veit D 143 Eb50
Neumünster D 118 Db31
Neunburg vorm Wald D 135 Eb47
Neundorf D 127 Ea38
Neung-sur-Beuvron F 29 Gc41
Neunkirch CH 141 Cb52
Neunkirchen A 145 Gb52
Neunkirchen D 125 Cb41
Neunkirchen D 133 Bd46
Neunkirchen D 135 Dd46
Neunkirchen-Seelscheid D 125 Ca41
Neuötting D 143 Ec50
Neupetershain D 128 Fb39
Neupölla A 136 Fd49
Neupré B 124 Ba42
Neuranft D 120 Fb35
Neurázy CZ 135 Ed47
Neureichenau D 136 Fa49
Neurenberg = Nürnberg D 135 Dd46
Neuried D 133 Ca49
Neuruppin D 119 Ec35
Neusach A 143 Ed55
Neusalza-Spremberg D 128 Fb41
Neu Sankt Johann CH 142 Cc53
Neusäß D 142 Dc50
Neuschönau D 135 Ed48
Neuschoo D 117 Cb32
Neusiedl am See A 145 Gc51
Neusitz D 134 Db46
Neusorg D 135 Ea45
Neuss D 125 Bd40
Neussargues-Moissac F 34 Hb49
Neustadt D 119 Dd31
Neustadt D 119 Ec35
Neustadt D 126 Da36
Neustadt D 126 Dc39
Neustadt D 127 Dd42
Neustadt D 128 Fb41
Neustadt, Titisee- D 141 Ca51
Neustadt/ Donau D 135 Ea48
Neustadt am Kulm D 135 Ea45
Neustadt am Main D 134 Da44
Neustadt an der Aisch D 134 Dc46
Neustadt an der Orla D 127 Ea42
Neustadt an der Waldnaab D 135 Eb45
Neustadt an der Weinstraße D 133 Cb46
Neustadt bei Coburg D 135 Dd43
Neustadt-Glewe D 119 Ea33
Neustadt (Hessen) D 126 Cd41
Neustadt (Wied) D 125 Ca42
Neustift A 144 Fa50
Neustift im Stubaital A 143 Dd54
Neustrelitz D 119 Ed33
Neutraubling D 135 Eb48
Neutrebbin D 128 Fb36
Neu-Ulm D 142 Da50
Neuves-Maisons F 25 Jd37
Neuvic F 32 Fd49
Neuvic F 33 Gd48
Neuvic-Entier F 33 Gc47
Neuville F 33 Gc49
Neuville-aux-Bois F 29 Gd39
Neuville-de-Poitou F 28 Fd44
Neuville-les-Dames F 34 Jb45
Neuville-les-Decize F 30 Hb43
Neuville-sur-Saône F 34 Jb46
Neuvilly-en-Argonne F 24 Ja35
Neuvola FIN 90 Kd32
Neuvosenniemi FIN 82 Kd25
Neuvy-Bouin F 28 Fb44
Neuvy-le-Roi F 29 Ga41
Neuvy-Pailloux F 29 Gc43
Neuvy-Saint-Sépulcre F 29 Gc44
Neuvy-Sautour F 30 Hc39
Neuvy-sur-Barangeon F 29 Gd42
Neuvy-sur-Loire F 29 Ha41
Neuwied D 125 Ca42
Neuwiller-lès-Saverne F 25 Kb36
Neu Wulmstorf D 118 Db33
Neuzelle D 128 Fc38
Neuzina SRB 174 Bb62
Neu Zittau, Gosen- D 128 Fa37
Neva S 95 Fb41
Névache F 35 Kb49
Nevalan vaara FIN 75 Lb19
Nevardenai LT 113 Jd55
Neveja LV 105 Jc49
Neveklov CZ 136 Fb45
Nevel' RUS 202 Eb11
Neverėnai LT 113 Jc54
Neverėnai LT 115 Lc55
Neverfjord N 63 Ja06
Nevernes N 70 Ed23
Nevernes N 71 Fc20
Nevers F 30 Hb43
Nevesinje BIH 158 Hb67
Nevest HR 158 Gb65
Nevestino BG 179 Cb72
Neviano I 163 Hc77
Nevinnomyssk RUS 205 Fd16
Nevlunghavn N 93 Dc44
Nevrin TR 187 Gc77
Nevša BG 181 Ed70
New Abbey GB 10 Ea16
New Aberdour GB 5 Ed07
New Alresford GB 20 Fa29
Newark-on-Trent GB 16 Fb23
Newbald GB 16 Fb20
Newbiggin GB 11 Ed17
Newbiggin-by-the-Sea GB 11 Fa16
Newbliss IRL 9 Cc18
Newborough GB 15 Dd22
Newbridge IRL 8 Bd20
Newbridge IRL 13 Cc22
Newbridge-on-Wye GB 15 Ea25
New Buckenham GB 21 Ga25
Newburgh GB 5 Ed08
Newburgh GB 7 Eb12
Newburn GB 11 Ed16
Newbury GB 20 Fa28
Newby Bridge GB 11 Eb19
Newcastle GB 9 Da18
Newcastle GB 15 Eb25
Newcastle IRL 13 Ca24
Newcastle IRL 13 Cd21
Newcastle IRL 13 Da22
Newcastle Emlyn GB 14 Dc26
New Castleton GB 11 Ec15
Newcastle-under-Lyme GB 15 Ec23
Newcastle upon Tyne GB 11 Fa16
Newcastle West IRL 12 Bc24
Newchurch GB 14 Dc26
New Cumnock GB 10 Dd15
New Deer GB 5 Ed08
Newent GB 15 Ec26
Newgale GB 14 Db26
New Galloway GB 10 Dd16
New Grimsby GB 18 Cc32
Newham GB 11 Fa14
Newhaven GB 20 Fd30
New Holland GB 17 Fc21
Newick GB 20 Fd30
New Inn IRL 9 Cc19
Newinn IRL 13 Ca24
New Luce GB 10 Dc16
Newmachar GB 7 Ed09
Newmains GB 10 Ea13
New Malden GB 20 Fc28
Newmarket GB 4 Da05
Newmarket GB 20 Fd25
Newmarket IRL 12 Bc24
Newmarket on Fergus IRL 12 Bc23
New Mills GB 15 Ea24
New Mills GB 16 Ed22
New Milton GB 20 Ed30
Newnham Bridge GB 15 Ec25
New Pitsligo GB 5 Ed07
Newport GB 14 Dc26
Newport GB 15 Ec24
Newport GB 19 Eb28
Newport GB 20 Fa31
Newport IRL 8 Bc19
Newport IRL 12 Bd23
Newport Pagnell GB 20 Fb26
Newport Trench GB 9 Cd17
New Quay GB 14 Dc25
Newquay GB 18 Db31
New Romney GB 21 Ga30
New Ross IRL 13 Cc24
New Rossington GB 16 Fb21
Newry GB 9 Cd18
Newton Abbot GB 19 Ea31
Newton-Aycliffe GB 11 Fa17
Newtonhill GB 7 Ed09
Newton-le-Willows GB 15 Ec21
Newtonmore GB 7 Ea09
Newton-on-Trent GB 16 Fb22
Newton Poppleford GB 19 Ea30
Newton Stewart GB 10 Dd16
Newtown GB 15 Ea24
Newtown GB 15 Ec26
Newtown IRL 12 Bc22
Newtown IRL 12 Bd24
Newtown IRL 12 Bd24
Newtown IRL 13 Ca21
Newtown IRL 13 Ca22
Newtown IRL 13 Cc23
Newtownabbey GB 9 Da17
Newtownards GB 10 Db17
Newtownbreda GB 9 Da17
Newtownbutler GB 9 Cc18
Newtown Cunningham IRL 9 Cc15
Newtown Forbes IRL 9 Cb19
Newtownhamilton GB 9 Cd18
Newtown Saint Boswells GB 11 Ec14
Newtown Sandes IRL 12 Bb23
Newtownshandrum IRL 12 Bc24
Newtownstewart GB 9 Cc16
New Tredegar GB 19 Eb27
New Twopothouse IRL 12 Bd25
Nexø DK 111 Fd58
Nexon F 33 Gb47
Nežilovo MK 183 Bb74
Neznovo RUS 99 Ld40
Nezvěstice CZ 135 Ed46
Nianfors S 87 Gb36
Niáta GR 195 Bd90
Nibbiano I 149 Cc61
Nibe DK 100 Dc21
Nīca LV 113 Jb53
Nicaj-Shalë AL 159 Jb70
Nicastro I 164 Gc81
Niccone I 156 Ea67
Nice F 43 Kd53
Nicey F 30 Hd40
Nīcgale LV 115 Lb53
Nickby FIN 98 Kc39
Nickelsdorf A 145 Gd51
Nicknoret S 72 Ha24
Nicolae Bălcescu RO 172 Ed59
Nicolae Bălcescu RO 176 Ec66
Nicolae Bălcescu RO 177 Fc66
Nicolinț RO 174 Bd63
Nicolosi I 167 Fc85
Nicoreni MD 173 Fb55
Nicorești RO 176 Ed61
Nicosia I 167 Fb85
Nicotera I 164 Gb82
Nicpur MK 178 Ba73
Nicșeni RO 172 Ec55
Niculițel RO 177 Fc64
Nida LT 113 Jb56
Nida LV 113 Ja54
Nidda D 134 Cd43
Niddatal D 134 Cc43
Nidderau D 134 Cc43
Nideggen D 125 Bc41
Nídri GR 188 Ac83
Nidzica PL 122 Ja33
Niebieszczany PL 139 Ka45
Niebla E 59 Bc73
Nieblum D 108 Cd28
Nieborow PL 130 Ja37
Niebüll D 108 Da28
Niechanowo PL 129 Gd36
Niechcice PL 130 Hd40
Niechłonin PL 122 Hd34
Niechlów PL 129 Gb39
Niechobórz PL 139 Ka44
Niechorze PL 120 Fc31
Niedalino PL 120 Ga31
Niederaichbach D 135 Eb49
Niederalp A 144 Fd52
Niederalteich D 135 Ec49
Niederau D 128 Fa41
Niederaula D 126 Da42
Niederbronn-les-Bains F 25 Kc35
Niederdorf I 143 Ea55
Niedereschach D 141 Cb50
Niederfischbach D 125 Cb41
Niederfüllbach D 135 Dd44
Niedergörsdorf D 127 Ed38
Niederkirchen D 133 Ca45
Niederkrüchten D 125 Bc40
Niederlangen D 117 Ca34
Niederleger A 143 Dd53
Niederlehme D 128 Fa37
Niedermurach D 135 Eb46
Niederndodeleben D 127 Ea37
Niedernhall D 134 Da47
Niedernwöhren D 126 Da36
Niederöblarn A 144 Fa53
Niederoderwitz D 128 Fc41
Nieder-Olm D 133 Cb44
Niederorschel D 126 Dc40
Niederrossbach D 125 Cb42
Niedersachswerfen D 126 Dc39
Nieder-Seifersdorf D 128 Fc41
Niederstetten D 134 Da46
Niederstotzingen D 134 Db49
Niedersulz A 145 Gc50
Niederurnen CH 142 Cc54
Niederviehbach D 135 Eb49
Nieder-Waroldern D 126 Cd40
Niederwerrn D 134 Db44
Niederwiesa D 127 Ed42
Niederwinkling D 135 Ec48
Niederwölz A 144 Fb54
Niederzier D 125 Bc41
Niedęwiednik PL 137 Gc43
Niedoradz PL 128 Ga38
Niedorp NL 116 Ba34
Niedrzew PL 130 Hc37
Niedrzwica Duża PL 131 Ka40
Niedzbórz PL 122 Ja34
Niedzica PL 138 Jb46
Niedźwiada PL 123 Jd32
Niedźwiada PL 131 Kb39
Niedźwiedź PL 122 Hc34
Niedźwiedź PL 128 Fd37
Niedźwiedź PL 138 Ja46
Niegosławice PL 128 Ga39
Niegosławice PL 130 Jb42
Niegowa PL 130 Hd42
Niegowonice PL 138 Hd43
Niegripp D 127 Ea37
Nieheim D 126 Cd38
Niekursko PL 121 Gb34
Nieledew PL 131 Kd41
Nielisz PL 131 Kc41
Nielstrup DK 101 Dd19
Niemberg D 127 Eb39
Niemce PL 131 Kb39
Niemcza PL 129 Gc42
Niemczyn PL 121 Gd35
Niemegk D 127 Ec38
Niemelä FIN 64 Ka07
Niemelä FIN 74 Kd18
Niemelänkylä FIN 81 Jd27
Niemenhylä FIN 90 Kc37
Niemenkylä FIN 82 Ka28
Niemenkylä FIN 89 Jb35
Niemenkylä FIN 89 Ja32
Niemenkylä FIN 89 Ja36
Niemenkylä FIN 90 La32
Niemetal D 126 Da39
Niemica PL 120 Fc32
Niemica PL 121 Gb30
Niemijärvi FIN 83 Mb29
Niemikylä FIN 83 Lb29
Nieminen FIN 82 Kd27
Niemirów PL 131 Kb36
Niemis S 73 Jb20
Niemisel S 73 Hd21
Niemisjärvi FIN 82 Kd30
Niemisjärvi FIN 90 Kc32
Niemiskylä FIN 82 Kc28
Niemiskylä FIN 89 Jd32
Niemodlin PL 129 Gd42
Niemojki PL 131 Ka36
Nienadowa PL 139 Kb44
Nienburg D 118 Da35
Nienburg D 127 Ea38
Nienhagen D 126 Db36
Nienstädt D 126 Da37
Niepars D 119 Ed30
Niepołomice PL 138 Ja44
Nieporęt PL 130 Jb36
Nierstein D 133 Cb44
Niesi FIN 69 Jd17
Niesky D 128 Fc40
Niestetal D 126 Da40
Niestronno PL 121 Ha35
Nieszawa PL 121 Hb35
Nietkowice PL 128 Fd38
Nieuil F 33 Gb46
Nieuil-l'Espoir F 32 Fd45
Nieul-le-Dolent F 28 Ed44
Nieuw-Amsterdam NL 117 Ca35
Nieuwegein NL 116 Ba36
Nieuwekerk aan de IJssel NL 124 Ad37
Nieuwendijk NL 124 Ba37
Nieuwe Pekela NL 117 Ca34
Nieuwerkerken B 124 Ba40
Nieuweschans NL 117 Ca33
Nieuwkerke B 21 Ha30
Nieuwkoop NL 116 Ba36
Nieuwleusen NL 117 Bc35
Nieuw Milligen NL 116 Bb36
Nieuwolda NL 117 Ca33
Nieuwpoort B 21 Ha29
Nieuwpoort-Bad B 21 Ha29
Nieves (Capela) E 36 Bb53
Niewęgłosz PL 131 Kb38
Niewierz PL 122 Hc34
Niewiesze PL 137 Hb43
Niezabyszewo PL 121 Gd31
Niezgoda PL 129 Gc40
Nigrán E 36 Ac58
Nigrande LV 105 Jc52
Nigrita GR 184 Cc77
Nigula EST 98 Ka44
Niharra E 46 Cd64
Nihattula FIN 90 Ka37
Niilivaara FIN 68 Jc15
Niinikumpu FIN 91 Ld32
Niinilahti FIN 82 Kb30
Niinilahti FIN 83 Lc28
Niinimaa FIN 89 Jc32
Niinimäki FIN 82 Kb28
Niinimäki FIN 83 Lb31
Niinikoski FIN 90 Kc37
Niinisalo FIN 89 Jb34
Niinivedenpää FIN 82 Kc30
Niinivesi FIN 82 Kc30
Niirala FIN 83 Ma31
Niittumaa FIN 89 Ja36
Nijar E 61 Eb76
Nij Beets NL 117 Bc33
Nijemci HR 153 Hd60
Nijkerk NL 116 Bb36
Nijmegen NL 125 Bb37
Nijverdal NL 117 Bd36
Nikaranperä FIN 90 Ka32
Nikea GR 189 Bd81
Nikea GR 189 Cb86
Niki GR 183 Bb76
Niki GR 189 Bd81
Nikifóros GR 184 Da76
Nikinci SRB 153 Jb61
Nikíssiani GR 184 Cd77
Nikitari CY 206 Ja97
Nikitas GR 184 Cc79
Nikitsch A 145 Gc53
Nikjup BG 180 Dd70
Nikkala S 74 Jc21
Nikkaluokta S 67 Gd15
Nikkaroinen FIN 90 Kc35
Nikkeby N 63 Hb08
Nikkilä FIN 98 Kc39
Nikodim MK 183 Bc75
Nikokleia CY 206 Hd98
Nikolaeskoe RUS 99 Ma43
Nikolaevka BG 181 Fa70
Nikolaevka RUS 203 Fd10
Nikolaevo BG 180 Db70
Nikolaevo BG 180 Dd72
Nikolaevo BG 180 Eb72
Nikolaevo RUS 99 Mb45
Nikolaevsk RUS 203 Fd13
Nikola Kozlevo BG 181 Eb69
Nikolinac SRB 179 Ca67
Nikolinci SRB 174 Bc63
Nikolovo BG 180 Ea68
Nikol'sk RUS 203 Fd10
Nikol'skoe RUS 99 Mb40
Nikopol BG 180 Dc68
Nikopol' UA 205 Fa16
Nikópoli GR 183 Cb77
Nikópoli GR 188 Ad82
Nikosia = Lefkosia CY 206 Jb96
Nikrace LV 105 Jc52
Niksar TR 205 Fc20
Nikšić MNE 159 Hd68
Nikulanneva FIN 69 Ka11
Nilivaara S 68 Hc17
Nilsebu N 92 Cb43
Nilsiä FIN 82 La29
Nilüfer TR 186 Fc80
Nim DK 108 Db25
Nimereuca MD 173 Fc54
Nimes F 42 Ja53
Nimfasia GR 194 Bb87
Nimféo GR 183 Bb77
Nimfes GR 182 Ab79
Nimigea RO 171 Db56
Nimis I 150 Ed57
Nimisjärvi FIN 82 Kc25
Nimtofte DK 101 Dd23
Nin HR 157 Fd64
Nina EST 99 Lb44
Ninebanks GB 11 Ec17
Ninfield GB 20 Fd30
Ninivaara FIN 83 Lb29
Ninove B 124 Ab40
Niorcani MD 173 Fb53
Niort F 32 Fb45
Nipen N 66 Ga13
Nipuli FIN 90 Kd35
Nirza LV 107 Ma51
Niš SRB 178 Bb69
Nisa P 50 Ba66
Nișcani MD 173 Fc57
Niscemi I 167 Fb87
Niševac SRB 178 Bd68
Nisí GR 188 Ba86
Niška Banja SRB 178 Bd69
Niskala FIN 75 Kc20
Niskanperä FIN 74 Jd19
Niskanperä FIN 74 Jd20
Nisko PL 131 Ka42
Niskos FIN 89 Jc33
Nisou CY 206 Jb97
Nisovo BG 180 Ea69
Nispen NL 124 Ad38
Nisporeni MD 173 Fb58
Nissafors S 102 Fa50
Nissaki GR 182 Ab79
Nissan-lez-Enserune F 41 Hb55
Nissedal N 93 Da44
Nissi EST 98 Kb43
Nissí GR 183 Bc77
Nissí GR 183 Bd77
Nissilä FIN 82 Kc27
Nissumby DK 100 Cd22
Nissum Seminarieby DK 100 Cd22
Nistelrode NL 125 Bb38
Nisula FIN 90 Kc33
Nisus FIN 90 Kd36
Nitaure LV 106 Kd50
Nițchidorf RO 174 Bd61
Nithavris GR 200 Cd96
Niton GB 20 Fa31
Nitra SK 145 Hb50
Nitrianske Pravno SK 138 Hc48
Nitrianske Rudno SK 137 Hb48
Nitry F 30 Hc40
Nittedal N 93 Ea41
Nittel D 133 Bc45
Nittenau D 135 Eb47
Nittendorf D 135 Ea48
Nittorp S 102 Fa49
Niukkala FIN 91 Ld33
Niuraičiai LT 114 Kb53
Niūronys LT 114 Kd55
Nivå DK 109 Ec25
Niva FIN 83 Lb25

Nivala – Nufăru

Nivala FIN 82 Ka27
Nivankylä FIN 74 Jd18
Nivelles B 124 Ac41
Nivenskoe RUS 113 Ja59
Nivjanin BG 179 Cd69
Nivnice CZ 137 Ha48
Niwica PL 128 Fc39
Niwiska PL 128 Fd39
Niwiska PL 139 Jd43
Niyazcar TR 198 Ga89
Nižbor CZ 136 Fa45
Niziny PL 130 Jc42
Nižná SK 138 Hd47
Nižná Boca SK 138 Ja48
Nižna Polianka SK 139 Jd46
Nižná Slaná SK 138 Jb48
Nižnekamsk RUS 203 Ga08
Nižnij Novgorod RUS 203 Fb09
Nižný Hrabovec SK 139 Ka48
Nizovicy RUS 99 Ld45
Nizy-le-Comte F 24 Hc34
Nižyn UA 202 Ec14
Nizza Monferrato I 148 Ca61
Nizza = Nice F 43 Kd53
Njakaure S 73 Hb21
Njallavárri S 68 Hc17
Njallejaur S 72 Ha22
Njasviž BY 202 Ea13
Njavve S 72 Gc18
Njegoševo SRB 153 Ja58
Njegovuđa MNE 159 Ja67
Njellim FIN 69 Kb11
Njetsavare S 73 Hb19
Njivice HR 151 Fb61
Njuorggam FIN 64 Ka07
Njurunda S 88 Gc34
Njurundabommen S 88 Gc34
Njutånger S 87 Gb36
No DK 108 Cd24
Noailhac F 41 Ha54
Noailles F 23 Gd35
Noailly F 34 Hd45
Noale I 150 Ea59
Noalejo E 60 Db74
Noasca I 148 Bc59
Nöbbele S 103 Fc52
Nöbbele S 103 Fc52
Nöbbelöv S 111 Fb55
Nobber IRL 9 Cd20
Nöbdenitz D 127 Eb42
Nobitz D 127 Ec41
Noblejas E 52 Dc66
Noćaj SRB 153 Ja61
Nocé F 29 Ga38
Noceda E 37 Ca56
Nocedo de Curueño E 37 Cc56
Nocedo do Val E 36 Bb58
Nocelleto I 161 Fa74
Nocera Inferiore I 161 Fb75
Nocera Terinese I 164 Gb81
Nocera Umbra I 156 Eb67
Noceto I 149 Da61
Nochowo PL 129 Gc38
Noci I 162 Gd75
Nociglia I 163 Hc77
Nociunai LT 114 Kb53
Nociūnai LT 114 Kc56
Nocrich RO 175 Db61
Nodanö S 95 Ga41
Nodar E 36 Bb55
Nødebo DK 109 Ec25
Nødeland N 92 Cd47
Nödinge-Nol S 102 Ec48
Nods F 31 Ka42
Noé F 40 Gb55
Noepoli I 162 Gb77
Nœux-les-Mines F 23 Ha31
Noevci BG 179 Cb71
Noez E 52 Da66
Nofuentes E 38 Dd56
Nogale LV 105 Jd49
Nogales E 51 Bc70
Nogara I 149 Dc60
Nogarejas E 37 Ca58
Nogaro F 40 Fc54
Nogawczyce PL 137 Hb43
Nogent F 30 Jb39
Nogent-le-Roi F 23 Gc37
Nogent-le-Rotrou F 29 Ga38
Nogent-sur-Aube F 30 Hd38
Nogent-sur-Marne F 23 Gd37
Nogent-sur-Seine F 30 Hb38
Nogent-sur-Vernisson F 29 Ha40
Nogersund S 111 Fc55
Nogheredo I 150 Eb58
Nõgiaru EST 98 La45
Noginsk RUS 203 Fa10
Nogna F 31 Jc44
Nógrádmegyer H 146 Ja51
Nogueira E 36 Ba57
Nogueira de Ramuín E 36 Bb57
Noguera E 47 Ed64
Noguerueias E 54 Fb65
Nohant-en-Graçay F 29 Gc42
Nohant-Vic F 29 Gd44
Nohèdes F 41 Ha57
Nohfelden D 133 Bd45
Nohn D 133 Bc43
Nohra D 126 Dc40
Nohutalan TR 191 Ea86
Noia E 36 Ac55
Noicattaro I 162 Gd74
Noidanpola FIN 68 Ja14
Noidans-le-Ferroux F 31 Jd40
Noirefontaine F 31 Ka41
Noirétable F 34 Hc47
Noirlieu F 28 Fc43
Noirmoutier-en-l'Île F 27 Ec43
Nois E 36 Bc53
Noiseux B 124 Ba42
Noja E 38 Dd54
Nojewo PL 129 Gb36
Nojorid RO 170 Ca57
Nokia FIN 89 Jd36
Nokka FIN 90 Kc34
Nokkamäki FIN 82 La28
Nokkosmäenkulma FIN 89 Ja34
Nola I 161 Fb75
Nolay E 47 Eb61
Nolay F 30 Ja43
Noli I 148 Ca63
Nolimo FIN 74 Kc18
Nomansland GB 19 Ea30
Nõmba EST 97 Jc44
Nombela E 46 Da65
Nomeland N 92 Cd44
Nomeny F 25 Jd36
Nomexy F 31 Jd38
Nomí GR 189 Bc81
Nómia GR 195 Bd91
Nõmme EST 98 Kb42
Nõmmküla EST 97 Jd45
Nomparedes E 47 Eb61
Nonancourt F 23 Gb37
Nonant-le-Pin F 22 Fd37
Nonantola I 149 Dc62
Nonaspe E 48 Fd62
None I 148 Bc61
Nonnweiler D 133 Bd45
Nõnova EST 107 Lc47
Nontron F 33 Ga48
Nonvilliers F 29 Gb38
Nonza F 154 Cc68
Nõo EST 99 Lb45
Noordbeemster NL 116 Ba35
Noordwijk aan Zee NL 116 Ad36
Noordwijkerhout NL 116 Ad36
Noormarkku FIN 89 Ja35
Nopala FIN 91 Lb37
Nopankylä FIN 89 Ja33
Noposenaho FIN 81 Jd30
Noppikoski S 87 Fc36
Noppo FIN 90 Kb38
Nor N 84 Cc34
Nor N 94 Ec40
Nor S 87 Fd32
Nor S 94 Fa43
Nora S 87 Gb33
Nora S 88 Gd32
Nora S 95 Fc43
Nora S 95 Gb41
Norageliai LT 114 Kc59
Nørager DK 100 Db22
Noragugume I 169 Ca76
Norberg S 95 Ga41
Norbo S 95 Fd40
Norcia I 156 Ec68
Nordagutu N 93 Dc43
Nordanå S 110 Ed53
Nordanåker S 79 Ga30
Nordanås S 71 Ga23
Nordanås S 72 Gd22
Nordanås S 80 Gd27
Nordanholen S 95 Fc40
Nordankäl S 79 Ga29
Nordansjö S 79 Ga25
Nordarnøy N 66 Fb17
Nordausques F 21 Gc30
Nordbakk N 78 Fa26
Nordberg N 85 Db34
Nordbø N 93 Da47
Nordborg DK 108 Db27
Nordby DK 108 Cd26
Nordby DK 109 Dd25
Nordby N 86 Eb37
Nordby N 93 Ea41
Nordby N 93 Ea42
Nordbyen N 66 Fd17
Nordal N 84 Cb35
Norddeich D 117 Ca32
Norddorf D 108 Cd28
Nordeidet N 64 Jb06
Nordelph GB 17 Fd24
Norden D 117 Ca32
Norden S 72 Ha21
Nordendorf D 134 Dc49
Nordenham D 118 Cd32
Nordenskov DK 108 Da25
Norderåsen S 79 Fc30
Norderhov N 93 Dd41
Norderney D 117 Ca31
Norderön S 79 Fb31
Norderstedt D 118 Db32
Nord-Etnedal N 85 Dc37
Nordfjord N 66 Fd17
Nordfjordbotn N 67 Gd11
Nordfjordeid N 84 Cc34
Nordfjorden N 70 Fa20
Nord-Flatanger N 78 Eb26
Nord-Fogn N 92 Ca43
Nordfold N 66 Fd16
Nord-Gutvika N 70 Ec24
Nordhalben D 135 Ea43
Nordhallen S 78 Ed30
Nordhamna N 63 Ja05
Nordhastedt D 118 Da30
Nordhausen D 126 Dc39
Nordheim D 134 Cd47
Nordheim vor der Rhön D 134 Db43
Nordhella N 62 Gd09
Nordholz D 118 Cd32
Nordhorn D 117 Ca36
Nordhorsfjord N 70 Ec24
Nordhus N 63 Hd08
Nordingrå S 80 Gd31
Nordkirchen D 125 Ca38
Nordkisa N 94 Eb40
Nordkjosbotn N 67 Gd11
Nordkroken S 102 Ec47
Nordland N 66 Fa16
Nordleda D 118 Cd32
Nord-Leirvåg N 65 Kc07
Nordli N 71 Fb23
Nördlingen D 134 Db48
Nordmaling S 80 Ha29
Nordmannset N 64 Jc04
Nordmannset N 64 Jb06
Nordmannvik N 62 Ha09
Nordmark S 95 Fb42
Nordmela N 66 Fd11
Nordnes N 71 Fd18
Nordnesøya N 70 Ed19
Nordomsjön S 86 Fa35
Nordøyvågen N 70 Ed21
Nordre Gavesluft N 64 Ka05
Nordre Osen N 86 Ec37
Nordrollnes N 67 Gb12
Nord-Sel N 85 Dc35
Nordseter N 85 Ea37
Nordsinni N 85 Dd38
Nordsjö S 79 Ga29
Nordsjö S 87 Ga36
Nordskjørin N 78 Ea27
Nordskov DK 109 Dd26
Nord-Statland N 78 Eb26
Nordstemmen D 126 Db37
Nordstrand D 108 Da29
Nordstrand N 62 Gc10
Nordstrand N 76 Cc32
Nord-Værnes N 70 Fa19
Nordvågen N 64 Jc04
Nordvik FIN 97 Jc40
Nordvik N 65 Kd08
Nordvik N 70 Ed21
Nordvik N 77 Dc31
Nordvika N 77 Db29
Nordwalde D 125 Ca37
Nore N 85 Db40
Nore S 87 Ga35
Norem N 78 Eb28
Noreña E 37 Cc54
Noresund N 85 Dc40
Noret S 81 Hd27
Norfjärden S 88 Gc34
Norg NL 117 Bd33
Norges-la-Ville F 30 Jb41
Norgravsjö S 80 Gd28
Norhå DK 100 Da21
Norham GB 11 Ed14
Norheimsund N 84 Cb39
Norinkylä FIN 89 Ja32
Norje S 111 Fc54
Norma I 160 Ec72
Normandy GB 20 Fb29
Normanton GB 16 Fa21
Normée F 24 Hd37
Normlösa S 103 Fd47
Norn S 95 Fd40
Nornäs S 86 Fa36
Norola FIN 90 La34
Noroy-le-Bourg F 31 Jd40
Norra Åsum S 111 Fb55
Norra Avradsberg S 94 Fa40
Norra Björke S 102 Ec47
Norra Bredåker S 73 Hc21
Norra Fågelås S 103 Fb47
Norra Fårträsk S 72 Gd24
Norra Finnskoga S 86 Ed38
Norra Fjällnäs S 71 Fd22
Norrahammar S 103 Fb49
Norra Härene S 102 Ed46
Norra Hjulbäck S 95 Fc39
Norra Holmnäs S 72 Ha22
Norra Kedum S 102 Ed46
Norråker S 79 Gb25
Norråker S 79 Fd26
Norrala S 87 Gb37
Norra Latikberg S 79 Gb26
Norra Löten S 86 Ed38
Norra Lundby S 102 Fa47
Norra Mellby S 110 Fa54
Norra Möckleby S 103 Gb52
Norrånös S 79 Ga29
Norra Ny S 94 Fa40
Norra Örnäs S 72 Gb23
Norra Prästholm S 73 Hd21
Norra Rörum S 110 Fa55
Norra Sandby S 110 Fa54
Norra Sandsjö S 103 Fc50
Norra Skärvången S 79 Fb29
Norra Stensund S 72 Gb23
Norra Sunderbyn S 73 Hd22
Norra Ullerud S 94 Fa43
Norra Umstrand S 71 Ga24
Norra Unnaryd S 102 Fa49
Norra Vallgrund FIN 81 Hd30
Norra Vånga S 102 Fa47
Norra Vi S 103 Fd48
Norra Volgsjöfors S 79 Gb26
Norrback FIN 89 Ja32
Norrbäck S 80 Gc25
Norrberg S 72 Gb24
Norrbo S 87 Gb35
Norrboda FIN 96 Hc40
Norrboda S 87 Fd37
Norrboda S 96 Gd39
Norrby FIN 81 Jb28
Norrby S 80 Hb26
Norrby S 95 Gb41
Norrbyås S 95 Fd44
Norrbyberg S 80 Gd25
Norrbyn S 80 Hb29
Norrdal S 72 Gb24
Nørre Aaby DK 108 Dc26
Nørre Alslev DK 109 Eb28
Nørre Bork DK 108 Cd25
Nørre Broby DK 108 Dc27
Nørreby DK 109 Ea28
Nørre Halne DK 100 Dc20
Nørre Havrvig DK 108 Cd24
Nørre Herlev DK 109 Ec25
Nørre Jernløse DK 109 Eb26
Nørre Knudstrup DK 100 Db23
Nørre Kongerslev DK 100 Dc21
Nørre Lyndelse DK 108 Dc27
Nørre Lyngby DK 100 Dc20
Nørre Nebel DK 108 Cd25
Nørre Snede DK 108 Db24
Nørresundby DK 100 Dc21
Nørre Vejrup DK 108 Da26
Nørre Vilstrup DK 108 Db25
Nørre Vissing DK 108 Dc24
Nørre Vorupør DK 100 Cd21
Norrfjärden S 73 Hd23
Norrfjärden S 80 Hc28
Norrflärke S 80 Ha30
Norrfors S 80 Gd27
Norrfors S 80 Ha28
Norrgårdssälen S 86 Fa38
Norrhed S 73 Hc20
Norrhult S 103 Fd51
Norrlån S 73 Hd20
Norrköping S 103 Ga46
Norrlanda S 104 Ha49
Norrlångträsk S 73 Hc24
Norrmjöle S 80 Hb29
Norrnäs FIN 89 Hd32
Norrnäs S 79 Ga28
Norrsjön S 79 Fd26
Norrskedika S 96 Gd40
Norrsundet S 87 Gb38
Norrtälje S 96 Ha42
Norrtannflo S 79 Gb30
Norrvik S 80 Gc26
Nors DK 100 Da21
Norsholm S 103 Ga46
Norsjö S 80 Ha25
Norsjövallen S 80 Ha25
Norskbukta N 65 Kc07
Norsminde DK 108 Dc24
Nörten-Hardenberg D 126 Db39
Northallerton GB 11 Fa18
Northam GB 18 Dc29
Northampton GB 20 Fb25
North Berwick GB 11 Ec13
Northchapel GB 20 Fb29
North Charlton GB 11 Fa15
North Dalton GB 16 Fb20
Northeim D 126 Db39
North Ferriby GB 17 Fc20
North Ferriby GB 17 Fc21
North Grimston GB 16 Fb19
Northiam GB 21 Ga30
North Kilworth GB 20 Fa25
Northleach GB 20 Ed27
North Molton GB 19 Dd29
North Petherton GB 19 Eb29
North Somercotes GB 17 Fd21
North Tawton GB 19 Dd30
North Thoresby GB 17 Fc21
North Tidworth GB 20 Ed29
Northton GB 4 Cd06
Northwall GB 5 Ed02
North Walsham GB 17 Gb23
North Weald Bassett GB 20 Fd27
Northwich GB 15 Ec22
Northwood GB 15 Eb23
North Wootton GB 17 Fd24
Nortmoor D 117 Cb33
Norton GB 16 Fb19
Nortorf D 118 Db30
Nortrh Creake GB 17 Ga23
Nortrup D 117 Cb35
Nort-sur-Erdre F 28 Ed41
Noruliai LT 123 Kd30
Norum N 84 Cd37
Norum S 102 Eb48
Norup DK 100 Dc22
Norup DK 108 Dc26
Norvaišiai LT 114 La54
Norvajärvi FIN 74 Jd18
Norvalahti FIN 74 Jd18
Nörvenich D 125 Bc41
Norwich GB 17 Gb24
Norwick GB 5 Fa03
Nosivka UA 202 Ec14
Noskovo RUS 107 Ma46
Nosków PL 129 Gd38
Noşlac RO 171 Da59
Nosovo RUS 107 Ld49
Nøss N 66 Fd11
Nossa Senhora da Graça do Divor P 50 Ad69
Nossa Senhora das Neves P 50 Ad71
Nossa Senhora da Torega P 50 Ad70
Nossa Senhora de Machede P 50 Ba69
Nossebro S 102 Ed47
Nössemark S 94 Eb44
Nossen D 127 Ed41
Nossendorf D 119 Ed31
Nösslinge S 102 Ec50
Noss Mayo GB 19 Dd32
Nösund S 102 Eb47
Noszolop H 145 Gd54
Notaresco I 157 Fa69
Notėnai LT 113 Jc54
Nótia GR 183 Bd76
Nötö FIN 97 Ja41
Noto I 167 Fc88
Notodden N 93 Dc42
Notre-Dame-de-Gravenchon F 23 Ga35
Notre-Dame-de-Monts F 27 Ec43
Notre Dame du Laus F 35 Ka50
Nötsch A 143 Ed56
Nottage GB 19 Dd28
Nottebäck S 103 Fd51
Nottingham GB 16 Fa23
Nöttja S 102 Fa52
Nottuln D 125 Ca37
Nouaillé-Maupertuis F 32 Fd45
Nouan-le-Fuzellier F 29 Gd41
Nouans-les-Fontaines F 29 Gb42
Nouart F 24 Ja34
Nousiainen FIN 97 Jb39
Nousionmäki FIN 82 La29
Nousu FIN 69 Kd16
Nouvelle F 29 Ha44
Nouvion F 23 Gc32
Nouzonville F 24 Ja33
Nõva EST 98 Ka43
Nova H 145 Gc56
Nová Baňa SK 146 Hc50
Nova Borova UA 202 Eb14
Nova Breznica MK 178 Bb73
Nová Bystrica SK 138 Hc47
Nová Bystřice CZ 136 Fd48
Novačane BG 180 Dc69
Novačene BG 179 Cd70
Nova Černa BG 180 Eb68
Novaci MK 183 Bb76
Novaci RO 175 Cd63
Nova Crnja SRB 153 Jc59
Nova Crnja SRB 174 Bb61
Nová Dubnica SK 137 Hb48
Novafeltria I 156 Ea65
Nova Gorica SLO 150 Ed58
Nova Gradiška HR 152 Gd60
Novaja Bur'a RUS 99 Ma40
Novaja Derevnja RUS 113 Jb58
Novaja Kališče RUS 99 Ma39
Novaja Ladoga RUS 202 Eb08
Novajidrány H 139 Jd49
Nova Kachovka UA 205 Fa16
Nova Kamena BG 181 Ed69
Nova Kapela HR 152 Ha60
Nova Kasaba BIH 159 Hd64
Nová Kelča SK 139 Ka47
Novakovo BG 184 Dc74
Nováky SK 137 Hb49
Novalaise F 35 Jd47
Novales E 48 Fc59
Novalesa I 148 Bb60
Nova Levante I 143 Dd56
Novalja HR 151 Fc63
Novallas E 47 Ed59
Novalukoml' BY 202 Eb12
Nova Mahala BG 184 Da74
Nova Nadežda BG 185 Dd74
Nova Odesa UA 204 Ed16
Nová Paka CZ 136 Fd43
Nová Pec CZ 136 Fa49
Novara I 148 Cb59
Nova-Rača HR 152 Gc59
Novara di Sicilia I 167 Fd84
Nová Říše CZ 136 Fd48
Nová Sedlica SK 139 Kb47
Nova Šipka BG 181 Ed71
Nova Siri I 162 Gc77
Novate Mezzola I 149 Cd57
Nova Topola BIH 152 Gd61
Nova Ušycja UA 204 Eb16
Nova Varoš SRB 159 Jb66
Nova vas SLO 151 Fb59
Nová Ves CZ 136 Fb44
Nová Ves nad Žitavou SK 145 Hb50
Nová Viska CZ 135 Ed43
Nova Vodolaha UA 203 Fa14
Nova Zagora BG 180 Ea72
Nove I 150 Dd59
Nové Heřminovy CZ 137 Gd44
Nové Hrady CZ 136 Fc49
Nové Hrady CZ 137 Gb45
Novelda E 55 Fb71
Novelda del Guadiana E 51 Bc68
Novellara I 149 Db61
Nové Město nad Metují CZ 137 Gb43
Nové Mesto nad Vahom SK 137 Ha49
Nové Město na Moravě CZ 136 Ga46
Nové Město pod Smrkem CZ 128 Fd42
Nové Mitrovice CZ 136 Fa46
Noventa Vicentino I 150 Dd60
Noves F 42 Jb53
Novés E 46 Da65
Nove Sady SK 145 Ha50
Nové Strašecí CZ 136 Fa44
Nové Veselí CZ 136 Ga46
Nové Zámky SK 145 Hb51
Novgorod RUS 202 Eb09
Novgorodka RUS 107 Ma49
Novgorodskoje RUS 113 Ja58
Novgrad BG 180 Dd69
Novhorodka UA 204 Ed15
Novhorod-Sivers'kyj UA 202 Ed13
Novi Bečej SRB 153 Jb59
Novi Beograd SRB 153 Jc61
Novi Bilokorovyči UA 202 Eb14
Novi di Modena I 149 Db61
Novi Dojran MK 183 Ca76
Noviercas E 47 Ec60
Novi Glog SRB 178 Bb72
Novi Grad BIH 152 Gb61
Novi Grad BIH 152 Hb61
Novigrad HR 150 Ed60
Novigrad HR 157 Ga64
Novigrad-Podravski HR 152 Gc58
Novi Han BG 179 Cd71
Novi Iskăr BG 179 Cc71
Nøvik N 78 Eb28
Novi Karlovci SRB 153 Jc61
Novi Kneževac SRB 153 Jb57
Novi Korito SRB 179 Ca68
Novi Kozarci SRB 153 Jc58
Novi Kozarci SRB 174 Bb60
Novi Kozjak SRB 174 Bb62
Novi Ligure I 148 Cb61
Noville B 132 Ba43
Novi Marof HR 152 Gb57
Novion-Porcien F 24 Hd34
Novi Pazar BG 181 Ed70
Novi Pazar SRB 178 Ba69
Novi Sad SRB 153 Jb60
Novi Sanžary UA 204 Ed15
Novi Šeher BIH 152 Hb63
Novi Selo SRB 174 Bc65
Novi Slankamen SRB 153 Jc60
Novi Travnik BIH 158 Ha64
Novi Varoš HR 152 Gd61
Novi Vinodolski HR 151 Fc61
Novi Žednik SRB 153 Ja58
Novoaleksandrovsk RUS 205 Fd16
Novoanninskij RUS 203 Fc13
Novoarchanhel's'k UA 204 Ec15
Novoazovs'k UA 205 Fb16
Novo-Bobrujsk RUS 113 Jb59
Novo Brdo KSV 178 Bc71
Novočeboksarsk RUS 203 Fc09
Novočerkassk RUS 205 Fc15
Novocimljanskaja RUS 203 Fd14
Novofedorivka UA 204 Ed17
Novohrad-Volyns'kyj UA 202 Eb14
Novokašpirskij RUS 203 Ga10
Novokolhoznoe RUS 113 Jc57
Novokubansk RUS 205 Fd16
Novokujbyševsk RUS 203 Ga10
Novo Mesto SLO 151 Fd59
Novomičurinsk RUS 203 Fa11
Novomihajlovskij RUS 205 Fc17
Novo Miloševo SRB 153 Jc58
Novo Miloševo SRB 174 Bb60
Novomoskovsk RUS 203 Fa11
Novomoskovs'k UA 205 Fa15
Novomykolajivka UA 204 Ed17
Novomykolajivka UA 205 Fa15
Novomyrhorod UA 204 Ed15
Novonikolaevskij RUS 203 Fc13
Novonikolskoe RUS 107 Ma47
Novooleksijivka UA 205 Fa17
Novo Orahovo SRB 153 Ja58
Novo Paničarovo BG 181 Ed73
Novopavlovsk RUS 205 Ga17
Novopokrovka UA 205 Fa15
Novopokrovskaja RUS 205 Fd16
Novopskov UA 203 Fb14
Novorossijsk RUS 205 Fc17
Novoržev RUS 202 Eb10
Novosad SK 139 Ka49
Novošahtinsk RUS 205 Fc15
Novo Sancti Petri E 59 Bd77
Novosedly nad Nežárkou CZ 136 Fc48
Novosel BG 181 Ec70
Novoselci BG 181 Ed73
Novosel'e RUS 99 Ld43
Novosel'e RUS 99 Ma45
Novosel'e RUS 99 Ma45
Novosel'e RUS 99 Mb44
Novosel'e RUS 99 Mb45
Novoselec BG 180 Ea73
Novoselija BIH 152 Gd62
Novoselivs'ke UA 205 Fa17
Novo Selo BG 174 Cb66
Novo Selo BG 179 Ca73
Novo Selo BG 179 Cc72
Novo Selo BG 180 Dd70
Novo Selo BG 180 Eb68
Novo selo BG 185 Ea75
Novo Selo BIH 152 Hb61
Novo Selo MK 183 Ca75
Novo Selo SRB 153 Ja62
Novo Selo SRB 178 Bb67
Novosokol'niki RUS 202 Eb10
Novostroevo RUS 113 Jc59
Novotroickoe RUS 203 Fc10
Novotrojic'ke UA 205 Fa17
Novotulka RUS 203 Ga12
Novoukrajinka UA 204 Ed16
Novouljanovsk RUS 203 Fd10
Novouzensk RUS 203 Ga12
Novovolyns'k UA 204 Dd15
Novo Zvečevo HR 152 Ha59
Novska HR 152 Gd60
Nový Bor CZ 128 Fb42
Nový Bydžov CZ 136 Fd44
Nový Dvůr CZ 137 Ha45
Nový Dwór PL 128 Ga40
Novyj Oskol RUS 203 Fb13
Novyj Buh UA 204 Ed16
Nový Jičín CZ 137 Ha46
Novyj Izborsk RUS 107 Ld47
Novyj Usitva RUS 107 Ld48
Nový Knín CZ 136 Fb45
Nový Malín CZ 137 Gc45
Nový Rychnov CZ 136 Fd47
Nowa Brzeźnica PL 130 Hc41
Nowa Cerekwia PL 137 Ha44
Nowa Dęba PL 139 Jd43
Nowa Huta PL 138 Ja44
Nowa Karczma PL 121 Ha31
Nowa Rozedranka PL 123 Kb32
Nowa Ruda PL 137 Gb43
Nowa Sarzyna PL 139 Ka43
Nowa Słupia PL 130 Jc41
Nowa Sól PL 128 Ga39
Nowa Somianka PL 130 Jc36
Nowa Sucha PL 130 Ja37
Nowa Wieś PL 122 Jc34
Nowa Wieś Ełcka PL 123 Jd31
Nowa Wieś Lęborska PL 121 Gd29
Nowa Wieś Wielka PL 121 Ha35
Nowa Wola PL 123 Kc34
Nowe Berezowo PL 123 Kc34
Nowe Brzesko PL 138 Jb44
Nowe Dwór PL 122 Hd30
Nowe Kiejkuty PL 122 Jb32
Nowe Kościelnica PL 121 Hb30
Nowe Laski PL 120 Ga33
Nowe Ludzicko PL 120 Ga32
Nowe Miasteczko PL 128 Ga39
Nowe Miasto PL 122 Jb35
Nowe Miasto Lubawskie PL 122 Hd33
Nowe Miasto nad Pilicą PL 130 Jb39
Nowe Ostrowy PL 130 Hc37
Nowe Piekuty PL 123 Ka34
Nowe Skalmierzyce PL 129 Ha39
Nowe Warpno PL 120 Fb32
Nowe Witki PL 122 Jb30
Nowica PL 122 Hd30
Nowinka PL 123 Ka31
Nowiny Kasjerskie PL 123 Kb33
Nowiny Wielkie PL 128 Fc36
Nowodwór PL 131 Ka38
Nowogard PL 120 Fd32
Nowogród PL 123 Jd33
Nowogród Bobrzański PL 128 Fd39
Nowogrodziec PL 128 Fd41
Nowo Miasto nad Wartą PL 129 Gd38
Nowosady PL 123 Kc34
Nowosielce PL 139 Ka45
Nowosielec PL 131 Ka42
Nowosiółki PL 123 Kc33
Nowosiółki PL 131 Kc40
Nowosiółki PL 131 Kd42
Nowy Duninów PL 130 Hc36
Nowy Dwór PL 123 Kb31
Nowy Dwór Gdański PL 122 Hc30
Nowy Dwór Mazowiecki PL 130 Jb36
Nowy Gaj PL 130 Hc37
Nowy Jaromierz PL 128 Ga38
Nowy Kawęczyn PL 130 Ja38
Nowy Korczyn PL 138 Jb43
Nowy Kościoł PL 128 Ga41
Nowy Lubiel PL 122 Jc35
Nowy Orzechów PL 131 Kb39
Nowy Sącz PL 138 Jb45
Nowy Staw PL 121 Hb31
Nowy Targ PL 138 Ja46
Nowy Tomyśl PL 128 Ga37
Nowy Wiśnicz PL 138 Jb44
Nowy Wołkusz PL 123 Kb31
Nowy Żmigród PL 139 Jd45
Noyant F 28 Fd41
Noyant-de-Touraine F 29 Ga43
Noyant-la-Plaine F 28 Fc42
Noyelles-sur-Mer F 23 Gc32
Noyen-sur-Seine F 30 Hb38
Noyers F 30 Hd40
Noyers F 42 Jd52
Noyers-Saint-Martin F 23 Gd34
Noyon F 23 Ha34
Nozay F 28 Ed41
Nozdra MNE 159 Hd68
Nozdrzec PL 139 Ka45
Nozelos P 45 Bc61
Nozeroy F 31 Jd43
Nozières F 34 Ja49
N. Sedlo CZ 135 Ec44
Nuarbe E 39 Eb56
Nuars F 30 Hc41
Nuasjärvi FIN 74 Jc18
Nucăreni MD 173 Fc56
Nucet RO 171 Cc58
Nucet RO 176 Dd65
Nuci RO 176 Eb65
Nucşoara RO 175 Dc63
Nudersdorf D 127 Ec38
Nüdlingen D 134 Db44
Nudol' RUS 202 Ed10
Nueil-les Aubiers F 28 Fb43
Nuenen NL 125 Bb38
Nueno E 39 Fb58
Nueva E 37 Cd54
Nueva Andalucía E 60 Cc77
Nueva Carteya E 60 Cd73
Nueva Jarilla E 59 Bd76
Nuévalos E 47 Ec62
Nuevo Baztán E 46 Dd64
Nufăru RO 177 Fd64

Ollikkala - Ostende

Ollikkala FIN 91 Lb33
Ollila FIN 89 Jc38
Ollilanvaara FIN 74 Jd18
Ollioules F 42 Jd55
Öllölä FIN 83 Ma31
Ollomont I 148 Bc57
Ollon CH 141 Bc56
Olloniego E 37 Cc55
Ölmbratorp S 95 Fd43
Ölme S 95 Fb43
Olmeda de la Cuesta E 47 Eb65
Olmeda del Rey E 53 Ec66
Olmedilla de Alarcón E 53 Eb67
Olmedillo de Roa E 46 Db60
Olmedo E 46 Da61
Olmedo I 168 Bd75
Olmeto F 154 Ca71
Ölmevalla S 102 Ec50
Ölmhult S 95 Fb43
Olmi-Capella F 154 Cb69
Olmillos de Castro E 45 Cb60
Olmillos de Sasamón E 38 Db58
Olmo al Brembo I 149 Cd58
Olmos P 45 Bd60
Olmos de la Picaza E 38 Db58
Olmos de Ojeda E 38 Da57
Olmos de Pisuerga E 38 Db57
Ölmstad S 103 Fb48
Olmütz = Olomouc CZ 137 Gd46
Olney GB 20 Fb26
Ołobok PL 129 Ha39
Olocau E 54 Fb67
Olocau del Rey E 48 Fc64
Olofsfors S 80 Ha29
Olofstorp S 102 Ec48
Olofström S 111 Fc54
Olombrada E 46 Db61
Olomouc CZ 137 Gd46
Olonne-sur-Mer F 28 Ed44
Olonzac F 41 Ha55
Oloron-Sainte-Marie F 39 Fb55
Olosig RO 170 Cb56
Olost E 49 Gd59
Olot E 49 Ha59
Olovi CZ 135 Ec44
Olovo BIH 159 Hc64
Olpe D 125 Cb39
Olpe D 125 Cb40
Ol'ša RUS 202 Ec11
Olsberg D 126 Cc40
Olsbrücken D 133 Ca45
Olsbu N 93 Da45
Olseröd S 111 Fb55
Ölserud S 94 Ed44
Olsewo Węrorzewskie PL 122 Jc30
Olshammar S 95 Fc45
Olší CZ 137 Gb46
Olsker DK 111 Fc57
Olsøy N 78 Ea29
Ölsremma S 102 Fa49
Olst NL 117 Bc36
Ølsted DK 108 Dc25
Ølsted DK 109 Eb25
Ølstrup DK 108 Cd24
Ølstykke DK 109 Eb25
Olsvika N 70 Ed24
Olszamy PL 130 Jb38
Olszanica PL 139 Kb46
Olszanka PL 123 Ka30
Olszanka PL 129 Gd42
Olszanka PL 131 Ka37
Olszany PL 139 Kb45
Olszewka PL 122 Jb33
Olszewnica PL 131 Ka37
Olszewo-Borki PL 122 Jc34
Olsztyn PL 122 Ja32
Olsztyn PL 130 Hc42
Olsztynek PL 122 Ja32
Olszyn PL 131 Kc37
Olszyna PL 128 Fc39
Olszyna PL 128 Fd41
Olszyny PL 122 Jb32
Oltedal N 92 Ca44
Olten CH 141 Ca53
Olteneşti RO 173 Fb59
Olteni RO 180 Dd67
Olteniţa RO 181 Ec67
Oltesvig N 92 Cb44
Oltina RO 181 Fa67
Oltre il Colle I 149 Cd58
Oltu TR 205 Ga19
Olukbaşı TR 198 Fb89
Olukbaşı TR 198 Fd90
Oluku TR 193 Gb81
Olula del Río E 61 Eb74
Olur TR 205 Ga19
Olustvere EST 98 Kd45
Olvan E 49 Gd59
Olvasjärvi FIN 75 Kc23
Ølve N 84 Ca40
Olveda E 36 Bb56
Ólvega E 47 Ec60
Olveiroa E 36 Ac55
Olvera E 59 Cb75
Ólvio GR 184 Db77
Ólynthos GR 183 Cb79
Olzai I 169 Ca76
Olzheim D 133 Bc43
Omagh GB 9 Cc17
Omalí GR 182 Ba78
Omaló GR 183 Bd77
Oman BG 181 Ec73
Omarčevo BG 180 Ea72
Omarska BIH 152 Gc62
Ómassa H 146 Jb50
Omblèze F 35 Jc49
Ömböly H 147 Kb51
Omeath IRL 9 Cd19
Omedu EST 99 Lb44
Omegna I 148 Ca58
Ömen TR 186 Fc77
Omeñaca E 47 Eb60
Ömerköy TR 192 Fa81
Ömerler TR 192 Ga82
Ömerler TR 193 Hb82
Ömerler Bölüğü TR 197 Fa89
Ömeroba TR 185 Ec74
Omiš HR 158 Gc66
Omišalj HR 151 Fb61
Ommen NL 117 Bd35
Ommunddalen N 78 Ea28
Omø DK 109 Ea27
Omodos CY 206 Ja97
Omoljica SRB 174 Bb64
Omont F 24 Ja34
Omonville-la-Rogue F 22 Ed34
Omor RO 174 Bd62
Omorani MK 183 Bc74
Omorfohóri GR 189 Bd81
Ömossa FIN 89 Ja34
Omsjö S 79 Gb29
Omurlar TR 192 Fc84
Omurtag BG 180 Eb70
Omvriakí GR 189 Bc82
Øn N 84 Ca36
Ön S 73 Hc23
Ön S 79 Gb30
On S 79 Fd28
Oña E 38 Dd57
Ona N 76 Cd31
Onaç TR 199 Gc88
Onali FIN 90 Kc36
Onarheim N 84 Ca40
Oñati E 39 Eb56
Onceşti RO 172 Ed59
Onda E 54 Fc66
Ondara E 55 Fc70
Ondarroa E 39 Eb55
Ondić HR 151 Ga63
Ondres F 39 Ed54
Ondrovo RUS 99 Mb40
Önerler TR 186 Fa77
Onesse-et-Laharie F 39 Fa53
Oneşti MD 173 Fc57
Oneşti MD 173 Fc58
Oneşti RO 176 Ec60
Onet-le-Château F 33 Ha51
Oniceni RO 172 Ed58
Onich GB 6 Dc10
Onifai I 168 Cc76
Oniferi I 169 Cb76
Onil E 55 Fb70
Oniţcani MD 173 Fd57
Onkamaa FIN 91 Lb37
Onkamo FIN 69 Kd17
Onkamo FIN 74 Ka23
Onkamo FIN 83 Ld31
Onkemäki FIN 89 Jd36
Onkijoki FIN 89 Jc37
Onkiniemi FIN 90 Kc35
Onnaing F 24 Hb32
Önneköp S 110 Fa55
Önnestad S 111 Fb54
Önningeby FIN 96 Hc41
Onno I 149 Cc58
Onoz F 31 Jc44
Onsares E 53 Ea71
Onsbjerg DK 109 Dd25
Onsevig DK 109 Ea28
Onsey N 93 Ea44
Onslunda S 111 Fb56
Onstwedde NL 117 Ca34
Ontika EST 99 Lb41
Ontinar del Salz E 48 Fb59
Ontiñena E 48 Fd60
Ontinyent E 55 Fb70
Ontojoki FIN 83 Lb26
Ontón E 38 Dd55
Onttola FIN 83 Ld30
Ontur E 55 Ed70
Onum S 102 Ed47
Onuškis LT 114 Kd58
Onuškis LT 114 La53
Onville F 25 Jc36
Onzain F 29 Gb41
Onzonilla E 37 Cc57
Oola IRL 12 Bd23
Oonga EST 98 Ka44
Oonurme EST 99 Lb43
Oostburg NL 124 Ab38
Oost-Cappel F 21 Gd30
Oostduinkerke-Bad B 21 Ha29
Oostende B 21 Ha29
Oosterend NL 116 Ba33
Oosterend NL 116 Bb32
Oosterhesselen NL 117 Bd35
Oosterhout NL 124 Ad38
Oosterwolde NL 117 Bd34
Oosterzee NL 117 Bc34
Oosthuizen NL 116 Ba35
Oostkapelle NL 124 Ab38
Oostmalle B 124 Ad39
Oost-Souburg NL 124 Ab38
Oostvleteren B 21 Ha30
Oost-Vlieland NL 116 Bb32
Oostvoorne NL 124 Ac37
Ootmarsum NL 117 Bd36
Opaci MD 173 Ga59
Opaka BG 180 Ea69
Opalenica PL 129 Gb37
Opalenie PL 121 Hb32
Opaleniec PL 122 Jb33
Opaljenik SRB 178 Ad67
Opan BG 180 Dd73
Opařany CZ 136 Fb47
Oparić SRB 178 Bb67
Opatinec HR 152 Gb59
Opatija HR 151 Fb60
Opatov CZ 137 Gb45
Opatovac HR 153 Hd60
Opatovice nad Labem CZ 136 Ga44
Opatów PL 129 Ha40
Opatów PL 130 Hc41
Opatów PL 131 Jd41
Opatówek PL 129 Ha39
Opatowiec PL 138 Jb43
Opava CZ 137 Ha45
Opawica PL 137 Gd44
Ope S 79 Fc31
O Pedrouzo (O Pino) E 36 Ba55
Opglabeek B 125 Bb40
Ophemert NL 125 Bb37
Opi I 161 Fa72
Opinan GB 4 Dc06
O Pindo E 36 Ac55
Opinogóra PL 122 Jb34
Opišnja UA 202 Ed14
Opitter B 125 Bb40
Oploo NL 125 Bb38
Oplotnica SLO 151 Fd57
Opocka RUS 107 Mb50
Opočka RUS 202 Ea10
Opočno CZ 137 Gb44
Opoczno PL 130 Ja40
Opole PL 129 Ha42
Opol'e RUS 99 Ld41
Opole Lubelskie PL 131 Jd40
Opolno-Zdrój PL 128 Fc42
Oporelu RO 175 Db65
Oporów PL 130 Hd37
Opovo SRB 153 Jc61
Opovo SRB 174 Bb63
Oppach D 128 Fb41
Oppala S 95 Gb39
Oppdal N 77 Dd32
Oppdal N 78 Ec26
Oppdalen N 85 Ea40
Oppdøl N 77 Db32
Oppeano I 149 Dc60
Oppeby S 103 Ga48
Oppède-le-Vieux F 42 Jc53
Oppegård N 93 Ea42
Oppegard N 94 Eb39
Oppenau D 133 Cb49
Oppenberg A 144 Fb53
Oppenheim D 133 Cb45
Oppenwehe D 117 Cc36
Oppenweiler D 134 Cd48
Opphaug N 77 Dd29
Oppheim N 84 Cc38
Opphus N 86 Eb37
Oppido Lucano I 162 Gb75
Oppido Mamertina I 164 Gb83
Oppmanna S 111 Fb54
Opponitz A 144 Fc52
Oppsal N 92 Ca44
Oppstryn N 84 Cd34
Oppurg D 127 Ea42
Oprişor RO 175 Cc66
Oprtalj Pórtole HR 151 Fa60
Opshaugvik N 76 Cd33
Optaşi-Măgura RO 175 Db65
Optedal N 92 Cc47
Ópusztaszer H 146 Jb56
Opuzen HR 158 Ha68
Oquillas E 46 Dc60
Ör S 102 Ec46
Ör S 103 Fc51
Ör H 147 Kb51
Ora CY 206 Jb97
Ora I 150 Dd57
Øra N 63 Hb07
Öra S 102 Fa48
Orac MD 173 Fc59
Orada P 50 Ba71
Orada P 50 Ba68
Oradea RO 170 Cb56
Oradour-Saint-Genest F 33 Gb45
Oradour-sur-Glane F 33 Gb46
Orah BIH 159 Hc68
Orahova BIH 152 Gd61
Orahovac KSV 178 Ba71
Orahovac MNE 159 Hd69
Orahov Do BIH 158 Hb68
Orahovica BIH 153 Hc62
Orahovica BIH 153 Hc63
Orahovica HR 152 Ha59
Orahovičko Polje BIH 152 Ha63
Orahovlje BIH 158 Ha67
Oraison F 42 Ka52
Orajärvi FIN 74 Jb18
Orakylä FIN 69 Ka16
Orange F 42 Jb52
Orani I 169 Cb76
Oranienbaum D 127 Eb39
Oranienburg D 119 Ed35
Oranmore IRL 12 Bc21
Orašac HR 158 Hb69
Orašac SRB 174 Bb65
Orašac SRB 178 Bd70
Orasi MNE 159 Hd69
Orašje BIH 153 Hc61
Orăştie RO 175 Cd61
Orăştioara de Sus RO 175 Cd61
Oraşu Nou RO 171 Da54
Orava EST 107 Lc46
Orava FIN 81 Jc30
Oravainen FIN 81 Ja30
Oravais FIN 81 Ja30
Oravala FIN 90 Kd36
Öravan S 80 Gc26
Oravasaari FIN 90 Kc33
Oravi FIN 91 Lb32
Oravica SRB 178 Bd70
Oravice SK 138 Ja47
Oravijoki FIN 82 Kd27
Oravikoski FIN 82 La31
Oravisalo FIN 83 Ld31
Oraviţa RO 174 Bd63
Oravivaara FIN 75 La24
Oravská Lesná SK 138 Hd46
Oravská Polhora SK 138 Hd46
Oravské Veselé SK 138 Hd46
Oravský Podzámok SK 138 Hd47
Orba E 55 Fc70
Orbacém E 44 Ac59
Ørbæk DK 109 Dd27
Orbais-l'Abbaye F 24 Hc36
Orbassano I 148 Bc60
Orbe CH 141 Bb54
Orbeasca RO 180 Dd67
Orbec F 22 Fd36
Orbeni RO 176 Ed60
Örberga S 103 Fc46
Orbetello I 155 Dc69
Orbigny F 29 Gb42
Ørby DK 108 Db27
Ørby DK 109 Dd24
Ørby S 102 Ed50
Örbyhus S 96 Gc40
Orca P 44 Bb65
Orcau E 48 Gb59
Orce E 61 Ea73
Orcera E 53 Ea71
Orchamps F 31 Jc42
Orchies F 24 Hb31
Orchowo PL 129 Ha36
Orcières F 35 Ka50
Orcival F 34 Hb47
Ordaca TR 185 Eb80
Ordan-Larroque F 40 Fd54
Ordăşei MD 173 Fc56
Ordejón de Arriba E 38 Db57
Ordes E 36 Ba55
Ørding DK 100 Da22
Ordizia E 39 Ec56
Ordona I 161 Ga73
Ordu TR 205 Fc19
Orduña E 38 Ea56
Ordžonikidze UA 205 Fa16
Ordžonikidzevskij RUS 205 Ga17
Øre N 77 Da31
Öre S 80 Hb29
Ore S 87 Fd37
Orea E 47 Ec64
Orebić HR 158 Gd68
Örebro S 95 Fd44
Oredež RUS 202 Eb09
Öregcsertő H 146 Hd56
Öregrund S 96 Gd40
Orehova RUS 107 Ma47
Orehovec HR 152 Gb58
Orehovec MK 183 Bc75
Orehoved DK 109 Eb28
Orehovica BG 180 Db68
Orehoviči RUS 107 Ma47
Orehovno RUS 99 Ma44
Orehovo BG 184 Db74
Orehovo-Zuevo RUS 203 Fa10
Orei GR 189 Ca83
Orel RUS 99 Lc43
Orel RUS 202 Ed12
Orellana de la Sierra E 51 Cb68
Orellana la Vieja E 51 Cb68
Ören TR 191 Ec82
Ören TR 192 Ga82
Ören TR 192 Ga84
Ören TR 197 Fa90
Ören TR 198 Fd90
Ören TR 198 Fd90
Ören TR 198 Fd91
Oreña E 38 Db54
Örencik TR 186 Fb76
Örencik TR 187 Gc79
Örencik TR 187 Hb76
Örencik TR 191 Ec81
Örencik TR 192 Gc83
Örenkaya TR 193 Gb86
Örenköy TR 192 Fc82
Örenköy TR 193 Ha87
Örenköy TR 193 Hb85
Orense E 36 Bb57
Oréo GR 184 Db76
Oreókastro GR 183 Ca77
Öreryd S 102 Fa50
Oreš BG 180 Dc69
Orešak BG 180 Db71
Orešak BG 181 Fa70
Orešan BG 185 Dd75
Orešec BG 185 Ea75
Orestiáda GR 185 Eb76
Oreström S 80 Ha28
Oresvika N 70 Fa20
Oreye B 124 Ba41
Öreyköy TR 185 Ec77
Orezu RO 176 Ec66
Orford GB 21 Gb26
Orfű H 152 Hb57
Orgáni GR 185 Dd76
Organyà E 48 Gb59
Orgaz E 52 Db67
Orgelet F 31 Jc44
Orgères-en-Beauce F 29 Gc39
Órgiva E 60 Dc76
Orglandes F 22 Fa35
Orgnac-l'Aven F 34 Ja51
Orgnac-sur-Vézère F 33 Gc48
Orgon F 42 Jb53
Orgosolo I 169 Cb76
Orgovány H 146 Ja55
Orhaneli TR 192 Fc81
Orhangazi TR 186 Fd79
Orhaniye TR 185 Eb78
Orhaniye TR 186 Fd80
Orhaniye TR 186 Ga79
Orhaniye TR 187 Gb78
Orhaniye TR 193 Ha82
Orhanlar TR 191 Ed81
Orhanlı TR 186 Fd78
Orhanlı TR 198 Ga89
Orhei MD 173 Fd57
Orhomenós GR 189 Ca85
Oria E 61 Eb74
Oria I 162 Hb76
Orichiv UA 205 Fa16
Origny-en-Thiérache F 24 Hc33
Origny-Sainte-Benoite F 24 Hb33
Orihuela E 55 Fa72
Orihuela del Tremedal E 47 Ed64
Orijahovo BG 179 Da68
Orikon AL 182 Aa77
Orillena E 48 Fc60
Orimattila FIN 90 Kc37
Oriniemi FIN 83 Lc29
Oriniemi FIN 89 Jc37
Oriní Meligoú GR 195 Bd88
Oriñón E 38 Dd55
Orio E 39 Ec55
Ório GR 189 Cc85
Oriola P 50 Ad70
Oriolo I 162 Gc77
Oripää FIN 89 Jc38
Orisberg FIN 81 Jb31
Orismala FIN 81 Ja31
Orisoain E 39 Ed57
Orissaare EST 97 Jd45
Oristano I 169 Bd77
Orisuo FIN 89 Jc37
Őriszentpéter H 145 Gb55
Oriveden asema FIN 90 Ka35
Orivesi FIN 90 Ka35
Orizare BG 181 Fa72
Orizovo BG 180 Dc73
Orjahovec BG 184 Db75
Orjaku EST 97 Jc45
Orjal E 36 Ba55
Orjanovo BG 185 Ea74
Ørje N 94 Eb43
Orkanger N 77 Dd30
Örkelljunga S 110 Ed54
Orkesta S 96 Gd42
Orkland N 77 Dd30
Orla PL 123 Kb35
Orlamünde D 127 Ea42
Orlane KSV 178 Bc70
Orlat RO 175 Da61
Orlea RO 180 Db68
Orléans F 29 Gc40
Örlemiş TR 191 Ec84
Orleşti RO 175 Db64
Orljak BG 181 Ed69
Orljane BG 180 Db70
Orljevo SRB 174 Bc65
Orlová CZ 137 Hb45
Orlova Mogila BG 181 Fa69
Orlovat SRB 153 Jc60
Orlovat SRB 174 Bb62
Orlov dol BG 185 Ea74
Orlovec BG 180 Ea69
Orlov Gaj RUS 203 Ga12
Orlovskij RUS 205 Fd15
Orłowo PL 123 Jd30
Orłowo PL 123 Jd32
Orly F 23 Gd37
Orly RUS 99 Lc41
Órma GR 183 Bc76
Ormaiztegi E 39 Eb56
Ormanköy TR 191 Ed86
Ormanlı TR 186 Fb76
Ormanlı TR 187 Hb77
Ormaryd S 103 Fc49
Ormea I 148 Bd63
Ormelet N 93 Dd44
Ormelle I 150 Eb59
Ormemyr N 93 Db42
Orméni GR 185 Ea75
Ormeniş RO 176 Ea61
Örményküt H 146 Jc55
Ormepınar TR 198 Fb89
Ormesberga S 103 Fc51
Ormesby Saint Margaret GB 17 Gc24
Ormideia CY 206 Jc97
Ormilia GR 184 Cc79
Ormont D 125 Bc42
Órmos GR 183 Ca78
Órmos Korthíou GR 190 Da87
Órmos Panagías GR 184 Cc79
Órmos Panórmou GR 196 Db88
Órmos Prínou GR 184 Da78
Ormož SLO 152 Gb57
Ormskirk GB 15 Eb21
Ormstad N 94 Eb41
Ornans F 31 Jd42
Ornäs S 95 Fd40
Örnäsudden S 72 Gb23
Ornavasso I 148 Ca57
Ornbau D 134 Dc47
Örnberg FIN 81 Ja30
Ørnes N 71 Fb18
Orneta PL 122 Hd31
Ørnhøj DK 100 Da23
Örnö S 96 Ha44
Örnsköldsvik S 80 Gd30
Ørnvika N 70 Fa20
Orodel RO 175 Cc66
Oroftiana RO 172 Ec54
Orolik HR 153 Hd60
Oron-la-Ville CH 141 Bb55
Orońsko PL 130 Jc40
Oropa I 148 Bd58
Oropesa E 52 Cc66
Oropós GR 189 Cc85
Ororbia E 39 Ec57
Oros H 147 Ka51
Orosei I 169 Cc76
Orosháza H 146 Jc56
Oroszlány H 145 Hb53
Oroszló H 152 Hb57
Orotelli I 169 Ca76
Orozko E 38 Ea56
Orpesa E 54 Fd66
Orphir GB 5 Ec03
Orpierre F 42 Jd51
Orp-Jauche B 124 Ad41
Orrbyn S 73 Hd21
Orre N 92 Ca44
Orrefors S 103 Ga52
Orrestad N 92 Cb46
Orrfors S 73 Ja19
Orria I 161 Fd77
Orriols E 49 Hb59
Orrliden S 86 Ed37
Orrmo S 87 Fb35
Orroli I 169 Cb78
Orrträsk S 73 Ja21
Orrviken S 79 Fb31
Orša BY 202 Eb12
Orsa S 87 Fc37
Orsala S 95 Fb40
Orsan F 29 Gd44
Orsans F 31 Ka41
Orsara di Puglia I 161 Fd73
Orsås S 102 Ed50
Örsåsen S 95 Fb39
Orsay F 23 Gd37
Orsbäck S 80 Hb29
Orscholz D 133 Bc45
Örserum S 103 Fc48
Orsingen D 142 Cc51
Örsjö S 103 Ga52
Ørslev DK 109 Ea26
Ørslev DK 109 Eb28
Orslösa S 102 Ed46
Orsmaal B 124 Ad41
Ørsnes N 76 Cd32
Orsoia BG 179 Cc68
Orsomarso I 164 Gb78
Orşova RO 174 Cb64
Orsoy D 125 Bd39
Ørsta N 76 Cc33
Ørsted DK 101 Dd23
Ørsted DK 108 Dc27
Ørsundsbro S 96 Gc42
Orsy PL 122 Ja30
Ort A 143 Ed50
Orta TR 198 Fd91
Ortaburun TR 187 Gb78
Ortaca TR 192 Ga81
Ortaca TR 193 Gc81
Ortaca TR 198 Fc91
Ortacı TR 192 Fc83
Ortakarabağ TR 193 Ha85
Ortakent TR 197 Ec90
Ortaklar TR 193 Hb82
Ortaklar TR 197 Ed88
Ortaköy TR 185 Ec79
Ortaköy TR 187 Gd78
Ortaköy TR 187 Gd79
Ortaköy TR 187 Gd79
Ortaköy TR 191 Ec87
Ortaköy TR 192 Fb85
Ortaköy TR 192 Fd87
Ortaköy TR 192 Ga85
Ortaköy TR 193 Ha83
Ortaköy TR 193 Ha86
Ortaköy TR 197 Ed89
Ortaköy TR 198 Fb90
Ortaköy TR 198 Fc89
Ortaköy TR 205 Ga19
Ortamandıra TR 192 Fa82
Orta Nova I 161 Ga73
Ortaoba TR 191 Ed81
Orta San Giulio I 148 Ca58
Ortasarıbey TR 186 Fb80
Ortayazı TR 193 Gc87
Orte I 156 Ea69
Orten N 76 Cd31
Ortenberg D 133 Ca49
Ortenberg D 134 Cd43
Ortenburg D 135 Ed49
Orth an der Donau A 145 Gc51
Orthez F 39 Fb54
Orthovoúni GR 183 Bb80
Ortigosa E 47 Ea59
Ortigosa P 44 Ac65
Ortigosa de Rioalmar E 46 Cd63
Ortigueira E 36 Bb53
Ortiguera E 37 Bd53
Ortihovo RUS 107 Ld48
Ørting DK 108 Dc25
Ortisei I 143 Dd56
Orţişoara RO 174 Bd60
Ortnevik N 84 Cb37
Orto F 154 Ca70
Örtömta S 103 Ga46
Ortona I 157 Fb70
Ortrand D 128 Fa40
Örträsk S 80 Ha27
Ortschwaben CH 141 Bd54
Ortucchio I 160 Ed71
Ortueri I 169 Ca77
Örtülü TR 191 Ec84
Örtülü TR 198 Fb89
Örtülüce TR 185 Ec79
Ortved DK 109 Eb26
Ortwig D 128 Fb36
Oru EST 99 Lc41
Õru EST 106 La47
Orubica HR 152 Ha61
Oruçoğlu TR 186 Ga77
Örücüler TR 192 Fb84
Ørum DK 100 Db23
Ørum DK 101 Dd23
Orune I 168 Cb76
Orusco E 46 Dd65
Orval F 29 Ha44
Orvault F 28 Ed42
Ørvella N 93 Db42
Orvelte NL 117 Bd34
Orvieto I 156 Ea69
Örviken S 80 Hc25
Orville F 30 Jb41
Orvilliers-Saint-Julien F 30 Hc38
Orvinio I 160 Ec71
Orwell GB 20 Fc26
Orzechowo PL 121 Hb34
Orzechowo PL 122 Ja31
Orzechowo PL 129 Gd37
Orzesze PL 138 Hc44
Orzinuovi I 149 Cd59
Orživ UA 202 Ea14
Orżycja UA 204 Ed15
Orzyny PL 122 Jb32
Orzysz PL 123 Jd31
Os N 66 Fc16
Os N 84 Ca40
Os N 86 Eb33
Os N 94 Eb43
Os S 103 Fb51
Ósa GR 183 Cb77
Osa N 84 Cd39
Osa de la Vega E 53 Ea67
Osamaniye TR 193 Gd83
Osani F 154 Ca69
Osbakk N 71 Fc18
Øsby DK 108 Db27
Osby S 111 Fb53
Oščadnica SK 138 Hc46
Oscaig GB 4 Db08
Oschatz D 127 Ed40
Oschersleben D 127 Dd38
Oschiri I 168 Cb75
Osdorf D 118 Dc30
Øse DK 108 Da25
Ose N 67 Gb13
Ose N 92 Cd44
Osečina SRB 153 Ja63
Osečišće RUS 107 Mb46
Osečná CZ 128 Fc42
Oseid N 93 Db44
O Seixo (Tomiño) E 36 Ac58
Oseja de Sajambre E 37 Cd55
Osek CZ 136 Fa43
Osekovo HR 152 Gc59
Osen N 77 Db32
Osen N 78 Ea27
Osen N 84 Cb36
Osenec BG 180 Eb69
Osenovlag BG 179 Cc70
Oşeşti RO 173 Fa59
Oset E 54 Fb66
Oset N 86 Eb38
Osetno PL 129 Gb39
Ősi H 145 Hb54
Osica de Sus RO 175 Db66
Osidda I 168 Cb75
Osie PL 121 Ha32
Osiec PL 129 Hb42
Osięciny PL 129 Hb36
Osieck PL 130 Jc37
Osieczna PL 121 Ha32
Osieczna PL 129 Gb38
Osiecznica PL 128 Fc38
Osieczno PL 120 Ga35
Osiek PL 121 Ha32
Osiek PL 121 Hb35
Osiek PL 122 Hc34
Osiek PL 122 Hd31
Osiek PL 131 Jd42
Osiek PL 138 Hd44
Osiek Drawski PL 120 Ga33
Osieki PL 120 Ga30
Osiek Jasielski PL 139 Jd45
Osiek nad Notecią PL 121 Gc34
Osielsko PL 121 Ha34
Osiglia I 148 Bd63
Osijek HR 153 Hc59
Osikovica BG 179 Da70
Osilnica SLO 151 Fc59
Osilo I 168 Ca74
Osimo I 156 Ed66
Osinja BIH 152 Hb62
Osinki PL 123 Ka30
Osinkino RUS 107 Mb48
Osinoviči RUS 107 Ma47
Osinovka RUS 113 Jb58
Osinów PL 120 Fb35
Osiny PL 130 Jc40
Osiny PL 131 Jd38
Osipaonica SRB 174 Bc64
Osišće RUS 99 Ld42
Osivica BIH 152 Ha62
Osjaków PL 130 Hc40
Osječenica MNE 159 Hd69
Oskal N 68 Ja12
Oskar S 111 Ga53
Oskarshamn S 103 Gb50
Oskarström S 102 Ed52
Os'kino RUS 203 Fb13
Oskola FIN 83 Ma31
Oskowo PL 121 Gd30
Öskü H 145 Hb54
Osľany SK 137 Hb49
Ošlejas LV 106 Ka51
Osli H 145 Gd52
Ošlje HR 158 Ha68
Oslo N 93 Ea41
Oslon F 30 Jb43
Øsløs DK 100 Db21
Osloß D 126 Dc36
Osma E 46 Dd61
Osma FIN 64 Jd07
Osma N 77 Db30
Osman TR 193 Gd81
Osmancalı TR 191 Ec85
Osmancık TR 185 Ed76
Osmancık TR 205 Fb20
Osmaneli TR 187 Gb80
Osmangazi TR 186 Fd80
Osmaniye TR 186 Ga80
Osmaniye TR 191 Ed86
Osmaniye TR 192 Fa82
Osmaniye TR 192 Fb86
Osmaniye TR 192 Fc81
Osmaniye TR 192 Fc83
Osmaniye TR 193 Gb82
Osmaniye TR 193 Gd81
Osmaniye TR 197 Fa91
Osmaniye TR 198 Fb91
Osmankalfalar TR 198 Ga90
Osmanlar TR 192 Fb83
Osmanlı TR 185 Ec75
Osmanville F 22 Fa35
Osmaslar TR 191 Ed82
Osmery F 29 Ha43
Osmington GB 19 Ec31
Os'mino RUS 99 Ma42
Os'mino RUS 202 Ea09
Ösmo S 96 Gd44
Osmotherley GB 11 Fa18
Osnabrück D 117 Cc36
Osne-le-Val F 24 Jb37
Ośno PL 122 Hc32
Ośno Lubuskie PL 128 Fc36
Osny F 23 Gc36
Osoblaha CZ 137 Ha44
Osogna CH 142 Cc56
Osoppo I 150 Ec57
Osor E 49 Ha59
Osor HR 151 Fb62
Osorhei RO 170 Cb56
Osorno la Mayor E 38 Db58
Osowa PL 123 Ka30
Osøyro N 84 Ca40
Osøyvollen N 86 Ea36
Os Peares E 36 Bb57
Ospedaletti I 43 La52
Ospedaletto I 156 Ea68
Ospitale di Cadore I 150 Eb57
Ospitaletto I 149 Da59
Oss NL 125 Bb38
Ossa de Montiel E 53 Ea69
Össeby-Garn S 96 Gd43
Osses F 39 Fa55
Ossett GB 16 Fa21
Ossi I 168 Bd75
Ossiach A 144 Fa56
Össjö S 110 Ed54
Oßling D 128 Fb40
Oßmannstedt D 127 Ea41
Osso E 48 Fd60
Östa S 95 Gb41
Ostabat F 39 Fa55
Östanå S 111 Fb54
Östanbäck S 80 Hc25
Östanberg FIN 97 Jc41
Östanbo S 87 Ga38
Östanfjärden S 73 Ja21
Östansjö S 72 Gd21
Östansjö S 87 Fb35
Östansjö S 95 Fc44
Östanskär S 87 Gb33
Oštarije HR 151 Fd60
Ostaškov RUS 202 Ec10
Ostaszewo PL 121 Hb30
Ostatija SRB 178 Ba68
Östavall S 87 Fd33
Östavik S 87 Fd37
Ostbevern D 125 Cb37
Østbirk DK 108 Db24
Östbjörka S 87 Fc38
Østby N 78 Ec31
Østby N 86 Ed37
Osted DK 109 Eb26
Osteel D 117 Cb32
Ostellato I 150 Ea62
Osten D 118 Da32
Ostende = Oostende B 21 Ha29

Ostenfeld D 108 Da29
Østengård DK 108 Db25
Österåker S 95 Ga44
Österåker S 96 Gd43
Øster Assels DK 100 Da22
Østerbø N 84 Cd38
Osterburg D 119 Ea35
Osterburken D 134 Cd46
Østerby DK 100 Dc21
Østerby DK 109 Ea28
Østerbybruk S 96 Gd48
Østerby Havn DK 101 Ea20
Österbymo S 103 Fd49
Ostercappeln D 117 Cc36
Øster Doense DK 100 Dc22
Österfärnebo S 95 Gb40
Osterfeld D 127 Ea41
Østerforse S 79 Gb31
Österhaninge S 96 Gd44
Österhankmo FIN 81 Ja30
Øster Hjermitslev DK 100 Dc20
Osterhofen D 135 Ec49
Øster Højst DK 108 Da27
Østerholt N 93 Db45
Osterholz-Scharmbeck D 118 Cd33
Österhorn D 118 Db31
Øster Hornum DK 100 Dc21
Øster Hurup DK 101 Dd22
Osteria Nuova I 160 Ea71
Østerild DK 100 Da21
Øster Jølby DK 100 Da21
Österjörn S 73 Hb24
Østerkløft N 66 Fd17
Österkorsberga S 103 Fd50
Österlars DK I fc57
Øster Lindet DK 108 Da27
Øster Løgum DK 108 Db27
Österlövsta S 96 Gc40
Øster Lyby DK 100 Da22
Østermarie DK 111 Fc57
Östermark FIN 97 Ic40
Ostermiething A 143 Ec51
Osternienburg D 127 Eb38
Østernoret S 79 Gb28
Österö FIN 81 Ja29
Osterode D 126 Db39
Österplana S 102 Fa46
Osterrönfeld D 118 Db30
Ostersiel D 108 Cd29
Øster Skørringe DK 109 Ea29
Österslöv S 111 Fb54
Östersund S 79 Fc31
Östersundom FIN 98 Kb39
Øster Ulslev DK 109 Ea29
Österunda S 95 Gb42
Östervåla S 96 Gc41
Östervallskog S 94 Ec42
Östervallskog S 102 Ed49
Øster Vedsted DK 108 Da26
Øster Vrå DK 101 Dd20
Øster Vrøgum DK 108 Cd25
Osterwald D 117 Ca35
Osterwick D 125 Ca37
Osterwieck D 126 Dc38
Ostfildern D 134 Cd48
Östfora S 96 Gc41
Östhammar S 96 Gd40
Ostheim vor der Rhön D 134 Db41
Osthofen D 135 Cd45
Ostiano I 149 Da60
Østibyn S 79 Ga27
Ostiglia I 149 Dc61
Ostiz E 39 Ed56
Östloning S 87 Gb32
Östmark S 94 Ed40
Östmarkum S 80 Gd31
Ostnäs S 80 Hc28
Ostofte DK 109 Ea28
Ostojićevo SRB 153 Jb58
Östomsjön S 86 Fa36
Ostoróg PL 129 Gb36
Ostra I 156 Ec66
Ostra RO 172 Ea56
Östra Ämtervik S 94 Fa42
Östra Ansvar S 73 Ja19
Östraby S 110 Fa55
Ostrach D 142 Cd51
Östra Ed S 103 Gb48
Östra Fågelvik S 94 Fa43
Östra Flakaträsk S 73 Ja20
Östra Frölunda S 102 Ed50
Östra Góra PL 123 Kb32
Östra Granberg S 73 Hb22
Östra Grevie S 110 Ed56
Östra Harg S 103 Fd46
Östra Högkulla S 72 Gc24
Östra Husby S 103 Gb46
Östra Karup S 110 Ed53
Östra Lagnö S 96 Ha43
Östra Lainio S 68 Hd15
Östra Ljungby S 110 Ed54
Östra Merasjärvi S 68 Ja14
Östra Näsberg S 94 Fa40

Östra Ny S 103 Gb46
Östra Ormsjö S 79 Ga27
Östra Rönnäs S 95 Fc39
Östra Ryd S 103 Ga47
Östra Sandsjö S 72 Gc24
Östra Sjulsmark S 80 Hc27
Östra Skrukeby S 103 Ga46
Östra Sönnarslöv S 111 Fb55
Östra Stenby S 103 Gb46
Östra Tollstad S 103 Fd47
Östra Tunhem S 102 Fa47
Östra Tväråsel S 73 Hc22
Ostrau D 128 Eb39
Ostrau D 127 Ed41
Ostrau = Ostrava CZ 137 Hb45
Ostrava CZ 137 Hb45
Ostravice CZ 137 Hb46
Østre Æra N 86 Eb37
Ostředek CZ 136 Fd43
Øster Gausdal N 85 Dd37
Østre Kile N 92 Cd44
Østre Vallesverd N 93 Da47
Ostrhauderfehn D 117 Cb33
Ostrica BG 180 Ea69
Ostringen D 134 Cc47
Ostritz D 128 Fc41
Ostróda PL 122 Hd32
Ostrogožsk RUS 203 Fb13
Ostroh UA 204 Ea15
Ostrołęka PL 122 Jc34
Ostroměř CZ 136 Fd43
Ostropole PL 121 Gb32
Ostrov BG 179 Da68
Ostrov CZ 135 Ec44
Ostrov CZ 137 Gb45
Ostrov RO 177 Fb65
Ostrov RO 181 Ed67
Ostrov RUS 99 Lc40
Ostrov RUS 99 Ma44
Ostrov RUS 99 Mb41
Ostrov RUS 107 Ma48
Ostrov RUS 202 Ea10
Ostrovcy RUS 99 Lc45
Ostroveni RO 179 Da68
Ostrov nad Oslavou CZ 136 Ga46
Ostrovno RUS 99 Mb43
Ostrovo BG 181 Ec69
Ostrów PL 139 Jd44
Ostrowce PL 138 Jc43
Ostrówek PL 129 Hb40
Ostrówek PL 131 Kb38
Ostrowice PL 120 Ga32
Ostrowiec PL 121 Gb30
Ostrowiec PL 121 Gb34
Ostrowiec Świętokrzyski PL 130 Jc41
Ostrowieczno PL 129 Gc38
Ostrowite PL 121 Ha33
Ostrowite PL 122 Hc34
Ostrowite PL 129 Ha37
Ostrów Kaliski PL 129 Ha39
Ostrów Lubelski PL 131 Kb39
Ostrów Mazowiecka PL 123 Jd35
Ostrów Wielkopolski PL 129 Ha39
Ostrowy PL 130 Hc41
Ostrowy Tuszowskie PL 139 Jd43
Ostrožac BIH 151 Ga62
Ostrožac BIH 158 Hb65
Ostrožany PL 123 Ka35
Ostrożne PL 123 Jd34
Ostrożnica PL 137 Ha44
Ostrozub KSV 178 Ba71
Østrup DK 100 Db22
Ostrzeszów PL 129 Ha40
Øststeinbek D 118 Dc33
Östuna S 96 Gd42
Ostuni I 162 Ha75
Osturňa SK 138 Jb46
Ostvik S 80 Hc25
Osuchów PL 130 Jb39
Osuchy PL 131 Kc42
Osula EST 107 Lb47
Osuna E 60 Cc74
Ôsupe LV 107 Lc50
Osvětimany CZ 137 Gd48
Oswestry GB 15 Eb23
Osypenko UA 205 Fb16
Osztopán H 145 Ha56
Otaci MD 173 Fb53
Otalampi FIN 98 Ka39
Otamo FIN 89 Ja35
Otamo FIN 90 Kc35
Otañes E 38 Ea55
Otanki LV 113 Ja53
Otanmäki FIN 82 Kc26
Otava FIN 90 La34
Otavice HR 158 Gb65
Oteiza E 39 Ec57
Öteköy TR 187 Gb77
Otelec RO 174 Bc61
Oteleni RO 172 Ed57
Oțelu Roşu RO 174 Cb62
Oteo E 38 Dd56
Otepää EST 107 Lb46
Oteren N 67 Ha11
Oterma FIN 75 Kc24
Otero de Herreros E 46 Db63

Otero de las Dueñas E 37 Cb56
Oteševo MK 182 Ba76
Oteştii de Jos RO 175 Db65
Otfinów PL 138 Jc43
Otford GB 20 Fd29
Othem S 104 Ha49
Othery GB 19 Eb29
Othmarsingen CH 141 Ca53
Othoni GR 182 Aa79
Otley GB 21 Gb26
Otłoczyn PL 121 Hb35
Otłowiec PL 121 Hb32
Otmarlar TR 198 Fc90
Otmuchów PL 137 Gc43
Otnes N 86 Eb35
Otočac HR 151 Fd62
Otočec SLO 151 Fd58
Otok HR 153 Hd60
Otok HR 153 Hd60
Otoka BIH 152 Gb61
Otopeni RO 176 Eb66
Otorowo PL 129 Gb36
Otovica MK 183 Bc74
Otradnaja RUS 205 Fd17
Otradnoe RUS 99 Lc42
Otradnoje RUS 113 Jc59
Otradnyj RUS 203 Ga10
Otranto I 163 Hd77
Otricoli I 156 Ea70
Otste EST 97 Jc44
Otta N 85 Dd35
Ottana I 169 Ca76
Ottaviano I 161 Fb75
Ottenbach D 133 Ca46
Ottenby S 111 Gb54
Ottendorf D 127 Ec41
Ottendorf-Okrilla D 128 Fa41
Ottenhof D 135 Dd45
Ottenhöfen D 133 Cb49
Ottenschlag A 144 Fd50
Ottensheim A 144 Fb50
Ottenstein D 125 Bd37
Ottenstein D 126 Da46
Otterbäcken S 95 Fb45
Otter Ferry GB 6 Dc12
Otterfing D 143 Ea51
Otterlo NL 116 Bb36
Otterndorf D 118 Cd31
Ottersberg D 118 Da34
Ottersøya N 78 Ec25
Otterstad S 102 Ed46
Otterstein N 84 Ca36
Ottersweier D 133 Cb48
Otterswick GB 5 Fa04
Otterup DK 109 Dd26
Otterwisch D 127 Ec41
Ottery Saint Mary GB 19 Ea30
Ottiglio I 148 Ca60
Ottnang A 144 Fa51
Ottobeuren D 142 Db51
Ottobrunn D 143 Ea51
Ottone I 149 Cc62
Ottonträsk S 80 Ha27
Ottrau D 126 Da41
Ottsjö S 78 Fa30
Ottsjön S 79 Fb29
Õttum S 102 Ed47
Ottweiler D 133 Bd46
Otur E 37 Ca54
Otvice CZ 135 Ed43
Ötvöskónyi H 152 Gd57
Otwock PL 130 Jc37
Otxandio E 39 Eb56
Otyń PL 128 Ga38
Otziás GR 195 Cd88
Otzing D 135 Ec49
Ouanne F 30 Hb40
Ouarville F 29 Gc40
Ouatre-Champs F 24 Ja34
Oucques F 29 Gb40
Oud-Beijerland NL 124 Ad37
Ouddorp NL 124 Ac37
Oude Pekela NL 117 Ca33
Oudemirdum NL 116 Bb34
Oudenaarde B 124 Ab40
Oudenbosch NL 124 Ad38
Oudeschoot NL 117 Bc34
Oude-Tonge NL 124 Ac37
Oudewater NL 116 Ba36
Oud Gastel NL 124 Ad38
Oudleusen NL 117 Bc35
Ouffet B 124 Ba42
Oughterard IRL 8 Bc20
Ougney F 31 Jc42
Ouguela P 51 Bb68
Ouistreham F 22 Fc35
Oulainen FIN 81 Jd26
Oulanka FIN 74 Kd18
Oulart IRL 13 Cd24
Oulches F 29 Gb44
Oulins F 23 Gb36
Oulmes F 32 Fb45
Oulu FIN 74 Ka24
Oulunsalo FIN 74 Ka24
Oulx F 148 Bb60
Ounas FIN 82 Kd26
Oural E 36 Bc56
Ouranoúpoli GR 184 Cd79
Ourém P 50 Ac66
Ourense E 36 Bb57
Ourique P 58 Ac72
Ourol E 36 Bb53
Ouroüer F 30 Hb42
Ouroux-en-Morvan F 30 Hd42

Ouroux-sur-Saône F 30 Jb43
Ourville-en-Caux F 23 Ga34
Oust F 40 Gb56
Outakoski FIN 64 Jc09
Outão P 50 Ab69
Outarville F 29 Gd39
Outeiro P 45 Bd60
Outeiro da Cabeça P 50 Aa67
Outeiro de Rei E 36 Bb55
Outines F 24 Ja37
Outokumpu FIN 83 Lc30
Outomuro (Cartelle) E 36 Ba57
Outrup DK 108 Cd25
Outwell GB 17 Fd24
Ouveillan F 41 Hb55
Ouviaño E 37 Bd55
Ouzouer-le-Marché F 29 Gc40
Ouzouer-sur-Loire F 29 Ha40
Ova S 102 Fa46
Ovacık TR 186 Ga78
Ovacık TR 191 Ea86
Ovacık TR 191 Ec84
Ovacık TR 192 Fa82
Ovacık TR 192 Fb86
Ovacık TR 192 Fb87
Ovacık TR 197 Fa89
Ovacık TR 199 Gb91
Ovacık TR 199 Gc92
Ovacık TR 205 Ga19
Ovada I 148 Ca62
Ovågen N 84 Bd38
O Vaja N 147 Kb51
Ovakent TR 192 Fa87
Ovakışlacık TR 197 Ed89
Ovaköy TR 192 Fa82
Ovaköy TR 198 Fd93
Ovanåker S 87 Ga37
Ovanmo S 79 Ga30
Ovansjö S 87 Fd33
Ovar P 44 Ac62
Ovayenice TR 186 Fb77
Ovča SRB 153 Jc61
Ovča Banja SRB 159 Jc64
Ovčepolci BG 179 Da73
Ove DK 100 Dc22
Oveçli TR 191 Ed83
Ovelgönne D 118 Cd33
Ovens IRL 12 Bc26
Overammer S 79 Ga31
Overammer S 79 Ga30
Overäng S 78 Fa29
Överberg S 87 Fb34
Överbo S 87 Fd36
Överböda S 80 Hb28
Överborg S 95 Fb40
Överby DK 108 Dc25
Överby S 96 Ha43
Øverbygd N 67 Gd11
Øverdalen N 77 Db33
Överenhörna S 96 Gc43
Övergård N 63 Hb09
Övergård N 67 Ha11
Övergran S 96 Gc42
Överhogdal S 87 Fc34
Ö

Pojo – Poyatos

Pojo FIN 97 Jd40
Pojoráta RO 172 Ea56
Pokāni LV 107 Lb48
Pokela FIN 81 Jc30
Pokka FIN 69 Jd13
Poklečani BIH 158 Ha66
Pokój PL 129 Ha41
Pokrota LV 107 Lc50
Pokrov RUS 203 Fa10
Pokrovsk RUS 107 Ma50
Pokrovskaja Arčada RUS 203 Fc11
Pokrovs'ke UA 203 Fb14
Pokrovs'ke UA 205 Fa15
Pokryváč SK 138 Hd47
Pokrzywnica PL 122 Jb35
Pokrzywnica Wielka PL 122 Ja33
Pokupska HR 151 Ga60
Polače HR 158 Ha68
Polack BY 202 Eb11
Pola de Allande E 37 Ca54
Pola de Laviana E 37 Cc55
Pola de Lena E 37 Cb55
Pola de Siero E 37 Cc54
Pola de Somiedo E 37 Ca55
Polaincourt-et-Clairfontaine F 31 Jd39
Połajewo PL 121 Gb35
Polán E 52 Da66
Polanco E 38 Dc55
Polanica-Zdrój PL 137 Gb43
Połaniec PL 138 Jc43
Polanów PL 121 Gb31
Polany PL 138 Jc46
Polbathic GB 18 Dc31
Polcenigo I 150 Eb58
Polch D 133 Ca43
Polcirkeln S 73 Hc19
Połczno PL 121 Gd31
Połczyn-Zdrój PL 120 Ga32
Polebrook GB 20 Fc25
Połęcko PL 128 Fc37
Polegate GB 20 Fd30
Polekėlė LT 114 Kb54
Polemi CY 206 Hd97
Polena BG 183 Cb74
Põlendmaa EST 106 Kc46
Poleny RUS 107 Ld47
Polesella I 150 Db61
Polešovice CZ 137 Gd48
Polessk RUS 113 Jb58
Polgár H 147 Jd51
Polgárdi H 145 Hb54
Polhov Gradec SLO 151 Fb58
Polia I 164 Gc82
Poliani GR 194 Bb89
Políantho GR 184 Dc77
Polica MNE 159 Jb68
Poliçan AL 182 Ac78
Police PL 120 Fc33
Police nad Metují CZ 137 Gb43
Polichna PL 131 Ka41
Polichno PL 130 Hd41
Polička CZ 137 Gb46
Poličnik HR 157 Fd64
Polično RUS 99 Lc43
Policoro I 162 Gc77
Policzna PL 131 Jd39
Polidámio GR 189 Bd82
Polidéndri GR 189 Bd82
Polidendro GR 183 Bd78
Polídrosos GR 189 Bd84
Polídrosso GR 188 Ad82
Polientes E 38 Dc56
Polígiros GR 182 Ad80
Polígiros GR 183 Cb79
Polignac F 34 Hd49
Polignano a Mare I 162 Gd74
Poligny F 31 Jc43
Polihnítos GR 191 Ea83
Políhrono GR 184 Cc80
Polikárpi GR 183 Bc76
Polikástano GR 182 Ba78
Polikastro GR 183 Ca76
Polikraiste BG 180 Dd70
Polímilos GR 183 Bc78
Polinéri GR 182 Ba79
Polipetro GR 183 Bd77
Polipótamo GR 183 Bb77
Polirinía GR 200 Ca95
Polis AL 182 Ac75
Polis CY 206 Hd97
Polis'ke UA 202 Eb14
Polissito GR 184 Db77
Polistena I 164 Gb83
Polistilo GR 184 Da77
Polisy F 30 Hd39
Politiká GR 189 Cb84
Polizzi Generosa I 167 Fa85
Pölja FIN 82 Kd29
Polja RUS 99 Mb42
Poljana BG 181 Ec73
Poljana BIH 158 Hb67
Poljana HR 152 Gb58
Poljanak HR 151 Ga61
Poljana Pakračka HR 152 Gd60
Poljance KSV 178 Ba70
Poljane RUS 107 Mb49
Poljane SLO 151 Fb57
Pöljänmylly FIN 82 La29
Poljanovo BG 185 Dd74
Poljčane SLO 151 Ga57
Polje BIH 152 Hb61
Polje SLO 151 Fc58
Poljica HR 157 Fd64
Poljice BIH 153 Hc63
Pölkki FIN 81 Jd30
Polkowice PL 128 Ga40
Pölla A 136 Fd49
Polla I 161 Fd76
Pollachar GB 6 Cc08
Pölläkkä FIN 90 Kd32
Pölläkkä FIN 91 Lc32
Pollari FIN 81 Jb31
Pollatomish IRL 8 Bb17
Pöllau A 144 Ga54
Pöllauberg A 144 Ga54
Polle D 126 Da38
Polleben D 127 Ea39
Pollen N 62 Ha10
Pollença E 57 Hc66
Pollenfeld D 135 Dd48
Pollhagen D 126 Da36
Pollica I 161 Fc77
Polling A 143 Ed51
Polling D 142 Dc52
Pollneset N 64 Jb04
Polloch GB 6 Db10
Pollone I 148 Bd59
Pollónia GR 195 Cd91
Pollos E 46 Cd61
Polná CZ 136 Ga46
Polna RUS 99 Ld44
Polná na Šumavě CZ 136 Fb49
Polne PL 121 Gb32
Polnica PL 121 Gd32
Polo FIN 75 La21
Pologoe Zajmišče RUS 203 Ga13
Polohy UA 205 Fb16
Połom PL 123 Jd31
Polom SRB 159 Jc64
Połomia PL 139 Ka44
Polomka SK 138 Ja48
Polonez TR 186 Fd77
Polonne UA 204 Eb15
Polope E 53 Ec70
Polopos E 61 Eb75
Pološko MK 183 Bc75
Polovragi RO 175 Da63
Polperro GB 18 Dc32
Polska Cerkiew PL 137 Ha44
Polski Gradec BG 180 Ea73
Polski Trămbeš BG 180 Dd69
Polso FIN 81 Jd29
Poltár SK 146 Ja50
Poltava UA 202 Ed14
Poltavskoe RUS 113 Jd58
Põltsamaa EST 98 Kd44
Polttila FIN 89 Ja37
Polumir SRB 178 Ba68
Põlva EST 107 Lb46
Polvela FIN 83 Lc29
Polvenkylä FIN 89 Ja32
Polverigi I 156 Ed66
Polvijärvi FIN 83 Lc30
Polvikoski FIN 83 Mb29
Półwieś PL 121 Hb32
Polythea GR 182 Ba80
Polzeath GB 18 Db31
Polzela SLO 151 Fc57
Pölzig D 127 Eb41
Pomarance I 155 Db67
Pomarão P 58 Ba73
Pomar de Cinca E 48 Fd60
Pomarez F 39 Fb54
Pomarico I 162 Gc76
Pomarkku FIN 89 Ja35
Pomârla RO 172 Ec54
Pombal P 44 Ac65
Pombalinho P 50 Ac67
Pómbia GR 200 Cd96
Pombriego E 37 Bd57
Pomeroy GB 9 Cc17
Pomezí CZ 137 Gb46
Pomezia I 160 Eb72
Pomi RO 171 Da55
Pomianowo PL 120 Ga31
Pomiechówek PL 130 Jb36
Pömiö FIN 74 Jd21
Pommelsbrunn D 135 Ea46
Pommeréval F 23 Gb34
Pommersfelden D 134 Dc45
Pomol BIH 159 Hd64
Pomonte I 155 Cd68
Pomorie BG 181 Fa72
Pomorska Wieś PL 121 Hc30
Pomorsko PL 128 Fd38
Pomos CY 206 Hd96
Pomoštnik BG 185 Ea74
Pomoy F 31 Jd40
Pompa MD 173 Fb56
Pompei I 161 Fb75
Pompeji = Pompei I 161 Fb75
Pompey F 25 Jd36
Pompierre F 31 Jc38
Pompignan F 41 Hd53
Pomysk Mł. PL 121 Gd30
Poncé-sur-le-Loir F 29 Ga40
Poncin F 35 Jc45
Pondorf D 135 Ea48
Ponferrada E 37 Ca57
Poniatowa PL 131 Ka40
Poniatowo PL 122 Hd34
Poniec PL 129 Gc39
Ponikiew Mała PL 122 Jc34
Ponikovica SRB 159 Jb64
Ponikva MK 179 Ca73
Poniky SK 138 Hd49
Pönitz D 119 Dd31
Ponjos E 37 Cb56
Pönniälä FIN 91 Lb35
Ponoarele RO 175 Cc64
Ponor RO 171 Cd59
Ponor SRB 179 Ca69
Ponoševac KSV 178 Ad71
Ponoševac SRB 159 Jc69
Ponova vas SLO 151 Fc58
Pons F 32 Fb48
Ponsa FIN 90 Ka35
Ponsacco I 155 Db65
Ponsworthy GB 19 Dd31
Pont I 148 Bc59
Pont-à-Bucy F 24 Hb34
Pontacq F 40 Fc56
Pontailler-sur-Saône F 31 Jc41
Pontaix F 35 Jc50
Pont-à-Marcq F 23 Ha31
Pont-à-Mousson F 25 Jc36
Pontão P 44 Ad65
Pontardawe GB 19 Dd27
Pontardulais GB 19 Dd27
Pontarion F 33 Gc46
Pontarlier F 31 Ka43
Pontarsais GB 15 Dd26
Pontassieve I 155 Dc65
Pontaubault F 22 Fa37
Pont-Audemer F 22 Fd35
Pontaumur F 33 Ha46
Pont-Authou F 23 Ga35
Pont-Aven F 27 Dd40
Pontavert F 24 Hc35
Pont Canavese I 148 Bc59
Pontcharra F 35 Jd47
Pontcharra-sur-Tudine F 34 Ja46
Pontcharraud F 33 Gd47
Pontchartrain F 23 Gc37
Pontchâteau F 27 Ec41
Pont-Croix F 27 Db39
Pont-d'Ain F 35 Jc46
Pont-d'Aspach F 31 Kb40
Pont-de-Chéruy F 34 Jb47
Pont-de-Dore F 34 Hc47
Pont-de-la-Chaux F 31 Jd44
Pont-de-l'Arche F 23 Gb35
Pont-de-l'Isère F 34 Jb49
Pont-de-Pany F 30 Ja42
Pont-de-Poitte F 31 Jc44
Pont-de Rhodes F 33 Gc51
Pont-de Roide F 31 Ka41
Pont-de-Salars F 41 Ha52
Pont-des-Plagnettes F 35 Ka45
Pont-de-Vaux F 30 Jb44
Pont-de-Veyle F 34 Jb45
Pont-d'Hérault F 41 Hd53
Pont-d'Héry F 31 Jd43
Pont-d'Ouilly F 22 Fc37
Pont-du-Château F 34 Hb47
Pont-du-Navoy F 31 Jc43
Ponte I 161 Fa73
Ponte a Elsa I 155 Db65
Ponte Albar E 36 Ad55
Ponte alla Chiassa I 156 Dd66
Ponte Arche I 149 Dc58
Ponteareas E 36 Ad58
Ponte Barxas E 36 Ba58
Pontebba I 143 Ed56
Ponte Caffaro I 149 Db58
Pontecagnano I 161 Fc75
Ponte-Caldelas E 36 Ad57
Ponte Carreira E 36 Ba55
Ponte Castirla F 154 Cb69
Ponteceso E 36 Ad54
Pontechianale I 148 Bb61
Pontecorvo I 160 Ed73
Pontecurone I 148 Cb61
Ponte da Barca P 44 Ad59
Pontedecimo I 148 Cb62
Ponte de Lima P 44 Ad59
Ponte dell'Olio I 149 Cd61
Pontedera I 155 Db65
Ponte de Sor P 50 Ad67
Pontedeume E 36 Ba54
Ponte di Barbarano I 150 Dd60
Ponte di Ferro I 156 Eb68
Ponte di Legno I 149 Db57
Ponte di Nava I 148 Bd63
Ponte di Piave I 150 Eb59
Ponte do Porto E 36 Ac54
Pontefract GB 16 Fa21
Ponte in Valtellina I 149 Da57
Pontelagoscuro I 150 Dd61
Pontelandolfo I 161 Fc73
Ponte Leccia F 154 Cb69
Ponte Ledesma E 36 Ba56
Ponte nelle Alpi I 150 Eb57
Ponte Nossa I 149 Cd58
Pontenova Villaodriz E 36 Bc54
Pont-en-Royans F 35 Jc49
Ponte Nuovo F 154 Cb69
Pontenure I 149 Cd61
Pontenx-les-Forges F 39 Fa52
Pontepetri I 155 Db64
Pontericcioli I 156 Eb66
Ponterwyd GB 15 Dd25
Ponte San Pietro I 149 Cd58
Pontesbury GB 15 Eb24
Pontestura I 148 Ca60
Ponte Tresa I 148 Cb57
Ponte Ulla E 36 Ba56
Ponte Valga E 36 Ad56
Pontevedra E 36 Ad57
Pont-Evêque F 34 Jb47
Pontevico I 149 Da60
Pont-Farcy F 22 Fa36
Pontgibaud F 33 Ha47
Pont-Hamon F 27 Eb39
Ponthibault F 28 Fd40
Ponthierry F 29 Ha38
Ponti I 169 Bd80
Pontigny F 22 Fc36
Pontigny F 30 Hc40
Pontijou F 29 Gb40
Pontinia I 160 Ec73
Pontinvrea I 148 Ca62
Pöntiö FIN 81 Jc27
Pontivy F 27 Ea39
Pont-l'Abbé F 22 Fa35
Pont-l'Abbé F 27 Dc40
Pont-l'Abbé-d'Arnoult F 32 Fb47
Pont-la-Ville F 30 Ja39
Pont-l'Evêque F 22 Fd35
Pontlevoy F 29 Gb42
Pont-Losquet F 26 Ea37
Pontmain F 28 Fa38
Pontoise F 23 Gd36
Pontokerasiá GR 183 Cb76
Pontokómi GR 183 Bb78
Pontones E 61 Ea72
Pontonx-sur-l'Adour F 39 Fa54
Pontoon IRL 8 Bc18
Pontorson F 28 Ed38
Pontremoli I 149 Cd63
Pont-Rémy F 23 Gc33
Pontresina CH 142 Da56
Pontrhydfendigaid GB 15 Dd25
Pontrhydygroes GB 15 Dd25
Pontrieux F 26 Ea37
Pontrilas GB 15 Eb26
Ponts E 48 Gb60
Pont-Sainte-Maxence F 23 Ha35
Pont-Saint-Esprit F 42 Jb52
Pont Saint-Mamet F 33 Ga50
Pont-Saint-Martin F 28 Ed42
Pont-Saint-Martin I 148 Bd58
Pont-Saint-Pierre F 23 Gb35
Pont-Saint-Vincent F 25 Jd37
Pont-Scorff F 27 Dd40
Pont-Scorff F 27 Ea40
Pont-sur-Yonne F 30 Hb38
Pontvallain F 28 Fd40
Pontyberem GB 19 Dd27
Pontyclun GB 19 Ea28
Pontypool GB 19 Eb27
Pontypridd GB 19 Ea27
Ponza I 160 Ec75
Ponzone I 148 Ca58
Ponzone I 148 Ca62
Poola FIN 81 Ja31
Poole GB 20 Ed31
Poolewe GB 4 Dc07
Pooley Bridge GB 11 Ec17
Pootsi EST 106 Kb46
Popčevo MK 183 Ca75
Pope LV 105 Jb49
Popeasca MD 173 Ga59
Popeni RO 177 Fb60
Popericu MD 173 Fd56
Poperinge B 21 Ha30
Popeşti RO 171 Cc56
Popeşti RO 172 Ed57
Popeşti RO 175 Da64
Popeşti RO 175 Dc66
Popeştii de Jos MD 173 Fb54
Popeştii de Sus MD 173 Fb54
Popeşti-Leordeni RO 176 Eb66
Popielów PL 129 Ha42
Popina BG 181 Ec67
Popinci BG 179 Da72
Popinci SRB 153 Jb61
Popioły PL 123 Jd30
Popkovo Gora RUS 99 Ld42
Poplaca RO 175 Da61
Popławy PL 122 Jb35
Popoli I 157 Fa70
Popovac HR 152 Gc59
Popovac HR 153 Hc58
Popovac SRB 178 Bc67
Popovača HR 152 Gc59
Popovič BG 181 Fa71
Popovica BG 180 Dc73
Popovica SRB 174 Ca66
Popović-Brdo HR 151 Ga60
Popovo BG 180 Eb70
Popovo BG 181 Ec73
Popów PL 130 Hc41
Popów PL 130 Hd38
Popowo PL 121 Gd30
Popowo Kościelne PL 129 Gc36
Poppel B 124 Ba39
Poppenhausen D 134 Da43
Poppenhausen D 134 Db44
Poppenricht D 135 Ea46
Poppi I 156 Dd65
Poprad SK 138 Jb47
Popricani RO 173 Fa57
Poproč SK 138 Jc48
Popšica SRB 178 Bd68
Popsko BG 185 Dd75
Populonia I 155 Da67
Poraj PL 130 Hc42
Porajów PL 128 Fc42
Poranen FIN 81 Jd30
Porazava BY 202 Dd13
Pörböly H 153 Hc57
Porcari I 155 Db65
Porcsalma H 147 Kc51
Porcuna E 52 Da72
Pordenone I 150 Eb58
Pordim BG 180 Dc69
Poręba PL 138 Hd43
Porebeni MD 173 Fd56
Poreč HR 150 Ed60
Porečʼe RUS 99 Ld41
Porečʼe RUS 113 Jb59
Poredy PL 122 Jc33
Porhov RUS 202 Eb10
Porhovo RUS 99 Ld41
Pori EST 106 La46
Pori FIN 89 Ja36
Pori GR 183 Bd80
Porice BIH 158 Ha64
Porjus S 72 Ha18
Porkala FIN 98 Kb40
Porkanranta FIN 82 Ka25
Pörkenäs FIN 81 Ja29
Porkkakylät FIN 90 Ka33
Porkkala FIN 82 Kb27
Porkkala FIN 98 Kb40
Porkuni EST 98 Kd42
Þorlákshöfn IS 2 Ac05
Porlammi FIN 90 Kd38
Porlezza I 149 Cc57
Porlock GB 19 Ea29
Porlom FIN 90 Kd38
Pornainen FIN 90 Kc38
Pornassio I 148 Bd63
Pörnbach D 135 Dd49
Pornello I 156 Ea68
Pornic F 27 Ec42
Pornichet F 27 Ec42
Pornóapáti H 145 Gb54
Poroça i poshtëm AL 182 Ac76
Poroč'e RUS 99 Mb45
Porodin SRB 174 Bc65
Poroina Mare RO 175 Cc65
Porokylä FIN 83 Lb27
Pörölänmäki FIN 82 Kd31
Poromäki FIN 82 La25
Poronin PL 138 Ja46
Póros GR 188 Ac85
Póros GR 195 Cb88
Porosalmi FIN 91 Lb32
Porost PL 121 Gb31
Poroszló H 146 Jc52
Porovesi FIN 82 Kd30
Porozina HR 151 Fb61
Porpác H 145 Gc54
Pórpi GR 184 Dc77
Porquerolles F 42 Ka55
Porras FIN 89 Jd38
Porras FIN 90 Ka36
Porraskoski FIN 90 Kb36
Porrentruy CH 141 Bc52
Porreres E 57 Hc67
Porretta Terme I 155 Db64
Porriño E 36 Ad58
Porrogszentkirály H 152 Gd57
Porrosillo E 52 Dc71
Pörsänmäki FIN 82 Kd28
Porsgrunn N 93 Dc44
Þórshöfn IS 3 Bc04
Porsi S 73 Hb19
Pórszombat H 145 Gc55
Port IRL 8 Bd16
Port N 64 Jc08
Portacloy IRL 8 Bb17
Portadown GB 9 Cd18
Portaferry GB 10 Db18
Portagem P 51 Bb67
Portaje E 45 Bd65
Portalegre P 51 Bb67
Portalrubio E 47 Fa63
Portals Vells E 56 Ha67
Port Appin GB 6 Dc11
Portariá GR 183 Cb79
Portarlington IRL 13 Cc22
Port Askaig GB 6 Da13
Portavadie GB 6 Dc13
Porta Westfalica D 126 Cd37
Portbail F 22 Ed35
Port-Barcarès F 41 Hb57
Port-Blanc F 26 Ea37
Portbradden GB 9 Cd15
Portbron S 71 Fc22
Port-Camargue F 42 Ja54
Port Charlotte GB 6 Da13
Port-Cros F 43 Kb55
Port d'Addaia E 57 Ja65
Port-d'Agrès F 33 Gd51
Port d'Alcúdia E 57 Hc66
Port d'Andratx E 56 Ha67
Port d'Atelier-Amance F 31 Jd40
Port-de-Bouc F 42 Jb54
Port de Chiavari F 154 Ca71
Port-de-Miramar F 42 Ka55
Port de Pollença E 57 Hc66
Port-des-Barques F 32 Fa46
Port des Callonges F 32 Fb49
Port de Sóller E 57 Hb66
Port d'es Torrent E 56 Gb69
Port de Valldemossa E 57 Hb67
Port Durlainne IRL 8 Bc17
Porte-de-Lanne F 39 Fa54
Portegrandi I 150 Eb59
Portel P 50 Ba70
Portela P 58 Ad73
Portela de Santa Eulália P 44 Ba60
Portela de Vade P 44 Ad59
Portel-des-Corbières F 41 Hb56
Portell de Morella E 48 Fc64
Portelo E 37 Bd56
Portelo P 45 Bd59
Port-en-Bessin F 22 Fb35
Portencross GB 10 Dc14
Port Erin GB 10 Dc19
Pörtet S 94 Fa41
Port-Eynon GB 19 Dd28
Portezuelo E 51 Bd66
Port George GB 5 Ea07
Port Glasgow GB 10 Dd13
Portglenone GB 9 Cd16
Port Goulphar F 27 Ea42
Port Grimaud F 43 Kb54
Porth GB 19 Ea27
Porthcawl GB 19 Dd28
Porthleven GB 18 Da32
Porthmadog GB 15 Dd23
Porthoustock GB 18 Db32
Porticcio F 154 Ca71
Portichuelo E 55 Fa71
Portici I 161 Fb75
Portico di Romagna I 156 Dd64
Portiglione I 155 Db68
Portilla de la Reina E 38 Da56
Portillo E 46 Da61
Portimão P 58 Ab74
Portimo FIN 74 Ka20
Portimojärvi FIN 73 Jb19
Portinatx E 56 Gc69
Portinho da Arrábida P 50 Ab69
Portinniska FIN 74 Kc18
Port Isaac GB 18 Db31
Portishead GB 19 Eb28
Port-Joinville F 27 Ec44
Portknockie GB 5 Ec07
Port Láirge IRL 13 Cb25
Port Lamont GB 6 Dc13
Port-la-Nouvelle F 41 Hb56
Port Laoise IRL 13 Cb22
Portlaoise IRL 13 Cb22
Port-Leucate F 41 Hb56
Portloe GB 18 Db32
Port-Louis F 27 Ea40
Portmagee IRL 12 Ad25
Portmahomack GB 5 Ea07
Portman E 55 Fa74
Port-Manec'h F 27 Dd40
Portmarnock IRL 13 Cd21
Port Maubert F 32 Fb48
Port-Mort F 23 Gb36
Pörtmossen FIN 89 Hd32
Portmuck GB 10 Db16
Portnacroish GB 6 Dc11
Portnaguran GB 4 Db05
Portnahaven GB 6 Da13
Port Nan Long GB 6 Cd07
Port-Navalo F 27 Ea41
Portnoo IRL 8 Ca16
Porto E 37 Bd58
Porto F 154 Ca70
Pórto GR 196 Db88
Porto I 164 Ga78
Porto P 44 Ac61
Porto Alabe I 169 Bd76
Porto Alto P 50 Ab68
Porto Azzurro I 155 Da68
Portobello di Gallura I 168 Ca73
Porto Botte I 169 Bd80
Portobuffolè I 150 Eb58
Pórto Carrás GR 184 Cc80
Porto Cervo I 168 Cc73
Porto Cesareo I 162 Hb77
Porto Colom E 57 Hc68
Porto Covo P 50 Ab71
Porto Cristo E 57 Hc67
Porto da Balsa P 44 Ba64
Porto d'Ascoli I 157 Fa68
Porto de Bares E 36 Bc53
Porto de Espasante E 36 Bb53
Porto de Lagos P 58 Ab74
Porto de Mós P 50 Ab66
Porto do Barqueiro E 36 Bb53
Porto do Son E 36 Ac56
Porto Empedocle I 166 Ed86
Porto Ercole I 155 Dc70
Portoferraio I 155 Da68
Portofino I 149 Cc63
Port of Menteith GB 7 Dd12
Port of Ness GB 4 Db04
Porto Garibaldi I 150 Ea62
Porto Germenó GR 189 Ca86
Portogruaro I 150 Ec59
Portohéli GR 195 Ca88
Pórto Koufós GR 184 Cc80
Porto Levante I 150 Eb61
Pörtom FIN 89 Hd32
Portomaggiore I 150 Dd62
Portomarín E 36 Bb56
Porto Maurizio I 43 La52
Port Omna IRL 13 Ca22
Portomouro E 36 Ad55
Porton GB 20 Ed29
Portonovo E 36 Ac57
Portonovo I 156 Ed66
Porto Palermo AL 182 Ab78
Porto Palo I 166 Eb85
Portopalo di Capo Passero I 167 Fd88
Porto Pino I 169 Bd80
Porto Pollo F 154 Ca71
Porto Potenza Picena I 156 Ed67
Porto Pozzo I 168 Cb73
Pórto Ráfti GR 195 Cc87
Porto Recanati I 156 Ed66
Porto Rotondo I 168 Cc74
Portorož SLO 150 Ed60
Porto San Elpidio I 157 Fa67
Porto San Giorgio I 157 Fa67
Porto San Paolo I 168 Cc74
Porto Santo Stefano I 155 Db69
Portoscuso I 169 Bc79
Portosin E 36 Ac55
Porto Tolle I 150 Eb61
Porto Torres I 168 Bd74
Porto Valtravaglia I 148 Cb57
Porto-Vecchio F 154 Cb72
Portovenere I 155 Cd64
Portovesme I 169 Bc79
Portpatrick GB 10 Dc16
Port pétrolier du Havre-Antifer F 22 Fd34
Portreath GB 18 Da32
Portree GB 4 Da08
Portroe IRL 12 Bd22
Portrush GB 9 Cd15
Port-Sainte-Marie F 40 Fd52
Port-Saint-Louis-du-Rhône F 42 Jb54
Port-Saint-Père F 28 Ed42
Portsall F 26 Db37
Portsalon IRL 9 Cb15
Pörtschach am Wörthersee A 144 Fb56
Portslade-by-Sea GB 20 Fc30
Portsmouth GB 20 Fa30
Portsoy GB 5 Ec07
Portstewart GB 9 Cd15
Port-sur-Saône F 31 Jd40
Port Talbot GB 19 Dd27
Portugalete E 38 Ea55
Portumna IRL 13 Ca22
Porturlin IRL 8 Bc17
Port-Vendres F 41 Hb57
Port William GB 10 Dd17
Porúbka SK 139 Ka48
Porumbacu de Jos RO 175 Db61
Porvola FIN 90 Ka34
Porvoo FIN 98 Kc39
Porzádez E 46 Cd61
Porządzie PL 122 Jc35
Porzuna E 52 Da68
Posada E 38 Da54
Posada I 168 Cc75
Posada de Valdeón E 37 Cd55
Posada (Llanera) E 37 Cb54
Posadas E 38 Ea58
Posadas E 60 Cc72
Posadilla E 37 Cb57
Posadowice PL 129 Gd41
Poşaga RO 171 Cd59
Poşaga de Sus RO 171 Cd59
Poschiavo CH 142 Da56
Posedarje HR 157 Fd64
Pošehon'e RUS 202 Ed08
Posen = Poznań PL 129 Gc37
Poseritz D 119 Ed30
Posesse F 24 Ja36
Poseşti RO 176 Eb63
Poshnjë AL 182 Ab76
Posidóni GR 197 Eb88
Posidonía GR 196 Da89
Posina I 149 Dc58
Posio FIN 75 Kd19
Positano I 161 Fb75
Posjärv S 73 Ja19
Poškonys LT 115 Lb59
Poškos LT 113 Jb55
Posof TR 205 Ga18
Possagno I 150 Ea58
Posseck D 135 Eb43
Possendorf D 128 Fa41
Possens CH 141 Bb55
Pößneck D 127 Ea42
Posta I 156 Ec69
Poşta Călnău RO 176 Ec63
Posta Demani I 161 Ga73
Posta Piana I 161 Ga74
Posta San Lucia I 161 Fd73
Postau D 135 Eb49
Postbauer-Heng D 135 Dd47
Postel B 124 Ba39
Posterholt NL 125 Bb40
Postiglione I 161 Fd76
Postojna SLO 151 Fb59
Postoloprty CZ 136 Fa43
Postomino PL 121 Gb30
Postranje HR 158 Gd66
Postřelmov CZ 137 Gc45
Postue N 63 Ja10
Postupice CZ 136 Fc46
Posušje BIH 158 Gd66
Poświętne PL 123 Ka34
Poświętne PL 130 Ja39
Poświętne PL 130 Jc36
Potamí GR 184 Cd76
Potamiá GR 184 Db78
Potamós GR 195 Bd92
Potamós GR 196 Bd90
Potamós GR 200 Ca93
Potamoúla GR 188 Ba83
Potcoava RO 175 Db66
Potęgowo PL 121 Gd30
Potenza I 161 Ga75
Potenza Picena I 156 Ed67
Potes E 38 Da55
Potidánia GR 189 Bc84
Potka N 63 Hb09
Potkraj BIH 158 Gd65
Potku FIN 75 Kc24
Potlogi RO 176 Dd65
Potnjani HR 152 Hb60
Potočac SRB 178 Bc67
Potoci BIH 152 Gc63
Potoci BIH 158 Hb66
Potoci RO 172 Eb58
Potoczyzna PL 123 Ka32
Potok Górny Drugi PL 131 Kb42
Potok Złoty PL 130 Hd42
Pôtor SK 146 Hd50
Potoskavaara FIN 91 Ma32
Potsdam D 127 Ed37
Potštát CZ 137 Gd46
Potštejn CZ 137 Gb44
Pottenstein D 135 Dd45
Potters Bar GB 20 Fc27
Pötting A 144 Fa50
Pöttmes D 134 Dc49
Potton GB 20 Fc26
Potworów PL 130 Jb39
Potzlow D 120 Fa34
Pouancé F 28 Fa40
Pouan-les-Vallées F 30 Hd38
Poudenas F 40 Fd53
Pougny F 30 Hb41
Pougues-les-Eaux F 30 Hb42
Pougy F 30 Hd38
Pouillenay F 30 Ja41
Pouillon F 39 Fa54
Pouilly-en-Auxois F 30 Ja42
Pouilly-sous-Charlieu F 34 Hd45
Pouilly-sur-Loire F 30 Hb42
Pouilly-sur-Saône F 30 Jb42
Poujols F 41 Hc53
Poulaines F 29 Gc42
Pouldreuzic F 27 Dc39
Poúlithra GR 195 Bd89
Poullaouen F 26 Dd38
Poulstrup DK 100 Dc20
Poulton-le-Fylde GB 15 Eb20
Poúnda GR 196 Db90
Pourí GR 189 Ca81
Pourlans F 30 Jb43
Pourrain F 30 Hb40
Pourrières F 42 Jd54
Pourunperä FIN 89 Jd33
Pousada E 36 Ba54
Poussu FIN 75 La20
Pouyastruc F 40 Fd55
Pouydesseaux F 40 Fc53
Pouy-de-Touges F 40 Gb55
Pouzac F 40 Fd56
Pouzauges F 28 Fb44
Pouzilhac F 42 Jb52
Pouzilli I 161 Fa73
Považská Bystrica SK 137 Hb47
Považská Teplá SK 137 Hb47
Povedilla E 53 Ea70
Poverišče RUS 107 Ma49
Poviglio I 149 Db61
Povja HR 158 Gc67
Povljana HR 151 Fd63
Póvoa das Quartas P 44 Ba64
Póvoa de Lanhoso P 44 Ad59
Póvoa de São Miguel P 50 Ba71
Póvoa de Varzim P 44 Ac60
Póvoa e Meadas P 50 Ba66
Powalice PL 120 Fd32
Powardennan Lodge GB 7 Dd12
Powburn GB 11 Ed15
Power's Cross IRL 12 Bd22
Powidz PL 129 Ha36
Powierz PL 122 Ja33
Powodów PL 130 Hc38
Powroźnik PL 138 Jc46
Poxdorf D 135 Dd45
Poyales del Hoyo E 45 Cc65
Poyatos E 47 Ec64

Poyaz – Putlitz

Poyaz TR 186 Fd77
Pöylä FIN 97 Jc39
Poynton GB 16 Ed22
Poyntz Pass GB 9 Cd18
Poyols F 35 Jc50
Poyra TR 193 Gb81
Poyralı TR 185 Ed75
Poyraz TR 192 Fa85
Poyrazcık TR 191 Ec84
Poyrazdamları TR 192 Fa85
Poyrazlı TR 185 Ed79
Pöyry FIN 90 Kd34
Poysdorf A 137 Gc49
Pöytiö FIN 97 Jd39
Pöytyä FIN 89 Jc38
Poza de la Sal E 38 Dd57
Pozal de Gallinas E 46 Cd61
Požarevac SRB 174 Bc64
Požarnica BIH 153 Hd63
Pozdeň CZ 136 Fa44
Pozdišovce SK 139 Ka48
Pozedrze PL 122 Jc30
Požega HR 152 Ha60
Požega SRB 159 Jb65
Poženanje KSV 178 Bb72
Požerė LT 113 Jd55
Pozières F 23 Ha33
Poznań PL 129 Gc37
Pozo Alcón E 61 Dd73
Pozoantiguo E 45 Cc60
Pozoblanco E 52 Cd71
Pozo-Cañada E 53 Ec70
Pozo de Guadalajara E 46 Dd64
Pozo de la Serna E 53 Dd70
Pozohondo E 53 Ec70
Pozo-Lorente E 54 Ed69
Pozondón E 47 Ed64
Pozořice CZ 137 Gc47
Pozorrubio E 53 Dd66
Poźrzadło Wielkie PL 120 Ga33
Pozuelo E 53 Eb70
Pozuelo de Alarcón E 46 Db64
Pozuelo de Aragón E 47 Ed60
Pozuelo de Calatrava E 52 Db69
Pozuelo del Páramo E 37 Cb58
Pozuelo de Zarzón E 45 Bd65
Pozza I 149 Db62
Pozza di Fassa I 143 Dd56
Pozzallo I 167 Fc88
Pozzillo I 167 Fd85
Pozzomaggiore I 168 Bd76
Pozzo San Nicola I 168 Bd74
Pozzuoli I 161 Fa75
Pozzuolo I 156 Dd67
Praag = Praha CZ 136 Fb44
Praaga EST 99 Lc45
Prabuty PL 122 Hc32
Prača BIH 159 Hd65
Prachatice CZ 136 Fa48
Prackenbach D 135 Ec48
Pračno HR 152 Gb60
Prada E 37 Bd57
Prádanos de Ojeda E 38 Db57
Pradelles F 34 Hd50
Pradelles-Cardabès F 41 Ha55
Prádena E 46 Dc62
Prades E 48 Gb62
Prades F 41 Ha57
Pradła PL 130 Hd42
Pradleves I 148 Bb62
Prado E 36 Ba56
Prado E 36 Ad57
Prado E 37 Cd54
Prado E 45 Cc59
Prado P 44 Ad59
Prado del Rey E 59 Ca76
Pradoluengo E 38 Dd58
Prads F 43 Kb51
Præstbro DK 101 Dd20
Præsteskov DK 109 Ec27
Præstø DK 109 Eb27
Prag = Praha CZ 136 Fb44
Pragelato I 148 Bb60
Prags I 143 Ea55
Praha CZ 136 Fb44
Prahecq F 32 Fc45
Prahovo SRB 174 Cb66
Praia a Mare I 164 Ga78
Praia da Areia Branca P 50 Aa67
Praia da Barra P 44 Ac62
Praia da Rocha P 58 Ab74
Praia das Maçãs P 50 Aa68
Praia da Tocha P 44 Ac63
Praia da Vagueira P 44 Ac63
Praia da Vieira P 44 Ab65
Praia de Esmoriz P 44 Ac61
Praia de Mira P 44 Ac63
Praia de Ofir P 44 Ac60
Praia de Quiaios P 44 Ab64
Praia de Santa Cruz P 50 Aa67
Praiano I 161 Fb76
Praid RO 172 Dd59
Prăjeni RO 172 Ed56
Prakovce SK 138 Jc48
Pralea RO 176 Ec61
Pralognan F 35 Kb47
Pralormo I 148 Bd61
Pra-Loup F 43 Kb51
Pram A 144 Fa50
Prámanda GR 188 Ba81
Prameny CZ 135 Ec44
Pramet A 143 Ed51
Pramort D 119 Ed30
Pramouton F 35 Kb50
Praniūnai LT 114 Kc59
Pranjani SRB 159 Jc64
Prapatnica HR 158 Gb66
Prapymas LT 113 Jc55
Prasés GR 200 Cb95
Prašice SK 137 Hb49
Prasiés GR 200 Cd95
Praslay F 30 Jb40
Praslovo RUS 122 Jc30
Prässebo S 102 Ec47
Prássino GR 194 Bb87
Prastavoniai LV 114 Kb55
Prastio CY 206 Ja98
Prastio CY 206 Jc96
Prästkulla FIN 97 Jd40
Prästö FIN 96 Hc40
Praszka PL 129 Hb41
Prat F 40 Gb56
Prata Sannita I 161 Fa73
Pratau D 127 Ec38
Prat-de-Chest F 41 Hb55
Prat de Comte E 48 Fd63
Pratella I 161 Fa73
Prati di Tivo I 156 Ed69
Prato CH 141 Cb56
Prato I 155 Dc65
Prato all'Isarco I 143 Dd56
Prato di Resia I 150 Ed57
Pratola Peligna I 161 Fa71
Pratola Serra I 161 Fc74
Prato Nevoso I 148 Bd63
Pratorotondo I 148 Bb62
Prats de Lluçanès E 49 Gd59
Prats-de-Mollo-la-Preste F 41 Ha58
Prats-du-Périgord F 33 Gb51
Pratteln CH 141 Bd52
Prauliena LV 107 Lb50
Pravda BG 181 Ec68
Pravdino RUS 113 Jd58
Pravdinsk RUS 113 Jb59
Pravec BG 179 Cd71
Praves E 38 Dc54
Pravia E 37 Cb54
Pravieniškės LT 114 Kc57
Praviņi LV 106 Ka51
Pravište BG 180 Db73
Prayssac F 33 Gb51
Prayssas F 40 Ga52
Praz I 148 Bc58
Praze-an-Beeble GB 18 Da32
Praznice HR 158 Gc67
Prazzo I 148 Bb62
Prčanj MNE 159 Hd69
Préaux F 23 Gb35
Prebitz D 135 Ea45
Prebold SLO 151 Fd57
Přebuz CZ 135 Ec43
Prečec HR 152 Gb59
Préchac F 40 Fc52
Preci I 156 Ec68
Précigné F 28 Fc40
Prečistoe RUS 202 Ec11
Prečistoe RUS 203 Fa08
Précy-sous-Thil F 30 Hd41
Précy-sur-Oise F 23 Gd35
Predajane SRB 178 Bd70
Predappio I 156 Ea64
Predazzo I 150 Dd57
Predeal RO 176 Ea62
Predeal-Sărari RO 176 Eb64
Predești RO 175 Cd66
Predești RO 175 Db64
Preding A 144 Fd55
Predjama SLO 151 Fa59
Predlitz A 144 Fa54
Predmeja SLO 151 Fa58
Predosa I 148 Cb61
Predošćica HR 151 Fb61
Pré-en-Pail F 28 Fc38
Prees GB 15 Ec23
Preetz D 118 Dc30
Préfailles F 27 Ec42
Prefontaines F 29 Ha39
Pregarten A 144 Fb50
Pregrada HR 151 Ga57
Preila LT 113 Jb56
Preiļi LV 107 Lc52
Preitenegg A 144 Fc55
Preiviiki FIN 89 Ja36
Préjano E 47 Eb59
Prejłowo PL 122 Ja32
Prejmer RO 176 Ea62
Prekaja BIH 158 Gc64
Preko HR 157 Fd64
Prekopčelica SRB 178 Bc70
Prélenfrey F 35 Jd49
Preljina SRB 159 Jc64
Prelog HR 152 Gc57
Prelošćica HR 152 Gb60
Přelouč CZ 136 Fd45
Prem SLO 151 Fb59
Premana I 149 Cd57
Premantura HR 151 Fa62
Premeno I 148 Cb57
Prémery F 30 Hb42
Premià de Mar E 49 Ha61
Premilcuore I 156 Dd64
Premnitz D 127 Eb36
Prémont F 24 Hb33
Premuda HR 151 Fb63
Prenčov SK 146 Hc50
Prendeignes F 33 Gd50
Prendwick GB 11 Ed15
Prenika MK 182 Ba74
Prénouvellon F 29 Gc40
Prenzlau D 120 Fa34
Prepelița MD 173 Fc56
Přerov CZ 137 Gd46
Prerow D 119 Ec30
Pré-Saint-Didier I 148 Bb58
Prescot GB 15 Eb21
Presedo E 36 Ba54
Preseľany SK 145 Hb50
Preselec BG 180 Eb70
Preselenci BG 181 Fb69
Presencio E 38 Dc58
Preševo KSV 178 Bc72
Preshkëp AL 182 Aa77
Presicce I 165 Hc78
Presjaka MNE 159 Hd68
Presly F 29 Gd42
Prešov SK 139 Jd47
Pressac F 33 Ga46
Pressath D 135 Ea45
Pressbaum A 144 Ga51
Preßburg = Bratislava SK 145 Gd51
Presseck D 135 Ea44
Pressgutz A 144 Ga54
Pressig D 135 Dd43
Prestatyn GB 15 Ea22
Prestbakken N 67 Gc12
Presteid N 66 Fd15
Presteigne GB 15 Eb25
Prestelvbakken N 64 Jd06
Prestesætra N 78 Ed27
Prestfoss N 93 Dc41
Přeštice CZ 135 Ed46
Preston GB 15 Ec20
Preston GB 19 Ec31
Preston GB 21 Gb29
Preston Capes GB 20 Fa26
Prestranek SLO 151 Fb59
Prestwick GB 10 Dd14
Prestwood GB 20 Fb27
Pretoro I 157 Fa70
Prettin D 127 Ec39
Pretzfeld D 135 Dd45
Pretzsch D 127 Ec39
Preuilly-sur-Claise F 29 Ga43
Preußisch Oldendorf D 117 Cc36
Preutești RO 172 Ec56
Prevala BG 179 Cb68
Prevalje SLO 144 Fc56
Prevediños E 36 Ba55
Prévenchères F 34 Hd51
Préveranges F 33 Gd45
Préveza GR 188 Ac82
Prey F 23 Gb36
Prezë AL 182 Ab74
Prezëe Madhe AL 182 Ab75
Prez-v.-N. CH 141 Bc54
Prhovo SRB 153 Jb61
Priaranza del Bierzo E 37 Bd57
Priatu I 168 Cb74
Pribelja BIH 158 Gd64
Pribeta SK 145 Hb51
Pribinić BIH 152 Ha62
Priboieni RO 175 Dc64
Priboj BIH 153 Hd62
Priboj SRB 178 Bd71
Pribojska Goleša SRB 159 Ja66
Příbor CZ 137 Ha46
Príbovce SK 138 Hc48
Příbram CZ 136 Fa46
Pribrežnoje RUS 113 Ja59
Pribude HR 158 Gb65
Pribylina SK 138 Ja47
Přibyslav CZ 136 Ga46
Pričaly RUS 113 Jb57
Priceaca RO 175 Db65
Pri Cerkvi Strugah SLO 151 Fc59
Pričević SRB 153 Jb63
Prichsenstadt D 134 Db45
Pridnieki LV 105 Jc50
Pridvorci BIH 158 Hb67
Pridvorica SRB 174 Bb65
Pridvorje HR 159 Hc69
Priedaine LV 106 Kb50
Priego E 47 Eb64
Priego de Córdoba E 60 Da74
Priekulė LT 113 Jb56
Priekule LV 113 Jb53
Priekuļi LV 106 Kd49
Prien D 143 Eb52
Prienai LT 114 Kc58
Priescas E 37 Cd55
Priesendorf D 134 Dc45
Prievidza SK 138 Hc48
Prignano Cilento I 161 Fd76
Prigor RO 174 Ca64
Prigoria RO 175 Da63
Prigorica SLO 151 Fc59
Prigradica HR 158 Gc68
Prilipalu EST 106 La46
Prijeboj HR 151 Ga62
Prijedor BIH 152 Gc61
Prijepolje SRB 159 Jb66
Prijutnoe RUS 205 Ga15
Prikra SK 139 Ka46
Prikraj HR 152 Gb58
Prikula BIH 158 Gd65
Prikuļi LV 107 Lc52
Prilep BG 181 Ec71
Prilep MK 183 Bb75
Prilike SRB 178 Ad67
Prima Porta I 160 Eb71
Přimda CZ 135 Ec46
Primel-Trégastel F 26 Dd37
Primolano I 150 Dd58
Primorje RUS 113 Hd58
Primorsk RUS 113 Hd58
Primorsk RUS 202 Ea08
Primorsk RUS 203 Fd13
Primorsko BG 181 Fa73
Primorsko-Ahtarsk RUS 205 Fc16
Primorskoje Novoje RUS 113 Hd59
Primošten HR 157 Ga66
Primstal D 133 Bd45
Princetown GB 19 Dd31
Principina a Mare I 155 Db69
Prínos GR 184 Da78
Prínos GR 188 Bb81
Priodrožnoje RUS 113 Jc58
Prioiro E 36 Ba53
Priólithos GR 188 Bb86
Priolo I 167 Fb87
Priolo Gargallo I 167 Fd87
Prioro E 37 Cd56
Priozer'e RUS 113 Jc57
Pripiceni-Răzeși MD 173 Fd56
Priponești RO 177 Fa61
Prisad BG 181 Ed73
Prisad MK 183 Bc75
Prisches F 24 Hc32
Prisdorf D 118 Db32
Priselci BG 181 Fa71
Prisjan SRB 179 Ca70
Prisoja MNE 159 Jb68
Prisoje BIH 158 Gd65
Prissac F 29 Gb44
Pristeg HR 157 Ga65
Priština KSV 178 Bb71
Pristoe BG 181 Ed69
Prittitz D 127 Ea41
Prittriching D 142 Dc50
Pritzerbe D 127 Ec36
Pritzier D 119 Dd33
Pritzwalk D 119 Eb34
Privas F 34 Ja50
Priverno I 160 Ec73
Privlaka HR 153 Hd60
Privlaka HR 157 Fd63
Privol'noe RUS 113 Jc58
Privolžsk RUS 203 Fa09
Privuž RUS 99 Ld44
Prižba HR 158 Gc68
Priziac F 27 Ea39
Prizna HR 151 Fc63
Prizren KSV 178 Ba72
Prizzi I 166 Ec85
Prjamicyno RUS 203 Fa13
Prkosi BIH 152 Gb63
Prnjavor BIH 152 Ha62
Prnjavor SRB 153 Ja62
Proaza E 37 Cb55
Probota RO 172 Ec56
Probota RO 173 Fa57
Probsteierhagen D 118 Dc30
Probstzella D 135 Dd43
Probuda BG 181 Ec70
Probus GB 18 Db32
Procchio I 155 Da68
Próchnowo PL 121 Gc35
Prochod BG 181 Ec73
Prochowice PL 129 Gb40
Procida I 161 Fa75
Prodan AL 182 Ad78
Prodănești MD 173 Fc55
Prodo I 156 Ea68
Prodromi CY 206 Hd97
Prodromos CY 206 Ja97
Pródromos GR 188 Ad84
Pródromos GR 189 Ca85
Produlești RO 176 Dd65
Proença-a-Nova P 44 Ba65
Proença-a-Velha P 44 Bb65
Profesor Išírkovo BG 181 Ed68
Profítis GR 183 Cb78
Profítis Ilías GR 200 Da96
Progër AL 182 Ba77
Progresu RO 176 Eb66
Prohladnoe RUS 113 Jb57
Prohn D 119 Ed30
Próhoma GR 183 Ca77
Prohor Pčinski SRB 178 Bd72
Prokópi GR 189 Cb84
Prokuplje SRB 178 Bc69
Prolaz BG 180 Eb70
Proletarij RUS 202 Eb09
Proletarsk RUS 205 Fd15
Prolog HR 158 Ha67
Prolom SRB 178 Bb69
Prómahi GR 183 Bc76
Promahónas GR 184 Cc75
Promíri GR 189 Cb82
Promna PL 130 Jb38
Promnik PL 130 Jb41
Proniewicze PL 123 Kb34
Pronin RUS 203 Fc14
Pronsfeld D 133 Bc43
Pronstorf D 118 Dc31
Propriano F 154 Ca71
Proseč CZ 137 Gb45
Prosek AL 163 Jc71
Prösen D 128 Fa40
Prosenik BG 181 Ed72
Prosenjakovci SLO 145 Gb55
Prosienica PL 123 Jd34
Prosiměřice CZ 137 Gb48
Prosjek BIH 153 Hc62
Prosperous IRL 13 Cc21
Prossedi I 160 Ec73
Prosselsheim D 134 Db45
Prossotsáni GR 184 Cd76
Prostějov CZ 137 Gc46
Prostki PL 123 Ka32
Prostorno BG 180 Eb69
Prószków PL 137 Ha43
Proszowice PL 138 Jb44
Proszówki PL 138 Jb44
Próti GR 184 Cd77
Protići BIH 152 Gd63
Protivanov CZ 137 Gc46
Protivín CZ 136 Fb47
Protokklísi GR 185 Ea76
Prottes A 145 Gc50
Prötzel D 128 Fa36
Proussós GR 188 Bb83
Provadija BG 181 Ed70
Provadura E 36 Bb56
Provåker S 80 Ha28
Provatás GR 184 Cc76
Provató GR 185 Ea77
Provenchères F 31 Kb38
Provins F 30 Hb38
Provištip MK 178 Bd73
Provița de Sus RO 176 Ea64
Provo SRB 153 Jb62
Prozor HR 151 Fd62
Prozor = Rama BIH 158 Ha65
Prožura HR 158 Ha69
Prrenjas AL 182 Ad76
Pruchnik PL 139 Kb44
Prudentov RUS 203 Ga13
Prudhoe GB 11 Ed16
Prudnik PL 137 Gd43
Prudy RUS 113 Ja58
Prudziszki PL 123 Ka30
Prügy H 147 Jd50
Prüm D 133 Bc43
Pruna E 59 Cb75
Prundeni RO 175 Db65
Prundu RO 180 Eb67
Prundu Bârgăului RO 171 Dc57
Prunelli di Fiumorbo F 154 Cb70
Prunete F 154 Cc70
Prunetta I 155 Db64
Pruniers-en-Sologne F 29 Gc42
Prunișor RO 175 Cc65
Prunkila FIN 97 Jc39
Prusac BIH 158 Ha64
Prusak PL 129 Hb40
Prusce PL 121 Gc35
Prūšeliai LT 114 Kd54
Prusice PL 129 Gc40
Prūšiši LV 107 Lb50
Pruské SK 137 Hb48
Pruszcz PL 121 Gd33
Pruszcz PL 121 Ha33
Pruszcz Gdański PL 121 Hb30
Pruszków PL 130 Jb37
Pruszyn PL 131 Ka37
Pruteni MD 173 Fa56
Pružany BY 202 Dd13
Pružicy RUS 99 Ma41
Pružina SK 137 Hb48
Pryazovs'ke UA 205 Fa16
Prylęk PL 139 Jd43
Pryluky UA 202 Ed14
Prymors'k UA 205 Fb16
Przasnysz PL 122 Jb34
Przebród PL 123 Ka30
Przechlewo PL 121 Gc32
Przechów PL 137 Gd43
Przeciszów PL 138 Hd44
Przecław PL 120 Fb33
Przecław PL 139 Jd43
Przecławice PL 129 Gc41
Przeczów PL 129 Gd41
Przedbórz PL 130 Ja41
Przedbórz PL 139 Jd43
Przedecz PL 130 Hc37
Przedświt PL 122 Jc35
Przegędza PL 137 Hb44
Przekolno PL 120 Fd34
Przełęk PL 137 Gd43
Przelewice PL 120 Fc34
Przemęt PL 129 Gb38
Przemiarowo PL 122 Jb35
Przemków PL 128 Ga40
Przemocze PL 120 Fc33
Przemyśl PL 139 Kb44
Przerośl PL 123 Ka30
Przerzeczyn-Zdrój PL 129 Gc42
Przesmyki PL 131 Ka36
Przewłoka PL 121 Gc29
Przewłoka PL 131 Kb38
Przeworno PL 129 Gc42
Przeworsk PL 139 Kb44
Przewóz PL 128 Fc40
Przewóz PL 129 Hb36
Przewrotne PL 139 Ka43
Przezmark PL 122 Hc31
Przine Zdralovac BIH 158 Gc64
Przodkowo PL 121 Ha30
Przybiernów PL 120 Fc32
Przyborowice PL 130 Ja36
Przybychowo PL 121 Gb35
Przybysławice PL 131 Ka39
Przydonica PL 138 Jc45
Przygodzice PL 129 Ha39
Przyjezierze PL 129 Ha36
Przykona PL 129 Hb38
Przyłęg PL 120 Fd35
Przyłęki PL 121 Ha34
Przylep PL 128 Fd38
Przyłubie PL 121 Ha34
Przyrów PL 130 Hd42
Przystajń PL 129 Hb41
Przystawka PL 123 Kb32
Przystawy PL 121 Gb30
Przysucha PL 130 Jb40
Przyszów PL 131 Ka42
Przytoczna PL 128 Ga36
Przytoczno PL 131 Ka38
Przytyk PL 130 Jb39
Przywidz PL 121 Ha30
Przywory PL 137 Ha43
Przywóz PL 129 Hb41
Psača MK 178 Bd73
Psahná GR 189 Cb84
Psará GR 190 Dc85
Psarádes GR 182 Ba76
Psári GR 189 Bc86
Psary PL 130 Hc42
Psáthi GR 195 Cd90
Psáthi GR 196 Db91
Psebaj RUS 205 Fd17
Psérimos GR 197 Ec91
Psihikó GR 184 Cc77
Psínthos GR 197 Fa93
Pskov RUS 107 Ma46
Pskov RUS 202 Ea10
Pskovskoje RUS 113 Jd59
Pšovlky CZ 136 Fa44
Pstrągowa PL 139 Jd44
Pszczew PL 128 Ga36
Pszczółki PL 121 Hb31
Pszczyna PL 138 Hc44
Pszów PL 137 Hb44
Pteléa GR 184 Da76
Pteleós GR 189 Ca83
Pteriá GR 182 Ba77
Ptolemaïda GR 183 Bb78
Ptuj SLO 151 Ga57
Ptujska Gora SLO 151 Ga57
Pūces LV 105 Jd51
Pučež RUS 203 Fb09
Puchaczów PL 131 Kb39
Puchały Stare PL 123 Kb35
Püchau D 127 Ec40
Puchberg am Schneeberg A 144 Ga52
Pucheni RO 176 Dd63
Pucherii Mari RO 176 Eb65
Püchersreuth D 135 Eb45
Puchheim A 144 Fa51
Puchheim D 143 Dd51
Púchov SK 137 Hb47
Pucioasa RO 176 Dd64
Pučišća HR 158 Gc67
Puck PL 121 Ha29
Puckakaun IRL 13 Ca22
Puçol E 54 Fc67
Puczniew PL 130 Hc38
Pudas FIN 69 Ka14
Pudas S 73 Jb19
Pudasjärvi FIN 75 Kc22
Puddletown GB 19 Ec30
Puderbach D 125 Ca42
Pudinava LV 107 Lc50
Pudob SLO 151 Fb59
Pudost' RUS 99 Mb40
Puebla de Albortón E 47 Fa61
Puebla de Alcocer E 52 Cc69
Puebla de Alfindén E 48 Fb61
Puebla de Almenara E 53 Ea66
Puebla de Brollón E 36 Bc57
Puebla de Don Fadrique E 61 Ea72
Puebla de Don Rodrigo E 52 Cd68
Puebla de Guzmán E 59 Bb73
Puebla de la Calzada E 51 Bc69
Puebla de la Reina E 51 Ca69
Puebla de la Sierra E 46 Dc62
Puebla de Lillo E 37 Cd56
Puebla del Maestre E 51 Ca71
Puebla del Príncipe E 53 Dd70
Puebla del Prior E 51 Bd70
Puebla del Salvador E 53 Ec67
Puebla de Obando E 51 Bc68
Puebla de Sanabria E 37 Bd58
Puebla de Sancho Pérez E 51 Bd70
Puebla de San Julián (Láncara) E 36 Bc56
Puebla de San Miguel E 54 Fa66
Puebla de Trives E 36 Bc57
Puebla de Vallés E 46 Dd63
Puente Almuhey E 37 Cd56
Puente Arce E 38 Dc54
Puente de Domingo Flórez E 37 Bd57
Puente de Génave E 53 Ea71
Puente de los Fierros E 37 Cc55
Puente de Montañana E 48 Ga59
Puente de Sanabria E 37 Bd58
Puente de San Martín E 37 Cb54
Puente de Vadillos E 47 Eb64
Puentedey E 38 Dc56
Puentedura E 46 Dc59
Puente-Genil E 60 Cd74
Puente la Reina E 39 Ec57
Puente la Reina de Jaca E 39 Fb58
Puentelarrá E 38 Ea57
Puentenansa (Rionansa) E 38 Db55
Puente Pumar E 38 Db55
Puente Viesgo E 38 Dc55
Puertas E 45 Ca62
Puerto de Conil E 59 Bd77
Puerto de Mazarrón E 55 Ed74
Puerto de Santa Cruz E 51 Ca67
Puerto de San Vicente E 52 Cc67
Puerto de Vega E 37 Ca53
Puerto Hurraco E 51 Cb70
Puerto-Lápice E 52 Dc68
Puertollano E 52 Da70
Puerto Lumbreras E 61 Ec74
Puertomingalvo E 54 Fb65
Puerto Real E 59 Bd76
Puerto Rey E 52 Cc67
Puerto Seguro E 45 Bd62
Puerto Serrano E 59 Cb75
Pueyo de Fañanás E 48 Fc59
Pufești RO 176 Ed61
Pugačevo RUS 203 Ga11
Pugačevo RUS 113 Jd59
Puget-Théniers F 43 Kc52
Puget-Ville F 42 Ka54
Pugieu F 35 Jc46
Pugnac F 32 Fb49
Pugnochiuso I 162 Gb72
Puhăceni MD 173 Ga58
Puhar-Onkimaa FIN 90 Kc38
Puhja EST 98 La45
Puhoi MD 173 Fd58
Puhos FIN 75 Kd22
Puhos FIN 91 Ld32
Puhovac BIH 158 Hb64
Puhtaleiva EST 99 Lb45
Pui RO 175 Cc62
Puianello I 149 Db62
Puiatu EST 98 Kd45
Puicheric F 41 Ha55
Puiești RO 176 Ed63
Puiești RO 177 Fa60
Puig E 54 Fc67
Puigcerdà E 41 Gd58
Puigpunyent E 57 Hb67
Puig-reig E 49 Gd59
Puijas LV 105 Jd52
Puikule LV 106 Kc48
Puise EST 98 Ka44
Puiseaux F 29 Gd39
Puissalicon F 41 Hc54
Puisserguier F 41 Hb55
Puivert F 41 Gd56
Puka EST 106 La46
Pukalaidun FIN 89 Jc37
Pukanec SK 146 Hc50
Pukara FIN 89 Jc34
Pukara FIN 89 Jc35
Pukaro FIN 90 Kd38
Pukavik S 111 Fc54
Pukë AL 163 Jb71
Pukiš BIH 153 Hd62
Pukkila FIN 90 Kc38
Pula HR 151 Fa62
Pula I 169 Ca80
Pulaj AL 163 Ja71
Puławy PL 131 Jd39
Pulborough GB 20 Fc30
Pulfero I 150 Ed57
Pulgar E 52 Da67
Pulham Market GB 21 Gb25
Pulheim D 125 Bd40
Puliciano I 156 Dd66
Pulju FIN 68 Jc13
Pulkarne LV 106 Kb51
Pulkau A 136 Ga49
Pulkkala FIN 97 Jb40
Pulkkaviita FIN 69 Kd16
Pulkkila FIN 82 Kb26
Pulkkila FIN 90 Kc36
Pulkkinen FIN 81 Jc29
Pulkonkoski FIN 82 Kd29
Pulkovo RUS 99 Mb39
Pullach D 143 Dd51
Pullar TR 192 Ga83
Pullenreuth D 135 Eb45
Pullenried D 135 Eb46
Pulpí E 61 Ec74
Pulsa FIN 91 Lb36
Pulsano I 162 Ha76
Pulsen D 127 Ed40
Pulsnitz D 128 Fa41
Pulsujärvi S 67 Hb13
Pułtusk PL 122 Jb35
Pülümür TR 205 Ga20
Pulversheim F 31 Kb39
Pumpėnai LT 114 Kc54
Pumpula FIN 91 Lb36
Pumsaint GB 15 Dd26
Puņas LV 105 Jc49
Punat HR 151 Fc61
Puncești RO 173 Fa59
Pundrovka RUS 107 Mb49
Pundsvika N 66 Ga13
Punduri RUS 107 Ld49
Punghina RO 175 Cc66
Pungsetrene N 85 Dd35
Punia LT 114 Kc59
Punkaharju FIN 91 Ld33
Punsk PL 123 Kb30
Punta Ala I 155 Db68
Punta di San Vigilio I 149 Db59
Punta Križa HR 151 Fb62
Punta Marina I 150 Ea63
Punta Prima E 57 Jb66
Puntari FIN 90 Ka35
Punta Sabbioni I 150 Eb60
Punta Secca I 167 Fb88
Punta skala HR 157 Fd64
Punta Umbría E 59 Bb74
Puoddopohki FIN 64 Jd08
Puokio FIN 75 Kc24
Puolakkavaara FIN 69 Ka15
Puolanka FIN 75 Kd23
Puoltikasvaara S 68 Hc16
Puoltsa S 67 Ha15
Puottaure S 73 Hb20
Pupāji LV 107 Lc52
Pupnat HR 158 Gd68
Puraći BIH 152 Ha61
Puračić BIH 153 Hc63
Puralankylä FIN 82 Ka30
Purani RO 180 Dd67
Puraperä FIN 82 Ka28
Puras FIN 75 Lb23
Purchena E 61 Eb74
Purda PL 122 Ja32
Purdoški RUS 203 Fc10
Pūre LV 105 Jd50
Purgatorio I 166 Eb84
Purila EST 98 Kb43
Purini LV 106 Kb52
Puriton GB 19 Eb29
Purkersdorf A 145 Gb51
Purkjaur S 72 Ha19
Pürksi EST 98 Ka43
Purmerend NL 116 Ba35
Purmo FIN 81 Jb29
Purmojärvi FIN 81 Jc30
Purmsatī LV 113 Jb53
Purnu S 73 Hc18
Purnumukka FIN 69 Ka13
Purnuvaara FIN 75 Kd20
Purnuvaara S 68 Hc17
Purola Svartbäck FIN 90 La38
Puromäki FIN 83 Lc31
Puronkylä FIN 82 Kc30
Purontaka FIN 81 Jd28
Puroranta FIN 82 Kc25
Pürsünler TR 192 Fb83
Purtovaara FIN 83 Ma31
Purtse EST 99 Lb42
Purunpää FIN 97 Jb41
Purvėnai LT 114 La59
Purveniai LT 113 Jd53
Purviniškė LV 114 Kb58
Puryševo RUS 107 Mb50
Puša LV 107 Ld52
Pusaankylä FIN 89 Jd32
Pušalotas LT 114 Kc54
Puškarevo RUS 113 Jb59
Puski EST 97 Jc44
Puškino RUS 203 Ga12
Puškinskie Gory RUS 107 Mb49
Puškinskie Gory RUS 202 Ea10
Pušmucova LV 107 Ld50
Pusnė LT 114 La56
Püspökladány H 147 Jd53
Pussay F 29 Gc38
Püssi EST 99 Lb42
Pustec AL 182 Ba76
Pustelnik PL 130 Jc36
Pusterwald A 144 Fb54
Pustevny CZ 137 Hb46
Pustoe Voskresen'e RUS 107 Ma49
Pustoška RUS 99 Ma42
Pustoška RUS 202 Eb11
Pustoški RUS 107 Ma49
Pustritz A 144 Fc55
Pustynia PL 139 Jd44
Pustynki RUS 107 Mb47
Pusula FIN 98 Ka39
Puszcza Mariańska PL 130 Ja38
Puszczykowo PL 129 Gc37
Pusztacsalád H 145 Gc53
Pusztakovácsi H 145 Ha56
Pusztamiske H 145 Gd54
Pusztaszabolcs H 146 Hc54
Pusztaszentlászló H 145 Gc56
Pusztavám H 145 Hb53
Putaja FIN 89 Jb36
Putanges F 22 Fc37
Putbus D 120 Fa30
Putgarten D 120 Fa29
Putignano I 162 Gd75
Putikko FIN 91 Ld33
Putinci SRB 153 Jb61
Putineiu RO 180 Dc68
Putineiu RO 180 Ea68
Putkela FIN 83 Ma30
Putkilahti FIN 90 Kc34
Putkivaara FIN 74 Kb19
Putla EST 105 Jc46
Putlitz D 119 Eb34

Putna RO 172 Ea55
Putnok H 146 Jb50
Putte NL 124 Ac38
Puttelange-aux-Lacs F 25 Ka35
Putten NL 116 Bb36
Puttenham GB 20 Fb29
Puttgarden D 119 Ea29
Püttlingen D 133 Bc46
Putula FIN 90 Kd36
Putyvl' UA 202 Ed13
Putzu'Idu I 169 Bd77
Puujaa FIN 90 Kb37
Puukkoinen FIN 90 Kb34
Puukkokumpu FIN 74 Jd21
Puukonsaari FIN 90 Kd34
Puulansalmi FIN 90 Kd34
Puumala FIN 91 Lb34
Puuppola FIN 90 Kb32
Puurmani EST 98 La44
Puurtila FIN 90 La32
Puurtturinjärvi FIN 74 Kb24
Puutikkala FIN 90 Ka36
Puutossalmi FIN 82 La30
Puutteenperä FIN 74 Jd21
Puycasquier F 40 Ga54
Puydrouard F 32 Fb46
Puy-Guillaume F 34 Hc46
Puylagarde F 40 Gc52
Puylaroque F 40 Gc52
Puylaurens F 41 Gd54
Puy-l'Évêque F 33 Gb51
Puymiclan F 32 Fd51
Puymirol F 40 Ga52
Puyôo F 39 Fa54
Puy-Saint-Martin F 34 Jb50
Puy-Saint-Vincent F 35 Ka49
Puzači RUS 203 Fa13
Puzenieki LV 105 Jc50
Pwllheli GB 14 Dc23
Pyecombe GB 20 Fc30
Pyhäjärvi FIN 69 Jd11
Pyhäjärvi FIN 69 Kb16
Pyhäjärvi FIN 82 Kb28
Pyhäjoki FIN 81 Jc26
Pyhäjoki FIN 89 Jd38
Pyhäkoski FIN 90 Kd35
Pyhäkylä FIN 75 La22
Pyhälahti FIN 90 Kc31
Pyhältö FIN 90 La37
Pyhämaa FIN 89 Ja38
Pyhänkoski FIN 81 Jd26
Pyhänsivu FIN 74 Kb31
Pyhäntä FIN 82 Kb26
Pyhäntaka FIN 90 Kc36
Pyhäranta FIN 89 Ja38
Pyhäsalmi FIN 82 Kb28
Pyhäselkä FIN 83 Ld31
Pyhe FIN 97 Ja39
Pyhtää FIN 90 Kd37
Pykkvibær IS 2 Ac05
Pyla CY 206 Jc97
Pyla-sur-Mer F 32 Fa51
Pyle GB 19 Ea28
Pyli GR 188 Bb81
Pylkönmäki FIN 82 Ka31
Pylvänälä FIN 90 Kd33
Pylväsperä FIN 81 Jd27
Pyntäinen FIN 89 Ja34
Pyöli FIN 89 Jd38
Pyöree FIN 82 Kd27
Pyöreinen FIN 82 La29
Pyörni FIN 89 Ja32
Pyrbaum D 135 Dd47
Pyrénées 2000 F 41 Gd58
Pyrga CY 206 Jb97
Pyrga CY 206 Jc96
Pyrill IS 2 Ac04
Pyrjatyn UA 202 Ed14
Pyrzowice PL 138 Hc43
Pyrzyce PL 120 Fd34
Pyskowice PL 137 Hb43
Pyssykangas FIN 89 Ja36
Pyssyperä FIN 75 Kd23
Pystyoja FIN 64 Jc10
Pysznica PL 131 Ka42
Pytalovo RUS 107 Ld49
Pytalovo (Abrene) RUS 202 Ea10
Pytkynharju FIN 75 Kc21
Pytten N 92 Cc44
Pyttis FIN 90 Kd38
Pyydyskylä FIN 82 Kc31
Pyydysmäki FIN 89 Jd34
Pyykkölänvaara FIN 75 La24
Pyyli FIN 91 Lc32
Pyyrinlahti FIN 82 Kb31
Pyzdry PL 129 Gd37

Q

Qafë-Murrë AL 163 Jc72
Qafëzez AL 182 Ad77
Qarrishtë AL 182 Ad75
Qinam AL 182 Ab74
Qormi M 166 Eb88
Quafmollë AL 182 Ac74
Quaglietta I 161 Ga75
Quainton GB 20 Fb27
Quakenbrück D 117 Cc35
Qualiano I 161 Fa75
Quarff GB 5 Fa05
Quarnbek D 118 Dc30
Quarona I 148 Ca58
Quarré-les-Tombes F 30 Hd41
Quarteira P 58 Ac74
Quarto d'Altino I 150 Eb59

Quartu San Elena I 169 Ca79
Quasano I 162 Gc74
Quattro Venti, i I 161 Fb73
Quebradas P 50 Ab67
Quecedo E 38 Dc56
Quédillac F 27 Ec39
Quedlinburg D 127 Dd38
Queidersbach D 133 Ca46
Queiruga E 36 Ac56
Quelaines F 28 Fb40
Quellendorf D 127 Eb39
Quemada E 46 Dc60
Quemigny-Poisot F 30 Ja42
Quend F 23 Gc32
Quenstedt D 127 Ea39
Queralbs E 41 Gd58
Querceta I 155 Da64
Quercianella I 155 Da66
Querenhorst D 127 Dd37
Querfurt D 127 Ea40
Quero E 53 Dd67
Querol E 49 Gc61
Querrin IRL 12 Bb23
Quers F 31 Ka40
Quesada E 61 Dd73
Quessoy F 26 Eb38
Questembert F 27 Ea41
Quettehou F 22 Fa34
Quettetot F 22 Ed35
Queudes F 24 Hc37
Quevauvillers F 23 Gd33
Quevert F 26 Ec38
Quiaios P 44 Ac64
Quiberon F 27 Ea41
Quickborn D 118 Db32
Quiddelbach D 133 Bd43
Quigley's Point IRL 9 Cc15
Quillan F 41 Gd56
Quilly F 27 Ec41
Quilty IRL 12 Bb22
Quimper F 27 Dc39
Quimperlé F 27 Dd40
Quin IRL 12 Bc22
Quincoces de Yuso E 38 Dd56
Quindós E 37 Bd56
Quinéville F 22 Fa35
Quingey F 31 Jd42
Quinsac F 32 Fb50
Quinson F 42 Ka53
Quinta do Lago P 58 Ac74
Quintana E 37 Cc54
Quintana de Castillo E 37 Cb57
Quintana de la Serena E 51 Cb69
Quintana del Marco E 37 Cb58
Quintana del Puente E 46 Db59
Quintanadueñas E 38 Dc58
Quintanaélez E 38 Dd57
Quintana-Martín Galíndez E 38 Dd57
Quintanapalla E 38 Dc58
Quintanar de la Orden E 53 Dd67
Quintanar de la Sierra E 46 Dd59
Quintanar del Rey E 53 Ec68
Quintana Redonda E 47 Ea60
Quintanilla de Arriba E 46 Db60
Quintanilla de Flórez E 37 Cb58
Quintanilla del Agua E 46 Dc59
Quintanilla de la Mata E 46 Dc59
Quintanilla del Coco E 46 Dc59
Quintanilla del Molar E 45 Cc59
Quintanilla de Losada E 37 Ca58
Quintanilla de los Oteros E 37 Cc58
Quintanilla de Onésimo E 46 Da60
Quintanilla de Pienza E 38 Dc56
Quintanilla de Triqueros E 46 Da59
Quintanilla-Pedro Abarca E 38 Dc57
Quintanilla San García E 38 Dd57
Quintanilla-Sobresierra E 38 Dc57
Quintela E 37 Bd56
Quintela de Leirado E 36 Ba58
Quintes E 37 Cc54
Quint-Fonsegrives F 40 Gc54
Quintin F 26 Eb38
Quintinilla Rucandio E 38 Dc56
Quinto E 48 Fb61
Quintos P 50 Ad71
Quinto Vercellese I 148 Ca59
Quinzano d'Oglio I 149 Da60
Quiroga E 36 Bc57
Quirra I 169 Cb79
Quismondo E 46 Da65

Quissac F 41 Hd53
Quistello I 149 Dc61
Quistinic F 27 Ea40
Quittebeuf F 23 Ga36
Quitzdorf am See D 128 Fc40
Qukës AL 182 Ad75
Qundle GB 20 Fc25

R

Rå S 79 Gb30
Råå S 110 Ed55
Raab A 144 Fa50
Raabs an der Thaya A 136 Fd48
Raahe FIN 81 Jd25
Raajärvi FIN 74 Kb18
Raakku FIN 74 Kc18
Rääkkylä FIN 83 Ld31
Raalte NL 117 Bc36
Raanujärvi FIN 74 Jc18
Raappananmäki FIN 82 Kd25
Raappanansuo FIN 75 Kd21
Raasdorf A 145 Gb50
Raasiku EST 98 Kc42
Raasinkorpi FIN 89 Jb38
Raatala FIN 97 Jc39
Raate FIN 75 Lb23
Raatevaara FIN 83 Ma31
Raattama FIN 68 Jb14
Raatti FIN 82 La29
Rab HR 151 Fc62
Rabac HR 151 Fb61
Rabaçal P 44 Bb62
Rábade E 36 Bb55
Rábafüzes H 145 Gb55
Rábagani RO 170 Cb58
Rábahidvég H 145 Gc54
Rabal E 36 Ba57
Rabanal de Camino E 37 Ca57
Rábano E 46 Db61
Rábano de Sanabria E 37 Bd58
Rábasömjén H 145 Gc54
Rabastens F 40 Gc53
Rabat M 166 Eb88
Rabatamasi H 145 Gd53
Raba Wyżna PL 138 Ja46
Rabenau D 126 Cd42
Rabenau D 128 Fa41
Rabensberg A 137 Gc49
Rabenstein A 144 Fd51
Råberg S 80 Gc26
Rabí CZ 136 Fa47
Rabino PL 120 Ga32
Rabisha BG 179 Cb68
Rabka-Zdroj PL 138 Ja46
Rabouillet F 41 Ha57
Rabrovo BG 179 Cb67
Rabrovo SRB 174 Bd66
Rabštejn nad St. CZ 135 Ed44
Rabsztyn PL 138 Hd43
Råby-Rekarne S 95 Ga43
Råby-Rönö S 95 Gb45
Rača SK 145 Gd51
Rača SRB 174 Bb65
Rača SRB 178 Bc70
Răcaciuni RO 176 Ed60
Racale I 165 Hc78
Rácalmás H 146 Hc54
Racalmuto I 166 Ed86
Răcari RO 176 Ea65
Răcăria MD 173 Fa55
Răcăşdia RO 174 Bd63
Racconigi I 148 Bc61
Raccuia I 167 Fc84
Race SLO 144 Ga56
Rachanie PL 131 Kd42
Rachecourt-sur-Marne F 24 Jb37
Răchitoasa RO 177 Fa60
Răchitova RO 175 Cc61
Rachiv UA 204 Ea16
Raciąż PL 121 Gd32
Raciąż PL 122 Ja35
Raciążek PL 121 Hb35
Raciborz PL 138 Ja44
Racibórz PL 137 Hb44
Raciechowice PL 138 Ja45
Račinovci HR 153 Hd61
Râciu RO 171 Db58
Răciula MD 173 Fc57
Racja Vas HR 151 Fa60
Rackeby S 102 Ed46
Råckeve H 146 Hc54
Racksund S 72 Gc21
Racław PL 129 Gb41
Racławice PL 138 Ja43
Racławice Śląskie PL 137 Ha43
Răcoasa RO 176 Ed61
Racoş RO 176 Dd61
Racot PL 129 Gb38
Racova RO 172 Ec59
Racovăț MD 173 Fc54
Racovița RO 175 Db62
Racovița RO 175 Dc63
Racovița RO 177 Fd63
Racovițeni RO 176 Ec63
Rączki PL 122 Ja33
Råda S 94 Fa41
Råda S 102 Ed46
Radakowice PL 129 Gc41
Radalj SRB 153 Hd63
Rådanefors S 102 Ec46

Radanje MK 183 Bd74
Radanovo BG 180 Dd70
Radapole LV 107 Lc51
Rădăşeni RO 172 Eb56
Radaškovičy BY 202 Ea12
Rădăuți RO 172 Eb55
Rădăuți-Prut RO 172 Ed54
Radawie PL 137 Hb43
Radawnica PL 121 Gc33
Radbruch D 118 Dc33
Radbyn S 102 Fa46
Radcliffe GB 15 Ec21
Radda in Chianti I 155 Dc66
Raddestorf D 126 Cd36
Raddon F 31 Ka39
Raddusa I 167 Fb86
Råde N 93 Ea43
Radeberg D 128 Fa41
Radebeul D 128 Fa41
Radeburg D 128 Fa41
Radeče SLO 151 Fd58
Radechiv UA 204 Ea15
Radęcin PL 120 Ga34
Radecznica PL 131 Kb41
Radefeld D 127 Eb40
Radegast D 119 Eb31
Radegast D 127 Eb39
Radenci SLO 145 Gb56
Rădeni MD 173 Fc57
Rădenii Vechi MD 173 Fb57
Radenthein A 144 Fa55
Rădeşti RO 171 Da59
Radevo BG 180 Ea73
Radevo KSV 178 Bb71
Radevormwald D 125 Ca40
Radgoszcz PL 138 Jc43
Radhimë AL 182 Aa77
Radibor D 128 Fb41
Radičevicevo SRB 153 Jb59
Radići BIH 152 Gd63
Radicofani I 156 Dd68
Radicondoli I 155 Db67
Radijovce MK 178 Ba73
Radiljevo SRB 179 Da73
Radis D 127 Ec39
Radizel SLO 144 Ga56
Radków PL 130 Ja42
Radków PL 137 Gb43
Radkowice PL 130 Jc41
Radlett GB 20 Fc27
Radlin PL 129 Hb41
Radlje ob Dravi SLO 144 Fd56
Radljevo SRB 153 Jc63
Radłow PL 129 Hb41
Radłów PL 138 Jc44
Radmansö S 96 Ha42
Radmer an der Hasel A 144 Fc53
Radmirje SLO 151 Fc57
Radnejaur S 72 Gc21
Radnevo BG 180 Ea73
Radnica PL 128 Fd38
Radohova BIH 152 Ha63
Rădoieşti RO 180 Dc67
Radojevo SRB 174 Bc60
Radojewice PL 121 Hb35
Radolfzell D 142 Cc52
Radom PL 130 Jc39
Radom S 94 Ed41
Radomice PL 122 Hc35
Radomicko PL 128 Fc38
Radomicko PL 129 Gb38
Radomierzyce PL 128 Fc41
Radomin PL 122 Hc34
Radomir BG 179 Da69
Radomno PL 122 Hc33
Radomsko PL 130 Hd41
Radomyśl CZ 136 Fa47
Radomyśl UA 202 Eb14
Radomyśl n. Sanem PL 131 Ka42
Radomyśl Wielki PL 138 Jc43
Radonice CZ 135 Ed44
Radošice CZ 136 Fa46
Radošina SK 137 Ha49
Radošovce SK 137 Gd49
Radostowo PL 122 Ja31
Radoszewice PL 130 Hc40
Radoszki PL 122 Hd33
Radoszyn PL 128 Fd37
Radován RO 175 Cd66
Radovče MNE 159 Ja69
Radovel' RUS 107 Ld42
Radovesice CZ 136 Fb43
Radovići MNE 159 Hd70
Radoviš MK 183 Ca74
Radovljica SLO 151 Fb57
Radowo Wielkie PL 120 Fd32
Radozda MK 182 Ad75
Răducăneni RO 173 Fb58
Radučić HR 158 Gb64
Raduil BG 179 Cd72

Radujevac SRB 174 Cb66
Rădulenii Vechi MD 173 Fc55
Raduň PL 120 Fd34
Radunci BG 180 Dd72
Radu Negru RO 181 Ed67
Raduša MK 178 Bb72
Raduszec PL 128 Fd38
Radvaň nad Laborcom SK 139 Ka47
Radviliškis LT 114 Kb54
Radwanice PL 128 Ga39
Radwanów PL 128 Fd39
Radymno PL 139 Kb44
Radzanów PL 122 Ja34
Radzanów PL 130 Jb39
Radzanowo PL 130 Hd36
Radzewice PL 129 Gc38
Radzice Duże PL 130 Ja39
Radzieje PL 122 Jc30
Radziejów PL 129 Hb36
Radziejowice PL 130 Jb37
Radziemice PL 138 Ja43
Radziki Duże PL 122 Hc34
Radzików PL 128 Fc37
Radzików Wielki PL 131 Ka37
Radzitłów PL 123 Ka33
Radzinciems LV 106 Ka50
Radzionków PL 138 Hc43
Radziszewo PL 120 Fb34
Radziwie PL 130 Hd36
Radziwiłłówka PL 131 Kb36
Radzymin PL 130 Jc36
Radzyń Chełmiński PL 121 Hb33
Radzyń Podlaski PL 131 Kb38
Raec MK 183 Bc75
Rærhr DK 100 Da24
Rækker Mølle DK 108 Da24
Raelingen N 93 Ea41
Raemeste EST 106 Ka46
Raeren B 125 Bb41
Raesfeld D 125 Bd38
Rafelbuñol E 54 Fc67
Rafelbunyol E 54 Fc67
Raffadali I 166 Ed86
Rafina GR 189 Cc86
Râfov RO 176 Eb65
Rafsbotn N 63 Hd08
Raftópoulo GR 188 Ba82
Raftsjöhöjden S 79 Fc29
Ragaciems LV 106 Ka50
Ragály H 138 Jb49
Ragana UA 106 Kc49
Răgeleje DK 109 Ec24
Rägelin D 119 Ec35
Räggärd S 94 Ec45
Raghly IRL 8 Bd17
Râglanda S 94 Ed44
Ragnabo S 111 Ga53
Ragnitz A 144 Ga55
Ragow D 128 Fa38
Ragozino RUS 107 Ma48
Raguhn D 127 Eb39
Ragunda S 79 Ga31
Ragusa I 167 Fc87
Raguva LT 114 Kc55
Raguvėlė LT 114 Kd55
Ragvaldsnäs S 88 Gc34
Rahačov BY 202 Eb13
Rahan IRL 13 Cb21
Raharney IRL 9 Cc20
Rahden D 126 Cd36
Ráhes GR 189 Bd83
Râhes GR 189 Bd83
Raheste EST 106 Ka46
Rahikka FIN 89 Ja33
Rahja FIN 81 Jc27
Rahkee FIN 83 Ld29
Rahkio FIN 89 Jc38
Rahkla EST 98 La43
Rahkmala FIN 89 Ja38
Rahkonen FIN 81 Jd27
Rahman RO 177 Fb65
Rahmanca TR 185 Eb76
Rahmanlar TR 192 Fc85
Raholanvaara FIN 83 Lb29
Råholt N 94 Eb40
Rahoúla GR 188 Bb82
Rahoúla GR 189 Bc81
Rahula FIN 90 Kd35
Rahumäe EST 107 Lc46
Raiano I 161 Fa71
Raič HR 152 Gc58
Raipole LV 107 Ma51
Raippaluoto FIN 81 Hd30
Raippo FIN 91 Lb36
Raisälä FIN 74 Kc18
Räisälänmäki FIN 82 Ka28
Raisdorf D 118 Dc30
Raisio FIN 97 Jb39
Raiskio FIN 74 Ka20
Raiskio FIN 83 Lb26
Raiskums LV 106 Kd49
Raisting D 142 Dc51
Raitaperä FIN 81 Jd31
Raitenbuch D 135 Dd48
Raitenhaslach D 143 Ec51

Raitoo FIN 89 Jd37
Raivala FIN 89 Jb34
Rajac SRB 178 Ba67
Raja-Jooseppi FIN 69 Kb12
Rajala FIN 69 Jd15
Rajamäenkylä FIN 89 Ja33
Rajamäki FIN 90 Kb38
Rajaniemi FIN 90 Kd34
Rajanovci BG 179 Ca68
Rajastrand S 79 Fd26
Rajčinovica Banja SRB 178 Ba69
Rajcza PL 138 Hc46
Rájec-Jestřebí CZ 137 Gc47
Rajecké Teplice SK 138 Hc47
Rajec Poduchowny PL 130 Jc39
Rajgród PL 123 Ka31
Rajhrad CZ 137 Gc48
Rajica PL 123 Jd30
Rajince KSV 178 Bc72
Rajka H 145 Gd51
Rajkova moglia BG 185 Ea75
Rajković SRB 153 Jb63
Rajkovo BG 184 Db75
Rajkowy PL 121 Hb31
Rajnino BG 181 Ec68
Raka SLO 151 Fd58
Rakaca H 138 Jc49
Rakalj HR 151 Fa61
Rakamaz H 147 Jd50
Rakek SLO 151 Fb59
Rakeluft N 63 Hd07
Rakić BIH 153 Ja62
Rakita BG 179 Da69
Rakitna SLO 151 Fb58
Rakitnica BIH 159 Hc65
Rakitnica HR 152 Gc58
Rakitovica HR 152 Hb59
Rakitovo BG 184 Cd74
Rakkaby S 86 Fa34
Rakkestad N 94 Eb43
Rakke EST 98 La43
Raklinovo BG 181 Ec72
Rákóczifalva H 146 Jb54
Rakoniewice PL 129 Gb37
Rakoš KSV 178 Ba70
Rakoszyce PL 129 Gb41
Rakov SLO 151 Fb59
Rakova Bara SRB 174 Bd65
Rakovica BG 179 Ca67
Rakovica HR 151 Ga61
Rakovník CZ 136 Fa44
Rakovo BG 180 Eb71
Rakovski BG 180 Dc73
Rakow D 119 Ed31
Raków PL 130 Jc42
Rakowo Piskie PL 123 Jd32
Raksala LV 107 La51
Râksi H 145 Ha56
Rakvåg N 78 Ea28
Rakvere EST 98 La42
Ralewice PL 129 Hb39
Ralingen D 133 Bc44
Ralja SRB 174 Bb64
Ralja SRB 178 Bc64
Raljin SRB 179 Ca70
Raljovo BG 180 Db69
Rälla S 103 Gb52
Ram SRB 174 Bc64
Rama BIH 158 Ha65
Ramacastañas E 46 Cd65
Ramacca I 167 Fc86
Rämäla FIN 89 Jd32
Rämälä FIN 90 La34
Ramales de la Victoria E 38 Dd55
Ramallosa (Teo) E 36 Ad55
Ramasaig GB 4 Da08
Ramatuelle F 43 Kb55
Râmăzan MD 173 Fc55
Ramberg N 66 Fa15
Rambervillers F 31 Ka38
Rambin D 119 Ed30
Rambjørgheia N 92 Cd45
Rambo S 80 Ha27
Rambouillet F 23 Gc37
Ramdala S 111 Ga54
Rameški RUS 202 Ed09
Râmeț RO 171 Da59
Ramfjordnes N 62 Gd10
Râmia GR 188 Bb82
Ramingstein A 144 Fa54
Ramirás E 36 Ba58
Ramji LV 106 Kd48
Ramkvilla S 103 Fc51
Ramljane HR 158 Gb64
Ramløse DK 109 Eb24
Ramma EST 98 Kd43
Ramme DK 100 Cd22
Rämmen S 95 Fa41
Ramna RO 174 Bd62
Ramnäs S 95 Ga42
Ramnes N 93 Dd43
Râmnicelu RO 176 Ed63
Râmnicelu RO 177 Fb63
Râmnicu de Sus RO 177 Fc66
Râmnicu Sărat RO 176 Ed63
Râmnicu Vâlcea RO 175 Db63
Ramonai LT 114 Kd54
Ramosch CH 142 Db55
Ramså N 66 Ga11

Ramsau D 143 Ec53
Ramsau am Dachstein A 144 Fa53
Ramsbeck D 126 Cc40
Ramsbottom GB 15 Ec21
Ramsbury GB 20 Ed28
Ramsdorf D 125 Bd37
Ramsei CH 141 Bd54
Ramsele S 79 Ga29
Ramsele S 80 Gd30
Ramsey GB 10 Dd18
Ramsey GB 20 Fc25
Ramsey GB 21 Gb26
Ramsey Saint Mary's GB 20 Fc25
Ramsgate GB 21 Gb28
Rämshyttan S 95 Fd40
Ramsi EST 106 Kd46
Ramsjö S 87 Fd34
Ramsli N 92 Cb45
Rämsöö FIN 89 Jc36
Ramsta S 96 Gc42
Ramstad N 78 Eb25
Ramstein-Miesenbach D 133 Ca46
Ramsthal D 134 Db44
Ramsund N 66 Ga13
Ramsvika N 78 Ec26
Råmuļi LV 106 Kd49
Ramundberget S 86 Ed32
Ramundeboda S 95 Fc45
Ramvik S 88 Gc32
Ramygala LT 114 Kc55
Raná CZ 136 Fa43
Ranalt A 142 Dc54
Rånäsudden S 73 Ja21
Rancon F 33 Gb46
Randaberg N 92 Ca43
Randalstown GB 9 Da16
Randan F 34 Hc46
Randanne F 34 Hb47
Randaträsk S 73 Hc20
Randazzo I 167 Fc84
Randebygd N 84 Cc34
Randdalen S 86 Fa34
Randegg A 144 Fc51
Randen N 85 Dc35
Randers DK 100 Dc23
Randersacker D 134 Db45
Randerup DK 108 Da27
Randesund N 92 Cd47
Randijaur S 72 Ha19
Randonnai F 23 Ga37
Randsverk N 85 Dc35
Randvere EST 98 Kb42
Råneå S 73 Hd21
Ranemsletta N 78 Ec26
Rånes F 22 Fc37
Rang-du-Fliers F 23 Gc32
Rångedala S 102 Ed49
Rangendingen D 134 Cc49
Rangersdorf A 143 Ec55
Rangsby FIN 89 Hd32
Rangsdorf D 127 Ed37
Rangstrup DK 108 Da27
Ranhados P 44 Bb62
Ranis D 127 Ea42
Ranizów PL 139 Ka43
Ranka LV 106 La48
Rankinen FIN 82 Ka26
Rankweil A 142 Cd53
Ranna EST 99 Lb44
Rannamõisa EST 98 Kb42
Rannankulma FIN 89 Jb37
Rannanmäki FIN 89 Jb38
Rannapnohjukka FIN 91 Ma32
Rannoch Station GB 7 Dd10
Rannsundet S 86 Fa33
Rannu EST 106 La46
Rannungen D 134 Db44
Ranón N 73 Ja22
Ranovac SRB 174 Bc65
Ranrupt F 31 Kb38
Ransäter S 94 Fa42
Ransbach-Baumbach D 125 Ca42
Ransby S 94 Ed39
Ransbysätter S 94 Fa41
Ransjö S 87 Fb34
Ranskill GB 16 Fb21
Ransta S 95 Ga42
Ranten A 144 Fb54
Ranttila FIN 64 Jc10
Rantum D 108 Cd28
Ranty PL 123 Jd31

Rantzausminde DK 109 Dd28
Ranua FIN 74 Kb20
Ranum DK 100 Db21
Ranzig D 128 Fb38
Rao E 37 Bd55
Raon-l'Étape F 31 Ka38
Raossi I 149 Dc58
Rapa PL 123 Jd30
Rapajin Dol HR 151 Fd61
Rapala FIN 90 Kb35
Rapallo I 149 Cc63
Rapattila FIN 91 Lc36
Rapëza AL 182 Ab76
Raphoe IRL 9 Cb16
Rapice PL 128 Fc38
Räpina EST 107 Lc46
Rapla EST 98 Kb43
Rapness GB 5 Ec02
Rapolano Terme I 156 Dd67
Rapolla I 161 Ga74
Rapoltu Mare RO 175 Cc61
Raposa P 50 Ac68
Rapotín CZ 137 Gc45
Rapovce SK 146 Ja50
Rapperswil CH 142 Cc53
Rappin D 119 Ed30
Räpplinge S 103 Gb52
Rappottenstein A 144 Fc50
Rappvika N 63 Hb08
Rapsáni GR 183 Bd80
Rapuli FIN 83 Lb27
Rårup DK 109 Ea28
Ras SRB 178 Ad68
Rasal E 39 Fb58
Râşca RO 172 Eb56
Rascafría E 46 Db63
Raşcov MD 173 Fd55
Rasdel BG 185 Eb74
Rasdorf D 126 Db42
Rašejike BIH 158 Gd66
Raseiniai LT 114 Ka56
Rasharkin GB 9 Cd16
Rashedoge IRL 9 Cb16
Rasi FIN 90 La36
Rasina SRB 153 Jc64
Rasimäki FIN 82 La28
Rasimäki FIN 83 Lb29
Rasimbegov MK 183 Bc75
Rasina EST 99 Lc45
Râşinari RO 175 Da61
Rasines E 38 Dd55
Rasinkylä FIN 75 Kd24
Rasisalo FIN 83 Ld31
Rasivaara FIN 83 Ma30
Rasivaara FIN 83 Ld31
Råsjö S 87 Fd33
Råska SRB 178 Ba68
Rask Mølle DK 108 Db25
Raškovo BG 179 Cd70
Raslavice SK 139 Jd47
Râsmirești RO 180 Dd67
Rásná CZ 136 Fd47
Râsneşvo RUS 107 Ma47
Râşnov RO 176 Dd62
Rasova RO 181 Fb67
Rasovo BG 179 Cc68
Raspilla E 53 Eb71
Ráspopeni MD 173 Fc55
Rasquera E 48 Ga63
Rassach A 144 Fd55
Rassina I 156 Dd65
Rasskazovo RUS 203 Fc12
Rast RO 179 Cc67
Rastatt D 133 Cb48
Rasteau F 42 Jb52
Rastede D 118 Cc33
Rastenberg D 127 Ea41
Rastenfeld A 136 Fd49
Rasteš MK 183 Bc74
Rasti FIN 68 Jc15
Rasti FIN 91 Lc32
Rastina SRB 153 Ja58
Rastinkylä FIN 83 Lc26
Râştoliţa RO 172 Dd57
Rastovica MNE 159 Hd68
Rastow D 119 Ea34
Råstrand S 72 Gc24
Răsuceni RO 180 Ea67
Rasueros E 46 Cd62
Raszków PL 129 Gd40
Raszówka PL 129 Gb40
Raszyn PL 130 Jb37
Ratan S 80 Hc28
Ratasjärvi FIN 73 Jb19
Ratby GB 16 Fa24
Ratčino RUS 99 Ma40
Ratece SLO 144 Fa56
Ratekau D 119 Dd31
Ratevo MK 183 Cb74
Rathangan IRL 13 Cc22
Ráth Caola IRL 12 Bc23
Rathcoole IRL 13 Cd22
Rathcormack IRL 12 Bd25
Rathcroghan IRL 8 Ca19
Rathdangan IRL 13 Cd23
Rathdowney IRL 13 Cb23
Ráth Droma IRL 13 Cd23
Rathdrum IRL 13 Cd23
Rathen D 128 Fb41
Rathen GB 5 Ed07

273

Rosoy – Sabaudia

Rosoy F 30 Hb39
Rosporden F 27 Dd39
Rossa CH 142 Cc56
Rossåga N 71 Fb21
Rossano I 164 Gc79
Rossano Stazione I 164 Gc79
Rossau D 127 Ed41
Roßbach D 127 Ea40
Roßbach D 135 Ec49
Rössbyn S 94 Ec43
Rosscahill IRL 8 Bc20
Rosscarbery IRL 12 Bc26
Roßdorf D 126 Db42
Roßdorf D 127 Eb36
Roßdorf D 134 Cc45
Rosseland N 92 Cd45
Rosses Point IRL 8 Bd18
Rossett GB 15 Eb22
Rossevatn N 92 Cc45
Rossfjord N 62 Gc10
Rossgeir IRL 9 Cc16
Rossglass GB 9 Da18
Roßhaupten D 142 Dc52
Rossiglione I 148 Cb62
Rossignol F 33 Ga49
Rossinver IRL 8 Ca17
Rossio ao Sul do Tejo P 50 Ad66
Roßla D 127 Dd40
Røssland N 84 Ca38
Rosslare IRL 13 Cd25
Rosslare Harbour IRL 13 Cd25
Roßlau, Dessau- D 127 Eb38
Roßleben D 127 Ea40
Rossnowlagh IRL 8 Ca17
Rossön S 79 Ga28
Ross-on-Wye GB 15 Ec26
Rossoš' RUS 203 Fb13
Rossosz PL 131 Kb37
Rossoszyca PL 129 Hb39
Roßtal D 134 Dc46
Røssvassbukta N 71 Fb22
Rossvika N 70 Ec24
Rossvoll N 67 Gc11
Roßwein D 127 Ed41
Rostadalen N 67 Ha11
Röstånga S 110 Ed55
Rostock D 119 Eb31
Rostov RUS 203 Fa09
Rostov- na-Donu RUS 205 Fc15
Rostrenen F 27 Ea39
Rostrevor GB 9 Da19
Röström S 79 Ga27
Rostudel F 27 Db39
Rosturk IRL 8 Bb19
Rostuša MK 182 Ad74
Røstvollen N 86 Ec34
Roşu MD 177 Fb61
Rösvattnet S 80 Gc29
Røsvik N 66 Fd17
Rosvik S 73 Hd23
Roszczyce PL 121 Gd29
Roszki PL 129 Gd39
Roszki-Wodzki PL 123 Ka34
Rot S 87 Fb37
Rota E 59 Bc76
Rota Greca I 164 Gb79
Rot am See D 134 Db47
Rot an der Rot D 142 Da51
Rotari MD 173 Fd54
Rotava CZ 135 Ec44
Rotberget N 94 Ed39
Rotebro S 96 Gd43
Rotella I 156 Ed68
Rotello I 161 Fc72
Rotenburg an der Fulda D 126 Da41
Rotenburg (Wümme) D 118 Da34
Rotgülden A 143 Ed54
Roth D 135 Dd47
Rotha D 127 Dd39
Rötha D 127 Eb41
Roth an der Our D 133 Bb44
Rothemühl D 120 Fa33
Röthenbach D 135 Dd46
Röthenbach D 142 Da52
Röthenbach im Emmental CH 141 Bd54
Rothenbuch D 134 Cd44
Rothenburg D 127 Ea39
Rothenburg D 128 Fc40
Rothenburg ob der Tauber D 134 Db46
Rothenfels D 134 Da45
Rothenschirmbach D 127 Ea40
Rotherham GB 16 Fa21
Rothes GB 7 Eb08
Rothesay GB 6 Dc13
Rothiesholm GB 5 Ec02
Röthlein D 134 Db44
Rothleiten A 144 Fd54
Rothwell GB 16 Fa20
Rothwell GB 20 Fb25
Rotimlja BIH 158 Hb67
Rotiojoki FIN 82 Kc27
Rotkreuz CH 141 Cb54
Rotnäset S 79 Fd26
Rotonda I 164 Gb78
Rotondella I 162 Gc77
Rötova E 54 Fc69
Rotsjö S 87 Fd32
Rotsund N 62 Ha09
Rotta D 127 Ec39
Rottach-Egern D 143 Ea52
Rott a. Inn D 143 Eb51
Røttangan N 66 Fd15
Röttenbach D 134 Dc45
Röttenbach D 134 Dc47
Rottenbuch D 142 Dc52
Rottenburg D 135 Ea49
Rottenburg am Neckar D 134 Cc49
Rottendorf D 134 Db45
Rottenmann A 144 Fb53
Rotterdam NL 124 Ad37
Rotthalmünster D 143 Ed50
Rottingdean GB 20 Fc30
Röttingen D 134 Da46
Röttle S 103 Fb48
Rottleberode D 127 Dd39
Rottmersleben D 127 Ea37
Rottne S 103 Fc51
Rottneros S 94 Ed42
Rottofreno I 149 Cd61
Rottum NL 117 Bc34
Rottweil D 141 Cb50
Rotunda MD 173 Fa54
Rotunda RO 180 Db67
Roturas E 51 Cb67
Rotvik N 67 Gb12
Rötviken S 79 Fb28
Rotvoll N 78 Ec30
Rötz D 135 Eb47
Rouaine F 43 Kb52
Roubaix F 24 Hb31
Rouchovany CZ 136 Ga48
Roudnice CZ 136 Fb43
Roudouallec F 27 Dd39
Rouen F 23 Gb35
Rouffach F 31 Kb39
Rõuge EST 107 Lb47
Rouge F 28 Ed40
Rougemont F 31 Jd41
Roughburn GB 7 Dd10
Rouillac F 32 Fc47
Rouillé F 32 Fd45
Roujan F 41 Hc54
Roukala FIN 81 Jc27
Roulans F 31 Jd41
Roullet-Saint-Estèphe F 32 Fd48
Roumazières-Loubert F 33 Ga47
Roundstone IRL 8 Bb20
Roundwood IRL 13 Cd22
Roupy F 24 Hb33
Rouravaara FIN 68 Jc14
Rouravaara FIN 68 Jc14
Rousinov CZ 137 Gc47
Roússa GR 185 Ea76
Roussac F 33 Gb46
Rousset-les-Vignes F 42 Jc51
Roussillon F 34 Jb48
Roussillon F 42 Jc53
Roust DK 108 Da26
Rouvray F 30 Hd41
Rouvres-sur-Aube F 30 Jb40
Rouvroy-sur-Audry F 24 Hd33
Rouy F 30 Hc43
Rovačko Trebaljevo MNE 159 Jb68
Rovakka S 74 Jb18
Rovala FIN 74 Kb18
Rovale I 164 Gc80
Rovaniemen maalaiskunta FIN 74 Ka18
Rovaniemi FIN 74 Jd19
Rovanpää FIN 69 Jd15
Rovasenda I 148 Ca59
Rovastinaho FIN 74 Ka20
Rovato I 149 Da59
Rovde N 76 Cb33
Roveň SK 139 Ka47
Roven'ki RUS 203 Fb14
Roverbella I 149 Db60
Rovere I 156 Ed70
Roveredo in Piano I 150 Eb58
Rovereto I 149 Dc58
Roverè Veronese I 149 Dc59
Rövershagen D 119 Eb31
Roverud N 94 Ec40
Rovetta I 149 Da58
Roviés GR 189 Ca84
Rovigo I 150 Dd61
Røvik N 77 Da32
Rovinari RO 175 Cc64
Rovine BIH 152 Gd61
Rovinj HR 150 Ed61
Rovišće HR 152 Gc58
Rovisuvanto FIN 64 Jc09
Rovné CZ 137 Gb46
Rovnoe RUS 203 Fd12
Rovnoje RUS 113 Jb59
Rovon F 35 Jc48
Rovtarica SLO 151 Fa57
Rów PL 120 Fc35
Rowde GB 20 Ed28
Rowland's Gill GB 11 Ed16
Rowsley GB 16 Fa22
Rowy PL 121 Gc29
Roxenbaden S 103 Fd46
Roxförde D 127 Ea36
Roya F 43 Kc51
Royal Leamington Spa GB 20 Fa25
Royal Tunbridge Wells GB 20 Fd29
Royan F 32 Fa47
Royat F 34 Hb47
Roybon F 35 Jc48
Roybridge GB 7 Dd10
Røydland N 92 Cc46
Roydon GB 21 Ga25
Roye F 23 Ha34
Røyelelva N 63 Hb09
Royère-de-Vienne F 33 Gc47
Røyken N 93 Dd42
Röykkä FIN 98 Kb39
Röylä FIN 98 Ka39
Røynestøl N 92 Cd44
Royos E 61 Eb73
Røyrmarka N 70 Ed23
Røyrneset N 64 Jc09
Røyrvik N 78 Fa25
Royston GB 16 Fa21
Royston GB 20 Fc26
Royton GB 16 Ed21
Röyttä FIN 74 Jc21
Røytvoll N 70 Ed24
Royuela E 47 Ed65
Roza BG 180 Eb73
Rozadas E 37 Bd54
Rozadas E 37 Cc54
Rozadío E 38 Db55
Rožaj MNE 159 Jc68
Rožaj MNE 178 Ad70
Rozalimas LT 114 Kb54
Różan PL 122 Jc34
Różaniec PL 131 Kb43
Różanka PL 137 Gb44
Różanki PL 120 Fd35
Różanna PL 121 Ha33
Różańsko PL 120 Fc35
Rožanstvo SRB 178 Ad67
Rozavlea RO 171 Db55
Róża Wielka PL 121 Gb34
Rozay-en-Brie F 23 Ha37
Rozdálovice CZ 136 Fd44
Roždestveno RUS 99 Mb41
Rozdil'na UA 204 Ec17
Rozdol'ne UA 205 Fa17
Rozelieures F 25 Jd37
Roželov CZ 136 Fd45
Rožencovo RUS 203 Fc08
Rozēni LV 106 Kc47
Rożental PL 122 Hd32
Rozgarty PL 121 Hb34
Rozier-Côtes-d'Aurec F 34 Hd48
Rózinowo PL 122 Hc35
Rozivka UA 205 Fb16
Rozkopaczew PL 131 Kb39
Rozkoš CZ 136 Ga48
Rožmberk nad Vltavou CZ 136 Fb49
Rožmitál pod Tr. CZ 136 Fa46
Rožňava SK 138 Jb49
Rozniatow PL 129 Hb38
Roznov RO 172 Ec58
Rožnov'e RUS 99 Ma42
Rožnov pod Radhoštěm CZ 137 Hb46
Roznów PL 138 Jb45
Rożnowice PL 138 Jc45
Rożnowo PL 129 Gc36
Rozogi PL 122 Jc32
Rožok RUS 203 Fb09
Rozovec BG 180 Dc72
Rozoy-sur-Serre F 24 Hd34
Rozprza PL 130 Hd40
Rozsály H 147 Kc51
Roztoki Górne PL 106 Kb47
Roztoky CZ 136 Fb44
Rožula LV 106 Kc49
Rozvadov CZ 135 Ec46
Różyńsk Wielki PL 123 Jd32
Różyńsk Wlk. PL 123 Jd30
Rožyšče UA 202 Ea14
Rrogozhinë AL 182 Ab75
Rsavci SRB 178 Bb67
Rsovci SRB 179 Cb69
Rtiščevo RUS 203 Fc11
Rtyně v Podkrkonoší CZ 136 Ga43
Rua P 44 Bb62
Ruanes E 51 Ca67
Ruba BY 202 Eb11
Ruba LV 113 Jd53
Rubāni LV 107 Lc50
Rubbåsen N 67 Gb11
Rubbestad N 67 Gb11
Rubbestadneset N 92 Ca41
Rubcovščina RUS 99 Lc43
Rübeland D 127 Dd39
Rubene LV 106 Kd48
Rubeņi LV 115 Lb53
Rubeži MNE 159 Hd68
Rubí E 49 Gd61
Rubia E 37 Bd57
Rubián E 36 Bc56
Rubiás E 36 Bc55
Rubiás E 36 Bc58
Rubielos Bajos E 53 Ec68
Rubielos de la Cérida E 47 Fa63
Rubielos de Mora E 54 Fb65
Rubiera I 149 Db62
Rubigen CH 141 Bd54
Rubikai LT 113 Jc53
Rubikiai LT 114 La55
Rubkow D 120 Fa31
Rublacedo de Abajo E 38 Dc57
Rublenița MD 173 Fc54
Rubno Wielkopolski PL 122 Hc30
Rubuliai LT 113 Jb54
Rucăr RO 176 Dd63
Rucava LV 113 Jb54
Ruchna PL 131 Jd36
Ruč'i RUS 99 Ld40
Ruciane-Nida PL 122 Jc32
Ruciūnai LT 114 Kc56
Ručji RUS 107 Ma48
Rückersdorf D 135 Dd46
Rucphen NL 124 Ad38
Rud N 93 Dd41
Rud S 94 Fa43
Ruda PL 123 Jd32
Ruda PL 123 Ka32
Ruda PL 131 Jd38
Ruda S 103 Ga51
Rudabánya H 146 Jc50
Ruda-Huta PL 131 Kc39
Rudaičai LT 113 Jc54
Rūdaičiai LT 113 Jb54
Rudakovo RUS 113 Jc58
Ruda Maleniecka PL 130 Ja40
Rudamina LT 114 La58
Rudamina LV 114 Kb59
Ruda nad Moravou CZ 137 Gc45
Rudanmaa FIN 89 Jb35
Rudare SRB 178 Bc69
Rudăria RO 174 Ca64
Ruda Różaniecka PL 139 Kc43
Ruda Śląska PL 138 Hc44
Rudawka PL 123 Kb31
Rudbarži LV 105 Jc52
Rüddingshausen D 126 Cd42
Rude DK 109 Ea27
Rude HR 151 Ga59
Rude LV 105 Jd49
Rude LV 113 Ja53
Ruden A 144 Fc56
Rudersberg D 134 Cd48
Rüdersdorf D 128 Fa36
Rüdershausen D 126 Db39
Ruderting D 135 Ed49
Rüdesheim D 133 Cb44
Rudgalviai LT 113 Jc55
Rudi MD 173 Fb53
Rudíkov CZ 136 Ga47
Rudiliai LT 114 Kd54
Rudilla E 47 Fa63
Rudina HR 151 Fb61
Rüdingsdorf D 128 Fa38
Rudinice MNE 159 Hd67
Rudinka HR 151 Fd62
Rudinovka RUS 107 Ma50
Rūdiškės LT 114 Kd58
Rudiškiai LT 114 Ka53
Rudka PL 122 Jb32
Rudka PL 123 Ka35
Rudka PL 131 Kd39
Rudkøbing DK 109 Dd28
Rudky UA 204 Dd15
Rhuddlan GB 15 Ea22
Rudlaukis LT 113 Jc56
Rudná CZ 136 Fb45
Rudna PL 129 Gb40
Rudn'a RUS 107 Mb51
Rudna S 73 Hb18
Rudna Glava SRB 174 Ca65
Rudňany SK 138 Jc48
Rudna Wielka PL 129 Gb39
Rudnia LT 123 Kd30
Rudnica MNE 159 Ja66
Rudnica PL 128 Fd36
Rudnica SRB 178 Ba68
Rudnik BG 181 Ed72
Rudnik BG 181 Fa71
Rudnik CZ 136 Ga43
Rudnik KSV 178 Ba70
Rudnik PL 121 Hb33
Rudnik PL 130 Jc41
Rudnik PL 131 Ka42
Rudnik PL 131 Kb41
Rudnik PL 137 Hb44
Rudnik SRB 159 Jc64
Rudniki PL 129 Hb41
Rūdninkai LT 114 La59
Rüdnitz D 120 Fa35
Rudnja RUS 202 Eb11
Rudno PL 121 Hb31
Rudno PL 129 Gb40
Rudno PL 131 Kb38
Rudno PL 137 Hb43
Rudno RUS 99 Ld43
Rudno SLO 151 Fb57
Rudno SRB 178 Ba68
Rudo BIH 159 Ja65
Rudolfov CZ 136 Fb48
Rudolstadt D 127 Dd42
Rudopolje Bruvanjsko HR 151 Ga63
Rudovci SRB 153 Jc63
Rudovoe RUS 107 Ld48
Rudozem BG 184 Db75
Rudshøgda N 86 Ea38
Rudsjön S 79 Ga28
Rudskoga S 95 Fb44
Rudstorp S 94 Fa42
Ruds Vedby DK 109 Ea26
Rūdupiai LT 113 Jd54
Rudy PL 137 Hb44
Rudzāti LV 107 Lb52
Rudžiai LT 114 Kc56
Rudzica PL 138 Hc45
Rudziczka PL 137 Gd43
Rudzienice PL 122 Hd32
Rudzienko PL 130 Jc37
Rudzienko PL 131 Jd38
Rudziši LV 107 Ld52
Rue F 23 Gc32
Ruecas E 51 Ca68
Rueda E 46 Cd61
Rueda de Jalón E 47 Fa60
Rueda de Pisuerga E 38 Da56
Ruelle-sur-Touvre F 32 Fd47
Ruen BG 181 Ed72
Ruerrero E 38 Dc56
Ruesta E 39 Fa57
Ruffano I 163 Hc77
Ruffec F 32 Fd46
Ruffieu F 35 Jc46
Ruffieux F 35 Jd46
Rufford GB 15 Eb21
Rufina I 156 Dd65
Rugāji LV 107 Lc49
Rūgaliai LT 113 Jb56
Rugby GB 20 Fa25
Rugeley GB 16 Ed24
Rugendorf D 135 Dd44
Rugince MK 178 Bd72
Ruginești RO 172 Eb58
Ruginești RO 176 Ed61
Ruginoasa RO 172 Ed57
Rügland D 134 Dc46
Rugles F 23 Ga37
Rugsund N 84 Cb34
Ruguj RUS 202 Eb08
Ruha FIN 81 Jb31
Ruhala FIN 89 Jd34
Ruhan' RUS 202 Ec12
Ruhla D 126 Dc41
Ruhland D 128 Fa40
Ruhmannsfelden D 135 Ec48
Ruhnu EST 105 Jd48
Ruhovaara FIN 83 Mb31
Ruhpolding D 143 Eb52
Ruhstorf D 143 Ed50
Ruhwarden D 117 Cc32
Ruidera E 53 Dd69
Ruila EST 98 Kb43
Ruinas I 169 Ca77
Ruinen NL 117 Bd34
Ruissalo FIN 97 Jb39
Rujevac HR 152 Gb61
Rūjiena LV 106 Kd47
Rujišta BIH 158 Hb66
Rujno BG 181 Ec68
Ruka FIN 75 La19
Rukainiai LT 115 Lb58
Rukajärvi FIN 75 La19
Rukavac HR 158 Gb68
Rukla LT 114 Kc57
Rukmaņi LV 107 Ld52
Rukovo RUS 107 Mb52
Ruleva LV 107 Ma52
Rullbo S 87 Fc35
Rulli EST 106 La46
Rully F 23 Ha35
Rülzheim D 133 Cb47
Rum H 145 Gc54
Ruma SRB 153 Jb61
Rumar FIN 97 Ja40
Rumboci BIH 158 Ha65
Rumburgh GB 21 Gb25
Rumburk CZ 128 Fb42
Rumelifeneri TR 186 Fd77
Rumenka SRB 153 Jb60
Rumford GB 18 Db31
Rumia PL 121 Ha29
Rumian PL 122 Hd33
Rumigny F 24 Hd33
Rumilly F 35 Jd46
Rumilly-lès-Vaudes F 30 Hd39
Rümlang CH 141 Cb52
Rummey GB 19 Eb28
Rummu EST 98 Ka43
Rummukka FIN 90 La32
Rumo FIN 82 La27
Rumont F 24 Jb36
Rumpani LV 107 Lb48
Rumšiškės LT 114 Kc57
Rumskulla S 103 Fd49
Rumy PL 122 Jb32
Runcorn GB 15 Ec22
Runcu RO 175 Cc63
Runcu RO 175 Db63
Runcu RO 176 Dd63
Rundāni LV 107 Ma52
Runde N 76 Cb32
Rundfloen N 86 Ed38
Rundhaug N 67 Gd11
Rundhaugen N 71 Fc20
Runding D 135 Ec47
Rundvik S 80 Ha29
Runemo S 87 Ga37
Rungsted DK 109 Ec25
Runhällen S 95 Gb41
Runnabackan IRL 8 Ca20
Runni FIN 82 Kc28
Runów PL 130 Jb37
Runowo PL 122 Ja30
Runsten S 103 Gd52
Runtaleave GB 7 Eb10
Runtuna S 95 Gb45
Ruodusniemi S 68 Hd13
Ruohokangas FIN 69 Kb12
Ruohola FIN 74 Ka21
Ruokalahti FIN 83 Ld31
Ruokee FIN 91 Ld33
Ruokojärvi FIN 68 Jc17
Ruokojärvi FIN 91 Lc33
Ruokojärvi S 73 Ja19
Ruokokoski FIN 90 La32
Ruokola FIN 91 Lc36
Ruokolahti FIN 91 Lc35
Ruokolahti FIN 91 Ld33
Ruokotaipale FIN 91 Lb35
Ruokto S 67 Gd17
Ruolahti FIN 90 Kb35
Ruomi FIN 91 Lb36
Ruoms F 34 Ja51
Ruona FIN 81 Jc31
Ruona FIN 89 Ja37
Ruonlahti FIN 97 Jc39
Ruopsa FIN 74 Kb18
Ruorasmäki FIN 90 Kd34
Ruosniemi FIN 89 Ja36
Ruotaanmäki FIN 82 Kc28
Ruoti I 161 Ga75
Ruotinkylä FIN 82 Kb31
Ruotsalo FIN 81 Jb28
Ruotsinkylä Svenskby FIN 90 Kd38
Ruotsinpyhtää FIN 90 Kd38
Ruottisenharju FIN 75 Kc22
Ruovesi FIN 89 Jd34
Rupa HR 151 Fb60
Rupe HR 157 Ga65
Rupea RO 176 Dd61
Rupit E 49 Ha59
Rupperswil CH 141 Ca53
Ruppertshofen D 134 Da48
Ruppichteroth D 125 Ca41
Ruppovaara FIN 91 Ma32
Ruprechtov CZ 137 Gc47
Rupsa FIN 83 Lb29
Rupt-sur-Moselle F 31 Ka39
Rus RO 171 Da56
Rusalja BG 180 Dd70
Rusalka BG 181 Fc70
Rusănești RO 180 Db67
Rušanj SRB 153 Jc62
Rusca Montană RO 174 Cb61
Ruscova RO 171 Dc55
Rusdal N 92 Cb45
Ruse BG 180 Ea68
Ruše SLO 144 Fd56
Rusele S 80 Gd25
Rușeni MD 173 Fa54
Rușețu RO 176 Ed64
Rusfors S 80 Gd25
Rush IRL 13 Da21
Rushaugen N 66 Ga13
Rushden GB 20 Fb25
Rusi FIN 90 Kc34
Rusiec PL 130 Hc40
Rușii-Munți RO 171 Dc58
Rusinowo MK 183 Ca74
Rusinów PL 128 Fd39
Rusinów PL 130 Jb39
Rusinowo PL 120 Fd32
Rusinowo PL 121 Gb34
Rusjaci MK 183 Bb74
Ruska Bela BG 179 Cd70
Ruské SK 139 Kb47
Ruskeala FIN 90 Kc35
Ruski Bród PL 130 Jb40
Ruski Krstur SRB 153 Ja59
Ruskington GB 17 Fc23
Rusko FIN 97 Jb39
Rusko Selo SRB 174 Bb60
Rusksand S 79 Gb29
Ruskele S 80 Gd25
Rusksträsk S 80 Gd25
Ruskulla FIN 97 Jc40
Ruskulova LV 107 Ld50
Rusnė LT 113 Jb56
Rusokastro BG 181 Ed73
Rusovce SK 145 Gd51
Russånes N 71 Fd18
Russar N 85 Db35
Rüsselsheim D 134 Cc44
Russeluft N 63 Hd08
Russelv N 62 Ha08
Russenes N 64 Jb06
Russi I 150 Ea63
Russka RUS 99 Ld42
Russkij Kameškir RUS 203 Fd11
Russkoje RUS 113 Hd58
Russko-Vysockoe RUS 99 Mb40
Russliseter N 85 Dc36
Rust A 145 Gc52
Rust D 141 Ca50
Rustefjelbma N 64 Ka06
Rustrel F 42 Jd53
Rusvekk N 94 Ec40
Ruswil CH 141 Ca54
Ruszów PL 128 Fd40
Rutakoski FIN 90 Kc32
Rutalahti FIN 90 Kc33
Rutalahti FIN 90 Kc36
Rutava FIN 89 Jc37
Rute E 60 Da74
Rute S 104 Ha48
Rüthen D 126 Cc39
Rutherglen GB 10 Dd13
Ruthin GB 15 Eb22
Rüthnick D 119 Ed35
Ruthwell GB 11 Eb16
Rüti CH 142 Cc53
Rutigliano I 162 Gd74
Rutino I 161 Fc77
Rutka-Tartak PL 123 Ka29
Rutki-Kossaki PL 123 Ka34
Rutledal N 84 Ca37
Ruto FIN 81 Ja31
Rutoši SRB 159 Jb66
Rutten NL 116 Bb34
Rutvik S 73 Hd22
Rutwica PL 121 Gb34
Ruuhijärvi FIN 74 Jc18
Ruuhijärvi FIN 90 Kc36
Ruuhilampi FIN 82 La31
Ruuhilampi FIN 90 Kd35
Ruuhimäki FIN 90 Kc33
Ruukki FIN 81 Jd25
Ruunaa FIN 83 Ld27
Ruurlo NL 125 Bd37
Ruusa EST 107 Lc46
Ruuskankylä FIN 82 Ka27
Ruusmäe EST 107 Lc47
Ruutana FIN 82 Kc28
Ruutana FIN 89 Jd35
Ruuvaoja FIN 69 Kc14
Ruvanaho FIN 74 Kd18
Ruvaslahti FIN 83 Lc29
Ruvo del Monte I 161 Ga75
Ruvo di Puglia I 162 Gc74
Ruynes-en-Margeride F 34 Hb49
Ruyuela de Río Franco E 46 Db59
Ruza RUS 202 Ed10
Ruzaevka RUS 203 Fc10
Ružany BY 202 Ea13
Ruzgai LT 113 Jc53
Ružić HR 158 Gb65
Ružica BG 181 Ed69
Ružina LV 107 Lc51
Ružinci BG 179 Cb68
Ružomberok SK 138 Hd47
Ruzsa H 153 Ja57
Ry DK 108 Dc24
Ryå DK 100 Dc20
Rya N 86 Ec35
Ryba RUS 113 Jb57
Rybaki PL 121 Ha30
Rybaki PL 128 Fc38
Rybany SK 137 Hb49
Rybczewice PL 131 Kb40
Rybienko Leśne PL 122 Jc35
Rybinsk RUS 202 Ed09
Rybna PL 138 Hd44
Rybnica Leśna PL 129 Gb42
Rybnik PL 123 Kb33
Rybnik PL 137 Hb44
Rybník CZ 135 Ec46
Rybno PL 122 Hd32
Rybno PL 122 Jb32
Rybno PL 130 Ja37
Rybnoe RUS 203 Fa11
Ryboły PL 123 Kb34
Rybotycze PL 139 Kb45
Rychliki PL 122 Hc31
Rychłocice PL 130 Hc40
Rychnov CZ 128 Fd42
Rychnov nad Kněžnou CZ 137 Gb44
Rychnów PL 129 Ha41
Rychnowo PL 122 Hd32
Rychnowy PL 121 Gd32
Rychtal PL 129 Ha41
Rychtářov CZ 137 Gc47
Rychwał PL 129 Ha38
Ryczów PL 138 Hd44
Ryczywół PL 121 Gc35
Ryczywół PL 130 Jc38
Ryd S 111 Fc53
Ryda S 102 Ed47
Rydaholm S 103 Fb51
Rydal S 102 Ed49
Rydbo S 96 Gd43
Rydboholm S 102 Ed49
Ryde GB 20 Fa30
Rydet S 102 Eb50
Rydland N 85 Ea35
Rydöbruk S 102 Ed51
Rydsgård S 110 Fa56
Rydsnäs S 103 Fd49
Rydułtowy PL 137 Hb44
Rydzewo PL 120 Ga33
Rydzewo PL 122 Jc34
Rydzewo-Świątki PL 123 Jd32
Rydzyna PL 129 Gb39
Rye F 31 Jc43
Rye GB 21 Ga30
Rye N 77 Ea30
Ryen N 92 Cd47
Ryfoss N 85 Db37
Rygge N 93 Ea43
Ryglice PL 138 Jc44
Ryhälä FIN 91 Lb34
Ryhälänmäki FIN 82 Kd27
Ryhäntä FIN 82 La25
Ryjewo PL 121 Hb32
Rykantai LT 114 La58
Rykene N 93 Da46
Ryki PL 131 Jd38
Ryliškiai LT 123 Kc30
Ryl'sk RUS 202 Ed13
Ryman' PL 120 Fd31
Rymanów PL 139 Ka45
Rymanów-Zdrój PL 139 Ka45
Rýmařov CZ 137 Gd45
Rymättylä FIN 97 Jb39
Ryn PL 122 Jc31
Rynarcice PL 129 Gb40
Rynarcice PL 137 Gd43
Rynarzewo PL 121 Gd34
Rynie PL 123 Ka30
Rynkänpuoli FIN 74 Kb20
Rynkeby DK 109 Dd26
Rynoltice CZ 128 Fc42
Ryńsk PL 121 Hb34
Ryomgård DK 101 Dd23
Ryönä FIN 82 La30
Ryönänjoki FIN 82 Kc28
Rypefjord N 63 Hd06
Rypin PL 122 Hc34
Rysjedalsvika N 84 Ca36
Ryškėnai LT 113 Jc54
Ryslinge DK 109 Dd27
Ryssby S 103 Fb52
Ryssdal N 84 Cc35
Rystad S 103 Fd46
Rysum D 117 Ca33
Ryszewo PL 129 Gd36
Rytel PL 121 Gd32
Rytilahti FIN 74 Kc18
Rytinki FIN 75 Kc21
Rytky FIN 82 Kc28
Rytky FIN 82 Kd30
Rytkynperä FIN 82 Ka26
Rytro PL 138 Jb46
Rytterne S 95 Ga43
Rytylä FIN 90 Kb37
Rytwiany PL 130 Jc42
Rywałd PL 122 Hc33
Rywociny PL 122 Ja34
Ryžoviště CZ 137 Gd45
Rząśnik PL 122 Jc35
Rzęczkowo PL 121 Ha34
Rzecznica PL 121 Gc32
Rzeczniów PL 130 Jc40
Rzeczyca PL 130 Ja39
Rzeczyca PL 131 Kb37
Rzeczyca Ziemiańska PL 131 Ka41
Rzęgnowo PL 122 Jb34
Rzejowice PL 130 Hd41
Rzekuń PL 122 Jc34
Rzemień PL 139 Jd43
Rzepedź PL 139 Ka46
Rzepin PL 128 Fc37
Rzepin PL 130 Jc41
Rzerzęczyce PL 130 Hd41
Rzeszów PL 139 Ka44
Ržev RUS 202 Ec10
Rževskoe RUS 113 Jc57
Rzewnie PL 122 Jc35
Rzezawa PL 138 Jb44
Rzgów PL 129 Ha37
Rzgów PL 130 Hd39
Rzucewo PL 121 Ha29
Rzuchów PL 137 Hb44
Rzuców PL 130 Jb40
Ržyščiv UA 204 Ec15

S

Saá E 36 Bc56
Saadet TR 192 Ga81
Sääksjärvi FIN 81 Jd30
Sääksjärvi FIN 89 Jb36
Sääksjärvi FIN 90 Kc38
Sääkskoski FIN 89 Jb36
Sääksmäki FIN 89 Jd36
Saal D 119 Ec30
Saalahti FIN 90 Kb34
Saal an der Donau D 135 Ea48
Saal an der Saale D 134 Db43
Saalbach A 143 Eb53
Saalburg-Ebersdorf D 135 Ea43
Saales F 31 Kb38
Saalfeld D 127 Dd42
Saalfelden am Steinernen Meer A 143 Ec53
Saalow D 127 Ed37
Säämälä FIN 91 Lb36
Saanen CH 141 Bc55
Säänjärvi FIN 91 Lb36
Saara D 127 Eb41
Saaramaa FIN 90 La37
Saarbrücken D 133 Bd46
Saarburg D 133 Bc45
Saare EST 99 Lb44
Sääre EST 105 Jc48
Saare EST 106 Kb46
Saareküla EST 105 Jd46
Saarela FIN 82 Kc29
Saarela FIN 83 Lc26
Saaren kirkonkylä FIN 91 Ld33
Saarenkylä FIN 74 Ka19
Saarenkylä FIN 82 Ka29
Saarenmaa FIN 89 Ja36
Säärenperä FIN 74 Jd24
Saarensalmi FIN 83 Lb25
Saarepeedi EST 98 Kd45
Saaresmäki FIN 82 Kc26
Saari FIN 90 Kc38
Saari FIN 91 Ld33
Saariharju FIN 74 Kb20
Saarijärvi FIN 82 Kb31
Saarijärvi FIN 89 Jb36
Saari-Kämä FIN 74 Ka19
Saarikas FIN 82 Kc31
Saarikko FIN 89 Jd38
Saarikoski FIN 67 Hb12
Saarikoski FIN 82 Ka25
Saarikoski FIN 89 Ja35
Saarikylä FIN 75 La22
Saarikylät FIN 89 Jd36
Saarinen FIN 82 Kd25
Saario FIN 83 Ma31
Saaripudas FIN 68 Jb16
Saariselkä FIN 69 Ka12
Saarivaara FIN 75 Lb24
Saarivaara FIN 83 Lc30
Saarivaara FIN 83 Ma31
Saarlouis D 133 Bc46
Saarwellingen D 133 Bc46
Saas Almagell CH 148 Bd57
Saas Fee CH 148 Bd57
Saas Grund CH 148 Bd57
Sääskijärvi FIN 74 Kb20
Sääskiniemi FIN 82 La28
Sääskjärvi FIN 90 Kd37
Saastna EST 98 Kc44
Saatağacı TR 185 Eb77
Säätse LV 107 Ld46
Šabac SRB 153 Jb62
Sabadell E 49 Gd61
Şabanözü TR 205 Fa20
Šabany RUS 107 Ma48
Săbăoani RO 172 Ed58
Sabarat F 40 Gc56
Sabaudia I 160 Ec73

Sabbioneta – Saint-Just-en-Chevalet

Sabbioneta I 149 Db61
Sabero E 37 Cd56
Sab Gregório P 36 Ba58
Sabile LV 105 Jd50
Sabiñánigo E 40 Fc58
Sabinares E 53 Ea69
Sabinov SK 138 Jc47
Sabiote E 52 Dc72
Šabla BG 181 Fc69
Sables-d'Or-les-Pins F 26 Ec37
Sablé-sur-Sarthe F 28 Fc40
Sabnie PL 131 Ka36
Säböle S 78 Fa30
Saborsko HR 151 Fd61
Säbrå S 88 Gc32
Sabres F 39 Fb52
Sabro DK 108 Dc24
Sabrosa P 44 Bb61
Sabugal P 45 Bc64
Sabugeiro P 44 Ba63
Sabuncupınar TR 193 Gb82
Säby S 95 Ga43
Säby S 103 Fc48
Säbyggeby S 87 Gb38
Šaca SK 139 Jd49
sa Cabaneta E 57 Hb67
Săcădat RO 170 Cb57
Săcădate RO 175 Db61
Saçaklı TR 191 Eb81
Săcălaşeni RO 171 Da55
Săcălaz RO 174 Bc60
sa Calobra E 57 Hb66
sa Canal E 56 Gc70
Sacañet E 54 Fb66
Săcăşeni RO 171 Cc55
Sacavém P 50 Aa68
Sacecorbo E 47 Eb63
Saceda E 37 Ca57
Sacedón E 47 Ea64
Săcel RO 171 Dc55
Săcel RO 175 Dc60
Săcele RO 176 Ea62
Săcele RO 177 Fc66
Săcelu RO 175 Cd63
Săceni RO 175 Dc66
Saceruela E 52 Cd69
Sachsen D 134 Dc47
Sachsenbrunn D 135 Dd43
Sachsenburg A 143 Ed55
Sachsenhagen D 126 Da36
Sachsenheim D 134 Cd48
Sacile I 150 Eb58
Šack BY 202 Ea13
Šack RUS 203 Fb11
Šac'k UA 202 Dd14
Saclas F 29 Gd38
Sacos E 36 Ad56
Sacoşu Turcesc RO 174 Bd61
Sacquenay F 30 Jb41
Sacramenia E 46 Db61
Sacu RO 174 Ca61
Săcueni RO 170 Cb56
Săcuieu RO 171 Cc57
Sada E 36 Ba54
Sádaba E 39 Ed58
Sadaclia MD 177 Fd60
Sadala EST 98 La43
Sadali I 169 Cb78
Sadelkow D 120 Fa33
Sadic MD 177 Fc60
Sădievo BG 180 Ea72
Sadıkhacı TR 199 Hb88
Sadıkkırı TR 193 Gb84
Sadikov Bunar SRB 179 Ca69
Sadina BG 180 Eb69
Sadjem S 73 Hc18
Sadki PL 121 Gd34
Sadkowice PL 130 Jb38
Sadkowice PL 131 Jd40
Sadlinki PL 121 Hb32
Sadłowo PL 122 Hc34
Sadova MD 173 Fc57
Sadova RO 172 Ea56
Sadova RO 179 Da67
Sadovec BG 179 Da69
Sadovo BG 180 Db73
Sadovo BG 181 Fa71
Sadovoe MD 173 Fb55
Sadovoe RUS 113 Jc59
Sadovoe RUS 113 Jd58
Sadovoe RUS 113 Jd59
Sadovoe RUS 203 Ga14
Sądów PL 128 Fc37
Sadów PL 130 Hc42
Sadowne PL 123 Jd35
Sadu RO 175 Db62
Sädvaluspen S 71 Ga20
Sady PL 130 Jb39
Sæbe N 84 Cd37
Sæbø N 76 Cc33
Sæbø N 84 Ca38
Sæbøvik N 92 Ca41
Sæby DK 101 Dd20
Sæby DK 109 Ea26
Sædballe DK 109 Dd28
Săedinenie BG 180 Db73
Săedinenie BG 180 Dc73
Săedinenie BG 181 Ec71
Saelices E 53 Ea66
Saelices de Mayorga E 37 Cd58
Sælvig DK 109 Dd25
Saerbeck D 125 Cb37
Særslev DK 108 Dc26
Sæteråsen N 78 Eb28
Sætervika N 78 Ea26
Sætra N 62 Gb10
Sætran N 78 Ed26
Sætre N 86 Ec38
Sætre N 86 Eb37
Saeul L 133 Bb44
Sævareid N 84 Cb40
Sævråsvåg N 84 Ca38
Safa TR 192 Ga81
Safaalan TR 186 Fb76
Safara P 51 Bb71
Säffle S 94 Ed44
Saffré F 28 Ed41
Saffron Walden GB 20 Fd26
Safien-Platz CH 142 Cc55
Safonovo RUS 202 Ec11
Šafov CZ 136 Ga48
Safranbolu TR 205 Fa20
Säfsnäs S 95 Fb41
Săg RO 171 Cc57
Şag RO 174 Bc61
Sagadi EST 98 Kd41
Sagaidac MD 173 Fd59
Sagallos E 45 Ca59
Sağancı TR 191 Ec84
Sagard D 120 Fa30
Sagbakken N 86 Ec37
Sägeata RO 176 Ed64
Sageika GR 188 Ba85
Sågen S 95 Fb40
Sagfjorden N 66 Fd16
Saggrenda N 93 Dc42
Sağırlar TR 192 Fc81
Sağırlar TR 192 Fb83
Sagmoen N 71 Ga18
Sågmyra S 95 Fd39
Sagna RO 172 Ed58
Sagnity PL 122 Ja30
Sagone F 154 Ca70
Sagra E 55 Fc70
Sagrado I 150 Ed58
Sağrak TR 199 Gd89
Sagres P 58 Aa74
Sağtamtaş TR 185 Ec78
Şagu RO 174 Bd60
Sagunt E 54 Fc67
Sagunto E 54 Fc67
Sagvåg N 92 Ca41
Ságvár H 145 Hb55
Sahagún E 37 Cd58
Sahalahti FIN 90 Ka35
Sahankylä FIN 89 Jb33
Saharna Nouă MD 173 Fd56
Sahăteni RO 176 Ec64
Sahavaara S 68 Ja16
Sahechores E 37 Cd57
Sahilkent TR 199 Gb93
Şahin TR 185 Ec77
Şahin TR 192 Ga83
Şahinli TR 185 Eb80
Şahinyurdu TR 186 Fd79
Sahloinen FIN 90 Kb33
Şahmelek TR 186 Fb80
Şahmelek TR 187 Gb79
Sahrajärvi FIN 90 Ka32
Sahryń PL 131 Kd41
Šahty RUS 205 Fc15
Sahune F 42 Jc51
Šahun'ja RUS 203 Fc08
Šahy SK 146 Hc51
Saignelégiers CH 141 Bc53
Saignes F 33 Ha48
Saignon F 42 Jc53
Saija FIN 69 Kd16
Säijä FIN 89 Jd36
Saijanlahti FIN 83 Lb31
Saikari FIN 82 Kd30
Säikkä FIN 75 Kd20
Saikkola FIN 91 Lb35
Sailler TR 192 Fb87
Saillagouse F 41 Gd58
Saillans F 35 Jc50
Saimaanharju FIN 91 Lb35
Säimen FIN 91 Lc32
Sains-en-Amiénois F 23 Gd33
Sains-Richaumont F 24 Hc33
Saint Abbs GB 11 Ed13
Saint-Affrique F 41 Hb53
Saint-Agil F 29 Ga39
Saint-Agnan F 30 Hd44
Saint Agnes GB 18 Da31
Saint-Agrève F 34 Ja49
Saint-Aignan F 29 Gb42
Saint-Aignan F 40 Gb53
Saint-Aignan-le-Jaillard F 29 Gd40
Saint-Aignan-sur-Roë F 28 Fa40
Saint-Aigulin F 32 Fc49
Saint-Alban F 26 Eb38
Saint Albans GB 20 Fc27
Saint-Alban-sur-Limagnole F 34 Hc50
Saint-Allouestre F 27 Eb40
Saint-Amand-de-Coly F 33 Gb49
Saint-Amand-en-Puisaye F 30 Hb41
Saint-Amandin F 33 Ha48
Saint-Amand-les-Eaux F 24 Hb31
Saint-Amand-Longpré F 29 Gb41
Saint-Amand-Montrond F 29 Ha44
Saint-Amand-sur-Fion F 24 Ja37
Saint-Amans F 34 Hc50
Saint-Amans-de-Mounis F 41 Hb54
Saint-Amans-des-Cots F 33 Ha50
Saint-Amans-Soult F 41 Ha54
Saint-Amant-Roche-Savine F 34 Hc47
Saint-Amant-Tallende F 34 Hb47
Saint-Ambroix F 42 Ja52
Saint-Amé F 31 Ka39
Saint-Amour F 31 Jc44
Saint-Andiol F 42 Jb53
Saint-André-de-Corcy F 34 Jb46
Saint-André-de-Cubzac F 32 Fb50
Saint-André-de-l'Eure F 23 Gb37
Saint-André-de-Sangonis F 41 Hc54
Saint-André-de-Valborgne F 41 Hd52
Saint-André-les-Alpes F 43 Kb52
Saint Andrews GB 7 Ec12
Saint-Angeau F 32 Fd47
Saint-Angel F 33 Gd48
Saint Ann's GB 11 Eb15
Saint-Anne GBA 26 Ec34
Saint-Anthème F 34 Hd47
Saint-Antoine F 154 Cb70
Saint-Antoine l'Abbaye F 35 Jc48
Saint-Antoine-sur-l'Isle F 32 Fd49
Saint-Antonin-Noble-Val F 40 Gc52
Saint-Antonius B 124 Ad39
Saint-Août F 29 Gd44
Saint-Apollinaire F 30 Jb41
Saint-Apollinaire F 35 Ka50
Saint-Arcons-d'Allier F 34 Hc49
Saint-Arnoult-des-Bois F 29 Gb38
Saint Arvans GB 19 Eb27
Saint Asaph GB 15 Ea22
Saint-Astier F 33 Ga49
Saint Athan GB 19 Ea28
Saint-Auban F 42 Ka52
Saint-Auban F 43 Kb53
Saint-Auban-sur-l'Ouvèze F 42 Jc51
Saint Aubin CH 141 Bb54
Saint Aubin CH 141 Bc54
Saint-Aubin F 30 Jb42
Saint-Aubin F 39 Fb54
Saint-Aubin d'Aubigné F 28 Ed39
Saint-Aubin-des-Châteaux F 28 Ed40
Saint-Aubin-des-Coudrais F 29 Ga39
Saint-Aubin-du-Cormier F 28 Fa39
Saint-Aubin-lès-Elbeuf F 23 Ga35
Saint-Aubin-sur-Aire F 24 Jb37
Saint-Aubin-sur-Loire F 30 Hc44
Saint-Aubin-sur-Mer F 22 Fc35
Saint-Augustin F 33 Gc48
Saint-Augustin-des-Bois F 28 Fb41
Saint-Aulaye F 32 Fd49
Saint Austell GB 18 Db31
Saint-Avit F 33 Ha46
Saint-Avit-de-Tardes F 33 Gd46
Saint-Avold F 25 Ka35
Saint-Aygulf F 43 Kb54
Saint-Barthélemy F 27 Ea40
Saint-Barthélémy-d'Anjou F 28 Fb41
Saint-Barthélemy-le-Plain F 34 Jb49
Saint-Baudille-et-Pipet F 35 Jd50
Saint-Bauzille-de-Montmel F 41 Hd53
Saint-Bauzille-de-Putois F 41 Hd53
Saint-Beat F 40 Ga56
Saint-Beauzély F 41 Hb52
Saint-Beauzire F 34 Hb48
Saint Bees GB 10 Ea18
Saint-Benin-d'Azy F 30 Hb43
Saint-Benoît F 35 Jc47
Saint-Benoît-des-Ondes F 22 Ed37
Saint-Benoît-du-Sault F 33 Gb45
Saint-Benoît-en-Woëvre F 25 Jc36
Saint-Benoît-sur-Loire F 29 Gd40
Saint-Bernard F 35 Jd48
Saint-Berthevin F 28 Fb39
Saint-Bertrand-de-Comminges F 40 Ga56
Saint-Blaise-la-Roche F 25 Kb37
Saint-Blimont F 23 Gc32
Saint-Blin F 30 Jb38
Saint-Bonnet F 35 Ka50
Saint-Bonnet-de-Joux F 30 Ja44
Saint-Bonnet-le-Château F 34 Hd48
Saint-Bonnet-le-Froid F 34 Ja49
Saint Boswells GB 11 Ec14
Saint-Brelade GBJ 26 Ec36
Saint-Brévin-les-Pins F 27 Ec42
Saint Briavels GB 19 Ec27
Saint-Brice-Courcelles F 24 Hc35
Saint-Brice-en-Cógles F 28 Fa38
Saint Brides GB 18 Db27
Saint-Brieuc F 26 Eb38
Saint-Bris-le-Vineux F 30 Hc40
Saint-Brisson F 30 Hd42
Saint Buryan GB 18 Da32
Saint-Calais F 29 Ga40
Saint-Cannat F 42 Jc54
Saint-Caprais F 29 Gd43
Saint-Capraise-de-Lalinde F 33 Ga50
Saint-Cast-le-Guildo F 26 Ec37
Saint Catherines GB 6 Dc12
Saint-Céneri-le-Gérei F 28 Fc38
Saint-Céré F 33 Gd50
Saint Cergue CH 140 Ba55
Saint-Cernin F 33 Ha49
Saint-Cernin-de-l'Herm F 33 Gb51
Saint-Chamant F 33 Gd49
Saint-Chamas F 42 Jc54
Saint-Chamond F 34 Ja48
Saint-Chaptes F 42 Ja53
Saint-Chély-d'Apcher F 34 Hc50
Saint-Chély-d'Aubrac F 34 Hb51
Saint-Chéron F 29 Gd38
Saint-Chinian F 41 Hb55
Saint-Christol F 42 Jd52
Saint-Christol-lès-Alès F 41 Hd52
Saint-Christoly-Médoc F 32 Fb48
Saint-Christophe-de-Double F 32 Fc49
Saint-Christophe-du-Ligneron F 28 Ed43
Saint-Christophe-en-Brionnais F 34 Hd45
Saint-Christophe-en-Oisans F 35 Ka49
Saint-Ciers-Champagne F 32 Fc48
Saint-Ciers-du-Taillon F 32 Fb49
Saint-Cirgues-de-Jordanne F 33 Ha49
Saint-Cirgues-en-Montagne F 34 Hd50
Saint-Cirq-Lapopie F 33 Gc51
Saint-Clair-sur-Epte F 23 Gc36
Saint-Clar F 40 Ga53
Saint-Clar-de-Rivière F 40 Gb55
Saint-Claude F 31 Jd44
Saint-Claud-sur-le-Son F 32 Fd47
Saint Clears GB 18 Dc27
Saint-Clement F 30 Hb39
Saint-Clément F 33 Gc48
Saint-Clément-des-Baleines F 32 Ed45
Saint-Clément-sur-Durance F 35 Kb50
Saint-Clet F 26 Ea37
Saint-Cloud F 29 Gb39
Saint-Colombier F 27 Eb41
Saint Columb Major GB 18 Db31
Saint Combs GB 5 Ed07
Saint-Côme-d'Olt F 34 Hb51
Saint-Cosme-en-Vairais F 28 Fd39
Saint-Crepin F 23 Gd35
Saint-Cyprien F 33 Gb50
Saint-Cyprien F 34 Hd47
Saint-Cyprien F 41 Hb57
Saint-Cyprien-Plage F 41 Hb57
Saint-Cyr-en-Val F 29 Gc40
Saint-Cyr-les-Colons F 30 Hc40
Saint Cyrus GB 7 Ed10
Saint-Dalmas-de-Tende F 43 Kd52
Saint-Dalmas-le-Selvage F 43 Kb51
Saint David's GB 14 Db26
Saint-Denis F 23 Gd36
Saint-Denis-de-Gastines F 28 Fb38
Saint-Denis-de-l'Hotel F 29 Gd40
Saint-Denis-de-Pile F 32 Fc50
Saint-Denis-d'Oléron F 32 Ed46
Saint-Denis-d'Orques F 28 Fc39
Saint Dennis GB 18 Db31
Saint-Denoual F 26 Ec38
Saint-Désiré F 29 Ha44
Saint-Didier-en-Velay F 34 Ja48
Saint-Dié-des-Vosges F 31 Ka38
Saint-Dier-d'Auvergne F 34 Hc47
Saint-Disdier F 35 Jd50
Saint-Dizier F 24 Ja37
Saint-Dizier-Leyrenne F 33 Gc46
Saint-Dolay F 27 Ec41
Saint-Domineuc F 28 Ed38
Saint-Donat-sur-l'Herbasse F 34 Jb49
Saint-Doulchard F 29 Gd42
Saint-Dyé-sur-Loire F 29 Gc41
Sainte-Anne-d'Auray F 27 Ea40
Sainte-Bazeille F 32 Fd51
Sainte-Cécile-d'Andorge F 41 Hb54
Sainte-Cécile-les-Vignes F 42 Jb52
Sainte-Colombe F 23 Ga36
Sainte-Colombe F 30 Hb42
Sainte Croix CH 141 Bb54
Sainte-Croix F 35 Jc50
Sainte-Croix-de-Verdon F 42 Ka53
Sainte-Croix-du-Mont F 32 Fc51
Sainte-Croix-en-Plaine F 31 Kb39
Sainte-Croix-Volvestre F 40 Gb56
Sainte-Engrace F 39 Fb56
Sainte-Enimie F 34 Hc51
Sainte-Eulalie F 34 Hc50
Sainte-Eulalie-d'Olt F 34 Hb51
Sainte-Eulalie-en-Royans F 35 Jc49
Sainte-Féréole F 33 Gc49
Sainte-Feyre F 33 Gd46
Sainte-Fortunade F 33 Gc49
Sainte-Foy de Morlaàs F 40 Fc55
Sainte-Foy-la-Grande F 32 Fd50
Sainte-Foy-l'Argentière F 34 Ja47
Sainte-Foy-Tarentaise F 35 Kb47
Sainte-Gauburge-Sainte-Colombe F 22 Fd37
Sainte-Geneviève des Bois F 23 Gd37
Sainte-Geneviève-des Bois F 29 Ha40
Sainte-Geneviève-sur-Argence F 33 Ha50
Sainte-Egrève F 35 Jd48
Sainte-Hélène F 32 Fb50
Sainte-Hermine F 28 Fa44
Sainte-Jalle F 42 Jc51
Sainte-Livrade-sur-Lot F 40 Ga52
Saint-Elix-Theux F 40 Fd55
Saint-Eloy-les-Mines F 33 Ha45
Sainte-Lucie-de-Porto-Vecchio F 154 Cb72
Sainte-Lucie-de-Tallano F 154 Cb71
Sainte-Marie F 34 Hb50
Sainte-Marie-aux-Mines F 31 Kb38
Sainte-Marie-de-Campan F 40 Fd56
Sainte-Marie-de-Ré F 32 Fa46
Sainte-Marie-du-Ménez-Hom F 27 Dc39
Sainte-Marie-du-Mont F 22 Fa35
Sainte-Maure-de-Touraine F 29 Ga43
Sainte-Maxime F 43 Kb54
Sainte-Menehould F 24 Ja36
Sainte-Mère F 40 Ga53
Sainte-Mère-Église F 22 Fa35
Saint-Emiland F 30 Ja43
Saint-Émilion F 32 Fc50
Sainte-Montaine F 29 Gd41
Sainteny F 22 Fa35
Sainte-Odile F 25 Kb37
Saint-Epain F 29 Ga42
Sainte-Pazanne F 28 Ed42
Saint-Erme-Outre-et-Ramecourt F 24 Hc34
Saintes F 32 Fb47
Sainte-Sabine F 30 Ja42
Sainte-Savine F 30 Hd38
Sainte-Scolasse-sur-Sarthe F 28 Fd38
Sainte-Sévère-sur-Indre F 29 Gd44
Sainte-Sigolene F 34 Ja48
Saintes-Maries-de-la-Mer F 42 Ja54
Saint-Esteban F 39 Fa55
Saint-Estèphe F 32 Fb49
Saint-Estève F 41 Hb57
Saint-Estève F 42 Jc52
Sainte-Suzanne F 28 Fc39
Sainte-Thorette F 29 Gd42
Saint-Etienne F 34 Ja48
Saint-Etienne-de-Baïgorry F 39 Ed55
Saint-Etienne-de-Cuines F 35 Ka48
Saint-Etienne-de-Fursac F 33 Gc46
Saint-Etienne-de-Montluc F 28 Ed42
Saint-Etienne-de-Saint-Geoirs F 35 Jc48
Saint-Etienne-des-Sorts F 42 Jb52
Saint-Étienne-de-Tinée F 43 Kc51
Saint-Etienne-du-Bois F 35 Jc45
Saint-Étienne-du-Rouvray F 23 Gb35
Saint-Etienne-en-Dévoluy F 35 Jd50
Saint-Etienne-Estréchoux F 41 Hb54
Saint-Etienne-les-Orgues F 42 Jd52
Sainte-Vertu F 30 Hc40
Saint-Evroult-Notre-Dame-du-Bois F 22 Fd37
Saint-Fargeau F 30 Hb41
Saint-Félicien F 34 Ja49
Saint-Félix F 32 Fb46
Saint-Félix-de-Reillac F 33 Ga49
Saint-Félix-de-Sorgues F 41 Hb53
Saint-Félix-de-Villadeix F 33 Ga50
Saint-Félix-Lauragais F 41 Gd55
Saint Fergus GB 5 Fa08
Saint-Ferme F 32 Fd51
Saintfield GB 9 Da18
Saint Fillans GB 7 Ea11
Saint-Firmin F 35 Ka50
Saint-Florent F 154 Cb68
Saint-Florent-des-Bois F 28 Fa44
Saint-Florentin F 30 Hc39
Saint-Florent-le-Vieil F 28 Fa42
Saint-Florent-sur-Cher F 29 Gd43
Saint-Flour F 34 Hb49
Saint-Flovier F 29 Gb43
Saint-Folquin F 21 Gd30
Saint-Fort-sur-Gironde F 32 Fb48
Saint-Fort-sur-le-Né F 32 Fc48
Saint-Fraigne F 32 Fc46
Saint-Fraimbault F 28 Fb38
Saint-Front-sur-Lémance F 33 Gb51
Saint-Fulgent F 28 Fa43
Saint-Galmier F 34 Ja47
Saint-Gatien-des-Bois F 22 Fd35
Saint-Gaudens F 40 Ga56
Saint-Gaultier F 29 Gb44
Saint-Gély-du-Fesc F 41 Hd54
Saint-Genest-Malifaux F 34 Ja48
Saint-Geneviève F 23 Gd35
Saint-Gengoux-le-National F 30 Ja44
Saint-Geniès F 33 Gb49
Saint-Genies-de-Saintonge F 32 Fb48
Saint-Geniès-des-Mourgues F 41 Hd54
Saint-Geniez-d'Olt F 34 Hb51
Saint-Génis-des Fontaines F 41 Hb57
Saint-Genis-Laval F 34 Jb47
Saint-Genis-Pouilly F 35 Jd45
Saint-Genix-sur-Guiers F 35 Jc47
Saint Gennys GB 18 Dc30
Saint George CH 140 Ba55
Saint-George-Motel F 23 Gb37
Saint-Georges-d'Aurac F 34 Hc49
Saint-Georges-de-Commiers F 35 Jd49
Saint-Georges-de-Didonne F 32 Fa47
Saint-Georges-de-Noisne F 32 Fc45
Saint-Georges-d'Oléron F 32 Fa46
Saint-Georges-en-Couzan F 34 Hd47
Saint-Georges-les-Baillargeux F 28 Fd44
Saint-Georges-les-Landes F 33 Gb45
Saint-Georges-s.M. B 124 Ba41
Saint-Georges-sur-la-Prée F 29 Gc42
Saint-Georges-sur-Loire F 28 Fb42
Saint-Gérand F 27 Eb39
Saint-Gérand-le-Puy F 34 Hc45
Saint-Germain F 29 Ga44
Saint-Germain-Chassenay F 30 Hc43
Saint-Germain-de-Calberte F 41 Hd52
Saint-Germain-de-Confolens F 33 Ga46
Saint-Germain-de-Coulamer F 28 Fc39
Saint-Germain-de-la-Coudre F 29 Ga39
Saint-Germain-de-la-Rivière F 32 Fc50
Saint-Germain-des-Fossés F 34 Hc45
Saint-Germain-de-Tallevende F 22 Fb37
Saint-Germain-du-Bois F 30 Jb43
Saint-Germain-du-Plain F 30 Jb43
Saint-Germain-du-Puy F 29 Ha42
Saint-Germain-en-Laye F 23 Gd37
Saint-Germain-Laval F 34 Hd46
Saint-Germain-Lavolps F 33 Gd47
Saint-Germain-Lembron F 34 Hb48
Saint-Germain-les-Arlay F 31 Jc43
Saint-Germain-les-Belles F 33 Gc47
Saint-Germain-l'Herm F 34 Hc48
Saint-Germer-de-Fly F 23 Gc35
Saint-Gervais-d'Auvergne F 33 Ha46
Saint-Gervais-de-Vic F 29 Ga40
Saint-Gervais-la-Forêt F 29 Gb41
Saint-Gervais-les-Bains F 35 Kb46
Saint-Gervais-les-Trois-Clochers F 28 Fd43
Saint-Gervais-sur-Mare F 41 Hb54
Saint-Géry F 32 Fd50
Saint-Géry F 33 Gc51
Saint-Gildas-de-Rhuys F 27 Eb41
Saint-Gildas-des-Bois F 27 Ec41
Saint-Gilles F 22 Fa36
Saint-Gilles F 28 Ed39
Saint-Gilles F 28 Fd42
Saint-Gilles F 42 Ja54
Saint-Gilles-Croix-de-Vie F 27 Ec44
Saint-Gilles-Pligeaux F 26 Ea38
Saint-Gingolph F 31 Kb44
Saint-Girons F 40 Gb56
Saint-Girons-en-Marensin F 39 Fa53
Saint-Girons-Plage F 39 Ed53
Saint-Gobain F 24 Hb34
Saint-Gondon F 29 Ha40
Saint-Gondran F 28 Ed39
Saint-Gonnery F 27 Eb39
Saint-Gravé F 27 Ec40
Saint-Guénolé F 27 Dc40
Saint-Guilhem-le-Désert F 41 Hc53
Saint-Guillaume F 35 Jc49
Saint-Haon-le-Châtel F 34 Hd46
Saint Harmon GB 15 Ea25
Saint Helens GB 15 Ec21
Saint-Helier GBJ 26 Ec36
Saint-Hilaire F 41 Ha56
Saint-Hilaire-Bonneval F 33 Gb47
Saint-Hilaire-de-Riez F 27 Ec44
Saint-Hilaire-des-Loges F 32 Fb45
Saint-Hilaire-de-Villefranche F 32 Fb47
Saint-Hilaire-du-Harcouët F 28 Fa38
Saint-Hilaire-du-Rosier F 35 Jc49
Saint-Hilaire-Foissac F 33 Gd48
Saint-Hilaire-Fontaine F 30 Hc43
Saint-Hilaire-la-Pallud F 32 Fb45
Saint-Hilaire-le-Château F 33 Gc46
Saint-Hilaire-le-Grand F 24 Hd35
Saint-Hilaire-Petitville F 22 Fa35
Saint-Hippolyte F 31 Ka41
Saint-Hippolyte F 31 Kb38
Saint-Hippolyte-du-Fort F 41 Hd53
Saint-Honoré-les-Bains F 30 Hc43
Saint-Hubert B 132 Ba43
Saint-Hubert F 28 Fd40
Saint Imier CH 141 Bc53
Saint-Inglevert F 21 Gc30
Saint-Ismier F 35 Jd48
Saint Ives GB 18 Da32
Saint Ives GB 20 Fc25
Saint-Jacques I 148 Bd58
Saint-Jacut-de-la-Mer F 26 Ec38
Saint-Jacut-du-Mené F 27 Eb39
Saint-James F 28 Fa38
Saint-Jean F 42 Ka51
Saint-Jean-Brévelay F 27 Eb40
Saint-Jean-d'Angely F 32 Fb46
Saint-Jean-d'Angle F 32 Fa47
Saint-Jean-d'Ardières F 34 Ja45
Saint-Jean-d'Avelanne F 35 Jd47
Saint-Jean-de-Barrou F 41 Hb56
Saint-Jean-de-Belleville F 35 Ka47
Saint-Jean-de-Blaignac F 32 Fc50
Saint-Jean-de-Bonneval F 30 Hd39
Saint-Jean-de-Bournay F 34 Jb47
Saint-Jean-de-Côle F 33 Ga48
Saint-Jean-de-Daye F 22 Fa35
Saint-Jean-de-Durfort F 42 Jc52
Saint-Jean-de-Gonville F 35 Jd45
Saint-Jean-de-Losne F 30 Jb42
Saint-Jean-de-Luz F 39 Ed55
Saint-Jean-de-Maruéjols F 42 Ja52
Saint-Jean-de-Maurienne F 35 Ka48
Saint-Jean-de-Monts F 27 Ec43
Saint-Jean-de-Niost F 35 Jc46
Saint-Jean-de Sauves F 28 Fd43
Saint-Jean-des-Baisants F 22 Fb36
Saint-Jean-de-Sixt F 35 Ka46
SaintJean-de-Verges F 40 Gc56
Saint-Jean-d'Illac F 32 Fb50
Saint-Jean-du-Bruel F 41 Hc53
Saint-Jean-du-Doigt F 26 Dd37
Saint-Jean-du-Gard F 41 Hd52
Saint-Jean-en-Royans F 35 Jc49
Saint-Jean-la-Rivière F 43 Kc52
Saint-Jean-le-Blanc F 29 Gc40
Saint-Jean-Pied-de-Port F 39 Fa56
Saint-Jean-Poutge F 40 Fd54
Saint-Jean-Saint-Maurice-sur-Loire F 34 Hd46
Saint-Jean-sur-Reyssouze F 30 Jb44
Saint-Jeoire F 35 Ka45
Saint-Jeure-d'Ay F 34 Jb49
Saint-Joachim F 27 Ec42
Saint-John GBJ 26 Ec35
Saint John's Chapel GB 11 Ed17
Saint John's GB 10 Dc19
Saint-Jorès F 22 Fa35
Saint-Jory F 40 Gb54
Saint-Jouin F 22 Fd34
Saint-Jouin-de Marnes F 28 Fc43
Saint-Juan F 31 Ka41
Saint-Juéry F 41 Gd53
Saint-Julia F 41 Gd54
Saint-Julien F 31 Jc44
Saint-Julien F 35 Ka50
Saint-Julien Beychevelle F 32 Fb49
Saint-Julien-Chapteuil F 34 Hd49
Saint-Julien-de-Jonzy F 34 Hd45
Saint-Julien-de-Vouvantes F 28 Fa41
Saint-Julien-du Sault F 30 Hb39
Saint-Julien-en-Born F 39 Fa53
Saint-Julien-en-Genevois F 35 Jd45
Saint-Julien-en-Quint F 35 Jc50
Saint-Julien-l'Ars F 29 Ga44
Saint-Julien-le-Faucon F 22 Fd36
Saint-Julien-Molins-Molette F 34 Ja48
Saint-Julien-près-Bort F 33 Ha48
Saint-Julien-sur-Cher F 29 Gc42
Saint-Junien F 33 Ga47
Saint-Junien-la-Bregère F 33 Gc46
Saint-Junien-la-Bregère F 33 Gc47
Saint-Just F 29 Ha43
Saint Just GB 18 Cd32
Saint-Just-en-Chaussée F 23 Gd34
Saint-Just-en-Chevalet F 34 Hd46

Secuieni – Sielpia Wielka

Secuieni RO 176 Dd60
Secusigiu RO 170 Bc59
Seda LT 113 Jc53
Seda LV 106 La48
Seda P 50 Ba67
Sedan F 24 Ja34
Sedano E 38 Dc57
Sedbarai LT 114 Ka55
Sedbergh GB 11 Ec18
Seddin D 127 Ed37
Seddülbahir TR 185 Ea80
Sedella E 60 Da76
Sēdere LV 115 Lb53
Séderon F 42 Jd52
Sedgefield GB 11 Fa17
Sedico I 150 Ea57
Sedilo I 169 Ca76
Sedini I 168 Ca74
Sedlare KSV 178 Ba71
Sedlarica HR 152 Gd58
Sedlčany CZ 136 Fb46
Sedlec CZ 136 Ga43
Sedlec-Prčice CZ 136 Fb46
Sedlescombe GB 21 Ga30
Sedlice CZ 136 Fa47
Sedlitz D 128 Fb39
Sedrariki PL 123 Ka30
Sedrun CH 141 Cb55
Šeduva LT 114 Kb54
Sędziejowice PL 130 Hc39
Sędzin PL 121 Hb35
Sędziszów PL 130 Ja42
Sędziszów Małopolski PL 139 Jd44
See A 142 Db54
Seebach A 144 Fa54
Seebach D 126 Dc41
Seebach F 25 Kc35
Seebenstein A 145 Gb52
Seeboden A 143 Ed55
Seebruck D 143 Eb51
Seeburg D 126 Db39
Seefeld A 142 Dc53
Seefeld D 128 Fa36
Seefeld D 143 Dd51
Seeg D 142 Db52
Seegrehna D 127 Ec38
Seaham GB 11 Fa17
Seehaus A 144 Fa52
Seehausen D 119 Ea35
Seehausen D 127 Dd37
Seehausen D 127 Ec38
Seehausen D 127 Ec40
Seeheim-Jugenheim D 134 Cc45
Seekirchen am Markt A 143 Ec52
Seelbach D 141 Ca50
Seelisberg CH 141 Cb54
Seelow D 128 Fb36
Seelscheid, Neunkirchen- D 125 Ca41
Seelze D 126 Da36
Seend GB 20 Ed28
Seeon-Seebruck D 143 Eb51
Sées F 28 Fd38
Seesen D 126 Db38
Seeshaupt D 143 Dd52
Seesta FIN 90 Kc36
Seetal A 144 Fa54
Seething GB 17 Gb24
Seevetal D 118 Db33
Seewalchen A 143 Ed51
Seewald D 133 Cb49
Seewen CH 141 Bd52
Seewiesen A 144 Fd53
Seez F 35 Kb47
Seferihisar TR 191 Eb86
Sefkerin SRB 174 Bb63
Sefrivatnet N 70 Fa24
Segán E 36 Bb56
Şegarcea RO 179 Cd67
Segarcea-Vale RO 180 Dc68
Segård N 86 Ea38
Segelvik N 63 Hb07
Segersta S 87 Gb37
Segerstad S 102 Fa47
Segerstad S 111 Gb53
Segesd H 152 Gd57
Seglinge FIN 97 Hd40
Seglingsberg S 95 Ga42
Seglora S 102 Ed49
Segmon S 94 Ed44
Segni I 160 Ec72
Segonzac F 32 Fc47
Segorbe E 54 Fb66
Segovia E 46 Db62
Segré F 28 Fb41
Ségrie F 28 Fd39
Ségry F 29 Gd43
Ségur F 41 Hb52
Segura P 45 Bc65
Segura de la Sierra E 53 Ea71
Segura de León E 51 Bc71
Segura de los Baños E 47 Fa63
Séguret F 42 Jb52
Segurilla E 46 Cd65
Ségur-le-Château F 33 Gb48
Ségur-les-Villas F 33 Ha49
Şehirlioğlu TR 192 Fc85
Şehitkemal TR 191 Ec85
Sehlde D 126 Dc38
Sehnde D 126 Db37
Şehriman TR 192 Fc81
Seia P 44 Ba63
Şeica Mare RO 175 Db60
Şeica Mică RO 175 Db60
Seiches-sur-le-Loir F 28 Fc41
Seida N 64 Ka06
Seidolach A 144 Fb56
Seierstad N 78 Ec26
Seiffen D 127 Ed42
Seifhennersdorf D 128 Fc42
Seignelay F 30 Hc40
Seignosse F 39 Ed54
Seignosse-le-Penon F 39 Ed54
Seikka FIN 82 Ka28
Seilh F 40 Gb54
Seilhac F 33 Gc48
Seiliūnai LT 114 Kc59
Seillans F 43 Kb53
Seilles B 124 Ad42
Seim N 84 Ca38
Seimeni RO 177 Fb66
Šeimyniškiai LT 114 Kd55
Seinäjoki FIN 81 Jb31
Seini RO 171 Da55
Seinsheim D 134 Db45
Seipäjärvi FIN 69 Ka16
Seirijai LT 123 Kc30
Seis I 143 Dd56
Seiseralm I 143 Dd56
Seissan F 40 Ga54
Seitajärvi FIN 69 Kb15
Seitenstetten-Markt A 144 Fc51
Şeitin RO 170 Bc59
Seitlax FIN 98 Kc39
Seix F 40 Gb56
Seixido E 36 Ad57
Seixo E 36 Ad57
Sēja LV 106 Kc49
Sejerby DK 109 Ea25
Sejerslev DK 100 Da21
Sejet DK 108 Dc25
Sejny PL 123 Kb30
Seki TR 187 Gd80
Seki TR 198 Fc88
Seki TR 198 Ga91
Seki TR 199 Ha91
Sekiören TR 193 Gc81
Sekiören TR 193 Hb81
Sekirnik MK 183 Ca75
Sekken N 77 Da32
Sekköy TR 197 Fa90
Seklik TR 199 Gc91
Sékoulas GR 194 Bb87
Šekovići BIH 153 Hd63
Sękowa PL 138 Jc45
Sękowice PL 128 Fc38
Seksmanninkangas FIN 81 Jc28
Šeksna RUS 202 Ed08
Sekulovo BG 181 Ed69
Sela E 36 Ad58
Sela N 78 Eb28
Selâhiye TR 187 Gc78
Seland N 93 Db45
Selånger S 87 Gb33
Selanovic BG 179 Da68
Selänpää FIN 90 Kd36
Selänsalmi FIN 75 Kc19
Seläntaus FIN 82 Kb29
Selargius I 169 Ca79
Şelaru RO 176 Dd66
Selaya E 38 Dc55
Selb D 135 Eb44
Selbekken N 77 Dd29
Selbitz D 135 Ea44
Selborne GB 20 Fb29
Selbu N 78 Eb30
Selby GB 16 Fb20
Selca HR 158 Gc67
Selce HR 151 Fc61
Selce MK 182 Ad74
Selchow D 128 Fa37
Selci Đakovački HR 152 Hb60
Selco RUS 99 Ld45
Sel'co RUS 202 Ea09
Selçuk TR 191 Ec87
Selçukgazi TR 186 Fd80
Selde DK 100 Db22
Sėlė LT 115 Lb55
Selegas I 169 Ca78
Selemet MD 173 Fd59
Selenča SRB 153 Ja60
Selendi TR 192 Fc85
Selenicë AL 182 Ab77
Selent D 118 Dc30
Sélestat F 31 Kb38
Selet S 73 Hd22
Selet S 73 Hc24
Seleuş RO 170 Ca59
Seleuš SRB 174 Bc62
Selevac SRB 174 Bb64
Selfjorden N 66 Fa15
Selfkant D 125 Bb40
Selfoss IS 2 Ac05
Selgua E 48 Fd60
Selho P 44 Ad60
Séli GR 183 Bc78
Sēļi LV 106 Kd47
Sēļi LV 106 La47
Selichnovo RUS 107 Mb49
Sélières F 31 Jc43
Seligenstadt D 134 Cd44
Seligenthal, Floh- D 126 Dc42
Selimağa TR 192 Fb82
Şelimbăr RO 175 Db61
Selimiye TR 192 Fa82
Selimiye TR 197 Ed89
Selimpaşa TR 186 Fb77
Selimşahlar TR 191 Ed85
Sélino GR 184 Db77
Selinoúndas GR 188 Bb85
Selišč RUS 99 Mb44
Selišče RUS 107 Mb51
Selishte AL 182 Ad74
Selište BG 179 Cb73
Selişte MD 173 Fb57
Selişte MD 173 Fd57
Selište SRB 179 Ca67
Selitëe Madhe AL 182 Ac74
Seližarovo RUS 202 Ec10
Selja EST 98 La41
Seljaküla EST 98 Ka43
Seljance KSV 178 Bb69
Seljänkangas FIN 81 Ja31
Seljatyn UA 204 Ea16
Selje N 76 Cb33
Seljebø N 77 Db31
Seljelia N 71 Fb21
Seljelvnes N 67 Gd11
Seljenes N 64 Jb06
Seljestad N 92 Cc41
Seljord N 93 Db42
Selkäjärvi S 73 Hd18
Selkämäki FIN 81 Ja31
Selki FIN 98 Ka39
Selki TR 199 Hb88
Selkirk GB 11 Ec14
Selkisaray TR 193 Gb85
Selkopp N 64 Jb06
Sella E 55 Fc70
Sella I 150 Dd58
Sella di Corno I 156 Ec70
Sellano I 156 Ec68
Sellasía GR 194 Bc89
Sellåt N 70 Fa20
Selles F 31 Jd39
Selles-Saint-Denis F 29 Gc41
Selles-sur-Cher F 29 Gc42
Sellia GR 200 Cc95
Sellia I 164 Gc81
Sellin D 120 Fa30
Selling DK 100 Dc23
Sellrain A 142 Dc54
Sellye H 152 Ha58
Selm D 125 Ca38
Selmsdorf D 119 Dd31
Selnes N 62 Gd10
Selnes N 67 Gb12
Selnes N 78 Ec26
Selnes N 78 Ea29
Selnica ob Dravi SLO 144 Fd56
Selnica ob Muri SLO 144 Ga56
Selo BIH 153 Hc63
Selongey F 30 Jb41
Sélonnet F 42 Ka51
Selorio E 37 Cd54
Šelovac HR 152 Gb58
Selow D 119 Eb32
Seløy N 70 Ed21
Sēlpils LV 106 La51
Selseng N 84 Cd36
Selsey GB 20 Fb30
Selsingen D 118 Da33
Selsjön S 79 Gb30
Selsøya N 70 Fa19
Selsøyvika N 70 Fa19
Selsverket N 85 Dd35
Selters SRB 174 Bb65
Selters (Taunus) D 125 Ca42
Selters (Westerwald) D 125 Cb42
Seltjärn S 80 Gc29
Seltz F 144 Cb48
Selva E 57 Hb66
Selva N 77 Dd29
Selva di Cadore I 143 Ea56
Selva di Fasano I 162 Ha75
Selva di Val Gardena I 143 Dd56
Selvåg N 77 Dc29
Selvino I 149 Cd58
Selyeb H 146 Jc50
Selzthal A 144 Fb53
Sem N 78 Ec28
Sem N 78 Ed26
Sem N 93 Dd43
Semanín CZ 137 Gb45
Semanova LV 107 Ld49
Sembadel-Gare F 34 Hc48
Semblancay F 29 Ga41
Sembrancher CH 148 Bc57
Sēme LV 106 Ka50
Semeliškės LT 114 Kd58
Semeljci HR 153 Hc60
Semenivka UA 202 Ec13
Semenov RUS 203 Fb09
Semenovci BIH 158 Gd64
Semënovka RUS 203 Fd13
Semerdžievo BG 180 Eb68
Semetli TR 185 Ed78
Semevec HR 152 Gb57
Semič SLO 151 Fd59
Semideiro P 50 Ad67
Semikarakorsk RUS 205 Fc15
Semiluki RUS 203 Fb13
Semily CZ 136 Fd43
Semionovca MD 173 Ga59
Semizovac BIH 159 Hc65
Semjén H 139 Ka49
Semlac RO 170 Bc59
Şemlasu Mare RO 174 Bd62
Semlow D 119 Ec31
Semmering Kurort A 144 Ga53
Šemordan RUS 203 Fd08
Sempach CH 141 Ca53
Šempeter v Savinjski dolini SLO 151 Fd57
Semriach A 144 Fd54
Šemša SK 139 Jd48
Semur-en-Auxois F 30 Hd41
Semur-en-Brionnais F 34 Hd45
Sena E 48 Fc60
Seňa SK 139 Jd49
Sena de Luna E 37 Cb56
Senaide F 31 Jc39
Sénaillac-Lauzès F 33 Gc51
Senaiye TR 186 Ga79
Senan F 30 Hb40
Senarpont F 23 Gc33
Sénas F 42 Jc53
Senćanski Trešnjevac SRB 153 Jb58
Sencelles E 57 Hb67
Šenčur SLO 151 Fb57
Send GB 20 Fb29
Senden D 125 Ca38
Senden D 142 Da50
Sendenhorst D 125 Cb38
Sendim P 44 Bb59
Sendim P 45 Ca61
Şendreni RO 177 Fb63
Séné F 27 Eb41
Senec SK 145 Gd50
Seneffe B 124 Ac41
Seneghe I 169 Bd77
Senés E 61 Eb75
Senftenberg D 128 Fa40
Sengeløse DK 109 Ec26
Sengenthal D 135 Dd47
Senghenydd GB 19 Ea27
Sengouagnet F 40 Ga56
Senhora de Graça de Padrões P 58 Ad73
Senica SK 137 Gd49
Senice na Hané CZ 137 Gc46
Senieji Trakai LT 114 La58
Senigallia I 156 Ec65
Senir TR 199 Gb88
Senirce TR 199 Gc88
Senirkent TR 193 Gc87
Senis I 169 Ca78
Senise I 162 Gb77
Senj HR 151 Fc61
Senjahopen N 62 Gb10
Senje SRB 174 Bc66
Senjehesten N 66 Ga11
Senkaya TR 205 Ga19
Šenkovac HR 152 Gb57
Şenköy TR 186 Fd79
Şenlik TR 192 Ga82
Senlis F 23 Ha35
Sennan S 102 Ed52
Sennecey-le-Grand F 30 Jb44
Senneley F 29 Gd41
Sennels DK 100 Da21
Sennen GB 18 Cd32
Sennenes N 63 Hc07
Sennesvika N 66 Fb14
Sennewitz D 127 Eb39
Sennik BG 180 Dc71
Sennori I 168 Bd74
Sennybridge GB 15 Ea26
Senohrad SK 146 Hd50
Senoji Ipiltis LT 113 Jb54
Senoji Radiškė LV 114 Kb59
Senokos BG 181 Fb69
Senomaty CZ 136 Fa44
Senon F 25 Jc35
Senonches F 29 Gb38
Senones F 31 Ka38
Senonnes F 28 Fa40
Senorbì I 169 Ca78
Šenov CZ 137 Hb45
Senovo BG 180 Eb69
Senovo SLO 151 Fd58
Senožeče SLO 151 Fa59
Senra E 37 Cb56
Sens F 30 Hb39
Senta SRB 153 Jb58
Senterada E 40 Gb58
Šentilj v. Slovenske gorice SLO 144 Ga56
Šentjanž SLO 151 Fd58
Šentjernej SLO 151 Fd58
Šentjur pri Celju SLO 151 Fd57
Šentrupert SLO 151 Fd58
Šentvid pri Pilštanj SLO 151 Fd58
Senumstad bru N 93 Da46
Senzig D 128 Fa37
Seoane E 36 Bc56
Seoane E 36 Bb57
Seoane E 37 Bd55
Seon CH 141 Ca53
Šepak BIH 153 Hd62
Separeva Banja BG 179 Cc72
Šepelevo RUS 99 Ld39
Šepetivka UA 204 Eb15
Šepetovka RUS 113 Jc57
Sepino I 161 Fb73
Sępólno Krajeńskie PL 121 Gd33
Sępolno Wielkie PL 121 Gb31
Sępopol PL 122 Jb30
Seppälänniemi FIN 75 Lb24
Seppois F 31 Kb40
Şepreuş RO 170 Ca58
Şeptelici MD 173 Fc54
Septemvri BG 179 Da73
Septemvrijci BG 179 Cd68
Septemvrijci BG 181 Fb69
Septeuil F 23 Gc37
Septfonds F 30 Hb40
Septfonds F 40 Gc52
Sept-Forges F 28 Fb38
Sept-Saulx F 24 Hd35
Sepúlveda E 46 Dc61
Sequals I 150 Ec57
Sequeiros E 36 Bc57
Sequeros E 45 Ca64
Serafimovič RUS 203 Fd13
Seraincourt F 24 Hd34
Seraing B 124 Ba41
Serantes E 36 Ba55
Serantes E 46 Db65
Seraucourt-le-Grand F 24 Hb33
Seravezza I 155 Da64
Serban TR 193 Gc85
Şerbăneşti RO 175 Db66
Şerbetli TR 191 Eb81
Şerbettar TR 185 Eb76
Serby PL 128 Ga39
Şercaia RO 176 Dd61
Serçeler TR 192 Fc81
Serçeler TR 192 Fc84
Serçeören TR 192 Fb81
Serçin TR 197 Ec89
Serdiana I 169 Ca79
Serdobsk RUS 203 Fc11
Serejkiai LT 114 Kb54
Serebrianskij RUS 99 Mb43
Seredka RUS 99 Ld45
Seredka, Star. RUS 99 Mb43
Seredžius LV 114 Kb57
Sereetz D 119 Dd31
Şerefiye TR 186 Ga80
Şerefiye TR 187 Gd79
Seregélyes H 146 Hc54
Seregno I 149 Cc59
Šered' SK 145 Ha50
Séreilhac F 33 Gb47
Šeremet'evka RUS 203 Ga08
Seremetja BG 180 Dd70
Sērene LV 106 Kd51
Sérent F 27 Eb40
Séres GR 184 Cc76
Serfaus A 142 Db54
Sergač RUS 203 Fc09
Sergen TR 186 Fa75
Sergiev Posad RUS 203 Fa10
Sergines F 30 Hb38
Sergino RUS 107 Ld47
Serhat TR 191 Eb81
Seriate I 149 Cd58
Sérifontaine F 23 Gc35
Sérifos GR 195 Cd89
Sérignan F 41 Hc55
Sérignan-du-Comtat F 42 Jb52
Sérignan-Plage F 41 Hc55
Serik TR 199 Gd91
Serina I 149 Cd58
Serindere TR 187 Gb79
Serinhisar TR 198 Fd89
Serino I 161 Fc75
Serirlioğlu TR 192 Fc85
Šerkšnėnai LT 113 Jc53
Sermaises F 29 Gd38
Sermaize-les-Bains F 24 Ja37
Sermamagny F 31 Ka40
Sermano F 154 Cb69
Sermehin MK 183 Bd76
Sermide I 149 Dc61
Sermoneta I 160 Ec72
Sermūkši LV 106 Kd49
Sernancelhe P 44 Bb62
Serno D 127 Ec38
Sernur RUS 203 Fd08
Serock PL 121 Ha33
Serock PL 130 Jb36
Seroczyn PL 131 Jd37
Serokomla PL 131 Ka38
Serón E 61 Ea74
Serón de Nágima E 47 Eb61
Seròs E 48 Fd61
Serpa P 50 Ba71
Serpelice PL 131 Kb36
Şerpeni MD 173 Ga58
Serpuhov RUS 202 Ed11
Serqueux F 31 Jc39
Serquigny F 23 Ga36
Serra E 54 Fb67
Serracapriola I 161 Fd72
Serrada E 46 Cd61
Serrada I 149 Dc58
Serra de'Conti I 156 Ec66
Serra de Outes E 36 Ac55
Serradifalco I 167 Fa86
Serradilla E 51 Ca66
Serradilla del Arroyo E 45 Ca63
Serragia F 154 Ca72
Serramanna I 169 Ca79
Serramazzoni I 149 Db63
Serranillos E 46 Cd64
Serra San Bruno I 164 Gc82
Serra San Quirico I 156 Ec66
Serrastretta I 164 Gc81
Serrateix E 49 Gc59
Serraval F 35 Ka46
Serravalle I 156 Ec68
Serravalle di Chienti I 156 Ec68
Serravalle Scrivia I 148 Cb62
Serre I 161 Fd76
Serrejón E 51 Cb66
Serrenti I 169 Ca79
Serres F 42 Jd51
Serri I 169 Ca78
Serrières F 34 Jb48
Serrières-de-Briord F 35 Jc46
Serritslev DK 100 Dc20
Sersale I 165 Gd81
Sertã P 44 Ad65
Sertig-Dörfli CH 142 Da55
Servance F 31 Ka39
Serverette F 34 Hc50
Servi TR 205 Ga20
Sérvia GR 183 Bc79
Servian F 41 Hc54
Serviers-et-Labaume F 42 Ja52
Servigliano I 156 Ed67
Servoi E 36 Bc58
Servotá GR 189 Bc81
Serwy PL 123 Kb31
Sery F 24 Hd34
Sesa E 48 Fc59
Seseña E 46 Dc65
Sesimbra P 50 Aa69
Seskarö S 73 Jb21
Sésklo GR 189 Ca82
Seslav BG 180 Eb68
Sesma E 39 Ec58
Sessa Aurunca I 161 Fa74
Sessa Cilento I 161 Fc77
ses Salines E 57 Hc68
Sessano del Molise I 161 Fb72
Sessenheim F 25 Kc36
Seßlach D 134 Dc44
Sessvatn N 92 Cd42
Şestaci MD 173 Fd55
Sesta Godano I 149 Cd63
Šestani MNE 159 Ja70
Šestanovac HR 158 Gd66
Sestao E 38 Ea55
Sestimo BG 179 Cd73
Sestino I 156 Eb65
Sesto al Reghena I 150 Ec58
Sesto Calende I 148 Cb58
Sesto Campano I 161 Fa73
Sesto Fiorentino I 155 Dc65
Šeštokai LV 114 Kb59
Sestola I 149 Db63
Sestriere I 148 Bb60
Sestri Levante I 149 Cc63
Sestroreck RUS 202 Ea08
Sestu I 169 Ca79
Šešuolėliai LT 114 La56
Šešuoliai LT 114 Kd56
Sesvete HR 152 Gb58
Séta GR 189 Cc85
Šeta LT 114 Kc56
Setcases E 41 Ha58
Sète F 41 Hd55
Setenil E 59 Cb76
Seter N 64 Jc09
Seter N 78 Ea29
Seter N 86 Ec33
Seterhaugen N 79 Fb26
Setermoen N 67 Gc12
Setersagen N 94 Eb41
Seterstøa N 94 Eb41
Seth D 118 Dc32
Setihovo BIH 159 Ja65
Setiles E 47 Ed63
Šetonje SRB 174 Bc65
Setraki RUS 203 Fc14
Setså N 71 Fd18
Setskog N 94 Eb42
Settimo Torinese I 148 Bd60
Settimo Vittone I 148 Bd59
Settle GB 11 Ec19
Setúbal P 50 Ab69
Seubersdorf D 135 Ea47
Seui I 169 Cb78
Seuilly F 28 Fd42
Seukendorf D 134 Dc46
Seulingen D 126 Db39
Seulo I 169 Cb77
Seurre F 30 Jb43
Seutula FIN 98 Kb39
Seva E 49 Ha60
Sevalla S 95 Gb42
Sevallbo S 95 Gb40
Sevar BG 180 Eb68
Sevaster AL 182 Ab77
Sevastopol' UA 205 Fa19
Ševčenkove UA 203 Fa14
Sevdiğin TR 193 Gb84
Sevel DK 100 Da23
Sevelandsvik N 92 Bd42
Sevelen D 125 Bc39
Sevenoaks GB 20 Fd29
Seven Sisters GB 19 Ea27
Sevenum NL 125 Bc39
Sévérac-le-Château F 41 Hb52
Severci BG 181 Fa68
Sever do Vouga P 44 Ad62
Severėnai LT 113 Jd55
Severin HR 152 Gc58
Severin n. K. HR 151 Fd60
Severinovca MD 173 Fd54
Severnjak BG 181 Fa68
Severnoe RUS 113 Jd59
Seveso I 149 Cc59
Ševětín CZ 136 Fb48
Sevettijärvi FIN 65 Kb08
Sévignacq F 40 Fc55
Sévigny-Waleppe F 24 Hc34
Sevilla E 59 Ca74
Sevinç TR 193 Gc82
Sevirova MD 173 Fb55
Sevişler TR 191 Ed83
Şevketiye TR 185 Ec79
Şevketiye TR 186 Fa80
Sevlievo BG 180 Dc70
Sevnica SLO 151 Fd58
Sevojno SRB 159 Jb65
Sèvrier F 35 Jd46
Sevsk RUS 202 Ed13
Sevštari BG 181 Ed68
Sewekow D 119 Ec34
Sexdrega S 102 Ed49
Seyches F 32 Fd51
Seyda D 127 Ec38
Seydikuzu TR 192 Ga82
Seydiler TR 193 Gd85
Seydiler TR 205 Fa20
Seydişehir TR 199 Hb89
Seyðisfjörður IS 3 Bc05
Şeyhçakır TR 192 Fd83
Şeyhler TR 192 Fd84
Şeyhvarmaz TR 187 Gb79
Seyitgazi TR 193 Gd83
Seyitoba TR 191 Ed84
Seyitömer TR 193 Gb82
Seymen TR 186 Fa77
Seymenli TR 185 Ed77
Seyne F 42 Ka51
Seyrek TR 191 Eb85
Seyssel F 35 Jd46
Seysses F 40 Gb54
Seyvan TR 191 Ec81
Sežana SLO 151 Fa59
Sézanne F 24 Hc37
Sezimovo Ústí CZ 136 Fc47
Sezze I 160 Ec73
Sfáka GR 189 Bd84
Sfáka GR 201 Dc96
Sfântu Gheorghe RO 176 Ea61
Sfântu Gheorghe RO 176 Ec65
Sfântu Gheorghe RO 177 Ga65
Sfendámi GR 183 Bd78
Sferracavallo I 166 Ec83
Sfinári GR 200 Ca95
Sfinţeşti RO 180 Dc67
Sforzacosta I 156 Ed67
Sgiwen GB 19 Dd27
s-Gravendeel NL 124 Ad37
's-Gravenhage NL 116 Ad36
s-Gravenzande NL 116 Ac36
Sgurgola I 160 Ec72
Shader GB 4 Da04
Shaftesbury GB 19 Ec30
Shalbourne GB 20 Fa28
Shalës AL 182 Ad78
Shalford GB 20 Fb29
Shalqin AL 178 Ad72
Shanagarry IRL 13 Ca26
Shanklin GB 20 Fa31
Shanlaragh IRL 12 Bc26
Shannonbridge IRL 13 Ca21
Shap GB 11 Ec18
Sharavogue IRL 13 Ca22
Sharpness GB 19 Ec27
Shawbury GB 15 Ec24
s-Heerenberg NL 125 Bc37
Sheerness GB 21 Ga28
Sheffield GB 16 Fa22
Shefford GB 20 Fc26
Shelcan AL 182 Ac75
Shelton GB 16 Fb23
Shëmil AL 182 Ac75
Shëmri AL 182 Ac74
Shëngjergj AL 182 Ac74
Shëngjin AL 163 Jb71
Shëngjin AL 182 Ac75
Shënmër AL 178 Ad72
Sheper AL 182 Ac78
Shepley GB 16 Ed21
Shepshed GB 16 Fa24
Shepton Mallet GB 19 Ec29
Sherborne GB 19 Ec30
Sherburn in Elmet GB 16 Fa20
Shercock IRL 9 Cc19
's-Hertogenbosch NL 124 Ba38
Sheskinapoll IRL 9 Cb16
Shëvasija AL 182 Ab79
Shiel Bridge GB 6 Dc08
Shieldaig GB 4 Db07
Shifnal GB 15 Ec24
Shilbottle GB 11 Fa15
Shildon GB 11 Fa17
Shillelagh IRL 13 Cd23
Shillington GB 20 Fc26
Shilton GB 20 Fa25
Shimátári GR 189 Cb85
Shiniás GR 189 Cc86
Shipham GB 19 Eb28
Shiplake GB 20 Fb28
Shipston-on-Stour GB 20 Ed26
Shiptonthorpe GB 16 Fb20
Shipton-under-Wychwood GB 20 Ed27
Shirley GB 16 Ed23
Shjiak AL 182 Ab74
Shkallnur AL 182 Ab74
Shkodër AL 163 Jb71
Shobdon GB 15 Eb25
Shop GB 18 Db31
Shoptown GB 9 Da16
Shoreham-by-Sea GB 20 Fc30
Shoshaj AL 163 Jc72
Shoshaj AL 182 Ac74
Shotley Gate GB 21 Gb26
Shotton Colliery GB 11 Fa17
Shranamanragh Bridge IRL 8 Bb18
Shrewsbury GB 15 Eb24
Shrewton GB 20 Ed29
Shrule IRL 8 Bc20
Shtëpaj AL 182 Ac76
Shuec AL 182 Ba77
Shulbatrë AL 182 Ac74
Shupensa AL 182 Ad74
Sia CY 206 Jb97
Šialiai LT 114 La57
Siamanna I 169 Ca77
Siána GR 197 Ed93
Sianów PL 121 Gb30
Siátista GR 183 Bb78
Šiaudinė LT 113 Jd53
Šiauduva LT 113 Jd55
Šiaulėnai LV 114 Kb55
Šiauliai LT 114 Ka54
Šiauliai LT 114 Ka56
Sibari I 164 Gc78
Sibbarp S 102 Ec51
Sibbertoft GB 20 Fb25
Sibbesse D 126 Db37
Sibbhult S 111 Fb54
Sibbo FIN 98 Kc39
Şibca MD 173 Fd55
Šibenik HR 157 Ga65
Sibin PL 120 Fc32
Sibinj HR 152 Hb60
Sibiu RO 175 Db61
Sible Hedingham GB 21 Ga26
Sibnica SRB 153 Jc63
Sibo S 87 Gb37
Şibot RO 175 Cd61
Sic RO 171 Da57
Sića HR 151 Fd60
Sichnice PL 129 Gc41
Siciny PL 129 Gb39
Siciska PL 130 Hd38
Sickte D 126 Dc37
Sicula RO 170 Ca58
Siculeni RO 172 Ea59
Siculiana I 166 Ec86
Šid SRB 153 Hd61
Sidabravas LV 114 Kb55
Sidári GR 182 Aa79
Sidariai LT 114 Ka55
Sidbäck FIN 89 Ja32
Siddeburen NL 117 Ca33
Siddessen D 126 Cd39
Siddington GB 15 Ec22
Side TR 199 Ha91
Sideby FIN 89 Hd34
Sidensjö S 80 Gd30
Siderno I 164 Gc83
Sidford GB 19 Ea30
Sidiró GR 185 Ea76
Sidirókastro GR 184 Cc76
Sidirókastro GR 194 Ba88
Sidirónero GR 184 Da76
Sidiroúnda GR 191 Dd86
Sidmouth GB 19 Ea31
Sidory PL 123 Ka30
Sidra PL 123 Kb32
Šidski Banovci HR 153 Hd60
Sidzina PL 137 Gd43
Sidzina PL 138 Ja46
Siebe N 68 Hd11
Siebenbäumen D 118 Dc32
Siebenlehn D 127 Ed41
Siebigerode D 127 Ea39
Siebing A 144 Ga55
Sieburczyn PL 123 Ka33
Sieci I 155 Dc65
Sieciechowice PL 138 Ja43
Siedenburg D 118 Cd35
Siedlanka PL 139 Jd43
Siedlce PL 131 Ka37
Siedlec PL 128 Ga38
Siedlec PL 129 Gd37
Siedlec PL 130 Hc37
Siedlęch PL 128 Ga41
Siedlice PL 120 Fd33
Siedlików PL 129 Ha40
Siedling A 144 Ga52
Siedlinghausen D 126 Cc40
Siedliska PL 123 Jd31
Siedlisko PL 139 Ka44
Siedlisko PL 121 Gb35
Siedlisko PL 128 Fc37
Siedlisko PL 128 Ga39
Siedliszcze PL 131 Kc40
Siegbach D 126 Cc42
Siegelsbach D 134 Cd47
Siegen D 125 Cb41
Siegenburg D 135 Ea49
Sieggraben A 145 Gb52
Sieghartskirchen A 144 Ga50
Siegsdorf D 143 Ec52
Siekasjärvi S 73 Jb19
Siekierki PL 120 Fb35
Siekierki PL 123 Ka33
Siekkinen FIN 75 Kd21
Sielc PL 123 Jd35
Sielec PL 130 Jc42
Sielec PL 131 Kc40
Sielenbach D 143 Dd50
Sielnica SK 138 Hc49
Sielow D 128 Fb39
Sielpia Wielka PL 130 Ja40

Siemczyno – Skødstrup

Siemczyno PL 120 Ga33
Siemianowice Śląskie PL 138 Hc43
Siemianówka PL 123 Kc34
Siemiany PL 122 Hc32
Siemiatycze PL 131 Kb36
Siemień PL 131 Kb38
Siemkowice PL 130 Hc40
Siemyśl PL 120 Fd31
Sien D 133 Ca45
Siena I 155 Dc67
Siene S 102 Ed48
Sieniawa PL 139 Kb43
Sienica PL 120 Ga33
Sienlaukis LT 114 Ka56
Siennica PL 131 Jd37
Siennica Różana PL 131 Kc40
Sienno PL 131 Jd40
Sieppijärvi FIN 68 Jb17
Sieradz PL 129 Hb39
Sieraków PL 128 Ga36
Sieraków PL 129 Hb42
Sierakowice PL 121 Gd30
Sierakowice PL 137 Hb44
Sierck-les-Bains F 25 Jd34
Siercz PL 128 Ga37
Sierentz F 31 Kc40
Sierksdorf D 119 Dd31
Sierndorf A 145 Gb50
Sierniki PL 121 Gc35
Sierning A 144 Fb51
Siero de la Reina E 37 Cd56
Sieroszewice PL 129 Ha39
Sierpc PL 122 Hd35
Sierra de Luna E 47 Fa59
Sierra de Yeguas E 60 Cc75
Sierre CH 141 Bd56
Sierre S 73 Hb19
Sierro E 61 Ea74
Siershahn D 125 Ca42
Siersleben D 127 Ea39
Siesikai LT 114 Kd56
Siestrzeń PL 130 Jb37
Siete Aguas E 54 Fa68
Siete Iglesias E 45 Cc61
Şieu RO 171 Dc57
Şieu-Măgheruş RO 171 Dc57
Şieu-Odorhei RO 171 Db57
Şieuţ RO 171 Dc57
Sieverstedt D 108 Db29
Sievi FIN 81 Jd27
Siewierz PL 138 Hc43
Sifferbo S 95 Fd39
Sig DK 108 Cd25
Sığacık TR 191 Eb86
Sigdal N 93 Dc41
Sigean F 41 Hb56
Sigerfjord N 66 Fd13
Sigetec HR 152 Gc57
Siggavuono FIN 64 Ka10
Siggelkow D 119 Eb33
Siggerud N 93 Ea42
Sighetu Marmaţiei RO 171 Db54
Sighişoara RO 175 Dc60
Sığırcık TR 193 Ha84
Sığırlık TR 199 Gd89
Sigloy F 29 Gd40
Siglufjörður IS 2 Ba03
Sigmaringen D 142 Cd50
Sigmaringendorf D 142 Cd51
Sigmarszell D 142 Da52
Sigmen BG 181 Ec72
Sigmir RO 171 Dc57
Sigmundsherberg A 136 Ga49
Signa I 155 Dc65
Signalnes N 67 Ha11
Signes F 42 Jd55
Signy-l'Abbaye F 24 Hd34
Signy-le-Petit F 24 Hd33
Sigogne F 32 Fc47
Sigonce F 42 Jd52
Šigony RUS 203 Ga10
Sigrás E 36 Ba54
Sigrí GR 191 Dd83
Sigtuna S 96 Gc42
Sigüeiro E 36 Ba55
Sigüenza E 47 Ea62
Sigüés E 39 Fa57
Sigüeya E 37 Bd57
Sigulda LV 106 Kc50
Šihany RUS 203 Fd11
Sihlea RO 176 Ed63
Sihtuuna FIN 74 Jc20
Sihva EST 106 La46
Siikainen FIN 89 Ja34
Siikajärvi FIN 98 Ka39
Siikajoki FIN 74 Jd24
Siika-Kämä FIN 74 Kb19
Siikakoski FIN 90 La34
Siikakoski FIN 91 Lb34
Siikala FIN 90 Ka38
Siikamäki FIN 82 La28
Siikamäki FIN 90 La32
Siikaselkä FIN 90 Kc33
Siikava FIN 90 Kd36
Siikavaara FIN 91 Ld32
Siiksaare EST 105 Jd46
Siilinjärvi FIN 82 La29
Siimika EST 98 Ka43
Siimusti EST 98 La44
Siipyy FIN 89 Hd34
Siironen FIN 81 Jc26
Siitama FIN 90 Ka35
Siivikko FIN 75 Kc22
Sijarinska Banja SRB 178 Bc70
Sijekovac BIH 152 Hb61
Sikakylä FIN 89 Jb32
Sikaminiá GR 183 Bd80
Sikaminiá GR 191 Ea83
Sikås S 79 Fd29
Sikéa GR 195 Bd90
Sikeå S 80 Hc27
Sikeå hamn S 80 Hc27
Sikés GR 194 Bb87
Sikfőkút H 146 Jb51
Sikfors S 73 Hc22
Sikiá GR 183 Bc80
Sikiá GR 184 Cd80
Sikiés GR 189 Bc81
Sikinos GR 196 Da91
Sikióna GR 189 Bd86
Siklesciems LV 113 Ja53
Siklós H 152 Hb58
Siknäs S 73 Ja21
Sikorráhi GR 185 Dd77
Sikórz PL 130 Hd36
Sikourió GR 183 Bd80
Sikovaara FIN 83 Ld28
Sikovicy RUS 99 Ma44
Sikovuono FIN 64 Ka10
Sikrags LV 105 Jc48
Siksele S 80 Ha25
Siksjö S 79 Gb26
Siksjö S 80 Gc27
Siksjönäs S 79 Ga25
Sikšņi LV 113 Jb53
Sikšniai LT 114 Ka58
Sikvaland N 92 Ca45
Sil S 79 Ga29
Sila N 70 Fa20
Šilagaliai LT 114 La54
Silagals LV 107 Lb51
Silagalys LT 114 Kc55
Šilai LT 114 Kd55
Šilainiai LV 114 Kb56
Silajāņi LV 107 Lc52
Šilalė LT 113 Jd56
Silandro I 142 Dc56
Silanus I 169 Ca76
Šilavoas LT 114 Kc58
Silba HR 151 Fc63
Silbaš SRB 153 Ja60
Silbertal A 142 Da54
Silbodal S 94 Ec43
Silchester GB 20 Fa28
Sildhopen N 66 Fd16
Şile TR 186 Ga77
Sileby GB 16 Fa24
Silec PL 122 Jc30
Silen BG 185 Dd75
Šilėnai LT 114 Kb54
Šilėnai LT 114 La58
Silene LV 115 Lc54
Silenieki LV 106 Kb51
Siles E 53 Ea71
Silfiac F 27 Ea39
Siligo I 168 Ca75
Şilindia RO 170 Ca59
Siliqua I 169 Bd79
Siliştea RO 176 Dd66
Siliştea RO 177 Fa63
Siliştea RO 177 Fb66
Siliştea Crucii RO 179 Cd67
Siliştea Guimeşti RO 175 Dc66
Silistra BG 181 Ed67
Silius I 169 Cb79
Silivaşu de Câmpie RO 171 Db58
Silivri TR 186 Fb77
Silixen D 126 Cd37
Siljan N 93 Dc43
Siljansnäs S 95 Fc39
Siljeåsen S 79 Fd27
Silkeborg DK 108 Db24
Silla E 54 Fb68
Silla EST 98 Ka44
Silla I 155 Db64
Sillamäe EST 99 Lc41
Sillano I 149 Da63
Sillanpää FIN 81 Jc29
Sillans-la-Cascade F 42 Ka54
Silleda E 36 Ba56
Sillé-le-Guillaume F 28 Fc39
Sillenstede D 117 Cc32
Sillerud S 94 Ec43
Sillery F 24 Hd35
Silli GR 184 Da76
Sillian A 143 Eb55
Sillingebyn S 94 Ed44
s'Illot E 57 Hd67
Sillre S 87 Ga33
Sillre S 87 Gb32
Silmala LV 107 Lc51
Silnica PL 130 Hd41
Silno PL 121 Gd32
Silo HR 151 Fc61
Šilovo RUS 203 Fa12
Šilovo RUS 203 Fb11
Sils CH 142 Cd56
Sils E 49 Hb60
Silsand N 67 Gc11
Silsden GB 16 Ed20
Silsjönäs S 79 Ga29
Silstrup DK 100 Da21
Siltaharju FIN 69 Ka14
Siltakylä Broby FIN 90 La38
Siltala FIN 82 Kc25
Siltala FIN 89 Jc32
Siltalanperä FIN 82 Kd26
Siltavaara FIN 83 Lc27
Silte S 104 Gd50
Siltene LV 107 Lc50
Siļukains LV 107 Lc51
Šilutė LT 113 Jb56
Šiluva LT 114 Ka55
Silva E 36 Ad54
Silván E 37 Bd57
Silvana Mansio I 164 Gc80
Silvaplana CH 142 Cd56
Silvares P 44 Ba64
Silvberg S 95 Fd40
Silveiros P 44 Ad60
Šilvėnai LT 114 Ka57
Silver Bridge GB 9 Cd19
Silverdalen S 103 Fd49
Silverdalen S 103 Ga49
Silvergruvan S 95 Fb42
Silverstone GB 20 Fb26
Silves P 58 Ab74
Silvi Marina I 157 Fa69
Silvola FIN 91 Lc33
Šima RUS 99 Ld43
Simakivka UA 202 Eb14
Simala I 169 Ca78
Simalan Metsäkulm FIN 97 Jc39
Simanala FIN 91 Lc32
Simancas E 46 Cd60
Şimand RO 170 Bd58
Símanda GR 183 Cb79
Simandre F 30 Jb44
Simanes N 63 Hd08
Šimanovci SRB 153 Jb61
Simat de la Valldigna E 54 Fc69
Simav TR 192 Fc84
Simaxis I 169 Bd77
Simbach D 135 Ec49
Simbach am Inn D 143 Ec50
Simbario I 164 Gc82
Simbirsk RUS 203 Fd09
Simeonovograd BG 185 Dd74
Simeria RO 175 Cc61
Simested DK 100 Db22
Simferopol' UA 205 Fa17
Simi GR 197 Ed92
Şimian RO 170 Cb55
Şimian RO 174 Cb65
Simiane-la-Rotonde F 42 Jd52
Simići BIH 153 Hd63
Siminicea RO 172 Ec55
Simiö FIN 90 Ka33
Simitli BG 183 Cb74
Šimkai LT 113 Jb55
Šimkaičiai LT 114 Ka56
Simlångsdalen S 102 Ed52
Simleu Silvaniei RO 171 Cc56
Simmelkær DK 100 Da23
Simmerath D 125 Bc42
Simmerberg D 142 Da52
Simmern D 133 Ca44
Simmersfeld D 133 Cb49
Simmershofen D 134 Db46
Simmertal D 133 Ca44
Simnas LV 114 Kb59
Simniča MK 182 Ba74
Simo FIN 74 Jd21
Simola FIN 91 Lc36
Simonburn GB 11 Ed16
Simonby FIN 97 Jb40
Şimoneşti RO 176 Dd60
Simoniemi FIN 74 Jd22
Simonkylä FIN 74 Jd22
Simonsbath GB 19 Dd29
Simonsberg D 108 Da29
Simonstad N 93 Da45
Simonstorp S 95 Ga45
Simonswald D 141 Ca50
Simontornya H 146 Hc55
Šimonys LT 114 Kd54
Simorre F 40 Ga55
Símos GR 188 Bb84
Simou CY 206 Hd97
Simpelveld NL 125 Bb41
Simpiänniemi FIN 90 Kd34
Simplon CH 148 Ca57
Simpnäs S 96 Ha41
Simremarken S 110 Ed57
Simrishamn S 111 Fb56
Simsk RUS 202 Eb09
Simskälä FIN 96 Hc40
Simskardet N 70 Fa24
Simuna EST 98 La43
Simuna FIN 90 Kc32
Sinac HR 151 Fd62
Sinaia RO 176 Ea63
Sinalunga I 156 Dd67
Sinanaj AL 182 Ab77
Sinandele TR 192 Fa83
Sinanlı TR 186 Fa76
Sinanlıbalti TR 187 Gb78
Sinanoğlu TR 187 Gc78
Sinarádes GR 182 Ab80
Sinarcas E 54 Ed67
Sin'avino RUS 113 Jd59
Şinca RO 176 Dd61
Şincai RO 171 Db58
Sincan TR 205 Fd20
Sincanlı TR 193 Gb85
Şinca Nouă RO 176 Dd62
Sincansarnıç TR 192 Fc81
Sindal DK 101 Dd19
Sindel BG 181 Fa71
Sindelfingen D 134 Cc48
Síndendro GR 182 Ba79
Sindi EST 98 Kb45
Sindia I 169 Bd76
Sındırgı TR 192 Fa83
Síndos GR 183 Ca78
Sinekçi TR 185 Ed80
Sinekli TR 186 Fb77
Sinemorec BG 186 Fa74
Sinersig RO 174 Ca61
Sines P 50 Ab71
Sineşti RO 172 Ed57
Sineşti RO 175 Da64
Sineşti RO 176 Eb66
Sinettä FIN 74 Jd18
Sineu E 57 Hc67
Singen D 142 Cc51
Sîngera MD 173 Fd58
Sîngerei MD 173 Fb56
Sîngereii Noi MD 173 Fb55
Singilej RUS 203 Fd10
Singleton GB 20 Fb30
Singö S 96 Ha40
Singsby FIN 81 Hd30
Singsjön S 79 Fc31
Singureni MD 173 Fb55
Singureni RO 180 Ea67
Singusdal N 93 Db43
Sinie Lipjagi RUS 203 Fb13
Sinij Nikola RUS 107 Ma49
Sinirli TR 191 Ed85
Siniscola I 168 Cc75
Siniselkä FIN 82 Ka25
Sini Vir BG 181 Ec69
Sinj HR 158 Gc65
Sinjac MNE 159 Hd67
Sinjavka BY 202 Ea13
Sinjo Bărdo BG 179 Cd70
Sinksundet S 73 Hd22
Sin-le-Noble F 23 Ha32
Sinn D 126 Cc42
Sinnai I 169 Ca79
Sinnes N 92 Cc44
Sinntal D 134 Da43
Sinodskoe RUS 203 Fd11
Sinogóra PL 122 Hd34
Sinoie RO 177 Fc66
Sinole LV 107 Lb49
Sinop TR 205 Fb19
Sinopoli I 164 Ga83
Sins CH 141 Cb53
Sinsheim D 134 Cc47
Sinspelt D 133 Bb44
Sint Annaparochie NL 117 Bc33
Sintautai LT 114 Ka58
Sintea Mare RO 170 Ca58
Şintereag RO 171 Db57
Şinteu RO 171 Cc56
Sint Jacobiparochie NL 117 Bc33
Sint Martensbrug NL 116 Ba34
Sint Michielsgestel NL 124 Ba38
Sint Nicolaasga NL 117 Bc34
Sint-Niklaas B 124 Ac39
Sint Oedenrode NL 125 Bb38
Sint Philipsland NL 124 Ac38
Sintra P 50 Aa68
Sintsi FIN 83 Ld31
Sint-Truiden B 124 Ba41
Sinués E 39 Fb57
Sinzheim D 133 Cb48
Sinzig D 125 Bd42
Sinzing D 135 Ea48
Siófok H 145 Hb55
Sion CH 141 Bc56
Sion F 31 Jd38
Sion-les-Mines F 28 Ed40
Sion Mills GB 9 Cc16
Siorac-en-Périgord F 33 Gb50
Sipa EST 98 Kb44
Sipahi TR 185 Ec77
Sipahiler TR 199 Gd88
Šipanska Luka HR 158 Hb69
Şipca MD 173 Ga57
Sipilä FIN 82 Kb30
Sipilä FIN 90 Ka32
Sipinen FIN 82 La25
Šipka BG 180 Dc71
Šipkovica MK 183 Ca74
Šipkovo BG 180 Db71
Sipola FIN 74 Ka24
Sipola FIN 82 Kb25
Siponys LT 114 Kc58
Sipoo FIN 98 Kc39
Şipote RO 172 Ed56
Şipotele RO 181 Fb68
Şipoteni MD 173 Fc58
Šipovo BIH 158 Gd64
Sippola FIN 90 La37
Sira N 92 Cb46
Sirač HR 152 Gd59
Siracusa I 167 Fd87
Šir'ajevo RUS 107 Mb48
Siráko GR 182 Ba80
Sirakovo BG 184 Dc74
Şiran TR 205 Fd20
Şirăuţi MD 172 Ed54
Sircova MD 173 Fd55
Siret RO 172 Eb54
Sireţel RO 172 Ec56
Sireţi MD 173 Fd57
Sirevåg N 92 Ca45
Sirgala EST 99 Lc42
Şiria RO 170 Ca59
Sirig SRB 153 Jb59
Şirince TR 191 Ec87
Sirinçsvuş TR 185 Ed80
Sirineasa RO 175 Db64
Şirinköy TR 198 Fc88
Siritovci HR 158 Gb65
Siriu RO 176 Eb63
Sirk SK 138 Jb49
Sirkka FIN 68 Jc15
Sirkkakoski FIN 74 Jc18
Sirkkamäki FIN 82 Kc31
Sirkön S 111 Fc53
Sirma MD 173 Fb59
Sirma N 64 Ka07
Sirmione I 149 Db59
Şirna RO 176 Ea65
Sirnach CH 142 Cc53
Sirniö FIN 75 Kd20
Sirogojno SRB 178 Ad67
Sirok H 146 Jb51
Široka läka BG 184 Da75
Široká Niva CZ 137 Gd44
Široké SK 138 Jc47
Široki Brijeg BIH 158 Ha66
Široko Polje HR 153 Hc60
Širokovo BG 180 Ea69
Sirolo I 156 Ed66
Sırpsındığı TR 185 Eb75
Siruela E 52 Cc69
Sirvaste EST 107 Lb46
Širvintos LT 114 Kd57
Sisak HR 152 Gb60
Šišan HR 151 Fa62
Sisante E 53 Eb68
Sisättö FIN 89 Jc34
Sisbacka FIN 81 Jb29
Şişcani MD 173 Fb58
Sisco F 154 Cc68
Şişeler TR 199 Ha91
Šišenci BG 179 Ca67
Sises GR 200 Da95
Şişeşti RO 171 Da55
Şişeşti RO 175 Cc64
Sislioba TR 186 Fa74
Šišljavic HR 151 Ga59
Šišmanci BG 180 Dc73
Sissach CH 141 Ca52
Sissinghurst GB 21 Ga29
Sissonne F 24 Hc34
Sista Palkino RUS 99 Ld40
Şiştăroval RO 174 Ca60
Sistelo P 36 Ad58
Sisteron F 42 Jd52
Sistiana I 150 Ed59
Sistín E 36 Bb57
Sisto E 36 Bb53
Sistranda N 77 Dc28
Sita Buzăului RO 176 Eb62
Sitagri GR 184 Cd76
Šit'ane RUS 107 Ma48
Sitaniec PL 131 Kc41
Sitariá GR 183 Bb77
Sitarla FIN 98 Ka39
Sitasjaurestugorna S 67 Gb15
Šitbořice CZ 137 Gc48
Sitena GR 194 Bc88
Sitges E 49 Gd62
Sitia GR 201 Dd96
Sitikala FIN 90 Kd37
Sitkowo PL 123 Kb32
Sitkūnai LV 114 Kb57
Sitnica BIH 152 Gd63
Sitno PL 121 Gb32
Sitno PL 122 Hc34
Sitohóri GR 184 Cc77
Sitómena GR 188 Ba83
Sitovo BG 181 Ec68
Sitovo BG 184 Db74
Sittard NL 125 Bb40
Sittensen D 118 Da33
Sitter N 78 Eb26
Sittersdorf A 144 Fc56
Sittingbourne GB 21 Ga28
Sitzendorf an der Schmida A 136 Ga49
Siuntio FIN 98 Ka40
Siuntion kirkonkylä FIN 98 Ka40
Šiupyliai LT 114 Ka53
Siuro FIN 89 Jc36
Siurua FIN 74 Kb22
Siurunmaa FIN 69 Ka15
Siusi I 143 Dd56
Sivac SRB 153 Ja59
Šivačevo BG 180 Ea72
Sivakka FIN 83 Lb27
Sivakka FIN 83 Lc26
Sivakkajoki FIN 83 Lb27
Sivakkavaara FIN 83 Lb29
Siva reka BG 185 Ea75
Sivas TR 205 Fc20
Sivaslı TR 192 Ga86
Siverić HR 158 Gb65
Sivers LV 115 Ld53
Siverskij RUS 99 Mb41
Siverskij RUS 202 Eb09
Sivertbukt N 65 Kb07
Siviken S 102 Ec46
Sivle N 84 Cc38
Sivota GR 188 Ac81
Sivrihisar TR 193 Hb83
Sivriler TR 186 Fa75
Sivros GR 188 Ac83
Six Crosses IRL 12 Bb24
Six-Fours-les-Plages F 42 Jd55
Sixmilebrige IRL 12 Bd23
Sixmilecross GB 9 Cc17
Six Road Ends GB 10 Db17
Sixt F 35 Kb45
Sixt-sur-Aff F 27 Ec40
Siziano I 149 Cc60
Sizun F 26 Dc38
Sjabero RUS 99 Ma43
Själarim S 73 Hb19
Sjanno BY 202 Eb12
Sjanovo BG 180 Eb68
Sjas'stroj RUS 202 Eb08
Sjåstad N 93 Dd41
Sjava RUS 203 Fc08
Sjelle DK 108 Dc24
Sjenica SRB 178 Ad68
Sjeničak Lasinjski HR 151 Ga60
Sjerogošte MNE 159 Jb68
Sjetlina BIH 159 Hc65
Sjetnemarka N 77 Ea30
Sjeverodonec'k UA 203 Fb14
Sjisjka S 67 Ha16
Sjøåsen N 78 Eb27
Sjöberg S 71 Ga23
Sjöberg S 79 Ga25
Sjöbo S 110 Fa56
Sjöbotten S 80 Hc26
Sjöbränet S 80 Hb26
Sjödiken S 110 Ed56
Sjogerstad S 102 Fa47
Sjögestad S 103 Fd47
Sjøholt N 76 Cd32
Sjøli N 86 Eb36
Sjöliden S 80 Gc25
Sjølund DK 108 Db26
Sjömarken S 102 Ed49
Sjona N 70 Fa20
Sjonbotn N 71 Fb20
Sjonhem S 104 Ha49
Sjørring DK 100 Da21
Sjörröd S 110 Fa54
Sjørslev DK 100 Db23
Sjørup DK 100 Da23
Sjösa S 96 Gc45
Sjötofta S 102 Ed50
Sjötorp S 95 Fb45
Sjøtun N 62 Gc10
Sjoutnäset S 79 Fc26
Sjøvegan N 67 Gc12
Sjövik S 102 Ec48
Sjugare S 95 Fc39
Sjulnäs S 73 Hc23
Sjulsmark S 73 Hd22
Sjunberget S 68 Hc17
Sjundeå FIN 98 Ka40
Sjundeå kby FIN 98 Ka40
Sjuntorp S 102 Ec47
Sjursvik N 66 Ga11
Sjusjøen N 85 Ea37
Skabland N 85 Ea40
Skaborai LT 113 Jc55
Skadovs'k UA 204 Ed17
Skælskør DK 109 Ea27
Skærbæk DK 108 Da27
Skærbæk DK 108 Db26
Skærum DK 101 Dd20
Skærup DK 108 Db25
Skævinge DK 109 Ec25
Skafidiá GR 194 Ad87
Skafså N 93 Da43
Skäfthammar S 96 Gd41
Skaftung FIN 89 Hd34
Skagaströnd IS 2 Ad03
Skage N 78 Ec26
Skagen DK 101 Dd19
Skagen N 70 Fa19
Skaiå N 92 Cd46
Skáidi N 63 Ja06
Skaill GB 5 Ec03
Skaistgiriai LT 114 Kc54
Skaistgirys LT 114 Ka53
Skaistkalne LV 106 Kc52
Skaitekojan S 73 Hb19
Skakdupiai LT 114 Ka59
Skála GR 182 Ab80
Skála GR 184 Db77
Skála GR 188 Ac85
Skála GR 189 Ca84
Skála GR 191 Ea83
Skála GR 194 Bc90
Skála GR 197 Ea89
Skała PL 138 Ja44
Skála Eressú GR 191 Dd83
Skála Foúrka GR 183 Cb80
Skałągi PL 129 Ha41
Skála Marión GR 184 Da78
Skaland N 62 Gb10
Skåland N 92 Cb46
Skála Oropoú GR 189 Cc85
Skala-Podil's'ka UA 204 Ea16
Skála Sikaminiás GR 191 Ea83
Skála Sotiros GR 184 Da78
Skålavik DK 3 Ca07
Skalbmierz PL 138 Jb43
Skålbygget S 87 Fc37
Skälderviken S 110 Ed54
Skåldö FIN 97 Jd41
Skålen S 87 Fb32
Skålevik N 84 Ca39
Skalhamn S 102 Eb47
Skalica BG 180 Ea73
Skalica SK 137 Gd48
Skalité SK 138 Hc46
Skallebølle DK 108 Dc26
Skallelv N 65 Kd06
Skällernd S 94 Ea45
Skällerud S 94 Ec45
Skallerup Klit DK 100 Dc19
Skällinge S 102 Ec51
Skallmeja S 102 Ed47
Skålltivaara FIN 64 Jd08
Skällvik S 103 Gb46
Skalmodal S 71 Fc23
Skalmsjö S 80 Gc29
Skalná CZ 135 Eb44
Skålö S 95 Fb39
Skalohóri GR 182 Ba78
Skalohóri GR 191 Dd83
Skaloti GR 184 Da76
Skalotí GR 200 Cc96
Skals DK 100 Db22
Skalsko BG 180 Dd71
Skalsvika N 71 Fc18
Skalunda S 102 Ed46
Skälvum S 102 Fa46
Skam'ja RUS 99 Lc43
Skamsdalssetra N 77 Dc33
Skandáli GR 190 Dc81
Skandawa PL 122 Jb30
Skanderborg DK 108 Dc24
Skånela S 96 Gd43
Skånes-Fagerhult S 110 Fa53
Skåne-Tranås S 111 Fb56
Skånevik N 92 Cb41
Skangali RUS 107 Ld50
Skåningbukt N 62 Ha08
Skånings-Åsaka S 102 Fa46
Skänknäsberget S 79 Ga27
Skänninge S 103 Fc47
Skanör S 110 Ed57
Skansbacken S 95 Fb40
Skansholm S 79 Ga26
Skansnäs S 71 Ga24
Skansnäs S 72 Gb22
Skansnäset S 79 Fd27
Skåpafors S 94 Ec44
Skąpe PL 128 Fd37
Skapiškis LT 114 Kd54
Skara S 102 Fa47
Skarberget N 66 Ga14
Skärblacka S 103 Ga46
Skard N 71 Fd18
Skarda S 80 Gd27
Skardet N 71 Fc20
Skardsgard N 85 Db38
Skare N 92 Cc41
Skåre S 94 Fa43
Skares GB 10 Dd15
Skares LV 105 Jd52
Skåret N 86 Ed36
Skärgårdsstad S 96 Gd43
Skärhamn S 102 Eb48
Skärkind S 103 Ga46
Skärlöv S 111 Gb53
Skarmunken N 62 Gd09
Skarness N 94 Eb40
Skarø By DK 109 Dd28
Skarpengland N 92 Cd46
Skärplinge S 96 Gc40
Skarpnåtö FIN 96 Hb40
Skarp Salling DK 100 Db21
Skarrild DK 108 Da24
Skärså S 87 Gb37
Skarset N 76 Cd31
Skarsfjord N 62 Gc08
Skärsjövålen S 86 Fa34
Skarstad N 66 Ga14
Skarstad S 102 Ed47
Skärstad S 103 Fb48
Skarstein N 66 Ga11
Skarsvåg N 64 Jb04
Skarszewy PL 121 Ha31
Skarszyn PL 129 Gc40
Skårup DK 109 Dd27
Skärv S 102 Fa47
Skärvången S 79 Fb29
Skarvfjordhamn N 63 Hd05
Skårvik N 67 Gc12
Skarvsjöby S 79 Gb25
Skaryszew PL 130 Jc40
Skarżyn PL 123 Jd32
Skarżysko-Kamienna PL 130 Jb40
Skasenden N 94 Ec40
Skästra S 87 Ga35
Skatelöv S 103 Fc52
Skåtøy N 93 Dc45
Skattkärr S 94 Fa43
Skattungbyn S 87 Fc37
Skatval N 78 Eb29
Skatvik N 67 Gb11
Skaudvilė LT 113 Jd56
Skaulo S 68 Hc16
Skauna LV 107 Ma52
Skauvoll N 71 Fb18
Skavaricy RUS 99 Mb40
Skave DK 100 Da23
Skavik N 63 Ja05
Skavnakk N 63 Hb07
Skawina PL 138 Ja44
Skeagh IRL 9 Cb20
Skebobruk S 96 Ha41
Skebokvarn S 95 Gb44
Skeby S 102 Fa46
Skeda S 103 Fd47
Skěde LV 105 Jc51
Skede S 103 Fd50
Skedevi S 95 Ga45
Skedshult S 103 Gb48
Skedsmokorset N 93 Ea41
Skee S 94 Eb45
Skegness GB 17 Fd22
Skegrie S 110 Ed57
Skehanagh IRL 8 Bd20
Skehanagh IRL 12 Bd21
Skei N 70 Ec24
Skei N 77 Dc31
Skei N 78 Ec28
Skei N 84 Cc35
Skejby DK 108 Dc24
Skela SRB 153 Jb62
Skelby DK 109 Eb27
Skelby DK 109 Eb29
Skelde DK 108 Db28
Skelhøje DK 100 Db23
Skellefteå S 80 Hc25
Skelleftehamn S 80 Hc25
Skellingsted DK 109 Ea26
Skelmanthorpe GB 16 Fa21
Skelmersdale GB 15 Ec21
Skelmorlie GB 6 Dc13
Šķelteni LV 115 Lc53
Skelton GB 11 Fb18
Skėmiai LV 114 Kb55
Skender Vakuf BIH 152 Gd63
Skene S 102 Ec50
Skenfrith GB 19 Eb27
Skenshyttan S 95 Fd40
Skepastí GR 200 Cd95
Skepastó GR 184 Cc77
Skepastó GR 188 Ac81
Skępe PL 122 Hc35
Skephult S 102 Ec49
Skepperstad S 103 Fc50
Skepplanda S 102 Ec48
Skeppshult S 102 Fa51
Skeppsvik S 80 Hc28
Skepptuna S 96 Gd42
Skerike S 95 Gd42
Skerping DK 100 Db21
Skerries IRL 9 Da20
Ski N 93 Ea42
Skiadás GR 188 Ba86
Skiathos GR 189 Cb83
Skibbereen IRL 12 Bb26
Skibbild DK 108 Da24
Skibby DK 109 Eb25
Šķibe LV 106 Ka52
Skibet DK 108 Db25
Skibice PL 128 Fd39
Skibotn N 62 Ha10
Skidal' BY 202 Dd13
Skidby GB 17 Fc20
Skidby GB 17 Fc21
Skídra GR 183 Bb77
Skieblewo PL 123 Kb31
Skiemonys LT 114 La55
Skien N 93 Dc44
Skierbieszów PL 131 Kc41
Skierniewice PL 130 Ja38
Skiftenes N 93 Da46
Skilpagurra N 64 Ka06
Šķilbēni LV 107 Ld49
Skilingmark S 94 Ec42
Skille N 70 Ed23
Skillefjord N 63 Hd07
Skillerhult S 103 Ga52
Skillingaryd S 103 Fb50
Skillinge S 111 Fb56
Skimtéflaten N 85 Ea40
Skinburness GB 11 Eb16
Skiniás GR 201 Db96
Skinnerup DK 100 Da21
Skinnskatteberg S 95 Fd42
Skipavig N 92 Cb43
Skipnes N 77 Dc30
Skipsea GB 17 Fc20
Skipton GB 16 Ed20
Skipton-on-Swale GB 11 Fa19
Skiptvet N 93 Ea43
Skirmantiškė LV 114 Kb56
Skirö S 103 Fd50
Skíros GR 190 Da84
Skirsnemunė LT 114 Ka57
Skirva N 93 Db41
Skiti GR 189 Ca81
Skitte N 67 Gb12
Skittenelv N 62 Gd09
Skivarp S 110 Fa57
Skive DK 100 Da22
Skivika N 70 Fa20
Skivjane KSV 178 Ad71
Skivsjön S 80 Ha27
Skjæragenta N 63 Hd08
Skjærholla N 86 Ed37
Skjærli N 84 Ca35
Skjærnes N 64 Ka06
Skjåmoen N 70 Fa22
Skjånes N 64 Jd05
Skjånes N 64 Ka04
Skjåvika N 71 Fb22
Skjeberg N 93 Ea44
Skjee N 93 Dd44
Skjeggedal N 84 Cc40
Skjeggedal N 93 Da45
Skjeggestad N 92 Cb45
Skjelbreid N 78 Fa26
Skjellelv N 67 Gb12
Skjelmoen N 71 Fc22
Skjelnes N 62 Ha10
Skjelstad N 78 Eb28
Skjelstad N 78 Ec28
Skjelten N 76 Cc32
Skjelvareid N 66 Fd15
Skjelvika N 71 Fb18
Skjern DK 108 Cd24
Skjerstad N 66 Fc17
Skjervøy N 63 Hb08
Skjevlo N 78 Ec27
Skjød DK 100 Dc23
Skjold N 92 Ca42
Skjoldastraumen N 92 Ca42
Skjoldehamn N 66 Fd12
Skjolden N 85 Da36
Skjombotn N 67 Gb14
Skjønhaug N 94 Eb42
Skjønne N 85 Db40
Sklené SK 138 Hc48
Sklithro GR 189 Ca81
Šklov BY 202 Eb12
Skoby S 96 Gd41
Skočivir MK 183 Bb76
Škocjan SLO 151 Fd58
Skocze PL 123 Jd30
Skoczów PL 138 Hc45
Skodborg DK 108 Da26
Skodje N 76 Cd32
Skødstrup DK 108 Dc24

Škofja Loka – Sømåseter

Škofja Loka SLO 151 Fb57
Škofljica SLO 151 Fb58
Skofteland N 92 Cc47
Skog N 70 Fa20
Skog S 79 Ga26
Skog S 80 Gc31
Skog S 87 Gb37
Skoga S 94 Fa41
Skoganvarre N 64 Jb08
Skógar IS 2 Ac06
Skogboda FIN 97 Hd41
Skogen S 94 Ec44
Skogen S 102 Ec47
Skoger N 93 Dd42
Skoghall S 94 Fa43
Skogly N 65 Kc09
Skogmo N 78 Ec26
Skogn N 78 Eb29
Skognes N 62 Gd10
Skognes N 62 Gc10
Skogrand N 94 Eb40
Skogså S 73 Hd21
Skogsby S 103 Gb52
Skogshamn N 67 Gb11
Skogs-Tibble S 96 Gc42
Skogstorp S 95 Gb43
Skogstorp S 102 Ec51
Skogstue N 63 Hd08
Skogum N 65 Kc09
Skogvatnet N 67 Gc13
Skoki PL 129 Gc36
Sköldinge S 95 Gb44
Sköldvik FIN 98 Kc39
Skole UA 204 Dd16
Skolebukt N 68 Ja11
Skolin PL 139 Kc44
Skollenborg N 93 Dc42
Sköllersta S 95 Fd44
Skolteplassen N 65 Kc08
Skölvene S 102 Ed48
Skołyszyn PL 139 Jd45
Skomatai LT 113 Jb56
Skomlin PL 129 Hb41
Skönberga S 103 Ga46
Skonseng N 71 Fc20
Skópelos GR 189 Cc83
Skópelos GR 191 Ea84
Skopí GR 201 Dc96
Skopiá GR 189 Bd82
Skopin RUS 203 Fa11
Skopje MK 178 Bb73
Skopós GR 183 Bb76
Skoppum N 93 Dd43
Skopun DK 3 Ca07
Skórcz PL 121 Hb32
Skordokefalos CY 206 Jb97
Skøre N 92 Cd44
Skórka PL 121 Gc34
Skorków PL 130 Ja41
Skorodnoe RUS 203 Fa13
Skorogoszcz PL 129 Gd42
Skoroszów PL 129 Gc40
Skoroszyce PL 137 Gd43
Skorovatn N 78 Fa26
Skorovot AL 182 Ad78
Skorped S 80 Gc30
Skørping DK 100 Dc22
Škorpolovci BG 181 Fa71
Skorstad N 78 Eb26
Skörstorp S 102 Fa47
Skortsinós GR 194 Bc88
Skórzec PL 131 Jd37
Skorzęcin PL 129 Ha36
Skórzyn PL 128 Fc38
Skosberg S 94 Fa41
Skotfoss N 93 Dc44
Skotina GR 183 Bd79
Skotiní GR 194 Bc87
Skotnes N 70 Ed24
Skotniki PL 129 Gd37
Skotniki PL 130 Ja40
Skotoússa GR 184 Cc76
Skotoússa GR 189 Bd82
Skoträsk S 72 Gc24
Skotsæter N 62 Gd09
Skotterud N 94 Ec41
Skottevik N 93 Da47
Skottnes N 70 Ec24
Skottorp S 110 Ed53
Skottsund S 88 Gc34
Skoulikariá GR 188 Ba82
Skoúrta GR 189 Cb86
Skoútari GR 184 Cc77
Skoutari GR 194 Bc90
Skovby DK 108 Dc28
Skovby DK 108 Dc24
Skovby DK 108 Dc26
Skövde S 102 Fa47
Skovlund DK 108 Da25
Skovorodka RUS 99 Ma44
Skovsgård DK 100 Db21
Skovs Højrup DK 108 Dc26
Skrá GR 183 Bd76
Skrad HR 151 Fc60
Skradin HR 157 Ga65
Skraičionys LT 114 Kc59
Skramstadsetra N 86 Eb37
Skråt BG 183 Cb75
Skrautval N 85 Dc37
Skravena BG 179 Cd70
Skraverup DK 109 Eb27
Škrdlovice CZ 136 Ga46
Skrea S 102 Ec52
Skrean N 62 Gd10
Skrebatno BG 184 Cd75
Skrebinai LT 114 Kc57
Skredå N 92 Cb44
Skrede N 84 Cc34
Skredeli N 92 Cb47
Skredsvik S 102 Eb47
Skreen IRL 8 Bd18
Skreia N 85 Ea39
Skreland N 92 Cd44
Skriadžiai LV 114 Kb58
Skrivena Luka HR 158 Gd69
Skriveri LV 106 Kd51
Skrolsvika N 66 Ga11
Skroniów PL 130 Ja42
Skrova N 66 Fc14
Skröven S 73 Hd18
Skrøyvstad N 78 Ec25
Skrudaliena LV 115 Lc53
Skrunda LV 105 Jc52
Skruv S 103 Fd52
Skrwilno PL 122 Hd34
Skrydstrup DK 108 Da27
Skryje CZ 136 Fa45
Skrzatusz PL 121 Gb34
Skrzeszew PL 131 Ka36
Skrzydlów PL 130 Hd41
Skrzynno PL 130 Jb40
Skrzypnik PL 129 Gd42
Skucani BIH 158 Gc65
Skudeneshavn N 92 Bd43
Skudutiškis LT 114 La55
Skuhrov CZ 136 Fd46
Skujene LV 106 Kd50
Skuķi LV 115 Ld53
Skulerud N 94 Eb42
Skulgam N 62 Gd09
Skull IRL 12 Bb27
Skulsfjord N 62 Gc09
Skulsk PL 129 Ha36
Skulte LV 106 Kc49
Skultorp S 102 Fa47
Skultuna S 95 Ga42
Skuodas LT 113 Jb53
Skuratovo RUS 107 Mb48
Skurträsk S 80 Ha27
Skurup S 110 Fa56
Skutari = Shkodër AL 163 Jb71
Skute N 85 Dd39
Skuteč CZ 136 Ga45
Skutskär S 96 Gc39
Skuttunge S 96 Gc41
Skutvika N 66 Fd15
Skverbai LT 114 Kd54
Škvorec CZ 136 Fc44
Skvyra UA 204 Ec15
Skwarki PL 131 Kc42
Skwierzyna PL 128 Fd36
Skybakk N 94 Ec39
Skýcov SK 137 Hb49
Skydebjerg DK 108 Dc26
Skyllberg S 95 Fc45
Skylloura CY 206 Jb96
Skymnäs S 94 Fa42
Skyttorp S 96 Gc41
Slabadai LT 114 Ka58
Slabce CZ 136 Fa45
Slabinja HR 152 Gc60
Słaboszów PL 138 Ja43
Slade IRL 13 Cc25
Sladeburn GB 15 Ec20
Sládkovičovo SK 145 Ha51
Sladojevci HR 152 Ha59
Sladun BG 185 Eb75
Slagelse DK 109 Ea26
Slagharen NL 117 Bd35
Slagnäs S 72 Gc23
Slagstad N 66 Ga12
Slagūne LV 106 Ka52
Slaka S 103 Fd47
Slaley GB 11 Ed16
Slamannan GB 10 Ea13
Slampe LV 106 Ka51
Slănčev Briag BG 181 Fa72
Slancy RUS 99 Lc42
Slancy RUS 202 Ea09
Slane IRL 9 Cd20
Slangerup DK 109 Ec25
Slănic RO 176 Ea63
Slănic-Moldova RO 176 Ec60
Slanje HR 152 Gc57
Slano HR 158 Hb68
Słanowice PL 120 Ga32
Slantrna BIH 153 Hc61
Slaný CZ 136 Fb44
Slap BIH 159 Ja64
Släp S 102 Eb49
Šlapaberźė LT 114 Kc55
Šlapanice CZ 136 Fb44
Šlapgirė LT 113 Jd55
Slap ob Idrijci SLO 151 Fa57
Släppträsk S 72 Gd24
Slåstad N 94 Eb40
Slate LV 107 Lb52
Slatina BG 180 Db70
Slatina BIH 152 Gd62
Slatina BIH 152 Hb63
Slatina BIH 158 Ha65
Slatina BIH 159 Hd66
Slatina HR 152 Ha59
Slatina KSV 178 Bb72
Slatina RO 172 Eb56
Slatina RO 175 Db66
Slatina RO 175 Dc63
Slatina SRB 153 Ja62
Slatina SRB 153 Jb63
Slatina SRB 174 Ca66
Slatina SRB 178 Ba67
Slatiňany CZ 136 Ga45
Slatina-Timiş RO 174 Cb62
Slatine HR 158 Gb66
Slatinice CZ 137 Gc46
Slatino BG 179 Cb73
Slatino MK 178 Ba72
Slatinské Lazy SK 138 Hd49
Slatinski Orenovac HR 152 Ha59
Slătioara RO 172 Eb56
Slătioara RO 175 Da63
Slătioara RO 175 Db66
Slato BIH 159 Hc67
Slättåkra S 102 Ed52
Slättberg S 73 Hc19
Slättberg S 87 Fc37
Slåttevik N 92 Ca42
Slattum N 93 Ea41
Slåttvik N 66 Fd16
Slåttvik N 79 Fb25
Slava Cercheză RO 177 Fc65
Šlavantai LT 123 Kc30
Slava Rusă RO 177 Fc65
Slaveevo BG 181 Fa69
Slavětín CZ 137 Gc46
Slavharad BY 202 Ec12
Slavičín CZ 137 Ha48
Slavikai LT 114 Ka57
Slavinja SRB 179 Cb70
Slavinsk RUS 113 Jb58
Slavjanovo BG 180 Dc69
Slavjanovo BG 180 Ea70
Slavjanovo BG 185 Dd75
Slavjansk na-Kubani RUS 205 Fc17
Slavjansko RUS 113 Jb58
Slavkoviči RUS 107 Mb47
Slavkovica SRB 153 Jc63
Slavkoviči RUS 202 Ea10
Slavkov u Brna CZ 137 Gc47
Slavonice CZ 136 Fd48
Slavonski Brod HR 152 Hb61
Slavošovce SK 138 Jb48
Slavotin BG 179 Cc68
Slavovica BG 179 Cd72
Slavovica BG 180 Db68
Slavsk RUS 113 Jc57
Slavskoe RUS 113 Ja59
Slavsko Polje HR 151 Ga60
Slavuta UA 204 Eb15
Sława PL 120 Ga32
Sława PL 128 Ga38
Sławatycze PL 131 Kc38
Sławęcin PL 121 Gd33
Sławęcin PL 122 Hd34
Sławięcice PL 137 Hb43
Sławków PL 138 Hd43
Sławkowo PL 122 Jc34
Sławniowice PL 137 Gd43
Sławno PL 121 Gb30
Sławno PL 130 Ja40
Sławoborze PL 120 Ga32
Sławsk PL 129 Ha37
Sleaford GB 17 Fc23
Słębowo PL 121 Gd35
Sledmere GB 16 Fb19
Sleen NL 117 Bd34
Sleights GB 11 Fb18
Sleme SLO 144 Fc56
Ślemie PL 138 Hd45
Slemminge DK 109 Ea29
Sleneset N 70 Ed20
Slepač most MNE 159 Jb67
Slepče MK 182 Ba75
Slepčević SRB 153 Ja62
Ślesin PL 121 Gd34
Ślesin PL 129 Ha37
Sletta N 63 Hc07
Sletta N 67 Gb12
Sletta N 77 Dd29
Slette N 85 Da34
Slettebo N 92 Ca45
Slettestra N 85 Ea34
Slettestrand DK 100 Db20
Slettmo N 62 Gd10
Slezské Rudoltice CZ 137 Ha44
Sliač SK 138 Hd49
Sliačkúpele SK 138 Hd49
Slickly GB 5 Eb04
Sliedrecht NL 124 Ad37
Sliema M 166 Eb88
Šliėnava LT 114 Kc57
Sligachan GB 4 Da08
Sligeach IRL 8 Ca18
Sliggesthorne GB 17 Fc20
Sligo IRL 8 Ca18
Slimbridge GB 19 Ec27
Slimnic RO 175 Db61
Slingsby GB 16 Fb19
Sliper N 78 Eb29
Slipstensjön S 80 Ha26
Slišane SRB 178 Bc70
Šlissel'burg RUS 202 Eb08
Slite S 104 Ha49
Slītere LV 105 Jc48
Slivarava BG 186 Fa74
Slivata BG 179 Cc68
Sliven BG 180 Eb72
Slivilești RO 175 Cc64
Slivnica BG 179 Cb70
Slivno HR 158 Gd67
Slivo Pole BG 180 Eb68
Slivovica BG 180 Ea70
Slivovica SRB 159 Jb65
Śliwa PL 122 Hd32
Śliwice PL 121 Ha32
Śliwnica PL 122 Hc31
Sllatinë AL 178 Ad73
Słobity PL 122 Hd30
Sloboda LV 107 Ld52
Sloboda RUS 107 Mb47
Slobozia RO 176 Dd66
Slobozia RO 176 Ed66
Slobozia RO 180 Ea68
Slobozia Ciorăști RO 176 Ed62
Slobozia-Cremene MD 173 Fc54
Slobozia Doamnei MD 173 Fd57
Slobozia-Dușca MD 173 Fd57
Slobozia Mândra RO 180 Db67
Slobozia Mare MD 177 Fb63
Slobozia-Rașcov MD 173 Fd55
Slobzia Conachi RO 177 Fa62
Slochteren NL 117 Ca33
Słodków PL 131 Ka41
Sloka LV 106 Ka51
Słomniki PL 138 Ja43
Slon RO 176 Eb63
Słonecznik PL 122 Hd31
Slonim BY 202 Ea13
Słonin PL 129 Gc38
Słonów PL 120 Ga35
Słońsk PL 128 Fc36
Slöta S 102 Fa47
Sloten NL 116 Bb34
Slotsbron S 94 Ed43
Slottskogen S 96 Gc42
Slough GB 20 Fb28
Slovac SRB 153 Jb63
Slov'jans'k UA 205 Fb15
Slovenj Gradec SLO 144 Fd56
Slovenska Bistrica SLO 151 Ga57
Slovenská L'upča SK 138 Hd48
Slovenská Ves SK 138 Jb47
Slovenské Ďarmoty SK 146 Hd51
Slovenske Konjice SLO 151 Fd57
Slovenské Nove Mesto SK 139 Ka49
Slovinci HR 152 Gc60
Slovinka RUS 203 Fb08
Slovinky SK 138 Jc48
Słowino PL 121 Gb30
Słubice PL 128 Fc37
Słubice PL 130 Hd36
Sluck BY 202 Ea13
Sluderno I 142 Db55
Sluis NL 124 Aa38
Sluiskil NL 124 Ab39
Šluknov CZ 128 Fb41
Slunj HR 151 Ga61
Słup PL 122 Hd33
Słupca PL 129 Ha37
Słupia PL 122 Hd35
Słupia PL 130 Ja38
Słupia PL 130 Ja42
Słupia PL 138 Jc43
Słupiec PL 137 Gb43
Słupno PL 130 Hd36
Słupsk PL 121 Gc30
Słupsk PL 122 Ja34
Slušovice CZ 137 Ha47
Slussfors S 71 Ga23
Słuszków PL 129 Ha38
Slutarp S 102 Fa48
Służewo PL 121 Hb35
Småbönders FIN 81 Jc29
Smålandsstenar S 102 Fa51
Smalåsen N 70 Fa24
Smalininkai LT 113 Jd57
Smaljavičy BY 202 Eb12
Smalley GB 16 Fa23
Smalnyčėnai LT 114 Ka59
Smalvos LT 115 Lc54
Smărdan RO 177 Fb63
Smârdan RO 177 Fb63
Smārde LV 106 Ka51
Smârdioasa RO 180 Dd68
Smardzewo PL 128 Ga37
Smarhon' BY 202 Ea12
Šmarje SLO 151 Fa60
Šmarje pri Jelšah SLO 151 Fd57
Šmarjeta SLO 151 Fd58
Smarliūnai LT 123 Kc30
Šmartno na Pohorju SLO 144 Fd56
Šmartno pri Litija SLO 151 Fc58
Šmartno pri Slovenj Gradec SLO 144 Fd56
Šmartno v Tuhinju SLO 151 Fc57
Smaszew PL 129 Ha38
Smeberg S 94 Eb45
Smečno CZ 136 Fa44
Smedås N 86 Eb33
Smedby S 103 Ga52
Smedby S 111 Gb53
Smědeč CZ 136 Fb48
Smederevo SRB 174 Bb64
Smederevska-Palanka SRB 174 Bb65
Smedjebacken S 95 Fd41
Smedjeviken S 78 Fa29
Smedmoen N 86 Ea38
Smedodden N 93 Da43
Smedsbyn S 73 Hd21
Smedstorp S 111 Fb56
Smeeni RO 176 Ec64
Smeland N 92 Cd45
Smeland N 93 Da44
Smelynė LT 115 Lb54
Smerdi RUS 99 Mb43
Smerekowiec PL 139 Jd46
Smérna GR 194 Ba87
Smértos GR 182 Ac80
Smeržaha RUS 99 Ld45
Smętowo PL 121 Hb32
Smidary CZ 136 Fd44
Śmielin PL 130 Hd37
Śmierdnica PL 120 Fc33
Śmigiel PL 129 Gb38
Šmiklavž SLO 144 Fd56
Šmiklavž SLO 151 Fc57
Smila UA 204 Ed15
Smilčić HR 157 Fd64
Smilde NL 117 Bd34
Smilec BG 179 Da72
Smilec BG 181 Ed68
Smilevo MK 182 Ba75
Smilgiai LT 114 Ka54
Smilgiai LT 114 Kc54
Smilgiai LT 114 Kd57
Smiljan BG 184 Db75
Smiljan HR 151 Fd63
Smilovci SRB 179 Cb70
Śmiłowo PL 121 Gc34
Smiltene LV 106 La48
Smines N 66 Fc12
Smineset N 78 Ec25
Smiřice CZ 136 Ga44
Smirnenski BG 179 Cd68
Smirnenski BG 180 Eb68
Smithborough IRL 9 Cc18
Smithfield GB 11 Ec16
Smjadovo BG 181 Ec71
Smočevo BG 179 Cb73
Smögen S 102 Ea47
Smogorzów PL 129 Ha41
Smogulec PL 121 Gd34
Smojlovo RUS 107 Mb47
Smojmirovo MK 183 Cb74
Smokkvica MK 183 Ca76
Smokovljani HR 158 Hb68
Smolarnia PL 122 Ja35
Smołdzino PL 121 Gc29
Smołdziński Las PL 121 Gc29
Smole PL 138 Hd43
Smolenice SK 145 Gd50
Smolensk RUS 202 Ec11
Smolino PL 122 Hd35
Smoljan BG 184 Db75
Smolmark S 94 Ec43
Smolnica PL 120 Fc35
Smolnik PL 139 Kb46
Smolník SK 138 Jc48
Smolov CZ 135 Ec46
Smolsko BG 179 Cd71
Smørda N 84 Cb34
Smørfjord N 64 Jb06
Smørholet N 94 Eb39
Smørumnedre DK 109 Ec25
Smrečje SLO 151 Fb58
Smuka SLO 151 Fc59
Smulți RO 177 Fa61
Smuniew PL 131 Ka36
Smygehamn S 110 Fa57
Smykowo PL 122 Hd32
Smyšljaevsk RUS 203 Ga10
Snäckgärdsbaden S 104 Gd49
Snagli N 67 Gc12
Snagov RO 176 Eb65
Snainton GB 16 Fb19
Snålroa N 94 Ec39
Snappertuna FIN 97 Jd40
Snaptun DK 108 Dc25
Snåre FIN 81 Jc28
Snarum N 93 Dd41
Snarup DK 108 Dc27
Snåsa N 78 Ed27
Šnaukštiai LT 113 Jb55
Snausen N 77 Dd30
Snave IRL 12 Bb26
Snavlunda S 95 Fc45
Snedsted DK 100 Da21
Sneek NL 117 Bc33
Sneem IRL 12 Ba25
Snefjord N 63 Ja05
Snejbjerg DK 108 Da24
Snekkersten DK 109 Ec25
Snēpele LV 105 Jc51
Snerta N 86 Ec35
Snertinge DK 109 Ea25
Snesere DK 109 Eb27
Snesudden S 73 Hb21
Snežina BG 181 Ed70
Snežné CZ 136 Ga46
Śniadowo PL 123 Jd34
Snihurivka UA 204 Ed16
Snikere LV 106 Ka52
Snillfjord N 77 Dd30
Snina SK 139 Ka47
Snitterfield GB 20 Ed25
Snjatyn UA 204 Ea16
Šnjegotina V. BIH 152 Ha62
Snøde DK 109 Dd27
Snogebæk DK 111 Fd58
Snoghøj DK 108 Db26
Snowshill GB 20 Ed26
Soalheira P 44 Bb65
Soarș RO 175 Dc61
Soave I 149 Dc60
Soazza CH 142 Cc56
Soběšice CZ 136 Fa47
Soběslav CZ 136 Fc47
Sobibór PL 131 Kd39
Sobiechy PL 122 Jc30
Sobienie PL 130 Jc38
Sobieszewo PL 121 Hb30
Sobieszów PL 128 Ga42
Sobinka RUS 203 Fa10
Sobki PL 130 Hc40
Sobków PL 130 Jb42
Sobłówka PL 138 Hc46
Sobolevo RUS 203 Fb11
Sobolew PL 131 Jd38
Sobolice PL 128 Fc40
Søborg DK 109 Ec24
Soborzyce PL 130 Hd41
Sobota PL 130 Hd37
Soboth Ort A 144 Fc56
Sobotín CZ 137 Gc44
Sobotište SK 137 Gd49
Sobotka CZ 136 Fd43
Sobótka PL 129 Gc42
Sobótka PL 129 Ha39
Sobótka PL 131 Jd41
Sobowidz PL 121 Hb31
Sobra HR 158 Ha69
Sobradelo E 37 Bd57
Sobradillo E 45 Bd62
Sobrado E 36 Bc55
Sobrado dos Monxes E 36 Ba55
Sobral da Adiça P 51 Bb71
Sobral de Monte Agraço P 50 Aa68
Sobran TR 192 Fb86
Sobran TR 193 Gb82
Sobrance SK 139 Kb48
Sobreira P 44 Ad61
Sobreira Formosa P 50 Ba66
Sobreiro de Cima P 45 Bc59
Sobrelapeña (Lamasón) E 38 Da55
Sobrón E 38 Dd57
Søby DK 108 Dc28
Soča SLO 151 Fa57
Sočanica KSV 178 Ba69
Sočerga SLO 151 Fa60
Sochaczew PL 130 Ja37
Sochaux F 31 Ka40
Sochocin PL 122 Ja35
Soči RUS 205 Fd17
Sočkovac BIH 152 Hb62
Socodor RO 170 Bd58
Socol RO 174 Bc64
Socond RO 171 Cd55
Socovos E 53 Ec71
Socuéllamos E 53 Ea68
Soczewka PL 130 Hd36
Sodankylä FIN 69 Ka15
Sodeliai LT 114 La53
Sodeliškiai LT 114 Kc53
Söderåkra S 111 Ga53
Söderala S 87 Gb37
Söderås S 87 Fc38
Söderbärke S 95 Fd41
Söderboda S 96 Gd40
Söderby EST 97 Jd44
Söderby FIN 97 Jd40
Söderby S 96 Ha44
Söderby-Karl S 96 Ha41
Söderfors S 96 Gc40
Söderhamn S 87 Gb37
Söderhögen S 87 Fb33
Söderköping S 103 Ga46
Söderkulla FIN 98 Kc39
Söderra S 87 Gb35
Soderstorf D 118 Dc34
Södersunda FIN 96 Hc40
Södertälje S 96 Gc44
Söderudden FIN 81 Hd30
Södervik S 96 Ha42
Sødorp N 85 Dd36
Södra Åbyn S 80 Hc26
Södra Ås S 94 Fa42
Södra Åsarp S 102 Fa49
Södra Björke S 102 Ed48
Södra Borgeby S 94 Fa42
Södra Brännträsk S 73 Hb22
Södra Bredåker S 73 Hc21
Södra Fågelås S 103 Fb47
Södra Finnskoga S 94 Ed39
Södra Harads S 73 Hc21
Södra Härene S 102 Ed48
Södra Insjö S 80 Gc27
Södra Kedum S 102 Ed47
Södra Klagshamn S 110 Ed56
Södra Ljunga S 103 Fb52
Södra Löten S 86 Ed38
Södra Lundby S 102 Ed47
Södra Möckleby S 111 Gb53
Södra Ny S 94 Ed44
Södra Råda S 95 Fb45
Södra Rörum S 110 Fa55
Södra Sandby S 110 Fa56
Södra Sunderbyn S 73 Hd22
SödraTansbodarna S 95 Fc40
Södra Tresund S 79 Ga25
Södra Vallgrund FIN 81 Hd30
Södra Vi S 103 Ga49
Södra Ving S 102 Fa48
Sodražica SLO 151 Fc59
Sodupe E 38 Dd56
Soesmarke DK 109 Eb28
Soest D 125 Cb39
Soest NL 116 Bb36
Sofádes GR 189 Bc82
Sofia MD 173 Fb55
Sofia MD 173 Fc58
Sofija BG 179 Cc71
Sofijivka UA 204 Ed15
Sofikó GR 195 Ca87
Sofino RUS 107 Ma49
Şofrîncani MD 173 Fa54
Şofronea RO 170 Bd59
Søfteland N 84 Ca39
Søften DK 108 Dc24
Softing N 70 Fa22
Sofuentes E 39 Ed58
Sofuhalil TR 185 Ec76
Sofular TR 187 Hb76
Sofular TR 191 Ec81
Sofular TR 198 Fc89
Sofular TR 199 Gd88
Söğanlı TR 199 Gb89
Sögel D 117 Cb34
Sogliano al Rubicone I 156 Ea64
Soglio CH 142 Cd56
Sogndal N 84 Cd36
Sogndalstrand N 92 Cb46
Søgne N 92 Cd47
Sogn-Gions CH 141 Cb55
Sogrando E 37 Cb54
Soğucak TR 191 Ed81
Soğucak TR 192 Fb81
Soğucak TR 193 Gc86
Soğucakpınar TR 187 Gb80
Soğukpınar TR 192 Fd81
Soğuksu TR 186 Ga79
Şöğüt TR 192 Fd84
Söğüt TR 193 Gb81
Söğüt TR 193 Gb83
Söğüt TR 198 Ga88
Söğüt TR 198 Ga91
Söğüt TR 198 Ga92
Söğüt TR 199 Gb90
Söğütalan TR 192 Fb81
Söğütalanı TR 191 Ec81
Söğütköy TR 197 Fa92
Sögütlü TR 187 Gc78
Söğütlü TR 205 Ga20
Söğütlüdere TR 198 Fd91
Söğütyaylası TR 193 Gc83
Soham GB 20 Fd25
Sohatu RO 176 Eb66
Sohland D 128 Fc41
Söhlde D 126 Dc37
Sohodol RO 171 Cc59
Sohós GR 183 Cb77
Sohren D 133 Bd44
Söhrewald D 126 Da40
Soidinkumpu FIN 75 Kd19
Soidinmäki FIN 82 Ka31
Soidinvaara FIN 82 La26
Soignies B 124 Ab41
Şoimari RO 176 Eb64
Şoimi RO 170 Cb58
Soings-en-Sologne F 29 Gc41
Soini FIN 81 Jd31
Soiniemi FIN 90 Kb35
Soiniemi FIN 91 Lb34
Soininkylä FIN 89 Jd32
Soinlahti FIN 82 Kd28
Soissons F 24 Hb35
Soivio FIN 75 La20
Soizy-aux-Bois F 24 Hc37
Söjö S 87 Fd32
Söjtör H 145 Gc56
Sokal' UA 204 Ea15
Söke TR 197 Ec88
Soklot FIN 81 Ja29
Soklovo BG 181 Fb69
Sokna N 85 Dd40
Soknedal N 78 Ea31
Sökö FIN 98 Kb40
Soko Banja SRB 178 Bd68
Sokojärvi FIN 83 Ld28
Sokol BG 181 Ec68
Sokol RUS 202 Ed08
Sokolac BIH 159 Hd64
Sokolany PL 123 Kb32
Sokolare BG 179 Cd69
Sokolda PL 123 Kc33
Sokole-Kuźnica PL 121 Ha33
Sokółka PL 123 Kc32
Sokółki PL 123 Jd30
Sokolniki PL 131 Jd42
Sokolov CZ 135 Ec44
Sokolovac HR 152 Gc58
Sokolovci BG 184 Db75
Sokolovići BIH 159 Hd64
Sokolovo BG 180 Db70
Sokolovo BIH 152 Gc63
Sokołów PL 130 Hc36
Sokołów Małopolski PL 139 Ka43
Sokołowo PL 121 Gb35
Sokołowo PL 129 Hb37
Sokołów Podlaski PL 131 Ka36
Sokoły PL 123 Ka34
Sokovaara FIN 83 Ld28
Sól PL 131 Kb42
Sol' SK 139 Jd48
Sola FIN 83 Lc30
Sola N 92 Ca44
Solager DK 109 Eb25
Solalex CH 141 Bc56
Solana de los Barros E 51 Bd69
Solana del Pino E 52 Da71
Solanka PL 122 Jc30
Solares E 38 Dc55
Solarino I 167 Fd87
Solaris HR 157 Ga66
Solaro F 154 Cb71
Solarussa I 169 Bd77
Solbakken N 64 Jc05
Solbakken N 64 Jd06
Solberg N 64 Jb06
Solberg S 79 Gb28
Solberg S 79 Fd30
Solberg S 80 Gc28
Solberga S 102 Eb48
Solberga S 103 Fc49
Solberget S 73 Hc19
Solbjerg DK 100 Dc22
Solbjerg DK 108 Dc24
Solbjør N 92 Cb46
Solbozia Bradului RO 176 Ed63
Solca RO 172 Eb55
Şolcani MD 173 Fb54
Solčava SLO 151 Fc57
Sol'cy RUS 202 Eb09
Solda I 142 Db56
Şoldănești MD 173 Fd55
Şoldanu RO 180 Eb67
Soldany PL 122 Jc30
Soldatovo RUS 113 Jb59
Sölden A 142 Dc55
Solduengo E 38 Dd57
Solec Kujawski PL 121 Ha34
Solec nad Wisłą PL 131 Jd40
Solec-Zdrój PL 138 Jc43
Soleggen N 85 Db35
Soleilhas F 43 Kb53
Solem N 78 Ed26
Solem N 78 Ec27
Solem N 78 Eb30
Solënoe RUS 205 Fd15
Solenzara F 154 Cb71
Solera de Gabaldón E 53 Ec67
Solesino I 150 Dd60
Solesmes F 24 Hb32
Solesmes F 28 Fc40
Solești RO 173 Fb59
Soleto I 163 Hc77
Solf FIN 81 Hd31
Solferino I 149 Db60
Solgne F 25 Jd36
Solhan TR 205 Ga20
Solheim N 84 Cb36
Solheim N 84 Ca37
Solheimsvik N 92 Cb42
Solignac F 33 Gb47
Soligny-lès-Étangs F 30 Hb38
Solihull GB 20 Ed25
Solin HR 158 Gc66
Solina PL 139 Kb46
Solingen D 125 Bd40
Soliny PL 123 Ka29
Solivella E 48 Gb61
Sölje S 94 Ed43
Solkan SLO 150 Ed58
Solkovo RUS 99 Ma40
Söll A 143 Eb53
Sollacaro F 154 Ca71
Sollana E 54 Fc68
Sollebrunn S 102 Ec47
Sollefteå S 79 Gb31
Sollentuna S 96 Gd43
Sóller E 57 Hb66
Sollerød DK 109 Ec25
Sollerön S 87 Fc38
Sollested DK 109 Ea28
Sollia N 85 Ea35
Söllichau D 127 Ec39
Solliès-Pont F 42 Ka55
Sollihøgda N 93 Dd41
Sollstedt D 126 Dc40
Solmaz TR 198 Fc89
Solms D 126 Cc42
Solmyra S 95 Ga42
Solncevo RUS 203 Fa13
Solnečnogorsk RUS 202 Ed10
Solnes N 65 Kc06
Solnhofen D 134 Dc48
Solnica PL 122 Hc30
Solnice CZ 137 Gb44
Solnik BG 181 Fa71
Solniki Wielkie PL 129 Gd41
Šolochovo RUS 113 Jb58
Solofra I 161 Fc75
Šolohovskij RUS 203 Fc14
Solojärvi FIN 69 Ka11
Solojarci MK 178 Bd73
Solomiac F 40 Ga53
Solonceni MD 173 Fd55
Solone UA 205 Fa15
Solonț RO 172 Ec59
Solopaca I 161 Fb74
Solórzano E 38 Dc55
Solosancho E 46 Cd64
Solothurn CH 141 Bd53
Solovăstru RO 171 Dc58
Solov'i RUS 107 Ma47
Sölöz TR 186 Ga80
Solre-le-Château F 24 Hc32
Solrød Strand DK 109 Ec26
Sølsnes N 77 Da32
Solsona E 49 Gc59
Solstad N 67 Gc11
Solsted DK 108 Da27
Solsvik N 84 Bd39
Solt H 146 Hd55
Soltănești MD 173 Fb58
Soltau D 118 Db34
Soltendieck D 119 Dd35
Soltvadkert H 146 Hd56
Solum N 93 Dc44
Solumsmoen N 93 Dc41
Solutré-Pouilly F 34 Ja45
Solva GB 14 Db26
Solvang N 85 Dd34
Solvarbo S 95 Fd40
Sölvesborg S 111 Fc54
Solvik N 66 Fd17
Solvik S 94 Ec44
Solvorn N 84 Cd36
Solymár H 146 Hc52
Solynieve E 60 Dc75
Soma TR 191 Ed83
Sømådal N 86 Ec34
Somaén E 47 Eb62
Somain F 24 Hb32
Somak TR 191 Ed87
Sømåseter N 86 Ec35

Štanjel – Strandža

Štanjel SLO 151 Fa59
Stanjevci MK 178 Bc73
Staňkov CZ 135 Ed46
Stankovci HR 157 Ga65
Stanley GB 7 Eb11
Stanley GB 11 Fa17
Stanomino PL 120 Ga31
Stanovoe RUS 203 Fa12
Stans CH 141 Cb54
Stanton GB 21 Ga25
Stany PL 131 Ka42
Stanyčno-Luhans'ke UA 203 Fc14
Stanz A 144 Fd53
Stanzach A 142 Db53
Stapar SRB 153 Hd59
Stapari SRB 159 Jb65
Stapelburg D 126 Dc38
Staphorst NL 117 Bc35
Stapleford GB 16 Fa23
Stapleford GB 20 Ed29
Staplehurst GB 21 Ga29
Stąporków PL 130 Jb40
Stara PL 130 Ja40
Stara Baška HR 151 Fc61
Stara Błotnica PL 130 Jc39
Stará Bystrica SK 138 Hc47
Starachowice PL 130 Jc41
Stara Fužina SLO 151 Fa57
Stara Gradina HR 152 Ha58
Stará Huta SK 138 Hd49
Staraja Russa RUS 202 Eb09
Stara Jastrząbka PL 138 Jc44
Stara Kamionka PL 123 Kc32
Stara Kiszewa PL 121 Ha31
Stara Kornica PL 131 Kb36
Stara Łubianka PL 121 Gb34
Stará Ľubovňa SK 138 Jc46
Stara Moravica SRB 153 Ja58
Stara Novalja HR 151 Fc63
Stara Pazova SRB 153 Jb61
Stara Ploščica HR 152 Gc59
Stara Rečka BG 180 Ea70
Stara Reka BG 180 Ea71
Stara Rózanka PL 122 Jc30
Stará Ves nad Ondřejnicí CZ 137 Hb45
Stara Wieś PL 122 Jb33
Stara Wieś PL 131 Jd36
Stara Wiśniewka PL 121 Gc33
Stara Zagora BG 180 Dd72
Stara Žednik SRB 153 Ja58
Starchiojd RO 176 Eb63
Starcross GB 19 Ea31
Starcza PL 130 Hc42
Stare Czarnowo PL 120 Fc34
Stare Dębno PL 120 Ga32
Stare Dobrzyca PL 120 Fd32
Stare Dolistowo PL 123 Ka32
Stare Drawsko PL 120 Ga33
Stare Dyniska PL 131 Kd42
Stare Gronowo PL 121 Gd33
Staré Hamry CZ 137 Hb46
Staré Hrady CZ 136 Fd43
Stare Jabłonki PL 122 Hd32
Stare Jarosław PL 121 Gb30
Stare Jeżewo PL 123 Ka33
Stare Juchy PL 123 Jd31
Stare Kiejkuty PL 122 Jb32
Stare Kiełbonki PL 122 Jc32
Stare Komorowo PL 123 Jd34
Staré Město CZ 137 Gc44
Staré Město CZ 137 Gc45
Staré Město CZ 137 Gd48
Staré Město pod Landštejnem CZ 136 Fd48
Stare Miastko PL 129 Ha37
Stare Pole PL 122 Hc31
Staré Sedlo CZ 135 Ec46
Stare Sioło PL 139 Kc43
Stare Sobótka PL 130 Hc37
Stare Strącze PL 128 Ga38
Stare Waliszew PL 130 Hd38
Stare Wierzchowo PL 121 Gb32
Stargard Szczeciński PL 120 Fc33
Stårheim N 84 Cb34
Stari Bar MNE 159 Ja70
Starica RUS 202 Ec10
Starica RUS 202 Ed12
Starice Lisičkovo BG 179 Cb73
Staricy RUS 99 Mb42
Stari Dojran MK 183 Ca76
Stari Dulići BIH 159 Hc67
Starigrad HR 151 Fc62
Starigrad HR 158 Gc67
Stari Grad MK 183 Bc74
Stari Gradac HR 152 Gd58
Starigrad-Paklenica HR 157 Fd64
Stari Jankovci HR 153 Hd60
Stari Lec SRB 174 Bc62
Stari Log SLO 151 Fc59
Stari Majdan BIH 152 Gc62
Stari Mikanovci HR 153 Hc60
Stari Raušić KSV 178 Ad70
Stari Raušić SRB 159 Jc69
Stari trg SLO 151 Fd60
Stari Trogir HR 158 Gb66
Starkenbach A 142 Db54
Starkenbach CH 142 Cc54
Starkenberg D 127 Eb41
Starnberg D 143 Dd51
Starobil's'k UA 203 Fb14
Starobin BY 202 Ea13
Starodub RUS 202 Ec13
Staroec MK 182 Ba74
Starogard PL 120 Fd32
Starogard Gdański PL 121 Hb31
Staroglavice BIH 159 Ja64
Starojur'evo RUS 203 Fb11
Starokostjantyniv UA 204 Eb15
Starokrzepice PL 129 Hb41
Starominskaja RUS 205 Fc16
Staro Nagoričane MK 178 Bc72
Staronja RUS 107 Ma47
Staro Orjahovo BG 181 Fa71
Staropatica BG 179 Ca67
Staro Petrovo Selo HR 152 Ha60
Staropol'e RUS 99 Ld42
Starosel BG 180 Db72
Staroselci BG 179 Da69
Staroselec BG 180 Ea73
Staro Selo BG 180 Eb68
Staro Selo BIH 158 Gd64
Staro Selo Topusko HR 151 Ga60
Starosiverskaja RUS 99 Mb41
Staro Stefanje HR 152 Gc58
Starotitarovskaja RUS 205 Fb17
Starowice PL 121 Gb33
Starozagorski Bani BG 180 Dd72
Staro Železare BG 180 Db72
Starožilovo RUS 203 Fa11
Starożreby PL 130 Hd36
Starrkärr S 102 Ec48
Starše SLO 144 Ga56
Starti LV 106 Kd49
Starup DK 108 Db27
Stary Borek PL 139 Ka44
Stary Brus PL 131 Kc39
Stary Brzozów PL 130 Ja37
Stary Chwalim PL 121 Gb32
Stary Ciotusza PL 131 Kc42
Stary Dzierzgoń PL 122 Hc32
Stary Dzikowiec PL 139 Ka43
Stary Folwark PL 123 Kb30
Starý Hrozenkov CZ 137 Ha48
Staryi Oskol RUS 203 Fa13
Staryja Darohi BY 202 Eb13
Starý Jičín CZ 137 Ha46
Staryj Nizkovicy RUS 99 Mb40
Staryj Prud RUS 107 Mb52
Stary Nieskurzów PL 130 Jc41
Starý Plzenec CZ 135 Ed46
Stary Sącz PL 138 Jb46
Starý Smokovec SK 138 Jb47
Stary Szelków PL 122 Jc35
Stary Targ PL 122 Hc31
Stary Tychów PL 130 Jc40
Stary Wieś PL 131 Kb41
Starzyno PL 121 Ha29
Staševica HR 158 Ha67
Stasiówka PL 139 Jd44
Staškov SK 138 Hc46
Staßfurt D 127 Ea38
Staszów PL 130 Jc42
Stathelle N 93 Dc44
Statos Agios Fotios CY 206 Hd97
Statsås S 79 Ga26
Stăuceni MD 173 Fd58
Stăuceni RO 172 Ed55
Stauchlitz D 127 Ed40
Staufen D 141 Ca51
Staufenberg D 126 Cc42
Staughton Highway GB 20 Fc25
Staume N 84 Cb35
Staupitz D 128 Fa39
Stava S 103 Fc47
Štava SRB 178 Bb69
Stavalj SRB 178 Ad68
Stavang N 84 Ca35
Stavanger N 92 Ca44
Stavarygala LT 114 Kd57
Stavaträsk S 73 Hb24
Stavby S 96 Gd41
Stave N 66 Fd11
Stave N 92 Cb47
Stave SRB 153 Jb63
Stavelot B 125 Bb42
Stavely GB 16 Fa22
Stavenisse NL 124 Ac38
Stavern D 117 Cb35
Stavern N 93 Dd44
Stavnäs S 94 Ed43
Stavning DK 108 Cd24
Stavoren NL 116 Bb34
Stavós GR 184 Cc78
Stavre S 79 Fb30
Stavre S 87 Fd32
Stavreviken S 88 Gc33
Stavrodrómi GR 182 Ba78
Stavrodrómi GR 188 Ba86
Stavrodrómi GR 194 Bb87
Stavroménos GR 200 Cd95
Stavropol' RUS 205 Fd16
Stavros CY 206 Hd97
Stavrós GR 183 Bd78
Stavrós GR 184 Cc78
Stavrós GR 188 Ac84
Stavrós GR 189 Cb84
Stavrós GR 200 Cc94
Stavroskiádi GR 182 Ac79
Stavroúpoli GR 184 Db76
Stavsätra S 87 Fd36
Stavsjø N 86 Ea38
Stavsjöholm S 80 Ha29
Stavsnäs S 96 Ha43
Stavträsk S 80 Hb26
Stavtrup DK 108 Dc24
Staw PL 120 Fc35
Staw PL 129 Hb39
Stawiguda PL 122 Ja32
Stawiszyn PL 129 Ha38
Stawnica PL 121 Gc33
Staylittle GB 15 Ea24
Stazione di Mandatoriccio-Campana I 165 Gd79
Stazione di Motta Sant'Anastasia I 167 Fc86
Steane N 93 Da43
Steart GB 19 Eb29
Stębark PL 122 Hd33
Stebuliai LV 114 Kb59
Steccato I 165 Gd81
Stechelberg CH 141 Bd55
Štěchovice CZ 136 Fb45
Stechow D 127 Ec36
Steckborn CH 142 Cc52
Stede Broec NL 116 Bb34
Stedesdorf D 117 Cb32
Štědrá CZ 135 Ed44
Steeg A 142 Db54
Steenbergen NL 124 Ac38
Steenderen NL 125 Bc37
Steenvoorde F 21 Gd30
Steenwijk NL 117 Bc34
Steeple GB 21 Ga27
Steeple Aston GB 20 Fa26
Steeple Bumpstead GB 20 Fd26
Steeple Claydon GB 20 Fb26
Ştefan cel Mare RO 172 Ec58
Ştefan cel Mare RO 173 Fa59
Ştefan cel Mare RO 176 Dd66
Ştefan cel Mare RO 176 Ec60
Ştefan cel Mare RO 177 Fa66
Ştefan cel Mare RO 179 Da68
Stefănești MD 173 Fc55
Ştefăneşti MD 177 Ga60
Ştefăneşti RO 172 Ed55
Ştefăneşti RO 175 Da65
Ştefăneşti RO 175 Dc64
Ştefăneşti de Jos RO 176 Eb66
Stefaniá GR 194 Bc90
Stefaniná GR 184 Cd77
Stefan Karadža BG 181 Ec68
Stefan Karadžovo BG 181 Ec73
Stefanovo BG 181 Fa69
Stefanóvouno GR 183 Bc80
Ştefan-Vodă MD 177 Ga60
Ştefan Vodă RO 176 Ed66
Steffeln D 133 Bc43
Steffenberg D 126 Cc41
Steffisburg CH 141 Bd54
Stefjordbotn N 66 Ga14
Stegaurach D 134 Dc45
Stege DK 109 Ec28
Stegelitz D 127 Eb37
Stegersbach A 145 Gb54
Stegna PL 122 Hc30
Stegny PL 122 Hd31
Stehnovo RUS 107 Mb48
Ştei RO 170 Cb58
Steikvasselva N 71 Fc22
Steimbke D 118 Da35
Stein D 134 Dc46
Stein N 78 Ea27
Stein N 93 Dd41
Steinaberg bru N 92 Cc41
Steinach A 143 Dd54
Steinach D 135 Dd43
Steinach D 135 Ec48
Steinach D 141 Ca50
Steinakirchen am Forst A 144 Fc51
Steinamanger = Szombathely H 145 Gc54
Stein am Rhein CH 142 Cc52
Stein an der Ens A 144 Fa53
Steinau D 118 Cd32
Steinau D 134 Da43
Steinbach A 143 Ed52
Steinbach am Wald D 135 Dd43
Steinbach-Hallenberg D 126 Dc42
Steinbeck D 128 Fa36
Steinberg A 143 Ea53
Steinberg D 135 Eb47
Steinberg N 92 Cb45
Steinbergkirche D 108 Db28
Steinburg D 118 Dc32
Steine N 78 Ec29
Steine N 78 Ec25
Steine N 92 Cb45
Steineien N 94 Ec41
Steinen D 141 Bd52
Steinen D 141 Ca52
Steinfeld A 143 Ed55
Steinfeld D 125 Bc42
Steinfeld D 134 Da44
Steinfeld (Oldenburg) D 117 Cc35
Steinfort L 133 Bb45
Steinfurt D 125 Ca37
Steingaden D 142 Dc52
Steinhagen D 119 Ed30
Steinhagen D 126 Cc37
Steinhaus I 143 Ea54
Steinheid D 135 Dd43
Steinheim D 126 Cd38
Steinheim D 134 Cd48
Steinheim D 134 Da49
Steinhöfel D 128 Fb37
Steinhöring D 143 Ea51
Steinibach CH 142 Cc54
Steinigtwolmsdorf D 128 Fb41
Steinkirchen D 118 Db32
Steinkirchen D 143 Eb50
Steinkirchen an der Traun A 144 Fa51
Steinkjer N 78 Ec28
Steinkjer N 78 Ed27
Steinkjernes N 65 Kc07
Steinløysa N 77 Da31
Steinnes N 62 Gd08
Steinnes N 77 Dd29
Steinsfeld D 134 Db46
Steinshamn N 76 Cd31
Steinsholt N 93 Dc43
Steinsland N 70 Fa20
Steinsland N 93 Db44
Steinsøynes N 77 Da30
Steinsstaðabyggð IS 2 Ba04
Steinvik N 64 Ka06
Steinwiesen D 135 Dd43
Steinwiesen D 135 Ea43
Steira N 66 Fb14
Steiro N 70 Fa20
Stejari RO 175 Cd64
Stejaru RO 177 Fc65
Stejaru RO 180 Dc67
Steje MK 182 Ba76
Stekenjokk S 71 Fc24
Steki LV 107 Lb52
Stellata I 150 Dd61
Stelle D 118 Dc33
Stellendam NL 124 Ac37
Stelmuže LT 115 Lb54
Stelnica RO 177 Fa66
Stelpe LV 106 Kc52
Stemnitsa GR 194 Bb87
Stemplės LT 113 Jc56
Stemwede D 117 Cc36
Stenaleees GB 18 Db31
Stenåsa S 111 Gb53
Stenay F 24 Jb34
Stenbacken S 67 Ha14
Stenbäcken S 80 Ha26
Stenbjerg DK 100 Cd21
Stenbrohult S 111 Fb53
Stendal D 127 Eb36
Stende LV 105 Jd50
Stenderup DK 108 Da25
Steneby S 94 Ec45
Stengårdshult S 102 Fa49
Stengelsen N 63 Hd08
Stengelsrud N 93 Dc42
Stenhamra S 96 Gc43
Stenhøj DK 101 Dd20
Stenico I 149 Dc57
Steni Dírfios GR 189 Cc85
Steniés GR 190 Da87
Stenímahos GR 183 Bc78
Steninge S 102 Ec52
Steningestrand S 102 Ec52
Stenkullen S 102 Ec49
Stenkumla S 104 Gd49
Stenkvista S 95 Gb44
Stenkyrka S 104 Ha48
Stenlille DK 109 Eb26
Stenløse DK 109 Ec25
Stennäs S 80 Gd28
Stenness GB 5 Ed04
Stenó GR 189 Bc86
Stenó GR 194 Bc88
Sténoma GR 188 Bb83
Stěnovice CZ 135 Ed46
Stensele S 72 Gb24
Stensjön S 103 Fc49
Stensryr S 102 Eb46
Stenstorp S 102 Fa47
Stensträsk S 72 Ha24
Stenstrup DK 109 Dd27
Stensund S 72 Gb23
Stensund S 72 Gc21
Stensund S 72 Gd24
Stensved DK 109 Eb28
Stenton GB 11 Ec13
Stentorp S 102 Ed48
Stenträsk S 72 Ha20
Stenudden S 72 Gc19
Stenum DK 100 Dc20
Stenungsund S 102 Eb48
Stepanci MK 183 Bc74
Štěpánov CZ 137 Gd46
Stepaside IRL 13 Cd22
Stepen BIH 159 Hc67
Stephanskirchen D 143 Eb52
Stephansposching D 135 Ec49
Stepień PL 122 Hd30
Štepivka UA 202 Ed14
Stepnica PL 120 Fc33
Stepnoe Matjunico RUS 203 Fd10
Stepnoje RUS 113 Jc58
Stepojevac SRB 153 Jc62
Stepping DK 108 Db26
Step-Soci MD 173 Fd56
Sterdyń-Osada PL 123 Ka35
Sterławki Wielkie PL 122 Jc31
Stern I 143 Ea56
Stérna GR 184 Da76
Stérna GR 185 Eb75
Sternberg D 119 Eb32
Šternberk CZ 137 Gd45
Sternenfels D 134 Cc47
Stérnes GR 200 Cc94
Sterringi N 85 Db34
Sterro I 167 Fc86
Sterup D 108 Db29
Sterup DK 100 Dc20
Sterzing I 143 Dd55
Stęszew PL 129 Gb37
Štětí CZ 136 Fb43
Stette N 76 Cd32
Stetten D 142 Cc50
Stettin = Szczecin PL 120 Fc33
Steuden D 127 Ea40
Steutz D 127 Eb38
Stevenage GB 20 Fc27
Stevenston GB 10 Dc14
Stevning DK 108 Db28
Stevnstrup DK 100 Dc23
Stevrek BG 180 Ea71
Stewarton GB 10 Db14
Stewarton GB 10 Dd14
Stewartstown GB 9 Cd17
Steyerberg D 126 Cd36
Steyning GB 20 Fc30
Steyr A 144 Fb51
Steyrbrücke A 144 Fb52
Steyregg A 144 Fb50
Stężyca PL 121 Ha31
Stężyca PL 131 Jd39
Stia I 156 Dd65
Štiavnik SK 137 Hb47
Stibanken DK 109 Ea28
Stibb Cross GB 18 Dc30
Stichill GB 11 Ec14
Stickney GB 17 Fc23
Stična SLO 151 Fc58
Stiege D 127 Dd39
Stige DK 109 Dd26
Stigen N 86 Ed36
Stigen S 102 Ec46
Stigersand N 94 Eb39
Stigliano I 162 Gb76
Stigsjö S 88 Gc32
Stigsnæs DK 109 Ea27
Stigtomta S 95 Gb45
Stiklestad N 78 Ec28
Stikli LV 105 Jc49
Stilia GR 189 Bc86
Stilida GR 189 Bd83
Stilling DK 108 Dc24
Stilo I 164 Gc82
Stilton GB 20 Fc25
Stimfalía GR 189 Bc86
Štimlje KSV 178 Bb71
Stimpfach D 134 Db47
Stinápari RO 174 Bd64
Stinik MK 183 Cb75
Stinsford GB 19 Ec30
Stintino I 168 Bd74
Stio I 161 Fd77
Štip MK 183 Bd74
Stipsi GR 191 Ea83
Stíra GR 190 Cd86
Stírfaka GR 189 Bc83
Stíri GR 189 Bd85
Stiring-Wendel F 25 Ka35
Stirling GB 7 Ea12
Stirniene LV 107 Lc51
Štit BG 185 Eb75
Štitar SRB 153 Ja62
Štítary CZ 136 Ga48
Štítnik SK 138 Jb49
Štíty CZ 137 Gc45
Ştiubieni RO 172 Ed54
Stiuca RO 174 Ca61
Stival F 27 Ea39
Štivan HR 151 Fb62
Stivica HR 152 Ha61
Stivos GR 183 Cb78
Stjärnfors S 95 Fc42
Stjärnhov S 95 Gb44
Stjärnorp S 103 Fd46
Stjärnsund S 95 Ga40
Stjärnvik S 95 Ga42
Stjern N 78 Ea28
Stjørdal N 78 Eb29
Støa N 78 Ec28
Stoļerova LV 107 Ld51
Stobierna PL 139 Ka43
Stobnica PL 130 Hd40
Stobno PL 121 Gb34
Stobrawa PL 129 Gd42
Stobs Castle GB 11 Ec15
Stochov CZ 136 Fa44
Stocka S 88 Gc35
Stockach D 142 Cc51
Stockamöllan S 110 Fa55
Stockaryd S 103 Fc50
Stockbridge GB 20 Fa29
Stöcke S 80 Hb28
Stockelsdorf D 119 Dd31
Stocken S 102 Eb47
Stockenboi A 143 Ed55
Stockerau A 145 Gb50
Stockheim D 134 Db43
Stockheim D 135 Dd43
Stockholm S 96 Gd43
Stockland Bristol GB 19 Eb29
Stockleigh Pomeroy GB 19 Ea30
Stocklen-Alm A 142 Dc54
Stockport GB 16 Ed22
Stocksbo S 87 Fd35
Stocksbridge GB 16 Fa21
Stöckse D 118 Da35
Stöcksjö S 80 Hb28
Stockstadt am Main D 134 Cd44
Stockton-on-Tees GB 11 Fa18
Stoczek Lukowski PL 131 Jd37
Stoczek-Osada PL 123 Jd35
Stod CZ 135 Ed46
Stöde S 87 Ga33
Stødle N 92 Cb41
Stödtlen D 134 Db48
Stöðvarfjörður IS 3 Bc06
Stoeneşti RO 176 Dd63
Stoeneşti RO 180 Db67
Stoeneşti RO 180 Ea67
Stoholm DK 100 Db23
Stoianovca MD 177 Fb60
Ştoicăneşti RO 180 Db67
Stoiceni RO 171 Db55
Stoidraga HR 151 Ga58
Stoileşti RO 175 Db64
Stoina RO 175 Cd65
Stojakovo MK 183 Ca76
Stojan Mihajlovski BG 181 Ed70
Stojanovo BG 180 Db70
Stojanovo BG 184 Dc75
Stojkite BG 184 Db75
Stojkovo BG 185 Dd74
Stoke GB 18 Dc29
Stoke-by-Nayland GB 21 Ga26
Stoke Ferry GB 17 Fd24
Stoke Goldington GB 20 Fb26
Stoke-on-Trent GB 16 Ed23
Stokesley GB 11 Fa18
Stoke upon Tern GB 15 Ec23
Stokite BG 180 Dc71
Stokka N 70 Ed22
Stokke N 93 Dd44
Stokkeland N 92 Cd47
Stokkemarke DK 109 Ea28
Stokkseyri IS 2 Ac05
Stokksund N 78 Ea28
Stokkvågen N 70 Fa20
Stokmarknes N 66 Fc13
Stolac BIH 158 Hb67
Stolát BG 180 Dc71
Stolberg D 125 Bc41
Stolberg D 127 Dd39
Stolbovo RUS 99 Ld43
Stolec PL 120 Fb33
Stołeczna PL 120 Fc35
Stolice SRB 153 Ja63
Stolin BY 202 Ea14
Stollberg D 127 Ec42
Stöllet S 94 Fa40
Stollhamm D 117 Cc32
Stolniceni MD 173 Fa54
Stolnici RO 175 Dc65
Stolnik BG 179 Cd71
Stolno PL 121 Hb33
Stoloiceni MD 173 Fc58
Stólos GR 194 Bc88
Stolpe D 118 Dc31
Stolpe D 119 Ed33
Stolpe D 120 Fb35
Stolpen D 128 Fb41
Stolzenau D 126 Cd36
Stolzenhain D 127 Ed38
Stómio GR 183 Ca80
Stommell S 94 Eb43
Stömne S 94 Ed43
Stomorska HR 158 Gb67
Stompetoren NL 116 Ba35
Ston HR 158 Ha68
Stone GB 16 Ed23
Stone GB 20 Fb27
Stonehaven GB 7 Ed10
Stongfjorden N 84 Ca35
Stonglandet N 67 Gb11
Stoniškiai LT 113 Jc57
Stonne F 24 Ja34
Stønnesbotn N 62 Gb10
Stonyford IRL 13 Cb24
Stopanja SRB 178 Bb68
Stopki PL 122 Jb30
Stopnica PL 138 Jc43
Stopnik SLO 151 Fa58
Storå S 95 Fc42
Stora Blåsjön S 79 Fb25
Stora Dyrön S 102 Eb48
Stora Höga S 102 Eb48
Stora Kil S 94 Fa43
Stora Levene S 102 Ed47
Stora Malm S 95 Ga45
Stora Mellby S 102 Ec47
Stora Mellösa S 95 Fd44
Stora rör S 103 Gb52
Storås N 77 Dd31
Storåsen S 79 Fc29
Stora Skedvi S 95 Fd40
Stora Stensjön S 79 Fb28
Stora Tuna S 95 Fd40
Stora Vika S 96 Gd45
Storbäck S 79 Fd26
Storbäcken S 73 Ja19
Storbacken S 73 Hb20
Storbekken N 86 Ed37
Storberg S 72 Gd23
Storberget S 73 Hd18
Storberget S 79 Gb26
Storboda S 87 Ga33
Storborgarn S 80 Gd29
Storbørja N 70 Ed23
Storbränna S 79 Fc29
Storbrännan S 80 Hb26
Storbukt N 64 Jc04
Storby FIN 96 Hb40
Stord N 92 Ca41
Stordal N 76 Cd33
Stordalen N 63 Hc07
Stordalen N 84 Cb37
Stordalen S 67 Gd14
Stordalselv N 62 Gd10
Štore SLO 151 Fd57
Store Andst DK 108 Db26
Storebro S 103 Ga49
Store Darum DK 108 Cd26
Storegarden N 86 Eb38
Storehaug N 84 Cb36
Store Heddinge DK 109 Ec27
Storekorsnes N 63 Hd07
Storelv N 63 Hd06
Storelvavoll N 86 Ec32
Stor-Elvdal N 86 Eb36
Store Lyndevad DK 108 Da28
Store Merløse DK 109 Eb26
Støren N 78 Ea31
Storeng N 63 Hb08
Storeng N 71 Fd18
Store Rise DK 108 Dc28
Store Rørbæk DK 109 Eb25
Store-Strandal N 76 Cc33
Storfall S 80 Ha29
Storfjäten S 86 Fa35
Storfjellseter N 85 Ea35
Storfjord N 62 Ha10
Storfors S 95 Fb43
Storforshei N 71 Fc20
Storfossen N 64 Jc10
Storgård FIN 97 Jc41
Storgranliden S 73 Hb23
Storhågna S 87 Fb33
Storhallaren N 77 Dc29
Storhögen S 79 Fd30
Storhöjden S 79 Fd29
Stor-Holmträsk S 80 Gd25
Štorje SLO 151 Fa59
Storjola S 79 Fc25
Storjord N 71 Fd19
Storjorda N 71 Fc18
Storjorda N 71 Fb19
Storkågeträsk S 73 Hc24
Storkow D 128 Fa37
Storkowo PL 120 Fd33
Storli N 67 Gc11
Storliden S 80 Hb26
Storlien S 78 Ec30
Stormark S 73 Hc24
Stormi FIN 89 Jc36
Stormo N 62 Gd09
Stormoen N 71 Fb23
Stormoen N 71 Fb20
Stornara I 161 Ga73
Stornarella I 161 Ga73
Stornäs S 71 Fd24
Stornäset S 79 Ga28
Stornes N 63 Hb08
Stornes N 66 Ga12
Stornoway GB 4 Da05
Störnstein D 135 Eb45
Storo I 149 Db58
Storobăneasa RO 180 Dd68
Storoddan N 77 Dc30
Storön S 73 Ja22
Storožinec RUS 99 Lc44
Storožynec' UA 204 Ea16
Storrington GB 20 Fc30
Storsaivis S 73 Hd19
Storsand N 93 Ea42
Storsand S 73 Hb20
Storsandsjö S 80 Hb27
Storsätern S 86 Ec34
Storsävarträsk S 80 Hb26
Storseleby S 79 Gb25
Storselet S 80 Hb25
Storsjö S 86 Fa32
Storskog N 65 Kc06
Storskog S 71 Ga23
Storslett N 63 Hb09
Storstein N 63 Hb08
Storsteinnes N 67 Gd11
Storsund S 73 Hb22
Stortinden N 63 Hd06
Storträsk S 73 Hb24
Storulvåns fjällstation S 78 Ed30
Storuman S 72 Gb24
Storvallen S 78 Ec30
Storvatnet N 66 Ga13
Storvik N 63 Hb09
Storvik S 95 Gb39
Storvika N 71 Fb18
Storvika N 78 Ea27
Storvoll N 62 Ha09
Storvollen N 62 Ha08
Storvollen N 71 Fc20
Storvollen N 71 Fb23
Storvollen N 77 Dd33
Storvorde DK 100 Dc21
Storvreta S 96 Gc41
Štoš SK 138 Jc48
Stößen D 127 Ea41
Stoszowice PL 137 Gc43
Stöten S 86 Ed37
Stotfold GB 20 Fc26
Støtt N 70 Fa18
Stötten D 142 Dc52
Stotternheim D 127 Dd41
Stottesdon GB 15 Ec25
Stouby DK 108 Db25
Stoulton GB 20 Ed26
Stoumont B 125 Bb42
Stoúpa GR 194 Bb90
Stourport-on-Severn GB 15 Ec25
Stovbcy BY 202 Ea13
Støvring DK 100 Dc21
Støvset N 66 Fc17
Stow GB 11 Ec14
Stowięcino PL 121 Gd29
Stowmarket GB 21 Ga26
Stow-on-the-Wold GB 20 Ed26
Stowupland GB 21 Ga26
Stožer BG 181 Fa70
Stożne PL 123 Jd30
Stra I 150 Ea60
Straach D 127 Ec38
Straasdorf an der Nordbahn A 145 Gc50
Straatsburg = Strasbourg F 25 Kc37
Strabane GB 9 Cc16
Strabla PL 123 Kb34
Strachan GB 7 Ec09
Strachomino PL 120 Ga31
Strachówka PL 130 Jc36
Strachus GB 6 Dc12
Strączno PL 121 Gb34
Strada in Chianti I 155 Dc65
Strådalen S 86 Fa34
Stradalovo BG 179 Ca73
Strada San Zeno I 156 Dd64
Stradbally IRL 13 Cb25
Stradella I 149 Cc60
Stradishall GB 20 Fd26
Stradola I 161 Fd74
Stradone IRL 9 Cc19
Stradsett GB 17 Fd24
Straduny PL 123 Jd31
Stradzde LV 105 Jd50
Straelen D 125 Bc39
Stræte N 67 Gb12
Stragan SRB 174 Bb66
Stragavallen S 86 Fa34
Strahilovo BG 180 Dd69
Strahwalde D 128 Fc41
Straimont B 132 Ba44
Straiton GB 10 Dd15
Straja RO 172 Ea54
Straja RO 181 Fc67
Stråkan S 73 Ja19
Štráklevo BG 180 Ea68
Strakonice CZ 136 Fa47
Straldža BG 180 Eb72
Straloch GB 7 Eb10
Strålsnäs S 103 Fc47
Stralsund D 119 Ed30
Štramberk CZ 137 Ha46
Strambino I 148 Bb59
Strāmeriena LV 107 Lc49
Strampróy NL 125 Bb39
Strâmtura RO 171 Db55
Strand N 65 Kd08
Strand N 66 Fd13
Strand N 77 Db30
Strand N 86 Eb37
Strand N 92 Ca43
Strand S 72 Gd20
Strand S 79 Fd28
Strand S 95 Fd40
Stranda N 64 Jb05
Stranda N 76 Cd33
Strandbaden S 110 Ec54
Strandby DK 100 Db22
Strandby DK 101 Dd19
Strande D 118 Dc30
Strandebarm N 84 Cb39
Strandhill IRL 8 Bd18
Strandlykkja N 94 Eb39
Strandvalen N 78 Ec25
Strandvallen S 86 Ed36
Strandvik N 84 Ca40
Strandža BG 185 Ec74

Strangford - Svartkog

Strangford GB 10 Db18
Strängnäs S 95 Gb43
Strängsered S 102 Fa49
Strångsjö S 95 Ga45
Strání CZ 137 Ha48
Stranice SLO 151 Fd57
Stranraer GB 10 Dc16
Stransko BG 180 Dd73
Străoane RO 176 Ed61
Strasatti I 166 Ea85
Strasbourg F 25 Kc37
Strasburg D 120 Fa33
Strășeni MD 173 Fc57
Strašice CZ 136 Fa45
Strašín CZ 136 Fa47
Stråsjö S 87 Ga35
Stråskogen N 64 Jb07
Straškov Vodochody CZ 136 Fb43
Stråssa S 95 Fd42
Straßberg D 127 Dd39
Straßburg A 144 Fb55
Straßburg = Strasbourg F 25 Kc37
Straßgräbchen D 128 Fb40
Straßkirchen D 135 Ec48
Straßwalchen A 143 Ed51
Straszewo PL 121 Hb35
Straszów PL 128 Fc40
Straszyn PL 121 Hb30
Stratford-upon-Avon GB 20 Ed26
Strathan GB 6 Dc09
Strathaven GB 10 Ea14
Strathblane GB 10 Dd13
Strathcarron GB 6 Dc08
Strathconon GB 4 Dd07
Strathpeffer GB 4 Dd07
Strathyre GB 7 Dd12
Stratinista GR 182 Ac79
Stratinska BIH 152 Gc62
Stratóni GR 184 Cc78
Stratoníki GR 184 Cc78
Strátos GR 188 Ba83
Stratton GB 18 Dc30
Stratton Audley GB 20 Fa26
Straubing D 135 Eb48
Straulas I 168 Cc75
Straum N 70 Fa22
Straum N 77 Dc29
Straumen N 62 Gc10
Straumen N 66 Fd17
Straumen N 66 Ga12
Straumen N 66 Fc17
Straumen N 77 Db30
Straumen N 78 Eb28
Straumen N 78 Ec25
Straumfjord N 66 Fc13
Straumfjorden N 66 Fd15
Straumfjordnes N 63 Hb08
Straumnes N 66 Fc14
Straumnes N 67 Gb13
Straumsjøen N 66 Fc13
Straumsli N 67 Gd11
Straumsnes N 63 Hd06
Straumsnes N 65 Kd08
Straumsnes N 66 Fc13
Straumsnes N 66 Fd17
Straumsnes N 77 Db31
Straumsvika N 70 Fa19
Strįūpai LT 114 Ka57
Straupe LV 106 Kc49
Straupitz D 128 Fb38
Strausberg D 128 Fa36
Straußfurt D 127 Dd41
Stravaj AL 182 Ad76
Stråvalla S 102 Ec50
Strawczyn PL 130 Jb41
Stráž CZ 135 Ec46
Straż PL 123 Kb33
Straža BG 180 Eb70
Straža SRB 174 Bc63
Strazdiņi LV 107 Lc49
Stražica BG 180 Ea70
Stražica SLO 151 Fd57
Strážnice CZ 137 Gd48
Strážný CZ 136 Fa48
Strážov CZ 135 Ed47
Stráž pod Ralskem CZ 128 Fc42
Strážske SK 139 Ka48
Štrba SK 138 Ja47
Štrbské Pleso SK 138 Ja47
Streatham GB 20 Fc28
Streatley GB 20 Fa28
Strečno SK 138 Hc47
Streda nad Bodrogom SK 139 Ka49
Street GB 19 Eb29
Streetly GB 16 Ed24
Stręgiel PL 122 Jc30
Strehaia RO 175 Cc65
Strehla D 127 Ed40
Streisângeorgiu RO 175 Cc61
Strejeşti RO 175 Db65
Strekov SK 145 Hb51
Strękowa Góra PL 123 Ka33
Strelča BG 179 Da72
Strelci BG 180 Db72
Strelci BG 180 Eb71
Strelec BG 180 Ea70
Střelice CZ 137 Gc45
Streliškiai LT 113 Jc53
Strelkino RUS 107 Mb48
Strelníky SK 138 Hd49
Stremț RO 175 Da60
Stremutka RUS 107 Ma47
Strenči LV 106 Kd48
Strendene N 70 Fa23
Strengberg A 144 Fc51
Strengelbach CH 141 Ca53
Strengelvåg N 66 Fd12
Strengereid N 93 Db46
Stresa I 148 Cb58
Stretsbol S 94 Ed43
Stretton GB 20 Fa25
Streufdorf D 134 Dc43
Streva LT 114 Kd58
Strezimirovci SRB 179 Ca71
Strezovce KSV 178 Bc71
Strib DK 108 Db26
Striberg S 95 Fc43
Stříbrná Skalice CZ 136 Fc45
Stříbro CZ 135 Ec45
Strichen GB 5 Ed07
Striegistal D 127 Ed41
Strielčiai LT 114 Kc58
Strigno I 150 Dd58
Štrigova HR 145 Gb56
Strihovce SK 139 Kb47
Strijen NL 124 Ad37
Strikçan AL 182 Ad74
Striķi LV 105 Jd52
Střílky CZ 137 Gd47
Strimasund S 71 Fc21
Strimonikó GR 183 Cb76
Strittjomvare S 72 Gb22
Strizivojna HR 153 Hc60
Strjama BG 180 Db73
Strîniceni-Prăjescu RO 172 Ec57
Strmac HR 152 Gd60
Strmica HR 158 Gb64
Strmilov CZ 136 Fd47
Strö S 102 Ed46
Strobin PL 129 Hb40
Strobl A 143 Ed52
Strøby DK 109 Ec27
Strøby Egede DK 109 Ec27
Strodi LV 107 Ld52
Stroeşti RO 175 Da63
Strofiliá GR 189 Cb84
Ströhen D 126 Cd36
Stroieşti MD 173 Fd55
Stroieşti RO 172 Eb56
Strojice BIH 158 Gd64
Strojkovce SRB 178 Bd70
Strokestown IRL 8 Ca19
Ström S 71 Fc22
Ström S 94 Ec43
Strömback S 80 Hb29
Strömbacka S 87 Gb35
Stromberg D 126 Cc38
Stromberg D 133 Ca44
Stromemore GB 4 Db08
Strömfors FIN 90 Kd38
Strömfors S 73 Hb23
Strömholm S 72 Gc22
Stromiec PL 130 Jc39
Strömma FIN 96 Hb40
Strömma FIN 97 Jc40
Strömma S 96 Ha43
Strømmen N 93 Ea41
Strömnäs S 73 Hb23
Strömnäs S 79 Ga25
Stromness GB 5 Eb03
Strömsberg S 96 Gc40
Strömsbruk S 88 Gc35
Strömsfors S 103 Ga46
Strömsholm S 95 Ga43
Strömsillret S 86 Ed35
Strömsjönäs S 80 Ha27
Strømsli N 67 Gc12
Strömsnäs S 79 Fd31
Strömsnäsbruk S 110 Fa53
Strömstad S 94 Ea45
Strömsund S 71 Ga23
Strömsund S 73 Ja21
Strömsund S 79 Fd28
Strömtorp S 95 Fb44
Stronachlachar GB 7 Dd12
Strond N 93 Da44
Strongili GR 182 Ab80
Strongilovoúni GR 188 Ad84
Strongoli I 165 Gd80
Stronie Śląskie PL 137 Gc44
Stronsdorf A 137 Gb49
Strontian GB 6 Db10
Stroove IRL 9 Cd15
Strop LV 115 Lc53
Stropicy RUS 99 Lc44
Stropkov SK 139 Jd47
Stroppiana I 148 Ca60
Strošinci SRB 153 Hd61
Stroud GB 19 Ec27
Stroud GB 20 Fb30
Stroumpi CY 206 Hd97
Strövelstorp S 110 Ed54
Strovja MK 183 Bb74
Strovlés GR 200 Ca95
Stróża PL 138 Ja45
Stróże PL 138 Jc45
Strücklingen D 117 Cb34
Struer DK 100 Da22
Struga MK 182 Ad75
Strugari RO 172 Ec59
Strugi-Krasnye RUS 99 Mb45
Strugovo MK 182 Ba75
Struhařov CZ 136 Fc45
Štrukovec HR 145 Gb56
Strullendorf D 134 Dc45
Strumica MK 183 Ca75
Strumień PL 138 Hc45
Strumjani BG 183 Cb75
Strunga RO 172 Ed57
Strungari RO 175 Cd61
Strupina PL 129 Gc40
Struppen D 128 Fa42
Strusshamn N 84 Ca39
Struth D 126 Db40
Struy GB 7 Dd08
Stružec HR 152 Gc59
Stružna CZ 135 Ec44
Strycksele S 80 Ha26
Stryckstjärn S 73 Hc22
Stryj UA 204 Dd16
Stryjno PL 131 Kb40
Stryjów PL 131 Kc41
Stryków PL 130 Hd38
Stryn N 84 Cd34
Strynø By DK 109 Dd28
Stryszawa PL 138 Hd45
Strzakły PL 131 Ka37
Strzałkowo PL 129 Ha37
Strzebin PL 130 Hc42
Strzeczona PL 121 Gc33
Strzegocin PL 122 Jb35
Strzegocin PL 130 Hc37
Strzegom PL 129 Gb41
Strzegów PL 129 Gd42
Strzegowo-Osada PL 122 Ja35
Strzelce PL 129 Gb42
Strzelce PL 129 Ha36
Strzelce PL 130 Hc37
Strzelce Krajeńskie PL 120 Fd35
Strzelce Opolskie PL 137 Hb43
Strzeleczki PL 137 Ha43
Strzelin PL 129 Gc42
Strzelniki PL 129 Gd42
Strzelno PL 112 Ha58
Strzelno PL 129 Ha36
Strzmiele PL 120 Fd32
Strzybnica PL 138 Hc43
Strzygi PL 122 Hc34
Strzyżów PL 131 Kd41
Strzyżów PL 139 Ka44
Strzyżowska PL 139 Jd45
Šttist RUS 99 Lc39
Stubal SRB 178 Bb67
Stubbæk DK 108 Db28
Stubbekøbing DK 109 Eb28
Stubben D 118 Cd33
Stubbsand S 80 Ha30
Stuben A 142 Da54
Stubenberg A 144 Ga54
Stubenberg D 143 Ec50
Stubičke toplice HR 151 Ga58
Štubik SRB 174 Ca66
Stubline SRB 153 Jb62
Stubno PL 139 Kc44
Studena BG 179 Cb72
Studená CZ 136 Fd47
Studenci HR 158 Gd66
Studenec BG 180 Eb69
Studenec CZ 136 Fc43
Studenec SLO 151 Fd58
Studénka CZ 137 Ha45
Studenzen A 144 Ga55
Studienka SK 137 Gd49
Studina RO 180 Db67
Studley GB 20 Ed25
Studley GB 20 Ed28
Studna BG 185 Eb74
Studnica PL 128 Ga41
Studsgård DK 108 Da24
Studsviken S 80 Gd29
Studzianki PL 121 Kb33
Studzianki-Pancerne PL 130 Jc38
Studzienice PL 121 Gd31
Studzieniczna PL 123 Kb31
Studzieniec PL 129 Gc36
Stūgliai LT 115 Lb55
Stugsund S 87 Gb37
Stuguflåten N 77 Db33
Stugun S 79 Fd31
Stuguvollmoen N 78 Ec31
Stuhr D 118 Cd34
Stukenbrock, Schloß Holte- D 126 Cc38
Stulgiai LT 113 Jd56
Stulln D 135 Eb46
Stülpe D 127 Ed38
Stulpicani RO 172 Ea56
Stungiai LT 114 Ka53
Stunts Green GB 20 Fd30
Stuomenai LV 114 Kb58
Stuorajavrre N 68 Hd11
Stuoranjargga N 63 Ja10
Stupari BIH 153 Hc63
Stupava SK 145 Gc50
Stupino RUS 203 Fa11
Stupnik HR 151 Ga59
Stuppach D 134 Da46
Stupurai LT 114 Kb53
Stūri LV 105 Jd52
Stūri LV 106 Kc51
Sturkö S 111 Fd54
Sturla I 148 Cb63
Šturlić BIH 151 Ga61
Sturminster Newton GB 19 Ec30
Sturno I 161 Fd74
Štúrovo SK 146 Hc52
Sturry GB 21 Gb29
Sturton by Stow GB 16 Fb22
Sturzelbronn F 25 Kb35
Şturzeni MD 173 Fa55
Sturzeşti MD 173 Fb55
Stutensee D 133 Cb47
Stuttgart D 134 Cd48
Stützerbach D 126 Dc42
Stuve N 86 Ea38
Stuvestøyl N 92 Cd44
Stybbersmark S 80 Ha30
Stykkishólmur IS 2 Ac03
Stylloi CY 206 Jc96
Stypułów PL 128 Fd39
Styri N 94 Eb40
Styrmannstø N 62 Ha09
Styrnäs S 80 Gc31
Styrsö S 102 Eb49
Styrvoll N 93 Dc43
Su E 49 Gc60
Suadiye TR 187 Gb79
Suances E 38 Db54
Suaningi S 73 Ja18
Suare F 154 Ca69
Suatu RO 171 Db58
Subačius LT 114 Kd54
Subaşı TR 186 Fb77
Subaşı TR 186 Fb80
Subaşı TR 187 Ha80
Subate LV 115 Lb53
Subbiano I 156 Dd66
Subcetate RO 172 Ea58
Subcetate RO 175 Cc61
Suben A 143 Ed50
Sübeylidere TR 191 Ec83
Subiaco I 160 Ec71
Subkowy PL 121 Hb31
Sublaines F 29 Gb42
Subotica HR 152 Gc57
Subotica SRB 153 Ja57
Subotiste SRB 153 Jb61
Sučany SK 138 Hc47
Sucaveni RO 177 Fb61
Suceava RO 172 Ec55
Sucé-sur-Erdre F 28 Ed42
Sučevići (Otric') HR 158 Gb64
Suceviţa RO 172 Eb55
Sucha PL 129 Gd38
Sucha PL 130 Jc39
Sucha PL 137 Hb43
Sucha Beskidzka PL 138 Hd45
Suchacz PL 122 Hc30
Suchá Hora SK 138 Ja46
Sucha Koszalińska PL 121 Gb30
Suchań PL 120 Fd34
Suchdol nad Lužnicí CZ 136 Fc48
Suchedniów PL 130 Jb41
Suchodolina PL 123 Kb32
Suchorze PL 121 Gc30
Suchowola PL 123 Kb32
Suchożebry PL 131 Ka36
Suchy Dąb PL 121 Hb30
Suchy Las PL 129 Gc36
Sucina E 55 Fa73
Suciu de Sus RO 171 Db56
Sucleia MD 173 Ga59
Sucuiu RO 176 Ec62
Sücüllü TR 193 Ha86
Sucumin PL 121 Ha31
Sućuraj HR 158 Gd67
Sucy-en-Brie F 23 Ha37
Sudak UA 205 Fa17
Sudarca MD 173 Fb53
Sudargas LT 113 Jd57
Sūdava LT 114 Ka58
Súðavík IS 2 Ac02
Südbrookmerland D 117 Cb32
Sudbury GB 16 Ed23
Sudbury GB 21 Ga26
Suddesjaur S 72 Gd21
Sudeck D 126 Cd40
Sudeikiai LT 114 La55
Süderbrarup D 108 Db29
Suderburg D 118 Dc35
Süderlügum D 108 Da28
Sudervė LT 114 La57
Sudice CZ 137 Ha44
Sudik MK 178 Bd73
Sudislavl' RUS 203 Fa08
Sudiţi RO 177 Fa66
Südlohn D 125 Bd37
Sudogda RUS 203 Fa10
Sudok S 73 Hb20
Sudoměřice CZ 136 Fb47
Sudova Vyšnja UA 204 Dd15
Sudovec HR 152 Gb58
Suðureyri IS 2 Ac02
Sudwalde D 118 Cd35
Sudža RUS 202 Ed13
Sueca E 54 Fc68
Suelli I 169 Ca78
Sueros de Cepeda E 37 Cb57
Suevos E 36 Ac55
Suevos E 36 Ba54
Suèvres F 29 Gb41
Sufers CH 142 Cd55
Şugag RO 175 Da61
Sugenheim D 134 Db46
Sugères F 34 Hc47
Suginčiai LT 113 Jd53
Suginčiai LT 114 La55
Suha BIH 152 Hb63
Suha BIH 159 Hc67
Suhadoll AL 178 Ad73
Suhaia RO 180 Dd68
Suharău RO 172 Ec54
Suhindol BG 180 Dc70
Suhiniči RUS 202 Ed11
Suhl D 126 Dc42
Suhlendorf D 119 Dd35
Suhmura FIN 83 Ld31
Suhodol BG 181 Ec73
Suhodol RUS 203 Ga09
Suho Polje BIH 153 Hd62
Suhopolje HR 152 Ha58
Suhostrel BG 183 Cb74
Suhr CH 141 Ca53
Suhuluceni MD 173 Fc56
Şuhut TR 193 Gc86
Šuica BIH 158 Gd65
Şuici RO 175 Db63
Suigu EST 98 Kb45
Suijavaara S 68 Hd14
Suinula FIN 89 Jd35
Suinula FIN 90 Ka34
Suippes F 24 Hd35
Suislepa EST 106 La46
Šuja RUS 203 Fa09
Šukaičiai LT 113 Jc55
Sukë AL 182 Ac78
Sukeva FIN 82 Kd27
Šukioniai LT 114 Kb54
Sukobin MNE 163 Ja71
Sukoró H 146 Hc54
Sukošan HR 157 Fd64
Sükösd H 153 Hd57
Sukovo SRB 179 Cb70
Şükranlı TR 193 Gc83
Şükrüpaşa TR 185 Ed74
Sukth AL 182 Ab74
Sul N 78 Ec29
Šula MNE 159 Hd66
Sulåmo N 78 Ec29
Suldal N 92 Cb42
Sulden I 142 Db56
Suldrup DK 100 Dc21
Sulechów PL 128 Fd38
Sulęcin PL 128 Fc36
Sulęczyno PL 121 Gd30
Sulejów PL 130 Hd40
Sulejówek PL 130 Jc37
Suleskar N 92 Cc44
Sulesund N 76 Cc32
Şuletea RO 177 Fb60
Süleymaniye TR 185 Eb77
Süleymaniye TR 186 Ga80
Sülfeld D 118 Dc32
Sulgen D 142 Cc52
Sulhamstead GB 20 Fa28
Sulheim N 85 Db35
Suli LV 107 Lc51
Sulibórz PL 120 Fd34
Sulików PL 128 Fc41
Sulikowo PL 121 Gb32
Sulina RO 177 Ga64
Sulingen D 118 Cd35
Sulisławice PL 131 Jd42
Suliszewo PL 120 Fd34
Sulița RO 172 Ed56
Sulitjelma N 71 Ga18
Sulkava FIN 89 Jc32
Sulkava FIN 91 Lb33
Sulkavanjärvi FIN 82 Kc28
Sulkavanjärvi FIN 82 Kc29
Sulkavankylä FIN 89 Jc32
Sulkavanperä FIN 82 Ka28
Sułkowice PL 138 Ja45
Süller TR 192 Fa83
Sullom GB 5 Fa04
Sully F 30 Ja43
Sully-la-Chapelle F 29 Gd40
Sully-sur-Loire F 29 Gd40
Sulmierzyce PL 129 Gd39
Sulmierzyce PL 130 Hc40
Sulmona I 161 Fa71
Süloğlu TR 185 Ec75
Sułoszowa PL 138 Hd43
Sułów PL 129 Gc40
Sułów PL 131 Kb41
Sulsted DK 100 Dc20
Sultançayırı TR 192 Fa81
Sultandağı TR 193 Ha86
Sultandere TR 193 Gc82
Sultanhisar TR 197 Fa88
Sultanıça TR 185 Ea78
Sultaniye TR 186 Fb80
Sultaniye TR 187 Gb79
Sultanköy TR 185 Eb77
Sultanköy TR 186 Fa77
Sultanköy TR 187 Hb79
Sultsi EST 106 Kd46
Suluca TR 185 Eb80
Suludere TR 199 Gb89
Suluköy TR 186 Fc80
Suluköy TR 192 Ga82
Sülümenli TR 192 Fd86
Sülümenli TR 193 Gd85
Sulusaray TR 205 Fc20
Sulustvere EST 98 La44
Sulva FIN 81 Hd31
Sulviken S 78 Fa29
Sülysáp H 146 Ja53
Sulz A 142 Cd53
Sulz D 134 Cc49
Sulzbach A 144 Ga55
Sulzbach D 133 Bd46
Sulzbach am Main D 134 Cd44
Sulzbach-Laufen D 134 Da48
Sulzbach (Murr) D 134 Cd47
Sulzbach-Rosenberg D 135 Ea46
Sulzberg A 142 Da52
Sulzberg D 142 Db52
Sulzburg D 141 Bd51
Sulzdorf D 119 Dd30
Sulzdorf D 134 Dc44
Sulzemoos D 143 Dd50
Sulzfeld D 134 Cc47
Sulzfeld D 134 Db43
Sulzfeld am Main D 134 Db45
Sülzhayn D 126 Dc39
Sulzheim D 134 Db44
Sumacácer E 54 Fb69
Sumartin HR 158 Gc67
Sumburgh GB 5 Fa06
Sümeg H 145 Gd55
Šumen BG 181 Ec70
Šumenci BG 181 Ec68
Sumer BG 179 Cc69
Šumerlja RUS 203 Fc09
Sumiainen FIN 82 Kc31
Sumiak PL 120 Fc35
Sumin PL 122 Hc33
Sumiswald CH 141 Bd54
Summa FIN 90 La38
Summalankylä FIN 91 Lb35
Summer Bridge GB 11 Ed19
Şumna MD 173 Fa55
Šumperk CZ 137 Gc45
Sumsa FIN 83 Lc25
Šumskas LT 115 Lb58
Sumstad N 78 Ea27
Sumy UA 202 Ed14
Sunākste LV 106 La52
Sunbury GB 20 Fc28
Sünching D 135 Eb48
Şunculuş RO 171 Cc57
Sund FIN 96 Hc40
Sund N 71 Fb18
Sund S 87 Fd34
Sund S 94 Ec44
Sund S 96 Gd40
Sund S 96 Gc45
Sund S 103 Fd48
Sundals-Ryr S 102 Ec46
Sundan N 70 Fa21
Sundborn S 95 Fd39
Sundby DK 100 Da21
Sundby DK 109 Eb29
Sundby FIN 81 Jb29
Sundbyfoss N 93 Dd43
Sunde N 65 Kd08
Sunde N 84 Cc35
Sunde N 92 Ca41
Sunde bru N 93 Db45
Sunderland GB 11 Fa17
Sundern D 125 Cb40
Sundet S 78 Ed29
Sundginge S 94 Ec44
Sundhausen D 126 Dc39
Sundhouse F 31 Kc38
Sundhultsbrunn S 103 Fc48
Sundklakk N 66 Fb14
Sundli N 77 Dd30
Sundnäs S 72 Gc20
Sundö S 103 Gb47
Sundom FIN 81 Hd31
Sundom S 73 Hd22
Sundre S 104 Gd51
Sunds DK 108 Da24
Sundsbø N 76 Cd31
Sundsbruk S 88 Gc33
Sundsby S 102 Eb48
Sundsjö S 79 Fc31
Sundsjö S 79 Fd31
Sundsli N 93 Da44
Sundsnäs S 72 Ha23
Sundsøre DK 100 Db22
Sundstrup DK 100 Db22
Sundsvall S 87 Gb33
Sundsvoll N 70 Ec22
Sundvik N 79 Fb27
Sundvollen N 93 Dd41
Sungailiškiai LT 113 Jd56
Sungurlare BG 181 Ec72
Sungurlu TR 187 Gb77
Sungurlu TR 205 Fb20
Süngüt TR 187 Gd78
Suni I 169 Bd76
Sunja HR 152 Gc60
Šunlja Stijena = Šula MNE 159 Hd66
Sünlük TR 192 Fb81
Sunnan N 78 Ec28
Sunnanå S 87 Fb35
Sunnansjö S 80 Ha29
Sunnansjö S 80 Gd30
Sunnansjö S 87 Ga32
Sunnansjö S 95 Fc40
Sunnaryd S 102 Fa51
Sunndal N 84 Cb40
Sunndalsøra N 77 Db32
Sunne S 79 Fb31
Sunne S 94 Ed42
Sunnemo S 94 Fa42
Sunnersberg S 102 Ed46
Sunnet S 87 Fb36
Šunskai LV 114 Kb58
Suo-Anttila FIN 91 Lb37
Suodenniemi FIN 89 Jc35
Suojala FIN 83 Lc26
Suojanperä FIN 65 Kb09
Suojoki FIN 89 Ja34
Suojoki FIN 97 Jd39
Suokonmäki FIN 81 Jd31
Suokumaa FIN 91 Lc36
Suokylä FIN 74 Kb24
Suolahti FIN 82 Kb31
Suolgajåknjalbmi N 64 Jb10
Suolijärvi FIN 75 Kd22
Suomasema FIN 90 Ka35
Suomela FIN 98 Ka39
Suomenkylä FIN 90 La35
Suomenniemi FIN 90 La35
Suomijärvi FIN 89 Jb34
Suomu FIN 83 Ma28
Suomusjärvi FIN 97 Jd39
Suomussalmi FIN 75 La23
Suonenjoki FIN 82 Kd31
Suoniemi FIN 89 Jc36
Suonnankylä FIN 75 Kd19
Suonpää FIN 91 Ma32
Suonsalmi FIN 90 Kd34
Suontaka FIN 89 Ja38
Suontee FIN 82 Kd31
Suonttajärvi FIN 68 Ja13
Suopajärvi FIN 69 Jd17
Suopelto FIN 90 Kc35
Suora järvi FIN 75 La19
Suorsa FIN 74 Kb19
Suorva S 67 Gc16
Suotoperä FIN 82 Ka27
Suovaara FIN 82 La25
Suovanlahti FIN 82 Kc30
Super-Besse F 34 Hb48
Superdévoluy F 35 Jd50
Supersano I 163 Hc77
Super-Sauze F 43 Kb51
Supetar HR 158 Gc67
Supetarska Draga HR 151 Fc62
Supino I 160 Ec72
Suplac RO 171 Dc59
Suplacu de Barcău RO 171 Cc56
Süplingen D 127 Ea37
Supovac SRB 178 Bd68
Süpplingen D 127 Dd37
Supraśl PL 123 Kb33
Supru FIN 65 Kb09
Süpüren TR 193 Gc82
Supuru de Jos RO 171 Cc55
Supuru de Sus RO 171 Cc55
Súr H 145 Hb53
Sura S 95 Ga42
Surahammar S 95 Ga42
Suraja RO 176 Ed62
Şura Mare RO 175 Db61
Sura Mică RO 175 Da61
Šurany SK 145 Hb51
Suraż PL 123 Kb34
Suraž RUS 202 Ec12
Surberg D 143 Ec52
Surd H 152 Gc57
Surdegis LT 114 Kd54
Surdila-Găiseanca RO 176 Ed64
Surdila-Greci RO 176 Ed64
Surdoux F 33 Gc47
Surduc RO 171 Da56
Surduk SRB 153 Jc61
Surdulica SRB 178 Bd71
Surfonds F 28 Fd40
Surgères F 32 Fb46
Surheim D 143 Ec52
Surhów PL 131 Kc41
Surhuisterveen NL 117 Bc33
Şuri MD 173 Fb54
Súria E 49 Gd60
Suric MD 173 Fd59
Surier I 148 Bb58
Surin F 32 Fd46
Surju EST 106 Kc46
Šurlane KSV 178 Bc72
Surlingham GB 17 Gb24
Surma RUS 203 Fd08
Sürmeli TR 187 Ha79
Surovikino RUS 203 Fd14
Surowe PL 122 Jb33
Sursee CH 141 Ca53
Surskoe RUS 203 Fd10
Surtainville F 22 Ed35
Surte S 102 Ec48
Suruceni MD 173 Fc58
Surviliškis LT 114 Kc55
Surwold D 117 Cb34
Sury-ès-Bois F 29 Ha41
Sury-le-Comtal F 34 Hd47
Surzur F 27 Eb41
Susa I 148 Bb60
Susana E 36 Ad55
Şuşani RO 175 Da65
Šušara SRB 174 Bc63
Sušary RUS 99 Mb39
Susch CH 142 Da55
Susegana I 150 Ea58
Suşehri TR 205 Fd20
Suseja LV 106 Kd52
Suseja LV 114 La53
Susek SRB 153 Ja60
Süsel D 119 Dd31
Suseni RO 171 Dc58
Suseni RO 172 Ea59
Suseni RO 175 Cc62
Suseni RO 175 Dc65
Suševo BG 181 Ec68
Sušice CZ 135 Ed47
Susikas FIN 89 Jd37
Suškova LV 107 Ma52
Suskowola PL 130 Jc39
Susleni MD 173 Fd57
Suslonger RUS 203 Fd08
Sūsninkai LV 114 Kb59
Šušnjevica Valdarsa HR 151 Fb60
Suspiro del Moro E 60 Db75
Süßen D 134 Da49
Süssenborn D 127 Dd41
Süstedt D 118 Cd35
Susten CH 141 Bd56
Susteren NL 125 Bb40
Sustinente I 149 Dc61
Sustrum D 117 Ca34
Susurluk TR 192 Fb81
Susuz TR 187 Hb80
Susuz TR 192 Ga85
Susuz TR 193 Gc85
Susuzkaya TR 192 Ga83
Susuzmüsellim TR 185 Ec77
Susuzören TR 192 Fd86
Susuzşahap TR 199 Hb90
Susz PL 122 Hc32
Suszewo PL 122 Hc35
Sutanži LV 106 Kd50
Sütçüler TR 199 Gd89
Şuţeşti RO 177 Fa64
Suthfeld D 126 Da36
Sutina BIH 158 Ha66
Sutivan HR 158 Gc67
Sutjeska SRB 174 Bb62
Sütlaç TR 193 Gb87
Sütlegen TR 198 Ga92
Sutlepa EST 98 Ka44
Sütlüce TR 185 Ed76
Sutomore MNE 159 Ja70
Sutri I 156 Ea70
Sutri LV 107 Lb52
Suttertjärn S 95 Fb43
Süttő H 145 Hb52
Sutton GB 20 Fc28
Sutton Coldfield GB 16 Ed24
Sutton Courtenay GB 20 Fa27
Sutton in Ashfield GB 16 Fa22
Sutton on Sea GB 17 Fd22
Sutton-on-the-Forest GB 16 Fb19
Sutton Saint Edmund GB 17 Fc24
Sutton Saint James GB 17 Fd24
Sutton Scotney GB 20 Fa29
Sutton-under-Whitestonecliffe GB 11 Fa19
Sutton Valence GB 21 Ga29
Sutyli RUS 99 Ma44
Suure-Jaani EST 98 Kd45
Suurejõe EST 98 Kc45
Suuremõisa EST 97 Jd44
Suurikylä FIN 91 Lc33
Suurikylä FIN 91 Ld33
Suurimäki FIN 82 La29
Suurisuo FIN 82 Kd28
Suurkylä FIN 91 Lc35
Suurlahti FIN 91 Lb35
Suurmäki FIN 83 Lc31
Suur-Miehikkälä FIN 91 Lb37
Suurtuvaara FIN 83 Ma28
Suutarinkylä FIN 82 Ka25
Suutarla FIN 89 Jc38
Suvainiškis LT 114 Kd53
Šuvalovo RUS 113 Jc59
Suvanto FIN 69 Kb16
Suva Reka KSV 178 Ba71
Suvereto I 155 Db67
Suvermez TR 193 Ha84
Suviekas LT 115 Lb54
Suvodol MK 183 Bb76
Suvorov RUS 113 Jb59
Suvorov RUS 202 Ed11
Suvorovo BG 181 Fa70
Suvorovskaja RUS 205 Ga17
Suwałki PL 123 Ka30
Süzbeyli TR 191 Eb85
Suzdal' RUS 203 Fa09
Suze-la-Rousse F 42 Jb51
Suzette F 42 Jc52
Suzzara I 149 Db61
Svabensverk S 87 Fd38
Svaipavalle sameviste S 71 Ga20
Svalbarðseyri IS 2 Ba04
Svalehult S 102 Ec47
Svalenik BG 180 Ea69
Svålestad N 93 Da46
Svaljava UA 204 Dd16
Svallerup DK 109 Ea26
Svalöv S 110 Ed55
Svalsta S 95 Gb45
Svanabyn S 79 Gb28
Svanamyran S 80 Gc26
Svanberga S 96 Ha42
Svandal S 94 Eb45
Svaneke DK 111 Fd57
Svanelvmo N 67 Gb11
Svanesund S 102 Eb47
Svanfors S 80 Hb25
Svängsta S 111 Fc54
Švanibachovo RUS 107 Ma47
Svaningen S 79 Fc27
Svannäs S 72 Gd21
Svannäs S 79 Ga26
Svanøybukt N 84 Ca35
Svansele S 73 Hb24
Svansele S 79 Fc26
Svanshals S 103 Fc47
Svanskog S 94 Ec44
Svanstein S 74 Jb18
Svanström S 80 Hb25
Svanträsk S 72 Ha23
Svanvik N 65 Kd08
Svanvik S 102 Eb47
Svappavaara S 67 Hb16
Svarar FIN 81 Ja31
Svardal N 84 Cb35
Svärdsjö S 95 Ga39
Svarinci LV 107 Ma52
Svarstad N 93 Dd43
Svartå FIN 98 Ka40
Svartå S 95 Fc44
Svärta S 95 Gb45
Svartana S 94 Ed42
Svartbäcken S 73 Hd21
Svartberget S 73 Ja20
Svartbyn S 73 Ja20
Svarte S 110 Fa57
Svarteborg S 102 Eb46
Svartehallen S 102 Eb47
Svartemyr N 84 Cb37
Svarte-nut N 92 Cc43
Svärtinge S 103 Ga46
Svartkog N 93 Ea42

Svartlå - Tarján

Svartlå S 73 Hc21
Svartnäs S 80 Hb25
Svartnäs S 87 Ga38
Svartnes N 71 Fc18
Svartö S 103 Gb51
Svartöstaden S 73 Hd22
Svartrå S 102 Ec51
Svarttjärn S 72 Gb22
Svarttorp S 103 Fb49
Svartträsk S 72 Gb24
Svartvik S 88 Gc33
Švary RUS 107 Mb52
Svatá Kateřina CZ 135 Ed47
Svatobořice-Mistřín CZ 137 Gc48
Svatove UA 203 Fb14
Svatsum N 85 Dd37
Svätý Jur SK 145 Gd50
Sveastrand N 86 Ea38
Švebdruoė LT 123 Kc30
Svebølle DK 109 Ea26
Svedala S 110 Ed56
Svėdasai LT 114 La54
Svedja S 87 Gb35
Svedjan S 88 Gc28
Svedje S 79 Fd27
Svedje S 80 Gd29
Sveg S 87 Fb34
Sveggesundet N 77 Da30
Sveindal N 92 Cd46
Sveio N 92 Ca42
Švėkšna LT 113 Jc56
Svelgen N 84 Cb34
Svelvik N 93 Dd42
Svenarum S 103 Fb50
Švenčionėliai LT 115 Lb56
Švenčionys LT 115 Lb56
Svendborg DK 109 Dd27
Svene N 93 Dc42
Sveneby S 103 Fb46
Svenes N 85 Dc38
Svenes N 93 Da45
Svengestøl N 92 Cd46
Svenkerud N 85 Dc39
Svenljunga S 102 Ed50
Svenneby S 102 Eb46
Svennevad S 95 Fd44
Svenningsneset N 78 Ea27
Svensby N 62 Ha09
Svensbyn S 73 Hc23
Svenshögen S 102 Eb47
Svenskby FIN 97 Jd40
Svensköp S 110 Fa55
Svenstavik S 87 Fb32
Svenstrup DK 100 Dc21
Svenstrup DK 100 Dc23
Svenstrup DK 108 Db28
Svenstrup DK 109 Ea27
Svente LV 115 Lb53
Šventežeris LV 123 Kb30
Šventininkai LT 114 La58
Šventoj LT 113 Jb54
Šventragis LV 114 Kb59
Sveom N 85 Dc35
Sverdlove UA 204 Ed17
Sverdlovs'k UA 205 Fc15
Svetajevka RUS 113 Jb59
Sveta Petka BG 179 Cd73
Světciems LV 106 Kb48
Svēte LV 106 Kb52
Sveti Ana Tenja HR 153 Hc59
Sveti Filip i Jakov HR 157 Fd65
Sveti Ivan HR 150 Ed60
Sveti Ivan Žabno HR 152 Gc58
Sveti Ivan Zelina HR 152 Gb58
Sveti Juraj HR 151 Fc61
Sveti Marina HR 151 Fb61
Sveti Nedelja HR 151 Ga59
Sveti Nikola BG 181 Fc70
Sveti Nikola MNE 163 Ja71
Sveti Nikole MK 178 Bd73
Sveti Petar na moru HR 157 Fd64
Sveti rok HR 151 Ga63
Sveti Stefan MNE 159 Hd70
Sveti Sveti Konstantin i Elena BG 181 Fb70
Sveti Vlas BG 181 Fa72
Světlá Hora CZ 137 Gd44
Svetlahorsk BY 202 Eb13
Světlá nad Sázavou CZ 136 Fd46
Svetlen BG 180 Eb70
Svetlice SK 139 Ka47
Svetlii MD 177 Fc61
Světlík CZ 136 Fb49
Svetlina BG 180 Ea73
Svetloe RUS 113 Ja59
Svetlogorsk RUS 113 Hd58
Svetlograd RUS 205 Ga16
Svetlyi Jar RUS 203 Ga14
Svetlyj RUS 113 Hd59
Svetozar Miletić SRB 153 Hd58
Svetvinčenat HR 151 Fa61
Svežen BG 180 Dc72
Sviby EST 97 Jd44
Švica HR 151 Fd62
Svidník SK 139 Jc46
Švihov CZ 135 Ed46
Svilajnac SRB 174 Bc65
Sviland N 92 Ca44
Svilengrad BG 185 Ea75
Sviliai LT 114 Kd53
Svindalen N 66 Fd12
Svineng N 64 Jc09
Svinesund N 94 Eb44
Svinhult S 103 Fd49
Svinia SK 138 Jc47
Svinica HR 152 Gc60
Svinița RO 174 Ca65
Svinná SK 137 Hb49
Svinndal N 93 Ea43
Svinnegarn S 95 Gb43
Svinninge DK 109 Ea25
Svinninge S 96 Gd43
Svinvik N 77 Db30
Svirači BG 185 Ea76
Svirkos LT 115 Lc56
Svirkovo BG 185 Ea74
Sviščaki SLO 151 Fb59
Svislač BY 202 Dd13
Svislač BY 202 Eb12
Svištov BG 180 Dd69
Svit SK 138 Jb47
Svitava BIH 158 Hb68
Svitávka CZ 137 Gb46
Svitavy CZ 137 Gb45
Svitlovods'k UA 204 Ed15
Svoboda BG 181 Fa69
Svoboda RUS 113 Jc59
Svoboda nad Úpou CZ 136 Ga43
Svobodinovo BG 184 Dc75
Svobody RUS 205 Ga17
Svode BG 179 Cd70
Svodín SK 145 Hb51
Svodje SRB 179 Ca70
Svoge BG 179 Cc70
Svojetín CZ 136 Fa44
Svojšín CZ 135 Ec45
Svolvær N 66 Fc14
Svorkmo N 77 Dd30
Svratka CZ 136 Ga46
Svrčinovec SK 138 Hc46
Svrljig SRB 178 Bd68
Svržno CZ 135 Ec46
Svullrya N 94 Ec40
Svylionys LT 115 Lc56
Swadlincote GB 16 Fa24
Swaffham GB 17 Ga24
Swallowcliffe GB 20 Ed29
Swalmen NL 125 Bb39
Swanage GB 20 Ed31
Swanbridge GB 19 Ea28
Swanley GB 20 Fd28
Swanlinbar IRL 9 Cb18
Swansea GB 19 Dd27
Swarland GB 11 Fa15
Swarożyn PL 121 Hb31
Swarzędz PL 129 Gc37
Swatragh GB 9 Cd16
Świadki Iławeckie PL 122 Ja30
Świątki PL 122 Ja31
Świątkowa PL 139 Jd46
Świątniki PL 131 Jd42
Świątniki Górne PL 138 Ja44
Świba PL 129 Ha40
Świbno PL 121 Hb30
Świdnica PL 128 Fd38
Świdnica PL 129 Gb42
Świdnik PL 131 Kb40
Świdnik PL 138 Jb45
Świdry PL 123 Jd32
Świdwin PL 120 Ga32
Świebodzice PL 129 Gb42
Świebodzin PL 128 Fd37
Święcany PL 139 Jd45
Świecie PL 121 Hb33
Świeciechowa PL 129 Gb38
Świeciechów Duży PL 131 Jd41
Świecie nad Osą PL 122 Hc33
Świecko PL 128 Fc37
Świedziebnia PL 122 Hd34
Świekatowo PL 121 Ha33
Świeradów-Zdrój PL 128 Fd42
Świercze PL 122 Jb35
Świerczów PL 129 Ha41
Świerczyna PL 121 Gb33
Świerczyna PL 138 Jb43
Świerklany Górne PL 137 Hb44
Świerkowo PL 122 Jb35
Świerzawa PL 128 Ga41
Świerzenko PL 121 Gc31
Świerzno PL 120 Fc31
Świeszyno PL 120 Ga31
Święta PL 120 Fc33
Święta Anna PL 130 Hd42
Świętajno PL 122 Jb32
Święta Katarzyna PL 130 Jb41
Święta Lipka PL 122 Jb31
Świętno PL 128 Ga38
Świętochłowice PL 138 Hc43
Świętoszów PL 128 Fd40
Swifterbant NL 116 Bb35
Świgtajno PL 123 Jd31
Swilcza PL 139 Ka44
Swindon GB 20 Ed28
Swinefleet GB 16 Fb21
Swinemünde = Świnoujście PL 120 Fb32
Swinford IRL 8 Bd19
Świniary PL 122 Jb34
Świnna PL 138 Hd45
Świnoujście PL 120 Fb32
Swinton GB 11 Ed14
Świny PL 128 Ga41
Swisttal D 125 Bd41
Swobnica PL 120 Fc34
Swords IRL 13 Cd21
Swornegacie PL 121 Gd32
Swory PL 131 Kb37
Swyre GB 19 Eb30
Sya S 103 Fd47
Syam F 31 Jd43
Syčevka RUS 202 Ec10
Sycewice PL 121 Gc30
Syców PL 129 Gd40
Sycowice PL 128 Fd38
Sydänmaa FIN 89 Jb34
Sydänmaa FIN 89 Ja37
Sydänmaankylä FIN 82 Kb27
Sydmo FIN 97 Jb40
Sygkrasi CY 206 Jd96
Sykäräinen FIN 81 Jd28
Syke D 118 Cd34
Sykkylven N 76 Cc33
Sykoúnda GR 191 Ea83
Sylda D 127 Ea39
Šyliai LT 113 Jc56
Sylling N 93 Dd41
Syltanovo RUS 107 Ma51
Sylte N 77 Da31
Syltevikmyra N 65 Kc05
Sylt-Ost D 108 Cd28
Sylväjä FIN 83 Lb25
Sylvänä FIN 89 Jd38
Sylvanès F 41 Hb53
Sylvéréal F 42 Ja54
Symbister GB 5 Fa04
Symonds Yat GB 19 Ec27
Synanohori CY 206 Ja96
Synel'nykove UA 205 Fa15
Synnerby S 102 Fa47
Synnes N 78 Ec25
Synod Inn GB 14 Dc25
Synsiö FIN 90 Kd33
Syötekylä FIN 75 Kc21
Sypniewo PL 121 Gb33
Sypniewo PL 121 Gc33
Sypniewo PL 122 Jc34
Syrau D 135 Eb43
Syre GB 5 Ea05
Syre N 92 Bd43
Syri FIN 81 Jd28
Syrjä FIN 83 Lb31
Syrjäeve UA 204 Ec16
Syrjäkoski FIN 90 Kc35
Syrjäntaka FIN 90 Kb36
Syrkesnes N 66 Fd16
Syrkovicy RUS 99 Ma41
Šyroke UA 204 Ed16
Šyrokoje RUS 122 Jb30
Syrynia PL 137 Hb44
Šyščycy BY 202 Ea13
Šyškrantė LT 113 Jb56
Sysmä FIN 90 Kc35
Sysslebäck S 94 Ed39
Syväjärvi FIN 69 Jd16
Syväjoki FIN 82 Kd26
Syvänniemi FIN 82 Kd30
Syvänojankylä FIN 89 Jb32
Syvärinpää FIN 82 La28
Syvävaara FIN 83 Lc27
Syvde N 76 Cb33
Syvdsnes N 76 Cb33
Syvsten DK 101 Dd20
Sywell GB 20 Fb25
Syyspohja FIN 91 Lc35
Syzran' RUS 203 Ga10
Szabadbattyán H 145 Hb54
Szabadegyháza H 146 Hc54
Szabadszállás H 146 Hd55
Sząbruk PL 122 Ja32
Szadek PL 130 Hc39
Szadłowice PL 121 Ha35
Szaflary PL 138 Ja46
Szajol H 146 Jb54
Szakály H 145 Hb56
Szakcs H 145 Hb56
Szakmár H 146 Hd56
Szalánta H 152 Hb58
Szalapa H 145 Gd55
Szalejów PL 137 Gb43
Szalkszentmárton H 146 Hd54
Szalonna H 138 Jc49
Szamocin PL 121 Gc34
Szamotuły PL 129 Gb36
Szandaszőlős H 146 Jb54
Szank H 146 Ja56
Szany H 145 Gd53
Szarvas H 146 Jc55
Szarvaskő H 146 Jb51
Szászvár H 152 Hb57
Szatarpy PL 121 Ha31
Szatmárcseke H 147 Kc50
Szatymaz H 146 Jb56
Százhalombatta H 146 Hc53
Szczaniek PL 128 Ga37
Szczawa PL 138 Jb46
Szczawin Borowy PL 130 Hd36
Szczawin Kościelny PL 130 Hd36
Szczawne PL 139 Ka46
Szczawnica PL 138 Jb46
Szczawno-Zdrój PL 129 Gb42
Szczebrzeszyn PL 131 Kc41
Szczecin PL 120 Fc33
Szczecinek PL 121 Gb32
Szczeinki PL 123 Ka30
Szczejkowice PL 137 Hb44
Szczekociny PL 130 Ja42
Szczepańcowa PL 139 Jd45
Szczepankowo PL 123 Jd34
Szczepanów PL 129 Gb41
Szczepkowo Borow PL 122 Ja33
Szczerców PL 130 Hc40
Szczpiorno PL 129 Ha39
Szczucin PL 138 Jc43
Szczuczarz PL 120 Ga34
Szczuczyn PL 123 Jd32
Szczuka PL 122 Hc34
Szczurowa PL 138 Jb44
Szczyrk PL 138 Hc45
Szczyrzyc PL 138 Ja45
Szczytna PL 137 Gb43
Szczytniki PL 120 Fc32
Szczytniki PL 129 Ha39
Szczytno PL 122 Jb32
Szczyty PL 137 Ha44
Szécsény H 146 Hd51
Szederkény H 153 Hc58
Szedres H 146 Hc56
Szeged H 153 Jb57
Szeghalom H 147 Jd54
Szegvár H 146 Jb56
Székely H 147 Ka50
Székesfehérvár H 145 Hb54
Székkutas H 146 Jc56
Szekszárd H 153 Hc57
Szeleste H 145 Gc54
Szelevény H 146 Jb55
Szellő H 153 Hc57
Szembruk PL 122 Hc32
Szemere H 139 Jd49
Szemud PL 121 Ha30
Szendrő H 138 Jc49
Szenenyecsörnye H 145 Gc56
Szenna H 152 Ha57
Szentbalázs H 152 Ha57
Szentendre H 146 Hd52
Szentes H 146 Jb55
Szentgál H 145 Ha54
Szentgotthárd H 145 Gb55
Szentlászló H 152 Ha57
Szentliszló H 145 Gc56
Szentlőrinc H 152 Hb58
Szentmártonkáta H 146 Ja53
Szenttamáspuszta H 152 Ha57
Szenyér H 145 Gd56
Széphalom H 139 Ka49
Szepietowo PL 123 Ka34
Szerencs H 147 Jd50
Szerokopas PL 121 Hb34
Szerzyny PL 138 Jc45
Szestno PL 122 Jb31
Szewna PL 130 Jc41
Szigethalom H 146 Hd53
Szigetszentmiklós H 146 Hd53
Szigetvár H 152 Ha58
Szigliget H 145 Gd55
Szikáncs H 146 Jc56
Szikszó H 146 Jc50
Szilvásvárad H 146 Jb51
Szin H 138 Jc49
Szirak H 146 Ja52
Szklarska Poręba PL 128 Fd42
Szklary Górne PL 128 Ga40
Szkody PL 123 Jd32
Szkotowo PL 122 Ja33
Szlichtyngowa PL 129 Gb39
Szob H 146 Hc52
Szokolya H 146 Hc51
Szolnok H 146 Jb54
Szombathely H 145 Gc54
Szomor H 146 Hc52
Szőny H 145 Hb52
Szorce PL 123 Ka33
Szóstka PL 131 Kb37
Szówsko PL 139 Kb44
Szozurkowo PL 122 Jb30
Szprotowa PL 128 Fd39
Szreńsk PL 122 Ja34
Sztabin PL 123 Kb31
Sztum PL 121 Hb31
Sztumska Wieś PL 121 Hb31
Sztutowo PL 122 Hc30
Sztynort PL 122 Jc30
Szubin PL 121 Gd34
Szűcs H 146 Jb51
Szűcsi H 146 Ja52
Szudziałowo PL 123 Kc33
Szulborze Wielkie PL 123 Jd35
Szulmierz PL 122 Ja34
Szulok H 152 Ha58
Szumowo PL 123 Jd34
Szurkowo PL 129 Gc39
Szwecja PL 121 Gb33
Szydlak PL 122 Hd32
Szydłów PL 130 Jc42
Szydłowiec PL 130 Jb40
Szydłowo PL 121 Gb34
Szydłowo PL 122 Ja34
Szymany PL 122 Jb33
Szymbark PL 122 Hc32
Szymbark PL 138 Jc45
Szymki PL 123 Kc34
Szymonka PL 122 Jc31
Szyndziel PL 123 Kb32
Szynwałd PL 138 Jc44
Szynych PL 121 Hb33
Szypliszki PL 123 Kb30
Szyszki Włościańskie PL 122 Jb35

T

Taagepera EST 106 Kd47
Tääksi EST 98 Kd45
Taaliku EST 97 Jd45
Taalintehdas FIN 97 Jc41
Taapajärvi FIN 68 Jc17
Taasia FIN 90 Kd37
Taastrup DK 109 Ec26
Taattola FIN 82 La26
Tab H 145 Hb55
Tabágon E 36 Ac58
Tabajd H 146 Hc53
Tabanera de Cerrato E 46 Db59
Tabanera la Luenga E 46 Db62
Tabani MD 172 Ed53
Tabanköy TR 185 Ed80
Tabanlar TR 191 Ed83
Tabanovce MK 178 Bc72
Tabaqueros E 54 Ed68
Tábara E 45 Cb59
Tabariškės LT 115 Lb58
Tabarz D 126 Dc41
Tabasalu EST 98 Kb42
Tabaza E 37 Cc54
Tabeirós E 36 Ad56
Taberg S 103 Fb49
Tabernas E 61 Ea75
Taberna Seca P 44 Ba65
Taberno E 61 Eb74
Tabiano Bagni I 149 Da61
Tabina EST 107 Lc47
Tabivere EST 98 La44
Tablate E 60 Dc76
Taboada E 36 Bb56
Taboada E 36 Ba54
Tabód H 146 Hc56
Tábor CZ 136 Fc47
Tabórz PL 122 Hd32
Tábua P 44 Ba63
Tabuaço P 44 Bb61
Tabuenca E 47 Ed60
Tabuyo de Monte E 37 Ca58
Täby S 95 Fc44
Täby S 96 Gd43
Täby S 103 Ga46
Tăcău RO 177 Fb65
Taceno I 149 Cc57
Tacettin TR 193 Hb81
Tacherting D 143 Eb51
Taching D 143 Ec51
Tachov CZ 135 Ec45
Tacinskij RUS 203 Fc14
Tacir TR 186 Ga79
Tackåsen S 87 Fc36
Tăcuta RO 173 Fa58
Tadaiķi LV 105 Jb52
Tadcaster GB 16 Fa20
Tadmarton GB 20 Fa26
Taebla EST 98 Ka44
Taevaskoja EST 107 Lb46
Tafalla E 39 Ed58
Tafjord N 77 Da33
Taft A 144 Ga52
Täfteå S 80 Hc28
Täfteå S 80 Ha30
Țaga RO 171 Db57
Tagaj RUS 203 Fd10
Taganrog RUS 205 Fc15
Tagaranna EST 97 Jc45
Tågarp S 110 Ed55
Tagelvdal N 67 Gd11
Tägerwilen CH 142 Cc52
Taggia I 43 La52
Taghmon IRL 13 Cc25
Tagliacozzo I 160 Ec71
Taglio di Po I 150 Ea61
Tagmersheim D 134 Dc48
Tagnon F 24 Hd34
Tagoat IRL 13 Cd25
Tagsdorf F 31 Kb40
Tagula EST 106 La47
Tahal E 61 Eb75
Tahal TR 185 Ec76
Tähemaa EST 99 Lb45
Taheva EST 106 La48
Tahilla IRL 12 Ba25
Tahivilla E 59 Ca78
Tahkolanranta FIN 75 La19
Tahkuna EST 97 Jc44
Tahta RUS 205 Fd16
Tahtacı TR 191 Ec83
Tahtacı TR 192 Fc85
Tahtacı TR 198 Fc88
Tahtaköprü TR 192 Ga81
Tahtakuşlar TR 191 Eb82
Tähtelä FIN 69 Ka16
Tähtelä FIN 98 Ka40
Taian RO 180 Dc68
Taicy RUS 99 Mb40
Taillebois F 22 Fc37
Tailovo RUS 107 Lc47
Taimoniemi FIN 82 Kb30
Tain GB 5 Ea07
Taingy F 30 Hb41
Tainiemi FIN 74 Ka21
Tainijoki FIN 74 Ka20
Tain-l'Hermitage F 34 Jb49
Tainuskylä FIN 89 Ja32
Taipale FIN 74 Jd22
Taipale FIN 82 Kc29
Taipale FIN 82 Ka31
Taipale FIN 82 Kd28
Taipale FIN 89 Jb35
Taipale FIN 89 Jd37
Taipale FIN 90 Kd33
Taipale FIN 90 Kc35
Taipaleenharju FIN 74 Kb22
Taipalsaari FIN 91 Lb35
Taipalus FIN 89 Jc32
Taiskirchen im Innkreis A 143 Ed50
Taivalkoski FIN 75 Kd21
Taivalkunta FIN 89 Jc36
Taivalmaa FIN 89 Jb32
Taivassalo FIN 97 Ja39
Taizé F 28 Fc43
Taizé F 30 Ja44
Taizon F 28 Fc43
Taja E 37 Cb55
Tajmište MK 182 Ba74
Tajno Podjeziorne PL 123 Ka31
Tăkač BG 181 Ec69
Takamaa FIN 89 Jd35
Takamaa FIN 90 Kd37
Takeley GB 20 Fd27
Takene S 94 Fa44
Takhuranna EST 106 Kb46
Takkula FIN 82 La26
Takkulankulma FIN 89 Jb38
Taklax FIN 89 Hd32
Takniškiai LT 114 Kc59
Takovo SRB 153 Jb62
Takovo SRB 159 Jc64
Takserås N 93 Db45
Taktaharkány H 147 Jd50
Täkter FIN 98 Ka40
Taktikoúpoli GR 195 Ca88
Taktkom FIN 97 Jd41
Tal E 36 Ac55
Talačyn BY 202 Eb12
Talairan F 41 Hb56
Talais F 32 Fa48
Talamanca E 49 Gd60
Talamantes E 47 Ed60
Talamillo del Tozo E 38 Db57
Talamone I 155 Dc69
Talana I 169 Cb77
Talarn E 48 Ga59
Talarrubias E 52 Cc68
Talasani F 154 Cc69
Talasjoki FIN 82 Kd27
Talaván E 51 Bd66
Talavera de la Reina E 52 Cd66
Talavera la Real E 51 Bc69
Talayuela E 45 Cb65
Talayuelas E 54 Ed66
Talcy F 29 Gb40
Taldom RUS 202 Ed10
Talea RO 176 Ea63
Talefe P 50 Aa67
Taleggio I 149 Cd58
Tales E 54 Fc66
Talgarreg GB 15 Dd26
Talgarth GB 15 Ea26
Talgje N 92 Ca43
Tali EST 106 Kc47
Táliga E 51 Bb70
Talinen S 68 Hd17
Talisker GB 4 Da08
Talkowszczyzna PL 123 Kc33
Talladale GB 4 Dc07
Tallaght IRL 13 Cd21
Tállara E 36 Ac56
Tallard F 42 Ka51
Tallåsen S 87 Ga35
Tallberg S 73 Hd20
Tallberg S 80 Ha28
Tallberg S 80 Hb28
Tallberg S 87 Fc38
Taller F 39 Fa53
Talley GB 15 Dd26
Tallhed S 87 Fc37
Tallinn EST 98 Kb42
Talljärv S 73 Hd20
Talloires F 35 Ka46
Tallowbridge IRL 13 Ca25
Tallsjö S 80 Gc27
Tällträsk S 73 Hc23
Tallträsk S 80 Gc26
Tallträsk S 80 Hb26
Talluskylä FIN 82 Kd30
Tallvik S 73 Ja20
Tállya H 147 Jd50
Tălmaciu RO 175 Db62
Talmas F 23 Gd33
Talmay F 31 Jc41
Talmaz MD 173 Ga59
Talmine GB 5 Ea04
Talmontiers F 23 Gc35
Talmont-Saint-Hilaire F 32 Ed45
Talmont-sur-Gironde F 32 Fb48
Tal'ne UA 204 Ec15
Talovaja RUS 203 Fb13
Talpa RO 176 Dd66
Talpaki RUS 113 Jb59
Talsano I 162 Ha76
Talsarnau GB 15 Dd23
Talsi LV 105 Jd50
Taluskylä FIN 81 Jd26
Talviainen FIN 90 Ka34
Talvik N 63 Hd08
Talvisilta FIN 89 Jd38
Tal-y-bont GB 15 Dd24
Tal-y-cafn GB 15 Ea22
Tămădău Mare RO 176 Ec66
Tamajón E 46 Dd62
Tamala RUS 203 Fc11
Tamallancos E 36 Bb57
Tamame E 45 Cb61
Tamames E 45 Ca63
Tamanhos P 44 Bb62
Tamarë AL 159 Jb69
Tamarino BG 181 Ec73
Tamarit E 49 Gc62
Tamarite de Litera E 48 Fd60
Tamariz de Campos E 46 Cd59
Tămăşeni RO 172 Ed58
Tamási H 145 Hb56
Tamaşi RO 172 Ed59
Tambach-Dietharz D 126 Dc42
Tâmboeşti RO 176 Ed63
Tambohuse DK 100 Da22
Tambov RUS 203 Fb12
Ţambula MD 173 Fb55
Tåme S 73 Hc24
Tamengont RUS 99 Ma39
Tåmeträsk S 73 Hc24
Tamins CH 142 Cd55
Tamış TR 191 Ea82
Tamlaght GB 9 Cb18
Tammela FIN 75 Lb20
Tammela FIN 89 Jd38
Tammenlahti FIN 91 Lc33
Tammeråsen S 87 Fc38
Tammijärvi FIN 90 Kc34
Tammikkoski FIN 90 Kc34
Tammiku EST 98 La43
Tammiku EST 98 La44
Tammilahti FIN 90 Ka33
Tammilahti FIN 90 Kc34
Tammisaari FIN 97 Jd40
Tammispää EST 99 Lb43
Tammistu EST 99 Lb45
Tamm-neeme EST 98 Kb42
Tammuna EST 105 Jb47
Tâmna RO 175 Cc65
Tamnay-en-Bazois F 30 Hc42
Tamnes N 86 Ec32
Tamnić SRB 174 Cb66
Tamniès F 33 Gb50
Támoga E 36 Bb54
Tampere FIN 89 Jd35
Tamsalu EST 98 Kd43
Tamsweg A 144 Fa54
Tämta S 102 Ed48
Tamurejo E 52 Cc69
Tamworth GB 16 Ed24
Tån S 102 Ec46
Tana bru N 64 Ka06
Tanacu RO 173 Fb59
Tanágra GR 189 Cb85
Tanakajd H 145 Gc54
Tananger N 92 Ca44
Tănăsoaia RO 177 Fa61
Tănătari MD 173 Ga59
Tănătarii Noi MD 173 Ga59
Tanaunella I 168 Cc75
Tanda SRB 174 Ca66
Ţăndărei RO 177 Fa66
Tandern D 143 Dd50
Tandır TR 193 Gd81
Tandö S 86 Fa38
Tandragee GB 9 Cd18
Tandsbyn S 79 Fc31
Tandsjöborg S 87 Fc36
Tanem N 77 Ea30
Tang IRL 9 Cb20
Tångaberg S 102 Ec51
Tanganheira P 50 Ab71
Tangaveane IRL 8 Ca16
Tångböle S 78 Ed30
Tangen N 76 Cd31
Tangen N 79 Fb27
Tangen N 93 Ea44
Tangen N 94 Eb40
Tångeråsa S 95 Fc44
Tangerhütte D 127 Ea36
Tangermünde D 127 Eb36
Tangnesland N 63 Hc09
Tångsta S 79 Gb30
Tangstedt D 118 Db32
Tangstedt D 118 Dd32
Tängvattnet S 71 Fc22
Tanhua FIN 69 Kb15
Tani FIN 91 Lb36
Taninges F 35 Ka45
Tankavaara FIN 69 Ka13
Tankolampi FIN 82 Kc31
Tankovo BG 181 Fa72
Tankovo BG 185 Dd75
Tanlay F 30 Hd40
Tann D 143 Ec50
Tanna D 135 Ea43
Tanna D 135 Ea43
Tannadice GB 7 Ec10
Tannåker S 102 Fa51
Tännäs S 86 Ed33
Tannay F 24 Ja34
Tannay F 30 Hc41
Tänndalen S 86 Ed33
Tanne D 126 Dc39
Tännesberg D 135 Eb46
Tannhausen D 134 Db48
Tannheim A 142 Db53
Tannheim D 142 Da51
Tannila FIN 74 Ka22
Tannisby DK 101 Dd19
Tännö S 103 Fb51
Tann (Rhön) D 126 Db42
Tannroda D 127 Dd42
Tannsjön S 79 Fd29
Tanoiro E 36 Ad57
Tanowo PL 120 Fb33
Tansa RO 172 Ed58
Tântareni RO 175 Cd65
Tantonville F 25 Jd37
Tantow D 120 Fb34
Tanttala FIN 90 Kb37
Tanttila FIN 90 Kb37
Tånum DK 100 Dc23
Tanum N 93 Dd41
Tanum N 93 Dc44
Tanum S 94 Eb45
Tanumshede S 94 Eb45
Tanus F 41 Ha52
Tanvald CZ 128 Fd42
Tan-y-llyn GB 15 Dd24
Tan-y-pistyll GB 15 Ea23
Taormina I 167 Fd85
Táp H 145 Ha53
Tapa EST 98 Kd42
Tapala FIN 89 Jc38
Tapani vaara FIN 75 Lb24
Tapdrup DK 100 Db23
Tapfheim D 134 Dc49
Tapia de Casariego E 37 Bd53
Tapiku EST 98 La44
Tápióbicske H 146 Ja53
Tápiógyörgye H 146 Ja53
Tapiola FIN 98 Kb39
Tapionkylä FIN 74 Jd18
Tapionniemi FIN 69 Kb17
Tápiószele H 146 Ja53
Tápiószentmárton H 146 Ja53
Tápiószőlős H 146 Ja53
Tapizë AL 182 Ab74
Tapojärvi FIN 68 Ja16
Tapolca H 145 Gd55
Tappeluft N 63 Hc08
Tappen N 63 Ja06
Tappernøje DK 109 Eb27
Taps DK 108 Db26
Tapsony H 145 Gd56
Tar HR 150 Ed60
Tarabo S 102 Ed48
Taraclia MD 173 Fd59
Taraclia MD 177 Fd61
Taraclica de Salcie MD 177 Fc61
Tarácsi H 145 Gd53
Taradell E 49 Ha60
Taragona E 36 Ad56
Taraguilla E 59 Cb78
Taraklı TR 187 Gc80
Tărăn BG 184 Db75
Tarancón E 53 Dd66
Taranto I 162 Ha76
Tarány H 145 Ha53
Tarany H 152 Gd57
Tarare F 34 Ja46
Taraš SRB 153 Jb59
Tarašča UA 204 Ec15
Taraşçı TR 199 Hb89
Tarascon F 42 Jb53
Tarascon-sur-Ariège F 40 Gc57
Tarasova MD 173 Fd55
Tarasovka RUS 113 Jb58
Tarasp Fontana CH 142 Da55
Tarassac F 41 Hb54
Taravilla E 47 Ec64
Tarazona E 47 Ec60
Tarazona de Guareña E 45 Cc62
Tarazona de la Mancha E 53 Ec68
Tårbæk DK 109 Ec25
Tarbert GB 4 Da06
Tarbert GB 6 Db13
Tarbert IRL 12 Bb23
Tarbes F 40 Fd55
Tarbolton GB 10 Dd14
Tärby S 102 Ed48
Tărcaia RO 170 Cb58
Tarcal H 147 Jd50
Tarcău RO 172 Eb58
Tarcea RO 170 Cb55
Tarcenay F 31 Jd42
Tarcento I 150 Ed57
Tarčin BIH 158 Hb65
Tarczyn PL 130 Jb38
Tard H 146 Jc51
Tardajos E 38 Dc58
Tardelcuende E 47 Ea61
Tardets-Sorholus F 39 Fa56
Tardienta E 48 Fb59
Tärendö S 68 Hd17
Tarente = Taranto I 162 Ha76
Tarent = Taranto I 162 Ha76
Ţareuca MD 173 Fd55
Targale LV 105 Jb50
Targon F 32 Fc50
Tărgovište BG 180 Eb70
Târgovişte RO 176 Dd64
Targowo PL 122 Jb32
Târgşoru Vechi RO 176 Ea64
Târgu Bujor RO 177 Fb62
Târgu Cărbuneşti RO 175 Cd64
Târgu Frumos RO 172 Ed57
Târgu Gânguleşti RO 175 Da64
Târgu Jiu RO 175 Cd63
Târgu Lăpuş RO 171 Db56
Târgu Mureş RO 171 Dc59
Târgu-Neamţ RO 172 Ec57
Târgu Ocna RO 176 Ec60
Târgu Secuiesc RO 176 Eb61
Târguşor RO 177 Fc66
Târgu Troţuş RO 176 Ec60
Tarhapää FIN 90 Ka32
Tarhos H 147 Jd55
Tărian RO 170 Ca56
Tarifa E 59 Ca78
Ţarigrad MD 173 Fb54
Tarinmaa FIN 90 Ka37
Tariquejo E 59 Bb73
Tarján H 145 Hb52

Tigy – Torvoila

Tigy F 29 Gd40
Tiha Bârgăului RO 171 Dc57
Tihany H 145 Ha55
Tihemetsa EST 106 Kc46
Tiheró GR 185 Ea77
Tihilä FIN 82 Kc27
Tihio GR 183 Bb77
Tihkovicy RUS 99 Mb41
Tihoreck RUS 205 Fc16
Tihusniemi FIN 90 La32
Tihvin RUS 202 Eb08
Tihvinka RUS 99 Ld42
Tiilää FIN 90 Kc38
Tiimola FIN 91 Lb34
Tiirimetsa EST 105 Jc47
Tiironkylä FIN 82 Ka30
Tiistenjoki FIN 81 Jc31
Tijesno HR 157 Ga65
Tijola E 61 Ea74
Tijovac SRB 179 Ca68
Tikinmaa FIN 89 Jd36
Tikkakoski FIN 90 Kb32
Tikkala FIN 83 Ld31
Tikkala FIN 90 Kb33
Tikkurila FIN 98 Kb39
Tikøb DK 109 Ec24
Tilaj H 145 Gd55
Tilburg NL 124 Ba38
Tilbury GB 20 Fd28
Til-Châtel F 30 Jb41
Tileagd RO 170 Cb56
Tilisca RO 175 Da61
Tilisos GR 200 Da95
Tillac F 40 Fd55
Tillay-le-Péneux F 29 Gc39
Tillberga S 95 Gb42
Tilleda D 127 Dd40
Tillicoultry GB 7 Ea12
Tillières-sur-Avre F 23 Gb37
Tillinge S 95 Gb42
Tilly F 33 Gb45
Tilly-sur-Seulles F 22 Fb36
Tilsaperä FIN 90 Kb33
Tilshead GB 20 Ed29
Tilst DK 108 Dc24
Tilstock GB 15 Ec23
Tiltai LT 114 Kb59
Tiltiņi LV 106 Kb51
Tiltrem N 78 Ea28
Tilža LV 107 Ld50
Tilže LT 115 Lc54
Tim DK 100 Cd23
Tim RUS 203 Fa13
Timahoe IRL 13 Cb22
Timár H 147 Jd50
Timaševsk RUS 205 Fc16
Timau I 143 Ec56
Timbáki GR 200 Cd96
Timberscombe GB 19 Ea29
Time N 92 Ca44
Timfristós GR 188 Bb83
Timi CY 206 Hd98
Timirjazevo RUS 113 Jc57
Timişeşti RO 172 Ec57
Timişoara RO 174 Bd60
Timişu de Sus RO 176 Ea62
Timmele S 102 Fa48
Timmendorfer Strand D 119 Dd31
Timmenrode D 127 Dd38
Timmernabben S 103 Gb51
Timmersdala S 102 Fa46
Timmervik S 102 Ec46
Timofeevo RUS 113 Jd57
Timohino RUS 202 Ec08
Timola FIN 90 La32
Timoleague IRL 12 Bc26
Timoniemi FIN 83 Lb25
Timošino RUS 203 Fb08
Timovaara FIN 83 Lc29
Timpinvaara FIN 75 Lb21
Timrå S 88 Gc33
Timring DK 108 Da24
Timsbury GB 20 Fa29
Timsfors S 110 Fa53
Tinahely IRL 13 Cd23
Tinajas E 47 Ea65
Tinalhas P 44 Bb65
Tınaztepe TR 193 Gc85
Tinca RO 170 Ca57
Tinchebray F 22 Fb37
Tinchi I 162 Gc76
Tinden N 77 Dd29
Tineo E 37 Ca54
Tingere LV 105 Jd49
Tinglev DK 108 Da28
Tingsbekk N 93 Da46
Tingsryd S 111 Fc53
Tingstad S 103 Ga46
Tingstäde S 104 Ha49
Tingsted DK 109 Eb28
Tingvoll N 77 Db31
Tinieblas E 46 Dd59
Tinja BIH 153 Hc62
Tinjan HR 151 Fa60
Tinlot B 124 Ba42
Tinnura I 169 Bd76
Tinos GR 196 Db88
Tiñosillos E 46 Cd62
Tinosu RO 176 Ea65
Tinqueux F 24 Hc35
Tintagel GB 18 Db30
Tinţareni MD 173 Fc56
Ţinţăreni MD 173 Fd58
Tinténiac F 28 Ed38
Tintern Parva GB 19 Eb27
Ţinteşti RO 176 Ec64
Tintigny B 132 Ba44
Tinūži LV 106 Kc51
Tiobraid Árann IRL 13 Ca24
Tione di Trento I 149 Db58
Ţipala MD 173 Fd58
Tipasoja FIN 83 Lb26
Tipčenica BG 179 Cd70
Tipperary IRL 13 Ca24
Tiptree GB 21 Ga27
Tipu EST 98 Kc45
Tiranë AL 182 Ab74
Tiranges F 34 Hd48
Tirano I 149 Da57
Tiraspol MD 173 Ga58
Tırazli TR 191 Ec86
Tire TR 191 Ed87
Tiream RO 171 Cc55
Tirebolu TR 205 Fd19
Tireļi LV 106 Ka51
Tîrgul Vertiujeni MD 173 Fc54
Tiriez E 53 Eb69
Tirig E 48 Fd64
Tiriolo I 164 Gc81
Tirivolo I 164 Gc80
Tirkiliškiai LT 114 Kc57
Tirkšliai LT 113 Jd53
Tirley GB 15 Ec26
Tirmo FIN 98 Kd39
Tirmonperä FIN 75 Kc22
Tirnaneill IRL 9 Cc18
Tirnauca MD 173 Ga59
Tirnava TR 192 Fb81
Tirnavos GR 183 Bd80
Tirnova MD 173 Fa54
Tirnova MD 173 Fb54
Tirol I 142 Dc55
Tirolo I 142 Dc55
Tirós GR 195 Bd89
Tirrenia I 155 Da65
Tirro FIN 69 Jd11
Tirschenreuth D 135 Eb45
Tirşiţei MD 173 Fc56
Tirstrup DK 101 Dd23
Tirumbaltgalvji LV 106 La51
Tirza LV 107 Lb49
Tisău RO 176 Ec64
Tiscar Don Pedro E 61 Dd73
Tiset DK 108 Da27
Tiševica BG 179 Cd69
Tišino RUS 107 Ma48
Tišino RUS 113 Ja59
Tiskādi LV 107 Lc51
Tiskolovo RUS 99 Lc40
Tismana RO 175 Cc63
Tišnov CZ 137 Gb47
Tisovac BIH 158 Hb64
Tisovec SK 138 Ja49
Tisselskog S 94 Ec45
Tistedal N 94 Eb44
Tistrup DK 108 Da25
Tisvilde DK 109 Eb24
Tisvildeleje DK 109 Eb24
Tiszaadony H 147 Kb50
Tiszaalpár H 146 Jb55
Tiszabecs H 147 Kc50
Tiszabura H 146 Jc53
Tiszacsege H 147 Jd52
Tiszacsermely H 147 Ka50
Tiszadada H 147 Jd51
Tiszadob H 147 Jd51
Tiszadorogma H 146 Jc52
Tiszaeszlár H 147 Jd51
Tiszaföldvár H 146 Jb54
Tiszafüred H 146 Jc52
Tiszajenő H 146 Jb54
Tiszakécske H 146 Jb54
Tiszakeszi H 147 Jd51
Tiszakürt H 146 Jb55
Tiszalök H 147 Jd51
Tiszalúc H 147 Jd51
Tiszanána H 146 Jc52
Tiszaörs H 146 Jc52
Tiszaroff H 146 Jb53
Tiszaszőlős H 146 Jc52
Tiszatelek H 147 Ka50
Tiszaújváros H 147 Jd51
Tiszavasvári H 147 Jd51
Titaguas E 54 Fa66
Titáni GR 189 Bd86
Titeikiai LT 114 Kd55
Titel SRB 153 Jc60
Ţiţeşti RO 175 Dc64
Tithoréa GR 189 Bd84
Tithróni GR 189 Bd84
Titioniai LT 114 Kb53
Titisee-Neustadt D 141 Ca51
Titkoniai LT 114 Kc53
Tito I 161 Ga76
Titran N 77 Db29
Titreyengöl TR 199 Ha91
Titting D 135 Dd48
Tittling D 135 Ed49
Tittmoning D 143 Ec51
Titu RO 176 Dd65
Titulcia E 46 Dc65
Titz D 125 Bc40
Tiuccia F 154 Ca70
Tiukka FIN 89 Hd33
Tiukurova FIN 69 Kc17
Tiurajärvi FIN 68 Jb15
Tivat MNE 159 Hd69
Tived S 95 Fc45
Tivenys E 48 Ga63
Tiverton GB 19 Ea30
Tivissa E 48 Ga62
Tivoli I 160 Eb71
Tizzano F 154 Ca72
Tizzano Val Parma I 149 Da62
Tjačiv UA 204 Dd16
Tjæreborg DK 108 Cd26
Tjällmo S 103 Fd46
Tjåmotis S 72 Gd18
Tjamšča RUS 107 Ld47
Tjappsåive S 72 Ha22
Tjärn S 80 Gc28
Tjärnberg S 72 Gd23
Tjärnmyrberget S 79 Fd26
Tjärnö S 94 Ea45
Tjärstad S 103 Fd47
Tjäruträsk S 73 Ja20
Tjåure S 78 Fa28
Tjåurek S 67 Ha16
Tjautjas S 67 Hb17
Tjeldnes N 66 Ga13
Tjeldstø N 84 Bd38
Tjeldsundbrua N 66 Ga13
Tjelle N 77 Da32
Tjenndalen N 93 Db44
Tjentište BIH 159 Hc66
Tjernagel N 92 Ca41
Tjöck FIN 89 Hd33
Tjøme N 93 Dd44
Tjong N 70 Fa19
Tjønnefoss N 93 Da44
Tjønnvik N 78 Fa25
Tjørhom N 92 Cc44
Tjörnarp S 110 Fa55
Tjörnekalv S 102 Eb48
Tjøtta N 70 Ed22
Tjuda FIN 97 Jc40
Tjulenovo BG 181 Fc69
Tjulträsk S 71 Ga21
Tjuonajåkk S 67 Gd16
Tjurkö S 111 Fd54
Tjusk PL 122 Hc30
Tjuvkil S 102 Eb48
Tjuvö FIN 98 Kd39
Tjuvskjær N 67 Gb12
Tkon HR 157 Fd65
Tlačene BG 179 Cd69
Tleń PL 121 Ha32
Tlmače SK 145 Hb50
Tłuchowo PL 122 Hc35
Tlučná CZ 135 Ed45
Tlumačov CZ 137 Gd47
Tłuściec PL 131 Kb37
Tłuszcz PL 130 Jc36
Toano I 149 Db63
Toba SRB 174 Bb60
Toba de Valdivieso E 38 Dc56
Tobar E 38 Dc58
Tobar an Choire IRL 8 Bd18
Tobarra E 53 Ec70
Tobercurry IRL 8 Bd18
Toberdoney GB 9 Cd15
Tobermore GB 9 Cd16
Tobermory GB 6 Da10
Toberonochy GB 6 Db12
Toberscanavan IRL 8 Ca18
Toblach I 143 Eb55
Tobo S 96 Gc40
Tobolac SRB 178 Bb68
Tobru N 86 Ea38
Tobson GB 4 Da05
Toby FIN 81 Ja31
Tobyn S 94 Ed42
Tocane-Saint-Apre F 33 Ga49
Toceni MD 177 Fb60
Tocha P 44 Ac63
Tocina E 59 Ca73
Töcksfors S 94 Eb43
Töcksmark S 94 Eb43
Tocón E 60 Db74
Tocuz MD 173 Ga59
Todal N 77 Dc30
Todalsøra N 77 Dc32
Toddington GB 20 Fb26
Todendorf D 118 Dc30
Todendorf D 119 Dd30
Todenham GB 20 Ed26
Todi I 156 Ea68
Todireni RO 172 Ed56
Todireşti MD 173 Fb57
Todireşti RO 172 Eb55
Todireşti RO 172 Ed57
Todireşti RO 172 Fa57
Todmorden GB 16 Ed20
Todolella E 48 Fc64
Todoričene BG 179 Da70
Todor Ikonomovo BG 181 Ed69
Todorovo BG 181 Ec68
Tødsø DK 100 Da21
Todtmoos D 141 Ca51
Todtnau D 141 Ca51
Tödva EST 98 Kb43
Todzia PL 122 Jc33
Toft GB 5 Fa04
Tofta S 102 Ec51
Tofta S 104 Gd49
Toftbyn S 95 Fd39
Tofte N 70 Ed23
Tofte N 85 Dc34
Tofte N 93 Ea43
Töftedal S 94 Eb45
Tofterup DK 108 Da25
Tofteryd S 103 Fb50
Tofteseter N 85 Dd36
Toftesetra N 85 Dc34
Toftevåg N 84 Bd39
Toftir DK 3 Ca06
Toftlund DK 108 Da27
Tófű H 152 Hb57
Togher IRL 9 Cd20
Togher IRL 12 Bb26
Töging D 143 Eb50
Tohanu Nou RO 176 Dd62
Tohatin MD 173 Fd58
Tohmajärvi FIN 83 Ma31
Tohmo FIN 69 Kb17
Tohni FIN 81 Jc31
Toholampi FIN 81 Jd28
Tohvri EST 98 Kd45
Toiano I 155 Db66
Toija FIN 97 Jd40
Toijala FIN 89 Jd36
Toikkala FIN 90 La36
Toikkala FIN 91 Lb36
Toila EST 99 Lb41
Toirano I 148 Bd63
Toivakka FIN 90 Kc33
Toivala FIN 82 La30
Toiviaiskylä FIN 82 Kc28
Toivola FIN 83 Lb26
Toivola FIN 90 Kd35
Töjby FIN 89 Hd32
Tokačka BG 185 Dd76
Tokaj H 147 Jd50
Tokarevka RUS 203 Fb12
Tokarnia PL 130 Jb42
Tokarnia PL 138 Ja45
Tokary PL 131 Kb36
Tokat TR 192 Fd83
Tokat TR 205 Fc20
Tokatbaşı TR 191 Ed87
Toklucak TR 193 Ha84
Tokmacık TR 193 Gd87
Tokmak UA 205 Fa16
Tokmaklı TR 192 Fb85
Tokod H 146 Hc52
Tököl H 146 Hc53
Tokrajärvi FIN 83 Ma29
Tokuşlar TR 193 Gb85
Tolbaños E 46 Da63
Tölby FIN 81 Ja31
Tolca TR 199 Ha88
Tolcsva H 147 Jd50
Toldaos E 36 Bc56
Toledo E 52 Db66
Tolentino I 156 Ec67
Tolfa I 156 Dd70
Tolfta S 96 Gc40
Tolg S 103 Fc51
Tolga N 86 Eb33
Tolinas E 37 Cb55
Toliočiai LT 114 Ka54
Tolivia E 37 Cc55
Tolja FIN 74 Kb20
Tol'jatti RUS 203 Ga10
Tolk D 108 Db29
Tolkee FIN 83 Lc27
Tolkiny PL 122 Jb30
Tolkis FIN 98 Kc39
Tolkkinen FIN 98 Kc39
Tolkmicko PL 122 Hc30
Tolko PL 122 Ja30
Tolköyü TR 199 Hb89
Tollarp S 111 Fb55
Tolle I 150 Eb61
Tollesbury GB 21 Ga27
Tollikko FIN 81 Jb29
Töllinperä FIN 82 Ka27
Tollo I 157 Fb70
Tølløse DK 109 Eb26
Töllsjö S 102 Ed49
Tolmačevo RUS 99 Mb42
Tolmezzo I 143 Ec56
Tolmin SLO 151 Fa57
Tolna H 146 Hc56
Tolnanémedi H 146 Hc55
Tolne DK 101 Dd19
Toló GR 195 Bd88
Tolonen FIN 69 Ka12
Tolonen FIN 69 Jd17
Tolosa E 39 Ec55
Tolosa P 50 Ba67
Tolosenjoki FIN 75 Kd24
Tolosenmäki FIN 91 Ld32
Tolox E 60 Cc76
Tolsa FIN 98 Kb40
Tolsta GB 4 Db05
Tolva E 48 Ga59
Tolva FIN 75 Kd19
Tölvä FIN 82 Kd29
Tolvădia RO 174 Bc62
Tolve I 162 Gb75
Tomai MD 173 Fc59
Tomai MD 177 Fd61
Tomaiul Nou MD 173 Fc59
Tomakivka UA 205 Fa16
Tomäperä FIN 81 Jd26
Tomar P 50 Ac66
Tomarovka RUS 203 Fa14
Tomaševac SRB 153 Jc60
Tomaševac SRB 174 Bb62
Tomaševo MNE 159 Jb67
Tomašica BIH 152 Gc62
Tomašica HR 152 Gd59
Tomašići HR 151 Fd60
Tomášikovo SK 145 Ha51
Tomášovce SK 146 Ja50
Tomašpil' UA 204 Eb16
Tomaszowice PL 131 Ka40
Tomaszów Lubelski PL 131 Kc42
Tomaszów Mazowiecki PL 130 Ja39
Tomatin GB 7 Ea08
Tombebœuf F 32 Fd51
Tomcrasky GB 7 Dd09
Tome LV 106 Kc51
Tomelilla S 111 Fb56
Tomellosa E 47 Ea64
Tomelloso E 53 Dd68
Tomeşti RO 171 Cc59
Tomeşti RO 173 Fa57
Tomeşti RO 174 Cb61
Tometino SRB 159 Jb64
Tomice PL 129 Gd38
Tomich GB 7 Dd08
Tomintoul GB 7 Eb08
Tomislavgrad BIH 158 Gd65
Tomiszowice PL 130 Hd42
Tomma N 70 Fa20
Tommarp S 111 Fb56
Tømmerbakk N 84 Cb36
Tømmerneset N 66 Fd15
Tommerup DK 108 Dc27
Tommerup Stationsby DK 108 Dc27
Tømmervåg N 77 Db30
Tommola FIN 90 La35
Tompa H 153 Ja57
Tomperi FIN 82 Kc26
Tompter N 93 Ea42
Tømra N 78 Eb30
Tomrefjord N 76 Cd32
Tomşani RO 175 Da63
Tomşani RO 176 Eb64
Tomsino RUS 107 Mb51
Tôň SK 145 Ha52
Tona E 49 Ha60
Tonara I 169 Cb77
Tonbridge GB 20 Fd29
Tondela P 44 Ad63
Tønder DK 108 Da28
Tondorf D 125 Bc42
Tondu GB 19 Ea28
Toneby S 94 Ed42
Tonezza I 150 Dd58
Tongeren B 124 Ba41
Tongue GB 5 Ea04
Toninek PL 121 Gd33
Tönisvorst D 125 Bc39
Tønjum N 84 Cd37
Tonkino RUS 203 Fc08
Tonna GB 19 Dd27
Tonnay-Boutonne F 32 Fb46
Tonnay-Charente F 32 Fb46
Tonneins F 40 Fd52
Tonnerre F 30 Hd40
Tönnersjö S 102 Ed52
Tonnes N 70 Fa20
Tønnesland N 92 Cd46
Tönning D 118 Da30
Tönnö FIN 90 Kc37
Tono I 167 Fd83
Tonšaevo RUS 203 Fc08
Tønsberg N 93 Dd44
Tønsnes N 62 Gd09
Tonstad N 92 Cb45
Tõnumaa EST 98 Kb44
Tonya TR 205 Fd19
Toome GB 9 Cd16
Toomyvara IRL 13 Ca22
Tootsi EST 98 Kc45
Topağaç TR 185 Ed79
Topala MD 177 Fc60
Topalak TR 198 Fb83
Topalar TR 198 Fb91
Topallı TR 199 Gd91
Topalu RO 177 Fb66
Topana RO 175 Db64
Topârcea RO 175 Da61
Topas E 45 Cb61
Topçam TR 197 Fa89
Topčić-Polje BIH 152 Hb63
Topčii BG 180 Eb69
Topcliffe GB 11 Fa19
Topçukoy TR 186 Fa76
Topçular TR 186 Ga79
Topczewo PL 123 Kb34
Töpen D 135 Ea43
Topeno FIN 90 Ka38
Tophisar TR 186 Fb80
Topla RO 174 Ca60
Topla SLO 144 Fc56
Toplet RO 174 Cb64
Topli Do SRB 179 Cb69
Topliţa RO 172 Ea58
Topliţa RO 175 Cc61
Topola SRB 174 Bb65
Topolany PL 123 Kc34
Topolcafő H 145 Ha54
Topoľčane BG 180 Eb72
Topoľčani MK 183 Bb75
Topoľčany SK 137 Hb49
Topoľčianky SK 145 Hb50
Topólia GR 200 Ca95
Topólka PL 129 Hb36
Topolnica SRB 174 Ca65
Topólno PL 130 Hd36
Topolog RO 177 Fc65
Topolovăţu Mare RO 174 Bd61
Topoloveni RO 175 Dc65
Topolovgrad BG 185 Eb74
Topolovnik SRB 174 Bc64
Topolovo BG 184 Dc74
Topolšica SLO 151 Fc57
Toponár H 145 Ha56
Toponica SRB 174 Bb66
Toponica SRB 178 Bd69
Toporów PL 128 Fd37
Toporu RO 180 Dd67
Toppenstedt D 118 Dc33
Topraisar RO 181 Fc68
Topuk TR 192 Fc81
Topusko HR 151 Ga60
Topyaka TR 193 Gd82
Torà E 49 Gc60
Torajärvi FIN 89 Jd37
Toral E 37 Cb58
Toral de los Guzmanes E 37 Cc58
Toramaa EST 98 Kc45
Toranj HR 151 Fa61
Torás E 54 Fb66
Torasjärvi S 73 Hd18
Toraspera FIN 81 Jd31
Toras-Sieppi FIN 68 Jb14
Torävere EST 98 La45
Torba TR 197 Ec90
Torbalı TR 191 Ec87
Torbay GB 19 Ea31
Törbel CH 141 Bd56
Tørberget N 86 Ec37
Torbjörntorp S 102 Fa47
Torcé-en Vallée F 28 Fd39
Torcello I 150 Eb59
Torcross GB 19 Dd32
Torcy F 23 Ha37
Torcy F 30 Ja43
Torcy-le-Grand F 23 Gb34
Torda SRB 153 Jc59
Torda SRB 174 Bb61
Tørdal N 93 Db44
Tordehumos E 46 Cd59
Tordera E 49 Hb60
Tordesillas E 46 Cd61
Tordesilos E 47 Ed64
Tordillos E 45 Cc63
Tordómar E 46 Dc59
Tore GB 5 Ea07
Töre S 73 Ja21
Töreboda S 103 Fb46
Toreby DK 109 Ea29
Toreby DK 109 Eb29
Torekov S 110 Ec53
Torella dei Lombardi I 161 Fd75
Torella del Sannio I 161 Fb72
Torelló E 49 Ha59
Toreno E 37 Ca56
Torestorp S 102 Ed50
Toresund S 96 Gc43
Torete E 47 Ec63
Torfou F 28 Fa43
Torgåsmon S 86 Fa38
Torgau D 127 Ed39
Torgelow D 120 Fb33
Torgu EST 105 Jc47
Torhamn S 111 Ga54
Torheim N 84 Cb34
Torhout B 21 Ha29
Torhult S 102 Fa49
Tori EST 98 Kc45
Torigni-sur-Vire F 22 Fb36
Torija E 46 Dd63
Torikka FIN 97 Jc40
Toril E 47 Ed65
Torino I 148 Bc60
Torino di Sangro Marina I 157 Fb70
Törise EST 105 Jc46
Toritto I 162 Gc74
Torjulvågen N 77 Db31
Törma EST 98 La42
Torma EST 99 Lb44
Törmä FIN 83 Lb26
Tormac RO 174 Bd61
Törmäkylä FIN 82 Kc25
Tormaleo E 37 Bd55
Törmänen FIN 69 Ka11
Törmänki FIN 74 Jc18
Törmänmäki FIN 75 Kd24
Tormantos E 38 Dd58
Tormás H 152 Hb57
Törmäsenvaara FIN 75 La20
Törmäsjärvi FIN 74 Jc19
Tormestorp S 110 Fa54
Törmörkény H 146 Jb55
Tornal'a SK 138 Jb49
Tornanádska H 138 Jc49
Törnävä FIN 81 Jb31
Tornavacas E 45 Cb64
Tornby DK 100 Dc19
Torndrup Strand DK 101 Dd21
Tornefors S 68 Hd16
Tornehamn S 67 Gc13
Tornes N 76 Cd31
Tornes N 93 Db44
Tornesch D 118 Db32
Torneträsk S 67 Ha14
Tornimäe EST 97 Jd45
Tornin E 37 Cd55
Tornio FIN 74 Jc21
Tornio FIN 90 Kc36
Tornioniemi FIN 91 Lb32
Tornjoš SRB 153 Jb58
Torno I 149 Cc58
Tornos E 47 Ed63
Törnsfall S 103 Gb49
Tornyosnémeti H 139 Jd49
Toro E 45 Cc60
Torö S 96 Gd45
Törökbálint H 146 Hc53
Törökkoppány H 145 Hb56
Törökszentmiklós H 146 Jc54
Toróni GR 184 Cc80
Torony H 145 Gb54
Toropec RUS 202 Eb10
Torošino RUS 107 Ma46
Torp FIN 96 Hb40
Torp S 102 Eb46
Torp S 102 Eb47
Torpa S 95 Ga43
Torpa S 102 Fa52
Torpa S 103 Fd48
Torpao N 85 Dd38
Torpè I 168 Cc75
Torphins GB 7 Ec09
Torpo N 85 Db39
Torpoint GB 18 Dc31
Torpsbruk S 103 Fc51
Torpshammar S 87 Ga33
Torquay GB 19 Ea31
Torquemada E 46 Db59
Torraca I 161 Ga77
Torralba E 47 Eb65
Torralba de Aragón E 48 Fb60
Torralba de Calatrava E 52 Db69
Torralba del Moral E 47 Eb62
Torralba de los Frailes E 47 Ed62
Torralba del Río E 39 Eb57
Torralba de Oropesa E 52 Cc66
Torrão P 50 Ac70
Torrão do Lameiro P 44 Ac62
Torrböle S 80 Hb29
Torre E 59 Cb77
Torre F 154 Cb72
Torre P 44 Ac59
Torre P 50 Ab70
Torre-Alháquime E 59 Cb75
Torre a Mare I 162 Gd74
Torre Annunziata I 161 Fb75
Torrebaja E 54 Ed66
Torrebarrio E 37 Cb55
Torrebeleña E 46 Dd63
Torre Beretti I 148 Cb60
Torreblacos E 47 Ea60
Torreblanca E 54 Fd65
Torreblanca de los Caños E 59 Ca74
Torreblascopedro E 60 Db72
Torrebruna I 161 Fb71
Torrebueit E 53 Ea66
Torrecaballeros E 46 Db62
Torrecampo E 52 Cd70
Torre Canne I 162 Ha75
Torre Cardela E 60 Dc74
Torrechiara I 149 Da62
Torrecilla E 47 Eb65
Torrecilla E 52 Da72
Torrecilla de Alcañiz E 48 Fc63
Torrecilla de la Jara E 52 Cd66
Torrecilla del Pinar E 46 Db61
Torrecilla de Valmadrid E 47 Fa61
Torrecilla en Cameros E 38 Ea58
Torrecillas de la Tiesa E 51 Cb67
Torre das Vargens P 50 Ad67
Torre de Dom Chama P 45 Bc60
Torre de Juan Abad E 53 Dd70
Torre de la Higuera E 59 Bc75
Torre del Bierzo E 37 Ca57
Torre del Campo E 60 Db73
Torre del Greco I 161 Fb75
Torre del Lago Puccini I 155 Da65
Torre dell'Impiso I 166 Eb84
Torre dell'Orso I 163 Hc77
Torre del Mar E 60 Da76
Torre del Peñón E 61 Ec75
Torredembarra E 49 Gc62
Torre de Miguel Sesmero E 51 Bc69
Torre de Moncorvo P 45 Bc61
Torre d'en Doménec E 54 Fd65
Torre de'Passeri I 157 Fa70
Torre di Porticello I 162 Gb71
Torre d'Isola I 149 Cc60
Torredonjimeno E 60 Db73
Torre Faro I 164 Ga83
Torrefarrera E 48 Ga60
Torregrossa E 48 Ga61
Torreira P 44 Ac62
Torrejoncillo E 45 Bd65
Torrejoncillo del Rey E 53 Ea66
Torrejón de Ardoz E 46 Dc64
Torrejón del Rey E 46 Dd64
Torrejón el Rubio E 51 Ca66
Torrelabatón E 46 Cd60
Torrelacárcel E 47 Ed64
Torrelaguna E 46 Dc63
Torrelapaja E 47 Ec61
Torre Lapillo I 162 Hb77
Torrelavega E 38 Db55
Torrellano Alto E 55 Fb71
Torrelodones E 46 Db64
Torremaggiore I 161 Fd72
Torremayor E 51 Bd69
Torremazanas E 55 Fb70
Torremegía E 51 Bd69
Torre Melissa I 165 Gd80
Torremendo E 55 Fa72
Torre Mileto I 161 Ga71
Torremocha E 51 Ca67
Torremolinos E 60 Cd76
Torremormojón E 46 Da59
Torremuelle E 60 Cd77
Torrenieri I 156 Dd67
Torrenostra E 54 Fd65
Torrent E 54 Fb68
Torrente de Cinca E 48 Fd61
Torrenueva E 60 Dc76
Torreorgaz E 51 Bd67
Torre Orsaia I 161 Fd77
Torre-Pacheco E 55 Fa73
Torre Pedrera I 156 Eb64
Torre Pellice I 148 Bc61
Torreperogil E 52 Dc72
Torrequebradilla E 60 Db72
Torrequemada E 51 Ca67
Torre Rinalda I 163 Hc76
Torre Ruffa I 164 Ga82
Torres E 60 Dc73
Torresandino E 46 Db60
Torre San Gennaro I 163 Hc76
Torre San Giovanni I 165 Hc78
Torre Santa Susanna I 162 Hb76
Torres de Albánchez E 53 Ea71
Torres de Berrellén E 47 Fa60
Torres de la Alameda E 46 Dd64
Torres del Carrizal E 45 Cb60
Torres del Obispo E 48 Fd59
Torres de Montes E 48 Fc59
Torres de Segre E 48 Ga61
Torres Novas P 50 Ac66
Torrestio E 37 Cb55
Torres-Torres E 54 Fc67
Torres Vedras P 50 Aa67
Torretta I 149 Dc61
Torretta I 155 Da66
Torrette I 156 Ed66
Torrette di Fano I 156 Ec65
Torre Vado I 165 Hc78
Torrevelilla E 48 Fc63
Torrevicente E 47 Ea61
Torrevieja E 55 Fb72
Torricela I 162 Ha76
Torricella Peligna I 161 Fb71
Torrico E 52 Cc66
Torri del Benaco I 149 Db59
Torridon GB 4 Dc07
Torriglia I 149 Cc62
Torrijas E 54 Fa66
Torrijo del Campo E 47 Ed63
Torrijos E 52 Da66
Torrild DK 108 Dc24
Torrin GB 4 Db08
Tørring DK 108 Db25
Torring N 78 Eb27
Torrita di Siena I 156 Dd67
Torrivaara S 73 Hd19
Torro FIN 89 Jd38
Torroal P 50 Ab70
Torroella de Fluvià E 49 Hb59
Torroella de Montgrí E 49 Hc59
Torrox E 60 Da76
Torrox Costa E 60 Da76
Torrskog S 94 Ec44
Torrubia del Campo E 53 Dd66
Torsåker S 80 Gc31
Torsåker S 95 Ga40
Torsåker S 96 Gc45
Torsång S 95 Fd40
Torsansalo FIN 91 Ld34
Torsås S 111 Ga53
Torsbo S 102 Fa49
Torsborg S 86 Fa32
Torsby S 94 Ed41
Torsby S 94 Fa42
Torsdalsdammen N 92 Cd43
Torsebro S 111 Fb54
Torsetnes N 77 Dc30
Torsfjärden S 79 Fc27
Torshälla S 95 Gb43
Tórshavn DK 3 Ca07
Torsholma FIN 97 Hd40
Torsjöåsen S 86 Fa38
Torskefjord N 64 Jd05
Torsken N 62 Gb10
Torskinge S 102 Fa51
Torskors S 111 Fd54
Torslanda S 102 Eb49
Torslunde DK 109 Ea28
Torsnes N 93 Ea44
Torsö S 94 Fa45
Torstuna S 95 Gb42
Torsvi S 96 Gc43
Törtel H 146 Jb54
Torthorwald GB 10 Ea16
Tortinmäki PIN 89 Jb38
Tórtola E 53 Eb66
Tórtola de Heneras E 46 Dd63
Tórtoles de Esgueva E 46 Db60
Tortolì I 169 Cc77
Tortoman RO 181 Fb67
Tortona I 148 Cb61
Tortora I 164 Ga78
Tortora Marina I 164 Ga78
Tortorella I 161 Ga77
Tortoreto Lido I 157 Fa68
Tortorici I 167 Fc84
Tortosa E 48 Ga63
Tortosendo P 44 Bb64
Tortuera E 47 Ec63
Tortuna S 95 Gb42
Torul TR 205 Fd19
Toruń PL 121 Hb34
Torup S 102 Ed51
Törva EST 106 La46
Tor Vaianica I 160 Ea72
Torvastad N 92 Bd42
Torvela FIN 82 Kc25
Torvenkylä FIN 81 Jc27
Torver GB 11 Eb18
Tørvik N 77 Dc28
Torvik N 77 Db31
Torvikbukt N 77 Da31
Torvikbygd N 84 Cb39
Torvinen FIN 69 Ka16
Torvizcón E 60 Dc76
Torvoila FIN 90 Ka36

Torvsjö – Turany

Torvsjö S 79 Gb27
Torysa SK 138 Jc47
Torysky SK 138 Jc47
Toržok RUS 202 Ec10
Torzym PL 128 Fc37
Tosåsen S 87 Fb32
Tosaunet N 70 Ed24
Tosbotn N 70 Fa23
Toscaig GB 4 Db08
Toscolano-Maderno I 149 Db59
Tösens A 142 Db54
Tosno RUS 202 Eb08
Tossa S 73 Jb20
Tossa de Mar E 49 Hb60
Tossåsen S 87 Fb32
Tossavanlahti FIN 82 Kc29
Tosse F 39 Ed54
Tösse S 94 Ed45
Tosseberg S 94 Ed41
Tossene S 102 Eb46
Tõstamaa EST 106 Ka46
Tostared S 102 Ec50
Tostedt D 118 Db33
Tosunlar TR 192 Fc87
Tosya TR 205 Fb20
Tószeg H 146 Jb54
Toszek PL 137 Hb43
Totana E 55 Ed73
Totebo S 103 Ga49
Totenviken N 85 Ea39
Tôtes F 23 Gb34
Totești RO 175 Cc62
Tótkomlós H 146 Jc56
Totland GB 20 Fa31
Tøtlandsvik N 92 Cb43
Totleben BG 180 Dc69
Totnes GB 19 Dd31
Totsås N 78 Fa26
Tötszerdahely H 152 Gc57
Tøttdal N 78 Eb26
Tottenham GB 20 Fc28
Tottijärvi FIN 89 Jc36
Totton GB 20 Fa30
Tótvázsony H 145 Ha54
Touça P 45 Bc62
Toucy F 30 Hb40
Toudon F 43 Kc52
Touët-sur-Var F 43 Kc52
Touillon F 30 Ja40
Toul F 25 Jc37
Toulat FIN 82 Kc30
Toulon F 42 Ka55
Toulon-sur-Arroux F 30 Hd44
Toulouse F 40 Gc54
Toulx Sainte-Croix F 33 Gd45
Toúmba GR 183 Ca77
Tourcoing F 21 Ha30
Tourigo P 44 Ad63
Touriñán E 36 Ac54
Tourlaville F 22 Ed34
Tourlída GR 188 Ba85
Tourmakeady IRL 8 Bc19
Tournai B 124 Aa41
Tournan-en-Brie F 23 Ha37
Tournay F 40 Fd56
Tournecoupe F 40 Ga53
Tournefeuille F 40 Gb54
Tournefort F 43 Kc52
Tournehem-sur-la-Hem F 21 Gc30
Tournon-d'Agenais F 33 Gb51
Tournon-Saint-Martin F 29 Ga44
Tournon-sur-Rhône F 34 Jb49
Tournus F 30 Jb44
Tourny F 23 Gc36
Tourouvre F 29 Ga38
Tours F 29 Ga42
Tours-en-Vimeu F 23 Gc33
Tourteron F 24 Ja34
Tourtoirac F 33 Gb49
Tourtour F 42 Ka53
Tourula FIN 89 Jb37
Tourves F 42 Ka54
Tourville-sur-Sienne F 22 Ed36
Toury F 29 Gc39
Toutencourt F 23 Gd33
Touvois F 28 Ed43
Touzac F 33 Gb51
Toužim CZ 135 Ec44
Tovačov CZ 137 Gd46
Tovariševo SRB 153 Ja60
Tovarkovskij RUS 203 Fa11
Tovarnik HR 153 Hd60
Tovdal N 93 Da45
Tøvelde DK 109 Ec28
Toven N 70 Fa21
Tovrljane SRB 178 Bc69
Tovsli N 92 Cd44
Towcester GB 20 Fb26
Tow Law GB 11 Ed17
Town Yetholm GB 11 Ed14
Toxotes GR 184 Db77
Toya E 61 Dd73
Toybelen TR 192 Fa81
Tøymskardlia N 70 Fa23
Töysä FIN 89 Jd32
Töysänperä FIN 90 Ka32
Tozaklı TR 185 Ed76
Tozalmoro E 47 Eb60
Trabada E 36 Bc54
Trabadelo E 37 Bd56
Trabanca E 45 Ca61
Trabazos E 45 Ca59
Traben-Trarbach D 133 Bd44
Trabia I 166 Ed84
Trabitz D 135 Ea45
Traboch A 144 Fc53
Trabotivište MK 183 Ca74
Trabzon TR 205 Fd19
Trachslau CH 141 Cb54
Tracino I 166 Dd88
Tradate I 148 Cb58
Træna N 70 Ed20
Trættlia N 78 Eb29
Trafask IRL 12 Ba26
Trafoi I 142 Db56
Tragacete E 47 Ec65
Traganó GR 188 Ad86
Traghetto I 150 Dd62
Tragöss-Oberort A 144 Fc53
Tragwein A 144 Fc50
Trahiá GR 195 Ca88
Trahíla GR 194 Bb90
Trahíli GR 189 Cc85
Trahütten A 144 Fd55
Traian RO 172 Ed59
Traian RO 177 Fa64
Traian RO 177 Fb64
Traian RO 177 Fc66
Traian RO 180 Db67
Traian Vuia RO 174 Ca61
Traiguera E 48 Fd64
Trainel F 30 Hb38
Trainou F 29 Gd40
Traisen A 144 Ga51
Traiskirchen A 145 Gb51
Traismauer A 144 Ga50
Trăisteni RO 176 Ea63
Traitsching D 135 Ec47
Trakai LT 114 Kd58
Trakai LT 114 La58
Trakija BG 180 Dd73
Trakiszki PL 123 Kb30
Trakošćan HR 151 Ga57
Trakšėdžiai LT 113 Jb56
Träkumla S 104 Gd49
Tralee IRL 12 Bb24
Trá Lí IRL 12 Bb24
Tramacastilla E 47 Ed64
Tramariglio I 168 Bc75
Tramatza I 169 Bd77
Tramayes F 34 Ja45
Tramelan CH 141 Bc53
Trá Mhór IRL 13 Cb25
Tramm D 119 Ea33
Tramonti di Sopra I 150 Ec57
Tramore IRL 13 Cb25
Trampot F 30 Jb38
Tramutola I 161 Ga77
Trån BG 179 Ca70
Trana I 148 Bc60
Tranås S 103 Fc48
Tranbjerg DK 108 Dc24
Tranby N 93 Dd42
Trancault F 30 Hc38
Tranco E 61 Ea72
Trancoso P 44 Bb62
Trandal N 76 Cc33
Tranebjerg DK 109 Dd25
Tranekær DK 109 Dd28
Tranemo S 102 Fa50
Tranent GB 11 Ec13
Tranestederne DK 101 Dd19
Trångmon S 79 Fc26
Trångslet S 86 Fa37
Trångsviken S 79 Fb30
Trani I 162 Gc73
Trănica BG 181 Ed69
Traniș RO 171 Cd56
Trankil S 94 Ec44
Trănkovo BG 180 Dd73
Trannes F 30 Ja38
Tranóvalto GR 183 Bc79
Tranøya N 66 Fd14
Trans F 28 Ed38
Transinne B 132 Ad43
Transtrand S 86 Fa38
Tranum DK 100 Db20
Tranum S 102 Ed46
Tranum Enge DK 100 Db20
Tranvik S 96 Ha43
Tranvikan N 77 Dc29
Trapani I 166 Ea84
Trapene LV 107 Lb48
Trapoklovo BG 180 Eb72
Trapp GB 19 Dd27
Trappenkamp D 118 Dc31
Trappes F 23 Gc37
Trappeto I 166 Eb84
Trappstadt D 134 Dc43
Traryd S 110 Fa53
Trasacco I 160 Ed71
Trasadingen CH 141 Cb52
Trasanquelos E 36 Ba54
Trascastro E 36 Ba56
Trasdorf A 144 Ga50
Trashan AL 163 Jb71
Trasierra E 51 Ca71
Träskholm S 73 Hb24
Träskvik FIN 89 Ja33
Träslövsläge S 102 Ec51
Trasmonte E 36 Bb55
Traspinedo E 46 Da60
Trässberg S 102 Ed46
Trassem D 133 Bc45
Trästena S 103 Fb46
Trästenik BG 180 Db69
Trästenik BG 180 Ea69
Trăstikovo BG 181 Ed73
Tratnach A 144 Fa51
Traun A 144 Fb51
Traunkirchen A 144 Fa52
Traunreut D 143 Eb51
Traunstein D 143 Ec52
Traupis LT 114 Kd55
Trausnitz D 135 Eb46
Trauten N 94 Eb40
Trautskirchen D 134 Dc46
Trävad S 102 Ed47
Travassós P 44 Ba60
Trävattna S 102 Fa47
Travemünde D 119 Dd31
Travers CH 141 Bb54
Traversella I 148 Bd59
Traversetolo I 149 Da62
Traves F 31 Jd40
Traviesas E 36 Ba54
Travnik BIH 158 Ha64
Travnik SLO 151 Fb59
Travo F 154 Cb71
Trawniki PL 131 Kb40
Trawsfynydd GB 15 Dd23
Trazo E 36 Ad55
Trbovlje SLO 151 Fc57
Trbuk BIH 152 Hb62
Trbušani SRB 159 Jc64
Trbušnica SRB 153 Jc63
Trdevac KSV 178 Ba71
Trean IRL 8 Bc20
Trearddur Bay GB 14 Dc22
Trébago E 47 Ec60
Tréban F 34 Hb45
Třebařov CZ 137 Gc45
Trebbin D 127 Ed37
Trebbus D 128 Fa39
Třebechovice pod Orebem CZ 136 Ga44
Trebel D 119 Ea34
Třeben CZ 135 Eb44
Treben D 127 Eb41
Trebenište MK 182 Ba75
Trebenow D 120 Fa33
Trèbes F 41 Ha55
Trébeurden F 26 Dd37
Trebgast D 135 Ea44
Třebíč CZ 136 Ga47
Trebinje AL 182 Ad76
Trebinje BIH 159 Hc69
Trebisacce I 164 Gc78
Trebisăuți MD 173 Fa53
Trebisht AL 182 Ad74
Trebisov SK 139 Ka48
Trebitz D 127 Ec39
Trebliнka PL 123 Jd35
Trebnje SLO 151 Fc58
Třebohostice CZ 136 Fa47
Třeboň CZ 136 Fc48
Tréboul F 27 Dc39
Třebovice CZ 137 Gb45
Trebsen D 127 Ec40
Trebujena E 59 Bd75
Trebujeni MD 173 Fd57
Trebur D 134 Cc44
Treburley GB 18 Dc31
Trecastagni I 167 Fd85
Trecastle GB 15 Ea26
Trecate I 148 Cb59
Trecchina I 161 Ga77
Trecenta I 150 Dd61
Trechtlingshausen D 133 Ca44
Trecwn GB 14 Db26
Tredegar GB 19 Ea27
Trédion F 27 Eb40
Tredòs E 40 Ga57
Tredozio I 156 Dd64
Treehoo IRL 9 Cc19
Treen GB 18 Da32
Trefeglwys GB 15 Ea24
Tréfeuntec F 27 Dc39
Treffelstein D 135 Ec46
Treffen A 144 Fa56
Treffieux F 28 Ed41
Treffort-Cuisat F 35 Jc45
Treffurt D 126 Db41
Trefnant GB 15 Ea22
Tre Fontane I 166 Eb85
Trefor GB 15 Dd22
Trefriw GB 15 Ea22
Trefnant GB 15 Ea22
Tregaron GB 15 Dd25
Trégastel-Plage F 26 Dd37
Treglio I 157 Fb70
Tregnago I 149 Dc59
Trégomeur F 26 Eb38
Tregony GB 18 Db32
Trégourez F 27 Dd39
Tréguier F 26 Ea37
Trégunc F 27 Dd40
Trehörna S 103 Fc47
Trehörningsjö S 80 Ha29
Treia D 108 Da29
Treia I 156 Ed67
Treignac F 33 Gc48
Treignat F 33 Gd45
Treignes B 132 Ac43
Treigny F 30 Hb41
Treillières F 28 Ed42
Treimani EST 106 Kb47
Treis-Karden D 133 Bd43
Trekanten S 103 Gb52
Trekilen S 79 Fc30
Trekljano BG 179 Ca71
Trelawnyd GB 15 Ea22
Trélazé F 28 Fc41
Trélaze F 28 Fc41
Trelde DK 108 Db26
Trelech GB 14 Dc26
Treleth GB 11 Eb19
Trélissac F 33 Ga49
Trelkowo PL 122 Jb32
Trelleborg S 110 Ed57
Trelleck GB 19 Eb27
Trélon F 24 Hc32
Treluminjt AL 182 Ad77
Tremblay F 28 Ga38
Tremblois-lès-Rocroi F 24 Hd33
Tremedal E 45 Cb64
Tremedal de Tormes E 45 Ca62
Tremelo B 124 Ad40
Trémentines F 28 Fb42
Tremês P 50 Ab67
Třemešná CZ 137 Gd44
Tremezzo I 149 Cc57
Tréminis F 35 Jd50
Tremoli I 164 Ga78
Tremor de Arriba E 37 Ca56
Tremosine I 149 Db58
Třemošná CZ 135 Ed45
Třemošnice CZ 136 Fd45
Tremp E 48 Ga59
Trenance GB 18 Db31
Trēnči LV 106 Kb51
Trenčianska Turná SK 137 Ha48
Trenčianske Stankovce SK 137 Ha48
Trenčianske Teplice SK 137 Hb48
Trenčín SK 137 Ha48
Trend DK 100 Db21
Trendelburg D 126 Da39
Trengereiddal N 84 Ca39
Trensacq F 39 Fb52
Trent D 119 Ed30
Trenta SLO 151 Fa57
Trento I 149 Dc58
Trentola I 161 Fa74
Tréogan F 27 Dd39
Tréon F 23 Gb37
Treorchy GB 19 Ea27
Trepča HR 151 Ga60
Trepča KSV 178 Bb70
Trepča Atomska SRB 159 Jc64
Treppeln D 128 Fb38
Trept F 35 Jc47
Trepuzzi I 163 Hc76
Trerulefoot GB 18 Dc31
Třešť CZ 136 Fd47
Trescares E 38 Da55
Trescore Balneario I 149 Cd59
Trescore Cremasco I 149 Cd59
Tresfjord N 76 Cd32
Tresigallo I 150 Ea62
Tresjuncos E 53 Ea67
Treskë AL 182 Ad77
Treski EST 107 Lc46
Treskog S 94 Ed42
Tresnja SRB 153 Jc62
Tresnja SRB 174 Bb64
Trešnjevica SRB 178 Ad67
Trešnjevo MNE 159 Hd69
Tresnuraghes I 169 Bd76
Tresonče MK 182 Ba74
Trespaderne E 38 Dd56
Tressait GB 7 Ea10
Tresson F 29 Ga40
Treteau F 34 Hc45
Tretjakovo RUS 114 Ka58
Trets F 42 Jd54
Tretten N 63 Hb09
Tretten N 85 Dd37
Treuchtlingen D 134 Dc48
Treuen D 135 Eb43
Treuenbrietzen D 127 Ec38
Treungen N 93 Da44
Trevalampi FIN 98 Ka39
Trevélez E 60 Dc75
Tréveray F 24 Jb37
Trevi I 156 Eb68
Treviana E 38 Ea57
Trévières F 22 Fb35
Treviglio I 149 Cd59
Trevignano Romano I 156 Ea70
Trévignon F 27 Dd40
Treviño E 38 Ea57
Treviso I 150 Ea59
Trevor GB 14 Dc23
Trewithian GB 18 Db32
Trézelles F 34 Hc45
Trezzano sul Naviglio I 149 Cc59
Trezzo sull' Adda I 149 Cd59
Trgovište SRB 178 Bd72
Trhanov CZ 135 Ec47
Trhová Kamenice CZ 136 Ga45
Trhovište SK 139 Ka48
Triacastela E 36 Bc56
Triaize F 32 Fa45
Triana I 156 Dd68
Triánda GR 197 Fa92
Triangelen N 65 Kc09
Triantafiliá GR 183 Bb77
Triaucourt-en-Argonne F 24 Ja36
Triberg D 141 Cb50
Tribsees D 119 Ec31
Tribunj HR 157 Ga65
Tricarico I 162 Gb76
Tricase I 165 Hc78
Tricase Porto I 165 Hc78
Tricesimo I 150 Ed57
Tricot F 23 Ha34
Triebel D 135 Eb43
Trieben A 144 Fb53
Triebes D 127 Eb42
Trie-Château F 23 Gc35
Triefenstein D 134 Da45
Triei I 169 Cc77
Triengen CH 141 Ca53
Trier D 133 Bc44
Trierweiler D 133 Bc44
Trieste I 151 Fa59
Triest = Trieste I 151 Fa59
Trie-sur-Baïse F 40 Fd55
Trifănești MD 173 Fb55
Trifești MD 173 Fd56
Trifești RO 172 Ed58
Trifești RO 173 Fa56
Triftern D 143 Ec50
Trigance F 43 Kb53
Triglitz D 119 Eb34
Trignac F 27 Ec42
Trigóna GR 182 Ba80
Trígono GR 182 Ba77
Trigrad BG 184 Da75
Triguères F 30 Hb40
Trigueros E 58 Bb73
Trigueros del Valle E 46 Da60
Trijebine SRB 159 Jb67
Trijebine SRB 178 Ad68
Trijueque E 46 Dd63
Tríkala GR 183 Bd78
Tríkala GR 188 Bb81
Trikāta LV 106 La48
Trikéri GR 189 Ca83
Tri Kladenci BG 179 Cd69
Trikokiá GR 183 Bb80
Trikomo CY 206 Jd96
Tríkorfo GR 182 Ba79
Trilj HR 158 Gc66
Trillevallen S 78 Fa30
Trillo E 47 Ea63
Trilofos GR 183 Bd78
Trim IRL 9 Cc20
Trimbach CH 141 Ca53
Trimiklini CY 206 Ja97
Trimsaran GB 19 Dd27
Trin CH 142 Cd55
Trinay F 29 Gc39
Trinca MD 172 Ed54
Trindade P 45 Bc60
Trindade P 58 Ab72
Třinec CZ 137 Hb45
Tring GB 20 Fb27
Trinità I 148 Bc63
Trinità I 148 Bd62
Trinità d'Agultu I 168 Ca74
Trinitapoli I 162 Gb73
Trinity GBJ 26 Ec35
Trino I 148 Ca60
Trinta P 44 Bb63
Triodos GR 194 Bb89
Triogo E 37 Cd54
Triollo E 38 Da56
Triora I 43 Kd52
Tripes GR 194 Bb87
Tripiti GR 184 Cd79
Tripití GR 194 Ba87
Trípoli GR 194 Bc88
Triponzo I 156 Ec68
Tripótama GR 188 Bb86
Tripótamo GR 188 Ba83
Tripótamos GR 183 Bd78
Triptis D 127 Ea42
Trispen GB 18 Db31
Tři Studně CZ 136 Ga46
Tritenii de Jos RO 171 Db58
Trittau D 118 Dc32
Trittenheim D 133 Bd44
Trivalea-Moșteni RO 176 Dd66
Trivento I 161 Fb72
Trivero I 148 Ca58
Trivignano Udinese I 150 Ed58
Trivigno I 162 Gb76
Trizac F 33 Ha48
Trizelnieki LV 107 Lb51
Trizína GR 195 Ca88
Trjavna BG 180 Dd71
Trnakovac HR 152 Gd60
Trnava SK 145 Ha50
Trnava SRB 159 Jb64
Trnavce KSV 178 Ba70
Trnjane SRB 178 Bc68
Trnjani BIH 152 Gc61
Trnjani HR 152 Hb60
Trnovac SRB 179 Ca68
Trnovec HR 152 Gb57
Trnovec nad Váhom SK 145 Ha51
Trnovica BIH 159 Hc66
Trnovica HR 158 Hb68
Trnovo BIH 159 Hc65
Trnovska vas SLO 144 Ga56
Troarn F 22 Fc36
Tröbitz D 127 Ed39
Trobo E 36 Bb54
Tročany SK 139 Jd47
Trochry GB 7 Ea11
Trochtelfingen D 142 Cd50
Trödje S 88 Gc38
Troedyrhiw GB 19 Ea27
Troekurovo RUS 203 Fb11
Troense DK 109 Dd28
Trofa P 44 Ad60
Trofa P 44 Ad60
Trofaiach A 144 Fc53
Trofors N 70 Fa23
Trogen CH 142 Cd53
Trogir HR 158 Gb66
Troglan Bara SRB 178 Bb67
Tröglitz D 127 Eb41
Tróia I 161 Fd73
Tróia P 50 Ab69
Troianul RO 180 Dc67
Troickaja RUS 205 Fc17
Troina I 167 Fb85
Troisdorf D 125 Bd41
Trois Ponts B 125 Bb42
Troistorrents CH 141 Bb56
Troisvierges L 133 Bb43
Troița Nouă MD 173 Ga59
Troițcoe MD 173 Ga57
Trojaci MK 183 Bc75
Trojan BG 180 Db71
Trojane SLO 151 Fc57
Trojanovo BG 181 Ec72
Trojanów PL 131 Jd38
Trójca PL 128 Fc41
Trökörna S 102 Ed47
Troldhede DK 108 Da24
Trolla N 78 Ea29
Trollfjord N 63 Ja04
Trollhättan S 102 Ec47
Trollknuten N 83 Bd59
Trollshovda FIN 97 Jc40
Trollvik N 63 Hb10
Trømborg N 94 Eb43
Tromello I 148 Cb60
Tromøy N 93 Db46
Tromsdal N 78 Ec29
Tromsdalen N 62 Gd09
Tromsø N 62 Gd09
Tromvik N 62 Gc09
Trönbyn S 87 Gb37
Troncedo E 40 Fd58
Tronco P 45 Bc59
Trondheim N 77 Ea30
Trondstad N 92 Cd47
Trones N 71 Fc18
Trones N 78 Fa25
Trönninge S 102 Ec51
Trönninge S 102 Ed52
Trönö S 87 Gb36
Trontveit N 93 Da44
Tronvik N 78 Eb29
Tronvik N 84 Cb36
Tröö F 29 Ga40
Troodos CY 206 Ja97
Troon GB 10 Dd14
Troøyen N 78 Ea31
Trooz B 124 Ba41
Trópea GR 194 Bb87
Tropea I 164 Ga82
Tropojë AL 159 Jc69
Tropojë AL 178 Ad71
Tröpolach A 143 Ed56
Tropy Sztumskie PL 122 Hc31
Trory GB 9 Cb17
Trosa S 96 Gc45
Trosby N 93 Dc44
Troškas LV 107 Lb51
Troškūnai LT 114 Kd55
Trošmarija HR 151 Fd60
Trosna RUS 202 Ed12
Trossin D 127 Ec39
Trossingen D 141 Cb50
Trostan' RUS 202 Ec13
Tröstau D 135 Ea44
Trostberg D 143 Eb51
Trostjanec' UA 202 Ed14
Trostjanskij RUS 203 Fc13
Troszczyno PL 120 Fd32
Troszyn PL 122 Jc34
Trotby FIN 97 Jc40
Trouans F 24 Hd37
Troubelice CZ 137 Gc45
Troubky CZ 137 Gd46
Troulloi CY 206 Jc97
Troutbeck GB 11 Eb18
Trouville-sur-Mer F 22 Fd35
Troviscal P 44 Ad65
Trowbridge GB 19 Ec28
Troyes F 30 Hd38
Trpanj HR 158 Gd68
Trpezi MNE 159 Jc68
Trpezi MNE 178 Ad69
Trpejca MK 182 Ad76
Trpinja HR 153 Hd60
Trsa MNE 159 Hd67
Tršće HR 151 Fc59
Tršic SRB 153 Ja63
Trstená SK 138 Hd46
Trstenik HR 158 Ha68
Trstenik SRB 178 Bb67
Trsteno HR 158 Hb69
Trstice SK 145 Ha51
Trübbach CH 142 Cd54
Trubčevsk RUS 202 Ed13
Trubetčino RUS 203 Fb12
Trubia E 37 Cb54
Trubjela MNE 159 Hd68
Trubschachen CH 141 Bd54
Trucco I 43 Kd52
Truchas E 37 Ca58
Trud BG 180 Db73
Trudovec BG 179 Cd70
Trujillanos E 51 Bd69
Trujillo E 51 Ca67
Trulben D 133 Ca47
Trumieje PL 122 Hc32
Trumiejki PL 122 Hc32
Trumpji LV 105 Jc49
Trun CH 142 Cc55
Trun F 22 Fd37
Trundön S 73 Hd23
Trupel PL 122 Hc32
Truro GB 18 Db32
Trușeni MD 173 Fc58
Trușești RO 172 Ed55
Trusetal D 126 Dc42
Truskava LT 114 Kc55
Truskolasy PL 130 Hc42
Truskolasy-Lachy PL 123 Ka34
Trustrup DK 101 Dd23
Trutnov CZ 136 Ga43
Trutnowy PL 121 Hb30
Try N 92 Cd47
Tryczówka PL 123 Kb34
Trydal N 92 Cd43
Tryde S 111 Fb56
Tryggelev DK 109 Dd28
Tryggestad N 84 Cd34
Trygort PL 122 Jc30
Tryland N 92 Cc46
Tryńcza PL 139 Kb43
Trypimeni CY 206 Jc96
Tryserum S 103 Gb47
Trysil N 86 Ec37
Tryškiai LT 113 Jd54
Trysnes N 92 Cd47
Tryszczyn PL 121 Ha34
Tržac BIH 151 Ga61
Trzciana PL 139 Ka44
Trzcianka PL 121 Gb34
Trzcianka PL 122 Jc35
Trzcianka PL 123 Kb32
Trzcianne PL 123 Ka33
Trzciel PL 128 Ga37
Trzcinica PL 129 Ha41
Trzcinna PL 120 Fc35
Trzcinno PL 121 Gc31
Trzcińsk PL 121 Hb31
Trzcińsko-Zdrój PL 120 Fc35
Trzebce PL 130 Hd41
Trzebiatów PL 120 Fd31
Trzebicz PL 120 Ga35
Trzebiel PL 128 Fc39
Trzebielino PL 121 Gc31
Trzebień PL 128 Fd40
Trzebieszów PL 131 Ka37
Trzebieszowice PL 137 Gc43
Trzebież PL 120 Fb32
Trzebin PL 120 Ga34
Trzebinia PL 138 Hd44
Trzebnica PL 129 Gc40
Trzebnice PL 128 Ga40
Trzebów PL 128 Fc36
Trzeciewiec PL 121 Ha32
Trzemeszno PL 129 Gd36
Trzemżal PL 129 Ha36
Trzepnica PL 130 Hd40
Trześcianka PL 123 Kc34
Trześń PL 131 Jd42
Trześniów PL 139 Ka45
Trzęsów PL 129 Gb39
Trzeszczany PL 131 Kd41
Tržič SLO 151 Fb57
Trzin SLO 151 Fb57
Tržišče SLO 151 Fd58
Trzydnik Duży PL 131 Ka41
Tsada CY 206 Hd97
Tsangaráda GR 189 Cb82
Tsaritsáni GR 183 Bc80
Tschenstochau = Częstochowa PL 130 Hc42
Tschernitz D 128 Fc39
Tschiertschen CH 142 Cd55
Tschierv CH 142 Db56
Tschlin I 142 Db55
Tsepélovo GR 182 Ad79
Tseri CY 206 Jb97
Tséria GR 194 Bb89
Tševetjärvi FIN 65 Kb08
Tsikalariá GR 200 Cb95
Tsilivi GR 188 Ac86
Tsirguliina EST 106 La47
Tsirgumäe EST 107 Lb48
Tsitália GR 195 Bd89
Tsjernobyl UA 202 Ec14
Tsooru EST 107 Lb47
Tsotili GR 182 Ba78
Tsoúka GR 189 Bc83
Tsoukaládes GR 188 Ac83
Tsoútsouros GR 200 Da96
Tsz-lakótelep H 146 Hd55
Tua N 78 Eb28
Tua P 44 Bb61
Tuaim IRL 8 Bd20
Tuam IRL 8 Bd20
Tuapse RUS 205 Fc17
Tuar Mhic Éadaigh IRL 8 Bc19
Tūbausiai LT 113 Jb54
Tubbergen NL 117 Bd36
Tubilla de Agua E 38 Dc57
Tubilleja E 38 Dc56
Tūbinės LT 113 Jd56
Tübingen D 134 Cc49
Tučapy CZ 136 Fc47
Tučepi HR 158 Gd67
Tuchan F 41 Ha56
Tüchen D 119 Eb34
Tuchheim D 127 Eb37
Tuchlino PL 121 Gd30
Tuchola PL 121 Gd33
Tuchomie PL 121 Gc31
Tuchów PL 138 Jc44
Tuckur FIN 81 Ja30
Tučkovo RUS 202 Ed10
Tuczki PL 122 Hd33
Tuczna PL 131 Kc37
Tuczno PL 120 Fd35
Tuczno PL 120 Ga34
Tudanca E 38 Db55
Tuddal N 93 Db41
Tuddenham GB 20 Fd25
Tudeils F 33 Gc49
Tudela E 47 Ed59
Tudela de Duero E 46 Da60
Tudela Veguín E 37 Cc54
Tudora RO 172 Ec56
Tudor Vladimirescu RO 177 Fa64
Tudor Vladimirescu RO 177 Fa62
Tudu EST 98 La42
Tudulinna EST 99 Lb43
Tudweiliog GB 14 Dc23
Tuéjar E 54 Fa67
Tuen DK 101 Dd19
Tuenno I 149 Dc57
Tufeni RO 175 Dc66
Tufești RO 177 Fa64
Tuffé F 29 Ga39
Tufjord N 63 Ja05
Tufjord N 64 Jb04
Tugford GB 15 Ec25
Tuggensele S 80 Gd26
Țuglui RO 175 Cd66
Tugotino RUS 107 Mb46
Tuhala EST 98 Kc43
Tuhalaane EST 106 Kd46
Tuhaň CZ 136 Fb43
Tuhkakylä FIN 82 La26
Tui E 36 Ad58
Tuin MK 182 Ba74
Tuiskula FIN 89 Jb32
Tuixén E 49 Gc59
Tuiza E 37 Cb55
Tūja LV 106 Kb49
Tuk Mrkopaljski HR 151 Fc60
Țukovicy RUS 99 Ma45
Țukovo RUS 107 Ld48
Tukums LV 106 Ka51
Tula I 168 Ca75
Tula RUS 203 Fa11
Tulach Mhór IRL 13 Cb21
Tulare SRB 178 Bc70
Tülau D 127 Dd36
Tuławki PL 122 Ja31
Tulca RO 170 Ca57
Tulcea RO 177 Fc64
Tul'cevo RUS 107 Ld48
Tulčik SK 139 Jd47
Tul'čyn UA 204 Eb16
Tulette F 42 Jb51
Tulgheș RO 172 Ea58
Tuliharju FIN 82 Kd25
Tuliszków PL 129 Ha38
Tulje BIH 158 Hb68
Tulla IRL 12 Bc22
Tullaghanstown IRL 9 Cc20
Tullamore IRL 13 Cb21
Tulle F 33 Gc49
Tullebølle DK 109 Dd28
Tulleråsen S 79 Fb30
Tullins F 35 Jc48
Tulln A 144 Ga50
Tullow IRL 13 Cc23
Tully GB 9 Cb17
Tullyamalra IRL 9 Cc19
Tulnici RO 176 Ec61
Tulovo BG 180 Dd72
Tułowice PL 130 Ja36
Tułowice PL 137 Gd43
Tulppio FIN 69 Kd14
Tulsk IRL 8 Ca19
Tulstrup DK 108 Db24
Tulstrup DK 109 Ec25
Tulucești RO 177 Fb63
Tum PL 130 Hc38
Tuma RUS 203 Fb10
Tumba S 96 Gd44
Tumbo E 36 Bc54
Tumbo S 95 Ga43
Tume LV 106 Ka51
Tumleberg S 102 Ed47
Tummel Bridge GB 7 Ea10
Tun S 102 Ed46
Tuna S 87 Gb33
Tuna S 96 Gd41
Tuna S 103 Ga49
Tunaberg S 103 Gb46
Tunadal S 88 Gc33
Tuna-Hästberg S 95 Fd40
Tunari RO 176 Eb66
Tunby S 87 Gb33
Tunçbilek TR 192 Ga82
Tunceli TR 205 Fd20
Tune DK 109 Eb26
Tune N 93 Ea43
Tungaseter N 77 Da33
Tunge S 102 Ec48
Tungelsta S 96 Gd44
Tunhovd N 85 Db39
Tuningen D 141 Cb51
Tunjë AL 182 Ac76
Tunkkari FIN 81 Jc29
Tunneberga S 110 Ec54
Tunnerstad S 103 Fb48
Tunnsjørørvika N 78 Fa25
Tunnstad N 66 Fc12
Tunø By DK 109 Dd25
Tunstall GB 11 Ec19
Tunstall GB 17 Fc21
Tunstall GB 21 Gb26
Tuntenhausen D 143 Ea51
Tunturikeskus Kiilopää FIN 69 Kb12
Tunvågen S 87 Fc32
Tuohikotti FIN 90 La36
Tuohikylä FIN 69 Kd16
Tuohisaari FIN 91 Lc33
Tuohitaival FIN 97 Jd40
Tuolluvaara S 67 Hb15
Tuolpukka S 68 Hc15
Tuomela FIN 74 Ka18
Tuomikylä FIN 81 Jb31
Tuomioja FIN 81 Jd25
Tuomiperä FIN 81 Jd27
Tuomiperä FIN 82 Ka28
Tuopanjoki FIN 83 Lc29
Tuorila FIN 89 Ja35
Tuoro sul Trasimeno I 156 Ea67
Tuovila FIN 81 Ja31
Tuovilanlahti FIN 82 Kd29
Tupicino RUS 99 Ld44
Tupilați RO 172 Ec57
Tupilați RO 177 Fb60
Tuplice PL 128 Fc39
Tupos FIN 74 Ka24
Tuppu FIN 74 Kb24
Tuppurinmäki FIN 82 La31
Tur PL 121 Gd34
Tur PL 130 Hc38
Tura H 146 Ja52
Turaida LV 106 Kc49
Turajärvi FIN 89 Ja37
Turanj HR 157 Fd65
Turanköy TR 186 Fd80
Turanlar TR 197 Ed88
Turany SK 138 Hc47

Usson-les-Bains – Vangsvik

Usson-les-Bains F 41 Gd57
Ussy F 22 Fc36
Ustaritz F 39 Ed55
Ust'Džeguta RUS 205 Fd17
Ust'e RUS 99 Ma41
Úštěk CZ 136 Fb43
Uster CH 141 Cb53
Ustia MD 173 Fa56
Uşţia MD 173 Fd57
Ustibar BIH 159 Ja66
Ustikolina BIH 159 Hd66
Ústí nad Labem CZ 128 Fa42
Ustí nad Orlicí CZ 137 Gb45
Ustiprača BIH 159 Hd65
Ustjužna RUS 202 Ec08
Ustka PL 121 Gc29
Ust'-Labinsk RUS 205 Fc17
Ust'-Luga RUS 99 Lc40
Ust'Luga RUS 202 Ea08
Ustovo BG 184 Db75
Ustrem BG 185 Eb74
Ustroń PL 138 Hc45
Ustronie Morskie PL 120 Ga31
Ust'-Rudicy RUS 99 Ma39
Ustrzyki Dolne PL 139 Kb46
Ustrzyki Górne PL 106 Kb47
Üstünler TR 199 Hb89
Ustyluh UA 202 Dd14
Usvjaty RUS 202 Eb11
Uszyce PL 129 Hb41
Utajärvi FIN 74 Kb24
Utåker N 92 Cb41
Utakleiv N 66 Fb14
Utanen FIN 74 Kb24
Utäng S 94 Eb45
Utansjö S 88 Gc32
Utbjoa N 92 Ca41
Utby S 102 Ec47
Utby S 103 Fb46
Utebo E 47 Fa60
Utekáč SK 138 Ja49
Utena LT 114 La55
Úterý CZ 135 Ec45
Uthaug N 77 Dd29
Uthmöden D 127 Ea37
Utiel E 54 Fa67
Utne N 84 Cc39
Utnes N 65 Kd08
Utö S 96 Gd45
Utoslahti FIN 74 Kb24
Utrasniemi FIN 91 Ld33
Utrecht NL 116 Ba36
Utrera E 59 Ca74
Utriala FIN 90 La32
Utrillas E 47 Fa63
Utrine SRB 153 Jb58
Utset N 77 Dc29
Utsiktstårn N 65 Kd08
Utsjö S 94 Fa39
Utsjoki FIN 64 Jd07
Utskarpen N 71 Fb20
Uttendorf A 143 Eb54
Uttenweiler D 142 Cd50
Utterbyn S 94 Ed41
Utterliden S 72 Ha23
Uttermossa FIN 89 Ja34
Uttersberg S 95 Fd42
Uttersjöbäcken S 81 Hd26
Utterslev DK 109 Ea28
Utti FIN 90 La37
Utting D 142 Dc51
Uttoxeter GB 16 Ed23
Utula FIN 91 Lc35
Utvängstorp S 102 Fa48
Utvik N 84 Cc34
Utvin RO 174 Bc61
Útvina CZ 135 Ec44
Utvorda N 78 Eb26
Uue-Kariste EST 106 Kd46
Uukuniemen kirkonkylä FIN 91 Ma33
Uukuniemi FIN 91 Ld33
Uulu EST 106 Kb46
Uura FIN 82 Kd25
Uurainen FIN 90 Kb32
Uuro FIN 83 Lc27
Uuro FIN 89 Ja33
Uusijoki FIN 69 Kb12
Uusikaarlepyy FIN 81 Ja29
Uusikartano FIN 89 Jb38
Uusikaupunki FIN 89 Ja38
Uusikylä FIN 81 Jc27
Uusikylä FIN 81 Jd30
Uusikylä FIN 90 Kc37
Uusi-Värtsilä FIN 83 Ma31
Uusküla EST 99 Lb43
Uutela FIN 69 Ka14
Uva FIN 75 Kd24
Uvac SRB 159 Ja65
Úvaly CZ 136 Fc44
Uvanå S 94 Fa40
Uvarovo RUS 203 Fc12
Uvdal N 85 Db40
Üvecik TR 191 Ea81
Uxbridge GB 20 Fc28
Uyanık TR 193 Hb85
Üyük TR 187 Gb80
Üyüklü Tatar TR 185 Eb76
Užava LV 105 Jb50
Užbičiai LT 113 Jc57
Uzdin SRB 174 Bb62
Uzdowo PL 122 Hd33
Uzel F 27 Eb39
Uzemain F 31 Jd39
Uzerche F 33 Gc48
Uzès F 42 Ja52
Uzeste F 32 Fc51
Užhorod UA 204 Dd16
Užice SRB 159 Jb65
Užliekné LT 113 Jd53
Užlieknis LT 113 Jc54
Uzlovaja RUS 203 Fa11
Uzlovoe RUS 113 Ja58
Uzlovoe RUS 113 Jd58
Užovka RUS 203 Fc10
Užpaliai LT 114 La54
Uzsa H 145 Gd55
Uztarroz E 39 Fa56
Užtiltė LT 115 Lb54
Užuguostis LT 114 Kd58
Üzümdere TR 199 Hb90
Üzümler TR 191 Ed87
Üzümlü TR 192 Fa86
Üzümlü TR 198 Fd91
Üzümlü TR 199 Hb89
Üzümlü TR 205 Fd20
Üzümlüpınar TR 199 Gc89
Uzunbey TR 187 Gb78
Uzundere TR 191 Ec86
Uzundžovo BG 185 Dd74
Uzunköprü TR 185 Eb76
Uzunkoyu TR 191 Ea86
Uzunpınar TR 192 Fd87
Uzunpınar TR 193 Gc86
Uzuntarla TR 187 Gb79
Uzunyurt TR 198 Fc92
Uzupis LT 115 Lc54
Užusaliai LT 114 Kc57
Užusienis LT 114 La58
Užventis LT 113 Jd55
Uzyn UA 204 Ec15

V

Vå N 92 Cd41
Vä S 111 Fb55
Vaabina EST 107 Lb47
Vaadinselkä FIN 69 Kd17
Vaahersalo FIN 91 Ld33
Vaajakoski FIN 90 Kc32
Vaajasalmi FIN 82 Kd31
Vääkiö FIN 75 La22
Vaala FIN 82 Kc25
Vaalajärvi FIN 69 Ka16
Vaale D 118 Da31
Vaalimaa FIN 91 Lb37
Vaaljoki FIN 89 Jb38
Vaals NL 125 Bb41
Vääna EST 98 Kb42
Väänälänranta FIN 82 Kd30
Vaania FIN 90 Kc36
Vääräkoski FIN 89 Jd32
Vaarakylä FIN 83 Lb27
Väärämäki FIN 81 Jd30
Vaaraniva FIN 75 Kd22
Vaarankylä FIN 82 Kd25
Vaaranperä FIN 74 Jb18
Vaaraperä FIN 75 La21
Vaaraslahti FIN 82 Kc29
Väärinmaja FIN 89 Jd34
Vaartsi EST 107 Lc46
Vaas F 28 Fd41
Vaasa FIN 81 Hd30
Vaassen NL 117 Bc36
Väästa EST 98 Kd44
Väätäiskylä FIN 90 Ka32
Vaattojärvi FIN 68 Jb17
Vabaliai LT 113 Jc53
Vabalninkas LT 114 Kd53
Văbel BG 180 Dc68
Vabole LV 115 Lb53
Vabre F 41 Ha54
Vabres-l'Abbaye F 41 Hb53
Vác H 146 Hd52
Vácduka H 146 Hd52
Vače SLO 151 Fc58
Vacha D 126 Db42
Vachdorf D 134 Dc43
Vachendorf D 143 Eb52
Vacherauville F 24 Jb35
Väckelsång S 103 Fc52
Väcklax FIN 97 Jb40
Václavov u Bruntálu CZ 137 Gd45
Vacov CZ 136 Fa48
Vacqueyras F 42 Jb52
Vacquiers F 40 Gc53
Văculeşti RO 172 Ec55
Vad RO 171 Da56
Vad S 95 Fd41
Vada I 155 Da66
Vadakste LV 113 Jd53
Vădastra RO 180 Db68
Vădăstrița RO 180 Db68
Vaddö S 96 Ha41
Vădeni MD 173 Fc54
Vădeni RO 177 Fb63
Vadeolivas E 47 Eb64
Väderstad S 103 Fc47
Vadheim N 84 Cb36
Vadla N 92 Cb43
Vadna H 146 Jb50
Vado I 149 Dc63
Vadocondes E 46 Dc60
Vadokliai LT 114 Kc55
Vado Ligure I 148 Ca63
Vadsbro S 95 Gb45
Vadsø N 65 Kc06
Vadstena S 103 Fc46
Vadu RO 177 Fc66
Vadu Crişului RO 171 Cc57
Vadu Dobrii RO 174 Cb61
Vadu Izei RO 171 Db54
Vadul lui Isac MD 177 Fb62
Vadul lui Vodă MD 173 Fd58
Vadul-Raşcov MD 173 Fd55
Vadul Turcului MD 173 Fd55
Vadum DK 100 Dc21
Vadu-Moldovei RO 172 Ec56
Vadu Moţilor RO 171 Cc59
Vaduz FL 142 Cd54
Vadžgirys LT 114 Ka56
Væggerløse DK 109 Eb29
Vaeküla EST 98 La42
Værebro DK 109 Ec25
Værløse DK 109 Ec25
Vafiohóri GR 183 Ca76
Vafoss N 93 Dc45
Våg N 70 Ed24
Vågaholmen N 70 Fa19
Vågåmo N 85 Dc35
Vagan BIH 158 Gc64
Vågan N 67 Gc11
Vågan N 77 Dd29
Vågane N 84 Ca35
Vålådalen S 78 Ed31
Vâgani RO 172 Dd58
Vágáshuta H 139 Jd49
Vågbø N 77 Db31
Vågdalen S 79 Fd29
Våge N 77 Da32
Vågen N 77 Dc29
Vägersjön S 79 Ga30
Vägeva EST 98 La43
Väggarp S 110 Ed55
Vaggatem N 65 Kc09
Vagge N 65 Kc07
Vaggeryd S 103 Fb50
Vaggevaratj sameviste S 67 Gc17
Vágia GR 189 Ca85
Văgiuleşti RO 175 Cc64
Vaglia I 155 Dc65
Vaglio Basilicata I 161 Ga75
Vagli Sotto I 155 Da64
Vagney F 31 Ka39
Vagnhärad S 96 Gc45
Vägnön S 88 Gc32
Vagos P 44 Ac63
Vagøy N 76 Cd31
Vågsbygd N 92 Cd47
Vägsele S 80 Gd26
Vägsjöfors S 94 Ed40
Vågsodden N 70 Ed22
Vágur DK 3 Ca07
Vähä-Äiniö FIN 90 Kb36
Vähä-Joutsa FIN 90 Kc34
Vähäkangas FIN 81 Jd27
Vähäkyrö FIN 81 Ja31
Vähä-Leppijärvi FIN 89 Ja34
Vähäniva FIN 68 Hd13
Vahanka FIN 81 Jd31
Vahastu EST 98 Kc43
Vahderpää FIN 90 Ka35
Vaheri FIN 90 Kb34
Vähikkälä FIN 90 Ka38
Vähimaa FIN 90 Kb36
Vahl-Ebersing F 25 Ka35
Váhlia GR 188 Bb86
Vahojärvi FIN 89 Jc34
Vahterpää FIN 98 Kd39
Váhtjer S 67 Hb17
Vahto FIN 97 Jb39
Vahtseliina EST 107 Lc47
Vai GR 201 Dd96
Vaiamonte P 50 Ba68
Vaiano I 155 Dc64
Vaickūniškės LT 114 Kd58
Vaida EST 98 Kc42
Vaideeni RO 175 Da63
Vaiges F 28 Fb39
Vaiguva LT 113 Jd55
Vaihingen (Enz) D 134 Cc48
Vaikantonys LT 114 Kd59
Väike-Maarja EST 98 La43
Väike Rakke EST 98 La45
Vaikko FIN 83 Lb28
Vaillant F 30 Jb40
Vailly F 35 Ka45
Vailly-sur-Aisne F 24 Hb35
Vailly-sur-Sauldre F 29 Ha41
Vaimaro FIN 89 Ja38
Vaimastvere EST 98 La44
Vaimela EST 107 Lb47
Vaimõisa EST 98 Kb44
Vaimosuo FIN 75 La19
Vainikkala FIN 91 Lc36
Vainiūai LT 123 Kc30
Vainiži LV 106 Kc49
Vaiņode LV 113 Jc53
Vainova LV 107 Lc52
Vainupea EST 98 Kd41
Vainutas LT 113 Jc56
Väisälä FIN 75 La24
Väisälä FIN 90 La33
Väisälänmäki FIN 82 Kd29
Vaisaluokta sameviste S 67 Gb16
Vaisi EST 98 Ka43
Vaisodžiai LT 114 Kc59
Vaison-la-Romaine F 42 Jc52
Vaiste EST 106 Ka46
Vaišvydava LT 114 Kc57
Vaite F 31 Jc40
Vaiteliai LT 113 Jb55
Vaitkūnai LT 114 La54
Vaivadiškiai LT 114 Kc56
Vaivara EST 99 Lc41
Vaivio FIN 83 Lc30
Vajangu EST 98 Kd43
Vaje N 93 Db46
Väjern S 102 Ea46
Vajkijaur S 72 Ha19
Vajmat S 72 Ha19
Vajska SRB 153 Hd60
Vajszló H 152 Hb58
Vajta H 146 Hc55
Vajzë AL 182 Ab77
Vakern S 95 Fb40
Vakfıkebir TR 205 Fd19
Vakıf TR 185 Ea79
Vakıf TR 187 Gc79
Vakıflaro TR 186 Fa77
Vakıftaş TR 187 Ha80
Vakkola FIN 90 Kc38
Vakkotovare S 67 Gc16
Vaklino BG 181 Fc69
Vaksala S 96 Gc42
Vaksdal N 84 Cb39
Vākšeni LV 106 Kd48
Vaksevo BG 179 Cb73
Vaksvik N 76 Cd32
Val E 36 Ba53
Vál H 146 Hc53
Valada P 50 Ab68
Vålådalen S 78 Ed31
Valadares E 36 Ad57
Valady F 33 Ha51
Valainiai LT 114 Kb54
Valajanaapa FIN 74 Ka21
Valajärvi FIN 89 Jc37
Valajaskoski FIN 74 Jd19
Valakbždis LT 114 Ka57
Valalta HR 150 Ed61
Valand N 92 Cd47
Valandovo MK 183 Ca75
Valanhamn N 63 Hb08
Valanída GR 183 Bc80
Vălani de Pomezeu RO 170 Cb57
Valareña E 47 Ed59
Valaská SK 138 Hd48
Valaská Belá SK 137 Hb48
Vålåskaret N 77 Dd31
Valašská Polanka CZ 137 Ha47
Valašské Klobouky CZ 137 Ha47
Valašské Meziříčí CZ 137 Ha46
Valasti EST 98 Kd43
Valatkoniai LV 114 Kb55
Vålax FIN 98 Kc39
Valay F 31 Jc41
Valbella CH 142 Cc56
Valberg F 43 Kc52
Valberg N 66 Fb14
Vålberg S 94 Fa43
Valbiska HR 151 Fb61
Valbo S 95 Gb39
Valboa E 36 Ba56
Valbona E 47 Fa65
Valbonë AL 159 Jb69
Valbondione I 149 Da57
Valbonilla E 38 Db58
Valbonne F 43 Kc53
Valbo-Ryr S 102 Eb46
Valbruna I 143 Ed56
Valbuena de Duero E 46 Db60
Valbukta N 65 Kc07
Valby DK 109 Ec26
Valcabadillo E 38 Da57
Vălcăneşti RO 176 Ea64
Vălcani RO 170 Bb59
Valcau de Jos RO 171 Cc56
Valcavado E 37 Cb58
Vălčedrăm BG 179 Cd68
Vâlcele RO 175 Db66
Vâlcele RO 176 Ea61
Vâlcelele RO 176 Ed63
Vâlcelele RO 176 Ed66
Valčevo BG 180 Db71
Vălčidol BG 181 Fa70
Vălcineț MD 173 Fb57
Valcivières F 34 Hd47
Valdagno I 149 Dc59
Valdahon F 31 Ka42
Valdaj RUS 202 Ec09
Valdanzo E 46 Dd61
Valdaora I 143 Ea55
Valdaracete E 46 Dd65
Valdeajos E 38 Dc57
Valdealgorfa E 48 Fc63
Valdearcos E 37 Cc57
Valdearcos de la Vega E 46 Db60
Val de Asón E 38 Dc55
Valdeazores E 52 Cd67
Valdebeix F 34 Hb48
Valdebótoa E 51 Bc68
Valdecaballeros E 52 Cc68
Valdecabras E 47 Ec65
Valdecañas de Cerrato E 46 Db59
Valdecarros E 45 Cc63
Valdecastillo E 37 Cd56
Valdecuenca E 47 Ed65
Valdeflores E 59 Bd72
Valdefuentes E 51 Ca67
Valdefuentes del Páramo E 37 Cb58
Valdeganga E 53 Ec69
Valdeganga de Cuenca E 53 Eb66
Valdehierro E 52 Db68
Valdeķi LV 105 Jd51
Valdelacasa de Tajo E 52 Cc66
Valdelagrana E 59 Bd76
Valdelagua E 52 Dc66
Valdelamusa E 59 Bb72
Valdelinares E 54 Fb65
Valdelosa E 45 Cb61
Valdeltormo E 48 Fd63
Valdemaluque E 46 Dd60
Valdemārpils LV 105 Jd49
Valdemarsvik S 103 Gb47
Valdemeca E 47 Ec65
Val-de-Meuse F 31 Jc39
Valdemorales E 51 Ca68
Valdemorillo E 46 Db64
Valdemoro E 46 Dc65
Valdemoro-Sierra E 47 Ec65
Valdenebro de los Valles E 46 Cd59
Valdenoceda E 38 Dc56
Valdenoguera E 45 Bd62
Valdeobispo E 45 Ca65
Valdepeñas E 52 Dc70
Valdepeñas de Jaén E 60 Db73
Valdepeñas de la Sierra E 46 Dd63
Valdepolo E 37 Cd57
Valderas E 45 Cc59
Val-de-Reuil F 23 Gb35
Valderice I 166 Ea84
Valderiès F 41 Gd53
Valderrama E 38 Dd57
Valderrobres E 48 Fd63
Valderrodilla E 47 Ea61
Val-de-Saâne F 23 Ga34
Valdesalor E 51 Bd67
Valdesamario E 37 Cb56
Val de San Román E 37 Ca57
Valdestillas E 46 Cd61
Valdetorres E 51 Ca69
Valdetorres de Jarama E 46 Dc63
Valdeverdeja E 52 Cc66
Valdevimbre E 37 Cc57
Valdgale LV 105 Jd50
Valdieri I 148 Bc63
Valdilecha E 46 Dd65
Valdín E 37 Bd58
Val d'Isère F 35 Kb47
Valdivia E 51 Cb68
Valdivienne F 29 Ga44
Val-d'Izé F 28 Fa39
Valdobbiadene I 150 Ea58
Valdongo dos Azeites P 44 Bb61
Valdrôme F 42 Jd51
Valdshult S 102 Fa50
Valdunquillo E 45 Cc59
Valdurna I 143 Dd55
Våle N 93 Dd43
Valea Adîncă MD 173 Fd55
Valea Argovei RO 176 Ec66
Valea Călugărească RO 176 Eb64
Valea Chioarului RO 171 Da56
Valea Ciorii RO 177 Fa65
Valea Crisului RO 176 Ea61
Valea Dacilor RO 181 Fb67
Valea Danului RO 175 Dc63
Valea de Brazi RO 175 Cc62
Valea Doftanei RO 176 Ea63
Valea Iaşului RO 175 Dc63
Valea Ierii RO 171 Cd58
Valea Largă RO 171 Db58
Valea lui Mihai RO 170 Cb55
Valea Lungă RO 175 Db60
Valea Lungă RO 176 Ea64
Valea Măcrişului RO 176 Ec65
Valea Mare MD 173 Fb57
Valea Mare RO 175 Da65
Valea Mare RO 175 Db66
Valea Mare RO 176 Dd65
Valea Mare-Pravăț RO 176 Dd63
Valea Mărului RO 177 Fa62
Valea Mică RO 175 Cd60
Valea Moldovei RO 172 Eb56
Valea Neagră RO 171 Da55
Valea Nucarilor RO 177 Fd64
Valea Perjei MD 173 Fc59
Valea Perjei MD 177 Fd61
Valea Râmnicului RO 176 Ed63
Valea Sării RO 176 Ec61
Valea Seacă RO 172 Ec57
Valea Seacă RO 176 Ed60
Valea Stanciului RO 179 Da67
Valea-Trestieni MD 173 Fb58
Valea Ursului RO 172 Ed58
Valea Uzului RO 176 Eb60
Valea Viilor RO 175 Db60
Valea Vinului RO 171 Cd55
Valea Vinului RO 172 Dd56
Valebjørg N 93 Da44
Valebø N 93 Dc43
Valeč CZ 135 Ed44
Vale da Telha P 58 Aa73
Vale da Vinha P 50 Ba67
Vale de Açor P 58 Ad72
Vale de Cambra P 44 Ad62
Vale de Moura P 50 Ad70
Vale de Nogueira P 45 Bd60
Vale de Salgueiro P 45 Bc60
Vale de Vargo P 50 Ba71
Vale do Lobo P 58 Ac74
Valeggio sul Mincio I 149 Db60
Valeia CY 206 Jd96
Valen N 63 Ja05
Valen N 65 Kc07
Valença do Minho P 36 Ad58
Valençay F 29 Gc42
Valence F 32 Fd47
Valence F 34 Jb49
Valence F 40 Ga52
Valence-d'Albigeois F 41 Ha53
Valence-en-Brie F 29 Ha38
Valence-sur-Baïse F 40 Fd53
València E 54 Fc68
Valencia de Alcántara E 51 Bb67
Valencia de Don Juan E 37 Cc58
Valencia de las Torres E 51 Ca70
Valencia del Mombuey E 51 Bb71
Valencia del Ventoso E 51 Bd71
Valenciennes F 24 Hb32
Văleni MD 177 Fb62
Văleni RO 173 Fa59
Văleni RO 175 Dc66
Văleni-Dâmbovița RO 176 Dd63
Vălenii de Munte RO 176 Eb63
Valeni-Stânişoara RO 172 Eb56
Valensole F 42 Ka53
Valentano I 156 Dd69
Valentín E 61 Ec72
Valentinovo HR 151 Ga57
Valenzuela E 60 Da73
Valenzuela de Calatrava E 52 Db69
Våler N 93 Ea43
Våler N 94 Ec39
Valera de Abajo E 53 Eb67
Valera Fratta I 149 Cc60
Valeria E 53 Eb66
Valero E 45 Ca63
Vales Mortos P 58 Ba72
Valestrand N 92 Ca41
Valestrandsfossen N 84 Ca39
Valevac SRB 179 Ca68
Valevåg N 92 Ca41
Valeyrac F 32 Fb48
Valfabbrica I 156 Eb67
Valfarta E 48 Fc61
Valflaunès F 41 Hd53
Valfréjus F 35 Kb48
Valga EST 106 La47
Valgale LV 105 Jd50
Valgejõgi EST 98 Kd42
Välgi EST 99 Lb44
Valgorge F 34 Hd51
Valgu EST 97 Jc45
Valgu EST 98 Kb44
Valguarnera Caropepe I 167 Fb86
Valgunde LV 106 Kb51
Valguta EST 106 La46
Valhelhas P 44 Bb64
Valhosszúfalu H 145 Gd54
Valhuon F 23 Gd31
Valie S 111 Fc54
Välijoki FIN 74 Ka19
Välijoki FIN 91 Lb36
Välikangas FIN 74 Ka19
Väli-Kannus FIN 81 Jc27
Välikylä FIN 81 Jc28
Valin F 32 Fc49
Valinge S 102 Ec51
Väli-Olhava FIN 74 Ka22
Valíra GR 194 Bb89
Vălişoara RO 175 Cc60
Välitalo FIN 69 Ka15
Valittula FIN 90 Kc35
Văliug RO 174 Ca62
Välivaara FIN 83 Ld28
Välivaara FIN 91 Ma32
Väli-Viirre FIN 81 Jc27
Valjala EST 105 Jd46
Valjevo SRB 153 Jb63
Valjok N 64 Jc08
Valjunquera E 48 Fc63
Valka LV 106 La47
Valkeajärvi FIN 89 Jd32
Valkeakoski FIN 89 Jd36
Valkeala FIN 90 La37
Valkealuomi FIN 90 Kb33
Valkeavaara FIN 91 Ma32
Valkeiskylä FIN 82 Kc28
Valkeiskylä FIN 82 La29
Valkenburg aan de Geul NL 125 Bb41
Valkenswaard NL 124 Ba39
Valkiamäki FIN 91 Lc34
Valkininkai LT 114 La59
Valkla EST 98 Kc42
Valko FIN 90 Kd38
Valkó H 146 Ja52
Valkola FIN 90 Kb32
Valkom FIN 90 Kd38
Valkosel BG 184 Cd75
Valky UA 203 Fa14
Vall S 104 Gd49
Valla S 79 Fb29
Valla S 79 Ga31
Valla S 95 Ga44
Vallada E 54 Fb69
Valladolid E 46 Da60
Vallåkra S 110 Ed55
Vallargärdet S 94 Fa43
Vallarta de Bureba E 38 Dd57
Vallata I 161 Fd74
Vallauris-Golfe-Juan F 43 Kc53
Vallberga S 110 Ed53
Vallbona de les Monges E 48 Gb61
Vallby S 95 Gb43
Vallda S 102 Eb50
Valldal N 76 Cd33
Valldemossa E 57 Hb67
Valldossera E 49 Gc61
Valle LV 106 Kc52
Valle N 76 Cd32
Valle N 92 Cd43
Valleberga S 111 Fb57
Valle Castellana I 156 Ed69
Vallecillo E 37 Cd58
Vallecorsa I 160 Ed73
Valle Dame I 156 Ea67
Valle de Abdalajís E 60 Cd75
Valle de Cabuérniga E 38 Db55
Valle de Cerrato E 46 Da59
Valle de Finolledo E 37 Bd56
Valle de la Serena E 51 Ca69
Valle de Santa Ana E 51 Bc70
Valledolmo I 166 Ed85
Valleiry F 35 Jd45
Vallelado E 46 Da61
Valle Lomellina I 148 Cb60
Vallelunga Pratameno I 166 Ed85
Valle Mosso I 148 Ca58
Vallen S 79 Ga29
Vallen S 79 Gb29
Vallen S 80 Hc26
Vallentuna S 96 Gd43
Vallepietra I 160 Ec71
Vallerås S 94 Fa39
Valleraugue F 41 Hc52
Vallerheim N 92 Cd43
Vallermosa I 169 Bd79
Vallerstad S 103 Fd46
Vallersund N 77 Dd28
Vallery F 30 Hb39
Vallespinoso de Aguilar E 38 Db56
Vallestad N 84 Ca35
Vallet F 28 Fa42
Valletta M 166 Eb88
Valleviken S 104 Ha48
Valley D 143 Ea51
Valley GB 14 Dc22
Vallfogona de Ripollès E 49 Ha59
Vallibona E 48 Fd64
Valli del Pasubio I 149 Dc59
Vallières F 33 Gd46
Vallières F 35 Jd46
Vallinfreda I 160 Ec71
Vallmoll E 48 Gb62
Vallø N 93 Dd43
Vallobal E 37 Cd54
Valløby DK 109 Ec27
Vallo della Lucania I 161 Fd77
Vallo di Nera I 156 Ec69
Valloire F 35 Ka48
Vallombrosa I 156 Dd65
Vallon-Pont-d'Arc F 34 Ja51
Vallon-sur-Gée F 28 Fc40
Vallorbe CH 140 Ba54
Vallouise F 35 Ka49
Vallrun S 79 Fb29
Valls E 48 Gb62
Vallsbo S 87 Gb38
Vallset N 94 Eb39
Vallsjärv S 73 Ja19
Vallsta S 87 Ga36
Vallstena S 104 Ha49
Vallus H 145 Gd55
Vallvik S 87 Gb37
Valmadrera I 149 Cc58
Valmadrid E 47 Fa61
Valmanya F 41 Ha57
Valmiera LV 106 Kd48
Valmigère F 41 Ha56
Valmo EST 98 La45
Valmojado E 46 Db65
Valmont F 22 Fd34
Valmontone I 160 Ec72
Valmorel F 35 Ka47
Vălnari BG 181 Ed69
Valnontey I 148 Bc58
Valö S 96 Gd40
Valognes F 22 Fa35
Valongo P 44 Ad61
Válor E 61 Dd75
Valoria la Buena E 46 Da60
Valøya N 78 Eb25
Valøya N 78 Eb27
Valožyn BY 202 Ea12
Valpaços P 45 Bc60
Valpalmas E 48 Fb59
Valpelline I 148 Bc58
Valperga I 148 Bd59
Valpiana I 155 Db67
Valpovo HR 153 Hc59
Valpperi FIN 89 Jb38
Valprato Soana I 148 Bc59
Valras-Plage F 41 Hc55
Valréas F 42 Jb51
Vals CH 142 Cc55
Valsain E 46 Db63
Valsavarenche I 148 Bc58
Valse DK 109 Eb28
Valsebo S 94 Ec44
Valseca E 46 Db62
Valsecca I 149 Cd58
Valseco E 37 Ca56
Valsemé F 22 Fd36
Valsenestre F 35 Ka49
Valsequillo E 51 Cb70
Valserres F 42 Ka51
Valset N 77 Dd29
Valsgård DK 100 Dc22
Valsinni I 162 Gc77
Valsjöbyn S 79 Fb28
Valsjön S 87 Ga34
Valskog S 95 Ga43
Vals-les-Bains F 34 Ja50
Valsølille DK 109 Eb26
Valsonne F 34 Ja46
Valsøybotn N 77 Dc31
Valsøyfjord N 77 Db30
Välsta S 87 Gb35
Valstad S 102 Fa47
Valstagna I 150 Dd58
Valsted DK 100 Db21
Valtaiķi LV 105 Jc52
Valtessiniko GR 194 Bb87
Valtétsi GR 194 Bc88
Val-Thorens F 35 Kb48
Valtice CZ 137 Gc49
Valtierra E 47 Ed59
Valtimo FIN 83 Lb27
Valtola FIN 90 La36
Valtola FIN 91 Lc34
Valtopina I 156 Eb68
Valtorp S 102 Fa47
Valtorta I 149 Cd58
Váltos GR 185 Eb76
Valtournenche I 148 Bd57
Valtura HR 151 Fa62
Valujki RUS 203 Fb14
Valu lui Traian RO 181 Fc67
Valun HR 151 Fb62
Väluste EST 106 Kd46
Valvåg N 77 Db29
Valverde E 47 Ec59
Valverde de Burgillos E 51 Bc71
Valverde de Júcar E 53 Eb67
Valverde de la Vera E 45 Cb65
Valverde de la Virgen E 37 Cc57
Valverde del Camino E 59 Bc73
Valverde de Leganés E 51 Bb69
Valverde del Fresno E 45 Bc64
Valverde de Llerena E 51 Ca71
Valverde del Majano E 46 Db62
Valverde de Mérida E 51 Bd69
Valverdón E 45 Cb62
Valvträsk S 73 Hd20
Vama RO 171 Da54
Vama RO 172 Ea56
Vama Buzăului RO 176 Eb62
Vama Veche BG 181 Fc69
Vamberk CZ 137 Gb44
Vamdrup DK 108 Db26
Våmhus S 87 Fb37
Vamlingbo S 104 Gd51
Vamma N 93 Ea43
Vammala FIN 89 Jc36
Vammen DK 100 Db22
Vámos GR 200 Cc95
Vámosgyörk H 146 Ja52
Vámospércs H 147 Ka52
Vampula FIN 89 Jc37
Vanagi LV 107 Lb52
Vanaja FIN 90 Kb38
Vänaja FIN 90 Ka37
Vana-Kojola EST 107 Lb46
Vana-Kuuste EST 99 Lb45
Vana-Roosa EST 107 Lb47
Vânători RO 170 Ca58
Vânători RO 172 Ed56
Vânători RO 175 Cc66
Vânători RO 175 Dc60
Vânători RO 176 Ed62
Vânători RO 177 Fb63
Vânătorii Mici RO 176 Dd66
Vânători-Neamț RO 172 Ec57
Vanattara FIN 89 Jd36
Vanault-les-Dames F 24 Ja36
Vana-Vigala EST 98 Kb44
Vancé F 29 Ga40
Vanda FIN 98 Kb39
Vandāni LV 107 Lb52
Vandans A 142 Da54
Vandel DK 108 Db25
Vandenesse F 30 Hc43
Vandoies I 143 Dd55
Vändra EST 98 Kc45
Vändträsk S 73 Hc22
Vandzene LV 105 Jd49
Vandžiogala LT 114 Kc57
Väne LV 105 Jd51
Väne-Åsaka S 102 Ec47
Vänersborg S 102 Ec47
Vänersnäs S 102 Ec47
Väne-Ryr S 102 Ec47
Vaneze I 149 Dc58
Vang DK 100 Da21
Vang N 85 Db37
Väng S 94 Eb43
Vånga S 103 Fd46
Vånga S 111 Fb54
Vangaži LV 106 Kc50
Vänge S 96 Gc42
Vänge S 104 Ha50
Vängel S 79 Ga29
Vangså DK 100 Da21
Vangshamn N 62 Gc10
Vangshylla N 78 Eb28
Vangsnes N 84 Cc37
Vangsvik N 67 Gb11

Vanha-Kihlanki – Vendinha

Vanha-Kihlanki FIN 68 Ja16
Vanhakylä FIN 81 Jd31
Vanhakylä FIN 89 Ja33
Vanhakylä FIN 89 Ja36
Vanhamäki FIN 90 Kd34
Vanjärvi FIN 98 Ka39
Vänjaurbäck S 80 Gd27
Vänjaurträsk S 80 Gd27
Vânju Mare RO 174 Cb65
Vankiva S 110 Fa54
Vanlay F 30 Hd39
Vannareid N 62 Gd08
Vannäs FIN 81 Jb29
Vännäs S 80 Hb28
Vännäs S 80 Ha28
Vännäsberget S 73 Ja20
Vännäsby S 80 Hb28
Vannavalen N 62 Ha08
Vanneberga S 111 Fb55
Vannes F 27 Eb41
Vannes-sur-Cosson F 29 Gd40
Vannholman N 64 Jb04
Vannsätter S 87 Gb37
Vannvåg N 62 Ha08
Våno FIN 97 Jb40
Vänö FIN 97 Jb41
Vanonen FIN 90 La35
Vansbro S 95 Fb39
Vanse N 92 Cb47
Vänsjö S 87 Fc35
Vansjö S 95 Gb41
Vansö S 95 Gb43
Vantaa FIN 98 Kb39
Vantilla FIN 89 Jc37
Vanttausjärvi FIN 74 Ka19
Vanttaus koski FIN 74 Kb19
Vanvikan N 78 Ea29
Vanyarc H 146 Hd52
Vanyola H 145 Ha53
Vanzay F 32 Fd45
Vanzone I 148 Ca57
Vaour F 40 Gc53
Vapavaara FIN 75 La19
Vápenná CZ 137 Gc44
Vaplan S 79 Fb30
Vaprio d'Adda I 149 Cd59
Vaqueira E 40 Gb57
Vaqueiros P 58 Ad73
Var RO 174 Cb62
Vara EST 99 Lb44
Vara S 102 Ed47
Varacieux F 35 Jc48
Varades F 28 Fa42
Varădia RO 174 Bd63
Varages F 42 Ka54
Varaire F 40 Gc52
Varaize F 32 Fc46
Varajärvi FIN 74 Jc20
Varakļāni LV 107 Lc51
Varala FIN 90 Kd37
Varaldsøy N 84 Cb40
Varallo I 148 Ca58
Varanauskas LT 114 Kc59
Vărăncău MD 173 Fd56
Varangerbotn N 65 Kb06
Varano de'Melegari I 149 Cd62
Varanpää FIN 89 Ja38
Vărăşti RO 180 Eb67
Varaszió H 145 Gd56
Văratec RO 172 Eb57
Văratic MD 173 Fa55
Văratic MD 173 Fd59
Varaždin HR 152 Gb57
Varaždinske Toplice HR 152 Gb57
Varazze I 148 Ca63
Várbalog H 145 Gd52
Varberg S 102 Ec51
Vărbešnica BG 179 Cd70
Varbevere EST 98 La44
Vărbica BG 179 Cd69
Vărbica BG 180 Db69
Vărbica BG 180 Ea70
Vărbica BG 180 Eb71
Vărbilău RO 176 Ea64
Vărbjane BG 181 Ec70
Varbola EST 98 Kb43
Vărbovka BG 180 Dc70
Vărbovo BG 179 Cb68
Vărbovo BG 185 Dd75
Vârciorog RO 170 Cb57
Várda GR 188 Ba86
Vardal N 86 Ea38
Varde DK 108 Cd25
Varden N 77 Db30
Vardim BG 180 Dd69
Vårdinge S 96 Gc44
Vardište BIH 159 Ja65
Vårdnäs S 103 Fd47
Vårdö FIN 96 Hc40
Vardø N 65 Kd05
Vardofjäll S 71 Fc24
Várdomb H 153 Hc57
Vardun BG 180 Eb70
Varejoki FIN 74 Jc20
Varekil S 102 Eb47
Varel D 118 Cc33
Varelas E 36 Ba55
Varen F 41 Gd52
Varenna I 150 Dd57
Varėna LT 114 Kd59
Varena I LT 114 Kd59
Varengeville-sur-Mer F 23 Ga33
Varenna I 149 Cc57
Varennes-Changy F 29 Ha40
Varennes-en-Argonne F 24 Ja35
Varennes-le-Grand F 30 Jb43
Varennes-Saint-Sauveur F 30 Jb44
Varennes-sur-Allier F 34 Hc45
Varennes-sur-Usson F 34 Hc48
Vareš BIH 159 Hc64
Varese I 148 Cb58
Varese Ligure I 149 Cc63
Varetz F 32 Gc49
Vârfu Câmpului RO 172 Ec55
Vârfuri RO 176 Dd64
Vârfurile RO 170 Cb59
Vårgårda S 102 Ed48
Vargas E 38 Dc55
Vargeneset N 66 Ga13
Vargesztes H 145 Hb53
Varghiet N 78 Ea28
Vârghiş RO 176 Ea60
Vargön S 102 Ec47
Vargträsk S 80 Gd27
Varhaug N 92 Ca45
Varhela FIN 89 Ja38
Vårhus N 86 Eb32
Vári GR 196 Da89
Variaş RO 174 Bc60
Varieba LV 105 Jd51
Variešas LV 106 La51
Varigotti I 148 Ca63
Variku EST 98 Ka43
Varilhes F 40 Gc56
Varín SK 138 Hc47
Väring S 103 Fb46
Variņi LV 106 La49
Váris GR 183 Bb79
Variskylä FIN 82 Kd25
Varislahti FIN 83 Lb30
Varistaipale FIN 83 Lb31
Varisvaara FIN 82 La26
Varize F 29 Gc39
Varjakka FIN 74 Jd24
Varjisträsk S 72 Ha21
Varkaus FIN 90 La32
Várkiza GR 195 Cc87
Vårkumla S 102 Fa48
Varland N 93 Da41
Varlaukis LT 113 Jd56
Vârlezi RO 177 Fb61
Varmahlíð IS 2 Ba03
Varmdal N 77 Ea30
Vārme LV 105 Jc51
Värminmäki FIN 89 Jd35
Varmo FIN 91 Ld32
Varmsätra S 95 Gb42
Värmskog S 94 Ed43
Varmvattnet S 80 Hb27
Varna BG 181 Fa70
Värna S 103 Ga47
Varna SRB 153 Ja62
Varnæs DK 108 Db28
Värnamo S 103 Fb51
Värnäs S 94 Fa40
Värnava LV 106 La52
Varnenci BG 181 Ec68
Varnhem S 102 Fa47
Varniai LT 113 Jd55
Varniţa MD 173 Ga58
Varnja EST 99 Lb44
Varnsdorf CZ 128 Fc42
Varntresk N 71 Fb22
Varnum S 102 Ed48
Varnupiai LV 114 Kb59
Väröbacka S 102 Ec50
Varola S 103 Fb47
Város GR 190 Dc81
Varoška Rijeka BIH 151 Ga61
Városlőd H 145 Ha54
Varp S 94 Eb45
Varpaisjärvi FIN 82 La28
Várpalota H 145 Hb54
Varpanen FIN 83 Lc28
Varpanen FIN 90 Kd35
Varparanta FIN 83 Ld30
Varparanta FIN 91 Lc33
Varpasalo FIN 83 Lc31
Varpkuselkä FIN 69 Kd16
Varpsjö S 79 Gb27
Varpuperä FIN 75 Kc21
Varputėnai LT 114 Ka54
Varpuvaara FIN 69 Kc17
Varrains F 28 Fc42
Varreddes F 23 Ha36
Värriö FIN 69 Kc15
Varrio FIN 69 Kb17
Vars F 35 Kb50
Värşag RO 172 Dd59
Värşand RO 170 Bd58
Värsås S 103 Fb47
Värşec BG 179 Cc69
Varsedžiai LT 113 Jd56
Varsi I 149 Cd62
Värşilo BG 181 Ed73
Värska EST 107 Lc46
Vârşolţ RO 171 Cd56
Varsseveld NL 125 Bd37
Vărst DK 100 Dc21
Varstu EST 107 Lb47
Vartai LT 114 Ka59
Vartdal N 76 Cc33
Varteig N 93 Ea43
Vârteşcoiu RO 176 Ed62
Vartholomió GR 188 Ad86
Vartiala FIN 82 La30
Vartius FIN 75 Lc24
Vartiusniemi FIN 75 Lc24
Varto TR 205 Ga20
Vârtoapele RO 180 Dc67
Vartofta S 102 Fa48
Vartofta-Åsaka S 102 Fa48
Vârtop RO 175 Cc66
Vartsala FIN 97 Jc39
Värtsilä FIN 83 Ma31
Varuntee FIN 90 Kb37
Varuträsk S 80 Hc25
Varv S 102 Fa47
Varv S 103 Fc46
Värva LV 105 Jb52
Varva S 95 Gb39
Varva UA 202 Ed14
Varvara BG 179 Da73
Varvara BG 186 Fa74
Varvára GR 184 Cc78
Vărvăreuca MD 173 Fc55
Varvarin SRB 178 Bc67
Värve LV 105 Jb50
Varvikko FIN 69 Kc16
Varvitsa GR 194 Bc88
Vârvoru de Jos RO 175 Cd66
Vărzăreşti MD 173 Fb57
Vărzăreştii Noi MD 173 Fc57
Várzea Cova P 44 Ba60
Varzi I 149 Cc61
Varziela P 44 Ac63
Varzo I 148 Ca57
Varzy F 30 Hb42
Vasa FIN 81 Hd30
Vasalemma EST 98 Kb43
Vasankari FIN 81 Jc26
Vasaraperä FIN 75 Kd19
Vásárosnamény H 147 Kb50
Vasbotna N 78 Ed26
Vaşcău RO 170 Cb58
Văscăuţi MD 173 Fc55
Vascœuil F 23 Gb35
Väse S 94 Fa43
Vashtëmi AL 182 Ad77
Vašica SRB 153 Hd61
Väsieni MD 173 Fc56
Väsieni MD 173 Fc58
Vasilaţi RO 180 Eb67
Vasilátika GR 182 Ab80
Vasilcău MD 173 Fc54
Vasileuţi MD 173 Fa54
Vasilevo BG 181 Fb69
Vasil'evo RUS 107 Ld47
Vasil'evo RUS 203 Fd09
Vasilevskoje RUS 107 Mb49
Vasiliká GR 189 Cb83
Vasiliká GR 191 Ea83
Vasilikí GR 188 Ac83
Vasiliko GR 182 Ad79
Vasilítsi GR 194 Ba90
Vasil Levski BG 180 Db72
Vasilovci BG 179 Cd68
Vaškai LT 114 Kc53
Vaski FIN 74 Jd23
Väski LV 106 Ka51
Väskinde S 104 Ha49
Vaskio FIN 97 Jc39
Vaskivesi FIN 89 Jd33
Vasknarva EST 99 Lc43
Vaskovo RUS 107 Mb50
Vaskrääma EST 106 Kc46
Vaskuu FIN 89 Jc33
Vasles F 28 Fc44
Vaslui RO 173 Fa59
Vass- FIN 98 Ka40
Vassa CY 206 Jb98
Vassarás GR 194 Bc89
Vassås N 93 Dd43
Vassbø N 92 Cb45
Vassbotn N 92 Cc45
Vassbotnfjell N 71 Fd18
Vassbygdi N 84 Cd38
Vassdal N 93 Dc43
Vassdalen N 67 Gb13
Vassdalsvik N 71 Fb19
Vasselbodarna S 86 Fa37
Vasselhyttan S 95 Fd42
Vassenden N 84 Cc35
Vassenden N 85 Dd36
Vassenden N 93 Da46
Vassieux-en-Vercors F 35 Jc49
Vassijaure S 67 Gc13
Vassiláki GR 194 Ba87
Vassilika GR 183 Cb78
Vassilikó GR 189 Cb85
Vassilikós GR 188 Ac86
Vassilís GR 189 Bd82
Vassilópoulo GR 182 Ac80
Vassilópoulos GR 188 Ad84
Vasskogen N 63 Hd08
Vassli N 77 Dc30
Vassmolösa S 111 Ga53
Vassnäs S 78 Fa29
Vassor FIN 81 Ja30
Vasstrand N 62 Gc09
Vasstudal N 85 Db40
Vassy F 22 Fb37
Vassy F 30 Hd41
Vasszent mihály H 145 Gb55
Västan S 87 Gb34
Västanån S 79 Fc28
Västanbäck S 79 Ga25
Västanfjärd FIN 97 Jc40
Västannäs S 73 Ja20
Västansjö S 71 Fc22
Västansjö S 71 Fd24
Västansjö S 80 Gc26
Västansjö S 80 Gc31
Västansjö S 87 Ga37
Västansjön S 87 Gb34
Västanvik S 95 Fc39
Västbacka S 87 Fc36
Västbacken S 79 Fb30
Vastemõisa EST 98 Kd45
Vastenjaure sameviste S 67 Gb16
Västeråker S 96 Gc42
Västeränga FIN 96 Hc41
Väster-Arådalen S 78 Fa31
Västerås S 80 Ha28
Västerås S 95 Gb43
Västerbäcken S 86 Ec34
Västerberg S 95 Gb39
Västerby S 95 Ga40
Västerby S 96 Gd44
Västerfärnebo S 95 Ga41
Västerfjäll S 72 Gb19
Västergarn S 104 Gd50
Västerhaninge S 96 Gd44
Västerhankmo FIN 81 Ja30
Västerhejde S 104 Gd49
Västerhus S 80 Gd30
Västerlanda S 102 Ec47
Västerlandsjö S 80 Gd30
Västerljung S 96 Gc45
Västermo S 95 Ga44
Västermyckeläng S 87 Fb37
Västerplana S 102 Fa46
Västerrottna S 94 Ed42
Västerrud S 95 Fb42
Västersel S 80 Gd30
Västerstråsjö S 87 Ga35
Västervåla S 95 Ga41
Västervik FIN 81 Hd30
Västervik S 103 Gb49
Vastila FIN 90 Kd38
Västilä FIN 90 Ka35
Vastinki FIN 82 Ka30
Västland S 96 Gc40
Vasto I 161 Fc71
Västpånäset S 72 Gb24
Våstra S 96 Gd44
Västra Ämtervik S 94 Ed42
Västra Ansvar S 73 Ja19
Västra Eneby S 103 Fd48
Västra Fågelvik S 94 Eb43
Västra Fors S 94 Fa39
Västra Gafsele S 79 Gb28
Västra Gerum S 102 Fa47
Västra Harg S 103 Fd47
Västra Hjäggböle S 80 Hc26
Västra Husby S 103 Ga46
Västra Karup S 110 Ed53
Västra Merasjärvi S 68 Ja14
Västra Ny S 103 Fc46
Västra Ormsjö S 79 Ga26
Västra Örträsk S 80 Ha27
Västra Sjulsmark S 80 Hc27
Västra Skedvi S 95 Fd43
Västra Stenby S 103 Fc46
Västra Tåsjö S 79 Fd27
Västra Torup S 110 Fa54
Västra Tunhem S 102 Ec47
Västra Yttermark FIN 89 Hd32
Västrum S 103 Gb49
Vastse-Kuuste EST 107 Lb46
Vastseliina EST 107 Lc47
Vastse-Roosa EST 107 Lb48
Västsjö S 79 Fd26
Västsjön S 78 Fa29
Västvallen S 86 Fa33
Vasvár H 145 Gc54
Vasylivka UA 205 Fa16
Vasyl'kiv UA 204 Ec15
Vasyl'kivka UA 205 Fa15
Vasyšćeve UA 203 Fa14
Vaţa de Jos RO 171 Cc59
Vatajankylä FIN 89 Jb34
Vatajankylä FIN 89 Jc33
Vatala FIN 83 Ma31
Vatan F 29 Gc43
Vätava RO 171 Dc57
Väte S 104 Gd50
Váthi GR 183 Cb76
Vathí GR 188 Ac83
Vathí GR 188 Ac84
Vathí GR 197 Ea91
Vathí GR 197 Eb88
Váthia GR 194 Bc91
Vathilakkos GR 184 Cd76
Vathilakos GR 183 Bc79
Vathís GR 197 Eb90
Våthult S 102 Fa50
Vathy GR 189 Cb85
Vatici MD 173 Fc57
Vatin SRB 174 Bc62
Vatjusjärvi FIN 82 Ka27
Våtkölssätern S 86 Ed36
Vatku EST 98 Kd42
Vatla EST 98 Ka45
Vatland N 92 Ca46
Vatland N 92 Cc46
Vatland N 92 Cc47
Vatnås N 93 Dc41
Vatne N 76 Cd32
Vatne N 76 Cc33
Vatne N 92 Cb44
Vatne N 92 Cd45
Vatne N 92 Cd46
Vatneli N 92 Cd46
Vatnøyra N 66 Fd15
Vatnstrøm N 92 Cd46
Vätö S 96 Ha42
Vatohóri GR 182 Ba77
Vatoússa GR 191 Dd83
Vatra MD 173 Fd58
Vatra Dornei RO 172 Ea56
Vatra Moldoviţei RO 172 Ea55
Vatry F 24 Hd37
Vats N 92 Ca42
Vätta EST 105 Jd46
Vatta H 146 Jc51
Vättak S 102 Fa48
Vattholma S 96 Gc41
Vattjom S 87 Gb33
Vattland S 87 Gb35
Vättlax FIN 97 Jc41
Vattukylä FIN 82 Ka26
Vatula FIN 89 Jc35
Vatutine UA 204 Ec15
Vatutino RUS 122 Jc30
Vatvet N 94 Eb43
Vauchamps F 24 Hc36
Vauchassis F 30 Hc39
Vauclaix F 30 Hc42
Vauconcourt-Nervezain F 31 Jc40
Vaucouleurs F 25 Jc37
Vaudeurs F 30 Hc39
Vaudoy-en-Brie F 24 Hb37
Vaudrey F 31 Jc42
Vau i Dejës AL 163 Jb71
Vaujany F 35 Ka48
Vauldalen N 86 Ec32
Vaulruz CH 141 Bc55
Vaulx-Vraucourt F 23 Ha32
Vaupoisson F 30 Hd38
Vau-Spas AL 159 Jc70
Vau-Spas AL 178 Ad72
Vausseroux F 28 Fc44
Vautorte F 28 Fb39
Vauvenargues F 42 Jd54
Vauvert F 42 Ja54
Vauvillers F 31 Jd39
Vaux-s-Sûre B 132 Ba44
Vaux-sur-Aubigny F 30 Jb40
Vavd S 96 Gd39
Vávdos GR 183 Cb78
Vävversunda S 103 Fc47
Vavincourt F 24 Jb36
Vavkavysk BY 202 Dd13
Vavla CY 206 Jb97
Vavylas CY 206 Jb96
Växbö S 87 Gb36
Vaxholm S 96 Gd43
Växjö S 103 Fc52
Växtorp S 110 Ed53
Vay F 28 Ed41
Väylä FIN 64 Ka10
Väylänpää FIN 68 Jb17
Vayrac F 33 Gc50
Väyrylä FIN 75 Kd24
Vaysal TR 185 Ec74
Väystäjä FIN 74 Jc20
Vazäs S 68 Hc15
Važec SK 138 Ja47
V'azka RUS 99 Ma44
Veähtsaknjarga FIN 64 Ka07
Veaikevárri S 67 Hb16
Vean N 77 Dc30
Veaugues F 29 Ha42
Vebbestrup DK 100 Dc22
Veberöd S 110 Fa56
Veblungsnes N 77 Da32
Vebomark S 80 Hc26
Vecate LV 106 Kc47
Vecbāta LV 113 Jc53
Vecbebri LV 106 La51
Vecborne LV 115 Lc53
Vecgaiķi LV 105 Jd51
Vechelde D 126 Dc37
Vechno RUS 107 Mb49
Vechta D 117 Cc35
Vecinos E 45 Cb63
Vecpiebalga LV 106 La50
Veckalsnava LV 106 La51
Veckebo S 87 Fd35
Veckenstedt D 126 Dc38
Veckholm S 96 Gc43
Veclaicene LV 107 Lc48
Vecmilgravis LV 106 Kb50
Vecsaule LV 106 Kc52
Vecses H 146 Hd53
Vectilža LV 107 Ld49
Vecumi LV 107 Ld49
Vecumnieki LV 106 Kc51
Veczvärde LV 105 Jd52
Vėdariai LT 115 Lb54
Vedavågen N 92 Bd42
Vedbæk DK 109 Ec25
Vedby S 110 Ed54
Veddelev DK 109 Eb26
Veddige S 102 Ec50
Veddum DK 100 Dc22
Vedea RO 175 Db65
Vedea RO 180 Dc67
Vedea RO 180 Ea68
Vederslöv S 103 Fc52
Vedersø DK 100 Cd23
Vedevåg S 95 Fd43
Vedhall S 102 Eb48
Vedjeön S 79 Fd28
Vědlice CZ 136 Fb43
Vedrare BG 180 Db72
Vedrina BG 181 Fa69
Vedrines-Saint-Loup F 34 Hb49
Vedro Polje BIH 152 Gb63
Vedrovo RUS 203 Fb08
Vedum S 102 Ed47
Veelikse EST 106 Kc47
Veendam NL 117 Ca33
Veenendaal NL 125 Bb37
Veenwouden NL 117 Bc33
Veere NL 124 Ab38
Veere EST 105 Jb46
Vefall N 93 Db44
Vega E 38 Dc55
Vegacerneja E 37 Cd56
Vegacervera E 37 Cc56
Vega de Anzo E 37 Cb54
Vega de Espinareda E 37 Bd56
Vegadeo E 37 Bd54
Vega de Pas E 38 Dc55
Vega de Terrón E 45 Bc62
Vega de Valcarce E 37 Bd56
Vega de Valdetronco E 46 Cd60
Vegafriosa E 37 Cb54
Vegaquemada E 37 Cc56
Vegarienza E 37 Cb56
Vegårshei N 93 Db45
Vegas de Coria E 45 Ca64
Vegas del Condado E 37 Cc57
Vegaviana E 45 Bc65
Vegby S 102 Fa49
Vegeriai LT 106 Ka52
Veggen N 67 Gb13
Vegger DK 100 Db21
Veggli N 93 Db41
Veghel NL 125 Bb38
Vegi LV 105 Jd50
Veglie I 162 Hb76
Vegset N 78 Ed27
Veguilla E 38 Dd55
Veguillas de la Sierra E 47 Ed65
Vegusdal N 93 Da45
Vehendi EST 106 La46
Vehkajärvi FIN 90 Ka35
Vehkakorpi FIN 89 Jb36
Vehkalah FIN 90 Kc35
Vehkalahti FIN 90 La38
Vehkaperä FIN 81 Jd30
Vehkataipale FIN 91 Lb35
Vehmaa FIN 89 Ja38
Vehmaa FIN 90 La33
Vehmasjärvi FIN 82 La27
Vehmaskylä FIN 90 La32
Vehmaskylä FIN 90 La34
Vehmasmäki FIN 82 La30
Vehmersalmi FIN 82 La30
Vehniä FIN 90 Kb32
Vehtovo BG 181 Ec70
Vehu FIN 81 Jd31
Vehus N 92 Cd47
Vehuvarpee FIN 89 Jc35
Vehvilä FIN 82 Kd31
Veidholmen N 77 Db29
Veidnes N 64 Jc05
Veierland N 93 Dd44
Veiesund N 84 Ca35
Veikåker N 85 Dc40
Veikkola FIN 74 Kc18
Veikkola FIN 98 Ka39
Veillac F 33 Ha48
Veilsdorf D 134 Dc43
Veines N 65 Kb04
Veinge S 110 Ed53
Veiprty CZ 135 Ed43
Veiros P 50 Ba68
Veisiejai LT 123 Kc30
Veitsbronn D 134 Dc46
Veitsch A 144 Fd53
Veitservasa FIN 68 Jc14
Veitshöchheim D 134 Da45
Veitsiluoto FIN 74 Jc21
Veiveriai LV 114 Kb58
Veivirženai LT 113 Jc55
Vejano I 156 Ea70
Vejby DK 109 Ec24
Vejbystrand S 110 Ed53
Vejdelevka RUS 203 Fb14
Vejen DK 108 Da26
Vejer de la Frontera E 59 Bd77
Vejers Strand DK 108 Cd25
Vejlby DK 108 Db26
Vejle DK 108 Db25
Vejlen DK 100 Dc21
Vejno RUS 99 Ld43
Vejprnice CZ 135 Ed45
Vejrumbro DK 100 Db23
Vejrumstad DK 100 Da23
Vejruplund DK 109 Dd26
Vekarajärvi FIN 90 La36
Vekilski BG 181 Ed69
Vekkula FIN 90 Kb33
Vektarlia N 78 Fa25
Vela RO 175 Cd66
Velaatta FIN 89 Jd35
Velada E 46 Cd65
Velada P 50 Ba66
Velagići BIH 152 Gc63
Velaines F 24 Jb37
Vela Luka HR 158 Gc68
Velanda S 102 Ec47
Velanidiá GR 182 Ba78
Velanídia GR 195 Bd91
Velaóra GR 188 Ba82
Vel'aty SK 139 Ka49
Velayos E 46 Da63
Velbert D 125 Bd39
Velburg D 135 Ea47
Velda LV 105 Jc52
Velden D 135 Dd46
Velden D 143 Eb50
Velden am Wörthersee A 144 Fa56
Veldhoek NL 125 Bc37
Veldhoven NL 124 Ba39
Veldre N 86 Ea38
Vel'e RUS 107 Ld47
Vel'e RUS 107 Ma49
Veleka Tailor RO 177 Fc64
Velebit SRB 153 Jb58
Velefique E 61 Ea75
Velehrad CZ 137 Gd48
Velemin CZ 136 Fa43
Vele Mun HR 151 Fb60
Velen D 125 Bd37
Velena LV 107 Lb49
Veleni RUS 99 Mb45
Velenje SLO 151 Fd57
Velentzikó GR 188 Ba82
Velereč SRB 159 Jc64
Veles MK 183 Bc74
Veleševec HR 152 Gb59
Veleso I 149 Cc58
Velešta MK 182 Ad75
Velestino GR 189 Bd82
Velestovo MK 182 Ba76
Velestovo MNE 159 Hd69
Vélez Blanco E 61 Eb73
Vélez de Benaudalla E 60 Dc76
Vélez-Málaga E 60 Da76
Vélez Rubio E 61 Eb73
Velgast D 119 Ec30
Velhartice CZ 135 Ed47
Velholan FIN 75 Kc24
Veliés GR 195 Bd90
Veligonty RUS 99 Mb39
Veli Iž HR 157 Fd64
Velika GR 183 Ca80
Velika GR 194 Bb89
Velika HR 152 Ha60
Velika SRB 159 Jc68
Velika Bršljanica HR 152 Gc59
Velika Cista HR 158 Gc66
Velika Drenova SRB 178 Bb67
Velika Gorica HR 152 Gb59
Velika Jablonica KSV 178 Ad70
Velika Jablonica SRB 159 Jc68
Velika Kladuša BIH 151 Ga61
Velika Krsna SRB 174 Bb64
Velika Kruša KSV 178 Ba71
Velika Lukanja SRB 179 Cb69
Velika Moštanica SRB 153 Jc62
Velika Peratovica HR 152 Gd59
Velika Pisanica HR 152 Gd58
Velika Plana SRB 178 Bc69
Velika Preska SLO 151 Fc58
Velika Slatina KSV 178 Bb71
Velike Krčmare SRB 174 Bb66
Velike Lašče SLO 151 Fc58
Velike Račna SLO 151 Fc58
Velikie Luki RUS 202 Eb10
Veliki Gaj SRB 174 Bc62
Veliki Gradište SRB 174 Bd64
Veliki Greda SRB 174 Bc62
Veliki Grotevac HR 152 Gd59
Veliki Izvor SRB 179 Ca67
Veliki Kupci SRB 178 Bc68
Velikino RUS 99 Ld40
Veliki Plana SRB 174 Bb65
Veliki Poganac HR 152 Gc57
Veliki Popović SRB 174 Bc66
Veliki Preslav BG 181 Ec70
Veliki Radinci SRB 153 Ja61
Veliki Raven HR 152 Gb58
Veliki Šiljegovac SRB 178 Bc68
Veliki Srediste SRB 174 Bd62
Veliki Trnovac KSV 178 Bc71
Veliki Zdenci HR 152 Gd59
Veliko Orašje SRB 174 Bc65
Veliko Selo SRB 174 Bc65
Veliko Tărnovo BG 180 Dd70
Veliko Tirgovišće HR 151 Ga58
Veliko Trebeljevo SLO 151 Fc58
Velilla de Cinca E 48 Fd61
Velilla de Ebro E 48 Fb61
Velilla del Río Carrión E 38 Da56
Veli Lošinj HR 151 Fb63
Velimáhi GR 188 Bb86
Velimese TR 186 Fa77
Velimlje MNE 159 Hc68
Vélines F 32 Fd50
Velinga S 103 Fb48
Velingrad BG 179 Cd73
Velise EST 98 Ka44
Veliuona LV 114 Kb57
Velíž RUS 202 Eb11
Velje Duboko MNE 159 Ja68
Velji Breg KSV 178 Ba69
Veljun HR 151 Ga60
Veljusa MK 183 Ca75
Velká Bíteš CZ 137 Gb47
Velká Bystřice CZ 137 Gd46
Velká Černoc CZ 136 Fa44
Velká Hled'sebe CZ 135 Ec45
Vel'ká Ida SK 139 Jd49
Vel'ká Lomnica SK 138 Jb47
Vel'ka Mača SK 145 Ha50
Vel'ká nad Ipľom SK 146 Ja50
Velká nad Veličkou CZ 137 Gd48
Velké Bílovice CZ 137 Gc48
Velké Heraltice CZ 137 Ha45
Vel'ké Kapušany SK 139 Ka49
Velké Karlovice CZ 137 Hb47
Vel'ké Kostoľany SK 137 Ha49
Velké Kunětice CZ 137 Gd43
Vel'ké-Leváre SK 145 Gc50
Velké Losiny CZ 137 Gc44
Vel'ke Lovce SK 145 Hb51
Vel'ke Ludince SK 145 Hb51
Velké Meziříčí CZ 136 Ga47
Velké Němčice CZ 137 Gc48
Velké Opatovice CZ 137 Gc46
Velké Pavlovice CZ 137 Gc48
Vel'ké Ripňany SK 137 Ha49
Vel'ké Rovné SK 137 Hb47
Vel'ke Turovce SK 146 Hc51
Vel'ke Uľany SK 145 Ha51
Vel'ké Zálužie SK 145 Ha50
Velkmossen FIN 89 Hd32
Velkua FIN 97 Ja39
Velkuankaupunki FIN 97 Ja39
Vel'ký Blh SK 138 Jb49
Velký Bor CZ 136 Fa47
Vel'ký Ďur SK 145 Hb50
Vel'ký Krtiš SK 146 Hd50
Vel'ky Meder SK 145 Ha52
Vel'ký Šariš SK 139 Jd47
Vel'ký Slavkov SK 138 Jb47
Velký Újezd CZ 137 Gd46
Vellahn D 119 Dd33
Vellamelen N 78 Ec27
Vellberg D 134 Da47
Velle N 76 Cd33
Vellechevreux F 31 Ka40
Vellefaux F 31 Jd41
Velle-le-Châtel F 31 Jd40
Velles F 29 Gc44
Vellescot F 31 Kb40
Velletri I 160 Eb72
Vellev DK 100 Dc23
Vellevans F 31 Ka41
Vellila de Tarilonte E 38 Da56
Vellinge S 110 Ed56
Vellisca E 47 Ea65
Velliza E 46 Cd60
Vellmar D 126 Da40
Vellua FIN 89 Ja38
Vélo GR 189 Bd86
Velovo HR 152 Ha60
Velpke D 127 Dd36
Velsen NL 116 Ad35
Velta N 94 Ec39
Velten D 127 Ed36
Vělțrní CZ 136 Fb49
Veltrusy CZ 136 Fb44
Velušina MK 183 Bb76
Velvang N 78 Eb29
Velventós GR 183 Bc79
Velvína GR 188 Bb84
Velyka Lepetycha UA 205 Fa16
Velyka Pysarivka UA 203 Fa14
Velyki Dederkaly UA 204 Ea15
Velykyj Burluk UA 203 Fa14
Velžys LT 114 Kc55
Vemb DK 100 Cd23
Vemdalen S 87 Fb33
Vemdalsskalet S 87 Fb33
Véménd H 153 Hc57
Vemhån S 87 Fb34
Vemmedrup DK 109 Eb26
Vemmenæs DK 109 Dd28
Vemmetofte Strand DK 109 Ec27
Ven N 92 Cb44
Vena S 103 Ga49
Venabu N 85 Dd35
Venabygd N 85 Dd36
Venaco F 154 Cb70
Venafro I 161 Fa73
Venäjä FIN 89 Jc37
Venarey-les-Laumes F 30 Ja41
Venarsal F 33 Gc49
Venasca I 148 Bc62
Venas di Cadore I 143 Eb56
Venåsen N 85 Dd35
Venasque F 42 Jc52
Venčan BG 181 Ed70
Venčane SRB 153 Jc63
Vence F 43 Kc53
Venckai LT 113 Jb56
Venclovìškiai LT 114 Ka57
Venda P 50 Ba70
Venda Nova P 44 Ba59
Vendas Novas P 50 Ac69
Vendays-Montalivet F 32 Fa48
Vendegies-sur-Ecaillon F 24 Hb32
Vendel S 96 Gc41
Vendelä FIN 98 Ka39
Vendenheim F 25 Kc36
Vendeuil F 24 Hb34
Vendeuvre F 22 Fc36
Vendeuvre-sur-Barse F 30 Hd38
Vendine F 40 Gc54
Vendinha P 50 Ba70

Vendœuvres – Villafranca di Verona

Vendœuvres F 29 Gb44
Vendôme F 29 Gb40
Vendranges F 34 Hd46
Vendrennes F 28 Fa43
Vendzavae LV 105 Jb50
Venec BG 181 Ec69
Venec BG 181 Ec72
Veneheitto FIN 82 Kb25
Venejärvi FIN 68 Jb16
Venejoki FIN 83 Ld29
Venelin BG 181 Fa71
Venesjärvi FIN 89 Jb35
Veneskoski FIN 81 Jb31
Veneskoski FIN 89 Jb35
Venetmäki FIN 82 Kd29
Venetmäki FIN 90 Kd32
Venetpalo FIN 82 Kb27
Venetti FIN 68 Jb17
Venev RUS 203 Fa11
Venevere EST 98 La43
Venezia I 150 Eb60
Vengasaho FIN 74 Kb22
Vengja N 84 Ca40
Venhuizen NL 116 Bb34
Venialbo E 45 Cc61
Vénissieux F 34 Jb47
Venjan S 87 Fb38
Venlo NL 125 Bc39
Venn N 77 Ea30
Vénna GR 184 Dc77
Vennermoor D 117 Cc36
Vennesla N 92 Cd46
Vennesund N 70 Ed24
Venosa I 161 Ga74
Venray NL 125 Bb38
Vensac F 32 Fa48
Venset N 66 Fd17
Venstøp N 93 Dc43
Vent A 142 Dc55
Venta LT 113 Jd53
Ventabren F 42 Jc54
Venta de Ballerias E 48 Fc60
Venta de Baños E 46 Da59
Ventade Gaeta E 54 Fa68
Venta de la Chata E 52 Dc72
Venta de las Ranas E 37 Cc54
Venta de la Vigen E 55 Fa73
Venta del Charco E 52 Da71
Venta del Moro E 54 Ed68
Venta de los Santos E 53 Dd71
Ventanilla E 38 Da56
Venta Nueva E 37 Ca55
Ventas de Barreira E 36 Bc58
Ventas de Huelma E 60 Db75
Ventas de Muniesa E 48 Fb62
Ventė LT 113 Jb56
Vente del Tollo E 55 Ed71
Ventelä FIN 98 Ka39
Ventelay F 24 Hc35
Venticano I 161 Fc74
Ventimiglia I 43 Kd53
Ventimiglia di Sicilia I 166 Ed84
Ventiseri F 154 Cb71
Ventlinge S 111 Gb54
Ventnor GB 20 Fa31
Ventorros de Balerma E 60 Da74
Ventosa del Río Almar E 45 Cc62
Ventosa de Pisuerga E 38 Db57
Ventotene I 160 Ed75
Ventry IRL 12 Ad24
Ventschow D 119 Ea32
Ventspils LV 105 Jb49
Venturina I 155 Da67
Venus RO 181 Fc68
Venzone I 150 Ec57
Vepriai LT 114 Kd56
Veprinac HR 151 Fb60
Vepsä FIN 74 Kb24
Vepsä FIN 83 Lb26
Ver F 22 Fa37
Vera E 61 Ec75
Vera HR 153 Hd59
Vera N 78 Ed28
Vera-de Bidaosa E 39 Ed55
Vera de Moncayo E 47 Ed60
Vera de Rey E 53 Eb68
Verbania I 148 Cb57
Verberie F 23 Ha35
Verbicaro I 164 Gb78
Verbier CH 148 Bc57
Verbița RO 175 Cc66
Verbūnai LT 114 Ka54
Vercelli I 148 Ca59
Vercel-Villedieu-le Camp F 31 Ka42
Verchen D 119 Ed32
Vercheny F 35 Jc50
Verchnjadzvinsk BY 202 Ea11
Verchnje Syn'ovydne UA 204 Dd16
Verchn'odniprovs'k UA 204 Ed15
Vercorin CH 141 Bd56
Verçun AL 182 Ad76
Verdaches F 42 Ka51
Verdalsøra N 78 Ec28
Verdeggia I 43 Kd52
Verdello I 149 Cd59
Verden D 118 Da34
Verdes F 29 Gb40
Verdikoússa GR 183 Bc80
Verdille F 32 Fc47
Verdonnet F 30 Hd40
Verdun F 24 Jb35
Verdun-sur-Garonne F 40 Gb53
Verdun-sur-le-Doubs F 30 Jb43
Véreaux F 29 Ha43
Verebiejai LV 114 Kb59
Verebkovo RUS 107 Lc47
Vereide N 84 Cc34
Verejeni MD 173 Fc56
Veren BG 180 Dc73
Verenci BG 180 Eb71
Vereniki GR 182 Ac80
Veresegyház H 146 Hd52
Verest RUS 99 Mb42
Verești RO 172 Ec56
Veret'e RUS 107 Ma48
Vereteni RUS 107 Mb46
Verfeil F 40 Gc54
Verfeil F 41 Gd52
Vergale LV 105 Jb52
Vergato I 149 Dc63
Vergel E 55 Fc70
Vergeletto CH 141 Cb56
Verges E 49 Hb59
Verghereto I 156 Ea65
Vergi EST 98 Kd41
Vérgi GR 184 Cc77
Vergiate I 148 Cb58
Vergína GR 183 Bd78
Vergt F 33 Ga49
Verguleasa RO 175 Db65
Verhnij Most RUS 107 Mb47
Verholino RUS 107 Ld46
Véria GR 183 Bd78
Verići BIH 152 Gd61
Vérignon F 42 Ka53
Vérigny F 29 Gb38
Verin E 44 Bb59
Veriña Tremañes E 37 Cc54
Veringenstadt D 142 Cd50
Verinsko BG 179 Cd72
Veriora EST 107 Lc46
Verkenseter N 85 Dd34
Verkkojoki FIN 83 Lb27
Verl D 126 Cc38
Verla FIN 90 Kd36
Verlar D 126 Cc38
Vermand F 24 Hb33
Vermenton F 30 Hc40
Vermeș RO 174 Bd61
Vermiglio I 149 Db57
Vermoim P 44 Ad60
Vermosh AL 159 Jb69
Vermuntila FIN 89 Ja37
Vernantes F 28 Fd42
Vernár SK 138 Jb48
Vernazza I 155 Cd64
Vern-d'Anjou F 28 Fb41
Vernes N 77 Dd29
Vernești RO 176 Ec64
Vernet F 40 Gc55
Vernet-les-Bains F 41 Ha57
Verneuil F 24 Hc36
Verneuil-en-Bourbonnais F 34 Hb45
Verneuil-sur-Avre F 23 Ga37
Verneuil-sur-Indre F 29 Gb43
Verninge DK 108 Dc27
Verningen N 93 Dd44
Vernio I 155 Dc64
Vernoil F 28 Fd42
Vernole I 163 Hc76
Vernon F 23 Gb36
Vernon F 32 Fd45
Vernou-en-Sologne F 29 Gc41
Vernouillet F 23 Gb37
Vernou-sur-Brenne F 29 Ga41
Vernoux-en-Vivarais F 34 Ja50
Vern-sur-Seiche F 28 Ed39
Vero F 154 Ca70
Verőce H 146 Hd52
Verolanuova I 149 Da60
Veroli I 160 Ed72
Véron F 30 Hb39
Verona I 149 Dc59
Verpelét H 146 Jb51
Verrabotn N 78 Ea28
Verrès I 148 Bd58
Verrières F 33 Ga45
Verrone I 148 Ca59
Versailles F 23 Gd37
Versam CH 142 Cd55
Verseg H 146 Ja52
Veršiai LT 114 Ka58
Versmold D 126 Cc37
Versols-et-Lapeyre F 41 Hb53
Verstaminai LV 114 Kb59
Vertavillo E 46 Db60
Verteillac F 32 Fd48
Vertelim RUS 203 Fc10
Vértesacsa H 146 Hc53
Verteuil-sur-Charente F 32 Fd46
Vertijivka UA 202 Ec14
Vertimai LT 113 Jd57
Vertiskos GR 183 Cb77
Vertiujeni MD 173 Fc55
Vertjačij RUS 203 Fd14
Vërtmuiža LV 106 Kd47
Vertolaye F 34 Hc47
Vërtop AL 182 Ac77
Vertou F 28 Ed42
Vert-Saint-Denis F 29 Ha38
Vertus F 24 Hc36
Vertuu FIN 89 Jb35
Verucchio I 156 Eb64
Verum S 110 Fa53
Verviers B 125 Bb41
Vervins F 24 Hc33
Vervnäs S 86 Fa37
Verwood GB 20 Ed30
Veržej SLO 145 Gb56
Verzino I 165 Gd80
Verzuolo I 148 Bc62
Vesala FIN 74 Kb23
Vesala FIN 75 La20
Vesamäki FIN 82 Kc30
Vesanka FIN 90 Kb32
Vesanto FIN 82 Kc30
Vescona I 156 Dd67
Vescovato F 154 Cc69
Vesdun F 29 Ha44
Vése H 152 Gd57
Ves'egonsk RUS 202 Ed08
Vesela BIH 158 Ha64
Veselava LV 106 Kd49
Vesele UA 205 Fa16
Veselec BG 181 Ec68
Veselie BG 181 Fa73
Veselí nad Lužnici CZ 136 Fc47
Veselí nad Moravou CZ 137 Gd48
Veselinovo BG 180 Eb72
Veselinovo BG 181 Ec71
Veselovka RUS 113 Jd59
Veselynove UA 204 Ed16
Vešenskaja RUS 203 Fc13
Vesijako FIN 90 Kb36
Vesijärvi FIN 89 Ja34
Vesilahti FIN 89 Jd36
Vesivehmaa FIN 90 Kc36
Vesjärvi FIN 89 Jc35
Veskoniemi FIN 69 Kb11
Veskonjarga FIN 69 Kb11
Vesløs DK 100 Da21
Vesmajärvi FIN 69 Jd15
Vesnovo RUS 113 Jd58
Vesoul F 31 Jd40
Vespolate I 148 Cb59
Véssa GR 191 Dd86
Vessigebro S 102 Ec51
Veståskapellet N 85 Dc38
Vestbjerg DK 100 Dc21
Vestby N 86 Ec37
Vestby N 93 Ea42
Vestbygd N 92 Cb47
Vestbygda N 66 Fd14
Vestenanova I 149 Dc59
Vestenbergsgreuth D 134 Dc45
Vester Åby DK 108 Dc27
Vesterby DK 109 Ea28
Vester Egense DK 108 Dc26
Vester Egesborg DK 109 Eb27
Vesterelv N 65 Kb07
Vesterelva N 65 Kc05
Vester Hæsinge DK 108 Dc27
Vester Hassing DK 100 Dc21
Vester Hjermitslev DK 100 Dc20
Vester Hornum DK 100 Db21
Vesterli N 71 Fc18
Vesterli N 71 Fb23
Vestermarie DK 111 Fc58
Vester Nebel DK 108 Db26
Vesterø Havn DK 101 Ea20
Vestertana N 64 Ka06
Vester Torup DK 100 Db20
Vester Vedsted DK 108 Cd26
Vestervig DK 100 Cd22
Vester Vistorp DK 100 Da23
Vestfossen N 93 Dc42
Vestfossen N 93 Dd42
Vestiena LV 106 La50
Vestlax FIN 97 Jc40
Vestmanna DK 3 Ca06
Vestmannaeyjar IS 2 Ac06
Vestnes N 76 Cd32
Vestola FIN 90 Kb36
Vestone I 149 Db59
Vestpollen N 66 Fc14
Vestre Jakobselv N 65 Kc06
Vestre Kile N 92 Cd44
Vestre Moland N 93 Da47
Vestre Slidre N 85 Dc37
Vestre Spone N 93 Dd41
Vestre Vallesverd N 93 Da47
Vestro N 92 Ca42
Vestvågan N 70 Ed21
Vestvik N 78 Eb28
Vesunti FIN 89 Jc36
Veszprém H 145 Ha54
Veszprémvarsány H 145 Ha53
Vésztő H 147 Jd54
Vetaherrado E 59 Ca75
Vețca RO 171 Dc59
Vețel RO 175 Cc60
Veteli FIN 81 Jc29
Vetheuil F 23 Gc36
Vetiș RO 171 Cd54
Vetla EST 98 Kc43
Vetlanda S 103 Fc50
Vetluga RUS 203 Fb08
Vetovo BG 180 Eb68
Vetralla I 156 Ea70
Vetren BG 179 Cd73
Vetren BG 180 Dd72
Vetren BG 181 Ed67
Vetren BG 181 Ed72
Vetren MK 179 Cb73
Vetrești-Herăstrău RO 176 Ec62
Vetrino BG 181 Ed70
Vetriolo Terme I 150 Dd58
Vetrișoaia RO 177 Fb60
Větrný Jeníkov CZ 136 Fd46
Vetrovo RUS 113 Jc57
Vetschau D 128 Fb39
Vetsikko FIN 64 Ka07
Vettasjärvi S 68 Hc16
Vettelschoß D 125 Ca42
Vetterslev DK 109 Eb27
Vetterud N 94 Eb40
Vetting N 93 Da46
Vetto I 149 Da63
Vettweiß D 125 Bc41
Vetulonia I 155 Db68
Vetunica MK 178 Bd72
Vetvenik RUS 99 Lc44
Veules-les-Roses F 23 Ga33
Veulettes-sur-Mer F 23 Ga33
Veum N 93 Da43
Veurne B 21 Ha29
Vevang N 77 Da31
Vevčani MK 182 Ad75
Vevey CH 141 Bb55
Vévi GR 183 Bb77
Vevring N 84 Cb35
Vex CH 141 Bc56
Vexala FIN 81 Ja29
Veynes F 35 Jd50
Veyrier F 35 Ka46
Veysel TR 193 Ha84
Vežalčiai LT 113 Jb55
Vezdemarbán E 45 Cc60
Vézelay F 30 Hc41
Vézelise F 25 Jd37
Vézelois F 31 Kb40
Vezels-Roussy F 33 Ha50
Vezenkovo BG 181 Ec71
Vézénobres F 42 Ja52
Vezins F 28 Fb42
Vézins-de-Lévézou F 41 Hb52
Vezionys LT 114 Kc58
Vežionys LT 114 La59
Vezirhan TR 187 Gb80
Vezirköprü TR 205 Fb20
Vezza d'Oglio I 149 Db57
Vezzani F 154 Cb70
Vezzano I 149 Dc57
Vezzano sul Crostolo I 149 Db62
Vi S 88 Gc33
Viabon F 29 Gc39
Viadana I 149 Db61
Viana E 39 Eb58
Viana de Bolo E 36 Bc58
Viana do Alentejo P 50 Ad70
Viana do Castelo P 44 Ac59
Vianden L 133 Bb44
Viane F 41 Ha54
Vianen NL 124 Ba37
Viano I 149 Db62
Viaño Pequeño E 36 Ad55
Vianos E 53 Ea70
Vianta FIN 82 Kd29
Viarano Scalo I 161 Fa73
Viareggio I 155 Da65
Viarmes F 23 Gd36
Vias F 41 Hc55
Viasvesi FIN 89 Ja36
Viatodos P 44 Ad60
Vibble S 104 Gd49
Vibbyn S 73 Hd21
Viblemo N 92 Cc46
Viborg DK 100 Db23
Vibo Valentia I 164 Gb82
Vibo Valentia Marina I 164 Gb82
Vibraye F 29 Ga39
Viby DK 109 Eb26
Viby S 95 Fc44
Viby S 103 Fd47
Vic E 49 Ha59
Vič SLO 144 Fc56
Viča SRB 178 Ba67
Vicarello I 155 Da65
Vicari I 166 Ed85
Vicarstown IRL 13 Cc22
Vicchio I 156 Dd64
Vicdessos F 40 Gc57
Vicedo E 36 Bc53
Vic-en-Bigorre F 40 Fd55
Vicenza I 150 Dd59
Vic-Fezensac F 40 Fd54
Vicherey F 31 Jc38
Vichy F 34 Hc46
Vicién E 48 Fb59
Vickan S 102 Eb50
Vickleby S 111 Gb53
Vic-le-Comte F 34 Hb47
Vic-le-Fesq F 41 Hd53
Vico F 154 Ca70
Vico I 149 Da62
Vico del Gargano I 162 Gb71
Vico Equense I 161 Fb75
Vicoforte I 148 Bd62
Vicopisano I 155 Db65
Vicosoprano CH 142 Cd56
Vicovaro I 160 Eb71
Vicovu de Jos RO 172 Eb55
Vicovu de Sus RO 172 Ea54
Vicq-Exemplet F 29 Gd44
Vic-sur-Aisne F 24 Hb35
Vic-sur-Cère F 33 Ha49
Vic-sur-Seille F 25 Jd36
Victoria M 166 Ea87
Victoria RO 173 Fa57
Victoria RO 175 Dc62
Victoria RO 177 Fa65
Victor Vlad Delamarina RO 174 Ca61
Vičuga RUS 203 Fb09
Vidaga LV 107 Lb48
Vidago P 44 Bb59
Vidale LV 105 Jc49
Vidanes E 37 Cd56
Vidángoz E 39 Fa57
Víðareiði DK 3 Ca06
Vidauban F 43 Kb54
Vidbo S 96 Gd42
Viddal N 76 Cc33
Videbæk DK 108 Da24
Videle RO 176 Dd66
Videm pri Ptuju SLO 151 Ga57
Videniškiai LT 114 La56
Videsæter N 84 Cd34
Videstøyl N 92 Cd44
Vidiago E 38 Da54
Vidice CZ 135 Ec46
Vidigal P 50 Ac69
Vidigueira P 50 Ad71
Vidin BG 179 Cb67
Vidiškiai LT 114 Kd56
Vidlin GB 5 Fa04
Vidnava CZ 137 Gc43
Vidön S 94 Fa43
Vidouze F 40 Fd55
Vidra RO 171 Cc59
Vidra RO 176 Ec61
Vidra RO 180 Eb67
Vidrare BG 179 Da70
Vidrenjak HR 152 Gc59
Vidreres E 49 Hb60
Vidriži LV 106 Kc49
Vidsel S 73 Hb22
Vidsmuiža LV 107 Lc51
Vidsodis LT 113 Jd54
Vidstrup DK 100 Dc19
Viduklė LT 114 Ka56
Vidzy BY 202 Ea11
Viechtach D 135 Ec48
Vieille-Brioude F 34 Hc48
Vieille-Soubiran F 40 Fc53
Vieillespesse F 34 Hb49
Vieillevigne F 28 Ed43
Vieira do Minho P 44 Ba59
Vieki FIN 83 Lc27
Viekšnaliai LT 113 Jd54
Viekšniai LT 113 Jd53
Vielank D 119 Dd34
Vielha E 40 Ga57
Viella E 37 Cc54
Vielle F 39 Fa53
Vielleségure F 39 Fb55
Vielmur-sur-Agout F 41 Gd54
Vielsam B 125 Bb42
Viels-Maisons F 24 Hb36
Viemose DK 109 Eb28
Vienenburg D 126 Dc38
Vienne F 34 Jb47
Vienne-en-Val F 29 Gd40
Vienne-le-Château F 24 Ja35
Viens F 42 Jd53
Viensuu FIN 83 Lc28
Viereck D 120 Fb33
Vieremä FIN 82 Kc27
Viereth-Trunstadt D 134 Dc45
Vierhouten NL 117 Bc36
Vierlingsbeek NL 125 Bc38
Viernau D 126 Dc42
Viernheim D 134 Cc46
Vierraden D 120 Fb34
Viersen D 125 Bc39
Vieru RO 180 Ea68
Vierumäki FIN 90 Kc36
Vierville-sur-Mer F 22 Fb35
Vierzon F 29 Gd42
Viesati LV 105 Jd51
Viešintos LT 114 Kd54
Viesīte LV 106 La52
Viesītes LV 106 Kd52
Vieste I 162 Gb71
Vieštovėnai LT 113 Jc55
Viešvėnai LT 113 Jd54
Viešvilė LT 113 Jd57
Vietalva LV 106 La51
Vietas S 67 Gc16
Vietlübbe D 119 Ea32
Vietri di Potenza I 161 Ga76
Vietri sul Mare I 161 Fc75
Vieux-Boucau-les-Bains F 39 Ed53
Vieux-Fume F 22 Fc36
Vievis LT 114 Kd57
Vieyes I 148 Bc58
Vif F 35 Jd49
Vig DK 109 Eb25
Viganj HR 158 Gd68
Vigante LV 106 La51
Vigarano Mainarda I 150 Dd62
Vigeland N 92 Cc47
Vigevano I 148 Cb60
Vigge S 87 Fb32
Viggianello I 164 Gb78
Viggiano I 161 Ga76
Viggiù I 148 Cb58
Viglaš SK 138 Hd49
Vigmostad N 92 Cc47
Vignacourt F 23 Gd33
Vignale Monferrato I 148 Ca60
Vignanello I 156 Ea70
Vignes-la-Côte F 30 Jb38
Vigneulles-lès-Hattonchâtel F 25 Jc36
Vignola I 149 Dc63
Vignola Mare I 168 Cb73
Vignole I 150 Ea57
Vignory F 30 Jb38
Vigny F 23 Gc36
Vigo E 36 Ad57
Vigo di Cadore I 143 Eb56
Vigo di Fassa I 143 Dd56
Vigoleno I 149 Cd61
Vigone I 148 Bc61
Vigo Rendena I 149 Db57
Vigre N 92 Ca45
Vigrestad N 92 Ca45
Vigrieži LV 107 Lb48
Vigsnæs DK 109 Eb28
Viguzzolo I 148 Cb61
Vihajärvi FIN 75 Kd24
Vihakse EST 106 Kb46
Vihantasalmi FIN 90 Kd35
Vihanti FIN 81 Jd25
Vihasjärvi FIN 90 Ka35
Vihasoo EST 98 Kd41
Viherlahti FIN 97 Ja39
Vihiers F 28 Fb42
Vihren BG 184 Cc74
Vihtakangas FIN 83 Ld29
Vihtari FIN 83 Lc31
Vihtasuo FIN 83 Lc28
Vihtavaara FIN 91 Ld32
Vihtavuori FIN 90 Kb32
Vihteljärvi FIN 89 Jb35
Vihterpalu EST 98 Ka43
Vihti FIN 98 Ka39
Vihtiälä FIN 89 Jc36
Vihtijärvi FIN 90 Ka38
Vihtola FIN 91 Lb36
Vihtra EST 98 Kc45
Vihu FIN 89 Jb35
Vihula EST 98 Kd41
Viiala FIN 89 Jd36
Viidu EST 105 Jc46
Viiksimo FIN 83 Ld25
Viikusjärvi S 68 Hd14
Viile Satu Mare RO 171 Cd55
Viinijärvi FIN 83 Lc30
Viinikka FIN 81 Jc30
Viinikoski FIN 74 Kb23
Viinistu EST 98 Kd41
Viira EST 97 Jd45
Viiratsi EST 98 Kd45
Viirilä FIN 90 Kd38
Viisarimäki FIN 90 Kc33
Viișoara MD 173 Fa56
Viișoara RO 171 Cc55
Viișoara RO 171 Da59
Viișoara RO 172 Eb58
Viișoara RO 172 Ed54
Viișoara RO 175 Dc60
Viișoara RO 177 Fb60
Viitaila FIN 90 Kb36
Viitakangas FIN 82 Kb29
Viitala FIN 81 Jb31
Viitalahti FIN 83 Lb31
Viitalankylä FIN 81 Jb31
Viitamäki FIN 82 Kc27
Viitaniemi FIN 83 Lb29
Viitaperä FIN 75 Kc23
Viitapohja FIN 89 Jd35
Viitaranta FIN 69 Kc16
Viitaranta FIN 75 Kd19
Viitasaari FIN 82 Kb30
Viitavaara FIN 75 Lb24
Viitka EST 107 Lc47
Viitna EST 98 Kd42
Viivikonna EST 99 Lc42
Vijciems LV 106 La48
Vijtala FIN 89 Jb32
Vik N 66 Fc13
Vik N 70 Ed24
Vik N 70 Fa21
Vik N 76 Cb33
Vik N 76 Cd32
Vik N 78 Eb26
Vik N 84 Cc37
Vik N 92 Ca42
Vik N 93 Da44
Vik N 93 Da46
Vik S 111 Fb56
Vika FIN 74 Ka18
Vika N 63 Hd07
Vika N 78 Eb29
Vika S 87 Fb38
Vika S 95 Fd40
Vikajärvi FIN 74 Ka18
Vikan N 76 Cd31
Vikan N 77 Db30
Vikane N 92 Cb46
Vikane N 93 Ea44
Vikanes N 84 Cb38
Vikarbyn S 87 Fc38
Vikebukt N 76 Cd32
Vikedal N 92 Ca42
Vikeid N 66 Fd12
Vikeland N 92 Cd46
Viken S 110 Ec54
Vikene S 94 Ec42
Viker N 85 Dd39
Viker S 94 Ec43
Viker S 95 Fc43
Vikersund N 93 Dd41
Vikeså N 92 Ca45
Vikevåg N 92 Ca43
Vikhamar N 77 Ea30
Viķi LV 106 Kc47
Vikingstad S 103 Fd47
Vikja N 84 Cc36
Vikna N 78 Eb25
Vikøy N 84 Cb39
Vikran N 62 Gc10
Vikran N 63 Ja04
Vikran N 66 Ga12
Viksfjord N 93 Dd44
Viksjö S 88 Gc32
Vīksna LV 107 Lc49
Vīkšņi LV 107 Lc50
Viksøyri N 84 Cc37
Viksta S 96 Gc41
Vikstøl N 92 Cd45
Vikten N 66 Fa14
Viktring A 144 Fb56
Vikvallen S 72 Ha22
Vilaboa E 36 Bb53
Vila Chã P 44 Ac60
Vila Chã P 44 Bb63
Vilachá E 36 Bc57
Vila Cova de Alva P 44 Ba64
Vila da Ponte P 44 Ba59
Vila de Cruces E 36 Ba56
Vila de Rei P 50 Ad66
Vila do Bispo P 58 Aa74
Vila do Conde P 44 Ac60
Vilafamés E 54 Fc65
Vilafant E 41 Hb58
Vila Fernado P 51 Bb68
Vila Flor P 45 Bc61
Vila Franca das Naves P 44 Bb63
Vilafranca de Bonany E 57 Hc67
Vilafranca del Maestrat E 48 Fc64
Vilafranca del Penedès E 49 Gc61
Vila Franca de Xira P 50 Ab68
Vilafrío E 36 Bb56
Vilagarcía de Arousa E 36 Ad56
Vilajuïga E 41 Hb58
Viļaka LV 107 Ld49
Vilalba E 36 Bb54
Vilalba dels Arcs E 48 Fd62
Vilalbite E 36 Bb55
Vilaller E 40 Ga58
Vilamadat E 49 Hb59
Vilamaior E 36 Bc56
Vilamarxant E 54 Fb67
Vilamitjana E 48 Gb59
Vilamoura P 58 Ac74
Viļāni LV 107 Lc51
Vila Nogueira de Azeitão P 50 Ab69
Vilanova E 36 Ac57
Vilanova E 36 Ad56
Vilanova E 37 Bd58
Vila Nova de Anços P 44 Ac64
Vilanova de Bellpuig E 48 Gb61
Vila Nova de Cerveira P 36 Ac58
Vila Nova de Famalição P 44 Ad60
Vila Nova de Foz Côa P 45 Bc61
Vila Nova de Gaia P 44 Ac61
Vilanova del Camí E 49 Gc61
Vilanova de Meià E 48 Gb59
Vila Nova de Milfontes P 58 Ab72
Vila Nova de Paiva P 44 Ba62
Vila Nova de Santo André P 50 Ab71
Vila Nova de São Bento P 58 Ba72
Vilanova de Sau E 49 Ha59
Vila Nova do Ceira P 44 Ad64
Vilanova i la Geltrú E 49 Gc62
Vilanova (Lourenzá) E 36 Bc54
Vilapedre E 36 Bc56
Vilapedre E 36 Bb54
Vila Pouca de Aguiar P 44 Bb60
Vila Praia de Âncora P 44 Ac59
Vilar P 44 Ba62
Vilarandelo P 45 Bc59
Vilarbacu E 36 Bc57
Vilarchán E 36 Ad57
Vilar de Amargo P 45 Bc62
Vilar de Barrio E 36 Bb58
Vilar de Murteda P 44 Ac59
Vilar de Olalla E 53 Eb66
Vilar de Ossos P 45 Bc59
Vilar de Perdizes P 44 Bb59
Vilar de Pinheiro P 44 Ac60
Vilar de Rei E 36 Bb58
Vilardevós E 45 Bc59
Vila Real P 44 Ba61
Vila-real E 54 Fc66
Vila Real de Santo Antonio P 58 Ba74
Vilares P 45 Bc60
Vilares del Saz E 53 Ea66
Vilar Formoso P 45 Bc63
Vilarinho do Bairro P 44 Ac63
Vilariño das Poldras E 36 Bb58
Vilariño de Conso E 36 Bc58
Vilariño Frío E 36 Bb57
Vilarmeao E 36 Bc58
Vila-rodona E 49 Gc62
Vilarouco P 44 Bb61
Vilarrube E 36 Bb53
Vila Ruva P 50 Ad70
Vilasantar E 36 Ba55
Vilas de Turbón E 40 Ga58
Vila Seca P 44 Ac60
Vila Seca P 44 Ad64
Vila-seca E 48 Gb62
Vilasobroso E 36 Ad57
Vilassar de Dalt E 49 Ha61
Vilassar de Mar E 49 Ha61
Vilasund S 71 Fc21
Vilatuxe E 36 Ba56
Vila Velha de Ródão P 50 Ba66
Vilavella E 36 Bc58
Vila Verde P 44 Ad59
Vila Verde de Ficalho P 58 Ba72
Vila Verde dos Francos P 50 Ab67
Vila Viçosa P 50 Ba69
Vilce LV 106 Kb52
Vilcele MD 177 Fc60
Vilches E 52 Dc71
Vildbjerg DK 100 Da23
Vildecans E 49 Gd61
Vilejka BY 202 Ea12
Vilela E 36 Bb56
Vilémov CZ 136 Fd45
Vilers E 49 Hb59
Vilgale LV 105 Jb51
Vilhelmina S 79 Ga26
Vilhula FIN 90 Kd32
Vília GR 189 Ca86
Vilikkala FIN 97 Jd39
Viliošiai LT 113 Jd53
Viljakkala FIN 89 Jc35
Viljandi EST 98 Kd45
Viljaniemi FIN 90 Kc37
Viljaspohja FIN 90 Kb33
Viljevo HR 152 Hb59
Viljolahti FIN 91 Lb32
Vilkaviškis LT 114 Ka58
Vilkėnai LV 114 Kb56
Vilķene LV 106 Kc48
Vilkija LV 114 Kb57
Vilkjärvi FIN 91 Lb36
Vilkkilä FIN 91 Lb38
Vilkla EST 98 Ka44
Vilkovo BG 181 Fb69
Vilkumiešts LV 115 Lb54
Vilkyčiai LT 113 Jb56
Vilkyškiai LT 113 Jd57
Villa CH 142 Cc55
Villabáñez E 46 Da60
Villabassa I 143 Ea55
Villablanca E 58 Ba74
Villablino E 37 Ca56
Villaboa E 36 Bc54
Villabon F 29 Ha42
Villabona E 37 Cb54
Villabona E 39 Ec55
Villabrágima E 46 Cd59
Villabuena del Puente E 45 Cc61
Villacañas E 52 Dc67
Villacarillo E 61 Dd72
Villacarriedo E 38 Dc55
Villa Castelli I 162 Ha76
Villacastín E 46 Da63
Villach A 144 Fa56
Villacián E 38 Dd56
Villacibrán E 37 Ca55
Villacidro I 169 Bd79
Villaciervos E 47 Ea60
Villacíntor E 37 Cd57
Villaconejos E 46 Dc65
Villaconejos de Trabaque E 47 Eb64
Villada E 37 Cd58
Villa d'Agri I 161 Ga76
Villa d'Almè I 149 Cd58
Villadangos del Páramo E 37 Cb57
Villa del Prado E 46 Da65
Villa del Rey E 51 Bc66
Villa del Río E 52 Da72
Villadiego E 38 Db57
Villadoro I 167 Fa85
Villadose I 150 Ea61
Villadossola I 148 Ca57
Villaeles de Valdavia E 38 Da57
Villaescusa de Haro E 53 Ea67
Villaescusa la Sombría E 38 Dd58
Villaespesa E 47 Fa65
Villafáfila E 45 Cc59
Villafalletto I 148 Bc62
Villafernando E 37 Bd54
Villaferrueña E 37 Cb58
Villaflores E 45 Cc62
Villafontana I 149 Dc60
Villafranca E 39 Ec58
Villafranca de Córdoba E 60 Cd72
Villafranca de Ebro E 48 Fb61
Villafranca del Bierzo E 37 Bd56
Villafranca del Campo E 47 Ed64
Villafranca de los Barros E 51 Bd70
Villafranca de los Caballeros E 52 Dc67
Villafranca di Verona I 149 Db60

Vizzini – Wąsosz

Vizzini I 167 Fc87
Vjatskie Poljany RUS 203 Ga08
Vjatskoe RUS 203 Fa08
Vjaz'ma RUS 202 Ec11
Vjazniki RUS 203 Fb09
V. Kolaro (Pamporovo) BG 184 Db75
Vlaardingen NL 124 Ac37
Vlachovo SK 138 Jb48
Vlachovo Březí CZ 136 Fa48
Vlad AL 159 Jc70
Vlad AL 178 Ad71
Vlădaia RO 175 Cc66
Vladaja BG 179 Cc71
Vlădeni RO 172 Ec55
Vlădeni RO 173 Fa56
Vlădeni RO 177 Fa66
Vlădeşti RO 175 Db63
Vlădeşti RO 175 Dc63
Vlădeşti RO 177 Fb62
Vladičin-Han SRB 178 Bd71
Vlădila RO 180 Db67
Vladilovce MK 183 Bc74
Vladimir MNE 163 Ja71
Vladimir RO 175 Cd64
Vladimir RUS 203 Fa10
Vladimirci SRB 153 Jb62
Vladimirescu RO 170 Bd59
Vladimirovac SRB 174 Bb63
Vladimirovci BG 181 Ec69
Vladimirovo BG 179 Cc68
Vladimirovo BG 181 Fa69
Vladimirovo MK 183 Ca74
Vladimirovo RUS 113 Ja59
Vladinja BG 180 Db70
Vladinos MNE 163 Ja71
Vladislav CZ 136 Ga47
Vlad Ţepeş RO 176 Ed66
Vladyčkino RUS 99 Mb42
Vlagtwedde NL 117 Ca34
Vlaháta GR 188 Ac85
Vlaháva GR 183 Bb80
Vlahi BG 183 Cb74
Vlahiá GR 189 Cb84
Vlahióti GR 194 Bc90
Vlăhiţa RO 176 Ea60
Vlahokerassiá GR 194 Bc88
Vlahović HR 152 Gb60
Vlahovići BIH 158 Hb68
Vlăiculeşti RO 176 Ee66
Vlaina Okruglica SRB 179 Ca71
Vlajkovac SRB 174 Bc63
Vlajkovci SRB 178 Bb68
Vlas BG 181 Fa72
Vlasenica BIH 159 Hd64
Vlashuk AL 182 Ab76
Vlasi SRB 179 Ca70
Vlašići HR 157 Fd64
Vlašim CZ 136 Fc46
Vlaşin RO 180 Ea67
Vlasina Rid SRB 179 Ca71
Vlăsineşti RO 172 Ed55
Vlaški Drenovac KSV 178 Ba71
Vlasotince SRB 178 Bd70
Vlastiboř CZ 136 Fc47
Vlatten D 125 Bc41
Vledder NL 117 Bc34
Vlesno RUS 107 Ma49
Vleuten NL 116 Ba36
Vlijmen NL 124 Ba38
Vlissingen NL 124 Ab38
Vlorë AL 182 Aa77
Vlotho D 126 Cd37
V. Nedelja SLO 152 Gb57
Vnorovy CZ 137 Gd48
Vobbia I 148 Cb62
Vocance F 34 Ja49
Voćin HR 152 Ha59
Vockerode D 127 Eb38
Vöcklabruck A 144 Fa51
Vöcklamarkt A 143 Ed51
Vodable F 34 Hb48
Vodanj SRB 174 Bb64
Voden BG 185 Dd74
Voden BG 185 Ec74
Vodenica BIH 152 Gb62
Vodeničane BG 180 Eb72
Vodica BG 180 Ea70
Vodica BIH 158 Gd64
Vodicë AL 182 Ad78
Vodice HR 151 Fa60
Vodice HR 157 Ga65
Vodice SLO 151 Fb57
Vodňany CZ 136 Fb47
Vodnjan HR 151 Fa61
Vodnjanci BG 179 Cb68
Vodno BG 180 Ea70
Vodovrar MK 183 Bc74
Vodskov DK 100 Dc21
Vodstrup DK 100 Da21
Voe GB 5 Fa04
Voel DK 108 Db24
Voerde D 125 Bd38
Voerladegård DK 108 Db24
Voerså DK 101 Dd20
Voeu F 29 Gc43
Voganj SRB 153 Jb61
Vogatsikó GR 183 Bb78
Vogelsdorf, Petershagen- D 128 Fa36
Vögelsen D 118 Dc33
Voggenau A 144 Fc52
Voghera I 148 Cb61
Voghiera I 150 Dd62
Vognill N 77 Dd32
Vognsild DK 100 Db22
Vogogna I 148 Ca57
Vogorno CH 148 Cb57
Vogt D 142 Da52
Vogtareuth D 143 Eb51
Vogtsburg D 141 Bd50
Vogüe F 34 Ja51
Vohburg D 135 Dd49
Vohburg D 135 Ea49
Vohenstrauß D 135 Eb46
Vöhl D 126 Cd40
Võhma EST 97 Jc45
Võhma EST 98 Ka45
Võhma EST 98 Kd41
Võhma EST 98 Kd44
Vohonjoki FIN 74 Kb20
Vohonovo RUS 99 Mb40
Vöhrden, Neuenkirchen- D 117 Cc36
Vöhrenbach D 141 Cb50
Vöhringen D 142 Cc50
Vöhringen D 142 Da50
Voiceşti RO 175 Db65
Void-Vacon F 25 Jc37
Voievoda RO 180 Dc68
Voigtsdorf D 120 Fa33
Voigtstedt D 127 Dd40
Voikoski FIN 90 Kd35
Voila RO 175 Dc61
Voiluoto FIN 89 Ja37
Voineasa RO 175 Da62
Voineasa RO 175 Da66
Voinescu MD 173 Fc59
Voineşti RO 173 Fa57
Voineşti RO 173 Fa59
Voineşti RO 176 Dd64
Voiron F 35 Jc48
Voise F 29 Gc38
Võisiku EST 98 Kd44
Voisines F 30 Jb40
Võiste EST 106 Kb46
Voiteg RO 174 Bc61
Voiteur F 31 Jc43
Voitoinen FIN 89 Jb37
Voitsberg A 144 Fd54
Voivodeni RO 171 Dc58
Vojakkala FIN 74 Jc21
Vojakkala FIN 90 Ka38
Vojčice SK 139 Ka48
Vojens DK 108 Db27
Vojinka UA 205 Fa17
Vojka SRB 153 Jb61
Vojkovice CZ 135 Ec44
Vojkovici BIH 159 Hc65
Vojmån S 79 Gb25
Vojnić HR 151 Ga60
Vojnik SLO 151 Fd57
Vojnika BG 181 Ec73
Vojnjagovo BG 180 Db72
Vojno-Selo MNE 159 Jb69
Vojnovo BG 181 Ed68
Vojšanci MK 183 Bd75
Vojsil BG 180 Db73
Vojska SRB 174 Bc66
Vojtjajaure S 71 Fd23
Vojvoda BG 181 Ed69
Vojvoda Stepa SRB 174 Bb61
Vojvodino BG 181 Fa70
Vojvodinovo BG 180 Db73
Voka EST 99 Lc41
Voladilla Alta E 60 Cc77
Vólakas GR 184 Cd76
Volargne I 149 Db59
Volary CZ 136 Fa48
Vólax GR 196 Db89
Volbu N 85 Dc37
Volče SLO 151 Fa57
Volciano I 149 Db59
Volčki RUS 203 Fb12
Volda N 76 Cc33
Voldby DK 101 Dd23
Volden N 78 Ea31
Volders A 143 Dd54
Voldi EST 98 La44
Voldum DK 100 Dc23
Volendam NL 116 Ba35
Volga RUS 202 Ed09
Volgelsheim F 31 Kc39
Volgodonsk RUS 205 Fd15
Volgograd RUS 203 Fd14
Volgorečensk RUS 203 Fa09
Volgovo RUS 99 Ma40
Volgsele S 79 Gb25
Volhov RUS 202 Eb08
Volimes GR 188 Ac86
Volintiri MD 177 Ga60
Volissós GR 191 Dd85
Voljice BIH 158 Ha65
Volkach D 134 Db45
Volkenschwand D 135 Ea49
Völkermarkt A 144 Fc56
Völklingen D 133 Bc46
Volkmarsen D 126 Cd39
Volkovija MK 178 Ba73
Volkovo RUS 107 Ld48
Volkstedt D 127 Ea39
Voll N 86 Ea38
Vollen N 62 Gc10
Vollen N 78 Ec28
Vollenhove NL 117 Bc35
Vollersode D 118 Cd33
Vollerup DK 108 Db28
Vollheim N 79 Fb26
Vollore-Montagne F 34 Hc47
Vollore-Ville F 34 Hc47
Vollsjö S 110 Fa56
Volmsjö S 80 Gc27
Volna RUS 99 Ma42
Volnay F 28 Fd40
Volnovacha UA 205 Fb15
Voloave MD 173 Fc54
Voločaevskij RUS 205 Fd15
Voločajevskoje RUS 113 Hd59
Voločys'k UA 204 Ea15
Volodarka UA 204 Ec15
Volodarovka RUS 113 Jc59
Volodarsk RUS 203 Fb09
Volodarskij Toriki RUS 99 Mb39
Volodymyrec' UA 202 Ea14
Volodymyr-Volyns'kyj UA 202 Dd14
Vologda RUS 202 Ed08
Voloiac RO 175 Cc65
Volokolamsk RUS 202 Ed10
Volokonovka RUS 203 Fb13
Volonne F 42 Ka52
Vólos GR 189 Ca82
Volosovo RUS 99 Ld43
Volosovo RUS 99 Ma41
Vološovo RUS 99 Mb43
Volosovo RUS 202 Ea08
Volotovo RUS 203 Fb13
Volovăţ RO 172 Eb55
Volovec' UA 204 Dd16
Voloviţa MD 173 Fc54
Volovo BG 180 Ea69
Volpiano I 148 Bd60
Völpke D 127 Dd37
Völschow D 119 Ed32
Vol'sk RUS 203 Ga11
Voltaggio I 148 Cb62
Volta Mantovana I 149 Db60
Volterra I 155 Db66
Voltlage D 117 Cb36
Voltri I 148 Cb62
Voltti FIN 81 Jb30
Volturara Appula I 161 Fc73
Volturara Irpina I 161 Fc75
Volvic F 34 Hb46
Volyně CZ 136 Fa47
Volžsk RUS 203 Fd09
Volžskij RUS 203 Fd13
Vömmorski EST 107 Lc47
Vomp A 143 Dd53
Vonêche B 132 Ad43
Vonešta Voda BG 180 Dd71
Vóni GR 200 Da96
Vónitsa GR 188 Ad82
Vonnas F 34 Jb45
Võnnu EST 99 Lb45
Vonsild DK 108 Db26
Vööpste EST 99 Lb45
Vööpsu EST 107 Lc46
Voorburg NL 116 Ad36
Voore EST 99 Lb44
Voorschoten NL 116 Ad36
Voorthuizen NL 116 Bb36
Vopnafjörður IS 3 Bc04
Vörå FIN 81 Ja30
Vorau A 144 Ga53
Voray-sur-l'Ognon F 31 Jd41
Vorbasse DK 108 Da25
Vorchdorf A 144 Fa51
Vorden NL 125 Bc37
Vordernberg A 144 Fc53
Vorderriß D 143 Dd53
Vorderstoder A 144 Fb52
Vorderweissenburg A 136 Fb49
Vordingborg DK 109 Eb28
Vordónia GR 194 Bc89
Vordorf D 126 Dc37
Vorë AL 182 Ab74
Voreppe F 35 Jd48
Vorey F 34 Hd49
Vóri GR 200 Cd96
Vorinó GR 183 Bc76
Vorly F 29 Ha43
Vormsele S 80 Gd25
Vormsund N 94 Eb41
Vormträsk S 80 Gd25
Vorna FIN 82 Kb26
Vorniceni RO 172 Ec54
Vorning DK 100 Dc22
Vorona RO 172 Ec56
Voroncovo RUS 107 Mb48
Voroneţ RO 172 Eb56
Voronež RUS 203 Fb13
Voronkina RUS 107 Lc47
Voronovo RUS 99 Ld42
Vorožba UA 202 Ed13
Vorpbukta N 78 Ea28
Vorra D 135 Dd46
Vorsma RUS 203 Fb09
Vorţa RO 175 Cc60
Vorterøyskagen N 62 Ha08
Võru EST 107 Lb47
Vorzova LV 115 Ma53
Vosbutai LV 114 Kb56
Voshod RUS 203 Ga14
Vosiliškis LV 114 Kb55
Voskop AL 182 Ad77
Voskopojë AL 182 Ad77
Voskresensk RUS 203 Fa10
Voskresenskoe RUS 202 Ed09
Voskresenskoe RUS 203 Fc08
Voşlăbeni RO 172 Ea59
Voss N 84 Cc38
Võsu EST 98 Kd41
Vothylakas CY 206 Jd95
Votice CZ 136 Fc46
Võtikvere EST 99 Lb43
Voudenay-l'Église F 30 Ja42
Voúdia GR 195 Cd91
Voue F 30 Hd38
Vougécourt F 31 Jd39
Vougeot F 30 Jb42
Vouguinha P 44 Ba62
Vouhé F 32 Fb46
Vouillé F 28 Fd44
Vouillé F 32 Fc45
Voukoliés GR 200 Cb95
Voúla GR 195 Cb87
Vouliagméni GR 195 Cb87
Vouliásta GR 188 Ad81
Voúlpi GR 188 Ba82
Voulx F 29 Ha38
Voumajärvi S 73 Jb20
Voúnargo GR 188 Ba86
Vounihóra GR 189 Bc85
Vourgareli GR 188 Ba81
Vourijärvi FIN 89 Jc34
Vourkári GR 195 Cd88
Vourvouroú GR 184 Cc79
Vousnainen FIN 97 Ja39
Voussac F 34 Hb45
Voutás GR 200 Ca95
Voutenay-sur-Cure F 30 Hc41
Voutiáni GR 194 Bc89
Voutsarás GR 182 Ac80
Voútsis GR 194 Bb87
Vouvant F 28 Fb44
Vouvray F 29 Ga41
Vouzailles F 28 Fd44
Vouzela P 44 Ba62
Vouzeron F 29 Gd42
Voúzi GR 189 Bd82
Vouziers F 24 Ja35
Vouzon F 29 Gd41
Vovčans'k UA 203 Fa14
Voves F 29 Gc39
Voxna S 87 Fd37
Voxtorp S 103 Fb51
Voxtorp S 111 Ga53
Vöyri FIN 81 Ja30
Vozneseni MD 173 Fc59
Voznesens'k UA 204 Ed16
Voznesenskoe RUS 203 Fb10
Voznice CZ 136 Fb45
Vrå DK 100 Dc20
Vrå S 102 Fa52
Vrabča BG 179 Cb70
Vrabevo BG 180 Db70
Vráble SK 145 Hb50
Vraca BG 179 Cd69
Vračeš BG 179 Cd71
Vračev Gaj SRB 174 Bc63
Vračević SRB 153 Jc63
Vracov CZ 137 Gd48
Vrådal N 93 Da43
Vradijivka UA 204 Ec16
Vrads DK 108 Db24
Vragočanica SRB 153 Jb63
Vrahneika GR 188 Ba85
Vráhos GR 188 Ac82
Vråliosen N 93 Da43
Vrana HR 151 Fb62
Vrana HR 157 Ga65
Vranče MK 183 Bb75
Vrâncioaia RO 176 Ec61
Vranduk BIH 152 Hb63
Vranes MD 173 Fa56
Vrangiana GR 188 Ba82
Vrångö S 102 Eb49
Vrani RO 174 Bd63
Vranić SRB 153 Jc62
Vrani Kon BG 180 Eb71
Vranilovci BG 180 Dc71
Vranino BG 181 Fb69
Vranja HR 151 Fa60
Vranjak BG 179 Cd69
Vranje SRB 178 Bd71
Vranjska Banja SRB 178 Bd71
Vranov nad Dyjí CZ 136 Ga48
Vranov nad Topl'ou SK 139 Ka48
Vranovo SRB 174 Bc64
Vranovská ves CZ 136 Ga48
Vransko SLO 151 Fc57
Vrap AL 182 Ab75
Vrapce Polje MNE 159 Jb67
Vrapčište MK 178 Ba73
Vrassná GR 184 Cc78
Vrástama GR 184 Cc79
Vrata SLO 144 Fd56
Vratarnica SRB 179 Ca67
Vratěnín CZ 136 Ga48
Vratimov CZ 137 Hb45
Vratlo MNE 159 Ja68
Vrátna SK 138 Hc47
Vratnica MK 178 Bb72
Vravróna GR 195 Cc87
Vrba MNE 159 Ja66
Vrbanj HR 158 Gc67
Vrbanja BIH 152 Gd62
Vrbanja HR 153 Hd61
Vrbanjci BIH 152 Ha62
Vrbanje MNE 159 Hc69
Vrbas SRB 153 Ja59
Vrbaška BIH 152 Gd61
Vrbeštica KSV 178 Ba72
Vrbnica KSV 178 Ad72
Vrbnik HR 151 Fc61
Vrbno pod Pradědem CZ 137 Gd44
Vrboska HR 158 Gc67
Vrbov SK 138 Jb47
Vrbovce SK 137 Gd48
Vrbové SK 137 Ha49
Vrbovec HR 152 Gb58
Vrbovski SRB 153 Jc61
Vrbovsko HR 151 Fd60
Vrchlabí CZ 136 Fd43
Vrčice SLO 151 Fd59
Vrcin SRB 174 Bb64
Vrdy CZ 136 Fd45
Vrebac HR 151 Fd63
Vrécourt F 31 Jc38
Vreden D 125 Bd37
Vrees D 117 Cb34
Vrela KSV 178 Ad70
Vrela SRB 159 Jc68
Vrelo SRB 178 Bd68
Vremski Britof SLO 151 Fa59
Vrena S 95 Gb45
Vrensted DK 100 Dc20
Vreoci SRB 153 Jc62
Vresovo BG 181 Ed71
Vresse-s.-Semois B 132 Ad44
Vrésthena GR 194 Bc88
Vreta FIN 97 Jc40
Vreta kloster S 103 Fd46
Vreten S 95 Gb39
Vretstorp S 95 Fc44
Vrgada HR 157 Fd65
Vrgorac HR 158 Ha67
Vrhnika SLO 151 Fb58
Vrhopolje BIH 152 Gc62
Vrhovine HR 151 Fd62
Vrhovo SLO 151 Fd58
Vries NL 117 Bd33
Vriezenveen NL 117 Bd36
Vrigne-au-Bois F 24 Ja33
Vrigstad S 103 Fb50
Vrin CH 142 Cc55
Vrinners DK 109 Dd24
Vrisári GR 188 Bb86
Vríses GR 200 Cc95
Vríssa GR 191 Ea84
Vrissiá GR 189 Bc82
Vrissohóri GR 182 Ad79
Vrissoúla GR 188 Ad81
Vrizy F 24 Ja34
Vrlika HR 158 Gb65
Vrnjačka Banja SRB 178 Bb67
Vrnograč BIH 151 Ga61
Vrodoú GR 183 Bd79
Vron F 23 Gc32
Vrondádos GR 191 Dd86
Vronderó GR 182 Ba77
Vrontamás GR 194 Bc89
Vroomshoop NL 117 Bd35
Vrossina GR 182 Ac80
Vroutek CZ 135 Ed44
Vrpolje HR 153 Hc60
Vrpolje HR 158 Gb66
Vršac SRB 174 Bc63
Vršani BIH 153 Hd62
Vrsar HR 150 Ed61
Vrsi HR 157 Fd64
Vrtoče BIH 152 Gb62
Vruda RUS 99 Ma41
Vrujci SRB 153 Jc63
Vrulja MNE 159 Ja67
Vrulje HR 157 Fd65
Vrútky SK 138 Hc47
Vrutok MK 178 Ba73
Všeruby CZ 135 Ec47
Všestary CZ 136 Ga44
Všetaty CZ 136 Fc44
Vsetín CZ 137 Ha47
Vsevoložsk RUS 202 Eb08
Vtroja RUS 99 Lc43
Vuarrens CH 141 Bb55
Vučedo HR 153 Hd60
Vučić SRB 174 Bb65
Vućijak BIH 152 Ha62
Vučinice SRB 178 Ba69
Vučinići HR 151 Fc60
Vučitrn KSV 178 Bb70
Vučja Lokva KSV 178 Ba69
Vučja Luka BIH 159 Hc65
Vučje SRB 178 Bd70
Vučkovica SRB 178 Ad67
Vught NL 124 Ba38
Vuillafons F 31 Jd42
Vukan BG 179 Ca71
Vukosanka FIN 83 Lb25
Vukovar HR 153 Hd60
Vukovina HR 152 Gb59
Vuku N 78 Ec29
Vulaines-sur-Seine F 29 Ha38
Vulcan RO 175 Cd62
Vulcan RO 176 Dd62
Vulcana-Băi RO 176 Dd64
Vulcăneşti MD 177 Fc62
Vulcăneşti UA 204 Ec18
Vulcano Piano I 167 Fc83
Vulcano Porto I 167 Fc83
Vulpeni RO 175 Da65
Vultureni RO 171 Da57
Vultureni RO 176 Ed60
Vultureşti RO 172 Ec56
Vultureşti RO 173 Fa58
Vultureşti RO 175 Db65
Vulturu RO 177 Fa62
Vulturu RO 177 Fb66
Vuobmaved FIN 64 Jc10
Vuoggatjålme S 71 Ga19
Vuohčeu FIN 69 Ka13
Vuohijärvi FIN 90 Kd36
Vuohiniemi FIN 90 Ka37
Vuohtomäki FIN 82 Kb28
Vuojalahti FIN 90 Kd33
Vuojärvi FIN 69 Ka17
Vuokatti FIN 82 La26
Vuoksenniska FIN 91 Lc35
Vuolenkoski FIN 90 Kd36
Vuolijoki FIN 82 Kc26
Vuolinko FIN 90 La34
Vuolle FIN 81 Jc28
Vuolledalen N 63 Ja09
Vuollerim S 73 Hb20
Vuonamo FIN 82 Kc29
Vuonisjärvi FIN 83 Ld28
Vuonislahti FIN 83 Ld28
Vuono S 74 Jc21
Vuonos FIN 83 Lc30
Vuontee FIN 90 Kc32
Vuontisjärvi FIN 68 Jb13
Vuorenkylä FIN 90 Kc34
Vuorenmaa FIN 89 Jb37
Vuorenmaa FIN 90 La33
Vuoreslahti FIN 82 Kd26
Vuorilahti FIN 82 Kb30
Vuorimäki FIN 89 Jd32
Vuoriniemi FIN 91 Ld34
Vuosaari FIN 98 Kb39
Vuoskojaure sameviste S 67 Ha13
Vuostimo FIN 69 Kb17
Vuostimojärvi FIN 69 Kb17
Vuotinainen FIN 90 Ka38
Vuotjärvi FIN 82 La29
Vuotner S 72 Ha22
Vuotsa FIN 83 Ma29
Vuotso FIN 69 Ka13
Vuottas S 73 Hd20
Vuottolahti FIN 82 Kc26
Vuotunki FIN 75 La19
Vuovdakuoihka FIN 64 Jc10
Vurnary RUS 203 Fc09
Vurpăr RO 175 Db61
Vust DK 100 Db20
Vutcani RO 177 Fb60
Vybor RUS 107 Mb48
Vybor RUS 202 Ea10
Vyborg RUS 202 Ea08
Výčapy CZ 136 Ga47
Výčapy Opatovce SK 145 Hb50
Východná SK 138 Ja47
Vydeniai LT 114 Kd59
Vydmantai LT 113 Jb54
Vygoniči RUS 202 Ed12
Vygrėliai LT 114 Ka59
Vyksa RUS 203 Fb10
Vy-lès-Lure F 31 Ka40
Vylkove UA 204 Ec18
Vynnyky UA 204 Dd15
Vypolzovo RUS 202 Ec09
Vyra RUS 99 Mb41
Vyrica RUS 202 Eb08
Vyšgorodok RUS 107 Ld49
Vyšhorod UA 202 Ec14
Vyskatka RUS 99 Ld42
Vyškov CZ 137 Gc47
Vyskytná CZ 136 Fd46
Vyšné Nemecké SK 139 Kb48
Vyšné Ružbachy SK 138 Jb46
Vyšnij Voloček RUS 202 Ec09
Vysockoe RUS 107 Mb49
Vysoká SK 137 Hb46
Vysoké Mýto CZ 137 Gb45
Vysokij Most RUS 107 Ld47
Vysokoe RUS 113 Jc58
Vysokoje RUS 113 Jd58
Vysokovsk RUS 202 Ed10
Vysoký Chlumec CZ 136 Fb46
Vyšší Brod CZ 136 Fb49
Vystavka RUS 107 Mb46
Vyžiai LT 113 Jc56
Vyžnycja UA 204 Ea16
Vyžuonos LT 114 La55
Vzmor'e RUS 113 Hb59

W

Waabs D 108 Dc29
Waake D 126 Db39
Waakirchen D 143 Ea52
Waal D 142 Dc51
Waalre NL 124 Ba39
Waalwijk NL 124 Ba38
Waase D 119 Ed30
Wabcz PL 121 Hb33
Waben F 23 Gc32
Wabern D 126 Da40
Wabienice PL 129 Gd41
Wąbrzeźno PL 121 Hb33
Wach PL 122 Jc33
Wachenheim D 133 Cb46
Wachenroth D 134 Dc45
Wąchock PL 130 Jc41
Wachow D 127 Ec36
Wachów PL 129 Hb42
Wachtberg D 125 Bd42
Wachtendonk D 125 Bc39
Wächtersbach D 134 Cd43
Wacken D 118 Da31
Wackersdorf D 135 Eb47
Wackersleben D 127 Dd37
Waddesdon GB 20 Fb27
Waddewarden D 117 Cc32
Waddington GB 17 Fc22
Waddingtown IRL 13 Cc25
Waddinxveen NL 116 Ad36
Wadebridge GB 18 Db31
Wädenswil CH 141 Cb53
Wadern D 133 Bc45
Wadersloh D 126 Cc38
Wadhurst GB 20 Fd29
Wadlew PL 130 Hd39
Wadowice PL 138 Hd45
Waffenbrunn D 135 Ec47
Wagenfeld D 126 Cd36
Wageningen NL 125 Bb37
Waghäusel D 134 Cc47
Waging am See D 143 Ec51
Wagna A 144 Fd55
Wagrain A 143 Ed53
Wągrowiec PL 121 Gc35
Wahlstedt D 118 Dc31
Wahrenberg D 119 Ea35
Wahrenholz D 126 Dc36
Waiblingen D 134 Cd48
Waibstadt D 134 Cc46
Waidhaus D 135 Eb46
Waidhofen an der Thaya A 136 Fd49
Waidhofen an der Ybbs A 144 Fc51
Waidring A 143 Eb53
Waimes B 125 Bb42
Wainfleet All Saints GB 17 Fd23
Wainhouse Corner GB 18 Dc30
Waischenfeld D 135 Dd45
Waizenkirchen A 144 Fa50
Wakefield GB 16 Fa21
Walbeck D 125 Bc39
Walbeck D 127 Dd37
Walberswick GB 21 Gc25
Wałbrzych PL 129 Gb42
Walchen A 143 Dd54
Walchum D 117 Ca34
Walchwil CH 141 Cb54
Wałcz PL 121 Gb34
Wald A 143 Ed54
Wald A 144 Fc53
Wald CH 142 Cc53
Wald D 142 Cd51
Waldaschaff D 134 Cd44
Waldbach A 144 Ga53
Waldböckelheim D 133 Ca44
Waldbreitbach D 125 Ca42
Waldbröl D 125 Ca41
Waldbronn D 133 Cb48
Waldbrunn D 134 Cd46
Waldbrunn (Westerwald) D 125 Cb42
Waldburg D 142 Da52
Walddrehna D 128 Fa39
Wälde, Betzweiler- D 133 Cb49
Waldeck D 126 Cd40
Waldems D 133 Cb43
Waldenbuch D 134 Cd49
Waldenburg D 127 Ec42
Waldenburg D 134 Da47
Waldenstein-Twimberg A 144 Fc55
Walderbach D 135 Eb47
Walderton GB 20 Fb30
Waldfeucht D 125 Bb40
Waldfischbach-Burgalben D 133 Ca46
Waldhausen im Strudengau A 144 Fc50
Waldheim D 127 Ed41
Waldkappel D 126 Db40
Waldkirch CH 142 Cd53
Waldkirch D 141 Ca50
Waldkirchen D 127 Ed42
Waldkirchen D 136 Fa49
Waldkraiburg D 143 Eb50
Wald-Michelbach D 134 Cc46
Waldmohr D 133 Bd46
Waldmünchen D 135 Ec47
Waldneukirchen A 144 Fb51
Wałdowo PL 121 Gd33
Waldringfield GB 21 Gb26
Waldsassen D 135 Eb45
Waldsee D 133 Cb46
Waldsee, Bad D 142 Da51
Waldshut-Tiengen D 141 Ca52
Waldsieversdorf D 128 Fb36
Waldsolms D 134 Cc43
Waldstetten D 134 Cd46
Wałdyki PL 122 Hd32
Waldzell A 143 Ed51
Walenstadt CH 142 Cd54
Wales GB 16 Fa22
Walewice PL 130 Hd37
Walferdange L 133 Bb45
Walgherton GB 15 Ec23
Walichnowy PL 129 Hb40
Walim PL 129 Gb42
Walincourt-Selvigny F 24 Hb33
Walkenried D 126 Dc39
Walkerburn GB 11 Eb14
Walkern GB 20 Fc27
Walkowice PL 121 Gb34
Wallasey GB 15 Eb21
Walldorf D 126 Dc42
Walldorf D 134 Cc46
Walldürn D 134 Cd46
Wallendorf D 133 Bb44
Wallenfels D 127 Dd44
Wallenhorst D 117 Cb36
Wallerfing D 135 Ec49
Wallern A 144 Fa50
Wallern im Burgenland A 145 Gc52
Wallers F 24 Hb32
Wallersdorf D 135 Ec49
Wallerstein D 134 Db48
Wallgau D 143 Dd53
Wallhalben D 133 Ca46
Wallhausen D 127 Dd40
Wallhausen D 134 Db47
Wallingford GB 20 Fa28
Wallisellen CH 141 Cb53
Wallmoden D 126 Dc38
Walls GB 5 Ed05
Wallsee A 144 Fc51
Wallstawe D 119 Dd35
Walluf D 133 Cb44
Wallwitz D 127 Eb39
Walmerod D 125 Cb42
Wałowice PL 128 Fc38
Walpertskirchen D 143 Ea50
Walpole Saint Andrew GB 17 Fd24
Walsall GB 16 Ed24
Walschleben D 127 Dd41
Walsdorf D 134 Dc45
Walsrode D 118 Db35
Waltenhofen D 142 Db52
Waltersdorf D 128 Fc42
Waltershausen D 126 Dc41
Waltham GB 17 Fc21
Waltham-on-the-Wolds GB 16 Fb24
Walton East GB 14 Db26
Walton-on-the-Naze GB 21 Gb27
Waltrop D 125 Ca38
Waly F 24 Jb36
Wamba E 46 Cd60
Wambierzyce PL 137 Gb43
Wanborough GB 20 Ed28
Wanderup D 108 Da29
Wandlitz D 119 Ed35
Wanfried D 126 Db40
Wangen CH 141 Bd53
Wangenbourg F 25 Kb37
Wangen im Allgäu D 142 Da52
Wangerland D 117 Cc32
Wangerooge D 117 Cc31
Wängi CH 142 Cc52
Wanlockhead GB 10 Ea15
Wanna D 118 Cd32
Wansleben D 127 Ea40
Wanssum NL 125 Bc38
Wantage GB 20 Fa28
Wanzleben D 127 Ea38
Wapenveld NL 117 Bc35
Wąpielsk PL 122 Hc34
Wapienne PL 139 Jd45
Waplewo PL 122 Ja33
Wapnica PL 120 Fd34
Wapno PL 121 Gd35
Warberg D 127 Dd37
Warbomont B 124 Ba42
Warboys GB 20 Fc25
Warburg D 126 Cd39
Warchlino PL 120 Fc33
Warcino PL 121 Gb31
Warcq F 25 Jc35
Ward IRL 13 Cd21
Wardenburg D 117 Cc34
Wardin B 133 Bb43
Wardington GB 20 Fa26
Ware GB 20 Fc27
Waregem B 124 Aa40
Wareham GB 19 Ec31
Waremme B 124 Ba41
Waren D 119 Ec33
Warendorf D 125 Cb37
Warffum NL 117 Bd32
Warga NL 117 Bc33
Warin D 119 Ea32
Warka PL 130 Jc38
Warkworth GB 11 Fa15
Warley GB 20 Ed25
Warlingham GB 20 Fc29
Warlubie PL 121 Hb32
Warluis F 23 Gd35
Warmenhuizen NL 116 Ba34
Warmensteinach D 135 Ea44
Warminster GB 19 Ec29
Warmsen D 126 Cd36
Warmwell GB 19 Ec31
Warnemünde D 119 Eb31
Warnford GB 20 Fa30
Warngau D 143 Ea52
Warnice PL 120 Fc35
Warnikajmy PL 122 Jb30
Warnino PL 120 Ga31
Warnołęka PL 120 Fb32
Warnowo PL 120 Fb32
Warrenpoint IRL 9 Cd19
Warrington GB 15 Ec21
Warschau = Warszawa PL 130 Jb37
Warslow GB 16 Ed22
Warsop GB 16 Fa22
Warsow D 119 Ea33
Warstein D 126 Cc39
Warszawa PL 130 Jb37
Warszkowo PL 121 Gb30
Wart, Altensteig- D 134 Cc49
Warta PL 129 Hb39
Warta Bolesławiecka PL 128 Ga41
Wartenberg D 126 Da42
Wartenberg D 143 Ea50
Wartenburg D 127 Ec39
Warth A 142 Da53
Warthausen D 142 Da50
Warthe D 120 Fa31
Wartin D 120 Fb34
Wartkowice PL 130 Hc38
Wartmannsroth D 134 Da44
Warton GB 11 Ed15
Warwick GB 20 Fa25
Wasbek D 118 Db31
Wasbister GB 5 Ec02
Wasbüttel D 126 Dc36
Washaway GB 18 Db31
Washington GB 11 Fa17
Wasigny F 24 Hd34
Wasilków PL 123 Kb33
Waskemeer NL 117 Bd33
Waśniów PL 130 Jc41
Wąsosz PL 121 Gd35

Wasosz – Wólka Majdanska

Wasosz PL 123 Jd32
Wąsosz PL 129 Gb39
Waspik NL 124 Ba38
Wasselonne F 25 Kb37
Wassen CH 141 Cb55
Wassenaar NL 116 Ad36
Wassenberg D 125 Bc40
Wasserbillig L 133 Bc45
Wasserburg D 143 Eb51
Wasserburg am Bodensee D 142 Cd52
Wasserlosen D 134 Db44
Wassermungenau D 134 Dc47
Wassertrüdingen D 134 Dc48
Wassingny F 24 Hb33
Wassmannsdorf D 127 Ed37
Wassy F 30 Ja38
Wasungen D 126 Db42
Watchet GB 19 Ea29
Watchfield GB 19 Eb29
Waterford IRL 13 Cb25
Watergrasshill IRL 12 Bd25
Waterhouses GB 16 Ed23
Wateringbury GB 20 Fd29
Waterloo B 124 Ac41
Waterlooville GB 20 Fa30
Waterrow GB 19 Ea29
Waterville IRL 12 Ba25
Watervliet B 124 Ab39
Waterworks GB 9 Cd17
Watford GB 20 Fc27
Wathlingen D 126 Db36
Watlington GB 20 Fb27
Watten F 21 Gd30
Watten GB 5 Eb04
Wattendorf D 135 Dd44
Wattens A 143 Dd53
Wattle Bridge GB 9 Cc18
Wattmannshagen D 119 Ec32
Watton GB 17 Ga24
Wattrelos F 21 Ha30
Wattwil CH 142 Cc53
Wąwelno PL 121 Gd33
Wąwolnica PL 131 Ka40
Wawreńczyce PL 138 Jb44
Wawrochy PL 122 Jb32
Wawrów PL 120 Fd35
Wawrowice PL 122 Hc33
Waxweiler D 133 Bc43
Ważne Młyny PL 130 Hc41
Wdzydze PL 121 Ha31
Weasenhan Saint Peter GB 17 Ga24
Weaverham GB 15 Ec22
Węchadłów PL 138 Jb43
Wechingen D 134 Dc48
Wechmar D 126 Dc41
Wechselburg D 127 Ec41
Wedde NL 117 Ca34
Weddingstedt D 118 Da30
Wedel D 118 Db32
Wedemark D 126 Db36
Wedmore GB 19 Eb29
Weener D 117 Cb33
Weeping Cross GB 16 Ed24
Weerselo NL 117 Bd36
Weert NL 125 Bb39
Wees D 108 Db28
Weesp NL 116 Ba36
Weeting GB 21 Ga25
Weeze D 125 Bc38
Wefensleben D 127 Dd37
Weferlingen D 127 Dd37
Wegberg D 125 Bc40
Wegeleben D 127 Dd38
Wegenstedt D 127 Dd36
Weggis CH 141 Cb54
Węgielsztyn PL 122 Jc30
Węgiersk PL 122 Hc34
Węgierska Górka PL 138 Hc46
Węgleszyn PL 130 Ja42
Węgliniec PL 128 Fd40
Weglosen CH 142 Cc54
Węgorza PL 120 Fc32
Węgorzewo PL 122 Jc30
Węgorzyno PL 120 Fd33
Węgra PL 122 Jb34
Węgrów PL 131 Jd36
Węgry PL 129 Ha42
Węgrzce PL 138 Ja44
Węgrzynice PL 128 Fd37
Wegscheid D 136 Fa49
Wehe- NL 117 Bd32
Wehl NL 125 Bc37
Wehr D 141 Ca52
Wehretal D 126 Db40
Wehrheim D 134 Cc43
Wehrland D 120 Fa31
Weibersbrunn D 134 Cd44
Weichselboden A 144 Fd52
Weida D 127 Eb42
Weiden D 135 Eb46
Weidenbach D 134 Dc47
Weidenberg D 135 Ea45
Weidenstetten D 134 Da49
Weidenthal D 133 Cb46
Weidhausen D 135 Dd44
Weiding D 135 Ec47
Weigersdorf D 128 Fc40
Weigsdorf-Köblitz D 128 Fb41
Weiherhammer D 135 Eb46
Weihmichl D 135 Ea49
Weikendorf A 145 Gc50
Weikersdorf am Steinfelde A 145 Gb52
Weikersheim D 134 Da46
Weil am Rhein D 141 Bd52
Weilbach D 134 Cd45
Weilburg D 125 Cb42
Weil der Stadt D 134 Cc48
Weiler D 142 Da52
Weilerbach D 133 Ca46
Weilersbach D 135 Dd45
Weilerswist D 125 Bd41
Weilheim D 134 Cd49
Weilheim i.OB D 143 Dd52
Weilmünster D 134 Cc43
Weilrod D 134 Cc43
Weiltingen D 134 Db47
Weimar D 126 Cc42
Weimar D 127 Dd41
Weinböhla D 128 Fa41
Weine D 126 Cc39
Weinfelden CH 142 Cc52
Weingarten D 133 Cb46
Weingarten D 134 Cc47
Weingarten D 142 Cd51
Weinheim D 134 Cc46
Weins A 144 Fc51
Weinsberg D 134 Cd47
Weinstadt D 134 Cd48
Weischlitz D 135 Eb43
Weisendorf D 134 Dc46
Weiskirchen D 133 Bc45
Weismain D 135 Dd44
Weissach D 134 Cc48
Weissach D 134 Cd48
Weißandt-Gölzau D 127 Eb39
Weißbach D 134 Da47
Weissbach bei Lofer A 143 Ec53
Weißbriach A 143 Ed56
Weißdorf D 135 Ea44
Weissenbach am Attersee A 143 Ed52
Weissenbach an der Triesting A 144 Ga51
Weißenberg D 128 Fc41
Weißenborn D 126 Db41
Weißenborn D 127 Ed42
Weißenborn-Lüderode D 126 Dc39
Weißenbrunn D 135 Dd44
Weissenburg CH 141 Bd55
Weißenburg D 134 Dc48
Weißenfels D 127 Eb41
Weißenhorn D 142 Db50
Weissenkirchen in der Wachau A 144 Fd50
Weißensberg D 142 Da52
Weißensee D 127 Dd40
Weißenstadt D 135 Ea44
Weißenthurm D 125 Ca42
Weißig D 128 Fa40
Weißkeißel D 128 Fc40
Weisskirchen A 144 Fc54
Weißkollm D 128 Fb40
Weisstannen CH 142 Cd54
Weisswasser D 128 Fc40
Weistrach A 144 Fb51
Weiswampach L 133 Bb43
Weisweil D 141 Ca50
Weitefeld D 125 Cb42
Weiten A 144 Fd50
Weitenegg A 144 Fd50
Weitensfeld A 144 Fb55
Weitersfeld A 136 Ga49
Weitersfelden A 144 Fc50
Weiterstadt D 134 Cc44
Weitnau D 142 Da52
Weitra A 136 Fc49
Weitramsdorf D 134 Dc44
Weixdorf D 128 Fa41
Wejherowo PL 121 Ha29
Wejsce PL 130 Hd37
Wejsuny PL 122 Jc32
Wekerom NL 116 Bb36
Welden D 134 Dc49
Wełdkowo PL 121 Gb31
Welford GB 20 Fb25
Welkenraedt B 125 Bb41
Wellendingen D 142 Cc50
Wellheim D 135 Dd48
Wellin B 132 Ad43
Wellingborough GB 20 Fb25
Wellington GB 11 Fa17
Wellington GB 15 Eb26
Wellington GB 15 Ec24
Wellington GB 19 Ea29
Wellington Bridge IRL 13 Cc25
Wellmitz D 128 Fc38
Wells GB 19 Eb29
Wells-next-the-Sea GB 17 Ga23
Wełna PL 129 Gc36
Welney GB 17 Fd24
Wels A 144 Fa51
Welsberg I 143 Ea55
Welschbillig D 133 Bc44
Welschnofen I 143 Dd56
Welshpool GB 15 Eb24
Welsleben D 127 Ea38
Welver D 125 Cb39
Welwyn Garden City GB 20 Fc27
Welzheim D 134 Da48
Welzow D 128 Fb39
Wem GB 15 Ec23
Wembley GB 20 Fc28
Wemding D 134 Dc48
Wemeldinge NL 124 Ac38
Wemyss Bay GB 6 Dc13
Wendeburg D 126 Dc37
Wendelstein D 135 Dd47
Wenden D 125 Cb41
Wending GB 17 Ga24
Wendisch Rietz D 128 Fa37
Wendlingen D 134 Cd49
Wendover GB 20 Fb27
Wenecja PL 121 Gd35
Weng A 143 Ed50
Weng D 135 Ea49
Wengen CH 141 Ca55
Wengi CH 141 Bd53
Wenholthausen D 125 Cb40
Wenigzell A 144 Ga53
Wennigsen D 126 Da37
Wenningstedt D 108 Cd28
Wensley GB 11 Ed18
Wentorf D 118 Dc33
Wenvoe GB 19 Ea28
Wenzenbach D 135 Eb48
Wenzlow D 127 Ec37
Weobley GB 15 Eb26
Werbach D 134 Da45
Werben D 119 Eb35
Werben D 128 Fb39
Werbig D 127 Ed38
Werbkowice PL 131 Kd41
Werchrata PL 139 Kd43
Werda D 135 Eb43
Werdau D 127 Eb42
Werder D 127 Ed37
Werdohl D 125 Cb40
Werentzhouse F 31 Kc40
Werfen A 143 Ed53
Werkendam NL 124 Ba37
Werl D 125 Cb39
Werlte D 117 Cb34
Wermelskirchen D 125 Ca40
Wermsdorf D 127 Ec40
Wernberg-Köblitz D 135 Eb46
Werne D 125 Cb38
Werneck D 134 Db44
Werneuchen D 128 Fa36
Wernigerode D 126 Dc38
Wernsdorf D 128 Fa37
Wertach D 142 Db52
Wertheim D 134 Da45
Werther D 126 Cc37
Werther D 126 Dc39
Wertingen D 134 Dc49
Wervershoof NL 116 Ba34
Wervik B 21 Ha30
Wesel D 125 Bd38
Wesenberg D 119 Ed34
Wesendorf D 126 Dc36
Wesoła PL 130 Jc37
Wesołowo PL 122 Jb33
Wesselburen D 118 Da30
Weßling D 143 Dd51
Wessobrunn D 142 Dc51
West Bay GB 19 Eb30
West Bridgford GB 16 Fa23
West Bromwich GB 16 Ed24
Westbury GB 15 Eb24
Westbury GB 19 Ec29
West Calder GB 10 Ea13
West Clandon GB 20 Fb29
Westcott GB 20 Fc29
West Down GB 19 Dd29
Weste D 119 Dd34
Westend FIN 98 Kb40
Westende B 21 Ha29
Westendorf A 143 Eb53
Westensee D 118 Db30
Westerbork NL 117 Bd34
Westerburg D 125 Cb42
Westerdale GB 5 Eb05
Westerdale GB 11 Fb18
Westeregeln D 127 Ea38
Westerhaar-Vriezenveensewijk NL 117 Bd35
Westerhausen D 127 Dd38
Westerheim D 134 Da49
Westerhever D 118 Cd30
Westerholt D 117 Cb32
Westerkappeln D 117 Cb36
Wester-Koggenland NL 116 Ba35
Westerland (Sylt) D 108 Cd28
Westerlo B 124 Ad40
Westermarkelsdorf D 119 Dd29
Westernbödefeld D 126 Cc40
Westerrönfeld D 118 Db30
Westerstede D 118 Cc33
Westerstetten D 134 Da49
Westewitz D 127 Ed41
Westfield GB 10 Ea13
Westgate on Sea GB 21 Gb28
West Haddon GB 20 Fb25
Westham GB 20 Fd28
West Harptree GB 19 Ec28
Westhausen D 134 Db48
Westhay GB 19 Eb29
Westheim D 133 Cb46
Westheim D 134 Dc48
Westhofen D 133 Cb45
West Ilsley GB 20 Fa28
Westkapelle NL 124 Ab38
West Kilbride GB 10 Dc14
West Kingsdown GB 20 Fd28
West Kirby GB 15 Eb21
West Lavington GB 20 Ed29
Westleton GB 21 Gb25
West Linton GB 11 Eb14
West Lulworth GB 19 Ec31
West Lutton GB 16 Fb19
West Lyng GB 19 Eb29
Westmalle B 124 Ad39
West Mersea GB 21 Ga27
Westmill GB 20 Fc26
Weston GB 16 Ed23
Weston GB 20 Fa26
Weston Rhyn GB 15 Eb23
Weston-super-Mare GB 19 Eb28
Weston-under-Lizard GB 15 Ec24
Westonzoyland GB 19 Eb29
Westoverledingen D 117 Cb33
Westport IRL 8 Bc19
West Runton GB 17 Gb23
Westruther GB 11 Ec14
West Tanfield GB 11 Fa19
West-Terschelling NL 116 Bb32
West Town IRL 8 Ca15
Westward Ho! GB 18 Dc29
West Winch GB 17 Fd24
West Wittering GB 20 Fb30
Weteritz D 127 Ea36
Wetherby GB 16 Fa20
Wetheringsett GB 21 Gb25
Wethersfield GB 20 Fd26
Wetlina PL 106 Kb47
Wetschen D 117 Cc35
Wettenberg D 126 Cc42
Wetter D 125 Ca39
Wetter (Hessen) D 126 Cc41
Wetterzeube D 127 Eb41
Wettin D 127 Ea39
Wettingen CH 141 Cb52
Wettringen D 117 Ca36
Wettstetten D 135 Dd48
Wetwang GB 16 Fb19
Wetzikon CH 142 Cc53
Wetzlar D 126 Cc42
Wexford IRL 13 Cd25
Weyarn D 143 Ea52
Weybridge GB 20 Fc28
Weyerbusch D 125 Ca41
Weyer-Markt A 144 Fc52
Weyersheim F 25 Kc36
Weyhausen D 126 Dc36
Weyhe D 118 Cd34
Weyhill GB 20 Fa29
Weymouth GB 19 Ec31
Weyregg am Attersee A 143 Ed52
Wezep NL 117 Bc35
Whaley Bridge GB 16 Ed22
Whalley GB 15 Ec20
Whaplode GB 17 Fc24
Whauphill GB 10 Dd17
Wheatley Hill GB 11 Fa17
Wheddon Cross GB 19 Ea29
Wherwell GB 20 Fa29
Whickham GB 11 Fa15
Whiddon Down GB 19 Dd30
Whipsnade GB 20 Fb27
Whitburn GB 10 Ea13
Whitby GB 11 Fb18
Whitchurch GB 15 Ec23
Whitchurch GB 20 Fa29
Whitchurch GB 20 Fb27
Whitebridge GB 7 Dd09
Whitecross GB 9 Cd18
Whitegate IRL 12 Bd26
Whitehall GB 5 Ec02
White Hall IRL 12 Bb27
Whitehall IRL 13 Cc23
Whitehaven GB 10 Ea18
Whitehead GB 10 Db17
Whitehouse GB 7 Ec09
Whitekirk GB 11 Ec13
Whiteparish GB 20 Ed29
Whiterashes GB 5 Ed08
Whitewell-on-the-Hill GB 16 Fb19
Whitfield GB 11 Ec16
Whitfield GB 20 Fa26
Whitfield GB 21 Gb29
Whithorn GB 10 Dd17
Whitland GB 18 Dc27
Whitley Bay GB 11 Fa16
Whitness GB 5 Fa04
Whitness GB 5 Fa05
Whitney-on-Wye GB 15 Eb26
Whitstable GB 21 Ga28
Whitstone GB 18 Dc30
Whittington GB 15 Eb23
Whittlesey GB 17 Fc24
Whitton GB 15 Eb25
Whitwick GB 16 Fa24
Whygate GB 11 Ec16
Wiąg PL 121 Hb33
Wiartel PL 122 Jc32
Wiatrowiec PL 122 Jb30
Wiązów PL 129 Gd42
Wiązownica PL 139 Kb44
Wibtoft GB 20 Fa25
Wichów PL 128 Fd39
Wichrów PL 130 Hc38
Wichtshausen D 126 Dc42
Wicimice PL 120 Fd32
Wicina PL 128 Fc39
Wick GB 5 Ec05
Wick GB 19 Ea28
Wick GB 19 Ec28
Wick GB 20 Ed30
Wickede D 125 Cb39
Wicken GB 20 Fd25
Wickham GB 20 Fa30
Wickham Market GB 21 Gb26
Wicklow IRL 13 Da22
Wicko PL 121 Gd29
Wicko Morskie PL 121 Gb29
Wickwar GB 19 Ec28
Widawa PL 130 Hc40
Widdern D 134 Cd46
Widdrington GB 11 Fa15
Widełka PL 139 Ka43
Widemouth Bay GB 18 Dc30
Widford GB 20 Fd27
Widminy PL 123 Jd31
Widnau CH 142 Cd53
Widnes GB 15 Ec22
Widuchowa PL 120 Fb34
Widugiery PL 123 Kb30
Widzów PL 130 Hd41
Więcbork PL 121 Gd33
Wieck D 119 Ec30
Wieda D 126 Dc39
Wiedenbrück, Rheda- D 126 Cc38
Wiedensahl D 126 Da36
Wiederschwing A 144 Fa55
Wiednitz D 128 Fa40
Wiefelstede D 118 Cc33
Wiehe D 127 Ea40
Wiehl D 125 Ca41
Wiejce PL 128 Ga36
Wiejki PL 123 Kc33
Wiek D 119 Ed29
Większyce PL 137 Ha43
Wielbark PL 122 Jb33
Wiele PL 121 Gd31
Wiele PL 121 Gd34
Wieleń PL 120 Ga35
Wieleń Północny PL 120 Ga35
Wieleń Zaobrzański PL 128 Ga38
Wielgie PL 122 Hc35
Wielgie PL 131 Jd40
Wielgomłyny PL 130 Hd41
Wielgus PL 138 Jb43
Wielichowo PL 129 Gb38
Wieliczka PL 138 Ja44
Wieliczki PL 123 Ka31
Wielka Łąka PL 121 Hb34
Wielkie Jęczniki PL 121 Gd32
Wielkie Oczy PL 139 Kc44
Wielki Łąck PL 122 Hd34
Wielki Przeździęk PL 122 Jb33
Wielopole Skrzyńskie PL 139 Jd44
Wielowieś PL 129 Gb40
Wielowieś PL 131 Jd42
Wielowieś PL 137 Hb43
Wieluń PL 129 Hb40
Wien A 145 Gb51
Wiener Neustadt A 145 Gb52
Wienhausen D 126 Dc36
Wieniawa PL 130 Jb40
Wiepke D 127 Ea36
Wieprz PL 138 Hd45
Wierbiecin PL 120 Fd32
Wierden NL 117 Bd36
Wieren D 118 Dc35
Wieringerwerf NL 116 Ba34
Wiernsheim D 134 Cc48
Wieruszów PL 129 Ha40
Wierzawice PL 139 Kb43
Wierzbica PL 130 Jc40
Wierzbica PL 131 Ka40
Wierzbica PL 131 Kb41
Wierzbica PL 131 Kc39
Wierzbica Górna PL 129 Ha41
Wierzbice PL 129 Gc41
Wierzbinek PL 129 Hb36
Wierzbno PL 131 Jd36
Wierzbowa PL 128 Ga40
Wierzbowo PL 122 Ja33
Wierzbowo PL 123 Jd32
Wierzchlas PL 120 Fb35
Wierzchlas PL 129 Hb40
Wierzchosławice PL 138 Jc44
Wierzchowo PL 120 Ga33
Wierzchowo PL 121 Gb32
Wierzchucice PL 121 Gd34
Wierzchucin Królewski PL 121 Gd33
Wierzchucino PL 112 Ha58
Wierzchy PL 130 Hc38
Wierzyce PL 129 Gd36
Wies A 144 Fd56
Wiesau D 135 Eb45
Wiesbaden D 133 Cb44
Wiesbaum D 133 Bc43
Wieselburg A 144 Fd51
Wiesen CH 142 Cd55
Wiesen D 134 Cd44
Wiesenburg D 127 Ec37
Wiesenburg D 127 Ec42
Wiesenfelden D 135 Eb48
Wiesenhagen D 127 Ed37
Wiesensteig D 134 Da49
Wiesent D 135 Eb48
Wiesentheid D 134 Db45
Wiesenttal D 135 Dd45
Wiesloch D 134 Cc46
Wiesmath A 145 Gb53
Wiesmoor D 117 Cb33
Wieszowa PL 138 Hc43
Wietmarschen D 117 Ca35
Wietstock D 127 Ed37
Wietze D 118 Db35
Wietzen D 118 Da35
Wietzendorf D 118 Db35
Wieuwerd NL 117 Bc33
Wigan GB 15 Ec21
Wiggen CH 141 Ca54
Wiggenhall Saint Mary Magdalen GB 17 Fd24
Wiggensbach D 142 Db52
Wigmore GB 15 Eb25
Wigry PL 123 Kb30
Wigston GB 16 Fa24
Wigton GB 11 Eb17
Wigtown GB 10 Dd16
Wijchen NL 125 Bb37
Wijewo PL 129 Gb38
Wijhe NL 117 Bc36
Wijk bij Duurstede NL 124 Ba37
Wikrowo PL 122 Jc30
Wiktorówko PL 121 Gc34
Wil CH 142 Cc53
Wilamów PL 129 Hb38
Wilamowice PL 138 Hc45
Wilburgstetten D 134 Db47
Wilchta PL 131 Jd37
Wilcza PL 137 Hb44
Wilcza Wola PL 139 Ka43
Wilczęta PL 122 Hd30
Wilczkowo PL 122 Ja31
Wilczogóra PL 129 Ha36
Wilczyn PL 129 Ha36
Wilczyny PL 122 Jc30
Wilczyska PL 131 Jd38
Wildalpen A 144 Fc52
Wildau D 128 Fa37
Wildberg D 119 Ec35
Wildberg D 134 Cc49
Wildeck D 126 Db41
Wildemann D 126 Dc38
Wildenberg D 135 Ea49
Wildenbruch D 127 Ed37
Wildendürnbach A 137 Gb49
Wildenfels D 127 Ec42
Wildenhain D 127 Ed40
Wildeshausen D 117 Cc34
Wildetaube D 127 Eb42
Wildflecken D 134 Da43
Wildon A 144 Fd55
Wildpoldsried D 142 Db52
Wilfersdorf A 137 Gc49
Wilga PL 130 Jc38
Wilhelmsburg D 120 Fa32
Wilhelmsdorf D 142 Cd51
Wilhelmsfeld D 134 Cc46
Wilhelmshaven D 117 Cc32
Wilhelmshorst D 127 Ed37
Wilhelmsthal D 135 Dd43
Wilhering A 144 Fb50
Wilhermsdorf D 134 Dc46
Wilkasy PL 122 Jc31
Wilkau-Haßlau D 127 Eb42
Wilkinstown IRL 9 Cd20
Wilkołaz PL 131 Ka41
Wilków PL 128 Ga41
Wilków PL 129 Gd41
Wilków PL 130 Jb38
Wilków PL 131 Jd40
Wilkowice PL 129 Gb38
Wilkowo Polskie PL 129 Gb38
Willebadessen D 126 Cd39
Willemstad NL 124 Ad37
Willersley GB 15 Eb26
Willer-sur Thur F 31 Kb39
Willerzie B 132 Ad43
Willgottheim F 25 Kb36
Willich D 125 Bc39
Willingdon GB 20 Fd30
Willingen D 126 Cc40
Willingham GB 20 Fd25
Willingshausen D 126 Cd41
Willington GB 16 Fa23
Willington GB 20 Fc26
Willisau CH 141 Ca53
Williton GB 19 Ea29
Willmering D 135 Ec47
Willoughby GB 17 Fd22
Willoughby GB 20 Fa25
Willroth D 125 Ca42
Willstätt D 133 Ca49
Wilmington GB 20 Fd30
Wilmslow GB 15 Ec22
Wilnsdorf D 125 Cb41
Wilsdruff D 127 Ed41
Wilsford GB 17 Fc23
Wilstedt D 118 Da34
Wilster D 118 Da31
Wilsum D 117 Bd35
Wilthen D 128 Fb41
Wiltingen D 133 Bc45
Wilton GB 20 Ed29
Wiltz L 133 Bb44
Wimbledon GB 20 Fc28
Wimblington GB 20 Fd25
Wimborne Minster GB 20 Ed30
Wimereux F 21 Gb30
Wimmelburg D 127 Ea39
Wimmenau F 25 Kb36
Wimy F 24 Hc33
Wincanton GB 19 Ec29
Winchburgh GB 11 Eb13
Winchcombe GB 20 Ed26
Winchelsea GB 21 Ga30
Winchester GB 20 Fa29
Winda PL 122 Jc30
Windeck D 125 Ca41
Windelsbach D 134 Db46
Winden im Elztal D 141 Ca50
Windermere GB 11 Eb18
Windesheim D 133 Ca44
Windesheim NL 117 Bc35
Windhausen D 126 Db38
Windischeschenbach D 135 Eb45
Windischgarsten A 144 Fb52
Windischleuba D 127 Ec41
Windmill IRL 13 Cc21
Windorf D 135 Ed49
Windsor GB 20 Fb28
Winford GB 19 Eb28
Wingate GB 11 Fa17
Wingen-sur-Moder F 25 Kb36
Wingerode D 126 Db40
Wingrave GB 20 Fb27
Wingst D 118 Da32
Winhöring D 143 Ec50
Winkleigh GB 19 Dd30
Winklern A 143 Ec55
Winnard's Perch GB 18 Db31
Winnenden D 134 Cd48
Winnica PL 122 Jb35
Winnigstedt D 126 Dc37
Winningen D 127 Ea38
Winnweiler D 133 Ca45
Winschoten NL 117 Ca33
Winsen (Aller) D 118 Db35
Winsen (Luhe) D 118 Dc33
Winsford GB 15 Ec22
Winsham GB 19 Eb30
Wińsko PL 129 Gb40
Winslow GB 20 Fb26
Winston GB 11 Ed18
Winsum NL 117 Bc33
Winsum NL 117 Bd33
Winterbach D 133 Ca44
Winterberg D 126 Cc40
Winterbourne Abbas GB 19 Eb30
Winterfeld D 119 Dd35
Winterhausen D 134 Db45
Winterlingen D 142 Cc50
Winterspelt D 133 Bb43
Winterswijk NL 125 Bd37
Winterthur CH 141 Cb52
Winterton GB 16 Fb21
Winterton-on-Sea GB 17 Gc24
Wintrich D 133 Bd44
Wintzenheim F 31 Kb39
Winwick GB 20 Fc25
Winzer D 135 Ec49
Wipfeld D 134 Db45
Wipperdorf D 126 Dc39
Wipperfürth D 125 Ca40
Wippra D 127 Dd39
Wipsowo PL 122 Jb31
Wirdum D 117 Ca32
Wirges D 125 Cb42
Wirges D 134 Cc43
Wirksworth GB 16 Fa23
Wirsberg D 135 Ea44
Wisbech GB 17 Fd24
Wischhafen D 118 Da32
Wisełka PL 120 Fc31
Wiskitki PL 130 Ja37
Wisła PL 138 Hc46
Wiślica PL 138 Jb43
Wisłok Wielki PL 139 Ka46
Wismar D 119 Ea31
Wiśnice PL 131 Kc38
Wiśniew PL 131 Ka37
Wiśniewo PL 122 Ja34
Wiśniewo PL 123 Jd34
Wiśniowa PL 138 Ja45
Wiśniowa PL 139 Jd44
Wiśniowo Ełckie PL 123 Ka31
Wissant F 21 Gc30
Wissembourg F 25 Kc35
Wissen D 125 Ca41
Wissenkerke NL 124 Ab38
Wistedt D 118 Db33
Wiston GB 10 Ea14
Wiston GB 14 Db26
Wisznia Mała PL 129 Gc40
Wiszniów PL 131 Kd41
Witankowo PL 121 Gb34
Witaszyce PL 129 Gd38
Witham GB 21 Ga27
Witheridge GB 19 Dd30
Withern GB 17 Fd22
Withernsea GB 17 Fd20
Withington GB 20 Ed27
Withley GB 16 Fa21
Withnell GB 15 Ec20
Witkowo PL 120 Fc34
Witkowo PL 129 Gd36
Witmarsum NL 116 Bb33
Witney GB 20 Fa27
Witnica PL 120 Fb35
Witnica PL 128 Fc36
Witonia PL 130 Hc37
Witosław PL 121 Gd34
Witostowice PL 129 Gc42
Witoszyce PL 129 Gb39
Witów PL 138 Ja47
Witowo PL 129 Hb36
Witry-lès-Reims F 24 Hd35
Wittdün D 108 Cd29
Wittelsheim F 31 Kb39
Wittelshofen D 134 Db47
Witten D 125 Ca39
Wittenbach CH 142 Cd53
Wittenberg, Lutherstadt D 127 Ec38
Wittenberge D 119 Ea34
Wittenburg D 119 Dd33
Wittenhagen D 119 Ed31
Wittibreut D 143 Ec50
Wittichenau D 128 Fb40
Wittighausen D 134 Da46
Wittingen D 119 Dd35
Wittislingen D 134 Db49
Wittlich D 133 Bd44
Wittmar D 126 Dc37
Wittmund D 117 Cb32
Wittstock/Dosse D 119 Ec34
Witzenhausen D 126 Db40
Witzhave D 118 Dc32
Wiveliscombe GB 19 Ea29
Wix GB 21 Gb27
Wiżajny PL 123 Ka29
Wizna PL 123 Ka33
Władysławów PL 129 Hb37
Władysławowo PL 112 Ha58
Włocławek PL 130 Hc36
Włodawa PL 131 Kc38
Włodowo PL 122 Hd31
Włodzienin PL 137 Ha44
Włodzimierzów PL 130 Ja40
Włóki PL 121 Ha34
Włoszakowice PL 129 Gb38
Włoszczowa PL 130 Ja41
Woburn GB 20 Fb26
Wodynie PL 131 Jd37
Wodzierady PL 130 Hc39
Wodzisław PL 130 Ja42
Wodzisław Śląski PL 137 Hb44
Woël F 25 Jc36
Woerden NL 116 Ba36
Wognum NL 116 Ba34
Wohlen CH 141 Cb53
Wohratal D 126 Cd41
Wöhrden D 118 Da30
Wohyń PL 131 Kb38
Woippy F 25 Jd35
Wojaszówka PL 139 Jd45
Wojciechow PL 130 Ja41
Wojciechów PL 131 Ka40
Wojciechowice PL 131 Jd41
Wojcieszków PL 131 Ka38
Wojcieszów PL 128 Ga41
Wojewodzin PL 123 Ka32
Wojkowice PL 138 Hc43
Wojnicz PL 138 Jc44
Wojnowice PL 129 Gc38
Wojnówka PL 123 Kc35
Wojnowo PL 121 Gd34
Wojnowo PL 122 Jc32
Wojny PL 123 Ka35
Wojsławice PL 131 Kd41
Wojtaszyce PL 120 Fd33
Wojtkowa PL 139 Kb45
Wojtokiemie PL 123 Kb30
Wojtowo PL 122 Ja31
Woking GB 20 Fb28
Wokingham GB 20 Fb28
Wola PL 130 Hd40
Wola Blakowa PL 130 Hc41
Wola Malowana PL 130 Hd41
Wola Mystkowska PL 122 Jc35
Wolanów PL 130 Jc39
Wola Okrzejska PL 131 Ka38
Wola Przybysławska PL 131 Ka39
Wola Rakowa PL 130 Hd39
Wola Sernicka PL 131 Kb39
Wola Uhruska PL 131 Kd39
Wola Wierzbowska PL 122 Jb34
Wola Zabierzowska PL 138 Jb44
Wola Zaleska PL 139 Kc44
Wola Żarczycka PL 139 Ka43
Wolbórz PL 130 Hd39
Wolbrom PL 138 Hd43
Wołczyn PL 129 Ha41
Woldegk D 120 Fa33
Wolfach D 141 Cb50
Wolfegg D 142 Da51
Wolfen D 127 Eb39
Wolfenbüttel D 126 Dc37
Wolfern A 144 Fb51
Wolferode D 127 Ea39
Wolferstedt D 127 Ea40
Wolfertschwenden D 142 Db51
Wolfhagen D 126 Cd40
Wolfmannshausen D 134 Dc43
Wolframs-Eschenbach D 134 Dc47
Wolfratshausen D 143 Dd51
Wolfsberg A 144 Fc55
Wolfsberg A 144 Ga55
Wolfsburg D 127 Dd36
Wolf's Castle GB 14 Db26
Wolfsegg A 144 Fa51
Wolfsegg D 135 Ea47
Wolfshagen D 119 Eb34
Wolfshagen D 120 Fa33
Wolfstein D 133 Ca45
Wolfurt A 142 Da53
Wolgast D 120 Fa31
Wolhusen CH 141 Ca54
Wolin PL 120 Fc32
Wólka PL 122 Hc35
Wólka PL 130 Ja41
Wólka PL 131 Kb40
Wólka Kraśniczyńska PL 131 Kc40
Wólka Lipowa PL 131 Jd41
Wólka Majdanska PL 122 Hd32

Wólka Pełkińska – Zalegošč

Wólka Pełkińska PL 139 Kb43
Wolkenstein D 127 Ed42
Wolkenstein I 143 Dd56
Wolkersdorf A 145 Gb50
Wolkowe PL 122 Jc33
Wołkowyja PL 139 Kb46
Wolkramshausen D 126 Dc40
Wollbach D 134 Db43
Wollersheim D 125 Bc41
Wöllstadt D 134 Cc43
Wöllstein D 133 Cb45
Wolmirstedt D 127 Ea37
Wolnica PL 122 Ja31
Wolnzach D 135 Ea49
Wołomin PL 130 Jc36
Wołosate PL 139 Kc47
Wołow PL 129 Gb40
Wołowe Lasy PL 121 Gb34
Wolpertshausen D 134 Da47
Wolpertswende D 142 Cd51
Wolphaartsdijk NL 124 Ab38
Wolsingham GB 11 Ed17
Wolsztyn PL 128 Ga38
Woltersdorf D 119 Dd35
Wolvega NL 117 Bc34
Wolverhampton GB 16 Ed24
Wolverley GB 15 Ec25
Wombourn GB 15 Ec24
Wommels NL 116 Bb33
Wonersh GB 20 Fb29
Wonfurt D 134 Dc44
Woodborough GB 16 Fb23
Woodbridge GB 21 Gb26
Woodchurch GB 21 Ga29
Woodcuts GB 20 Ed30
Wood Dalling GB 17 Ga24
Woodenbridge IRL 13 Cd23
Woodford GB 20 Fd28
Woodford IRL 12 Bd22
Woodhall Spa GB 17 Fc22
Woodhouse GB 16 Fa22
Woodhouse Eaves GB 16 Fa24
Wooding-Dean GB 20 Fc30
Woodseaves GB 15 Ec23
Woodstock GB 20 Fa27
Woodton GB 21 Gb25
Wool GB 19 Ec31
Woolacombe GB 18 Dc29
Wooler GB 11 Ed14
Woolpit GB 21 Ga26
Woolverstone GB 21 Gb26
Woolwich GB 20 Fd28
Wooperton GB 11 Ed15
Wootton GB 20 Fb26
Wootton Bassett GB 20 Ed28
Wootton-Wawen GB 20 Ed25
Worb CH 141 Bd54
Worbis, Leinefelde- D 126 Dc40
Worcester GB 15 Ec26
Wördern A 145 Gb50
Wörgl A 143 Ea53
Woringen D 142 Db51
Wörishofen, Bad D 142 Db51
Workington GB 10 Ea17
Worksop GB 16 Fa22
Workum NL 116 Bb33
Wörlitz D 127 Ec38
Wormeldange L 25 Jd34
Wormeldange L 133 Bc45
Wormerveer NL 116 Ba35
Wormhout F 21 Gd30
Worms D 133 Cb45
Wörnharts A 136 Fc49
Wörnitz D 134 Db47
Worpswede D 118 Cd33
Wörrstadt D 133 Cb44
Wört D 134 Db47
Wörth A 143 Ec54
Wörth D 133 Cb47
Wörth D 135 Eb49
Wörth D 143 Ea50
Wörth am Main D 134 Cd45
Wörth an der Donau D 135 Eb48
Worthen GB 15 Eb24
Worthing GB 20 Fc30
Worton GB 20 Ed28
Woskowice Górne PL 129 Ha41
Woszczyce PL 138 Hc44
Woudenberg NL 116 Bb36
Woudsend NL 116 Bb34
Woumen B 21 Ha29
Woziwoda PL 121 Gd32
Wozławki PL 122 Jb30
Woźnawieś PL 123 Ka32
Woźnice PL 122 Jc31
Woźniki PL 130 Hc42
Wożuczyn PL 131 Kd42
Wragby GB 17 Fc22
Wrangle GB 17 Fd23
Wręczyca Wielka PL 130 Hc42
Wredenhagen D 119 Ec34
Wrelton GB 16 Fb19
Wremen D 118 Cd32
Wrentham GB 21 Gc25
Wrestedt D 118 Dc35
Wrexham GB 15 Eb23
Wriedel D 118 Dc34
Wriezen D 128 Fb36
Wrist D 118 Db31
Wróblew PL 129 Hb39
Wróblewo PL 129 Gb36
Wróblewo PL 130 Ja36
Wróbliniec PL 129 Gd39
Wroceń PL 123 Ka32
Wrocki PL 122 Hc34
Wrocław PL 129 Gc41
Wroczyny PL 130 Hc37
Wroniawy PL 128 Ga38
Wronki PL 129 Gb36
Wronki Wielkie PL 123 Jd30
Wronowy PL 129 Ha36
Wrotnów PL 131 Jd36
Wroughton GB 20 Ed28
Wroxham GB 17 Gb24
Wrząca PL 121 Gb34
Wrzesina PL 122 Ja32
Wrześnica PL 122 Hd34
Września PL 129 Gd37
Wrzoski PL 121 Ha35
Wrzosowo PL 120 Ga31
Wschowa PL 129 Gb39
Wulfen D 127 Eb38
Wülfershausen D 134 Db43
Wülfrath D 125 Bd39
Wulfsen D 118 Dc33
Wulften D 126 Db39
Wulkau D 119 Eb35
Wülknitz D 127 Ed40
Wulsbüttel D 118 Cd33
Wunderstetten A 144 Fc56
Wünnenberg D 126 Cd39
Wünschendorf D 127 Eb42
Wünsdorf D 127 Ed37
Wunsiedel D 135 Eb44
Wunstorf D 126 Da36
Wuppertal D 125 Ca40
Würenlos CH 141 Cb53
Wurmannsquick D 143 Ec50
Wurmsham D 143 Eb50
Würnsdorf A 144 Fd50
Würselen D 125 Bb41
Wurzach, Bad D 142 Da51
Würzburg D 134 Da45
Wurzen D 127 Ec40
Wüstenrot D 134 Cd47
Wusterhausen D 119 Ec35
Wusterhusen D 120 Fa31
Wustermark D 127 Ed36
Wusterwitz D 127 Eb37
Wüstimg D 117 Cc34
Wustrow D 119 Dd35
Wustrow D 119 Ec30
Wustrow D 119 Ed34
Wuustwezel B 124 Ad38
Wybcz PL 121 Hb34
Wyborów PL 130 Jc38
Wyczechy PL 121 Gc32
Wycześniak PL 130 Ja38
Wydmusy PL 122 Jc33
Wydrza PL 131 Jd42
Wye GB 21 Ga29
Wygoda PL 123 Jd34
Wygoda PL 129 Hb38
Wygoda PL 130 Hc42
Wygoda PL 131 Jd39
Wyk auf Föhr D 108 Cd29
Wykrot PL 122 Jc33
Wylatowo PL 129 Ha36
Wymondham GB 17 Ga24
Wyningen CH 141 Bd53
Wyryki-Połód PL 131 Kc38
Wyrzysk PL 121 Gc34
Wysall GB 16 Fa23
Wyśmierzyce PL 130 Jb39
Wysocice PL 138 Ja43
Wysoka PL 120 Fc35
Wysoka PL 121 Gc34
Wysoka PL 128 Ga40
Wysoka PL 138 Hd43
Wysoka PL 139 Jd44
Wysoka Cerkiew PL 129 Gb39
Wysoka Lelowska PL 130 Hd42
Wysokie PL 123 Ka31
Wysokie PL 131 Kb41
Wysokie Mazowieckie PL 123 Ka34
Wysoki Most PL 123 Kb30
Wysowa PL 138 Jc46
Występ PL 122 Jc32
Wystok PL 128 Fc37
Wyszanów PL 129 Ha40
Wyszki PL 123 Kb34
Wyszków PL 122 Jc35
Wyszków PL 131 Jd36
Wyszogród PL 130 Ja36
Wyszomierz Wielki PL 123 Jd34
Wyszonki-Kościelny PL 123 Ka35
Wyszyna PL 129 Hb37
Wyszyny PL 121 Gc35
Wyszyny PL 122 Ja34
Wythall GB 20 Ed25
Wyvis Lodge GB 4 Dd07
Wziąchowo PL 129 Gd39

X

Xàbia E 55 Fd70
Xanten D 125 Bc38
Xánthi GR 184 Db77
Xàtiva E 54 Fb69
Xendive E 36 Ba58
Xeraco E 54 Fc69
Xermaménil F 25 Jd37
Xert E 48 Fd64
Xerta E 48 Ga63
Xertigny F 31 Jd39
Xesta E 36 Ba56
Xestoso E 36 Bb54
Xhyrë AL 182 Ad75
Xibrrakë AL 182 Ac75
Xifianí GR 183 Bc76
Xilaganí GR 184 Dc77
Xilókastro GR 189 Bd86
Xilokeratiá GR 195 Cc91
Xiloúpoli GR 183 Cb77
Xilxes E 54 Fc67
Xinó Neró GR 183 Bb77
Xinorlet E 55 Fa71
Xinóvrisi GR 189 Cb82
Xinzo de Limia E 36 Bb58
Xirokámbi GR 194 Bc89
Xirókambo GR 197 Eb90
Xirolímni GR 183 Bb78
Xirólofos GR 188 Ac81
Xironda E 44 Bb59
Xiropígado GR 188 Bb85
Xiropótamos GR 184 Cd76
Xitta I 166 Ea84
Xixona E 55 Fb71
Xove E 36 Bc53
Xuño E 36 Ac56
Xunqueira de Ambia E 36 Bb58
Xylofagou CY 206 Jd97
Xylóskalo GR 200 Cb95
Xylotymvou CY 206 Jc97

Y

Yabacı TR 192 Fb85
Yağca TR 199 Gc90
Yağcı TR 191 Ed83
Yağcıdereköy TR 197 Ed88
Yağcılar TR 186 Ga78
Yağcılar TR 191 Eb86
Yağcılar TR 192 Fa81
Yağcılar TR 192 Fb83
Yağdiran TR 191 Ed82
Yağhane TR 197 Ec89
Yağlılar TR 198 Fc88
Yağmurlar TR 192 Ga84
Yağmurlu TR 191 Ed83
Yahşieli TR 191 Ea81
Yaka TR 199 Ha88
Yakaafşar TR 199 Ha88
Yakacık TR 198 Fd92
Yakaköy TR 191 Ec85
Yakaköy TR 197 Ec91
Yakaköy TR 197 Ed90
Yakaören TR 199 Gc88
Yakasinek TR 193 Ha86
Yakuplar TR 192 Fd84
Yalakdere TR 186 Ga79
Yalding GB 20 Fd29
Yalıçiftlik TR 197 Ed90
Yalıkavak TR 197 Ec90
Yalıköy TR 186 Fb76
Yalımkaya TR 193 Ha81
Yalnız TR 199 Gb92
Yalnızdam TR 191 Ed83
Yalova TR 185 Ea80
Yalova TR 186 Fd79
Yalvaç TR 193 Ha86
Yamaç TR 197 Ec88
Yamadı TR 198 Ga90
Yamanlar TR 191 Ec85
Yancıklar TR 185 Ed76
Yanguas E 47 Eb59
Yanıkağıl TR 186 Fa77
Yaniköy TR 193 Gd83
Yanişehir TR 192 Fc85
Yanuslar TR 191 Ec83
Yapıldak TR 185 Eb80
Yapıldak TR 193 Gc84
Yarbasan TR 192 Fc84
Yarbasan TR 193 Gc83
Yarbaşı TR 199 Gc91
Yarcombe GB 19 Eb30
Yarıkkaya TR 193 Gd86
Yarıkkaya TR 193 Ha84
Yarımca TR 193 Gc81
Yariş TR 192 Fd83
Yarışlı TR 193 Gc86
Yarpuz TR 199 Hb90
Yassıbel TR 193 Ha87
Yassıgeçit TR 187 Gc78
Yassıören TR 186 Fc77
Yassıören TR 192 Fc83
Yassıören TR 193 Gc87
Yaşyer TR 191 Ec82
Yatağan TR 197 Fa89
Yátova E 54 Fa68
Yattendon GB 20 Fa28
Yavaşça TR 185 Ed77
Yavaşlar TR 193 Gb86
Yavaşlı TR 193 Hb85
Yaverören TR 193 Ha83
Yaxham GB 17 Ga24
Yayaağaç TR 185 Ec78
Yayakent TR 191 Ec84
Yayakent TR 191 Ed84
Yayakırıldık TR 192 Fa84
Yayalar TR 192 Ga86
Yayıklı TR 193 Gd82
Yaykın TR 192 Fb84
Yayla TR 191 Ed82
Yaylaalan TR 199 Ha91
Yaylabaşı TR 192 Fb82
Yaylabayır TR 192 Fa81
Yaylaçayırı TR 192 Fb81
Yaylacık TR 191 Ea82
Yaylaköy TR 185 Ea78
Yaylaköy TR 191 Ea85
Yaylaköy TR 192 Ga84
Yaylaköy TR 198 Ga88
Yaylaköy TR 199 Gb90
Yaylalı TR 186 Ga77
Yaylapınar TR 198 Fd90
Yaylasöğüt TR 198 Fb90
Yaylatepe TR 187 Hb78
Yazıbaşı TR 192 Fd82
Yazıca TR 187 Hb80
Yazıcık TR 187 Hb78
Yazıdere TR 193 Gd83
Yazıkent TR 198 Fb88
Yazıköy TR 197 Ec91
Yazıköy TR 199 Gb89
Yazılıkaya TR 193 Gc84
Yazıpınar TR 199 Gc89
Yazır TR 198 Ga89
Yazır TR 199 Gb91
Yazır TR 199 Gb92
Yazırköy TR 198 Fb88
Yazıtepe TR 193 Gb85
Yazla TR 193 Hb86
Yazlık TR 186 Fc77
Ybbs an der Donau A 144 Fc51
Ybbsitz A 144 Fc51
Ychoux F 39 Fa52
Ydby DK 100 Cd22
Yderby DK 109 Dd28
Yeadon GB 16 Ed20
Yealmpton GB 19 Dd31
Yebra E 46 Dd65
Yebra de Basa E 40 Fc58
Yéchar E 55 Ed72
Yecla E 55 Fa70
Yediburun TR 198 Fd93
Yedisu TR 205 Ga20
Yekli TR 192 Fd84
Yeleğen TR 192 Fc86
Yeles E 46 Db65
Yelken TR 198 Fd92
Yelland GB 19 Dd29
Yelten TR 199 Gb90
Yelvertoft GB 20 Fa25
Yelverton GB 19 Dd31
Yemişendere TR 198 Fb90
Yenibağarası TR 191 Eb85
Yenibosna TR 186 Fc78
Yeniçam TR 192 Fc87
Yenice TR 185 Ea78
Yenice TR 185 Ec78
Yenice TR 186 Fa75
Yenice TR 186 Fa80
Yenice TR 191 Ec81
Yenice TR 192 Fa82
Yenice TR 192 Fa84
Yenice TR 192 Fb81
Yenice TR 192 Fd83
Yenice TR 192 Ga85
Yenice TR 193 Gc84
Yenice TR 193 Gd81
Yenice TR 198 Fb88
Yenicekent TR 192 Fc87
Yeniceköy TR 186 Fa77
Yeniceşehler TR 187 Gd79
Yeniçiftlik TR 185 Ec80
Yeniçiftlik TR 186 Fa77
Yeni Çiftlik TR 191 Ed87
Yenidibek TR 185 Eb78
Yenidoğan TR 197 Ec88
Yenidoğan TR 199 Hb88
Yenierenköy = Aigialousa CY 206 Jd95
Yenifoça TR 191 Eb85
Yenigürle TR 186 Fd80
Yenikarabağ TR 193 Ha85
Yeni Karpuzlu TR 185 Ea78
Yenikavak TR 192 Fa81
Yenikent TR 193 Gd82
Yenikızılelma TR 192 Fc81
Yeniköy TR 185 Eb76
Yeniköy TR 185 Ec79
Yeniköy TR 185 Ed78
Yeniköy TR 186 Fb80
Yeniköy TR 186 Fc77
Yeniköy TR 186 Fd79
Yeniköy TR 187 Gb79
Yeniköy TR 187 Gc78
Yeniköy TR 191 Ea81
Yeniköy TR 191 Ec84
Yeniköy TR 191 Ec86
Yeniköy TR 191 Ec86
Yeniköy TR 191 Ec87
Yeniköy TR 191 Ec87
Yeniköy TR 191 Ed85
Yeniköy TR 191 Ed85
Yeniköy TR 192 Fa81
Yeniköy TR 192 Fa82
Yeniköy TR 192 Fa85
Yeniköy TR 192 Fc85
Yeniköy TR 192 Fd82
Yeniköy TR 192 Fd85
Yeniköy TR 193 Gb81
Yeniköy TR 193 Ha84
Yeniköy TR 193 Ha87
Yeniköy TR 198 Ga93
Yenimahalle TR 185 Ec75
Yenimahalle TR 187 Gc77
Yenimuhacir TR 185 Eb78
Yenioba TR 191 Ed87
Yenipazar TR 187 Gc80
Yenipazar TR 197 Fa88
Yenişakran TR 191 Ec84
Yenişarbademli TR 199 Ha88
Yenişehir TR 186 Ga80
Yenişehir TR 192 Fa87
Yeniyurt TR 193 Ha82
Yeniziraatlı TR 186 Fa80
Yenne F 35 Jd47
Yeovil GB 19 Eb30
Yepes E 52 Dc66
Yera E 38 Dc55
Yerkesik TR 197 Fa90
Yerlisu TR 185 Eb78
Yeroluk TR 192 Fa81
Yerseke NL 124 Ac38
Yerville F 23 Ga34
Yesa E 39 Fa57
Yeşilbağ TR 199 Ha89
Yeşilbağcılar TR 197 Fa89
Yesilçay = Ağva TR 187 Gb77
Yeşilce TR 186 Fa75
Yeşilçukurca TR 192 Ga82
Yeşildağ TR 199 Gb89
Yeşildağ TR 199 Ha89
Yeşildon TR 193 Gd82
Yeşilhisar TR 191 Ed83
Yeşilhüyük TR 193 Gb87
Yeşilkaraman TR 199 Gd90
Yeşilkavak TR 192 Fc86
Yeşilköy TR 191 Ed85
Yeşilköy TR 192 Fc84
Yeşilköy TR 192 Ga82
Yeşilköy TR 193 Gd87
Yeşilköy TR 197 Ec89
Yeşilköy TR 198 Fc88
Yeşilköy TR 198 Fd93
Yeşilköy TR 198 Ga90
Yeşiller TR 192 Fc81
Yeşilova TR 185 Ec76
Yeşilova TR 192 Fa81
Yeşilova TR 192 Fd87
Yeşilova TR 198 Ga89
Yeşiltepe TR 193 Gc83
Yeşilvadi TR 186 Fd77
Yeşilyayla TR 199 Gb90
Yeşilyurt TR 185 Ed77
Yeşilyurt TR 191 Eb82
Yeşilyurt TR 192 Fc86
Yeşilyurt TR 192 Ga85
Yeşilyurt TR 197 Fa90
Yeşilyuva TR 198 Fd89
Yesnaby GB 5 Eb03
Yeste E 53 Eb71
Yetre Brenna N 64 Jc06
Yetre Kjæs N 64 Jc05
Yetterlännäs S 80 Gc31
Yetts o'Muckhart GB 7 Ea12
Yg S 87 Ga35
Ygos-Saint-Saturnin F 39 Fb53
Ygrande F 30 Hb44
Yığılca TR 187 Ha78
Yiğitler TR 185 Ed79
Yiğitler TR 191 Eb81
Yiipää FIN 81 Jd26
Yıldızeli TR 205 Fc20
Yıldızköy TR 192 Fb81
Yıldızören TR 193 Ha83
Yılmazlı TR 198 Ga91
Yırcaköy TR 191 Ed83
Yitäkylä FIN 97 Jd39
Ykspihlaja FIN 81 Jb28
Ylakiai LT 113 Jc53
Ylä-Kintaus FIN 90 Kb32
Ylä-Kolkki FIN 89 Jd33
Ylä-Kuona FIN 91 Lc32
Ylä-Luosta FIN 83 Lb28
Ylämaa FIN 91 Lb37
Ylämylly FIN 83 Lc30
Yläne FIN 89 Jb38
Ylä-Valtimo FIN 83 Lb27
Ylemmäinen FIN 90 Kc35
Ylhäisi FIN 97 Jc39
Ylihärmä FIN 81 Jb30
Yli-Ii FIN 74 Ka22
Ylijärvi FIN 91 Lb37
Ylijoki FIN 89 Jc32
Yli-Kannus FIN 81 Jc28
Yli-Kärppä FIN 74 Ka21
Ylikiiminki FIN 74 Kb23
Yli-Körkkö FIN 74 Ka19
Ylikulma FIN 97 Jd40
Yli-Kurki FIN 75 Kd22
Ylikylä FIN 69 Kb17
Ylikylä FIN 81 Jd29
Ylikylä FIN 81 Jc31
Ylikylä FIN 81 Jb30
Ylikylä FIN 83 Lb27
Ylikylä FIN 89 Jb32
Ylikylä FIN 89 Ja33
Yli-Kyrö FIN 68 Jb14
Yli-Lesti FIN 82 Ka29
Yli-Livo FIN 75 Kc21
Ylimarkku FIN 89 Hd32
Yli-Muonio FIN 68 Ja14
Yli-Nampa FIN 74 Ka18
Yli-Olhava FIN 74 Ka22
Ylipää FIN 74 Jd24
Ylipää FIN 74 Jd24
Ylipää FIN 74 Ka24
Ylipää FIN 81 Jd25
Ylipää FIN 81 Jc30
Ylipää FIN 81 Jd25
Ylipää FIN 82 Kb25
Ylipää FIN 82 Ka28
Yli-Paakkola FIN 74 Jc20
Yli-Siurua FIN 74 Kb21
Yliskulma FIN 97 Jc39
Yliskylä FIN 89 Jc34
Yliskylä FIN 90 Ka35
Ylistaro FIN 81 Jb31
Yli-Tannila FIN 74 Ka22
Ylitornio FIN 73 Jb20
Yli-Tynkä FIN 81 Jc27
Yli-Utos FIN 75 Kc24
Yli-Valli FIN 89 Jb33
Ylivesi FIN 90 La34
Ylivieska FIN 81 Jd27
Yli-Vuotto FIN 74 Kb23
Ylläsjärvi FIN 68 Jb16
Ylläsjokisuu FIN 68 Jb16
Ylläsmaja FIN 68 Jb15
Yllestad S 102 Fa48
Ylöjärvi FIN 89 Jc35
Ylönkylä FIN 97 Jc40
Ylvingen N 70 Ed22
Ymonville F 29 Gc39
Yngsjö S 111 Fb55
Ynyslas GB 15 Dd24
Yoğunpelit TR 187 Hb78
Yoğuntaş TR 185 Ec75
Yolağazı TR 185 Ea79
Yolağzı TR 186 Fb80
Yolçatı TR 186 Fc80
Yolören TR 186 Ga80
Yolüstü TR 192 Fa87
Yolüstü TR 198 Fb89
Yorazlar TR 193 Hb86
Yörgüç TR 185 Ec78
York GB 16 Fb20
Yortanlı TR 191 Ec83
Youghal IRL 13 Ca26
Youlgreave GB 16 Ed22
Yoxford GB 21 Gb25
Ypäjä FIN 89 Jc38
Ypäjänkylä FIN 89 Jc38
Yppäri FIN 81 Jc26
Ypsonas CY 206 Ja98
Ypyä FIN 81 Jd27
Ypykänvaara FIN 75 La22
Yrittäperä FIN 75 Kd23
Yrkje N 92 Ca42
Yrouerre F 30 Hc40
Yrttivaara S 73 Hc18
Ysane S 111 Fc54
Yset N 86 Ea32
Ysjö S 79 Gb29
Ysselsteyn NL 125 Bb39
Yssingeaux F 34 Hd49
Ystad S 110 Fa57
Ystebrød N 92 Ca45
Ystrad-Aeron GB 15 Dd25
Ystradfellte GB 19 Ea27
Ystradowen GB 19 Ea28
Yterturingen S 87 Fc33
Ytre Andersdal N 62 Gd10
Ytre Arna N 84 Ca39
Ytre Dåsvatn N 92 Cd45
Ytre Enebakk N 93 Ea42
Ytre Kårvik N 62 Gc09
Ytre Leirpollen N 64 Jc06
Ytre Ølydna N 92 Cc46
Ytre Oppedal N 84 Ca37
Ytre Ramse N 93 Da45
Ytre Sandvik N 64 Jb06
Ytre Snillfjord N 77 Dd30
Ytre Søndeled N 93 Db45
Ytre Veines N 64 Jb06
Ytterån S 79 Fb30
Ytteräng S 78 Fa29
Ytterås N 78 Eb30
Ytteråträsk S 80 Hb27
Ytterberg S 87 Fc34
Ytterboda S 80 Hc28
Ytterboda S 95 Fc39
Ytterbråtö FIN 81 Jb28
Ytter-Busjö S 80 Ha26
Ytterby S 102 Eb48
Yttergran S 96 Gc42
Ytterhogdal S 87 Fc34
Ytterjärna S 96 Gc44
Ytterjeppo FIN 81 Jb29
Yttermalung S 95 Fb39
Ytterrissjö S 80 Gc28
Yttersby S 96 Ha40
Ytterselö S 96 Gc43
Yttersjön S 80 Ha26
Yttersta S 73 Hc23
Ytterstad N 66 Fd14
Yttertällmo S 80 Gc29
Yttertavle S 80 Hc28
Ytter-Torga N 70 Ed23
Yttervik S 71 Fd23
Yttervik S 80 Hc25
Yttilä FIN 89 Jb37
Yttre Lansjärv S 73 Hd19
Yücebağ TR 205 Ga20
Yukarıdudullu TR 186 Fd78
Yukarıaliçomak TR 193 Hb84
Yukarıballı TR 192 Fc81
Yukarıbey TR 191 Ec83
Yukarıçamozü TR 205 Fd20
Yukarıdereköy TR 198 Fd91
Yukarıdinek TR 193 Ha87
Yukarıdolaylar TR 192 Fc83
Yukarı Dumanlı TR 185 Ec80
Yukarıfındıklı TR 187 Gc78
Yukarıgökdere TR 199 Gd88
Yukarıgüllüce TR 192 Fc85
Yukarıgüney TR 187 Ha79
Yukarıığdeağacı TR 193 Ha82
Yukarıkadıköy TR 185 Ed75
Yukarıkalabak TR 193 Gc82
Yukarıkaraçay TR 198 Fd88
Yukarıkaraman TR 199 Gc91
Yukarıkılıçlı TR 185 Ed78
Yukarıkızılca TR 191 Ed86
Yukarı Kocayatak TR 199 Gd91
Yukarımusalar TR 192 Fb82
Yukarıotluk TR 193 Gb86
Yukarıpiribeyli TR 193 Hb84
Yukarısapçı TR 191 Eb81
Yukarısoku TR 187 Hb78
Yumaklar TR 199 Gd90
Yumaklı TR 193 Gc83
Yumaklı TR 198 Fb89
Yumrutaş TR 198 Fd89
Yunak TR 193 Hb85
Yuncos E 46 Db65
Yunquera E 60 Cc76
Yunquera de Henares E 46 Dd63
Yunuseli TR 186 Fd80
Yunusemre TR 193 Ha82
Yunuslar TR 192 Ga84
Yunuslar TR 199 Hb88
Yüreğil TR 192 Fb84
Yüreğil TR 198 Fd89
Yüreğil TR 198 Ga88
Yüreklı TR 191 Ec82
Yürücekler TR 192 Fc81
Yürük TR 185 Ec78
Yürükkaracaören TR 193 Gd85
Yürükler TR 185 Ed77
Yürükler TR 186 Ga79
Yürükmezarı TR 193 Gb85
Yürükoğlu TR 198 Fc90
Yusufca TR 197 Ed89
Yusufça TR 198 Ga90
Yusufeli TR 205 Ga19
Yuva TR 185 Ec78
Yuva TR 187 Hb78
Yuva TR 198 Ga91
Yuvacık TR 187 Gb79
Yuvacık TR 197 Fa91
Yuvalı TR 186 Fa76
Yuvalı TR 199 Gd88
Yuvalıdere TR 187 Gc78
Yüylük TR 193 Gb84
Yverdon CH 141 Bb54
Yvetot F 23 Ga34
Yvignac F 26 Ec38
Yvoire F 31 Ka44
Yvré-le-Pôlin F 28 Fd40
Yxnerum S 103 Ga47
Yxpila FIN 81 Jb28
Yxsjö S 80 Gc27
Yxskaftkälen S 79 Fd29
Yzeron F 34 Ja47

Z

Zaamslag NL 124 Ab39
Zaanstad NL 116 Ba35
Zăbala RO 176 Eb61
Žabalj SRB 153 Jb60
Zabalocce BY 202 Ec13
Zabar H 146 Jb50
Žabărdo BG 184 Db74
Žabari SRB 174 Bc65
Zabartowo PL 121 Gd34
Zabeltitz D 127 Ed40
Zaberfeld D 134 Cc47
Żabia Wola PL 130 Jb37
Žabica BIH 159 Hc68
Zabierzów PL 138 Ja44
Żabin PL 122 Jc34
Żabin PL 129 Gb39
Žabinka BY 202 Dd14
Żabiny PL 122 Hd33
Ząbki PL 130 Jc36
Ząbkowice Śląskie PL 137 Gc43
Zablaće BIH 152 Gc63
Záblatí CZ 136 Fa48
Zāblava LV 107 Lc48
Žabljak MNE 159 Ja67
Zabłocie PL 128 Fc39
Zabłocie PL 139 Kb46
Zabłudów PL 123 Kb34
Żabno PL 129 Gc37
Żabno PL 131 Kb41
Żabno PL 138 Jc44
Zabok HR 151 Ga58
Zabolotje LV 107 Lc51
Zabór PL 128 Ga38
Zaboreni MD 173 Fd56
Zaborov'e RUS 99 Lc44
Zaborovka RUS 99 Ld45
Zaborów PL 129 Gb40
Zaborowice PL 129 Gb39
Zaborowo PL 122 Ja33
Żabów PL 120 Fc34
Zăbrani RO 174 Bd60
Zabrđe SRB 159 Ja66
Zábřeh CZ 137 Gc45
Zabrežje SRB 153 Jc62
Zăbriceni MD 173 Fa54
Zabrodzie PL 122 Jb31
Zabrodzie PL 130 Jc36
Zabrodzie PL 139 Kb46
Zabrost Wielki PL 122 Jc30
Ząbrowo PL 120 Fd32
Zabrze PL 138 Hc43
Zabrzeż PL 138 Jb46
Zaburalan TR 198 Fd91
Zabzuni AL 182 Ad75
Zacharzyn PL 121 Gd33
Zachenberg D 135 Ec48
Zaclău RO 177 Fb63
Žacléř CZ 128 Ga42
Zadar HR 157 Fd64
Zădăreni RO 170 Bd59
Zaddžje RUS 107 Mb49
Žadeikiai LT 113 Jc55
Žadeikiai LT 113 Jc55
Žadeikiai LT 114 Kd53
Zadonsk RUS 203 Fb12
Zadruga BG 180 Eb68
Zadworzany PL 123 Kc32
Zadzim PL 130 Hc39
Zafarraya E 60 Da75
Zafferana Etnea I 167 Fd85
Zafirovo BG 181 Ec68
Zafra E 51 Bd70
Zafra de Záncara E 53 Ea66
Zafrilla E 47 Ed65
Žaga SLO 150 Ed57
Żagań PL 128 Fd39
Zagăr RO 171 Dc59
Zagarancea MD 173 Fb57
Žagarė LT 114 Ka53
Žagariai LT 114 Kc59
Zagarise I 164 Gc81
Zaglavak SRB 159 Jb64
Zaglay HR 157 Fd65
Zagnańsk PL 130 Jb41
Zagon RO 176 Eb62
Zagorá GR 189 Ca82
Zagorci BG 180 Ea72
Zagorci BG 181 Ec73
Zagor'e RUS 99 Ld42
Zagorje RUS 107 Mb46
Zagorje ob Savi SLO 151 Fc57
Zagórów PL 129 Ha37
Zagorskoe RUS 113 Jc58
Zagórz PL 139 Kb45
Zagórze Śląskie PL 129 Gb42
Zagość PL 138 Jb43
Zagra E 60 Da74
Zagra RO 171 Db56
Zagražden BG 180 Db68
Zagreb HR 151 Ga58
Zagrilla E 60 Da74
Zagrodno PL 128 Ga41
Žagubica SRB 174 Bd66
Zagvozd HR 158 Gd66
Zahara de la Sierra E 59 Cb76
Zahara de los Atunes E 59 Ca78
Zaháro GR 194 Ba87
Zahinos E 51 Bb70
Zahman TR 192 Fd85
Zahna D 127 Ec38
Zahody RUS 99 Ld45
Zahody RUS 107 Ld49
Záhony H 139 Kb49
Zahora E 59 Bd77
Záhoří CZ 136 Fb47
Záhorská Bystrica SK 145 Gc50
Záhorská Ves SK 145 Gc50
Zahrádky CZ 136 Fb43
Zăicana MD 173 Fd57
Zăicani MD 173 Fa55
Zaiceva LV 107 Lc48
Zaidín E 48 Fd61
Žaiginys LV 114 Kb55
Zaim MD 173 Ga59
Zaimčevo BG 181 Ed71
Zaimovo KSV 178 Ba71
Zainsk RUS 203 Ga08
Zaisenhausen D 134 Cc47
Zaistovec HR 152 Gb58
Zajača SRB 153 Ja63
Zajač'e RUS 203 Fa13
Zajączek PL 128 Fc39
Zajan'e RUS 99 Ld43
Zajas MK 182 Ba74
Zajcevo RUS 107 Ma47
Zaječar SRB 179 Ca67
Zaječov CZ 136 Fa45
Zajęczniki PL 131 Ka36
Zajezierze PL 120 Ga33
Zajezierze PL 131 Jd39
Zajk H 145 Gc56
Zakaki CY 206 Ja98
Zákamenné SK 138 Hd46
Zákány H 152 Gc57
Zákányszék H 153 Jb57
Žakarovce SK 138 Jc48
Zákas GR 182 Ba79
Zaķi LV 106 La48
Zákinthos GR 188 Ac86
Zakl SLO 151 Ga57
Zakliczyn PL 138 Jc45
Zaklików PL 131 Ka41
Zaklopača BIH 159 Hd64
Zakobjakino RUS 203 Fa08
Zakomo BIH 159 Hd65
Zakopane PL 138 Ja47
Zakroczym PL 130 Jb36
Zákros GR 201 Dd96
Zakrzew PL 130 Jc39
Zakrzew PL 131 Kb41
Zakrzewo PL 121 Gc33
Zakrzewo PL 121 Hb35
Zakrzewo PL 129 Gc37
Zakrzówek Osada PL 131 Ka41
Zákupy CZ 128 Fc42
Zalaapáti H 145 Gd55
Zalabaska H 145 Gc56
Zalaegerszeg H 145 Gc55
Zaļenieki LV 106 Ka52
Zalahaláp H 145 Gd55
Zalahtov'e RUS 99 Lc44
Zalaistvánd H 145 Gc55
Zalakaros H 145 Gd56
Zalakomár H 145 Gd56
Zalakoppány H 145 Gd55
Zalalövő H 145 Gc55
Zalamea de la Serena E 51 Cb70
Zalamea la Real E 59 Bc73
Zalamillas E 37 Cc58
Zalas PL 122 Jc33
Zalasowa PL 138 Jc44
Zalaszabar H 145 Gd56
Zalaszántó H 145 Gd55
Zalaszentbalázs H 145 Gc56
Zalaszentgrót H 145 Gd55
Zalaszentgyörgy H 145 Gc55
Zalatárnok H 145 Gc56
Zalău RO 171 Cd56
Zalavár H 145 Gd56
Zalavas LT 115 Lb56
Załazy PL 131 Jd39
Zalec PL 122 Jc31
Žalec SLO 151 Fd57
Załęcze PL 129 Gc39
Zalegošč' RUS 203 Fa12

REYKJAVIK 340
IS

IS

N
OSLO 333
STOCKHOLM 345
S
FIN
HELSINKI 315
Sankt Peterburg
TALLINN 346
EST
RUS
330-331 MOSKVA

Glasgow

IRL
DUBLIN 314
Manchester

GB

322-325 LONDON

Den Haag
Rotterdam
AMSTERDAM 300-301
NL
BRUSSEL/ BRUXELLES 310-311
B
LUXEMBOURG 326-327
L

Hamburg
Hannover
Essen
Köln
Frankfurt/m.
D
BERLIN 304-305
Leipzig

Gdańsk
PL
WARSZAWA 348-349
Wrocław

341 RiGA
LV
LT
VILNIUS 347
RUS
Minsk
BY

334-337 PARIS
F
Strasbourg
Stuttgart
München
BERN 307
CH
Zürich
Genève
Lyon
Innsbruck
A
PRAHA 338-339
CZ
Krakau
WIEN 350-351
SK
BRATISLAVA 308
H
BUDAPEST 312-313
LJUBLJANA 321
SLO
ZAGREB 352
Kyjiv
UA
MD
Chişinău
RO
BUCUREŞTI 309

Bordeaux
Bilbao
Porto
P
Milano
Venézia
Génova
Marseille
MONACO 332
Firenze
I
HR
BIH
Sarajevo
BEOGRAD 306
SRB
MNE
Podgorica
Priština
KSV
Skopje
MK
BG
SOFIJA 344
ISTANBUL 316-317

MADRID 328-329
LISBOA 320
E
Barcelona
Valencia
Sevilla

ROMA 342-343
Nápoli
Palermo
Tiranë
AL
GR
TR
Izmir
ATHINA 302-303

Rabat
MA
Alger
DZ
Tunis
TN

	GB	D	F	NL		GB	D	F	NL
	City map	**Stadtplan**	**Plan de ville**	**Plattegrond**	**1:15.000**	**City map**	**Stadtplan**	**Plan de ville**	**Plattegrond**
	Motorway	Autobahn	Autoroute	Autosnelweg		Central station, bus station	Hauptbahnhof, Busbahnhof	Gare centrale, gare routière	Centraal station, busstation
	Major road	Wichtige Hauptstraße	Route principale importante	Hoofdroute		Hospital	Krankenhaus	Hôpital	Ziekenhuis
	Main road	Hauptstraße	Route régionale	Belangrijke verbindingsweg		Information, post office	Information, Post	Information, bureau de poste	Informatie, postkantoor
	Pedestrian zone	Fußgängerzone	Zone piétonne	Voetgangerzone		Church, mosque	Kirche, Moschee	Église, mosquèe	Kerk, moskee
	Railway	Bahnlinie	Ligne de tramway	Spoorweg		Synagogue	Synagoge	Synagogue	Synagoge
	Stadium	Stadion	Stade	Stadion		Theatre	Theater	Théâtre	Theater
	Parking, garage parking	Parkplatz, Parkhaus	Parking	Parkeerplaats		Museum	Museum	Musée	Museum
	Exhibition Hall	Messe	Palais des expositions	Beurs		Library	Bibliothek	Bibliothèque	Bibliotheek

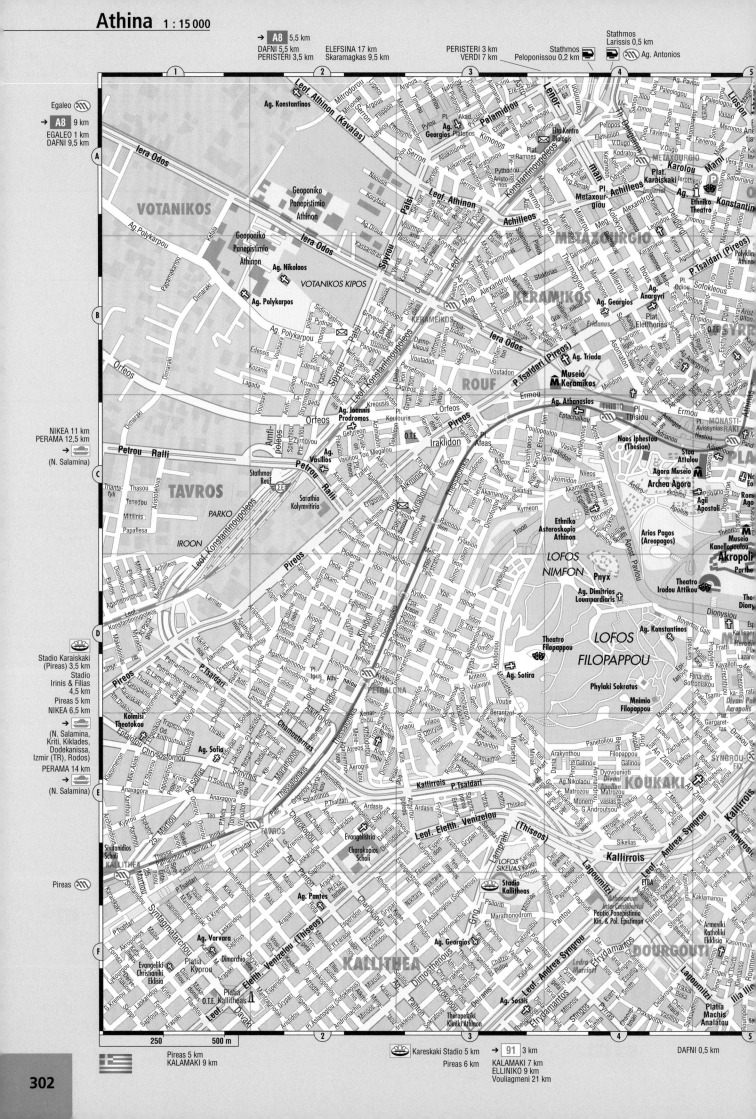

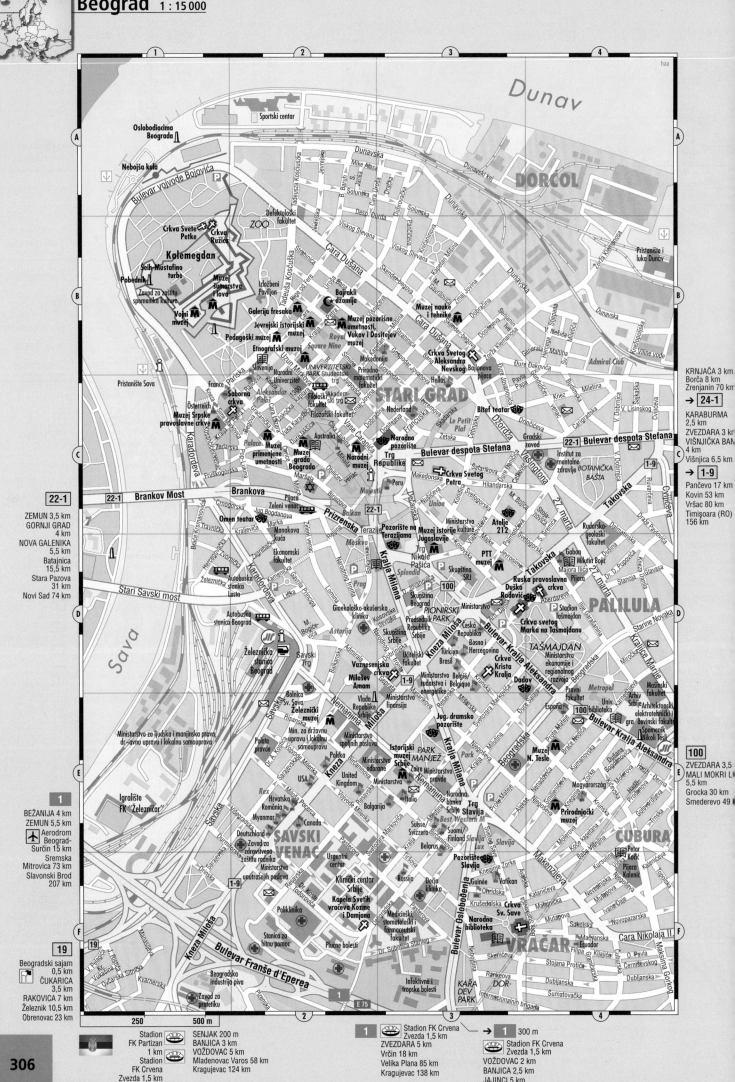

Dunav

DORCOL

Sportski centar

Oslobodiocima
Beograda

Nebojša kula

ZOO

Defektološki
fakultet

Crkva Svete
Petke

Crkva
Ružica

Kalemegdan

Šeih-Mustafino
turbe

Pobednik

Zavod za zaštitu
spomenika kulture

Muzej
Šumarstva
i lova

Vojni
muzej

Izložbeni
Paviljon

Galerija fresaka

Bajrakli
džamija

Muzej nauke
i tehnike

Jevrejski istorijski
muzej

Pedagoški muzej

Etnografski muzej

Muzej pozorišne
umetnosti,
Vukov i Dositejev
muzej

Crkva Svetog
Aleksandra
Nevskog

Royal
Square Nine

Makedonija

UNIVERZITETSKI
PARK Studentski
trg

Prirodno-
matematički
fakultet

STARI GRAD

Pristanište i
luka Dunav

Admiral Club

Slovenija

Narodni
Univerzitet

Aleksandar
Palas

Filološki
fakultet

Akadem-
ski trg

Filozofski fakultet

Nederland

Bitef teatar

KRNJAČA 3 km
Borča 8 km
Zrenjanin 70 km

24-1

KARABURMA
2,5 km
ZVEZDARA 3 km
VIŠNJIČKA BAN.
4 km
Višnjica 6,5 km

Saborna
crkva

France

Muzej Srpske
pravoslavne crkve

Österreich

Palace

Muzej
primenjene
umetnosti

Muzej
grada
Beograda

Narodni
muzej

Australia

Narodno
pozorište

Trg
Republike

Bulevar despota Stefana

Gradski
zavod

22-1 Bulevar despota Stefana

Institut za
mentalno
zdravlje BOTANIČKA
BAŠTA

1-9

22-1 Brankov Most   Brankova

Peru

Crkva Svetog
Petra

Pančevo 17 km
Kovin 53 km
Vršac 80 km
Timişoara (RO)
156 km

22-1

ZEMUN 3,5 km
GORNJI GRAD
4 km
NOVA GALENIKA
5,5 km
Batajnica
15,5 km
Stara Pazova
31 km
Novi Sad 74 km

Pijaca

Zeleni venac

Omen teatar

Prizrenska

22-1

Balkan

Pozorište na
Terazijama

Terazije

Muzej istorije kulture
Jugoslavije

Ateljé
212

Rudarsko-
geološki
fakultet

Moskva

Ekonomski
fakultet

Manakova
kuća

Autobuska
stanica
Lasta

Prag

Kralja Milana

Trg
Nikole
Pašića

Skupština
SRJ

Ministarstvo

PTT
muzej

Ruska pravoslavna
crkva

Duško
Radović

PALILULA

Autobuska
stanica Beograd

Splendid

Skupština
Beograd

PIONIRSKI
PARK

Kneza Miloša

Predsednik
Republike
Srbije

Bulevar Kralja Aleksandra

Stadion
Tašmajdan

Železnička
stanica
Beograd

Savski
Trg

Astoria

Ginekološko-akušerska
klinika

Skupština
Srbije

Česká
Republika

Bosna i
Hercegovina

Türkiye

Crkva svetog
Marka na Tašmajdanu

TAŠMAJDAN

Starine Novaka

Vaznesenjska
crkva

Milošev
Amam

Učiteljski
fakultet

Brasil

Ministarstvo ekonomije i
regionalnog
razvoja

Crkva
Krista
Kralja

Dadov

Metropol

Mašinski
fakultet

Bolnica
Sv. Sava

Železnički
muzej

Min. za državnu
upravu i lokalnu
samoupravu

Vlada
Republike
Srbije

Ministarstvo
finansija

Ministarstvo
spoljnih poslova

Polska

Ministarstvo
België/
Belgique

Pravni
fakultet

Arhiv
Srbije

Univ.
biblioteka

Arhitektonski,
elektrotehnički i
građevinski fakultet

Spomenik
Nikoli Tesli

Ministarstvo za ljudska i manjinska prava,
državnu upravu i lokalnu samoupravu

Polata
pravde

D. A. Kostić

Vojvode Milenka

Birčaninova

Kneza Miloša

United
Kingdom

Jug. dramsko
pozorište

España

100

biblioteka

100

ZVEZDARA 3,5
MALI MOKRI L.
5,5 km
Grocka 30 km
Smederevo 49

Igralište
FK "Železničar"

Rex

Hrvatska

Myanmar

USA

Italia

Istorijski
muzej
Srbije

PARK
MANJEŽ

Ministarstvo
pravde

Muzej
N. Tesle

1

BEŽANIJA 4 km
ZEMUN 5,5 km
Aerodrom
Beograd-
Surčin 15 km
Sremska
Mitrovica 73 km
Slavonski Brod
207 km

Deutschland

Zavod za
zdravstveno
zaštitu radnika

Ministarstvo
unutrašnjih poslova

Canada

Románia

Ministarstvo
odbrane

Zaire

Balgarija

Suisse/
Svizzera

Suomi/
Finland

Belarus

Narodna
banka
Srbije

Trg
Slavija

Prirodnjački
muzej

ČUBURA

1-9

Urgentni
centar

Rossija

Dečja
klinika

Best Western M

Slavija
Lux

Pozorište
Slavija

Guinée

Vatikan

Poliklinika

Klinički centar
Srbije

Kapela Svetih
vračeva Kozme
i Damjana

Medicinski
stomatološki i
farmaceutski
fakultet

Ohridska

Crkva
Sv. Save

Narodna
biblioteka

Petar
Kočić

Pijaca
Kalenić

Ecuador

VRAČAR

Cara Nikolaja II

19

Beogradski sajam
0,5 km

ČUKARICA
3,5 km
RAKOVICA 7 km
Železnik 10,5 km
Obrenovac 23 km

Stanica za
hitnu pomoć

Pneumo bolesti

Beogradska
industrija piva

Zavod za
protetiku

Bulevar Franše d'Eperea

Infektivne i
tropske bolesti

KAĐA
DEV
PARK

Internacionalnih brigada

ŠUMATOVAČKA

E 75

250   500 m

SAVSKI
VENAC

Kneza Miloša

19

SENJAK 200 m
BANJICA 3 km
VOŽDOVAC 5 km
Mladenovac Varoš 58 km
Kragujevac 124 km

Stadion
FK Partizan
1 km
Stadion
FK Crvena
Zvezda 1,5 km

1

Stadion FK Crvena
Zvezda 1,5 km

ZVEZDARA 5 km
Vrčin 18 km
Velika Plana 85 km
Kragujevac 138 km

1 300 m

Stadion FK Crvena
Zvezda 1,5 km

VOŽDOVAC 2 km
BANJICA 2,5 km
JAJINCI 5 km

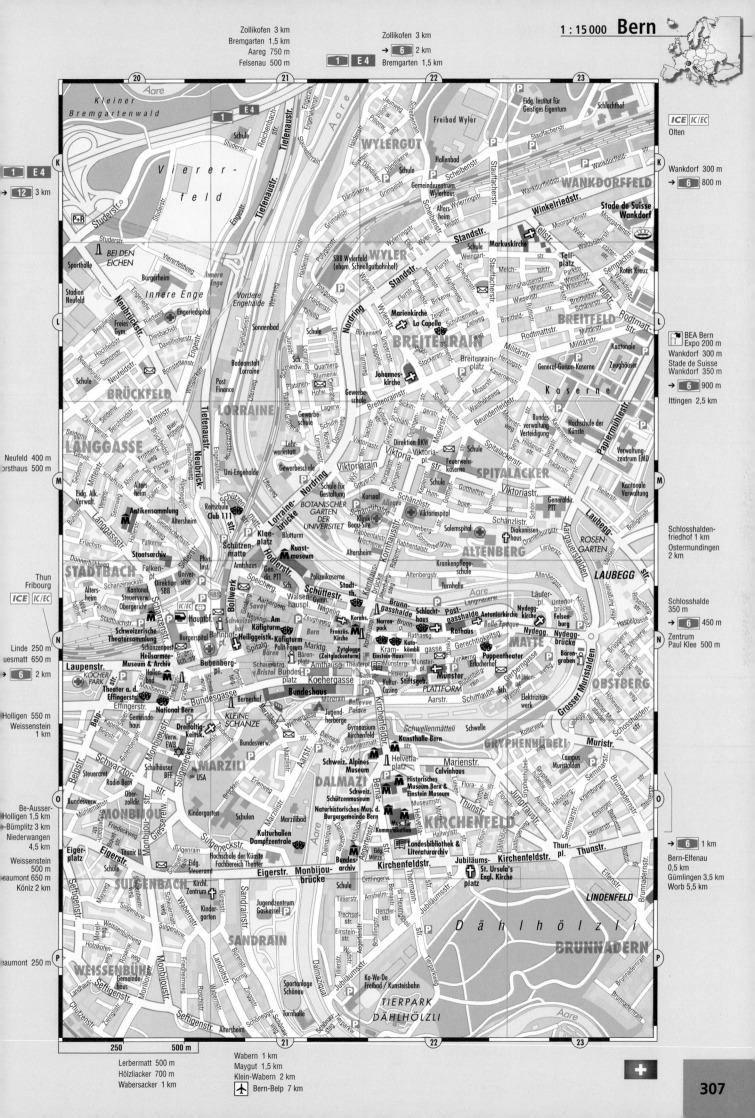

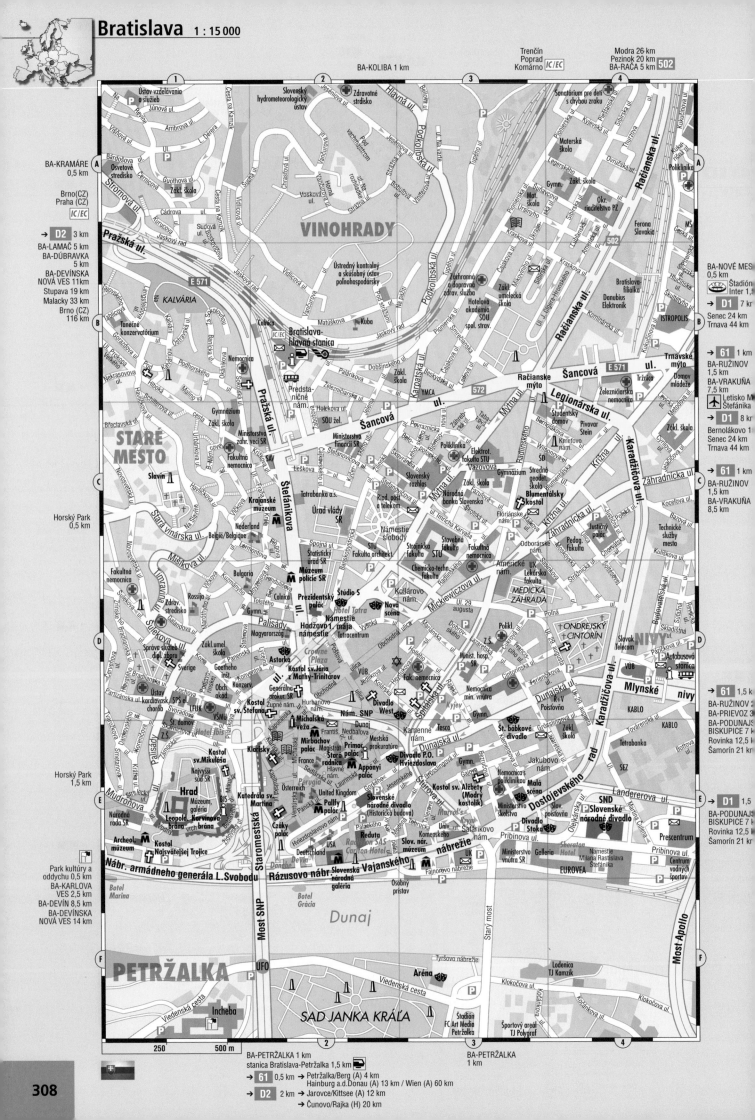

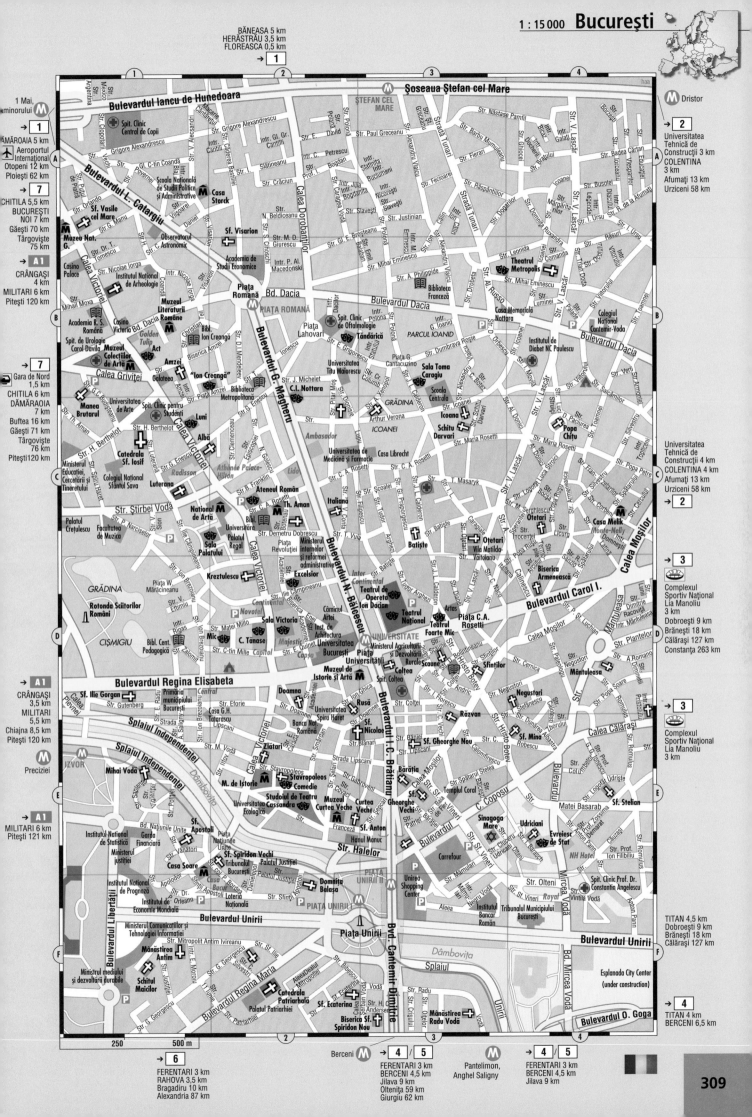

Esztergom 44 km
Szentendre 15 km
Pilisvörösvár 14 km
BÉKÁSMEGYER 9 km — ÓBUDA
ÓBUDA 2 km — Szentendre

UJLIPÓTVÁROS 0,5 km

RÓZSADOMB
RÉZMÁL
Margitsziget
Duna

HÜVÖSVÖLGY 5 km
NAGYKOVÁCSI 9 km

VÁROSMAJOR

MILLENÁRIS PARK
Millenáris Park
Jövő Háza
Városmajori Szabadtéri Színház
Városmajori Jézus Szíve templom

Margit híd
Margit körút

BATTHYÁNY TÉR

Országház (Parlament)
Kossuth Lajos tér
Néprajzi Múzeum
Szent István körút
Vígszínház

KOSSUTH LAJOS TÉR

ISTENHEGY 1,5 km

KRISZTINAVÁROS
Vár
Hadtörténeti Múzeum
Esztergom rondella
Magyar Jakobinusok
Hegyvidéki Helytörténeti Gyűjtemény
Budapest Tourist
Országos Onkológiai Intézet
Déli pályaudvar
Krisztina Plaza
VÉRMEZŐ

Bécsi kapu
Táncsics
Zenetörténeti Múzeum
Budai Vigadó
Hunyadi
Halászbástya
Mátyás templom
Arany Sas Patikamúzeum
Budávári
Szentháromság tér
Hilton

VÍZIVÁROS

Széchenyi lánchíd
Deák Ferenc
Gresham palota
Vörösmarty tér
InterContinental

NÉMETVÖLGY 1 km

MH Budai Honvédkórház
Alkotás utca
Krisztina körút
HAYDN PARK
Haydn
Polgármesteri Hivatal

Vár
Ludwig Múzeum
Budávári Palota
Savoyai Jenő
Magyar Nemzeti Galéria
Budapesti Történeti Múzeum
Széchényi Könyvtár
Sándor-palota
Clark Ádám tér
Siklő

hegy

NÉMETVÖLGY 0,5 km

SE Testnevelés és Sporttud. Kar
Sportkórház (OSEI)
NAPHEGY
Naphegy tér
Magyar Távirati Iroda
Dózsa György
Széchenyi tér
Ybl Miklós

GESZTENYÉS KERT
MOM-Park
Mártírok
Budapest Kongresszusi Központ
CSÖRSZ-PARK
SE TSK-sporttelep
Charles Hotel
Uránia Csillagvizsgáló

TABÁN
TABÁN
Rác gyógyfürdő
Erzsébet királyné
Döbrentei
Szent Gellért
Hegyalja út
Rudas gyógyfürdő
Gellért Kórház

Erzsébet híd
Szabadsajtó tér
Duna

KISS GELLÉRTHEGY
Mediterran
Kelenhegyi út

Gellért-
GELLÉRTHEGY

Citadella
Citadella sétány
Szabadság-szobor

JUBILEUMI PARK

hegy

Sziklatemplom
Szt. István

Molnár C. Pál Műteremmúzeum

Gellért gyógyfürdő

250   500 m

KELENFÖLD 2 km
KELENFÖLD 2 km
→ M1 / M7 2,5 km
Érd 14 km
Tatabánya 54 km
Székesfehérvár 60 km

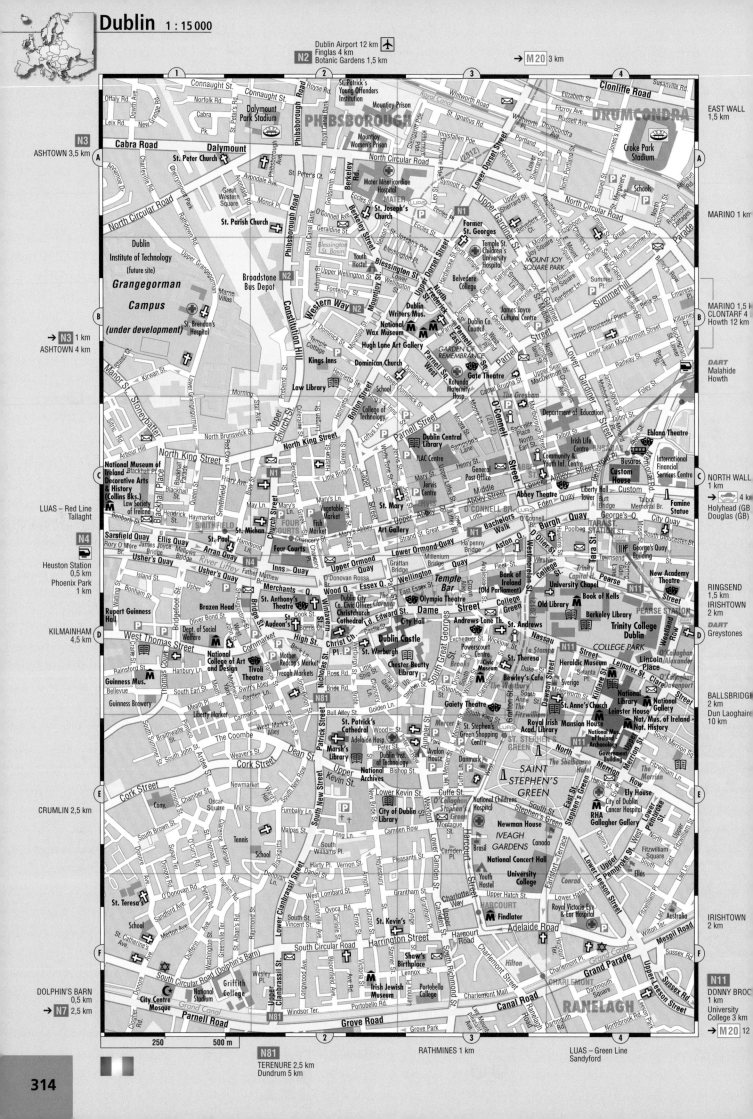

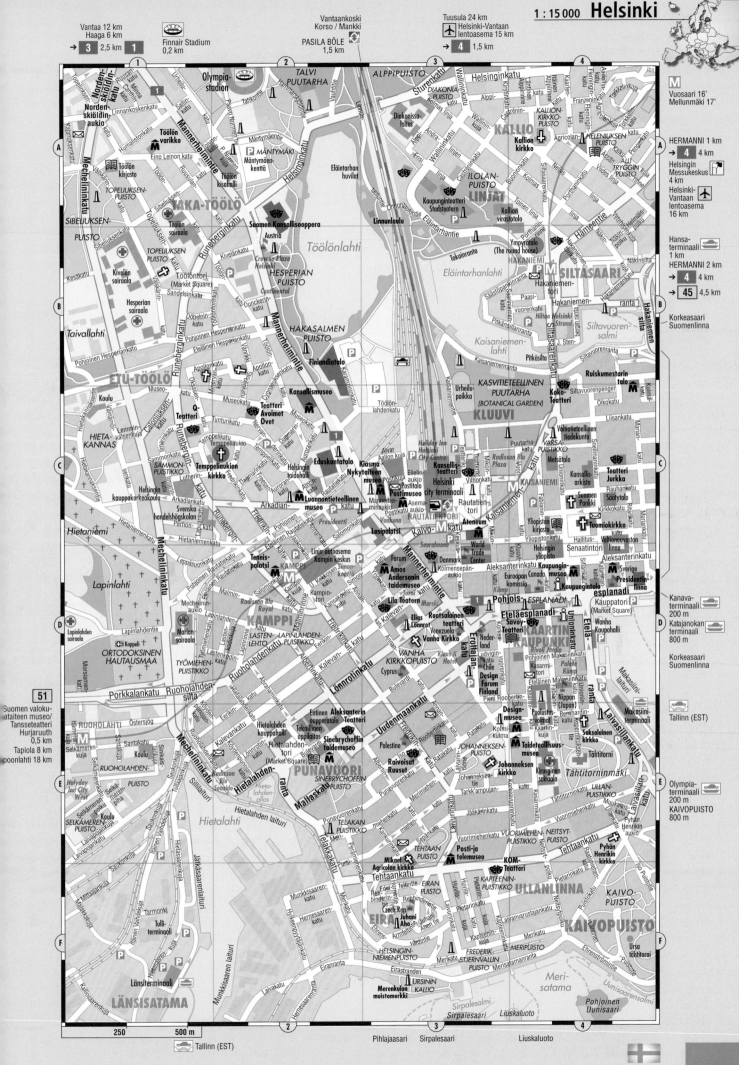

Istanbul 1 : 15 000

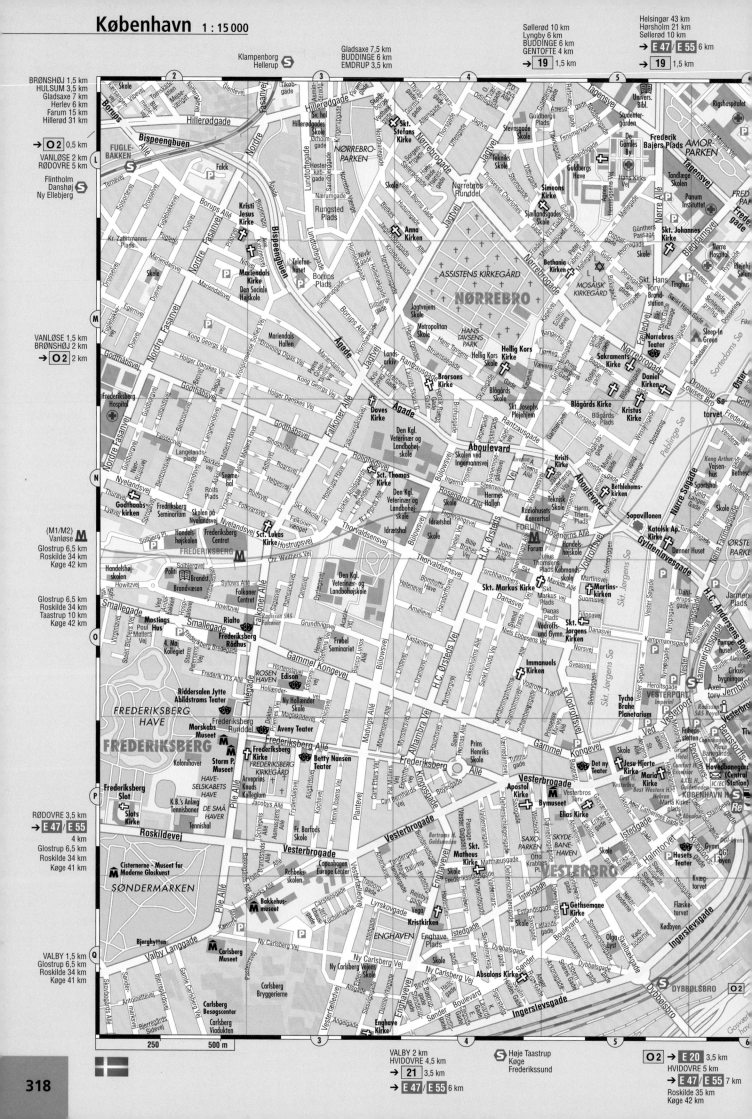

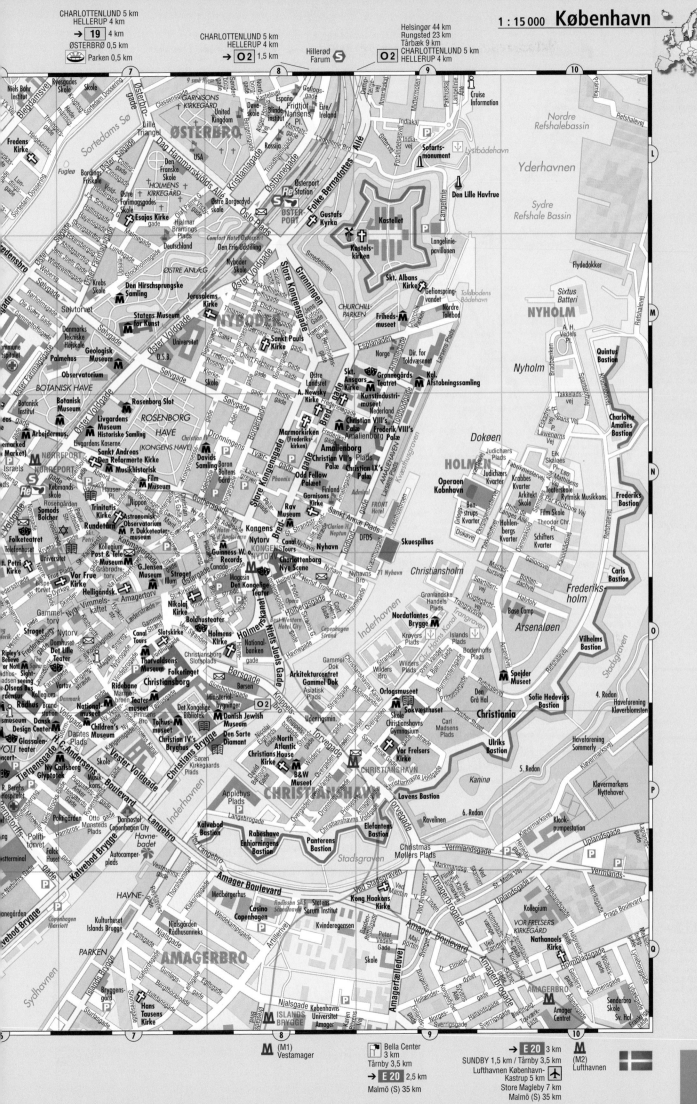

CHARLOTTENLUND 5 km
HELLERUP 4 km
→ 19 4 km
ØSTERBRØ 0,5 km
Parken 0,5 km

CHARLOTTENLUND 5 km
HELLERUP 4 km
→ O2 1,5 km

Hillerød
Farum S

O2

Helsingør 44 km
Rungsted 23 km
Tårbæk 9 km
CHARLOTTENLUND 5 km
HELLERUP 4 km

M (M1)
Vestamager

Bella Center
3 km
Tårnby 3,5 km
E 20 2,5 km
Malmö (S) 35 km

→ E 20 3 km
SUNDBY 1,5 km / Tårnby 3,5 km
Lufthavnen København-
Kastrup 5 km
Store Magleby 7 km
Malmö (S) 35 km

M (M2)
Lufthavnen

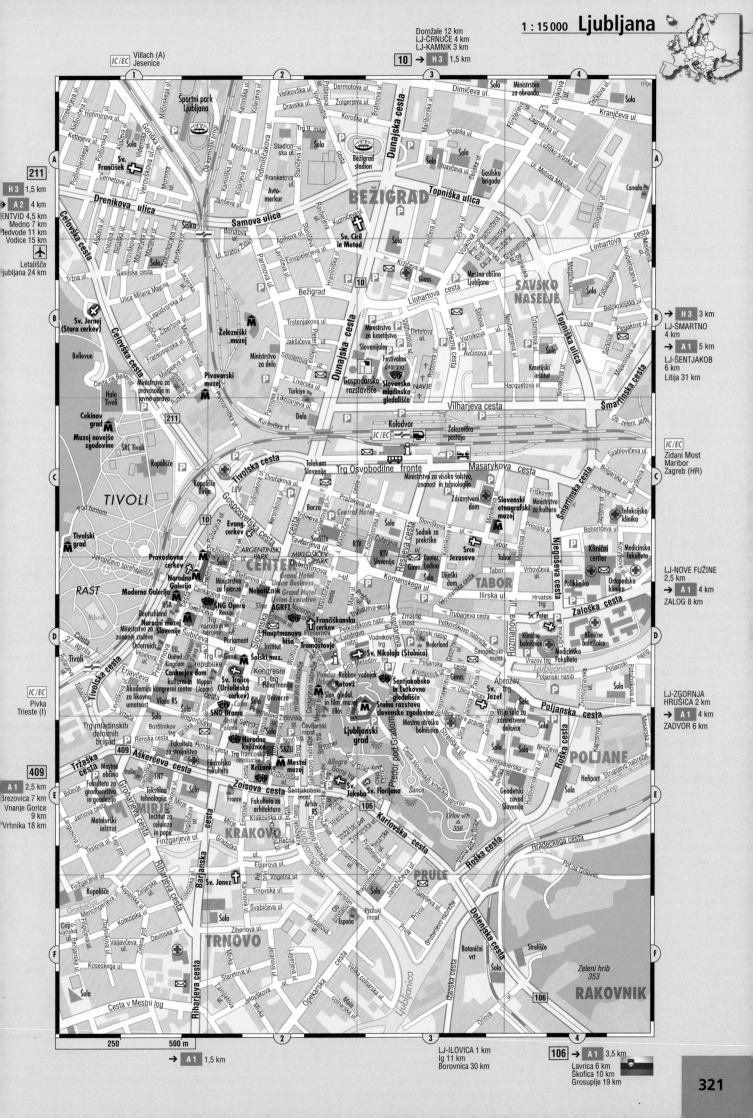

London (II) 1 : 15 000

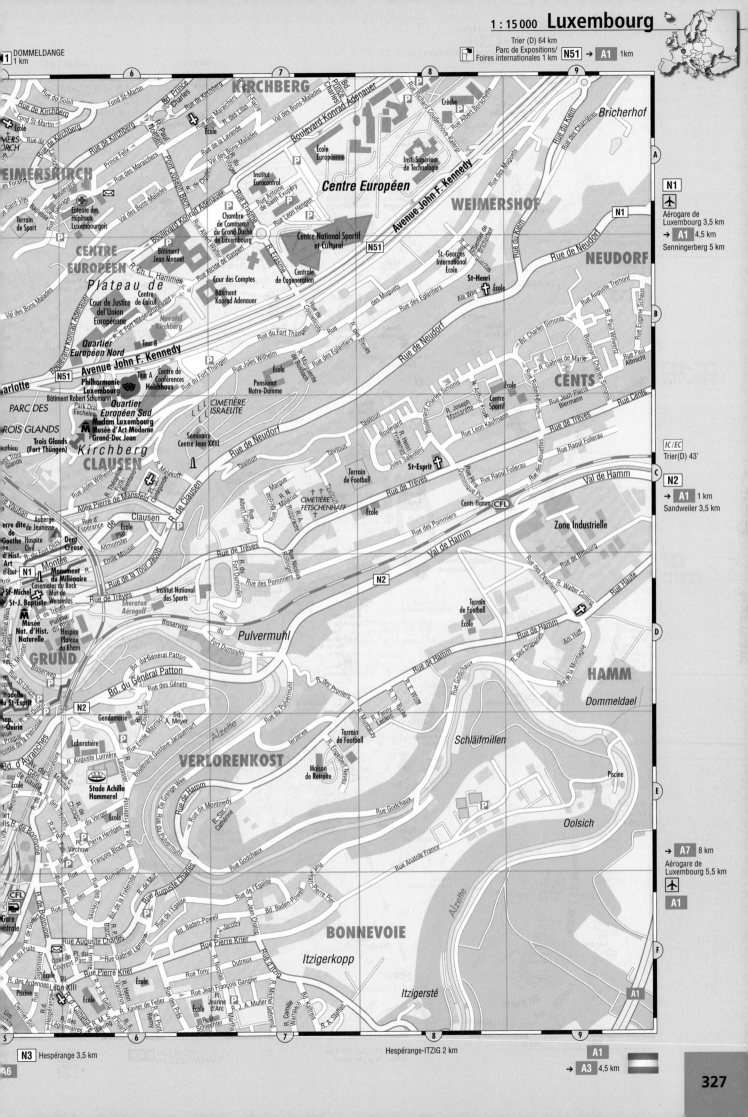

Trier (D) 64 km
Parc de Expositions/
Foires internationales 1 km   N51 → A1 1km

DOMMELDANGE
1 km

N1
Aérogare de
Luxembourg 3,5 km
→ A1 4,5 km
Senningerberg 5 km

IC/EC
Trier(D) 43'

N2
→ A1 1 km
Sandweiler 3,5 km

→ A7 8 km
Aérogare de
Luxembourg 5,5 km

A1

El Escorial 49 km
→ A-6 3 km
CIUDAD DE UNIVERSITARIA 3 km
MONCLOA 2 km

TETUÁN 2 km TETUÁN 2 km

M-30 → A-6
El Escorial 49 km

A-4
LATINA 2 km
Alcorcon 9 km

PARQUE DE LA MONTAÑA
Templo de Debod
Plaza de España
Gran Vía
Palacio Real
Plaza de la Armería
Catedral de Nuestra Señora de la Almudena
Campo del Moro
Museo de Carruajes Reales
Glorieta de San Vicente
Estación de Príncipe Pío
PRÍNCIPE PÍO
Puente del Rey
Puerta del Río
Paseo del Pintor Rosales
Paseo del Marqués de Monistrol
Río Manzanares
S. Antonio de la Florida
Panteón de Goya
LA ROSALEDA
Escuela de Cerámica
Teleférico Casa de Campo
Immaculado Corazón de María
Cristo Rey de Argüelles
Cuartel de Infantería Don Juan
ARGÜELLES
Calle de Alberto Aguilera
Calle del Marqués de Urquijo
Universidad Pontificia de Comillas
Palacio de Liria
Centro Cultural Conde Duque
SAN BERNARDO
N. S. de los Dolores
Teatro Fuencarral
Glorieta de Ruiz Jiménez
Glorieta de Bilbao BILBAO
Teatro Maravillas
Montserrat
Plaza de Olavide
Consejería de Hacienda
Calle de Luchana
Calle de Sagasta
ALONSO MARTÍNEZ
Ministerio de Educación y Cultura
Perpetuo Socorro
Museo Municipal
Museo Romántico
CHUECA
San Ildefonso
TRIBUNAL
NOVICIADO
Asamblea de Madrid
Edificio España
Museo Cerralbo
Torre de Madrid
VENTURA RODRÍGUEZ
Monumento de Cervantes
Palacio del Senado
SANTO DOMINGO
Plaza del Callao CALLAO
Monasterio de la Encarnación
Monasterio de las Descalzas Reales
GRAN VÍA
Edificio Telefónica
Teatro Lara
Real Academia de Bellas Artes de San Fernando
Carmen y S. Luis
Las Calatravas
Calle de Alcalá
Teatro Real
Plaza de Oriente
Plaza de la Villa
OPERA
Plaza Mayor
SOL
Puerta del Sol
Casa de Correos
Comunidad de Madrid
SEVILLA
Teatro de la Zarzuela
Palacio del Congreso
Congreso de Diputados
Teatro Albéniz
Teatro Reina Victoria
Museo Thyssen
Casa de Lope de Vega
Teatro Español
Real Academia de la Historia
ANTÓN MARTÍN
San Sebastián
Iglesia Arzobispal Castrense
Museo de San Isidro
San Andrés
San Pedro
LA LATINA
San Francisco
Basílica de San Francisco el Grande
Virgen de la Paloma
Rastro (flea market)
TIRSO DE MOLINA
San Millán y San Cayetano
LAVAPIÉS
Mercado de San Fernando
San Lorenzo
Colegio de la Asunción
Calle de Segovia
Ronda de Segovia
PARQUE LA CORNISA
Seminario Conciliar
San Hermenegildo
PARQUE DE ATENAS
PARQUE EMIR MOHAMED I
Cuesta de la Vega
Puente de Segovia
Centro de Estudios Hidrográficos
San Bernardo
PARQUE DE OCIO LA ERMITA
San Rufo
Paseo de la Ermita del Santo
JARDINES DEL MAESTRO PADILLA
Puente de San Isidro
Puente de Toledo
Estadio Vicente Calderón
Avenida del Puerto
Paseo Quince de Mayo
San Fulgencio
Glorieta de las Pirámides
PIRÁMIDES
Manzanares
Puente de Toledo
ARGANZUELA
PARQUE DE PEÑUELAS
Puerta de Toledo
Glorieta de Puerta de Toledo
Ronda de Toledo
PUERTA DE TOLEDO
Colegio Público Joaquín Costa
Plaza de Toledo
Fábrica de Tabacos
Instituto Cervantes
Glorieta de Embajadores
EMBAJADORES
Teatro Circo Price
Ronda de Valencia
Ronda de Atocha
María Auxiliadora
ACACIAS
Calle de Embajadores
Purísimo Corazón de María
Glorieta de Santa María de la Cabeza
Santa María de la Cabeza
DELICIAS

250 500 m

M-30 VILLAVERDE 5 km
Aranjuez 47 km
USERA 1 km N 401
CARABANCHEL 3 km
→ M-30
→ A-4 VILLAVE

Moskva 1 : 15 000

Solnechnogorsk 55 km
✈ Sheremetevo 25 km
KHOVRINO 10 km — Ⓜ M10   Ⓜ Rechnoy Vokzal

Dmitrov 67 km
Dolgoprudny 16 km
LIANZOVO 10 km
BESKUDNIKOVO 9 km   A104

Marina Roshcha Ⓜ

PRESNESKY
1,5 km
DOROGOMILOVO
3 km

Planernaya Ⓜ

SHELEPIKHA 3 km Ⓜ
KHOROSHEVSKY
3 km
KUNTSEVO 8 km Ⓜ
STROGINO 10 km

Ⓜ Kuntsevskaya

Mitino Ⓜ

Ⓜ M1
DOROGOMILOVO
2 km
KUNTSEVO 8 km Ⓜ
MOZHAYSKY 9 km
Nemchinovka 11 km
Odintsovo 12 km

Novodevichy
monastyr 2 km

330

250   500 m

LUZHNIKI-Tsentralny stadion
im. V. I. Lenina 3 km
✈ Vnukovo 22 km
✈ Domodedovo 37 km

Novodevichy
monastyr 2 km

LUZHNIKI-
Tsentralny stadion im. V. I. Lenina 3 km
LENINSKIE GORY -
MGU im. Lomonosova 5 km
OLYMPYSKAYA DEREVNYA 10 km
Solntsevo 15 km

Ⓜ Yugo-Zapadnaya

CHEREMUSHKI 7,5 km
TEPLY STAN 10 km
Rumyantsevo 15 km
✈ Vnukovo 20 km
Naro-Fominsk 63 km
Obninsk 99 km

Bul. Dmitri
Donskogo

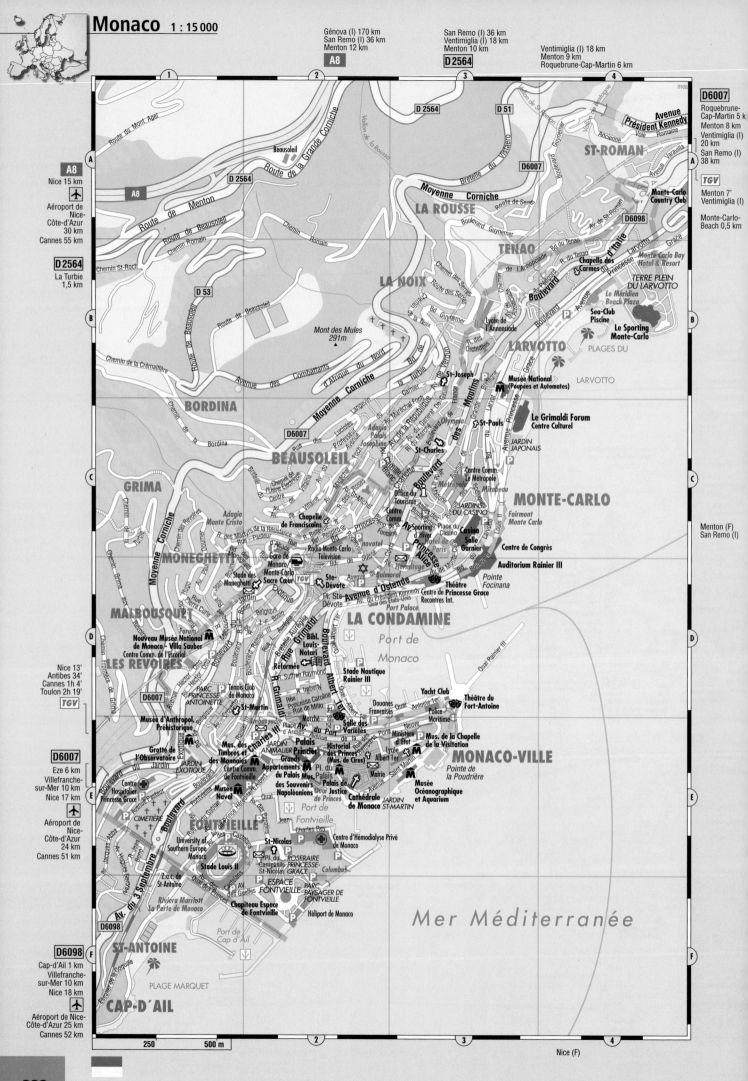

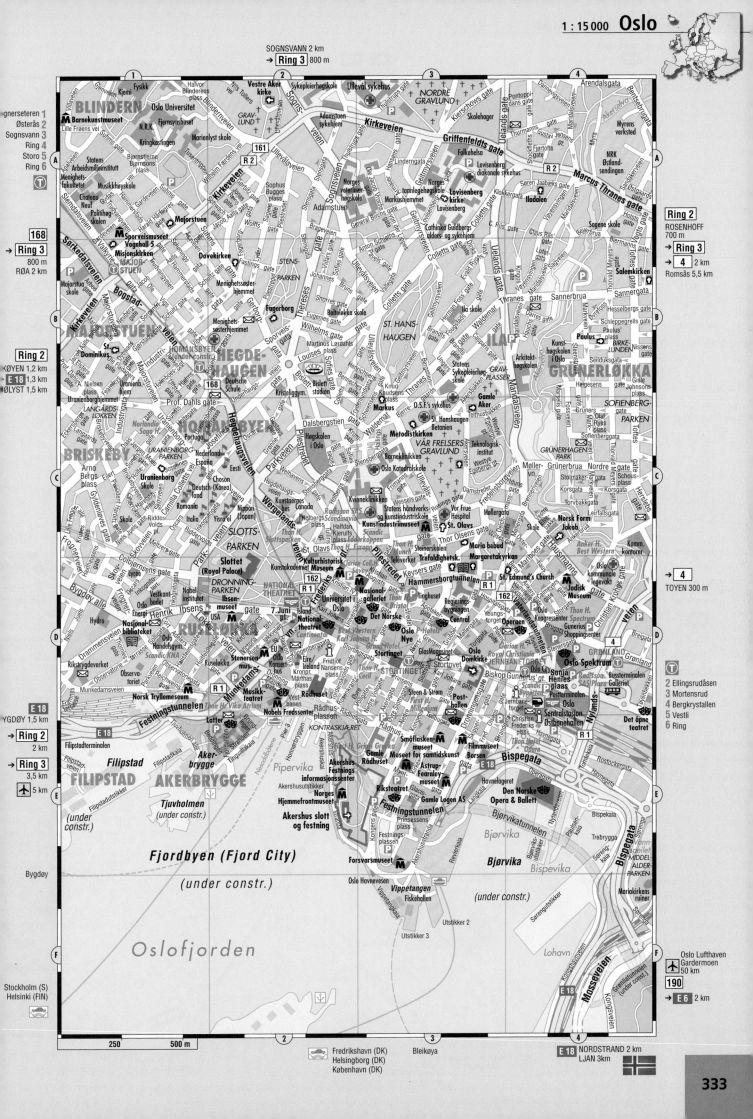

Paris (I) 1 : 15 000

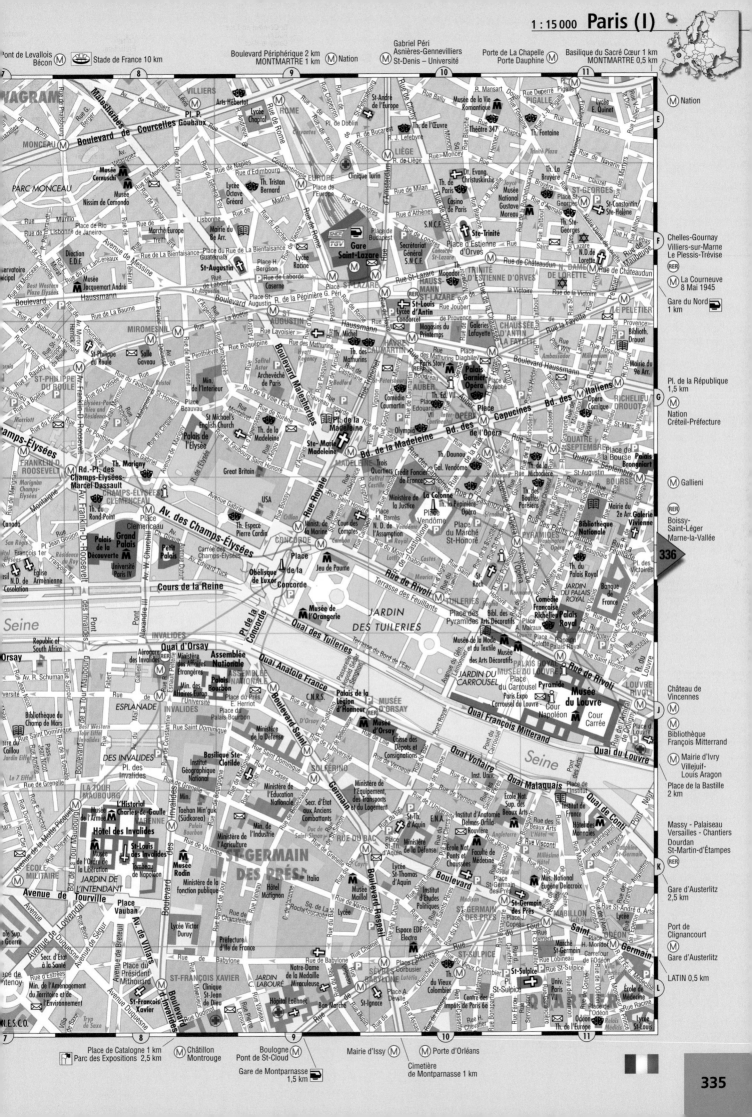

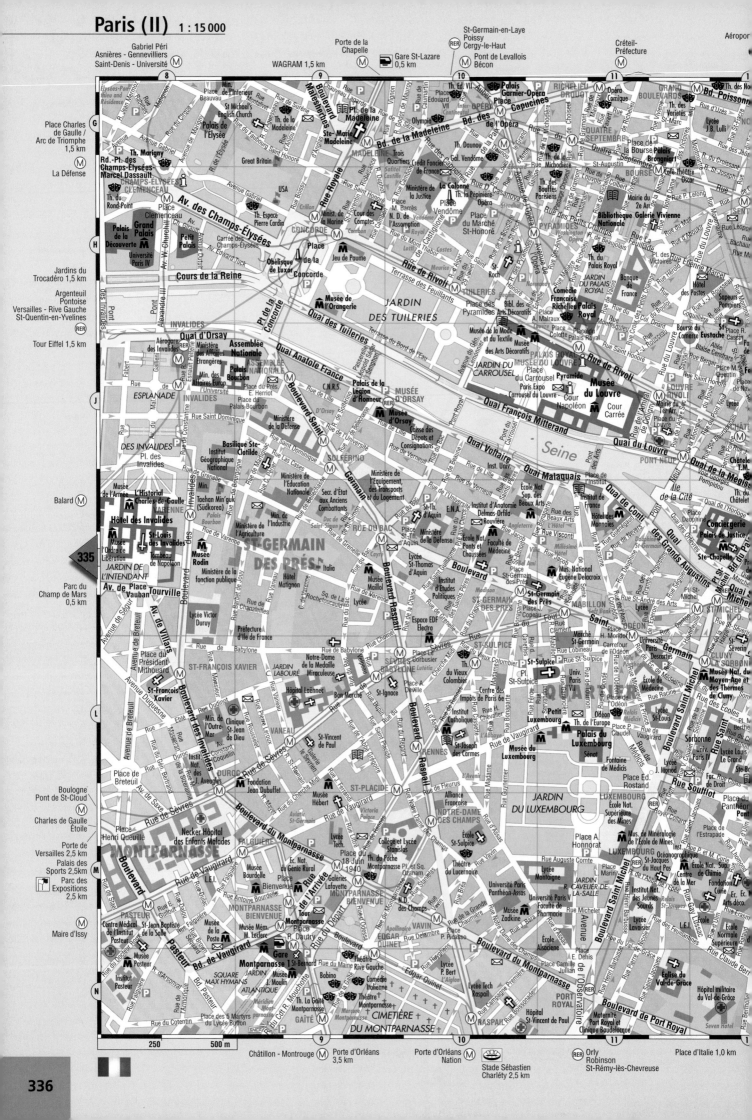

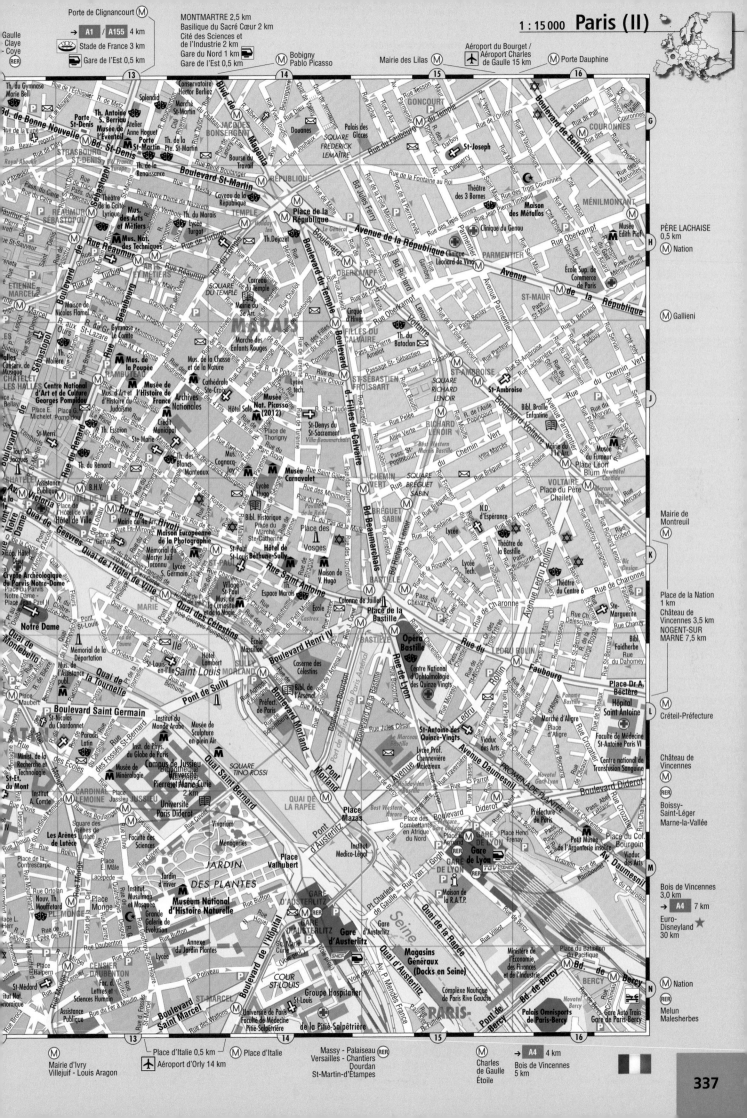

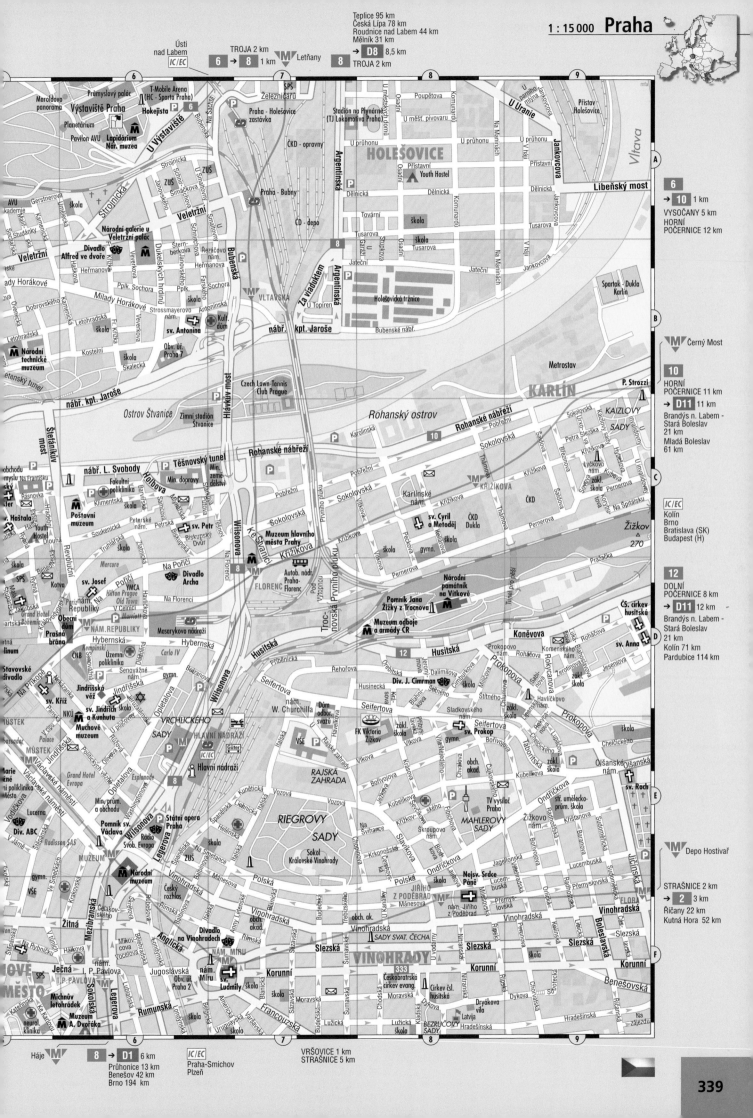

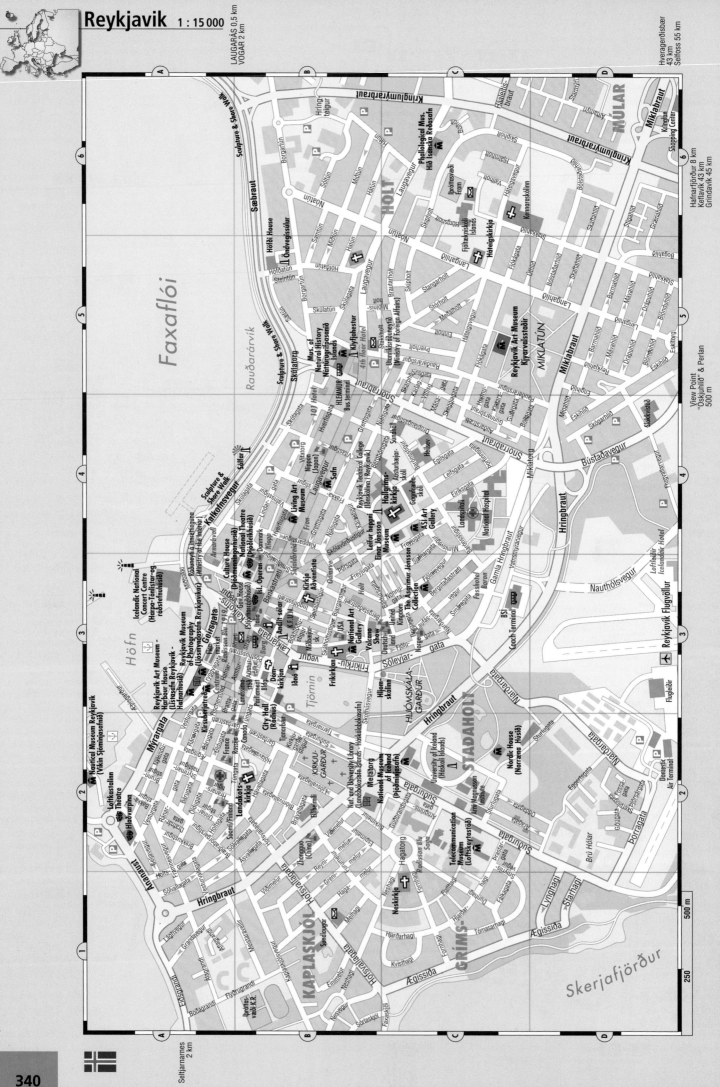

Reykjavik

1 : 15 000

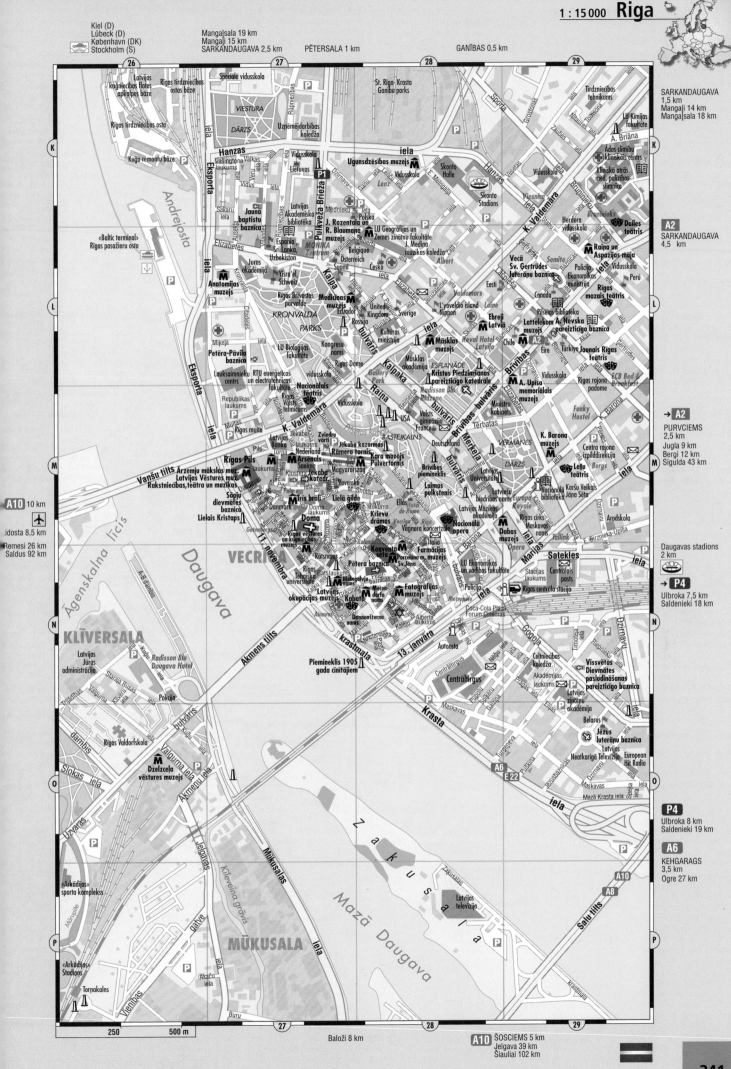

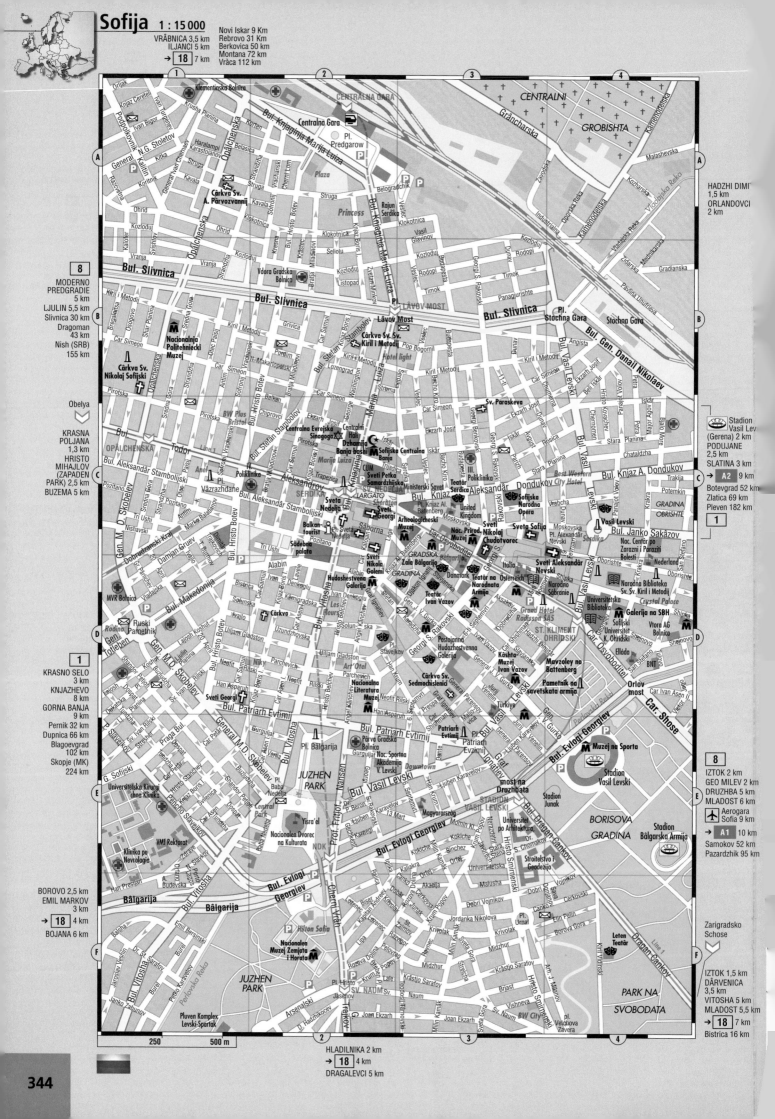

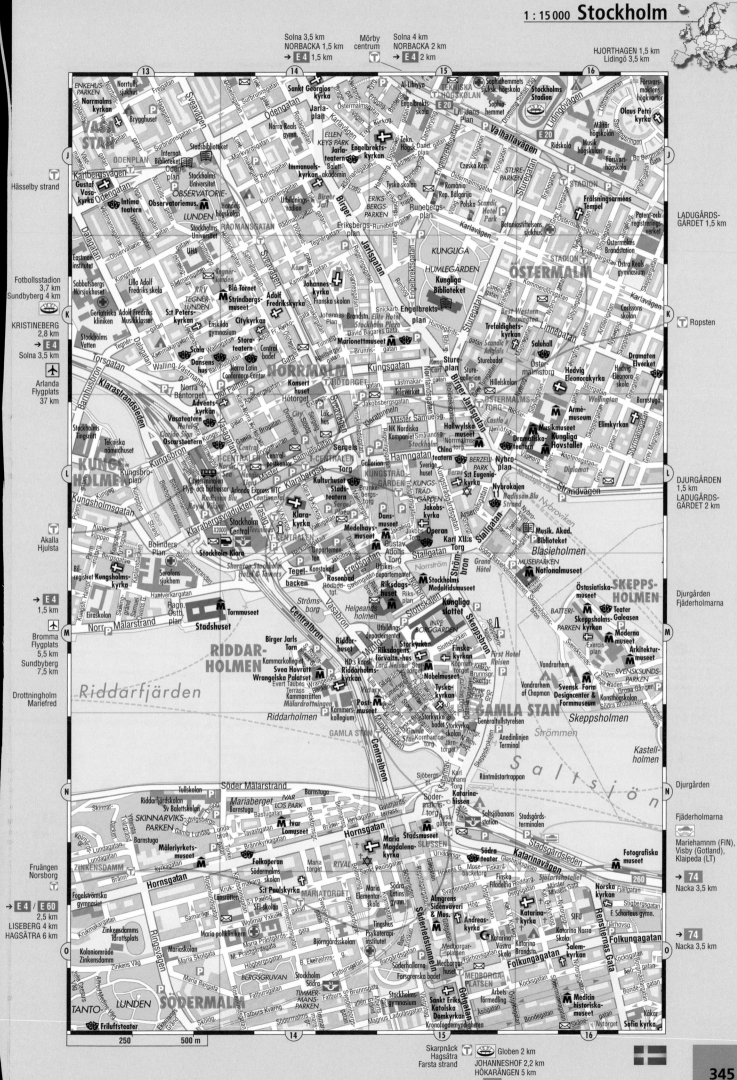

Lennusadarna läänemuuli tulepaak
Lennusadarna idamuuli tilepaak

T a l l i n n a   l a h t

Vanasadarna krulisikai tulepaak

Petri Sadam
Lennusadam

Allveeleev «Lembitu»
Jäämurdja «Suur Töll»

KALAMAJA

KALAMAJA PARK

KOPLI 5 km

Baptistikogudus

Salme Kultuurikeskus

Kaubanduskeskus

Lastemuuseum

Domina Ilmare

Patareisadam

Kalasadam
Heliport

Linnahall

Reisisadam

Helsinki (FIN)
St. Petersburg (RUS)
Stockholm (S)
Rostock (D)

Energiakeskus
Paks Margareeta
Suur Rannavärav
Eesti Meremuuseum
Stohingi torn

RANNAMÄGI

Tallink Express
Sadama Tallink SPA
«Sadamarket»

A-Terminal
Kaupmehe Sild
B-Terminal
C-Terminal
D-Terminal

SADAMA

Kaubanduskeskus

Admiraliteedi bassein

Loodasmuuseum
Kolevi siseujula
Linnateater

Grusbeke-togune torn
Eppingi
Plat torn
Loewenschede torn
Nunnadetogune torn
Kuldjala torn
Sauna torn

Rannamäe tee

KELMIK LA

Balti jaam

Kunstimuuseum «Rotermanni-soolalad»

Simeoni kirik

Ahtri

Kalevi siseujula

Bremeni torn

Miinimuuseum
Oleviste kirik
Three Sisters
Kärsmae torn

VANALINN

Mustpeade Maja
Nunna torn
Nukuteater
Suur-Kloostri

Patkuli trepp ja vaateplats
Stenbocki maja

Pirita 5 km
Merivälja 9 km
Muuga 12 km
Maardu 18 km

Nigola
Õigeusu kirik

Linnamuuseum
Eesti Ajaloomuus.

Dominiklaste navoi muuseum

TOOM
TOOMPARK

Tallinna linnamüür
Toomkirik

Pilstickeri trepp ja torn

Dominiklaste
Puhavaimu kirik
Katoliku kirik

Linnavolikogu

Insener
Adventkirik

Kino Coca Cola Plaza

Reval Central

E. Vilde nim. Pedagoogiline Instituut

TOOMPEA

Von Krahli teater
A. Nevsky katedraal
Toompea loss
Pikk Hermann
Neitsitorn
Kiek in de Kök

St. Petris kirik
Raekoja plats
Raeapteek
Raevangla fotomuus.
Viru väljak
Tuletörjemuuseum
Viru keskus

Narva mnt

KOMPASSI

RAUA

8
"Saku Suurhall" 6 km
"Rocca al Mare" 7,5 km
Nõmme 8 km
Harku 13 km
Keila 27 km
Paldiski 46 km

Nigliste kirik
Konserdisaal

Eesti Teatri ja Muusika muuseum
Dräämateater

Estonia Talveaed
Rahvusooper Estonia

Kunstiakadeemia

Tammsaare

SÜDALINN

POLTSEIAED

Radisson SAS
Swissotel
Reval Park Hotel

Kadrioru Staadion 0,5 km

Mayeri trepp
Tallinna Kunstihoone

HIRVEPARK

Vabaduse väljak
Jaani kirik

United Kingdom
Wisman

Okupatsiooni ja Vabadusvõitluse muuseum

KASSISABA

Kaarli kirik
Kaarli pst

Vabaduse väljak
Draamateater

Eesti Panga M

Sakala keskus

Teater NO99

Islandi väljak
Lembitu

Kaubanduskeskus «Stockmann»

MAAKRI

Liivalaia

Tartu mnt

8 1,5 km
"Saku Suurhall" 6 km
"Rocca al Mare" 7,5 km
Nõmme 8 km
Harku 13 km
Keila 27 km
Paldiski 46 km

Vene Draamateater
Salong teater

Eesti Muusika- ja Teatriakadeemia

SIBULAKÜLA

LEMBITU PARK

Österreich
Reval Olümpia

Keskturg

Kristlik Nelipühi kirik

KELDRIMÄE

Luise
Endla

TATARI

VAT teater
Suisse/Schweiz
Deutschland
France

Rahvusraamatukogu

Tõnismäe haigla
Latvijas Republica

Balti Ühispank

United States of America

Ettevõtlusaméti turismiosakond
Tallin City Tourist Office

Kaasani kirik

1
→ 2 1 km

✈ 3 km
Lehja 8 km
Maadu 17 km
Kuusalu 38 km
Kose 38 km
Paide 83 km
Rakvere 92 km
Kohta-Järve 137 km

TÕNISMÄE

Suur-Amerika

Lastestaadion

Tallinna Tehnikakõrgkool

Kesklinna lastepolikliinik

Ida-Tallinna keskhaigla

TIIGIVESKI PARK

Kalevi spordihall
Spordihall

Juhkentali

Ida-Tallinna keskhaigla siseklinik/kirurgiaklinik

Kalevi keskstaadion

POOLAMÄGI

UUS MAAILM

Tatari 53
Turg

SISELINNA KALMISTU

JUHKENTALI

250   500 m

Nõmme 5 km

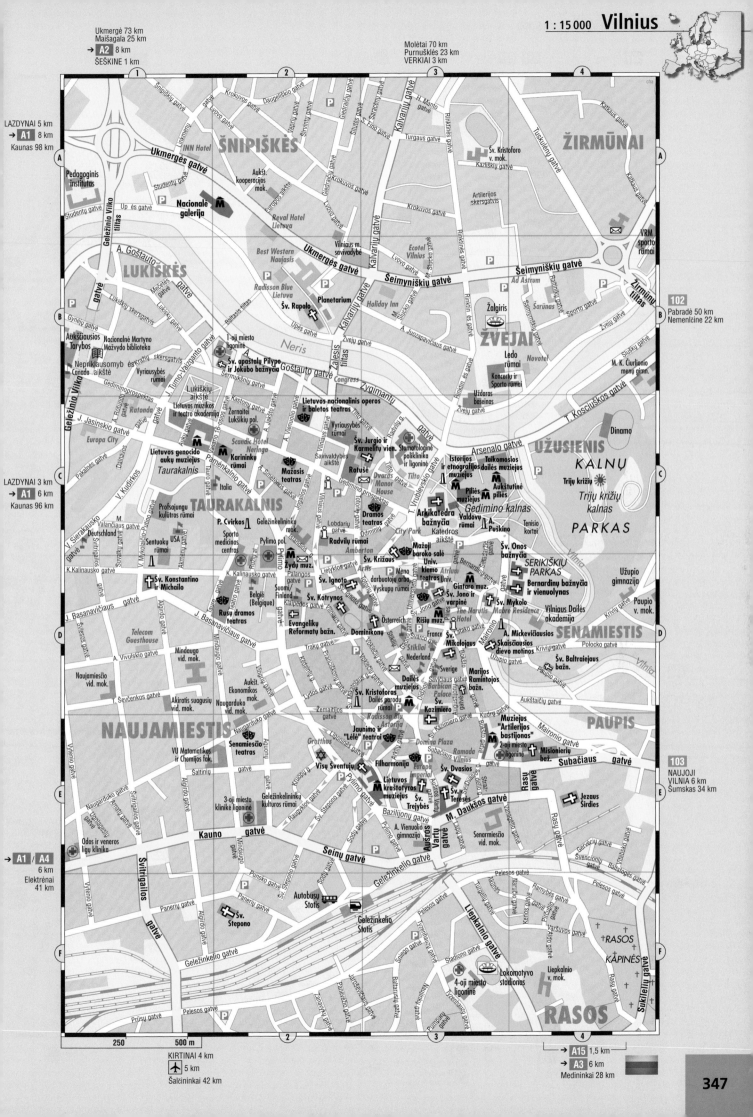

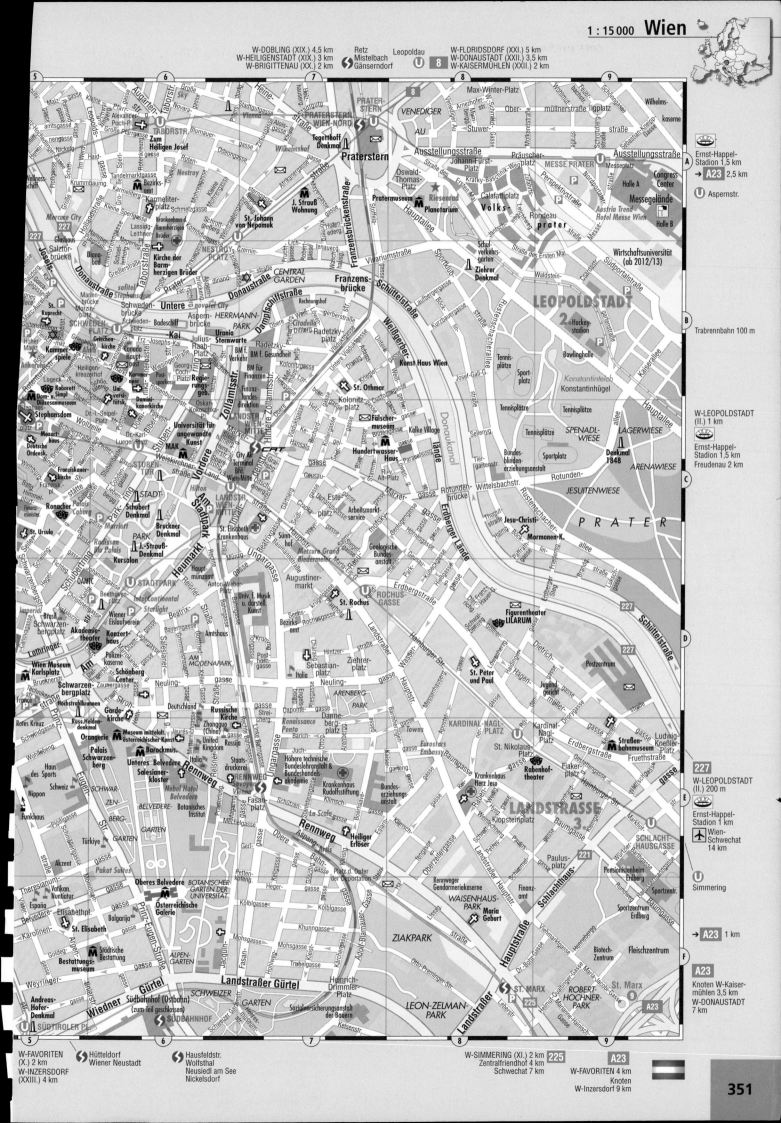

ZG-ŠESTINE 2,5 km
ZG-PANTOVČAK 0,5 km

Markuševac 10 km

ZELENGAJ

TUŠKANAC PARK

Lovački muzej

MEDVEŠČAK

Crkva sv. Antuna

Zvjezdarnica Nadbiskupske klasične gimnazije

ŠALATA

Gliptoteka HAZU

Kazalište 'Mala Scena'

Medicinski fakultet

Zvjezdarnica

Muzej grada Zagreba

KBC

GORNJI GRAD

Hrvatski prirodoslovni muzej

Fundacija Ivana Meštrovića

Crkva sv. Marka

Sabor Republike Hrvatske

Galerija Kaptol

Crkva sv. Franje i Franjevački samostan

PARK RIBNJAK

CENTAR

Palača Vojković-Oršić-Rauch
Hrvatski povijesni muzej

Gradsko kazalište "Komedija"

Dječja Scena 'Ribica'

Teološki fakultet

Grko-Katolička

Muz. suvremene umjetnosti

KAPTOL

Trg biskupa Josipa Langa

Crkva sv. Marije

Katedrala Marijina Uznesenja

Cirkva sv. Petra

Crkva Britanac

Galerija Ulrich-Likum

Britanski trg

Crkva sv. Preobraženja

Trg bana Josipa Jelačića

Muzej hrvatski telekomunikacija

Trg Drage Ihlera

Palača burze

Fra Grge Martića

Dramsko kazalište "Gavella"

Satirićko kazalište "Kerempuh"

Trg Petra Preradovića

Galerija Milan Steiner i Iva Steiner

Trg burze

Crkva sv. Vinka Paulskog

Galerija Forum

Zagrebačko kazalište Mladih

Arheološki muzej

Galerija Studio D

ZG-MAKSIMIR 1,5 km
ZG-RAVNICE 2,5 km
ZG-DUBRAVA 5 km
Sesvete 11 km
→ A4 14 km

Leksikografski zavod "Miroslav Krleža"

Pravni fakultet

Galerija Nova

Trg Nikole Šubića Zrinskog

Hrvatsko narodno kazalište

DONJI GRAD

Hrvatski školski muzej

Petra Berislavića

Klinika za traumatologiju

Kralja Držislava

Dom likovnih umjetnika

Kralja Zvonimira

Trg žrtava fašizma

Kralja Zvonimira

ZG-ČRNOMEREC 1 km
ZG-VRAPČE 4,5 km
→ A2 14 km
Zaprešić 15 km
Samobor 20 km
Brežice 33 km

Muzej za umjetnost i obrt

Hrvatska akademija znanosti i umjetnosti

Crkva sv. srca Isusovog

Vjekoslava Klaića

Andrije Hebranga

Moderna galerija

Strossmayerova galerija

Palace

Prirodoslovno matematički fakultet

Roosveltov trg

Etnografski muzej

Farmaceut. biokemijski fakultet

Trg Josipa Jurja Strossmayera

Umjetnički paviljon

Muzej Mimara

Mažuranićev trg

Zagrebačko kazalište Lutaka

PARK KRALJA PETRA KREŠIMIRA

Izidora Kršnjavoga

Gradska knjižnica

Fak. kemijskog inženjerstva i tehnologije

Trg kralja Petra Svačića

Kazalište Vidra

Best Western Hotel Astoria

Sheraton

N.K. Zagreb

Trg Marka Marulića

Trg kralja Tomislava

Arcotel Allegra

Valentina Vodnika

Antuna Mihanovića

Trg Ante Starčevića

Regent Esplanade

Central

BOTANIČKI VRT

Grgura Ninskog

Glavni kolodvor

Galerija SC

Đure Crnatka

Tehnički muzej

Studenski centar

Koturaška cesta

Zagreb

Silvija Strahimira Kranjčevića

Sportska dvorana "Dražen Petrović"

Galerija Off & Off

Off Theater Bagatella

Koncertna dvorana Vatroslav Lisinski

Trg Stjepana Radića

Ulica Grada Vukovara

ZG-FERENŠČICA 2,5 km

Elektroteh. fakultet

Ulica Grada Vukovara

Otvoreno sveučilište

International

KRUGE

Crkva Krista Kralja

ZG-NOVI ZAGREB 3,5 km
Botinec 5,5 km
→ A1 / A3 6,5 km
Karlovac 52 km

Zagrepčanka

Pavleka Miškine

TRNJE

Filozofski fakultet

Nacionalna i Sveučilišna Knjižnica

Ivanja Reka 11 km
→ A3 / A4 13 km
Slavonska avenija

→ A2 / A3 9 km
Rakitje 11 km

VRBIK

Fakultet strojarstva i brodogradnje

Slavonska avenija

Slavonska avenija

HTV Hrvatska televizija

Vjesnik

250   500 m

Zagrebački velesajam 1 km
ZG-NOVI ZAGREB 2 km
→ A3 2 km
Zračna luka Zagreb/Pleso 12 km
Velika Gorica 14 km
Sisak 51 km